에듀윌과 함께 시작하면,
당신도 합격할 수 있습니다!

대학 진학 후 진로를 고민하다 1년 만에
서울시 행정직 9급, 7급에 모두 합격한 대학생

직장생활과 병행하며 7개월간 공부해
국가공무원 세무직에 당당히 합격한 51세 직장인까지

누구나 합격할 수 있습니다.
시작하겠다는 '다짐' 하나면 충분합니다.

마지막 페이지를 덮으면,

에듀윌과 함께
공무원 합격이 시작됩니다.

KB215615

70개월 베스트셀러 1위
에듀윌 공무원 교재

기초부터 확실하게 기본 이론

기본서
국어 독해

기본서
국어 문법

기본서
영어 독해

기본서
영어 문법

기본서
한국사

기본서
행정학

기본서
행정법총론

다양한 출제 유형 대비 문제집

단원별 기출&예상 문제집
국어

단원별 기출&예상 문제집
한국사

단원별 기출&예상 문제집
행정학

단원별 기출&예상 문제집
행정법총론

출제경향 파악 기출문제집

9급공무원 기출문제집
영어

9급공무원 기출문제집
한국사

9급공무원 기출문제집
행정학

9급공무원 기출문제집
행정법총론

7급공무원 시험 대비 PSAT 교재

민간경력자
PSAT 기출문제집

7급공무원
PSAT 기출문제집

영어 집중 영단어 교재

영어 빈출 VOCA

더 많은
공무원 교재

1초 합격예측
모바일 성적분석표

1초 안에 '클릭' 한 번으로 성적을 확인하실 수 있습니다!

활용 GUIDE

실시간 성적분석 방법!

STEP 1
QR 코드 스캔

▶

STEP 2
모바일 OMR 입력

▶

STEP 3
자동채점 & 성적분석표 확인

STEP 1

QR 코드 스캔

- 교재의 QR 코드를 모바일로 스캔 후 에듀윌 회원 로그인
- QR 코드 하단의 바로가기 주소로도 접속 가능

STEP 2

모바일 OMR 입력

- 회차 확인 후 '응시하기' 클릭
- 모바일 OMR에 답안 입력
- 문제풀이 시간까지 측정 가능

STEP 3

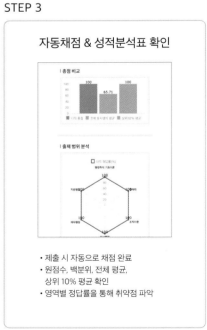

자동채점 & 성적분석표 확인

- 제출 시 자동으로 채점 완료
- 원점수, 백분위, 전체 평균, 상위 10% 평균 확인
- 영역별 정답률을 통해 취약점 파악

※ 본 서비스는 에듀윌 공무원 교재(연도별, 회차별 문항이 수록된 교재)를 구입하는 분에게 제공됨.

공무원,
에듀윌을 선택해야 하는 이유

합격자 수 수직 상승
2,100%

2017년

2022년

명품 강의 만족도
99%

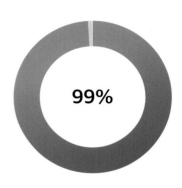

99%

공무원

베스트셀러 1위
70개월(5년 10개월)

5년 연속 공무원 교육
1위

* 2017/2022 에듀윌 공무원 과정 최종 환급자 수 기준   * 9급공무원 대표 교수진 2023년 7월 ~ 2024년 4월 강의 만족도 평균(배영표, 헤더진, 한유진, 이광호, 김용철)
* YES24 수험서 자격증 공무원 베스트셀러 1위 (2017년 3월, 2018년 4월~6월, 8월, 2019년 4월, 6월~12월, 2020년 1월~12월, 2021년 1월~12월, 2022년 1월~12월,
  2023년 1월~12월, 2024년 1월~7월, 9월~10월 월별 베스트, 매월 1위 교재는 다름)
* 2023, 2022, 2021 대한민국 브랜드만족도 7·9급공무원 교육 1위 (한경비즈니스) / 2020, 2019 한국브랜드만족지수 7·9급공무원 교육 1위 (주간동아, G밸리뉴스)

eduwill

1위 에듀윌만의
체계적인 합격 커리큘럼

원하는 시간과 장소에서
온라인 강의

① 업계 최초! 기억 강화 시스템 적용
② 과목별 테마특강, 기출문제 해설강의 무료 제공
③ 초보 수험생 필수 기초강의와 합격필독서 무료 제공

쉽고 빠른 합격의 첫걸음 합격필독서 무료 신청

최고의 학습 환경과 빈틈 없는 학습 관리
직영 학원

① 현장 강의와 온라인 강의를 한번에
② 확실한 합격관리 시스템, 아케르
③ 완벽 몰입이 가능한 프리미엄 학습 공간

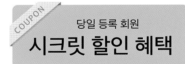

당일 등록 회원
COUPON
시크릿 할인 혜택

합격전략 설명회 신청 시 당일 등록 수강 할인권 제공

친구 추천 이벤트

"친구 추천하고 한 달 만에
920만원 받았어요"

친구 1명 추천할 때마다 현금 10만원 제공
추천 참여 횟수 무제한 반복 가능

※ *a*o*h**** 회원의 2021년 2월 실제 리워드 금액 기준
※ 해당 이벤트는 예고 없이 변경되거나 종료될 수 있습니다.

친구 추천 이벤트
바로가기

에듀윌이
너를
지지할게
ENERGY

시작하라.

그 자체가 천재성이고,
힘이며, 마력이다.

– 요한 볼프강 폰 괴테(Johann Wolfgang von Goethe)

2025

에듀윌 9급공무원
8개년 기출문제집

행정법총론

당신의 미래를 응원합니다

기출문제는 시험의 역사이고, 수험의 길잡이다

공자는 '옛것을 익히고 그것을 미루어서 새것을 앎'이라는 뜻으로 '온고지신(溫故知新)'이라는 말을 하였다. 무엇을 향해 나아가는 자가 지나온 것을 알지 못하면 앞으로 나아가야 할 방향을 제대로 잡을 수 없다는 말이다. 시험을 준비하는 수험생에게 잘 들어맞는 지언(至言)이다. 지나온 기출문제를 통해, 본인을 객관적으로 평가하고 보완하여야 할 것을 파악해서 시험에 길잡이로 삼아야 한다.

기출문제 풀이는 다음과 같은 의미가 있다.
첫째는 자신에 대한 객관적인 평가다. 이론 공부가 되어 있는 수험생은 지금 본인이 어디쯤 와 있는지 파악하여야 한다. 본인의 위치를 판단하고 점검하여야 학습전략을 설정할 수 있다.
둘째는 기출문제 풀이를 통해 행정법의 핵심단원을 파악하는 것이다. 기출문제를 단원별로 분석해 보면 놀라울 정도로 문제의 중복도가 높다. 동일한 단원과 키워드, 같은 판례에 관한 동일한 유형의 문제, 동일한 법조항이 반복적으로 출제되고 있다. 핵심단원을 파악하여 방향을 잡고 집중적으로 공부를 해 나간다면, 안정적으로 점수를 확보하고 시간의 효율성을 높일 수 있다.
셋째는 본인의 약점 찾기로, 기출문제 풀이를 통해 자신의 취약점을 아는 것이다. 이는 오답노트의 작성을 통해 가능하며, 본인의 학습누수를 잘 알고 있어야 취약단원 등을 치유하여 고득점이 가능하다.

본 교재는 이러한 기출문제 풀이의 취지를 더욱 높이고자 다음과 같은 부분에 힘을 기울였다.
첫째, 적정한 해설이다. 수험생이 혼란을 겪을 만한 문제의 경우 상세한 설명으로 이해도를 높였으며 단순한 문제의 경우 장황한 해설을 자제하여 적절한 완급을 꾀하였다.
둘째, 출제단원과 키워드를 표기하였다. 이는 핵심단원을 파악하고, 해당 단원과 키워드에 관해 기본서를 찾아보아야 할 수험생들의 효율성을 위한 배려이다.
셋째, 선택지와 관련된 판례와 법령을 가급적 모두 실었다(다만 판례의 내용과 선택지의 내용이 동일한 경우에는 판례번호만 기입하여 효율성을 높였다). 또한 '더 알아보기'를 통해 해당 선택지와 관련되거나 비교하여야 할 판례 등을 넣어 기본서를 찾지 않더라도 본 교재로 모두 해결할 수 있도록 하였다.

잘 아는 것처럼 편저자도 기출문제집만으로 행정법이 완성된다고 생각하지 않는다. 하지만 수험의 방향을 잡고, 계획을 세우며, 약점을 찾아 치유를 위한 필요적인 중간의 단계임에는 분명하다. 기출문제는 고득점으로 올라가는 도움닫기의 발판이다. 본 교재를 통해 앞으로 정진할 수 있는 좋은 인연과 계기가 되기를 진심으로 기원한다.

김용철

기출문제가 학습의 기준이 되는 이유

☑ 주요 빈출 개념은 반드시 반복 출제된다.
☑ 매년 출제되는 문제 유형은 정해져 있다.

문 2. 행정행위의 취소와 철회에 대한 설명으로 옳지 않은 것은?

① 「행정기본법」은 직권취소나 철회의 일반적 근거 규정을 두고 있고, 직권취소나 철회는 개별법률의 근거 없이도 가능하다.

② 행정행위의 철회 사유는 행정행위가 성립되기 이전에 발생한 것으로서 행정행위의 효력을 존속시킬 수 없는 사유를 말한다.

③ 수익적 처분이 상대방의 허위 기타 부정한 방법으로 인하여 행하여졌다면 상대방은 그 처분이 그와 같은 사유로 인하여 취소될 것임을 예상할 수 있으므로, 이러한 경우까지 상대방의 신뢰를 보호하여야 하는 것은 아니다.

④ 수익적 행정처분을 직권취소할 때에는 이를 취소하여야 할 중대한 공익상 필요와 취소로 인하여 처분상대방이

2023 국가직 9급

행정행위의 취소와 철회

➡

문 5. 행정행위의 직권취소 및 철회에 대한 설명으로 옳지 않은 것은?

① 처분에 대하여 행정심판이나 행정소송이 제기되어 쟁송이 진행되고 있는 도중에는 행정청은 스스로 대상 처분을 취소할 수 없다.

② 행정청은 사정변경으로 적법한 처분을 더 이상 존속시킬 필요가 없게 된 경우 또는 그 처분의 전부 또는 일부를 장래를 향하여 철회할 수 있다.

③ 제소기간의 경과 등으로 처분에 불가쟁력이 발생하였다 하여도 행정청은 실권의 법리에 해당하지 않는다면 직권으로 처분을 취소할 수 있다.

④ 행정청은 위법 또는 부당한 처분의 전부나 일부를 소급하여 취소할 수 있다. 다만, 당사자의 신뢰를 보호할 가

2024 국가직 9급

문 3. 행정행위의 부관에 대한 설명으로 옳지 않은 것은?

① 수익적 행정처분에 있어서는 법령에 특별한 근거 규정이 있는 경우에만 그 부관으로서 부담을 붙일 수 있다.

② 기선선망어업의 허가를 하면서 운반선, 등선 등 부속선을 사용할 수 없도록 제한한 부관은 그 어업허가의 행정목적 달성을 사실상 어렵게 하여 그 본질적 효력을 해하는 것이므로 위법한 것이다.

③ 부관은 면허 발급 당시에 붙이는 것뿐만 아니라 면허 발급 이후에 붙이는 것도 법률에 명문의 규정이 있거나 변경이 미리 유보되어 있는 경우 또는 상대방의 동의가 있는 경우 등에는 특별한 사정이 없는 한 허용된다.

④ 토지소유자가 토지형질변경행위허가에 붙은 기부채납의 부관에 따라 토지를 국가나 지방자치단체에 기부채납한

2023 국가직 9급

행정행위의 부관

➡

문 16. 행정행위의 부관에 대한 설명으로 옳지 않은 것은?

① 기부채납받은 행정재산에 대한 사용·수익허가에서 공유재산의 관리청이 정한 사용·수익허가의 기간은 그 허가의 효력을 제한하기 위한 행정행위의 부관으로서 이러한 사용·수익허가의 기간에 대해서는 독립하여 행정소송을 제기할 수 없다.

② 토지소유자가 토지형질변경행위허가에 붙은 기부채납의 부관에 따라 토지를 국가나 지방자치단체에 기부채납(증여)한 경우, 기부채납의 부관이 당연무효이거나 취소되지 아니한 이상 토지소유자는 위 부관으로 인하여 증여계약의 중요부분에 착오가 있음을 이유로 증여계약을 취소할 수 없다.

③ 행정행위의 부관이 부담에 정해진 바에 따라 단체 행정

2024 국가직 9급

문 10. 이행강제금에 대한 설명으로 옳지 않은 것은? (다툼이 있는 경우 판례에 의함)

① 「건축법」상 이행강제금은 시정명령의 불이행이라는 과거의 위반행위에 대한 제재가 아니라 의무자에게 심리적 압박을 주어 시정명령에 따른 의무의 이행을 간접적으로 강제하는 행정상의 간접강제 수단에 해당한다.

② 「건축법」상의 이행강제금 납부의무는 상속인 기타의 사람에게 승계될 수 없는 일신전속적인 성질의 것이다.

③ 이행강제금은 과거의 일정한 법률위반 행위에 대한 제재로서의 형벌이 아니라 장래의 의무이행의 확보를 위한 강제수단일 뿐이어서 이중처벌금지의 원칙이 적용될 여지가 없다.

④ 이행강제금은 부작위의무나 비대체적 작위의무에 대한

2023 국회직 9급

이행강제금

➡

문 18. 이행강제금에 대한 설명으로 옳지 않은 것은?

① 「건축법」상 이행강제금은 시정명령의 불이행이라는 과거의 위반행위에 대한 제재이다.

② 행정청은 이행강제금을 부과받은 자가 납부기한까지 이행강제금을 내지 아니하면 국세강제징수의 예 또는 「지방행정제재·부과금의 징수 등에 관한 법률」에 따라 징수한다.

③ 처분의 근거 법령에 의하면 「비송사건절차법」에 따라 이행강제금 부과처분에 불복하도록 규정하고 있었지만, 관할청이 이행강제금 부과처분을 하면서 재결청에 행정심판을 청구하거나 관할 행정법원에 행정소송을 할 수 있다고 잘못 안내한 경우라도 이행강제금 부과처분에 대해 행정법원에 항고소송을 제기할 수 없다.

2024 지방직 9급

이 책의 구성

문제편

2024~2017년도 8개년 기출문제 34회

❶ 1초 합격예측 서비스
회차별 QR코드 스캔 후, 모바일 OMR을 이용하여 기출문제를 실전처럼 풀이할 수 있습니다.

해설편

직렬별 기출분석 REPORT

수준&약점 체크 가능한 해설

❶ 출제 POINT & 대비전략
과년도 기출의 핵심 내용과 2025년도
시험 대비 전략을 한눈에 파악할 수 있습니다.

❷ 최근 8개년 출제경향 & 출제비중
회차별 출제경향과 영역별 출제비중을
확인할 수 있습니다.

❶ 합격예상 체크 + 취약영역 체크
채점 후 나의 수준을 파악하고 취약영역을
체계적으로 분석할 수 있습니다.

❷ 자세하고 풍부한 해설
선택지 하나하나를 꼼꼼히 분석한 해설과 보충
이론으로 출제개념을 충분히 학습할 수 있습니다.

❸ 문항별 오답률＋선택지 선택률
함정 선택지와 오답률 높은 문항을 확인하여
문제풀이 정확성을 높일 수 있습니다.

이 책의 차례

국가직 9급

지방직 9급

국가직 9급 공개경쟁채용 필기시험

【시 험 과 목】

제1과목	국 어	제2과목	영 어	제3과목	한 국 사
제4·5과목	행정법총론, 행정학개론				

응시자 주의사항

1. **시험 시작 전**에 시험문제를 열람하는 행위나 **시험 종료 후** 답안을 작성하는 행위를 한 사람은 「지방공무원 임용령」 제65조 등 관련 법령에 의거 **부정행위자**로 처리됩니다.

2. 시험 시작 즉시 **과목편철 순서, 문제누락 여부, 인쇄상태 이상 유무 및 표지와 개별과목의 문제책형 일치 여부 등을 확인**한 후 문제책 표지에 응시번호, 성명을 기재합니다.

3. 반드시 본인의 **응시표에 인쇄된 시험과목 순서에 따라** 제4과목과 제5과목의 **답안을 표기**하여야 합니다. 과목 순서를 바꾸어 표기한 경우에도 **본인의 응시표에 기재된 과목 순서대로 채점**되므로 반드시 유의하시 기 바랍니다.

4. 시험이 시작되면 문제를 주의 깊게 읽은 후, **문항의 취지에 가장 적합한 하나의 정답만을 고르며**, 문제 내 용에 관한 질문은 받지 않습니다.

5. **시험시간 관리의 책임**은 전적으로 응시자 본인에게 있습니다.

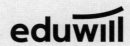

2024

3월 23일 시행
국가직 9급

| 풀이 시간: ____:____ ~ ____:____ / 점수: ____점

지문의 내용에 대해 학설의 대립 등 다툼이 있는 경우 판례에 의함

문 1. 「행정기본법」상 기간의 계산에 대한 설명으로 옳지 않은 것은?

① 행정에 관한 기간의 계산에 관하여는 「행정기본법」 또는 다른 법령 등에 특별한 규정이 있는 경우를 제외하고는 「민법」을 준용한다.

② 법령 등을 공포한 날부터 일정 기간이 경과한 날부터 시행하는 경우 그 기간의 말일이 토요일 또는 공휴일인 때에는 그 말일로 기간이 만료한다.

③ 법령 등을 공포한 날부터 일정 기간이 경과한 날부터 시행하는 경우 법령 등을 공포한 날을 첫날에 산입한다.

④ 법령 등 또는 처분에서 국민의 권익을 제한하거나 의무를 부과하는 경우 권익이 제한되거나 의무가 지속되는 기간을 계산할 때에 기간을 일, 주, 월 또는 연으로 정한 경우에는 기간의 첫날을 산입한다. 다만, 그러한 기준을 따르는 것이 국민에게 불리한 경우에는 그러하지 아니하다.

문 2. 행정절차에 대한 설명으로 옳지 않은 것은?

① 청문은 당사자가 공개를 신청하거나 청문 주재자가 필요하다고 인정하는 경우 공개할 수 있다. 다만, 공익 또는 제3자의 정당한 이익을 현저히 해칠 우려가 있는 경우에는 공개하여서는 아니 된다.

② 일반적으로 당사자가 근거 규정 등을 명시하여 신청하는 인·허가 등을 거부하는 처분을 함에 있어 당사자가 그 근거를 알 수 있을 정도로 상당한 이유를 제시한 경우에는 당해 처분의 근거 및 이유를 구체적 조항 및 내용까지 명시하지 않았더라도 그로 말미암아 그 처분이 위법한 것이 된다고 할 수 없다.

③ 공무원 인사관계 법령에 따른 처분에 관하여는 「행정절차법」 적용을 배제하고 있으므로, 군인사법령에 의하여 진급예정자명단에 포함된 자에 대하여 의견제출의 기회를 부여하지 아니하고 진급 선발취소처분을 한 것이 절차상 하자가 있어 위법하다고 할 수 없다.

④ 과세의 절차 내지 형식에 위법이 있어 과세처분을 취소하는 판결이 확정되었을 때는 그 확정판결의 기판력은 거기에 적시된 절차 내지 형식의 위법사유에 한하여 미치는 것이므로 과세관청은 그 위법사유를 보완하여 다시 새로운 과세처분을 할 수 있다.

문 3. 국가배상에 대한 설명으로 옳은 것은?

① 국가배상청구의 요건인 '공무원의 직무'에는 행정주체가 사경제주체로서 하는 작용도 포함된다.

② 청구기간 내에 헌법소원이 적법하게 제기되었음에도 헌법재판소 재판관이 청구기간을 오인하여 각하결정을 한 경우, 이에 대한 불복절차 내지 시정절차가 없는 때에는 국가배상책임을 인정할 수 있다.

③ 군 복무 중 사망한 군인 등의 유족인 원고가 「국가배상법」에 따른 손해배상금을 지급받은 경우, 국가는 「군인연금법」 소정의 사망보상금을 지급함에 있어 원고가 받은 손해배상금 상당 금액을 공제할 수 없다.

④ 외국인이 피해자인 경우 해당 국가와 상호보증이 없더라도 「국가배상법」이 적용된다.

문 4. 정보공개에 대한 설명으로 옳지 않은 것은?

① 구 「학교폭력예방 및 대책에 관한 법률」에 따른 학교폭력대책자치위원회의 회의록은 「공공기관의 정보공개에 관한 법률」 소정의 '공개될 경우 업무의 공정한 수행에 현저한 지장을 초래한다고 인정할 만한 상당한 이유가 있는 정보'에 해당한다.

② 정보공개를 청구하는 자가 공공기관에 대해 정보의 사본 또는 출력물의 교부방법으로 공개방법을 선택하여 정보공개청구를 한 경우, 공개청구를 받은 공공기관은 「공공기관의 정보공개에 관한 법률」에서 규정한 정보의 사본 또는 복제물의 교부를 제한할 수 있는 사유에 해당하지 않는 한 그 공개방법을 선택할 재량권이 없다.

③ '2002학년도부터 2005학년도까지의 대학수학능력시험 원데이터'는 연구목적으로 그 정보의 공개를 청구하는 경우 「공공기관의 정보공개에 관한 법률」 소정의 비공개대상 정보에 해당한다.

④ 「공공기관의 정보공개에 관한 법률」상 '공개하는 것이 공익 또는 개인의 권리구제를 위하여 필요하다고 인정되는 정보'에 해당하는지 여부는 비공개에 의하여 보호되는 개인의 사생활의 비밀 등 이익과 공개에 의하여 보호되는 국정운영의 투명성 확보 등의 공익 또는 개인의 권리구제 등 이익을 비교·교량하여 구체적 사안에 따라 신중히 판단하여야 한다.

문 5. 행정행위의 직권취소 및 철회에 대한 설명으로 옳지 않은 것은?

① 처분에 대하여 행정심판이나 행정소송이 제기되어 쟁송이 진행되고 있는 도중에는 행정청은 스스로 대상 처분을 취소할 수 없다.

② 행정청은 사정변경으로 적법한 처분을 더 이상 존속시킬 필요가 없게 된 경우 그 처분의 전부 또는 일부를 장래를 향하여 철회할 수 있다.

③ 제소기간의 경과 등으로 처분에 불가쟁력이 발생하였다 하여도 행정청은 실권의 법리에 해당하지 않는다면 직권으로 처분을 취소할 수 있다.

④ 행정청은 위법 또는 부당한 처분의 전부나 일부를 소급하여 취소할 수 있다. 다만, 당사자의 신뢰를 보호할 가치가 있는 등 정당한 사유가 있는 경우에는 장래를 향하여 취소할 수 있다.

문 6. 과징금에 대한 설명으로 옳지 않은 것은?

① 구 「독점규제 및 공정거래에 관한 법률」 소정의 부당지원행위에 대한 과징금은 부당지원행위의 억지라는 행정목적을 실현하기 위한 행정상 제재금으로서의 성격에 부당이득환수적 요소도 부가되어 있으므로 국가형벌권 행사로서의 처벌에 해당하지 아니한다.

② 행정기본법령에 따르면, 과징금 납부의무자가 과징금을 분할 납부하려는 경우에는 납부기한 7일 전까지 과징금의 분할 납부를 신청하는 문서에 해당 사유를 증명하는 서류를 첨부하여 행정청에 신청해야 한다.

③ 관할 행정청이 여객자동차운송사업자의 여러 가지 위반행위를 인지하였다면 전부에 대하여 일괄하여 최고한도 내에서 하나의 과징금 부과처분을 하는 것이 원칙이고, 인지한 위반행위 중 일부에 대해서만 우선 과징금 부과처분을 하고 나머지에 대해서는 차후에 별도의 과징금 부과처분을 하는 것은 다른 특별한 사정이 없는 한 허용되지 않는다.

④ 과징금의 근거가 되는 법률에는 과징금에 관한 부과·징수 주체, 부과 사유, 상한액, 가산금을 징수하려는 경우 그 사항, 과징금 또는 가산금 체납 시 강제징수를 하려는 경우 그 사항을 명확하게 규정하여야 한다.

문 7. 다음 사례에 대한 설명으로 옳은 것만을 모두 고르면?

> A시는 관광지개발사업을 시행하기 위하여 「공익사업을 위한 토지 등의 취득 및 보상에 관한 법률」의 절차에 따라 甲 소유 토지 및 건물을 포함하고 있는 지역 일대의 토지 및 건물들을 수용하였다. A시 시장은 甲에게 적법하게 토지의 인도와 건물의 철거 및 퇴거를 명하였으나 甲이 건물을 점유한 채 그 의무를 이행하지 않고 있다.

> ㄱ. A시 시장의 토지인도명령에 대해 甲이 이를 불이행하더라도 그 불이행에 대해서 A시 시장은 행정대집행을 할 수 없다.
>
> ㄴ. 甲이 위 건물철거의무를 이행하지 않을 경우, A시 시장은 행정대집행의 방법으로 건물의 철거 등 대체적 작위의무의 이행을 실현할 수 있는 경우에는 따로 민사소송의 방법으로 그 의무의 이행을 구할 수 없다.
>
> ㄷ. 甲이 토지 인도의무를 이행하지 않을 경우, 甲의 토지 인도의무는 공법상 의무에 해당하므로 그 권리에 끼칠 현저한 손해를 피하기 위한 경우라 하더라도 A시 시장이 그 권리를 피보전권리로 하는 민사상 명도단행가처분을 구할 수는 없다.
>
> ㄹ. 甲이 위력을 행사하여 적법한 행정대집행을 방해하는 경우 대집행 행정청은 필요한 경우에는 「경찰관 직무집행법」에 근거한 위험발생 방지조치 또는 「형법」상 공무집행방해죄의 범행방지 내지 현행범체포의 차원에서 경찰의 도움을 받을 수 있다.

① ㄱ, ㄷ ② ㄴ, ㄹ
③ ㄱ, ㄴ, ㄹ ④ ㄴ, ㄷ, ㄹ

문 8. 신뢰보호의 원칙에 대한 설명으로 옳지 <u>않은</u> 것은?

① 개발사업을 시행하기 전에 사건 토지 지상에 예식장 등을 건축하는 것이 관계 법령상 가능한지 여부를 질의하여 민원 부서로부터 '저촉사항 없음'이라고 기재된 민원 예비심사 결과를 통보받았다면, 이는 이후의 개발부담금 부과처분에 관하여 신뢰보호의 원칙을 적용하기 위한 공적인 견해표명을 한 것에 해당한다.

② 시의 도시계획과장과 도시계획국장이 도시계획사업의 준공과 동시에 사업부지에 편입한 토지에 대한 완충녹지 지정을 해제함과 아울러 당초의 토지소유자들에게 환매하겠다는 약속을 했음에도 이를 믿고 토지를 협의매매한 토지소유자의 완충녹지지정해제 신청을 거부한 것은 신뢰보호의 원칙을 위반하거나 재량권을 일탈·남용한 위법한 처분이다.

③ 국회에서 일정한 법률안을 심의하거나 의결한 적이 있다고 하더라도 그것이 법률로 확정되지 아니한 이상 국가가 이해관계자들에게 위 법률안에 관련된 사항을 약속하였다고 볼 수 없으며, 이러한 사정만으로 어떠한 신뢰를 부여하였다고 볼 수도 없다.

④ 헌법재판소의 위헌결정은 행정청이 개인에 대하여 신뢰의 대상이 되는 공적인 견해를 표명한 것이라고 할 수 없으므로 그 결정에 관련한 개인의 행위에 대하여는 신뢰보호의 원칙이 적용되지 아니한다.

문 9. 행정처분에 대한 설명으로 옳지 <u>않은</u> 것은?

① 과징금 부과처분이 법이 정한 한도액을 초과하여 위법할 경우 법원으로서는 그 한도액을 초과한 부분이나 법원이 적정하다고 인정되는 부분을 초과한 부분만을 취소할 수 있다.

② 건축물대장의 용도는 건축물의 소유권을 제대로 행사하기 위한 전제요건으로서 건축물소유자의 실체적 권리관계에 밀접하게 관련되어 있으므로, 건축물대장 소관청의 용도변경신청 거부행위는 국민의 권리관계에 영향을 미치는 것으로서 항고소송의 대상이 되는 행정처분에 해당한다.

③ 한국철도시설공단(현 국가철도공단)이 공사낙찰적격심사 감점처분의 근거로 내세운 규정은 공사낙찰적격심사 세부기준이고, 이러한 규정은 공공기관이 사인과의 계약관계를 공정하고 합리적·효율적으로 처리할 수 있도록 관계 공무원이 지켜야 할 계약사무 처리에 관한 필요한 사항을 규정한 것으로서 공공기관의 내부규정에 불과하여 대외적 구속력이 없다.

④ 「식품위생법」에 따른 식품접객업(일반음식점영업)의 영업신고의 요건을 갖춘 자라고 하더라도, 그 영업신고를 한 당해 건축물이 「건축법」 소정의 허가를 받지 아니한 무허가 건물이라면 적법한 신고를 할 수 없다.

문 10. 「공익사업을 위한 토지 등의 취득 및 보상에 관한 법률」상 손실보상에 대한 설명으로 옳지 않은 것은?

① 영업을 하기 위해 투자한 비용이나 그 영업을 통해 얻을 것으로 기대되는 이익에 대한 손실은 영업손실보상의 대상이 된다고 할 수 없다.

② 토지소유자가 손실보상금의 액수를 다투고자 하는 경우 토지수용위원회가 아니라 사업시행자를 상대로 보상금의 증액을 구하는 소송을 제기해야 한다.

③ 토지수용위원회의 재결에 대한 토지소유자의 행정소송 제기는 사업의 진행 및 토지의 수용 또는 사용을 정지시키지 아니한다.

④ 어떤 보상항목이 손실보상 대상에 해당함에도 관할 토지수용위원회가 사실을 오인하거나 법리를 오해함으로써 손실보상 대상에 해당하지 않는다고 잘못된 내용의 재결을 한 경우에는, 피보상자는 관할 토지수용위원회를 상대로 재결취소소송을 제기하여야 한다.

문 11. 행정심판재결의 효력에 대한 설명으로 옳지 않은 것은?

① 행정심판재결의 내용이 처분청의 처분을 스스로 취소하는 것일 때에는 그 재결의 형성력이 발생하여 당해 행정처분은 별도의 행정처분을 기다릴 것 없이 당연히 취소되어 소멸된다.

② 행정처분이나 행정심판재결이 불복기간의 경과로 확정될 경우 그 확정력은 처분으로 법률상 이익을 침해받은 자가 당해 처분이나 재결의 효력을 더 이상 다툴 수 없다는 의미일 뿐 판결과 같은 기판력이 인정되는 것은 아니다.

③ 당사자의 신청을 받아들이지 않은 거부처분이 재결에서 취소된 경우에 행정청은 종전 거부처분 또는 재결 후에 발생한 새로운 사유를 내세워 다시 거부처분을 할 수 없다.

④ 교원소청심사위원회의 결정은 처분청에 대하여 기속력을 가지고 이는 그 결정의 주문에 포함된 사항뿐 아니라 처분 등의 구체적 위법사유에 관한 판단에까지 미친다.

문 12. 판례의 입장으로 옳지 않은 것만을 모두 고르면?

ㄱ. 정보의 부분 공개가 허용되는 경우란 당해 정보에서 비공개 대상 정보에 관련된 기술 등을 제외 혹은 삭제하고 나머지 정보만 공개하는 것이 가능하고 나머지 부분의 정보만으로도 공개의 가치가 있는 경우를 의미한다.

ㄴ. 음주운전으로 적발된 주취운전자가 도로 밖으로 차량을 이동하겠다며 단속경찰관으로부터 보관 중이던 차량열쇠를 반환받아 몰래 차량을 운전하여 가던 중 사고를 일으킨 경우, 국가배상책임이 인정되지 않는다.

ㄷ. 원고적격의 요건으로서 법률상 이익에는 당해 처분의 근거 법률에 의하여 보호되는 직접적이고 구체적인 이익뿐만 아니라 간접적이거나 사실적·경제적 이해관계를 가지는 경우도 여기에 포함된다.

ㄹ. 영어 과목의 2종 교과용 도서에 대하여 검정 신청을 하였다가 불합격결정처분을 받은 자는 자신들이 검정 신청한 교과서의 과목과 전혀 관계가 없는 수학 과목의 교과용 도서에 대한 합격결정처분에 대하여 그 취소를 구할 법률상 이익이 없다.

① ㄱ, ㄴ　　　　　　② ㄱ, ㄹ
③ ㄴ, ㄷ　　　　　　④ ㄷ, ㄹ

문 13. 행정벌에 대한 설명으로 옳지 않은 것은?

① 지방자치단체 소속 공무원이 지방자치단체 고유의 자치사무를 수행하던 중 「도로법」 규정에 의한 위반행위를 한 경우 지방자치단체는 「도로법」 소정의 양벌규정에 따라 처벌대상이 되는 법인에 해당하지 않는다.

② 「개인정보 보호법」에 따르면, 죄형법정주의의 원칙상 '법인격 없는 공공기관'을 「개인정보 보호법」 소정의 양벌규정에 의하여 처벌할 수 없고, 그 경우 행위자 역시 위 양벌규정으로 처벌할 수 없다.

③ 과태료의 부과·징수, 재판 및 집행 등의 절차에 관한 다른 법률의 규정 중 「질서위반행위규제법」의 규정에 저촉되는 것은 「질서위반행위규제법」으로 정하는 바에 따른다.

④ 「질서위반행위규제법」에 따르면, 당사자와 검사는 과태료 재판에 대하여 즉시항고를 할 수 있으며, 이 경우 항고는 집행정지의 효력이 있다.

문 14. 다음 사례에 대한 설명으로 옳지 <u>않은</u> 것만을 모두 고르면?

> 세무서장 A가 甲에게 과세처분을 하였는데, 그 후 과세처분의 근거가 되었던 법률규정은 헌법재판소에 의해 위헌으로 선언되었다. 그러나 그 과세처분에 대한 제소기간은 이미 경과하여 확정되었고, A는 甲 명의의 예금에 대한 압류처분을 하였다. 한편, 과세처분의 집행을 위한 위 압류처분의 근거 규정 자체는 따로 위헌결정이 내려진 바 없다.

> ㄱ. 甲에 대한 과세처분과 압류처분은 별개의 행정처분이므로 선행처분인 과세처분이 당연무효가 아닌 이상 압류처분을 다툴 수 있는 방법은 존재하지 않는다.
> ㄴ. 압류처분은 과세처분 근거 규정이 직접 적용되지 않고 압류처분 관련 규정이 적용될 뿐이므로, 과세처분 근거규정에 대한 위헌결정의 기속력은 압류처분과는 무관하다.
> ㄷ. 과세처분 이후 조세부과의 근거가 되었던 법률규정에 대하여 위헌결정이 내려진 경우, 과세처분이 당연무효가 아니더라도 위헌결정 이후에 과세처분의 집행을 위한 압류처분을 하는 것은 더 이상 허용되지 않는다.

① ㄱ
② ㄱ, ㄴ
③ ㄱ, ㄷ
④ ㄴ, ㄷ

문 15. 공법상 계약에 대한 설명으로 옳은 것만을 모두 고르면?

> ㄱ. 행정청은 법령 등을 위반하지 아니하는 범위에서 행정목적을 달성하기 위하여 필요한 경우에는 공법상 법률관계에 관한 계약을 체결할 수 있고, 이 경우 계약의 목적 및 내용을 명확하게 적은 계약서를 작성하여야 한다.
> ㄴ. 계약직 공무원 채용계약해지의 의사표시를 하는 경우 징계 해고 등에서와 같이 그 징계사유에 한하여 효력 유무를 판단하여야 하거나, 행정처분과 같이 「행정절차법」에 의하여 근거와 이유를 제시하여야 한다.
> ㄷ. 공익사업을 위한 토지 등의 취득 및 보상에 관한 법령에 의한 협의취득은 사법상의 법률행위이지만 당사자 사이의 자유로운 의사에 따라 채무불이행책임이나 매매대금 과부족금에 대한 지급의무를 약정할 수 있는 것은 아니다.
> ㄹ. 「지방자치단체를 당사자로 하는 계약에 관한 법률」에 따라 지방자치단체가 일방 당사자가 되는 이른바 공공계약이 사경제의 주체로서 상대방과 대등한 위치에서 체결하는 사법상의 계약에 해당하는 경우 그에 관한 법령에 특별한 정함이 있는 경우를 제외하고는 사적 자치와 계약자유의 원칙 등 사법의 원리가 그대로 적용된다.

① ㄱ, ㄴ
② ㄱ, ㄹ
③ ㄱ, ㄷ, ㄹ
④ ㄴ, ㄷ, ㄹ

문 16. 행정행위의 부관에 대한 설명으로 옳지 <u>않은</u> 것은?

① 기부채납받은 행정재산에 대한 사용·수익허가에서 공유재산의 관리청이 정한 사용·수익허가의 기간은 그 허가의 효력을 제한하기 위한 행정행위의 부관으로서 이러한 사용·수익허가의 기간에 대해서는 독립하여 행정소송을 제기할 수 없다.

② 토지소유자가 토지형질변경행위허가에 붙은 기부채납의 부관에 따라 토지를 국가나 지방자치단체에 기부채납(증여)한 경우, 기부채납의 부관이 당연무효이거나 취소되지 아니한 이상 토지소유자는 위 부관으로 인하여 증여계약의 중요부분에 착오가 있음을 이유로 증여계약을 취소할 수 없다.

③ 행정행위의 부관인 부담에 정해진 바에 따라 당해 행정청이 아닌 다른 행정청이 그 부담상의 의무이행을 요구하는 의사표시를 하였을 경우, 이러한 행위가 당연히 항고소송의 대상이 되는 처분에 해당한다고 할 수는 없다.

④ 행정처분에 부담인 부관을 붙인 경우 부관의 무효화에 의하여 본체인 행정처분 자체의 효력에도 영향이 있게 될 수 있으며, 그 처분을 받은 사람이 부담의 이행으로 사법상 매매 등의 법률행위를 한 경우 그 법률행위 자체는 당연무효이다.

문 17. 행정계획에 대한 설명으로 옳지 않은 것은?

① 행정청은 구체적인 행정계획을 입안·결정할 때 비교적 광범위한 형성의 재량을 가진다.

② 행정청이 행정계획을 입안·결정할 때 이익형량을 하였으나 정당성과 객관성이 결여된 경우에는 그 행정계획 결정은 위법하게 될 수 있다.

③ 도시계획의 결정·변경 등에 관한 권한을 가진 행정청은 이미 도시계획이 결정·고시된 지역에 대하여도 다른 내용의 도시계획을 결정·고시할 수 있고, 이때에 후행 도시계획에 선행 도시계획과 서로 양립할 수 없는 내용이 포함되어 있다면, 특별한 사정이 없는 한 선행 도시계획은 후행 도시계획과 같은 내용으로 변경된다.

④ 도시기본계획은 도시의 장기적 개발방향과 미래상을 제시하는 도시계획 입안의 지침이 되는 장기적·종합적인 개발계획으로서 직접적인 구속력이 있으므로, 도시계획 시설결정 대상면적이 도시기본계획에서 예정했던 것보다 증가할 경우 도시기본계획의 범위를 벗어나 위법하다.

문 18. 행정행위에 대한 설명으로 옳지 않은 것은?

① 여객자동차운송사업의 한정면허는 특정인에게 권리나 이익을 부여하는 수익적 행정행위로서 재량행위에 해당한다.

② 난민 인정에 관한 신청을 받은 행정청은 원칙적으로 법령이 정한 난민 요건에 해당하는지를 심사하여 난민 인정 여부를 결정할 수 있을 뿐이고, 법령이 정한 난민 요건과 무관한 다른 사유만을 들어 난민 인정을 거부할 수는 없다.

③ 자동차관리사업자로 구성하는 사업자단체 설립인가는 인가권자가 가지는 지도·감독 권한의 범위 등과 아울러 설립인가에 관하여 구체적인 기준이 정하여져 있지 않은 점 등에 비추어 재량행위로 보아야 한다.

④ 공익법인의 기본재산 처분허가에 부관을 붙인 경우, 그 처분허가의 법적 성질은 명령적 행정행위인 허가에 해당하며 조건으로서 부관의 부과가 허용되지 아니한다.

문 19. 행정입법에 대한 설명으로 옳지 않은 것은?

① 정부는 권한 있는 기관에 의하여 위헌으로 결정되어 법령이 헌법에 위반되거나 법률에 위반되는 것이 명백한 경우 등 대통령령으로 정하는 경우에는 해당 법령을 개선하여야 한다.

② 헌법 제107조 제2항은 구체적 규범통제를 규정하고 있기 때문에 당사자는 구체적 사건의 심판을 위한 선결문제로서 행정입법의 위법성을 주장하여 법원에 대하여 당해 사건에 대한 적용 여부의 판단을 구할 수 있다.

③ 일반적으로 법률의 위임에 따라 효력을 갖는 법규명령의 경우에 위임의 근거가 없어 무효였다면 나중에 법 개정으로 위임의 근거가 부여되었다고 하여 그때부터 유효한 법규명령이 되는 것은 아니다.

④ 법률의 시행령은 모법인 법률에 의하여 위임받은 사항이나 법률이 규정한 범위 내에서 법률을 현실적으로 집행하는 데 필요한 세부적인 사항만을 규정할 수 있을 뿐, 법률에 의한 위임이 없는 한 법률이 규정한 개인의 권리·의무에 관한 내용을 변경·보충하거나 법률에 규정되지 아니한 새로운 내용을 규정할 수는 없다.

문 20. 판례의 입장으로 옳지 않은 것은?

① 「여객자동차 운수사업법」에 따르면, 여객자동차 운수사업자가 거짓이나 부정한 방법으로 지급받은 보조금에 대한 국토교통부장관 또는 시·도지사의 환수처분은 기속행위에 해당한다.

② 재량권의 일탈·남용에 관하여는 행정행위의 효력을 다투는 사람이 주장·증명책임을 부담한다.

③ 사업주가 당연가입자가 되는 고용보험 및 산업재해보상보험에서 보험료 납부의무 부존재확인은 당사자소송으로 다투어야 한다.

④ 지방자치단체의 장이 「공유재산 및 물품 관리법」에 근거하여 기부채납 및 사용·수익허가 방식으로 민간투자사업을 추진하는 과정에서 사업시행자를 지정하기 위한 전 단계에서 공모 제안을 받아 일정한 심사를 거쳐 우선협상대상자를 선정하는 행위는 항고소송의 대상이 되는 행정처분에 해당하지 않는다.

해설편 ▶ P.6

2023

4월 8일 시행
국가직 9급

┃풀이 시간: ____:____ ~ ____:____ / 점수: ____점

1초 합격예측! 모바일 성적분석표

QR 코드로 접속하여 문제 풀이시간을 측정하고,
〈1초 합격예측 & 모바일 성적분석표〉 서비스를 통해
지금 바로! 실력을 점검해 보세요.
http://eduwill.kr/wV2f

지문의 내용에 대해 학설의 대립 등 다툼이 있는 경우 판례에 의함

문 1. 행정절차법령상 처분의 신청에 대한 설명으로 옳지 <u>않은</u> 것은?

① 행정청은 신청인의 편의를 위하여 다른 행정청에 신청을 접수하게 할 수 있다.

② 행정청은 신청에 구비서류의 미비 등 흠이 있는 경우 접수를 거부하여야 한다.

③ 행정청은 처리기간이 '즉시'로 되어 있는 신청의 경우에는 접수증을 주지 아니할 수 있다.

④ 행정청은 다수의 행정청이 관여하는 처분을 구하는 신청을 접수한 경우에는 관계 행정청과의 신속한 협조를 통하여 그 처분이 지연되지 아니하도록 하여야 한다.

문 2. 행정행위의 취소와 철회에 대한 설명으로 옳지 <u>않은</u> 것은?

① 「행정기본법」은 직권취소나 철회의 일반적 근거 규정을 두고 있고, 직권취소나 철회는 개별법률의 근거가 없어도 가능하다.

② 행정행위의 철회 사유는 행정행위가 성립되기 이전에 발생한 것으로서 행정행위의 효력을 존속시킬 수 없는 사유를 말한다.

③ 수익적 처분이 상대방의 허위 기타 부정한 방법으로 인하여 행하여졌다면 상대방은 그 처분이 그와 같은 사유로 인하여 취소될 것임을 예상할 수 있으므로, 이러한 경우까지 상대방의 신뢰를 보호하여야 하는 것은 아니다.

④ 수익적 행정처분을 직권취소할 때에는 이를 취소하여야 할 중대한 공익상 필요와 취소로 인하여 처분상대방이 입게 될 기득권과 법적 안정성에 대한 침해 정도 등 불이익을 비교·교량한 후 공익상 필요가 처분상대방이 입을 불이익을 정당화할 만큼 강한 경우에 한하여 취소할 수 있다.

문 3. 행정행위의 부관에 대한 설명으로 옳지 <u>않은</u> 것은?

① 수익적 행정처분에 있어서는 법령에 특별한 근거 규정이 있는 경우에만 그 부관으로서 부담을 붙일 수 있다.

② 기선선망어업의 허가를 하면서 운반선, 등선 등 부속선을 사용할 수 없도록 제한한 부관은 그 어업허가의 목적 달성을 사실상 어렵게 하여 그 본질적 효력을 해하는 것이므로 위법한 것이다.

③ 부관은 면허 발급 당시에 붙이는 것뿐만 아니라 면허 발급 이후에 붙이는 것도 법률에 명문의 규정이 있거나 변경이 미리 유보되어 있는 경우 또는 상대방의 동의가 있는 경우 등에는 특별한 사정이 없는 한 허용된다.

④ 토지소유자가 토지형질변경행위허가에 붙은 기부채납의 부관에 따라 토지를 국가나 지방자치단체에 기부채납한 경우, 기부채납의 부관이 당연무효이거나 취소되지 아니한 이상 토지소유자는 위 부관으로 인하여 기부채납계약의 중요부분에 착오가 있음을 이유로 기부채납계약을 취소할 수 없다.

문 4. 공법관계와 사법관계의 구별에 대한 설명으로 옳지 <u>않은</u> 것은?

① 국유재산 중 행정재산의 사용허가는 공법관계이나, 한국공항공단이 무상사용허가를 받은 행정재산에 대하여 하는 전대행위는 사법관계이다.

② 조달청장이 예산회계법(현 「국가재정법」)에 따라 계약을 체결하거나 입찰보증금 국고귀속조치를 취하는 것은 사법관계에 해당한다.

③ 국유재산의 무단점유에 대한 변상금부과는 공법관계에 해당하나, 국유 일반재산의 대부행위는 사법관계에 해당한다.

④ 조달청장이 법령에 근거하여 입찰참가자격을 제한하는 것은 사법관계에 해당한다.

문 5. 「행정기본법」상 제재처분의 제척기간인 5년이 지나면 제재처분을 할 수 없는 경우는?

　① 제재처분을 하지 아니하면 국민의 안전·생명 또는 환경을 심각하게 해치거나 해칠 우려가 있는 경우

　② 거짓이나 그 밖의 부정한 방법으로 인허가를 받거나 신고를 한 경우

　③ 정당한 사유 없이 행정청의 조사·출입·검사를 기피·방해·거부하여 제척기간이 지난 경우

　④ 당사자가 인허가나 신고의 위법성을 경과실로 알지 못한 경우

문 6. 행정입법에 대한 설명으로 옳지 않은 것은?

　① 총리령·부령의 제정절차는 대통령령의 경우와는 달리 국무회의 심의는 거치지 않아도 된다.

　② 법령보충적 행정규칙은 물론이고 재량권 행사의 준칙이 되는 행정규칙이 행정의 자기구속원리에 따라 대외적 구속력을 가지는 경우에는 헌법소원의 대상이 될 수 있다.

　③ 상위법령의 위임이 없음에도 상위법령에 규정된 처분요건에 해당하는 사항을 부령에서 변경하여 규정한 경우 그 부령의 규정은 국민에 대한 대외적 구속력이 있다.

　④ 특정다목적댐법에서 댐 건설로 손실을 입으면 국가가 보상해야 하고 그 절차와 방법은 대통령령으로 제정토록 명시되어 있음에도 미제정된 경우, 법령제정의 여부는 「행정소송법」상 부작위위법확인소송의 대상이 될 수 없다.

문 7. 행정행위의 하자에 대한 설명으로 옳은 것은?

　① 과세처분의 취소를 구하는 행정소송에서 선행처분인 개별공시지가결정의 위법을 독립된 위법사유로 주장할 수 있다.

　② 재건축조합설립인가처분 당시 동의율을 충족하지 못한 하자는 후에 추가동의서가 제출되었다는 사정만으로도 치유된다.

　③ 적법한 건축물에 대한 철거명령은 그 하자가 중대하고 명백하여 당연무효라고 할 것이지만, 그 후행행위인 건축물철거 대집행계고처분은 당연무효라고 할 수 없다.

　④ 세액산출근거가 기재되지 아니한 납세고지서에 의한 부과처분은 강행법규에 위반하여 취소대상이 된다고 할 것이지만 이와 같은 하자는 납세의무자가 전심절차에서 이를 주장하지 아니하였거나, 그 후 부과된 세금을 자진납부하였다거나 또는 조세채권의 소멸시효기간이 만료된 경우 치유된다.

문 8. 항고소송의 대상에 대한 설명으로 옳지 않은 것은?

　① 어떠한 처분에 법령상 근거가 있는지, 「행정절차법」에서 정한 처분 절차를 준수하였는지는 소송요건 심사단계에서 고려하여야 한다.

　② 병무청장이 「병역법」에 따라 병역의무 기피자의 인적사항 등을 인터넷 홈페이지에 게시하는 등의 방법으로 공개한 경우 병무청장의 공개결정은 항고소송의 대상이 되는 행정처분이다.

　③ 국민건강보험공단이 행한 '직장가입자 자격상실 및 자격변동 안내' 통보는 가입자 자격의 변동 여부 및 시기를 확인하는 의미에서 한 사실상 통지행위에 불과할 뿐, 항고소송의 대상이 되는 행정처분에 해당하지 않는다.

　④ 행정청의 행위가 '처분'에 해당하는지가 불분명한 경우에는 그에 대한 불복방법 선택에 중대한 이해관계를 가지는 상대방의 인식가능성과 예측가능성을 중요하게 고려하여 규범적으로 판단하여야 한다.

문 9. 공익신고자 丙은 甲이 「국민기초생활 보장법」상의 복지급여를 부정수급하고 있다고 관할 乙행정청에 신고하였다. 이에 대하여 甲은 乙에게 부정수급 신고를 한 자와 그 내용에 대해 정보공개청구를 하였다. 이후 甲은 乙의 비공개결정통지를 받았고(2022.8.26.) 이에 대해 국민권익위원회에 고충민원을 제기하였으나(2022.9.16.), 국민권익위원회로부터 乙의 결정은 문제가 없다는 안내를 받았다(2022.10.26.). 그리고 甲은 乙의 비공개결정의 취소를 구하는 행정심판을 제기하게 되었다(2022.12.27.). 이에 대한 설명으로 옳은 것만을 모두 고르면?

ㄱ. 「개인정보 보호법」상 정보주체에게 열람청구권이 보장되어 있더라도, 甲은 이에 근거하여 乙에게 신고자에 대한 정보공개를 요구하여 그 정보를 받을 수 없다.

ㄴ. 甲의 행정심판청구는 행정심판 제기기간 내에 이루어졌으므로 적법하다.

ㄷ. 甲의 국민권익위원회에 대한 고충민원 제기는 이의신청에 해당하므로, 고충민원에 대한 답변을 받은 날이 행정심판 제기기간의 기산점이 된다.

ㄹ. 학술·연구를 위하여 일시적으로 체류하는 외국인 丙은 「국민기초생활 보장법」상의 복지급여 지급기준에 대해 정보공개를 청구할 권리가 인정된다.

① ㄱ, ㄴ
② ㄱ, ㄹ
③ ㄴ, ㄷ
④ ㄱ, ㄷ, ㄹ

문 10. 「행정절차법」상 송달과 처분절차에 대한 설명으로 옳지 않은 것은?

① 처분기준의 설정·공표의 규정은 침익적 처분뿐만 아니라 수익적 처분의 경우에도 적용된다.

② 정보통신망을 이용하여 전자문서로 송달하는 경우에는 송달받을 자가 지정한 컴퓨터 등에 입력된 때에 도달된 것으로 본다.

③ 공청회가 개최는 되었으나 정상적으로 진행되지 못하고 무산된 횟수가 2회인 경우 온라인공청회를 단독으로 개최할 수 있다.

④ 송달이 불가능한 경우에는 송달받을 자가 알기 쉽도록 관보, 공보, 게시판, 일간신문 중 하나 이상에 공고하고 인터넷에도 공고하여야 한다.

문 11. 「질서위반행위규제법」상 과태료에 대한 설명으로 옳지 않은 것은?

① 신분에 의하여 성립하는 질서위반행위에 신분이 없는 자가 가담한 때에는 신분이 없는 자에 대하여도 질서위반행위가 성립한다.

② 하나의 행위가 2 이상의 질서위반행위에 해당하는 경우에는 각 질서위반행위에 대하여 정한 과태료 중 가장 중한 과태료를 부과한다.

③ 자신의 행위가 위법하지 아니한 것으로 오인하고 행한 질서위반행위는 그 오인에 정당한 이유가 있는 때에 한하여 과태료를 부과하지 아니한다.

④ 행정청이 위반사실을 적발하면 과태료를 부과받을 자의 주소지를 관할하는 지방법원에 통보하여야 하고, 당해 법원은 「비송사건절차법」에 따라 결정으로써 과태료를 부과한다.

문 12. 「행정조사기본법」상 행정조사에 대한 설명으로 옳지 않은 것은?

① 행정기관의 장은 조사원이 조사목적의 달성을 위하여 한 시료채취로 조사대상자에게 손실을 입힌 때에는 그 손실을 보상하여야 한다.

② 개별 법령 등에서 행정조사를 규정하고 있지 않더라도, 행정기관은 조사대상자가 자발적으로 협조하는 경우에는 행정조사를 실시할 수 있다.

③ 행정기관의 장은 조사대상자의 신상이나 사업비밀 등이 유출될 우려가 있으므로 인터넷 등 정보통신망을 통하여 조사대상자로 하여금 자료의 제출 등을 하게 할 수 없다.

④ 행정기관의 장은 당해 행정기관 내의 2 이상의 부서가 동일하거나 유사한 업무분야에 대하여 동일한 조사대상자에게 행정조사를 실시하는 경우에는 공동조사를 하여야 한다.

문 13. 판례의 입장으로 옳지 않은 것은?

① 거부처분에 대한 집행정지는 그 거부처분으로 인하여 신청인에게 생길 손해를 방지하는 데 아무런 보탬이 되지 아니하므로 허용되지 않는다.

② 사정판결의 요건인 처분의 위법성은 변론종결시를 기준으로 판단하고, 공공복리를 위한 사정판결의 필요성은 처분시를 기준으로 판단하여야 한다.

③ 집행정지의 요건으로 규정하고 있는 '공공복리에 중대한 영향을 미칠 우려'가 없을 것이라고 할 때의 '공공복리'는 그 처분의 집행과 관련된 구체적이고도 개별적인 공익을 말하는 것으로서 이러한 집행정지의 소극적 요건에 대한 주장·소명책임은 행정청에게 있다.

④ 「도시 및 주거환경정비법」에 근거한 조합설립인가처분은 행정주체로서의 지위를 부여하는 설권적 처분이고, 조합설립결의는 조합설립인가처분의 요건이므로, 조합설립결의에 하자가 있다면 그 하자를 이유로 직접 항고소송의 방법으로 조합설립인가처분의 취소 또는 무효확인을 구하여야 한다.

문 14. 「국가배상법」상 이중배상금지에 대한 판례의 입장으로 옳지 않은 것은?

① 「국가배상법」 제2조 제1항 단서에서 정한 '다른 법령의 규정'에 따른 보상금청구권이 모두 시효로 소멸된 경우라고 하더라도 「국가배상법」 제2조 제1항 단서 규정이 적용된다.

② 경찰공무원인 피해자가 「공무원연금법」에 따라 공무상요양비를 지급받는 것은 「국가배상법」 제2조 제1항 단서에서 정한 '다른 법령의 규정'에 따라 보상을 지급받는 것에 해당하지 않는다.

③ 훈련으로 공상을 입은 군인이 「국가배상법」에 따라 손해배상금을 지급받은 다음 「보훈보상대상자 지원에 관한 법률」이 정한 보훈급여금의 지급을 청구하는 경우, 국가는 「국가배상법」 제2조 제1항 단서에 따라 그 지급을 거부할 수 있다.

④ 군인이 교육훈련으로 공상을 입은 경우라도 「군인연금법」 또는 「국가유공자예우 등에 관한 법률」에 의하여 재해보상금·유족연금·상이연금 등 별도의 보상을 받을 수 없는 경우에는 「국가배상법」 제2조 제1항 단서의 적용 대상에서 제외하여야 한다.

문 15. 다음 사례에 대한 설명으로 옳은 것은?

> A구 의회 의원인 甲은 공무원을 폭행하는 등 의원으로서 품위를 손상시키는 행위를 하였다. 이러한 사유를 들어 A구 의회는 甲을 의원직에서 제명하는 의결을 하였다. 이에 甲은 위 제명의결을 행정소송의 방법으로 다투고자 한다.

① 甲이 제명의결을 행정소송으로 다투는 경우 소송의 유형은 무효확인소송으로 하여야 하며 취소소송으로는 할 수 없다.

② A구 의회는 입법기관으로서 행정청의 지위를 가지지 못하므로 甲에 대한 제명의결을 다투는 행정소송에서는 A구 의회 사무총장이 피고가 되어야 한다.

③ 「행정소송법」 제12조의 '법률상 이익' 개념에 관하여 법률상 이익구제설에 따르는 판례에 의하면 甲은 제명의결을 다툴 원고적격을 갖지 못한다.

④ 법원이 甲이 제기한 행정소송을 받아들여 소송의 계속 중에 甲의 임기가 만료되었더라도 수소법원은 소의 이익을 인정할 수 있다.

문 16. 행정소송에 대한 설명으로 옳지 않은 것은?

① 건축물의 하자를 다투는 입주예정자들은 건물의 사용검사처분에 대해 제3자효 행정행위의 차원에서 행정소송을 통해 다툴 수 있다.

② 당사자소송으로 서울행정법원에 제기할 것을 민사소송으로 지방법원에 제기하여 판결이 내려진 경우, 그 판결은 관할위반에 해당한다.

③ 민사소송인 소가 서울행정법원에 제기되었는데도 피고가 제1심법원에서 관할위반이라고 항변하지 않고 본안에서 변론을 한 경우에는 제1심법원에 변론관할이 생긴다.

④ 환경부장관이 생태·자연도 1등급으로 지정되었던 지역을 2등급으로 변경하는 내용의 생태·자연도 수정·보완을 고시하는 경우, 1등급지역에 거주하던 인근 주민은 생태·자연도 등급변경처분의 무효확인을 구할 원고적격이 없다.

문 17. 손실보상에 대한 설명으로 옳은 것은?

① 「공익사업을 위한 토지 등의 취득 및 보상에 관한 법률」
상 사업시행자와 토지소유자 사이의 협의취득에 대한 분
쟁은 민사소송으로 다투어야 한다.

② 「공익사업을 위한 토지 등의 취득 및 보상에 관한 법률」
에 따라 사업인정고시가 된 후 토지의 사용으로 인하여
토지의 형질이 변경되는 경우에 토지소유자는 중앙토지
수용위원회에 그 토지의 매수청구권을 행사할 수 있다.

③ 헌법재판소는 「개발제한구역의 지정 및 관리에 관한 특
별조치법」 제11조 제1항 등에 대한 위헌소원사건에서
토지의 효용이 감소한 토지소유자에게 토지매수청구권
을 인정하는 등 보상규정을 두었지만 적절한 손실보상에
해당하지 않는다고 위헌결정을 하였다.

④ 사업시행자는 동일한 사업지역에 보상시기를 달리하는
동일인 소유의 토지 등이 여러 개가 있는 경우 토지 등
의 소유자가 일괄보상을 요구하더라도 「공익사업을 위한
토지 등의 취득 및 보상에 관한 법률」에 따라 단계적으
로 보상금을 지급하여야 한다.

문 18. 행정의 실효성 확보수단에 대한 대법원 판례의 입장으로 옳
지 않은 것은?

① 행정법상의 질서벌인 과태료의 부과처분과 형사처벌은
그 성질이나 목적을 달리하는 별개의 것이므로 행정법상
의 질서벌인 과태료를 납부한 후에 형사처벌을 한다고
하여 이를 일사부재리의 원칙에 반하는 것이라고 할 수
는 없다.

② 「건축법」상 시정명령을 받은 의무자가 그 시정명령의 취
지에 부합하는 의무를 이행하기 위한 정당한 방법으로
행정청에 신청 또는 신고를 하였으나 행정청이 위법하게
이를 거부 또는 반려함으로써 결국 그 처분이 취소되기
에 이르렀더라도, 이행강제금 제도의 취지에 비추어 볼
때 그 시정명령의 불이행을 이유로 이행강제금을 부과할
수 있다.

③ 건물의 소유자에게 위법건축물을 일정기간까지 철거할
것을 명함과 아울러 불이행할 때에는 대집행한다는 내용
의 철거대집행 계고처분을 고지한 후 이에 불응하자 다
시 제2차·제3차 계고서를 발송하여 일정기간까지의 자
진철거를 촉구하고 불이행하면 대집행을 한다는 뜻을 고
지한 경우, 제2차·제3차의 계고처분은 새로운 철거의
무를 부과한 것이 아니라 대집행기한을 연기통지한 것에
불과하다.

④ 관할 행정청이 여객자동차운송사업자가 범한 여러 가지
위반행위 중 일부만 인지하여 과징금 부과처분을 하였는
데 그 후 과징금 부과처분 시점 이전에 이루어진 다른
위반행위를 인지하여 이에 대하여 별도의 과징금 부과처
분을 하게 되는 경우, 종전 과징금 부과처분의 대상이
된 위반행위와 추가 과징금 부과처분의 대상이 된 위반
행위에 대하여 일괄하여 하나의 과징금 부과처분을 하는
경우와의 형평을 고려하여 추가 과징금 부과처분의 처분
양정이 이루어져야 한다.

문 19. 서훈 또는 서훈취소에 대한 설명으로 옳은 것만을 모두 고르면?

> ㄱ. 서훈취소는 대통령이 국가원수로서 행하는 행위이지만 통치행위는 아니다.
> ㄴ. 서훈은 서훈대상자의 특별한 공적에 의하여 수여되는 고도의 일신전속적 성격을 가지는 것이므로 유족이라고 하더라도 처분의 상대방이 될 수 없다.
> ㄷ. 건국훈장 독립장이 수여된 망인에 대한 서훈취소를 국무회의에서 의결하고 대통령이 결재함으로써 서훈취소가 결정된 후에 국가보훈처장이 망인의 유족에게 독립유공자 서훈취소결정 통보를 하였다면 서훈취소처분취소소송에서의 피고적격은 국가보훈처장에 있다.
> ㄹ. 국가보훈처장이 서훈추천 신청자에 대한 서훈추천을 거부한 것은 항고소송의 대상으로 볼 수는 없어 항고소송을 제기할 수는 없으나 행정권력의 부작위에 대한 헌법소원으로서 다툴 수 있다.

① ㄱ, ㄴ
② ㄱ, ㄹ
③ ㄱ, ㄷ, ㄹ
④ ㄴ, ㄷ, ㄹ

문 20. 행정대집행에 대한 설명으로 옳지 않은 것은?

① 행정대집행은 「행정기본법」상 행정상 강제에 해당한다.
② 대집행에 요한 비용은 「국세징수법」의 예에 의하여 징수할 수 있다.
③ 「행정대집행법」상 대집행의 대상이 되는 대체적 작위의무는 공법상 의무이어야 한다.
④ 대집행에 요한 비용에 대하여서는 행정청은 사무비의 소속에 따라 국세와 동일한 순위의 선취득권을 가지며, 대집행에 요한 비용을 징수하였을 때에는 그 징수금은 국고의 수입으로 한다.

해설편 ▶ P.14

2022

4월 2일 시행
국가직 9급

| 풀이 시간: ____:____ ~ ____:____ / 점수: ____점

1초 합격예측! 모바일 성적분석표

QR 코드로 접속하여 문제 풀이시간을 측정하고,
〈1초 합격예측 & 모바일 성적분석표〉 서비스를 통해
지금 바로! 실력을 점검해 보세요.
http://eduwill.kr/8NFj

문 1. 신뢰보호의 원칙에 대한 설명으로 옳지 <u>않은</u> 것은? (다툼이 있는 경우 판례에 의함)

① 건축주와 그로부터 건축설계를 위임받은 건축사가 관계 법령에서 정하고 있는 건축한계선의 제한이 있다는 사실을 간과한 채 건축설계를 하고 이를 토대로 건축물의 신축 및 증축허가를 받은 경우, 그 신축 및 증축허가가 정당하다고 신뢰한 데에는 귀책사유가 있다.

② 행정청이 상대방에게 장차 어떤 처분을 하겠다고 공적 견해표명을 하였더라도 그 후에 그 전제로 된 사실적·법률적 상태가 변경되었다면, 그와 같은 공적 견해표명은 효력을 잃게 된다.

③ 수강신청 후에 징계요건을 완화하는 학칙개정이 이루어지고 이어 시험이 실시되어 그 개정학칙에 따라 대학이 성적 불량을 이유로 학생에 대하여 징계처분을 한 경우라면 이는 이른바 부진정소급효에 관한 것으로서 특별한 사정이 없는 한 위법이라고 할 수 없다.

④ 병무청 담당부서의 담당공무원에게 공적 견해의 표명을 구하지 아니한 채 민원봉사 담당공무원이 상담에 응하여 안내한 것을 신뢰한 경우에도 신뢰보호의 원칙이 적용된다.

문 2. 행정행위의 효력에 대한 설명으로 옳지 <u>않은</u> 것은? (다툼이 있는 경우 판례에 의함)

① 영업허가취소처분이 나중에 행정쟁송절차에 의하여 취소되었더라도, 그 영업허가취소처분 이후의 영업행위는 무허가영업이다.

② 연령미달 결격자가 다른 사람 이름으로 교부받은 운전면허는 당연무효가 아니고 취소되지 않는 한 유효하므로 그 연령미달 결격자의 운전행위는 무면허운전에 해당하지 아니한다.

③ 구 「도시계획법」상 원상회복 등의 조치명령을 받고도 이를 따르지 않은 자에 대해 형사처벌을 하기 위해서는 적법한 조치명령이 전제되어야 하며, 이때 형사법원은 그 적법 여부를 심사할 수 있다.

④ 조세부과처분을 취소하는 행정판결이 확정된 경우 부과처분의 효력은 처분시에 소급하여 효력을 잃게 되므로 확정된 행정판결은 조세포탈에 대한 무죄를 인정할 명백한 증거에 해당한다.

문 3. 다단계행정결정에 대한 설명으로 옳지 <u>않은</u> 것은? (다툼이 있는 경우 판례에 의함)

① 「공유재산 및 물품 관리법」에 근거하여 공모제안을 받아 이루어지는 민간투자사업 '우선협상대상자 선정행위'나 '우선협상대상자 지위배제행위'에서 '우선협상대상자 지위배제행위'만이 항고소송의 대상인 처분에 해당한다.

② 구 「원자력법」상 원자로 및 관계 시설의 부지사전승인처분 후 건설허가처분까지 내려진 경우, 선행처분은 후행처분에 흡수되어 건설허가처분만이 행정쟁송의 대상이 된다.

③ 공정거래위원회가 부당한 공동행위를 한 사업자에게 과징금 부과처분을 한 뒤 다시 자진신고 등을 이유로 과징금 감면처분을 한 경우, 선행처분은 후행처분에 흡수되어 소멸하므로 선행처분의 취소를 구하는 소는 부적법하다.

④ 자동차운송사업 양도·양수인가신청에 대하여 행정청이 내인가를 한 후 그 본인가신청이 있음에도 내인가를 취소한 경우, 다시 본인가에 대하여 별도로 인가 여부의 처분을 한다는 사정이 보이지 않는다면 내인가취소는 행정처분에 해당한다.

문 4. 행정행위의 하자에 대한 설명으로 옳지 <u>않은</u> 것은? (다툼이 있는 경우 판례에 의함)

① 이미 불가쟁력이 발생한 보충역편입처분에 하자가 있다고 하더라도 그것이 당연무효의 사유가 아닌 한 공익근무요원소집처분에 승계되는 것은 아니다.

② 건물철거명령이 당연무효가 아니고 불가쟁력이 발생하였다면 건물철거명령의 하자를 이유로 후행 대집행계고처분의 효력을 다툴 수 없다.

③ 도시계획시설사업 시행자 지정처분이 처분 요건을 충족하지 못하여 당연무효인 경우, 도시계획시설사업의 시행자가 작성한 실시계획을 인가하는 처분도 무효이다.

④ 선행처분인 공무원직위해제처분과 후행 직권면직처분 사이에는 하자의 승계가 인정된다.

문 5. 다음 사례에 대한 설명으로 옳은 것은? (다툼이 있는 경우 판례에 의함)

> 민간시민단체 A는 관할 행정청 B에게 개발사업의 승인과 관련한 정보공개를 청구하였으나 B는 현재 재판 진행 중인 사안이 포함되어 있다는 이유로 「공공기관의 정보공개에 관한 법률」 제9조 제1항 제4호의 사유를 들어 A의 정보공개청구를 거부하였다.

① A는 공개청구한 정보에 대해 개별·구체적 이익이 없는 경우에도 B의 정보공개거부에 대해 취소소송으로 다툴 수 있다.

② A가 공개청구한 정보에 대해 직접적인 이해관계가 있는 경우에는 B의 정보공개거부에 대해 정보공개의 이행을 구하는 당사자소송을 제기하여 다툴 수 있다.

③ A가 공개청구한 정보의 일부가 「공공기관의 정보공개에 관한 법률」상 비공개사유에 해당하는 때에는 그 나머지 정보만을 공개하는 것이 가능한 경우라 하더라도 법원은 공개 가능한 정보에 관한 부분만의 일부취소를 명할 수는 없다.

④ B의 비공개사유가 정당화되기 위해서는 A가 공개청구한 정보가 진행 중인 재판의 소송기록 자체에 포함된 내용이어야 한다.

문 6. 항고소송에서 수소법원의 판결에 대한 설명으로 옳지 <u>않은</u> 것은? (다툼이 있는 경우 판례에 의함)

① 행정처분의 취소를 구하는 소에서, 비록 행정처분의 위법을 이유로 취소판결을 받더라도 처분에 의하여 발생한 위법상태를 원상회복시키는 것이 불가능한 경우에는 원칙적으로 취소를 구할 법률상 이익이 없으므로, 수소법원은 소를 각하하여야 한다.

② 해임처분취소소송 계속 중 임기가 만료되어 해임처분의 취소로 지위를 회복할 수는 없다고 할지라도, 그 취소로 해임처분일부터 임기만료일까지 기간에 대한 보수 지급을 구할 수 있는 경우에는 해임처분의 취소를 구할 법률상 이익이 있으므로, 수소법원은 본안에 대하여 판단하여야 한다.

③ 관할청이 「농지법」상의 이행강제금 부과처분을 하면서 재결청에 행정심판을 청구하거나 관할 행정법원에 행정소송을 할 수 있다고 잘못 안내한 경우 행정법원의 항고소송 재판관할이 생긴다.

④ 「행정소송법」 제19조에서 말하는 '재결 자체에 고유한 위법'이란 원처분에는 없고 재결에만 있는 재결청의 권한 또는 구성의 위법, 재결의 절차나 형식의 위법, 내용의 위법 등을 뜻한다.

문 7. 행정법 관계에 대한 설명으로 옳지 <u>않은</u> 것은? (다툼이 있는 경우 판례에 의함)

① 군인연금법령상 급여를 받으려고 하는 사람이 국방부장관에게 급여지급을 청구하였으나 거부된 경우, 곧바로 국가를 상대로 한 당사자소송으로 급여의 지급을 청구할 수 있다.

② 법무사가 사무원을 채용할 때 소속 지방법무사회로부터 승인을 받아야 할 의무는 공법상 의무이다.

③ 사무처리의 긴급성으로 인하여 해양경찰의 직접적인 지휘를 받아 보조로 방제작업을 한 경우, 사인은 그 사무를 처리하며 지출한 필요비 내지 유익비의 상환을 국가에 대하여 민사소송으로 청구할 수 있다.

④ 「공익사업을 위한 토지 등의 취득 및 보상에 관한 법률」상 환매권의 존부에 관한 확인을 구하는 소송 및 환매금액의 증감을 구하는 소송은 민사소송이다.

문 8. 행정법규의 양벌규정에 대한 설명으로 옳지 <u>않은</u> 것은? (다툼이 있는 경우 판례에 의함)

① 양벌규정은 행위자에 대한 처벌규정임과 동시에 그 위반 행위의 이익 귀속주체인 영업주에 대한 처벌규정이다.

② 종업원의 범죄성립이나 처벌이 영업주 처벌의 전제조건이 되는 것은 아니다.

③ 법인 대표자의 법규위반행위에 대한 법인의 책임은 법인 자신의 법규위반행위로 평가될 수 있는 행위에 대한 법인의 직접책임이다.

④ 양벌규정에 의한 법인의 처벌은 어디까지나 행정적 제재 처분일 뿐 형벌과는 성격을 달리한다.

문 9. 과징금 부과처분에 대한 설명으로 옳지 <u>않은</u> 것은? (다툼이 있는 경우 판례에 의함)

① 「독점규제 및 공정거래에 관한 법률」상의 과징금은 법이 규정한 범위 내에서 그 부과처분 당시까지 부과관청이 확인한 사실을 기초로 일의적으로 확정되어야 할 것이지, 추후에 부과금 산정기준이 되는 새로운 자료가 나왔다고 하여 새로운 부과처분을 할 수 있는 것은 아니다.

② 영업정지에 갈음하여 부과되는 이른바 변형된 과징금의 부과 여부는 통상 행정청의 재량행위이다.

③ 과징금은 행정상 제재금이고 범죄에 대한 국가형벌권의 실행이 아니므로 행정법규 위반에 대해 벌금 이외에 과징금을 부과하는 것은 이중처벌금지의 원칙에 위반되지 않는다.

④ 「부동산 실권리자명의 등기에 관한 법률」상 명의신탁자에 대한 과징금의 부과 여부는 행정청의 재량행위이다.

문 10. 행정상 손해배상에 대한 설명으로 옳지 <u>않은</u> 것은? (다툼이 있는 경우 판례에 의함)

① 국가배상청구권의 소멸시효 기간은 지났으나 국가가 소멸시효 완성을 주장하는 것이 신의성실의 원칙에 반하는 권리남용으로 허용될 수 없어 배상책임을 이행한 경우, 국가는 원칙적으로 해당 공무원에 대해 구상권을 행사할 수 있다.

② 공무원이 관계 법령의 해석이 확립되기 전에 어느 한 설을 취하여 업무를 처리한 것이 결과적으로 위법하더라도 처분 당시 그 이상의 업무처리를 성실한 평균적 공무원에게 기대하기 어려웠던 경우라면 원칙적으로 공무원의 과실을 인정할 수 없다.

③ 공무원이 직무를 수행하면서 그 근거가 되는 법령의 규정에 따라 구체적으로 의무를 부여받았어도 그것이 국민의 이익과 관계없이 순전히 행정기관 내부의 질서를 유지하기 위한 것이라면 그 의무에 위반하여 국민에게 손해를 가하여도 국가 등은 배상책임을 부담하지 않는다.

④ 행정처분이 후에 항고소송에서 취소되었다고 할지라도 그 기판력에 의하여 당해 행정처분이 곧바로 공무원의 고의 또는 과실로 인한 것으로서 불법행위를 구성한다고 단정할 수는 없다.

문 11. 다음 사례에 대한 설명으로 옳지 <u>않은</u> 것은? (다툼이 있는 경우 판례에 의함)

　　건축주 甲은 토지소유자 乙과 매매계약을 체결하고 乙로부터 토지사용승낙서를 받아 乙의 토지 위에 건축물을 건축하는 건축허가를 관할 행정청인 A시장으로부터 받았다. 매매계약서에 의하면 甲이 잔금을 기일 내에 지급하지 못하면 즉시 매매계약이 해제될 수 있고 이 경우 토지사용승낙서는 효력을 잃으며 甲은 건축허가를 포기·철회하기로 甲과 乙이 약정하였다. 乙은 甲이 잔금을 기일 내에 지급하지 않자 甲과의 매매계약을 해제하였다.

① 착공에 앞서 甲의 귀책사유로 해당 토지를 사용할 권리를 상실한 경우, 乙은 A시장에 대하여 건축허가의 철회를 신청할 수 있다.

② 건축허가는 대물적 성질을 갖는 것이어서 행정청으로서는 그 허가를 할 때에 건축주 또는 토지소유자가 누구인지 등 인적 요소에 관하여는 형식적 심사만 한다.

③ A시장은 건축허가 당시 별다른 하자가 없었고 철회의 법적 근거가 없으므로 건축허가를 철회할 수 없다.

④ 철회권의 행사는 기득권의 침해를 정당화할 만한 중대한 공익상의 필요 또는 제3자의 이익을 보호할 필요가 있고, 공익상의 필요 등이 상대방이 입을 불이익을 정당화할 만큼 강한 경우에 한해 허용될 수 있다.

문 12. 다음 사례에 대한 설명으로 옳지 않은 것은? (다툼이 있는 경우 판례에 의함)

> A시 시장은 「학교용지 확보 등에 관한 특례법」 관계 조항에 따라 공동주택을 분양받은 甲, 乙, 丙, 丁 등에게 각각 다른 시기에 학교용지 부담금을 부과하였다. 이후 해당 조항에 대하여 법원의 위헌법률심판제청에 따라 헌법재판소가 위헌결정을 하였다(단, 甲, 乙, 丙, 丁은 모두 위헌법률심판제청신청을 하지 않은 것으로 가정함).

① 甲이 부담금을 납부하였고 부담금 부과처분에 불가쟁력이 발생한 상태라면, 해당 조항이 위헌으로 결정되더라도 이미 납부한 부담금을 반환받을 수 없다.

② 乙은 부담금을 납부한 후 부담금 부과처분에 대해 행정소송을 제기하였고 현재 소가 계속 중인 경우에도, 乙이 위헌법률심판제청신청을 하지 않았으므로 乙에게 위헌결정의 소급효는 미치지 않는다.

③ 丙이 부담금 부과처분에 대한 행정심판청구를 하여 기각재결서를 송달받았으나, 재결서 송달일로부터 90일 이내에 취소소송을 제기하였다면 丙의 청구는 인용될 수 있다.

④ 부담금 부과처분에 대한 제소기간이 경과하여 丁의 부담금 납부의무가 확정되었고 위헌결정 전에 丁의 재산에 대한 압류가 이루어진 상태라도, 丁에 대해 부담금 징수를 위한 체납처분을 속행할 수는 없다.

문 13. 행정입법에 대한 설명으로 옳지 않은 것은? (다툼이 있는 경우 판례에 의함)

① 부령의 형식으로 정해진 제재적 행정처분의 기준은 그 규정의 성질과 내용이 행정청 내부의 사무처리준칙을 정한 것에 불과하므로 대외적으로 국민이나 법원을 구속하는 것은 아니다.

② 항정신병 치료제의 요양급여 인정기준에 관한 보건복지부 고시가 다른 집행행위의 매개 없이 그 자체로서 직접 국민의 구체적인 권리·의무와 법률관계를 규율하는 성격을 가질 때에는 항고소송의 대상이 되는 행정처분에 해당한다.

③ 법률의 위임에 의하여 효력을 갖는 법규명령이 법개정으로 위임의 근거가 없어지게 되더라도 효력을 상실하지 않는다.

④ 한국수력원자력 주식회사가 조달하는 기자재, 용역 및 정비공사, 기기수리의 공급자에 대한 관리업무 절차를 규정함을 목적으로 제정·운용하고 있는 '공급자관리지침' 중 등록취소 및 그에 따른 일정 기간의 거래제한조치에 관한 규정들은 상위법령의 구체적 위임 없이 정한 것이어서 대외적 구속력이 없는 행정규칙이다.

문 14. 행정작용에 대한 설명으로 옳은 것은? (다툼이 있는 경우 판례에 의함)

① 구체적인 계획을 입안함에 있어 지침이 되거나 특정 사업의 기본방향을 제시하는 내용의 행정계획은 항고소송의 대상인 행정처분에 해당하지 않는다.

② 공법상 계약이 법령 위반 등의 내용상 하자가 있는 경우에도 그 하자가 중대·명백한 것이 아니면 취소할 수 있는 하자에 불과하고 이에 대한 다툼은 당사자소송에 의하여야 한다.

③ 지도, 권고, 조언 등의 행정지도는 법령의 근거를 요하고 항고소송의 대상이 된다.

④ 「국가를 당사자로 하는 계약에 관한 법률」에 따라 국가가 당사자가 되는 이른바 공공계약에 관한 법적 분쟁은 원칙적으로 행정법원의 관할 사항이다.

문 15. 「행정절차법」상 처분의 사전통지 및 의견제출 절차에 대한 설명으로 옳지 않은 것은? (다툼이 있는 경우 판례에 의함)

① 법령 등에서 요구된 자격이 없거나 없어지게 되면 반드시 일정한 처분을 하여야 하는 경우에 그 자격이 없거나 없어지게 된 사실이 법원의 재판에 의하여 객관적으로 증명된 경우에는 사전통지를 생략할 수 있다.

② 행정청의 처분으로 의무가 부과되거나 권익이 제한되는 경우라도 당사자가 의견진술의 기회를 포기한다는 뜻을 명백히 표시한 경우에는 의견청취를 생략할 수 있다.

③ 별정직 공무원인 대통령기록관장에 대한 직권면직처분에는 처분의 사전통지 및 의견청취 등에 관한 「행정절차법」 규정이 적용되지 않는다.

④ 대통령이 한국방송공사 사장을 해임하면서 사전통지절차를 거치지 않은 경우에는 그 해임처분은 위법하다.

문 16. 「행정소송법」상 취소소송에 대한 설명으로 옳지 <u>않은</u> 것은? (다툼이 있는 경우 판례에 의함)

① 대한민국에서 출생하여 오랜 기간 대한민국 국적을 보유하면서 거주한 재외동포는 사증발급 거부처분의 취소를 구할 법률상 이익이 있다.

② 국민권익위원회가 소방청장에게 일정한 의무를 부과하는 내용의 조치요구를 한 경우 소방청장은 조치요구의 취소를 구할 당사자능력 및 원고적격이 인정되지 않는다.

③ 임용지원자가 특별채용 대상자로서 자격을 갖추고 있고 유사한 지위에 있는 자에 대하여 정규교사로 특별채용한 전례가 있다 하더라도, 교사로의 특별채용을 요구할 법규상 또는 조리상의 권리가 있다고 할 수 없다.

④ 피해자의 의사와 무관하게 주민등록번호가 유출된 경우, 조리상 주민등록번호의 변경을 요구할 신청권을 인정함이 타당하다.

문 17. 행정상 즉시강제에 대한 설명으로 옳은 것만을 모두 고르면?

> ㄱ. 항고소송의 대상이 되는 처분의 성질을 갖는다.
> ㄴ. 과거의 의무위반에 대하여 가해지는 제재이다.
> ㄷ. 목전에 급박한 장해를 예방하기 위한 경우에는 예외적으로 법률의 근거가 없이도 발동될 수 있다는 것이 일반적인 견해이다.
> ㄹ. 강제 건강진단과 예방접종은 대인적 강제수단에 해당한다.
> ㅁ. 위법한 즉시강제작용으로 손해를 입은 자는 국가나 지방자치단체를 상대로 「국가배상법」이 정한 바에 따라 손해배상을 청구할 수 있다.

① ㄴ, ㄷ   ② ㄱ, ㄴ, ㅁ
③ ㄱ, ㄹ, ㅁ   ④ ㄷ, ㄹ, ㅁ

문 18. 다음 중 「행정심판법」에 따른 행정심판을 제기할 수 <u>없는</u> 경우만을 모두 고르면? (다툼이 있는 경우 판례에 의함)

> ㄱ. 「공공기관의 정보공개에 관한 법률」상 정보공개와 관련한 공공기관의 비공개결정에 대하여 이의신청을 한 경우
> ㄴ. 「공익사업을 위한 토지 등의 취득 및 보상에 관한 법률」상 토지수용위원회의 수용재결에 이의가 있어 중앙토지수용위원회에 이의를 신청한 경우
> ㄷ. 「난민법」상 난민불인정결정에 대해 법무부장관에게 이의신청을 한 경우
> ㄹ. 「민원 처리에 관한 법률」상 법정민원에 대한 행정기관의 장의 거부처분에 대해 그 행정기관의 장에게 이의신청을 한 경우

① ㄱ, ㄴ   ② ㄱ, ㄹ
③ ㄴ, ㄷ   ④ ㄷ, ㄹ

문 19. 다음 사례에 대한 설명으로 옳은 것은? (다툼이 있는 경우 판례에 의함)

> 건설회사 A는 택지개발사업을 위해 관련 법령에 따른 절차를 거쳐 甲 소유의 토지 등을 취득하고자 甲과 보상에 관한 협의를 하였으나 협의가 성립되지 않았다. 이에 관할 지방토지수용위원회에 재결을 신청하여 토지의 수용 및 보상금에 대한 수용재결을 받았다.

① 甲이 수용재결에 대하여 이의신청을 제기하면 사업의 진행 및 토지의 수용 또는 사용을 정지시키는 효력이 있다.

② 甲이 수용 자체를 다투는 경우 관할 지방토지수용위원회를 상대로 수용재결에 대하여 취소소송을 제기할 수 있다.

③ 甲은 보상금 증액을 위해 A를 상대로 손실보상을 구하는 민사소송을 제기할 수 있다.

④ 甲이 계속 거주하고 있는 건물과 토지의 인도를 거부할 경우 행정대집행의 대상이 될 수 있다.

문 20. 다음 사례에 대한 설명으로 옳은 것은? (다툼이 있는 경우 판례에 의함)

> A시 시장은 식품접객업주 甲에게 청소년고용금지업소에 청소년을 고용하였다는 사유로 식품위생법령에 근거하여 영업정지 2개월 처분에 갈음하는 과징금 부과처분을 하였고, 甲은 부과된 과징금을 납부하였다. 그러나 甲은 이후 과징금 부과처분에 하자가 있음을 알게 되었다.

① 甲은 납부한 과징금을 돌려받기 위해 관할 행정법원에 과징금반환을 구하는 당사자소송을 제기할 수 있다.

② A시 시장이 과징금 부과처분을 함에 있어 과징금부과통지서의 일부 기재가 누락되어 이를 이유로 甲이 관할 행정법원에 과징금 부과처분의 취소를 구하는 소를 제기한 경우, A시 시장은 취소소송 절차가 종결되기 전까지 보정된 과징금 부과처분 통지서를 송달하면 일부 기재 누락의 하자는 치유된다.

③ 「식품위생법」이 청소년을 고용한 행위에 대하여 영업허가를 취소하거나 6개월 이내의 기간을 정하여 그 영업의 전부 또는 일부를 정지하거나 영업소 폐쇄를 명할 수 있다고 하면서 행정처분의 세부기준은 총리령으로 위임한다고 정하고 있는 경우에, 총리령에서 정하고 있는 행정처분의 기준은 재판규범이 되지 못한다.

④ 甲이 자신은 청소년을 고용한 적이 없다고 주장하면서 제기한 과징금 부과처분의 취소소송 계속 중에 A시 시장은 甲이 유통기한이 경과한 식품을 판매한 사실을 처분사유로 추가·변경할 수 있다.

2021

4월 17일 시행
국가직 9급

| 풀이 시간: ____:____ ~ ____:____ / 점수: ____점

문 1. 행정법의 법원(法源)에 대한 설명으로 옳지 **않은** 것은? (다툼이 있는 경우 판례에 의함)

① 지방자치단체가 제정한 조례가 헌법에 의하여 체결·공포된 조약에 위반되는 경우 그 조례는 효력이 없다.

② 행정소송에 관하여 「행정소송법」에 특별한 규정이 없는 사항에 대하여는 「법원조직법」과 「민사소송법」 및 「민사집행법」의 규정을 준용한다.

③ 평등원칙은 일체의 차별적 대우를 부정하는 절대적 평등을 의미하는 것이 아니라 입법과 법의 적용에 있어서 합리적인 근거가 없는 차별을 배제하는 상대적 평등을 뜻한다.

④ 개정 법령이 기존의 사실 또는 법률관계를 적용대상으로 하면서 국민의 재산권과 관련하여 종전보다 불리한 법률효과를 규정하고 있는 경우, 그러한 사실 또는 법률관계가 개정 법률이 시행되기 이전에 이미 완성 또는 종결된 것이 아니라면 소급입법금지원칙에 위반된다.

문 2. 행정법의 일반원칙에 관련된 다음의 설명 중 옳은 것은? (다툼이 있는 경우 판례에 의함)

① 국가가 국민의 생명·신체의 안전에 대한 보호의무를 다하지 않았는지 여부를 헌법재판소가 심사할 때에는 국가가 이를 보호하기 위하여 적어도 적절하고 효율적인 최소한의 보호조치를 취하였는가 하는 '과소보호금지원칙'의 위반 여부를 기준으로 삼는다.

② 행정청이 조합설립추진위원회의 설립승인 심사에서 위법한 행정처분을 한 선례가 있는 경우에는, 행정청에 대해 자기구속력을 갖게 되어 이후에도 그러한 기준에 따라야 한다.

③ 공무원 임용신청 당시 잘못 기재된 호적상 출생연월일을 생년월일로 기재하고, 임용 후 36년 동안 이의를 제기하지 않다가, 정년을 1년 3개월 앞두고 정정된 출생연월일을 기준으로 정년연장을 요구하는 것은 신의성실의 원칙에 반한다.

④ 일반적으로 행정청이 폐기물처리업 사업계획에 대한 적정통보를 한 경우 이는 토지에 대한 형질변경신청을 허가하는 취지의 공적 견해표명까지도 포함한다.

문 3. 행정행위의 부관에 대한 설명으로 옳은 것은? (다툼이 있는 경우 판례에 의함)

① 행정처분과 부관 사이에 실제적 관련성이 있다고 볼 수 없는 경우, 공무원이 공법상의 제한을 회피할 목적으로 행정처분의 상대방과 사이에 사법상 계약을 체결하는 형식을 취하였더라도 법치행정의 원리에 반하는 것으로서 위법하다고 볼 수 없다.

② 처분 당시 법령을 기준으로 처분에 부가된 부담이 적법하였더라도, 처분 후 부담의 전제가 된 주된 행정처분의 근거 법령이 개정됨으로써 행정청이 더 이상 부관을 붙일 수 없게 되었다면 그때부터 부담의 효력은 소멸한다.

③ 부담의 이행으로서 하게 된 사법상 매매 등의 법률행위는 부담을 붙인 행정처분과는 별개의 법률행위이므로, 그 부담의 불가쟁력의 문제와는 별도로 법률행위가 사회질서 위반이나 강행규정에 위반되는지 여부 등을 따져보아 그 법률행위의 유효 여부를 판단하여야 한다.

④ 허가에 붙은 기한이 그 허가된 사업의 성질상 부당하게 짧아서 이 기한이 허가 자체의 존속기간이 아니라 허가조건의 존속기간으로 해석되는 경우에는 허가 여부의 재량권을 가진 행정청은 허가조건의 개정만을 고려할 수 있고, 그 후 당초의 기한이 상당 기간 연장되어 그 기한이 부당하게 짧은 경우에 해당하지 않게 된 때라도 더 이상의 기간 연장을 불허가할 수는 없다.

문 4. 정보공개에 대한 판례의 입장으로 옳지 <u>않은</u> 것은?

① 국민의 알 권리의 내용에는 일반 국민 누구나 국가에 대하여 보유·관리하고 있는 정보의 공개를 청구할 수 있는 이른바 일반적인 정보공개청구권이 포함된다.

② 정보공개청구권은 법률상 보호되는 구체적인 권리이므로 청구인이 공공기관에 대하여 정보공개를 청구하였다가 거부처분을 받은 것 자체가 법률상 이익의 침해에 해당한다.

③「공공기관의 정보공개에 관한 법률」상 공개청구의 대상이 되는 정보란 공공기관이 직무상 작성 또는 취득하여 현재 보유·관리하고 있는 원본인 문서만을 의미한다.

④ 정보공개가 신청된 정보를 공공기관이 보유·관리하고 있지 아니한 경우에는 특별한 사정이 없는 한 정보공개 거부처분의 취소를 구할 법률상의 이익이 없다.

문 5. 공법상 계약에 대한 설명으로 옳지 <u>않은</u> 것은? (다툼이 있는 경우 판례에 의함)

① 행정청이 자신과 상대방 사이의 법률관계를 일방적인 의사표시로 종료시켰다고 하더라도 곧바로 그 의사표시가 행정청으로서 공권력을 행사하여 행하는 행정처분이라고 단정할 수는 없고, 관계 법령이 상대방의 법률관계에 관하여 구체적으로 어떻게 규정하고 있는지에 따라 개별적으로 판단하여야 한다.

② 채용계약상 특별한 약정이 없는 한, 지방계약직 공무원에 대하여「지방공무원법」,「지방공무원 징계 및 소청 규정」에 정한 징계절차에 의하지 않고서는 보수를 삭감할 수 없다.

③ 중소기업 정보화지원사업에 대한 지원금출연협약의 해지 및 환수통보는 공법상 계약에 따른 의사표시가 아니라 행정청이 우월한 지위에서 행하는 공권력의 행사로서 행정처분이다.

④ 계약직 공무원 채용계약해지는 국가 또는 지방자치단체가 대등한 지위에서 행하는 의사표시로서 처분이 아니므로「행정절차법」에 의하여 근거와 이유를 제시하여야 하는 것은 아니다.

문 6. 인·허가의제에 대한 설명으로 옳지 <u>않은</u> 것은? (다툼이 있는 경우 판례에 의함)

① 주택건설사업계획 승인권자가 구「주택법」에 따라 도시·군관리계획 결정권자와 협의를 거쳐 관계 주택건설사업계획을 승인하면 도시·군관리계획결정이 이루어진 것으로 의제되고, 이러한 협의 절차와 별도로「국토의 계획 및 이용에 관한 법률」등에서 정한 도시·군관리계획 입안을 위한 주민 의견청취 절차를 거칠 필요는 없다.

② 건축물의 건축이「국토의 계획 및 이용에 관한 법률」상 개발행위에 해당할 경우 그 건축의 허가권자는 국토계획법령의 개발행위허가기준을 확인하여야 하므로, 국토계획법상 건축물의 건축에 관한 개발행위허가가 의제되는 건축허가신청이 국토계획법령이 정한 개발행위허가기준에 부합하지 아니하면 허가권자로서는 이를 거부할 수 있다.

③「건축법」에서 관련 인·허가의제 제도를 둔 취지는 인·허가 의제사항 관련 법률에 따른 각각의 인·허가 요건에 관한 일체의 심사를 배제하려는 것이 아니다.

④ 주택건설사업계획 승인처분에 따라 의제된 인·허가가 위법함을 다투고자 하는 이해관계인은, 주택건설사업계획 승인처분의 취소를 구해야지 의제된 인·허가의 취소를 구해서는 아니 되며, 의제된 인·허가는 주택건설사업계획 승인처분과 별도로 항고소송의 대상이 되는 처분에 해당하지 않는다.

문 7.「행정심판법」상 행정심판위원회가 취소심판의 청구가 이유가 있다고 인정하는 경우에 행할 수 있는 재결에 해당하지 <u>않는</u> 것은?

① 처분을 취소하는 재결

② 처분을 할 것을 명하는 재결

③ 처분을 다른 처분으로 변경하는 재결

④ 처분을 다른 처분으로 변경할 것을 명하는 재결

문 8. 「국가배상법」상 공무원의 위법한 직무행위로 인한 손해배상에 대한 설명으로 옳은 것은? (다툼이 있는 경우 판례에 의함)

① 일반적으로 공무원이 필요한 지식을 갖추지 못하고 법규의 해석을 그르쳐 행정처분을 하였다면 그가 법률전문가가 아닌 행정직 공무원이라고 하여 과실이 없다고는 할 수 없다.

② 국가배상의 요건인 '공무원의 직무'에는 국가나 지방자치단체의 비권력적 작용과 사경제주체로서 하는 작용이 포함된다.

③ 손해배상책임을 묻기 위해서는 가해 공무원을 특정하여야 한다.

④ 국가가 가해 공무원에 대하여 구상권을 행사하는 경우 국가가 배상한 배상액 전액에 대하여 구상권을 행사하여야 한다.

문 9. 행정행위에 대한 설명으로 옳은 것만을 모두 고르면? (다툼이 있는 경우 판례에 의함)

ㄱ. 행정의사가 외부에 표시되어 행정청이 자유롭게 취소·철회할 수 없는 구속을 받게 되는 시점에 처분이 성립하고, 그 성립 여부는 행정청이 행정의사를 공식적인 방법으로 외부에 표시하였는지를 기준으로 판단해야 한다.

ㄴ. 구 「공중위생관리법」상 공중위생영업에 대하여 영업을 정지할 위법사유가 있다면, 관할 행정청은 그 영업이 양도·양수되었다 하더라도 양수인에 대하여 영업정지처분을 할 수 있다.

ㄷ. 「도시 및 주거환경정비법」상 주택재건축조합에 대해 조합설립 인가처분이 행하여진 후에는, 조합설립결의의 하자를 이유로 조합설립의 무효를 주장하려면 조합설립 인가처분의 취소 또는 무효확인을 구하는 소송으로 다투어야 하며, 따로 조합설립결의의 하자를 다투는 확인의 소를 제기할 수 없다.

ㄹ. 공정거래위원회가 부당한 공동행위를 한 사업자들 중 자진신고자에 대하여 구 독점규제 및 공정거래에 관한 법령에 따라 과징금 부과처분(선행처분)을 한 뒤, 다시 자진신고자에 대한 사건을 분리하여 자진신고를 이유로 과징금 감면처분(후행처분)을 한 경우라도 선행처분의 취소를 구하는 소는 적법하다.

① ㄴ, ㄷ   ② ㄱ, ㄴ, ㄷ
③ ㄱ, ㄴ, ㄹ   ④ ㄱ, ㄷ, ㄹ

문 10. 행정계획에 대한 설명으로 옳지 않은 것은? (다툼이 있는 경우 판례에 의함)

① 구 도시계획법상 도시기본계획은 도시의 기본적인 공간구조와 장기발전방향을 제시하는 종합계획으로서 도시계획입안의 지침이 되므로 일반 국민에 대한 직접적인 구속력은 없다.

② 장래 일정한 기간 내에 관계 법령이 규정하는 시설 등을 갖추어 일정한 행정처분을 구하는 신청을 할 수 있는 법률상 지위에 있는 자의 국토이용계획변경신청을 거부하는 것이 실질적으로 당해 행정처분 자체를 거부하는 결과가 되는 경우라도, 구 「국토이용관리법」상 주민이 국토이용계획의 변경에 대하여 신청을 할 수 있다는 규정이 없으므로 그 신청인에게 국토이용계획변경을 신청할 권리가 인정된다고 볼 수 없다.

③ 구속력 없는 행정계획안이나 행정지침이라도 국민의 기본권에 직접적으로 영향을 끼치고 법령의 뒷받침에 의하여 그대로 실시될 것이 틀림없을 것으로 예상되는 때에는 예외적으로 헌법소원의 대상이 된다.

④ 도시계획의 결정·변경 등에 대한 권한 행정청은 이미 도시계획이 결정·고시된 지역에 대하여도 다른 내용의 도시계획을 결정·고시할 수 있고, 이 때에 후행 도시계획에 선행 도시계획과 양립할 수 없는 내용이 포함되어 있다면 특별한 사정이 없는 한 선행 도시계획은 후행 도시계획과 같은 내용으로 변경된다.

문 11. 「행정대집행법」상 대집행과 이행강제금에 대한 甲과 乙의 대화 중 乙의 답변이 옳지 않은 것은? (다툼이 있는 경우 판례에 의함)

① 甲: 행정대집행의 절차가 인정되는 경우에도 행정청이 민사상 강제집행 수단을 이용할 수 있나요?
　　乙: 행정대집행의 절차가 인정되어 실현할 수 있는 경우에는 따로 민사소송의 방법을 이용할 수 없습니다.

② 甲: 대집행의 적용대상은 무엇인가요?
　　乙: 대집행은 공법상 대체적 작위의무의 불이행이 있는 경우에 행할 수 있습니다.

③ 甲: 행정청은 대집행의 대상이 될 수 있는 것에 대하여 이행강제금을 부과할 수도 있나요?
　　乙: 행정청은 개별사건에 있어서 위법건축물에 대하여 대집행과 이행강제금을 선택적으로 활용할 수 있습니다.

④ 甲: 만약 이행강제금을 부과받은 사람이 사망하였다면 이행강제금의 납부의무는 상속인에게 승계되나요?
　　乙: 이행강제금의 납부의무는 상속의 대상이 되므로, 상속인이 납부의무를 승계합니다.

문 12. 행정의 실효성 확보수단의 예와 그 법적 성질의 연결이 옳지 않은 것은? (다툼이 있는 경우 판례에 의함)

① 「건축법」에 따른 이행강제금의 부과 – 집행벌
② 「식품위생법」에 따른 영업소 폐쇄 – 직접강제
③ 「공유재산 및 물품 관리법」에 따른 공유재산 원상복구명령의 강제적 이행 – 즉시강제
④ 「부동산등기 특별조치법」에 따른 과태료의 부과 – 행정벌

문 13. 행정상 즉시강제에 대한 설명으로 옳지 않은 것은? (다툼이 있는 경우 판례에 의함)

① 행정상 즉시강제는 국민의 권리침해를 필연적으로 수반하므로, 이에 대해서는 항상 영장주의가 적용된다.
② 행정상 즉시강제는 직접강제와는 달리 행정상 강제집행에 해당하지 않는다.
③ 구 「음반・비디오물 및 게임물에 관한 법률」상 불법게임물에 대한 수거 및 폐기 조치는 행정상 즉시강제에 해당한다.
④ 다른 수단으로는 행정목적을 달성할 수 없는 경우에만 허용되며, 이 경우에도 최소한으로만 실시하여야 한다.

문 14. 개인정보의 보호에 대한 판례의 설명으로 옳은 것만을 모두 고르면?

ㄱ. 개인정보자기결정권의 보호대상이 되는 개인정보는 반드시 개인의 내밀한 영역에 속하는 정보에 국한되지 않고 공적 생활에서 형성되었거나 이미 공개된 개인정보까지 포함한다.
ㄴ. 이미 공개된 개인정보를 정보주체의 동의가 있었다고 객관적으로 인정되는 범위 내에서 처리를 할 때는 정보주체의 별도의 동의는 불필요하다고 보아야 하고, 별도의 동의를 받지 아니하였다고 하여 「개인정보 보호법」을 위반한 것으로 볼 수 없다.
ㄷ. 개인정보 처리위탁에 있어 수탁자는 정보제공자의 관리・감독 아래 위탁받은 범위 내에서만 개인정보를 처리하게 되지만, 위탁자로부터 위탁사무 처리에 따른 대가를 지급받는 이상 개인정보 처리에 관하여 독자적인 이익을 가지므로, 그러한 수탁자는 「개인정보 보호법」제17조에 의해 개인정보처리자가 정보주체의 개인정보를 제공할 수 있는 '제3자'에 해당한다.
ㄹ. 인터넷 포털사이트 등의 개인정보 유출사고로 주민등록번호가 불법 유출되어 그 피해자가 주민등록번호 변경을 신청했으나 구청장이 거부 통지를 한 사안에서, 피해자의 의사와 무관하게 주민등록번호가 유출된 경우에는 조리상 주민등록번호의 변경요구신청권을 인정함이 타당하다.

① ㄱ, ㄷ
② ㄴ, ㄹ
③ ㄱ, ㄴ, ㄷ
④ ㄱ, ㄴ, ㄹ

문 15. 취소소송의 제소기간에 대한 설명으로 옳은 것(○)과 옳지 않은 것(×)을 바르게 연결한 것은? (다툼이 있는 경우 판례에 의함)

> ㄱ. 행정청이 행정심판청구를 할 수 있다고 잘못 알려 행정심판을 청구한 경우에는 재결서 정본을 송달받은 날이 아닌 처분이 있음을 안 날로부터 제소기간이 기산된다.
>
> ㄴ. 행정심판을 청구하였으나 심판청구기간을 도과하여 각하된 후 제기하는 취소소송은 재결서를 송달받은 날부터 90일 이내에 제기하면 된다.
>
> ㄷ. '처분이 있음을 안 날'은 처분이 있었다는 사실을 현실적으로 안 날을 의미하므로, 처분서를 송달받기 전 정보공개청구를 통하여 처분을 하는 내용의 일체의 서류를 교부받았다면 그 서류를 교부받은 날부터 제소기간이 기산된다.
>
> ㄹ. 동일한 처분에 대하여 무효확인의 소를 제기하였다가 그 처분의 취소를 구하는 소를 추가적으로 병합한 경우, 주된 청구인 무효확인의 소가 적법한 제소기간 내에 제기되었다면 추가로 병합된 취소청구의 소도 적법하게 제기된 것으로 볼 수 있다.

	ㄱ	ㄴ	ㄷ	ㄹ
①	×	×	○	×
②	○	○	×	○
③	○	×	○	×
④	×	×	×	○

문 16. 위임명령의 한계에 대한 설명으로 옳지 않은 것은? (다툼이 있는 경우 판례에 의함)

① 법률이 공법적 단체 등의 정관에 자치법적 사항을 위임한 경우에는 헌법 제75조가 정하는 포괄적인 위임입법의 금지는 원칙적으로 적용되지 않지만, 그 사항이 국민의 권리·의무에 관련되는 것일 경우에는 적어도 국민의 권리·의무에 관한 기본적이고 본질적인 사항은 국회가 정하여야 한다.

② 헌법에서 채택하고 있는 조세법률주의의 원칙상 과세요건과 징수절차에 관한 사항을 명령·규칙 등 하위법령에 구체적·개별적으로 위임하여 규정할 수 없다.

③ 법률에서 위임받은 사항에 관하여 대강을 정하고 그 중의 특정사항을 범위를 정하여 하위법령에 다시 위임하는 경우에는 재위임이 허용된다. 이러한 법리는 조례가 「지방자치법」에 따라 주민의 권리제한 또는 의무부과에 관한 사항을 법률로부터 위임받은 후, 이를 다시 지방자치단체장이 정하는 '규칙'이나 '고시' 등에 재위임하는 경우에도 마찬가지이다.

④ 법률의 시행령이나 시행규칙의 내용이 모법 조항의 취지에 근거하여 이를 구체화하기 위한 것인 때에는 모법의 규율 범위를 벗어난 것으로 볼 수 없다. 이러한 경우에는 모법에 이에 관하여 직접 위임하는 규정을 두지 않았다고 하여도 이를 무효라고 볼 수 없다.

문 17. 판례상 항고소송의 원고적격이 인정되는 경우만을 모두 고르면?

> ㄱ. 중국 국적자인 외국인이 사증발급 거부처분의 취소를 구하는 경우
>
> ㄴ. 소방청장이 처분성이 인정되는 국민권익위원회의 조치요구에 불복하여 조치요구의 취소를 구하는 경우
>
> ㄷ. 지방법무사회가 법무사의 사무원 채용승인 신청을 거부하여 사무원이 될 수 없게 된 자가 지방법무사회를 상대로 거부처분의 취소를 구하는 경우
>
> ㄹ. 개발제한구역 중 일부 취락을 개발제한구역에서 해제하는 내용의 도시관리계획변경결정에 대하여 개발제한구역 해제대상에서 누락된 토지의 소유자가 위 결정의 취소를 구하는 경우

① ㄱ, ㄴ   ② ㄴ, ㄷ

③ ㄷ, ㄹ   ④ ㄱ, ㄷ, ㄹ

문 18. 甲 회사는 '토석채취허가지 진입도로와 관련 우회도로 개설 등은 인근 주민들과의 충분한 협의를 통해 민원발생에 따른 분쟁이 생기지 않도록 조치 후 사업을 추진할 것'이란 조건으로 토석채취허가를 받았다. 그러나 甲은 위 조건이 법령에 근거가 없다는 이유로 이행하지 아니하였고, 인근 주민이 민원을 제기하자 관할 행정청은 甲에게 공사중지명령을 하였다. 甲은 공사중지명령의 해제를 신청하였으나 거부되자 거부처분 취소소송을 제기하였다. 이에 대한 설명으로 옳지 않은 것은? (다툼이 있는 경우 판례에 의함)

① 일반적으로 기속행위의 경우 법령의 근거 없이 위와 같은 조건을 부가하는 것은 위법하다.

② 공사중지명령의 원인사유가 해소되었다면 甲은 공사중지명령의 해제를 신청할 수 있고, 이에 대한 거부는 처분성이 인정된다.

③ 甲에게는 공사중지명령 해제신청 거부처분에 대한 집행정지를 구할 이익이 인정되지 아니한다.

④ 甲이 앞서 공사중지명령 취소소송에서 패소하여 그 판결이 확정되었더라도, 甲은 그 후 공사중지명령의 해제를 신청한 후 해제신청 거부처분 취소소송에서 다시 그 공사중지명령의 적법성을 다툴 수 있다.

문 19. 다음 사례에 관한 설명으로 옳은 것은? (다툼이 있는 경우 판례에 의함)

○ 甲은 자신의 토지에 대한 개별공시지가결정을 통지받은 후 90일이 넘어 과세처분을 받았는데, 과세처분이 위법한 개별공시지가결정에 기초하였다는 이유로 과세처분의 취소를 구하고자 한다.

○ 甲은 토지대장에 전(田)으로 기재되어 있는 지목을 대(垈)로 변경하고자 지목변경신청을 하였다.

○ 乙은 甲의 토지가 사실은 자신 소유라고 주장하면서 토지대장상의 소유자명의변경을 신청하였으나 거부되었다.

① 甲은 과세처분이 있기 전에는 개별공시지가결정에 대해서 취소소송을 제기할 수 없다.

② 甲은 과세처분의 위법성이 인정되지 않더라도 과세처분 취소소송에서 개별공시지가결정의 위법을 독립된 위법사유로 주장할 수 있다.

③ 토지대장에 등재된 사항을 변경하는 행위는 행정사무집행의 편의와 사실증명의 자료로 삼기 위한 것이므로, 甲은 지목변경신청이 거부되더라도 이에 대하여 취소소송으로 다툴 수 없다.

④ 乙에 대한 토지대장상의 소유자명의변경신청 거부는 처분성이 인정된다.

문 20. 다음 사례에 관한 설명으로 옳지 않은 것은? (다툼이 있는 경우 판례에 의함)

A도(道) B군(郡)에서 식품접객업을 하는 甲은 청소년에게 술을 팔다가 적발되었다. 「식품위생법」은 위법하게 청소년에게 주류를 제공한 영업자에게 "6개월 이내의 기간을 정하여 그 영업의 전부 또는 일부를 정지할 수 있다."라고 규정하고, 「식품위생법 시행규칙」 [별표 23]은 청소년 주류제공(1차 위반)시 행정처분기준을 '영업정지 2개월'로 정하고 있다. B군수는 甲에게 2개월의 영업정지처분을 하였다.

① 甲은 영업정지처분에 불복하여 A도 행정심판위원회에 행정심판을 청구할 수 있다.

② 甲은 행정심판을 청구하지 않고 영업정지처분에 대한 취소소송을 제기할 수 있다.

③ 「식품위생법 시행규칙」의 행정처분기준은 행정규칙의 형식이나, 「식품위생법」의 내용을 보충하면서 「식품위생법」의 규정과 결합하여 위임의 범위 내에서 대외적인 구속력을 가진다.

④ 甲이 취소소송을 제기하는 경우 법원은 재량권의 일탈·남용이 인정되면 영업정지처분을 취소할 수 있다.

해설편 ▶ P.26

2020

7월 11일 시행
국가직 9급

| 풀이 시간: ____:____ ~ ____:____ / 점수: ____점

1초 합격예측! 모바일 성적분석표

QR 코드로 접속하여 문제 풀이시간을 측정하고,
〈1초 합격예측 & 모바일 성적분석표〉 서비스를 통해
지금 바로! 실력을 점검해 보세요.
http://eduwill.kr/aH46

문 1. 행정법의 법원(法源)의 효력에 대한 설명으로 옳지 <u>않은</u> 것은? (다툼이 있는 경우 판례에 의함)

① 학교급식을 위해 국내 우수농산물을 사용하는 자에게 식재료나 구입비의 일부를 지원하는 것 등을 내용으로 하는 지방자치단체의 조례안이 '1994년 관세 및 무역에 관한 일반협정'을 위반하여 위법한 이상, 그 조례안은 효력이 없다.

② 국민의 권리 제한 또는 의무 부과와 직접 관련되는 법률, 대통령령, 총리령 및 부령은 긴급히 시행하여야 할 특별한 사유가 있는 경우를 제외하고는 공포일부터 적어도 30일이 경과한 날부터 시행되도록 하여야 한다.

③ 진정소급입법이라 하더라도 예외적으로 국민이 소급입법을 예상할 수 있었거나 신뢰보호의 요청에 우선하는 심히 중대한 공익상의 사유가 소급입법을 정당화하는 경우 등에는 허용될 수 있다.

④ 개발제한구역의 지정 및 관리에 관한 특별조치법령의 개정으로 허가나 신고 없이 개발제한구역 내 공작물 설치행위를 할 수 있게 되었다면, 그 법령의 시행 전에 이미 범하여진 위법한 설치행위에 대한 가벌성은 소멸한다.

문 2. 신뢰보호의 원칙에 대한 설명으로 옳지 <u>않은</u> 것은? (다툼이 있는 경우 판례에 의함)

① 관할 관청이 폐기물처리업 사업계획에 대하여 적정통보를 한 것만으로도 그 사업부지 토지에 대한 국토이용계획변경신청을 승인하여 주겠다는 취지의 공적인 견해표명을 한 것으로 볼 수 있다.

② 행정청의 확약 또는 공적인 의사표명이 있은 후에 사실적·법률적 상태가 변경되었다면, 그와 같은 확약 또는 공적인 의사표명은 행정청의 별다른 의사표시를 기다리지 않고 실효된다.

③ 행정청의 공적 견해표명이 있었는지 여부를 판단하는 데 있어 반드시 행정조직상의 형식적인 권한분장에 구애될 것은 아니고 담당자의 조직상의 지위와 임무, 당해 언동을 하게 된 구체적인 경위 및 그에 대한 상대방의 신뢰가능성에 비추어 실질에 의하여 판단하여야 한다.

④ 입법예고를 통해 법령안의 내용을 국민에게 예고한 적이 있다고 하더라도 그것이 법령으로 확정되지 아니한 이상 국가가 이해관계자들에게 그 법령안에 관련된 사항을 약속하였다고 볼 수 없으며, 이러한 사정만으로 어떠한 신뢰를 부여하였다고 볼 수도 없다.

문 3. 신고에 대한 설명으로 옳지 <u>않은</u> 것은? (다툼이 있는 경우 판례에 의함)

① 「건축법」상 인·허가의제 효과를 수반하는 건축신고는 특별한 사정이 없는 한 행정청이 그 실체적 요건에 관한 심사를 한 후 수리하여야 하는 이른바 '수리를 요하는 신고'이다.

② 「건축법」상의 착공신고의 경우에는 신고 그 자체로서 법적 절차가 완료되어 행정청의 처분이 개입될 여지가 없으므로, 행정청의 착공신고 반려행위는 항고소송의 대상인 처분에 해당하지 않는다.

③ 주민등록의 신고는 행정청에 도달하기만 하면 신고로서의 효력이 발생하는 것이 아니라 행정청이 수리한 경우에 비로소 신고의 효력이 발생한다.

④ 행정청이 구 「식품위생법」상의 영업자지위승계신고 수리처분을 하는 경우, 행정청은 종전의 영업자에 대하여 「행정절차법」 소정의 행정절차를 실시하여야 한다.

문 4. 행정규칙에 대한 설명으로 옳지 <u>않은</u> 것은? (다툼이 있는 경우 판례에 의함)

① 법령의 위임이 없음에도 법령에 규정된 처분 요건에 해당하는 사항을 부령에서 변경하여 규정한 경우에는 그 부령의 규정은 행정명령의 성격을 지닐 뿐 국민에 대한 대외적 구속력은 없다.

② 행정관청 내부의 사무처리규정에 불과한 전결규정에 위반하여 원래의 전결권자 아닌 보조기관 등이 처분권자인 행정관청의 이름으로 행정처분을 한 경우, 그 처분은 권한 없는 자에 의하여 행하여진 것으로 무효이다.

③ 법령의 규정이 특정 행정기관에게 법령 내용의 구체적 사항을 정할 수 있는 권한을 부여하면서 권한행사의 절차나 방법을 특정하지 아니한 경우에는 수임 행정기관은 행정규칙으로 법령 내용이 될 사항을 구체적으로 정할 수 있다.

④ 재량권행사의 준칙인 행정규칙이 그 정한 바에 따라 되풀이 시행되어 행정관행이 형성되어 행정기관이 그 상대방에 대한 관계에서 그 행정규칙에 따라야 할 자기구속을 당하게 되는 경우에는 그 행정규칙은 헌법소원의 심판대상이 될 수도 있다.

문 5. 행정행위의 하자에 대한 설명으로 옳지 <u>않은</u> 것은? (다툼이 있는 경우 판례에 의함)

① 행정청이 「식품위생법」상의 청문절차를 이행함에 있어 청문서 도달기간을 다소 어겼지만 영업자가 이의하지 아니한 채 청문일에 출석하여 의견을 진술하고 변명하는 등 방어의 기회를 충분히 가졌다면 청문서 도달기간을 준수하지 아니한 하자는 치유되었다고 본다.

② 행정처분을 한 처분청은 그 처분의 성립에 하자가 있는 경우 이를 취소할 별도의 법적 근거가 없다고 하더라도 직권으로 이를 취소할 수 있다.

③ 행정처분에 있어 여러 개의 처분사유 중 일부가 적법하지 않으면 다른 처분사유로써 그 처분의 정당성이 인정된다고 하더라도, 그 처분은 위법하게 된다.

④ 계고처분의 후속절차인 대집행에 위법이 있다고 하더라도 그와 같은 후속절차에 위법성이 있다는 점을 들어 선행절차인 계고처분이 부적법하다는 사유로 삼을 수는 없다.

문 6. 행정행위의 부관에 대한 설명으로 옳은 것만을 모두 고르면? (다툼이 있는 경우 판례에 의함)

ㄱ. 허가에 붙은 기한이 그 허가된 사업의 성질상 부당하게 짧아 그 기한을 허가조건의 존속기간으로 볼 수 있는 경우에 허가기간이 연장되기 위하여는 그 종기가 도래하기 전에 그 허가기간의 연장에 관한 신청이 있어야 한다.

ㄴ. 토지소유자가 토지형질변경행위허가에 붙은 기부채납의 부관에 따라 토지를 기부채납(증여)한 경우, 기부채납의 부관이 당연무효이거나 취소되지 않은 상태에서 그 부관으로 인하여 증여계약의 중요 부분에 착오가 있음을 이유로 증여계약을 취소할 수 없다.

ㄷ. 행정청이 수익적 행정처분을 하면서 사전에 상대방과 체결한 협약상의 의무를 부담으로 부가하였는데, 부담의 전제가 된 주된 행정처분의 근거 법령이 개정되어 부관을 붙일 수 없게 된 경우에는 곧바로 협약의 효력이 소멸한다.

ㄹ. 행정처분과 실제적 관련성이 없어 부관으로 붙일 수 없는 부담이라고 하더라도 행정처분의 상대방에게 사법상 계약의 형식으로 이를 부과할 수 있다.

① ㄱ, ㄴ 　　　　② ㄴ, ㄷ
③ ㄷ, ㄹ 　　　　④ ㄱ, ㄴ, ㄹ

문 7. 행정절차에 대한 설명으로 옳은 것은? (다툼이 있는 경우 판례에 의함)

① 퇴직연금의 환수결정은 당사자에게 의무를 과하는 처분이기는 하나 관련 법령에 따라 당연히 환수금액이 정하여지는 것이므로, 퇴직연금의 환수결정에 앞서 당사자에게 의견진술의 기회를 주지 아니하여도 「행정절차법」에 어긋나지 아니한다.

② 수익적 행정행위의 신청에 대한 거부처분은 직접 당사자의 권익을 제한하는 처분에 해당하므로, 그 거부처분은 「행정절차법」상 처분의 사전통지 대상이 된다.

③ 절차상의 하자를 이유로 과세처분을 취소하는 판결이 확정된 후 그 위법사유를 보완하여 이루어진 새로운 부과처분은 확정판결의 기판력에 저촉된다.

④ 행정청이 당사자와 사이에 도시계획사업의 시행과 관련한 협약을 체결하면서 관련 법령상 요구되는 청문절차를 배제하는 조항을 두었다면, 이는 청문을 실시하지 않아도 되는 예외적인 경우에 해당한다.

문 8. 정보공개에 대한 설명으로 옳지 <u>않은</u> 것은? (다툼이 있는 경우 판례에 의함)

① 정보공개거부처분의 취소를 구하는 소송에서 공공기관이 청구정보를 증거 등으로 법원에 제출하여 법원을 통하여 그 사본을 청구인에게 교부 또는 송달되게 하여 청구인에게 정보를 공개하는 셈이 되었다면, 이러한 우회적인 방법에 의한 공개는「공공기관의 정보공개에 관한 법률」에 의한 공개라고 볼 수 있다.

② 정보공개청구권자에는 자연인은 물론 법인, 권리능력 없는 사단·재단도 포함되고, 법인, 권리능력 없는 사단·재단 등의 경우에는 설립목적을 불문한다.

③ 공개청구의 대상이 되는 정보가 이미 다른 사람에게 공개되어 널리 알려져 있다거나 인터넷 등을 통하여 공개되어 인터넷검색 등을 통하여 쉽게 알 수 있다는 사정만으로는 비공개결정이 정당화될 수 없다.

④「공공기관의 정보공개에 관한 법률」은 정보공개청구권자가 공개를 청구하는 정보와 어떤 관련성을 가질 것을 요구하거나 정보공개청구의 목적에 특별한 제한을 두고 있지 아니하므로 정보공개청구권자의 권리구제 가능성 등은 정보의 공개 여부 결정에 아무런 영향을 미치지 못한다.

문 9. 인가에 대한 설명으로 옳지 <u>않은</u> 것은? (다툼이 있는 경우 판례에 의함)

① 공유수면매립면허의 공동명의자 사이의 면허로 인한 권리의무양도약정은 면허관청의 인가를 받지 않은 이상 법률상 아무런 효력도 발생할 수 없다.

② 재단법인의 임원취임을 인가 또는 거부할 것인지 여부는 주무관청의 권한에 속하는 사항이라고 할 것이고, 재단법인의 임원취임승인 신청에 대하여 주무관청이 이에 기속되어 이를 당연히 승인(인가)하여야 하는 것은 아니다.

③ 인가처분에 하자가 없다면 기본행위에 하자가 있다 하더라도 따로 그 기본행위의 하자를 다투는 것은 별론으로 하고 기본행위의 무효를 내세워 바로 그에 대한 행정청의 인가처분의 취소 또는 무효확인을 소구할 법률상 이익이 없다.

④ 공익법인의 기본재산 처분에 대한 허가의 법률적 성질이 형성적 행정행위로서의 인가에 해당하므로, 그 허가에 조건으로서의 부관의 부과가 허용되지 아니한다.

문 10.「행정심판법」에 의해 행정청이 행정심판위원회의 재결의 취지에 따라 재처분을 할 의무가 있음에도 그 의무를 이행하지 않은 경우에 행정심판위원회가 직접 처분을 할 수 있는 재결은?

① 당사자의 신청에 따른 처분을 절차가 부당함을 이유로 취소하는 재결

② 당사자의 신청을 거부한 처분의 이행을 명하는 재결

③ 당사자의 신청을 거부하는 처분을 취소하는 재결

④ 당사자의 신청을 거부하는 처분을 부존재로 확인하는 재결

문 11.「질서위반행위규제법」의 내용으로 옳은 것만을 모두 고르면?

ㄱ. 행정청이 질서위반행위에 대하여 과태료를 부과하고자 하는 때에는 미리 당사자에게 대통령령으로 정하는 사항을 통지하고, 10일 이상의 기간을 정하여 의견을 제출할 기회를 주어야 한다.

ㄴ. 행정청에 의해 부과된 과태료는 질서위반행위가 종료된 날(다수인이 질서위반행위에 가담한 경우에는 최종행위가 종료된 날을 말한다)부터 5년간 징수하지 아니하거나 집행하지 아니하면 시효로 인하여 소멸한다.

ㄷ. 과태료 사건은 다른 법령에 특별한 규정이 있는 경우를 제외하고는 과태료 부과관청의 소재지의 지방법원 또는 그 지원의 관할로 한다.

ㄹ. 다른 법률에 특별한 규정이 없는 경우, 14세가 되지 아니한 자의 질서위반행위는 과태료를 부과하지 아니한다.

① ㄱ, ㄹ　　　　　　② ㄴ, ㄹ
③ ㄱ, ㄴ, ㄷ　　　　④ ㄱ, ㄷ, ㄹ

문 12. 행정의 실효성 확보수단에 대한 설명으로 옳지 <u>않은</u> 것은? (다툼이 있는 경우 판례에 의함)

① 대집행과 이행강제금 중 어떠한 강제수단을 선택할 것인지에 대하여 행정청의 재량이 인정된다.

②「건축법」상 시정명령을 받은 의무자가 이행강제금이 부과되기 전에 그 의무를 이행한 경우에는 비록 시정명령에서 정한 기간을 지나서 이행한 경우라도 이행강제금을 부과할 수 없다.

③「여객자동차 운수사업법」상 과징금 부과처분은 원칙적으로 위반자의 고의·과실을 요하지 않는다.

④「국세징수법」상 공매통지에 하자가 있는 경우, 다른 특별한 사정이 없는 한 체납자는 공매통지 자체를 항고소송의 대상으로 삼아 그 취소 등을 구할 수 있다.

문 13.「행정대집행법」상 대집행에 대한 설명으로 옳지 <u>않은</u> 것은?
(다툼이 있는 경우 판례에 의함)

① 「공익사업을 위한 토지 등의 취득 및 보상에 관한 법률」
상의 협의취득시에 매매대상 건물에 대한 철거의무를 부
담하겠다는 취지의 약정을 건물소유자가 하였다고 하더
라도, 그 철거의무는 대집행의 대상이 되지 않는다.

② 공유수면에 설치한 건물을 철거하여 공유수면을 원상회
복하여야 할 의무는 대체적 작위의무에 해당하므로 행
정대집행의 대상이 된다.

③ 행정청이 건물 철거의무를 행정대집행의 방법으로 실현
하는 과정에서, 건물을 점유하고 있는 철거의무자들에
대하여 제기한 건물퇴거를 구하는 소송은 적법하다.

④ 철거대상건물의 점유자들이 적법한 행정대집행을 위력
을 행사하여 방해하는 경우, 행정청은 필요하다면 「경찰
관 직무집행법」에 근거한 위험발생 방지조치 차원에서
경찰의 도움을 받을 수 있다.

문 14. 甲은 A지방자치단체가 관리하는 도로를 운행하던 중 도로
에 방치된 낙하물로 인하여 손해를 입었고, 이를 이유로
「국가배상법」상 손해배상을 청구하려고 한다. 이에 대한 설
명으로 옳지 <u>않은</u> 것은? (다툼이 있는 경우 판례에 의함)

① A지방자치단체가 위 도로를 권원 없이 사실상 관리하고
있는 경우에는 A지방자치단체의 배상책임은 인정될 수
없다.

② 위 도로의 설치·관리상의 하자가 있는지 여부는 위 도
로가 그 용도에 따라 통상 갖추어야 할 안전성을 갖추었
는지 여부에 따라 결정된다.

③ 위 도로가 국도이며 그 관리권이 A지방자치단체의 장에
게 위임되었다면, A지방자치단체가 도로의 관리에 필요
한 일체의 경비를 대외적으로 지출하는 자에 불과하더
라도 甲은 A지방자치단체에 대해 국가배상을 청구할 수
있다.

④ 甲이 배상을 받기 위하여 소송을 제기하는 경우에는 민
사소송을 제기하여야 한다.

문 15.「행정소송법」상 피고 및 피고의 경정에 대한 설명으로 옳은
것은? (다툼이 있는 경우 판례에 의함)

① 취소소송에서 원고가 처분청 아닌 행정관청을 피고로 잘
못 지정한 경우, 법원은 석명권의 행사 없이 소송요건의
불비를 이유로 소를 각하할 수 있다.

② 소의 종류의 변경에 따른 피고의 변경은 교환적 변경에
한한다고 봄이 상당하므로 예비적 청구만이 있는 피고의
추가경정신청은 예외적 규정이 있는 경우를 제외하고는
원칙적으로 허용되지 않는다.

③ 상급 행정청의 지시에 의해 하급 행정청이 자신의 명의
로 처분을 하였다면, 당해 처분에 대한 취소소송에서는
지시를 내린 상급 행정청이 피고가 된다.

④ 취소소송에서 피고가 될 수 있는 행정청에는 대외적으로
의사를 표시할 수 있는 기관이 아니더라도 국가나 공공
단체의 의사를 실질적으로 결정하는 기관이 포함된다.

문 16.「행정소송법」상 취소소송에서 확정된 청구인용판결의 효력
에 대한 설명으로 옳지 <u>않은</u> 것은? (다툼이 있는 경우 판례
에 의함)

① 취소판결의 효력은 원칙적으로 소급적이므로, 취소판결
에 의해 취소된 영업허가취소처분 이후의 영업행위는
무허가영업에 해당하지 않는다.

② 취소된 행정처분을 기초로 하여 새로 형성된 제3자의 권
리가 취소판결 자체의 효력에 의해 당연히 그 행정처분
전의 상태로 환원되는 것은 아니다.

③ 취소판결의 기속력은 주로 판결의 실효성 확보를 위하여
인정되는 효력으로서 판결의 주문뿐만 아니라 그 전제
가 되는 처분 등의 구체적 위법사유에 관한 이유 중의
판단에 대하여도 인정된다.

④ 행정처분이 판결에 의해 취소된 경우, 취소된 처분의 사
유와 기본적 사실관계에서 동일성이 인정되지 않는 다른
사유를 들어 새로이 처분을 하는 것은 기속력에 반한다.

문 17. 행정계획에 대한 설명으로 옳지 <u>않은</u> 것은? (다툼이 있는 경우 판례에 의함)

① 행정주체가 구체적인 행정계획을 입안·결정할 때 가지는 형성의 자유의 한계에 관한 법리는 주민의 입안 제안 또는 변경신청을 받아들여 도시관리계획결정을 하거나 도시계획시설을 변경할 것인지를 결정할 때에도 동일하게 적용된다.

②「도시 및 주거환경정비법」에 기초하여 주택재건축정비사업조합이 수립한 사업시행계획은 인가·고시를 통해 확정되어도 이해관계인에 대한 직접적인 구속력이 없는 행정계획으로서 독립된 행정처분에 해당하지 아니한다.

③ 장래 일정한 기간 내에 관계 법령이 규정하는 시설 등을 갖추어 일정한 행정처분을 구하는 신청을 할 수 있는 법률상 지위에 있는 자의 국토이용계획변경신청을 거부하는 것이 실질적으로 당해 행정처분 자체를 거부하는 결과가 되는 경우에는 예외적으로 그 신청인에게 국토이용계획변경을 신청할 권리가 인정된다.

④ 장기미집행 도시계획시설결정의 실효제도에 의해 개인의 재산권이 보호되는 것은 입법자가 새로운 제도를 마련함에 따라 얻게 되는 법률에 기한 권리일 뿐 헌법상 재산권으로부터 당연히 도출되는 권리는 아니다.

문 18. 다음 사례에 대한 설명으로 옳은 것은? (다툼이 있는 경우 판례에 의함)

○ 2020.1.6. 인기 아이돌 가수인 甲의 노래가 수록된 음반이 청소년유해매체물로 결정 및 고시되었는데, 여성가족부장관은 이 고시를 하면서 그 효력발생 시기를 구체적으로 밝히지 않았다.
○ A시의 시장이 「식품위생법」 위반을 이유로 乙에 대해 영업허가를 취소하는 처분을 하고자 하나 송달이 불가능하다.

① 구 「행정 효율과 협업 촉진에 관한 규정」(현 「행정업무의 운영 및 혁신에 관한 규정」)에 따르면 여성가족부장관의 고시의 효력은 2020.1.20.부터 발생한다.

② 甲의 노래가 수록된 음반을 청소년유해매체물로 지정하는 결정 및 고시는 항고소송의 대상이 될 수 없다.

③ A시의 시장이 영업허가취소처분을 송달하려면 乙이 알기 쉽도록 관보, 공보, 게시판, 일간신문 중 하나 이상에 공고하고 인터넷에도 공고하여야 한다.

④ 乙의 영업허가취소처분이 공보에 공고된 경우, 乙이 자신에 대한 영업허가취소처분이 있음을 알고 있지 못하더라도 영업허가취소처분에 대한 취소소송을 제기하려면 공고가 효력을 발생한 날부터 90일 안에 제기해야 한다.

문 19. 판례의 입장으로 옳은 것은?

① 변상금 부과처분이 당연무효인 경우, 당해 변상금 부과처분에 의하여 납부한 오납금에 대한 납부자의 부당이득반환청구권의 소멸시효는 변상금 부과처분의 부과시부터 진행한다.

② 행정소송에서 쟁송의 대상이 되는 행정처분의 존부에 관한 사항이 상고심에서 비로소 주장된 경우에 행정처분의 존부에 관한 사항은 상고심의 심판범위에 해당한다.

③ 어떠한 처분의 근거나 법적인 효과가 행정규칙에 규정되어 있다면, 그 처분이 행정규칙의 내부적 구속력에 의하여 상대방의 권리의무에 직접 영향을 미치는 행위라도 항고소송의 대상이 되는 행정처분이라 볼 수 없다.

④ 어떠한 허가처분에 대하여 타법상의 인·허가가 의제된 경우, 의제된 인·허가는 통상적인 인·허가와 동일한 효력을 갖는 것은 아니므로 '부분 인·허가 의제'가 허용되는 경우에도 의제된 인·허가에 대한 쟁송취소는 허용되지 않는다.

문 20. 「행정소송법」상 부작위위법확인소송에 대한 설명으로 옳지 <u>않은</u> 것은? (다툼이 있는 경우 판례에 의함)

① 어떠한 처분에 대하여 그 근거 법률에서 행정소송 이외의 다른 절차에 의하여 불복할 것을 예정하고 있는 경우, 그 처분이 「행정소송법」상 처분의 개념에 해당한다고 하더라도 그 처분의 부작위는 부작위위법확인소송의 대상이 될 수 없다.

② 어떠한 행정처분에 대한 법규상 또는 조리상의 신청권이 인정되지 않는 경우, 그 처분의 신청에 대한 행정청의 무응답이 위법하다고 하여 제기된 부작위위법확인소송은 적법하지 않다.

③ 취소소송의 제소기간에 관한 규정은 부작위위법확인소송에 준용되지 않으므로 행정심판 등 전심절차를 거친 경우에도 부작위위법확인소송에 있어서는 제소기간의 제한을 받지 않는다.

④ 처분의 신청 후에 원고에게 생긴 사정의 변화로 인하여, 그 처분에 대한 부작위가 위법하다는 확인을 받아도 종국적으로 침해되거나 방해받은 원고의 권리·이익을 보호·구제받는 것이 불가능하게 되었다면, 법원은 각하판결을 내려야 한다.

| 풀이 시간: ___:___ ~ ___:___ / 점수: ___점

1초 합격예측! 모바일 성적분석표

QR 코드로 접속하여 문제 풀이시간을 측정하고, 〈1초 합격예측 & 모바일 성적분석표〉 서비스를 통해 지금 바로! 실력을 점검해 보세요.
http://eduwill.kr/qH46

문 1. 행정소송의 대상에 대한 판례의 입장으로 옳지 <u>않은</u> 것은?

① 「수도법」에 의하여 지방자치단체인 수도사업자가 그 수돗물의 공급을 받는 자에게 하는 수도료 부과·징수와 이에 따른 수도료 납부관계는 공법상의 권리의무 관계이므로, 이에 관한 분쟁은 행정소송의 대상이다.

② 구 「예산회계법」상 입찰보증금의 국고귀속조치는 국가가 공권력을 행사하는 것이라는 점에서, 이를 다투는 소송은 행정소송에 해당한다.

③ 「도시 및 주거환경정비법」상 주택재건축정비사업조합을 상대로 관리처분계획안에 대한 조합 총회결의의 효력 등을 다투는 소송은 「행정소송법」상 당사자소송에 해당한다.

④ 공익사업을 위한 토지 등의 취득 및 보상에 관한 법령에 의한 협의취득은 사법상의 법률행위이므로, 이에 관한 분쟁은 민사소송의 대상이다.

문 2. 행정행위의 효력에 대한 설명으로 옳지 <u>않은</u> 것은? (다툼이 있는 경우 판례에 의함)

① 과·오납세금반환청구소송에서 민사법원은 그 선결문제로서 과세처분의 무효 여부를 판단할 수 있다.

② 행정처분이 위법임을 이유로 국가배상을 청구하기 위한 전제로서 그 처분이 취소되어야만 하는 것은 아니다.

③ 영업허가취소처분이 청문절차를 거치지 않았다 하여 행정심판에서 취소되었더라도 그 허가취소처분 이후 취소재결시까지 영업했던 행위는 무허가영업에 해당한다.

④ 건물소유자에게 소방시설 불량사항을 시정·보완하라는 명령을 구두로 고지한 것은 「행정절차법」에 위반한 것으로 하자가 중대·명백하여 당연무효이다.

문 3. 행정행위의 부관에 대한 설명으로 옳지 <u>않은</u> 것은? (다툼이 있는 경우 판례에 의함)

① 사정변경으로 당초에 부담을 부가한 목적을 달성할 수 없게 된 경우에도 그 목적달성에 필요한 범위 내에서 예외적으로 부담의 사후변경이 허용된다.

② 행정처분에 부담인 부관을 붙인 경우, 부관이 무효라면 부담의 이행으로 이루어진 사법상 매매행위도 당연히 무효가 된다.

③ 기속행위에 대해서는 법령상 특별한 근거가 없는 한 부관을 붙일 수 없고, 가사 부관을 붙였다고 하더라도 이는 무효이다.

④ 도로점용허가의 점용기간을 정함에 있어 위법사유가 있다면 도로점용허가처분 전부가 위법하게 된다.

문 4. 다른 법률행위를 보충하여 그 법적 효력을 완성시키는 행위에 해당하지 <u>않는</u> 것만을 모두 고르면? (다툼이 있는 경우 판례에 의함)

> ㄱ. 사설법인묘지의 설치에 대한 행정청의 허가
> ㄴ. 토지거래허가구역 내의 토지거래계약에 대한 행정청의 허가
> ㄷ. 재단법인의 정관변경에 대한 행정청의 허가
> ㄹ. 재건축조합이 수립하는 관리처분계획에 대한 행정청의 인가

① ㄱ
② ㄱ, ㄹ
③ ㄴ, ㄹ
④ ㄱ, ㄴ, ㄷ

문 5. 법률유보의 원칙에 대한 설명으로 옳지 <u>않은</u> 것은? (다툼이 있는 경우 판례에 의함)

① 법률유보의 원칙에서 요구되는 법적 근거는 작용법적 근거를 의미한다.

② 개인택시운송사업자의 운전면허가 아직 취소되지 않았더라도 운전면허 취소사유가 있다면 행정청은 명문 규정이 없더라도 개인택시운송사업면허를 취소할 수 있다.

③ 법률유보의 원칙은 국민의 기본권실현과 관련된 영역에 있어서는 입법자가 그 본질적 사항에 대해서 스스로 결정하여야 한다는 요구까지 내포하고 있다.

④ 국회가 형식적 법률로 직접 규율하여야 하는 필요성은 규율 대상이 기본권 및 기본적 의무와 관련된 중요성을 가질수록, 그에 관한 공개적 토론의 필요성 또는 상충하는 이익 사이의 조정 필요성이 클수록 더 증대된다.

문 6. 「행정절차법」상 사전통지와 의견제출에 대한 판례의 입장으로 옳은 것은?

① 공매를 통하여 체육시설을 인수한 자의 체육시설업자 지위승계신고를 수리하는 경우, 종전 체육시설업자에게 사전에 통지하여 의견제출 기회를 주어야 한다.

② 고시의 방법으로 불특정 다수인을 상대로 권익을 제한하는 처분을 하는 경우, 상대방에게 사전에 통지하여 의견제출 기회를 주어야 한다.

③ 용도를 무단변경한 건물의 원상복구를 명하는 시정명령 및 계고처분을 하는 경우, 사전에 통지할 필요가 없다.

④ 항만시설 사용허가신청에 대하여 거부처분을 하는 경우, 사전에 통지하여 의견제출 기회를 주어야 한다.

문 7. 건축허가와 건축신고에 대한 설명으로 옳지 않은 것만을 모두 고르면? (다툼이 있는 경우 판례에 의함)

ㄱ. 「건축법」 제14조 제2항에 의한 인·허가의제 효과를 수반하는 건축신고에 대한 수리거부는 처분성이 인정되나, 동 규정에 의한 인·허가의제 효과를 수반하지 않는 건축신고에 대한 수리거부는 처분성이 부정된다.

ㄴ. 「국토의 계획 및 이용에 관한 법률」에 의해 지정된 도시지역 안에서 토지의 형질변경행위를 수반하는 건축허가는 재량행위에 속한다.

ㄷ. 건축허가권자는 중대한 공익상의 필요가 없음에도 관계 법령에서 정하는 제한사유 이외의 사유를 들어 건축허가 요건을 갖춘 자에 대한 허가를 거부할 수 있다.

ㄹ. 건축허가는 대물적 허가에 해당하므로, 허가의 효과는 허가대상 건축물에 대한 권리변동에 수반하여 이전되고 별도의 승인처분에 의하여 이전되는 것은 아니다.

① ㄱ, ㄴ　　② ㄱ, ㄷ
③ ㄴ, ㄷ　　④ ㄷ, ㄹ

문 8. 「공공기관의 정보공개에 관한 법률」상 정보공개에 대한 설명으로 옳은 것은? (다툼이 있는 경우 판례에 의함)

① 공개청구된 정보가 인터넷을 통하여 공개되어 인터넷검색을 통하여 쉽게 알 수 있다는 사정만으로 비공개결정이 정당화될 수는 없다.

② 정보공개청구 후 20일이 경과하도록 정보공개결정이 없는 경우, 이의신청은 허용되나 행정심판청구는 허용되지 않는다.

③ 정보의 공개 및 우송 등에 드는 비용은 정보공개청구를 받은 행정청이 부담한다.

④ 행정소송의 재판기록 일부의 정보공개청구에 대한 비공개결정은 전자문서로 통지할 수 없다.

문 9. 행정입법에 대한 설명으로 옳은 것은? (다툼이 있는 경우 판례에 의함)

① 행정소송에 대한 대법원 판결에 의하여 명령·규칙이 헌법 또는 법률에 위반된다는 것이 확정된 경우, 대법원은 지체 없이 그 사유를 해당 법령의 소관부처의 장에게 통보하여야 한다.

② 교육부장관이 대학입시기본계획의 내용에서 내신성적 산정기준에 관한 시행지침을 정한 경우, 각 고등학교는 이에 따라 내신성적을 산정할 수밖에 없어 이는 행정처분에 해당된다.

③ 특히 긴급한 필요가 있거나 미리 법률로 자세히 정할 수 없는 부득이한 사정이 있어 법률에 형벌의 종류·상한·폭을 명확히 규정하더라도, 행정형벌에 대한 위임입법은 허용되지 않는다.

④ 상위법령 등의 단순한 집행을 위해 총리령을 제정하려는 경우, 행정상 입법예고를 하지 아니할 수 있다.

문 10. **행정강제에 대한 설명으로 옳은 것은? (다툼이 있는 경우 판례에 의함)**

① 행정대집행의 방법으로 건물철거의무이행을 실현할 수 있는 경우, 철거의무자인 건물점유자의 퇴거의무를 실현하려면 퇴거를 명하는 별도의 집행권원이 있어야 하고, 철거 대집행 과정에서 부수적으로 건물점유자들에 대한 퇴거조치를 할 수는 없다.

② 즉시강제란 법령 또는 행정처분에 의한 선행의 구체적 의무의 불이행으로 인한 목전의 급박한 장해를 제거할 필요가 있는 경우에 행정기관이 즉시 국민의 신체 또는 재산에 실력을 행사하여 행정상의 필요한 상태를 실현하는 작용을 말한다.

③ 공법인이 대집행권한을 위탁받아 공무인 대집행 실시에 지출한 비용을 「행정대집행법」에 따라 강제징수할 수 있음에도 민사소송절차에 의하여 상환을 청구하는 것은 허용되지 않는다.

④ 이행강제금은 심리적 압박을 통하여 간접적으로 의무이행을 확보하는 수단인 행정벌과는 달리 의무이행의 강제를 직접적인 목적으로 하므로, 강학상 직접강제에 해당한다.

문 11. **행정지도에 대한 설명으로 옳지 않은 것은? (다툼이 있는 경우 판례에 의함)**

① 행정지도는 상대방의 의사에 반하여 부당하게 강요하여서는 안 된다.

② 행정지도는 작용법적 근거가 필요하지 않으므로, 비례원칙과 평등원칙에 구속되지 않는다.

③ 교육인적자원부(현 교육부)장관의 대학총장들에 대한 학칙시정요구는 법령에 따른 것으로 행정지도의 일종이지만, 단순한 행정지도로서의 한계를 넘어 헌법소원의 대상이 되는 공권력의 행사라고 볼 수 있다.

④ 세무 당국이 주류제조회사에 대하여 특정 업체와의 주류거래를 일정 기간 중지하여 줄 것을 요청한 행위는 권고적 성격의 행위로서 행정처분이라고 볼 수 없다.

문 12. **행정벌에 대한 설명으로 옳지 않은 것은? (다툼이 있는 경우 판례에 의함)**

① 과실범을 처벌한다는 명문의 규정이 없더라도 행정형벌 법규의 해석에 의하여 과실행위도 처벌한다는 뜻이 도출되는 경우에는 과실범도 처벌될 수 있다.

② 통고처분에 따른 범칙금을 납부한 후에 동일한 사건에 대하여 다시 형사처벌을 하는 것이 일사부재리의 원칙에 반하는 것은 아니다.

③ 과태료는 행정질서벌에 해당할 뿐 형벌이라고 할 수 없어 죄형법정주의의 규율대상에 해당하지 아니한다.

④ 과태료를 부과하는 근거 법령이 개정되어 행위시의 법률에 의하면 과태료 부과대상이었지만 재판시의 법률에 의하면 부과대상이 아니게 된 때에는 특별한 사정이 없는 한 과태료를 부과할 수 없다.

문 13. **취소소송에서 협의의 소의 이익에 대한 설명으로 옳지 않은 것은? (다툼이 있는 경우 판례에 의함)**

① 지방의회 의원에 대한 제명의결 취소소송 계속 중 의원의 임기가 만료된 경우에도 여전히 제명의결의 취소를 구할 법률상 이익이 인정된다.

② 공장등록이 취소된 후 그 공장시설물이 철거되었고 다시 복구를 통하여 공장을 운영할 수 없는 상태라 하더라도 대도시 안의 공장을 지방으로 이전할 경우 조세감면 및 우선입주 등의 혜택이 관계 법률에 보장되어 있다면, 공장등록취소처분의 취소를 구할 법률상 이익이 인정된다.

③ 가중요건이 법령에 규정되어 있는 경우, 업무정지처분을 받은 후 새로운 제재처분을 받음이 없이 법률이 정한 기간이 경과하여 실제로 가중된 제재처분을 받을 우려가 없어졌다면 특별한 사정이 없는 한 업무정지처분의 취소를 구할 법률상 이익이 인정되지 않는다.

④ 현역입영대상자가 현역병입영통지처분에 따라 현실적으로 입영을 한 후에는 처분의 집행이 종료되었고 입영으로 처분의 목적이 달성되어 실효되었으므로 입영통지처분을 다툴 법률상 이익이 인정되지 않는다.

문 14. 행정의 실효성 확보수단에 대한 설명으로 옳은 것만을 모두 고르면? (다툼이 있는 경우 판례에 의함)

> ㄱ. 조세부과처분에 취소사유인 하자가 있는 경우 그 하자는 후행 강제징수절차인 독촉·압류·매각·청산절차에 승계된다.
> ㄴ. 세법상 가산세는 과세권 행사 및 조세채권 실현을 용이하게 하기 위하여 납세자가 정당한 이유 없이 법에 규정된 신고, 납세 등의 의무를 위반한 경우에 개별세법에 따라 부과하는 행정상 제재로서, 납세자의 고의·과실은 고려되지 아니하고 법령의 부지·착오 등은 그 의무위반을 탓할 수 없는 정당한 사유에 해당하지 아니한다.
> ㄷ. 세무공무원이 체납처분을 하기 위하여 질문·검사 또는 수색을 하거나 재산을 압류할 때에는 그 신분을 표시하는 증표를 지니고 이를 관계자에게 보여 주어야 한다.
> ㄹ. 구 「국세징수법」상 가산금은 국세를 납부기한까지 납부하지 아니하면 과세청의 확정절차 없이도 법률에 의하여 당연히 발생하는 것이므로 가산금의 고지는 항고소송의 대상이 되는 처분이라고 볼 수 없다.

① ㄱ, ㄴ
② ㄴ, ㄷ
③ ㄷ, ㄹ
④ ㄴ, ㄷ, ㄹ

문 15. 「행정심판법」상 행정심판에 대한 설명으로 옳지 않은 것은? (다툼이 있는 경우 판례에 의함)

① 대통령의 처분 또는 부작위에 대하여는 다른 법률에서 행정심판을 청구할 수 있도록 정한 경우 외에는 행정심판을 청구할 수 없다.

② 당사자의 신청에 대한 행정청의 부당한 거부처분에 대하여 일정한 처분을 하도록 하는 행정심판의 청구는 현행법상 허용되고 있다.

③ 「행정심판법」에 따른 서류의 송달에 관하여는 「행정절차법」 중 송달에 관한 규정을 준용한다.

④ 행정심판 청구인이 경제적 능력으로 인해 대리인을 선임할 수 없는 경우에는 행정심판위원회에 국선대리인을 선임하여 줄 것을 신청할 수 있다.

문 16. 항고소송의 대상인 처분에 대한 설명으로 옳은 것은? (다툼이 있는 경우 판례에 의함)

① 국가인권위원회가 진정에 대하여 각하 및 기각결정을 할 경우 피해자인 진정인은 인권침해 등에 대한 구제조치를 받을 권리를 박탈당하게 되므로, 국가인권위원회의 진정에 대한 각하 및 기각결정은 처분에 해당한다.

② 검사의 불기소결정은 공권력의 행사에 포함되므로, 검사의 자의적인 수사에 의하여 불기소결정이 이루어진 경우 그 불기소결정은 처분에 해당한다.

③ 인터넷 포털사이트의 개인정보 유출사고로 주민등록번호가 불법 유출되었음을 이유로 주민등록번호 변경신청을 하였으나 관할 구청장이 이를 거부한 경우, 그 거부행위는 처분에 해당하지 않는다.

④ 국립대학교 총장의 임용권한은 대통령에게 있으므로, 교육부장관이 대통령에게 임용제청을 하면서 대학에서 추천한 복수의 총장 후보자들 중 일부를 임용제청에서 제외한 행위는 처분에 해당하지 않는다.

문 17. 「국가배상법」상 국가배상에 대한 설명으로 옳은 것(○)과 옳지 않은 것(×)을 바르게 연결한 것은? (다툼이 있는 경우 판례에 의함)

> ㄱ. 재판에 대하여 불복절차 내지 시정절차 자체가 없는 경우, 부당한 재판으로 인하여 불이익 내지 손해를 입은 사람에게는 배상책임의 요건이 충족되는 한 국가배상책임이 인정될 수 있다.
> ㄴ. 국가가 일정한 사항에 관하여 헌법에 의하여 부과되는 구체적인 입법의무를 부담하고 있음에도 불구하고 그 입법에 필요한 상당한 기간이 경과하도록 고의·과실로 입법의무를 이행하지 아니하는 경우, 국가배상책임이 인정될 수 있다.
> ㄷ. 직무집행과 관련하여 공상을 입은 군인이 먼저 「국가배상법」상 손해배상을 받은 다음 구 「국가유공자 등 예우 및 지원에 관한 법률」상 보훈급여금을 지급청구하는 경우, 국가배상을 받았다는 이유로 그 지급을 거부할 수 없다.
> ㄹ. 피해자에게 손해를 직접 배상한 경과실이 있는 공무원은 특별한 사정이 없는 한, 국가의 피해자에 대한 손해배상책임의 범위 내에서 자신이 변제한 금액에 관하여 국가에 대한 구상권을 취득한다.

	ㄱ	ㄴ	ㄷ	ㄹ
①	○	○	×	○
②	×	○	○	×
③	○	×	×	×
④	○	○	○	○

문 18. 甲은 관할 A행정청에 토지형질변경허가를 신청하였으나 A
행정청은 허가를 거부하였다. 이에 甲은 거부처분취소소송
을 제기하여 재량의 일탈·남용을 이유로 취소판결을 받았
고, 그 판결은 확정되었다. 이에 대한 설명으로 옳은 것은?
(다툼이 있는 경우 판례에 의함)

① A행정청이 거부처분 이전에 이미 존재하였던 사유 중 거
부처분 사유와 기본적 사실관계의 동일성이 없는 사유를
근거로 다시 거부처분을 하는 것은 허용되지 않는다.

② A행정청이 재처분을 하였더라도 취소판결의 기속력에
저촉되는 경우에는 甲은 간접강제를 신청할 수 있다.

③ A행정청의 재처분이 취소판결의 기속력에 저촉되더라도
당연무효는 아니고 취소사유가 될 뿐이다.

④ A행정청이 간접강제결정에서 정한 의무이행기한 내에
재처분을 이행하지 않아 배상금이 이미 발생한 경우에는
그 이후에 재처분을 이행하더라도 甲은 배상금을 추심할
수 있다.

문 19. 甲은 「영유아보육법」에 따라 보건복지부장관의 평가인증을
받아 어린이집을 설치·운영하고 있다. 甲은 어린이집을 운
영하면서 부정한 방법으로 보조금을 교부받아 사용하였고,
보건복지부장관은 이를 근거로 관련 법령에 따라 평가인증
을 취소하였다. 이에 대한 설명으로 옳은 것은? (다툼이 있
는 경우 판례에 의함)

① 평가인증의 취소는 강학상 철회에 해당하며, 행정청이
평가인증취소처분을 하면서 별도의 법적 근거 없이도
평가인증의 효력을 취소사유 발생일로 소급하여 상실시
킬 수 있다.

② 평가인증의 취소는 강학상 취소에 해당하며, 행정청이
평가인증취소처분을 하면서 별도의 법적 근거 없이는
평가인증의 효력을 취소사유 발생일로 소급하여 상실시
킬 수 없다.

③ 평가인증의 취소는 강학상 철회에 해당하며, 행정청이
평가인증취소처분을 하면서 별도의 법적 근거 없이는
평가인증의 효력을 취소사유 발생일로 소급하여 상실시
킬 수 없다.

④ 평가인증의 취소는 강학상 취소에 해당하며, 행정청이
평가인증취소처분을 하면서 별도의 법적 근거 없이도
평가인증의 효력을 취소사유 발생일로 소급하여 상실시
킬 수 있다.

문 20. 항고소송에서 수소법원이 하여야 하는 판결에 대한 설명으
로 옳지 않은 것은? (다툼이 있는 경우 판례에 의함)

① 무효확인소송의 제1심 판결시까지 원고적격을 구비하였
는데 제2심 단계에서 원고적격을 흠결하게 된 경우, 제2
심 수소법원은 각하판결을 하여야 한다.

② 행정처분이 있음을 안 날부터 90일을 넘겨 행정심판을
청구하였다가 각하재결을 받은 후 그 재결서를 송달받
은 날부터 90일 내에 원래의 처분에 대하여 취소소송을
제기한 경우, 수소법원은 각하판결을 하여야 한다.

③ 허가처분 신청에 대한 부작위를 다투는 부작위위법확인
소송을 제기하여 제1심에서 승소판결을 받았는데 제2심
단계에서 피고 행정청이 허가처분을 한 경우, 제2심 수
소법원은 각하판결을 하여야 한다.

④ 행정심판을 청구하여 기각재결을 받은 후 재결 자체에
고유한 위법이 있음을 주장하며 그 기각재결에 대하여
취소소송을 제기한 경우, 수소법원은 심리 결과 재결 자
체에 고유한 위법이 없다면 각하판결을 하여야 한다.

2018

4월 7일 시행
국가직 9급

| 풀이 시간: ___:___ ~ ___:___ / 점수: ___점

1초 합격예측! 모바일 성적분석표

QR 코드로 접속하여 문제 풀이시간을 측정하고,
〈1초 합격예측 & 모바일 성적분석표〉 서비스를 통해
지금 바로! 실력을 점검해 보세요.
http://eduwill.kr/iH46

문 1. 행정의 자기구속의 원칙에 대한 설명으로 옳지 <u>않은</u> 것은?
(다툼이 있는 경우 판례에 의함)

① 헌법재판소는 평등의 원칙이나 신뢰보호의 원칙을 근거로 행정의 자기구속의 원칙을 인정하고 있다.

② 반복적으로 행해진 행정처분이 위법하더라도 행정의 자기구속의 원칙에 따라 행정청은 선행처분에 구속된다.

③ 행정의 자기구속의 원칙은 법적으로 동일한 사실관계, 즉 동종의 사안에서 적용이 문제되는 것으로 주로 재량의 통제법리와 관련된다.

④ 재량준칙이 공표된 것만으로는 행정의 자기구속의 원칙이 적용될 수 없고, 재량준칙이 되풀이 시행되어 행정관행이 성립한 경우에 행정의 자기구속의 원칙이 적용될 수 있다.

문 2. 법규명령에 대한 설명으로 옳지 <u>않은</u> 것은? (다툼이 있는 경우 판례에 의함)

① 법규명령이 법률에서 위임받은 사항에 관하여 대강을 정하고 그중의 특정사항에 대하여 범위를 정하여 하위법령에 다시 위임하는 경우에는 재위임이 허용된다.

② 행정각부의 장이 정하는 고시(告示)는 법령의 규정으로부터 구체적 사항을 정할 수 있는 권한을 위임받아 그 법령 내용을 보충하는 기능을 가진 경우라도 그 형식상 대외적으로 구속력을 갖지 않는다.

③ 법규명령이 법률상 위임의 근거가 없어 무효이더라도 나중에 법률의 개정으로 위임의 근거가 부여되면 그때부터는 유효한 법규명령으로서 구속력을 갖는다.

④ 법규명령이 구체적인 집행행위 없이 직접 개인의 권리의무에 영향을 주는 경우 처분성이 인정된다.

문 3. 「개인정보 보호법」상 개인정보보호에 대한 설명으로 옳지 <u>않은</u> 것은? (다툼이 있는 경우 판례에 의함)

① 헌법재판소는 개인정보자기결정권을 사생활의 비밀과 자유, 일반적 인격권 등을 이념적 기초로 하는 독자적 기본권으로서 헌법에 명시되지 않은 기본권으로 보고 있다.

② 「개인정보 보호법」에는 개인정보 단체소송을 제기할 수 있는 단체에 대한 제한을 두고 있지 않으므로 법인격이 있는 단체라면 어느 단체든지 권리침해 행위의 금지·중지를 구하는 소송을 제기할 수 있다.

③ 개인정보처리자의 「개인정보 보호법」 위반행위로 손해를 입은 정보주체는 개인정보처리자에게 손해배상을 청구할 수 있고, 그 개인정보처리자는 고의 또는 과실이 없음을 입증하지 않으면 책임을 면할 수 없다.

④ 「개인정보 보호법」은 집단분쟁조정제도에 대하여 규정하고 있다.

문 4. 「행정절차법」상 행정절차에 대한 설명으로 옳지 <u>않은</u> 것은?

① 단순·반복적인 처분 또는 경미한 처분으로서 당사자가 그 이유를 명백히 알 수 있는 경우라 하더라도 처분 후 당사자가 요청하는 경우에는 행정청은 그 근거와 이유를 제시하여야 한다.

② 행정청이 당사자에게 의무를 과하거나 권익을 제한하는 처분을 하는 경우라도 당사자가 명백히 의견진술의 기회를 포기한다는 뜻을 표시한 경우에는 의견청취를 하지 않을 수 있다.

③ 행정청은 대통령령을 입법예고하는 경우에는 이를 국회 소관상임위원회에 제출하여야 한다.

④ 인허가 등의 취소 또는 신분·자격의 박탈, 법인이나 조합 등의 설립허가의 취소시 의견제출기한 내에 당사자 등의 신청이 있는 경우에 공청회를 개최한다.

문 5. 행정행위의 하자의 승계에 대한 설명으로 옳지 <u>않은</u> 것은?
(다툼이 있는 경우 판례에 의함)

① 구 「부동산 가격공시 및 감정평가에 관한 법률」상 선행처분인 표준지공시지가의 결정에 하자가 있는 경우에 그 하자는 보상금 산정을 위한 수용재결에 승계된다.

② 「국토의 계획 및 이용에 관한 법률」상 도시·군계획시설결정과 실시계획인가는 동일한 법률효과를 목적으로 하는 것이므로 선행처분인 도시·군계획시설결정의 하자는 실시계획인가에 승계된다.

③ 「행정대집행법」상 선행처분인 계고처분의 하자는 대집행영장 발부통보처분에 승계된다.

④ 「도시 및 주거환경정비법」상 사업시행계획에 관한 취소사유인 하자는 관리처분계획에 승계되지 않는다.

문 6. 행정청이 법률의 근거 규정 없이도 할 수 있는 조치로 옳은 것만을 모두 고른 것은? (다툼이 있는 경우 판례에 의함)

> ㄱ. 하자 있는 처분을 직권으로 취소하는 것
> ㄴ. 재량권이 인정되는 영역에서 재량권 행사의 기준이 되는 지침을 제정하는 것
> ㄷ. 중대한 공익상의 필요가 발생하여 처분을 철회하는 것
> ㄹ. 사정변경으로 인하여 처분에 부가되어 있는 부담의 목적을 달성할 수 없게 되어 부담의 내용을 변경하는 것

① ㄱ, ㄴ
② ㄷ, ㄹ
③ ㄱ, ㄷ, ㄹ
④ ㄱ, ㄴ, ㄷ, ㄹ

문 7. 행정계약에 대한 판례의 입장으로 옳지 <u>않은</u> 것은?

① 계약직 공무원 채용계약해지의 의사표시는 일반공무원에 대한 징계처분과는 다르지만, 「행정절차법」의 처분절차에 의하여 근거와 이유를 제시하여야 한다.

② 구 「중소기업 기술혁신 촉진법」상 중소기업 정보화지원사업의 일환으로 중소기업기술정보진흥원장이 甲 주식회사와 중소기업정보화지원사업에 관한 협약을 체결한 후 甲 주식회사의 협약불이행으로 인해 사업실패가 초래된 경우, 중소기업기술진흥원장이 협약에 따라 甲에 대해 행한 협약의 해지 및 지급받은 정부지원금의 환수통보는 행정처분에 해당하지 않는다.

③ 구 「도시계획법」상 도시계획사업의 시행자가 그 사업에 필요한 토지를 협의취득하는 행위는 사경제주체로서 행하는 사법상의 법률행위이므로 행정소송의 대상이 되지 않는다.

④ 「지방공무원법」상 지방전문직 공무원 채용계약에서 정한 채용기간이 만료한 경우에는 채용계약의 갱신이나 기간 연장 여부는 기본적으로 지방자치단체장의 재량이다.

문 8. 행정입법에 대한 설명으로 옳지 <u>않은</u> 것은? (다툼이 있는 경우 판례에 의함)

① 일반적으로 시행령이 헌법이나 법률에 위반된다는 사정은 그 시행령의 규정을 위헌 또는 위법하여 무효라고 선언한 대법원의 판결이 선고되지 않은 상태에서도 그 시행령 규정의 위헌 내지 위법 여부가 객관적으로 명백하다고 할 수 있으므로, 이러한 시행령 근거한 행정처분의 하자는 무효사유에 해당한다.

② 행정규칙의 공표는 행정규칙의 성립요건이나 효력요건은 아니나, 「행정절차법」에서는 행정청은 필요한 처분기준을 당해 처분의 성질에 비추어 될 수 있는 한 구체적으로 공표하도록 하고 있다.

③ 보건복지부 고시인 구 '약제급여·비급여목록 및 급여상한금액표'는 그 자체로서 국민건강보험가입자, 국민건강보험공단, 요양기관 등의 법률관계를 직접 규율하는 성격을 가지므로 항고소송의 대상이 되는 행정처분에 해당한다.

④ 국민의 구체적인 권리의무에 직접적으로 변동을 초래하지 않는 추상적인 법령의 제정 여부 등은 부작위위법확인소송의 대상이 될 수 없다.

문 9. 행정청의 확약에 대한 설명으로 옳은 것은? (다툼이 있는 경우 판례에 의함)

① 행정청의 확약은 위법하더라도 중대·명백한 하자가 있어 당연무효가 아닌 한 취소되기 전까지는 유효한 것으로 통용된다.

② 재량행위에 대해 상대방에게 확약을 하려면 확약에 대한 법적 근거가 있어야 한다.

③ 행정청이 상대방에게 확약을 한 후에 사실적·법률적 상태가 변경되었다면 확약은 행정청의 별다른 의사표시가 없더라도 실효된다.

④ 행정청의 확약에 대해 법률상 이익이 있는 제3자는 확약에 대해 취소소송으로 다툴 수 있다.

문 10. 행정행위의 효력발생요건으로서의 통지에 대한 설명으로 옳지 않은 것은? (다툼이 있는 경우 판례에 의함)

① 처분의 통지는 행정처분을 상대방에게 표시하는 것으로서 상대방이 인식할 수 있는 상태에 둠으로써 족하고, 객관적으로 보아 행정처분으로 인식할 수 있도록 고지하면 된다.

② 처분서를 보통우편의 방법으로 발송한 경우에는 그 우편물이 상당한 기간 내에 도달하였다고 추정할 수 없다.

③ 구 「청소년 보호법」에 따라 정보통신윤리위원회가 특정 웹사이트를 청소년유해매체물로 결정하고 청소년보호위원회가 효력발생시기를 명시하여 고시하였으나 정보통신윤리위원회와 청소년보호위원회가 웹사이트 운영자에게는 위 처분이 있었음을 통지하지 않았다면 그 효력이 발생하지 않는다.

④ 등기에 의한 우편송달의 경우라도 수취인이 주민등록지에 실제로 거주하지 않는 경우에는 우편물의 도달사실을 처분청이 입증해야 한다.

문 11. 판례에 의할 때 ㉠과 ㉡에서 甲과 乙이 적법하게 제기할 수 있는 소송의 종류를 바르게 연결한 것은?

> ㉠ 법관 甲이 이미 수령한 명예퇴직수당액이 구 「법관 및 법원공무원 명예퇴직수당 등 지급규칙」에서 정한 정당한 명예퇴직수당액에 미치지 못한다고 주장하며 차액의 지급을 신청하였으나 법원행정처장이 이를 거부한 경우
> ㉡ 乙이 군인연금법령에 따라 국방부장관의 인정을 받아 퇴역연금을 지급받아 오던 중 「군인보수법」 및 「공무원보수규정」에 의한 호봉이나 봉급액의 개정 등으로 퇴역연금액이 변경되어 국방부장관이 乙에게 법령의 개정에 따른 퇴역연금액 감액조치를 한 경우

	㉠	㉡
①	미지급명예퇴직수당액 지급을 구하는 당사자소송	퇴역연금차액지급을 구하는 당사자소송
②	법원행정처장의 거부처분에 대한 취소소송	퇴역연금차액지급을 구하는 당사자소송
③	미지급명예퇴직수당액 지급을 구하는 당사자소송	국방부장관의 퇴역연금 감액처분에대한 취소소송
④	법원행정처장의 거부처분에 대한 취소소송	국방부장관의 퇴역연금 감액처분에 대한 취소소송

문 12. 행정심판에 대한 설명으로 옳은 것은? (다툼이 있는 경우 판례에 의함)

① 행정심판의 재결이 확정되면 피청구인인 행정청을 기속하는 효력이 있고 그 처분의 기초가 된 사실관계나 법률적 판단이 확정되므로 이후 당사자 및 법원은 이에 모순되는 주장이나 판단을 할 수 없다.

② 행정심판에서는 항고소송에서와 달리 처분청이 당초 처분의 근거로 삼은 사유와 기본적 사실관계가 동일성이 인정되지 않는 다른 사유를 처분사유로 추가하거나 변경할 수 있다.

③ 행정심판의 대상과 관련되는 권리나 이익을 양수한 특정승계인은 행정심판위원회의 허가를 받아 청구인의 지위를 승계할 수 있다.

④ 종중이나 교회와 같은 비법인사단은 사단 자체의 명의로 행정심판을 청구할 수 없고 대표자가 청구인이 되어 행정심판을 청구하여야 한다.

문 13. 행정심판과 행정소송에 대한 설명으로 옳지 않은 것은? (다툼이 있는 경우 판례에 의함)

① 행정심판을 청구하려는 자는 행정심판위원회뿐만 아니라 피청구인인 행정청에도 행정심판청구서를 제출할 수 있으나 행정소송을 제기하려는 자는 법원에 소장을 제출하여야 한다.

② 행정심판에서는 행정청이 상대방에게 심판청구기간을 법정 심판청구기간보다 긴 기간으로 잘못 알린 경우에 그 잘못 알린 기간 내에 심판청구가 있으면 그 심판청구는 법정 심판청구기간 내에 제기된 것으로 보나 행정소송에서는 그렇지 않다.

③ 「행정심판법」은 「행정소송법」과는 달리 집행정지뿐만 아니라 임시처분도 규정하고 있다.

④ 행정심판에서 행정심판위원회는 행정청의 부작위가 위법·부당하다고 판단되면 직접 처분을 할 수 있으나 행정소송에서 법원은 행정청의 부작위가 위법한 경우에만 직접 처분을 할 수 있다.

문 14.「행정대집행법」상 행정대집행에 대한 설명으로 옳지 않은 것은? (다툼이 있는 경우 판례에 의함)

① 퇴거의무 및 점유인도의무의 불이행은 행정대집행의 대상이 되지 않는다.

② 건물철거명령 및 철거대집행계고를 한 후에 이에 불응하자 다시 제2차, 제3차의 계고를 하였다면 철거의무는 처음에 한 건물철거명령 및 철거대집행계고로 이미 발생하였고 그 이후에 한 제2차, 제3차의 계고는 새로운 철거의무를 부과한 것이 아니라 대집행 기한을 연기하는 통지에 불과하다.

③ 관계 법령에서 금지규정 및 그 위반에 대한 벌칙규정은 두고 있으나 금지규정 위반행위에 대한 시정명령의 권한에 대해서는 규정하고 있지 않은 경우에 그 금지규정 및 벌칙규정은 당연히 금지규정 위반행위로 인해 발생한 유형적 결과를 시정하게 하는 것도 예정하고 있다고 할 것이어서 금지규정 위반으로 인한 결과의 시정을 명하는 권한도 인정하고 있는 것으로 해석된다.

④ 대집행계고를 함에 있어서는 의무자가 스스로 이행하지 않는 경우에 대집행할 행위의 내용 및 범위가 구체적으로 특정되어야 하는데 그 내용과 범위는 대집행 계고서뿐만 아니라 계고처분 전후에 송달된 문서나 기타 사정 등을 종합하여 특정될 수 있다.

문 15. 행정의 실효성 확보수단에 대한 설명으로 옳지 않은 것은? (다툼이 있는 경우 판례에 의함)

① 재량행위인 과징금 부과처분이 해당 법령이 정한 한도액을 초과하여 부과된 경우 이러한 과징금 부과처분은 법이 정한 한도액을 초과하여 위법하므로 법원으로서는 그 전부를 취소할 수밖에 없고, 그 한도액을 초과한 부분만 취소할 수는 없다.

② 세법상 가산세를 부과할 때 납세자에게 조세납부를 거부 또는 지연하는 데 고의 또는 과실이 있었는지는 원칙적으로 고려하지 않지만, 납세의무자의 의무해태를 탓할 수 없는 정당한 사유가 있는 경우에는 가산세를 부과할 수 없다.

③ 「건축법」상 이행강제금은 시정명령의 불이행이라는 과거의 위반행위에 대한 제재이므로, 건축주가 장기간 시정명령을 이행하지 않았다면 그 기간 중에 시정명령의 이행 기회가 제공되지 않았다가 뒤늦게 이행 기회가 제공된 경우라 하더라도 이행 기회가 제공되지 않은 과거의 기간에 대한 이행강제금까지 한꺼번에 부과할 수 있다.

④ 질서위반행위에 대하여 과태료를 부과하는 근거 법령이 개정되어 행위시의 법률에 의하면 과태료 부과대상이었지만 재판시의 법률에 의하면 부과대상이 아니게 된 때에는 개정 법률의 부칙 등에서 행위시의 법률을 적용하도록 명시하는 등 특별한 사정이 없는 한 재판시의 법률을 적용하여야 한다.

문 16. 행정조사에 대한 설명으로 옳지 않은 것은? (다툼이 있는 경우 판례에 의함)

① 「행정조사기본법」에 따르면, 행정기관은 법령 등에서 행정조사를 규정하고 있는 경우에 한하여 행정조사를 실시할 수 있지만 조사대상자가 자발적으로 협조하는 경우에는 법령 등에서 행정조사를 규정하고 있지 않더라도 행정조사를 실시할 수 있다.

② 「행정조사기본법」에 따르면, 행정조사를 실시하는 경우 조사개시 7일 전까지 조사대상자에게 출석요구서, 보고요구서, 자료제출요구서, 현장출입조사서를 서면으로 통지하여야 하나, 조사대상자의 자발적인 협조를 얻어 행정조사를 실시하는 경우에는 미리 서면으로 통지하지 않고 행정조사의 개시와 동시에 이를 조사대상자에게 제시할 수 있다.

③ 헌법 제12조 제1항에서 규정하고 있는 적법절차의 원칙은 형사소송절차에 국한되지 않고 모든 국가작용 전반에 대하여 적용되는 원칙이므로 세무공무원의 세무조사권의 행사에서도 적법절차의 원칙은 준수되어야 한다.

④ 행정조사는 처분성이 인정되지 않으므로 세무조사결정이 위법하더라도 이에 대해서는 항고소송을 제기할 수 없다.

문 17. 판례에 따를 경우 甲이 제기하는 소송이 적법하게 되기 위한 설명으로 옳은 것은?

A시장은 2016.12.23. 「식품위생법」 위반을 이유로 甲에 대하여 3월의 영업정지처분을 하였고, 甲은 2016.12.26. 처분서를 송달받았다. 甲은 이에 대해 행정심판을 청구하였고, 행정심판위원회는 2017.3.6. "A시장은 甲에 대하여 한 3월의 영업정지처분을 2월의 영업정지에 갈음하는 과징금 부과처분으로 변경하라."라는 일부인용의 재결을 하였으며, 그 재결서 정본은 2017.3.10. 甲에게 송달되었다. A시장은 재결취지에 따라 2017.3.13. 甲에 대하여 과징금 부과처분을 하였다. 甲은 여전히 자신이 「식품위생법」 위반을 이유로 한 제재를 받을 이유가 없다고 생각하여 취소소송을 제기하려고 한다.

① 행정심판위원회를 피고로 하여 2016.12.23.자 영업정지처분을 대상으로 취소소송을 제기하여야 한다.

② 행정심판위원회를 피고로 하여 2017.3.13.자 과징금 부과처분을 대상으로 취소소송을 제기하여야 한다.

③ 과징금 부과처분으로 변경된 2016.12.23.자 원처분을 대상으로 2017.3.10.부터 90일 이내에 제기하여야 한다.

④ 2017.3.13.자 과징금 부과처분을 대상으로 2017.3.6.부터 90일 이내에 제기하여야 한다.

문 18. 행정상 손해배상에 대한 설명으로 옳은 것은? (다툼이 있는 경우 판례에 의함)

① 민간인과 직무집행 중인 군인의 공동불법행위로 인하여 직무집행 중인 다른 군인이 피해를 입은 경우 민간인이 피해 군인에게 자신의 과실비율에 따라 내부적으로 부담할 부분을 초과하여 피해금액 전부를 배상한 경우에 대법원 판례에 따르면 민간인은 국가에 대해 가해군인의 과실비율에 대한 구상권을 행사할 수 있다.

② 「국가배상법」상 공무원의 직무행위는 객관적으로 직무행위로서의 외형을 갖추고 있어야 할 뿐만 아니라 주관적 공무집행의 의사도 있어야 한다.

③ 국가 또는 지방자치단체가 공무원의 위법한 직무집행으로 발생한 손해에 대해 「국가배상법」에 따라 배상한 경우에 당해 공무원에게 구상권을 행사할 수 있는지에 대해 「국가배상법」은 규정을 두고 있지 않으나, 판례에 따르면 당해 공무원에게 고의 또는 중과실이 인정될 경우 국가 또는 지방자치단체는 그 공무원에게 구상권을 행사할 수 있다.

④ 국가나 지방자치단체는 공무원이 직무를 집행하면서 고의 또는 과실로 위법하게 타인에게 손해를 가한 때에 「국가배상법」상 배상책임을 지고, 공무원의 선임 및 감독에 상당한 주의를 한 경우에도 그 배상책임을 면할 수 없다.

문 19. 신고에 대한 설명으로 옳은 것은? (다툼이 있는 경우 판례에 의함)

① 신고는 사인이 행하는 공법행위로 행정기관의 행위가 아니므로 「행정절차법」에는 신고에 관한 규정을 두고 있지 않다.

② 신고의 수리는 타인의 행위를 유효한 행위로 받아들이는 행정행위를 말하며, 이는 강학상 법률행위적 행정행위에 해당한다.

③ 「행정절차법」상 사전통지의 상대방인 당사자는 행정청의 처분에 대하여 직접 그 상대가 되는 자를 의미하므로, 「식품위생법」상의 영업자지위승계신고를 수리하는 행정청은 영업자지위를 이전한 종전의 영업자에 대하여 사전통지를 할 필요가 없다.

④ 숙박업을 하고자 하는 자가 법령이 정하는 시설과 설비를 갖추고 행정청에 신고를 하면 행정청은 공중위생관리법령의 규정에 따라 원칙적으로 이를 수리하여야 하므로, 새로 숙박업을 하려는 자가 기존에 다른 사람이 숙박업 신고를 한 적이 있는 시설 등의 소유권 등 정당한 사용권한을 취득하여 법령에서 정한 요건을 갖추어 신고하였다면, 행정청으로서는 특별한 사정이 없는 한 이를 수리하여야 하고, 기존의 숙박업 신고가 외관상 남아 있다는 이유로 이를 거부할 수 없다.

문 20. 제시문을 전제로 한 설명으로 옳지 않은 것은? (다툼이 있는 경우 판례에 의함)

> 甲이 A시에 공장을 설립하였는데 그 공장이 들어선 이후로 공장 인근에 거주하는 주민들에게 중한 피부질환과 호흡기질환이 발생하였다. 환경운동실천시민단체와 주민들은 역학조사를 실시하였고 그 결과에 따라 甲의 공장에서 배출되는 매연물질과 오염물질이 주민들에게 발생한 질환의 원인이라고 판단하고 있다. 주민들은 규제권한이 있는 A시장에게 甲의 공장에 대해 개선조치를 해줄 것을 요청하였으나, A시장은 상당한 기간이 지나도록 아무런 조치를 취하지 않고 있다.

① 관계 법령에서 A시장에게 일정한 조치를 취하여야 할 작위의무를 규정하고 있지 않더라도 甲의 공장에서 나온 매연물질과 오염물질로 인해 질환을 앓게 된 주민들이 많고 그 정도가 심각하여 주민들의 생명, 신체에 가해지는 위험이 절박하고 중대하다고 인정된다면 A시장에게 그러한 위험을 배제하는 조치를 하여야 할 작위의무를 인정할 수 있다.

② 개선조치를 요청한 주민이 A시장을 상대로 개선조치를 해달라는 행정쟁송을 하고자 할 때 가능한 쟁송 유형으로 의무이행심판은 가능하나 의무이행소송은 허용되지 않는다.

③ 甲의 공장에서 배출된 물질 때문에 피해를 입은 주민이 A시장의 부작위를 원인으로 하여 국가배상을 청구한 경우에 국가배상책임이 인정되기 위해서는 A시장의 작위의무 위반이 인정되면 충분하고, A시장이 그와 같은 결과를 예견하여 그 결과를 회피하기 위한 조치를 취할 수 있는 가능성까지 인정되어야 하는 것은 아니다.

④ 부작위위법확인소송에서 A시장의 부작위가 위법하다고 확인한 인용판결이 확정되어도 A시장의 부작위를 원인으로 한 국가배상소송에서 A시장의 부작위가 고의 또는 과실에 의한 불법행위를 구성한다는 점이 곧바로 인정되는 것은 아니다.

해설편 ▶ P.43

2017

4월 8일 시행
국가직 9급
(= 사회복지직)

| 풀이 시간: ___:___ ~ ___:___ / 점수: ___점

행 정 법 총 론 　 ㉯책형 　 1쪽

문 1. 개인적 공권에 대한 설명으로 옳지 <u>않은</u> 것은? (다툼이 있는 경우 판례에 의함)

① 개인적 공권이 성립하려면 공법상 강행법규가 국가 기타 행정주체에게 행위의무를 부과해야 한다. 과거에는 그 의무가 기속행위의 경우에만 인정되었으나, 오늘날에는 재량행위에도 인정된다고 보는 것이 일반적이다.

② 상수원보호구역 설정의 근거가 되는 규정은 상수원의 확보와 수질보전일 뿐이고, 그 상수원에서 급수를 받고 있는 지역 주민들이 가지는 이익은 상수원의 확보와 수질보호라는 공공의 이익이 달성됨에 따라 반사적으로 얻게 되는 이익에 불과하다.

③ 행정처분에 있어서 불이익처분의 상대방은 직접 개인적 이익의 침해를 받은 자로서 취소소송의 원고적격이 인정되지만 수익처분의 상대방은 그의 권리나 법률상 보호되는 이익이 침해되었다고 볼 수 없으므로 달리 특별한 사정이 없는 한 취소를 구할 이익이 없다.

④ 환경영향평가에 관한 자연공원법령 및 환경영향평가법령들의 취지는 환경공익을 보호하려는 데 있으므로 환경영향평가 대상지역 안의 주민들이 수인한도를 넘는 환경침해를 받지 아니하고 쾌적한 환경에서 생활할 수 있는 개별적 이익까지 보호하는 데 있다고 볼 수는 없다.

문 2. 행정지도에 대한 설명으로 옳지 <u>않은</u> 것은? (다툼이 있는 경우 판례에 의함)

① 위법한 행정지도에 따라 행한 사인의 행위는 법령에 명시적으로 정함이 없는 한 위법성이 조각된다고 할 수 없다.

② 행정지도의 상대방은 행정지도의 내용에 동의하지 않는 경우 이를 따르지 않을 수 있으므로, 행정지도의 내용이나 방식에 대해 의견제출권을 갖지 않는다.

③ 행정지도가 말로 이루어지는 경우에 상대방이 행정지도의 취지 및 내용, 행정지도를 하는 자의 신분에 관한 사항을 적은 서면의 교부를 요구하면 그 행정지도를 하는 자는 직무 수행에 특별한 지장이 없으면 이를 교부하여야 한다.

④ 「국가배상법」이 정한 배상청구의 요건인 '공무원의 직무'에는 권력적 작용만이 아니라 행정지도와 같은 비권력적 작용도 포함된다.

문 3. 행정행위의 취소와 철회에 대한 판례의 입장으로 옳지 <u>않은</u> 것은?

① 행정처분을 한 처분청은 그 처분에 하자가 있는 경우에는 원칙적으로 별도의 법적 근거가 없더라도 스스로 이를 직권으로 취소할 수 있고, 이러한 경우 이해관계인에게는 처분청에 대하여 그 취소를 요구할 신청권이 부여된 것으로 볼 수 있다.

② 변상금 부과처분에 대한 취소소송이 진행 중이라도 그 부과권자는 위법한 처분을 스스로 취소하고 그 하자를 보완하여 다시 적법한 부과처분을 할 수도 있다.

③ 행정행위를 한 처분청은 사정변경이 생겼거나 또는 중대한 공익상의 필요가 발생한 경우에는 그 효력을 상실케 하는 별개의 행정행위로 이를 철회할 수 있다고 할 것이나, 기득권을 침해하는 경우에는 기득권의 침해를 정당화할 만한 중대한 공익상의 필요 또는 제3자의 이익보호의 필요가 있는 때에 한하여 상대방이 받는 불이익과 비교·교량하여 철회하여야 한다.

④ 행정청이 의료법인의 이사에 대한 이사취임승인취소처분을 직권으로 취소하면 이사의 지위가 소급하여 회복된다.

문 4. 「행정절차법」의 내용에 대한 설명으로 옳은 것은?

① 행정청은 직권으로 또는 당사자 및 이해관계인의 신청에 따라 여러 개의 사안을 병합하거나 분리하여 청문을 할 수 있다.

② 법령 등에서 행정청에 일정한 사항을 통지함으로써 의무가 끝나는 신고를 규정하고 있는 경우 신고가 본법 제40조 제2항 각 호의 요건을 갖춘 경우에는 신고서가 접수기관에 발송된 때에 신고의무가 이행된 것으로 본다.

③ 행정청이 신분·자격의 박탈처분을 할 때 미리 당사자 등에게 통지한 의견제출기한 내에 당사자 등의 청문신청이 있는 경우에는 청문을 한다.

④ 행정청이 신청 내용을 모두 그대로 인정하는 처분을 하는 경우 당사자에게 그 근거와 이유를 제시하여야 한다.

문 5. 법률유보의 원칙에 대한 설명으로 옳지 <u>않은</u> 것은?

① 다수설에 따르면 행정지도에 관해서 개별법에 근거 규정
이 없는 경우 행정지도의 상대방인 국민에게 미치는 효
력을 고려하여 행정지도를 할 수 없다고 본다.

② 대법원은 지방의회 의원에 대하여 유급보좌인력을 두는
것은 지방의회 의원의 신분·지위 및 그 처우에 관한 현
행 법령상의 제도에 중대한 변경을 초래하는 것으로서,
이는 개별 지방의회의 조례로써 규정할 사항이 아니라
국회의 법률로써 규정하여야 할 입법사항이라고 한다.

③ 헌법재판소는 토지등소유자가 도시환경정비사업을 시행
하는 경우, 사업시행인가 신청시 필요한 토지등소유자
의 동의정족수를 정하는 것은 국민의 권리와 의무의 형
성에 관한 기본적이고 본질적인 사항으로 법률유보 내지
의회유보의 원칙이 지켜져야 할 영역이라고 한다.

④ 헌법재판소는 법률에 근거를 두면서 헌법 제75조가 요
구하는 위임의 구체성과 명확성을 구비하는 경우에는 위
임입법에 의하여도 기본권을 제한할 수 있다고 한다.

문 6. 다음 사례에 대한 판례의 입장으로 옳지 <u>않은</u> 것은?

> 고속국도 관리청이 고속도로 부지와 접도구역에 송유관
> 매설을 허가하면서 상대방인 甲과 체결한 협약에 따라 송
> 유관 시설을 이전하게 될 경우 그 비용을 甲이 부담하도
> 록 하였는데, 그 후「도로법 시행규칙」이 개정되어 접도구
> 역에는 관리청의 허가 없이도 송유관을 매설할 수 있게
> 되었다.

① 협약에 따라 송유관 시설을 이전하게 될 경우 그 비용을
甲이 부담하도록 한 것은 행정행위의 부관 중 부담에 해
당한다.

② 甲과의 협약이 없더라도 고속국도 관리청은 송유관매설
허가를 하면서 일방적으로 송유관 이전시 그 비용을 甲
이 부담한다는 내용의 부관을 부가할 수 있다.

③「도로법 시행규칙」의 개정 이후에도 위 협약에 포함된
부관은 부당결부금지의 원칙에 반하지 않는다.

④「도로법 시행규칙」의 개정으로 접도구역에는 관리청의
허가 없이도 송유관을 매설할 수 있게 되었기 때문에 위
협약 중 접도구역에 대한 부분은 효력이 소멸된다.

문 7. 공법상 계약에 대한 설명으로 옳은 것은?

① 다수설에 따르면 공법상 계약은 당사자의 자유로운 의사
의 합치에 의하므로 원칙적으로 법률유보의 원칙이 적
용되지 않는다고 본다.

② 공법상 계약은 행정주체와 사인 간에만 체결 가능하며,
행정주체 상호 간에는 공법상 계약이 성립할 수 없다.

③ 대법원은 구「농어촌 등 보건의료를 위한 특별조치법」
및 관계 법령에 따른 전문직 공무원인 공중보건의사의
채용계약 해지의 의사표시는 일반공무원에 대한 징계처
분과 같은 성격을 가지며, 따라서 항고소송의 대상이 된
다고 본다.

④ 현행「행정절차법」은 공법상 계약에 대한 규정을 두고 있다.

문 8. 불확정개념과 판단여지 및 기속행위와 재량행위에 대한 설
명으로 옳지 <u>않은</u> 것은?

① 판단여지를 긍정하는 학설은 판단여지는 법률효과 선택
의 문제이고 재량은 법률요건에 대한 인식의 문제라는
점, 양자는 그 인정근거와 내용 등을 달리하는 점에서
구별하는 것이 타당하다고 한다.

② 대법원은 재량행위에 대한 사법심사를 하는 경우에 법원
은 행정청의 재량에 기한 공익판단의 여지를 감안하여
독자적인 판단을 하여 결론을 도출하지 않고, 당해 처분
이 재량권의 일탈·남용에 해당하는지의 여부만을 심사
하여야 한다고 한다.

③ 대법원은 처분을 할 것인지 여부와 처분의 정도에 관하여
재량이 인정되는 과징금 납부명령에 대하여 그 명령이 재
량권을 일탈하였을 경우, 법원으로서는 재량권의 일탈 여
부만 판단할 수 있을 뿐이지 재량권의 범위 내에서 어느
정도가 적정한 것인지에 관하여는 판단할 수 없어 그 전
부를 취소할 수밖에 없고, 법원이 적정하다고 인정하는
부분을 초과한 부분만 취소할 수는 없다고 한다.

④ 다수설에 따르면 불확정개념의 해석은 법적 문제이기 때
문에 일반적으로 전면적인 사법심사의 대상이 되고, 특
정한 사실관계와 관련하여서는 원칙적으로 일의적인 해
석(하나의 정당한 결론)만이 가능하다고 본다.

문 9. 행정입법에 대한 판례의 입장으로 옳지 <u>않은</u> 것은?

① 헌법재판소는 대법원규칙인 구 「법무사법 시행규칙」에 대해, 법규명령이 별도의 집행행위를 기다리지 않고 직접 기본권을 침해하는 것일 때에는 헌법 제107조 제2항의 명령·규칙에 대한 대법원의 최종심사권에도 불구하고 헌법소원심판의 대상이 된다고 한다.

② 대법원은 구 「여객자동차 운수사업법 시행규칙」 제31조 제2항 제1호·제2호·제6호는 구 「여객자동차 운수사업법」 제11조 제4항의 위임에 따라 시외버스운송사업의 사업계획변경에 관한 절차, 인가기준 등을 구체적으로 규정한 것으로서 행정청 내부의 사무처리준칙을 규정한 행정규칙에 불과하다고 할 수는 없다고 한다.

③ 대법원은 재량준칙이 되풀이 시행되어 행정관행이 성립된 경우에는 당해 재량준칙에 자기구속력을 인정한다. 따라서 당해 재량준칙에 반하는 처분은 법규범인 당해 재량준칙을 직접 위반한 것으로서 위법한 처분이 된다고 한다.

④ 헌법재판소는 법률이 일정한 사항을 행정규칙에 위임하더라도 그 위임은 전문적·기술적 사항이나 경미한 사항으로서 업무의 성질상 위임이 불가피한 사항에 한정된다고 한다.

문 10. 행정벌에 대한 설명으로 옳은 것은? (다툼이 있는 경우 판례에 의함)

① 종업원 등의 범죄에 대해 법인에게 어떠한 잘못이 있는지를 전혀 묻지 않고, 곧바로 그 종업원 등을 고용한 법인에게도 종업원 등에 대한 처벌조항에 규정된 벌금형을 과하도록 규정하는 것은 책임주의에 반한다.

② 행정벌과 이행강제금은 장래에 의무의 이행을 강제하기 위한 제재로서 직접적으로 행정작용의 실효성을 확보하기 위한 수단이라는 점에서는 동일하다.

③ 「질서위반행위규제법」상 개인의 대리인이 업무에 관하여 그 개인에게 부과된 법률상의 의무를 위반한 때에는 행위자인 대리인에게 과태료를 부과한다.

④ 일반형사소송절차에 앞선 절차로서의 통고처분은 그 자체로 상대방에게 금전납부의무를 부과하는 행위로서 항고소송의 대상이 된다.

문 11. 「공공기관의 정보공개에 관한 법률」에 따른 정보공개에 대한 설명으로 옳지 <u>않은</u> 것은? (다툼이 있는 경우 판례에 의함)

① 공공기관은 정보공개의 청구를 받으면 그 청구를 받은 날부터 10일 이내에 공개 여부를 결정하여야 하나 부득이한 사유로 이 기간 이내에 공개 여부를 결정할 수 없는 때에는 그 기간이 끝나는 날의 다음 날부터 기산하여 10일의 범위에서 공개 여부 결정기간을 연장할 수 있다.

② 모든 국민은 정보의 공개를 청구할 권리를 가진다고 규정하고 있고, 여기의 국민에는 자연인과 법인이 포함되지만 권리능력 없는 사단은 포함되지 않는다.

③ 정보공개청구에 대하여 공공기관이 비공개결정을 한 경우 청구인이 이에 불복한다면 이의신청절차를 거치지 않고 행정심판을 청구할 수 있다.

④ 한국증권업협회는 증권회사 상호 간의 업무질서를 유지하고 유가증권의 공정한 매매거래 및 투자자보호를 위하여 구성된 회원조직으로, 「증권거래법」 또는 그 법에 의한 명령에 대하여 특별한 규정이 있는 것을 제외하고는 「민법」 중 사단법인에 관한 규정을 적용받으므로 구 「공공기관의 정보공개에 관한 법률 시행령」상의 '특별법에 의하여 설립된 특수법인'에 해당하지 않는다.

문 12. 취소소송에서의 처분사유의 추가·변경에 대한 설명으로 옳은 것은? (다툼이 있는 경우 판례에 의함)

① 처분청은 원고의 권리방어가 침해되지 않는 한도 내에서 당해 취소소송의 대법원 확정판결이 있기 전까지 처분사유의 추가·변경을 할 수 있다.

② 처분사유의 추가·변경이 인정되기 위한 요건으로서의 기본적 사실관계의 동일성 유무는, 처분사유를 법률적으로 평가하기 이전의 구체적인 사실에 착안하여 그 기초적인 사회적 사실관계가 기본적인 점에서 동일한지 여부에 따라 결정된다.

③ 추가 또는 변경된 사유가 당초의 처분시 그 사유를 명기하지 않았을 뿐 처분시에 이미 존재하고 있었고 당사자도 그 사실을 알고 있었다면 당초의 처분사유와 동일성이 인정된다.

④ 처분사유의 추가·변경이 절차적 위법성을 치유하는 것인 데 반해, 처분이유의 사후제시는 처분의 실체법상의 적법성을 확보하기 위한 것이다.

문 13. 공공의 영조물의 설치·관리의 하자로 인한 국가배상책임에 대한 판례의 입장으로 옳지 <u>않은</u> 것은?

① '공공의 영조물'이라 함은 강학상 공물을 뜻하므로 국가 또는 지방자치단체가 사실상의 관리를 하고 있는 유체물은 포함되지 않는다.

② '공공의 영조물의 설치·관리의 하자'에는 영조물이 공공의 목적에 이용됨에 있어 그 이용 상태 및 정도가 일정한 한도를 초과하여 제3자에게 사회통념상 참을 수 없는 피해를 입히고 있는 경우가 포함된다.

③ 영조물의 설치 및 관리에 있어서 항상 완전무결한 상태를 유지할 정도의 고도의 안전성을 갖추지 아니하였다고 하여 영조물의 설치 또는 관리에 하자가 있다고 단정할 수 없다.

④ 국가배상청구소송에서 공공의 영조물에 하자가 있다는 입증책임은 피해자가 지지만, 관리주체에게 손해발생의 예견가능성과 회피가능성이 없다는 입증책임은 관리주체가 진다.

문 14. 「행정대집행법」상 행정대집행에 대한 설명으로 옳은 것은? (다툼이 있는 경우 판례에 의함)

① 「행정대집행법」 제2조에 따른 대집행의 실시 여부는 행정청의 재량에 속하지 않는다.

② 원칙적으로 '의무의 불이행을 방치하는 것이 심히 공익을 해하는 것으로 인정되는 경우'의 요건은 계고를 할 때에 충족되어 있어야 한다.

③ 부작위하명에는 행정행위의 강제력의 효력이 있으므로 당해 하명에 따른 부작위의무의 불이행에 대하여는 별도의 법적 근거 없이 대집행이 가능하다.

④ 의무를 명하는 행정행위가 불가쟁력이 발생하지 않은 경우에는 그 행정행위에 따른 의무의 불이행에 대하여 대집행을 할 수 없다.

문 15. 「국세징수법」상 강제징수절차에 대한 판례의 입장으로 옳지 <u>않은</u> 것은?

① 세무공무원이 국세의 징수를 위해 납세자의 재산을 압류하는 경우 그 재산의 가액이 징수할 국세액을 초과한다면 당해 압류처분은 무효이다.

② 국세를 납부기한까지 납부하지 아니하면 과세권자의 가산금 확정절차 없이 구 「국세징수법」 제21조에 의하여 가산금이 당연히 발생하고 그 액수도 확정된다.

③ 조세부과처분의 근거 규정이 위헌으로 선언된 경우, 그에 기한 조세부과처분이 위헌결정 전에 이루어졌다 하더라도 위헌결정 이후에 조세채권의 집행을 위해 새로이 착수된 체납처분은 당연무효이다.

④ 공매통지가 적법하지 아니하다면 특별한 사정이 없는 한, 공매통지를 직접 항고소송의 대상으로 삼아 다툴 수 없고 통지 후에 이루어진 공매처분에 대하여 다투어야 한다.

문 16. 다음 사례에 대한 설명으로 옳지 <u>않은</u> 것은?

> 유흥주점영업허가를 받아 주점을 운영하는 甲은 A시장으로부터 연령을 확인하지 않고 청소년을 주점에 출입시켜 「청소년 보호법」을 위반하였다는 사실을 이유로 한 영업허가취소처분을 받았다. 甲은 이에 불복하여 취소소송을 제기하였고 취소확정판결을 받았다.

① A시장은 甲이 청소년을 유흥접객원으로 고용하여 유흥행위를 하게 하였다는 이유로 다시 영업허가취소처분을 할 수는 있다.

② 영업허가취소처분은 지나치게 가혹하다는 이유로 취소확정판결이 내려졌다면, A시장은 甲에게 연령을 확인하지 않고 청소년을 출입시켰다는 이유로 영업허가정지처분을 할 수는 있다.

③ 청소년들을 주점에 출입시킨 사실이 없다는 이유로 취소확정판결이 내려졌다면, A시장은 甲에게 연령을 확인하지 않고 청소년을 출입시켰다는 이유로 영업허가취소처분을 할 수는 없다.

④ 청문절차를 거치지 않았다는 이유로 취소확정판결이 내려졌다면, A시장은 적법한 청문절차를 거치더라도 甲에게 연령을 확인하지 않고 청소년을 출입시켰다는 이유로 영업허가취소처분을 할 수는 없다.

문 17. 행정상 손실보상에 대한 설명으로 옳은 것은?

① 헌법 제23조 제3항을 국민에 대한 직접적인 효력이 있는 규정으로 보는 견해는 동 조항의 재산권의 수용·사용·제한규정과 보상규정을 불가분조항으로 본다.

② 헌법재판소는 헌법 제23조 제3항의 '공공필요'는 '국민의 재산권을 그 의사에 반하여 강제적으로라도 취득해야 할 공익적 필요성'을 의미하고, 이 요건 중 공익성은 기본권 일반의 제한사유인 '공공복리'보다 좁은 것으로 보고 있다.

③ 손실보상청구권을 공권으로 보게 되면 손실보상청구권을 발생시키는 침해의 대상이 되는 재산권에는 공법상의 권리만이 포함될 뿐 사법상의 권리는 포함되지 않는다.

④ 손실보상의 이론적 근거로서 특별희생설에 의하면, 공공복지와 개인의 권리 사이에 충돌이 있는 경우에는 개인의 권리가 우선한다.

문 18. 행정행위에 대한 설명으로 옳은 것은?

① 행정행위를 '행정청이 법 아래서 구체적 사실에 대한 법집행으로서 행하는 공법행위'로 정의하면, 공법상 계약과 공법상 합동행위는 행정행위의 개념에서 제외된다.

② 강학상 허가와 특허는 의사표시를 요소로 한다는 점과 반드시 신청을 전제로 한다는 점에서 공통점이 있다.

③ 행정행위의 효력으로서 구성요건적 효력과 공정력은 이론적 근거를 법적 안정성에서 찾고 있다는 공통점이 있다.

④ 「행정소송법」상 처분의 개념과 강학상 행정행위의 개념이 다르다고 보는 견해는 처분의 개념을 강학상 행정행위의 개념보다 넓게 본다.

문 19. 대법원 판례의 입장으로 옳은 것은?

① 행정청이 「도시 및 주거환경정비법」 등 관련 법령에 근거하여 행하는 조합설립인가처분은 강학상 인가처분으로서 그 조합설립결의에 하자가 있다면 조합설립결의에 대한 무효확인을 구하여야 한다.

② 지적공부 소관청의 지목변경신청 반려행위는 행정사무의 편의와 사실증명의 자료로 삼기 위한 것이지 그 대장에 등재 여부는 어떠한 권리의 변동이나 상실효력이 생기지 않으므로 이를 항고소송의 대상으로 할 수 없다.

③ 지방자치단체가 제정한 조례가 「1994년 관세 및 무역에 관한 일반협정」(General Agreement on Tariffs and Trade 1994)이나 「정부조달에 관한 협정」(Agreement on Government Procurement)에 위반되는 경우, 그 조례는 무효이다.

④ 어떠한 행정처분이 후에 항고소송에서 취소되었다면 그 기판력에 의하여 당해 행정처분은 곧바로 「국가배상법」 제2조의 공무원의 고의 또는 과실로 인한 불법행위를 구성한다.

문 20. 대법원 판례의 입장으로 옳지 않은 것은?

① 「행정소송법」 제26조는 행정소송에서 직권심리주의가 적용되도록 하고 있지만, 행정소송에서도 당사자주의나 변론주의의 기본구도는 여전히 유지된다.

② 영업자에 대한 행정제재처분에 대하여 행정심판위원회가 영업자에게 유리한 적극적 변경명령재결을 하고 이에 따라 처분청이 변경처분을 한 경우, 그 변경처분에 의해 유리하게 변경된 행정제재가 위법하다는 이유로 그 취소를 구하려면 변경된 내용의 당초 처분을 취소소송의 대상으로 하여야 한다.

③ 원자로 및 관계 시설의 부지사전승인처분은 그 자체로서 독립한 행정처분은 아니므로 이의 위법성을 직접 항고소송으로 다툴 수는 없고 후에 발령되는 건설허가처분에 대한 항고소송에서 다투어야 한다.

④ 구 「폐기물관리법」 관계 법령상의 폐기물처리업허가를 받기 위한 사업계획에 대한 부적정통보는 허가신청 자체를 제한하는 등 개인의 권리 내지 법률상의 이익을 개별적이고 구체적으로 규제하고 있어 행정처분에 해당한다.

해설편 ▶ P.48

2017

10월 21일 시행
국가직 9급 추가

| 풀이 시간: ____:____ ~ ____:____ / 점수: ____점

문 1. 사인의 공법행위에 대한 설명으로 옳지 <u>않은</u> 것은? (다툼이 있는 경우 판례에 의함)

① 주민등록전입신고는 행정청에 도달하기만 하면 신고로서의 효력이 발생하는 것이 아니라 행정청이 수리한 경우에 비로소 신고의 효력이 발생한다.

② 수리를 요하는 신고의 경우, 수리행위에 신고필증의 교부가 필수적이므로 신고필증 교부의 거부는 「행정소송법」상 처분으로 볼 수 있다.

③ 공무원이 한 사직의 의사표시는 그에 터 잡은 의원면직처분이 있을 때까지 철회나 취소할 수 있는 것이고, 일단 면직처분이 있고 난 이후에는 철회나 취소할 수 없다.

④ 행정청은 법령상 규정된 형식적 요건을 갖추지 못한 신고서가 제출된 경우에는 지체 없이 상당한 기간을 정하여 신고인에게 보완을 요구하여야 한다.

문 2. 행정법의 법원(法源)에 대한 설명으로 옳은 것은? (다툼이 있는 경우 판례에 의함)

① 회원국 정부의 반덤핑부과처분이 WTO협정 위반이라는 이유만으로 사인이 직접 국내 법원에 회원국 정부를 상대로 그 처분의 취소를 구하는 소를 제기할 수 있다.

② 재량준칙이 공표된 것만으로도 자기구속의 원칙이 적용될 수 있으며, 재량준칙이 되풀이 시행되어 행정관행이 성립될 필요는 없다.

③ 사회의 거듭된 관행으로 생성된 사회생활규범이 관습법으로 승인되었다고 하더라도 사회 구성원들이 그러한 관행의 법적 구속력에 대하여 확신을 갖지 않게 되었다면 그러한 관습법은 법적 규범으로서의 효력이 부정될 수밖에 없다.

④ 신뢰보호의 원칙이 적용되기 위한 요건의 하나인 행정청의 공적 견해표명이 있었는지의 여부를 판단함에 있어서는 반드시 행정조직상의 형식적인 권한분장에 따라야 한다.

문 3. 행정상 즉시강제에 대한 설명으로 옳지 <u>않은</u> 것은? (다툼이 있는 경우 판례에 의함)

① 행정강제는 행정상 강제집행을 원칙으로 하고, 행정상 즉시강제는 예외적으로 인정되는 강제수단이다.

② 행정상 즉시강제는 실정법의 근거를 필요로 하고, 그 발동에 있어서는 법규의 범위 안에서도 행정상의 장해가 목전에 급박하고, 다른 수단으로는 행정목적을 달성할 수 없는 경우이어야 하며, 이러한 경우에도 그 행사는 필요 최소한도에 그쳐야 함을 내용으로 하는 한계에 기속된다.

③ 행정상 즉시강제에 관한 일반법은 없고 개별법에서 행정상 즉시강제에 해당하는 수단을 규정하고 있다.

④ 불법게임물을 발견한 경우 관계 공무원으로 하여금 영장 없이 이를 수거하여 폐기하게 할 수 있도록 규정한 구 「음반·비디오물 및 게임물에 관한 법률」의 조항은 급박한 상황에 대처하기 위해 행정상 즉시강제를 행할 불가피성과 정당성이 인정되지 않으므로 헌법상 영장주의에 위배된다.

문 4. 국가배상제도에 대한 설명으로 옳지 <u>않은</u> 것은? (다툼이 있는 경우 판례에 의함)

① 「국가배상법」은 외국인이 피해자인 경우에는 해당 국가와 상호보증이 있는 때에만 「국가배상법」이 적용된다고 규정하고 있다.

② 국가나 지방자치단체가 공무원의 위법한 직무집행으로 발생한 손해를 배상한 경우에 공무원에게 고의 또는 중과실이 있으면 국가나 지방자치단체는 그 공무원에게 구상권을 행사할 수 있다.

③ 국가나 지방자치단체가 배상책임을 지는 외에 공무원 개인도 고의 또는 중과실이 있는 경우에는 피해자에 대하여 불법행위로 인한 손해배상책임을 진다.

④ 공무원이 직무를 집행하면서 고의 또는 과실로 위법하게 타인에게 손해를 가하였어도 국가나 지방자치단체가 그 공무원의 선임 및 감독에 상당한 주의를 하였다면 국가나 지방자치단체는 국가배상책임을 면한다.

문 5. 강학상 인가에 대한 설명으로 옳지 않은 것은? (다툼이 있는 경우 판례에 의함)

① 공유수면매립면허로 인한 권리의무의 양도·양수약정은 이에 대한 면허관청의 인가를 받지 않은 이상 법률상 효력이 발생하지 않는다.

② 기본행위에 하자가 있을 때에는 그에 대한 인가가 있었다고 하여도 기본행위가 유효한 것으로 될 수 없다.

③ 기본행위는 적법하고 인가 자체에만 하자가 있다면 그 인가의 무효나 취소를 주장할 수 있다.

④ 인가의 대상이 되는 기본행위는 법률적 행위일 수도 있고, 사실행위일 수도 있다.

문 6. 행정입법에 대한 설명으로 옳지 않은 것은? (다툼이 있는 경우 판례에 의함)

① 법령의 규정이 특정 행정기관에게 법령 내용의 구체적 사항을 정할 수 있는 권한을 부여하면서 권한 행사의 절차나 방법을 특정하지 아니하였다면, 수임행정기관은 행정규칙이나 규정 형식으로 법령 내용이 될 사항을 구체적으로 정할 수 없다.

② 법률의 시행령이나 시행규칙의 내용이 모법의 입법 취지와 관련 조항 전체를 유기적·체계적으로 살펴보아 모법의 해석상 가능한 것을 명시한 것에 지나지 아니하거나 모법 조항의 취지에 근거하여 이를 구체화하기 위한 것인 때에는, 모법에 이에 관하여 직접 위임하는 규정을 두지 아니하였다고 하더라도 이를 무효라고 볼 수는 없다.

③ 입법부가 법률로써 행정부에게 특정한 사항을 위임했음에도 불구하고 행정부가 정당한 이유 없이 이를 이행하지 않는다면 권력분립의 원칙과 법치국가 내지 법치행정의 원칙에 위배된다.

④ 대통령령을 제정하려면 국무회의의 심의와 법제처의 심사를 거쳐야 한다.

문 7. 행정대집행에 대한 설명으로 옳은 것은? (다툼이 있는 경우 판례에 의함)

① 부작위의무의 근거 규정인 금지규정으로부터 그 의무를 위반함으로써 생긴 결과를 시정할 작위의무나 위반 결과의 시정을 명할 행정청의 권한이 당연히 추론되는 것은 아니다.

② 관계 법령상 행정대집행의 절차가 인정되어 행정청이 행정대집행의 방법으로 대체적 작위의무의 이행을 실현할 수 있는 경우에 「민사소송법」상 강제집행의 방법으로도 그 의무의 이행을 구할 수 있다.

③ 관계 법령에 위반하여 장례식장 영업을 한 사람이 행정청으로부터 장례식장 사용중지명령을 받고도 이에 따르지 않은 경우에 그의 사용중지의무 불이행은 행정청의 명령에 의한 대체적 작위의무의 불이행에 해당하므로 대집행의 대상이 된다.

④ 대집행할 행위의 내용과 범위는 반드시 철거명령서와 대집행계고서에 의해 구체적으로 특정되어야 한다.

문 8. 행정행위의 하자에 대한 설명으로 옳지 않은 것은? (다툼이 있는 경우 판례에 의함)

① 행정행위의 내용상의 하자에 대해서는 하자의 치유가 인정되지 않는다.

② 행정처분을 한 처분청은 그 처분의 성립에 하자가 있는 경우 이를 취소할 별도의 법적 근거가 없다고 하더라도 직권으로 취소할 수 있다.

③ 납세의무자가 부과된 세금을 자진납부하였다고 하더라도 세액산출근거 등의 기재사항이 누락된 납세고지서에 의한 과세처분의 하자는 치유되지 않는다.

④ 수익적 행정행위의 거부처분을 함에 있어서 당사자에게 사전통지를 하지 아니하였다면, 그 거부처분은 위법하여 취소를 면할 수 없다.

문 9. 다음 사례에 대한 설명으로 옳은 것은? (다툼이 있는 경우 판례에 의함)

> 국토교통부장관은 몰디브 직항 항공노선 1개의 면허를 국내 항공사에 발급하기로 결정하고, 이 사실을 공고하였다. 이에 따라 A항공사와 B항공사는 각각 노선면허취득을 위한 신청을 하였는데, 국토교통부장관은 심사를 거쳐 A항공사에게 노선면허를 발급(이하 '이 사건 노선면허발급처분'이라 한다)하였다.

① B항공사는 이 사건 노선면허발급처분에 대해 취소소송을 제기할 원고적격이 인정되지 않는다.

② B항공사가 자신에 대한 노선면허발급거부처분에 대해 취소소송을 제기하여 인용판결을 받더라도 이 사건 노선면허발급처분이 취소되지 않는 이상 자신이 노선면허를 발급받을 수는 없으므로 B항공사에게는 자신에 대한 노선면허발급거부처분의 취소를 구할 소의 이익이 인정되지 않는다.

③ 만약 B항공사가 이 사건 노선면허발급처분에 대한 행정심판을 청구하여 인용재결을 받는다면, A항공사는 그 인용재결의 취소를 구하는 소송을 제기할 수 있다.

④ 만약 위 사례와 달리 C항공사가 몰디브 직항 항공노선에 관하여 이미 노선면허를 가지고 있었는데, A항공사가 국토교통부장관에게 몰디브 직항 항공노선면허를 신청하였고 이에 대해 국토교통부장관이 A항공사에게도 신규로 노선면허를 발급한 것이라면, C항공사는 A항공사에 대한 노선면허발급처분에 대해 취소소송을 제기할 원고적격이 없다.

문 10. 다음 중 판례의 입장으로 옳지 않은 것은?

① 납세의무자에 대한 국가의 부가가치세 환급세액 지급의무에 대응하는 국가에 대한 납세의무자의 부가가치세 환급세액지급청구는 민사소송이 아니라 당사자소송의 절차에 따라야 한다.

② 변상금 부과처분에 대한 취소소송이 진행 중이면 변상금 부과권의 권리행사에 법률상의 장애사유가 있는 경우에 해당하므로 그 부과권의 소멸시효는 진행되지 않는다.

③ 개별공시지가 결정에 대한 재조사 청구에 따른 감액조정에 대하여 더 이상 불복하지 아니한 경우에는 선행처분의 불가쟁력이나 구속력이 수인한도를 넘는 가혹한 것이거나 예측불가능하다고 볼 수 없어 이를 기초로 한 양도소득세부과처분 취소소송에서 다시 개별공시지가 결정의 위법을 당해 과세처분의 위법사유로 주장할 수 없다.

④ 「국토의 계획 및 이용에 관한 법률」에 따른 토지의 형질변경허가는 그 금지요건이 불확정개념으로 규정되어 있어 그 금지요건에 해당하는지 여부를 판단함에 있어서 행정청에 재량권이 부여되어 있다고 할 것이므로, 이 법에 따른 토지의 형질변경행위를 수반하는 건축허가는 재량행위에 속한다.

문 11. 행정행위의 부관에 대한 설명으로 옳지 않은 것은? (다툼이 있는 경우 판례에 의함)

① 행정처분과 실제적 관련성이 없어서 부관으로는 붙일 수 없는 부담을 사법상 계약의 형식으로 행정처분의 상대방에게 부과하였더라도 이는 법치행정의 원리에 반하는 것은 아니다.

② 기속행위도 법률에서 명시적으로 부관을 허용하고 있으면 부관을 붙일 수 있다.

③ 부담의 경우에는 다른 부관과는 달리 행정행위의 불가분적인 요소가 아니고 그 존속이 본체인 행정행위의 존재를 전제로 하는 것일 뿐이므로 부담 그 자체로서 행정쟁송의 대상이 될 수 있다.

④ 부관의 사후변경은 법률에 명문의 규정이 있거나 그 변경이 미리 유보되어 있는 경우 또는 상대방의 동의가 있는 경우에 한하여 허용되는 것이 원칙이지만, 사정변경으로 인하여 당초에 부담을 부가한 목적을 달성할 수 없게 된 경우에도 그 목적달성에 필요한 범위 내에서 예외적으로 허용된다.

문 12. 「행정심판법」상 행정심판에 대한 설명으로 옳지 않은 것은?

① 행정심판청구는 처분의 효력이나 그 집행 또는 절차의 속행에 영향을 주지 않는다.

② 「행정심판법」에서 규정한 행정심판의 종류로는 「행정소송법」상 항고소송에 대응하는 취소심판, 무효등확인심판, 의무이행심판과 당사자소송에 대응하는 당사자심판이 있다.

③ 행정심판위원회는 취소심판청구가 이유 있다고 인정하는 경우에도 이를 인용하는 것이 공공복리에 크게 위배된다고 인정하면 그 심판청구를 기각하는 재결을 할 수 있다.

④ 행정심판청구에 대한 재결이 있으면 그 재결에 대하여 다시 행정심판을 청구할 수 없다.

문 13. 행정상 손실보상에 대한 설명으로 옳지 <u>않은</u> 것은? (다툼이 있는 경우 판례에 의함)

① 손실보상은 공공필요에 의한 행정작용에 의하여 사인에게 발생한 특별한 희생에 대한 전보이므로 재산권 침해로 인한 손실이 특별한 희생에 해당하여야 한다.

② 「공익사업을 위한 토지 등의 취득 및 보상에 관한 법률」상 손실보상은 원칙적으로 토지 등의 현물로 보상하여야 하고, 현금으로 지급하는 것은 다른 법률에 특별한 규정이 있는 경우에 예외적으로 허용된다.

③ 당해 공익사업으로 인한 개발이익을 손실보상액 산정에서 배제하는 것은 헌법상 정당보상의 원칙에 위배되지 아니한다.

④ 이주대책은 이주자들에게 종전의 생활상태를 회복시키기 위한 생활보상의 일환으로서 국가의 정책적인 배려에 의하여 마련된 제도이므로, 이주대책의 실시 여부는 입법자의 입법정책적 재량의 영역에 속한다.

문 14. 행정행위에 대한 설명으로 옳지 <u>않은</u> 것은? (다툼이 있는 경우 판례에 의함)

① 기속행위에 대한 사법심사는 법원이 사실인정과 관련 법규의 해석·적용을 통하여 일정한 결론을 도출한 후 그 결론에 비추어 행정청이 한 판단의 적법 여부를 독자의 입장에서 판정하는 방식에 의하게 된다.

② 구 「원자력법」상 원자로 및 관계 시설의 부지사전승인처분은 그 자체로서 건설부지를 확정하고 사전공사를 허용하는 법률효과를 지닌 독립한 행정처분이다.

③ 귀화허가는 외국인에게 대한민국 국적을 부여함으로써 국민으로서의 법적 지위를 포괄적으로 설정하는 행위에 해당하므로 법무부장관은 귀화신청인이 「국적법」 소정의 귀화 요건을 모두 갖춘 경우에는 관계 법령에서 정하는 제한사유 외에 공익상의 이유로 귀화허가를 거부할 수 없다.

④ 지적공부 소관청의 지목변경신청 반려행위는 국민의 권리관계에 영향을 미치는 것으로서 항고소송의 대상이 되는 행정처분에 해당한다.

문 15. 행정소송의 피고적격에 대한 설명으로 옳지 <u>않은</u> 것은? (다툼이 있는 경우 판례에 의함)

① 행정권한을 위탁받은 공공단체 또는 사인이 자신의 이름으로 처분을 한 경우에는 그 공공단체 또는 사인이 항고소송의 피고가 된다.

② 납세의무부존재확인청구소송은 공법상 법률관계 그 자체를 다투는 소송이므로 과세처분청이 아니라 그 법률관계의 한쪽 당사자인 국가·공공단체 그 밖의 권리주체에게 피고적격이 있다.

③ 행정처분을 행할 적법한 권한이 있는 상급 행정청으로부터 내부위임을 받은 데 불과한 하급 행정청이 권한 없이 자신의 이름으로 행정처분을 한 경우에는 하급 행정청이 항고소송의 피고가 된다.

④ 대외적으로 의사를 표시할 수 없는 내부기관이라도 행정처분의 실질적인 의사가 그 기관에 의하여 결정되는 경우에는 그 내부기관에게 항고소송의 피고적격이 있다.

문 16. 다음 사례에 대한 설명으로 옳지 <u>않은</u> 것은? (다툼이 있는 경우 판례에 의함)

> 「식품위생법」에 따르면 식품접객업자가 청소년에게 주류를 제공하는 행위는 금지되고, 이를 위반할 경우 관할 행정청이 영업허가 또는 등록을 취소하거나 6개월 이내의 기간을 정하여 그 영업의 전부 또는 일부를 정지할 수 있으며, 관할 행정청이 영업허가 또는 등록의 취소를 하는 경우에는 청문을 실시하여야 한다. 식품접객업자인 甲은 영업장에서 청소년에게 술을 팔다 적발되었고, 관할 행정청인 乙은 청문절차를 거쳐 甲에게 영업허가취소처분을 하였다.

① 부령인 「식품위생법 시행규칙」에 위반행위의 종류 및 위반횟수에 따른 행정처분의 기준을 구체적으로 정하고 있는 경우에 이 행정처분기준은 행정기관 내부의 사무처리준칙을 규정한 것에 불과하여 법적 구속력이 인정되지 않는다.

② 甲이 청소년에게 주류를 제공한 것이 인정되더라도 영업허가취소처분으로 인하여 甲이 입게 되는 불이익이 공익상 필요보다 막대한 경우에는 영업허가취소처분이 위법하다고 인정될 수 있다.

③ 乙이 청문을 실시할 때 청문서 도달기간을 준수하지 않았는데 甲이 이에 대하여 이의를 제기하지 않고 청문일에 출석하여 그 의견을 진술하고 변명함으로써 방어의 기회를 충분히 가졌다면 청문서 도달기간을 준수하지 아니한 영업허가취소처분의 하자는 치유되었다고 볼 수 있다.

④ 甲이 영업허가취소처분 취소소송을 제기하여 인용판결이 확정되어도 영업허가취소처분의 효력이 바로 소멸하는 것은 아니고 그 판결의 기속력에 따라 영업허가취소처분이 乙에 의해 취소되면 비로소 영업허가취소처분의 효력이 소멸한다.

문 17. 행정절차에 대한 설명으로 옳지 <u>않은</u> 것은? (다툼이 있는 경우 판례에 의함)

① 행정청은 「식품위생법」 규정에 의하여 영업자지위승계신고 수리처분을 함에 있어서 종전의 영업자에 대하여 「행정절차법」상 사전통지를 하고 의견제출 기회를 주어야 한다.

② 퇴직연금의 환수결정은 당사자에게 의무를 과하는 처분이므로 퇴직연금의 환수결정에 앞서 당사자에게 의견진술의 기회를 주지 아니하였다면 위법하다.

③ 행정청은 「행정절차법」 제38조에 따른 공청회와 병행하여서만 정보통신망을 이용한 공청회를 실시할 수 있다.

④ 행정청이 정당한 처리기간 내에 처분을 처리하지 아니하였을 때에는 신청인은 해당 행정청 또는 그 감독 행정청에 신속한 처리를 요청할 수 있다.

문 18. 甲은 행정청 A가 보유·관리하는 정보 중 乙과 관련이 있는 정보를 사본 교부의 방법으로 공개하여 줄 것을 청구하였다. 이에 대한 설명으로 옳은 것은? (다툼이 있는 경우 판례에 의함)

① A는 甲이 청구한 사본 교부의 방법이 아닌 열람의 방법으로 정보를 공개할 수 있는 재량을 가진다.

② A가 정보의 주체인 乙로부터 의견을 들은 결과, 乙이 정보의 비공개를 요청한 경우에는 A는 정보를 공개할 수 없다.

③ A가 내부적인 의사결정 과정임을 이유로 정보공개를 거부하였다가 정보공개거부처분취소소송의 계속 중에 개인의 사생활침해 우려를 공개거부사유로 추가하는 것은 허용되지 않는다.

④ 甲이 공개청구한 정보가 甲과 아무런 이해관계가 없는 경우라면, 정보공개가 거부되더라도 甲은 이를 항고소송으로 다툴 수 있는 법률상 이익이 없다.

문 19. 판례의 입장에 의할 때, 행정소송의 대상인 행정처분에 해당하는 것만을 모두 고른 것은?

ㄱ. 「공익사업을 위한 토지 등의 취득 및 보상에 관한 법률」상 공익사업시행자가 하는 이주대책대상자 확인·결정

ㄴ. 공무원연금관리공단이 퇴직연금의 수급자에 대하여 공무원연금법령의 개정으로 퇴직연금 중 일부금액의 지급정지 대상자가 되었음을 통보하는 행위

ㄷ. 구 「남녀차별금지 및 구제에 관한 법률」상 국가인권위원회가 한 성희롱결정과 이에 따른 시정조치의 권고

ㄹ. 공무원시험승진후보자명부에 등재된 자에 대하여 이전의 징계처분을 이유로 시험승진후보자명부에서 삭제하는 행위

ㅁ. 「질서위반행위규제법」에 따라 행정청이 부과한 과태료처분

① ㄱ, ㄷ　　　　　　② ㄱ, ㅁ
③ ㄴ, ㄷ, ㄹ　　　　④ ㄴ, ㄹ, ㅁ

문 20. 행정계획에 대한 설명으로 옳지 <u>않은</u> 것은? (다툼이 있는 경우 판례에 의함)

① 「국토의 계획 및 이용에 관한 법률」상 도시·군계획시설결정에 이해관계가 있는 주민에 의한 도시·군계획시설결정 변경신청에 대해 관할 행정청이 거부한 경우, 그 거부행위는 항고소송의 대상이 되는 행정처분에 해당한다.

② 「행정절차법」은 행정계획의 절차상 통제 방법으로 관계 행정기관과의 협의와 주민·이해관계인의 참여에 관한 일반적인 규정을 두고 있다.

③ 행정주체가 행정계획을 결정함에 있어서 이익형량을 전혀 행하지 아니하거나 이익형량의 고려 대상에 마땅히 포함시켜야 할 사항을 누락한 경우 또는 이익형량을 하였으나 정당성과 객관성이 결여된 경우에는 그 행정계획결정은 형량에 하자가 있어 위법하게 된다.

④ 구속력 없는 행정계획안이라도 국민의 기본권에 직접적으로 영향을 끼치고 법령의 뒷받침에 의하여 그대로 실시될 것이 틀림없을 것으로 예상되는 때에는 예외적으로 헌법소원의 대상이 된다.

해설편 ▶ P.53

지방직 9급 공개경쟁채용 필기시험

응 시 번 호	
성 명	

문 제 책 형

【시 험 과 목】

제1과목	국 어	제2과목	영 어	제3과목	한 국 사
제4·5과목	행정법총론, 행정학개론				

응시자 주의사항

1. **시험 시작 전**에 시험문제를 열람하는 행위나 **시험 종료 후** 답안을 작성하는 행위를 한 사람은 「지방공무원 임용령」 제65조 등 관련 법령에 의거 **부정행위자**로 처리됩니다.

2. 시험 시작 즉시 **과목편철 순서, 문제누락 여부, 인쇄상태 이상 유무 및 표지와 개별과목의 문제책형 일치 여부 등을 확인**한 후 문제책 표지에 응시번호, 성명을 기재합니다.

3. 반드시 본인의 **응시표에 인쇄된 시험과목 순서에 따라** 제4과목과 제5과목의 **답안을 표기**하여야 합니다. 과목 순서를 바꾸어 표기한 경우에도 **본인의 응시표에 기재된 과목 순서대로 채점**되므로 반드시 유의하시기 바랍니다.

4. 시험이 시작되면 문제를 주의 깊게 읽은 후, **문항의 취지에 가장 적합한 하나의 정답만을 고르며**, 문제 내용에 관한 질문은 받지 않습니다.

5. **시험시간 관리의 책임**은 전적으로 응시자 본인에게 있습니다.

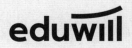

2024

지방직(= 서울시) 9급

| 풀이 시간: ____:____ ~ ____:____ / 점수: ____점

1초 합격예측! 모바일 성적분석표

QR 코드로 접속하여 문제 풀이시간을 측정하고,
〈1초 합격예측 & 모바일 성적분석표〉 서비스를 통해
지금 바로! 실력을 점검해 보세요.
http://eduwill.kr/5LOe

지문의 내용에 대해 학설의 대립 등 다툼이 있는 경우 판례에 의함

문 1. 신뢰보호의 원칙에 대한 설명으로 옳지 않은 것은?

① 행정청의 공적 견해의 표명 후 그 견해표명 당시의 사정이 변경된 경우에도 행정청이 공적 견해표명에 반하는 처분을 하는 경우에는 특별한 사정이 없는 한 신뢰보호의 원칙에 위반된다.

② 신뢰보호의 원칙에서 개인의 귀책사유라 함은 행정청의 견해표명의 하자가 상대방 등 관계자의 사실은폐나 기타 사위의 방법에 의한 신청행위 등 부정행위에 기인한 것이거나 그러한 부정행위가 없더라도 하자가 있음을 알았거나 중대한 과실로 알지 못한 경우 등을 의미한다.

③ 행정청의 공적 견해표명이 있었는지 여부를 판단함에 있어서는, 반드시 행정조직상의 형식적인 권한분장에 구애될 것은 아니고, 담당자의 조직상의 지위와 임무, 당해 언동을 하게 된 구체적인 경위 및 그에 대한 상대방의 신뢰가능성에 비추어 실질에 의하여 판단하여야 한다.

④ 행정청은 권한 행사의 기회가 있음에도 불구하고 장기간 권한을 행사하지 아니하여 국민이 그 권한이 행사되지 아니할 것으로 믿을 만한 정당한 사유가 있는 경우에는 그 권한을 행사해서는 아니 되지만, 공익 또는 제3자의 이익을 현저히 해칠 우려가 있는 경우는 예외이다.

문 2. 개인적 공권에 대한 설명으로 옳지 않은 것은?

① 환경영향평가 대상지역 밖의 주민이라 할지라도 공유수면매립면허처분 등으로 인하여 그 처분 전과 비교하여 수인한도를 넘는 환경피해를 받거나 받을 우려가 있는 경우에는, 공유수면매립면허처분 등으로 인하여 환경상 이익에 대한 침해 또는 침해우려가 있다는 것을 입증함으로써 그 처분 등의 무효확인을 구할 원고적격을 인정받을 수 있다.

② 공무원연금수급권과 같은 사회보장수급권은 헌법규정만으로는 이를 실현할 수 없어 법률에 의한 형성이 필요하고, 그 구체적인 내용, 즉 수급요건 등은 법률에 의하여 비로소 확정된다.

③ 행정처분에 있어서 수익처분의 상대방은 그의 권리나 법률상 보호되는 이익이 침해되었다고 볼 수 없으므로 달리 특별한 사정이 없는 한 그 수익처분의 취소를 구할 이익이 없다.

④ 행정계획은 행정기관 내부의 행동지침에 불과하므로, 도시계획구역 내 토지 등을 소유하고 있는 주민은 입안권자에게 도시계획입안을 요구할 수 있는 법규상 또는 조리상의 신청권이 없다.

문 3. 무효등확인소송에 대한 설명으로 옳은 것은?

① 무효확인판결에는 취소판결의 기속력에 관한 규정이 준용되지 않는다.

② 무효등확인소송의 제기 당시에 원고적격을 갖추었다면 상고심 계속 중에 원고적격을 상실하더라도 그 소는 적법하다.

③ 행정처분의 무효란 행정처분이 처음부터 아무런 효력도 발생하지 아니한다는 의미이므로 무효등확인소송에 대해서는 집행정지가 인정되지 아니한다.

④ 행정처분의 당연무효를 주장하여 그 무효확인을 구하는 행정소송에 있어서는 원고에게 그 행정처분이 무효인 사유를 주장·입증할 책임이 있다.

문 4. 행정소송의 피고에 대한 설명으로 옳지 <u>않은</u> 것은?

① 취소소송은 다른 법률에 특별한 규정이 없는 한 그 처분 등을 행한 행정청을 피고로 하지만, 처분 등이 있은 뒤에 그 처분 등에 관계되는 권한이 다른 행정청에 승계된 때에는 이를 승계한 행정청을 피고로 한다.

② 조례가 집행행위의 개입 없이도 그 자체로서 직접 국민의 구체적인 권리·의무나 법적 이익에 영향을 미치는 등의 법률상 효과를 발생하는 경우 무효확인소송의 피고는 당해 조례를 통과시킨 지방의회가 된다.

③ 「행정소송법」상 원고가 피고를 잘못 지정한 때에는 법원은 원고의 신청에 의하여 결정으로써 피고의 경정을 허가할 수 있다.

④ 행정처분을 행할 적법한 권한 있는 상급 행정청으로부터 내부위임을 받은 데 불과한 하급 행정청이 권한 없이 행정처분을 한 경우 실제로 그 처분을 행한 하급 행정청을 피고로 하여야 할 것이지 그 처분을 행할 적법한 권한 있는 상급 행정청을 피고로 할 것은 아니다.

문 5. 행정조사에 대한 설명으로 옳지 <u>않은</u> 것은?

① 우편물 통관검사절차에서 이루어지는 우편물의 개봉, 시료채취, 성분분석 등의 검사는 수출입물품에 대한 적정한 통관 등을 목적으로 한 행정조사의 성격을 가지는 것으로서 압수·수색영장 없이도 이러한 검사를 진행할 수 있다.

② 세무조사결정은 납세자의 권리·의무에 직접 영향을 미치는 공권력의 행사에 따른 행정작용으로서 항고소송의 대상이 된다.

③ 「행정조사기본법」에 따르면 조사대상자의 자발적인 협조에 따라 실시하는 행정조사에 대하여 조사대상자가 조사에 응할 것인지에 대한 응답을 하지 아니하는 경우에는 법령 등에 특별한 규정이 없는 한 그 조사를 거부한 것으로 본다.

④ 「행정조사기본법」상 행정조사를 실시하기 전에 관련 사항을 미리 통지하는 경우 증거인멸 등으로 행정조사의 목적을 달성할 수 없다고 판단되는 때에는, 행정기관의 장은 행정조사 종료 후 지체 없이 행정조사의 목적 등을 조사대상자에게 구두로 통지할 수 있다.

문 6. 위법한 직무집행행위로 인한 손해배상책임에 대한 설명으로 옳지 <u>않은</u> 것은?

① 「국가배상법」상 '공무원'이라 함은 널리 공무를 위탁받아 실질적으로 공무에 종사하고 있는 일체의 자를 가리키는 것으로서, 단지 공무의 위탁이 일시적인 사항에 관한 활동을 위한 것은 포함되지 않는다.

② 「국가배상법」이 정한 배상청구의 요건인 '공무원의 직무'에는 권력적 작용만이 아니라 행정지도와 같은 비권력적 공행정작용도 포함된다.

③ 어떠한 행정처분이 후에 항고소송에서 위법한 것으로서 취소되었다고 하더라도 그로써 곧 당해 행정처분이 공무원의 고의 또는 과실에 의한 불법행위를 구성한다고 단정할 수는 없다.

④ 헌법상 과잉금지의 원칙 내지 비례의 원칙을 위반하여 국민의 기본권을 침해한 국가작용은 국가배상책임에 있어 법령을 위반한 가해행위가 된다.

문 7. 행정행위에 대한 설명으로 옳은 것만을 모두 고르면?

ㄱ. 변상금 부과처분에 대한 취소소송이 진행 중인 경우 부과권자는 위법한 처분을 스스로 취소하고 그 하자를 보완하여 다시 적법한 부과처분을 할 수 없다.
ㄴ. 행정청이 「도시 및 주거환경정비법」 등 관련 법령에 근거하여 행하는 조합설립인가처분은 사인들의 조합설립행위에 대한 보충행위로서의 성질을 갖는 것에 그친다.
ㄷ. 「여객자동차 운수사업법」에 따른 개인택시운송사업면허는 특정인에게 권리나 이익을 부여하는 재량행위이다.
ㄹ. 귀화허가는 외국인에게 대한민국 국적을 부여함으로써 국민으로서의 법적 지위를 포괄적으로 설정하는 행위에 해당한다.

① ㄱ, ㄴ   ② ㄴ, ㄷ

③ ㄷ, ㄹ   ④ ㄱ, ㄷ, ㄹ

문 8. 국가배상에 대한 설명으로 옳은 것은?

① 「국가배상법」에 따른 손해배상의 소송은 배상심의회에 배상신청을 하지 아니하면 제기할 수 없다.

② 국가배상소송을 제기하는 경우 민사소송이 아니라 공법상 당사자소송으로 제기하여야 한다.

③ 군 복무 중 사망한 사람의 유족이 국가배상을 받은 경우, 관할 행정청 등은 「군인연금법」상 사망보상금에서 소극적 손해배상금 상당액을 공제할 수 있을 뿐, 이를 넘어 정신적 손해배상금까지 공제할 수는 없다.

④ 공공시설물의 하자로 손해를 입은 외국인에게는 해당 국가와 상호보증이 없더라도 「국가배상법」이 적용된다.

문 9. 행정절차에 대한 설명으로 옳지 않은 것은?

① 「행정절차법」상 행정청은 처분을 할 때에 단순·반복적인 처분 또는 경미한 처분으로서 당사자가 그 이유를 명백히 알 수 있는 경우에는 처분 후 당사자가 요청하더라도 당사자에게 그 근거와 이유를 제시하지 않아도 된다.

② 육군3사관학교의 사관생도에 대한 징계절차에서 징계심의대상자가 대리인으로 선임한 변호사가 징계위원회 심의에 출석하여 진술하려고 하였음에도, 징계권자나 그 소속 직원이 변호사가 징계위원회의 심의에 출석하는 것을 막은 후 내린 징계위원회의 징계의결에 따른 징계처분은 특별한 사정이 없는 한 위법하여 원칙적으로 취소되어야 한다.

③ 공무원 인사관계 법령에 의한 처분에 관한 사항 전부에 대하여 「행정절차법」의 적용이 배제되는 것이 아니라 성질상 행정절차를 거치기 곤란하거나 불필요하다고 인정되는 처분이나 행정절차에 준하는 절차를 거치도록 하고 있는 처분의 경우에만 「행정절차법」의 적용이 배제된다.

④ 군인사법령에 의하여 진급예정자명단에 포함된 자에 대하여 「행정절차법」상 의견제출의 기회를 부여하지 아니한 채 진급선발을 취소한 처분은 위법하다.

문 10. 「공공기관의 정보공개에 관한 법률」상 정보공개청구에 대한 설명으로 옳지 않은 것은?

① 정보의 공개를 청구하는 자는 정보공개청구서에 청구 대상 정보를 기재함에 있어서 사회일반인의 관점에서 청구 대상 정보의 내용과 범위를 확정할 수 있을 정도로 특정함을 요한다.

② 공공기관이 공개청구의 대상이 된 정보를 공개는 하되, 청구인이 신청한 공개방법 이외의 방법으로 공개하기로 하는 결정을 하였다면, 이는 정보공개청구 중 정보공개방법에 관한 부분에 대하여 일부 거부처분을 한 것이고, 청구인은 그에 대하여 항고소송으로 다툴 수 있다.

③ 「유아교육법」에 따른 사립유치원은 공공기관의 정보공개에 관한 법령상 공공기관에 해당하지 않는다.

④ 행정청이 정보를 공개하는 경우에 그 정보의 원본이 더럽혀지거나 파손될 우려가 있거나 그 밖에 상당한 이유가 있다고 인정할 때에는 그 정보의 사본·복제물을 공개할 수 있다.

문 11. 행정소송에 대한 설명으로 옳지 않은 것은?

① 해당 처분을 다툴 법률상 이익이 있는지 여부는 직권조사사항으로 이에 관한 당사자의 주장은 직권발동을 촉구하는 의미밖에 없으므로, 원심법원이 이에 관하여 판단하지 않았다고 하여 판단유탈의 상고이유로 삼을 수 없다.

② 행정청은 「민사소송법」상의 보조참가를 할 수 있을 뿐만 아니라 「행정소송법」에 의한 소송참가를 할 수 있고 공법상 당사자소송의 원고가 된다.

③ 부작위위법확인의 소에 있어 당사자가 행정청에 대하여 어떠한 행정행위를 하여 줄 것을 요구할 수 있는 법규상 또는 조리상 권리를 갖고 있지 아니한 경우에는 원고적격이 없거나 항고소송의 대상인 위법한 부작위가 있다고 볼 수 없어 그 부작위위법확인의 소는 부적법하다.

④ 국가가 국토이용계획과 관련한 지방자치단체의 장의 기관위임사무의 처리에 관하여 지방자치단체의 장을 상대로 취소소송을 제기하는 것은 허용되지 않는다.

문 12. 행정대집행에 대한 설명으로 옳지 <u>않은</u> 것은?

① 관계 법령상 행정대집행의 절차가 인정되어 행정청이 행정대집행의 방법으로 건물의 철거 등 대체적 작위의무의 이행을 실현할 수 있는 경우에는 따로 민사소송의 방법으로 그 의무의 이행을 구할 수 없다.

② 「공익사업을 위한 토지 등의 취득 및 보상에 관한 법률」에 따른 토지 등의 협의취득은 사법상 계약에 해당하므로, 협의취득시 부담한 의무는 행정대집행의 대상이 되지 않는다.

③ 「행정대집행법」에 따르면 대집행에 요한 비용을 징수하였을 때에는 그 징수금은 사무비의 소속에 따라 국고 또는 지방자치단체의 수입으로 한다.

④ 자기완결적 신고에 해당하는 대문설치신고가 형식적 하자가 없는 적법한 요건을 갖춘 신고임에도 불구하고 관할 행정청이 수리를 거부한 후 당해 대문의 철거명령을 하였더라도, 후행행위인 대문철거 대집행계고처분이 당연무효가 되는 것은 아니다.

문 13. 행정의 실효성 확보수단에 대한 설명으로 옳지 <u>않은</u> 것은?

① 행정법상의 질서벌인 과태료의 부과처분과 형사처벌을 병과하는 것은 일사부재리의 원칙에 반하지 않는다는 것이 대법원의 입장이다.

② 계고서라는 명칭의 1장의 문서로서 일정기간 내에 위법 건축물의 자진철거를 명함과 동시에 그 소정기한 내에 자진철거를 하지 아니할 때에는 대집행할 뜻을 미리 계고한 경우라면 「건축법」에 의한 철거명령과 「행정대집행법」에 의한 계고처분의 요건이 충족된 것은 아니다.

③ 직접강제는 행정대집행이나 이행강제금 부과의 방법으로는 행정상 의무 이행을 확보할 수 없거나 그 실현이 불가능한 경우에 실시하여야 한다.

④ 과세관청이 체납처분으로서 행하는 공매는 우월한 공권력의 행사로서 행정소송의 대상이 되는 공법상의 행정처분이며 공매에 의하여 재산을 매수한 자는 그 공매처분이 취소된 경우에 그 취소처분의 위법을 주장하여 행정소송을 제기할 법률상 이익이 있다.

문 14. 행정입법에 대한 설명으로 옳지 <u>않은</u> 것은?

① 위임명령이 위임 내용을 구체화하는 단계를 벗어나 새로운 입법을 한 것으로 평가할 수 있다면 이는 위임의 한계를 일탈한 것으로서 허용되지 않는다.

② 교육부장관이 대학입시기본계획에서 내신성적 산정기준에 관한 시행지침을 마련하여 시·도교육감에게 통보한 경우, 각 고등학교에서 위 지침에 일률적으로 기속되어 내신성적을 산정할 수밖에 없고 대학에서도 이를 그대로 내신성적으로 인정하여 입학생을 선발할 수밖에 없으므로 내신성적 산정지침은 항고소송의 대상이 되는 행정처분에 해당한다.

③ 법규명령이 법률상 위임의 근거가 없어 무효였더라도 사후에 법 개정으로 위임의 근거가 부여되면 그때부터는 유효한 법규명령이 된다.

④ 행정청이 개인택시운송사업면허발급 여부를 심사함에 있어서 이미 설정된 면허기준의 해석상 당해 신청이 면허발급의 우선순위에 해당함이 명백함에도 면허거부처분을 하였다면 특별한 사정이 없는 한 그 거부처분은 위법한 처분이 된다.

문 15. 행정행위의 부관에 대한 설명으로 옳지 <u>않은</u> 것은?

① 행정처분에 붙은 부담인 부관이 제소기간 도과로 확정되어 이미 불가쟁력이 생긴 경우에도 그 부담의 이행으로서 하게 된 사법상 매매 등의 법률행위의 효력을 다툴 수 있다.

② 부담부 행정처분에 있어서 처분의 상대방이 부담을 이행하지 아니한 경우에 처분청이 이를 들어 당해 처분을 철회할 수 없다.

③ 지방국토관리청장이 일부 공유수면매립지에 대하여 한 국가귀속처분은 매립준공인가를 함에 있어서 매립의 면허를 받은 자의 매립지에 대한 소유권취득을 규정한 구 「공유수면매립법」의 법률효과를 일부 배제하는 부관을 붙인 것이다.

④ 부담이 처분 당시 법령을 기준으로 적법하다면 처분 후 부담의 전제가 된 주된 행정처분의 근거 법령이 개정됨으로써 행정청이 더 이상 부관을 붙일 수 없게 되었다 하더라도 곧바로 위법하게 되거나 그 효력이 소멸하게 되는 것은 아니다.

문 16. 행정행위의 하자에 대한 설명으로 옳지 않은 것은?

① 수익적 행정처분의 취소 제한에 관한 법리는 처분청이 수익적 행정처분을 직권으로 취소하는 경우에 적용되는 법리일 뿐 쟁송취소의 경우에는 적용되지 않는다.

② 구 「학교보건법」상 학교환경위생정화구역에서의 금지행위 및 시설의 해제 여부에 관한 행정처분을 함에 있어 학교환경위생정화위원회 심의절차를 누락하였다면, 특별한 사정이 없는 한 이는 행정처분을 위법하게 하는 취소사유가 된다.

③ 행정청이 청문서 도달기간을 어겼다면 당사자가 이에 대하여 이의하지 아니한 채 스스로 청문일에 출석하여 방어의 기회를 충분히 가졌더라도 청문서 도달기간을 준수하지 아니한 하자가 치유되는 것은 아니다.

④ 토지등급결정내용의 개별통지가 있었다고 볼 수 없어 토지등급결정이 무효라면, 토지소유자가 그 결정 이전이나 이후에 토지등급결정내용을 알았다 하더라도 개별통지의 하자가 치유되는 것은 아니다.

문 17. 행정계획에 대한 설명으로 옳지 않은 것은?

① 후행 도시계획결정을 하는 행정청이 선행 도시계획의 결정·변경 등에 관한 권한을 가지고 있지 아니한 경우 선행 도시계획과 양립할 수 없는 내용이 포함된 후행 도시계획결정은 다른 특별한 사정이 없는 한 무효이다.

② 「도시 및 주거환경정비법」에 따라 인가·고시된 관리처분계획은 구속적 행정계획으로서 처분성이 인정된다.

③ 도시계획시설의 지정으로 말미암아 당해 토지의 이용가능성이 배제되거나 또는 토지소유자가 토지를 종래 허용된 용도대로도 사용할 수 없기 때문에 이로 인하여 현저한 재산적 손실이 발생하는 경우에는, 원칙적으로 국가나 지방자치단체는 이에 대한 보상을 해야 한다.

④ 도시계획시설결정의 장기미집행으로 인해 재산권이 침해된 경우, 도시계획시설결정의 실효를 주장할 수 있고, 이는 헌법상 재산권으로부터 당연히 직접 도출되는 권리이다.

문 18. 이행강제금에 대한 설명으로 옳지 않은 것은?

① 「건축법」상 이행강제금은 시정명령의 불이행이라는 과거의 위반행위에 대한 제재이다.

② 행정청은 이행강제금을 부과받은 자가 납부기한까지 이행강제금을 내지 아니하면 국세강제징수의 예 또는 「지방행정제재·부과금의 징수 등에 관한 법률」에 따라 징수한다.

③ 처분의 근거 법령에 의하면 「비송사건절차법」에 따라 이행강제금 부과처분에 불복하도록 규정하고 있었지만, 관할청이 이행강제금 부과처분을 하면서 재결청에 행정심판을 청구하거나 관할 행정법원에 행정소송을 할 수 있다고 잘못 안내한 경우라도 이행강제금 부과처분에 대해 행정법원에 항고소송을 제기할 수 없다.

④ 「건축법」상 이행강제금을 부과받은 사람이 이행강제금사건의 제1심결정 후 항고심결정이 있기 전에 사망한 경우, 항고심결정은 당연무효이고, 이미 사망한 사람의 이름으로 제기된 재항고는 보정할 수 없는 흠결이 있는 것으로서 부적법하다.

문 19. 손실보상에 대한 설명으로 옳은 것만을 모두 고르면?

ㄱ. 공공필요에 의한 재산권의 수용·사용 또는 제한 및 그에 대한 보상은 법률로써 하되, 정당한 보상을 지급하여야 한다.

ㄴ. 「하천법」 부칙과 이에 따른 특별조치법이 하천구역으로 편입된 토지에 대하여 손실보상청구권을 규정하였다고 하더라도 당해 법률규정이 아니라 관리청의 보상금지급결정에 의하여 비로소 손실보상청구권이 발생한다.

ㄷ. 「공익사업을 위한 토지 등의 취득 및 보상에 관한 법률」상 보상금의 증감에 관한 소송인 경우 그 소송을 제기하는 자가 토지소유자 또는 관계인일 때에는 지방토지수용위원회 또는 중앙토지수용위원회를 피고로 한다.

ㄹ. 수용재결에 불복하여 취소소송을 제기하는 때에는 이의신청을 거친 경우에도 수용재결을 한 중앙토지수용위원회 또는 지방토지수용위원회를 피고로 하여 수용재결의 취소를 구하여야 하지만, 이의신청에 대한 재결 자체에 고유한 위법이 있는 경우에는 그 이의재결을 한 중앙토지수용위원회를 피고로 하여 이의재결의 취소를 구할 수 있다.

① ㄱ, ㄴ ② ㄱ, ㄹ
③ ㄴ, ㄷ ④ ㄴ, ㄷ, ㄹ

문 20. 판례의 입장으로 옳지 않은 것은?

① 교원소청심사위원회의 결정은 학교법인에 대하여 기속력을 가지지만 기속력은 그 결정의 주문에 포함된 사항에 미치는 것이지 그 전제가 된 요건사실의 인정과 불리한 처분 등의 구체적 위법사유에 관한 판단에까지 미치는 것은 아니다.

② 어업권면허에 선행하는 우선순위결정은 행정청이 우선권자로 결정된 자의 신청이 있으면 어업권면허처분을 하겠다는 것을 약속하는 행위로서 행정처분이 아니다.

③ 행정지도가 강제성을 띠지 않은 비권력적 작용으로서 행정지도의 한계를 일탈하지 않았다면, 그로 인하여 상대방에게 어떤 손해가 발생하였다 하더라도 행정기관은 그에 대한 손해배상책임이 없다.

④ 「공익사업을 위한 토지 등의 취득 및 보상에 관한 법률」상 적법하게 시행된 공익사업으로 인하여 이주하게 된 주거용 건축물 세입자의 주거이전비 보상청구권은 공법상의 권리이고, 따라서 그 보상을 둘러싼 쟁송은 민사소송이 아니라 공법상의 법률관계를 대상으로 하는 행정소송에 의하여야 한다.

해설편 ▶ P.60

2023

6월 10일 시행
지방직(= 서울시) 9급

| 풀이 시간: ____:____ ~ ____:____ / 점수: ____점

1초 합격예측! 모바일 성적분석표

QR 코드로 접속하여 문제 풀이시간을 측정하고,
〈1초 합격예측 & 모바일 성적분석표〉 서비스를 통해
지금 바로! 실력을 점검해 보세요.
http://eduwill.kr/SV2f

지문의 내용에 대해 학설의 대립 등 다툼이 있는 경우 판례에 의함

문 1. 자동화된 행정결정에 대한 설명으로 옳지 않은 것은?

① 자동화된 행정결정의 예로는 컴퓨터를 통한 중·고등학생의 학교배정, 신호등에 의한 교통신호 등이 있다.

② 「행정기본법」상 자동적 처분은 항고소송의 대상이 된다.

③ 「행정기본법」상 자동적 처분을 할 수 있는 '완전히 자동화된 시스템'에는 '인공지능 기술을 적용한 시스템'이 포함되지 않는다.

④ 「행정기본법」은 재량행위에 대해서 자동적 처분을 허용하지 않고 있다.

문 2. 법치행정의 원칙에 대한 설명으로 옳지 않은 것은?

① 규율대상이 국민의 기본권 및 기본적 의무와 관련한 중요성을 가질수록 그리고 그에 관한 공개적 토론의 필요성 또는 상충하는 이익 사이의 조정 필요성이 클수록, 그것이 국회의 법률에 의해 직접 규율될 필요성은 더 증대된다고 보아야 한다.

② 법률의 시행령은 법률에 의한 위임 없이도 법률이 규정한 개인의 권리·의무에 관한 내용을 변경·보충하거나 법률에 규정되지 아니한 새로운 내용을 규정할 수 있다.

③ 법률유보의 원칙은 '법률에 의한 규율'만을 요청하는 것이 아니라 '법률에 근거한 규율'을 요청하는 것이기 때문에 기본권의 제한에는 법률의 근거가 필요할 뿐이고 기본권 제한의 형식이 반드시 법률의 형식일 필요는 없다.

④ 행정작용은 법률에 위반되어서는 아니 되며, 국민의 권리를 제한하거나 의무를 부과하는 경우와 그 밖에 국민생활에 중요한 영향을 미치는 경우에는 법률에 근거해야 한다.

문 3. 행정입법의 사법적 통제에 대한 설명으로 옳지 않은 것은?

① 중앙선거관리위원회규칙은 법규명령이므로 구체적 규범통제의 대상이 될 수 있다.

② 처분적 법규명령은 무효등확인소송 또는 취소소송의 대상이 된다.

③ 대법원 이외의 각급법원도 구체적 규범통제의 방법으로 법규명령 조항에 대한 위헌·위법 판단을 할 수 있다.

④ 행정입법부작위는 부작위위법확인소송의 대상이 된다.

문 4. 행정의 실효성 확보수단에 대한 설명으로 옳지 않은 것은?

① 구 「국세징수법」상 가산금 또는 중가산금의 고지는 항고소송의 대상이 되는 처분이 아니다.

② 지방자치단체 소속 공무원이 지방자치단체 고유의 자치사무를 수행하던 중 구 「도로법」에 위반하는 행위를 한 경우 지방자치단체는 구 「도로법」상 양벌규정에 따라 처벌대상이 되는 법인에 해당한다.

③ 구 「음반·비디오물 및 게임물에 관한 법률」상 불법게임물에 대한 수거 및 폐기조치는 행정상 즉시강제에 해당한다.

④ 공매처분을 하면서 체납자에게 공매통지를 하지 않았거나 공매통지를 하였지만 그것이 적법하지 아니하다 하더라도 공매처분 자체는 위법하지 않다.

문 5. 사인의 공법행위에 대한 설명으로 옳은 것은?

① 공무원에 의해 제출된 사직원은 그에 터잡은 의원면직처분이 있을 때까지 철회될 수 있고, 일단 면직처분이 있고 난 이후에도 자유로이 취소 및 철회될 수 있다.

② 시장 등의 주민등록전입신고 수리 여부에 대한 심사는 「주민등록법」의 입법 목적의 범위 내에서 제한적으로 이루어져야 하는바, 전입신고자가 30일 이상 생활의 근거로서 거주할 목적으로 거주지를 옮기는지 여부가 심사대상으로 되어야 한다.

③ 행정청은 신청에 구비서류의 미비 등 흠이 있는 경우 원칙상 형식적·절차적인 요건만을 보완 요구하여야 하므로 실질적인 요건에 관한 흠이 민원인의 단순한 착오나 일시적인 사정 등에 기인한 경우에도 보완을 요구할 수 없다.

④ 사인의 공법행위는 원칙적으로 발신주의에 따라 그 효력이 발생한다.

문 6. 행정소송의 판결에 대한 설명으로 옳지 <u>않은</u> 것은?

① 처분 등을 취소하는 확정판결은 제3자에 대하여도 효력이 있다.

② 취소 확정판결의 기속력은 판결의 주문 및 전제가 되는 처분 등의 구체적 위법사유에 관한 판단에도 미치므로, 종전 처분이 판결에 의하여 취소되었다면 종전 처분의 처분사유와 기본적 사실관계에서 동일하지 않은 다른 사유를 들어서 새로이 동일한 내용을 처분하는 것 또한 확정판결의 기속력에 저촉된다.

③ 법원은 원고의 청구가 이유 있다고 인정하는 경우에도 처분 등을 취소하는 것이 현저히 공공복리에 적합하지 아니하다고 인정하는 때에는 원고의 청구를 기각할 수 있다.

④ 과세의 절차 내지 형식에 위법이 있어 과세처분을 취소하는 판결이 확정되었을 경우 과세관청은 그 위법사유를 보완하여 다시 새로운 과세처분을 할 수 있고, 그 새로운 과세처분은 확정판결에 의하여 취소된 종전의 과세처분과는 별개의 처분이다.

문 7. 행정상 사실행위에 대한 설명으로 옳지 <u>않은</u> 것은?

① 행정상 사실행위의 예로는 폐기물 수거, 행정지도, 대집행의 실행, 행정상 즉시강제 등이 있다.

② 행정청이 위법 건축물에 대한 단전 및 전화통화 단절조치를 요청한 것은 항고소송의 대상이 되는 행정처분이라고 볼 수 없다.

③ 교도소장이 영치품인 티셔츠 사용을 재소자에게 불허한 행위는 항고소송의 대상이 되는 행정처분에 해당한다.

④ 교도소 내 마약류 관련 수형자에 대한 교도소장의 소변 강제채취는 권력적 사실행위이나 헌법소원의 대상은 아니다.

문 8. 행정의 실효성 확보수단에 대한 설명으로 옳지 <u>않은</u> 것은?

① 「농지법」상 이행강제금 부과처분에 대한 불복은 「비송사건절차법」에 따른 재판절차뿐만 아니라 「행정소송법」상 항고소송 절차에 따를 수 있다.

② 관계 법령상 행정대집행의 절차가 인정되어 행정청이 행정대집행의 방법으로 건물의 철거 등 대체적 작위의무의 이행을 실현할 수 있는 경우에는 따로 민사소송의 방법으로 그 의무의 이행을 구할 수 없다.

③ 「행정조사기본법」에 따르면 조사대상자의 자발적인 협조를 얻어 행정조사를 실시하고자 하는 경우 조사대상자는 문서·전화·구두 등의 방법으로 당해 행정조사를 거부할 수 있다.

④ 통고처분은 상대방의 임의의 승복을 그 발효요건으로 하기 때문에 그 자체만으로는 통고이행을 강제하거나 상대방에게 아무런 권리·의무를 형성하지 않으므로 행정심판이나 행정소송의 대상으로서의 처분성을 인정할 수 없다.

문 9. 다음 각 사례에 대한 설명으로 옳은 것만을 모두 고르면?

○ 행정청 甲은 국유 일반재산인 건물 1층을 5년간 대부하는 계약을 乙과 체결하면서 대부료는 1년에 1억으로 정하였고 6회에 걸쳐 분납하기로 하였다. 甲은 乙이 1년간 대부료를 납부하지 않자, 체납한 대부료를 납부할 것을 통지하였다. 「국유재산법」에 따르면 국유재산의 대부료 등이 납부기한까지 납부되지 아니한 경우에는 「국세징수법」상의 강제징수에 관한 규정을 준용하고 있다.

○ 행정청 甲은 국가 소유의 땅을 무단점유하여 사용하고 있는 丙에게 변상금 100만 원 부과처분을 하였다.

ㄱ. 甲이 乙에게 대부하는 행위는 공권력의 주체로서 상대방의 의사 여하에 불구하고 일방적으로 행하는 행정처분이 아니다.

ㄴ. 甲은 대부료를 납부하지 않은 乙을 상대로 민사소송을 제기하여 대부료 지급을 구해야 한다.

ㄷ. 변상금 부과처분은 순전히 사경제주체로서 행하는 사법상의 법률행위이므로, 丙은 그 처분에 대해 민사소송을 제기하여 다툴 수 있다.

① ㄱ

② ㄴ

③ ㄱ, ㄷ

④ ㄱ, ㄴ, ㄷ

문 10. 행정지도에 대한 설명으로 옳지 <u>않은</u> 것은?

① 행정기관은 행정지도의 상대방이 행정지도에 따르지 아니하였다는 것을 이유로 불이익한 조치를 하여서는 아니 된다.

② 행정기관이 같은 행정목적을 실현하기 위하여 많은 상대방에게 행정지도를 하려는 경우에는 특별한 사정이 없으면 행정지도에 공통적인 내용이 되는 사항을 공표하여야 한다.

③ 위법한 행정지도에 따라 행한 사인의 행위는 위법성이 조각되어 범법행위가 되지 않는다.

④ 행정지도가 강제성을 띠지 않은 비권력적 작용으로서 행정지도의 한계를 일탈하지 아니하였다면, 그로 인하여 상대방에게 손해가 발생하였다 하더라도 행정기관은 손해배상책임이 없다.

문 11. 행정행위의 하자의 승계에 대한 설명으로 옳지 <u>않은</u> 것은?

① 2개 이상의 행정처분이 연속적 또는 단계적으로 이루어지는 경우 선행처분과 후행처분이 서로 합하여 1개의 법률효과를 완성하는 때에는 선행처분에 하자가 있으면 그 하자는 후행처분에 승계된다.

② 선행처분과 후행처분이 서로 독립하여 별개의 법률효과를 발생시키는 경우에는 선행처분에 불가쟁력이 생겨 그 효력을 다툴 수 없게 되면 수인한도를 넘는 가혹함을 가져오며 그 결과가 당사자에게 예측가능하지 않더라도 하자의 승계가 인정되지 않는다.

③ 과세관청의 선행처분인 소득금액변동통지에 하자가 존재하더라도 당연무효사유에 해당하지 않는 한 후행처분인 징수처분에 대한 항고소송에서 그 하자를 다툴 수 없다.

④ 수용보상금의 증액을 구하는 소송에서는 선행처분으로서 그 수용대상 토지 가격 산정의 기초가 된 비교표준지공시지가결정의 위법을 독립된 사유로 주장할 수 있다.

문 12. 「행정소송법」상 당사자소송에 대한 설명으로 옳지 <u>않은</u> 것은?

① 당사자소송이란 행정청의 처분 등을 원인으로 하는 법률관계에 관한 소송, 그 밖에 공법상의 법률관계에 관한 소송으로서 그 법률관계의 한쪽 당사자를 피고로 하는 소송을 의미한다.

② 공법상 계약의 한쪽 당사자가 다른 당사자를 상대로 효력을 다투거나 이행을 청구하는 소송은 공법상의 법률관계에 관한 분쟁이므로 분쟁의 실질이 공법상 권리·의무의 존부·범위에 관한 다툼이 아니라 손해배상액의 구체적인 산정방법·금액에 국한되는 등의 특별한 사정이 없는 한 당사자소송으로 제기하여야 한다.

③ 명예퇴직한 법관이 미지급 명예퇴직수당액에 대하여 가지는 권리는 명예퇴직수당 지급대상자 결정 절차를 거쳐 명예퇴직수당 규칙에 의하여 확정된 공법상 법률관계에 관한 권리로서, 그 지급을 구하는 소송은 당사자소송에 해당하며, 그 법률관계의 당사자인 국가를 상대로 제기하여야 한다.

④ 당사자소송은 공법상 법률관계에 관한 소송이므로 이를 본안으로 하는 가처분에 대하여는 「민사집행법」상 가처분에 관한 규정이 준용되지 않는다.

문 13. 「공공기관의 정보공개에 관한 법률」상 정보공개에 대한 설명으로 옳은 것만을 모두 고르면?

ㄱ. 모든 국민은 정보의 공개를 청구할 권리를 가진다.

ㄴ. 법무부령인 「검찰보존사무규칙」은 행정기관 내부의 사무처리준칙인 행정규칙이지만, 「검찰보존사무규칙」상의 열람·등사의 제한은 「공공기관의 정보공개에 관한 법률」 제9조 제1항 제1호의 '다른 법률 또는 법률에 의한 명령에 의하여 비공개사항으로 규정된 경우'에 해당한다.

ㄷ. 해당 정보를 취득 또는 활용할 의사가 전혀 없이 정보공개제도를 이용하여 사회통념상 용인될 수 없는 부당한 이득을 얻으려 하거나, 오로지 공공기관의 담당 공무원을 괴롭힐 목적으로 정보공개청구를 하는 경우 권리 남용에 해당함이 명백하므로 정보공개청구권의 행사가 허용되지 아니한다.

ㄹ. 청구인이 정보공개와 관련한 공공기관의 결정에 대하여 불복이 있거나 정보공개청구 후 10일이 경과하도록 정보공개결정이 없는 때에는 「행정심판법」에서 정하는 바에 따라 행정심판을 청구할 수 있다.

① ㄱ, ㄴ ② ㄱ, ㄷ
③ ㄴ, ㄹ ④ ㄷ, ㄹ

문 14. 국가배상에 대한 설명으로 옳지 <u>않은</u> 것은?

① 시·도경찰청장 또는 경찰서장이 지방자치단체의 장으로부터 권한을 위탁받아 설치·관리하는 신호기의 하자로 인해 손해가 발생한 경우 「국가배상법」 제5조 소정의 배상책임의 귀속 주체는 국가뿐이다.

② 헌법재판소 재판관이 청구기간 내에 제기된 헌법소원심판청구 사건에서 청구기간을 오인하여 각하결정을 한 경우, 이에 대한 불복절차 내지 시정절차가 없는 때에는 배상책임의 요건이 충족되는 한 국가배상책임을 인정할 수 있다.

③ 영조물의 설치·관리자와 비용부담자가 다른 경우 피해자에게 손해를 배상한 자는 내부관계에서 그 손해를 배상할 책임이 있는 자에게 구상할 수 있다.

④ 군 복무 중 사망한 군인 등의 유족이 「국가배상법」에 따른 손해배상금을 지급받은 경우 그 손해배상금 상당 금액에 대해서는 「군인연금법」에서 정한 사망보상금을 지급받을 수 없다.

문 15. 행정소송의 심리에 대한 설명으로 옳지 <u>않은</u> 것은?

① 「행정소송법」에 따르면 법원은 필요하다고 인정할 때에는 직권으로 증거조사를 할 수 있으나, 당사자가 주장하지 아니한 사실에 대하여는 판단할 수 없다.

② 법원은 행정처분 당시 행정청이 알고 있었던 자료뿐만 아니라 사실심 변론종결 당시까지 제출된 모든 자료를 종합하여 처분 당시 존재하였던 객관적 사실을 확정하고 그 사실에 기초하여 처분의 위법 여부를 판단할 수 있다.

③ 「행정소송법」에 따르면 법원은 당사자의 신청이 있는 때에는 결정으로써 재결을 행한 행정청에 대하여 행정심판에 관한 기록의 제출을 명할 수 있고, 제출명령을 받은 행정청은 지체 없이 당해 행정심판에 관한 기록을 법원에 제출하여야 한다.

④ 결혼이민[F-6 (다)목] 체류자격을 신청한 외국인에 대하여 행정청이 그 요건을 충족하지 못하였다는 이유로 거부처분을 하는 경우 '그 요건을 갖추지 못하였다는 판단', 즉 '혼인파탄의 주된 귀책사유가 국민인 배우자에게 있지 않다는 판단' 자체가 처분사유가 되는바, 결혼이민[F-6 (다)목] 체류자격 거부처분 취소소송에서 그 처분사유에 관한 증명책임은 피고 행정청에 있다.

문 16. 「공익사업을 위한 토지 등의 취득 및 보상에 관한 법률」에 대한 설명으로 옳지 <u>않은</u> 것은?

① 구 「하천법」에 의한 하천수 사용권은 「공익사업을 위한 토지 등의 취득 및 보상에 관한 법률」이 손실보상의 대상으로 규정하고 있는 '물의 사용에 관한 권리'에 해당한다.

② 토지수용위원회의 재결에 대한 토지소유자의 행정소송 제기는 사업의 진행 및 토지의 수용 또는 사용을 정지시키지 아니한다.

③ 사업인정은 공익사업의 시행자에게 그 후 일정한 절차를 거칠 것을 조건으로 일정한 내용의 수용권을 설정하여 주는 형성행위이다.

④ 어떤 보상항목이 공익사업을 위한 토지 등의 취득 및 보상에 관한 법령상 손실보상 대상에 해당함에도 관할 토지수용위원회가 사실을 오인하거나 법리를 오해함으로써 손실보상 대상에 해당하지 않는다고 잘못된 내용의 재결을 한 경우에는, 피보상자는 관할 토지수용위원회를 상대로 재결취소소송을 제기하여야 한다.

문 17. 다음 사례에 대한 설명으로 옳은 것은?

> 식품접객업을 하는 甲은 청소년의 연령을 확인하지 않고 주류를 판매한 사실이 적발되어 관할 행정청 乙로부터 「식품위생법」 위반을 이유로 영업정지 2개월을 부과받자 관할 행정심판위원회 丙에 행정심판을 청구하였다.

① 丙은 영업정지 2개월에 갈음하여 「식품위생법」 소정의 과징금으로 변경할 수 없다.

② 甲이 丙의 기각재결을 받은 후 재결 자체에 고유한 하자가 있음을 주장하며 그 기각재결에 대하여 취소소송을 제기한 경우, 수소법원은 심리 결과 재결 자체에 고유한 위법이 없다면 각하판결을 하여야 한다.

③ 丙이 영업정지처분을 취소하는 재결을 할 경우, 乙은 이 인용재결의 취소를 구하는 행정소송을 제기할 수 없다.

④ 丙은 행정심판의 심리과정에서 甲의 「식품위생법」상의 또 다른 위반 사실을 인지한 경우, 乙의 2개월 영업정지와는 별도로 1개월 영업정지를 추가하여 부과하는 재결을 할 수 있다.

문 18. 「행정절차법」에 대한 설명으로 옳지 <u>않은</u> 것은?

① 처분기준을 공표하는 것이 해당 처분의 성질상 현저히 곤란하거나 공공의 안전 또는 복리를 현저히 해치는 것으로 인정될 만한 상당한 이유가 있는 경우에는 처분기준을 공표하지 아니할 수 있다.

② 행정처분의 상대방에 대한 청문통지서가 반송되었거나 행정처분의 상대방이 청문일시에 불출석하였다는 이유만으로 행정청이 관계 법령상 그 실시가 요구되는 청문을 실시하지 아니하고 한 침해적 행정처분은 위법하다.

③ 「행정절차법」상 사전통지 및 의견제출에 대한 권리를 부여하고 있는 '당사자 등'에는 불이익처분의 직접 상대방인 당사자와 행정청이 직권으로 또는 신청에 따라 행정절차에 참여하게 한 이해관계인, 그 밖에 제3자가 포함된다.

④ 행정청이 처분을 하면서 당사자가 그 근거를 알 수 있을 정도로 이유를 제시한 경우에는 처분의 근거와 이유를 구체적으로 명시하지 않았더라도 그로 말미암아 그 처분이 위법하다고 볼 수는 없다.

문 19. 「질서위반행위규제법」에 대한 설명으로 옳지 <u>않은</u> 것은?

① 질서위반행위 후 법률이 변경되어 그 행위가 질서위반행위에 해당하지 아니하게 되거나 과태료가 변경되기 전의 법률보다 가볍게 된 때에는 법률에 특별한 규정이 없는 한 변경된 법률을 적용하여야 한다.

② 고의 또는 과실이 없는 질서위반행위라고 하더라도 과태료를 부과할 수 있다.

③ 행정청의 과태료 부과에 불복하는 당사자는 과태료 부과통지를 받은 날부터 60일 이내에 해당 행정청에 서면으로 이의제기를 할 수 있다.

④ 법원이 심문 없이 과태료 재판을 하고자 하는 때에는 당사자와 검사는 특별한 사정이 없는 한 약식재판의 고지를 받은 날부터 7일 이내에 이의신청을 할 수 있다.

문 20. 인가에 대한 설명으로 옳지 <u>않은</u> 것은?

① 「자동차관리법」상 자동차관리사업자로 구성하는 사업자단체인 조합 또는 협회의 설립인가처분은 자동차관리사업자들의 단체결성행위를 보충하여 효력을 완성시키는 처분에 해당한다.

② 구 「도시 및 주거환경정비법」상 조합설립추진위원회 구성승인처분은 조합의 설립을 위한 주체인 추진위원회의 구성행위를 보충하여 그 효력을 부여하는 처분이다.

③ 주택재개발정비사업조합이 수립한 사업시행계획에 하자가 있음에도 불구하고 관할 행정청이 해당 사업시행계획에 대한 인가처분을 하였다면, 그 인가처분에는 고유한 하자가 없더라도 사업시행계획의 무효를 주장하면서 곧바로 그에 대한 인가처분의 무효확인이나 취소를 구하여야 한다.

④ 구 「도시 및 주거환경정비법」상 토지소유자들이 조합을 설립하지 아니하고 직접 도시환경정비사업을 시행하고자 하는 경우에 내려진 사업시행인가처분은 설권적 처분의 성격을 가진다.

해설편 ▶ P.68

2022

6월 18일 시행
지방직(= 서울시) 9급

| 풀이 시간: ____:____ ~ ____:____ / 점수: ____점

1초 합격예측! 모바일 성적분석표

QR코드로 접속하여 문제 풀이시간을 측정하고,
〈1초 합격예측 & 모바일 성적분석표〉 서비스를 통해
지금 바로! 실력을 점검해 보세요.
http://eduwill.kr/wNFj

문 1. 행정입법에 대한 설명으로 옳지 <u>않은</u> 것은? (다툼이 있는 경우 판례에 의함)

① 자치조례에 대한 법률의 위임은 반드시 구체적으로 범위를 정하여 할 필요가 없으며 포괄적인 것으로 족하다.

② 부령 형식으로 정해진 제재적 행정처분의 기준은 법규성이 있어서 대외적으로 국민이나 법원을 기속하는 효력이 있다.

③ 고시가 법령의 수권에 의하여 법령을 보충하는 사항을 정하는 경우 위임의 한계를 벗어나지 않는 한 그 근거법령과 결합하여 대외적으로 구속력이 있는 법규명령으로서의 효력을 가진다.

④ 법률의 시행령이 형사처벌에 관한 사항을 규정하면서 법률의 명시적인 위임 범위를 벗어나 처벌의 대상을 확장하는 것은 위임입법의 한계를 벗어난 것으로 그 시행령은 무효이다.

문 2. 행정행위의 부관에 대한 설명으로 옳은 것은? (다툼이 있는 경우 판례에 의함)

① 행정처분에 부가한 부담이 무효인 경우에는 그 부담의 이행으로 이루어진 사법상 법률행위도 무효가 된다.

② 부관의 사후변경은 종전의 부관을 변경하지 아니하면 해당 처분의 목적을 달성할 수 없는 경우가 아니라면 인정되지 않는다.

③ 행정처분과 실제적 관련성이 없어 부관을 붙일 수 없는 경우에도 사법상 계약의 형식으로 공법상 제한을 회피할 수 있다.

④ 행정재산에 대한 기한부 사용·수익허가를 받은 경우, 그 사용·수익허가의 기간에 대하여 독립하여 행정소송을 제기할 수 없다.

문 3. 판례상 재량행위에 해당하는 것만을 모두 고르면?

ㄱ. 「여객자동차 운수사업법」상 개인택시운송사업면허
ㄴ. 구 「수도권대기환경특별법」상 대기오염물질 총량관리사업장 설치허가
ㄷ. 「국가공무원법」상 휴직 사유 소멸을 이유로 한 신청에 대한 복직명령
ㄹ. 「출입국관리법」상 체류자격 변경허가

① ㄱ, ㄹ
② ㄴ, ㄷ
③ ㄱ, ㄴ, ㄹ
④ ㄱ, ㄴ, ㄷ, ㄹ

문 4. 행정절차에 대한 설명으로 옳지 <u>않은</u> 것은? (다툼이 있는 경우 판례에 의함)

① 계약직 공무원 채용계약해지의 의사표시는 「행정절차법」에 의하여 근거와 이유를 제시하여야 하는 것은 아니다.

② 교육부장관이 부적격사유가 없는 후보자들 사이에서 어떤 후보자를 상대적으로 더욱 적합하다고 판단하여 국립대학교의 총장으로 임용제청을 하였다면, 그러한 임용제청행위 자체로서 이유제시의무를 다한 것이다.

③ 「국가공무원법」상 직위해제처분에는 처분의 사전통지 및 의견청취 등에 관한 「행정절차법」의 규정이 적용된다.

④ 과세처분시 납세고지서에 법으로 규정한 과세표준 등의 기재가 누락되면 그 과세처분 자체가 위법한 처분이 되어 취소의 대상이 된다.

문 5. 행정법의 일반원칙에 대한 설명으로 옳은 것만을 모두 고르면? (다툼이 있는 경우 판례에 의함)

ㄱ. 비례의 원칙은 법치국가원리에서 당연히 파생되는 헌법상의 기본원리이다.
ㄴ. 평등의 원칙은 본질적으로 같은 것을 자의적으로 다르게 취급함을 금지하는 것이므로, 위법한 행정처분이 수차례에 걸쳐 반복적으로 행하여졌다면 행정청에 대하여 자기구속력을 갖게 된다.
ㄷ. 국가가 임용결격사유가 있는 자에 대하여 결격사유가 있는 것을 알지 못하고 공무원으로 임용하였다가 나중에 결격사유가 있음을 발견하고 그 임용행위를 취소하는 경우 신의칙이 적용된다.
ㄹ. 지방자치단체장이 사업자에게 주택사업계획승인을 하면서 그 주택사업과는 아무런 관련이 없는 토지를 기부채납하도록 하는 부관을 주택사업계획승인에 붙인 경우, 그 부관은 부당결부금지의 원칙에 위반되어 위법하다.

① ㄱ, ㄴ
② ㄱ, ㄹ
③ ㄴ, ㄷ
④ ㄷ, ㄹ

문 6. 행정행위에 대한 설명으로 옳지 않은 것은? (다툼이 있는 경우 판례에 의함)

① 건축허가는 대물적 성질을 갖는 것이어서 행정청으로서는 허가를 할 때에 건축주 또는 토지소유자가 누구인지 등 인적 요소에 관하여는 형식적 심사만 한다.

② 시·도경찰청장이 횡단보도를 설치하여 보행자 통행방법 등을 규제하는 것은 국민의 권리·의무에 직접 관계가 있는 행위로서 행정처분이다.

③ 국유재산의 무단점유에 대한 변상금 징수의 요건은 「국유재산법」에 명백히 규정되어 있으므로 변상금을 징수할 것인가는 처분청의 재량을 허용하지 않는 기속행위이다.

④ 공유수면의 점용·사용허가는 특정인에게 공유수면 이용권이라는 독점적 권리를 설정하여 주는 처분이 아니라 일반적인 상대적 금지를 해제하는 처분이다.

문 7. 「공공기관의 정보공개에 관한 법률」상 정보공개에 대한 설명으로 옳지 않은 것은? (다툼이 있는 경우 판례에 의함)

① 정보공개 청구권자의 권리구제 가능성은 정보의 공개 여부 결정에 아무런 영향을 미치지 못한다.

② 학교환경위생구역 내 금지행위 해제결정에 관한 학교환경위생정화위원회의 회의록에 기재된 발언내용에 대한 해당 발언자의 인적사항 부분에 관한 정보는 비공개 대상에 해당하지 아니한다.

③ 공공기관이 정보공개를 거부하는 경우에는 어느 부분이 어떠한 법익 또는 기본권과 충돌되어 비공개사유에 해당하는지를 주장·증명하여야 하고, 그에 이르지 아니한 채 개괄적인 사유만을 들어 공개를 거부하는 것은 허용되지 아니한다.

④ 공개를 구하는 정보를 공공기관이 한때 보유·관리하였으나 후에 그 정보가 담긴 문서 등이 폐기되어 존재하지 않게 된 것이라면 그 정보를 더 이상 보유·관리하고 있지 아니하다는 점에 대한 증명책임은 공공기관에게 있다.

문 8. 행정처분의 위법성에 대한 설명으로 옳지 않은 것은? (다툼이 있는 경우 판례에 의함)

① 행정청이 행정처분을 하면서 상대방에게 불복절차에 관한 고지의무를 이행하지 않았다면 이는 절차적 하자로서 그 행정처분은 위법하게 된다.

② 행정처분이 나중에 항고소송에서 위법하다고 판단되어 취소되더라도 그러한 사실만으로 바로 행정처분이 공무원의 고의나 과실로 인한 불법행위를 구성한다고 할 수 없다.

③ 절차상의 하자를 이유로 행정처분을 취소하는 판결이 선고되어 확정된 경우, 그 확정판결의 기속력은 취소사유로 된 절차의 위법에 한하여 미치는 것이므로 행정청은 적법한 절차를 갖추어 동일한 내용의 처분을 다시 할 수 있다.

④ 권한 없는 행정청이 한 위법한 행정처분을 취소할 수 있는 권한은 그 행정처분을 한 처분청에게 속하는 것이고, 그 행정처분을 할 수 있는 적법한 권한을 가지는 행정청에게 그 취소권이 귀속되는 것은 아니다.

문 9. 영업의 양도와 영업자지위승계에 대한 설명으로 옳지 않은 것은? (다툼이 있는 경우 판례에 의함)

① 「식품위생법」상 허가영업자의 지위승계신고수리처분을 하는 경우 「행정절차법」 규정 소정의 당사자에 해당하는 종전의 영업자에게 행정절차를 실시하여야 한다.

② 관할 행정청은 여객자동차운송사업의 양도·양수에 대한 인가를 한 후에도 그 양도·양수 이전에 있었던 양도인에 대한 운송사업면허 취소사유를 들어 양수인의 사업면허를 취소할 수 있다.

③ 영업양도행위가 무효임에도 행정청이 승계신고를 수리하였다면 양도자는 민사쟁송이 아닌 행정소송으로 신고수리처분의 무효확인을 구할 수 있다.

④ 사실상 영업이 양도·양수되었지만 승계신고 및 수리처분이 있기 전에 양도인이 허락한 양수인의 영업 중 발생한 위반행위에 대한 행정적 책임은 양수인에게 귀속된다.

문 10. 여객자동차운송사업을 하는 甲은 관련 법규 위반을 이유로 사업정지처분에 갈음하는 과징금 부과처분을 받았다. 이에 대한 설명으로 옳지 <u>않은</u> 것은? (다툼이 있는 경우 판례에 의함)

① 甲이 현실적인 위반행위자가 아닌 법령상 책임자인 경우에도 甲에게 과징금을 부과할 수 있다.

② 甲에게 고의·과실이 없는 경우에는 과징금을 부과할 수 없다.

③ 과징금 부과처분에 대해 甲은 취소소송을 제기하여 다툴 수 있다.

④ 甲에게 부과된 과징금이 법이 정한 한도액을 초과하여 위법한 경우, 법원은 그 초과부분에 대하여 일부 취소할 수 없고 그 전부를 취소하여야 한다.

문 11. 국가배상제도에 대한 설명으로 옳은 것은? (다툼이 있는 경우 판례에 의함)

① 공무원에게 부과된 직무상 의무가 단순히 공공일반의 이익만을 위한 경우라면 그러한 직무상 의무 위반에 대해서는 국가배상책임이 인정되지 않는다.

② 국가의 비권력적 작용은 국가배상청구의 요건인 직무에 포함되지 않는다.

③ 경과실로 불법행위를 한 공무원이 피해자에게 손해를 배상하였다면 이는 타인의 채무를 변제한 경우에 해당하므로 피해자는 공무원에게 이를 반환할 의무가 있다.

④ 지방자치단체가 권원 없이 사실상 관리하고 있는 도로는 국가배상책임의 대상이 되는 영조물에 해당하지 않는다.

문 12. 행정벌에 대한 설명으로 옳은 것은? (다툼이 있는 경우 판례에 의함)

① 양벌규정에 의한 영업주의 처벌은 금지위반행위자인 종업원의 처벌에 종속되는 것이므로 영업주만 따로 처벌할 수는 없다.

② 통고처분은 법정기간 내에 납부하지 않는 것을 해제조건으로 하는 행정처분이므로 행정소송의 대상이 된다.

③ 행정청의 과태료 부과에 대해 서면으로 이의가 제기된 경우 과태료 부과처분은 그 효력을 상실한다.

④ 법원이 하는 과태료 재판에는 원칙적으로 행정소송에서와 같은 신뢰보호의 원칙이 적용된다.

문 13. 행정상 강제집행에 대한 설명으로 옳은 것만을 모두 고르면? (다툼이 있는 경우 판례에 의함)

ㄱ. 행정청은 퇴거를 명하는 집행권원이 없더라도 건물철거 대집행 과정에서 부수적으로 철거의무자인 건물의 점유자들에 대해 퇴거조치를 할 수 있다.

ㄴ. 권원 없이 국유재산에 설치한 시설물에 대하여 관리청이 행정대집행을 통해 철거를 하지 않는 경우 그 국유재산에 대하여 사용청구권을 가진 자는 국가를 대위하여 민사소송으로 그 시설물의 철거를 구할 수 있다.

ㄷ. 공유 일반재산의 대부료 지급은 사법상 법률관계이므로 행정상 강제집행절차가 인정되더라도 따로 민사소송으로 대부료의 지급을 구하는 것이 허용된다.

ㄹ. 관계 법령에 위반하여 장례식장 영업을 하고 있는 자에게 부과된 장례식장 사용중지의무는 공법상 의무로서 행정대집행의 대상이 된다.

① ㄱ, ㄴ　　　　　　　　　② ㄱ, ㄹ

③ ㄴ, ㄷ　　　　　　　　　④ ㄷ, ㄹ

문 14. 선결문제에 대한 판례의 입장으로 옳지 <u>않은</u> 것은?

① 조세부과처분이 무효임을 이유로 이미 납부한 세금의 반환을 청구하는 민사소송에서 법원은 그 조세부과처분이 무효라는 판단과 함께 세금을 반환하라는 판결을 할 수 있다.

② 영업허가취소처분으로 손해를 입은 자가 제기한 국가배상청구소송에서 법원은 영업허가취소처분에 취소사유에 해당하는 하자가 있는 경우에는 영업허가취소처분의 위법을 이유로 배상청구를 인용할 수 없다.

③ 물품을 수입하고자 하는 자가 세관장에게 수입신고를 하여 그 면허를 받고 물품을 통관한 경우에는, 세관장의 수입면허가 중대하고도 명백한 하자가 있는 행정행위이어서 당연무효가 아닌 한 「관세법」 소정의 무면허수입죄가 성립될 수 없다.

④ 영업허가취소처분 이후에 영업을 한 행위에 대하여 무허가영업으로 기소되었으나 형사법원이 판결을 내리기 전에 영업허가취소처분이 행정소송에서 취소되면 형사법원은 무허가영업행위에 대해서 무죄를 선고하여야 한다.

문 15. 공법상 계약에 대한 설명으로 옳은 것은? (다툼이 있는 경우 판례에 의함)

① 지방자치단체가 일방 당사자가 되는 이른바 '공공계약'이 사법상 계약에 해당하는 경우에도 법령에 특별한 규정이 없다면 사적 자치와 계약자유의 원칙 등 사법의 원리가 그대로 적용되지 않는다.

② 국립의료원 부설주차장 위탁관리용역운영계약은 공법상 계약에 해당한다.

③ 공법상 계약이더라도 한쪽 당사자가 다른 당사자를 상대로 계약의 이행을 청구하는 소송은 민사소송으로 제기하여야 한다.

④ 지방자치단체가 A주식회사를 자원회수시설과 부대시설의 운영·유지관리 등을 위탁할 민간사업자로 선정하고 A주식회사와 체결한 위 시설에 관한 위·수탁 운영 협약은 사법상 계약에 해당한다.

문 16. 취소소송의 판결에 대한 설명으로 옳은 것은? (다툼이 있는 경우 판례에 의함)

① 원고의 청구가 이유 있다고 인정하는 경우에도 이를 인용하는 것이 현저히 공공복리에 적합하지 않다고 판단되면 법원은 피고 행정청의 주장이나 신청이 없더라도 사정판결을 할 수 있다.

② 영업정지처분에 대한 취소소송에서 취소판결이 확정되면 처분청은 영업정지처분의 효력을 소멸시키기 위하여 영업정지처분을 취소하는 처분을 하여야 할 의무를 진다.

③ 공사중지명령의 상대방이 제기한 공사중지명령취소소송에서 기각판결이 확정된 경우 특별한 사정변경이 없더라도 그 후 상대방이 제기한 공사중지명령해제신청 거부처분취소소송에서는 그 공사중지명령의 적법성을 다시 다툴 수 있다.

④ 행정청은 취소판결에서 위법하다고 판단된 처분사유와 기본적 사실관계의 동일성이 없는 사유이더라도 처분시에 존재한 사유를 들어 종전의 처분과 같은 처분을 다시 할 수 없다.

문 17. A행정청이 甲에게 한 처분에 대하여 甲은 B행정심판위원회에 행정심판을 청구하였다. 이에 대한 설명으로 옳은 것은? (다툼이 있는 경우 판례에 의함)

① B행정심판위원회의 기각재결이 있은 후에는 A행정청은 원처분을 직권으로 취소할 수 없다.

② 甲이 취소심판을 제기한 경우, B행정심판위원회는 심판청구가 이유가 있다고 인정하면 처분변경명령재결을 할 수 있다.

③ 甲이 무효확인심판을 제기한 경우, B행정심판위원회는 심판청구가 이유 있다고 인정하면서도 이를 인용하는 것이 공공복리에 크게 위배된다고 인정하면 甲의 심판청구를 기각할 수 있다.

④ B행정심판위원회의 재결에 고유한 위법이 있는 경우에는 甲은 다시 행정심판을 청구할 수 있다.

문 18. 다음 각 사례에 대한 설명으로 옳은 것은? (다툼이 있는 경우 판례에 의함)

○ A시장으로부터 3월의 영업정지처분을 받은 숙박업자 甲은 이에 불복하여 행정쟁송을 제기하고자 한다.
○ B시장으로부터 건축허가거부처분을 받은 乙은 이에 불복하여 행정쟁송을 제기하고자 한다.

① 甲이 취소소송을 제기하면서 집행정지신청을 한 경우 법원이 집행정지결정을 하는 데 있어 甲의 본안청구의 적법 여부는 집행정지의 요건에 포함되지 않는다.

② 甲이 2022.1.5. 영업정지처분을 통지받았고, 행정심판을 제기하여 2022.3.29. 1월의 영업정지처분으로 변경하는 재결이 있었고 그 재결서 정본을 2022.4.2. 송달받은 경우 취소소송의 기산점은 2022.1.5.이다.

③ 乙이 의무이행심판을 제기하여 처분명령재결이 있었음에도 B시장이 허가를 하지 않는 경우 행정심판위원회는 직권으로 시정을 명하고 이를 이행하지 아니하면 직접 건축허가처분을 할 수 있다.

④ 乙이 건축허가거부처분에 대해 제기한 취소소송에서 인용판결이 확정되었으나 B시장이 기속력에 위반하여 다시 거부처분을 한 경우 乙은 간접강제신청을 할 수 있다.

문 19. 다음 사례에 대한 설명으로 옳은 것은? (다툼이 있는 경우 판례에 의함)

> 「도시 및 주거환경정비법」에 따라 설립된 A주택재건축 정비사업조합은 관할 B구청장으로부터 ㉠ 조합설립인가를 받은 후, 조합총회에서 재건축 관련 ㉡ 관리처분계획에 대한 의결을 하였고, 관할 B구청장으로부터 위 ㉢ 관리처분계획에 대한 인가를 받았다. 이후 조합원 甲은 위 관리처분계획의 의결에는 조합원 전체의 4/5 이상의 결의가 있어야 함에도 불구하고, 이를 위반하여 위법한 것임을 이유로 ㉣ 관리처분계획의 무효를 주장하며 소송으로 다투려고 한다.

① ㉠과 ㉢의 인가의 강학상 법적 성격은 동일하다.

② 甲이 ㉡에 대해 소송으로 다투려면 A주택재건축정비사업조합을 상대로 민사소송을 제기하여야 한다.

③ 甲이 ㉣에 대해 소송으로 다투려면 항고소송을 제기하여야 한다.

④ 甲이 ㉣에 대해 소송으로 다투려면 B구청장을 피고로 하여야 한다.

문 20. 행정쟁송에 대한 설명으로 옳은 것은? (다툼이 있는 경우 판례에 의함)

① 행정심판의 재결에도 판결에서와 같은 기판력이 인정되는 것이어서 재결이 확정되면 처분의 기초가 된 사실관계나 법률적 판단이 확정되는 것이므로 당사자는 이와 모순되는 주장을 할 수 없게 된다.

② 무효인 처분에 대해 무효선언을 구하는 취소소송을 제기하는 경우에는 제소기간의 제한이 없다.

③ 거부행위가 항고소송의 대상인 처분이 되기 위해서는 그 거부행위가 신청인의 실체상의 권리관계에 직접적인 변동을 일으키는 것이어야 하며, 신청인이 실체상의 권리자로서 권리를 행사함에 중대한 지장을 초래하는 것만으로는 부족하다.

④ 처분시에 행정청으로부터 행정심판 제기기간에 관하여 법정 심판청구기간보다 긴 기간으로 잘못 통지받은 경우에 보호할 신뢰이익은 그 통지받은 기간 내에 행정소송을 제기한 경우에까지 확대되지 않는다.

해설편 ▶ P.74

2021

6월 5일 시행
지방직(= 서울시) 9급

| 풀이 시간: _____:_____ ~ _____:_____ / 점수: _____점

1초 합격예측! 모바일 성적분석표

QR 코드로 접속하여 문제 풀이시간을 측정하고,
〈1초 합격예측 & 모바일 성적분석표〉 서비스를 통해
지금 바로! 실력을 점검해 보세요.

http://eduwill.kr/hVrF

문 1. 행정법의 법원(法源)의 효력에 대한 설명으로 옳지 않은 것은?

① 헌법개정·법률·조약·대통령령·총리령 및 부령의 공포는 관보에 게재함으로써 한다.

② 「국회법」에 따라 하는 국회의장의 법률 공포는 서울특별시에서 발행되는 둘 이상의 일간신문에 게재함으로써 한다.

③ 법령의 공포일은 해당 법령을 게재한 관보 또는 신문이 발행된 날로 한다.

④ 관보의 내용 해석 및 적용 시기 등에 대하여 종이관보가 전자관보보다 우선적 효력을 가진다.

문 2. 행정행위의 취소와 철회에 대한 설명으로 옳지 않은 것은? (다툼이 있는 경우 판례에 의함)

① 과세관청은 과세처분의 취소를 다시 취소함으로써 이미 효력을 상실한 과세처분을 소생시킬 수 있다.

② 행정청은 적법한 처분이 중대한 공익을 위하여 필요한 경우에는 그 처분을 장래를 향하여 철회할 수 있다.

③ 수익적 행정행위의 철회는 특별한 다른 규정이 없는 한 「행정절차법」상의 절차에 따라 행해져야 한다.

④ 처분청은 처분의 성립에 하자가 있는 경우 별도의 법적 근거가 없더라도 직권으로 이를 취소할 수 있다.

문 3. 행정행위의 부관에 대한 설명으로 옳지 않은 것은? (다툼이 있는 경우 판례에 의함)

① 행정청은 처분에 재량이 없는 경우에는 법률에 근거가 있는 경우에 부관을 붙일 수 있다.

② 부담이 처분 당시 법령을 기준으로 적법하다면 처분 후 부담의 전제가 된 주된 처분의 근거 법령이 개정됨으로써 행정청이 더 이상 부관을 붙일 수 없게 되었다 하더라도 곧바로 그 효력이 소멸하게 되는 것은 아니다.

③ 처분과 실제적 관련성이 없어 부관으로 붙일 수 없는 부담이라도 사법상 계약의 형식으로 처분의 상대방에게 부과할 수 있다.

④ 행정재산에 대한 사용·수익허가에서 공유재산의 관리청이 정한 사용·수익허가의 기간에 대해서는 독립하여 행정소송을 제기할 수 없다.

문 4. 공법상 계약에 대한 설명으로 옳지 않은 것은? (다툼이 있는 경우 판례에 의함)

① 공중보건의사 채용계약 해지의 의사표시에 대하여는 공법상의 당사자소송으로 그 의사표시의 무효확인을 청구할 수 있다.

② 공법상 계약에는 법률우위의 원칙이 적용된다.

③ 계약직 공무원 채용계약해지의 의사표시는 항고소송의 대상이 되는 처분 등의 성격을 가진 것으로 행정처분과 같이 「행정절차법」에 의하여 근거와 이유를 제시하여야 한다.

④ 행정청은 공법상 계약의 상대방을 선정하고 계약 내용을 정할 때 공법상 계약의 공공성과 제3자의 이해관계를 고려하여야 한다.

문 5. 신뢰보호의 원칙에 대한 설명으로 옳은 것(○)과 옳지 않은 것(×)을 바르게 연결한 것은? (다툼이 있는 경우 판례에 의함)

> (가) 행정청이 공적인 의사표명을 하였다면 이후 사실적·법률적 상태의 변경이 있더라도 행정청이 이를 취소하지 않는 한 여전히 공적인 의사표명은 유효하다.
> (나) 재량권 행사의 준칙인 행정규칙의 공표만으로 상대방은 보호가치 있는 신뢰를 갖게 되었다고 볼 수 있다.
> (다) 행정청이 공적 견해를 표명하였는지를 판단할 때는 반드시 행정조직상의 형식적인 권한분장에 구애될 것은 아니다.
> (라) 신뢰보호원칙의 위반은 「국가배상법」상의 위법 개념을 충족시킨다.

	(가)	(나)	(다)	(라)
①	×	×	○	○
②	○	○	×	○
③	○	×	○	×
④	×	○	○	×

문 6. 행정행위의 효력에 대한 설명으로 옳지 않은 것은? (다툼이 있는 경우 판례에 의함)

① 행정처분이 아무리 위법하다고 하여도 그 하자가 중대하고 명백하여 당연무효라고 보아야 할 사유가 있는 경우를 제외하고는 아무도 그 하자를 이유로 무단히 그 효과를 부정하지 못한다.
② 민사소송에 있어서 어느 행정처분의 당연무효 여부가 선결문제로 되는 때에는 이를 판단하여 당연무효임을 전제로 판결할 수 있고 반드시 행정소송 등의 절차에 의하여 그 취소나 무효확인을 받아야 하는 것은 아니다.
③ 불가쟁력이 발생한 행정행위로 손해를 입은 국민은 국가배상청구를 할 수 있다.
④ 행정행위의 불가변력은 당해 행정행위에 대해서만 인정되는 것이 아니고, 동종의 행정행위라면 그 대상을 달리하더라도 인정된다.

문 7. 행정입법에 대한 설명으로 옳은 것은? (다툼이 있는 경우 판례에 의함)

① 법규명령이 위임의 근거가 없어 무효였더라도 나중에 법개정으로 위임의 근거가 부여되면, 법규명령 제정 당시로 소급하여 유효한 법규명령이 된다.
② 법률의 시행령 내용이 모법 조항의 취지에 근거하여 이를 구체화하기 위한 것인 때에는 모법에 직접 위임하는 규정을 두지 않았더라도 이를 무효라고 볼 수 없다.
③ 대통령령의 입법부작위에 대한 국가배상책임은 인정되지 않는다.
④ 법규명령의 위임근거가 되는 법률에 대하여 위헌결정이 선고되더라도 그 위임에 근거하여 제정된 법규명령은 별도의 폐지행위가 있어야 효력을 상실한다.

문 8. 신고에 대한 설명으로 옳은 것은? (다툼이 있는 경우 판례에 의함)

① 구 「관광진흥법」에 의한 지위승계신고를 수리하는 허가관청의 행위는 사실적인 행위에 불과하여 항고소송의 대상이 되지 않는다.
② 정보통신매체를 이용하여 학습비를 받고 불특정 다수인에게 원격 평생교육을 실시하기 위해 구 「평생교육법」에서 정한 형식적 요건을 모두 갖추어 신고한 경우, 행정청은 신고대상이 된 교육이나 학습이 공익적 기준에 적합하지 않는다는 등의 실체적 사유를 들어 신고 수리를 거부할 수 없다.
③ 「건축법」에 의한 인·허가의제 효과를 수반하는 건축신고는 건축을 하고자 하는 자가 적법한 요건을 갖춘 신고만 하면 건축을 할 수 있고, 행정청의 수리 등 별단의 조처를 기다릴 필요가 없다.
④ 주민등록의 신고는 행정청에 도달하기만 하면 신고로서의 효력이 발생한다.

문 9. 행정절차에 대한 설명으로 옳은 것은? (다툼이 있는 경우 판례에 의함)

① 「국가공무원법」상 직위해제처분은 공무원의 인사상 불이익을 주는 처분이므로 「행정절차법」상 사전통지 및 의견청취절차를 거쳐야 한다.

② 처분 당시 당사자가 어떠한 근거와 이유로 처분이 이루어진 것인지를 충분히 알 수 있어서 그에 불복하여 행정구제절차로 나아가는 데에 별다른 지장이 없었던 것으로 인정되는 경우에도 처분서에 처분의 근거와 이유가 구체적으로 명시되어 있지 않았다면 그 처분은 위법하다.

③ 세액산출근거가 기재되지 아니한 납세고지서에 의한 부과처분은 그 후 부과된 세금을 자진납부하였다거나 또는 조세채권의 소멸시효기간이 만료되었다 하여 하자가 치유되는 것이라고는 할 수 없다.

④ 당사자 등은 청문조서의 내용을 열람·확인할 수 있을 뿐, 그 청문조서에 이의가 있더라도 정정을 요구할 수는 없다.

문 10. 「공공기관의 정보공개에 관한 법률」상 정보공개에 대한 설명으로 옳지 않은 것은? (다툼이 있는 경우 판례에 의함)

① 정보의 공개 및 우송 등에 드는 비용은 실비의 범위에서 청구인이 부담한다.

② 공공기관은 공개 청구된 정보가 공공기관이 보유·관리하지 아니하는 정보인 경우로서 「민원 처리에 관한 법률」에 따른 민원으로 처리할 수 있는 경우에는 민원으로 처리할 수 있다.

③ 청구인이 공공기관에 대하여 정보공개를 청구하였다가 거부처분을 받은 것 자체가 법률상 이익의 침해에 해당한다.

④ 오로지 공공기관의 담당공무원을 괴롭힐 목적으로 정보공개청구를 하는 경우에도 정보공개청구권의 행사는 허용되어야 한다.

문 11. 이행강제금에 대한 설명으로 옳지 않은 것은? (다툼이 있는 경우 판례에 의함)

① 이행강제금은 대체적 작위의무의 위반에 대하여도 부과될 수 있다.

② 이미 사망한 사람에게 「건축법」상의 이행강제금을 부과하는 내용의 처분이나 결정은 당연무효이다.

③ 「부동산 실권리자명의 등기에 관한 법률」상 장기미등기자가 이행강제금 부과 전에 등기신청의무를 이행하였더라도 동법에 규정된 기간이 지나서 등기신청의무를 이행하였다면 이행강제금을 부과할 수 있다.

④ 「건축법」상 위법건축물에 대한 이행강제수단으로 대집행과 이행강제금이 인정되고 있는데, 행정청은 개별사건에 있어서 위반내용, 위반자의 시정의지 등을 감안하여 대집행과 이행강제금을 선택적으로 활용할 수 있다.

문 12. 사정판결에 대한 설명으로 옳지 않은 것은? (다툼이 있는 경우 판례에 의함)

① 사정판결은 본안심리 결과 원고의 청구가 이유 있다고 인정됨에도 불구하고 처분을 취소하는 것이 현저히 공공복리에 적합하지 아니하다고 인정하는 때 원고의 청구를 기각하는 판결을 말한다.

② 사정판결은 항고소송 중 취소소송 및 무효등확인소송에서 인정되는 판결의 종류이다.

③ 법원이 사정판결을 함에 있어서는 미리 원고가 그로 인하여 입게 될 손해의 정도와 배상방법 그 밖의 사정을 조사하여야 한다.

④ 원고는 피고인 행정청이 속하는 국가 또는 공공단체를 상대로 손해배상, 제해시설의 설치 그 밖에 적당한 구제방법의 청구를 당해 취소소송 등이 계속된 법원에 병합하여 제기할 수 있다.

문 13. 행정벌에 대한 설명으로 옳지 않은 것은? (다툼이 있는 경우 판례에 의함)

① 법률에 따르지 아니하고는 어떤 행위도 질서위반행위로 과태료를 부과하지 아니한다.

② 경찰서장이 범칙행위에 대하여 통고처분을 한 이상, 통고처분에서 정한 범칙금 납부기간까지는 원칙적으로 경찰서장은 즉결심판을 청구할 수 없고, 검사도 동일한 범칙행위에 대하여 공소를 제기할 수 없다.

③ 행정청의 과태료 부과에 대해 이의가 제기된 경우에는 행정청의 과태료 부과처분은 그 효력을 상실한다.

④ 신분에 의하여 성립하는 질서위반행위에 신분이 없는 자가 가담한 경우 신분이 없는 자에 대하여는 질서위반행위가 성립하지 않는다.

문 14. 행정대집행에 대한 설명으로 옳지 <u>않은</u> 것은? (다툼이 있는 경우 판례에 의함)

① 도시공원시설 점유자의 퇴거 및 명도의무는 「행정대집행법」에 의한 대집행의 대상이 아니다.

② 후행처분인 대집행비용납부명령 취소청구소송에서 선행처분인 계고처분이 위법하다는 이유로 대집행비용납부명령의 취소를 구할 수 없다.

③ 대집행에 요한 비용을 징수하였을 때에는 그 징수금은 사무비의 소속에 따라 국고 또는 지방자치단체의 수입으로 한다.

④ 대집행에 대하여는 행정심판을 제기할 수 있다.

문 15. 국가배상에 대한 설명으로 옳지 <u>않은</u> 것은? (다툼이 있는 경우 판례에 의함)

① 국가나 지방자치단체가 손해를 배상할 책임이 있는 경우에 공무원의 선임·감독 또는 영조물의 설치·관리를 맡은 자와 공무원의 봉급·급여, 그 밖의 비용 또는 영조물의 설치·관리 비용을 부담하는 자가 동일하지 아니하면 그 비용을 부담하는 자도 손해를 배상하여야 한다.

② 국가배상책임에 있어서 국가는 직무상의 의무 위반과 피해자가 입은 손해 사이에 상당인과관계가 인정되는 범위 내에서만 배상책임을 지는 것이고, 이 경우 상당인과관계가 인정되기 위해서는 공무원에게 부과된 직무상 의무의 내용이 전적으로 또는 부수적으로 사회구성원 개인의 안전과 이익을 보호하기 위하여 설정된 것이어야 한다.

③ 「국가배상법」상 '공공의 영조물'은 지방자치단체가 소유권, 임차권 그 밖의 권한에 기하여 관리하고 있는 경우는 포함하지만, 사실상의 관리를 하고 있는 경우는 포함하지 않는다.

④ 공무원 개인이 고의 또는 중과실이 있는 경우에는 불법행위로 인한 손해배상책임을 진다고 할 것이지만, 공무원의 위법행위가 경과실에 기한 경우에는 공무원은 손해배상책임을 부담하지 않는다.

문 16. 「행정소송법」에 따른 집행정지에 대한 설명으로 옳지 <u>않은</u> 것은? (다툼이 있는 경우 판례에 의함)

① 처분의 효력정지결정을 하려면 그 효력정지를 구하는 당해 행정처분에 대한 본안소송이 법원에 제기되어 계속 중임을 요건으로 한다.

② 거부처분의 효력정지는 그 거부처분으로 인하여 신청인에게 생길 손해를 방지하는 데 필요하므로 신청인에게는 그 효력정지를 구할 이익이 있다.

③ 처분의 효력정지는 처분의 집행 또는 절차의 속행을 정지함으로써 목적을 달성할 수 있는 경우에는 허용되지 아니한다.

④ 신청인의 본안청구의 이유 없음이 명백할 때는 집행정지가 인정되지 않는다.

문 17. 「행정심판법」상 행정심판에 대한 설명으로 옳지 <u>않은</u> 것은? (다툼이 있는 경우 판례에 의함)

① 심판청구기간의 기산점인 '처분이 있음을 안 날'이라 함은 당사자가 통지·공고 기타의 방법에 의하여 당해 처분이 있었다는 사실을 현실적으로 안 날을 의미한다.

② 행정청의 부작위에 대한 의무이행심판은 심판청구기간 규정의 적용을 받지 않고, 사정재결이 인정되지 아니한다.

③ 심판청구에 대한 재결이 있으면 그 재결 및 같은 처분 또는 부작위에 대하여 다시 행정심판을 청구할 수 없다.

④ 재결이 확정된 경우에도 처분의 기초가 된 사실관계나 법률적 판단이 확정되고 당사자들이나 법원이 이에 기속되어 모순되는 주장이나 판단을 할 수 없게 되는 것은 아니다.

문 18. 행정소송상 협의의 소익에 대한 설명으로 옳은 것만을 모두 고르면? (다툼이 있는 경우 판례에 의함)

> ㄱ. 월정수당을 받는 지방의회 의원에 대한 제명의결 취소소송 계속 중 의원의 임기가 만료된 경우 지방의회 의원은 그 제명의결의 취소를 구할 법률상 이익이 있다.
> ㄴ. 파면처분 취소소송의 사실심 변론종결 전에 금고 이상의 형을 선고받아 당연퇴직된 경우에도 해당 공무원은 파면처분의 취소를 구할 이익이 있다.
> ㄷ. 공익근무요원 소집해제신청을 거부한 후에 원고가 계속하여 공익근무요원으로 복무함에 따라 복무기간 만료를 이유로 소집해제처분을 한 경우, 원고는 거부처분의 취소를 구할 소의 이익이 있다.

① ㄱ
② ㄴ
③ ㄱ, ㄴ
④ ㄴ, ㄷ

문 19. 판례의 입장으로 옳지 않은 것은?

① 개인의 고유성·동일성을 나타내는 지문은 그 정보주체를 타인으로부터 식별 가능하게 하는 개인정보이다.
② 거부처분의 처분성을 인정하기 위한 전제 요건이 되는 신청권은 신청인이 그 신청에 따른 단순한 응답을 받을 권리를 넘어서 신청의 인용이라는 만족적 결과를 얻을 권리를 의미한다.
③ 지적공부 소관청의 지목변경신청 반려행위는 국민의 권리관계에 영향을 미치는 것으로서 항고소송의 대상이 되는 행정처분에 해당한다.
④ 산업단지개발계획상 산업단지 안의 토지소유자로서 산업단지개발계획에 적합한 시설을 설치하여 입주하려는 자는 산업단지지정권자 또는 그로부터 권한을 위임받은 기관에 대하여 산업단지개발계획의 변경을 요청할 수 있는 법규상 또는 조리상 신청권이 있다.

문 20. 재결의 기속력에 대한 설명으로 옳은 것만을 모두 고르면? (다툼이 있는 경우 판례에 의함)

> ㄱ. 재결에 의하여 취소되거나 무효 또는 부존재로 확인되는 처분이 당사자의 신청을 거부하는 것을 내용으로 하는 경우에는 그 처분을 한 행정청은 재결의 취지에 따라 다시 이전의 신청에 대한 처분을 하여야 한다.
> ㄴ. 재결의 기속력은 인용재결의 경우에만 인정되고, 기각재결에서는 인정되지 않는다.
> ㄷ. 기속력은 재결의 주문에만 미치고, 처분 등의 구체적 위법사유에 관한 판단에는 미치지 않는다.
> ㄹ. 행정심판 인용재결에 따른 행정청의 재처분 의무에도 불구하고 행정청이 인용재결에 따른 처분을 하지 아니하는 경우에, 행정심판위원회는 청구인의 신청이 없어도 결정으로 일정한 배상을 하도록 명할 수 있다.

① ㄱ, ㄴ
② ㄱ, ㄴ, ㄹ
③ ㄱ, ㄷ, ㄹ
④ ㄴ, ㄷ, ㄹ

해설편 ▶ P.80

2020

6월 13일 시행
지방직(= 서울시) 9급

┃ 풀이 시간: ___ : ___ ~ ___ : ___ / 점수: ___ 점

문 1. 행정법의 일반원칙에 대한 설명으로 옳은 것은? (다툼이 있는 경우 판례에 의함)

① 비례의 원칙은 행정에만 적용되는 원칙이므로 입법에서는 적용될 여지가 없다.

② 신뢰보호의 원칙이 적용되기 위한 요건인 행정권의 행사에 관하여 신뢰를 주는 선행조치가 되기 위해서는 반드시 처분청 자신의 적극적인 언동이 있어야만 한다.

③ 동일한 사항을 다르게 취급하는 것은 합리적 이유가 없는 차별이므로, 같은 정도의 비위를 저지른 자들은 비록 개전의 정이 있는지 여부에 차이가 있다고 하더라도 징계종류의 선택과 양정에 있어 동일하게 취급받아야 한다.

④ 재량권행사의 준칙인 행정규칙이 그 정한 바에 따라 되풀이 시행되어 행정관행이 이루어지게 되면 평등의 원칙이나 신뢰보호의 원칙에 따라 행정기관은 그 상대방에 대한 관계에서 그 규칙에 따라야 할 자기구속을 받게 된다.

문 2. 「행정절차법」상 처분의 사전통지 및 의견청취 등에 대한 설명으로 옳은 것은? (다툼이 있는 경우 판례에 의함)

① 고시의 방법으로 불특정 다수인을 상대로 권익을 제한하는 처분을 할 경우 당사자는 물론 제3자에게도 의견제출의 기회를 주어야 한다.

② 청문은 다른 법령 등에서 규정하고 있는 경우 이외에 행정청이 필요하다고 인정하는 경우에도 실시할 수 있으나, 공청회는 다른 법령 등에서 규정하고 있는 경우에만 개최할 수 있다.

③ 행정청이 당사자에게 의무를 과하거나 권익을 제한하는 처분을 하는 경우에는 처분의 사전통지를 하여야 하는데, 이때의 처분에는 신청에 대한 거부처분도 포함된다.

④ 행정청이 당사자와 사이에 도시계획사업시행 관련 협약을 체결하면서 청문 실시를 배제하는 조항을 두었더라도, 이와 같은 협약의 체결로 청문 실시 규정의 적용을 배제할만한 법령상 규정이 없는 한, 이러한 협약이 체결되었다고 하여 청문을 실시하지 않아도 되는 예외적인 경우에 해당한다고 할 수 없다.

문 3. 행정상 강제집행 중 대집행에 대한 설명으로 옳지 않은 것은? (다툼이 있는 경우 판례에 의함)

① 대집행의 대상은 원칙적으로 대체적 작위의무에 한하며, 부작위의무 위반의 경우 대체적 작위의무로 전환하는 규정을 두고 있지 아니하는 한 대집행의 대상이 되지 않는다.

② 행정청이 계고를 함에 있어 의무자가 스스로 이행하지 아니하는 경우 대집행의 내용과 범위가 구체적으로 특정되어야 하며, 대집행의 내용과 범위는 반드시 대집행 계고서에 의해서만 특정되어야 한다.

③ 대집행을 함에 있어 계고요건의 주장과 입증책임은 처분행정청에 있는 것이지, 의무불이행자에 있는 것이 아니다.

④ 대집행 비용은 원칙상 의무자가 부담하며 행정청은 그 비용액과 납기일을 정하여 의무자에게 문서로 납부를 명하여야 한다.

문 4. 행정의 실효성 확보수단으로서 이행강제금에 대한 설명으로 옳지 않은 것은? (다툼이 있는 경우 판례에 의함)

① 이행강제금은 침익적 강제수단이므로 법적 근거를 요한다.

② 형사처벌과 이행강제금은 병과될 수 있다.

③ 대체적 작위의무 위반에 대해서는 이행강제금이 부과될 수 없다.

④ 「건축법」상 이행강제금은 반복하여 부과·징수될 수 있다.

문 5. 공법관계와 사법관계에 대한 설명으로 옳은 것은? (다툼이 있는 경우 판례에 의함)

① 「행정절차법」은 공법관계는 물론 사법관계에 대해서도 적용된다.

② 공법관계는 행정소송 중 항고소송의 대상이 되며, 사인 간의 법적 분쟁에 관한 사법관계는 행정소송 중 당사자소송의 대상이 된다.

③ 법률관계의 한쪽 당사자가 행정주체인 경우에는 공법관계로 보는 것이 판례의 일관된 입장이다.

④ 입찰보증금의 국고귀속조치는 국가가 사법상의 재산권의 주체로서 행위하는 것이지, 공권력을 행사하는 것이거나 공권력작용과 일체성을 가진 것이 아니라 할 것이다.

문 6. 신고와 수리에 대한 설명으로 옳지 <u>않은</u> 것은? (다툼이 있는 경우 판례에 의함)

① 다른 법령에 의한 인허가가 의제되지 않는 일반적인 건축신고는 자기완결적 신고이므로 이에 대한 수리거부행위는 항고소송의 대상이 되는 처분이 아니다.

②「국토의 계획 및 이용에 관한 법률」상의 개발행위허가가 의제되는 건축신고는 특별한 사정이 없는 한 행정청이 그 실체적 요건에 관한 심사를 한 후 수리하여야 하는 이른바 '수리를 요하는 신고'로 보아야 한다.

③「행정절차법」은 '법령 등에서 행정청에 일정한 사항을 통지함으로써 의무가 끝나는 신고'에 대하여 '그 밖에 법령 등에 규정된 형식상의 요건에 적합할 것'을 그 신고의무 이행요건의 하나로 정하고 있다.

④「식품위생법」에 따른 식품접객업(일반음식점영업)의 영업신고의 요건을 갖춘 자라고 하더라도, 그 영업신고를 한 당해 건축물이 「건축법」 소정의 허가를 받지 아니한 무허가 건물이라면 적법한 신고를 할 수 없다.

문 7. 대외적 구속력을 인정할 수 <u>없는</u> 경우만을 모두 고르면? (다툼이 있는 경우 판례에 의함)

ㄱ. 운전면허에 관한 제재적 행정처분의 기준이 「도로교통법 시행규칙」 [별표]에 규정되어 있는 경우

ㄴ. 행정각부의 장이 정하는 특정 고시가 비록 법령에 근거를 둔 것이더라도 규정 내용이 법령의 위임범위를 벗어난 것일 경우

ㄷ. 상위법령에서 세부사항 등을 시행규칙으로 정하도록 위임하였음에도 이를 고시 등 행정규칙으로 정한 경우

ㄹ. 상위법령의 위임이 없음에도 상위법령에 규정된 처분요건에 해당하는 사항을 하위부령에서 변경하여 규정한 경우

① ㄱ, ㄴ
② ㄴ, ㄷ
③ ㄱ, ㄴ, ㄷ
④ ㄱ, ㄴ, ㄷ, ㄹ

문 8. 기속행위와 재량행위에 대한 설명으로 옳지 <u>않은</u> 것은? (다툼이 있는 경우 판례에 의함)

①「국토의 계획 및 이용에 관한 법률」상 개발행위허가는 허가기준 및 금지요건이 불확정 개념으로 규정된 부분이 많아 그 요건에 해당하는지 여부는 행정청의 재량판단의 영역에 속한다.

② 기속행위와 재량행위의 구분은 당해 행위의 근거가 된 법규의 체재·형식과 그 문언, 당해 행위가 속하는 행정분야의 주된 목적과 특성, 당해 행위 자체의 개별적 성질과 유형 등을 모두 고려하여 판단하여야 한다.

③ 처분을 할 것인지 여부와 처분의 정도에 관하여 재량이 인정되는 과징금 납부명령에 대하여 그 명령이 재량권을 일탈하였을 경우, 법원은 재량권의 범위 내에서 어느 정도가 적정한 것인지에 관하여 판단할 수 있고 그 일부를 취소할 수 있다.

④ 마을버스운송사업면허의 허용 여부는 운수행정을 통한 공익실현과 아울러 합목적성을 추구하기 위하여 보다 구체적 타당성에 적합한 기준에 의하여야 할 것이므로 행정청의 재량에 속하는 것이라고 보아야 한다.

문 9. 강학상 인가에 대한 설명으로 옳은 것만을 모두 고르면? (다툼이 있는 경우 판례에 의함)

ㄱ. 강학상 인가는 기본행위에 대한 법률상의 효력을 완성시키는 보충행위로서, 그 기본이 되는 행위에 하자가 있을 때에는 그에 대한 인가가 있었다 하여도 기본행위가 유효한 것으로 될 수 없다.

ㄴ.「민법」상 재단법인의 정관변경에 대한 주무관청의 허가는 법률상 표현이 허가로 되어 있기는 하나, 그 성질은 법률행위의 효력을 보충해 주는 것이지 일반적 금지를 해제하는 것은 아니다.

ㄷ. 인가처분에 하자가 없더라도 기본행위에 무효사유가 있다면 기본행위의 무효를 내세워 그에 대한 행정청의 인가처분의 취소 또는 무효확인을 구할 소의 이익이 있다.

ㄹ.「도시 및 주거환경정비법」상 관리처분계획에 대한 인가는 강학상 인가의 성격을 갖고 있으므로 관리처분계획에 대한 인가가 있더라도 관리처분계획안에 대한 총회결의에 하자가 있다면 민사소송으로 총회결의의 하자를 다투어야 한다.

① ㄱ, ㄴ
② ㄴ, ㄷ
③ ㄷ, ㄹ
④ ㄱ, ㄴ, ㄹ

문 10. 행정행위의 부관에 대한 설명으로 옳은 것은? (다툼이 있는 경우 판례에 의함)

① 부관 중에서 부담은 주된 행정행위로부터 분리될 수 있다 할지라도 부담 그 자체는 독립된 행정행위가 아니므로 주된 행정행위로부터 분리하여 쟁송의 대상이 될 수 없다.

② 기부채납받은 행정재산에 대한 사용·수익허가에서 공유재산의 관리청이 정한 사용·수익허가의 기간은 그 허가의 효력을 제한하기 위한 행정행위의 부관으로서, 이러한 사용·수익허가의 기간에 대해서는 독립하여 행정소송을 제기할 수 있다.

③ 지방국토관리청장이 일부 공유수면매립지를 국가 또는 지방자치단체에 귀속처분한 것은 법률효과의 일부를 배제하는 부관을 붙인 것이므로 이러한 행정행위의 부관은 독립하여 행정쟁송 대상이 될 수 없다.

④ 행정청이 부담을 부가하기 이전에 상대방과 협의하여 부담의 내용을 협약의 형식으로 미리 정한 경우에는 행정처분을 하면서 이를 부담으로 부가할 수 없다.

문 11. 「행정소송법」에서 규정하고 있는 항고소송이 아닌 것은?

① 기관소송
② 무효등확인소송
③ 부작위위법확인소송
④ 취소소송

문 12. 「행정심판법」상의 행정심판에 대한 설명으로 옳지 않은 것은? (다툼이 있는 경우 판례에 의함)

① 행정청의 부당한 처분을 변경하는 행정심판은 현행법상 허용된다.

② 당사자의 신청에 대한 행정청의 부당한 거부처분에 대하여 일정한 처분을 하도록 하는 행정심판은 현행법상 허용된다.

③ 당사자의 신청에 대한 행정청의 위법한 부작위에 대하여 행정청의 부작위가 위법하다는 것을 확인하는 행정심판은 현행법상 허용되지 않는다.

④ 당사자의 신청에 대한 행정청의 부당한 거부처분을 취소하는 행정심판은 현행법상 허용되지 않는다.

문 13. 다음은 「행정소송법」상 제소기간에 대한 설명이다. ㉠~㉤에 들어갈 내용은?

> 취소소송은 처분 등이 (㉠)부터 (㉡) 이내에 제기하여야 한다. 다만, 행정심판청구를 할 수 있는 경우 또는 행정청이 행정심판청구를 할 수 있다고 잘못 알린 경우에 행정심판청구가 있은 때의 기간은 (㉢)을 (㉣)부터 기산한다. 한편 취소소송은 처분 등이 있은 날부터 (㉤)을 경과하면 이를 제기하지 못한다. 다만, 정당한 사유가 있는 때에는 그러하지 아니하다.

	㉠	㉡	㉢	㉣	㉤
①	있은 날	30일	결정서의 정본	통지받은 날	180일
②	있음을 안 날	90일	재결서의 정본	송달받은 날	1년
③	있은 날	1년	결정서의 부본	통지받은 날	2년
④	있음을 안 날	1년	재결서의 부본	송달받은 날	3년

문 14. 행정계획에 대한 설명으로 옳지 않은 것은? (다툼이 있는 경우 판례에 의함)

① 도시계획구역 내 토지 등을 소유하고 있는 사람과 같이 당해 도시계획시설결정에 이해관계가 있는 주민은 도시시설계획의 입안권자 내지 결정권자에게 도시시설계획의 입안 내지 변경을 요구할 수 있는 법규상 또는 조리상의 신청권이 있다.

② 구 「국토이용관리법」상의 국토이용계획은 그 계획이 일단 확정된 후에 어떤 사정의 변동이 있다고 하여 지역주민이나 일반 이해관계인에게 일일이 그 계획의 변경을 신청할 권리를 인정하여 줄 수 없다.

③ 장래 일정한 기간 내에 관계 법령이 규정하는 시설 등을 갖추어 일정한 행정처분을 구하는 신청을 할 수 있는 법률상 지위에 있는 자의 국토이용계획변경신청을 거부하는 것이 실질적으로 당해 행정처분 자체를 거부하는 결과가 되는 경우에는 항고소송의 대상이 되는 처분에 해당한다.

④ 문화재보호구역(현 문화환경보존지역) 내의 토지소유자가 문화재보호구역의 지정해제를 신청하는 경우에는 그 신청인에게 법규상 또는 조리상 행정계획 변경을 신청할 권리가 인정되지 않는다.

문 15. 정보공개청구에 대한 설명으로 옳은 것은? (다툼이 있는 경우 판례에 의함)

① 공공기관이 공개청구의 대상이 된 정보를 공개는 하되, 청구인이 신청한 공개방법 이외의 방법으로 공개하기로 하는 결정을 한 경우 이는 정보공개방법만을 달리 한 것이므로 일부 거부처분이라 할 수 없다.

②「공공기관의 정보공개에 관한 법률」에 의하면 '다른 법률 또는 법률에서 위임한 명령에 의하여 비밀 또는 비공개 사항으로 규정된 정보'는 이를 공개하지 아니할 수 있다고 규정하고 있는바, 여기에서 '법률에 의한 명령'은 정보의 공개에 관하여 법률의 구체적인 위임 아래 제정된 법규명령(위임명령)을 의미한다.

③ 국민의 알 권리를 두텁게 보호하기 위해「공공기관의 정보공개에 관한 법률」제9조 제1항 제6호 본문의 규정에 따라 비공개 대상이 되는 정보는 이름·주민등록번호 등 '개인식별정보'로 한정된다.

④ 공개청구의 대상이 되는 정보가 이미 다른 사람에게 공개되어 널리 알려져 있다거나 인터넷 등을 통하여 공개되어 인터넷검색 등을 통하여 쉽게 알 수 있다면 행정청의 정보 비공개결정이 정당화될 수 있다.

문 16. 판례상 항고소송의 대상으로 인정되는 것만을 모두 고르면?

ㄱ. 교도소장이 특정 수형자를 '접견내용 녹음·녹화 및 접견시 교도관 참여대상자'로 지정한 행위
ㄴ. 행정청이 토지대장상의 소유자명의변경신청을 거부한 행위
ㄷ. 지방경찰청장의 횡단보도 설치행위
ㄹ. 상표권자인 법인에 대한 청산종결등기가 되었음을 이유로 특허청장이 행한 상표권 말소등록행위

① ㄱ, ㄴ   ② ㄱ, ㄷ
③ ㄴ, ㄹ   ④ ㄷ, ㄹ

문 17. 국가배상에 대한 설명으로 옳지 않은 것은? (다툼이 있는 경우 판례에 의함)

① 국가배상책임에서의 법령위반은, 인권존중·권력남용금지·신의성실·공서양속 등의 위반도 포함해 널리 그 행위가 객관적인 정당성을 결여하고 있음을 의미한다.

② 공무원에게 부과된 직무상 의무는 전적으로 또는 부수적으로 사회구성원 개인의 안전과 이익을 보호하기 위해 설정된 것이어야 국가배상책임이 인정된다.

③ 배상심의회의 결정은 대외적인 법적 구속력을 가지므로 배상 신청인과 상대방은 그 결정에 항상 구속된다.

④ 판례는 구「국가배상법」(1967.3.3. 법률 제1899호) 제3조의 배상액 기준은 배상심의회 배상액 결정의 기준이 될 뿐 배상범위를 법적으로 제한하는 규정이 아니므로 법원을 기속하지 않는다고 보았다.

문 18. 조례제정권의 범위와 한계에 대한 설명으로 옳지 않은 것은? (다툼이 있는 경우 판례에 의함)

① 지방자치단체는 법령에 위반되지 않는 범위 내에서 자치사무에 관하여 주민의 권리를 제한하거나 의무를 부과하는 사항이 아닌 한 법률의 위임 없이 조례를 제정할 수 있다.

② 담배자동판매기의 설치를 금지하고 설치된 판매기를 철거하도록 하는 조례는 기존 담배 자동판매기업자의 직업의 자유와 재산권을 제한하는 조례이므로 법률의 위임이 필요하다.

③ 영유아 보육시설 종사자의 정년을 조례로 규정하고자 하는 경우에는 법률의 위임이 필요 없다.

④ 군민의 출산을 장려하기 위하여 세 자녀 이상 세대 중 세 번째 이후 자녀에게 양육비 등을 지원할 수 있도록 하는 조례의 제정에는 법률의 위임이 필요 없다.

문 19. 행정소송의 소송요건 등에 대한 설명으로 옳지 <u>않은</u> 것은?
(다툼이 있는 경우 판례에 의함)

① 고시 또는 공고에 의하여 행정처분을 하는 경우 그 행정
처분에 이해관계를 갖는 사람이 고시 또는 공고가 있었
다는 사실을 현실적으로 알았는지 여부에 관계없이 고
시 또는 공고가 효력을 발생한 날에 행정처분이 있음을
알았다고 보아야 한다.

② 「행정소송법」상 제3자 소송참가의 경우 참가인이 상소를
하였더라도, 소송당사자 본인인 피참가인은 참가인의
의사에 반하여 상소취하나 상소포기를 할 수 있다.

③ 무효인 과세처분에 근거하여 세금을 납부한 경우 부당이
득반환청구의 소로써 직접 위법상태의 제거를 구할 수
있는지 여부와 관계없이 「행정소송법」 제35조에 규정된
'무효확인을 구할 법률상 이익'을 가진다.

④ 공법상 당사자소송으로서 납세의무부존재확인의 소는
과세처분을 한 과세관청이 아니라 「행정소송법」 제3조
제2호, 제39조에 의하여 그 법률관계의 한쪽 당사자인
국가·공공단체, 그 밖의 권리주체가 피고적격을 가진다.

문 20. 행정벌에 대한 설명으로 옳은 것으로만 묶은 것은? (다툼이
있는 경우 판례에 의함)

> ㄱ. 행정청의 과태료 부과에 불복하는 자는 서면으로 이
> 의제기를 할 수 있으나, 이의제기가 있더라도 과태료
> 부과처분은 그 효력을 유지한다.
> ㄴ. 「도로교통법」상 범칙금 통고처분은 항고소송의 대상
> 이 되는 행정처분에 해당하지 않는다.
> ㄷ. 과징금은 어떤 경우에도 영업정지에 갈음하여 부과할
> 수 없다.
> ㄹ. 「질서위반행위규제법」에 따른 과태료는 행정청의 과
> 태료 부과처분이나 법원의 과태료 재판이 확정된 후
> 5년간 징수하지 아니하거나 집행하지 아니하면 시효
> 로 소멸한다.

① ㄱ, ㄴ ② ㄱ, ㄷ
③ ㄴ, ㄷ ④ ㄴ, ㄹ

해설편 ▶ P.86

2019

∣ 풀이 시간: ____:____ ~ ____:____ / 점수: ____점

1초 합격예측! 모바일 성적분석표

QR 코드로 접속하여 문제 풀이시간을 측정하고,
〈1초 합격예측 & 모바일 성적분석표〉 서비스를 통해
지금 바로! 실력을 점검해 보세요.
http://eduwill.kr/lH46

문 1. 사인의 공법행위에 대한 설명으로 옳지 않은 것은? (다툼이 있는 경우 판례에 의함)

① 부동산 투기나 이주대책 요구 등을 방지할 목적으로 주민등록전입신고를 거부하는 것은 「주민등록법」의 입법 목적과 취지 등에 비추어 허용될 수 없다.

② 구 「의료법 시행규칙」 제22조 제3항에 의하면 의원개설 신고서를 수리한 행정관청이 소정의 신고필증을 교부하도록 되어 있기 때문에 이와 같은 신고필증의 교부가 없으면 개설신고의 효력이 없다.

③ 「건축법」상 건축신고 반려행위는 항고소송의 대상이 되는 행정처분에 해당한다.

④ 「식품위생법」에 의한 영업양도에 따른 지위승계신고를 수리하는 허가관청의 행위는 단순히 양도·양수인 사이에 이미 발생한 사법상의 사업양도의 법률효과에 의하여 양수인이 그 영업을 승계하였다는 사실의 신고를 접수하는 행위에 그치는 것이 아니라, 영업허가자의 변경이라는 법률효과를 발생시키는 행위이다.

문 2. 행정법의 일반원칙에 대한 판례의 입장으로 옳지 않은 것은?

① 행정청이 폐기물처리업 사업계획에 대하여 적정통보를 한 것만으로 그 사업부지 토지에 대한 국토이용계획변경신청을 승인하여 주겠다는 취지의 공적인 견해표명을 한 것으로 볼 수 없다.

② 헌법재판소의 위헌결정은 행정청이 개인에 대하여 신뢰의 대상이 되는 공적인 견해를 표명한 것이라고 할 수 있으므로 그 결정에 관련한 개인의 행위에 대하여는 신뢰보호의 원칙이 적용된다.

③ 지방자치단체장이 사업자에게 주택사업계획승인을 하면서 그 주택사업과는 아무런 관련이 없는 토지를 기부채납하도록 하는 부관을 붙인 경우, 그 부관은 부당결부금지의 원칙에 위반되어 위법하다.

④ 법령 개폐에 있어서 신뢰보호원칙의 위반 여부는 한편으로는 침해받은 신뢰이익의 보호가치, 침해의 중한 정도, 신뢰침해의 방법 등과 다른 한편으로는 새 입법을 통해 실현코자 하는 공익목적을 종합적으로 비교·형량하여 판단하여야 한다.

문 3. 행정입법에 대한 설명으로 옳지 않은 것은? (다툼이 있는 경우 판례에 의함)

① 집행명령은 상위법령의 집행에 필요한 세칙을 정하는 범위 내에서만 가능하고 새로운 국민의 권리·의무를 정할 수 없다.

② 구 「청소년보호법 시행령」 제40조 [별표 6]의 위반행위의 종별에 따른 과징금처분기준에서 정한 과징금 수액은 정액이 아니고 최고한도액이다.

③ 집행명령은 상위법령이 개정되더라도 개정법령과 성질상 모순·저촉되지 아니하고 개정된 상위법령의 시행에 필요한 사항을 규정하고 있는 이상, 개정법령의 시행을 위한 집행명령이 제정·발효될 때까지는 여전히 그 효력을 유지한다.

④ 상위법령에서 세부사항 등을 시행규칙으로 정하도록 위임하였으나, 이를 고시 등 행정규칙으로 정하였더라도 이는 대외적 구속력을 가지는 법규명령으로서 효력이 인정된다.

문 4. 甲은 강학상 허가에 해당하는 「식품위생법」상 영업허가를 신청하였다. 이에 대한 설명으로 옳은 것은? (다툼이 있는 경우 판례에 의함)

① 甲이 공무원인 경우 허가를 받으면 이는 「식품위생법」상의 금지를 해제할 뿐만 아니라 「국가공무원법」상의 영리업무금지까지 해제하여 주는 효과가 있다.

② 甲이 허가를 신청한 이후 관계 법령이 개정되어 허가요건을 충족하지 못하게 된 경우, 행정청이 허가신청을 수리하고도 정당한 이유 없이 그 처리를 늦추어 그 사이에 허가기준이 변경된 것이 아닌 이상 甲에게는 불허가처분을 하여야 한다.

③ 甲에게 허가가 부여된 이후 乙에게 또 다른 신규허가가 행해진 경우, 甲에게는 특별한 규정이 없더라도 乙에 대한 신규허가를 다툴 수 있는 원고적격이 인정되는 것이 원칙이다.

④ 甲에 대해 허가가 거부되었음에도 불구하고 甲이 영업을 한 경우, 당해 영업행위는 사법(私法)상 효력이 없는 것이 원칙이다.

문 5. 행정행위의 효력에 대한 설명으로 옳지 <u>않은</u> 것은? (다툼이 있는 경우 판례에 의함)

① 민사소송에 있어서 어느 행정처분의 당연무효 여부가 선결문제로 되는 때에는 당해 소송의 수소법원은 이를 판단하여 그 행정처분의 무효확인판결을 할 수 있다.

② 과세처분의 하자가 단지 취소할 수 있는 정도에 불과할 때에는 과세관청이 이를 스스로 취소하거나 행정쟁송절차에 의하여 취소되지 않는 한 그로 인한 조세의 납부가 부당이득이 된다고 할 수 없다.

③ 구「소방시설 설치·유지 및 안전관리에 관한 법률」제9조에 의한 소방시설 등의 설치 또는 유지·관리에 대한 명령이 행정처분으로서 하자가 있어 무효인 경우에는 명령에 따른 의무위반이 생기지 아니하므로, 명령위반을 이유로 행정형벌을 부과할 수 없다.

④ 행정처분이 불복기간의 경과로 인하여 확정될 경우, 그 확정력은 처분으로 인하여 법률상 이익을 침해받은 자가 처분의 효력을 더 이상 다툴 수 없다는 의미일 뿐 판결에 있어서와 같은 기판력이 인정되는 것은 아니다.

문 6. 행정행위의 부관에 대한 설명으로 옳지 <u>않은</u> 것은? (다툼이 있는 경우 판례에 의함)

① 도로점용허가의 점용기간은 행정행위의 본질적인 요소에 해당한다고 볼 것이어서 부관인 점용기간을 정함에 있어서 위법사유가 있다면 이로써 도로점용허가처분 전부가 위법하게 된다.

② 부담이 처분 당시 법령을 기준으로 적법하다면 처분 후 부담의 전제가 된 주된 행정처분의 근거 법령이 개정됨으로써 행정청이 더 이상 부관을 붙일 수 없게 되었다 하더라도 곧바로 위법하게 되거나 그 효력이 소멸하게 되는 것은 아니다.

③ 기선선망어업의 허가를 하면서 운반선, 등선 등 부속선을 사용할 수 없도록 제한한 부관은 그 어업허가의 목적 달성을 사실상 어렵게 하여 그 본질적 효력을 해하는 것이다.

④ 공유수면매립준공인가처분을 하면서 매립지 일부에 대하여 한 국가 및 지방자치단체에의 귀속처분은 부관 중 부담에 해당하므로 독립하여 행정소송 대상이 될 수 있다.

문 7. 甲은 관할 행정청에 토지의 형질변경행위가 수반되는 건축허가를 신청하였고, 관할 행정청은 甲에 대해 '건축기간 동안 자재 등을 도로에 불법적치하지 말 것'이라는 부관을 붙여 건축허가를 하였다. 이에 대한 설명으로 옳은 것은? (다툼이 있는 경우 판례에 의함)

① 토지의 형질변경의 허용 여부에 대해 행정청의 재량이 인정되더라도 주된 행위인 건축허가가 기속행위인 경우에는 甲에 대한 건축허가는 기속행위로 보아야 한다.

② 위 건축허가에 대해 건축주를 乙로 변경하는 건축주명의변경신고가 관련 법령의 요건을 모두 갖추어 행해졌더라도 관할 행정청이 신고의 수리를 거부한 경우, 그 수리거부행위는 乙의 권리의무에 직접 영향을 미치는 것으로서 취소소송의 대상이 되는 처분이다.

③ 甲이 위 부관을 위반하여 도로에 자재 등을 불법적치한 경우, 관할 행정청은 바로 「행정대집행법」에 따라 불법적치된 자재 등을 제거할 수 있다.

④ 甲이 위 부관에 위반하였음을 이유로 관할 행정청이 건축허가의 효력을 소멸시키려면 법령상의 근거가 있어야 한다.

문 8. 행정행위의 취소에 대한 설명으로 옳은 것만을 모두 고르면? (다툼이 있는 경우 판례에 의함)

ㄱ.「산업재해보상보험법」상 각종 보험급여 등의 지급결정을 변경 또는 취소하는 처분과 처분에 터 잡아 잘못 지급된 보험급여액에 해당하는 금액을 징수하는 처분이 적법한지를 판단하는 경우, 지급결정을 변경 또는 취소하는 처분이 적법하다면 그에 터 잡은 징수처분도 적법하다고 판단해야 한다.

ㄴ. 권한 없는 행정기관이 한 당연무효인 행정처분을 취소할 수 있는 권한은 당해 행정처분을 한 처분청에게 속하고, 당해 행정처분을 할 수 있는 적법한 권한을 가지는 행정청에게 그 취소권이 귀속되는 것이 아니다.

ㄷ. 수익적 처분이 상대방의 허위 기타 부정한 방법으로 인하여 행하여졌다면 상대방은 그 처분이 그와 같은 사유로 인하여 취소될 것임을 예상할 수 없었다고 할 수 없으므로, 이러한 경우에까지 상대방의 신뢰를 보호하여야 하는 것은 아니다.

① ㄱ, ㄴ
② ㄱ, ㄷ
③ ㄴ, ㄷ
④ ㄱ, ㄴ, ㄷ

문 9. 행정절차에 대한 설명으로 옳은 것은? (다툼이 있는 경우 판례에 의함)

① 공정거래위원회의 시정조치 및 과징금납부명령에 「행정절차법」 소정의 의견청취절차 생략사유가 존재하면 공정거래위원회는 「행정절차법」을 적용하여 의견청취절차를 생략할 수 있다.

② 묘지공원과 화장장의 후보지를 선정하는 과정에서 추모공원건립추진협의회가 후보지 주민들의 의견을 청취하기 위하여 그 명의로 개최한 공청회는 「행정절차법」에서 정한 절차를 준수하여야 하는 것은 아니다.

③ 구 「공중위생법」상 유기장업허가취소처분을 함에 있어서 두 차례에 걸쳐 발송한 청문통지서가 모두 반송되어 온 경우, 처분의 상대방이 청문일시에 불출석하였다는 이유로 청문을 거치지 않고 한 침해적 행정처분은 적법하다.

④ 구 「광업법」에 근거하여 처분청이 광업용 토지수용을 위한 사업인정을 하면서 토지소유자와 토지에 관한 권리를 가진 자의 의견을 들은 경우 처분청은 그 의견에 기속된다.

문 10. 행정대집행에 대한 설명으로 옳지 않은 것은? (다툼이 있는 경우 판례에 의함)

① 구 대한주택공사가 대집행권한을 위탁받아 공무인 대집행을 실시하기 위하여 지출한 비용을 「행정대집행법」 절차에 따라 「국세징수법」의 예에 의하여 징수할 수 있음에도 민사소송절차에 의하여 그 비용의 상환을 구하는 청구는 소의 이익이 없어 부적법하다.

② 건물의 점유자가 철거의무자일 때에는 건물철거의무에 퇴거의무도 포함되어 있는 것이어서 별도로 퇴거를 명하는 집행권원이 필요하지 않다.

③ 철거명령에서 주어진 일정기간이 자진철거에 필요한 상당한 기간이라고 하여도 그 기간 속에는 계고시에 필요한 '상당한 이행기간'이 포함되어 있다고 볼 수 없다.

④ 대집행계고처분 취소소송의 변론이 종결되기 전에 대집행영장에 의한 통지절차를 거쳐 사실행위로서 대집행의 실행이 완료된 경우에는 계고처분의 취소를 구할 법률상의 이익이 없다.

문 11. 「질서위반행위규제법」의 내용에 대한 설명으로 옳은 것은?

① 지방자치단체의 조례상의 의무를 위반하여 과태료를 부과하는 행위는 질서위반행위에 해당되지 않는다.

② 법원의 과태료 재판이 확정된 후 법률이 변경되어 그 행위가 질서위반행위에 해당하지 아니하게 된 때에는 변경된 법률에 특별한 규정이 없는 한 과태료의 집행을 면제한다.

③ 과태료는 행정청의 과태료 부과처분이 있은 후 3년간 징수하지 아니하면 시효로 인하여 소멸한다.

④ 행정청의 과태료 부과에 대한 이의제기는 과태료 부과처분의 효력에 영향을 주지 아니한다.

문 12. 「행정심판법」의 내용에 대한 설명으로 옳지 않은 것은?

① 행정심판위원회는 필요하면 당사자가 주장하지 아니한 사실에 대하여도 심리할 수 있다.

② 행정심판위원회는 임시처분을 결정한 후에 임시처분이 공공복리에 중대한 영향을 미치는 경우에는 직권으로 또는 당사자의 신청에 의하여 이 결정을 취소할 수 있다.

③ 청구인은 행정심판위원회의 간접강제 결정에 불복하는 경우 그 결정에 대하여 행정소송을 제기할 수 있다.

④ 당사자의 신청을 거부하는 처분에 대한 취소심판에서 인용재결이 내려진 경우, 의무이행심판과 달리 행정청은 재처분의무를 지지 않는다.

문 13. 행정소송에 대한 설명으로 옳지 않은 것은? (다툼이 있는 경우 판례에 의함)

① 검사의 불기소결정은 「행정소송법」상 처분에 해당되어 항고소송을 제기할 수 있다.

② 납세의무부존재확인의 소는 공법상의 법률관계 그 자체를 다투는 소송으로서 당사자소송이다.

③ 행정청의 부작위에 대하여 행정심판을 거치지 않고 부작위위법확인소송을 제기하는 경우에는 제소기간의 제한을 받지 않는다.

④ 거부처분에 대하여 무효확인판결이 확정된 경우, 행정청에 대해 판결의 취지에 따른 재처분의무가 인정될 뿐 그에 대하여 간접강제까지 허용되는 것은 아니다.

문 14. 행정행위의 하자에 대한 설명으로 옳지 <u>않은</u> 것은? (다툼이 있는 경우 판례에 의함)

① 구 「환경영향평가법」상 환경영향평가를 실시하여야 할 사업에 대하여 환경영향평가를 거치지 아니하였음에도 승인 등 처분을 한 경우, 그 처분은 당연무효이다.

② 적법한 권한 위임 없이 세관출장소장에 의하여 행하여진 관세부과처분은 그 하자가 중대하기는 하지만 객관적으로 명백하다고 할 수 없어 당연무효는 아니다.

③ 행정청이 사전에 교통영향평가를 거치지 아니한 채 '건축허가 전까지 교통영향평가 심의필증을 교부받을 것'을 부관으로 붙여서 한 '실시계획변경 승인 및 공사시행변경 인가처분'은 그 하자가 중대하고 객관적으로 명백하여 당연무효이다.

④ 징계처분이 중대하고 명백한 하자 때문에 당연무효의 것이라면 징계처분을 받은 자가 이를 용인하였다 하여 그 하자가 치유되는 것은 아니다.

문 15. 손실보상에 대한 설명으로 옳은 것은? (다툼이 있는 경우 판례에 의함)

① 「공익사업을 위한 토지 등의 취득 및 보상에 관한 법률」에 의한 잔여지 수용청구를 받아들이지 않은 토지수용위원회의 재결에 대하여 토지소유자가 불복하여 제기하는 소송은 항고소송에 해당한다.

② 「공익사업을 위한 토지 등의 취득 및 보상에 관한 법률」에 따른 사업폐지 등에 대한 보상청구권은 사법상 권리로서 그에 관한 소송은 민사소송 절차에 의하여야 한다.

③ 「공익사업을 위한 토지 등의 취득 및 보상에 관한 법률」에 의한 보상합의는 공공기관이 사경제주체로서 행하는 사법상 계약의 실질을 가진다.

④ 공유수면매립면허의 고시가 있는 경우 그 사업이 시행되고 그로 인하여 직접 손실이 발생한다고 할 수 있으므로, 관행어업권자는 공유수면매립면허의 고시를 이유로 손실보상을 청구할 수 있다.

문 16. 행정소송의 당사자에 대한 설명으로 옳지 <u>않은</u> 것은? (다툼이 있는 경우 판례에 의함)

① 대리기관이 대리관계를 표시하고 피대리 행정청을 대리하여 행정처분을 한 때에는 피대리 행정청이 피고로 되어야 한다.

② 「국가공무원법」에 따른 처분, 그 밖에 본인의 의사에 반한 불리한 처분이나 부작위에 관한 행정소송을 제기할 때에 대통령의 처분 또는 부작위의 경우에는 소속 장관을 피고로 한다.

③ 약제를 제조·공급하는 제약회사는 보건복지부 고시인 「약제 급여·비급여 목록 및 급여 상한금액표」 중 약제의 상한금액 인하 부분에 대하여 그 취소를 구할 원고적격이 있다.

④ 개발제한구역 안에서의 공장설립을 승인한 처분이 위법하다는 이유로 쟁송취소되었다면, 설령 그 승인처분에 기초한 공장건축허가처분이 잔존하는 경우에도 인근 주민들에게는 공장건축허가처분의 취소를 구할 법률상 이익이 없다.

문 17. 이행강제금에 대한 설명으로 옳지 <u>않은</u> 것은? (다툼이 있는 경우 판례에 의함)

① 이행강제금은 과거의 의무불이행에 대한 제재의 기능을 지니고 있으므로, 이행강제금이 부과되기 전에 의무를 이행한 경우에도 시정명령에서 정한 기간을 지나서 이행한 경우라면 이행강제금을 부과할 수 있다.

② 「건축법」상 허가권자는 이행강제금을 부과하기 전에 이행강제금을 부과·징수한다는 뜻을 미리 문서로써 계고하여야 한다.

③ 「건축법」상 이행강제금 납부의 최초 독촉은 징수처분으로서 항고소송의 대상이 되는 행정처분이 될 수 있다.

④ 부작위의무나 비대체적 작위의무뿐만 아니라 대체적 작위의무의 위반에 대하여도 이행강제금을 부과할 수 있다.

문 18. 정보공개에 대한 판례의 입장으로 옳은 것은?

① 지방자치단체의 업무추진비 세부항목별 집행내역 및 그에 관한 증빙서류에 포함된 개인에 관한 정보는 「공공기관의 정보공개에 관한 법률」 소정의 '공개하는 것이 공익을 위하여 필요하다고 인정되는 정보'에 해당하여 공개대상이 된다.

② 학교환경위생구역 내 금지행위(숙박시설) 해제결정에 관한 학교환경위생정화위원회의 회의록에 기재된 발언내용에 대한 해당 발언자의 인적사항 부분에 관한 정보는 「공공기관의 정보공개에 관한 법률」 소정의 비공개 대상 정보에 해당하지 않는다.

③ 「보안관찰법」 소정의 보안관찰 관련 통계자료는 「공공기관의 정보공개에 관한 법률」 소정의 비공개 대상 정보에 해당하지 않는다.

④ 학교폭력대책자치위원회가 피해학생의 보호를 위한 조치, 가해학생에 대한 조치, 학교폭력과 관련된 분쟁의 조정 등에 관하여 심의한 결과를 기재한 회의록은 「공공기관의 정보공개에 관한 법률」 소정의 비공개 대상 정보에 해당한다.

문 19. 행정소송의 대상인 행정처분에 대한 설명으로 옳지 않은 것은? (다툼이 있는 경우 판례에 의함)

① 구 「민원사무 처리에 관한 법률」에서 정한 사전심사결과 통보는 항고소송의 대상이 되는 행정처분에 해당하지 않는다.

② 「교육공무원법」상 승진후보자 명부에 의한 승진심사 방식으로 행해지는 승진임용에서 승진후보자 명부에 포함되어 있던 후보자를 승진임용인사발령에서 제외하는 행위는 항고소송의 대상인 처분에 해당하지 않는다.

③ 건축주가 토지소유자로부터 토지사용승낙서를 받아 그 토지 위에 건축물을 건축하는 건축허가를 받았다가 착공에 앞서 건축주의 귀책사유로 해당 토지를 사용할 권리를 상실한 경우, 토지소유자의 건축허가 철회신청을 거부한 행위는 항고소송의 대상이 된다.

④ 사업시행자인 한국도로공사가 구 「지적법」에 따라 고속도로 건설공사에 편입되는 토지소유자들을 대위하여 토지면적등록정정신청을 하였으나 관할 행정청이 이를 반려하였다면, 이러한 반려행위는 항고소송 대상이 되는 행정처분에 해당한다.

문 20. 국가배상에 대한 설명으로 옳은 것만을 모두 고르면? (다툼이 있는 경우 판례에 의함)

ㄱ. 헌법재판소 재판관이 청구기간 내에 제기된 헌법소원심판청구 사건에서 청구기간을 오인하여 각하결정을 한 경우, 이에 대한 불복절차 내지 시정절차가 없는 때에는 국가배상책임을 인정할 수 있다.

ㄴ. 형벌에 관한 법령이 헌법재판소의 위헌결정으로 소급하여 효력을 상실한 경우, 위헌 선언 전 그 법령에 기초하여 수사가 개시되어 공소가 제기되고 유죄판결이 선고되었더라도, 그러한 사정만으로 국가의 손해배상책임이 발생한다고 볼 수 없다.

ㄷ. 법령의 위탁에 의해 지방자치단체로부터 대집행을 수권받은 구 한국토지공사는 지방자치단체의 기관으로서 「국가배상법」 제2조 소정의 공무원에 해당한다.

ㄹ. 취소판결의 기판력은 국가배상청구소송에도 미치므로, 행정처분이 후에 항고소송에서 위법을 이유로 취소된 경우에는 그 기판력에 의하여 당해 행정처분이 곧바로 공무원의 고의 또는 과실에 의한 불법행위를 구성한다고 보아야 한다.

① ㄱ, ㄴ　　　　　　② ㄱ, ㄹ
③ ㄴ, ㄷ　　　　　　④ ㄷ, ㄹ

해설편 ▶ P.91

2018

5월 19일 시행
지방직 9급

| 풀이 시간: ____:____ ~ ____:____ / 점수: ____점

1초 합격예측! 모바일 성적분석표

QR 코드로 접속하여 문제 풀이시간을 측정하고,
〈1초 합격예측 & 모바일 성적분석표〉 서비스를 통해
지금 바로! 실력을 점검해 보세요.
http://eduwill.kr/LH46

문 1. 신뢰보호원칙에 대한 설명으로 옳지 <u>않은</u> 것은? (다툼이 있는 경우 판례에 의함)

① 건축허가신청 후 건축허가기준에 관한 관계 법령 및 조례의 규정이 신청인에게 불리하게 개정된 경우, 당사자의 신뢰를 보호하기 위해 처분시가 아닌 신청시 법령에서 정한 기준에 의하여 건축허가 여부를 결정하는 것이 원칙이다.

②「행정절차법」과「국세기본법」에서는 법령 등의 해석 또는 행정청의 관행이 일반적으로 국민에게 받아들여졌을 때와 관련하여 신뢰보호의 원칙을 규정하고 있다.

③ 신뢰보호원칙에서 행정청의 견해표명이 정당하다고 신뢰한 데에 대한 개인의 귀책사유의 유무는 상대방뿐만 아니라 그로부터 신청행위를 위임받은 수임인 등 관계자 모두를 기준으로 판단하여야 한다.

④ 서울지방병무청 총무과 민원팀장이 국외영주권을 취득한 사람의 상담에 응하여 법령의 내용을 숙지하지 못한 채 민원봉사 차원에서 현역입영대상자가 아니라고 답변하였다면 그것이 서울지방병무청장의 공적인 견해표명이라 할 수 없다.

문 2. 행정행위의 부관에 대한 설명으로 옳지 <u>않은</u> 것은? (다툼이 있는 경우 판례에 의함)

① 행정행위의 부관은 법령이 직접 행정행위의 조건이나 기한 등을 정한 경우와 구별되어야 한다.

② 재량행위에는 법령상의 제한에 근거한 것이 아니라 하더라도 공익상 필요에 의하여 부관을 붙일 수 있다.

③ 허가에 붙은 기한이 그 허가된 사업의 성질상 부당하게 짧은 경우에 그 기한은 허가조건의 존속기간이 아니라 허가 자체의 존속기간으로 보아야 한다.

④ 부담은 독립하여 항고소송의 대상이 될 수 있으며, 부담부 행정행위는 부담의 이행 여부를 불문하고 효력이 발생한다.

문 3. 과징금에 대한 설명으로 옳은 것은? (다툼이 있는 경우 판례에 의함)

① 과징금은 원칙적으로 행위자의 고의·과실이 있는 경우에 부과한다.

② 과징금 부과처분의 기준을 규정하고 있는 구「청소년 보호법 시행령」제40조 [별표 6]은 행정규칙의 성질을 갖는다.

③ 부과관청이 추후에 부과금 산정기준이 되는 새로운 자료가 나올 경우 과징금액이 변경될 수도 있다고 유보하며 과징금을 부과했다면, 새로운 자료가 나온 것을 이유로 새로이 부과처분을 할 수 있다.

④ 자동차운수사업면허조건 등을 위반한 사업자에 대한 과징금 부과처분이 법이 정한 한도액을 초과하여 위법한 경우 법원은 그 처분 전부를 취소하여야 한다.

문 4.「공공기관의 정보공개에 관한 법률」상 정보공개에 대한 설명으로 옳지 <u>않은</u> 것은? (다툼이 있는 경우 판례에 의함)

① 공개될 경우 부동산 투기로 특정인에게 이익 또는 불이익을 줄 우려가 있다고 인정되는 정보는 비공개 대상에 해당한다.

② 공개청구의 대상이 되는 정보가 인터넷에 공개되어 인터넷검색 등을 통하여 쉽게 알 수 있다면 정보공개청구권자는 공개거부처분의 취소를 구할 법률상의 이익이 없다.

③ 불기소처분기록 중 피의자신문조서 등에 기재된 피의자 등의 인적사항 이외의 진술내용이 개인의 사생활의 비밀 또는 자유를 침해할 우려가 인정된다면 비공개 대상에 해당한다.

④ 정보공개거부처분취소소송에서 공개를 거부한 정보에 비공개 대상 부분과 공개가 가능한 부분이 혼합되어 있는 경우, 공개청구의 취지에 어긋나지 아니하는 범위 안에서 두 부분을 분리할 수 있다면 법원은 청구취지의 변경이 없더라도 공개가 가능한 정보에 관한 부분만의 일부취소를 명할 수 있다.

문 5. 행정행위의 취소와 철회에 대한 설명으로 옳은 것만을 모두 고르면? (다툼이 있는 경우 판례에 의함)

> ㄱ. 행정행위를 한 처분청은 처분 당시에 별다른 하자가 없었고, 또 그 처분 후에 이를 철회할 별도의 법적 근거가 없다면 사정변경을 이유로 그 효력을 상실케 하는 별개의 행정행위로 이를 철회할 수 없다.
> ㄴ. 「국세기본법」상 상속세 부과처분의 취소에 하자가 있는 경우, 부과의 취소의 취소에 대하여는 법률이 명문으로 그 취소요건이나 그에 대한 불복절차에 대하여 따로 규정을 두고 있지 않더라도 과세관청은 부과의 취소를 다시 취소함으로써 원부과처분을 소생시킬 수 있다.
> ㄷ. 행정청이 여러 종류의 자동차운전면허를 취득한 자에 대해 그 운전면허를 취소하는 경우, 취소사유가 특정 면허에 관한 것이 아니고 다른 면허와 공통된 것이거나 운전면허를 받은 사람에 관한 것일 경우에는 여러 면허를 전부 취소할 수 있다.
> ㄹ. 국세감액결정 처분은 이미 부과된 과세처분에 하자가 있음을 이유로 사후에 이를 일부 취소하는 처분이고, 취소의 효력은 판결 등에 의한 취소이거나 과세관청의 직권에 의한 취소이거나에 관계없이 그 부과처분이 있었을 당시로 소급하여 발생한다.

① ㄱ, ㄴ
② ㄱ, ㄹ
③ ㄴ, ㄷ
④ ㄷ, ㄹ

문 6. 위헌법률에 근거한 처분의 효력에 대한 설명으로 옳지 않은 것은? (다툼이 있는 경우 판례에 의함)

① 위헌인 법률에 근거한 행정처분이 당연무효인지의 여부는 위헌결정의 소급효와는 별개의 문제로서 취소소송의 제기기간을 경과하여 확정력이 발생한 행정처분에는 위헌결정의 소급효가 미치지 않는다.

② 근거 법률의 위헌결정 이전에 이미 부담금 부과처분과 압류처분 및 이에 기한 압류등기가 이루어지고 각 처분이 확정된 경우에는 기존의 압류등기나 교부청구로도 다른 사람에 의하여 개시된 경매절차에서 배당을 받을 수 있다.

③ 어느 행정처분에 대하여 그 행정처분의 근거가 된 법률이 위헌이라는 이유로 무효확인청구의 소가 제기된 경우, 다른 특별한 사정이 없는 한 법원으로서는 그 법률이 위헌인지 여부에 대하여는 판단할 필요 없이 그 무효확인청구를 기각하여야 한다.

④ 행정처분 자체의 효력이 쟁송기간 경과 후에도 존속 중인 경우, 그 행정처분이 위헌인 법률에 근거하여 내려졌고 그 목적달성을 위해 필요한 후행 행정처분이 아직 이루어지지 않았다면 그 하자가 중대하여 그 구제가 필요한 경우에 대하여서는 쟁송기간 경과 후라도 무효확인을 구할 수 있다.

문 7. 행정소송에 대한 판례의 입장으로 옳은 것은?

① 개발제한구역 중 일부 취락을 개발제한구역에서 해제하는 내용의 도시관리계획변경결정에 대하여 개발제한구역 해제대상에서 누락된 토지의 소유자는 그 결정의 취소를 구할 법률상 이익이 있다.

② 금융기관 임원에 대한 금융감독원장의 문책경고는 상대방의 권리의무에 직접 영향을 미치지 않으므로 행정소송의 대상이 되는 처분에 해당하지 않는다.

③ 부가가치세 증액경정처분의 취소를 구하는 항고소송에서 납세의무자는 과세관청의 증액경정사유만 다툴 수 있을 뿐이지 당초 신고에 관한 과다신고사유는 함께 주장하여 다툴 수 없다.

④ 주택건설사업 승인신청 거부처분에 대한 취소의 확정판결이 있은 후 행정청이 재처분을 하였다 하더라도 그 재처분이 종전 거부처분에 대한 취소의 확정판결의 기속력에 반하는 경우, 「행정소송법」상 간접강제신청에 필요한 요건을 갖춘 것으로 보아야 한다.

문 8. 하천점용허가에 대한 설명으로 옳은 것은? (다툼이 있는 경우 판례에 의함)

① 하천점용허가는 성질상 일반적 금지의 해제에 불과하여 허가의 일정한 요건을 갖춘 경우 기속적으로 판단하여야 한다.

② 위법한 점용허가를 다투지 않고 있다가 제소기간이 도과한 경우에는 처분청이라도 그 점용허가를 취소할 수 없다.

③ 하천점용허가에 조건인 부관이 부가된 경우 해당 부관에 대해서는 독립적으로 소를 제기할 수 없다.

④ 점용허가취소처분을 취소하는 확정판결의 기속력은 판결의 주문에 미치는 것으로 그 전제가 되는 처분 등의 구체적 위법사유에 관한 이유 중의 판단에 대해서는 인정되지 않는다.

문 9. 행정행위의 하자에 대한 판례의 입장으로 옳지 <u>않은</u> 것은?

① 친일반민족행위자로 결정한 최종발표와 그에 따라 그 유가족에 대하여 한 「독립유공자 예우에 관한 법률」 적용배제자 결정은 별개의 법률효과를 목적으로 하는 처분이다.

② 무권한의 행위는 원칙적으로 무효라고 할 것이므로, 5급 이상의 국가정보원 직원에 대해 임면권자인 대통령이 아닌 국가정보원장이 행한 의원면직처분은 당연무효에 해당한다.

③ 「국가유공자 등 예우 및 지원에 관한 법률」에 따른 여러 개의 상이에 대한 국가유공자요건 비해당처분에 대한 취소소송에서 그중 일부 상이만이 국가유공자요건이 인정되는 상이에 해당하는 경우, 국가유공자요건 비해당처분 중 그 요건이 인정되는 상이에 대한 부분만을 취소하여야 한다.

④ 위법하게 구성된 폐기물처리시설 입지선정위원회가 의결을 한 경우, 그에 터 잡아 이루어진 폐기물처리시설 입지결정처분의 하자는 무효사유로 본다.

문 10. 다음 행정상 손해배상과 관련된 사례에 대한 설명으로 옳은 것은? (다툼이 있는 경우 판례에 의함)

> (가) 甲은 자동차로 좌로 굽은 내리막 국도 편도 1차로를 달리던 중 커브 길에서 앞선 차량을 무리하게 추월하기 위하여 중앙선을 침범하여 반대편 도로를 벗어나 도로 옆 계곡으로 떨어져 중상해를 입었다.
> (나) 乙은 자동차로 겨울철 눈이 내린 직후에 산간지역에 위치한 국도를 달리던 중 도로에 생긴 빙판길에 미끄러져 상해를 입었다.

① (가)와 (나) 사례에서 국가가 甲과 乙에게 손해배상책임을 부담할 것인지 여부는 위 도로들이 모든 가능한 경우를 예상하여 고도의 안전성을 갖추었는지 여부에 따라 결정될 것이다.

② (가) 사례에서 만약 반대편 갓길에 차량용 방호울타리가 설치되었다면 甲이 상해를 입지 않았거나 경미한 상해를 입었을 것이므로 그 방호울타리 미설치만으로도 손해배상을 받기에 충분한 요건을 갖추었다고 볼 수 있다.

③ (나) 사례에서 乙은 산악지역의 특성상 빙판길 위험 경고나 위험표지판이 설치되었다면 주의를 기울여 운행하여 상해를 입지 않았을 것이므로 그 미설치만으로도 국가에 대한 손해배상책임을 묻기에 충분하다.

④ (가)와 (나) 사례에서 만약 도로의 관리상 하자가 인정된다면 비록 그 사고의 원인에 제3자의 행위가 개입되었더라도 甲과 乙은 국가에 대하여 손해배상책임을 물을 수 있다.

문 11. 「행정소송법」상 행정소송에 해당하지 <u>않는</u> 것은? (다툼이 있는 경우 판례에 의함)

① 행정재산의 사용·수익허가에 따른 사용료를 미납한 경우에 부과된 가산금의 징수를 다투는 소송

② 행정편의를 위하여 사법상의 금전급부의무의 불이행에 대하여 「국세징수법」상 체납처분에 관한 규정을 준용하는 경우에 체납처분을 다투는 소송

③ 국가나 지방자치단체에 근무하는 청원경찰의 징계처분에 대한 소송

④ 「개발이익환수에 관한 법률」상 개발부담금 부과처분이 취소된 경우 그 과오납금의 반환을 청구하는 소송

문 12. 행정소송과 그 피고에 대한 연결이 옳은 것만을 모두 고르면?

> ㄱ. 대통령의 검사임용처분에 대한 취소소송 – 법무부장관
> ㄴ. 국토교통부장관으로부터 권한을 내부위임받은 국토교통부차관이 처분을 한 경우에 그에 대한 취소소송 – 국토교통부차관
> ㄷ. 헌법재판소장이 소속 직원에게 내린 징계처분에 대한 취소소송 – 헌법재판소 사무처장
> ㄹ. 환경부장관의 권한을 위임받은 서울특별시장이 내린 처분에 대한 취소소송 – 서울특별시장

① ㄱ, ㄴ 　　　　　　　 ② ㄷ, ㄹ
③ ㄱ, ㄷ, ㄹ 　　　　　 ④ ㄱ, ㄴ, ㄷ, ㄹ

문 13. 다음 사례에 대한 설명으로 옳지 <u>않은</u> 것은? (다툼이 있는 경우 판례에 의함)

> 甲은 「식품위생법」 제37조 제1항에 따라 허가를 받아 식품조사처리업 영업을 하고 있던 중 乙과 영업양도계약을 체결하였다. 당해 계약은 하자 있는 계약이었음에도 불구하고, 乙은 같은 법 제39조에 따라 식품의약품안전처장에게 영업자지위승계신고를 하였다.

① 식품의약품안전처장이 乙의 신고를 수리한다면, 이는 실질에 있어서 乙에게는 적법하게 사업을 할 수 있는 권리를 설정하여 주는 행위이다.

② 식품의약품안전처장이 乙의 신고를 수리하는 경우에 甲과 乙의 영업양도계약이 무효라면 위 신고수리처분도 무효이다.

③ 식품의약품안전처장이 乙의 신고를 수리하기 전에 甲의 영업허가처분이 취소된 경우, 乙이 甲에 대한 영업허가취소처분의 취소를 구하는 소송을 제기할 법률상 이익은 없다.

④ 甲은 민사쟁송으로 양도·양수행위의 무효를 구함이 없이 막바로 식품의약품안전처장을 상대로 한 행정소송으로 위 신고수리처분의 무효확인을 구할 법률상 이익이 있다.

문 14. 「행정조사기본법」상 행정조사에 대한 설명으로 옳은 것은?

① 행정조사를 행하는 행정기관에는 법령 및 조례·규칙에 따라 행정권한이 있는 기관뿐만 아니라 그 권한을 위임 또는 위탁받은 법인·단체 또는 그 기관이나 개인이 포함된다.

② 「행정조사기본법」은 행정조사 실시를 위한 일반적인 근거 규범으로서 행정기관은 다른 법령 등에서 따로 행정조사를 규정하고 있지 않더라도 「행정조사기본법」을 근거로 행정조사를 실시할 수 있다.

③ 조사대상자가 조사 대상 선정기준에 대한 열람을 신청한 경우에 행정기관은 그 열람이 당해 행정조사업무를 수행할 수 없을 정도로 조사활동에 지장을 초래한다는 이유로 열람을 거부할 수 없다.

④ 정기조사 또는 수시조사를 실시한 행정기관의 장은 조사대상자의 자발적인 협조를 얻어 실시하는 경우가 아닌 한, 동일한 사안에 대하여 동일한 조사대상자를 재조사하여서는 아니 된다.

문 15. 행정처분의 이유제시에 대한 설명으로 옳지 <u>않은</u> 것은? (다툼이 있는 경우 판례에 의함)

① 당초 행정처분의 근거로 제시한 이유가 실질적인 내용이 없는 경우에도 행정소송의 단계에서 행정처분의 사유를 추가할 수 있다.

② 행정처분의 이유제시가 아예 결여되어 있는 경우에 이를 사후적으로 추완하거나 보완하는 것은 늦어도 당해 행정처분에 대한 쟁송이 제기되기 전에는 행해져야 위법성이 치유될 수 있다.

③ 당사자가 신청하는 허가 등을 거부하는 처분을 하면서 당사자가 그 근거를 알 수 있을 정도로 이유를 제시했다면 처분의 근거와 이유를 구체적으로 명시하지 않았더라도 당해 처분이 위법한 것은 아니다.

④ 이유제시에 하자가 있어 당해 처분을 취소하는 판결이 확정된 경우에 처분청이 그 이유제시의 하자를 보완하여 종전의 처분과 동일한 내용의 처분을 하는 것은 종전의 처분과는 별개의 처분을 하는 것이다.

문 16. 처분에 대하여 이해관계가 있는 제3자의 법적 지위에 대한 설명으로 옳은 것만을 모두 고르면?

> ㄱ. 행정청이 처분을 서면으로 하는 경우 상대방과 제3자에게 행정심판을 제기할 수 있는지 여부와 제기하는 경우의 행정심판절차 및 청구기간을 직접 알려야 한다.
>
> ㄴ. 행정소송의 결과에 따라 권리 또는 이익의 침해 우려가 있는 제3자는 당해 행정소송에 참가할 수 있으며, 이때 참가인인 제3자는 실제로 소송에 참가하여 소송행위를 하였는지 여부를 불문하고 판결의 효력을 받는다.
>
> ㄷ. 처분을 취소하는 판결에 의하여 권리의 침해를 받은 제3자는 자기에게 책임 없는 사유로 인하여 소송에 참가하지 못함으로써 판결의 결과에 영향을 미칠 공격 또는 방어방법을 제출하지 못한 때에는 이를 이유로 확정된 종국판결에 대하여 재심의 청구를 할 수 있다.
>
> ㄹ. 이해관계가 있는 제3자는 자신의 신청 또는 행정청의 직권에 의하여 행정절차에 참여하여 처분 전에 그 처분의 관할 행정청에 서면이나 말로 또는 정보통신망을 이용하여 의견제출을 할 수 있다.

① ㄱ, ㄴ   ② ㄷ, ㄹ

③ ㄴ, ㄷ, ㄹ   ④ ㄱ, ㄴ, ㄷ, ㄹ

문 17. 사업주 甲에게 고용된 종업원 乙이 영업행위 중 행정법규를 위반한 경우 행정벌의 부과에 대한 설명으로 옳은 것은? (다툼이 있는 경우 판례에 의함)

① 위 위반행위에 대해 내려진 시정명령에 따르지 않았다는 이유로 乙이 과태료 부과처분을 받고 이를 납부하였다면, 당초의 위반행위를 이유로 乙을 형사처벌할 수 없다.

② 행위자 외에 사업주를 처벌한다는 명문의 규정이 없더라도 관계 규정의 해석에 의해 과실 있는 사업주도 벌할 뜻이 명확한 경우에는 乙 외에 甲도 처벌할 수 있다.

③ 甲의 처벌을 규정한 양벌규정이 있는 경우에도 乙이 처벌을 받지 않는 경우에는 甲만 처벌할 수 없다.

④ 乙의 위반행위가 과태료 부과대상인 경우에 乙이 자신의 행위가 위법하지 아니한 것으로 오인하였다면 乙에 대해서 과태료를 부과할 수 없다.

문 18. 행정강제에 대한 설명으로 옳지 <u>않은</u> 것은? (다툼이 있는 경우 판례에 의함)

① 관계 법령상 행정대집행의 절차가 인정되어 행정청이 행정대집행의 방법으로 건물의 철거 등 대체적 작위의무의 이행을 실현할 수 있는 경우에는 따로 민사소송의 방법으로 그 의무의 이행을 구할 수 없다.

②「국세징수법」상 체납자 등에 대한 공매통지는 체납자 등의 법적 지위나 권리·의무에 직접적인 영향을 주는 행정처분에 해당하지 아니하므로 공매통지가 적법하지 아니한 경우에도 그에 따른 공매처분이 위법하게 되는 것은 아니다.

③ 이행강제금 납부의무는 상속인 기타의 사람에게 승계될 수 없는 일신전속적인 성질의 것이므로 이미 사망한 사람에게 이행강제금을 부과하는 내용의 처분이나 결정은 당연무효이다.

④ 행정청이 행정대집행의 방법으로 건물철거의무의 이행을 실현할 수 있는 경우, 점유자들이 적법한 행정대집행을 위력을 행사하여 방해한다면 「형법」상 공무집행방해죄의 범행방지 차원에서 경찰의 도움을 받을 수도 있다.

문 19. 협의의 소익에 대한 판례의 입장으로 옳은 것은?

① 학교법인 임원취임승인의 취소처분 후 그 임원의 임기가 만료되고 구 「사립학교법」 소정의 임원결격사유기간마저 경과한 경우에 취임승인이 취소된 임원은 취임승인 취소처분의 취소를 구할 소의 이익이 없다.

② 배출시설에 대한 설치허가가 취소된 후 그 배출시설이 철거되어 다시 가동할 수 없는 상태라도 그 취소처분이 위법하다는 판결을 받아 손해배상청구소송에서 이를 원용할 수 있다면 배출시설의 소유자는 당해 처분의 취소를 구할 법률상 이익이 있다.

③ 건축물에 대한 사용검사처분이 취소되면 사용검사 전의 상태로 돌아가 건축물을 사용할 수 없게 되므로 구 「주택법」상 입주자나 입주예정자가 사용검사처분의 무효확인 또는 취소를 구할 법률상 이익이 있다.

④ 구 「도시 및 주거환경정비법」상 조합설립추진위원회 구성승인처분을 다투는 소송 계속 중에 조합설립인가처분이 이루어졌다면 조합설립추진위원회 구성승인처분의 취소를 구할 법률상 이익은 없다.

문 20. 항고소송에 대한 설명으로 옳은 것은? (다툼이 있는 경우 판례에 의함)

① 취소소송의 소송물을 처분의 위법성 일반으로 보게 되면, 어떠한 처분에 대한 청구기각의 확정판결이 있는 경우에도 후에 제기되는 취소소송에서 그 처분의 위법성을 주장할 수 있다.

② 소송에 있어서 처분권주의는 사적 자치에 근거를 둔 법질서에 뿌리를 두고 있으므로 취소소송에는 적용되지 않는다.

③ 취소소송의 심리에 있어서 주장책임은 직권탐지주의를 보충적으로 인정하고 있는 한도 내에서 그 의미가 완화된다.

④ 부작위위법확인소송에서 사인의 신청권의 존재 여부는 부작위의 성립과 관련하므로 원고적격의 문제와는 관련이 없다.

해설편 ▶ P.95

2017

6월 17일 시행
지방직 9급

| 풀이 시간: ___:___ ~ ___:___ / 점수: ___점

문 1. 통치행위에 대한 판례의 입장으로 옳지 않은 것은?

① 고도의 정치적 성격을 지니는 남북정상회담 개최과정에서 정부에 신고하지 아니하거나 협력사업 승인을 얻지 아니한 채 북한 측에 사업권의 대가 명목으로 송금한 행위 자체는 사법심사의 대상이 된다.

② 기본권 보장의 최후 보루인 법원으로서는 사법심사권을 행사함으로써, 대통령의 긴급조치권 행사로 인하여 우리나라 헌법의 근본이념인 자유민주적 기본질서가 부정되는 사태가 발생하지 않도록 그 책무를 다하여야 한다.

③ 신행정수도건설이나 수도이전문제는 그 자체로 고도의 정치적 결단을 요하므로 사법심사의 대상에서 제외되고, 그것이 국민의 기본권 침해와 관련되는 경우에도 헌법재판소의 심판대상이 될 수 없다.

④ 외국에의 국군 파견결정은 그 성격상 국방 및 외교에 관련된 고도의 정치적 결단을 요하는 문제로서, 헌법과 법률이 정한 절차가 지켜진 것이라면 대통령과 국회의 판단은 존중되어야 하고 사법적 기준만으로 이를 심판하는 것은 자제되어야 한다.

문 2. 공법상 부당이득에 대한 설명으로 옳지 않은 것은? (다툼이 있는 경우 판례에 의함)

① 공법상 부당이득에 관한 일반법은 없으므로 특별한 규정이 없는 경우, 「민법」상 부당이득반환의 법리가 준용된다.

② 부가가치세법령에 따른 환급세액 지급의무 등의 규정과 그 입법취지에 비추어 볼 때 부가가치세 환급세액 반환은 공법상 부당이득반환으로서 민사소송의 대상이다.

③ 잘못 지급된 보상금에 해당하는 금액의 징수처분을 해야 할 공익상 필요가 당사자가 입게 될 불이익을 정당화할 만큼 강한 경우, 보상금을 받은 당사자로부터 오지급금액의 환수처분이 가능하다.

④ 공법상 부당이득반환에 대한 청구권의 행사는 개별적인 사안에 따라 행정주체도 주장할 수 있다.

문 3. 행정상 법률관계에 대한 설명으로 옳지 않은 것은? (다툼이 있는 경우 판례에 의함)

① 공법관계에 있어서 자연인의 주소는 주민등록지이고, 그 수는 1개소에 한한다.

② 특별한 규정이 없는 경우, 「민법」의 법률행위에 관한 규정 중 의사표시의 효력발생시기, 대리행위의 효력, 조건과 기한의 효력 등의 규정은 행정행위에도 적용된다.

③ 주민등록의 신고는 행정청에 도달하기만 하면 신고로서의 효력이 발생하는 것이 아니라 행정청이 수리한 경우에 비로소 신고의 효력이 발생한다.

④ 「건축법」상 착공신고가 반려될 경우 당사자에게 그 반려행위를 다툴 실익이 없는 것이므로 착공신고 반려행위의 처분성이 인정되지 않는다.

문 4. 행정행위의 부관에 대한 설명으로 옳은 것은? (다툼이 있는 경우 판례에 의함)

① 부담부 행정행위의 경우 부담에서 부과하고 있는 의무의 이행이 있어야 비로소 주된 행정행위의 효력이 발생한다.

② 공유재산의 관리청이 기부채납된 행정재산에 대하여 행하는 사용·수익 허가의 경우, 부관인 사용·수익 허가의 기간에 위법사유가 있다면 허가 전부가 위법하게 된다.

③ 학설의 다수견해는 수정부담의 성격을 부관으로 이해한다.

④ 행정행위의 부관은 법령에 명시적 근거가 있는 경우에만 부가할 수 있다.

문 5. 행정입법에 대한 설명으로 옳지 않은 것은? (다툼이 있는 경우 판례에 의함)

① 법률의 시행령이 형사처벌에 관한 사항을 규정하면서 법률의 명시적인 위임 범위를 벗어나 처벌의 대상을 확장하는 것은 죄형법정주의 원칙에 어긋나는 것이므로, 그러한 시행령은 위임입법의 한계를 벗어난 것으로서 무효이다.

② 다양한 사실관계를 규율하거나 사실관계가 수시로 변화될 것이 예상되는 분야에서는 다른 분야에 비하여 상대적으로 입법위임의 명확성·구체성이 완화된다.

③ 행정입법부작위에 대해서는 당사자의 신청이 있는 경우에 한하여 부작위위법확인소송의 대상이 된다.

④ 자치법적 사항을 규정한 조례에 대한 법률의 위임은 법규명령에 대한 법률의 위임과 같이 반드시 구체적으로 범위를 정하여야 할 필요가 없으며 포괄적인 것으로 족하다.

문 6. 행정계획에 대한 설명으로 옳지 <u>않은</u> 것은? (다툼이 있는 경우 판례에 의함)

① 개발제한구역의 지정·고시에 대한 헌법소원 심판청구는 행정쟁송절차를 모두 거친 후가 아니면 부적법하다.

② 국공립대학의 총장직선제 개선 여부를 재정지원 평가요소로 반영하고 이를 개선하지 않을 경우 다음 연도에 지원금을 삭감 또는 환수하도록 규정한 교육부장관의 '대학교육역량강화 사업 기본계획'은 헌법소원의 대상이 된다.

③ 관계 법령에 따라 일정한 행정처분을 구하는 신청을 할 수 있는 법률상 지위에 있는 자의 국토이용계획변경신청을 거부하는 것이 실질적으로 당해 행정처분 자체를 거부하는 결과가 되는 경우, 그 신청인에게 국토이용계획변경을 신청할 권리가 인정된다.

④ 위법한 도시기본계획에 대하여 제기되는 취소소송은 법원에 의하여 허용되지 아니한다.

문 7. 하자의 승계에 대한 설명으로 옳지 <u>않은</u> 것은? (다툼이 있는 경우 판례에 의함)

① 선행행위에 무효의 하자가 존재하더라도 선행행위와 후행행위가 결합하여 하나의 법적 효과를 목적으로 하는 경우에는 하자의 승계에 대한 논의의 실익이 있다.

② 적정행정의 유지에 대한 요청에서 나오는 하자의 승계를 인정하면 국민의 권리를 보호하고 구제하는 범위가 더 넓어진다.

③ 선행행위에 대하여 불가쟁력이 발생하지 않았거나 선행행위와 후행행위가 서로 독립하여 각각 별개의 법률효과를 목적으로 하는 때에는 원칙적으로 선행행위의 하자를 이유로 후행행위의 효력을 다툴 수 없다.

④ 선행행위와 후행행위가 서로 독립하여 별개의 법률효과를 목적으로 하는 경우라도 선행행위의 불가쟁력이나 구속력이 그로 인하여 불이익을 입는 자에게 수인한도를 넘는 가혹함을 가져오고 그 결과가 예측 가능한 것이 아닌 때에는 하자의 승계를 인정할 수 있다.

문 8. 甲은 관할 행정청에 「여객자동차 운수사업법」에 따른 개인택시운송사업면허를 신청하였다. 이에 대한 설명으로 옳은 것은? (다툼이 있는 경우 판례에 의함)

① 개인택시운송사업면허의 법적 성질은 강학상 허가에 해당한다.

② 관련 법령에 법적 근거가 없더라도 개인택시운송사업면허를 하면서 부관을 붙일 수 있다.

③ 개인택시운송사업면허가 거부된 경우, 거부처분에 대해 취소소송과 함께 제기한 甲의 집행정지 신청은 법원에 의해 허용된다.

④ 甲이 개인택시운송사업면허를 받았다가 이를 乙에게 양도하였고 운송사업의 양도·양수에 대한 인가를 받은 이후에는 양도·양수 이전에 있었던 甲의 운송사업면허 취소사유를 이유로 乙의 운송사업면허를 취소할 수 없다.

문 9. 행정소송에 있어 기속행위와 재량행위의 구별에 대한 설명으로 옳은 것은? (다툼이 있는 경우 판례에 의함)

① 기속행위의 경우에는 절차상의 하자만으로 독립된 취소사유가 될 수 없으나, 재량행위의 경우에는 절차상의 하자만으로도 독립된 취소사유가 된다.

② 기속행위의 경우에는 소송의 계속 중에 처분사유를 추가·변경할 수 있으나, 재량행위의 경우에는 처분사유의 추가·변경이 허용되지 않는다.

③ 실체적 위법을 이유로 거부처분을 취소하는 판결이 확정된 경우, 해당 행정행위가 기속행위이든 재량행위이든 원고의 신청을 인용하여야 할 의무가 발생하는 점에서는 동일하다.

④ 과징금 감경 여부는 과징금 부과 관청의 재량에 속하는 것이므로, 과징금 부과 관청이 이를 판단함에 있어서 재량권을 일탈·남용하여 과징금 부과처분이 위법하다고 인정될 경우, 법원으로서는 법원이 적정하다고 인정되는 부분을 초과한 부분만 취소할 수는 없다.

문 10. 「행정절차법」이 규정하고 있는 내용으로 옳지 않은 것은?

① 행정청에 처분을 구하는 신청은 문서로 함이 원칙이며, 행정청은 신청에 필요한 구비서류, 접수기관, 처리기간, 그 밖에 필요한 사항을 게시하거나 이에 대한 편람을 갖추어 두고 누구나 열람할 수 있도록 하여야 한다.

② 국민생활에 매우 큰 영향을 주는 사항 및 그 밖에 널리 국민의 의견을 수렴할 필요가 있는 사항에 대한 정책, 제도 및 계획을 수립·시행하는 경우라도 예고로 인하여 공공의 안전 또는 복리를 현저히 해칠 우려가 있는 때에는 행정청은 이를 예고하지 아니할 수 있다.

③ 행정기관은 행정지도의 상대방이 행정지도에 따르지 아니하였다는 것을 이유로 불이익한 조치를 하여서는 아니 되며, 행정지도의 상대방은 해당 행정지도의 방식·내용 등에 관하여 행정기관에 의견제출을 할 수 있다.

④ 행정청은 행정계획의 취지, 주요 내용을 관보·공보나 인터넷·신문·방송 등을 통하여 널리 공고하여야 하고 국회 소관 상임위원회에 이를 제출하여야 하되, 공고기간은 특별한 사정이 없으면 40일 이상으로 한다.

문 11. 정보공개의무를 부담하는 공공기관에 대한 설명으로 옳지 않은 것은? (다툼이 있는 경우 판례에 의함)

① 사립대학교는 「공공기관의 정보공개에 관한 법률 시행령」에 따른 공공기관에 해당하나, 국비의 지원을 받는 범위 내에서만 공공기관의 성격을 가진다.

② 한국방송공사는 「공공기관의 정보공개에 관한 법률 시행령」 제2조 제4호에 규정된 '특별법에 따라 설립된 특수법인'에 해당한다.

③ 한국증권업협회는 「공공기관의 정보공개에 관한 법률 시행령」 제2조 제4호에 규정된 '특별법에 따라 설립된 특수법인'에 해당하지 아니한다.

④ 사립학교에 대하여 「교육관련기관의 정보공개에 관한 특례법」이 적용되는 경우에도 「공공기관의 정보공개에 관한 법률」을 적용할 수 없는 것은 아니다.

문 12. 행정상 실효성 확보수단에 대한 판례의 입장으로 옳은 것은?

① 「건축법」상 이행강제금의 부과에 대해서는 항고소송을 제기할 수 없고 「비송사건절차법」에 따라 재판을 청구할 수 있다.

② 「도로교통법」상 통고처분에 대하여 이의가 있는 자는 통고처분에 따른 범칙금의 납부를 이행한 후에 행정쟁송을 통해 통고처분을 다툴 수 있다.

③ 세법상의 세무조사결정은 납세의무자의 권리·의무에 직접 영향을 미치는 공권력의 행사이므로 항고소송의 대상이 된다.

④ 과세처분 이후에 그 근거 법률이 위헌결정을 받았으나 이미 과세처분의 불가쟁력이 발생한 경우, 당해 과세처분에 대한 조세채권의 집행을 위한 체납처분의 속행은 적법하다.

문 13. 「행정소송법」상 필요적 전치주의가 적용되는 사안에서, 행정심판을 청구하여야 하나 당해 처분에 대한 행정심판의 재결을 거치지 아니하고 취소소송을 제기할 수 있는 경우에 해당하는 것은?

① 동종사건에 관하여 이미 행정심판의 기각재결이 있는 경우

② 서로 내용상 관련되는 처분 또는 같은 목적을 위하여 단계적으로 진행되는 처분 중 어느 하나가 이미 행정심판의 재결을 거친 경우

③ 처분의 집행 또는 절차의 속행으로 생길 중대한 손해를 예방하여야 할 긴급한 필요가 있는 경우

④ 처분을 행한 행정청이 행정심판을 거칠 필요가 없다고 잘못 알린 경우

문 14. 협의의 소의 이익에 대한 설명으로 옳은 것은? (다툼이 있는 경우 판례에 의함)

① 취임승인이 취소된 학교법인의 정식이사들에 대해 원래 정해져 있던 임기가 만료되면 그 임원취임승인취소처분의 취소를 구할 소의 이익이 없다.

② 지방의회 의원의 제명의결 취소소송 계속 중 임기 만료로 지방의원으로서의 지위를 회복할 수 없는 자는 제명의결의 취소를 구할 소의 이익이 없다.

③ 수형자의 영치품에 대한 사용신청 불허처분 후 수형자가 다른 교도소로 이송된 경우 원래 교도소로의 재이송 가능성이 소멸되었으므로 그 불허처분의 취소를 구할 소의 이익이 없다.

④ 법인세 과세표준과 관련하여 과세관청이 법인의 소득처분 상대방에 대한 소득처분을 경정하면서 증액과 감액을 동시에 한 결과 전체로서 소득처분금액이 감소된 경우, 법인이 소득금액변동통지의 취소를 구할 소의 이익이 없다.

문 15. 영조물의 설치·관리상 하자책임에 대한 설명으로 옳지 않은 것은? (다툼이 있는 경우 판례에 의함)

① 일반 공중이 사용하는 공공용물 외에 행정주체가 직접 사용하는 공용물이나 하천과 같은 자연공물도 「국가배상법」 제5조의 '공공의 영조물'에 포함된다.

② 영조물의 하자 유무는 객관적 견지에서 본 안전성의 문제이며, 국가의 예산 부족으로 인해 영조물의 설치·관리에 하자가 생긴 경우에도 국가는 면책될 수 없다.

③ 고속도로의 관리상 하자가 인정되더라도 고속도로의 관리상 하자를 판단할 때 고속도로의 점유관리자가 손해의 방지에 필요한 주의의무를 해태하였다는 주장·입증책임은 피해자에게 있다.

④ 소음 등의 공해로 인한 법적 쟁송이 제기되거나 그 피해에 대한 보상이 실시되는 등 피해지역임이 구체적으로 드러나고 이러한 사실이 그 지역에 널리 알려진 이후에 이주하여 오는 경우에는 위와 같은 위험에의 접근에 따른 가해자의 면책 여부를 보다 적극적으로 인정할 여지가 있다.

문 16. 행정상 손실보상제도에 대한 설명으로 옳지 않은 것은?

① 헌법 제23조 제1항의 규정이 재산권의 존속을 보호하는 것이라면 제23조 제3항의 수용제도를 통해 존속보장은 가치보장으로 변하게 된다.

② 평등의 원칙으로부터 파생된 '공적 부담 앞의 평등'은 손실보상의 이론적 근거가 될 수 있다.

③ 헌법 제23조 제3항을 불가분조항으로 볼 경우, 보상규정을 두지 아니한 수용법률은 헌법 위반이 된다.

④ 대법원은 구 「하천법」 부칙 제2조와 이에 따른 특별조치법에 의한 손실보상청구권의 법적 성질을 사법상의 권리로 보아 그에 대한 쟁송은 행정소송이 아닌 민사소송 절차에 의하여야 한다고 판시하고 있다.

문 17. 항고소송의 대상인 행정처분에 대한 설명으로 옳지 않은 것은? (다툼이 있는 경우 판례에 의함)

① 중소기업기술정보진흥원장이 甲 주식회사와 체결한 중소기업정보화지원사업 지원대상인 사업의 지원협약을 甲의 책임 있는 사유로 해지하고 협약에서 정한 대로 지급받은 정부지원금을 반환할 것을 통보한 경우, 협약의 해지 및 그에 따른 환수통보는 행정청이 우월한 지위에서 행하는 공권력의 행사로서 행정처분에 해당한다.

② 재단법인 한국연구재단이 甲 대학교 총장에게 연구개발비의 부당집행을 이유로 두뇌한국(BK)21 사업 협약을 해지하고 연구팀장 乙에 대한 대학 자체징계를 요구한 것은 항고소송의 대상인 행정처분에 해당하지 않는다.

③ 지방자치단체 등이 건축물을 건축하기 위해 건축물 소재지 관할 허가권자인 지방자치단체의 장과 건축협의를 하였는데 허가권자인 지방자치단체의 장이 그 협의를 취소한 경우, 건축협의 취소는 항고소송의 대상인 행정처분에 해당한다.

④ 甲 시장이 감사원으로부터 소속 공무원 乙에 대하여 징계의 종류를 정직으로 정한 징계요구를 받게 되자 감사원에 징계요구에 대한 재심의를 청구하였고 감사원이 재심의청구를 기각한 경우, 감사원의 징계요구와 재심의 결정은 항고소송의 대상이 되는 행정처분에 해당하지 않는다.

문 18. 법률상 이익에 대한 판례의 입장으로 옳은 것은?

① 사회권적 기본권의 성격을 가지는 연금수급권은 헌법에 근거한 개인적 공권이므로 헌법 규정만으로도 실현할 수 있다.

② 소극적 방어권인 헌법상의 자유권적 기본권은 법률의 규정이 없다고 하더라도 직접 공권이 성립될 수도 있다.

③ 인·허가 등 수익적 처분을 신청한 여러 사람이 상호 경쟁관계에 있다면, 그 처분이 타방에 대한 불허가 등으로 될 수밖에 없는 때에도 수익적 처분을 받지 못한 사람은 처분의 직접 상대방이 아니므로 원칙적으로 당해 수익적 처분의 취소를 구할 수 없다.

④ 「환경정책기본법」 제6조의 규정 내용 등에 비추어 국민에게 구체적인 권리를 부여한 것으로 볼 수 없더라도 환경영향평가 대상지역 밖에 거주하는 주민에게 헌법상의 환경권 또는 「환경정책기본법」에 근거하여 공유수면매립면허처분과 농지개량사업 시행인가처분의 무효확인을 구할 원고적격이 있다.

문 19. 「행정소송법」상 제소기간에 대한 판례의 입장으로 옳은 것은?

① 청구취지를 변경하여 종전의 소가 취하되고 새로운 소가 제기된 것으로 변경되었다면 새로운 소에 대한 제소기간 준수 여부는 원칙적으로 소의 변경이 있은 때를 기준으로 한다.

② 납세자의 이의신청에 의한 재조사결정에 따른 행정소송의 제소기간은 이의신청인 등이 재결청으로부터 재조사결정의 통지를 받은 날부터 기산한다.

③ 처분의 불가쟁력이 발생하였고 그 이후에 행정청이 당해 처분에 대해 행정심판청구를 할 수 있다고 잘못 알렸다면, 그 처분의 취소소송의 제소기간은 행정심판의 재결서를 받은 날부터 기산한다.

④ 「산업재해보상보험법」상 보험급여의 부당이득 징수결정의 하자를 이유로 징수금을 감액하는 경우 감액처분으로도 아직 취소되지 않고 남아 있는 부분이 위법하다 하여 다툴 때에는, 제소기간의 준수 여부는 감액처분을 기준으로 판단해야 한다.

문 20. 판례의 입장으로 옳지 않은 것은?

① 행정청이 관련 법령에 근거하여 행하는 조합설립인가처분은 그 설립행위에 대한 보충행위로서의 성질에 그치지 않고 법령상 요건을 갖출 경우 「도시 및 주거환경정비법」상 주택재건축사업을 시행할 수 있는 권한을 갖는 행정주체(공법인)로서의 지위를 부여하는 일종의 설권적 처분의 성격을 갖는다.

② 교육부장관이 사학분쟁조정위원회의 심의를 거쳐 이사와 임시이사를 선임한 데 대하여 대학 교수협의회와 총학생회는 제3자로서 취소소송을 제기할 자격이 있다.

③ 건축사 업무정지처분을 받은 후 새로운 업무정지처분을 받음이 없이 1년이 경과하여 실제로 가중된 제재처분을 받을 우려가 없게 된 경우, 그 처분에서 정한 정지기간이 경과한 이상 특별한 사정이 없는 한 업무정지처분의 취소를 구할 법률상 이익이 없다.

④ 가중요건이 부령인 시행규칙상 처분기준으로 규정되어 있는 경우(예 「식품위생법 시행규칙」 제89조 [별표 23] 행정처분기준), 처분에서 정한 제재기간이 경과하였다면 그에 따라 선행처분을 받은 상대방은 그 처분의 취소를 구할 법률상 이익이 없다.

해설편 ▶ P.100

2017

| 풀이 시간: ____:____ ~ ____:____ / 점수: ____점

문 1. 다음은 「행정절차법」상 기간과 관련된 규정을 정리한 것이다. ㉠~㉣에 들어갈 기간을 바르게 나열한 것은?

> ○ 행정청은 공청회를 개최하려는 경우에는 공청회 개최 (㉠)일 전까지 제목, 일시 및 장소 등을 당사자 등에게 통지하고 관보, 공보, 인터넷 홈페이지 또는 일간신문 등에 공고하는 등의 방법으로 널리 알려야 한다.
> ○ 입법예고기간은 예고할 때 정하되, 특별한 사정이 없으면 (㉡)일 [자치법규는 (㉢)일] 이상으로 한다.
> ○ 행정예고기간은 예고 내용의 성격 등을 고려하여 정하되, 특별한 사정이 없으면 (㉣)일 이상으로 한다.

	㉠	㉡	㉢	㉣
①	10	40	30	30
②	14	30	20	20
③	14	40	20	20
④	15	30	20	30

문 2. 재량행위에 대한 판례의 입장으로 옳지 않은 것은?

① 「개발제한구역의 지정 및 관리에 관한 특별조치법」 및 구 「액화석유가스의 안전관리 및 사업법」 등의 관련 법규에 의하면, 개발제한구역에서의 자동차용 액화석유가스충전사업 허가는 그 기준 내지 요건이 불확정개념으로 규정되어 있으므로 그 허가 여부를 판단함에 있어서 행정청에 재량권이 부여되어 있다고 보아야 한다.

② 재량행위의 경우 그 근거 법규에 대하여 법원이 사실인정과 관련 법규의 해석·적용을 통하여 일정한 결론을 도출한 후 그 결론에 비추어 행정청이 한 판단의 적법 여부를 독자의 입장에서 판정한다.

③ 구 여객자동차운수사업법령상 마을버스운송사업면허의 허용 여부 및 마을버스 한정면허시 확정되는 마을버스 노선을 정함에 있어서 기존 일반노선버스의 노선과의 중복 허용 정도에 대한 판단은 행정청의 재량에 속한다.

④ 「야생동·식물보호법」상 곰의 웅지를 추출하여 비누, 화장품 등의 재료를 사용할 목적으로 곰의 용도를 '사육곰'에서 '식·가공품 및 약용재료'로 변경하겠다는 내용의 국제적 멸종위기종의 용도변경승인 행위는 재량행위이다.

문 3. 처분에 대한 판례의 입장으로 옳지 않은 것은?

① 행정재산의 무단점유자에 대한 변상금부과행위는 처분이나, 대부한 일반재산에 대한 사용료부과 고지행위는 처분이 아니다.

② 제1차 계고처분 이후 고지된 제2차, 제3차의 계고처분은 처분이 아니나, 거부처분이 있은 후 동일한 내용의 신청에 대하여 다시 거절의 의사표시를 한 경우에는 새로운 처분으로 본다.

③ 행정행위의 부관 중 조건이나 기한은 독립하여 행정소송의 대상이 될 수 없으나, 부담은 독립하여 행정소송의 대상이 될 수 있다.

④ 병역처분의 자료로 군의관이 하는 「병역법」상의 신체등급판정은 처분이나, 「산업재해보상보험법」상 장해보상금결정의 기준이 되는 장해등급결정은 처분이 아니다.

문 4. 강학상 공증행위에 해당하는 것만을 모두 고른 것은? (다툼이 있는 경우 판례에 의함)

> ㄱ. 행정심판의 재결
> ㄴ. 의료유사업자 자격증 갱신발급행위
> ㄷ. 상표사용권설정등록행위
> ㄹ. 건설업 면허증의 재교부
> ㅁ. 특허출원의 공고

① ㄱ, ㄴ, ㄷ　　　② ㄱ, ㄹ, ㅁ
③ ㄴ, ㄷ, ㄹ　　　④ ㄴ, ㄹ, ㅁ

문 5. 행정행위의 하자에 대한 설명으로 옳은 것만을 모두 고른 것은? (다툼이 있는 경우 판례에 의함)

> ㄱ. 명백성보충설에 의하면 무효판단의 기준에 명백성이 항상 요구되지는 아니하므로 중대명백설보다 무효의 범위가 넓어지게 된다.
> ㄴ. 조세부과처분이 무효라 하더라도 그로써 압류 등 체납처분의 효력을 다툴 수는 없다.
> ㄷ. 구 「학교보건법」상 학교환경위생정화구역에서의 금지행위 및 시설의 해제 여부에 관한 행정처분을 함에 있어 학교환경위생정화위원회의 심의절차를 누락한 행정처분은 무효이다.
> ㄹ. 선행행위의 하자를 이유로 후행행위를 다투는 경우뿐 아니라 후행행위의 하자를 이유로 선행행위를 다투는 것도 하자의 승계이다.

① ㄱ　　　② ㄱ, ㄹ
③ ㄴ, ㄷ　　　④ ㄴ, ㄷ, ㄹ

문 6. 법률유보원칙에 대한 판례의 입장으로 옳지 <u>않은</u> 것은?

① 대법원은 구「도시 및 주거환경정비법」제28조 제4항 본문이 사업시행인가 신청시의 동의요건을 조합의 정관에 포괄적으로 위임한 것은 헌법 제75조가 정하는 포괄위임입법금지의 원칙이 적용되어 이에 위배된다고 하였다.

② 헌법재판소는 법률유보의 형식에 대하여 반드시 법률에 의한 규율만이 아니라 법률에 근거한 규율이면 되기 때문에 기본권 제한의 형식이 반드시 법률의 형식일 필요는 없다고 하였다.

③ 헌법재판소는 중학교 의무교육 실시 여부 자체는 법률로 정하여야 하는 기본사항으로서 법률유보사항이나 그 실시의 시기, 범위 등 구체적 실시에 필요한 세부사항은 법률유보사항이 아니라고 하였다.

④ 대법원은 지방의회 의원에 대하여 유급보좌인력을 두는 것은 지방의회 의원의 신분·지위 및 그 처우에 관한 현행 법령상의 제도에 중대한 변경을 초래하는 것으로서, 이는 개별 지방의회의 조례로써 규정할 사항이 아니라 국회의 법률로써 규정할 입법사항이라고 하였다.

문 7. 행정입법에 대한 판례의 입장으로 옳지 <u>않은</u> 것은?

① 제재적 행정처분의 기준이 부령의 형식으로 규정되어 있는 경우, 이 처분기준에 적합하다 하여 곧바로 당해 처분이 적법한 것이라고 할 수는 없다.

② 구「청소년 보호법」의 위임에 따른 동법 시행령상의 위반행위의 종별에 따른 과징금처분기준은 법규명령이다.

③ 어느 시행령의 규정이 모법에 저촉되는지 여부가 명백하지 아니하는 경우에는 모법과 시행령의 다른 규정들과 그 입법취지, 연혁 등을 종합적으로 살펴 모법에 합치한다는 해석도 가능한 경우라면 그 규정을 모법위반으로 무효라고 선언하여서는 안 된다.

④「치과전문의 시험실시를 위한 시행규칙」규정의 제정 미비로 인해 치과전문의 자격을 갖지 못한 사람은 부작위위법확인소송을 통하여 구제받을 수 있다.

문 8. 판례의 입장으로 옳지 <u>않은</u> 것은?

①「출입국관리법」상 체류자격 변경허가는 설권적 처분에 해당하며, 재량행위의 성격을 가진다.

② 인·허가의제의 효과를 수반하는 건축신고는 수리를 요하는 신고에 해당한다.

③ 행정청이 구「체육시설의 설치·이용에 관한 법률」의 규정에 의하여 체육시설업자 지위승계신고를 수리하는 처분을 하는 경우, 종전 체육시설업자에 대하여「행정절차법」상 사전통지 등 절차를 거칠 필요는 없다.

④ 망인에 대한 서훈취소는 유족에 대한 것이 아니므로 유족에 대한 통지에 의해서만 성립하여 효력이 발생한다고 볼 수 없고, 그 결정이 처분권자의 의사에 따라 상당한 방법으로 대외적으로 표시됨으로써 행정행위로서 성립하여 효력이 발생한다고 봄이 타당하다.

문 9. 손실보상에 대한 설명으로 옳지 <u>않은</u> 것은? (다툼이 있는 경우 판례에 의함)

① 농지개량사업 시행지역 내의 토지 등 소유자가 토지사용에 관한 승낙을 한 경우, 그에 대한 정당한 보상을 받지 않았더라도 농지개량사업 시행자는 토지소유자 및 그 승계인에 대하여 보상할 의무가 없다.

②「공익사업을 위한 토지 등의 취득 및 보상에 관한 법률」상 토지수용위원회의 수용재결에 대한 이의절차는 실질적으로 행정심판의 성질을 갖는 것이므로 동법에 특별한 규정이 있는 것을 제외하고는「행정심판법」의 규정이 적용된다.

③「공익사업을 위한 토지 등의 취득 및 보상에 관한 법률」상 수용재결이나 이의신청에 대한 재결에 불복하는 행정소송의 제기는 사업의 진행 및 토지 수용 또는 사용을 정지시키지 아니한다.

④「공익사업을 위한 토지 등의 취득 및 보상에 관한 법률」상 잔여지 수용청구권은 형성권적 성질을 가지므로, 잔여지 수용청구를 받아들이지 않은 재결에 대하여 토지소유자가 불복하여 제기하는 소송은 보상금증감청구소송에 해당한다.

문 10. 행정지도에 대한 판례의 입장으로 옳은 것(○)과 옳지 않은 것(×)을 바르게 조합한 것은?

> ㄱ. 행정관청이 구 국토이용관리법 소정의 토지거래계약 신고에 관하여 공시된 기준시가를 기준으로 매매가격을 신고하도록 행정지도를 하여 그에 따라 허위신고를 한 것이라 하더라도 이와 같은 행정지도는 법에 어긋나는 것으로서 그 범법행위가 정당화될 수 없다.
> ㄴ. 교육인적자원부(현재 '교육부'로 명칭 변경)장관의 국·공립대학총장들에 대한 학칙시정 요구는 대학총장의 임의적인 협력을 통하여 사실상의 효과를 발생시키는 행정지도의 일종으로 헌법소원의 대상이 되는 공권력행사라고 볼 수 없다.
> ㄷ. 노동부(현재 '고용노동부'로 명칭 변경)장관이 공공기관 단체협약내용을 분석하여 불합리한 요소를 개선하라고 요구한 행위는 행정지도로서의 한계를 넘어 규제적·구속적 성격을 강하게 갖는다고 할 수 없어 헌법소원의 대상이 되는 공권력의 행사에 해당한다고 볼 수 없다.
> ㄹ. 행정기관의 위법한 행정지도로 일정기간 어업권을 행사하지 못하는 손해를 입은 자가 그 어업권을 타인에게 매도하여 매매대금 상당의 이득을 얻은 경우, 손해배상액의 산정에서 그 이득을 손익상계할 수 있다.

	ㄱ	ㄴ	ㄷ	ㄹ
①	○	○	○	○
②	○	×	×	×
③	○	×	○	×
④	×	×	○	○

문 11. 행정행위의 부관에 대한 설명으로 옳지 않은 것은? (다툼이 있는 경우 판례에 의함)

① 행정청이 행정행위에 부가한 부관과 달리 법령이 직접 행정행위의 조건을 정한 경우에 그 조건이 위법하면 이는 법률 및 법규명령에 대한 통제제도에 의해 통제된다.

② 행정청이 행정처분을 하기 이전에 행정행위의 상대방과 협의하여 의무의 내용을 협약의 형식으로 정한 다음에 행정처분을 하면서 그 의무를 부과하는 것은 부담이라고 할 수 없다.

③ 철회권이 유보된 경우에도 철회의 제한이론인 이익형량의 원칙이 적용되나, 행정행위의 계속성에 대한 상대방의 신뢰는 유보된 철회사유에 대해서는 인정되지 않는다.

④ 허가에 붙은 기한이 그 허가된 사업의 성질상 부당하게 짧은 경우, 이를 그 허가 자체의 존속기간이 아니라 그 허가조건의 존속기간으로 볼 수 있다.

문 12. 상급 행정청 X로부터 권한을 내부위임받은 하급 행정청 Y는 2017.1.10. Y의 명의로 甲에 대하여 2,000만 원의 부담금 부과처분을 하였다가, 같은 해 2.3. 부과금액의 과다를 이유로 위 부담금을 1,000만 원으로 감액하는 처분을 하였다. 甲이 이에 대해 취소소송을 제기하는 경우, ㉠ 소의 대상과 ㉡ 피고적격을 바르게 연결한 것은? (다툼이 있는 경우 판례에 의함)

	㉠	㉡
①	1,000만 원으로 감액된 1.10.자 부담금 부과처분	X
②	1,000만 원으로 감액된 1.10.자 부담금 부과처분	Y
③	2.3.자 1,000만 원의 부담금 부과처분	X
④	2.3.자 1,000만 원의 부담금 부과처분	Y

문 13. 정보공개제도에 대한 판례의 입장으로 옳은 것은?

① 정보공개청구의 대상이 되는 공공기관이 보유하는 정보는 공공기관이 직무상 작성 또는 취득한 원본문서이어야 하며 전자적 형태로 보유·관리되는 경우에는 행정기관의 업무수행에 큰 지장을 주지 않는 한도 내에서 검색·편집하여 제공하여야 한다.

② 법무부령인 「검찰보존사무규칙」에서 불기소사건 기록 등의 열람·등사 등을 제한하는 것은 「공공기관의 정보공개에 관한 법률」에 따른 '다른 법률 또는 명령에 의하여 비공개사항으로 규정된 경우'에 해당되어 적법하다.

③ '독립유공자 서훈 공적심사위원회의 심의·의결 과정 및 그 내용을 기재한 회의록'은 공개될 경우에 업무의 공정한 수행에 현저한 지장을 초래한다고 인정할 만한 상당한 이유가 있는 정보에 해당한다.

④ 정보공개제도를 이용하여 사회통념상 용인될 수 없는 부당한 이득을 얻으려 하거나, 오로지 공공기관의 담당공무원을 괴롭힐 목적으로 정보공개청구를 하는 경우라 하더라도 적법한 공개청구 요건을 갖추고 있는 경우라면 정보공개청구권 행사 자체를 권리남용으로 볼 수는 없다.

문 14. 행정소송에 대한 판례의 입장으로 옳지 <u>않은</u> 것은?

① 구 「주택법」상 입주자나 입주예정자는 주택의 사용검사 처분의 무효확인 또는 취소를 구할 법률상 이익이 있다.

② 명예퇴직한 법관이 미지급 명예퇴직수당액의 지급을 구하는 소송은 당사자소송에 해당한다.

③ 납세의무자에 대한 국가의 부가가치세 환급세액 지급의무에 대응하는 국가에 대한 납세의무자의 부가가치세 환급세액 지급청구는 민사소송이 아니라 당사자소송의 절차에 따라야 한다.

④ 지방전문직 공무원 채용계약 해지의 의사표시에 대하여는 공법상 당사자소송으로 그 의사표시의 무효확인을 청구할 수 있다.

문 15. 행정상 손해배상에 대한 설명으로 옳은 것만을 모두 고른 것은? (다툼이 있는 경우 판례에 의함)

┌───
│ ㄱ. 공무원의 직무상 불법행위로 손해를 입은 피해자의
│   국가배상청구권의 소멸시효 기간이 지났으나 국가가
│   소멸시효 완성을 주장하는 것이 권리남용으로 허용될
│   수 없어 배상책임을 이행한 경우에는, 소멸시효 완성
│   주장이 권리남용에 해당하게 된 원인행위와 관련하여
│   공무원이 원인이 되는 행위를 적극적으로 주도하였다
│   는 등의 특별한 사정이 없는 한, 국가가 공무원에게
│   구상권을 행사하는 것은 신의칙상 허용되지 않는다.
│ ㄴ. 경찰은 국민의 생명, 신체 및 재산의 보호 등과 기타
│   공공의 안녕과 질서유지를 직무로 하고 있고 그 직무
│   의 원활한 수행을 위한 권한은 일반적으로 경찰관의
│   전문적 판단에 기한 합리적인 재량에 위임되어 있는
│   것이나, 그 취지와 목적에 비추어 볼 때 구체적인 사
│   정에 따라 경찰관이 그 권한을 행사하여 필요한 조치
│   를 취하지 아니하는 것이 현저하게 불합리하다고 인
│   정되는 경우에는 그러한 권한의 불행사는 직무상의
│   의무를 위반한 것이 되어 위법하게 된다.
│ ㄷ. 지방자치단체의 장이 기관위임된 국가행정사무를 처
│   리하는 경우 그에 소요되는 경비의 실질적·궁극적 부
│   담자는 국가라고 하더라도 당해 지방자치단체는 국가
│   로부터 내부적으로 교부된 금원으로 그 사무에 필요
│   한 경비를 대외적으로 지출하는 자이므로, 이러한 경
│   우 지방자치단체는 「국가배상법」 제6조 제1항의 비용
│   부담자로서 공무원의 직무상 불법행위로 인한 손해를
│   배상할 책임이 있다.
└───

① ㄱ, ㄴ
② ㄱ, ㄷ
③ ㄴ, ㄷ
④ ㄱ, ㄴ, ㄷ

문 16. 행정소송에 대한 설명으로 옳지 <u>않은</u> 것은? (다툼이 있는 경우 판례에 의함)

① 지방자치단체가 건축물을 건축하기 위하여 구 「건축법」에 따라 미리 건축물의 소재지를 관할하는 허가권자인 다른 지방자치단체의 장과 건축협의를 한 경우, 허가권자인 지방자치단체의 장이 건축협의를 취소하는 행위는 항고소송의 대상이 되는 처분에 해당한다.

② 불특정 다수인에 대한 행정처분을 고시 또는 공고에 의하여 하는 경우에는 그 행정처분에 이해관계를 갖는 사람이 고시 또는 공고가 있었다는 사실을 현실적으로 알았는지 여부에 관계없이 고시 또는 공고가 효력을 발생한 날에 행정처분이 있음을 알았다고 보아야 한다.

③ 취소소송이 제기된 후에 피고를 경정하는 경우 제소기간의 준수 여부는 피고를 경정한 때를 기준으로 판단한다.

④ 구 「도시 및 주거환경정비법」상 조합설립추진위원회 구성승인처분을 다투는 소송계속 중 조합설립인가처분이 이루어진 경우 조합설립추진위원회 구성승인처분에 대하여 취소 또는 무효확인을 구할 법률상 이익이 없다.

문 17. 항고소송의 대상이 되는 처분에 해당하는 사실행위만을 모두 고른 것은? (다툼이 있는 경우 판례에 의함)

┌───
│ ㄱ. 수형자의 서신을 교도소장이 검열하는 행위
│ ㄴ. 구청장이 사회복지법인에 특별감사 결과 지적사항에
│   대한 시정지시와 그 결과를 관계서류와 함께 보고하
│   도록 지시한 경우, 그 시정지시
│ ㄷ. 구 「공원법」에 의해 건설부장관이 행한 국립공원지정
│   처분에 따라 공원관리청이 행한 경계측량 및 표지의
│   설치
└───

① ㄱ
② ㄱ, ㄴ
③ ㄴ, ㄷ
④ ㄱ, ㄴ, ㄷ

문 18. 이행강제금에 대한 설명으로 옳지 <u>않은</u> 것은? (다툼이 있는 경우 판례에 의함)

① 「건축법」 제79조 제1항에 따른 위반 건축물 등에 대한 시정명령을 받은 자가 이를 이행하면, 허가권자는 새로운 이행강제금의 부과를 즉시 중지하되 이미 부과된 이행강제금은 징수하여야 한다.

② 건축주 등이 장기간 건축철거를 명하는 시정명령을 이행하지 아니하였다면, 비록 그 기간 중에 시정명령의 이행 기회가 제공되지 아니하였다가 뒤늦게 시정명령의 이행 기회가 제공된 경우라 하더라도, 행정청은 이행 기회가 제공되지 아니한 과거의 기간에 대한 이행강제금까지 한꺼번에 부과할 수 있다.

③ 사용자가 이행하여야 할 행정법상 의무의 내용을 초과하는 것을 '불이행 내용'으로 기재한 이행강제금 부과 예고서에 의하여 이행강제금 부과 예고를 한 다음 이를 이행하지 않았다는 이유로 이행강제금을 부과하였다면, 초과한 정도가 근소하다는 등의 특별한 사정이 없는 한 이행강제금 부과 예고는 이행강제금 제도의 취지에 반하는 것으로서 위법하고, 이에 터 잡은 이행강제금 부과처분 역시 위법하다.

④ 구 「건축법」상 이행강제금 납부의 최초 독촉은 징수처분으로서 항고소송의 대상이 되는 행정처분에 해당한다.

문 19. 행정대집행에 대한 설명으로 옳은 것은? (다툼이 있는 경우 판례에 의함)

① 대집행계고처분을 함에 있어서 의무이행을 할 수 있는 상당한 기간을 부여하지 아니하였다 하더라도, 행정청이 대집행계고처분 후에 대집행영장으로써 대집행의 시기를 늦추었다면 그 대집행계고처분은 적법한 처분이다.

② 의무자가 대집행에 요한 비용을 납부하지 않으면 당해 행정청은 「민법」 제750조에 기한 손해배상으로서 대집행비용의 상환을 구할 수 있다.

③ 「공유재산 및 물품 관리법」 제83조에 따라 지방자치단체장이 행정대집행의 방법으로 공유재산에 설치한 시설물을 철거할 수 있는 경우, 민사소송의 방법으로도 시설물의 철거를 구하는 것이 허용된다.

④ 구 「공공용지의 취득 및 손실보상에 관한 특례법」에 의한 협의취득 시 건물소유자가 협의취득대상 건물에 대하여 철거의무를 부담하겠다는 취지의 약정을 한 경우, 그 철거의무는 「행정대집행법」에 의한 대집행의 대상이 되지 않는다.

문 20. 행정계획에 대한 판례의 입장으로 옳지 <u>않은</u> 것은?

① 이미 고시된 실시계획에 포함된 상세계획으로 관리되는 토지 위의 건물의 용도를 상세계획 승인권자의 변경승인 없이 임의로 판매시설에서 상세계획에 반하는 일반 목욕장으로 변경한 사안에서, 그 영업신고를 수리하지 않고 영업소를 폐쇄한 처분은 위법하다.

② 개발제한구역지정처분의 입안·결정에 관하여 행정청은 광범위한 형성의 자유를 갖지만, 이익형량을 전혀 행하지 아니하거나 이익형량의 고려 대상에 마땅히 포함시켜야 할 사항을 누락하는 등 형량에 하자가 있는 행정계획은 위법하게 된다.

③ 「국토의 계획 및 이용에 관한 법률」상 도시계획시설결정에 이해관계가 있는 주민에게는 도시시설계획의 입안 내지 변경을 요구할 수 있는 법규상 또는 조리상의 신청권이 있다.

④ 비구속적 행정계획안이나 행정지침이라도 국민의 기본권에 직접적으로 영향을 끼치고, 앞으로 법령의 뒷받침에 의하여 그대로 실시될 것이 틀림없을 것으로 예상될 수 있을 때에는, 예외적으로 헌법소원의 대상이 될 수 있다.

해설편 ▶ P.105

걸음마를 시작하기 전에
규칙을 먼저 공부하는 사람은 없다.
직접 걸어 보고 계속 넘어지면서
배우는 것이다.

– 리처드 브랜슨(Richard Branson)

서울시 9급 공개경쟁채용 필기시험

응시번호	
성 명	

문제 책형

【시 험 과 목】

제1과목	국 어	제2과목	영 어	제3과목	한 국 사
제4·5과목	행정법총론, 행정학개론				

응시자 주의사항

1. **시험 시작 전**에 시험문제를 열람하는 행위나 **시험 종료 후** 답안을 작성하는 행위를 한 사람은 「지방공무원 임용령」 제65조 등 관련 법령에 의거 **부정행위자**로 처리됩니다.

2. 시험 시작 즉시 **과목편철 순서, 문제누락 여부, 인쇄상태 이상 유무 및 표지와 개별과목의 문제책형 일치 여부 등을 확인**한 후 문제책 표지에 응시번호, 성명을 기재합니다.

3. 반드시 본인의 **응시표에 인쇄된 시험과목 순서에 따라** 제4과목과 제5과목의 **답안을 표기**하여야 합니다. 과목 순서를 바꾸어 표기한 경우에도 **본인의 응시표에 기재된 과목 순서대로 채점**되므로 반드시 유의하시기 바랍니다.

4. 시험이 시작되면 문제를 주의 깊게 읽은 후, **문항의 취지에 가장 적합한 하나의 정답만을 고르며**, 문제 내용에 관한 질문은 받지 않습니다.

5. **시험시간 관리의 책임**은 전적으로 응시자 본인에게 있습니다.

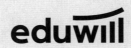

2019

6월 15일 시행
서울시 9급

| 풀이 시간: ___:___ ~ ___:___ / 점수: ___점

1초 합격예측! 모바일 성적분석표

QR 코드로 접속하여 문제 풀이시간을 측정하고,
〈1초 합격예측 & 모바일 성적분석표〉 서비스를 통해
지금 바로! 실력을 점검해 보세요.
http://eduwill.kr/oH46

문 1. 행정법의 법원(法源)에 대한 설명으로 가장 옳은 것은?

① 인간다운 생활을 할 권리와 같은 헌법상의 추상적인 기본권에 관한 규정은 행정법의 법원이 되지 못한다.

② 국제법규도 행정법의 법원이므로, 사인이 제기한 취소소송에서 WTO협정과 같은 국제협정 위반을 독립된 취소사유로 주장할 수 있다.

③ 위법한 행정관행에 대해서도 신뢰보호의 원칙이 적용될 수 있다.

④ 행정의 자기구속의 원칙은 처분청이 아닌 제3자 행정청에 대해서도 적용된다.

문 2. 행정입법에 대한 설명 중 가장 옳지 않은 것은?

① 헌법이 인정하고 있는 위임입법의 형식은 예시적인 것이다.

② 행정 각부가 아닌 국무총리 소속의 독립기관은 독립하여 법규명령을 발할 수 있다.

③ 행정규칙인 고시가 법령의 수권에 의해 법령을 보충하는 사항을 정하는 경우에는 근거 법령규정과 결합하여 대외적으로 구속력 있는 법규명령의 효력을 갖는다.

④ 재량권 행사의 기준을 정하는 행정규칙을 재량준칙이라 한다.

문 3. 법률유보원칙에 관한 설명으로 가장 옳은 것은?

① 헌법재판소 결정에 따를 때 기본권 제한에 관한 법률유보원칙은 법률에 근거한 규율을 요청하는 것이므로 그 형식이 반드시 법률일 필요는 없더라도 법률상의 근거는 있어야 한다.

② 행정상 즉시강제는 개인에게 미리 의무를 명할 시간적 여유가 없는 경우를 전제로 하므로 그 긴급성을 고려할 때 원칙적으로 법률적 근거를 요하지 아니한다.

③ 헌법재판소는 법률이 공법적 단체 등의 정관에 자치법적 사항을 위임하는 경우에는 의회유보원칙이 적용될 여지가 없다고 한다.

④ 헌법재판소는 국회의 의결을 거쳐 확정되는 예산도 일종의 법규범이므로 법률과 마찬가지로 국가기관뿐만 아니라 국민도 구속한다고 본다.

문 4. 「행정절차법」상 행정절차에 관한 설명 중 가장 옳지 않은 것은?

① 지방의회의 의결을 거치거나 동의 또는 승인을 받아 행하는 사항에 대해서는 「행정절차법」이 적용되지 않는다.

② 고시 등 불특정다수인을 상대로 의무를 부과하거나 권익을 제한하는 처분의 경우, 그 상대방에게 의견제출의 기회를 주어야 하는 것은 아니다.

③ 신청에 따른 처분이 이루어지지 않은 경우에는 특별한 사정이 없는 한 사전통지의 대상이 된다고 할 수 없다.

④ 인허가 등을 취소하는 경우에는 개별법령상 청문을 하도록 하는 근거 규정이 없고 의견제출기한 내에 당사자 등의 신청이 없는 경우에도 청문을 하여야 한다.

문 5. 갑(甲)은 영업허가를 받아 영업을 하던 중 자신의 영업을 을(乙)에게 양도하고자 을과 사업양도양수계약을 체결하고 관련 법령에 따라 관할 행정청 A에게 지위승계신고를 하였다. 이에 대한 설명으로 가장 옳지 않은 것은?

① 갑과 을 사이의 사업양도양수계약이 무효이더라도 A가 지위승계신고를 수리하였다면 그 수리는 취소되기 전까지 유효하다.

② A가 지위승계신고의 수리를 거부한 경우 갑은 수리거부에 대해 취소소송으로 다툴 수 있다.

③ 갑과 을이 사업양도양수계약을 체결하였으나 지위승계신고 이전에 갑에 대해 영업허가가 취소되었다면, 을은 이를 다툴 법률상 이익이 있다.

④ 갑과 을이 관련 법령상 요건을 갖춘 적법한 신고를 하였더라도 A가 이를 수리하지 않았다면 지위승계의 효력이 발생하지 않는다.

문 6. 제3자효 행정행위에 관한 설명으로 가장 옳지 않은 것은?

① 행정행위는 상대방에 대한 통지(도달)로서 효력이 발생하며, 행정청은 개별법에서 달리 정하지 않는 한 제3자인 이해관계인에 대한 행정행위 통지의무를 부담하지 않는다.

② 제3자인 이해관계인은 법원의 참가결정이 없어도 관계 처분에 의하여 자신의 법률상 이익이 침해되는 한 청문이나 공청회 등 의견청취절차에 참가할 수 있다.

③ 제3자가 어떠한 방법에 의하든지 행정처분이 있었음을 안 경우에는 안 날로부터 90일 이내에 행정심판이나 행정소송을 제기하여야 한다.

④ 갑(甲)에 대한 건축허가에 의하여 법률상 이익을 침해받은 인근주민 을(乙)이 취소소송을 제기한 경우 을은 소송당사자로서 「행정소송법」 소정의 요건을 충족하는 한 그가 다투는 행정처분의 집행정지를 신청할 수 있다.

문 7. 강학상 특허가 아닌 것만을 〈보기〉에서 모두 고른 것은?

〈보기〉
ㄱ. 관할청의 구 「사립학교법」에 따른 학교법인의 이사장 등 임원취임승인행위
ㄴ. 「출입국관리법」상 체류자격 변경허가
ㄷ. 구 「수도권 대기환경개선에 관한 특별법」상 대기오염물질 총량관리사업장 설치의 허가
ㄹ. 지방경찰청장이 운전면허시험에 합격한 사람에게 발급하는 운전면허
ㅁ. 개발촉진지구 안에서 시행되는 지역개발사업에 관한 지정권자의 실시계획승인처분

① ㄱ, ㄷ
② ㄱ, ㄹ
③ ㄴ, ㄹ
④ ㄷ, ㅁ

문 8. 행정소송의 판결의 효력에 관한 설명으로 가장 옳은 것은?

① 기속력은 청구인용판결뿐만 아니라 청구기각판결에도 미친다.
② 처분 등의 무효를 확인하는 확정판결은 소송당사자 이외의 제3자에 대하여는 효력이 미치지 않는다.
③ 사정판결의 경우에는 처분의 적법성이 아닌 처분의 위법성에 대하여 기판력이 발생한다.
④ 세무서장을 피고로 하는 과세처분취소소송에서 패소하여 그 판결이 확정된 자가 국가를 피고로 하여 과세처분의 무효를 주장하여 과오납금반환청구소송을 제기하더라도 취소소송의 기판력에 반하는 것은 아니다.

문 9. 행정행위의 부관에 대한 설명으로 가장 옳지 않은 것은?

① 처분 전에 미리 상대방과 협의하여 부담의 내용을 협약의 형식으로 정한 다음 처분을 하면서 해당 부관을 붙이는 것도 가능하다.
② 부관이 처분 당시의 법령으로는 적법하였으나 처분 후 근거 법령이 개정되어 더 이상 부관을 붙일 수 없게 되었다면 당초의 부관도 소급하여 효력이 소멸한다.
③ 처분을 하면서 처분과 관련한 소의 제기를 금지하는 내용의 부제소특약을 부관으로 붙이는 것은 허용되지 않는다.
④ 부당결부금지 원칙에 위반하여 허용되지 않는 부관을 행정처분과 상대방 사이의 사법상 계약의 형식으로 체결하는 것은 허용되지 않는다.

문 10. 판례에 따를 때 항고소송의 대상이 되는 처분에 해당하는 것은?

① 구 「약관의 규제에 관한 법률」에 따른 공정거래위원회의 표준약관 사용권장행위
② 지적공부소관청이 토지대장상의 소유자명의변경신청을 거부한 행위
③ 「국세기본법」에 따른 과세관청의 국세환급금결정
④ 「국가균형발전 특별법」에 따른 시·도지사의 혁신도시 최종입지 선정행위

문 11. 「공공기관의 정보공개에 관한 법률」에 따른 정보공개제도에 관한 설명으로 가장 옳은 것은?

① 정보공개청구권자인 '모든 국민'에는 자연인 외에 법인, 권리능력 없는 사단·재단도 포함되므로 지방자치단체도 포함된다.
② 공개청구의 대상 정보가 이미 다른 사람에게 널리 알려져 있거나 인터넷검색을 통해 쉽게 알 수 있는 경우에는 비공개결정을 할 수 있다.
③ 정보를 취득 또는 활용할 의사가 전혀 없이 사회통념상 용인될 수 없는 부당이득을 얻으려는 목적의 정보공개청구는 권리남용행위로서 허용되지 않는다.
④ 공개청구된 정보가 제3자와 관련이 있는 경우 행정청은 제3자에게 통지하여야 하고 의견을 들을 수 있으나, 제3자가 비공개를 요청할 권리를 갖지는 않는다.

문 12. 「행정심판법」상 행정심판에 관한 설명으로 가장 옳지 않은 것은?

① 무효등확인심판에서는 사정재결이 허용되지 아니한다.
② 거부처분에 대한 취소심판이나 무효등확인심판청구에서 인용재결이 있었음에도 불구하고 피청구인인 행정청이 재결의 취지에 따른 처분을 하지 아니한 경우에는 당사자가 신청하면 행정심판위원회는 기간을 정하여 서면으로 시정을 명하고 그 기간에 이행하지 아니하면 직접 처분을 할 수 있다.
③ 행정청이 처분을 할 때에 처분의 상대방에게 심판청구 기간을 알리지 아니한 경우에는 처분이 있었던 날부터 180일까지가 취소심판이나 의무이행심판의 청구기간이 된다.
④ 종로구청장의 처분이나 부작위에 대한 행정심판청구는 서울특별시 행정심판위원회에서 심리·재결하여야 한다.

문 13. 「질서위반행위규제법」에 관한 설명으로 가장 옳은 것은?

① 「민법」상의 의무를 위반하여 과태료를 부과하는 행위는 「질서위반행위규제법」상 질서위반행위에 해당한다.

② 하나의 행위가 2 이상의 질서위반행위에 해당하는 경우에는 각 질서위반행위에 대하여 정한 과태료를 합산하여 부과한다.

③ 과태료는 행정청의 과태료 부과처분이나 법원의 과태료 재판이 확정된 후 3년간 징수하지 아니하거나 집행하지 아니하면 시효로 인하여 소멸한다.

④ 과태료 사건은 다른 법령에 특별한 규정이 있는 경우를 제외하고는 당사자의 주소지의 지방법원 또는 그 지원의 관할로 한다.

문 14. 〈보기〉의 행정행위의 하자와 행정소송 상호 간의 관계에 관한 설명으로 옳은 것을 모두 고른 것은?

─────〈보기〉─────

ㄱ. 취소사유 있는 영업정지처분에 대한 취소소송의 제소기간이 도과한 경우 처분의 상대방은 국가배상청구소송을 제기하여 재산상 손해의 배상을 구할 수 있다.

ㄴ. 취소사유 있는 과세처분에 의하여 세금을 납부한 자는 과세처분취소소송을 제기하지 않은 채 곧바로 부당이득반환청구소송을 제기하더라도 납부한 금액을 반환받을 수 있다.

ㄷ. 파면처분을 당한 공무원은 그 처분에 취소사유인 하자가 존재하는 경우 파면처분취소소송을 제기하여야 하고 곧바로 공무원지위확인소송을 제기할 수 없다.

ㄹ. 무효인 과세처분에 의하여 세금을 납부한 자는 납부한 세금을 반환받기 위하여 부당이득반환청구소송을 제기하지 않고 곧바로 과세처분무효확인소송을 제기할 수 있다.

① ㄱ, ㄴ   ② ㄷ, ㄹ
③ ㄱ, ㄷ, ㄹ   ④ ㄴ, ㄷ, ㄹ

문 15. 국가배상에 관한 설명으로 가장 옳지 않은 것은?

① 소방공무원들이 다중이용업소인 주점의 비상구와 피난시설 등에 대한 점검을 소홀히 함으로써 주점의 피난통로 등에 중대한 피난 장애요인이 있음을 발견하지 못하여 업주들에 대한 적절한 지도·감독을 하지 아니한 경우 직무상 의무 위반과 주점 손님들의 사망 사이에 상당인과관계가 인정된다.

② 일본 「국가배상법」이 국가배상청구권의 발생요건 및 상호보증에 관하여 우리나라 「국가배상법」과 동일한 내용을 규정하고 있는 점 등에 비추어 우리나라와 일본 사이에 우리나라 「국가배상법」 제7조가 정하는 상호보증이 있다.

③ 국가배상청구권의 소멸시효 기간이 지났으나 국가가 소멸시효 완성을 주장하는 것이 신의성실의 원칙에 반하는 권리남용으로 허용될 수 없어 배상책임을 이행한 경우에는, 그 소멸시효 완성 주장이 권리남용에 해당하게 된 원인행위와 관련하여 해당 공무원이 그 원인이 되는 행위를 적극적으로 주도하였다는 등의 특별한 사정이 없는 한, 국가가 해당 공무원에게 구상권을 행사하는 것은 신의칙상 허용되지 않는다.

④ 전투·훈련 등 직무집행과 관련하여 공상을 입은 군인 등이 먼저 「국가배상법」에 따라 손해배상금을 지급받은 다음 「보훈보상대상자 지원에 관한 법률」이 정한 보상금 등 보훈급여금의 지급을 청구하는 경우, 보훈지청장은 「국가배상법」에 따라 손해배상을 받았다는 사정을 들어 지급을 거부할 수 있다.

문 16. 〈보기〉의 법률규정에 대한 설명으로 가장 옳지 않은 것은?

─────〈보기〉─────

「여객자동차 운수사업법」 제88조(과징금 처분) ① 국토교통부장관 또는 시·도지사는 여객자동차 운수사업자가 제49조의6 제1항 또는 제85조 제1항 각 호의 어느 하나에 해당하여 사업정지 처분을 하여야 하는 경우에 그 사업정지 처분이 그 여객자동차 운수사업을 이용하는 사람들에게 심한 불편을 주거나 공익을 해칠 우려가 있는 때에는 그 사업정지 처분을 갈음하여 5천만 원 이하의 과징금을 부과·징수할 수 있다.

① 과징금 부과처분은 제재적 행정처분이므로 현실적인 행위자에 부과하여야 하며 위반자의 고의·과실을 요한다.

② 사업정지처분을 내릴 것인지 과징금을 부과할 것인지는 통상 행정청의 재량에 속한다.

③ 과징금 부과처분에는 원칙적으로 「행정절차법」이 적용된다.

④ 과징금은 행정목적 달성을 위하여, 행정법규 위반이라는 객관적 사실에 착안하여 부과된다.

문 17. 행정벌에 대한 설명으로 가장 옳지 않은 것은?

① 법인의 독자적인 책임에 관한 규정이 없이 단순히 종업원이 업무에 관한 범죄행위를 하였다는 이유만으로 법인에게 형사처벌을 과하는 것은 책임주의 원칙에 반한다.

② 죄형법정주의 원칙 등 형벌법규의 해석 원리는 행정형벌에 관한 규정을 해석할 때에도 적용되어야 한다.

③ 양벌규정에 의해 영업주가 처벌되기 위해서는 종업원의 범죄가 성립하거나 처벌이 이루어져야 함이 전제조건이 되어야 한다.

④ 지방자치단체 소속 공무원이 자치사무를 수행하던 중 법위반행위를 한 경우 지방자치단체는 같은 법의 양벌규정에 따라 처벌되는 법인에 해당한다.

문 18. 〈보기〉의 행정상 법률관계 중 행정소송의 대상이 되는 경우만을 모두 고른 것은?

─────〈보기〉─────
ㄱ. 「지방재정법」에 따라 지방자치단체가 당사자가 되어 체결하는 계약에 있어 계약보증금의 귀속조치
ㄴ. 국유재산의 무단점유자에 대한 변상금의 부과
ㄷ. 시립무용단원의 해촉
ㄹ. 행정재산의 사용·수익허가 신청의 거부
──────────────

① ㄱ, ㄷ
② ㄴ, ㄹ
③ ㄱ, ㄷ, ㄹ
④ ㄴ, ㄷ, ㄹ

문 19. 대집행에 관한 설명으로 가장 옳지 않은 것은?

① 건물의 점유자가 철거의무자일 때에는 건물철거의무에 퇴거의무도 포함되어 있는 것이어서 별도로 퇴거를 명하는 집행권원이 필요하지 않다.

② 구 토지수용법상 피수용자 등이 기업자에 대하여 부담하는 수용대상 토지의 인도의무는 특별한 사정이 없는 한 「행정대집행법」에 의한 대집행의 대상이 될 수 없다.

③ 민사소송절차에 따라 「민법」 제750조에 기한 손해배상으로서 대집행비용의 상환을 구하는 청구는 소의 이익이 없어 부적법하다.

④ 해가 지기 전에 대집행에 착수한 경우라고 할지라도 해가 진 후에는 대집행을 할 수 없다.

문 20. 행정소송에 있어서 일부취소판결의 허용 여부에 대한 판례의 입장으로 가장 옳은 것은?

① 재량행위의 성격을 갖는 과징금 부과처분이 법이 정한 한도액을 초과하여 위법한 경우에는 법원으로서는 그 한도액을 초과한 부분만을 취소할 수 있다.

② 「독점규제 및 공정거래에 관한 법률」을 위반한 광고행위와 표시행위를 하였다는 이유로 공정거래위원회가 사업자에 대하여 법위반사실공표명령을 행한 경우, 표시행위에 대한 법위반사실이 인정되지 아니한다면 법원으로서는 그 부분에 대한 공표명령의 효력만을 취소할 수 있을 뿐, 공표명령 전부를 취소할 수 있는 것은 아니다.

③ 개발부담금 부과처분에 대한 취소소송에서 당사자가 제출한 자료에 의하여 정당한 부과금액을 산출할 수 없는 경우에도 법원은 증거조사를 통하여 정당한 부과금액을 산출한 후 정당한 부과금액을 초과하는 부분만을 취소하여야 한다.

④ 「독점규제 및 공정거래에 관한 법률」을 위반한 수개의 행위에 대하여 공정거래위원회가 하나의 과징금 부과처분을 하였으나 수개의 위반행위 중 일부의 위반행위에 대한 과징금부과만이 위법하고, 그 일부의 위반행위를 기초로 한 과징금액을 산정할 수 있는 자료가 있는 경우에도 법원은 과징금 부과처분 전부를 취소하여야 한다.

해설편 ▶ P.112

2018

6월 23일 시행
서울시 9급

| 풀이 시간: ____:____ ~ ____:____ / 점수: ____점

문 1. 행정법의 대상인 행정에 대한 설명으로 가장 옳지 **않은** 것은?

① 행정은 적극적 미래지향적 형성작용이다.
② 국가행정과 자치행정은 행정주체를 기준으로 행정을 구분한 것이다.
③ 행정법의 대상이 되는 행정은 실질적 행정에 한한다.
④ 행정은 그 법 형식을 기준으로 하여 공법형식의 행정과 사법형식의 행정으로 구분할 수 있다.

문 2. 법률유보원칙에 대한 판례의 입장으로 가장 옳지 **않은** 것은?

① 법령의 규정보다 더 침익적인 조례는 법률유보원칙에 위반되어 위법하며 무효이다.
② 법률유보원칙에서 요구되는 법적 근거는 작용법적 근거를 의미하며, 조직법적 근거는 모든 행정권 행사에 있어서 당연히 요구된다.
③ 지방의회 의원에 대하여 유급보좌인력을 두는 것은 개별 지방의회의 조례로써 규정할 사항이 아니라 국회의 법률로써 규정하여야 할 입법사항이다.
④ 토지등소유자가 도시환경정비사업을 시행하는 경우 사업시행인가 신청에 필요한 토지등소유자의 동의정족수를 토지등소유자가 자치적으로 정하여 운영하는 규약에 정하도록 한 것은 법률유보원칙에 위반된다.

문 3. 행정행위와 이에 대한 분류 또는 설명으로 가장 옳지 **않은** 것은?

① 한의사 면허: 진료행위를 할 수 있는 능력을 설정하는 설권행위
② 행정재산에 대한 사용허가: 특정인에게 행정재산을 사용할 권리를 설정하여 주는 행위
③ 재개발조합설립에 대한 인가: 공법인의 지위를 부여하는 설권적 처분
④ 재개발조합의 사업시행계획인가: 조합의 행위에 대한 보충행위

문 4. 행정상 손실보상에 대한 설명으로 가장 옳은 것은?

① 헌법재판소는 공용침해로 인한 특별한 손해에 대한 보상규정이 없는 경우에 관련 보상규정을 유추적용하여 보상하려는 경향이 있다.
② 공공용물에 관하여 적법한 개발행위 등이 이루어져 일정 범위의 사람들의 일반사용이 종전에 비하여 제한받게 되었다 하더라도 특별한 사정이 없는 한 이는 특별한 손실에 해당한다고 할 수 없다.
③ 공익사업의 시행으로 토석채취허가를 연장받지 못한 경우 그로 인한 손실은 적법한 공권력의 행사로 가하여진 재산상의 특별한 희생으로서 손실보상의 대상이 된다.
④ 개발제한구역 지정으로 인한 지가의 하락은 원칙적으로 토지소유자가 감수해야 하는 사회적 제약의 범주에 속하나, 지가의 하락이 20% 이상으로 과도한 경우에는 특별한 희생에 해당한다.

문 5. 재결취소소송에 대한 설명으로 가장 옳지 **않은** 것은?

① 교원징계처분에 대해 취소소송을 제기하는 경우 사립학교 교원이나 국공립학교 교원 모두 원처분주의가 적용된다.
② 국공립학교 교원의 경우에는 원처분주의에 따라 원처분만이 소의 대상이 된다.
③ 사립학교 교원에 대한 학교법인의 징계는 항고소송의 대상이 되는 처분이 아니다.
④ 사립학교 교원의 경우에는 소청심사위원회의 결정이 원처분이 된다.

문 6. 판례가 그 법적 성질을 <u>다르게</u> 본 것은?

① 학교환경위생정화구역의 금지행위 해제

② 토지거래계약허가

③ 사회복지법인의 정관변경허가

④ 자동차관리사업자단체의 조합설립인가

문 7. 행정대집행에 대한 설명으로 가장 옳지 <u>않은</u> 것은?

① 대집행의 대상이 되는 행위는 법률에서 직접 명령된 것이 아니라, 법률에 의거한 행정청의 명령에 의한 행위를 말한다.

② 법령에서 정한 부작위의무 자체에서 의무위반으로 인해 형성된 현상을 제거할 작위의무가 바로 도출되는 것은 아니다.

③ 건물의 용도에 위반되어 장례식장으로 사용하는 것을 중지할 것을 명한 경우, 이 중지의무는 대집행의 대상이 아니다.

④ 공익사업을 위해 토지를 협의 매도한 종전 토지소유자가 토지 위의 건물을 철거하겠다는 약정을 하였다고 하더라도 이러한 약정 불이행시 대집행의 대상이 되지 아니한다.

문 8. 행정행위의 직권취소 및 철회에 대한 설명으로 가장 옳지 <u>않은</u> 것은?

① 한 사람이 여러 종류의 자동차 운전면허를 취득하는 경우뿐 아니라 이를 취소 또는 정지함에 있어서도 서로 별개의 것으로 취급하는 것이 원칙이다.

② 처분청은 하자 있는 행정행위의 행위자로서 그 하자를 시정할 위치에 있어 그 취소에 관한 법률의 규정이 없어도 행정행위를 취소할 수 있다.

③ 수익적 행정행위의 철회는 법령에 명시적인 규정이 있거나 행정행위의 부관으로 그 철회권이 유보되어 있는 경우, 또는 원래의 행정행위를 존속시킬 필요가 없게 된 사정변경이 생겼거나 또는 중대한 공익상의 필요가 발생한 경우 등의 예외적인 경우에만 허용된다.

④ 철회 자체가 행정행위의 성질을 가지는 것은 아니어서 「행정절차법」상 처분절차를 적용하여야 하는 것은 아니나, 신뢰보호원칙이나 비례원칙과 같은 행정법의 일반원칙은 준수해야 한다.

문 9. 행정소송의 피고적격에 대한 설명으로 가장 옳지 <u>않은</u> 것은?

① 조례가 항고소송의 대상이 되는 경우 피고는 지방자치단체의 의결기관으로서 조례를 제정한 지방의회이다.

② 대리권을 수여받은 데 불과하여 그 자신의 명의로는 행정처분을 할 권한이 없는 행정청의 경우 대리관계를 밝힘이 없이 그 자신의 명의로 행정처분을 하였다면 그에 대하여는 처분명의자인 당해 행정청이 항고소송의 피고가 되어야 하는 것이 원칙이다.

③ 취소소송은 다른 법률에 특별한 규정이 없는 한 그 처분 등을 행한 행정청을 피고로 하며, 당사자소송은 국가·공공단체 그 밖의 권리주체를 피고로 한다.

④ 「국가공무원법」에 의한 처분, 기타 본인의 의사에 반한 불리한 처분이나 부작위에 관한 행정소송을 제기할 때에 대통령의 처분 또는 부작위의 경우에는 소속 장관을 피고로 한다.

문 10. 「행정절차법」상 처분절차에 대한 설명으로 가장 옳지 <u>않은</u> 것은?

① 행정청이 법인이나 조합 등의 설립허가 취소처분을 할 때에는 청문을 해야 한다.

② 행정청에 처분을 구하는 신청을 전자문서로 하는 경우에는 행정청의 컴퓨터 등에 입력된 때에 신청한 것으로 본다.

③ 행정청이 공공의 안전 또는 복리를 위하여 긴급히 처분을 할 필요가 있는 경우에는 의견청취를 하지 아니할 수 있다.

④ 처분의 전제가 되는 사실이 법원의 재판 등에 의하여 객관적으로 증명된 경우에는 행정청이 당사자에게 의무를 부과하거나 권익을 제한하는 처분을 하는 경우에도 사전통지를 하지 아니할 수 있다.

문 11. 행정규칙에 대한 설명으로 가장 옳은 것은?

　① 행정각부의 장이 정하는 고시라도 법령 내용을 보충하는 기능을 가지는 경우에는 형식과 상관 없이 근거 법령규정과 결합하여 법규명령의 효력을 가진다.

　② 구「지방공무원보수업무 등 처리지침」은 안전행정부(현재 행정안전부) 예규로서 행정규칙의 성질을 가진다.

　③ 법령에 근거를 둔 고시는 상위법령의 위임범위를 벗어난 경우에도 법규명령으로서 기능한다.

　④ 2014년도 건물 및 기타물건 시가표준액 조정기준은 「건축법」 및 지방세법령의 위임에 따른 것이지만 행정규칙의 성격을 가진다.

문 12. 행정행위의 부관에 대한 설명으로 가장 옳지 않은 것은?

　① 부담은 행정청이 행정처분을 하면서 일방적으로 부가할 수도 있지만 부담을 부가하기 이전에 상대방과 협의하여 부담의 내용을 협약의 형식으로 미리 정한 다음 행정처분을 하면서 이를 부가할 수도 있다.

　② 행정청이 수익적 행정처분을 하면서 사전에 상대방과 체결한 협약상의 의무를 부담으로 부가하였는데 부담의 전제가 된 주된 행정처분의 근거 법령이 개정되어 부관을 붙일 수 없게 된 경우, 위 협약의 효력이 소멸한다.

　③ 부관은 행정의 탄력성을 보장하는 기능을 갖는다.

　④ 행정행위의 부관은 부담인 경우를 제외하고는 독립하여 행정소송의 대상이 될 수 없다.

문 13. 행정심판제도에 대한 설명으로 가장 옳지 않은 것은?

　① 행정심판청구는 엄격한 형식을 요하지 않는 서면행위로 해석된다.

　② 행정처분이 있은 날이라 함은 그 행정처분의 효력이 발생한 날을 의미한다.

　③ 행정심판의 가구제제도에는 집행정지제도와 임시처분제도가 있다.

　④ 행정심판재결의 기속력은 인용재결뿐만 아니라 각하재결과 기각재결에도 인정되는 효력이다.

문 14. A시장은 새로 확장한 시청 청사 1층의 휴게공간을 갑(甲)에게 커피 전문점 공간으로 임대하였다. 임대기간이 만료되었으나 갑(甲)은 투자금보전 등을 요구하면서 휴게공간을 불법적으로 점유하고 있다. 이에 대한 설명으로 가장 옳은 것은?

　① A시장은 휴게공간을 종합민원실로 사용하기 위해서는 즉시강제 형태로 공간을 확보할 수 있다.

　② A시장은 갑(甲)에게 퇴거와 공간반환을 독촉한 후 강제징수절차를 밟을 수 있다.

　③ A시장은 갑(甲)에게 퇴거를 명하고 갑(甲)이 불응하면 「행정대집행법」에 의한 대집행을 실시할 수 있다.

　④ A시장은 갑(甲)에 대하여 변상금을 부과징수할 수 있으며 원상회복명령을 하거나 갑(甲)을 상대로 점유의 이전을 구하는 민사소송을 제기할 수 있다.

문 15. 판례가 행정소송의 대상이 아니라 민사소송의 대상이라고 판단한 것만을 〈보기〉에서 모두 고른 것은?

〈보기〉
ㄱ. 개발부담금 부과처분 취소로 인한 그 과오납금의 반환을 청구하는 소송
ㄴ. 공립유치원 전임강사에 대한 해임처분의 시정 및 수령지체된 보수의 지급을 구하는 소송
ㄷ. 「도시 및 주거환경정비법」상 관리처분계획안에 대한 조합 총회결의의 효력을 다투는 소송
ㄹ. 공무원의 직무상 불법행위로 손해를 받은 국민이 국가 또는 공공단체에 배상을 청구하는 소송
ㅁ. 「하천구역 편입토지 보상에 관한 특별조치법」 제2조 제1항의 규정에 의한 손실보상금의 지급을 구하거나 손실보상청구권의 확인을 구하는 소송

① ㄱ, ㄷ　　　　② ㄱ, ㄹ
③ ㄴ, ㅁ　　　　④ ㄱ, ㄹ, ㅁ

문 16. 행정행위의 하자승계에 대한 설명으로 가장 옳지 <u>않은</u> 것은?

① 위법한 개별공시지가결정에 대하여 그 정해진 시정절차를 통하여 시정하도록 요구하지 아니하였다는 이유로 위법한 개별공시지가를 기초로 한 과세처분 등 후행 행정처분에서 개별공시지가결정의 위법을 주장할 수 없도록 하는 것은 수인한도를 넘는 불이익을 강요하는 것이다.

② 사업시행계획과 관리처분계획은 서로 독립하여 별개의 법적 효과를 발생시키는 것으로서 사업시행계획의 수립에 관한 취소사유인 하자가 관리처분계획에 승계되지 아니한다.

③ 대집행의 계고, 대집행영장에 의한 통지, 대집행의 실행, 대집행비용의 납부명령은 동일한 행정목적을 달성하기 위하여 일련의 절차로 연속하여 행하여지는 것으로서, 서로 결합하여 하나의 법률효과를 발생시키는 것이다.

④ 선행처분과 후행처분이 서로 독립하여 별개의 법률효과를 목적으로 하는 경우에 선행처분이 당연무효의 하자가 있다는 이유로 후행처분의 효력을 다툴 수 없다.

문 17. 「행정절차법」상 처분의 사전통지 혹은 의견제출의 기회를 부여할 사항이 <u>아닌</u> 것은?

① 공무원시보임용이 무효임을 이유로 정규임용을 취소하는 경우

② 공사중지명령을 하기 전에 사전통지를 하게 되면 많은 액수의 보상금을 기대하여 공사를 강행할 우려가 있는 경우

③ 수익적 처분을 바라는 신청에 대한 거부처분

④ 무단으로 용도변경된 건물에 대해 건물주에게 시정명령이 있을 것과 불이행시 이행강제금이 부과될 것이라는 점을 설명한 후, 다음 날 시정명령을 한 경우

문 18. 국가배상책임에 대한 설명으로 가장 옳지 <u>않은</u> 것은?

① 국가배상책임에서의 법령위반에는 널리 그 행위가 객관적인 정당성을 결여하고 있는 경우도 포함된다.

② 담당공무원이 주택구입대부제도와 관련하여 지급보증서 제도에 관해 알려주지 않은 조치는 법령위반에 해당하지 않는다.

③ 공무원의 직무집행이 법령이 정한 요건과 절차에 따라 이루어진 것이라도, 그 과정에서 개인의 권리가 침해되면 법령위반에 해당한다.

④ 교육공무원 성과상여금 지급지침에서 기간제 교원을 성과상여금 지급 대상에서 제외하여도 이에 대해 국가배상책임이 있다고 할 수 없다.

문 19. 정보공개에 관한 설명으로 판례의 입장과 일치하지 <u>않는</u> 것은?

① 「공공기관의 정보공개에 관한 법률」상 공개 대상이 되는 정보는 공공기관이 직무상 작성 또는 취득하여 현재 보유·관리하고 있는 문서에 한정되기는 하지만, 반드시 원본일 필요는 없다.

② 지방자치단체의 업무추진비 세부항목별 집행내역 및 그에 관한 증빙서류에 포함된 개인에 관한 정보는 비공개 대상 정보에 해당한다.

③ 지방자치단체 또한 법인격을 가지므로 「공공기관의 정보공개에 관한 법률」 제5조에서 정한 정보공개청구권자인 '국민'에 해당한다.

④ 이미 다른 사람에게 공개하여 널리 알려져 있다거나 인터넷이나 관보 등을 통하여 공개하여 인터넷검색이나 도서관에서의 열람 등을 통하여 쉽게 알 수 있다는 사정만으로는 소의 이익이 없다고 할 수 없다.

문 20. 「행정소송법」상 소의 종류의 변경에 대한 설명으로 옳은 것을 〈보기〉에서 모두 고른 것은?

〈보기〉
ㄱ. 소의 종류의 변경은 직권으로도 가능하다.
ㄴ. 항소심에서도 소의 종류의 변경은 가능하다.
ㄷ. 당사자소송을 항고소송으로 변경하는 것은 허용되지 않는다.
ㄹ. 소의 종류의 변경의 요건을 갖춘 경우 면직처분취소소송을 공무원보수지급청구소송으로 변경하는 것은 가능하다.

① ㄱ, ㄴ   ② ㄱ, ㄹ
③ ㄴ, ㄷ   ④ ㄴ, ㄹ

해설편 ▶ P.117

2017
6월 24일 시행
서울시 9급

| 풀이 시간: ___:___ ~ ___:___ / 점수: ___점

문 1. 행정행위의 효력발생요건에 관한 설명으로 가장 옳지 <u>않은</u> 것은? (다툼이 있는 경우 판례에 의함)

① 행정행위의 효력발생요건으로서의 도달은 상대방이 그 내용을 현실적으로 알 필요까지는 없고, 다만 알 수 있는 상태에 놓여짐으로써 충분하다.

② 교부에 의한 송달은 수령확인서를 받고 문서를 교부함으로써 하며, 송달하는 장소에서 송달받을 자를 만나지 못한 경우에는 그 사무원·피용자 또는 동거인으로서 사리를 분별할 지능이 있는 사람에게 문서를 교부할 수 있다.

③ 정보통신망을 이용한 송달은 송달받을 자의 동의 여부와 상관 없이 허용된다.

④ 판례는 내용증명우편이나 등기우편과는 달리 보통우편의 방법으로 발송되었다는 사실만으로는 그 우편물이 상당한 기간 내에 도달하였다고 추정할 수 없고, 송달의 효력을 주장하는 측에서 증거에 의하여 이를 입증하여야 한다고 본다.

문 2. 「행정소송법」상 취소판결의 효력 중 기속력에 관한 설명으로 가장 옳지 <u>않은</u> 것은? (다툼이 있는 경우 판례에 의함)

① 종전 확정판결의 행정소송 과정에서 한 주장 중 처분사유가 되지 아니하여 판결의 판단 대상에서 제외된 부분을 행정청이 그 후 새로이 행한 처분의 적법성과 관련하여 새로운 소송에서 다시 주장하는 것은 확정판결의 기판력에 저촉된다.

② 여러 법규 위반을 이유로 한 영업허가취소처분이 처분의 이유로 된 법규위반 중 일부가 인정되지 않고 나머지 법규위반으로는 영업허가취소처분이 비례의 원칙에 위반된다고 취소된 경우에 판결에서 인정되지 않은 법규 위반사실을 포함하여 다시 영업정지처분을 내리는 것은 동일한 행위의 반복은 아니지만 판결의 취지에 반한다.

③ 파면처분에 대한 취소판결이 확정되면 파면되었던 원고를 복직시켜야 한다.

④ 법규위반을 이유로 내린 영업허가취소처분이 비례의 원칙 위반으로 취소된 경우에 동일한 법규위반을 이유로 영업정지처분을 내리는 것은 기속력에 반하지 않는다.

문 3. 「공공기관의 정보공개에 관한 법률」에 관한 설명으로 가장 옳지 <u>않은</u> 것은? (다툼이 있는 경우 판례에 의함)

① 이해관계자인 당사자에게 문서열람권을 인정하는 「행정절차법」상의 정보공개와는 달리 「공공기관의 정보공개에 관한 법률」은 모든 국민에게 정보공개청구를 허용한다.

② 행정정보공개의 출발점은 국민의 알 권리인데, 알 권리 자체는 헌법상으로 명문화되어 있지 않음에도 불구하고, 우리 헌법재판소는 초기부터 국민의 알 권리를 헌법상의 기본권으로 인정하여 왔다.

③ 재건축사업계약에 의하여 조합원들에게 제공될 무상보상평수 산출내역은 법인 등의 영업상 비밀에 관한 사항이 아니며 비공개 대상 정보에 해당되지 않는다.

④ 판례는 '특별법에 의하여 설립된 특수법인'이라는 점만으로 정보공개의무를 인정하고 있으며, 다시금 해당 법인의 역할과 기능에서 정보공개의무를 지는 공공기관에 해당하는지 여부를 판단하지 않는다.

문 4. 「공익사업을 위한 토지 등의 취득 및 보상에 관한 법률」상 손실보상의 원칙에 관한 설명으로 옳지 <u>않은</u> 것은?

① 동일한 사업지역에 보상시기를 달리하는 동일인 소유의 토지 등이 여러 개 있는 경우 토지소유자나 관계인이 요구할 때에는 한꺼번에 보상금을 지급하도록 하여야 한다.

② 공익사업에 필요한 토지 등의 취득 또는 사용으로 인하여 토지소유자나 관계인이 입은 손실은 사업시행자가 보상하여야 한다.

③ 보상액의 산정은 협의에 의한 경우에는 협의 성립 당시의 가격을, 재결에 의한 경우에는 수용 또는 사용의 재결 당시의 가격을 기준으로 한다.

④ 보상액을 산정할 경우에 해당 공익사업으로 인하여 토지 등의 가격이 변동되었을 때에는 이를 고려하여야 한다.

문 5. 판례가 항고소송의 대상인 처분성을 부정한 것을 모두 고른 것은?

> ㄱ. 수도요금체납자에 대한 단수조치
> ㄴ. 전기·전화의 공급자에게 위법건축물에 대한 단전 또는 전화통화 단절조치의 요청행위
> ㄷ. 공무원에 대한 당연퇴직통지
> ㄹ. 「병역법」상의 신체등위판정
> ㅁ. 교육부장관이 내신성적 산정기준의 통일을 기하기 위해 시·도 교육감에게 통보한 대학입시 기본계획 내의 내신성적 산정지침

① ㄱ, ㄴ, ㄷ
② ㄴ, ㄹ, ㅁ
③ ㄱ, ㄴ, ㄹ, ㅁ
④ ㄴ, ㄷ, ㄹ, ㅁ

문 6. 행정조사에 관한 설명으로 옳은 것은?

① 행정조사는 사실행위의 형식으로만 가능하다.
② 조사대상자의 자발적 협조가 있을지라도 법령 등에서 행정조사를 규정하고 있어야 실시가 가능하다.
③ 조사대상자의 동의가 있는 경우 해가 뜨기 전이나 해가 진 뒤에도 현장조사가 가능하다.
④ 자발적인 협조에 따라 실시하는 행정조사에 대하여 조사대상자가 조사에 응할 것인지에 대한 응답을 하지 아니하는 경우에는 법령 등에 특별한 규정이 없는 한 그 조사에 동의한 것으로 본다.

문 7. 현행 「행정절차법」의 적용과 관련하여 가장 옳지 않은 것은? (다툼이 있는 경우 판례에 의함)

① 「행정절차법」은 행정절차에 관한 일반법이지만, '국회 또는 지방의회의 의결을 거치거나 동의 또는 승인을 얻어 행하는 사항'에 대하여는 「행정절차법」의 적용이 배제된다.
② 행정과정에 대한 국민의 참여와 행정의 공정성, 투명성 및 신뢰성을 확보하고 국민의 권익을 보호함을 목적으로 하는 「행정절차법」의 입법목적과 「행정절차법」 제3조 제2항 제9호의 규정 내용 등에 비추어 보면, 공무원 인사 관계 법령에 의한 처분에 관한 사항에 대하여 「행정절차법」의 적용이 배제된다.
③ 대법원에 따르면 「행정절차법」 적용이 제외되는 의결·결정에 대해서는 「행정절차법」을 적용하여 의견청취절차를 생략할 수는 없다.
④ 「행정절차법」은 「국세기본법」과는 달리 행정청에 대해서만 신의성실의 원칙에 따를 것을 규정하고 있다.

문 8. 판례에 따를 때 행정입법에 관한 설명으로 가장 옳지 않은 것은?

① 법률의 위임규정 자체가 그 의미 내용을 정확하게 알 수 있는 용어를 사용하여 위임의 한계를 분명히 하고 있는데도 고시에서 그 문언적 의미의 한계를 벗어나면 위임의 한계를 일탈한 것으로써 허용되지 아니한다.
② 한국표준산업분류는 우리나라의 산업구조를 가장 잘 반영하고 있고, 업종의 분류에 관하여 가장 공신력 있는 자료로 평가받고 있는 점 등을 고려하면, 업종의 분류에 관하여 판단자료와 전문성의 한계가 있는 대통령이나 행정 각부의 장에게 위임하기보다는 통계청장이 고시하는 한국표준산업분류에 위임할 필요성이 인정된다.
③ "가공품의 원료로 가공품이 사용될 경우 원산지표시는 원료로 사용된 가공품의 원료 농산물의 원산지를 표시하여야 한다."는 농림부고시인 '농산물원산지 표시요령'은 법규명령으로서의 대외적 구속력을 가진다.
④ 「공공기관의 운영에 관한 법률」에 따라 입찰참가자격 제한 기준을 정하고 있는 구 「공기업·준정부기관 계약사무규칙」, 「국가를 당사자로 하는 계약에 관한 법률 시행규칙」은 대외적으로 국민이나 법원을 기속하는 효력이 없다.

문 9. 다음 중 단계별 행정행위에 관한 판례의 태도로서 가장 옳지 않은 것은?

① 폐기물처리업에 대하여 관할 관청의 사전 적정통보를 받고 막대한 비용을 들여 허가요건을 갖춘 다음 허가신청을 하였음에도 청소업자의 난립으로 효율적인 청소업무의 수행에 지장이 있다는 이유로 한 불허가처분이 신뢰보호의 원칙에 반하여 재량권을 남용한 위법한 처분이다.
② 폐기물처리업 사업계획에 대하여 적정통보를 한 것만으로 그 사업부지 토지에 대한 국토이용계획변경신청을 승인하여 주겠다는 취지의 공적인 견해표명을 한 것으로 볼 수 없다.
③ 행정청이 내인가를 한 다음 이를 취소하는 행위는 인가신청을 거부하는 처분으로 보아야 한다.
④ 구 「주택건설촉진법」에 의한 주택건설사업계획 사전결정이 있는 경우 주택건설계획 승인처분은 사전결정에 기속되므로 다시 승인 여부를 결정할 수 없다.

문 10. 영업허가의 양도와 제재처분의 효과 및 제재사유의 승계에 관한 설명으로 가장 옳지 <u>않은</u> 것은? (다툼이 있는 경우 판례에 의함)

① 양도인의 위법행위로 양도인에게 이미 제재처분이 내려진 경우에 영업정지 등 그 제재처분의 효력은 양수인에게 당연히 이전된다.

② 주택건설사업이 양도되었으나 그 변경승인을 받기 이전에 행정청이 양수인에 대하여 양도인에 대한 사업계획승인을 취소하였다는 사실을 통지한 경우 이러한 통지는 양수인의 법률상 지위에 변동을 일으키므로 행정처분이다.

③ 회사분할시 분할 전 회사에 대한 제재사유가 신설회사에 대하여 승계되지 않으므로 회사의 분할 전 법 위반행위를 이유로 과징금을 부과하는 것은 허용되지 않는다.

④ 양도인이 위법행위를 한 후 제재를 피하기 위하여 영업을 양도한 경우 그 제재사유의 승계에 관하여 명문의 규정이 없는 경우, 위법행위로 인한 제재사유는 항상 인적 사유이고 경찰책임 중 행위책임의 문제라는 논거는 승계부정설의 논거이다.

문 11. 다음 사안에 관한 설명으로 가장 옳지 <u>않은</u> 것은? (다툼이 있는 경우 판례에 의함)

> 甲은 공중보건의로 근무하면서 乙을 치료하였는데 그 과정에서 乙은 패혈증으로 사망하였다. 유족들은 甲을 상대로 손해배상청구의 소를 제기하였고, 甲의 의료상 경과실이 인정된다는 이유로 甲에게 손해배상책임을 인정한 판결이 확정되었다. 이에 甲은 乙의 유족들에게 판결금 채무를 지급하였고, 이후 국가에 대해 구상권을 행사하였다.

① 공중보건의 甲은 「국가배상법」상의 공무원에 해당한다.

② 공중보건의 甲이 직무수행 중 불법행위로 乙에게 손해를 입힌 경우 국가 등이 국가배상책임을 부담하는 외에 甲 개인도 고의 또는 중과실이 있다고 한다면 민사상 불법행위로 인한 손해배상책임을 진다.

③ 乙의 유족에게 손해를 직접 배상한 경과실이 있는 공중보건의 甲은 국가에 대하여 자신이 변제한 금액에 대하여 구상권을 취득할 수 없다.

④ 공무원의 직무수행 중 불법행위로 인한 배상과 관련하여, 피해자가 공무원에 대해 직접적으로 손해배상을 청구할 수 있는지 여부에 대한 명시적 규정은 「국가배상법」상으로 존재하지 않는다.

문 12. 부관에 대한 행정쟁송에 관한 설명으로 옳지 <u>않은</u> 것은? (다툼이 있는 경우 판례에 의함)

① 부담이 아닌 부관은 독립하여 행정소송의 대상이 될 수 없으므로 이의 취소를 구하는 소송에 대하여는 각하판결을 하여야 한다.

② 위법한 부관에 대하여 신청인이 부관부 행정행위의 변경을 청구하고, 행정청이 이를 거부한 경우 동 거부처분의 취소를 구하는 소송을 제기할 수 있다.

③ 기부채납받은 행정재산에 대한 사용·수익허가에서 공유재산의 관리청이 정한 사용·수익허가의 기간은 그 허가의 효력을 제한하기 위한 행정행위의 부관으로서 이러한 사용·수익허가의 기간에 대해서는 독립하여 행정소송을 제기할 수 있다.

④ 토지소유자가 토지형질변경행위허가에 붙은 기부채납의 부관에 따라 토지를 국가나 지방자치단체에 기부채납(증여)한 경우, 기부채납의 부관이 당연무효이거나 취소되지 아니한 이상 토지소유자는 위 부관으로 인하여 증여계약의 중요부분에 착오가 있음을 이유로 증여계약을 취소할 수 없다.

문 13. 행정상 법률관계의 당사자에 관한 설명으로 옳은 것은? (다툼이 있는 경우 판례에 의함)

① 국가나 지방자치단체는 행정청과는 달리 당사자소송의 당사자가 될 수 있고 국가배상책임의 주체가 될 수 있다.

② 법인격 없는 단체는 공무수탁사인이 될 수 없다.

③ 「도시 및 주거환경정비법」에 따른 주택재건축정비조합은 공법인으로서 행정주체의 지위를 가진다고 보기 어렵다.

④ 「민영교도소 등의 설치·운영에 관한 법률」상의 민영교도소는 행정보조인(행정보조자)에 해당한다.

문 14. 판례가 행정행위의 하자의 승계를 인정한 것을 모두 고른 것은?

> ㄱ. 행정대집행에서의 계고와 대집행영장의 통지
> ㄴ. 안경사시험합격취소처분과 안경사면허취소처분
> ㄷ. 개별공시지가결정과 과세처분
> ㄹ. 「일제강점하 반민족행위 진상규명에 관한 특별법」에 따른 친일반민족행위자 결정과 「독립유공자 예우에 관한 법률」에 의한 법적용 배제결정
> ㅁ. 공무원의 직위해제처분과 면직처분
> ㅂ. 건물철거명령과 대집행계고처분
> ㅅ. 과세처분과 체납처분

① ㄱ, ㄴ, ㄷ, ㄹ
② ㄱ, ㄷ, ㄹ, ㅅ
③ ㄱ, ㄹ, ㅁ, ㅅ
④ ㄴ, ㄷ, ㄹ, ㅁ

문 15. 「행정심판법」에 따른 행정심판에 관한 설명으로 가장 옳은 것은? (다툼이 있는 경우 판례에 의함)

① 취소심판의 인용재결에는 취소재결·변경재결·취소명령재결·변경명령재결이 있다.
② 거부처분은 취소심판의 대상이므로 거부처분의 상대방은 이에 대하여 취소심판만 청구할 수 있다.
③ 행정심판위원회가 처분을 취소하거나 변경하는 재결을 하면, 행정청은 재결의 기속력에 따라 처분을 취소 또는 변경하는 처분을 하여야 하고, 이를 통하여 당해 처분은 처분시에 소급하여 소멸되거나 변경된다.
④ 거부처분취소재결이 있는 경우에는 행정청은 그 재결의 취지에 따라 이전의 신청에 대한 처분을 하여야 하는 것이므로 행정청이 그 재결의 취지에 따른 처분을 하지 아니하고 그 처분과는 양립할 수 없는 다른 처분을 하는 것은 재결의 기속력에 반하여 위법하다.

문 16. 질서위반행위와 과태료 처분에 관한 설명으로 옳은 것은?

① 과태료의 부과·징수, 재판 및 집행 등의 절차에 관하여 「질서위반행위규제법」과 타 법률이 달리 규정하고 있는 경우에는 후자를 따른다.
② 하나의 행위가 2 이상의 질서위반행위에 해당하는 경우에는 각 질서위반행위에 대하여 정한 과태료 중 가장 중한 과태료를 부과하는 것이 원칙이다.
③ 과태료는 행정질서유지를 위한 의무 위반이라는 객관적 사실에 대하여 과하는 제재이므로 과태료 부과에는 고의·과실을 요하지 않는다.
④ 과태료에는 소멸시효가 없으므로 행정청의 과태료 처분이나 법원의 과태료 재판이 확정된 이상 일정한 시간이 지나더라도 그 처벌을 면할 수는 없다.

문 17. 처분사유의 추가·변경에 대한 설명으로 가장 옳지 않은 것은? (다툼이 있는 경우 판례에 의함)

① 추가 또는 변경된 사유가 당초의 처분시 그 사유를 명기하지 않았을 뿐 처분시에 이미 존재하고 있었고 당사자도 그 사실을 알고 있었다 하여 당초의 처분사유와 동일성이 있는 것이라 할 수 없다.
② 취소소송에서 행정청의 처분사유의 추가·변경은 사실심 변론종결시까지만 허용된다.
③ 당초의 처분사유인 중기취득세의 체납과 그 후 추가된 처분사유인 자동차세의 체납은 기본적 사실관계의 동일성이 부정된다.
④ 주류면허 지정조건 중 제6호 무자료 주류판매 및 위장거래 항목을 근거로 한 면허취소처분에 대한 항고소송에서, 지정조건 제2호 무면허판매업자에 대한 주류판매를 새로이 그 취소사유로 주장하는 것은 기본적 사실관계의 동일성이 인정된다.

문 18. 신고에 관한 설명으로 가장 옳지 <u>않은</u> 것은? (다툼이 있는 경우 판례에 의함)

① 「건축법」에 따른 착공신고를 반려하는 행위는 당사자에게 장래의 법적 불이익이 예견되지 않아 이를 법적으로 다툴 실익이 없으므로 항고소송의 대상이 될 수 없다.

② 「건축법」에 따른 건축신고를 반려하는 행위는 장차 있을지도 모르는 위험에서 미리 벗어날 수 있도록 길을 열어주고 위법한 건축물의 양산과 그 철거를 둘러싼 분쟁을 조기에 근본적으로 해결할 수 있게 하여야 한다는 점에서 항고소송의 대상이 된다.

③ 인·허가의제 효과를 수반하는 건축신고는 행정청이 그 실체적 요건에 관한 심사를 한 후 수리하여야 하기 때문에 수리를 요하는 신고이다.

④ 「수산업법」 제44조 소정의 어업의 신고는 행정청의 수리에 의하여 비로소 그 효과가 발생하는 수리를 요하는 신고이다.

문 19. 다음 판례 중 협의의 소의 이익(권리보호의 필요)이 인정되지 <u>않는</u> 것은?

① 현역입영대상자로서 현실적으로 입영을 한 자가 입영 이후의 법률관계에 영향을 미치고 있는 현역병입영통지처분 등을 한 관할 지방병무청장을 상대로 위법을 주장하여 그 취소를 구하는 경우

② 행정청이 영업허가신청 반려처분의 취소를 구하는 소의 계속 중 사정변경을 이유로 위 반려처분을 직권취소함과 동시에 위 신청을 재반려하는 내용의 재처분을 한 경우 당초의 반려처분의 취소를 구하는 경우

③ 도시개발사업의 공사 등이 완료되고 원상회복이 사회통념상 불가능하게 된 경우 도시개발사업의 시행에 따른 도시계획변경결정처분과 도시개발구역지정처분 및 도시개발사업 실시계획인가처분의 취소를 구하는 경우

④ 행정처분의 효력기간이 경과하였다고 하더라도 그 처분을 받은 전력이 장래에 불이익하게 취급되는 것으로 법정(법률)상 가중요건으로 되어 있고, 법정가중요건에 따라 새로운 제재적인 행정처분이 가해지고 있는 경우

문 20. 행정법의 일반원칙에 관한 설명으로 가장 옳은 것은? (다툼이 있는 경우 판례에 의함)

① 「행정규제기본법」과 「행정절차법」은 각각 규제의 원칙과 행정지도의 원칙으로 비례원칙을 정하고 있다.

② 위법한 행정규칙에 의하여 위법한 행정관행이 형성되었다 하더라도 행정청은 정당한 사유 없이 이 관행과 달리 조치를 할 수 없는 자기구속을 받는다.

③ 신뢰보호의 원칙과 관련하여, 행정청의 선행조치가 신청자인 사인의 사위나 사실은폐에 의해 이뤄진 경우라도 행정청의 선행조치에 대한 사인의 신뢰는 보호되어야 한다.

④ 지방의회의 감사 또는 조사를 위하여 출석요구를 받은 증인이 출석하지 않을 경우 증인의 사회적 지위에 따라 과태료의 액수에 차등을 두는 것을 내용으로 하는 조례안은 헌법에 규정된 평등의 원칙에 위배된다고 볼 수 없다.

해설편 ▶ P.122

국회직 9급 공개경쟁채용 필기시험

응 시 번 호	
성 명	

문 제 책 형

【시 험 과 목】

제1과목	국 어	제2과목	영 어	제3과목	헌 법
제4·5과목	한국사, 행정법총론				

응시자 주의사항

1. **시험 시작 전**에 시험문제를 열람하는 행위나 **시험 종료 후** 답안을 작성하는 행위를 한 사람은 「지방공무원 임용령」 제65조 등 관련 법령에 의거 **부정행위자**로 처리됩니다.

2. 시험 시작 즉시 **과목편철 순서, 문제누락 여부, 인쇄상태 이상 유무 및 표지와 개별과목의 문제책형 일치 여부 등을 확인**한 후 문제책 표지에 응시번호, 성명을 기재합니다.

3. 반드시 본인의 **응시표에 인쇄된 시험과목 순서에 따라** 제4과목과 제5과목의 **답안을 표기**하여야 합니다. 과목 순서를 바꾸어 표기한 경우에도 **본인의 응시표에 기재된 과목 순서대로 채점**되므로 반드시 유의하시기 바랍니다.

4. 시험이 시작되면 문제를 주의 깊게 읽은 후, **문항의 취지에 가장 적합한 하나의 정답만을 고르며**, 문제 내용에 관한 질문은 받지 않습니다.

5. **시험시간 관리의 책임**은 전적으로 응시자 본인에게 있습니다.

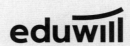

2024

8월 10일 시행
국회직 9급

| 풀이 시간: ____:____ ~ ____:____ / 점수: ____점

| 해당 〈2024 국회직 9급〉 문제는 국회사무처 9급 중 경위직(경위) 직렬(직류)에만 해당하는 문제입니다.

문 1. 행정법의 일반원칙에 대한 설명으로 옳은 것은? (다툼이 있는 경우 판례에 의함)

① 행정처분이 수차례에 걸쳐 반복적으로 행하여졌다면, 설령 그러한 처분이 위법한 것인 때에도 행정청에 대하여 자기구속력을 갖게 된다.

② 고등훈련기 양산참여권의 포기대가와 관련하여 국내에서 세금이 면제될 수 있도록 협조를 구하는 국방부장관의 질의에 대하여 답변한 재정경제부장관의 검토의견은, 외국법인의 국내원천소득에 대한 재정경제부장관의 공적인 견해표명으로 신의성실의 원칙이 적용된다.

③ 폐기물처리업에 대하여 사전에 관할 관청으로부터 적정통보를 받고 막대한 비용을 들여 허가요건을 갖춘 다음 허가신청을 하였음에도 다수 청소업자의 난립으로 안정적이고 효율적인 청소업무의 수행에 지장이 있다는 이유로 한 불허가처분은 신뢰보호의 원칙 및 비례의 원칙에 반하는 위법한 처분이라고 할 수 없다.

④ 신뢰보호의 원칙에 있어서 신청을 요하는 행정행위와 관련하여 개인의 귀책사유의 유무는 상대방을 기준으로 판단하여야 하고, 상대방으로부터 신청행위를 위임받은 수임인 등 관계자 모두를 기준으로 판단하여야 하는 것은 아니다.

⑤ 조례안이 지방의회의 감사 또는 조사를 위하여 출석요구를 받은 증인이 5급 이상 공무원인지 여부, 기관(법인)의 대표나 임원인지 여부 등 증인의 사회적 신분에 따라 미리부터 과태료의 액수에 차등을 두고 있는 경우 그 합리성을 인정할 수 없고 지위의 높고 낮음만을 기준으로 한 부당한 차별대우라고 할 것이어서 평등의 원칙에 위배되어 무효이다.

문 2. 행정행위의 적법요건에 대한 설명으로 옳지 <u>않은</u> 것은? (다툼이 있는 경우 판례에 의함)

① 행정의사가 외부에 표시되어 행정청이 자유롭게 취소·철회할 수 없는 구속을 받게 되는 시점에 처분이 성립하고, 그 성립 여부는 행정청이 행정의사를 공식적인 방법으로 외부에 표시하였는지를 기준으로 판단해야 한다.

② 행정처분의 권한을 내부적으로 위임받은 수임기관이 그 권한을 행사함에 있어서 행정처분의 내부적 성립과정을 스스로 결정하여 행할 수 없고 위임기관의 결정에 따라 행할 수 있다.

③ 통상 고시 또는 공고에 의하여 행정처분을 하는 경우에는 행정처분에 이해관계를 갖는 자가 고시 또는 공고가 있었다는 사실을 현실적으로 알았는지 여부에 관계없이 고시가 효력을 발생하는 날에 행정처분이 있음을 알았다고 보아야 한다.

④ 정보통신망을 이용한 송달은 송달받을 자가 동의하는 경우에만 할 수 있고, 이 경우 송달받을 자가 지정한 컴퓨터 등에 입력된 때에 도달된 것으로 본다.

⑤ 상대방 있는 행정처분이 상대방에게 고지되지 아니한 경우에는 상대방이 다른 경로를 통해 행정처분의 내용을 알게 되었다고 하더라도 행정처분의 효력이 발생한다고 볼 수 없다.

문 3. 인허가의제에 대한 설명으로 옳지 <u>않은</u> 것은? (다툼이 있는 경우 판례에 의함)

① 주택건설사업계획 승인처분에 따라 의제된 인허가가 위법함을 다투고자 하는 이해관계인은 의제된 인허가의 취소를 구할 것이 아니라 주택건설사업계획 승인처분의 취소를 구하여야 한다.

② 주된 인허가 행정청은 주된 인허가를 하기 전에 관련 인허가에 관하여 미리 관련 인허가 행정청과 협의하여야 한다.

③ 「국토의 계획 및 이용에 관한 법률」상의 개발행위허가를 받은 것으로 의제되는 「건축법」상 건축신고가 국토의 계획 및 이용에 관한 법령이 정하는 개발행위허가기준을 갖추지 못한 경우 행정청으로서는 이를 이유로 건축신고의 수리를 거부할 수 있다.

④ 주된 인허가가 있으면 다른 법률에 의한 인허가가 있는 것으로 보는 데 그치는 것이고, 거기에서 더 나아가 다른 법률에 의하여 인허가를 받았음을 전제로 한 다른 법률의 모든 규정들까지 적용되는 것은 아니다.

⑤ 인허가의제 제도는 관련 인허가 행정청의 권한을 제한하거나 박탈하는 효과를 가진다는 점에서 법률 또는 법률의 위임에 따른 법규명령의 근거가 있어야 한다.

문 4. 행정소송의 대상에 대한 설명으로 옳지 <u>않은</u> 것은? (다툼이 있는 경우 판례에 의함)

① 건축허가권자가 건축불허가처분을 하면서 건축불허가 사유뿐만 아니라 구 「소방법」에 따른 소방서장의 건축부동의 사유를 들고 있는 경우, 그 건축불허가처분에 관한 소송에서 「건축법」상의 건축불허가 사유뿐만 아니라 소방서장의 부동의 사유에 관하여도 다툴 수 있다.

② 과세관청이 사업자등록을 관리하는 과정에서 위장사업자의 사업자 명의를 직권으로 실사업자의 명의로 정정하는 행위는 사업자로서의 지위에 변동을 가져오는 것이므로 항고소송의 대상이 되는 행정처분으로 볼 수 있다.

③ 소송의 대상이 되는 행정처분의 존부는 소송요건으로서 직권조사사항이고, 자백의 대상이 될 수 없다.

④ 감사원의 변상판정처분에 대하여는 행정소송을 제기할 수 없고, 재결에 해당하는 재심의 판정에 대하여만 감사원을 피고로 하여 행정소송을 제기할 수 있다.

⑤ 행정청이 재결에 따라 이전의 신청을 받아들이는 후속처분을 하였더라도 후속처분이 위법한 경우에는 재결에 대한 취소소송을 제기하지 않고도 곧바로 후속처분에 대한 항고소송을 제기하여 다툴 수 있다.

문 5. 행정소송의 판결의 효력에 대한 설명으로 옳지 <u>않은</u> 것은? (다툼이 있는 경우 판례에 의함)

① 취소판결의 기판력은 소송물로 된 행정처분의 위법성 존부에 관한 판단 그 자체에만 미치는 것이므로 전소와 후소가 그 소송물을 달리하는 경우에는 전소 확정판결의 기판력이 후소에 미치지 아니한다.

② 행정처분의 무효확인판결은 비록 형식상은 확인판결이라 하여도 그 확인판결의 효력은 그 취소판결의 경우와 같이 소송의 당사자는 물론 제3자에게도 미친다.

③ 취소 확정판결의 기속력은 판결의 주문 및 전제가 되는 처분 등의 구체적 위법사유에 관한 판단에도 미치나, 종전 처분이 판결에 의하여 취소되었더라도 종전 처분과 다른 사유를 들어서 새로이 처분을 하는 것은 기속력에 저촉되지 않는다.

④ 과세처분을 취소하는 판결이 확정되면 그 과세처분은 처분시에 소급하여 소멸하므로 그 뒤에 과세관청에서 그 과세처분을 경정하는 경정처분을 하였다면 이는 존재하지 않는 과세처분을 경정한 것으로서 그 하자가 중대하고 명백한 당연무효의 처분이다.

⑤ 행정처분에 대하여 무효확인판결이 내려진 경우에는 그 행정처분이 거부처분인 경우에도 행정청에 판결의 취지에 따른 재처분의무가 인정될 뿐만 아니라 그에 대하여 간접강제까지 허용된다.

문 6. 행정심판에 대한 설명으로 옳지 <u>않은</u> 것은?

① 행정심판의 청구인은 행정심판을 제기할 '법률상 이익이 있는 자'이다.

② 심판청구기간은 취소심판청구와 거부처분에 대한 의무이행심판청구에만 적용되고, 무효등확인심판청구나 부작위에 대한 의무이행심판청구에는 적용되지 아니한다.

③ 「행정소송법」과는 달리 「행정심판법」은 임시처분제도를 인정하고 있지 않다.

④ 청구인은 청구의 기초에 변경이 없는 범위에서 청구의 취지나 이유를 변경할 수 있다.

⑤ 심판청구는 처분의 효력이나 그 집행 또는 절차의 속행에 영향을 주지 아니한다.

문 7. 행정조사에 대한 설명으로 옳지 <u>않은</u> 것은? (다툼이 있는 경우 판례에 의함)

① 시료채취의 방법 등이 시료채취의 방법 등을 규정한 고시에서 정한 절차에 위반한 경우 그러한 사정만으로도 그에 기초하여 내려진 행정처분은 위법하다.

② 조사대상자의 자발적인 협조를 얻어 실시하는 행정조사를 제외하고는 행정기관은 법령 등에서 행정조사를 규정하고 있는 경우에 한하여 행정조사를 실시할 수 있다.

③ 행정기관이 이미 조사를 받은 조사대상자에 대하여 위법행위가 의심되는 새로운 증거를 확보한 경우를 제외하고는 정기조사 또는 수시조사를 실시한 행정기관의 장은 동일한 사안에 대하여 동일한 조사대상자를 재조사하여서는 아니 된다.

④ 행정기관의 장은 법령 등에 특별한 규정이 있는 경우를 제외하고는 행정조사의 결과를 확정한 날부터 7일 이내에 그 결과를 조사대상자에게 통지하여야 한다.

⑤ 장부제출명령, 출두명령 등 행정행위의 형식을 취하는 행정조사는 물론 사실행위로서의 행정조사도 권력적인 경우에는 항고소송으로 다툴 수 있다.

문 8. 행정계획에 대한 설명으로 옳지 <u>않은</u> 것은? (다툼이 있는 경우 판례에 의함)

① 유도적 행정계획과 정보제공적 행정계획은 비구속적 행정계획이다.

② 산업단지개발계획상 산업단지 안의 토지소유자로서 산업단지개발계획에 적합한 시설을 설치하여 입주하려는 자는 산업단지개발계획의 변경을 요청할 수 있는 법규상 또는 조리상 신청권이 있다.

③ 행정청은 행정청이 수립하는 계획 중 국민의 권리 · 의무에 직접 영향을 미치는 계획을 수립하거나 변경 · 폐지할 때에는 관련된 여러 이익을 정당하게 형량하여야 한다.

④ 도시계획의 입안에 있어 해당 도시계획안의 내용을 공고 및 공람하게 한 것은 다수 이해관계자의 이익을 합리적으로 조정하여 국민의 권리자유에 대한 부당한 침해를 방지하고 행정의 민주화와 신뢰를 확보하기 위하여 국민의 의사를 그 과정에 반영시키는 데 있는 것이므로 이러한 공고 및 공람 절차에 하자가 있는 도시계획결정은 위법하다.

⑤ 도시계획결정이 고시되면 도시계획구역 안의 토지나 건물소유자의 권리행사가 일정한 제한을 받지만, 고시된 도시계획결정은 특정 개인의 권리 내지 법률상의 이익을 개별적이고 구체적으로 규제하는 효과를 가져오지 아니하므로 처분이라 할 수 없다.

문 9. 행정행위의 부관에 대한 설명으로 옳은 것은? (다툼이 있는 경우 판례에 의함)

① 허가에 붙은 기한이 그 허가된 사업의 성질상 부당하게 짧은 경우에는 이를 그 허가 자체의 존속기간으로 보아야 한다.

② 행정행위의 부관은 부담의 경우를 제외하고는 독립하여 행정소송의 대상이 될 수 없다.

③ 재량행위에 대하여는 법령상 특별한 근거가 없는 한 부관을 붙일 수 없고 설령 부관을 붙였다 하더라도 이는 무효이다.

④ 행정처분에 이미 부담이 부가되어 있는 상태에서 그 의무의 범위 또는 내용 등을 변경하는 부관의 사후변경은 법률에 명문의 규정이 있는 경우에도 허용되지 않는다.

⑤ 부관이 행정행위의 본질적인 요소에 해당하는 경우 부관에 위법한 사유가 있다면 처분 전부가 위법하게 되는 것이 아니라 부관만 위법하게 된다.

문 10. 「행정절차법」에 대한 설명으로 옳지 <u>않은</u> 것은? (다툼이 있는 경우 판례에 의함)

① 국가에 대해 행정처분을 할 때에도 사전통지, 의견청취, 이유제시와 관련한 「행정절차법」이 그대로 적용된다고 보아야 한다.

② 허가의 취소처분에는 그 근거가 되는 법령과 처분을 받은 자가 어떠한 위반 사실에 대하여 당해 처분이 있었는지를 알 수 있을 정도의 사실의 적시를 요한다고 할 것이고 이러한 사실의 적시를 흠결한 하자는 그 처분 후 적시되어도 이에 의하여 치유될 수는 없다.

③ 신청에 대한 거부처분은 특별한 사정이 없는 한 직접 당사자의 권익을 제한하는 것은 아니어서 처분의 사전통지 대상이 된다고 할 수 없다.

④ 「행정절차법」은 확약에 대하여 문서 또는 말로써 할 수 있다는 명문의 규정을 두고 있다.

⑤ 고시의 방법으로 불특정 다수인을 상대로 의무를 부과하거나 권익을 제한하는 처분에 있어서까지 그 상대방에게 의견제출의 기회를 주어야 한다고 해석할 것은 아니다.

문 11. 재량행위에 대한 설명으로 옳지 <u>않은</u> 것은? (다툼이 있는 경우 판례에 의함)

① 귀화신청인이 구 「국적법」에서 정한 귀화요건을 갖추지 못한 경우에도 법무부장관은 귀화 허부에 관한 재량권을 행사할 수 있고, 재량권 행사 결과에 따라 귀화불허처분을 할 수 있다.

② 처분을 할 것인지 여부와 처분의 정도에 관하여 재량이 인정되는 과징금 납부명령에 대하여 그 명령이 재량권을 일탈하였을 경우, 법원으로서는 재량권의 범위 내에서 어느 정도가 적정한 것인지에 관하여는 판단할 수 없다.

③ 행정청의 재량에 속하는 처분이라도 재량권의 한계를 넘거나 그 남용이 있는 때에는 법원은 이를 취소할 수 있다.

④ 「야생동 · 식물보호법」에 의한 용도변경승인은 특정인에게만 용도 외의 사용을 허용해주는 권리나 이익을 부여하는 이른바 수익적 행정행위로서 법령에 특별한 규정이 없는 한 재량행위이다.

⑤ 처분이 재량권을 일탈 · 남용하였다는 사정은 그 처분의 효력을 다투는 자가 주장 · 증명하여야 한다.

문 12. 행정벌에 대한 설명으로 옳지 않은 것은? (다툼이 있는 경우 판례에 의함)

① 지방자치단체는 국가기관과는 별도의 독립한 공법인으로서 지방자치단체 그 고유의 자치사무를 처리하는 경우 양벌규정에 의한 처벌대상이 되는 법인에 해당한다.

② 지방국세청장이 「조세범 처벌절차법」에 따라 조세범칙행위에 대하여 통고처분을 거치지 아니하고 즉시 고발하였더라도, 지방국세청장으로서는 해당 조세범칙행위에 대하여 통고처분을 할 권한이 있다.

③ 질서위반행위의 성립과 과태료 처분은 법률에 특별한 규정이 없는 한 행위시의 법률에 따른다.

④ 임시운행허가기간을 넘어 운행한 자가 등록된 차량에 관하여 그러한 행위를 한 경우라면 과태료의 제재만을 받게 되겠지만, 무등록 차량에 관하여 그러한 행위를 한 경우라면 과태료와 별도로 형사처벌의 대상이 된다.

⑤ 양벌규정에 의한 영업주의 처벌은 금지위반행위자인 종업원의 처벌에 종속하는 것이 아니라 독립하여 그 자신의 종업원에 대한 선임감독상의 과실로 인하여 처벌되는 것이므로 종업원의 범죄 성립이나 처벌이 영업주의 처벌의 전제조건이 될 필요는 없다.

문 13. 「행정기본법」상 이의신청에 대한 설명으로 옳은 것은?

① 행정청의 처분에 이의가 있는 당사자는 해당 행정청 또는 감독청에 이의신청을 할 수 있다.

② 행정청은 이의신청을 받으면 그 신청을 받은 날부터 30일 이내에 그 이의신청에 대한 결과를 신청인에게 통지하여야 한다.

③ 과태료 부과 및 징수에 관한 사항은 이의신청의 대상이 아니다.

④ 행정청의 처분에 이해관계가 있는 제3자는 이의신청을 할 수 있다.

⑤ 이의신청을 한 경우에는 「행정심판법」에 따른 행정심판을 제기할 수 없다.

문 14. 행정상 강제에 대한 설명으로 옳지 않은 것은? (다툼이 있는 경우 판례에 의함)

① 관계 법령상 행정대집행의 절차가 인정되어 행정청이 행정대집행의 방법으로 건물의 철거 등 대체적 작위의무의 이행을 실현할 수 있는 경우에는 따로 민사소송의 방법으로 그 의무의 이행을 구할 수 없다.

② 건물의 점유자가 철거의무자일 때에는 건물철거의무에 퇴거의무도 포함되어 있는 것이어서 별도로 퇴거를 명하는 집행권원이 필요하지 않다.

③ 「건축법」상 이행강제금은 시정명령의 불이행이라는 과거의 위반행위에 대한 제재가 아니라, 의무자에게 심리적 압박을 주어 시정명령에 따른 의무의 이행을 간접적으로 강제하는 행정상의 간접강제 수단에 해당한다.

④ 한국자산관리공사의 공매통지는 통지 상대방의 법적 지위나 권리·의무에 직접 영향을 주는 것으로 항고소송의 대상이 되는 행정처분에 해당한다.

⑤ 행정청은 직접강제를 하기 전에 미리 의무자에게 적절한 이행기간을 정하여 그 기한까지 행정상 의무를 이행하지 아니하면 직접강제를 한다는 뜻을 문서로 계고하여야 한다.

문 15. 손실보상에 대한 설명으로 옳지 않은 것은? (다툼이 있는 경우 판례에 의함)

① 토지수용위원회의 재결에서 피보상자별로 여러 가지의 토지, 물건, 권리 또는 영업의 손실에 관하여 심리·판단이 이루어졌을 때, 피보상자 또는 사업시행자는 반드시 재결 전부에 관하여 불복하여야 하는 것은 아니다.

② 「공익사업을 위한 토지 등의 취득 및 보상에 관한 법률」에 의한 보상합의는 공공기관이 사경제주체로서 행하는 사법상 계약의 실질을 가진다.

③ 「의사상자예우에 관한 법률」에 의해 지급되거나 지급될 보상금, 의료보호, 교육보호 등의 혜택을 「국가배상법」에 의하여 배상하여야 할 손해액에서 공제할 수는 없다.

④ 공익사업의 시행자가 사전보상을 하지 않은 채 공사에 착수함으로써 토지소유자와 관계인이 손해를 입은 경우, 토지소유자와 관계인이 입은 손해는 손실보상청구권이 침해된 데에 따른 손해이므로 사업시행자가 배상해야 할 손해액은 원칙적으로 손실보상금이다.

⑤ 보상금증액청구의 소는 토지소유자 등이 사업시행자를 상대로 제기하는 당사자소송의 형식을 취하고 있어서, 토지수용위원회의 재결을 다투는 항고소송의 성질을 가진다고 볼 수 없다.

문 16. 행정입법에 대한 설명으로 옳지 <u>않은</u> 것은? (다툼이 있는
경우 판례에 의함)

　① 헌법이 규정하고 있는 위임입법의 형식은 예시적인 것으
로 보아야 한다.

　② 법률의 시행령이 형사처벌에 관한 사항을 규정하면서 법
률의 명시적인 위임 범위를 벗어나 처벌 대상을 확장하
는 경우 그 하자는 취소사유에 해당한다.

　③ 법률의 위임의 근거가 없어 무효였던 법규명령이 법률의
개정으로 위임의 근거가 부여되면 그때부터 유효한 법규
명령으로 볼 수 있다.

　④ 법률의 위임을 받아 제정된 대통령령 형식의 제재처분기
준은 대외적으로 국민이나 법원을 구속하는 힘이 있는
법규명령에 해당한다.

　⑤ 시행령 규정의 위헌 내지 위법 여부가 해석상 다툼의 여
지가 없을 정도로 명백하였다고 인정되지 아니하는 이
상, 위헌 내지 위법한 시행령에 근거한 행정처분의 하자
는 취소사유에 해당할 뿐 무효사유가 되지 아니한다.

문 17. 하자 있는 행정행위에 대한 설명으로 옳지 <u>않은</u> 것은? (다
툼이 있는 경우 판례에 의함)

　① 행정처분의 당연무효를 선언하는 의미에서 취소를 구하
는 행정소송을 제기한 경우라면 제소기간의 준수 등 취
소소송의 제소요건을 갖출 필요는 없다.

　② 계고처분의 후속절차인 대집행에 위법이 있다고 하더라도
그와 같은 후속절차에 위법성이 있다는 점을 들어 선행절
차인 계고처분이 부적법하다는 사유로 삼을 수는 없다.

　③ 하자 있는 행정행위의 치유는 행정행위의 성질이나 법치
주의 관점에서 볼 때 원칙적으로 허용될 수 없다.

　④ 선행처분과 후행처분이 서로 독립하여 별개의 법률효과
를 목적으로 하는 때에도 선행처분이 당연무효이면 선행
처분의 하자를 이유로 후행처분의 효력을 다툴 수 있다.

　⑤ 하자가 명백하다고 하기 위하여는 그 사실관계 오인의
근거가 된 자료가 외형상 상태성을 결여하거나 또는 객
관적으로 그 성립이나 내용의 진정을 인정할 수 없는 것
임이 명백한 경우라야 한다.

문 18. 항고소송의 대상인 처분에 해당하는 것만을 〈보기〉에서 모
두 고르면? (다툼이 있는 경우 판례에 의함)

〈보기〉
ㄱ. 국유 일반재산을 대부하는 행위
ㄴ. 국유재산의 무단점유자에 대한 변상금 부과처분
ㄷ. 기부채납받은 행정재산에 대한 관리청의 사용·수익
허가
ㄹ. 무상사용허가를 받은 행정재산을 전대하는 행위
ㅁ. 법령에 근거한 행정기관 등의 입찰참가자격을 제한하
는 조치

① ㄱ, ㄴ
② ㄱ, ㄷ, ㅁ
③ ㄴ, ㄷ, ㅁ
④ ㄴ, ㄷ, ㄹ, ㅁ
⑤ ㄱ, ㄴ, ㄷ, ㄹ, ㅁ

문 19. 「공공기관의 정보공개에 관한 법률」상 정보공개에 대한 설
명으로 옳은 것은?

　① 공공기관은 정보공개의 청구를 받으면 그 청구를 받은
날부터 30일 이내에 공개 여부를 결정하여야 한다.

　② 공공기관은 정보를 공개하는 경우에 그 정보의 원본이
더럽혀지거나 파손될 우려가 있거나 그 밖에 상당한 이
유가 있다고 인정할 때에는 그 정보를 공개하지 않을 수
있다.

　③ 법령 등에 따라 공개를 목적으로 작성된 정보로서 즉시
또는 말로 처리가 가능한 정보라도 정보공개 여부의 결
정에 따른 절차를 거쳐 공개하여야 한다.

　④ 공개를 청구하는 정보의 사용 목적이 공공복리의 유지·
증진을 위하여 필요하다고 인정되는 경우에도 청구인이
부담하는 비용은 감면할 수 없다.

　⑤ 정보의 공개를 청구하는 자는 해당 정보를 보유하거나
관리하고 있는 공공기관에 정보공개 청구서를 제출하거
나 말로써 정보의 공개를 청구할 수 있다.

문 20. 「행정소송법」상 집행정지에 대한 설명으로 옳지 <u>않은</u> 것은? (다툼이 있는 경우 판례에 의함)

① 집행정지는 공공복리에 중대한 영향을 미칠 우려가 있을 때에는 허용되지 아니한다.

② 집행정지결정의 효력은 결정 주문에서 정한 기간까지 존속하다가 그 기간이 만료되면 장래에 향하여 당연히 소멸한다.

③ 신청에 대한 거부처분의 효력을 정지하더라도 거부처분이 없었던 것과 같은 상태로 되돌아가는 데에 불과한 경우 그 신청에 대한 거부처분의 효력정지를 구할 이익이 없다.

④ 취소소송의 본안이 계속되고 있는 법원의 집행정지의 결정에 대한 즉시항고에는 결정의 집행을 정지하는 효력이 있다.

⑤ 집행정지의 결정이 확정된 후 집행정지가 공공복리에 중대한 영향을 미치거나 그 정지사유가 없어진 때에는 당사자의 신청 또는 직권에 의하여 결정으로써 집행정지의 결정을 취소할 수 있다.

해설편 ▶ P.130

2023

8월 26일 시행
국회직 9급

| 풀이 시간: ____:____ ~ ____:____ / 점수: ____점

| 해당 〈2023 국회직 9급〉 문제는 국회사무처 9급 중 경위직(경위) 직렬(직류)에만 해당하는 문제입니다.

1초 합격예측! 모바일 성적분석표

QR 코드로 접속하여 문제 풀이시간을 측정하고, 〈1초 합격예측 & 모바일 성적분석표〉 서비스를 통해 지금 바로! 실력을 점검해 보세요.

http://eduwill.kr/RLOe

문 1. 신뢰보호의 원칙에 대한 설명으로 옳지 <u>않은</u> 것은? (다툼이 있는 경우 판례에 의함)

① 폐기물처리업 사업계획에 대하여 적정통보를 한 것만으로 그 사업부지 토지에 대한 국토이용계획변경신청을 승인하여 주겠다는 취지의 공적인 견해표명을 한 것으로 볼 수 없다.

② 행정청이 공적 견해를 표명하였는지를 판단할 때는 담당자의 조직상 지위와 임무, 발언 등 언동을 하게 된 구체적인 경위와 그에 대한 상대방의 신뢰가능성에 비추어 실질적으로 판단하여야 한다.

③ 지방병무청 총무과 민원팀장이 관련 법령의 내용을 숙지하지 못한 채 민원봉사차원에서 상담에 응하여 보충역 편입이 가능하다고 안내한 것은 공적인 견해표명으로 볼 수 있다.

④ 조세법률관계에 있어서 신의성실의 원칙이나 신뢰보호의 원칙 또는 비과세 관행 존중의 원칙은 합법성의 원칙을 희생하여서라도 납세자의 신뢰를 보호함이 정의에 부합하는 것으로 인정되는 특별한 사정이 있을 경우에 한하여 적용되는 예외적인 법 원칙이다.

⑤ 신뢰보호의 원칙이 적용되기 위해서는 행정청의 견해표명이 정당하다고 신뢰한 데에 대하여 그 개인에게 귀책사유가 없어야 하며, 이때 귀책사유의 유무는 상대방과 그로부터 신청행위를 위임받은 수임인 등 관계자 모두를 기준으로 판단하여야 한다.

문 2. 행정절차에 대한 설명으로 옳지 <u>않은</u> 것은? (다툼이 있는 경우 판례에 의함)

① 행정청은 처분 후 1년 이내에 청문·공청회 또는 의견제출을 위하여 제출받은 서류나 그 밖의 물건을 반환하여야 한다.

② 「국가공무원법」상 직위해제처분은 당해 행정작용의 성질상 행정절차를 거치기 곤란하거나 불필요하다고 인정되는 사항에 해당하므로, 처분의 사전통지 및 의견청취 등에 관한 「행정절차법」의 규정이 별도로 적용되지 않는다.

③ 소방서 담당 공무원이 소방시설 보완명령을 구두로 고지한 것은 당연무효인 행정처분이므로 이러한 시정보완명령을 위반하였음을 이유로 행정형벌을 부과할 수는 없다.

④ 공무원의 퇴직연금의 환수결정은 당사자에게 의무를 과하는 처분이기는 하나, 관련 법령에 따라 당연히 환수금액이 정하여지는 것이므로 당사자에게 의견진술의 기회를 주지 아니하여도 「행정절차법」 제22조 제3항에 어긋나지 아니한다.

⑤ 온라인공청회를 실시하는 경우에는 누구든지 정보통신망을 이용하여 의견을 제출하거나 제출된 의견 등에 대한 토론에 참여할 수 있다.

문 3. 특별권력관계에 대한 설명으로 옳지 <u>않은</u> 것은? (다툼이 있는 경우 판례에 의함)

① 구 「군인사법」 제47조의2가 군인의 복무에 관한 사항에 관한 규율권한을 대통령령에 위임하면서 다소 개괄적으로 위임하였다고 하여 헌법 제75조의 포괄위임금지원칙에 어긋난다고 보기 어렵다.

② 금치처분을 받은 수형자에 대해 금치기간 중 운동을 절대적으로 금지하는 것은 필요 최소한도의 범위를 넘어선 것으로서 헌법 제10조의 인간의 존엄과 가치 및 제12조의 신체의 자유를 침해하는 것이다.

③ 육군3사관학교의 사관생도는 학교에 입학한 날에 육군사관생도의 병적에 편입하고 준사관에 준하는 대우를 받는 특수한 신분관계에 있으므로, 그 존립 목적을 달성하기 위하여 필요한 한도 내에서 일반 국민보다 상대적으로 기본권이 더 제한될 수 있다.

④ 육군3사관학교의 사관생도 행정예규에 따라 사관생도의 모든 사적 생활에서까지 예외 없이 금주의무를 이행할 것을 요구하면서 경위 등을 묻지 않고 일률적으로 2회 위반시 원칙적으로 퇴학조치하도록 정한 것은 사관생도의 기본권을 지나치게 침해하는 것은 아니다.

⑤ 서울특별시지하철공사의 임원과 직원의 근무관계의 성질은 공법상의 특별권력관계라고는 볼 수 없고 사법관계에 속하기 때문에 소속 직원에 대한 징계는 행정소송이 아니라 민사소송의 대상이 된다.

문 4. 과징금에 대한 설명으로 옳지 않은 것은? (다툼이 있는 경우 판례에 의함)

　① 과징금 부과처분은 행정목적의 달성을 위하여 행정법규 위반이라는 객관적 사실에 착안하여 가하는 제재이므로 반드시 현실적인 행위자가 아니라도 법령상 책임자로 규정된 자에게 부과되고 원칙적으로 위반자의 고의·과실을 요하지 아니한다.

　② 과징금은 법령 등에 따른 의무를 위반한 자에 대하여 그 위반행위에 대한 제재로서 부과·징수하는 금전을 말하며, 국가형벌권 행사로서의 '처벌'에 해당한다.

　③ 「독점규제 및 공정거래에 관한 법률」 제22조에 의한 과징금은 법 위반행위에 따르는 불법적인 경제적 이익을 박탈하기 위한 부당이득환수의 성격과 함께 위법행위에 대한 제재로서의 성격을 가지는 것이다.

　④ 과징금의 근거가 되는 법률에는 과징금에 관한 부과·징수 주체, 부과 사유, 상한액, 가산금을 징수하려는 경우 그 사항, 과징금 또는 가산금 체납 시 강제징수를 하려는 경우 그 사항을 명확하게 규정하여야 한다.

　⑤ 과징금은 한꺼번에 납부하는 것을 원칙으로 하지만 과징금을 부과받은 자가 사업 여건의 악화로 사업이 중대한 위기에 처한 경우로 과징금 전액을 한꺼번에 내기 어렵다고 인정될 때에는 그 납부기한을 연기하거나 분할 납부하게 할 수 있다.

문 5. 행정계획에 대한 설명으로 옳지 않은 것은? (다툼이 있는 경우 판례에 의함)

　① 법령이 관할 행정청으로 하여금 도시관리계획을 입안할 때 해당 도시관리계획안의 내용을 주민에게 공고·열람하도록 한 것은 행정의 민주화와 신뢰를 확보하기 위하여 국민의 의사를 그 과정에 반영시키는 데 그 취지가 있다.

　② 공유수면 점용허가가 의제되는 채광계획 인가신청에 대하여 공유수면 관리청이 공유수면 점용을 허용하지 않기로 결정하였다면, 채광계획 인가관청은 이를 사유로 하여 채광계획을 인가하지 아니할 수 있다.

　③ 도시·군관리계획결정은 특정 개인의 권리 내지 법률상의 이익을 개별적이고 구체적으로 규제하는 효과를 가져오게 하는 행정청의 처분이라 할 것이고, 이는 행정소송의 대상이 된다.

　④ 구 「도시계획법」상 주민이 도시계획 및 그 변경에 대하여 어떤 신청을 할 수 있다는 규정이 없으나 어떤 사정의 변동이 있다면 지역주민에게 일일이 그 계획의 변경을 청구할 권리를 인정하여 줄 수 있다.

　⑤ 비구속적 행정계획안이나 행정지침이라도 국민의 기본권에 직접적으로 영향을 끼치고, 앞으로 법령의 뒷받침에 의하여 그대로 실시될 것이 틀림없을 것으로 예상될 수 있을 때에는, 공권력 행위로서 예외적으로 헌법소원의 대상이 될 수 있다.

문 6. 행정대집행에 대한 설명으로 옳지 않은 것은? (다툼이 있는 경우 판례에 의함)

　① 「행정대집행법」에 따른 행정대집행에서 건물의 점유자가 철거의무자일 때에는 건물철거의무에 퇴거의무도 포함되어 있는 것이어서 별도로 퇴거를 명하는 집행권원이 필요하지 않다.

　② 행정청은 대집행을 할 때 대집행 과정에서의 안전 확보를 위하여 필요하다고 인정하는 경우 현장에 긴급 의료장비나 시설을 갖추는 등 필요한 조치를 하여야 한다.

　③ 대집행에 대해서는 「행정기본법」에 따른 이의신청을 할 수 있고, 「행정심판법」에 따른 행정심판도 청구할 수 있다.

　④ 대집행에 요한 비용의 징수에 있어서는 실제에 요한 비용액과 그 납기일을 정하여 의무자에게 문서로써 그 납부를 명하여야 한다.

　⑤ 행정청은 해가 지기 전에 대집행을 착수한 경우라도 해가 진 후에는 대집행을 하여서는 아니 된다.

문 7. 「행정기본법」상 공법상 계약에 대한 설명으로 옳지 않은 것은? (다툼이 있는 경우 판례에 의함)

　① 행정청은 법령 등을 위반하지 아니하는 범위에서 행정목적을 달성하기 위하여 필요한 경우에는 공법상 계약을 체결할 수 있다.

　② 국립의료원 부설주차장에 관한 위탁관리용역운영계약은 공법상 계약에 해당한다.

　③ 행정청은 공법상 계약의 상대방을 선정하고 계약 내용을 정할 때 공법상 계약의 공공성과 제3자의 이해관계를 고려하여야 한다.

　④ 공법상 계약의 한쪽 당사자는 행정청이며, 사인의 급부와 행정청의 급부가 부당하게 결부되어서는 아니 된다.

　⑤ 행정청은 공법상 계약을 체결할 경우 계약의 목적 및 내용을 정확하게 적은 계약서로 작성하여야 한다.

문 8. 행정행위의 직권취소와 철회에 대한 설명으로 옳은 것만을 〈보기〉에서 모두 고르면? (다툼이 있는 경우 판례에 의함)

─────〈보기〉─────

ㄱ. 행정청은 거짓이나 그 밖의 부정한 방법으로 처분을 받은 경우 또는 당사자가 처분의 위법성을 알고 있었거나 중대한 과실로 알지 못한 경우에는 직권취소를 할 수 있다.

ㄴ. 행정행위의 철회는 적법요건을 구비하여 완전히 효력을 발하고 있는 행정행위를 사후적으로 그 행위의 효력의 전부 또는 일부를 장래에 향해 소멸시키는 행정처분이므로, 철회 사유는 행정행위의 성립 당시에 존재하였던 하자를 말한다.

ㄷ. 행정청은 적법한 처분이 중대한 공익을 위하여 필요한 경우에도 그 처분의 전부 또는 일부를 장래를 향하여 철회할 수 있다.

ㄹ. 행정청은 적법한 처분을 철회하려는 경우에는 철회로 인하여 당사자가 입게 될 불이익을 철회로 달성되는 공익과 비교·형량하여야 한다.

① ㄱ, ㄴ
② ㄱ, ㄷ
③ ㄴ, ㄹ
④ ㄱ, ㄷ, ㄹ
⑤ ㄴ, ㄷ, ㄹ

문 9. 행정처분의 이유제시에 대한 설명으로 옳은 것은? (다툼이 있는 경우 판례에 의함)

① 행정청은 침익적 행정처분의 경우에만 이유를 제시하여야 하고 수익적 행정처분의 경우에는 이유제시를 하지 않아도 무방하다.

② 교육부장관이 어떤 후보자를 상대적으로 총장 임용에 더 적합하다고 판단하여 임용제청하는 경우, 임용제청 행위 자체로서 「행정절차법」상 이유제시의무를 다한 것이라 할 수 없다.

③ 행정청은 당사자가 신청 내용을 모두 그대로 인정하는 처분인 경우 처분 후 당사자가 요청하는 경우에는 그 근거와 이유를 제시하여야 한다.

④ 세액산출 근거가 기재되지 아니한 납세고지서에 의한 과세처분을 한 경우에는 늦어도 과세처분에 대한 불복 여부의 결정 및 불복신청에 편의를 줄 수 있는 상당한 기간 내에 보정행위를 하여야 그 하자가 치유된다.

⑤ 면허의 취소처분의 경우 그 처분을 받은 자가 어떠한 위반 사실에 대하여 당해 처분이 있었는지를 알 수 있을 정도로 사실을 적시할 것을 요하지만, 처분의 상대방이 처분 당시 그 취지를 알고 있었다거나 그 후 알게 되었다면 그 하자는 치유된다.

문 10. 이행강제금에 대한 설명으로 옳지 않은 것은? (다툼이 있는 경우 판례에 의함)

① 「건축법」상 이행강제금은 시정명령의 불이행이라는 과거의 위반행위에 대한 제재가 아니라 의무자에게 심리적 압박을 주어 시정명령에 따른 의무의 이행을 간접적으로 강제하는 행정상의 간접강제 수단에 해당한다.

② 「건축법」상의 이행강제금 납부의무는 상속인 기타의 사람에게 승계될 수 없는 일신전속적인 성질의 것이다.

③ 이행강제금은 과거의 일정한 법률위반 행위에 대한 제재로서의 형벌이 아니라 장래의 의무이행의 확보를 위한 강제수단일 뿐이어서 이중처벌금지의 원칙이 적용될 여지가 없다.

④ 이행강제금은 부작위의무나 비대체적 작위의무에 대한 강제집행 수단으로 이해되어 왔으나 이행강제금은 대체적 작위의무의 위반에 대하여도 부과될 수 있다.

⑤ 행정청이 「농지법」상 이행강제금 부과처분을 하면서 관할 행정법원에 행정소송을 할 수 있다고 잘못 안내하였다면 그 잘못된 안내로 행정법원의 항고소송 재판관할이 생긴다고 볼 수 있다.

문 11. 「행정심판법」에 대한 설명으로 옳지 않은 것만을 〈보기〉에서 모두 고르면?

─────〈보기〉─────

ㄱ. 대통령의 처분 또는 부작위에 대하여는 다른 법률에서 행정심판을 청구할 수 있도록 정한 경우 외에는 행정심판을 청구할 수 없다.

ㄴ. 행정심판에는 당사자의 신청에 대한 행정청의 위법 또는 부당한 거부처분이나 부작위에 대하여 일정한 처분을 하도록 하는 의무이행심판이 포함된다.

ㄷ. 행정심판청구에 대한 재결이 있으면 그 재결 및 같은 처분 또는 부작위에 대하여 다시 행정심판을 청구할 수 있다.

ㄹ. 행정심판청구를 인용하는 재결에 대하여 피청구인과 그 밖의 관계 행정청은 재결서의 정본을 송달받은 날부터 90일 이내에 행정소송을 제기할 수 있다.

① ㄱ
② ㄴ
③ ㄷ, ㄹ
④ ㄱ, ㄴ, ㄷ
⑤ ㄴ, ㄷ, ㄹ

문 12. 개인정보보호에 대한 설명으로 옳지 <u>않은</u> 것만을 〈보기〉에서 모두 고르면? (다툼이 있는 경우 판례에 의함)

〈보기〉

ㄱ. 「개인정보 보호법」에서 '처리'란 개인정보의 수집, 생성, 연계, 연동, 기록, 저장, 보유, 가공, 편집, 검색, 출력, 정정(訂正), 복구, 이용, 제공, 공개, 파기(破棄), 그 밖에 이와 유사한 행위를 말한다.

ㄴ. 개인정보자기결정권은 자신에 관한 정보가 언제 누구에게 어느 범위까지 알려지고 또 이용되도록 할 것인지를 그 정보주체가 스스로 결정할 수 있는 권리를 말한다.

ㄷ. 정보주체는 개인정보처리자가 「개인정보 보호법」을 위반한 행위로 손해를 입으면 개인정보처리자에게 손해배상을 청구할 수 있다. 이 경우 그 개인정보처리자는 고의 또는 과실이 없음을 입증하더라도 책임을 면할 수 없다.

① ㄱ
② ㄴ
③ ㄷ
④ ㄱ, ㄷ
⑤ ㄴ, ㄷ

문 13. 「행정절차법」상 청문에 대한 설명으로 옳지 <u>않은</u> 것은? (다툼이 있는 경우 판례에 의함)

① 행정청이 특히 침해적 행정처분을 할 때 그 처분의 근거 법령 등에서 청문을 실시하도록 규정하고 있다면, 「행정절차법」 등 관련 법령상 청문을 실시하지 않아도 되는 예외적인 경우에 해당하지 않는 한 반드시 청문을 실시하여야 한다.

② 행정청은 다수 국민의 이해가 상충되는 처분을 하려는 경우에 청문 주재자를 2명 이상으로 선정하여야 한다.

③ 행정청은 청문이 시작되는 날부터 7일 전까지 청문 주재자에게 청문과 관련한 필요한 자료를 미리 통지하여야 한다.

④ 청문제도의 취지는 행정처분의 사유에 대하여 당사자에게 변명과 유리한 자료를 제출할 기회를 부여함으로써 위법사유의 시정가능성을 고려하고, 처분의 신중과 적정을 기하려는 데 있다.

⑤ 청문 주재자는 독립하여 공정하게 직무를 수행하며, 그 직무수행을 이유로 본인의 의사에 반하여 신분상 어떠한 불이익도 받지 아니한다.

문 14. 「공공기관의 정보공개에 관한 법률」상 정보공개에 대한 설명으로 옳은 것만을 〈보기〉에서 모두 고르면? (다툼이 있는 경우 판례에 의함)

〈보기〉

ㄱ. 청구인이 공공기관에 대하여 정보공개를 청구하였다가 거부처분을 받은 것은 법률상 이익의 침해에 해당하지 않는다.

ㄴ. 「공공기관의 정보공개에 관한 법률」상 공개청구의 대상이 되는 정보란 공공기관이 직무상 작성 또는 취득하여 현재 보유·관리하고 있는 문서에 한정되는 것이기는 하나, 그 문서는 반드시 원본일 필요는 없다.

ㄷ. 공공기관의 정보공개 담당자는 정보공개 업무를 성실하게 수행하여야 하며, 공개 여부의 자의적인 결정, 고의적인 처리 지연 또는 위법한 공개 거부 및 회피 등 부당한 행위를 하여서는 아니 된다.

ㄹ. 공공기관은 공개 대상 정보의 양이 너무 많아 정상적인 업무 수행에 현저한 지장을 초래할 우려가 있는 경우에는 해당 정보를 일정 기간별로 나누어 제공하거나 사본·복제물의 교부 또는 열람과 병행하여 제공할 수 있다.

① ㄱ, ㄴ
② ㄱ, ㄷ
③ ㄴ, ㄹ
④ ㄱ, ㄴ, ㄹ
⑤ ㄴ, ㄷ, ㄹ

문 15. 「공익사업을 위한 토지 등의 취득 및 보상에 관한 법률」에 대한 설명으로 옳지 <u>않은</u> 것은? (다툼이 있는 경우 판례에 의함)

① 사업시행자는 해당 공익사업을 위한 공사에 착수하기 이전에 토지소유자와 관계인에게 원칙적으로 보상액 전액 또는 일부를 지급할 수 있다.

② 협의 또는 재결에 의하여 사용하는 토지에 대하여는 그 토지와 인근 유사토지의 지료(地料), 임대료, 사용방법, 사용기간 및 그 토지의 가격 등을 고려하여 평가한 적정가격으로 보상하여야 한다.

③ 토지에 대한 보상액은 일시적인 이용상황과 토지소유자나 관계인이 갖는 주관적 가치 및 특별한 용도에 사용할 것을 전제로 한 경우 등은 고려하지 아니한다.

④ 사업시행자, 토지소유자 또는 관계인은 「공익사업을 위한 토지 등의 취득 및 보상에 관한 법률」 제34조에 따른 재결에 불복할 때에는 재결서를 받은 날부터 90일 이내에, 이의신청을 거쳤을 때에는 이의신청에 대한 재결서를 받은 날부터 60일 이내에 각각 행정소송을 제기할 수 있다.

⑤ 공익사업에 필요한 토지 등의 취득 또는 사용으로 인하여 토지소유자나 관계인이 입은 손실은 사업시행자가 보상하여야 한다.

문 16. 「행정소송법」상 행정소송에 대한 설명으로 옳지 않은 것은? (다툼이 있는 경우 판례에 의함)

① 「행정소송법」 제14조에 의한 피고경정은 사실심 변론종결시까지 허용된다.

② 행정청의 위법한 처분 등의 취소 또는 변경을 구하는 취소소송의 대상이 될 수 있는 것은 구체적인 권리의무에 관한 분쟁이어야 하고 일반적·추상적인 법령이나 규칙 등은 그 자체로서 국민의 구체적인 권리의무에 직접적 변동을 초래케 하는 것이 아니므로 그 대상이 될 수 없다.

③ 처분변경으로 인한 소의 변경의 신청은 처분의 변경이 있음을 안 날로부터 90일 이내에 하여야 한다.

④ 행정청으로 하여금 일정한 행정처분을 하도록 명하는 이행판결을 구하는 소송이나 법원으로 하여금 행정청이 일정한 행정처분을 행한 것과 같은 효과가 있는 행정처분을 직접 행하도록 하는 형성판결을 구하는 소송은 허용되지 아니한다.

⑤ 취소청구가 사정판결에 의하여 기각되거나 행정청이 처분 등을 취소 또는 변경함으로 인하여 청구가 각하 또는 기각된 경우에는 소송비용은 피고의 부담으로 한다.

문 17. 국가배상책임에 대한 설명으로 옳지 않은 것은? (다툼이 있는 경우 판례에 의함)

① 「국가배상법」상 공무원 과실의 판단기준은 보통 일반의 공무원을 표준으로 하여 볼 때 위법한 행정처분의 담당 공무원이 객관적 주의의무를 소홀히 하고 그로 인해 행정처분이 객관적 정당성을 잃었다고 볼 수 있는 경우에 「국가배상법」 제2조가 정한 국가배상책임이 성립할 수 있다.

② 「국가배상법」 제2조 또는 제5조에 따라 국가나 지방자치단체가 배상책임을 진다는 것은 당해 사무의 귀속주체에 따라서 배상책임을 진다는 것을 의미하기 때문에 기관위임사무의 경우에도 위임기관이 속한 행정주체가 사무의 귀속주체로서 배상책임을 진다.

③ 국가배상책임에서 공무원의 가해행위는 법령을 위반한 것이어야 하며, 법령의 위반이란 엄격한 의미의 법령 위반뿐 아니라 인권존중, 권력남용금지, 신의성실과 같이 공무원으로서 마땅히 지켜야 할 준칙이나 규범을 지키지 않고 위반한 경우를 포함하여 널리 그 행위가 객관적인 정당성을 결여하고 있는 경우도 포함한다.

④ 공법인이 국가로부터 위탁받은 공행정사무를 집행하는 과정에서 공법인의 임직원이나 피용인이 고의 또는 과실로 법령을 위반하여 타인에게 손해를 입힌 경우에 공법인은 위탁받은 공행정사무에 관한 행정보조의 지위에 있으므로 배상책임을 부담하지 않는다.

⑤ 공무원에게 부과된 직무상 의무의 내용이 전적으로 또는 부수적으로 사회구성원 개인의 안전과 이익을 보호하기 위하여 설정된 것이라면, 공무원이 그와 같은 직무상 의무를 위반함으로써 피해자가 입은 손해에 대해서는 상당인과관계가 인정되는 범위에서 그 공무원이 속한 국가 또는 지방자치단체가 배상책임을 진다.

문 18. 항고소송의 대상에 대한 설명으로 옳은 것은? (다툼이 있는 경우 판례에 의함)

① 「교육공무원법」상 승진후보자 명부에 의한 승진심사 방식으로 행해지는 승진임용에서 승진후보자 명부에 포함되어 있던 후보자를 승진임용 인사발령에서 제외하는 행위는 항고소송의 대상이 되는 처분에 해당하지 않는다.

② 조달청이 계약대상자에 대하여 나라장터 종합쇼핑몰에서의 거래를 일정 기간 정지하는 조치는 사법상 계약에 근거한 것으로서 이에 대해서는 행정소송이 아닌 민사소송을 통해 다투어야 한다.

③ 인터넷 포털사이트의 개인정보 유출사고로 자신의 주민등록번호가 불법 유출되었음을 이유로 이를 변경해줄 것을 신청하였으나 행정청이 거부하는 취지의 통지를 한 경우, 행정청의 변경신청 거부행위는 항고소송의 대상인 행정처분에 해당하지 않는다.

④ 사업자등록의 말소는 폐업사실의 기재일 뿐만 아니라 그에 의해 사업자로서의 지위에 변동을 가져오는 점에서 과세관청의 사업자등록 직권말소행위는 불복의 대상이 되는 행정처분으로 볼 수 있다.

⑤ 「독점규제 및 공정거래에 관한 법률」을 위반한 부당공동행위 사업자에 대한 과징금 부과처분 후에 다시 자진신고나 조사협조 등을 이유로 이에 대한 과징금 감면처분이 이루어진 경우 취소소송의 대상이 되는 것은 과징금 감면처분이다.

문 19. 행정법의 효력에 대한 설명으로 옳은 것만을 〈보기〉에서 모두 고르면?

─〈보기〉─

ㄱ. 「국회법」 제98조 제3항 전단에 따라 하는 국회의장의 법률 공포는 서울특별시에서 발행되는 하나 이상의 일간신문에 게재함으로써 한다.

ㄴ. 속지주의원칙에 의거하여 행정법규는 당해 지역 안에 있는 모든 자에게 적용되므로 자연인·법인·내국인뿐만 아니라 외교 특권을 가진 외국인도 국내 행정법규의 적용을 받는다.

ㄷ. 대통령령, 총리령 및 부령은 특별한 규정이 없으면 공포한 날부터 20일이 경과함으로써 효력을 발생한다.

① ㄱ　　　　　　　② ㄴ
③ ㄷ　　　　　　　④ ㄱ, ㄷ
⑤ ㄴ, ㄷ

문 20. 행정행위의 부관에 대한 설명으로 옳지 <u>않은</u> 것은? (다툼이 있는 경우 판례에 의함)

① 지방국토관리청장이 일부 공유수면매립지에 대하여 한 국가 또는 직할시 귀속처분은 매립준공인가를 함에 있어서 매립의 면허를 받은 자의 매립지에 대한 소유권 취득을 규정한 공유수면매립법 제14조의 효과 일부를 배제하는 부관을 붙인 것이므로 이 부관은 독립하여 행정소송의 대상이 될 수 있다.

② 수익적 행정처분에 있어서는 법령에 특별한 근거 규정이 없다고 하더라도 그 부관으로서 부담을 붙일 수 있고, 상대방과 협의하여 부담의 내용을 협약의 형식으로 미리 정한 다음 행정처분을 하면서 이를 부가할 수도 있다.

③ 행정청은 처분에 재량이 없는 경우에는 법률에 근거가 있는 경우에 부관을 붙일 수 있다.

④ 부담부 행정처분에 있어서 처분의 상대방이 부담을 이행하지 아니한 경우에 처분행정청으로서는 이를 들어 당해 처분을 철회할 수 있다.

⑤ 기선선망어업의 허가를 하면서 운반선, 등선 등 부속선을 사용할 수 없도록 제한한 부관은 그 어업허가의 목적 달성을 사실상 어렵게 하여 그 본질적 효력을 해하는 것일 뿐만 아니라 「수산업법 시행령」의 규정에도 어긋나는 것이며, 더욱이 어업조정이나 기타 공익상 필요하다고 인정되는 사정이 없는 이상 위법한 것이다.

해설편 ▶ P.139

2022

8월 13일 시행
국회직 9급

| 풀이 시간: _____:_____ ~ _____:_____ / 점수: _____점

| 해당 〈2022 국회직 9급〉 문제는 국회사무처 9급 중 경위직(경위) 직렬(직류)에만 해당하는 문제입니다.

1초 합격예측! 모바일 성적분석표

QR 코드로 접속하여 문제 풀이시간을 측정하고, 〈1초 합격예측 & 모바일 성적분석표〉 서비스를 통해 지금 바로! 실력을 점검해 보세요.

http://eduwill.kr/nV2f

문 1. 신고에 대한 설명으로 옳은 것은? (다툼이 있는 경우 판례에 의함)

① 구 「의료법 시행규칙」에 따른 의원개설신고에 대하여 신고필증의 교부가 없다면 그 신고의 효력은 부정된다.

② 「건축법」상 인·허가의제 효과를 수반하는 건축신고는 그렇지 않은 건축신고와는 달리 수리를 요하는 신고에 해당한다.

③ 「유통산업발전법」상 대규모 점포의 개설등록은 수리를 요하지 않는 신고에 해당한다.

④ 「노동조합 및 노동관계조정법」에 따른 노동조합의 설립신고는 근로자의 자주적이고 민주적인 단결권 행사를 보장하는 것에 취지가 있으므로 수리를 요하지 않는 신고에 해당한다.

⑤ 수리를 요하지 않는 신고는 「행정기본법」에, 수리를 요하는 신고는 「행정절차법」에 규정되어 있다.

문 2. 행정입법에 대한 설명으로 옳지 않은 것은? (다툼이 있는 경우 판례에 의함)

① 법률의 위임 없이 명령 또는 규칙 등의 행정입법으로 과세요건 등에 관한 사항을 규정하거나 법률에 규정된 내용을 함부로 유추·확장하는 내용의 해석규정을 마련하는 것은 조세법률주의 원칙에 위배된다.

② 「2014년도 건물 및 기타물건 시가표준액 조정기준」은 「건축법」 및 지방세법령의 위임에 따른 것으로서 대외적인 구속력이 있는 법규명령으로서의 효력을 가진다.

③ 의료기관의 명칭표시판에 진료과목을 함께 표시하는 경우 그 글자의 크기를 의료기관 명칭을 표시하는 글자 크기의 2분의 1 이내로 제한하는 구 「의료법 시행규칙」의 규정은 항고소송의 대상이 되는 행정처분이다.

④ 조례가 집행행위의 개입 없이도 그 자체로서 직접 국민의 구체적인 권리·의무나 법적 이익에 영향을 미치는 등의 법률상 효과를 발생하는 경우 그 조례는 항고소송의 대상이 되는 행정처분에 해당한다.

⑤ 보건복지부 고시인 구 「약제급여·비급여목록 및 급여상한금액표」는 다른 집행행위의 매개 없이 그 자체로서 국민건강보험가입자, 국민건강보험공단, 요양기관 등의 법률관계를 직접 규율하는 성격을 가지므로 항고소송의 대상이 되는 행정처분에 해당한다.

문 3. 행정행위에 대한 설명으로 옳지 않은 것은? (다툼이 있는 경우 판례에 의함)

① 구 「국세징수법」에 의한 가산금의 납부독촉에 절차상 하자가 있더라도 그 징수처분에 대하여 취소소송을 제기할 수 없다.

② 건설업면허증 및 건설업면허수첩의 재교부는 종전의 면허증 및 면허수첩과 동일한 내용의 면허증 및 면허수첩을 새로이 또는 교체하여 발급하여 주는 것으로서 공증행위이다.

③ 친일반민족행위자 재산조사위원회의 국가귀속결정은 당해 재산이 친일재산에 해당한다는 사실을 확인하는 이른바 준법률행위적 행정행위의 성격을 가진다.

④ 준공검사처분은 건축허가를 받아 건축한 건물이 건축허가사항대로 건축행정목적에 적합한가의 여부를 확인하고, 준공검사필증을 교부하여 줌으로써 허가받은 자로 하여금 건축한 건물을 사용·수익할 수 있게 하는 법률효과를 발생시키는 것이다.

⑤ 구 「상표법」에 따른 특허청장의 상표사용권설정등록행위는 사인간의 법률관계의 존부를 공적으로 증명하는 준법률행위적 행정행위이다.

문 4. 다음 사례에 대한 설명으로 옳지 <u>않은</u> 것은? (다툼이 있는 경우 판례에 의함)

> 수도용 자재를 생산하는 甲은 「수도법」에 따른 정기검사를 기피하여 관할 행정청으로부터 과태료 500만 원을 부과받았다.

① 甲이 과태료 부과에 불복하는 경우 과태료 부과통지를 받은 날부터 60일 이내에 해당 행정청에 서면으로 이의제기를 할 수 있다.
② 甲의 기피행위는 고의 또는 과실의 존재가 요구된다.
③ 甲의 기피시점과 과태료 부과시점 사이에 「수도법」이 개정되어 과태료 부과 상한선이 300만 원으로 조정된 경우 과태료 500만 원의 부과는 적법하다.
④ 甲에 대한 과태료 부과시 甲의 연령·재산상태·환경이 고려되어야 한다.
⑤ 甲에 대한 과태료는 행정청의 과태료 부과처분이나 법원의 과태료 재판이 확정된 후 5년간 징수하지 아니하거나 집행하지 아니하면 시효로 인하여 소멸한다.

문 5. 다음 중 「공익사업을 위한 토지 등의 취득 및 보상에 관한 법률」에 대한 설명으로 옳은 것만을 모두 고르면? (다툼이 있는 경우 판례에 의함)

> ㄱ. 사업시행자가 토지 등을 수용하거나 사용하려면 국토교통부장관의 사업인정을 받아야 하며, 이러한 사업인정은 수용권을 설정해 주는 행정처분이다.
> ㄴ. 토지소유자가 보상금 증액을 구할 때에는 사업시행자를 피고로 하여 수용재결 취소소송을 제기해야 한다.
> ㄷ. 토지소유자 또는 관계인은 수용재결에 불복할 때에는 재결서를 받은 날부터 90일 이내에, 이의신청을 거쳤을 때에는 이의신청에 대한 재결서를 받은 날부터 60일 이내에 각각 행정소송을 제기할 수 있다.
> ㄹ. 보상액 산정에 있어서 해당 공익사업으로 인해 토지 등의 가격이 변동되었을 때는 이를 반영하여 산정해야 한다.

① ㄱ, ㄴ   ② ㄱ, ㄷ
③ ㄴ, ㄷ   ④ ㄴ, ㄹ
⑤ ㄷ, ㄹ

문 6. 「행정절차법」에 대한 설명으로 옳지 <u>않은</u> 것은? (다툼이 있는 경우 판례에 의함)

① 행정절차법령에서 '학교·연수원 등에서 교육·훈련의 목적을 달성하기 위하여 학생·연수생들을 대상으로 하는 사항'을 「행정절차법」의 적용이 제외되는 경우로 규정하나, 육군3사관학교 생도에 대한 퇴학처분과 같이 신분을 박탈하는 징계처분은 여기에 해당한다고 볼 수 없다.
② 육군3사관학교의 사관생도에 대한 징계절차에서 징계심의대상자가 대리인으로 선임한 변호사가 징계위원회 심의에 출석하여 진술하려고 하였음에도 징계권자가 변호사가 심의에 출석하는 것을 막았다면 그 징계의결에 따른 징계처분은 위법하다.
③ 지방병무청장이 「병역법」의 규정에 따라 산업기능요원에 대하여 한 산업기능요원 편입취소처분은 「행정절차법」의 적용이 배제되는 사항인 「병역법」에 의한 소집에 관한 사항'에 해당하지 않는다.
④ 군인사법령에 의하여 진급예정자명단에 포함된 자에 대하여 의견제출의 기회를 부여하지 아니한 채 진급선발을 취소하는 처분을 한 것은 절차상 하자가 있어 위법하다.
⑤ 「국가공무원법」상 직위해제처분은 행정절차법령에 의하여 당해 행정작용의 성질상 행정절차를 거치기 곤란하거나 불필요하다고 인정되는 사항 또는 행정절차에 준하는 절차를 거친 사항에 해당하지 않는다.

문 7. 항고소송의 원고적격에 대한 설명으로 옳지 <u>않은</u> 것은? (다툼이 있는 경우 판례에 의함)

① 「자연환경보전법」상 생태·자연도 등급권역을 변경한 결정에 대하여 인근 주민은 무효확인을 구할 원고적격이 없다.
② 경업자에 대한 행정처분이 경업자에게 불리한 내용이라면 그와 경쟁관계에 있는 기존의 업자에게는 특별한 사정이 없는 한 유리할 것이므로 기존의 업자가 그 행정처분의 무효확인 또는 취소를 구할 이익은 없다.
③ 국가는 허가권자인 지방자치단체의 장이 한 건축협의 거부행위에 대하여 법적 분쟁을 해결할 실효적인 다른 법적 수단이 없는 경우 허가권자를 상대로 항고소송을 통해 그 거부처분의 취소를 구할 수 있다.
④ 교육부장관이 甲대학교를 설치·운영하는 乙학교법인의 이사를 선임한 처분에 대하여 甲대학교 교수협의회와 전국대학노동조합 甲대학교지부는 그 취소를 구할 법률상 이익이 있다.
⑤ 수익적 행정처분을 신청한 여러 사람이 경원관계에 있어서 한 사람에 대한 허가처분이 다른 사람에 대한 불허가로 귀결될 수밖에 없을 때 허가처분을 받지 못한 사람은 원칙적으로 자신에 대한 거부처분의 취소를 구할 원고적격이 있다.

문 8. 다음 중 취소소송에서 소의 이익이 인정되는 경우만을 모두 고르면? (다툼이 있는 경우 판례에 의함)

> ㄱ. 제재처분의 전력이 장래의 제재처분의 가중요건이 되는 사안에서 효력이 소멸된 제재처분의 취소를 구하는 경우
> ㄴ. 과세처분이 있은 후 증액경정처분이 있었는데, 당초의 과세처분의 취소를 구하는 경우
> ㄷ. 거부처분이 재결에 의해 취소된 사안에서 재결에 따른 후속처분이 아니라 그 재결의 취소를 구하는 경우
> ㄹ. 처분의 취소로 원상회복이 불가능하게 보이지만, 동일한 사유로 위법한 처분이 반복될 위험성이 있어 행정처분의 위법성 확인 내지 불분명한 법률문제에 대한 해명이 필요하여 취소를 구하는 경우

① ㄱ, ㄴ   ② ㄱ, ㄹ
③ ㄴ, ㄷ   ④ ㄷ, ㄹ
⑤ ㄱ, ㄷ, ㄹ

문 9. 무효확인소송 및 부작위법확인소송에 대한 설명으로 옳지 않은 것은? (다툼이 있는 경우 판례에 의함)

① 무효확인소송의 제기요건으로 보충성이 요구되는 것은 아니므로 이행소송 등과 같은 직접적인 구제수단이 있는지 여부를 따질 필요가 없다.
② 무효확인판결은 기속력이 있고, 판결의 제3자효가 인정된다.
③ 부작위법확인소송은 행정심판 등 전심절차를 거친 경우에도 제소기간의 제한을 받지 않는다.
④ 부작위법확인소송은 판결시까지 행정청이 그 신청에 대하여 적극 또는 소극의 처분을 함으로써 부작위상태가 해소된 때에는 소의 이익을 상실하게 된다.
⑤ 무효확인소송에서는 사정판결을 할 수 없다.

문 10. 「행정심판법」상 행정심판에 대한 설명으로 옳은 것은? (다툼이 있는 경우 판례에 의함)

① 재결이 확정된 경우에는 처분의 기초가 된 사실관계나 법률적 판단이 확정되고 당사자들이나 법원은 이에 기속되어 그와 모순되는 주장이나 판단을 할 수 없게 된다.
② 행정심판청구기간의 요건은 거부처분에 대한 의무이행심판에서는 적용되지 않는다.
③ 행정심판에서의 가구제 제도로서 임시처분은 집행정지로 목적을 달성할 수 있는 경우라도 이용할 수 있다.
④ 「행정심판법」은 행정심판은 처분이 있음을 알게 된 날부터 90일 이내에, 처분이 있었던 날부터 1년이 지나면 청구하지 못한다는 규정을 두고 있으며, 이 기간은 불변기간으로 한다.
⑤ 행정심판 제기에 있어서 청구인이 피청구인을 잘못 지정한 경우에 행정심판위원회는 직권으로 또는 당사자의 신청에 의하여 결정으로써 피청구인을 경정할 수 있다.

문 11. 행정소송에서의 법률상 이익에 대한 설명으로 옳지 않은 것은? (다툼이 있는 경우 판례에 의함)

① 부작위위법확인소송은 처분의 신청을 한 자로서 부작위의 위법의 확인을 구할 법률상 이익이 있는 자만이 제기할 수 있다.
② 「출입국관리법」의 해석상 외국인에게는 사증발급 거부처분의 취소를 구할 법률상 이익이 인정되지 않는다.
③ 대한의사협회는 「국민건강보험법」상 요양급여행위, 요양급여비용의 청구 및 지급과 관련하여 직접적인 법률관계를 갖지 않고 있으므로, 보건복지부고시인 구 「건강보험 요양급여 행위 및 그 상대가치점수」의 개정으로 인하여 자신의 법률상 이익을 침해당하였다고 할 수 없다.
④ 「기간제 및 단시간근로자 보호 등에 관한 법률」에 따른 차별적 처우의 시정신청 당시 또는 시정절차 진행 도중에 근로계약기간이 만료한 경우, 기간제근로자는 차별적 처우의 시정을 구할 법률상의 이익은 소멸한다.
⑤ 법인의 주주가 법인에 대한 운송사업양도·양수신고수리처분 이후의 주식 양수인인 경우에는 특별한 사정이 없는 한 그 처분에 대하여 법률상 직접적·구체적 이익을 가지지 않는다.

문 12. 다음 사례에 대한 설명으로 옳지 <u>않은</u> 것만을 모두 고르면? (다툼이 있는 경우 판례에 의함)

> 甲은 개인택시운송사업자로 여객자동차 운수사업법령에 따라 차고지확보 의무규정을 충족하기 위하여 乙이 경영하는 주차장을 계약하여 자동차운수사업면허조건을 충족하여 택시운송사업면허를 취득하였다. 그러나 A시는 이후 사정이 변경되어 甲이 계약을 하였던 乙의 주차장이 폐쇄되었다는 사실을 알고, 이를 신고하지 않은 채 차고지 없이 개인택시운송사업을 계속하였던 甲에 대하여 과징금을 부과하였다.

> ㄱ. 개인택시사업운송사업 면허는 특정인에게 권리나 이익을 부여하는 재량행위이다.
> ㄴ. 과징금을 부과하는 경우 금액을 얼마로 할 것인지에 관하여 행정청에게 재량권이 부여되어 있다.
> ㄷ. 과징금 부과처분이 법이 정한 한도액을 초과하여 위법한 경우, 법원은 그 한도액을 초과한 부분만을 취소할 수 있다.

① ㄱ
② ㄴ
③ ㄷ
④ ㄱ, ㄴ
⑤ ㄴ, ㄷ

문 13. 다음 중 「행정소송법」상 집행정지제도가 인정되는 소송을 모두 고르면?

> ㄱ. 취소소송
> ㄴ. 무효확인소송
> ㄷ. 부작위위법확인소송
> ㄹ. 당사자소송

① ㄱ
② ㄱ, ㄴ
③ ㄴ, ㄷ
④ ㄱ, ㄴ, ㄷ
⑤ ㄱ, ㄴ, ㄹ

문 14. 행정대집행에 대한 설명으로 옳지 <u>않은</u> 것은? (다툼이 있는 경우 판례에 의함)

① 관계 법령상 행정청이 행정대집행의 방법으로 건물의 철거 등 대체적 작위의무의 이행을 실현할 수 있는 경우에는 따로 민사소송의 방법으로 그 의무의 이행을 구할 수 없다.
② 도시공원시설인 매점의 점유자가 소정의 기간 내에 매점으로부터 퇴거하고 이에 부수하여 그 판매 시설물 및 상품을 반출해야 할 의무는 대체적 작위의무이어서 대집행의 대상이 된다.
③ 철거대집행계고처분을 고지한 후 원고들이 불응하자 다시 2차 계고서를 발송한 경우 제2차의 계고가 새로운 철거의무를 부과하는 것이 아니라면 대집행기한의 연기통지에 불과하므로 행정처분이 아니다.
④ 선행처분인 계고처분의 취소사유인 하자는 후행처분인 대집행영장발부통보처분에 승계된다.
⑤ 행정청이 행정대집행의 방법으로 건물철거의무의 이행을 실현할 수 있는 경우에는 건물철거 대집행 과정에서 부수적으로 철거의무자인 건물의 점유자들에 대한 퇴거 조치를 할 수 있다.

문 15. 신뢰보호의 원칙에 대한 설명으로 옳지 <u>않은</u> 것은? (다툼이 있는 경우 판례에 의함)

① 행정청이 공적인 견해를 표명할 당시의 사정이 사후에 변경된 경우에도 특별한 사정이 없는 한 행정청이 그 견해표명에 반하는 처분을 하는 것은 신뢰보호의 원칙에 위반된다.
② 「지방세법」에서 정한 취득세 등이 면제되는 '기술진흥단체'인지 여부에 관한 질의에 대하여 건설교통부장관과 내무부장관이 비과세 의견으로 회신한 경우 공적인 견해표명에 해당한다.
③ 당초 정구장 시설을 설치한다는 도시계획결정을 하였다가 정구장 대신 청소년 수련시설을 설치한다는 도시계획변경결정을 한 경우 당초의 도시계획결정만으로는 도시계획사업의 시행자 지정을 받게 된다는 공적인 견해를 표명하였다고 할 수 없다.
④ 재건축조합에서 일단 내부 규범이 정립되면 조합원들은 특별한 사정이 없는 한 그것이 존속하리라는 신뢰를 가지게 되므로, 내부 규범을 변경하고자 하는 경우 그 변경을 통해 달성하려는 이익이 종전 내부 규범의 존속을 신뢰한 조합원들의 이익보다 우월해야 한다.
⑤ 종교법인이 도시계획구역 내 생산녹지로 답(畓)인 토지에 대하여 종교회관 건립을 이용목적으로 하는 토지거래계약의 허가를 받으면서 담당공무원이 관련 법규상 허용된다 하여 이를 신뢰하고 건축준비를 하였으나 그 후 당해 지방자치단체장이 다른 사유를 들어 토지형질변경허가신청을 불허가한 것은 신뢰보호의 원칙에 반한다.

문 16. 인·허가의제에 대한 설명으로 옳지 <u>않은</u> 것은? (다툼이 있는 경우 판례에 의함)

　① A법률에서 주된 인·허가가 있으면 B법률에 의한 인·허가를 받은 것으로 의제한다는 규정을 둔 경우에 주된 인·허가가 있더라도 B법률에 의하여 인·허가를 받았음을 전제로 한 B법률의 모든 규정들까지 적용되는 것은 아니다.

　② 건설부장관이 구 「주택건설촉진법」에 따라 관계기관의 장과 협의를 거쳐 사업계획승인을 하였다면 그와 별도로 주민의 의견청취 등 절차를 거칠 필요는 없다.

　③ 「주한미군 공여구역주변지역 등 지원특별법」에 의한 사업시행승인을 하는 경우 모든 인·허가의제사항에 관하여 사전협의를 거칠 것을 요건으로 하는 것은 아니고 사업시행승인 후 인·허가의제사항에 관하여 관계 행정기관의 장과 협의를 거치면 그때 해당 인·허가가 의제된다고 본다.

　④ 건축불허가처분의 사유로 건축불허가 사유뿐만 아니라 형질변경불허가 사유가 제시된 경우 그 건축불허가처분에 관한 쟁송과 별개로 형질변경불허가처분에 관한 쟁송을 제기하여야 하는 것은 아니다.

　⑤ 이른바 부분 인·허가의제의 경우 주된 인·허가에 따라 의제된 인·허가에 하자가 있음을 다투고자 할 때 의제된 인·허가의 취소를 구할 것이 아니라 주된 인·허가의 취소를 구하여야 한다.

문 17. 재량행위에 대한 설명으로 옳지 <u>않은</u> 것은? (다툼이 있는 경우 판례에 의함)

　① 약사법령에 의한 허가사항 변경허가에 있어서 소관 행정청은 그 허가신청이 위 법령의 요건에 합치하는 때에는 특별한 사정이 없는 한 이를 허가하여야 하고 공익상 필요 없음에도 불구하고 허가를 거부할 수 없다는 의미에서 그 허가 여부는 기속재량에 속한다.

　② 공유수면 점용허가는 공유수면 관리청이 공공 위해의 예방 경감과 공공복리의 증진에 기여함에 적당하다고 인정하는 경우에 그 자유재량에 의하여 허가의 여부를 결정할 수 있다.

　③ 구 「식품위생법」상 대중음식점영업허가는 특정인에게 권리나 이익을 부여하는 이른바 수익적 행정행위로서 그 허가 여부는 행정청의 재량에 속한다.

　④ 토지형질변경허가는 금지요건이 불확정개념으로 규정되어 있어 그 금지요건의 판단에 행정청의 재량이 있기 때문에 토지형질변경행위를 수반하는 건축허가는 재량행위에 속한다.

　⑤ 공무원 임용을 위한 면접전형에서 임용신청자의 능력이나 적격성 등에 관한 판단은 면접위원의 고도의 교양과 학식, 경험에 기초한 자율적 판단에 의존하는 것으로서 면접위원의 재량에 속한다.

문 18. 행정행위의 효력발생요건에 대한 설명으로 옳지 않은 것은? (다툼이 있는 경우 판례에 의함)

① 행정처분의 효력발생요건으로서의 도달이란 상대방이 그 내용을 현실적으로 양지할 필요까지는 없고, 다만 양지할 수 있는 상태에 놓여짐으로써 충분하다.

② 내용증명우편이나 등기우편과는 달리, 보통우편의 방법으로 발송되었다는 사실만으로는 그 우편물이 상당한 기간 내에 도달하였다고 추정할 수 없고, 송달의 효력을 주장하는 측에서 증거에 의하여 이를 입증하여야 한다.

③ 처분서가 처분상대방의 주소지에 송달되는 등 사회통념상 처분이 있음을 처분상대방이 알 수 있는 상태에 놓인 때에는 반증이 없는 한 처분상대방이 처분이 있음을 알았다고 추정할 수 있다.

④ 「행정절차법」은 송달받을 자의 주소 등을 통상적인 방법으로 확인할 수 없는 경우에 한하여 공고의 방법에 의한 송달이 가능하도록 규정하고 있다.

⑤ 납세고지서의 교부송달 및 우편송달에 있어서 반드시 납세의무자 또는 그와 일정한 관계에 있는 사람의 현실적인 수령행위를 전제로 하고 있다고 보아야 하며, 납세자가 과세처분의 내용을 이미 알고 있는 경우에도 납세고지서의 송달이 불필요하다고 할 수 없다.

문 19. 「공공기관의 정보공개에 관한 법률」의 내용에 대한 설명으로 옳지 않은 것은?

① 정보공개청구권자인 '모든 국민'에는 자연인 외에 법인, 권리능력 없는 사단·재단은 물론이고 지방자치단체도 포함된다.

② 공공기관이 보유·관리하는 정보는 국민의 알 권리 보장 등을 위하여 「공공기관의 정보공개에 관한 법률」에서 정하는 바에 따라 적극적으로 공개하여야 한다.

③ 재판장은 필요하다고 인정하면 당사자를 참여시키지 아니하고 제출된 공개청구 정보를 비공개로 열람·심사할 수 있다.

④ 공공기관 중 중앙행정기관 및 대통령령으로 정하는 기관은 전자적 형태로 보유·관리하는 정보 중 공개 대상으로 분류된 정보를 국민의 정보공개청구가 없더라도 정보통신망을 활용한 정보공개시스템 등을 통하여 공개하여야 한다.

⑤ 공공기관의 정보공개 담당자는 정보공개 업무를 성실하게 수행하여야 하며, 공개 여부의 자의적인 결정, 고의적인 처리 지연 또는 위법한 공개 거부 및 회피 등 부당한 행위를 하여서는 아니 된다.

문 20. 국가배상책임의 성립요건에 대한 설명으로 옳지 않은 것은? (다툼이 있는 경우 판례에 의함)

① 공무원의 직무집행상의 과실이라 함은 공무원이 그 직무를 수행함에 있어 당해 직무를 담당하는 평균인이 통상 갖추어야 할 주의의무를 게을리 한 것을 말한다.

② 변호인의 접견신청을 허용하지 않고 변호인의 접견교통권을 침해한 경우에는 접견 불허결정을 한 국가정보원 소속 수사관에게 고의나 과실이 있다고 볼 수 있다.

③ 특별송달우편물의 배달 업무에 종사하는 우편집배원으로서는 압류 및 전부명령 결정 정본에 대하여 적법한 송달이 이루어지지 아니할 경우에는 국민의 권리 실현에 장애를 초래하여 당사자가 불측의 피해를 입게 될 수 있음을 충분히 예견할 수 있다고 봄이 상당하다.

④ 어떠한 행정처분이 잘못된 법령해석에 근거한 것이라 하더라도 객관적 주의의무를 위반함으로써 행정처분이 객관적 정당성을 상실하였다고 인정될 수 있는 정도에 이르러야 국가배상책임의 요건을 충족한다.

⑤ 등기신청의 첨부서면으로 제출한 판결서의 일부 기재사항 및 기재형식이 일반적인 판결서의 작성방식과 다른 경우에 담당 등기관이 자세한 확인절차를 거치지 않았다면 국가배상책임이 인정된다.

2021

8월 14일 시행
국회직 9급

| 풀이 시간: ____:____ ~ ____:____ / 점수: ____점

| 해당 〈2021 국회직 9급〉 문제는 국회사무처 9급 중 경위직(경위) 직렬(직류)에만 해당하는 문제입니다.

문 1. 이행강제금제도에 대한 설명으로 옳지 않은 것은? (다툼이 있는 경우 판례에 의함)

① 이행강제금은 집행벌이라고도 하며 행정벌과는 구분된다.

② 동일한 의무위반에 대해 의무를 이행할 때까지 이행강제금을 반복해서 부과하는 것도 가능하다.

③ 대체적 작위의무의 강제방법으로 이행강제금제도를 활용해서는 안 된다.

④ 이행강제금부과를 위해서는 반드시 법적 근거가 필요하다.

⑤ 이행강제금 금액을 법률에서 규정하고 있는 경우 법원이 그 금액보다 적은 이행강제금을 판결을 통해 부과할 수 없다.

문 2. 행정계획에 대한 설명으로 옳지 않은 것은? (다툼이 있는 경우 판례에 의함)

① 「도시 및 주거환경정비법」상 토지 등 소유자들이 조합을 따로 설립하지 않고 직접 시행하는 도시환경정비사업에서 토지 등 소유자들이 사업시행인가를 받기 전에 작성한 사업시행계획은 항고소송의 대상이 되는 독립된 행정처분에 해당한다.

② 「행정절차법」에서는 행정계획의 수립·확정에 관한 일반적 규정을 두고 있지 않다.

③ 행정주체는 구체적 행정계획을 입안·결정함에 있어서 그 계획에 관련된 사람들의 이익을 공익과 사익 간은 물론이고 공익 상호 간과 사익 상호 간에도 비교교량하여야 한다.

④ 행정계획의 폐지·변경으로 손해가 발생한 국민에게는 국가배상청구권이 인정될 수 있다.

⑤ 비구속적 행정계획안이나 행정지침이라도 국민의 기본권에 직접적으로 영향을 끼치면 예외적으로 헌법소원의 대상이 될 수 있다.

문 3. 「개인정보 보호법」의 내용으로 옳지 않은 것은?

① 개인정보처리자는 통계작성, 과학적 연구, 공익적 기록보존 등을 위하여 정보주체의 동의 없이도 가명(假名)정보를 처리할 수 있다.

② 개인정보보호에 관한 사무를 독립적으로 수행하기 위하여 행정안전부 소속으로 개인정보보호위원회를 둔다.

③ 개인정보처리자는 정보주체 또는 제3자의 급박한 생명, 신체, 재산의 이익을 위하여 명백히 필요하다고 인정되는 경우에 주민등록번호를 처리할 수 있다.

④ 개인정보처리자가 집단분쟁조정을 거부하거나 집단분쟁조정의 결과를 수락하지 아니한 경우에는 법원에 권리침해 행위의 금지·중지를 구하는 단체소송을 제기할 수 있다.

⑤ 개인정보보호위원회는 개인정보처리자가 특정 개인을 알아보기 위한 목적으로 가명정보를 처리한 경우 전체 매출액의 100분의 3 이하에 해당하는 금액을 과징금으로 부과할 수 있다.

문 4. 행정대집행에 대한 설명으로 옳지 않은 것은? (다툼이 있는 경우 판례에 의함)

① 의무자가 동의한 경우 해가 뜨기 전이나 해가 진 후에도 대집행을 할 수 있다.

② 법령상의 용도 이외에 사용하는 행위를 금지하는 부작위의무의 위반은 대집행의 대상이 될 수 없다.

③ 대집행에 요한 비용은 「국세징수법」의 예에 의하여 징수할 수 있다.

④ 매점의 명도는 대체적 작위의무에 해당하지 아니하여 대집행의 대상이 아니다.

⑤ 「공유재산 및 물품 관리법」에 따라 지방자치단체장이 행정대집행의 방법으로 공유재산에 설치한 시설물을 철거할 수 있는 경우에도 민사소송의 방법으로 시설물의 철거를 구할 수 있다.

문 5. 취소소송의 제소기간에 대한 설명으로 옳지 <u>않은</u> 것은? (다툼이 있는 경우 판례에 의함)

① 취소소송의 제소기간을 판단함에 있어서 '처분이 있음을 안 날'이라 함은 통지 등의 방법에 의하여 고지받아 당사자가 처분이 있었다는 사실을 현실적으로 안 날을 의미한다.

② 제소기간의 준수 여부는 당사자가 주장하지 않아도 법원이 직권으로 조사해야 한다.

③ 통상 고시에 의하여 행정처분을 하는 경우에는 그 처분의 효력이 불특정 다수인에게 일률적으로 적용되는 것이므로 그 행정처분에 이해관계를 갖는 자가 고시가 있었다는 사실을 현실적으로 알았는지 여부와 관계없이 고시가 효력을 발생하는 날 행정처분이 있음을 알았다고 보아야 한다.

④ 법령에서 규정한 행정심판청구기간을 도과한 후에 행정심판을 청구하여 재결받은 후 재결서정본을 송달받은 날부터 90일 내에 제기한 취소소송은 제소기간을 준수한 것으로 본다.

⑤ 무효의 하자가 있는 처분에 대해 취소소송을 제기하는 경우에도 취소소송의 제소기간을 준수하여야 한다.

문 6. 다음 사례에 대한 설명으로 옳지 <u>않은</u> 것은? (다툼이 있는 경우 판례에 의함)

○ 甲은 주택을 건축하기 위하여 관할 행정청에 「건축법」에 따라 건축신고를 하였다.
○ 甲의 건축행위는 「국토의 계획 및 이용에 관한 법률」에 따른 개발행위허가가 필요한 경우이다.
○ 「건축법」은 건축신고가 이루어진 경우 개발행위허가가 의제되는 것으로 규정하고 있다.

① 甲의 건축신고가 부적법한데도 행정청이 이를 수리하였다고 하여 신고에 어떠한 법적 효과가 발생하는 경우는 없다.

② 甲의 건축신고를 관할 행정청이 수리하지 않는 경우 그 거부행위에 대해 甲은 취소소송을 제기하여 다툴 수 있다.

③ 甲이 적법한 건축행위를 할 수 있는 시점은 적법한 신고서를 행정청에 제출한 시점이 아니고 행정청이 이를 수리한 시점이다.

④ 甲의 건축신고가 개발행위허가에 필요한 요건을 충족하지 못한 경우 행정청은 이를 이유로 甲의 건축신고수리를 거부할 수 있다.

⑤ 甲의 건축신고는 행정청이 그 실체적 요건에 관한 심사를 한 후 수리하여야 하는 이른바 '수리를 요하는 신고'에 해당한다.

문 7. 다음 중 처분에 대한 판례의 입장으로 옳은 것은?

① 공무원의 당연퇴직 인사발령은 준법률행위적 행정행위 중 하나인 통지로서 처분에 해당한다.

② 사인 간의 법률관계의 존부를 공적으로 증명하는 법무법인의 공증행위는 항고소송의 대상이 되는 처분이다.

③ 거부처분의 처분성을 인정하기 위한 전제요건이 되는 신청권의 존부는 구체적 사건에서 신청인이 누구인지를 고려하여 관계 법규의 해석에 의하여 그러한 신청권을 인정하고 있는가를 살펴 구체적으로 결정한다.

④ 기반시설부담금의 납부를 지체하여 발생한 지체가산금이 환급대상에서 제외된다는 취지의 환급거부결정은 원고의 환급신청 중 일부를 거부하는 처분으로서 항고소송의 대상이 된다.

⑤ 자동차운전면허대장상 일정한 사항의 등재행위는 행정소송의 대상이 되는 독립한 행정처분으로 볼 수 있다.

문 8. 「질서위반행위규제법」의 내용으로 옳지 <u>않은</u> 것은?

① 질서위반행위의 성립과 과태료 처분은 행위시의 법률에 따른다.

② 과태료 사건은 다른 법령에 특별한 규정이 있는 경우를 제외하고는 당사자의 주소지의 지방법원 또는 그 지원의 관할로 한다.

③ 질서위반행위란 법률(조례를 포함한다)상의 의무를 위반하여 과태료를 부과하는 행위를 말하고, 이에는 대통령령으로 정하는 사법(私法)상 · 소송법상 의무를 위반하여 과태료를 부과하는 행위가 포함된다.

④ 「질서위반행위규제법」에 의하면, 고의 또는 과실이 없는 질서위반행위는 과태료를 부과하지 아니한다.

⑤ 「질서위반행위규제법」에 의한 과태료는 행정청의 과태료 부과처분이나 법원의 과태료 재판이 확정된 후 5년간 징수하지 아니하거나 집행하지 아니하면 시효로 인하여 소멸한다.

문 9. 행정심판에 대한 설명으로 옳지 <u>않은</u> 것은? (다툼이 있는
　　경우 판례에 의함)

　　① 거부처분에 대하여는 취소심판 또는 의무이행심판을 제
　　　기할 수 있다.

　　② 부작위에 대한 의무이행심판의 경우 심판청구기간의 제
　　　한이 없다.

　　③ 심판청구를 인용하는 재결은 피청구인뿐만 아니라 그 밖
　　　의 관계행정청도 기속하는 효력이 있다.

　　④ 행정심판위원회는 취소심판의 청구가 이유가 있다고 인
　　　정하면 처분을 취소하거나 다른 처분으로 변경하거나,
　　　처분을 다른 처분으로 변경할 것을 피청구인에게 명할
　　　수 있다.

　　⑤ 처분을 다른 처분으로 변경할 것을 명령하는 재결에 대
　　　해 행정청이 이를 따르지 않는 경우 간접강제제도에 의
　　　한 강제가 가능하다.

문 10. 국가배상책임에 관한 설명으로 옳지 <u>않은</u> 것은? (다툼이 있
　　는 경우 판례에 의함)

　　① 군인·군무원 등의 특례규정(「국가배상법」제2조 제1항
　　　단서의 면책조항)은 전투·훈련 또는 이에 준하는 직무
　　　집행뿐만 아니라 일반 직무집행과 관련해서도 적용될 수
　　　있다.

　　② 공무원의 부작위로 인한 국가배상책임을 인정하기 위해
　　　서는 법령에 명시적으로 공무원의 작위의무가 규정되어
　　　있어야 한다.

　　③ 공무원의 직무상 불법과 관련해서 공무원에게 고의 또는
　　　중과실이 인정되면 피해자는 공무원 개인에 대해 선택적
　　　으로 배상을 청구할 수 있다.

　　④ 국회의원은 입법행위에 관하여 원칙적으로 국민 전체에
　　　대한 관계에서 정치적 책임을 질 뿐 국민 개개인의 권리
　　　에 대응하여 법적 의무를 지는 것은 아니다.

　　⑤ 적설지대가 아닌 지역의 도로 또는 고속도로 등 특수 목
　　　적의 도로가 아닌 일반 도로의 경우 강설로 인하여 발생
　　　한 도로통행상의 위험을 즉시 배제하여 그 안전성을 확
　　　보할 의무가 인정되지 않는다.

문 11. 통고처분에 대한 설명으로 옳지 <u>않은</u> 것은? (다툼이 있는
　　경우 판례에 의함)

　　① 통고처분은 조세범, 관세범, 출입국사범, 교통사범 등의
　　　경우 허용된다.

　　② 행정청이 벌금·과료에 상당하는 금액의 납부를 통고하
　　　며 당사자가 법정기간 내에 통고된 내용을 이행한 때에
　　　처벌절차는 종료된다.

　　③ 통고처분에 따른 범칙금을 납부하지 않은 경우에는 고발
　　　등의 절차를 거쳐 형사소송절차로 이행되는 것이 일반적
　　　이다.

　　④ 위법한 통고처분에 대해서는 제소기간 내에 취소소송을
　　　제기할 수 있다.

　　⑤ 통고처분은 법관에 의한 재판을 받을 권리를 침해한다든
　　　가 적법절차의 원칙에 저촉된다고 볼 수 없다.

문 12. 다음 중 당연무효인 행정처분에 해당하지 <u>않는</u> 것은? (다툼
　　이 있는 경우 판례에 의함)

　　① 납세자 아닌 제3자의 재산을 대상으로 행한 압류처분

　　② 내부위임된 도지사의 권한을 행사함에 있어서 군수가 자
　　　신의 명의로 행한 행정처분

　　③ 「행정절차법」상 문서로 하도록 한 처분을 구술로 한 행
　　　정처분

　　④ 환경영향평가대상사업에 대해 환경영향평가를 거치지
　　　아니하고 행한 승인처분

　　⑤ 행정처분이 행해진 이후에 근거 법률이 위헌으로 결정될
　　　경우 그 행정처분

문 13. 행정행위의 부관 중 부담에 대한 설명으로 옳지 <u>않은</u> 것은?
　　(다툼이 있는 경우 판례에 의함)

　　① 부담은 다른 부관과 달리 그 자체로 취소소송의 대상적
　　　격이 인정된다.

　　② 부담은 조건과 달리 본체인 행정행위의 불가분적 요소가
　　　아니다.

　　③ 부담에 의하여 부과된 의무를 이행하지 않았다고 하여
　　　본체인 행정행위 자체가 당연히 효력을 상실하는 것은
　　　아니다.

　　④ 행정행위에 붙여진 부관의 성격이 조건인지 부담인지 명
　　　백하지 않은 경우에는 독립하여 취소소송의 대상이 되는
　　　부담으로 본다.

　　⑤ 처분의 상대방이 부담을 이행하지 아니하더라도 처분행
　　　정청은 이를 들어 당해 처분을 철회할 수 없다.

문 14. 처분의 하자를 무효와 취소로 구별할 실익이 있는 경우만을 모두 고르면? (다툼이 있는 경우 판례에 의함)

> ㄱ. 행정처분의 효력 유무가 선결문제인 경우 민사법원의 판단 방법
> ㄴ. 선행처분 하자의 후행처분에의 승계 여부
> ㄷ. 사정판결의 허용 여부
> ㄹ. 국가배상소송에 있어서 공무원 직무행위의 위법성 인정 여부

① ㄴ, ㄹ   ② ㄱ, ㄴ, ㄷ
③ ㄱ, ㄷ, ㄹ   ④ ㄴ, ㄷ, ㄹ
⑤ ㄱ, ㄴ, ㄷ, ㄹ

문 15. 행정조사에 대한 설명으로 옳지 않은 것은? (다툼이 있는 경우 판례에 의함)

① 세무조사결정은 행정조사의 일종으로 사실행위에 불과하여 취소소송의 대상이 되지 아니한다.
② 위법한 행정조사에 대해 예방적 금지소송이 효과적인 방어수단이나 현재는 인정되고 있지 않다.
③ 중복하여 실시되어 위법하게 된 세무조사에 기초하여 이루어진 부가가치세 부과처분은 위법하다.
④ 행정기관의 장은 조사목적의 달성을 위하여 행하여진 시료채취로 조사대상자에게 손실을 입힌 때에는 그 손실을 보상하여야 한다.
⑤ 개별 법령 등에서 행정조사를 규정하고 있는 경우에도 행정기관이 「행정조사기본법」 제5조 단서에서 정한 '조사대상자의 자발적인 협조를 얻어 실시하는 행정조사'를 실시할 수 있다.

문 16. 항고소송의 대상에 대한 설명으로 옳은 것은? (다툼이 있는 경우 판례에 의함)

① 감사원의 징계요구와 재심의결정은 항고소송의 대상이 되는 행정처분이다.
② 과징금 부과처분 후 그 부과처분의 하자를 이유로 감액처분을 한 경우 그 감액처분이 항고소송의 대상이다.
③ 국립대학교 교원의 징계처분에 대한 교원소청심사위원회의 결정은 그 결정에 고유한 위법이 있을 때에만 소송의 대상이 될 수 있다.
④ 중앙토지수용위원회의 이의재결을 거친 경우 지방토지수용위원회의 수용재결을 대상으로 취소소송을 제기할 수 없다.
⑤ 지방노동위원위회의 결정에 불복하여 중앙노동위원회의 재심판정이 있는 경우 지방노동위원회의 결정에 대해 행정소송을 제기할 수 있다.

문 17. 행정소송에 대한 설명으로 옳은 것만을 모두 고르면? (다툼이 있는 경우 판례에 의함)

> ㄱ. 교수재임용거부처분을 취소한다는 교원소청심사위원회의 결정에 대해 대학교 총장은 그것의 취소를 구하는 행정소송을 제기할 당사자능력을 갖는다.
> ㄴ. 과세관청의 소득처분에 따른 소득금액변동통지는 항고소송의 대상이 되는 행정처분이다.
> ㄷ. 「광주민주화운동관련자 보상 등에 관한 법률」에 따른 보상심의위원회의 결정은 처분성이 인정된다.
> ㄹ. 통치행위에 부수하는 행위는 통치행위의 일환으로서 사법심사의 대상이 아니다.

① ㄱ, ㄴ   ② ㄱ, ㄷ
③ ㄴ, ㄷ   ④ ㄴ, ㄹ
⑤ ㄷ, ㄹ

문 18. 다음 법률행위적 행정행위 중 그 성질이 다른 것은? (다툼이 있는 경우 판례에 의함)

① 「자동차관리법」상 사업자단체인 조합의 설립에 대한 인가
② 재단법인의 임원취임승인 신청에 대한 승인
③ 「국토의 계획 및 이용에 관한 법률」상 토지거래허가
④ 구 「수도권 대기환경개선에 관한 특별법」상 대기오염 물질 총량관리사업장 설치의 허가
⑤ 주택조합의 조합장 명의변경에 대한 시장, 군수 또는 자치구 구청장의 인가

문 19. 「행정절차법」상 처분의 사전통지의무에 대한 설명으로 옳지 않은 것은? (다툼이 있는 경우 판례에 의함)

① 당사자에게 의무를 부과하거나 권익을 제한하는 처분이 그 대상이다.

② 공무원의 직위해제처분에 대하여 「행정절차법」상 사전통지의무 규정이 적용된다.

③ 처분의 당사자가 아닌 제3자의 권익을 제한하더라도 그 자에게 처분의 사전통지를 할 의무는 없다.

④ 처분하려는 원인이 되는 사실과 처분의 내용 및 법적 근거에 대해 당사자가 의견을 제출할 수 있다는 뜻과 의견을 제출하지 아니하는 경우의 처리방법도 사전통지의 대상이다.

⑤ 특별한 사정이 없는 한 신청에 대한 거부처분은 사전통지의 대상이 아니다.

문 20. 「행정소송법」상 당사자소송에 대한 설명으로 옳지 않은 것은? (다툼이 있는 경우 판례에 의함)

① 당사자소송은 국가·공공단체 그 밖의 권리주체를 피고로 한다.

② 당사자소송에 관하여 법령에 제소기간이 정하여져 있는 때에는 그 기간은 불변기간으로 한다.

③ 당사자소송의 판결은 기속력을 가진다.

④ 당사자소송에는 취소소송에 관한 직권심리 규정이 준용된다.

⑤ 당사자소송에 대하여는 「민사집행법」상 가처분에 관한 규정을 적용할 수 없다.

해설편 ▶ P.155

2020

8월 22일 시행
국회직 9급

| 풀이 시간: _____:_____ ~ _____:_____ / 점수: _____점

| 해당 〈2020 국회직 9급〉 문제는 국회사무처 9급 중 경위직(경위) 직렬(직류)에 만 해당하는 문제입니다.

1초 합격예측! 모바일 성적분석표

QR 코드로 접속하여 문제 풀이시간을 측정하고,
〈1초 합격예측 & 모바일 성적분석표〉 서비스를 통해
지금 바로! 실력을 점검해 보세요.
http://eduwill.kr/MVrF

문 1. 사인의 공법행위에 대한 설명으로 옳은 것(○)과 옳지 않은 것(×)을 올바르게 조합한 것은? (다툼이 있는 경우 판례에 의함)

> ㄱ. 의사능력이 없는 자의 공법행위는 무효이다.
> ㄴ. 「민법」의 비진의 의사표시에 관한 규정은 사인의 공법행위에 적용되지 않는다.
> ㄷ. 행정법 관계의 안정성과 정형성을 위해 사인의 공법행위에는 부관을 붙이지 않는 것이 적합하다.
> ㄹ. 사인의 공법행위는 행정행위의 공정력, 집행력 등 특수한 효력이 인정되지 않는다.
> ㅁ. 공무원이 한 사직의 의사표시는 그것을 철회하는 것이 신의칙에 반한다고 인정되는 특별한 사정이 있는 경우에는 철회가 허용되지 아니한다.

	ㄱ	ㄴ	ㄷ	ㄹ	ㅁ
①	○	○	○	○	○
②	○	○	○	×	×
③	○	○	×	×	×
④	×	×	○	○	×
⑤	×	×	×	○	○

문 2. 부관에 대한 설명으로 옳지 <u>않은</u> 것은? (다툼이 있는 경우 판례에 의함)

① 일반적으로 기속행위에 대해서는 부관을 붙일 수 없다.

② 조건인지 부담인지 불확실한 경우에는 상대방에게 유리한 부담으로 해석한다.

③ 공익법인의 기본재산의 처분에 관한 주무관청의 허가는 강학상 인가에 해당하고 이에 대한 부관의 부과는 허용되지 아니한다.

④ 법률에 명문의 규정이 있거나 미리 유보되어 있는 경우 또는 상대방의 동의가 있는 경우에 사후부담이 허용된다.

⑤ 행정청이 관리처분계획에 대한 인가처분을 할 때에는 인가 여부를 결정할 수 있을 뿐 기부채납과 같은 다른 조건을 붙일 수는 없다.

문 3. 「행정소송법」상 소의 변경에 대한 내용으로 옳지 <u>않은</u> 것은?

① 소의 종류의 변경은 청구의 기초에 변경이 없는 한 인정된다.

② 법원은 필요가 있다고 판단될 때 사실심의 변론종결시까지 직권으로 소를 변경할 수 있다.

③ 법원이 소의 종류의 변경을 허가함으로써 피고를 달리하게 될 때에는 새로이 피고가 될 자의 의견을 들어야 한다.

④ 소의 변경은 당사자소송을 항고소송으로 변경하는 경우에도 인정된다.

⑤ 처분의 변경에 따르는 소의 변경의 경우에는 「행정소송법」 제18조 제1항 단서(예외적 행정심판전치주의)가 적용되는 경우에도 행정심판을 거칠 필요가 없다.

문 4. 「행정심판법」상 권리구제에 대한 설명으로 옳은 것은? (다툼이 있는 경우 판례에 의함)

① 행정심판위원회는 조정을 할 수 없다.

② 행정심판위원회는 피청구인이 처분명령재결의 취지에 따라 이전의 신청에 대한 처분을 하지 않는 경우 직접 처분을 할 수 있지만 간접강제를 할 수는 없다.

③ 처분청이 심판청구기간을 알리지 아니한 경우에는 청구인이 처분이 있음을 알았는지 여부를 묻지 않고 청구기간의 제한이 없게 된다.

④ 임시처분은 집행정지로 목적을 달성할 수 있는 경우에는 허용되지 아니한다.

⑤ 행정심판의 재결이 확정된 경우 처분의 기초가 된 사실관계나 법률적 판단이 확정되고 당사자들이나 법원은 이에 기속되어 모순되는 주장이나 판단을 할 수 없다.

문 5. 행정상 계약에 대한 설명으로 옳은 것은? (다툼이 있는 경우 판례에 의함)

① 「산업집적활성화 및 공장설립에 관한 법률」상의 입주계약의 해지는 행정처분에 해당하지 않는다.

② 음식물류 폐기물의 수집·운반 업무를 대행을 위탁하고 그에 대한 대행료를 지급하는 것을 내용으로 하는 지방자치단체와 사인 간의 계약은 민사소송의 대상이다.

③ 「행정절차법」은 공법상 계약에 관하여 규정하고 있다.

④ 「공익사업을 위한 토지 등의 취득 및 보상에 관한 법률」상의 협의취득의 법적 성질은 공법상 계약에 해당한다.

⑤ 중소기업기술정보진흥원장이 중소기업 정보화지원사업 지원대상인 사업의 지원에 관하여 체결한 협약의 해지는 행정처분에 해당한다.

문 6. 허가, 특허, 인가에 대한 설명으로 옳지 <u>않은</u> 것은? (다툼이 있는 경우 판례에 의함)

① 허가를 받아야만 적법하게 할 수 있는 행위를 허가받지 않고 행한 경우에는 행정상 강제집행이나 행정벌의 대상이 되는 것은 별론으로 하고 당해 무허가행위의 사법상 효력까지 당연히 부인되는 것은 아니다.

②「출입국관리법」상 체류자격 변경허가는 일종의 설권적 처분의 성격을 가지므로 허가권자는 신청인이 관계 법령에서 정한 요건을 충족하였더라도 신청인의 적격성, 체류 목적, 공익상의 영향 등을 참작하여 허가 여부를 결정할 수 있는 재량을 가진다.

③ 신청을 한 때와 허가를 할 때 사이에 법령의 변경이 있는 경우 행정청이 허가신청을 수리하고도 정당한 이유 없이 처리를 늦추어 그 사이에 법령 및 그 허가기준이 변경된 것이 아닌 한 새로운 법령 및 허가기준에 따른다.

④ 특허는 상대방의 신청을 요건으로 하므로 신청이 없거나 신청 내용에 반하는 특허는 완전한 효력을 발생할 수 없다.

⑤ 기본행위인 이사선임결의의 효력에 다툼이 있는 경우 민사쟁송으로 이사선임결의의 무효확인을 구할 것이 아니라 그 이사선임결의에 대한 승인처분의 무효확인이나 그 취소를 구하여야 한다.

문 7. 행정계획에 대한 설명으로 옳지 <u>않은</u> 것은? (다툼이 있는 경우 판례에 의함)

① 국토교통부장관이 법령의 범위 내에서 행한 개발제한구역지정처분은 재량적 성질을 가진다.

② 행정주체가 행정계획을 입안·결정함에 있어서 형량의 부존재, 형량의 누락, 평가의 과오와 형량의 불비례가 있는 경우에는 그 행정계획결정은 위법하게 된다.

③ 행정계획이 위법하더라도 사정판결이 내려지면 행정계획이 취소되지 않을 수 있다.

④ 통상 행정계획변경청구권은 무하자재량행사청구권의 성질을 갖는다.

⑤ 산업단지개발계획상 산업단지 안의 토지소유자로서 산업단지개발계획에 적합한 시설을 설치하여 입주하려는 자가 산업단지개발계획의 변경을 요청하는 경우에 행정계획변경신청권이 인정되지 아니한다.

문 8.「국가배상법」상 영조물의 설치·관리상의 하자로 인한 손해배상책임에 대한 설명으로 옳지 <u>않은</u> 것은? (다툼이 있는 경우 판례에 의함)

① 영조물의 설치·관리상의 하자란 영조물이 그 용도에 따라 통상 갖추어야 할 안정성을 갖추지 못한 상태에 있음을 말한다.

② 편도 2차선 도로의 1차선 상에 교통사고의 원인이 될 수 있는 크기의 돌멩이가 방치되어 있었고 도로의 점유·관리자가 그것에 대한 관리 가능성이 없다는 입증을 하지 못하고 있다면 이는 도로 관리·보존상의 하자에 해당한다.

③ 영조물이 공공의 목적에 이용됨에 있어 그 이용상태 및 정도가 일정한 한도를 초과하여 제3자에게 사회통념상 참을 수 없는 피해를 입히는 경우까지 영조물의 설치·관리상의 하자에 포함되는 것은 아니다.

④ 다른 자연적 사실과 경합하여 손해가 발생하더라도 영조물의 설치·관리상의 하자가 공동원인의 하나가 되는 이상 그 손해는 영조물의 설치·관리상의 하자에 의하여 발생한 것이라고 해석할 수 있다.

⑤ 영조물의 설치·관리상의 하자로 인한 국가배상책임이 인정되는 경우에도 손해의 원인에 대하여 책임을 질 자가 따로 있을 때에는 국가 또는 지방자치단체는 그 자에 대하여 구상할 수 있다.

문 9.「개인정보 보호법」상 개인정보보호에 대한 설명으로 옳지 않은 것은?

① 법인 등의 단체는 개인정보의 주체가 될 수 없다.

② 개인정보처리자는 법령에서 민감정보의 처리를 요구하거나 허용하는 경우 민감정보를 처리할 수 있다.

③ 개인정보처리자의「개인정보 보호법」위반 행위로 손해를 입은 정보주체가 개인정보처리자에게 손해배상을 청구한 경우 개인정보처리자는 고의 또는 과실이 없음을 입증하지 아니하면 책임을 면할 수 없다.

④ 개인정보에 관한 분쟁의 조정을 위하여 개인정보보호위원회를 둔다.

⑤ 일정한 단체는 개인정보처리자가 집단분쟁조정을 거부하거나 집단분쟁조정의 결과를 수락하지 아니한 경우에는 법원에 권리침해 행위의 금지·중지를 구하는 단체소송을 제기할 수 있다.

문 10.「행정소송법」상 '법률상 이익'에 해당하지 <u>않는</u> 것은? (다툼이 있는 경우 판례에 의함)

① 「수도법」상 상수원보호구역 설정으로 상수원의 오염을 막아 양질의 급수를 받고 있는 지역주민들이 가지는 이익

② 「공유수면 관리 및 매립에 관한 법률」상 공유수면매립면허처분과 관련한 환경영향평가대상지역 안의 주민의 이익

③ 연탄공장 건축허가에 대한 구 「도시계획법」상 주거지역에 거주하는 인근주민의 생활환경상 이익

④ 구 「장사 등에 관한 법률」상 납골당 설치 신고수리처분에 대한 납골당 설치장소에서 500m 내에 20호 이상의 인가가 밀접한 지역에 거주하는 주민의 이익

⑤ 「여객자동차 운수사업법」상 시외버스운송사업계획변경인가처분으로 시외버스 운행노선 중 일부가 기존의 시내버스 운행노선과 중복하게 된 경우 기존 시내버스운송사업자의 영업상 이익

문 11.「행정대집행법」상 대집행에 대한 설명으로 옳은 것은? (다툼이 있는 경우 판례에 의함)

① 관계 법령상 행정대집행의 절차가 인정되어 행정청이 행정대집행의 방법으로 건물의 철거 등 대체적 작위의무의 이행을 실현할 수 있는 경우에도 따로 민사소송의 방법으로 그 의무의 이행을 구할 수 있다.

② 대집행에 요한 비용은 「국세징수법」의 예에 의하여 징수할 수 없다.

③ 대집행 계고처분과 대집행 비용납부명령은 각각 별개의 법률효과를 발생시키는 것이어서 선행처분의 하자가 후행처분에 승계되지 아니한다.

④ 대집행에 대한 계고는 행정처분이고, 1차 계고 이후 대집행기한을 연기하기 위한 2차 계고, 3차 계고 또한 독립된 행정처분이다.

⑤ 사인이 행정청에 대하여 물건의 인도 또는 토지·건물의 명도의무가 있는 경우 그 의무는 대체적 작위의무가 아니어서 대집행의 대상이 될 수 없다.

문 12.「공공기관의 정보공개에 관한 법률」상 정보공개에 대한 설명으로 옳지 <u>않은</u> 것은? (다툼이 있는 경우 판례에 의함)

① 정보공개청구는 청구인과 직접적인 이해관계가 없는 공익을 위한 경우에도 할 수 있다.

② 지방자치단체는 「공공기관의 정보공개에 관한 법률」에서 정한 정보공개청구권자인 국민에 해당되지 않는다.

③ 「공공기관의 정보공개에 관한 법률」제9조 제1항 제1호의 '법률에서 위임한 명령'은 일반적인 법률의 위임규정에 따라 제정된 대통령령, 총리령, 부령 전부를 의미한다.

④ 개인정보는 절대적으로 공개가 거부될 수 있는 것은 아니며 공개의 이익과 형량하여 공개 여부를 결정하여야 한다.

⑤ 정보공개의 대상이 되는 정보가 이미 다른 사람에게 널리 알려져 있다는 사정만으로 비공개결정이 정당화될 수는 없다.

문 13. 제3자 또는 이해관계인의 보호에 대한 설명으로 옳지 <u>않은</u> 것은?

① 행정청이 처분을 할 때에는 해당 처분이 행정심판의 대상이 되는 처분인지를 이해관계인에게 지체 없이 알려주어야 한다.

② 행정청은 직권으로 또는 신청에 따라 이해관계인을 행정절차에 참여하게 할 수 있다.

③ 제3자라고 하더라도 법률상 이익이 있으면 항고소송의 원고적격이 인정된다.

④ 법원은 소송의 결과에 따라 권리 또는 이익의 침해를 받을 제3자가 있는 경우 당사자 또는 제3자의 신청 또는 직권에 의하여 결정으로써 제3자를 소송에 참가시킬 수 있다.

⑤ 제3자는 자기에게 책임 없는 사유로 소송에 참가하지 못함으로써 판결의 결과에 영향을 미칠 공격 또는 방어방법을 제출하지 못한 때에는 재심을 청구할 수 있다.

문 14. 법규명령의 한계에 대한 설명으로 옳지 <u>않은</u> 것은? (다툼이 있는 경우 판례에 의함)

① 구법에 위임의 근거가 없어 무효였던 법규명령도 사후에 법 개정으로 위임의 근거가 부여되면 그때부터는 유효한 법규명령이 된다.

② 법규명령은 국회입법의 원칙의 예외에 해당되는 것이므로 일정한 한계 안에서 허용된다.

③ 위임입법에서 요구되는 구체성과 명확성은 침해행정 영역에서 강하게 요청되고 급부행정 영역에서는 다소 완화될 수 있다.

④ 긴급한 경우 집행명령으로 새로운 법규사항을 규정할 수 있다.

⑤ 공법적 단체 등의 정관에 자치법적 사항을 위임하는 경우에는 포괄적 위임도 가능하다.

문 15. 행정상 손실보상에 대한 설명으로 옳지 <u>않은</u> 것은? (다툼이 있는 경우 판례에 의함)

① 공용수용은 헌법상의 재산권 보장의 요청상 불가피한 최소한에 그쳐야 한다.

② 헌법 제23조 제3항에서 규정한 '정당한 보상'이란 완전보상을 뜻한다.

③ 이주대책은 생활보상의 일환으로 국가의 적극적이고 정책적인 배려에 의하여 마련된 제도이다.

④ 구체적 권리가 아닌 단순한 이익이나 재화 획득의 기회와 같은 것은 손실보상 대상이 되지 않는다.

⑤ 「관광진흥법」이 민간개발자를 수용의 주체로 규정한 것은 헌법에 위반된다.

문 16. 공무원의 위법한 직무행위로 인한 국가배상책임에 대한 설명으로 옳지 <u>않은</u> 것은? (다툼이 있는 경우 판례에 의함)

① 공무원의 행위가 실질적으로 공무집행행위가 아니라는 사정을 피해자가 알았다면 그것만으로 국가배상책임을 부인할 수 있다.

② 주관적 책임요소로서의 공무원의 고의·과실에 관한 증명책임은 원고인 피해자에게 있다.

③ 직무행위가 위법하게 되었다고 하더라도 그것만으로 곧바로 담당공무원에게 과실이 있다고 할 수 없다.

④ 생명·신체상의 손해에 대한 배상청구권은 양도·압류할 수 없다.

⑤ 「국가배상법」 제6조(비용부담자 등의 책임)의 '공무원의 봉급·급여 그 밖의 비용'은 공무원의 인건비만이 아니라 당해 사무에 필요한 일체의 경비를 의미한다.

문 17. 재량의 일탈 또는 남용에 해당하지 <u>않는</u> 사안만을 〈보기〉에서 모두 고른 것은? (다툼이 있는 경우 판례에 의함)

〈보기〉

ㄱ. 「출입국관리법」에 따라 거짓진술이나 사실은폐 등으로 난민인정결정을 하는 데 하자가 있음을 이유로 법무부장관이 난민인정결정을 취소한 처분

ㄴ. 전역지원의 시기를 상실하였을 뿐 아니라 의무장교의 인력운영 수준이 매우 저조하여 장기활용 가능 자원인 군의관을 의무복무기간 중 군에서 계속하여 활용할 필요가 있다는 등의 이유로 해당 군의관을 전역대상자에서 제외한 처분

ㄷ. 공정한 업무처리에 대한 사의로 두고 간 돈 30만 원이 든 봉투를 소지함으로써 피동적으로 금품을 수수하였다가 돌려 준 20여 년 근속의 경찰공무원에 대한 해임처분

ㄹ. 대학교 총장이 해외근무자들의 자녀를 대상으로 한 특별전형에서 외교관, 공무원의 자녀에 대하여만 실제 취득점수의 20%의 가산점을 부여해 합격사정을 함으로써, 실제 취득점수에 의하면 합격할 수 있었던 응시자들에 대한 불합격처분

① ㄱ, ㄴ 　　　　　　② ㄱ, ㄷ
③ ㄴ, ㄷ 　　　　　　④ ㄴ, ㄹ
⑤ ㄷ, ㄹ

문 18. 행정입법에 대한 설명으로 옳지 <u>않은</u> 것은? (다툼이 있는 경우 판례에 의함)

① 조례가 집행행위의 개입 없이도 그 자체로서 직접 국민의 구체적인 권리의무나 법적 이익에 영향을 미치는 경우에는 그 조례를 직접 소송의 대상으로 하여 다툴 수 있다.

② 추상적인 법령에 관하여 제정의 여부는 그 자체로서 국민의 구체적인 권리의무에 직접적 변동을 초래하는 것이 아니어서 부작위위법확인소송의 대상이 될 수 없다.

③ 「도로교통법 시행규칙」이 정한 운전면허행정처분기준은 행정청 내부의 사무처리준칙을 규정한 것에 지나지 아니하므로 대외적으로 국민이나 법원을 기속하는 효력이 없다.

④ 제재적 행정처분의 가중사유나 전제요건에 관한 규정이 부령의 형식으로 되어 있고 그 처분에서 정한 제재기간이 경과하였다면 그 처분의 취소를 구할 법률상 이익이 없다.

⑤ 법률이 입법사항을 고시 등의 형식으로 위임하더라도 위임의 한계가 있으며, 고시 등이 위임의 한계를 벗어난 경우에는 법규명령의 효력이 인정될 수 없다.

문 19. 부작위위법확인소송에 대한 설명으로 옳은 것은? (다툼이 있는 경우 판례에 의함)

① 부작위위법확인소송의 대상인 부작위의 성립요건으로는 거부처분의 경우와는 달리 당사자에게 처분을 구할 수 있는 법규상 또는 조리상의 신청권이 있어야 하는 것은 아니다.

② 소 제기 이후에 행정청이 상대방의 신청에 대하여 적극 또는 소극의 처분을 함으로써 부작위상태가 해소된 때에는 소의 이익을 상실하게 된다.

③ 부작위위법확인소송의 원고가 될 수 있는 자는 처분에 대한 신청을 한 자로서 부작위의 위법을 구할 사실상 이익이 있는 자이다.

④ 부작위위법확인의 소는 부작위상태가 계속되는 한 제소기간의 제한을 받지 않으며, 이는 「행정소송법」 제18조 제1항 단서(예외적 행정심판전치주의)에 따라 행정심판의 재결을 거친 경우에도 마찬가지이다.

⑤ 부작위위법확인소송 인용판결의 기속력으로서 재처분의무의 대상이 되는 처분은 당초 신청된 특정한 처분을 뜻한다.

문 20. 「행정절차법」에 의한 행정절차에 대한 설명으로 옳지 않은 것은? (다툼이 있는 경우 판례에 의함)

① 공무원직위해제처분에 대해서는 사전통지 및 의견청취 등에 관한 「행정절차법」 규정이 적용되지 않는다.

② 행정청은 「행정절차법」에 따라 일반적인 공청회와 병행하지 않으면서 전자공청회(정보통신망을 이용한 공청회)를 실시할 수 있다.

③ 「도로법」에 따른 도로구역의 변경은 고시와 열람의 절차를 거치므로 「행정절차법」상 사전통지나 의견청취의 대상이 되지 않는다.

④ 「식품위생법」상의 영업자지위승계신고를 수리하는 경우에는 종전의 영업자에 대하여 「행정절차법」상 사전통지를 하고 의견제출의 기회를 주어야 한다.

⑤ 단순·반복적인 처분으로서 당사자가 그 이유를 명백히 알 수 있어서 처분의 이유제시가 생략된 경우에도 당사자는 「행정절차법」에 따라 그 처분의 이유제시를 요청할 수 있다.

해설편 ▶ P.160

에너지
에듀윌이
너를
지지할게
ENERGY

늘 하던 것만 하면,
늘 얻던 것만 얻는다.

– 프란시스 베이컨(Francis Bacon)

국회직 8급 공개경쟁채용 필기시험

응 시 번 호	
성　　　명	

문 제 책 형

【시 험 과 목】

1교시	국어, 헌법, 경제학
2교시	영어, 행정법, 행정학

응시자 주의사항

1. **시험 시작 전**에 시험문제를 열람하는 행위나 **시험 종료 후** 답안을 작성하는 행위를 한 사람은 「지방공무원 임용령」 제65조 등 관련 법령에 의거 **부정행위자**로 처리됩니다.

2. 시험 시작 즉시 **과목편철 순서, 문제누락 여부, 인쇄상태 이상 유무 및 표지와 개별과목의 문제책형 일치 여부 등을 확인**한 후 문제책 표지에 응시번호, 성명을 기재합니다.

3. 반드시 본인의 **응시표에 인쇄된 시험과목 순서에 따라** 제4과목과 제5과목의 **답안을 표기**하여야 합니다. 과목 순서를 바꾸어 표기한 경우에도 **본인의 응시표에 기재된 과목 순서대로 채점**되므로 반드시 유의하시 기 바랍니다.

4. 시험이 시작되면 문제를 주의 깊게 읽은 후, **문항의 취지에 가장 적합한 하나의 정답만을 고르며**, 문제 내 용에 관한 질문은 받지 않습니다.

5. **시험시간 관리의 책임**은 전적으로 응시자 본인에게 있습니다.

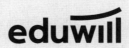

2024

4월 20일 시행

국회직 8급

| 풀이 시간: ___:___ ~ ___:___ / 점수: ___점

| ★이 표시된 문제는 행정법 각론(7급)에 해당하는 문제입니다.

1초 합격예측! 모바일 성적분석표

QR 코드로 접속하여 문제 풀이시간을 측정하고,
〈1초 합격예측 & 모바일 성적분석표〉 서비스를 통해
지금 바로! 실력을 점검해 보세요.
http://eduwill.kr/tLOe

지문의 내용에 대해 학설의 대립 등 다툼이 있는 경우 판례에 의함

문 1. 행정상의 법률관계에 있어 소멸시효와 제척기간에 대한 설명으로 옳지 않은 것은?

① 공법상의 소멸시효는 법률에 특별한 규정이 없으면 「민법」의 규정이 유추적용되는데, 공법상 금전채권의 소멸시효기간을 정하는 이유는 사법관계와 마찬가지로 공법관계에서도 법률관계를 오래도록 미확정인 채로 방치하여 두는 것이 타당하지 않기 때문이다.

② 제척기간은 권리자로 하여금 권리를 신속하게 행사하도록 함으로써 그 권리를 중심으로 하는 법률관계를 조속하게 확정하려는 데에 그 제도의 취지가 있는 것으로서, 관계 법령에 따라 정당한 사유가 인정되는 등 특별한 사정이 없는 한 그 기간의 경과 자체만으로 곧 권리 소멸의 효과를 발생시킨다.

③ 제척기간은 권리관계를 조속히 확정시키기 위하여 권리의 행사에 중대한 제한을 가하는 것이므로, 모법인 법률에 의한 위임이 없는 한 시행령이 함부로 제척기간을 규정할 수는 없다고 할 것이다.

④ 제척기간에 있어서는 그 성질에 비추어 소멸시효와 같이 기간의 중단이나 정지는 있을 수 없다.

⑤ 소멸시효는 권리가 발생한 때를 기산점으로 하지만, 제척기간은 권리를 행사할 수 있는 때를 기산점으로 한다.

문 2. 「공공기관의 정보공개에 관한 법률」의 내용에 대한 설명으로 옳지 않은 것은?

① 행정안전부장관은 전년도의 정보공개 운영에 관한 보고서를 매년 정기국회 개회 전까지 국회에 제출하여야 한다.

② 청구인이 정보공개와 관련한 공공기관의 비공개결정 또는 부분 공개결정에 대하여 불복이 있거나 정보공개청구 후 20일이 경과하도록 정보공개결정이 없는 때에는 공공기관으로부터 정보공개 여부의 결정 통지를 받은 날 또는 정보공개청구 후 20일이 경과한 날부터 7일 이내에 해당 공공기관에 문서로 이의신청을 할 수 있다.

③ 공공기관은 국가의 시책으로 시행하는 공사(工事) 등 대규모 예산이 투입되는 사업에 관한 정보에 대해서는 공개의 구체적 범위, 주기, 시기 및 방법 등을 미리 정하여 정보통신망 등을 통하여 알리고, 이에 따라 정기적으로 공개하여야 한다.

④ 공공기관은 공개청구된 정보가 공공기관이 보유·관리하지 아니하는 정보인 경우, 「민원 처리에 관한 법률」에 따른 민원으로 처리할 수 있는 경우에는 민원으로 처리할 수 있다.

⑤ 공공기관은 정보공개를 청구하여 정보공개 여부에 대한 결정의 통지를 받은 자가 정당한 사유 없이 해당 정보의 공개를 다시 청구하는 경우에는 정보공개청구 대상 정보의 성격, 종전 청구와의 내용적 유사성·관련성 등을 종합적으로 고려하여 해당 청구를 종결 처리할 수 있다.

문 3. 공물에 대한 설명으로 옳은 것만을 〈보기〉에서 모두 고르
★ 면?

〈보기〉

ㄱ. 구 「지방재정법」상 공유재산에 대한 취득시효가 완성
되기 위하여는 그 공유재산이 취득시효기간 동안 계
속하여 시효취득의 대상이 될 수 있는 잡종재산(현행
법상 '일반재산')이어야 하고, 이러한 점에 대한 증명
책임은 시효취득을 주장하는 자에게 있다.

ㄴ. 「도로법」상 도로를 구성하는 부지에 대해서는 사권을
행사할 수 없으므로, 지방자치단체가 사인 소유의 도
로부지에 대하여 적법한 권원 없이 도로로 사용하고
있다고 하더라도, 불법 점유로 인한 임료 상당의 손해
배상을 청구할 수 없다.

ㄷ. 개인이 매립면허를 받아 공유수면을 매립하여 행정청
으로부터 준공인가를 받았다면 이는 행정청이 공유수
면에 대한 공용폐지를 한 것으로 보아야 하고 이 매립
지는 일반재산으로서 시효취득의 대상이 된다.

ㄹ. 개인의 건물 지하1층과 지하철역을 연결하는 지하연
결통로의 주된 용도와 기능이 그 건물에 출입하는 사
람들의 통행로로 이용되는 것이라 하더라도, 해당 건
물소유자인 개인이 이를 특별사용하고 있는 것이라
할 수 없으므로 「도로법」상 도로점용료 내지 도로점용
료 상당의 부당이득금 징수대상이 아니다.

① ㄱ
② ㄱ, ㄷ
③ ㄴ, ㄷ
④ ㄴ, ㄹ
⑤ ㄷ, ㄹ

문 4. 국가배상책임에 대한 설명으로 〈보기〉에서 옳은 것(○)과
옳지 않은 것(×)을 올바르게 조합한 것은?

〈보기〉

ㄱ. 국가배상책임의 요건으로서 법령 위반은 엄격한 의미
의 법령 위반뿐 아니라 인권존중, 권력남용금지, 신의
성실과 같이 공무원으로서 마땅히 지켜야 할 준칙이
나 규범을 지키지 않고 위반한 경우를 포함한다.

ㄴ. 공무원이 법령에 따라 직무 수행에 관한 의무를 부여
받았어도 그것이 직접 국민 개개인의 이익을 위한 것
이 아니라 전체적으로 공공 일반의 이익을 도모하기
위한 것이라면 그 의무를 위반하여 국민에게 손해를
가하여도 국가 또는 지방자치단체는 배상책임을 부담
하지 아니한다.

ㄷ. 공법인이 국가나 지방자치단체의 행정작용을 대신하
여 공익사업을 시행하면서 행정절차를 진행하는 과정
상 주민들의 절차적 권리를 보장하지 않은 위법이 있
는 경우, 절차상 위법의 시정으로도 주민들에게 정신
적 고통이 남아있다고 볼 특별한 사정이 있어도 정신
적 손해의 배상을 구하는 것은 불가능하다.

ㄹ. 「국가배상법」 제5조 제1항의 공공의 영조물은 국가 또
는 지방자치단체가 소유권 등 권한에 기하여 관리하
고 있는 경우뿐만 아니라 사실상의 관리를 하고 있는
경우도 포함된다.

	ㄱ	ㄴ	ㄷ	ㄹ
①	×	×	○	○
②	×	○	○	×
③	○	×	×	×
④	○	○	×	○
⑤	○	○	○	○

문 5. 행정입법에 대한 설명으로 옳지 <u>않은</u> 것은?

① 위임입법에 있어 구체적인 위임의 범위는 일률적으로 정할 수는 없지만, 적어도 위임명령에 규정될 내용과 범위의 기본사항이 구체적으로 규정되어 있어서 누구라도 해당 법률이나 상위법령으로부터 위임명령에 규정될 내용의 대강을 예측할 수 있어야 한다.

② 집행명령의 경우 상위법령이 폐지된 것이 아니라 단순히 개정됨에 그친 경우에는 그 개정법령과 성질상 모순·저촉되지 아니하고 개정된 상위법령의 시행에 필요한 사항을 규정하고 있는 이상 그 집행명령은 개정법령의 시행을 위한 집행명령이 제정·발효될 때까지는 그 효력을 유지한다.

③ 한국수력원자력 주식회사가 제정·운영하고 있는 '공급자관리지침' 중 등록취소 및 그에 따른 일정기간의 거래제한조치에 관한 규정들은 대외적 구속력이 있는 법규명령에 해당한다.

④ 법원이 구체적 규범통제를 통해 위헌·위법으로 선언할 심판대상은, 해당 규정의 전부가 불가분적으로 결합되어 있어 일부를 무효로 하는 경우 나머지 부분이 유지될 수 없는 결과를 가져오는 특별한 사정이 없는 한, 원칙적으로 해당 규정 중 재판의 전제성이 인정되는 조항에 한정된다.

⑤ 「농약관리법」의 위임에 따라 인축독성 시험성적서 검토기준 및 판정기준을 규정하고 있는 농촌진흥청 고시 「농약 및 원제의 등록기준」 제3조 제2항 제3호 [별표 4]는 대외적 구속력을 가지는 법령보충적 행정규칙에 해당한다.

문 6. 「행정조사기본법」상 행정조사에 대한 설명으로 옳은 것은?

① 행정조사는 법령 등 또는 행정조사운영계획으로 정하는 바에 따라 정기적으로 실시함을 원칙으로 하나, 법령 등의 위반에 대한 신고를 받거나 민원이 접수된 경우에는 수시조사를 할 수 있다.

② 사무실 또는 사업장 등의 업무시간에 행정조사를 실시하는 경우에도 현장조사는 해가 뜨기 전이나 해가 진 뒤에는 할 수 없다.

③ 자발적인 협조에 따라 실시하는 행정조사에 대하여 조사대상자가 조사에 응할 것인지에 대한 응답을 하지 아니하는 경우에는 법령 등에 특별한 규정이 없는 한 그 조사를 인정한 것으로 본다.

④ 행정기관의 장은 매년 12월 말까지 다음 연도의 행정조사운영계획을 수립하여 국회 소관 상임위원회에 제출하여야 한다.

⑤ 세무조사결정만으로는 납세의무자의 권리·의무에 구체적으로 직접 어떠한 영향을 미치는 것은 아니므로 이는 항고소송의 대상이 되지 아니한다.

문 7. 「공익사업을 위한 토지 등의 취득 및 보상에 관한 법률」상 ★ 환매에 대한 설명으로 옳은 것은?

① 환매권은 형성권으로서 환매는 국가와 환매권자간의 공법상 계약이라 할 것이며 환매거부는 공권력의 행사이다.

② 사업시행자는 환매할 토지가 생겼을 때에는 지체 없이 그 사실을 환매권자에게 통지하여야 하며, 환매권자는 해당 통지를 받은 날부터 1년이 지난 후에는 환매권을 행사하지 못한다.

③ 환매의 목적물은 토지나 건물 등 수용 대상이 된 목적물이다.

④ 환매권은 「부동산등기법」에서 정하는 바에 따라 공익사업에 필요한 토지의 협의취득 또는 수용의 등기가 되었을 때에는 제3자에게 대항할 수 있다.

⑤ 토지의 가격이 취득일 당시에 비하여 현저히 변동된 경우 사업시행자와 환매권자는 환매금액에 대하여 서로 협의하되, 협의가 성립되지 아니하면 그 금액의 증감을 법원에 청구할 수 있고 이 때 환매금액의 증감을 구하는 소송은 형식적 당사자소송에 해당한다.

문 8. 「행정심판법」의 내용에 대한 설명으로 옳지 <u>않은</u> 것은?

① 심판청구기간은 부작위에 대한 의무이행심판청구에는 적용되지 아니한다.

② 청구의 변경결정이 있으면 처음 행정심판이 청구되었을 때부터 변경된 청구의 취지나 이유로 행정심판이 청구된 것으로 본다.

③ 중앙행정심판위원회의 상임위원은 위원장의 제청으로 국무총리를 거쳐 대통령이 임명하고, 상임위원의 임기는 2년으로 하되 1차에 한하여 연임할 수 있다.

④ 위원회는 당사자의 권리 및 권한의 범위에서 당사자의 동의를 받아 심판청구의 신속하고 공정한 해결을 위하여 조정을 할 수 있고, 조정은 당사자가 합의한 사항을 조정서에 기재한 후 당사자가 서명 또는 날인하고 위원회가 이를 확인함으로써 성립하며, 성립한 조정에는 「행정심판법」 제50조(위원회의 직접 처분)의 규정을 준용한다.

⑤ 관계 행정기관의 장이 특별행정심판 또는 「행정심판법」에 따른 행정심판 절차에 대한 특례를 신설하거나 변경하는 법령을 제정·개정할 때에는 미리 중앙행정심판위원회와 협의하여야 한다.

문 9. 공법상 계약에 대한 설명으로 옳지 <u>않은</u> 것은?

① 행정청은 공법상 계약의 상대방을 선정하고 계약 내용을 정할 때 공법상 계약의 공공성과 제3자의 이해관계를 고려하여야 한다.

②「국유림의 경영 및 관리에 관한 법률」에 따른 국유임산물 매각계약은 공법상 계약이 아니라 사법상 계약에 해당한다.

③ 중소기업 정보화지원사업에 따른 지원금 출연을 위하여 중소기업청장이 체결하는 협약은 공법상 계약에 해당한다.

④ 구「산업집적활성화 및 공장설립에 관한 법률」에 따른 산업단지 입주계약의 해지통보는 대등한 당사자의 지위에서 형성된 공법상 계약을 계약당사자의 지위에서 종료시키는 의사표시이므로 당사자소송의 대상이 된다.

⑤ 공기업·준정부기관이 입찰을 거쳐 계약을 체결한 상대방에 대해 「공공기관의 운영에 관한 법률」 등에 따라 계약조건 위반을 이유로 입찰참가자격제한처분을 하기 위해서는 입찰공고와 계약서에 미리 계약조건과 그 계약조건을 위반할 경우 입찰참가자격 제한을 받을 수 있다는 사실을 모두 명시해야 한다.

문 10. 행정행위의 공정력 또는 구성요건적 효력에 대한 설명으로 〈보기〉에서 옳은 것(○)과 옳지 않은 것(×)을 올바르게 조합한 것은?

〈보기〉

ㄱ. 과세처분의 하자가 단지 취소할 수 있는 정도에 불과할 때에는 과세관청이 이를 스스로 취소하거나 항고소송절차에 의하여 취소되지 않는 한 그로 인한 조세의 납부가 부당이득이 되지 않는다.

ㄴ. 연령미달의 결격자인 피고인이 소외인의 이름으로 운전면허시험에 응시·합격하여 운전면허를 취득한 후 차를 운전하였다가 무면허운전죄로 기소되었더라도 무면허운전죄가 성립하지 않는다.

ㄷ. 미리 행정처분에 대한 취소판결이 있어야만 그 행정처분이 위법임을 이유로 한 국가배상청구를 할 수 있는 것은 아니다.

ㄹ. 개발행위허가를 받지 않고 무단으로 토지의 형질을 변경하였다는 이유로 관할 행정청으로부터 원상복구 조치명령을 받았으나, 위 조치명령에 취소사유에 해당하는 위법이 있는 경우 이를 이행하지 않더라도 처벌할 수는 없다고 할 것이다.

	ㄱ	ㄴ	ㄷ	ㄹ
①	○	×	×	○
②	×	○	○	×
③	○	○	×	×
④	×	○	×	○
⑤	○	○	○	○

문 11. 법률유보원칙에 대한 설명으로 옳지 <u>않은</u> 것은?

① 법률유보원칙은 입법자 스스로 국민의 기본권 실현에 본질적인 사항을 직접 정해야 하는 의회유보와는 별개의 원칙이다.

② 헌법상 법률유보원칙은 법률에 의한 규율만을 요청하는 것이 아니라 법률에 근거한 규율을 요청하는 것이기 때문에 기본권 제한의 형식이 반드시 법률의 형식일 필요는 없다.

③ 법률의 위임범위를 벗어난 하위법령에 의한 기본권 제한은 법률의 근거가 없는 것이 되고 이는 법률유보원칙에 위반된다.

④ 헌법상 법치주의의 한 내용인 법률유보원칙은 기본권규범과 관련 없는 경우에까지 준수되도록 요청되는 것은 아니다.

⑤ 헌법재판소는 초등교원 임용시 지역가산점의 배점비율, 최종합격자 결정방식은 직접 법률에 규정되어야 할 본질적인 사항으로 보기 어렵다고 판시하였다.

문 12. 주민투표에 대한 설명으로 옳지 않은 것은?

★

① 주한미군부대 이전은 지방자치단체의 장의 권한에 의하여 결정할 수 있는 사항이 아님이 명백하므로 주민투표의 대상이 될 수 없다.

②「주민투표법」상 주민투표는 직접 또는 우편으로 하되, 1인 1표로 한다.

③「주민투표법」상 주민투표는 특정한 사항에 대하여 찬성 또는 반대의 의사표시를 하거나 두 가지 사항 중 하나를 선택하는 형식으로 실시하여야 한다.

④「주민투표법」에 따라 주민투표사무를 관리하는 선거관리위원회는 주민투표에 대한 정보를 제공하기 위하여 설명회·토론회 등을 개최하여야 한다.

⑤「주민투표법」상 지방의회는 재적의원 3분의 2 이상의 출석과 출석의원 과반수의 찬성으로 그 지방자치단체의 장에게 주민투표 실시를 청구할 수 있다.

문 13. 행정상 법률관계에 대한 설명으로 옳지 않은 것만을 〈보기〉에서 모두 고르면?

〈보기〉
ㄱ. 주한미군 한국인 직원의료보험조합 직원의 근무관계는 공법관계에 속하는 것이다.
ㄴ. 국유의 일반재산 대부료 납부고지는 사법상 이행청구에 해당하고, 이를 행정처분이라고 할 수 없다.
ㄷ.「공익사업을 위한 토지 등의 취득 및 보상에 관한 법률」상 협의취득은 공법상 당사자소송의 대상이다.
ㄹ. 국가종합전자조달시스템인 '나라장터' 종합쇼핑몰을 통한 물품 구매계약 체결시, 구매계약에 계약 위반시 거래를 정지한다는 등의 '추가특수조건'을 포함시킨 후, 이 '추가특수조건'에 근거하여 조달청이 거래정지를 한 조치는 행정처분에 해당한다.

① ㄱ
② ㄱ, ㄷ
③ ㄴ, ㄷ
④ ㄴ, ㄹ
⑤ ㄴ, ㄷ, ㄹ

문 14. 행정행위에 대한 설명으로 옳은 것은?

① 직권취소는 행정행위가 위법한 경우뿐만 아니라, 부당한 경우에도 소급하여 취소할 수 있다.

② 직권취소도 원행정행위와 별개의 행정행위이므로 조세부과처분을 취소한 후, 취소에 하자가 있다고 하여 이를 취소하면 원부과처분을 소생시킬 수 있다.

③ 구「자동차관리법」상 자동차관리사업자로 구성하는 사업자단체인 조합 또는 협회 설립인가처분은 강학상 특허에 해당한다.

④ 효력기간이 정해져 있는 제재적 행정처분의 효력이 발생한 후에 별도의 처분으로 효력기간의 시기와 종기를 다시 정했다면, 당초의 제재처분은 실효되고 새로운 처분이 있는 것으로 본다.

⑤ 종전 처분이 주요 부분을 실질적으로 변경하는 내용의 새로운 처분으로 대체되었다면, 종전 처분의 효력은 소급하여 소멸한다.

문 15. 행정행위의 부관에 대한 설명으로 옳지 않은 것은?

① 재량행위에는 법령상 근거가 없더라도 그 내용이 적법하고 이행가능하며 비례의 원칙 및 평등의 원칙에 적합하고 행정처분의 본질적 효력을 해하지 아니하는 한도 내에서 부관을 붙일 수 있다.

② 부담은 행정청이 일방적 의사표시로 붙일 수 있고, 상대방의 동의를 얻거나 상대방과 협의하여 부담의 내용에 대해 협약의 형식으로 미리 정한 다음 행정처분을 하면서 이를 부가할 수도 있다.

③ 허가에 붙은 기한의 종기 도래로 허가의 효력이 상실된 경우, 기한 연장신청 거부에 대한 집행정지로 인해 그 효력이 회복되므로 집행정지신청의 이익이 있다.

④ 행정청은 부관을 붙일 수 있는 처분에 당사자의 동의가 있는 경우에는 그 처분을 한 후에도 부관을 새로 붙일 수 있다.

⑤ 건축허가를 하면서 일정 토지를 기부채납하도록 한 허가조건의 효력이 무효라고 하더라도, 무효인 허가조건을 유효한 것으로 믿고 토지를 증여하였다면 이는 동기의 착오에 불과하여 그 소유권이전등기의 말소를 청구할 수는 없다.

문 16. 공무원관계에 대한 설명으로 옳지 <u>않은</u> 것은?

★ ① 공무원이 한 사직 의사표시의 철회와 취소는 그에 터잡은 의원면직처분이 있을 때까지 할 수 있는 것이고, 일단 면직처분이 있고 난 후에는 철회나 취소할 여지가 없다.

② 임용권자는 인사위원회의 심의·의결 결과를 존중하여야 하므로, 인사위원회의 심의·의결 결과와는 다른 내용으로 승진대상자를 결정하여 승진임용을 할 수 없다.

③ 징계위원회의 구성 또는 징계의결 등, 그 밖에 절차상의 흠이 있다는 사유로 소청심사위원회 또는 법원에서 징계처분 등의 무효 또는 취소의 결정이나 판결을 받은 경우에 처분권자는 다시 징계의결 등을 요구하여야 한다.

④ 직권면직처분이 직위해제처분을 사유로 하였다 하더라도 일사부재리 원칙에 위배되지 않는다.

⑤ 임용 당시 공무원 임용 결격사유가 있었다면 비록 국가의 과실에 의하여 임용 결격자임을 밝혀내지 못하였다 하더라도 그 임용행위는 당연무효로 보아야 한다.

문 17. 다음 사례에 대한 설명으로 옳지 <u>않은</u> 것은?

> 「소방시설 설치 및 관리에 관한 법률」은 "건축허가 등의 권한이 있는 행정기관은 건축허가 등을 할 때 미리 그 건축물 등의 소재지를 관할하는 소방서장의 동의를 받아야 한다."고 규정하고 있다. 甲은 건물 신축을 위해 A시 시장 乙에게 「건축법」상 건축허가신청을 하였으나, 乙은 A시 소방서장 丙의 동의 거부를 이유로 건축불허가처분을 하였다.

① 乙이 건축불허가처분을 하면서 丙의 건축부동의 의견을 들고 있으나 丙이 건축부동의로 삼은 사유가 보완이 가능한 것인 경우, 乙이 보완을 요구하지 아니한 채 곧바로 건축허가 신청을 거부한 것은 재량권의 범위를 벗어난 것이다.

② 乙의 건축불허가처분에 불복하여 甲이 제기한 취소소송에서 법원은 丙을 소송에 참가시킬 필요가 있다고 인정하는 경우 丙을 당해 소송에 참가시키는 결정을 할 수 있다.

③ 乙의 건축불허가처분에 불복하여 甲이 제기한 취소소송에서 인용판결이 확정되면 丙에게도 판결의 기속력이 발생한다.

④ 乙이 건축불허가처분을 하면서 건축불허가 사유뿐만 아니라 丙의 건축부동의 사유를 들고 있는 경우, 甲은 건축불허가처분에 관한 쟁송에서 丙의 건축부동의 사유에 관하여는 다툴 수 없다.

⑤ 甲이 위 건축불허가처분을 취소소송으로 다투고자 하는 경우 피고는 乙이 된다.

문 18. 법령의 개정과 신뢰보호원칙에 대한 설명으로 옳지 <u>않은</u> 것은?

① 법령의 개정에 있어서 구 법령의 존속에 대한 당사자의 신뢰가 합리적이고도 정당하며, 법령의 개정으로 야기되는 당사자의 손해가 극심하여 새로운 법령으로 달성하고자 하는 공익적 목적이 그러한 신뢰의 파괴를 정당화할 수 없다면, 입법자는 경과규정을 두는 등 당사자의 신뢰를 보호할 적절한 조치를 하여야 한다.

② 신뢰보호는 절대적이거나 어느 생활영역에서나 균일한 것은 아니고 개개의 사안마다 관련된 자유나 권리 등에 따라 보호의 정도와 방법이 다를 수 있으며, 새로운 법령을 통하여 실현하고자 하는 공익적 목적이 우월한 때에는 이를 고려하여 제한될 수 있다.

③ 신뢰보호원칙의 위배 여부를 판단하기 위하여는 한편으로는 침해받은 이익의 보호가치, 침해의 중한 정도, 신뢰가 손상된 정도, 신뢰침해의 방법 등과 다른 한편으로는 새 법령을 통해 실현하고자 하는 공익적 목적을 종합적으로 비교·형량하여야 한다.

④ 진정소급입법이라 하더라도 예외적으로 국민이 소급입법을 예상할 수 있었거나 신뢰보호의 요청에 우선하는 심히 중대한 공익상의 사유가 소급입법을 정당화하는 경우 등에는 허용될 수 있다.

⑤ 새로운 법령에 의한 신뢰이익의 침해는 새로운 법령이 과거의 사실 또는 법률관계에 소급적용되는 경우에 한하여 문제된다.

문 19. 다음 사례에 있어 「행정기본법」상 인허가의제에 대한 설명으로 옳지 않은 것은?

> 甲은 자신의 토지에 건축을 하기 위하여 건축허가(주된 허가)를 신청하려고 담당 공무원에게 문의한 결과, 건축허가뿐만 아니라 개발행위허가(의제된 허가)도 받아야 함을 알게 되었다.

① 甲은 건축허가를 신청할 때 개발행위허가에 필요한 서류를 함께 제출하여야 한다.

② 건축허가 행정청은 건축허가를 하기 전에 개발행위허가에 관하여 미리 개발행위허가 행정청과 협의하여야 한다.

③ 개발행위허가 행정청은 건축허가 행정청으로부터 협의를 요청받으면, 법률에 인허가의제 시에도 관련 인허가에 필요한 심의·의견청취 등 절차를 거친다는 명시적인 규정이 있는 경우 그 절차에 걸리는 기간을 제외하고, 그 요청을 받은 날부터 20일 이내에 의견을 제출하여야 한다.

④ 개발행위허가 행정청이 건축허가 행정청으로부터 협의를 요청받고도 법령에서 정한 기간 내에 협의 여부에 관하여 의견을 제출하지 아니하면 건축허가 행정청은 재협의를 요청하여야 한다.

⑤ 건축허가와 개발행위허가에 관해 법령에 따른 협의가 된 사항에 대해서는 건축허가를 받았을 때 개발행위허가를 받은 것으로 본다.

문 20. 행정지도에 대한 설명으로 옳은 것만을 〈보기〉에서 모두 고르면?

〈보기〉

ㄱ. 행정지도가 강제성을 띠지 않은 비권력적 작용으로서 행정지도의 한계를 일탈하지 아니하였다면, 그로 인하여 상대방에게 어떤 손해가 발생하였다 하더라도 행정기관은 그에 대한 손해배상책임이 없다.

ㄴ. 행정작용의 법적 성격이 행정지도의 일종이지만, 그에 따르지 않을 경우 일정한 불이익 조치를 예정하고 있어 사실상 상대방에게 그에 따를 의무를 부과하는 것과 다를 바 없는 경우라면 헌법소원의 대상이 되는 공권력의 행사라고 볼 수 있다.

ㄷ. 위법한 행정지도에 따라 사인의 신고행위가 허위신고 행위에 이르렀다면 원칙적으로 그 사인의 행위는 위법성이 조각된다.

ㄹ. 「행정절차법」상 행정지도는 문서뿐만 아니라, 말로써 하는 것도 허용된다.

ㅁ. 행정지도는 사실행위에 불과하여 법적 구속력을 가지지 아니하므로 「행정절차법」상의 비례원칙이 적용되지 아니한다.

① ㄱ, ㄷ   ② ㄴ, ㄹ
③ ㄱ, ㄴ, ㄹ   ④ ㄴ, ㄷ, ㅁ
⑤ ㄷ, ㄹ, ㅁ

문 21. 「행정절차법」의 내용에 대한 설명으로 옳지 않은 것은?

① 행정절차에 관한 사항이라도 국회 또는 지방의회의 의결을 거치거나 동의 또는 승인을 받아 행하는 사항의 경우에는 「행정절차법」의 적용이 배제된다.

② 「행정절차법」상 '당사자 등'이란 행정청의 처분에 대하여 직접 그 상대가 되는 당사자 및 행정청이 직권으로 또는 신청에 따라 행정절차에 참여하게 한 이해관계인을 의미한다.

③ 「행정절차법」상 '의견제출'이란 행정청이 어떠한 행정작용을 하기 전에 당사자 등이 의견을 제시하는 절차로서 청문이나 공청회에 해당하는 절차를 말한다.

④ 행정청이 처분을 할 때에는 다른 법령 등에 특별한 규정이 있는 경우를 제외하고는 문서로 하여야 하며, 이를 위반한 처분은 하자가 중대·명백하여 원칙적으로 무효이다.

⑤ 국회사무총장·법원행정처장·헌법재판소사무처장 및 중앙선거관리위원회사무총장을 제외한 행정청은 정부시책이나 행정제도 및 그 운영의 개선에 관한 국민의 창의적인 의견이나 고안을 접수·처리하여야 한다.

문 22. 경찰관의 직무집행에 대한 설명으로 옳지 <u>않은</u> 것은?

★

① 경찰관은 수상한 행동이나 그 밖의 주위 사정을 합리적으로 판단하여 볼 때 어떠한 죄를 범하였거나 범하려 하고 있다고 의심할 만한 상당한 이유가 있는 사람을 정지시켜 질문할 수 있고, 질문을 할 때에 그 사람이 흉기를 가지고 있는지를 조사할 수 있다.

② 경찰관으로부터 임의동행 요구를 받은 경우 상대방은 이를 거절할 수 있을 뿐만 아니라 임의동행 후 언제든지 경찰관서에서 퇴거할 자유가 있다.

③ 경찰청장은 위해성 경찰장비를 새로 도입하려는 경우에는 대통령령으로 정하는 바에 따라 안전성 검사를 실시하여 그 안전성 검사의 결과보고서를 국회 소관 상임위원회에 제출하여야 하며, 이 경우 안전성 검사에는 외부 전문가를 참여시켜야 한다.

④ 경찰관의 제지조치가 적법한지 여부는 사후적으로 순수한 객관적 기준에서 판단하여야 한다.

⑤ 경찰관이 교통법규 등을 위반하고 도주하는 차량을 순찰차로 추적하는 직무를 집행하는 중에 그 도주차량의 주행에 의하여 제3자가 손해를 입었다고 하더라도 그 추적이 당해 직무 목적을 수행하는 데에 불필요하다거나 또는 도주차량의 도주의 태양 및 도로교통상황 등으로부터 예측되는 피해발생의 구체적 위험성의 유무 및 내용에 비추어 추적의 개시·계속 혹은 추적의 방법이 상당하지 않다는 등의 특별한 사정이 없는 한 그 추적행위를 위법하다고 할 수는 없다.

문 23. 행정의 실효성 확보수단에 대한 설명으로 옳은 것은?

① 관계 법령에서 정하고 있는 절대적 금지나 허가를 유보한 상대적 금지를 위반한 경우, 행정청은 당연히 위법상태 제거의무가 있으므로 위반 결과의 시정을 위한 대집행에 나설 수 있다.

② 국가에 토지를 매도한 자가 매매계약에 따라 지상건물을 철거할 의무가 있음에도 이를 이행하지 아니하는 경우에는 당연히 「행정대집행법」에 의한 대집행을 통해 그 의무의 이행을 확보할 수 있다.

③ 「농지법」에 근거한 이행강제금 부과처분은 금전급부의무를 부과하는 하명행위로서 처분에 해당하므로 이에 불복하는 경우에는 행정심판이나 행정소송을 통해서 다투어야 한다.

④ 「질서위반행위규제법」에 따르면, 행정청은 당사자가 「고용보험법」에 따른 실업급여수급자에 해당하여 과태료를 납부하기가 곤란하다고 인정되면 3년의 범위에서 대통령령으로 정하는 바에 따라 과태료의 분할납부나 납부기일의 연기를 결정할 수 있다.

⑤ 「질서위반행위규제법」에 따르면, 행정청은 질서위반행위가 발생하였다는 합리적 의심이 있어 그에 대한 조사가 필요하다고 인정할 때에는 그 소속 직원으로 하여금 당사자의 사무소 또는 영업소에 출입하여 장부·서류 또는 그 밖의 물건을 검사하게 할 수 있고, 해당 검사를 거부·방해 또는 기피한 자에게는 500만 원 이하의 과태료를 부과한다.

문 24. 항고소송의 소송요건에 대한 설명으로 옳지 <u>않은</u> 것만을
〈보기〉에서 모두 고르면?

〈보기〉

ㄱ. 처분청의 처분에 대한 행정심판위원회의 형성재결(수
익적 처분의 취소재결)에 대해서는 그 재결 외에 그에
따른 별도의 처분이 있지 않기 때문에 재결 자체를 쟁
송의 대상으로 할 수 있다.

ㄴ. 제재적 행정처분이 그 처분에서 정한 제재기간의 경
과로 인하여 그 효과가 소멸되었으나 부령인 시행규
칙의 형식으로 정한 처분기준에서 제재적 행정처분
(이하 '선행처분'이라고 함)을 받은 것을 가중사유나
전제요건으로 삼아 장래의 제재적 행정처분(이하 '후
행처분'이라고 함)을 하도록 정하고 있는 경우, 위 시
행규칙이 정한 바에 따라 선행처분을 가중사유 또는
전제요건으로 하는 후행처분을 받을 우려가 현실적으
로 존재하는 경우에도 선행처분을 받은 상대방은 그
처분에서 정한 제재기간이 경과한 선행처분의 취소를
구할 법률상 이익이 없다.

ㄷ. 국가보훈처장 등이 발행한 책자 등에서 독립운동가
등의 활동상을 잘못 기술하였다는 등의 이유로 그 사
실관계의 확인을 구하거나, 국가보훈처장의 서훈추천
서의 행사·불행사가 당연무효 또는 위법임의 확인을
구하는 것은 항고소송의 대상이 될 수 없다.

ㄹ. 교육감이 학교법인에 대한 감사 실시 후 처리지시를
하고 그와 함께 그 시정조치에 대한 결과를 증빙서를
첨부한 문서로 보고하도록 한 것은, 단순히 권고적 효
력만을 가지는 비권력적 사실행위인 행정지도에 불과
하여 항고소송의 대상이 될 수 없다.

ㅁ. 행정규칙에 근거한 처분이라도 상대방의 권리·의무
에 직접 영향을 미치는 행위라면 항고소송의 대상이
되는 행정처분에 해당한다.

① ㄴ, ㄹ
② ㄹ, ㅁ
③ ㄱ, ㄴ, ㄷ
④ ㄱ, ㄷ, ㅁ
⑤ ㄴ, ㄹ, ㅁ

문 25. 판례가 그 처분성을 인정하지 <u>않은</u> 것은 〈보기〉에서 모두
몇 개인가?

〈보기〉

ㄱ. 코로나바이러스감염증-19의 예방을 위해 음식점 및
PC방 운영자 등에게 영업시간을 제한하거나 이용자
간 거리를 둘 의무를 부여하는 서울특별시고시

ㄴ. 금융감독원장이 종합금융주식회사의 전 대표이사에게
재직 중 위법·부당행위 사례를 첨부하여 금융 관련
법규를 위반하고 신용질서를 심히 문란하게 한 사실이
있다는 내용으로 '문책 경고장(상당)'을 보낸 행위

ㄷ. 무단 용도변경을 이유로 단전조치된 건물의 소유자로
부터 새로이 전기공급신청을 받은 한국전력공사가 관
할 구청장에게 전기공급의 적법 여부를 조회한 데 대
하여, 관할 구청장이 한국전력공사에 대하여 「건축법」
규정에 의하여 해당 건물에 대한 전기공급이 불가하
다는 내용의 회신

ㄹ. 공법상 재단법인인 총포·화약안전기술협회가 자신의
공행정 활동에 필요한 재원을 마련하기 위하여 회비
납부의무자에 대하여 한 회비납부통지

ㅁ. 「자본시장과 금융투자업에 관한 법률」 제172조 제3항
에 따라 관할관청이 주권상장법인에 한 단기매매차익
발생사실 통보

① 1개
② 2개
③ 3개
④ 4개
⑤ 5개

해설편 ▶ P.168

2023

4월 22일 시행
국회직 8급

| 풀이 시간: _____:_____ ~ _____:_____ / 점수: _____점

| ★이 표시된 문제는 행정법 각론(7급)에 해당하는 문제입니다.

1초 합격예측! 모바일 성적분석표

QR 코드로 접속하여 문제 풀이시간을 측정하고,
〈1초 합격예측 & 모바일 성적분석표〉 서비스를 통해
지금 바로! 실력을 점검해 보세요.
http://eduwill.kr/uV2f

지문의 내용에 대해 학설의 대립 등 다툼이 있는 경우 판례에 의함

문 1. 「행정절차법」에 규정된 내용에 대한 설명으로 옳지 않은 것은?

① 확약은 문서로 하여야 한다.

② 행정청은 위반사실 등의 공표를 할 때에는 특별한 사정이 없는 한 미리 당사자에게 그 사실을 통지하고 의견제출의 기회를 주어야 한다.

③ 행정청은 행정청이 수립하는 계획 중 국민의 권리·의무에 직접 영향을 미치는 계획을 수립하거나 변경·폐지할 때에는 관련된 여러 이익을 정당하게 형량하여야 한다.

④ 행정청은 공법상 계약의 상대방을 선정하고 계약 내용을 정할 때 공법상 계약의 공공성과 제3자의 이해관계를 고려하여야 한다.

⑤ 행정기관은 행정지도의 상대방이 행정지도에 따르지 아니하였다는 것을 이유로 불이익한 조치를 하여서는 아니된다.

문 2. 행정처분의 취소·철회에 대한 설명으로 옳지 않은 것은?

① 행정청은 당사자의 신뢰를 보호할 가치가 있는 등 정당한 사유가 있는 경우에는 장래를 향하여 위법 또는 부당한 처분의 전부나 일부를 취소할 수 있다.

② 처분의 상대방이 처분의 위법성을 알고 있었거나 중대한 과실로 알지 못한 경우에는 행정청이 처분의 상대방에게 권리나 이익을 부여하는 처분을 취소하는 경우에도 취소로 인하여 처분의 상대방이 입게 될 불이익과 취소로 달성되는 공익을 비교·형량하지 않아도 된다.

③ 행정청은 처분을 철회하려는 경우에는 철회로 인하여 처분의 상대방이 입게 될 불이익과 철회로 달성되는 공익을 비교·형량하여야 한다.

④ 수익적 행정처분에 대한 취소권 등의 행사는 기득권의 침해를 정당화할 만한 중대한 공익상의 필요 또는 제3자의 이익 보호의 필요가 있는 때에 한하여 허용될 수 있다는 법리는 처분청이 수익적 행정처분을 직권으로 취소·철회하는 경우에 적용되는 법리일 뿐 쟁송취소의 경우에는 적용되지 않는다.

⑤ 처분청은 행정처분에 하자가 있는 경우라도 취소에 관한 별도의 법적 근거가 없으면 해당 행정처분을 스스로 취소할 수 없다.

문 3. 「국가배상법」상 국가배상제도에 대한 설명으로 옳은 것은?

① 영업허가취소처분이 나중에 행정심판에 의하여 재량권을 일탈한 위법한 처분임이 판명되어 취소되었다면, 그 처분이 당시 시행되던 「공중위생법 시행규칙」에 정하여진 행정처분의 기준에 따른 것이라고 하더라도 그 영업허가취소처분을 한 행정청의 공무원에게는 직무집행상의 과실이 인정된다.

② 공무원이 직무를 수행함에 있어서 경과실로 타인에게 손해를 입힌 경우, 국가 등은 물론 공무원 개인도 그로 인한 손해에 대하여 국가배상을 할 책임을 부담한다.

③ 「국가배상법」은 외국인이 피해자인 경우에는 해당 국가와 상호보증이 있을 때에만 적용하고, 이때 상호보증은 반드시 당사국과의 조약이 체결되어 있을 필요는 없다.

④ 지방자치단체가 손해를 배상할 책임이 있는 경우에 영조물의 설치·관리를 맡은 자와 영조물의 설치·관리 비용을 부담하는 자가 동일하지 아니하면 그 비용을 부담하는 자는 손해배상책임이 없다.

⑤ 공무원이 자기 소유의 자동차로 공무수행 중 사고를 일으킨 경우에는 그 공무원은 「자동차손해배상 보장법」에 의한 '자기를 위하여 자동차를 운행하는 자'에 해당하지 않아 손해배상책임을 부담하지 않는다.

문 4. 강학상 특허에 대한 설명으로 〈보기〉에서 옳은 것(○)과 옳지 않은 것(×)을 올바르게 조합한 것은?

〈보기〉

ㄱ. 도로점용허가는 특허행위로서 상대방의 신청 또는 동의를 요하는 쌍방적 행정행위이며, 권리를 설정하여 주는 행위로서 재량행위이다.

ㄴ. 강학상 특허사용권은 행정주체에 대하여 공공용물의 배타적·독점적인 사용을 청구할 수 있는 권리로서 공법상의 채권이다.

ㄷ. 특별사용에 있어서의 점용료 부과처분은 공법상의 의무를 부과하는 공권적인 처분으로서 항고소송의 대상이 되는 행정처분에 해당한다.

ㄹ. 구「지역균형개발 및 지방중소기업 육성에 관한 법률」및 동법 시행령상, 개발촉진지구 안에서 시행되는 지역개발사업(이하 '지구개발사업'이라 함)에서 지정권자의 실시계획 승인처분은 단순히 시행자가 작성한 실시계획에 대한 보충행위로서의 성질을 가지는 것이 아니라 시행자에게 지구개발사업을 시행할 수 있는 지위를 부여하는 일종의 설권적 처분의 성격을 가진 독립된 행정처분으로 보아야 한다.

ㅁ. 공원부지가 용도폐지되어 일반재산이 되었다고 해도 그 전에 이루어진 사용허가나 구「공유재산 및 물품관리법」에 근거하여 공원부지에 대한 사용료를 부과할 수 있다.

	ㄱ	ㄴ	ㄷ	ㄹ	ㅁ
①	○	○	○	○	○
②	○	○	○	○	×
③	○	○	○	×	×
④	○	×	×	○	○
⑤	×	×	×	×	○

문 5. 항고소송에서의 제3자의 원고적격에 대한 설명으로 옳지 않은 것은?

① 일반적으로 면허 등의 수익적 행정처분의 근거가 되는 법률이 해당 업자들 사이의 과당경쟁으로 인한 경영의 불합리를 방지하는 것도 목적으로 하는 경우 이미 같은 종류의 면허 등을 받아 영업을 하고 있는 기존의 업자는 경업자에 대하여 이루어진 면허 등 행정처분의 상대방이 아니라 하더라도 당해 행정처분의 취소를 구할 법률상 이익이 있다.

② 한정면허를 받은 시외버스운송사업자가 일반면허를 받은 시외버스운송사업자에 대한 사업계획변경인가처분으로 수익감소가 예상되는 경우 일반면허 시외버스운송사업자에 대한 사업계획변경인가처분의 취소를 구할 법률상 이익이 있다.

③ 인가·허가 등 수익적 행정처분을 신청한 여러 사람이 서로 경원관계에 있어서 한 사람에 대한 허가 등 처분이 다른 사람에 대한 불허가 등으로 귀결될 수밖에 없을 때 허가 등 처분을 받지 못한 사람은 신청에 대한 거부처분의 직접 상대방으로서 원칙적으로 자신에 대한 거부처분의 취소를 구할 법률상 이익이 있다.

④ 상수원보호구역 설정의 근거가 되는 「수도법」이 보호하고자 하는 것은 상수원의 확보와 수질보전일 뿐이고, 그 상수원에서 급수를 받고 있는 지역주민들이 가지는 상수원의 오염을 막아 양질의 급수를 받을 이익은 반사적 이익에 불과하므로 지역 주민들에게는 상수원보호구역변경처분의 취소를 구할 법률상 이익이 없다.

⑤ 경업자에 대한 행정처분이 경업자에게 불리한 내용이라면 그와 경쟁관계에 있는 기존의 업자에게는 특별한 사정이 없는 한 유리할 것이지만 기존의 업자는 그 행정처분의 무효확인 또는 취소를 구할 법률상 이익이 있다.

문 6. 공법과 사법의 관계에 대한 설명으로 옳은 것만을 〈보기〉에서 모두 고르면?

〈보기〉

ㄱ. 구 「한국공항공단법」에 의하여 한국공항공단이 정부로부터 무상사용허가를 받은 행정재산을 전대(轉貸)하는 행위는 행정소송의 대상이 되는 행정처분이다.
ㄴ. 서울특별시립무용단 단원의 위촉은 공법상 계약에 해당하므로 그 단원의 해촉에 대하여는 공법상 당사자소송으로 그 무효확인을 청구할 수 있다.
ㄷ. 지방자치단체가 사인과 체결한 자원회수시설에 대한 위탁운영협약은 사법상 계약에 해당하므로 그에 관한 다툼은 민사소송의 대상이 된다.
ㄹ. 「국가를 당사자로 하는 계약에 관한 법률」에 의한 입찰보증금의 국고귀속조치는 국가가 공권력을 행사하거나 공권력작용과 일체성을 가진 것으로서 이에 대한 분쟁은 행정소송의 대상이 된다.
ㅁ. 국유재산 무단점유자에 대한 변상금 부과는 관리청이 공권력을 가진 우월적 지위에서 행한 것으로서 행정소송의 대상이 되는 행정처분이다.

① ㄱ, ㄴ, ㄷ
② ㄱ, ㄴ, ㄹ
③ ㄴ, ㄷ, ㄹ
④ ㄴ, ㄷ, ㅁ
⑤ ㄷ, ㄹ, ㅁ

문 7. 「국유재산법」상 사용허가의 취소와 철회에 대한 설명으로 ★ 옳지 않은 것은?

① 중앙관서의 장은 행정재산의 사용허가를 받은 자가 거짓 진술하거나 부실한 증명서류를 제시하거나 부정한 방법으로 사용허가를 받은 경우 그 허가를 취소할 수 있다.
② 중앙관서의 장이 미리 행정재산의 원래 상태의 변경을 승인한 경우에도 허가기간이 끝나면 원래의 상태대로 반환하여야 한다.
③ 중앙관서의 장이 행정재산의 사용허가를 취소하거나 철회하려는 경우에는 청문을 하여야 한다.
④ 사용허가받은 행정재산을 국가나 지방자치단체가 직접 공용이나 공공용으로 사용하기 위하여 필요하여 사용허가를 철회한 경우 이로 인하여 손실이 발생하면 대통령령이 정하는 바에 따라 보상한다.
⑤ 행정재산의 사용·수익에 대한 허가는 행정처분으로서 강학상 특허에 해당한다.

문 8. 「경찰관 직무집행법」상 경찰권 발동에 대한 설명으로 옳지 ★ 않은 것은?

① 경찰관은 범죄·재난·공공갈등 등 공공안녕에 대한 위험의 예방과 대응을 위한 정보의 수집·작성·배포와 이에 수반되는 사실의 확인을 할 수 있다.
② 경찰관은 위험한 사태가 발생한 장소에 있는 사람, 사물의 관리자, 그 밖의 관계인에게 위해를 방지하기 위하여 필요하다고 인정되는 조치를 하게 하거나 직접 그 조치를 할 수 있다.
③ 경찰관이 신분증을 제시하지 않고 불심검문을 한 경우, 검문하는 사람이 경찰관이고 검문하는 이유가 범죄행위에 관한 것임을 피고인이 충분히 알고 있었다고 보이더라도 그 불심검문은 위법한 공무집행이라고 할 수 있다.
④ 경찰관은 어떠한 죄를 범하였거나 범하려 하고 있다고 의심할 만한 상당한 이유가 있는 거동이 수상한 자를 정지시켜 질문할 수 있고, 목적달성에 필요한 최소한의 범위 내에서 사회통념상 용인될 수 있는 상당한 방법으로 그 대상자를 정지시킬 수 있으며 질문에 수반하여 흉기의 소지 여부도 조사할 수 있다.
⑤ 경찰관은 자살을 시도하려는 사람 등 구호대상자를 발견하였을 때에는 보건의료기관이나 공공구호기관에 긴급구호를 요청하거나 경찰관서에서 보호하는 등 적절한 조치를 할 수 있다.

문 9. 행정행위의 하자 및 하자승계에 대한 설명으로 옳지 않은 것은?

① 과세처분 이후 조세 부과의 근거가 되었던 법률규정에 대하여 위헌결정이 내려진 후에 행한 그 과세처분의 집행은 당연무효이다.
② 구 「부동산 가격공시 및 감정평가에 관한 법률」상 선행처분인 표준지공시지가의 결정에 하자가 있는 경우에 그 하자는 보상금 산정을 위한 수용재결에 승계된다.
③ 재건축주택조합설립인가처분 당시 동의율을 충족하지 못한 하자는 후에 추가동의서가 제출되었다는 사정만으로 치유될 수 없다.
④ 건물소유자에게 소방시설 불량사항을 시정·보완하라는 명령을 구두로 고지한 것은 「행정절차법」에 위반한 것으로 하자가 중대하나 명백하지는 않아 취소사유에 해당한다.
⑤ 취소사유인 절차적 하자가 있는 당초 과세처분에 대하여 증액경정처분이 있는 경우, 소멸한 당초처분의 절차적 하자는 존속하는 증액경정처분에 승계되지 않는다.

문 10. 행정처분의 무효에 대한 설명으로 옳지 <u>않은</u> 것은?

① 「행정기본법」은 행정처분이 무효가 되기 위해서는 그 하자가 법규의 중요한 부분을 위반한 중대한 것으로서 객관적으로 명백한 것이어야 한다고 규정하고 있다.

② 일반적으로 시행령이 헌법이나 법률에 위반된다는 사정은 그 시행령 규정을 위헌 또는 위법하여 무효라고 선언한 대법원의 판결이 선고되지 아니한 상태에서는 그 시행령 규정의 위헌 내지 위법 여부가 해석상 다툼의 여지가 없을 정도로 명백하였다고 인정되지 아니하는 이상 객관적으로 명백한 것이라 할 수 없으므로 이러한 시행령에 근거한 행정처분의 하자는 취소사유에 해당할 뿐 무효사유가 된다고 볼 수는 없다.

③ 행정처분의 무효확인을 구하는 소에는 원고가 그 처분의 취소를 구하지 아니한다고 밝히지 아니한 이상 그 처분이 당연무효가 아니라면 그 취소를 구하는 취지도 포함되어 있는 것으로 보아야 하고, 그와 같은 경우에 취소청구를 인용하려면 먼저 취소를 구하는 항고소송으로서의 제소요건을 구비하여야 한다.

④ 국토계획법령이 정한 도시계획시설사업의 대상 토지의 소유와 동의 요건을 갖추지 못하였는데도 행정청이 사업시행자로 지정하였다면, 이는 국토계획법령이 정한 법규의 중요한 부분을 위반한 것으로서 특별한 사정이 없는 한 그 하자가 중대하다고 보아야 한다.

⑤ 선행처분인 도시계획시설 사업시행자 지정처분이 처분요건을 충족하지 못하여 당연무효인 경우에는 사업시행자 지정처분이 유효함을 전제로 이루어진 후행처분인 실시계획 인가처분도 무효라고 보아야 한다.

문 11. 신뢰보호원칙에 대한 설명으로 옳지 <u>않은</u> 것만을 〈보기〉에서 모두 고르면?

〈보기〉

ㄱ. 행정청의 공적 견해표명이 있었는지를 판단할 때 행정조직상의 형식적인 권한분장에 구애될 것은 아니다.

ㄴ. 행정청의 공적 견해표명이 있다고 인정하기 위해서는 적어도 담당자의 조직상 지위와 임무, 당해 언동을 하게 된 구체적인 경위 등에 비추어 그 언동의 내용을 신뢰할 수 있는 경우이어야 한다.

ㄷ. 「행정기본법」에 따르면, 행정청은 공익 또는 제3자의 이익을 현저히 해칠 우려가 있는 경우에도 행정에 대한 국민의 정당하고 합리적인 신뢰를 보호하여야 한다.

ㄹ. 특정 사항에 관하여 신뢰보호원칙상 행정청이 그와 배치되는 조치를 할 수 없다고 할 수 있을 정도의 행정관행이 성립되었다고 하려면 상당한 기간에 걸쳐 그 사항에 관하여 동일한 처분을 하였다는 객관적 사실이 존재하는 것으로 족하다.

ㅁ. 행정청이 공적 견해를 표명할 당시의 사정이 사후에 변경된 경우에는 그 공적 견해가 더 이상 개인에게 신뢰의 대상이 된다고 보기 어려운 만큼, 특별한 사정이 없는 한 행정청이 그 견해표명에 반하는 처분을 하더라도 신뢰보호원칙에 위반된다고 할 수 없다.

① ㄱ, ㄴ   ② ㄱ, ㅁ
③ ㄴ, ㄹ   ④ ㄷ, ㄹ
⑤ ㄷ, ㅁ

문 12.「개인정보 보호법」상 개인정보보호에 대한 설명으로 옳지 않은 것은?

① 정보주체는 개인정보처리자가 「개인정보 보호법」을 위반한 행위로 손해를 입으면 개인정보처리자에게 손해배상을 청구할 수 있다. 이 경우 그 개인정보처리자는 고의 또는 과실이 없음을 입증하지 아니하면 책임을 면할 수 없다.

② 헌법재판소는 개인정보자기결정권을 사생활의 비밀과 자유, 일반적 인격권, 국민주권원리 등을 이념적 기초로 하는 독자적 기본권으로서 헌법에 명시되지 않은 기본권으로 보고 있다.

③ 「개인정보 보호법」상의 개인정보란 살아 있는 개인에 관한 정보로서 사자(死者)에 관한 정보는 해당되지 않는다.

④ 국가 및 지방자치단체, 개인정보보호단체는 정보주체의 피해 또는 권리침해가 다수의 정보주체에게 같거나 비슷한 유형으로 발생하는 경우로서 대통령령으로 정하는 사건에 대하여는 분쟁조정위원회에 집단분쟁조정을 의뢰 또는 신청할 수 있다.

⑤ 개인정보처리자가 「개인정보 보호법」 제49조에 따른 집단분쟁조정의 결과를 수락하지 아니한 경우, 「소비자기본법」 제29조에 따라 공정거래위원회에 등록한 후 1년이 경과한 소비자단체는 법원에 권리침해 행위의 중지를 구하는 단체소송을 제기할 수 있다.

문 13. 공법상 계약에 대한 설명으로 옳은 것만을 〈보기〉에서 모두 고르면?

〈보기〉

ㄱ. 지방자치단체를 당사자로 하는 계약에 관하여는 그 계약의 성질이 사법상 계약인지 공법상 계약인지와 상관없이 원칙적으로 「지방자치단체를 당사자로 하는 계약에 관한 법률」의 규율이 적용된다고 보아야 한다.

ㄴ. 중소기업 정보화지원사업에 따른 지원금 출연을 위하여 중소기업청장이 체결하는 협약은 공법상 대등한 당사자 사이의 의사표시의 합치로 성립하는 공법상 계약에 해당한다.

ㄷ. 지방자치단체가 일방 당사자가 되는 이른바 '공공계약'이 사경제의 주체로서 상대방과 대등한 위치에서 체결하는 사법상 계약에 해당하는 경우 그에 관한 법령에 특별한 정함이 있는 경우를 제외하고는 사적 자치와 계약자유의 원칙 등 사법의 원리가 그대로 적용된다.

ㄹ. 행정청은 법령 등을 위반하지 아니하는 범위에서 공법상 계약을 체결할 수 있으며, 이 경우 계약의 목적 및 내용을 명확하게 적은 계약서를 작성하여야 한다.

① ㄱ, ㄴ, ㄷ　　　　② ㄱ, ㄴ, ㄹ
③ ㄱ, ㄷ, ㄹ　　　　④ ㄴ, ㄷ, ㄹ
⑤ ㄱ, ㄴ, ㄷ, ㄹ

문 14. 행정지도에 대한 설명으로 옳지 않은 것은?

① 행정지도는 의무를 부과하거나 권익을 제한하는 것이 아니므로 「행정절차법」의 적용을 받지 않는다.

② 단순한 행정지도의 한계를 넘어 규제적·구속적 성격을 상당히 강하게 갖는 경우에는 헌법소원의 대상이 되는 공권력의 행사라고 볼 수 있다.

③ 행정청이 위법 건축물에 대한 시정명령을 하고 나서 위반자가 이를 이행하지 아니하여 전기·전화의 공급자에게 그 위법 건축물에 대한 전기·전화의 공급을 하지 말아 줄 것을 요청한 행위는 권고적 성격의 행위에 불과한 것으로서 항고소송의 대상이 되는 행정처분이라고 볼 수 없다.

④ 행정관청이 토지거래계약신고에 관하여 공시된 기준지가를 기준으로 매매가격을 신고하도록 행정지도하여 왔고 그 기준 가격 이상으로 매매가격을 신고한 경우에는 거래신고서를 접수하지 않고 반려하는 것이 관행화되어 있더라도 그와 같은 위법한 관행에 따라 허위신고행위에 이르렀다고 하여 그 범법행위가 사회상규에 위배되지 않는 정당한 행위라고 볼 수 없다.

⑤ 행정지도가 강제성을 띠지 않은 비권력적 작용으로서 행정지도의 한계를 일탈하지 않았다면 그로 인하여 상대방에게 어떤 손해가 발생하였다 하더라도 그에 대한 손해배상책임이 없다.

문 15. 행정의 실효성 확보수단에 대한 설명으로 옳지 <u>않은</u> 것은?

① 「행정기본법」에 따르면, 행정청은 의무자가 행정상 의무를 이행할 때까지 이행강제금을 반복하여 부과할 수 있다. 다만, 의무자가 의무를 이행하면 새로운 이행강제금의 부과를 즉시 중지하되, 이미 부과한 이행강제금은 징수하여야 한다.

② 경찰서장이 「경범죄 처벌법」상 범칙행위에 대하여 통고처분을 하였는데 통고처분에서 정한 범칙금 납부기간이 지나지 아니한 경우, 경찰서장이 즉결심판을 청구하거나 검사가 동일한 범칙행위에 대하여 공소를 제기할 수 없다.

③ 행정청이 행정대집행의 방법으로 건물철거의무의 이행을 실현할 수 있는 경우에 건물철거 대집행 과정에서 부수적으로 건물의 점유자들에 대한 퇴거조치를 할 수 없다.

④ 「가맹사업거래의 공정화에 관한 법률」(이하 '가맹사업법'이라 함)에 따르면, 공정거래위원회는 가맹사업법 위반행위에 대하여 과징금을 부과할 것인지, 부과할 경우 과징금 액수를 구체적으로 얼마로 정할 것인지를 재량으로 판단할 수 있다.

⑤ 질서위반행위의 과태료 부과의 근거 법률이 개정되어 행위시 법률에 의하면 과태료 부과대상이었지만 재판시 법률에 의하면 과태료 부과대상이 아니게 된 때에는 개정 법률 부칙에서 종전 법률 시행 당시에 행해진 질서위반행위에 행위시 법률을 적용하도록 특별한 규정을 두지 않은 이상 재판시 법률을 적용하여야 하므로 과태료를 부과하지 못한다.

문 16. 행정행위의 부관에 대한 설명으로 옳지 <u>않은</u> 것은?

① 행정청은 처분에 재량이 없는 경우에는 법률에 근거가 있는 경우에 부관을 붙일 수 있다.

② 사도개설허가에서 정해진 공사기간은 사도개설허가 자체의 존속기간을 정한 것이라 볼 수 있으므로 공사기간 내에 사도로 준공검사를 받지 못하였다면 사도개설허가는 당연히 실효된다.

③ 행정청이 공유수면매립준공인가처분을 하면서 매립지 일부를 국가 소유로 귀속하게 한 것은 법률효과 일부를 배제하는 부관에 해당하고, 이러한 부관은 독립하여 행정소송의 대상이 될 수 없다.

④ 행정청이 수익적 행정처분에 부담을 부가하는 경우 사전에 상대방과 협의하여 부담의 내용을 협약의 형식으로 미리 정한 다음 행정처분을 하면서 이를 부가할 수도 있다.

⑤ 공익법인의 기본재산처분에 대하여 행정청이 허가하는 경우 그 성질이 형성적 행정행위로서의 인가에 해당한다고 하여 조건으로서의 부관을 붙이지 못하는 것은 아니다.

문 17. 〈보기 1〉에서 설명하고 있는 소송의 종류와 〈보기 2〉에서 설명하고 있는 소송의 사례가 올바르게 짝지어진 것은?

─〈보기 1〉─

(가)는 행정청의 처분 등이나 부작위에 대하여 제기하는 소송을 말하며, (나)는 행정청의 처분 등을 원인으로 하는 법률관계에 관한 소송, 그 밖에 공법상의 법률관계에 관한 소송으로서 그 법률관계의 한쪽 당사자를 피고로 하는 소송을 말한다.

─〈보기 2〉─

ㄱ. 사업주가 당연가입자가 되는 고용보험 및 산재보험에서 보험료 납부의무 부존재확인의 소

ㄴ. 재단법인 한국연구재단이 과학기술기본법령에 따라 체결한 연구개발비지원사업 협약의 해지통보에 대한 불복의 소

ㄷ. 지방자치단체가 보조금 지급결정을 하면서 일정 기한 내에 보조금을 반환하도록 하는 교부조건을 부가한 경우, 보조사업자에 대한 지방자치단체의 보조금반환청구의 소

	(가)	(나)
①	ㄱ	ㄴ, ㄷ
②	ㄴ	ㄱ, ㄷ
③	ㄷ	ㄱ, ㄴ
④	ㄱ, ㄴ	ㄷ
⑤	ㄴ, ㄷ	ㄱ

문 18.「공공기관의 정보공개에 관한 법률」상 정보공개에 대한 설명으로 옳지 않은 것은?

① 정보비공개결정 취소소송에서 원고인 청구인이 소송과정에서 공공기관이 법원에 제출한 정보의 사본을 송달받은 경우, 그 정보의 비공개결정의 취소를 구할 소의 이익이 소멸한다.

② 공공기관은 공개청구된 공개 대상 정보의 전부 또는 일부가 제3자와 관련이 있다고 인정할 때에는 그 사실을 제3자에게 지체 없이 통지하여야 하며, 필요한 경우에는 그의 의견을 들을 수 있다.

③ 정보공개를 청구하여 정보공개 여부에 대한 결정의 통지를 받은 자가 정당한 사유 없이 해당 정보의 공개를 다시 청구하는 경우, 공공기관은 종전 청구와의 내용적 유사성·관련성 등을 고려하여 해당 청구를 종결 처리할 수 있다.

④ 제3자가 자신과 관련된 정보를 공개하지 아니할 것을 요청하였음에도 불구하고 공공기관이 공개결정을 한 경우, 그 제3자는 해당 공공기관에 문서로 이의신청을 하거나 행정심판 또는 행정소송을 제기할 수 있다.

⑤ 어떤 정보를 공공기관이 보유·관리하고 있다는 점에 관하여는 입증책임이 정보공개를 구하는 자에게 있으며, 그 입증의 정도는 그러한 정보를 공공기관이 보유·관리하고 있을 상당한 개연성이 있다는 점을 증명하는 것으로 족하다.

문 19.「행정소송법」상 행정소송의 심리에 대한 설명으로 옳은 것만을 <보기>에서 모두 고르면?

─────〈보기〉─────
ㄱ. 당사자가 신청하지 아니한 사항에 대하여는 판결하지 못한다는 의미의 처분권주의가 적용된다.
ㄴ. 취소소송의 직권심리주의를 규정하고 있는「행정소송법」제26조의 규정을 고려할 때, 행정소송에 있어서 법원은 원고의 청구범위를 초월하여 그 이상의 청구를 인용할 수 있다.
ㄷ. 법원으로부터 행정심판기록의 제출명령을 받은 행정청은 지체 없이 당해 행정심판에 관한 기록을 법원에 제출하여야 한다.
ㄹ. 사실심에서 변론종결시까지 당사자가 주장하지 않던 직권조사사항에 해당하는 사항을 상고심에서 비로소 주장하는 경우 그 직권조사사항에 해당하는 사항은 상고심의 심판범위에 해당하지 않는다.

① ㄱ, ㄴ   ② ㄱ, ㄷ
③ ㄱ, ㄹ   ④ ㄴ, ㄹ
⑤ ㄷ, ㄹ

문 20.「공익사업을 위한 토지 등의 취득 및 보상에 관한 법률」(이하 '토지보상법'이라 함)에 대한 설명으로 옳은 것은?

① 중앙토지수용위원회의 이의재결에 대한 행정소송은 재결서를 받은 날부터 90일 이내에 제기하여야 한다.

② 지방토지수용위원회의 재결에 대하여 이의를 신청하여 중앙토지수용위원회의 재결을 받은 자가 재결의 취소소송을 제기하려면 중앙토지수용위원회의 이의재결을 대상으로 하여야 한다.

③ 공익사업의 시행자는 해당 공익사업을 위한 공사에 착수하기 이전에 토지소유자에게 보상액 전액을 지급하여야 하나, 사업시행자가 보상액을 지급하지 않고 승낙도 받지 않은 채 공사에 착수하였다 하더라도 토지소유자에 대하여 불법행위로 인한 손해배상책임이 발생하는 것은 아니다.

④ 공익사업시행지구 밖에서 영업을 휴업하는 자는 토지보상법에 규정된 재결절차를 거치지 않고 곧바로 사업시행자를 상대로 영업손실에 대한 보상청구를 할 수 있다.

⑤ 토지수용위원회가 토지보상법상 손실보상 대상에 해당하는 보상항목을 손실보상 대상에 해당하지 않는다고 잘못된 내용의 재결을 한 경우에는 피보상자는 그 재결에 대한 취소소송을 제기할 것이 아니라 사업시행자를 상대로 토지보상법에 따른 보상금증감소송을 제기하여야 한다.

문 21.「국가공무원법」상 공무원의 의무 및 징계에 대한 설명으로 옳지 않은 것은? ★

① '중징계의결이 요구 중인 자'에 해당하는 공무원에 대하여 직위해제처분을 한 경우에는 징계의결이 있기 전까지만 직위해제를 하여야 하나, 해당 공무원에 대하여 징계의결이 있었고 이에 대하여 징계의결요구권자가 심사·재심사 청구를 하였다면 그에 대한 결정이 있을 때까지 직위해제를 유지할 수 있다.

② 공무원이 엄수하여야 할 직무상 비밀인지를 판단할 때에는 행정기관이 비밀이라고 형식적으로 정한 것에 따를 것이 아니라 실질적으로 비밀로서 보호할 가치가 있는지가 검토되어야 한다.

③ 강등이 된 공무원은 1계급 아래로 직급이 내려가고 3개월간 직무에 종사하지 못하며 그 기간 중 보수는 전액을 감한다.

④ 공무원이 적극행정을 추진한 결과에 대하여 해당 공무원의 행위에 고의 또는 중대한 과실이 없다고 인정되는 경우에는 대통령령 등으로 정하는 바에 따라「국가공무원법」에 따른 징계 또는 징계부가금 부과 의결을 하지 아니한다.

⑤ 공무원이 선거에서 특정인을 지지하기 위한 서명 운동을 권유함으로써 징계사유가 발생하였더라도 그 사유가 발생한 날부터 3년이 지나면 징계의결을 요구하지 못한다.

문 22. 「지방자치법」에 대한 설명으로 옳지 <u>않은</u> 것은?

★
① 2개 이상의 지방자치단체가 사무를 공동으로 처리할 목적으로 설립하는 지방자치단체조합은 법인으로 한다.
② 지방의회와 집행기관의 구성을 따로 법률로 정하는 경우에는 「지방자치법」의 규정과 달리할 수 있으며, 이 경우 「주민투표법」에 따른 주민투표를 거쳐야 한다.
③ 시·군·자치구의 장에 대한 시·도지사의 직무이행명령이 기간 내 이행되지 아니하면 시·도지사는 대집행을 할 수 있고, 이 경우 「행정대집행법」을 준용한다.
④ 행정안전부장관이나 시·도지사는 지방자치단체의 자치사무에 관하여 보고를 받을 수 있으며, 법령 위반사항에 대해서는 서류·장부 또는 회계를 감사할 수 있다.
⑤ 2개 이상의 시·군 또는 자치구가 공동으로 특정한 목적을 위하여 광역적으로 사무를 처리할 필요가 있을 때에는 상호협의에 따른 규약을 정하여 구성 지방자치단체의 지방의회 의결을 거쳐 시·도지사의 승인을 받아 특별지방자치단체를 설치할 수 있다.

문 23. 위임입법에 대한 설명으로 옳은 것만을 〈보기〉에서 모두 고르면?

─────〈보기〉─────

ㄱ. 군인의 복무에 관한 사항을 규율할 권한을 대통령령에 위임하는 경우에는 대통령령으로 규정될 내용 및 범위에 관한 기본적인 사항을 다소 광범위하게 위임하였다 하더라도 포괄위임금지원칙에 위배된다고 볼 수 없다.
ㄴ. 법령의 위임이 없음에도 법령에 규정된 처분 요건에 해당하는 사항을 부령에서 변경하여 규정한 경우에는 그 부령의 규정은 행정조직 내에서 적용되는 행정명령의 성격을 지닐 뿐 국민에 대한 대외적 구속력은 없다.
ㄷ. 중앙행정기관이 제정·개정 후 10일 내에 제출한 대통령령·총리령 및 부령이 그 위임법률의 취지 또는 내용에 합치되지 아니한다고 국회 소관 상임위원회가 판단한 경우 국회는 본회의 의결로 이를 처리하고 정부에 송부한다.
ㄹ. 헌법상 구체적 위임의 요구는 법률이 대통령령에 위임하는 경우에 대하여 규정된 것이므로 대통령령이 법률에서 위임받은 사항을 다시 부령에 재위임하는 경우에는 적용되지 않는다.

① ㄱ, ㄴ   ② ㄱ, ㄷ
③ ㄴ, ㄷ   ④ ㄱ, ㄴ, ㄷ
⑤ ㄴ, ㄷ, ㄹ

문 24. 「행정조사기본법」에 대한 설명으로 옳은 것은?

① 행정기관의 장은 법령 등에 특별한 규정이 있는 경우를 제외하고는 행정조사의 결과를 확정한 날부터 10일 이내에 그 결과를 조사대상자에게 통지하여야 한다.
② 유사하거나 동일한 사안에 대하여 서로 다른 기관이 공동으로 조사하는 것은 원칙적으로 허용되지 않는다.
③ 행정조사는 수시로 실시함을 원칙으로 한다.
④ 행정조사의 기본원칙은 군사시설·군사기밀보호 및 방위사업에 관한 사항에 대하여도 적용한다.
⑤ 행정조사를 실시한 행정기관의 장은 이미 조사를 받은 조사대상자에 대하여 위법행위가 의심되는 새로운 증거를 확보한 경우에도 동일한 사안에 대하여 동일한 조사대상자를 재조사하여서는 아니 된다.

문 25. 「행정심판법」상 행정심판에 대한 설명으로 옳지 <u>않은</u> 것은?

① 법인이 아닌 사단 또는 재단으로서 대표자나 관리인이 정하여져 있는 경우에는 그 사단이나 재단의 이름으로 심판청구를 할 수 있다.
② 행정청의 거부처분에 대해서는 의무이행심판을 청구하여야 하고, 취소심판은 청구할 수 없다.
③ 행정심판의 결과에 이해관계가 있는 행정청은 해당 심판청구에 대한 행정심판위원회의 의결이 있기 전까지 그 사건에 대하여 심판참가를 할 수 있다.
④ 행정심판위원회는 필요할 경우 당사자가 주장하지 아니한 사실에 대해서도 심리할 수 있다.
⑤ 행정심판위원회는 심판청구가 이유가 있다고 인정하는 경우에도 이를 인용하는 것이 공공복리에 크게 위배된다고 인정하면 그 심판청구를 기각하는 재결을 할 수 있다.

해설편 ▶ P.178

| 풀이 시간: ____:____ ~ ____:____ / 점수: ____점

| ★이 표시된 문제는 행정법 각론(7급)에 해당하는 문제입니다.

1초 합격예측! 모바일 성적분석표

QR 코드로 접속하여 문제 풀이시간을 측정하고,
〈1초 합격예측 & 모바일 성적분석표〉 서비스를 통해
지금 바로! 실력을 점검해 보세요.
http://eduwill.kr/VNFj

문 1. 공무원의 법률관계에 대한 설명으로 옳지 <u>않은</u> 것은? (다툼
★ 이 있는 경우 판례에 의함)

① 공무원임용결격사유가 있는지의 여부는 임용 당시에 시행되던 법률을 기준으로 하여 판단하여야 하고, 임용 당시 공무원임용결격사유가 있었다면 비록 국가의 과실에 의하여 임용결격자임을 밝혀내지 못하였다 하더라도 그 임용행위는 당연무효이다.

② 임용행위의 하자로 임용행위가 취소되어 소급적으로 지위를 상실한 경우에 해당 공무원은 「공무원연금법」에서 정한 퇴직급여를 청구할 수 없다.

③ 형사사건으로 기소되었다는 이유만으로 직위해제처분을 하는 것은 정당화될 수 없다.

④ 징계사유인 성희롱 관련 형사재판에서 성희롱 행위가 있었다는 점을 합리적 의심을 배제할 정도로 확신하기 어렵다는 이유로 공소사실에 관하여 무죄가 선고되었다고 하여 그러한 사정만으로 행정소송에서 징계사유의 존재를 부정할 것은 아니다.

⑤ 해임처분을 소청심사위원회가 정직 2월로 변경하였는데도 불구하고 여전히 징계가 불합리하다 여겨 이에 불복하려는 경우, 원처분청이 아닌 소청심사위원회를 상대로 정직 2월로 변경된 원처분에 대한 취소소송을 제기하여야 한다.

문 2. 행정권한의 위임과 위탁에 대한 설명으로 옳은 것만을 〈보기〉
★ 에서 모두 고르면? (다툼이 있는 경우 판례에 의함)

〈보기〉

ㄱ. 행정권한의 내부위임은 법률의 근거가 없이도 가능하나 행정권한의 위임은 법률의 근거를 요한다.

ㄴ. 전결규정에 위반하여 원래의 전결권자 아닌 보조기관 등이 처분권자인 행정관청의 이름으로 행정처분을 한 경우 그 처분은 권한 없는 자에 의하여 행하여진 무효의 처분이다.

ㄷ. 내부위임의 경우 수임기관이 자기의 이름으로 처분을 했다면 항고소송의 피고는 수임기관이 된다.

ㄹ. 본래 시·도지사나 시장·군수 또는 구청장의 업무에 속하는 대집행권한을 한국토지주택공사에게 위탁한 경우 한국토지주택공사는 이러한 위탁에 의하여 대집행을 수권받은 자로서 공무인 대집행을 실시함에 따르는 권리·의무 및 책임이 귀속되는 행정주체의 지위에 있다.

① ㄱ, ㄴ ② ㄱ, ㄷ
③ ㄴ, ㄹ ④ ㄱ, ㄷ, ㄹ
⑤ ㄴ, ㄷ, ㄹ

문 3. 행정행위의 하자에 대한 설명으로 옳지 <u>않은</u> 것은? (다툼이 있는 경우 판례에 의함)

① 행정처분을 한 행정청은 그 처분의 성립에 하자가 있는 경우 이를 취소할 별도의 법적 근거가 없다 하더라도 직권으로 취소할 수 있다.

② 지방병무청장이 재신체검사 등을 거쳐 종전의 현역병입영대상편입처분을 보충역편입처분으로 변경한 후에 제소기간의 경과 등으로 보충역편입처분에 형식적 존속력이 생겼다면, 보충역편입처분에 하자가 있다는 이유로 이를 직권으로 취소하더라도 종전의 현역병입영대상편입처분의 효력은 회복되지 않는다.

③ 조세부과처분과 압류 등의 체납처분은 별개의 행정처분으로서 독립성을 가지므로 조세부과처분에 하자가 있더라도 그 부과처분이 취소되지 아니하는 한 그에 근거한 체납처분은 위법이라고 할 수 없으나, 그 부과처분에 중대하고도 명백한 하자가 있어 무효인 경우에는 그 부과처분의 집행을 위한 체납처분도 무효이다.

④ 민사소송에 있어서 어느 행정처분의 당연무효 여부가 선결문제로 되는 때에는 당해 수소법원이 이를 판단하여 당연무효임을 전제로 판결할 수 있고, 반드시 행정소송 등의 절차에 의하여 무효확인을 받아야 하는 것은 아니다.

⑤ 적법한 건축물에 대한 철거명령의 하자가 중대하고 명백하여 당연무효라 하더라도, 그 후행행위인 건축물철거 대집행계고처분이 당연무효인 것은 아니다.

문 4. 행정행위의 분류에 대한 설명으로 옳은 것만을 〈보기〉에서 모두 고르면? (다툼이 있는 경우 판례에 의함)

〈보기〉

ㄱ. 행정청의 사립학교법인 임원취임승인행위는 학교법인의 임원선임행위의 법률상 효력을 완성하게 하는 보충적 법률행위로서 강학상 인가에 해당한다.

ㄴ. 개인택시운송사업면허는 특정인에게 권리나 의무를 부여하는 것이므로 강학상 특허에 해당한다.

ㄷ. 공유수면의 점용·사용허가는 허가 상대방에게 제한을 해제하여 공유수면이용권을 부여하는 처분으로 강학상 허가에 해당한다.

ㄹ. 토지거래허가는 토지거래허가구역 내의 토지거래를 전면적으로 금지시키고 특정한 경우에 예외적으로 토지거래계약을 체결할 수 있는 자격을 부여하는 점에서 강학상 특허에 해당한다.

① ㄱ, ㄴ
② ㄱ, ㄷ
③ ㄴ, ㄷ
④ ㄴ, ㄹ
⑤ ㄷ, ㄹ

문 5. 사인의 공법행위로서 신고에 대한 설명으로 옳지 않은 것은? (다툼이 있는 경우 판례에 의함)

① 수리를 요하지 아니한 신고에 있어서 적법한 요건을 갖춘 신고의 경우에는 행정청의 수리처분 등 별단의 조처를 기다릴 필요 없이 그 접수시에 신고로서의 효력이 발생하는 것이므로 그 수리가 거부되었다고 하여 무신고 영업이 되는 것은 아니다.

② 기본행위인 사업의 양도·양수 계약이 무효인 경우, 기본행위의 무효를 구함이 없이 곧바로 영업자지위승계신고수리처분에 대한 무효확인소송을 제기할 법률상 이익이 없다.

③ 주민등록전입신고자가 30일 이상 생활의 근거로 거주할 목적 이외에 다른 이해관계에 관한 의도를 가지고 있는지 여부, 무허가 건축물의 관리, 전입신고를 수리함으로써 당해 지방자치단체에 미치는 영향 등과 같은 사유는 「주민등록법」이 아닌 다른 법률에 의하여 규율되어야 하고, 주민등록전입신고의 수리 여부를 심사하는 단계에서는 고려 대상이 될 수 없다.

④ 허가대상건축물의 양수인이 형식적 요건을 갖추어 시장, 군수에게 적법하게 건축주의 명의변경을 신고한 때에는 시장, 군수는 그 신고를 수리하여야지 실체적인 이유를 내세워 그 신고의 수리를 거부할 수는 없다.

⑤ 인·허가의제 효과를 수반하는 건축신고는 일반적인 건축신고와는 달리, 특별한 사정이 없는 한 행정청이 그 실체적 요건에 관한 심사를 한 후 수리하여야 하는 이른바 '수리를 요하는 신고'로 보는 것이 옳다.

문 6. 甲은 아파트를 건설하고자 乙시장에게 「주택법」상 사업계획승인신청을 하였는데, 乙시장은 아파트단지 인근에 개설되는 자동차전용도로의 부지로 사용할 목적으로 甲 소유 토지의 일부를 아파트 사용검사시까지 기부채납하도록 하는 부담을 붙여 사업계획을 승인하였다. 이에 대한 설명으로 옳은 것만을 〈보기〉에서 모두 고르면? (다툼이 있는 경우 판례에 의함)

〈보기〉

ㄱ. 甲이 위 부담을 불이행하였다면 乙시장은 이를 이유로 사업계획승인을 철회하거나, 위 부담상의 의무 불이행에 대해 행정대집행을 할 수 있다.

ㄴ. 甲이 위 부담을 이행하지 아니하더라도 乙시장의 사업계획승인이 당연히 효력을 상실하는 것은 아니다.

ㄷ. 乙시장은 기부채납의 내용을 甲과 사전에 협의하여 협약의 형식으로 미리 정한 다음, 사업계획승인을 하면서 위 부담을 부가할 수도 있다.

ㄹ. 만일 甲이 「건축법」상 기속행위에 해당하는 건축허가를 신청하였고, 乙시장이 건축허가를 하면서 법률의 근거 없이 기부채납 부담을 붙였다면 그 부담은 무효이다.

① ㄱ, ㄴ
② ㄱ, ㄷ
③ ㄴ, ㄹ
④ ㄱ, ㄷ, ㄹ
⑤ ㄴ, ㄷ, ㄹ

문 7. 행정지도와 행정조사에 대한 설명으로 옳지 않은 것은? (다툼이 있는 경우 판례에 의함)

① 헌법재판소에 따르면 행정지도가 단순한 행정지도로서의 한계를 넘어 규제적·구속적 성격을 상당히 강하게 갖는 것이면 헌법소원의 대상이 되는 공권력 행사라고 볼 수 있다.

② 행정지도가 그에 따를 의사가 없는 상대방에게 이를 부당하게 강요하는 것으로서 행정지도의 한계를 일탈하였다면 위법하다.

③ 「국세기본법」상 금지되는 재조사에 기하여 과세처분을 하는 것은 과세관청이 그러한 재조사로 얻은 과세자료를 배제하고서도 동일한 과세처분이 가능한 경우라면 적법하다.

④ 우편물 통관검사절차에서 이루어지는 우편물의 개봉, 시료채취, 성분분석 등의 검사는 행정조사의 성격을 가지는 것으로서 압수·수색영장 없이 우편물의 개봉, 시료채취, 성분분석 등 검사가 진행되었다 하더라도 특별한 사정이 없는 한 위법하다고 볼 수 없다.

⑤ 행정기관의 장은 법령 등에 특별한 규정이 있는 경우를 제외하고는 행정조사의 결과를 확정한 날부터 7일 이내에 그 결과를 조사대상자에게 통지하여야 한다.

문 8. 공법상 계약에 해당하는 것만을 〈보기〉에서 모두 고르면? (다툼이 있는 경우 판례에 의함)

〈보기〉

ㄱ. 「사회기반시설에 대한 민간투자법」에 따라 지방자치
단체와 유한회사 간 체결한 터널 민간투자사업 실시
협약

ㄴ. 구 「중소기업 기술혁신 촉진법」상의 중소기업 정보화
지원사업에 따른 지원금 출연을 위하여 중소기업청장
이 민간 주식회사와 체결하는 협약

ㄷ. 도시계획사업의 시행자가 그 사업에 필요한 토지를
협의취득하는 행위

ㄹ. 국유 일반재산의 대부행위

① ㄱ, ㄴ   ② ㄱ, ㄷ
③ ㄴ, ㄷ   ④ ㄴ, ㄹ
⑤ ㄷ, ㄹ

문 9. 법률유보와 법률의 위임에 대한 설명으로 옳지 않은 것은? (다툼이 있는 경우 판례에 의함)

① 자격이나 신분 등을 취득 또는 부여할 수 없거나 인가, 허가, 지정, 승인, 영업등록, 신고 수리 등을 필요로 하는 영업 또는 사업 등을 할 수 없는 사유는 법률로 정하여야 한다.

② 텔레비전방송수신료금액의 결정은 납부의무자의 범위와는 달리 수신료에 관한 본질적인 중요한 사항이 아니므로 국회가 스스로 결정할 필요는 없다.

③ 도시환경정비사업시행인가 신청시 요구되는 토지등소유자의 동의정족수를 정하는 것은 법률유보 내지 의회유보의 원칙이 지켜져야 할 영역이다.

④ 헌법재판소에 따르면 지방자치단체의 조례에 대한 법률의 위임은 법규명령에 대한 위임과 달리 반드시 구체적으로 범위를 정하여야 할 필요가 없고 포괄적인 것으로 족하다.

⑤ 헌법재판소에 따르면 법률이 자치적인 사항을 공법적 단체의 정관으로 정하도록 위임한 경우에는 포괄위임입법금지원칙이 적용되지 않는다.

문 10. 「행정절차법」의 내용으로 옳지 않은 것은? (다툼이 있는 경우 판례에 의함)

① 행정청은 처분 후 2년 이내에 당사자 등이 요청하는 경우에는 청문·공청회 또는 의견제출을 위하여 제출받은 서류나 그 밖의 물건을 반환하여야 한다.

② 송달이 불가능하여 관보, 공보 등에 공고한 경우에는 다른 법령 등에 특별한 규정이 있는 경우를 제외하고는 공고일부터 14일이 지난 때에 그 효력이 발생한다. 다만, 긴급히 시행하여야 할 특별한 사유가 있어 효력 발생 시기를 달리 정하여 공고한 경우에는 그에 따른다.

③ 행정청은 긴급히 처분을 할 필요가 있는 경우 당사자에게 처분의 근거와 이유를 제시하지 않아도 되지만, 처분 후 당사자가 요청하는 경우에는 그 근거와 이유를 제시하여야 한다.

④ 처분에 관한 권리 또는 이익을 사실상 양수한 자는 행정청의 승인을 받아 당사자 등의 지위를 승계할 수 있다.

⑤ 정보통신망을 이용한 송달은 송달받을 자가 동의하는 경우에만 한다.

문 11. 「행정절차법」상 의견청취에 대한 설명으로 옳지 않은 것은? (다툼이 있는 경우 판례에 의함)

① 허가영업의 양도에 따른 영업자지위승계신고를 수리하는 처분을 할 경우에는 행정청은 종전의 영업자에 대하여 의견청취절차를 거친 후 처분을 하여야 한다.

② 퇴직연금의 환수결정은 당사자에게 의무를 과하는 처분이므로 퇴직연금의 환수결정에 앞서 당사자에게 의견진술의 기회를 주지 아니하면 절차의 하자가 있는 위법한 처분이 된다.

③ 행정청이 당사자와 도시계획사업의 시행과 관련한 협약을 체결하면서 관계 법령 및 「행정절차법」에 규정된 청문의 실시 등 의견청취절차를 배제하는 조항을 두었다고 하더라도, 이러한 협약의 체결로 청문의 실시에 관한 규정의 적용을 배제할 수 있다고 볼 만한 법령상의 규정이 없는 한, 청문의 실시에 관한 규정의 적용이 배제된다거나 청문을 실시하지 않아도 되는 예외적인 경우에 해당한다고 할 수 없다.

④ 청문에서 당사자 등이 의견서를 제출한 경우에는 그 내용을 출석하여 진술한 것으로 본다.

⑤ 청문 주재자는 당사자 등의 전부 또는 일부가 정당한 사유 없이 청문기일에 출석하지 아니하거나 의견서를 제출하지 아니한 경우에는 이들에게 다시 의견진술 및 증거제출의 기회를 주지 아니하고 청문을 마칠 수 있다.

문 12.「공공기관의 정보공개에 관한 법률」(이하 정보공개법이라 함)상 정보공개에 대한 설명으로 옳은 것은? (다툼이 있는 경우 판례에 의함)

① 공개청구된 정보가 이미 인터넷을 통해 공개되어 인터넷 검색으로 쉽게 접근할 수 있는 경우에는 비공개결정이 정당화될 수 있다.

② 정보공개거부처분 취소소송에 있어서 정보의 분리공개가 가능하다 하더라도 원고가 공개가 가능한 정보에 관한 부분만의 일부 취소로 청구취지를 변경하지 않았다면 법원은 일부 취소를 명할 수 없다.

③ 공공기관은 공개청구된 공개 대상 정보의 전부 또는 일부가 제3자와 관련이 있다고 인정할 때에는 그 사실을 제3자에게 지체 없이 통지하여야 하며, 공개청구된 사실을 통지받은 제3자는 그 통지를 받은 날부터 3일 이내에 해당 공공기관에 대하여 자신과 관련된 정보를 공개하지 아니할 것을 요청할 수 있다.

④ 공공기관이 정보공개를 거부할 때에는 개괄적인 사유만을 들 수 없고 어느 부분이 어떠한 법익 또는 기본권과 충돌하여 비공개사유에 해당하는지를 밝혀야 하나, 「정보공개법」 제9조 제1항 몇 호에서 정하고 있는 비공개사유에 해당하는지 주장·입증할 필요까지는 없다.

⑤ 사립대학교는 정보공개법 시행령에 따른 정보공개의무를 지는 공공기관에 해당하나, 국비의 지원을 받는 범위 내에서만 그러한 공공기관의 성격을 가진다.

문 13.「질서위반행위규제법」상 과태료에 대한 설명으로 옳은 것은?

① 행정청은 당사자가 납부기한까지 과태료를 납부하지 아니한 때에는 납부기한을 경과한 날부터 체납된 과태료에 대하여 100분의 5에 상당하는 가산금을 징수한다.

② 질서위반행위가 종료된 날부터 3년이 경과한 경우에는 해당 질서위반행위에 대하여 과태료를 부과할 수 없다.

③ 신분에 의하여 과태료를 감경 또는 가중하거나 과태료를 부과하지 아니하는 때에는 그 신분의 효과는 신분이 없는 자에게는 미치지 아니한다.

④ 고의 또는 과실이 없는 질서위반행위는 그에 대한 정당한 이유가 있는 때에 한하여 과태료를 부과하지 아니한다.

⑤ 법인의 대표자, 법인 또는 개인의 대리인·사용인 및 그 밖의 종업원이 업무에 관하여 법인 또는 그 개인에게 부과된 법률상의 의무를 위반한 때에 법인 또는 그 개인에게 과태료를 부과하는 것은 위법하다.

문 14. 행정대집행에 대한 설명으로 옳지 않은 것은? (다툼이 있는 경우 판례에 의함)

① 「행정대집행법」에 따른 행정대집행에서 건물의 점유자가 철거의무자일 때에는 건물철거의무에 퇴거의무도 포함되어 있는 것이어서 별도로 퇴거를 명하는 집행권원이 필요하지 않다.

② 법률에 의해서뿐만 아니라 법률의 위임을 받은 조례에 의해 직접 부과된 대체적 작위의무도 대집행의 대상이 된다.

③ 부작위의무 위반행위에 대하여 대체적 작위의무로 전환하는 규정이 없는 경우, 부작위의무 위반결과의 시정을 명하는 원상복구명령은 무효이고, 원상복구명령의 실효성 확보를 위한 대집행의 계고처분 역시 무효로 봄이 타당하다.

④ 구 「공공용지의 취득 및 손실보상에 관한 특례법」에 의한 협의취득시 건물소유자가 협의취득대상 건물에 대한 철거의무를 부담하겠다는 취지의 약정을 하였다고 하더라도 이러한 철거의무는 공법상의 의무가 될 수 없고, 대집행을 허용하는 별도의 규정이 없는 한 대집행의 대상이 될 수 없다.

⑤ 건물의 소유자에게 위법건축물을 일정기간까지 철거할 것을 명함과 아울러 불이행하면 대집행한다는 내용의 계고처분을 고지한 후, 이에 불응하자 다시 제2차 계고서로 일정기간까지의 철거를 촉구하고 불이행하면 대집행한다는 뜻을 고지하였다면, 「행정대집행법」상 건물철거의무는 제2차 계고처분으로 인하여 발생한다.

문 15. 행정상 강제집행에 대한 설명으로 옳은 것만을 〈보기〉에서 모두 고르면? (다툼이 있는 경우 판례에 의함)

〈보기〉

ㄱ. 행정청은 개별사건에 있어서 위반내용, 위반자의 시정의지 등을 감안하여 대집행과 이행강제금을 선택적으로 활용할 수 있으며, 이처럼 그 합리적인 재량에 의해 선택하여 활용하는 이상 중첩적인 제재에 해당한다고 볼 수 없다.

ㄴ. 「국세징수법」상의 공매통지는 그 상대방인 체납자 등의 법적 지위나 권리·의무에 직접적인 영향을 주는 행정처분이므로 공매통지 자체를 취소소송의 대상으로 삼을 수 있다.

ㄷ. 행정청이 행정대집행을 할 수 있는 경우에도 필요하면 별도로 민사소송의 방법을 통하여 의무이행을 구할 수 있다.

ㄹ. 장기간 시정명령을 이행하지 아니하였더라도, 그 기간 중에는 시정명령의 이행 기회가 제공되지 아니하였다가 뒤늦게 시정명령의 이행 기회가 제공된 경우라면, 시정명령의 이행 기회 제공을 전제로 한 1회분의 이행강제금만을 부과할 수 있고, 시정명령의 이행 기회가 제공되지 아니한 과거의 기간에 대한 이행강제금까지 한꺼번에 부과할 수는 없으며 이를 위반하여 이루어진 이행강제금 부과처분은 무효이다.

① ㄱ, ㄴ
② ㄱ, ㄹ
③ ㄴ, ㄷ
④ ㄴ, ㄹ
⑤ ㄷ, ㄹ

문 16. 「행정심판법」상 간접강제에 대한 설명으로 옳지 않은 것은?

① 행정심판위원회는 피청구인이 재결에 따른 재처분의무를 이행하지 않으면 청구인의 신청에 의하여 결정으로 상당한 기간을 정하고 피청구인이 그 기간 내에 이행하지 아니하는 경우에는 그 지연기간에 따라 일정한 배상을 하도록 명하거나 즉시 배상을 할 것을 명할 수 있다.

② 행정심판위원회는 사정의 변경이 있는 경우에는 당사자의 신청에 의하여 간접강제결정의 내용을 변경할 수 있으며, 변경결정을 하기 전에 신청 상대방의 의견을 들어야 한다.

③ 행정심판위원회의 간접강제결정의 효력은 피청구인인 행정청이 소속된 국가·지방자치단체 또는 공공단체에까지 미친다.

④ 청구인은 행정심판위원회의 간접강제결정에 불복하는 경우 그 결정에 대하여 행정소송을 제기할 수 있다.

⑤ 간접강제의 결정서 정본은 「민사집행법」에 따른 강제집행에 관하여는 집행권원과 같은 효력을 가진다. 다만, 청구인이 해당 결정에 불복하는 소송을 제기한 경우에는 이러한 효력이 인정될 수 없다.

문 17. 「행정기본법」상 행정에 관한 기간의 계산과 법령 등 시행일의 기간 계산에 대한 설명으로 옳지 않은 것은? (다툼이 있는 경우 판례에 의함)

① 행정에 관한 기간의 계산에 관하여는 「행정기본법」 또는 다른 법령 등에 특별한 규정이 있는 경우를 제외하고는 「민법」을 준용한다.

② 처분에서 의무를 부과하는 경우, 의무가 지속되는 기간의 계산은 기간을 일, 주, 월 또는 연으로 정한 경우에는 기간의 첫날을 산입하는 것이 원칙이나 국민에게 불리한 경우에는 이를 적용하지 아니한다.

③ 법령 등에서 국민의 권익을 제한하는 경우, 권익이 제한되는 기간의 계산에 있어 기간의 말일이 토요일 또는 공휴일인 경우에는 기간은 그 익일로 만료한다.

④ 법령 등을 공포한 날부터 시행하는 경우에는 공포한 날을 시행일로 한다.

⑤ 법령 등을 공포한 날부터 일정 기간이 경과한 날부터 시행하는 경우 법령 등을 공포한 날을 첫날에 산입하지 아니한다.

문 18. 「지방자치법」에 대한 설명으로 옳은 것만을 〈보기〉에서 모두 고르면? (다툼이 있는 경우 판례에 의함) ★

〈보기〉

ㄱ. 주민은 권리·의무와 직접 관련되는 규칙의 제정, 개정 또는 폐지와 관련된 의견을 해당 지방자치단체의 장에게 제출할 수 있다.

ㄴ. 주무부장관은 지방자치단체의 사무에 관한 시장·군수 및 자치구의 구청장의 명령이나 처분이 법령에 위반되거나 현저히 부당하여 공익을 해침에도 불구하고 시·도지사가 시정명령을 하지 아니하면 시·도지사에게 기간을 정하여 시정명령을 하도록 명할 수 있다.

ㄷ. 주민소송의 대상이 되는 '재산의 관리·처분에 관한 사항'이나 '공금의 부과·징수를 게을리한 사항'이란 지방자치단체의 소유에 속하는 재산의 가치를 유지·보전 또는 실현함을 직접 목적으로 하는 행위 또는 그와 관련된 공금의 부과·징수를 게을리한 행위, 그 밖에 재무회계와 관련이 없는 행위 중 지방자치단체의 재정에 영향을 미치는 행위 등을 포함한다.

ㄹ. 기관위임사무는 자치조례의 제정범위에 속하지 않는다 할 것이므로 기관위임사무에 관한 사항을 조례로 정하도록 위임하는 법령은 위헌·위법에 해당하여 무효가 된다.

① ㄱ, ㄴ
② ㄴ, ㄷ
③ ㄴ, ㄹ
④ ㄱ, ㄴ, ㄷ
⑤ ㄱ, ㄷ, ㄹ

문 19.「공익사업을 위한 토지 등의 취득 및 보상에 관한 법률」(이하 토지보상법이라 함)에 대한 설명으로 옳지 <u>않은</u> 것은? (다툼이 있는 경우 판례에 의함)

① 보상액의 산정은 협의에 의한 경우에는 협의 성립 당시의 가격을, 재결에 의한 경우에는 수용 또는 사용의 재결 당시의 가격을 기준으로 한다.

② 사업인정고시가 된 후 사업시행자가 토지를 사용하는 기간이 3년 이상인 경우 토지소유자는 토지수용위원회에 토지의 수용을 청구할 수 있고, 토지수용위원회가 이를 받아들이지 않는 재결을 한 경우에는 사업시행자를 피고로 하여 토지보상법상 보상금의 증감에 관한 소송을 제기할 수 있다.

③ 사업시행자는 동일한 사업지역에 보상시기를 달리하는 동일인 소유의 토지 등이 여러 개 있는 경우 토지소유자나 관계인이 요구할 때에는 한꺼번에 보상금을 지급하도록 하여야 한다.

④ 사업시행자는 동일한 소유자에게 속하는 일단의 토지의 일부를 취득하는 경우 해당 공익사업의 시행으로 인하여 잔여지의 가격이 증가한 경우에 그 이익을 그 취득으로 인한 손실과 상계한다.

⑤ 영업을 폐업하거나 휴업함에 따른 영업손실에 대하여는 영업이익과 시설의 이전비용 등을 고려하여 보상하여야 한다.

문 20.항고소송의 피고에 대한 설명으로 옳지 <u>않은</u> 것은? (다툼이 있는 경우 판례에 의함)

① 취소소송은 다른 법률에 특별한 규정이 없는 한 처분 등을 행한 행정청을 피고로 한다.

② 중앙노동위원회의 처분에 대한 행정소송은 중앙노동위원회 위원장을 피고로 한다.

③ 관할청인 농림축산식품부장관으로부터 농지보전부담금 수납업무의 대행을 위탁받은 한국농어촌공사가 농지보전부담금 납부통지서에 관할청의 대행자임을 기재하고 납부통지서를 보낸 경우 농지보전부담금 부과처분에 대한 취소소송의 피고는 관할청이 된다.

④ 대리관계를 명시적으로 밝히지는 아니하였다 하더라도 처분명의자가 피대리행정청 산하의 행정기관으로서 실제로 피대리행정청으로부터 대리권한을 수여받아 피대리행정청을 대리한다는 의사로 행정처분을 하였고 처분명의자는 물론 그 상대방도 그 행정처분이 피대리행정청을 대리하여 한 것임을 알고서 이를 받아들인 예외적인 경우에는 피대리행정청이 피고가 된다.

⑤ 조례에 대한 무효확인소송의 경우 의결기관인 지방의회가 피고가 된다.

문 21.「행정심판법」상 임시처분에 대한 설명으로 옳지 <u>않은</u> 것은? (다툼이 있는 경우 판례에 의함)

① 임시처분이란 행정청의 처분이나 부작위 때문에 발생할 수 있는 당사자의 중대한 불이익이나 급박한 위험을 막기 위해 당사자에게 임시지위를 부여하는 행정심판위원회의 결정을 말한다.

② 당사자의 임시지위를 정하여야 할 필요성이 인정된다면, 집행정지로 목적을 달성할 수 있는 경우에도 임시처분은 선택적으로 사용될 수 있다.

③ 행정심판위원회는 적극적 가구제 수단인 임시처분을 직권으로 결정할 수 있다.

④ 행정심판위원회가 임시처분결정을 하기 위해서 행정심판청구의 계속이 요구된다.

⑤ 임시처분결정절차에는 집행정지결정의 절차에 관한 규정이 준용된다.

문 22.구「과징금부과 세부기준 등에 관한 고시」의 위반행위에 대한 시정조치 횟수를 근거로 공정거래위원회가 부과한 과징금 부과처분에 대한 취소소송의 계속 중 위반행위 자체가 존재하지 않는다는 이유로 시정조치의 취소판결이 확정되었다. 이에 대한 설명으로 옳지 <u>않은</u> 것은? (다툼이 있는 경우 판례에 의함)

① 과징금 부과처분 취소소송의 수소법원은 행정처분의 위법 여부를 행정처분이 있을 때의 법령과 사실상태를 기준으로 판단하여야 하므로 처분 후 법령의 개폐나 사실상태의 변동에 영향을 받지 않는다.

② 위반행위에 대한 시정조치를 취소하는 확정판결은 과징금 부과처분 후 사실상태의 변동에 해당하므로 과징금 부과처분 취소소송의 수소법원의 위법 여부 판단에 영향을 주지 않는다.

③ 법원은 행정처분 당시 행정청이 알고 있었던 자료뿐만 아니라 사실심 변론종결 당시까지 제출된 모든 자료를 종합하여 처분 당시 존재하였던 객관적 사실을 확정하고 그 사실에 기초하여 처분의 위법 여부를 판단할 수 있다.

④ 위반행위에 대한 시정조치의 취소판결이 확정되었다면 그 행정처분은 처분시에 소급하여 효력을 잃은 것으로 본다.

⑤ 시정조치에 대한 취소판결의 확정으로 해당 위반행위가 위반 횟수 가중을 위한 횟수 산정에서 제외되더라도 그 사유가 과징금 부과처분에 영향을 미치지 아니하여 처분의 정당성이 인정되는 경우에는 그 처분을 위법하다고 할 수 없다.

문 23. 국가배상에 대한 설명으로 옳지 않은 것은? (다툼이 있는 경우 판례에 의함)

① 국회가 일정한 사항에 관하여 헌법에 의하여 부과되는 구체적인 입법의무를 부담하고 있음에도 불구하고 그 입법에 필요한 상당한 기간이 경과하도록 고의 또는 과실로 이러한 입법의무를 이행하지 아니하는 등 극히 예외적인 사정이 인정되는 사안에 한정하여 「국가배상법」 소정의 배상책임이 인정될 수 있다.

② 국회의원이 제정한 법률규정이 헌법의 문언에 명백히 위반됨에도 불구하고 국회가 굳이 당해 입법을 한 것과 같은 특수한 경우가 아닌 한 「국가배상법」상의 위법행위에 해당하지 않는다.

③ 법령의 위임에도 불구하고 보건복지부장관이 치과전문의 제도의 실시를 위하여 필요한 시행규칙의 개정 등 절차를 마련하지 않은 입법부작위가 위헌이라는 헌법재판소 결정의 기속력에 따라, 보건복지부장관이 사실상 전공의 수련과정을 수료한 치과의사들에게 그 수련경력에 대한 기득권을 인정하는 경과조치를 행정입법으로 제정하지 않았다면 입법부작위에 의한 국가배상책임이 성립한다.

④ 직무수행 중 경과실로 피해자에게 손해를 입힌 공무원이 피해자에게 손해를 배상하였다면, 공무원은 특별한 사정이 없는 한 국가가 피해자에 대하여 부담하는 손해배상책임의 범위 내에서 자신이 변제한 금액에 관하여 구상권을 취득한다.

⑤ 일반적으로 공무원이 필요한 지식을 갖추지 못하고 법규의 해석을 그르쳐 행정처분을 하였다면 그가 법률 전문가가 아닌 행정직 공무원이라고 하여 과실이 없다고는 할 수 없다.

문 24. 병무청장이 하는 병역의무 기피자의 인적사항 공개에 대한 설명으로 옳은 것만을 〈보기〉에서 모두 고르면? (다툼이 있는 경우 판례에 의함)

〈보기〉

ㄱ. 병무청장이 하는 병역의무 기피자의 인적사항 공개는 특정인을 병역의무 기피자로 판단하여 그 사실을 일반 대중에게 공표함으로써 그의 명예를 훼손하고 그에게 수치심을 느끼게 하여 병역의무 이행을 간접적으로 강제하려는 조치로서 공권력의 행사에 해당한다.

ㄴ. 관할 지방병무청장이 1차로 공개 대상자 공개결정을 하고, 그에 따라 병무청장이 같은 내용으로 최종적 공개결정을 하였더라도, 공개 대상자는 관할 지방병무청장의 공개 대상자 결정을 별도로 다툴 소의 이익이 있다.

ㄷ. 병무청장의 인적사항 공개처분이 취소되면 병무청장은 취소판결의 기속력에 따라 위법한 결과를 제거하는 조치를 할 의무가 있다.

① ㄱ   ② ㄷ
③ ㄱ, ㄴ   ④ ㄱ, ㄷ
⑤ ㄴ, ㄷ

문 25. 항고소송의 원고적격이 인정되는 것만을 〈보기〉에서 모두 고르면? (다툼이 있는 경우 판례에 의함)

〈보기〉

ㄱ. 경기도 선거관리위원회 소속 공무원인 甲이 「부패방지 및 국민권익위원회의 설치와 운영에 관한 법률」에 따라 국민권익위원회에 신고를 하면서 신분보장조치를 요구하였고, 이에 국민권익위원회가 경기도 선거관리위원회 위원장에게 甲에 대한 중징계요구를 취소하고 향후 신고로 인한 신분상 불이익 등을 주지 말 것을 요구하는 조치요구를 한 사안에서 이에 불복하는 경기도 선거관리위원회 위원장

ㄴ. 시외버스운송사업계획변경인가처분으로 시외버스 운행노선 중 일부가 기존의 시내버스 운행노선과 중복하게 되어 수익감소가 예상되는 기존 시내버스운송사업자

ㄷ. 인근 공유수면의 매립목적을 택지조성에서 조선시설 용지로 변경하는 공유수면매립목적 변경 승인처분으로 인하여 환경상의 이익을 침해받았다고 주장하는 수녀원

ㄹ. 교육부장관이 사학분쟁조정위원회의 심의를 거쳐 대학의 학교법인의 임시이사를 선임한 데 대하여 그 선임처분의 취소를 구하는 그 대학의 노동조합

ㅁ. 대학에 대한 국가연구개발사업의 협약 해지통보에 불복하여 협약 해지통보의 효력을 다투는 그 연구개발사업의 연구팀장인 교수

① ㄱ, ㄴ   ② ㄹ, ㅁ
③ ㄱ, ㄴ, ㅁ   ④ ㄱ, ㄷ, ㄹ
⑤ ㄴ, ㄷ, ㄹ

해설편 ▶ P.187

2021

4월 24일 시행
국회직 8급

┃ 풀이 시간: _____:_____ ~ _____:_____ / 점수: _____점

┃ ★이 표시된 문제는 행정법 각론(7급)에 해당하는 문제입니다.

문 1. 공법과 사법의 관계에 대한 설명으로 옳은 것만을 〈보기〉에서 모두 고르면? (다툼이 있는 경우 판례에 의함)

───〈보기〉───

ㄱ. 「국가를 당사자로 하는 계약에 관한 법률」상 국가가 당사자가 되는 공공계약은 국가가 사경제의 주체로서 상대방과 대등한 위치에서 체결하는 사법상의 계약에 해당한다.

ㄴ. 「국가를 당사자로 하는 계약에 관한 법률」상 국가기관에 의한 입찰참가자격제한행위는 사법상 관념의 통지에 해당한다.

ㄷ. 공기업이나 준정부기관의 입찰참가자격제한은 계약에 근거할 수도 있고, 행정처분에 해당할 수도 있다.

ㄹ. 사립학교 교원의 징계는 사립학교의 공적 성격을 고려할 때 행정처분에 해당한다.

ㅁ. 행정재산의 사용·수익 허가는 강학상 특허로서 공법관계의 일종에 해당한다.

① ㄱ, ㄴ, ㄷ   ② ㄱ, ㄷ, ㅁ
③ ㄴ, ㄷ, ㄹ   ④ ㄴ, ㄹ, ㅁ
⑤ ㄱ, ㄷ, ㄹ, ㅁ

문 2. 행정법상 실효성 확보수단에 대한 설명으로 옳지 <u>않은</u> 것은? (다툼이 있는 경우 판례에 의함)

① 대집행계고처분 취소소송의 변론종결 전에 사실행위로서 대집행의 실행이 완료된 경우에는 손해배상이나 원상회복 등을 청구하는 것은 별론으로 하고 대집행계고처분의 취소를 구할 법률상 이익은 없다.

② 과세관청이 체납처분으로서 행하는 공매는 우월한 공권력의 행사로서 행정소송의 대상이 되는 공법상의 행정처분이며 공매에 의하여 재산을 매수한 자는 그 공매처분이 취소된 경우에 그 취소처분의 취소를 구할 법률상 이익이 있다.

③ 행정청이 위법 건축물에 대한 시정명령을 하고 나서 위반자가 이를 이행하지 아니하여 전기·전화의 공급자에게 그 위법 건축물에 대한 전기·전화공급을 하지 말아줄 것을 요청한 행위는 권고적 성격의 행위에 불과한 것으로서 전기·전화공급자나 특정인의 법률상 지위에 직접적인 변동을 가져오는 것은 아니므로 이를 항고소송의 대상이 되는 행정처분이라고 볼 수 없다.

④ 체납자 등에 대한 공매통지는 국가의 강제력에 의하여 진행되는 공매에서 체납자 등의 권리 내지 재산상의 이익을 보호하기 위하여 법률로 규정한 절차적 요건이라고 보아야 하며, 공매처분을 하면서 체납자 등에게 공매통지를 하지 않았거나 공매통지를 하였더라도 그것이 적법하지 아니한 경우에는 절차상의 흠이 있어 그 공매처분이 위법하게 되는 것이므로 위법한 공매통지에 대해서는 처분성이 인정된다.

⑤ 전통적으로 행정대집행은 대체적 작위의무에 대한 강제집행 수단으로, 이행강제금은 부작위의무나 비대체적 작위의무에 대한 강제집행 수단으로 이해되어 왔으나, 이는 이행강제금제도의 본질에서 오는 제약은 아니며, 이행강제금은 대체적 작위의무의 위반에 대하여도 부과될 수 있다.

문 3. 국·공유재산에 대한 설명으로 옳지 <u>않은</u> 것은? (다툼이 있
★ 는 경우 판례에 의함)

① 「국유재산법」상의 행정재산이란 공용재산, 공공용재산,
기업용재산 또는 보존용재산을 말한다.

② 일반재산의 사용 및 이용에 지장이 없고 재산의 활용가
치를 높일 수 있는 경우로서 중앙관서의 장이 필요하다
고 인정하는 경우 중앙관서의 장은 일반재산을 보존용재
산으로 전환하여 관리할 수 있다.

③ 사용·수익 허가 없이 행정재산을 유형적·고정적으로
특정한 목적을 위하여 사용·수익하거나 점유하는 것은
「공유재산 및 물품 관리법」에서 정한 변상금 부과대상인
'무단점유'에 해당하는데, 반드시 그 사용이 독점적·배
타적일 필요는 없으며, 점유 부분이 동시에 일반 공중의
이용에 제공되고 있다고 하여 점유가 아니라고 할 수는
없다.

④ 공용폐지의 의사표시는 묵시적인 방법으로도 가능하나
행정재산이 본래의 용도에 제공되지 않는 상태에 있다는
사정만으로는 묵시적인 공용폐지의 의사표시가 있다고
볼 수 없다.

⑤ 중앙관서의 장은 행정재산이 행정목적으로 사용되지 아니
하게 된 경우에는 지체 없이 그 용도를 폐지하여야 한다.

문 4. 영조물의 설치·관리의 하자로 인한 손해배상에 대한 설명
으로 옳지 <u>않은</u> 것은? (다툼이 있는 경우 판례에 의함)

① 소음 등을 포함한 공해 등의 위험지역으로 이주하여 들
어가 거주하는 경우와 같이 위험의 존재를 과실로 인식
하지 못하고 이주한 경우, 이를 손해배상액의 산정에 있
어 형평의 원칙상 과실상계에 준하여 감경 또는 면제사
유로 고려하여야 한다.

② 국가의 철도운행사업은 사경제적 작용이라 할지라도 공
공의 영조물인 철도시설물의 설치 또는 관리의 하자로
인한 불법행위를 원인으로 하여 국가에 대하여 손해배상
청구를 하는 경우에는 「국가배상법」이 적용된다.

③ 차량이 통행하는 도로에서 유입되는 소음 때문에 인근 주
택의 거주자에게 사회통념상 일반적으로 수인할 정도를
넘어서는 침해가 있는지 여부는 「주택법」 등에서 제시하는
주택건설기준보다는 「환경정책기본법」 등에서 설정하고
있는 환경기준을 우선적으로 고려하여 판단하여야 한다.

④ 영조물의 설치·관리를 맡은 자와 영조물의 설치·관리
비용을 부담하는 자가 동일하지 아니한 경우에 피해자는
영조물의 설치·관리자 또는 설치·관리의 비용부담자에
게 선택적으로 손해배상을 청구할 수 있다.

⑤ 하자의 의미에 관한 학설 중 객관설에 의할 때, 영조물
에 결함이 있지만 그 결함이 객관적으로 보아 영조물의
설치·관리자의 관리행위가 미칠 수 없는 상황 아래에
있는 경우에는 영조물의 설치·관리상의 하자를 인정할
수 없다.

문 5. 「국토의 계획 및 이용에 관한 법률」에 대한 설명으로 옳은
★ 것만을 〈보기〉에서 모두 고르면? (다툼이 있는 경우 판례
에 의함)

〈보기〉

ㄱ. 도시계획시설결정의 대상면적이 도시기본계획에서
예정했던 것보다 증가하였다 하여 그 도시계획시설결
정이 위법한 것은 아니다.

ㄴ. 지구단위계획구역의 지정 및 변경과 지구단위계획의
수립 및 변경에 관한 사항에 대해서는 주민이 입안을
제안할 수 있으므로, 이 경우에 도시계획구역 내 토지
등을 소유하고 있는 주민은 입안권자에게 입안을 요
구할 수 있는 법규상 또는 조리상의 신청권이 있다.

ㄷ. 지구단위계획을 수립하면서 그 권장용도를 판매·위
락·숙박시설로 결정하여 고시한 행위를 당해 지구 내
에서는 공익과 무관하게 언제든지 숙박시설에 대한
건축허가를 받을 수 있을 것이라는 공적 견해를 표명
한 것이라고 평가할 수는 없다.

ㄹ. 행정주체가 행정계획을 입안·결정하는 데에는 비록
광범위한 계획재량을 갖고 있지만 비례의 원칙에 어
긋나게 된 경우에는 재량권을 일탈·남용한 위법한 처
분이 된다.

ㅁ. 도시·군계획시설 부지소유자의 매수청구에 대한 관
할 행정청의 매수 거부결정은 항고소송의 대상인 처
분에 해당한다.

① ㄱ, ㄷ, ㅁ
② ㄴ, ㄹ, ㅁ
③ ㄱ, ㄴ, ㄷ, ㄹ
④ ㄴ, ㄷ, ㄹ, ㅁ
⑤ ㄱ, ㄴ, ㄷ, ㄹ, ㅁ

문 6. 행정절차에 대한 설명으로 옳지 <u>않은</u> 것은? (다툼이 있는 경우 판례에 의함)

① 행정청은 국민에게 영향을 미치는 주요 정책 등에 대하여 국민의 다양하고 창의적인 의견을 널리 수렴하기 위하여 정보통신망을 이용하여 국민의 의견을 수렴하거나 정책토론을 실시할 수 있다.

② 행정청은 효율적인 전자적(온라인) 정책토론을 위하여 과제별로 한시적인 토론 패널을 구성하여 해당 토론에 참여시킬 수 있다.

③ 행정청이 청문절차를 이행하면서 청문서 도달기간을 다소 어겼다면 상대방이 이의하지 아니한 채 스스로 청문일에 출석하여 그 의견을 진술하고 변명하는 등 방어의 기회를 충분히 가졌더라도 청문서 도달기간을 준수하지 아니한 하자는 치유된다고 볼 수 없다.

④ 행정청은 공청회를 마친 후 처분을 할 때까지 새로운 사정이 발견되어 공청회를 다시 개최할 필요가 있다고 인정할 때에는 공청회를 다시 개최할 수 있다.

⑤ 행정절차의 하자를 이유로 한 취소판결이 확정된 경우, 판결의 취지에 따라 절차를 보완한 후 종전의 처분과 동일한 내용의 처분을 다시 하더라도 기속력에 위반되지 아니한다.

문 7. 공무원의 법률관계에 대한 설명으로 옳은 것은? (다툼이 있는 경우 판례에 의함) ★

① 국회 소속 공무원의 인사 사무에 대한 감사는 국회의장의 명을 받아 국회사무총장이 실시한다.

② 임용결격자라고 하더라도 공무원으로 임용되어 사실상 근무하여 왔다고 한다면 그 재직기간 동안에 해당하는 「공무원연금법」상의 퇴직급여를 청구할 수 있다.

③ 전문지식·기술이 요구되거나 임용관리에 특수성이 요구되는 업무를 담당하게 하기 위하여 일정기간을 정하여 근무하는 계약직 공무원을 임용할 수 있다.

④ 국가공무원으로 임용되기 전의 행위는 원칙적으로 재직 중의 징계사유로 삼을 수 없다 할 것이므로, 임용 전의 행위로 인하여 임용 후 공무원의 체면 또는 위신을 손상하게 된 경우라 하더라도 「국가공무원법」상의 징계사유로 삼을 수 없다.

⑤ 감사보고서의 내용이 직무상 비밀에 속하지 않는다면, 그 보고서의 내용이 그대로 신문에 게재되게 한 공무원의 행위가 감사자료의 취급에 관한 내부수칙을 위반하였더라도 「국가공무원법」상 징계사유에 해당하는 것으로 볼 수 없다.

문 8. 항고소송에 대한 설명으로 옳은 것만을 〈보기〉에서 모두 고르면? (다툼이 있는 경우 판례에 의함)

〈보기〉

ㄱ. 한정면허를 받은 시외버스운송사업자는 일반면허를 받은 시외버스운송사업자에 대한 사업계획변경 인가처분으로 수익감소가 예상되는 경우라 하더라도, 일반면허 시외버스운송사업자에 대한 사업계획변경 인가처분의 취소를 구할 법률상의 이익이 인정되지 않는다.

ㄴ. 지방법무사회가 법무사의 사무원 채용승인 신청을 거부하거나 채용승인을 얻어 채용 중인 사람에 대한 채용승인을 취소하는 것은 처분에 해당하고, 이러한 처분에 대해서는 처분 상대방인 법무사뿐 아니라 그 때문에 사무원이 될 수 없게 된 사람도 이를 다툴 원고적격이 인정된다.

ㄷ. 조달청이 계약상대자에 대하여 나라장터 종합쇼핑몰에서의 거래를 일정기간 정지하는 조치는, 비록 물품구매계약의 추가특수조건이라는 사법상 계약에 근거한 것이라고 하더라도 행정청인 조달청이 행하는 구체적 사실에 관한 법집행으로서의 공권력의 행사로서 그 상대방 회사의 권리·의무에 직접 영향을 미치므로 항고소송의 대상이 되는 행정처분에 해당한다.

ㄹ. 납세고지서에 공동상속인들이 납부할 총세액 등과 공동상속인들 각자가 납부할 상속세액 등을 기재한 연대납세의무자별 고지세액 명세서를 첨부하여 공동상속인들 각자에게 고지하였다면, 연대납부의무의 징수처분을 받은 공동상속인들 중 1인은 다른 공동상속인들에 대한 과세처분 자체에 취소사유가 있다는 이유만으로는 그 징수처분의 취소를 구할 수 없다.

ㅁ. 외국인이라고 하더라도 대한민국과의 실질적 관련성 내지 법적으로 보호가치가 있는 이해관계를 형성한 경우에는 사증발급 거부처분의 취소를 구할 원고적격이 인정된다.

① ㄱ, ㄴ   ② ㄷ, ㄹ

③ ㄱ, ㄹ, ㅁ   ④ ㄴ, ㄷ, ㅁ

⑤ ㄴ, ㄷ, ㄹ, ㅁ

문 9. 행정법의 일반원칙에 대한 설명으로 옳지 <u>않은</u> 것은? (다툼이 있는 경우 판례에 의함)

① 계속 중인 사실이나 그 이후에 발생한 요건사실에 대한 법률적용을 인정하는 부진정소급입법의 경우 개인의 신뢰보호와 법적 안정성을 내용으로 하는 법치국가 원리에 의하여 허용되지 않는 것이 원칙이다.

② 재건축조합에서 일단 내부 규범이 정립되면 조합원들은 특별한 사정이 없는 한 그것이 존속하리라는 신뢰를 가지게 되므로, 내부 규범을 변경할 경우 내부 규범 변경을 통해 달성하려는 이익이 종전 내부 규범의 존속을 신뢰한 조합원들의 이익보다 우월해야 한다.

③ 신뢰보호의 원칙은 행정청이 공적인 견해를 표명할 당시의 사정이 그대로 유지됨을 전제로 적용되는 것이 원칙이므로, 사후에 그와 같은 사정이 변경된 경우에는 특별한 사정이 없는 한 행정청이 그 견해표명에 반하는 처분을 하더라도 신뢰보호의 원칙에 위반된다고 할 수 없다.

④ 근로복지공단의 요양불승인처분의 적법 여부는 사실상 근로자의 휴업급여청구권 발생의 전제가 된다고 볼 수 있는 점 등에 비추어, 근로자가 요양불승인에 대한 취소소송의 판결확정 시까지 근로복지공단에 휴업급여를 청구하지 않았던 것에 대한 근로복지공단의 소멸시효 항변은 신의성실의 원칙에 반하여 허용될 수 없다.

⑤ 관할관청이 위법한 직업능력 개발훈련과정 인정제한처분을 하여 사업주로 하여금 제때 훈련과정 인정신청을 할 수 없도록 하였음에도, 인정제한처분에 대한 취소판결 확정 후 사업주가 인정제한기간 내에 실제로 실시하였던 훈련에 관하여 비용지원신청을 한 경우에, 사전에 훈련과정 인정을 받지 않았다는 이유만을 들어 훈련비용 지원을 거부하는 것은 신의성실의 원칙에 반하여 허용될 수 없다.

문 10. A 행정청은 甲에게 처분을 하면서 법령에 근거 없이 일정 토지를 기부채납하도록 하는 부담을 붙였다. 이에 대한 설명으로 옳지 <u>않은</u> 것은? (다툼이 있는 경우 판례에 의함)

① A 행정청이 처분 이전에 甲과 협의하여 기부채납에 관한 내용을 협약의 형식으로 미리 정한 다음에 부담을 붙이는 것도 허용된다.

② 처분이 기속행위임에도 甲이 부담의 이행으로 기부채납을 하였다면, 그 기부채납 행위는 당연무효인 행위가 된다.

③ 사정변경으로 인하여 당초에 부담을 부가한 목적을 달성할 수 없게 된 경우에는 A 행정청은 甲의 동의가 없더라도 그 목적달성에 필요한 범위 내에서 부담을 변경할 수 있다.

④ 甲은 기부채납을 하도록 하는 부담에 대해서만 취소소송을 제기하여 다툴 수 있다.

⑤ 처분이 기속행위라면 甲은 기부채납 부담을 이행할 의무가 없다.

문 11. 「공공기관의 정보공개에 관한 법률」(이하 정보공개법)상 정보공개제도에 대한 설명으로 옳은 것은? (다툼이 있는 경우 판례에 의함)

① 사립대학교는 정보공개 의무기관인 공공기관에 해당하지 않는다.

② 정보공개제도는 공공기관이 보유·관리하는 정보를 그 상태대로 공개하는 제도이므로, 전자적 형태로 보유·관리하는 정보를 검색·편집하여야 하는 경우는 새로운 정보의 생산으로서 정보공개의 대상이 아니다.

③ 예산집행의 내용과 사업평가 결과 등 행정감시를 위하여 필요한 정보 등 공개를 목적으로 작성되고 이미 정보통신망 등을 통하여 공개된 정보는 해당 정보의 소재 안내의 방법으로 공개한다.

④ 「형사소송법」이 형사재판확정기록의 공개 여부나 공개범위, 불복절차 등에 대하여 규정하고 있는 것은 정보공개법 제4조 제1항에서 정한 '정보의 공개에 관하여 다른 법률에 특별한 규정이 있는 경우'에 해당한다고 볼 수 없으므로 형사재판확정기록의 공개에 관하여는 정보공개법에 의한 공개청구가 허용된다.

⑤ 법원 이외의 공공기관이 정보공개법 제9조 제1항 제4호에서 정한 '진행 중인 재판에 관련된 정보'에 해당한다는 사유로 정보공개를 거부하기 위하여는 원칙적으로 그 정보가 진행 중인 재판의 소송기록 자체에 포함된 내용이어야 한다.

문 12. 「지방자치법」에 대한 설명으로 옳은 것만을 〈보기〉에서 모
★ 두 고르면? (다툼이 있는 경우 판례에 의함)

〈보기〉

ㄱ. 지방자치단체는 법인격을 가지므로 권리·의무의 주
체가 되지만 원칙적으로 기본권의 주체가 될 수 없다.

ㄴ. 국가하천에 관한 사무는 다른 법령에 특별한 정함이
없는 한 국가사무로 보아야 하고, 지방자치단체가 비
용 일부를 부담한다고 해서 국가사무의 성격이 자치
사무로 바뀌는 것은 아니다.

ㄷ. 지방자치단체가 자치조례를 제정할 수 있는 사항은
지방자치단체의 고유사무인 자치사무에 한하는 것이
고, 개별법령에 의하여 지방자치단체에 위임된 단체
위임사무나 국가사무가 지방자치단체의 장에게 위임
된 기관위임사무는 원칙적으로 자치조례의 제정범위
에 속하지 않는다.

ㄹ. 시·군·구의 장의 자치사무의 일종인 당해 지방자치
단체 소속공무원에 대한 승진처분이 재량권을 일탈·
남용하여 위법하게된 경우 시·도지사는 그에 대한 시
정명령이나 취소 또는 정지를 할 수 있다.

ㅁ. 주민소송의 대상은 주민감사를 청구한 사항과 동일하
여야 한다.

① ㄱ, ㄴ, ㄷ
② ㄱ, ㄴ, ㄹ
③ ㄱ, ㄷ, ㅁ
④ ㄷ, ㄹ, ㅁ
⑤ ㄱ, ㄴ, ㄷ, ㄹ

문 13. 행정심판과 행정소송에 대한 설명으로 옳지 않은 것은? (다툼
이 있는 경우 판례에 의함)

① 「행정심판법」에서는 당사자심판에 관한 규정은 두지 않
고 있으며, 개별법에서 행정상 법률관계의 형성 또는 존
부에 관하여 다툼이 있는 경우에 대해서 재정 등 분쟁해
결절차를 두는 경우가 있다.

② 「행정심판법」에서는 의무이행심판제도를 두고 있지만,
「행정소송법」에서는 의무이행소송제도를 두고 있지 않다.

③ 「행정소송법」에서는 행정소송 제기기간을 법령보다 긴
기간으로 잘못 알린 경우에 대해 이를 구제할 수 있는
규정을 두고 있지 않으나 「행정심판법」의 준용을 통해
구제가 가능하다.

④ 「행정심판법」에서는 거부처분에 대한 이행명령재결에 따
르지 않을 경우 직접 처분에 관한 규정을 두고 있으나,
「행정소송법」에서는 이에 관한 규정을 두지 않고 있다.

⑤ 「행정심판법」에서는 거부처분에 대한 취소심판에서 인용
재결이 내려진 경우 재결의 취지에 따라 다시 이전의 신
청에 대한 처분을 해야 할 재처분의무에 관한 규정을 두
고 있다.

문 14. 행정권한의 위임과 대리에 대한 설명으로 옳지 않은 것은?
★ (다툼이 있는 경우 판례에 의함)

① 행정권한의 위임은 개별법률에 근거가 있는 경우뿐만 아
니라 「정부조직법」 등 일반법적 근거가 있는 경우에도
허용된다.

② 수임사무의 처리에 관하여 위임기관은 수임기관에 대하
여 사전승인을 받거나 협의를 할 것을 요구할 수 있다.

③ 행정권한을 내부위임받은 행정청은 위임행정청의 이름
으로 권한을 행사하여야 하며 자신의 이름으로 한 처분
은 위법한 것이 된다.

④ 행정권한을 내부위임받은 하급 행정청이 자신의 명의로
처분을 한 경우, 그에 대한 항고소송의 피고는 수임기관
인 하급 행정청이 된다.

⑤ 행정권한을 대리하는 대리기관이 대리관계를 표시하고
피대리행정청을 대리하여 처분을 한 경우, 그에 대한 항
고소송의 피고는 피대리행정청이 된다.

문 15. 항고소송의 판결에 대한 설명으로 옳은 것은? (다툼이 있는
경우 판례에 의함)

① 취소소송에서 법원은 사실심 변론종결 당시에 존재하는
사실 및 법률상태를 기준으로 처분의 위법 여부를 판단
하여야 한다.

② 「행정소송법」 제4조 제1호에서 취소소송을 행정청의 위
법한 처분 등을 취소 또는 변경하는 소송으로 정의하고
있는데, 여기에서 '변경'은 소극적 변경뿐만 아니라 적극
적 변경까지 포함하는 의미로 본다.

③ 처분의 취소소송에서 청구를 기각하는 확정판결의 기판
력은 다시 그 처분에 대해 무효확인을 구하는 소송에 대
해서는 미치지 않는다.

④ 소청심사결정의 취소를 구하는 소송에서 소청심사단계
에서 이미 주장된 사유만을 행정소송에서 판단대상으로
삼을 것은 아니고 소청심사결정 후에 생긴 사유가 아닌
이상 소청심사단계에서 주장하지 않은 사유도 행정소송
에서 주장하는 것이 가능하다.

⑤ 거부처분의 무효확인판결에 따른 재처분의무를 이행하
지 않는 경우에는 법원은 간접강제결정을 할 수 있다.

문 16. 항고소송의 처분 등에 대한 설명으로 옳지 <u>않은</u> 것은? (다툼이 있는 경우 판례에 의함)

① 어떠한 처분에 법령상 근거가 있는지, 「행정절차법」에서 정한 처분절차를 준수하였는지는 본안에서 당해 처분이 적법한가를 판단하는 단계에서 고려할 요소이지, 소송요건 심사단계에서 고려할 요소가 아니다.

② 방위사업법령 및 '국방전력발전업무훈령'에 따른 연구개발확인서발급은 사업관리기관이 개발업체에게 해당 품목의 양산과 관련하여 수의계약의 방식으로 국방조달계약을 체결할 수 있는 지위가 있음을 인정해 주는 확인적 행정행위로서 처분에 해당한다.

③ 근로복지공단이 사업주에 대하여 하는 개별 사업장의 사업종류변경결정은 사업종류 결정의 주체, 내용과 결정기준을 고려할 때 확인적 행정행위로서 처분에 해당한다.

④ 甲 시장이 감사원으로부터 「감사원법」에 따라 乙에 대하여 징계의 종류를 정직으로 정한 징계요구를 받게 되자 감사원에 징계요구에 대한 재심의를 청구하였는데 감사원이 재심의청구를 기각한 사안에서, 감사원의 징계요구와 재심의청구 기각결정은 항고소송의 대상이 되는 행정처분이다.

⑤ 「교육공무원법」상 승진후보자 명부에 의한 승진심사 방식으로 행해지는 승진임용에서 승진후보자 명부에 포함되어 있던 후보자를 승진임용인사발령에서 제외하는 행위는 불이익처분으로서 항고소송의 대상인 처분에 해당한다.

문 17. 「개인정보 보호법」에 대한 설명으로 옳지 <u>않은</u> 것은? (다툼이 있는 경우 판례에 의함)

① 개인정보처리자가 주민등록번호를 처리하기 위해서는 정보주체에게 다른 개인정보의 처리에 대한 동의와 별도로 동의를 받아야 한다.

② 가명처리란 개인정보의 일부를 삭제하거나 일부 또는 전부를 대체하는 등의 방법으로 추가 정보가 없이는 특정 개인을 알아볼 수 없도록 처리하는 것을 말한다.

③ 개인정보처리자는 당초 수집 목적과 합리적으로 관련된 범위에서 정보주체에게 불이익이 발생하는지 여부, 암호화 등 안전성 확보에 필요한 조치를 하였는지 여부 등을 고려하여 대통령령으로 정하는 바에 따라 정보주체의 동의 없이 개인정보를 제공할 수 있다.

④ 개인정보처리자는 개인정보처리자의 정당한 이익을 달성하기 위하여 필요한 경우로서 명백하게 정보주체의 권리보다 우선하는 경우에는 개인정보처리자의 정당한 이익과 상당한 관련이 있고 합리적인 범위를 초과하지 않는다면 정보주체의 동의가 없더라도 개인정보를 수집할 수 있다.

⑤ 살아 있는 개인에 관한 정보로서 해당 정보만으로는 특정 개인을 알아볼 수 없더라도 다른 정보와 쉽게 결합하여 알아볼 수 있는 정보는 개인정보에 해당한다.

문 18. 행정작용의 성질에 대한 설명으로 옳은 것은? (다툼이 있는 경우 판례에 의함)

① 지방자치단체의 장이 「공유재산 및 물품 관리법」에 근거하여 기부채납 및 사용·수익 허가 방식으로 민간투자사업을 추진하는 과정에서 이미 선정된 우선협상대상자를 그 지위에서 배제하는 행위는 항고소송의 대상이 되는 행정처분에 해당한다.

② 지방자치단체가 일반재산인 부동산을 무상으로 기부자에게 사용을 허용하는 행위는 사경제주체로서 상대방과 대등한 입장에서 하는 사법상 행위이지만 기부자가 그 부동산을 일정기간 무상사용한 후에 한 사용허가기간 연장신청을 지방자치단체가 거부한 경우, 당해 거부행위는 단순한 사법상의 행위가 아니라 행정처분에 해당한다.

③ 전문직 공무원인 공중보건의사의 채용계약 해지의 경우 관할 도지사의 일방적인 의사표시에 의하여 그 신분을 박탈하는 불이익처분이므로 당해 채용계약은 공법상 계약이 아니라 항고소송의 대상이 되는 처분의 성질을 가진다.

④ 「과학기술기본법」 및 하위 법령상 사업 협약의 해지통보는 단순히 대등 당사자의 지위에서 형성된 공법상 계약을 계약당사자의 지위에서 종료시키는 의사표시에 불과하다.

⑤ 계약직 공무원 채용계약해지의 의사표시는 일정한 사유가 있을 때에 국가 또는 지방자치단체가 채용계약 관계의 한쪽 당사자로서 대등한 지위에서 행하는 의사표시로 볼 수 없으므로, 「행정절차법」에 의하여 근거와 이유를 제시하여야 한다.

문 19. 행정입법에 대한 설명으로 옳지 않은 것은? (다툼이 있는 경우 판례에 의함)

① 법령의 위임이 없음에도 법령에 규정된 처분 요건에 해당하는 사항을 부령에서 변경하여 규정한 경우에는 그 부령의 규정은 행정청 내부의 사무처리 기준 등을 정한 것으로서 행정조직 내에서 적용되는 행정명령의 성격을 지닐 뿐 국민에 대한 대외적 구속력은 없다.

② 중앙행정기관의 장은 법률에서 위임한 사항이나 법률을 집행하기 위하여 필요한 사항을 규정한 훈령이나 예규가 폐지되었을 때에는 10일 이내에 이를 국회 소관 상임위원회에 제출하여야 한다.

③ 고시가 위법하게 제정된 경우라도 고시의 제정행위는 일반·추상적인 규범의 정립행위이므로 국가배상책임의 대상이 되는 직무행위에 해당한다고 볼 수 없다.

④ 시행령의 규정을 위헌 또는 위법하여 무효라고 선언한 대법원의 판결이 선고되지 아니한 상태에서는, 그 시행령 규정의 위헌 내지 위법 여부가 해석상 다툼의 여지가 없을 정도로 명백하였다고 인정되지 아니하는 이상 그 시행령에 근거한 행정처분의 하자는 취소사유에 해당할 뿐 무효사유가 되지 아니한다.

⑤ 행정입법부작위가 위헌 또는 위법이라고 하기 위해서는 행정청에게 행정입법을 하여야 할 작위의무를 전제로 하는 것이므로, 만일 하위 행정입법의 제정 없이 상위 법령의 규정만으로도 집행이 이루어질 수 있는 경우라면 행정청에게 하위 행정입법을 제정하여야 할 작위의무가 인정되지 않는다.

문 20.「국가배상법」에 대한 설명으로 옳은 것만을 〈보기〉에서 모두 고르면? (다툼이 있는 경우 판례에 의함)

〈보기〉

ㄱ. 경과실이 있는 공무원이 피해자에 대하여 손해배상책임을 부담하지 아니함에도 피해자에게 손해를 배상하였다면 이는 법률상 원인이 없는 것으로 피해자는 공무원에 대하여 이를 반환할 의무가 있다.

ㄴ. 공무원이 직무수행 중 불법행위로 타인에게 손해를 입힌 경우에 국가 등이 국가배상책임을 부담하는 것 외에 공무원 개인도 고의 또는 중과실이 있는 경우에는 불법행위로 인한 손해배상책임을 진다.

ㄷ. 본래 시·도지사나 시장·군수 또는 구청장의 업무에 속하는 대집행권한이 LH공사에게 위탁된 경우에 LH공사는 지방자치단체 등의 기관으로서 「국가배상법」 제2조 소정의 공무원에 해당한다.

ㄹ. 입법자가 법률로써 특정한 사항을 시행령으로 정하도록 위임했음에도 불구하고 행정부가 정당한 이유 없이 이를 이행하지 않는다면 권력분립의 원칙과 법치국가 내지 법치행정의 원칙에 위배되는 것으로서 위헌성이 인정되나 이는 헌법소원을 통한 구제의 대상이 될 뿐이고 국가배상의 대상이 되는 것은 아니다.

① ㄱ
② ㄴ
③ ㄱ, ㄷ
④ ㄴ, ㄹ
⑤ ㄴ, ㄷ, ㄹ

문 21.「행정조사기본법」에 대한 설명으로 옳지 않은 것은? (다툼이 있는 경우 판례에 의함)

① 행정기관은 조사목적에 적합하도록 조사대상자를 선정하여 행정조사를 실시하는 것을 원칙으로 하나 필요한 경우 제3자에 대하여도 조사할 수 있다.

② 행정기관은 법령 등에서 행정조사를 규정하고 있는 경우가 아니라도 조사대상자의 자발적인 협조를 얻어 행정조사를 실시할 수 있다.

③ 행정기관은 조사대상자의 자발적인 협조를 얻어 실시하는 행정조사인 경우 「행정조사기본법」 제17조 제1항 본문에 따른 사전통지를 하지 않을 수 있다.

④ 당해 행정기관 내의 2 이상의 부서가 동일하거나 유사한 업무분야에 대하여 동일한 조사대상자에게 행정조사를 실시하는 경우에는 공동조사를 할 수 있다.

⑤ 행정기관의 장은 법령 등에 특별한 규정이 있는 경우를 제외하고는 행정조사의 결과를 확정한 날부터 7일 이내에 그 결과를 조사대상자에게 통지하여야 한다.

문 22. 기속행위와 재량행위에 대한 설명으로 옳은 것만을 〈보기〉에서 모두 고르면? (다툼이 있는 경우 판례에 의함)

〈보기〉

ㄱ.「주택법」상 주택건설사업계획의 승인은 재량행위에 해당하므로, 처분권자는 주택건설사업계획이 법령이 정하는 제한사유에 배치되지 않는 경우에도 공익상 필요가 있으면 사업계획승인신청에 대하여 불허가 결정을 할 수 있다.

ㄴ.「부동산 실권리자명의 등기에 관한 법률 시행령」 제3조의2 단서는 조세를 포탈하거나 법령에 의한 제한을 회피할 목적이 아닌 경우에 과징금의 100분의 50을 감경할 수 있다고 규정하고 있으므로 감경사유가 존재하더라도 과징금을 감경할 것인지 여부는 과징금 부과관청의 재량에 속한다.

ㄷ. 재량행위이더라도 수익적 행위에 부관을 붙이기 위해서는 특별한 법적 근거가 있어야 한다.

ㄹ.「의료법」상 신의료기술의 안전성·유효성 평가나 신의료기술의 시술로 국민보건에 중대한 위해가 발생하거나 발생할 우려가 있는지 여부에 대한 판단과, 그 경우 행정청이 어떠한 종류와 내용의 지도나 명령을 할 것인지의 판단에 관해서는 행정청에 재량권이 부여되어 있다.

ㅁ. 재량행위에 대한 사법심사에 있어서 법원은 사실인정과 관련법규의 해석·적용을 통하여 일정한 결론을 도출한 후 그 결론에 비추어 행정청이 한 판단의 적법 여부를 독자의 입장에서 정하는 방식에 의한다.

① ㄱ, ㄴ
② ㄴ, ㄷ
③ ㄱ, ㄴ, ㄹ
④ ㄱ, ㄹ, ㅁ
⑤ ㄷ, ㄹ, ㅁ

문 23. 행정심판위원회에 대한 설명으로 옳은 것은? (다툼이 있는 경우 판례에 의함)

① 국회사무총장의 처분에 대한 행정심판의 청구에 대해서는 국민권익위원회에 두는 중앙행정심판위원회에서 심리·재결한다.

② 행정심판위원회의 임시처분 결정은 당사자의 신청이 있어야 하며 직권으로 할 수는 없다.

③ 중앙행정심판위원회의 위원장은 그 행정심판위원회가 소속된 행정청이 되며, 위원장이 부득이한 사유로 직무를 수행할 수 없거나 위원장이 필요하다고 인정하는 경우에는 위원장이 사전에 지명한 위원이 있는 경우 그 위원이 위원장의 직무를 대행한다.

④ 행정심판위원회는 당사자의 권리 및 권한의 범위에서 직권으로 심판청구의 신속하고 공정한 해결을 위하여 조정을 할 수 있지만, 그 조정이 공공복리에 적합하지 아니하거나 해당 처분의 성질에 반하는 경우에는 그러하지 아니하다.

⑤ 중앙행정심판위원회는 심판청구를 심리·재결할 때에 처분 또는 부작위의 근거가 되는 명령 등이 상위 법령에 위반되면 관계 행정기관에 그 명령 등의 개정·폐지 등 적절한 시정조치를 요청할 수 있고, 그 사실을 법제처장에게 통보하여야 한다.

문 24. 甲은 중대명백한 하자가 있어 무효인 A 처분에 대해 소송을 제기하려고 한다. 이에 대한 설명으로 옳은 것은? (다툼이 있는 경우 판례에 의함)

① 甲은 A 처분에 대한 무효확인소송과 취소소송을 선택적 청구로서 병합하여 제기할 수 있다.

② 甲이 A 처분에 대해 취소소송을 제기하는 경우 제소기간의 제한을 받지 않는다.

③ 甲이 취소소송을 제기하였더라도 A 처분에 중대명백한 하자가 있다면 법원은 무효확인판결을 하여야 한다.

④ 甲이 A 처분에 대해 무효확인소송을 제기하려면 확인소송의 일반적 요건인 즉시확정의 이익이 있어야 한다.

⑤ 甲이 A 처분에 대해 무효확인소송을 제기하였다가 그 후 그 처분에 대한 취소소송을 추가적으로 병합한 경우, 주된 청구인 무효확인소송이 적법한 제소기간 내에 제기되었다면 추가로 병합된 취소소송도 제소기간을 준수한 것으로 보아야 한다.

문 25. 「공익사업을 위한 토지 등의 취득 및 보상에 관한 법률」(이하 토지보상법)상 손실보상에 대한 설명으로 옳지 <u>않은</u> 것은? (다툼이 있는 경우 판례에 의함)

① 토지보상법상 재결에 대하여 불복절차를 취하지 아니함으로써 그 재결에 대하여 더 이상 다툴 수 없게 된 경우에는, 기업자는 그 재결이 당연무효이거나 취소되지 않는 한 이미 보상금을 지급받은 자에 대하여 민사소송으로 그 보상금을 부당이득이라 하여 반환을 구할 수 없다.

② 이주대책대상자 선정에서 배제되어 수분양권을 취득하지 못한 이주자가 사업시행자를 상대로 공법상 당사자소송으로 이주대책상의 수분양권의 확인을 구하는 것은 허용될 수 없다.

③ 하나의 재결에서 피보상자별로 여러 가지의 토지, 물건, 권리 또는 영업의 손실에 관하여 심리·판단이 이루어졌을 때, 피보상자 또는 사업시행자가 반드시 재결 전부에 관하여 불복하여야 하는 것은 아니다.

④ 사업시행자가 이주대책에 관한 구체적인 계획을 수립하여 이를 해당자에게 통지 내지 공고하게 되면 이주대책대상자에게 구체적인 수분양권이 발생하게 된다.

⑤ 토지보상법에 의한 보상을 하면서 손실보상금에 관한 당사자 간의 합의가 성립하면 그 합의 내용이 토지보상법에서 정하는 손실보상 기준에 맞지 않는다고 하더라도 합의가 적법하게 취소되는 등의 특별한 사정이 없는 한 추가로 토지보상법상 기준에 따른 손실보상금 청구를 할 수는 없다.

해설편 ▶ P.193

2020

6월 6일 시행
국회직 8급

| 풀이 시간: _____:_____ ~ _____:_____ / 점수: _____ 점
| ★이 표시된 문제는 행정법 각론(7급)에 해당하는 문제입니다.

1초 합격예측! 모바일 성적분석표

QR 코드로 접속하여 문제 풀이시간을 측정하고,
〈1초 합격예측 & 모바일 성적분석표〉 서비스를 통해
지금 바로! 실력을 점검해 보세요.
http://eduwill.kr/kH46

문 1. 강학상 인가에 대한 설명으로 옳지 않은 것은? (다툼이 있는 경우 판례에 의함)

① 주택재개발조합설립인가는 기본행위에 대한 보충행위에 불과하므로 조합총회결의의 하자를 이유로 인가 취소를 구하는 항고소송을 제기하는 것은 부적법하다.

② 주택재개발조합설립인가에 따라 해당 재개발조합은 공법인으로서 지위를 갖게 된다.

③ 사회복지법인의 정관변경을 허가할 것인지의 여부는 주무관청의 정책적 판단에 따른 재량에 맡겨져 있다고 할 것이고, 주무관청이 정관변경허가를 함에 있어서는 비례의 원칙 및 평등의 원칙에 적합하고 행정처분의 본질적 효력을 해하지 않는 한도 내에서 부관을 붙일 수 있다.

④ 주택재개발정비사업을 위한 관리처분계획이 조합원 총회에서 승인되었으나 아직 관할 행정청의 인가 전이라면 조합원은 해당 총회결의에 대해서 당사자소송으로 다툴 수 있다.

⑤ 「도시 및 주거환경정비법」상 당초 관리처분계획의 경미한 사항을 변경하는 경우와 달리 관리처분계획의 주요 부분을 실질적으로 변경하는 내용으로 새로운 관리처분계획을 수립하여 관할 행정청의 인가를 받은 경우, 당초 관리처분계획은 원칙적으로 그 효력을 상실한다.

문 2. 행정절차에 대한 설명으로 옳지 않은 것은? (다툼이 있는 경우 판례에 의함)

① 행정에서 적법절차원리의 헌법적 근거는 형사절차에서의 적법절차를 규정한 헌법 제12조 제3항에 있다.

② 침익적 행정처분을 하면서 사전통지 및 의견제출의 기회를 주지 않았다면, 사전통지 및 의견제출 절차를 생략해야 할 예외적 사유가 없는 한, 그 처분은 위법하여 취소되어야 한다.

③ 수익적 행정행위의 신청에 대해서 이를 거부하면서 사전통지 및 의견제출 절차를 거치지 않은 것은 실질적으로 침익적 결과를 초래하였으므로 취소사유에 해당한다.

④ 인·허가 등의 취소를 내용으로 하는 처분의 상대방은 처분의 근거 법률에 청문을 하도록 규정되어 있지 않더라도 「행정절차법」에 따라 의견제출 기한 내에 청문을 신청할 수 있다.

⑤ 행정청이 처분의 근거 법률상 청문절차를 이행하는 과정에서 청문서 도달기간을 다소 어겼지만 당사자가 이의를 제기하지 않고 청문일에 출석하여 의견진술과 변명의 기회를 충분히 가졌다면 청문서 도달기간 미준수의 하자는 치유된 것으로 본다.

문 3. 행정행위의 효력에 대한 설명으로 옳지 않은 것은? (다툼이 있는 경우 판례에 의함)

① 공정력이란 행정행위의 위법이 중대명백하여 당연무효가 아닌 한 권한 있는 기관에 의해 취소되기까지는 행정의 상대방이나 이해관계자에게 적법하게 통용되는 힘을 말한다.

② 공정력을 인정하는 이론적 근거는 법적 안정성설이 통설이다.

③ 과세처분에 대해 이의신청을 하고 이에 따라 직권취소가 이루어졌다면 특별한 사정이 없는 한 불가변력이 발생한다.

④ 환경영향평가를 거쳐야 함에도 불구하고 환경영향평가를 거치지 않고 개발사업승인을 한 처분에 대해서는 처분이 있은 후 1년이 도과한 경우라도 불가쟁력이 발생하지 않는다.

⑤ 구성요건적 효력에 대한 명시적인 법적 근거는 없으나 국가기관 상호 간에 관할권의 배분이 간접적 근거가 된다.

문 4. 행정조사에 대한 설명으로 옳지 <u>않은</u> 것은? (다툼이 있는 경우 판례에 의함)

　① 법령상 서면조사에 의하도록 한 것을 실지조사를 행하여 과세처분을 하였다면 그 과세처분은 위법하다.

　② 세무조사가 동일기간, 동일세목에 관한 것인 한 내용이 중첩되지 않아도 중복조사에 해당한다.

　③ 「토양환경보전법」상 토양오염실태조사를 실시할 권한은 시·도지사에게 있으나 토양오염실태조사가 감사원 소속 감사관의 주도하에 실시되었다는 사정만으로 그에 기초하여 내려진 토양정밀조사명령이 위법하다고 할 수 없다.

　④ 다른 세목, 다른 과세기관에 대한 세무조사 도중 해당 세목 및 과세기간에 대한 조사가 부분적으로 이루어진 경우 추후 이루어진 재조사는 위법한 중복조사에 해당한다.

　⑤ 행정조사는 조사목적을 달성하는 데 필요한 최소한의 범위 안에서 실시하여야 한다.

문 5. 대집행에 대한 설명으로 옳은 것은? (다툼이 있는 경우 판례에 의함)

　① 토지의 명도의무를 이행하지 않을 경우 직접강제 또는 대집행을 통해 이를 실현할 수 있다.

　② 구두에 의한 계고는 무효이며, 계고와 통지는 동시에 생략할 수 없다.

　③ 공유재산 대부계약 해지에 따라 원상회복을 위하여 실시하는 지상물의 철거는 대집행의 대상이 아니다.

　④ 행정청이 대집행을 실시하지 않는 경우, 그 국유재산에 대한 사용청구권을 가지고 있는 자가 국가를 대위하여 민사소송으로 그 시설물의 철거를 구할 수 있다.

　⑤ 위법건축물 철거명령과 대집행한다는 계고처분은 각각 별도의 처분서에 의하여야만 한다.

문 6. 행정행위의 공정력과 선결문제에 대한 설명으로 옳지 <u>않은</u> 것은? (다툼이 있는 경우 판례에 의함)

　① 조세과오납에 따른 부당이득반환청구사안에서 민사법원은 사전통지 및 의견제출절차를 거치지 않은 하자를 이유로 행정행위의 효력을 부인할 수 있다.

　② 위법한 행정처분으로 인해 피해를 입은 자가 제기한 국가배상청구소송에서 민사법원은 행정행위의 위법성 여부를 확인하여 배상청구를 인용할 수 있다.

　③ 연령미달의 결격자가 이를 속이고 운전면허를 교부받아 운전 중 적발되어 기소된 경우 형사법원은 운전면허처분의 효력을 부인하고 무면허운전죄로 판단할 수 없다.

　④ 「건축법」상 위법건축물에 내려진 시정명령을 이행하지 않아 명령위반죄로 기소된 경우 형사법원은 이를 판단할 수 있다.

　⑤ 행정행위에 중대명백한 하자가 있는 경우 선결문제에도 불구하고 민사법원 및 형사법원은 제기된 청구에 대하여 판결을 내릴 수 있다.

문 7. 「질서위반행위규제법」상 과태료에 대한 내용으로 옳지 <u>않은</u> 것은?

　① 행정청의 과태료 부과에 불복하는 당사자는 과태료 부과 통지를 받은 날부터 60일 이내에 해당 행정청에 서면으로 이의제기를 할 수 있다.

　② 하나의 행위가 2인 이상의 질서위반행위에 해당하는 경우에는 각 질서위반행위에 대하여 정한 과태료 중 가장 중한 과태료를 부과한다.

　③ 행정청은 과태료 부과에 앞서 7일 이상의 기간을 정하여 당사자에게 의견을 제출할 기회를 주어야 한다.

　④ 과태료는 행정청의 과태료 부과 처분 이후 5년간 징수하지 아니하면 시효로 인하여 소멸한다.

　⑤ 고의 또는 과실이 없는 질서위반행위에는 과태료를 부과하지 아니한다.

문 8. 공법관계와 사법관계에 대한 설명으로 옳은 것만을 〈보기〉에서 모두 고른 것은? (다툼이 있는 경우 판례에 의함)

〈보기〉

　ㄱ. 조달청이 국가종합전자조달시스템인 나라장터 종합쇼핑몰에 거래정지조치를 하는 것은 처분으로서 공법관계에 속한다.

　ㄴ. 「초·중등교육법」상 사립중학교에 대한 중학교 의무교육의 위탁관계는 사법관계에 속한다.

　ㄷ. 공용수용의 목적물이 불필요하게 된 경우 피수용자가 다시 수용된 토지의 소유권을 회복할 수 있도록 하는 환매권은 일종의 공권이다.

　ㄹ. 사립학교교원에 대한 징계는 사법관계이나 그에 대해 교원소청심사가 제기되어 그에 대한 결정이 있으면 그 결정은 공법의 문제가 된다.

　① ㄱ, ㄴ　　　　　　　　② ㄱ, ㄷ

　③ ㄱ, ㄹ　　　　　　　　④ ㄴ, ㄹ

　⑤ ㄴ, ㄷ, ㄹ

문 9. 「공익사업을 위한 토지 등의 취득 및 보상에 관한 법률」상 손실보상의 원칙에 관한 내용으로 옳지 않은 것은?

① 공익사업에 필요한 토지 등의 취득 또는 사용으로 인하여 토지소유자나 관계인이 입은 손실은 사업시행자가 보상하여야 한다.

② 손실보상은 토지소유자나 관계인에게 개인별로 하여야 한다. 다만, 개인별로 보상액을 산정할 수 없을 때에는 그러하지 아니하다.

③ 사업시행자는 동일한 소유자에게 속하는 일단의 토지의 일부를 취득하거나 사용하는 경우, 해당 공익사업의 시행으로 인하여 잔여지의 가격이 증가하거나 그 밖의 이익이 발생한 경우에도 그 이익을 취득 또는 사용으로 인한 손실과 상계할 수 없다.

④ 토지에 대한 보상액은 가격시점에서의 현실적인 이용상황, 일반적인 이용방법에 의한 객관적 상황, 일시적인 이용상황 및 토지소유자나 관계인이 갖는 주관적 가치 및 특별한 용도에 사용할 것을 전제로 한 경우 등을 고려한다.

⑤ 영업을 폐지(폐업)하거나 휴업함에 따라 휴직하거나 실직하는 근로자의 임금손실에 대하여는 「근로기준법」에 따른 평균임금 등을 고려하여 보상하여야 한다.

문 10. 강학상 인가에 대한 설명으로 옳지 않은 것은? (다툼이 있는 경우 판례에 의함)

① 재단법인의 정관변경시 정관변경 결의의 하자가 있는 경우에 주무부장관의 인가가 있다고 하여도 정관변경 결의가 유효한 것으로 될 수 없다.

② 토지거래허가지역 내의 토지거래계약은 허가가 있기 전에는 효력이 발생하지 않은 상태에 있다가 허가가 있으면 토지거래계약은 소급하여 유효하게 된다.

③ 조합이 사업시행계획을 재건축결의에서 결정된 내용과 달리 작성한 경우 이러한 하자는 기본행위인 사업시행계획 작성행위의 하자이고, 이에 대한 보충행위인 행정청의 인가처분이 적법요건을 갖추고 있는 이상은 그 인가처분 자체에 하자가 있는 것이라 할 수 없다.

④ 관할관청이 개인택시운송사업의 양도·양수에 대한 인가를 하였을 경우 거기에는 양도인과 양수인 간의 양도행위를 보충하여 그 법률효과를 완성시키는 의미에서의 인가처분뿐만 아니라 양도인이 가지고 있던 면허와 동일한 내용의 면허를 양수인에게 부여하는 처분이 포함되어 있다.

⑤ 「도시 및 주거환경정비법」상 재건축조합의 관리처분계획에 대한 인가·고시 후 관리처분계획 결의의 하자를 다투고자 하는 경우 조합총회의 결의는 관리처분계획처분의 실체적 요건에 해당하기 때문에 조합총회결의를 대상으로 효력 유무를 다투는 확인의 소를 제기하는 것이 허용된다.

문 11. 행정처분의 송달에 대한 설명으로 옳은 것만을 〈보기〉에서 모두 고른 것은? (다툼이 있는 경우 판례에 의함)

〈보기〉

ㄱ. 정보통신망을 이용한 송달의 경우 전자문서가 송달받을 자가 지정한 컴퓨터 등에 입력한 때에 도달된 것으로 본다.

ㄴ. 보통우편에 의한 송달과 달리 등기우편에 의한 송달은 반송 등 기타 특별한 사유가 없는 한 배달된 것으로 추정된다.

ㄷ. 실제로 거주하지 않더라도 전입신고가 되어 있는 곳에 송달한 것은 위법하지 않다.

ㄹ. 행정청은 송달하는 문서의 명칭, 송달받은 자의 성명 또는 명칭, 발송방법 및 발송연월일을 확인할 수 있는 기록을 보존하여야 한다.

ㅁ. 수취인이 송달을 회피하는 정황이 있어 부득이 사업장에 납세고지서를 두고 왔다면 납세고지서의 송달이 이루어진 것이다.

ㅂ. 송달받을 자의 주소 등을 통상의 방법으로 확인할 수 없을 때에는 공시송달 절차에 의해 송달할 수 있다.

① ㄱ, ㄴ, ㄷ, ㄹ
② ㄱ, ㄴ, ㄹ, ㅂ
③ ㄱ, ㄷ, ㅁ, ㅂ
④ ㄴ, ㄷ, ㄹ, ㅁ
⑤ ㄴ, ㄷ, ㅁ, ㅂ

문 12. 시험을 준비하던 甲은 다음의 '2019년도 제56회 변리사 국가자격시험 시행계획 공고'를 보고 큰 혼란에 빠졌다. 제56회 변리사 국가자격시험 「상표법」 과목에 실무형 문제가 출제될 것을 예상하지 못했기 때문이다. 甲은 이와 같은 시험공고가 위법하다고 보고 이에 대해 다투려고 한다. 이에 대한 설명으로 옳지 않은 것은? (다툼이 있는 경우 판례에 의함)

2019년도 제56회 변리사 국가자격시험 시험계획 공고
〈한국산업인력공단 공고 제2018−151호〉

1. (생략)
2. 2019년 및 2020년 변경사항
ㅇ 2019년 제2차 시험과목 중 「특허법」과 「상표법」 과목에 실무형 문제를 각 1개씩 출제
− 다만, 2019년 제2차 시험에서의 실무형 문제 출제범위는 아래와 같고, 배점은 20점으로 함. (이하 생략)

① 공고에 의해서 비로소 국민에게 영향을 미치는 규율사항이 정해지는 경우 이에 대해서는 어떤 형태로든 법적으로 다툴 수 있는 기회를 주는 것이 타당하다.

② 헌법재판소는 공고에 의하여 비로소 응시자격이 확정되는 경우에는 공고에 대한 헌법소원을 인정하였으나 위와 같은 경우에는 헌법소원을 인정하지 않았다.

③ 공고가 분명히 위법하고 공무원에게 과실이 있어 이로 인한 손해를 입증한다면 甲은 국가배상을 청구할 수 있다.

④ 공고는 입법행위와 유사한 측면이 없지 않으나 침해의 직접성이 인정되는 경우 헌법소원의 대상이 될 수 있다.

⑤ 이미 법령에 규정된 내용을 그대로 공고한 경우 공고보다는 법령을 다툼의 대상으로 하여야 한다.

문 13. 위헌결정된 법령 및 처분에 대한 설명으로 옳은 것만을 〈보기〉에서 모두 고른 것은? (다툼이 있는 경우 판례에 의함)

〈보기〉

ㄱ. 위헌결정 이전에 이미 부담금 부과처분과 압류처분 및 이에 기한 압류등기가 이루어지고 각 처분이 확정되었다고 하여도, 특별한 사정이 없는 한 기존의 압류등기나 교부청구만으로는 다른 사람에 의하여 개시된 경매절차에서 배당을 받을 수 없다.

ㄴ. 처분이 있은 날로부터 1년이 도과한 처분으로서 당연무효에 해당하는 하자가 없는 경우, 그 처분의 근거 법령이 위헌결정되었다면 원칙적으로 소급효가 미친다.

ㄷ. 위헌결정은 원칙적으로 장래효를 가지나, 예외적으로 당해사건, 동종사건, 병행사건에 효력을 미치며, 위헌결정 이후 제소된 일반사건에서도 소급효의 부인이 정의와 형평에 반하는 경우에는 소급효가 인정된다.

ㄹ. 법률의 위헌 여부가 명백하지 않은 상태라도 이후 해당 법률에 위헌이 선언되었다면 위헌판결의 기속력에 의해 그 법률에 근거한 행정처분의 하자는 무효사유이다.

① ㄱ, ㄴ
② ㄱ, ㄷ
③ ㄴ, ㄷ
④ ㄱ, ㄴ, ㄷ
⑤ ㄴ, ㄷ, ㄹ

문 14. 「행정심판법」상 중앙행정심판위원회에만 인정되는 고유한 권한인 것은?

① 심리·재결권
② 불합리한 법령 등의 개선을 위한 시정조치요청권
③ 청구인 지위의 승계허가권
④ 대리인 선임허가권
⑤ 피청구인경정결정권

문 15. 「공익사업을 위한 토지 등의 취득 및 보상에 관한 법률」상 이주대책에 대한 설명으로 옳지 않은 것은? (다툼이 있는 경우 판례에 의함)

① 이주대책은 생활보상의 일환으로 국가의 적극적이고 정책적인 배려에 의하여 마련된 제도이다.
② 이주대책의 수립의무자는 사업시행자이며, 법령에서 정한 일정한 경우 이주대책을 수립할 의무가 있다.
③ 사업시행자는 이주대책을 수립하려면 미리 관할 지방자치단체의 장과 협의하여야 한다.
④ 도시개발사업의 사업시행자가가 이주대책기준을 정하여 이주대책대상자 가운데 이주대책을 수립·실시하여야 할 자를 선정하여 그들에게 공급할 택지 등을 정할 때는 재량권을 갖는다.
⑤ 주거용 건물의 거주자에 대하여는 주거 이전에 필요한 비용 외에 가재도구 등 동산의 운반에 필요한 비용은 보상하지 않아도 된다.

문 16. 판결의 기속력에 대한 설명으로 옳지 않은 것은? (다툼이 있는 경우 판례에 의함)

① 거부처분이 있은 후 법령이 개정되어 시행된 경우에는 개정된 법령과 그에 따른 기준을 새로운 사유로 들어 다시 거부처분을 하더라도 기속력에 반하는 것은 아니다.
② 기속력의 주관적 범위는 그 사건에 관하여 당사자인 행정청과 그 밖의 관계행정청에 미친다.
③ 거부처분취소소송에서 재처분의무의 실효성을 확보하기 위한 간접강제제도는 부작위위법확인소송에도 준용된다.
④ 기속력의 객관적 범위는 판결의 주문과 판결이유 중에 설시된 개개의 위법사유 및 간접사실이다.
⑤ 기속력을 위반한 행정청의 행위는 당연무효이다.

문 17. 이행강제금에 대한 설명으로 옳지 않은 것은? (다툼이 있는 경우 판례에 의함)

① 이행강제금은 법령으로 정하는 바에 따라 계고나 시정명령 없이 부과할 수 있으며 법령으로 정하는 바에 따라 반복적으로 이행할 때까지 부과할 수 있다.
② 이행강제금은 금전의 징수가 목적이 아니라 의무이행을 촉구하기 위한 것이므로 일단 의무이행이 있으면 비록 시정명령에서 정한 기간을 지나서 이행한 경우라도 이행강제금을 부과할 수 없다.
③ 「건축법」 제80조 제6항에 따르면 시정명령을 받은 자가 시정명령을 이행한 경우에는 더 이상 이행강제금을 부과하지 않지만, 이미 부과한 이행강제금은 징수한다.
④ 이행강제금은 대체적 작위의무 위반에 대해서도 부과될 수 있고 대집행과 선택적으로 활용될 수 있다.
⑤ 「건축법」상 시정명령 위반에 따른 이행강제금의 부과와 건축행위에 대한 형사처벌은 그 처벌 내지 제재대상이 되는 기본적 사실관계가 다르므로 이중처벌에 해당하지 않는다.

문 18. 「담배사업법」은 일반소매인 사이에서는 그 영업소 간에 100m 이상의 거리를 유지하도록 하는 '일반소매인의 영업소 간에 거리제한' 규정을 두어 일반소매인 간의 과당경쟁으로 인한 불합리한 경영을 방지하고 있다. 한편 동법은 일반소매인과 구내소매인의 영업소 간에는 거리제한 규정을 두지 않고, 동일 시설물 내 2개소 이상의 장소에 구내소매인을 지정할 수 있도록 규정하고 있다. 甲은 A시 시장으로부터 「담배사업법」상 담배 일반소매인으로서 지정을 받아 영업을 하고 있다. 이에 대한 설명으로 옳은 것만을 〈보기〉에서 모두 고른 것은? (주어진 조건 이외의 다른 조건은 고려하지 않으며, 다툼이 있는 경우 판례에 의함)

〈보기〉
ㄱ. 甲의 영업소에서 70m 떨어진 장소에 乙이 담배 일반소매인으로 지정을 받은 경우, 甲은 乙의 일반소매인 지정의 취소를 구할 원고적격이 있다.
ㄴ. 甲의 영업소에서 30m 떨어진 장소에 丙이 담배 구내소매인으로 지정을 받은 경우 甲이 원고로서 제기한 丙의 구내소매인 지정에 대한 취소를 구하는 소는 적법하고, 甲은 수소법원에 丙의 구내소매인 지정에 대한 집행정지신청을 할 수 있다.
ㄷ. 丁이 담배 일반소매인으로 지정을 받은 장소가 甲의 영업소에서 120m 떨어진 곳이자 丙이 담배 구내소매인으로 지정을 받은 곳에서 50m 떨어져 있다면, 甲과 丙이 공동소송으로 제기한 丁의 일반소매인 지정에 대한 취소소송에서 甲과 丙은 각각 원고적격이 있다.

① ㄱ
② ㄴ
③ ㄷ
④ ㄱ, ㄴ
⑤ ㄱ, ㄷ

문 19. 항고소송의 제기요건에 대한 설명으로 옳지 않은 것은? (다툼이 있는 경우 판례에 의함)
① 체납자는 자신이 점유하는 제3자 소유의 동산에 대한 압류처분의 취소나 무효확인을 구할 원고적격이 있다.
② 원천징수의무자인 법인에 대한 소득금액변동통지는 법인의 납세의무에 직접 영향을 미치므로 항고소송의 대상이 되는 처분이다.
③ 사업의 양도행위가 무효임을 주장하는 양도자는 양도·양수행위의 무효를 구함이 없이 사업양도·양수에 따른 허가관청의 지위승계 신고수리처분의 무효확인을 구할 법률상 이익은 없다.
④ 검사의 공소제기가 적법절차에 따라 정당하게 이루어진 것인지 여부에 관계없이 검사의 공소에 대하여는 형사소송절차에 의하여서만 다툴 수 있고, 행정소송의 방법으로 공소의 취소를 구할 수 없다.
⑤ 공정거래위원회의 처분에 대하여 불복의 소를 제기하였다가 청구취지를 추가하는 경우, 추가된 청구취지에 대한 제소기간의 준수 등은 원칙적으로 청구취지의 추가·변경 신청이 있는 때를 기준으로 판단하여야 한다.

문 20. 「국가공무원법」에 대한 설명으로 옳지 않은 것은? (다툼이 있는 경우 판례에 의함) ★
① 징계의결 등을 요구한 기관의 장은 징계위원회의 의결이 가볍다고 인정하면 그 처분을 하기 전에 직근 상급기관이 없는 징계위원회의 의결에 대하여는 그 징계위원회에 심사나 재심사를 청구할 수 있다.
② 공무원의 징계처분 등을 의결하게 하기 위하여 대통령령 등으로 정하는 기관에 징계위원회를 둔다.
③ 본인의 원(願)에 따른 강임·휴직 또는 면직처분의 경우에도 그 처분권자 또는 처분제청권자는 처분사유를 적은 설명서를 교부하여야 한다.
④ 징계의결 요구는 5급 이상 공무원 및 고위공무원단에 속하는 일반직 공무원은 소속 장관이, 6급 이하의 공무원은 소속 기관의 장 또는 소속 상급기관의 장이 한다.
⑤ 징계의결의 요구는 징계사유가 발생한 날부터 3년, 특히 금품 및 향응수수와 공금의 횡령·유용의 경우에는 5년이 지나면 하지 못한다.

문 21. 「행정절차법」에 대한 설명으로 옳지 않은 것은? (다툼이 있는 경우 판례에 의함)
① 「국가공무원법」상 직위해제처분은 행정작용의 성질상 행정절차를 거치기 곤란하거나 불필요하다고 인정되는 사항 또는 행정절차에 준하는 절차를 거친 사항에 해당되므로 「행정절차법」이 적용되지 않는다.
② 외국인의 출입국에 관한 사항은 「행정절차법」이 적용되지 않으므로, 미국국적을 가진 교민에 대한 사증거부처분에 대해서도 처분의 방식에 관한 「행정절차법」 제24조는 적용되지 않는다.
③ 「병역법」에 의한 소집에 관한 사항에는 「행정절차법」이 적용되지 않으나 「병역법」상의 산업기능요원의 편입취소처분에 대해서는 「행정절차법」이 적용된다.
④ 「독점규제 및 공정거래에 관한 법률」 규정에 의한 처분의 상대방에게 부여된 절차적 권리의 범위와 한계를 확정하려면 「행정절차법」이 당사자에게 부여한 절차적 권리의 범위와 한계 수준을 고려하여야 한다.
⑤ 「행정절차법 시행령」 제2조 제8호는 '학교·연수원 등에서 교육·훈련의 목적을 달성하기 위하여 학생·연수생들을 대상으로 하는 사항'을 「행정절차법」이 적용되지 않는 경우로 규정하고 있으나 생도의 퇴학처분과 같이 신분을 박탈하는 징계처분은 여기에 해당한다고 할 수 없다.

문 22. 공법상 계약에 대한 설명으로 옳지 <u>않은</u> 것만을 〈보기〉에서 모두 고른 것은? (다툼이 있는 경우 판례에 의함)

〈보기〉

ㄱ. 지방계약직 공무원에 대하여 채용계약상 특별한 약정이 없는 한 「지방공무원법」, 「지방공무원징계 및 소청 규정」에서 정한 징계 절차에 의하지 않고서는 보수를 삭감할 수 없다.

ㄴ. 단순히 계약상의 규정에 근거한 것이 아니라 계약상의 규정과 중첩되더라도 법령상의 근거를 가진 행위에 대해서는 공권력성을 인정하여 이를 처분으로 인정하는 경우가 있다.

ㄷ. 한국환경산업기술원장이 환경기술개발사업 협약을 체결한 甲주식회사 등에게 연차평가 실시 결과 절대평가 60점 미만으로 평가되었다는 이유로 연구개발 중단 조치 및 연구비 집행중지 조치를 한 사안에서, 연구개발 중단 조치 및 연구비 집행중지 조치는 항고소송의 대상이 되는 행정처분에 해당한다.

ㄹ. 시립합창단원에 대한 위촉은 처분에 의한 임명행위라 할 수 있다.

ㅁ. 공법상 계약에 기초한 공무원의 근무관계에서 징계행위는 행정처분이다.

ㅂ. 계약직 공무원의 채용계약해지는 행정처분으로 본다.

① ㄱ, ㄴ
② ㄱ, ㄷ
③ ㄹ, ㅁ
④ ㄹ, ㅂ
⑤ ㅁ, ㅂ

문 23. 지방자치에 대한 설명으로 옳은 것만을 〈보기〉에서 모두 ★ 고른 것은? (다툼이 있는 경우 판례에 의함)

〈보기〉

ㄱ. 「지방자치법」상 지방의회에서 의결할 의안은 지방자치단체의 장이나 재적의원 5분의 1 이상 또는 의원 20명 이상의 연서로 발의한다.

ㄴ. 「지방자치법」상 시·도가 처리하는 것으로 되어 있는 사무를 제외한 사무는 기초지방자치단체(시·군 및 자치구)의 사무로 한다. 다만, 인구 50만 이상의 시에 대하여는 도가 처리하는 사무의 일부를 직접 처리하게 할 수 있다.

ㄷ. 「지방자치법」상 지방자치단체 및 그 장이 위임받아 처리하는 국가사무와 시·도의 사무에 대하여 국회와 시·도의회가 직접 감사하기로 한 사무 외에는 그 감사를 각각 해당 시·도의회와 시·군 및 자치구의회가 할 수 있다.

ㄹ. 담배소매업을 영위하는 주민들에게 자판기 설치를 제한하는 것을 내용으로 하는 조례는 주민의 권리·의무에 관한 사항을 규율하는 조례라고 할 수 있으므로 지방자치단체가 이러한 조례를 제정함에 있어서는 법률의 위임을 필요로 한다.

① ㄱ, ㄴ
② ㄴ, ㄷ
③ ㄷ, ㄹ
④ ㄱ, ㄴ, ㄷ
⑤ ㄴ, ㄷ, ㄹ

문 24. 다음 사례에 대한 설명으로 옳은 것은? (다툼이 있는 경우 판례에 의함)

> 甲은 새롭게 개발된 A시 외곽에서 대형마트를 신축 개점하여 운영하고 있다. 甲은 신도시 입주가 완료되면서 마트 이용객들이 늘어나자 마트 인근 부지에 주차장을 추가로 확보하기 위해 토지를 매입하기로 하였다. 乙은 마트 인근 토지에서 작물농사를 하고 있다. 甲은 乙로부터 매매를 통해 토지를 취득 후 고객용 임시주차장으로 사용 중이다. 그런데 A시장 甲에 대하여 해당 부지는 도로인 공공용물이며, 이를 무단으로 점유·사용하였으므로 주차시설 철거명령 및 변상금 부과처분을 하였다. 해당 부지는 공공용물이나, A시에서 제대로 관리하지 않은 지난 25년 동안 乙이 계속해서 농사를 지어온 것으로 밝혀졌다.

① 乙이 25년 동안 평온·공연하게 해당 부지를 사용해왔으므로 점유취득시효의 완성으로 乙의 소유권이 인정되어, A시는 철거명령 및 변상금 부과처분을 할 수 없다.

② 공공용물인 해당 부지를 사용하기 위해서는 별도로 점용허가를 받아야 하며 해당 점용허가의 법적 성질은 허가이다.

③ 甲은 정당한 사유 없이 공유재산을 점유하고 시설물을 설치하였으므로 A시장은 원상복구를 명할 수 있으며, 이를 이행하지 않을 경우 「행정대집행법」에 따라 시설물을 철거하고 그 비용을 징수할 수 있다.

④ 변상금 부과처분은 행정청이 사경제주체로서 행하는 사법상의 행위이다.

⑤ 만약 해당 부지가 일반재산이라면 甲과 A시장은 대부계약을 체결할 수 있으며, 이 계약은 지방자치단체가 상대방과 대등한 지위에서 행하는 공법상 계약으로 이를 다투는 소송은 당사자소송이다.

문 25. 환경영향평가제도에 대한 설명으로 옳지 않은 것은? (다툼이 있는 경우 판례에 의함) ★

① 환경영향평가란 환경에 영향을 미치는 실시계획·시행계획 등의 허가·인가·승인·면허 또는 결정 등을 할 때에 해당 사업이 환경에 미치는 영향을 미리 조사·예측·평가하여 해로운 환경영향을 피하거나 제거 또는 감소시킬 수 있는 방안을 마련하는 것을 말한다.

② 환경영향평가 대상지역 밖의 주민이라 할지라도 공유수면매립면허처분 등으로 인하여 그 처분 전과 비교하여 수인한도를 넘는 환경피해를 받거나 받을 우려가 있는 경우에는, 공유수면매립면허처분 등으로 인하여 환경상 이익에 대한 침해 또는 침해 우려가 있다는 것을 입증함으로써 그 처분 등의 무효확인을 구할 원고적격을 인정받을 수 있다.

③ 환경영향평가법령에서 정한 환경영향평가 절차를 거쳤으나 그 환경영향평가의 내용이 부실한 경우, 그 부실의 정도가 환경영향평가제도를 둔 입법 취지를 달성할 수 없을 정도이어서 환경영향평가를 하지 아니한 것과 다를 바 없는 정도의 것이 아닌 이상, 그 부실은 당해 승인 등 처분에 재량권 일탈·남용의 위법이 있는지 여부를 판단하는 하나의 요소로 됨에 그칠 뿐, 그 부실로 인하여 당연히 당해 승인 등 처분이 위법하게 되는 것이 아니다.

④ 환경영향평가를 거쳐야 할 대상사업에 대하여 환경영향평가를 거치지 아니하였음에도 불구하고 승인 등 처분이 이루어졌다면, 이러한 행정처분의 하자는 법규의 중요한 부분을 위반한 중대한 것이고 객관적으로도 명백한 것이라고 하지 않을 수 없어, 이와 같은 행정처분은 당연무효이다.

⑤ 환경영향평가절차가 완료되기 전에 공사시행을 하여 사업자가 사전 공사시행 금지규정을 위반한 경우, 승인기관의 장이 한 사업계획 등에 대한 승인 등의 처분은 위법하다.

2019

5월 4일 시행
국회직 8급

| 풀이 시간: ___:___ ~ ___:___ / 점수: ___점

| ★이 표시된 문제는 행정법 각론(7급)에 해당하는 문제입니다.

문 1. 다음에 제시된 행정법의 기본원칙에 대한 설명으로 옳지 않은 것은? (다툼이 있는 경우 판례에 의함)

> (가) 어떤 행정목적을 달성하기 위한 수단은 그 목적달성에 유효·적절하고 또한 가능한 한 최소침해를 가져오는 것이어야 하며 아울러 그 수단의 도입으로 인한 침해가 의도하는 공익을 능가하여서는 아니 된다.
>
> (나) 행정기관은 행정결정에 있어서 동종의 사안에 대하여 이전에 제3자에게 행한 결정과 동일한 결정을 상대방에게 하도록 스스로 구속당한다.
>
> (다) 개별국민이 행정기관의 어떤 언동의 정당성 또는 존속성을 신뢰한 경우 그 신뢰가 보호받을 가치가 있는 한 그러한 귀책사유 없는 신뢰는 보호되어야 한다.
>
> (라) 행정주체가 행정작용을 함에 있어서 상대방에게 이와 실질적인 관련이 없는 의무를 부과하거나 그 이행을 강제하여서는 아니 된다.

① 자동차를 이용하여 범죄행위를 한 경우 범죄의 경중에 상관없이 반드시 운전면허를 취소하도록 한 규정은 (가) 원칙을 위반한 것이다.

② 반복적으로 행하여진 행정처분이 위법한 것일 경우 행정청은 (나)원칙에 구속되지 않는다.

③ 고속국도 관리청이 고속도로 부지와 접도구역에 송유관 매설을 허가하면서 상대방과 체결한 협약에 따라 송유관 시설을 이전하게 될 경우 그 비용을 상대방에게 부담하도록 한 부관은 (라)원칙에 반하지 않는다.

④ 선행조치의 상대방에 대한 신뢰보호의 이익과 제3자의 이익이 충돌하는 경우에는 (다)원칙이 우선한다.

⑤ 판례는 (라)원칙의 적용을 긍정하고 있다.

문 2. 행정입법에 대한 설명으로 옳지 않은 것은? (다툼이 있는 경우 판례에 의함)

① 국회규칙은 법규명령이다.

② 대통령령은 총리령 및 부령보다 우월한 효력을 가진다.

③ 총리령으로 제정된 「법인세법 시행규칙」에 따른 '소득금액조정합계표 작성요령'은 법령을 보충하는 법규사항으로서 법규명령의 효력을 가진다.

④ '학교장·교사 초빙제 실시'는 행정조직 내부에서만 효력을 가지는 행정상의 운영지침을 정한 것으로서 국민이나 법원을 구속하는 효력이 없는 행정규칙에 해당한다.

⑤ 건강보험심사평가원이 보건복지가족부 고시인 '요양급여비용 심사·지급업무 처리기준'에 근거하여 제정한 심사지침인 '방광내압 및 요누출압 측정 시 검사방법'은 내부적 업무처리 기준으로서 행정규칙에 불과하다.

문 3. 「행정심판법」상 중앙행정심판위원회의 구성에 대한 내용으로 옳은 것만을 〈보기〉에서 모두 고르면?

> ─────〈보기〉─────
>
> ㄱ. 중앙행정심판위원회는 위원장 1명을 포함하여 50명 이내의 위원으로 구성하되 위원 중 상임위원은 5명 이내로 한다.
>
> ㄴ. 중앙행정심판위원회의 위원장은 국민권익위원회의 부위원장 중 1명이 된다.
>
> ㄷ. 중앙행정심판위원회의 상임위원은 행정심판에 관한 지식과 경험이 풍부한 사람 중에서 중앙행정심판위원회 위원장의 제청으로 국무총리를 거쳐 대통령이 임명할 수 있다.
>
> ㄹ. 중앙행정심판위원회의 비상임위원은 변호사 자격을 취득한 후 3년 이상의 실무 경험이 있는 사람 중에서 중앙행정심판위원회 위원장의 제청으로 국무총리가 성별을 고려하여 위촉할 수 있다.
>
> ㅁ. 중앙행정심판위원회의 회의는 소위원회 회의를 제외하고 위원장, 상임위원 및 위원장이 회의마다 지정하는 비상임위원을 포함하여 총 7명으로 구성한다.

① ㄱ　　　　　　　　　② ㄱ, ㄴ

③ ㄴ, ㄷ　　　　　　　④ ㄴ, ㄷ, ㄹ

⑤ ㄷ, ㄹ, ㅁ

문 4. 행정상 강제집행에 대한 설명으로 옳지 <u>않은</u> 것은? (다툼이 있는 경우 판례에 의함)

① 관계 법령상 행정대집행의 절차가 인정되어 행정청이 행정대집행의 방법으로 건물 철거 등 대체적 작위의무의 이행을 실현할 수 있는 경우에는 따로 민사소송의 방법으로 그 의무의 이행을 구할 수 없다.

②「건축법」에 위반된 건축물의 철거를 명하였으나 불응하자 이행강제금을 부과·징수한 후 이후에도 철거를 하지 아니하자 다시 행정대집행계고처분을 한 경우 그 계고처분은 유효하다.

③ 한국자산공사의 공매통지는 공매의 요건이 아니라 공매 사실 자체를 체납자에게 알려주는 데 불과한 것으로서 행정처분에 해당한다고 할 수 없다.

④「건축법」상 이행강제금은 의무자에게 심리적 압박을 주어 시정명령에 따른 의무이행을 간접적으로 강제하는 강제집행 수단이 아니라 시정명령의 불이행이라는 과거의 위반행위에 대한 금전적 제재에 해당한다.

⑤ 위법건축물에 대한 철거명령 및 계고처분에 불응하여 제2차, 제3차로 계고처분을 한 경우에 제2차, 제3차의 후행 계고처분은 행정처분에 해당하지 아니한다.

문 5. 법치행정에 대한 설명으로 옳지 <u>않은</u> 것은? (다툼이 있는 경우 판례에 의함)

①「공공기관의 운영에 관한 법률」규정에 따른 '입찰참가자격의 제한기준 등에 관하여 필요한 사항은 기획재정부령으로 정한다'는 부분은 의회유보원칙에 위배되지 않는다.

② 개인택시기사가 음주운전사고로 사망한 경우 음주운전이 운전면허취소사유로만 규정되어 있으므로 관할 관청은 당해 음주운전사고를 이유로 개인택시운송사업면허를 바로 취소할 수는 없다.

③ 복종의무가 있는 군인은 상관의 지시와 명령에 대하여 재판청구권을 행사하기 이전에 군인복무규율에 규정된 내부적 절차를 거쳐야 한다.

④ 공개적 토론의 필요성과 상충하는 이익 사이의 조정 필요성이 클수록 국회의 법률에 의하여 직접 규율될 필요성은 증대된다.

⑤ 관할 행정청은 토지분할이 관계 법령상 제한에 해당되어 명백히 불가능하다고 판단되는 경우에는 토지분할 조건부 건축허가를 거부하여야 한다.

문 6. 재결과 항고소송에 대한 설명으로 옳지 <u>않은</u> 것은? (다툼이 있는 경우 판례에 의함)

① 재결취소소송의 경우 재결 자체에 고유한 위법이 있는지 여부를 심리할 것이고 재결 자체 고유한 위법이 없는 경우에는 원처분의 당부와는 상관없이 당해 재결취소소송은 기각되어야 한다.

② 소청심사위원회가 해임처분을 정직 2월로 변경한 경우 처분의 상대방은 소청심사위원회를 피고로 하여 정직 2월의 재결에 대한 취소소송을 제기할 수 있다.

③ 감사원의 변상판정처분에 대하여서는 행정소송을 제기할 수 없고 그 재결에 해당하는 재심의 판정에 대하여만 감사원을 피고로 하여 행정소송을 제기할 수 있다.

④ 중앙토지수용위원회의 이의재결에 불복하여 취소소송을 제기하는 경우에는 원처분인 수용재결을 대상으로 하여야 한다.

⑤ 불리한 처분을 받은 사립학교 교원 갑의 소청심사청구에 대하여 교원소청심사위원회가 그 사유 자체가 인정되지 않는다는 이유로 처분을 취소하는 결정을 하고 이에 대하여 을 학교법인이 제기한 행정소송 절차에서 심리한 결과 처분사유 중 일부 사유는 인정된다고 판단되는 경우 법원은 교원소청심사위원회의 결정을 취소하여야 한다.

문 7. 손실보상에 대한 설명으로 옳지 <u>않은</u> 것은? (다툼이 있는 경우 판례에 의함)

① 사업시행자에게 한 잔여지매수청구의 의사표시는 일반적으로 관할 토지수용위원회에 한 잔여지수용청구의 의사표시로 볼 수 있다.

② 구「하천법」의 시행으로 국유로 된 제외지 안의 토지에 대하여는 관리청이 그 손실을 보상하도록 규정하고 있는 동법 부칙 제2조 제1항에 의한 손실보상청구권은 공법상 권리이다.

③ 구「공익사업을 위한 토지 등의 취득 및 보상에 관한 법률」의 관련 규정에 의하여 취득하는 어업피해에 관한 손실보상청구권은 민사소송의 방법으로 행사할 수는 없고 재결절차를 거치지 않은 채 곧바로 사업시행자를 상대로 손실보상을 청구하는 것도 허용되지 않는다.

④ 한국토지주택공사가 택지개발사업의 시행자로서 일정 기준을 충족하는 손실보상 대상자들에 대하여 생활대책을 수립·시행하면서 직권으로 甲이 생활대책 대상자에 해당하지 않는다는 결정을 하고 이에 대한 甲의 이의신청에 대하여 재심사 결과로도 생활대책대상자로 선정되지 않았다는 통보를 한 경우 그 재심사 결과의 통보는 독립한 행정처분이다.

⑤ 체육시설업의 영업주체가 영업시설의 양도나 임대 등에 의하여 변경되었으나 그에 관한 신고를 하지 않은 채 영업을 하던 중에 공익사업으로 영업을 폐지 또는 휴업하게 된 경우 그 임차인 등의 영업은 보상 대상에서 제외되지 않는다.

문 8. 행정행위에 대한 설명으로 옳은 것만을 〈보기〉에서 모두 고르면? (다툼이 있는 경우 판례에 의함)

〈보기〉

ㄱ. 「사립학교법」상 학교법인의 이사장, 이사 등 임원에 대한 임원취임승인행위가 강학상 인가의 대표적인 예이다.

ㄴ. 공유수면매립허가, 보세구역의 설치·운영에 관한 특허, 특허기업의 사업양도허가는 강학상 특허에 해당한다.

ㄷ. 보통의 행정행위는 상대방이 수령하여야만 효력이 발생하는 것이므로 상대방이 그 행정행위를 현실적으로 알고 있어야 한다.

ㄹ. 가행정행위는 그 효력발생이 시간적으로 잠정적이라는 것 외에는 보통의 행정행위와 같은 것이므로 가행정행위로 인한 권리침해에 대한 구제도 보통의 행정행위와 다르지 않다.

ㅁ. 재개발조합설립인가신청에 대하여 행정청의 조합설립인가처분이 있은 이후에 조합설립 동의에 하자가 있음을 이유로 재개발조합설립의 효력을 부정하려면 조합설립동의의 효력을 소의 대상으로 하여야 한다.

① ㄱ, ㄴ
② ㄱ, ㄹ
③ ㄴ, ㄷ
④ ㄴ, ㄹ
⑤ ㄷ, ㅁ

문 9. 사인의 공법행위로서 신고에 대한 설명으로 옳지 않은 것은? (다툼이 있는 경우 판례에 의함)

① 구 「건축법」에 의한 인·허가의제 효과를 수반하는 건축신고는 일반적인 건축신고와는 달리 특별한 사정이 없는 한 행정청이 그 형식적 요건에 관한 심사를 한 후 수리하여야 한다.

② 불특정 다수인을 대상으로 학습비를 받고 정보통신매체를 이용하여 원격평생교육을 실시하고자 하는 경우에는 누구든지 관계 법령에 따라 이를 신고하여야 하나 신고서의 기재사항에 흠결이 없고 소정의 서류가 구비된 때에는 이를 수리하여야 한다.

③ 구 「유통산업발전법」은 기존의 대규모점포의 등록된 유형 구분을 전제로 '대형마트로 등록된 대규모점포' 일체를 규제 대상으로 삼고자 하는 것이 그 입법 취지이므로 대규모점포의 개설 등록은 이른바 '수리를 요하는 신고'로서 행정처분에 해당한다.

④ 시장·군수·구청장은 건축신고를 받은 날부터 5일 이내에 신고수리 여부 또는 민원 처리 관련 법령에 따른 처리기간의 연장 여부를 신고인에게 통지하여야 한다.

⑤ 납골당설치 신고는 이른바 '수리를 요하는 신고'이므로 납골당설치 신고가 관련 법령 규정의 모든 요건을 충족하는 신고라 하더라도 행정청의 수리처분이 있어야만 그 신고한 대로 납골당을 설치할 수 있다.

문 10. 항고소송의 대상이 되는 행정처분에 해당하는 것은? (다툼이 있는 경우 판례에 의함)

① 소관청이 토지대장상의 소유자명의변경신청을 거부한 행위

② 서울특별시지하철공사 임직원을 징계하는 행위

③ 무허가건물을 무허가건물관리대장에서 삭제하는 행위

④ 각 군 참모총장이 군인 명예전역수당 지급대상자 결정절차에서 국방부장관에게 수당지급대상자를 추천하는 행위

⑤ 「교육공무원법」상 승진후보자 명부에 의한 승진심사 방식으로 행하여지는 승진임용에서 승진후보자 명부에 포함되어 있던 후보자를 승진임용인사발령에서 제외하는 행위

문 11. 「행정심판법」상 재결에 대한 설명으로 옳지 않은 것은?

① 심판청구를 인용하는 재결은 청구인과 피청구인, 그 밖의 관계 행정청을 기속한다.

② 재결에 의하여 취소되거나 무효 또는 부존재로 확인되는 처분이 당사자의 신청을 거부하는 것을 내용으로 하는 경우에는 그 처분을 한 행정청은 재결의 취지에 따라 다시 이전의 신청에 대한 처분을 하여야 한다.

③ 재결은 서면으로 하며 재결서에 적는 이유에는 주문 내용이 정당하다는 것을 인정할 수 있는 정도의 판단을 표시하여야 한다.

④ 처분의 상대방이 아닌 제3자가 심판청구를 한 경우 위원회는 재결서의 등본을 지체 없이 피청구인을 거쳐 처분의 상대방에게 송달하여야 한다.

⑤ 위원회는 의무이행심판의 청구가 이유가 있다고 인정하면 지체 없이 신청에 따른 처분을 하거나 처분을 할 것을 피청구인에게 명한다.

문 12. 권한의 위임·위탁·대리에 대한 설명으로 옳지 <u>않은</u> 것은?
★ (다툼이 있는 경우 판례에 의함)

① 타 행정기관으로의 권한의 위임은 법률이 정한 권한배분을 행정기관이 다시 변경하는 것이므로 반드시 법적 근거가 있어야 한다.

② 행정권한의 내부위임은 법률이 위임을 허용하고 있지 아니한 경우에도 그의 보조기관 또는 하급 행정관청으로 하여금 그의 권한을 사실상 행사하게 하는 것이다.

③ 국가사무로서 지방자치단체의 장에게 위임된 기관위임사무에 해당하는 경우에는 시·도지사가 지방자치단체의 조례에 의하여 이를 구청장 등에게 재위임할 수는 없다.

④ 구청장의 업무에 속하는 대집행권한을 한국토지공사가 위탁받은 경우 한국토지공사는 법령의 위탁에 의하여 대집행을 수권받은 자로서 지방자치단체 등의 기관이며 「국가배상법」제2조의 공무원에 해당한다.

⑤ 법령에 의해서 자동적으로 확정되는 소득세에 있어서는 원천징수의무자가 비록 과세관청과 같은 행정청이더라도 그의 원천징수행위는 법령에서 규정된 징수 및 납부 의무를 이행하기 위한 것에 불과한 것이지 공권력의 행사로서의 행정처분을 한 경우에 해당되지 아니한다.

문 13. 행정소송의 원고적격을 가지는 자에 해당하지 <u>않는</u> 것은? (다툼이 있는 경우 판례에 의함)

① 지방자치단체가 건축물 소재지 관할 허가권자인 지방자치단체의 장을 상대로 건축협의취소의 취소를 구하는 사안에서의 지방자치단체

② 제3자의 접견허가신청에 대한 교도소장의 거부처분에 있어서 접견권이 침해되었다고 주장하는 구속된 피고인

③ 미얀마 국적의 甲이 위명(僞名)인 乙 명의의 여권으로 대한민국에 입국한 뒤 乙 명의로 난민 신청을 하였으나 법무부장관이 乙 명의를 사용한 甲을 직접 면담하여 조사한 후 甲에 대하여 난민불인정 처분을 한 사안에서의 그 처분의 취소를 구하는 甲

④ 국민권익위원회가 소방청장에게 인사와 관련하여 부당한 지시를 한 사실이 인정된다며 이를 취소할 것을 요구하기로 의결하고 내용을 통지하자 그 국민권익위원회 조치요구의 취소를 구하는 사안에서의 소방청장

⑤ 하자 있는 건축물에 대한 사용검사처분의 무효확인 및 취소를 구하는 구 「주택법」상 입주자

문 14. 국가배상에 대한 설명으로 옳은 것만을 〈보기〉에서 모두 고르면? (다툼이 있는 경우 판례에 의함)

〈보기〉
ㄱ. 공무원에게 부과된 직무상 의무의 내용이 공공 일반의 이익을 위한 것이거나 행정기관의 내부질서를 규율하기 위한 경우에도 공무원이 그 직무상 의무를 위반하여 피해자가 입은 손해에 대하여서는 상당 인과관계가 인정되는 범위 내에서 국가가 배상책임을 진다.

ㄴ. 서울특별시가 점유·관리하는 도로에 대하여 행정권한 위임조례에 따라 보도 관리 등을 위임 받은 관할 자치구청장 甲으로부터 도급받은 A 주식회사가 공사를 진행하면서 남은 자갈더미를 그대로 방치하여 오토바이를 타고 이곳을 지나가던 乙이 넘어져 상해를 입은 경우 서울특별시는 「국가배상법」제5조 제1항에서 정한 설치·관리상의 하자로 인한 국가배상책임을 부담하지 아니한다.

ㄷ. 도지사에 의한 지방의료원의 폐업결정과 관련하여 국가배상책임이 성립하기 위하여서는 공무원의 직무집행이 위법하다는 점만으로는 부족하고 그로 인하여 타인의 권리·이익이 침해되어 구체적 손해가 발생하여야 한다.

ㄹ. 소방공무원의 권한 행사가 관계 법률의 규정에 의하여 소방공무원의 재량에 맡겨져 있으면 구체적인 상황에서 소방공무원이 권한을 행사하지 아니한 것이 현저하게 합리성을 잃어 사회적 타당성이 없는 경우에도 직무상 의무를 위반하여 위법하게 되는 것은 아니다.

① ㄱ
② ㄷ
③ ㄱ, ㄷ
④ ㄴ, ㄷ
⑤ ㄴ, ㄷ, ㄹ

문 15. 행정상 정보공개에 대한 설명으로 옳은 것은? (다툼이 있는
　　　 경우 판례에 의함)

　　① 국회는 「공공기관의 정보공개에 관한 법률」상 공공기관
　　　 에 해당하지만 동법이 적용되는 것이 아니라 「국회정보
　　　 공개규칙」이 적용된다.

　　② 국내에 일정한 주소를 두고 있는 외국인은 오로지 상대
　　　 방을 괴롭힐 목적으로 정보공개를 구하고 있다는 등의
　　　 특별한 사정이 없는 한 한국방송공사(KBS)에 대하여 정
　　　 보공개를 청구할 수 있다.

　　③ 독립유공자서훈 공적심사위원회의 심의 · 의결 과정 및
　　　 그 내용을 기재한 회의록은 독립유공자 등록에 관한 신
　　　 청당사자의 알 권리 보장과 공정한 업무 수행을 위해서
　　　 공개되어야 한다.

　　④ 정보공개에 관한 정책 수립 및 제도 개선에 관한 사항을
　　　 심의 · 조정하기 위하여 행정안전부장관 소속으로 정보
　　　 공개위원회를 둔다.

　　⑤ 행정안전부장관은 정보공개에 관하여 필요할 경우에 국
　　　 회사무총장에게 정보공개 처리 실태의 개선을 권고할 수
　　　 있고 전년도의 정보공개 운영에 관한 보고서를 매년 국
　　　 정감사 시작 30일 전까지 국회에 제출하여야 한다.

문 16. 지방자치단체의 장과 지방의회의 관계에 대한 설명으로 옳
★ 　 지 않은 것은? (다툼이 있는 경우 판례에 의함)

　　① 「지방자치법」상 합의제 행정기관의 설치 · 운영에 관하여
　　　 해당 지방자치단체가 민간위탁적격자심사위원회 위원의
　　　 정수 및 위원의 구성비를 어떻게 정할 것인지는 조례제
　　　 정권의 범위 내에 있다.

　　② 지방의회가 합의제 행정기관의 설치에 관한 조례안을 발
　　　 의하여 이를 그대로 의결, 재의결하는 것은 지방자치단체
　　　 의 장의 고유권한에 속하는 사항의 행사에 관하여 지방의
　　　 회가 사전에 적극적으로 개입하는 것으로서 위법하다.

　　③ 조례안에서 지방자치단체의 장이 재단법인 광주비엔날레
　　　 의 업무 수행을 지원하기 위하여 소속 지방공무원을 위
　　　 재단법인에 파견함에 있어 그 파견기관과 인원을 정하여
　　　 지방의회의 동의를 얻도록 하고 이미 위 재단법인에 파
　　　 견된 소속 지방공무원에 대하여는 조례안이 조례로서 시
　　　 행된 후 최초로 개회되는 지방의회에서 동의를 얻도록
　　　 규정하고 있는 경우 그 조례안 규정은 법령에 위반된다.

　　④ 조례안이 지방자치단체 사무의 민간위탁에 관하여 지방
　　　 의회의 사전 동의를 받도록 한 것은 민간위탁 권한을 지
　　　 방자치단체의 장으로부터 박탈하려는 것이 아니므로 지
　　　 방자치단체의 장의 집행권한을 본질적으로 침해하는 것
　　　 으로 볼 수 없다.

　　⑤ 개정조례안 중 동정자치위원회를 구성하는 위원의 위촉
　　　 과 해촉에 관한 권한을 동장에게 부여하면서 그 위촉과
　　　 해촉에 있어서 당해 지역 구의원과 협의하도록 한 규정
　　　 은 적법하다.

문 17. 행정처분의 하자에 대한 설명으로 옳은 것은? (다툼이 있는
　　　 경우 판례에 의함)

　　① 과세관청의 소득처분과 그에 따른 소득금액변동통지가 있
　　　 는 경우 원천징수하는 소득세의 납세의무에 관하여는 이
　　　 를 확정하는 소득금액변동통지에 대한 항고소송에서 다투
　　　 어야 하고 소득금액변동통지가 취소사유에 불과한 경우
　　　 징수처분에 대한 항고소송에서 이를 다툴 수는 없다.

　　② 토지구획정리사업 시행 후 시행인가처분의 하자가 취소
　　　 사유에 불과하더라도 사업 시행 후 시행인가처분의 하자
　　　 를 이유로 환지청산금 부과처분의 효력을 다툴 수 있다.

　　③ 선행처분인 국제항공노선 운수권 배분 실효처분 및 노선
　　　 면허거부처분에 대하여 이미 불가쟁력이 생겨 그 효력을
　　　 다툴 수 없게 되었더라도 후행처분인 노선면허처분을 다
　　　 투는 단계에서 선행처분의 하자를 다툴 수 있다.

　　④ 선행처분인 개별공시지가결정이 위법하여 그에 기초한
　　　 개발부담금 부과처분도 위법하게 되었지만 그 후 적법한
　　　 절차를 거쳐 공시된 개별공시지가결정이 종전의 위법한
　　　 공시지가결정과 그 내용이 동일하다면 위법한 개별공시지
　　　 가결정에 기초한 개발부담금 부과처분은 적법하게 된다.

　　⑤ 선행처분인 계고처분이 하자가 있는 위법한 처분이라도
　　　 당연무효의 처분이 아니라면 후행처분인 대집행비용납
　　　 부명령의 취소를 청구하는 소송에서 그 계고처분을 전제
　　　 로 행하여진 대집행비용납부명령도 위법한 것이라는 주
　　　 장을 할 수는 없다.

문 18. 공물법에 대한 설명으로 옳지 <u>않은</u> 것은? (다툼이 있는 경
★   우 판례에 의함)

① 공물의 인접주민은 다른 일반인보다 인접공물의 일반사
용에 있어 특별한 이해관계를 가지는 경우가 있고 그러
한 의미에서 다른 사람에게 인정되지 아니하는 이른바
고양된 일반사용권이 보장될 수 있다.

② 도로구역이 결정·고시되어 공사가 진행 중인 경우에 해
당 구역 내에 있지만 아직 공사가 진행되지 아니한 국유
토지는 시효취득의 대상이 되지 아니한다.

③ 자연의 상태 그대로 공공용에 제공될 수 있는 실체를 갖
추고 있는 자연공물은 자연력 등에 의한 현상변경으로
공공용에 제공될 수 없게 되고 그 회복이 사회통념상 불
가능하게 되지 아니한 이상 공물로서의 성질이 상실되지
아니하며 시효취득의 대상도 되지 아니한다.

④ 도로 등 공물이나 공공용물을 특정 사인이 배타적으로
사용하도록 하는 점용허가가 도로 등의 본래 기능 및 그
목적과 무관하게 그 사용가치를 실현·활용하기 위한 것
으로 평가되는 경우에도 주민소송의 대상이 되는 재산의
관리·처분에 해당하지 아니한다.

⑤ 「도로법」상 규정에 의한 변상금 부과권한은 적정한 도로
관리를 위하여 도로관리청에게 부여된 권한이지 도로부
지의 소유권에 기한 권한이라고 할 수 없다.

문 19. 행정행위의 부관에 대한 설명으로 옳지 <u>않은</u> 것은? (다툼이
있는 경우 판례에 의함)

① 매립의 면허를 받은 자의 매립지에 대한 소유권 취득을
규정한 법령에도 불구하고 행정청이 공유수면매립준공
인가 중 매립지 일부에 대하여 한 국가귀속처분은 독립
하여 행정소송의 대상으로 삼을 수 없다.

② 고시에서 정하여진 허가기준에 따라 보존음료수 제조업
의 허가에 부가된 조건은 행정행위에 부관을 부가할 수
있는 한계에 관한 일반적인 원칙이 적용되지 아니한다.

③ 기속행위적 행정처분에 부담을 부가한 경우 그 부담은
무효라 할지라도 본체인 행정처분 자체의 효력에는 일반
적으로 영향이 없다.

④ 행정처분에 부가한 부담이 무효인 경우에도 그 부담의
이행으로 한 사법상 법률행위가 당연히 무효가 되는 것
은 아니며 행정처분에 부가한 부담이 제소기간의 도과로
불가쟁력이 생긴 경우에도 그 부담의 이행으로 한 사법
상 법률행위의 효력을 다툴 수 있다.

⑤ 기부채납받은 행정재산에 대한 사용·수익허가에서 공
유재산의 관리청이 정한 사용·수익허가의 기간에 대하
여서는 독립하여 행정소송을 제기할 수 없다.

문 20. 기속력 등에 대한 설명으로 옳지 <u>않은</u> 것은? (다툼이 있는
경우 판례에 의함)

① 절차상 하자로 인하여 무효인 행정처분이 있은 후 행정
청이 관계법령에서 정한 절차를 갖추어 다시 동일한 행
정처분을 하였다면 당해 행정처분은 종전의 무효인 행정
처분과 관계없이 새로운 행정처분이라고 보아야 한다.

② 甲 시장이 A 주식회사의 공동주택 건립을 위한 주택건
설사업계획승인 신청에 대하여 미디어밸리 조성을 위한
시가화예정 지역이라는 이유로 거부하자 A 주식회사가
거부처분취소소송을 제기하여 승소확정판결을 받았고
이후 甲 시장이 해당 토지 일대가 개발행위허가 제한지
역으로 지정되었다는 이유로 다시 거부하는 처분을 한
사안에서 재거부처분은 종전 거부처분을 취소한 확정판
결의 기속력에 반하는 것은 아니다.

③ 제3자효 행정처분의 취소소송에서 절차의 하자로 취소
의 확정판결이 있은 경우 당해 행정청은 재처분의무가
있다.

④ 행정행위 중 신청에 의한 처분의 경우에는 신청에 대하
여 일단 거부처분이 행하여지면 그 거부처분이 적법한
절차에 의하여 취소되지 않는 한 사유를 추가하여 거부
처분을 반복하는 것은 취소의 흠이 있는 거부처분이 반
복되는 것이 된다.

⑤ 행정청의 거부처분을 취소하는 판결이 확정된 경우 확정
판결의 당사자인 처분 행정청은 그 행정소송의 사실심
변론종결 이후 발생한 새로운 사유를 내세워 다시 이전
의 신청에 대하여 거부처분을 할 수 있다.

문 21. 행정절차에 대한 설명으로 옳지 <u>않은</u> 것은? (다툼이 있는
경우 판례에 의함)

① 정규공무원으로 임용된 사람에게 시보임용처분 당시
「지방공무원법」에 정한 공무원임용 결격사유가 있어 시
보임용처분을 취소하고 그에 따라 정규임용처분을 취소
한 경우 정규임용처분을 취소하는 처분에 대하여서는
「행정절차법」의 규정이 적용된다.

② 소청심사위원회가 절차상 하자가 있다는 이유로 의원면
직처분을 취소하는 결정을 한 후 징계권자가 징계절차에
따라 별도로 당해 공무원에 대하여 징계처분을 하는 경
우 「국가공무원법」에서 정한 불이익변경금지의 원칙이
적용된다.

③ 공무원 인사관계법령에 따른 징계는 모두 「행정절차법」
의 적용이 배제되는 것이 아니라 성질상 행정절차를 거
치기 곤란하거나 불필요하다고 인정되는 처분이나 행정
절차에 준하는 절차를 거치도록 하고 있는 처분의 경우
에만 그 적용이 배제된다.

④ 군인사법령에 의하여 진급예정자명단에 포함된 자에 대
하여 의견제출의 기회를 부여하지 아니한 채 진급선발을
취소하는 처분을 한 것은 절차상 하자가 있어 위법하다.

⑤ 구 「군인사법」상 보직해임처분에는 처분의 근거와 이유
제시 등에 관한 구 「행정절차법」의 규정이 별도로 적용
되지 아니한다.

문 22. 행정쟁송의 제소기간에 대한 설명으로 옳지 <u>않은</u> 것은?
(다툼이 있는 경우 판례에 의함)

① 제소기간의 요건은 처분의 상대방이 소송을 제기하는 경
우는 물론이고 법률상 이익이 침해된 제3자가 소송을 제
기하는 경우에도 적용된다.

② 부작위위법확인의 소는 부작위상태가 계속되는 한 그 위
법의 확인을 구할 이익이 있다고 보아야 하므로 제소기
간의 제한이 없음이 원칙이나 행정심판 등 전심절차를
거친 경우에는 제소기간의 제한이 있다.

③ 당사자가 적법한 제소기간 내에 부작위위법확인의 소를
제기한 후 동일한 신청에 대하여 소극적 처분이 있다고
보아 처분취소소송으로 소를 교환적으로 변경한 후 부작
위위법확인의 소를 추가적으로 병합한 경우 제소기간을
준수한 것으로 볼 수 있다.

④ 소극적 처분과 부작위에 대한 의무이행심판은 처분이 있
음을 알게 된 날부터 90일 이내에 청구하여야 한다.

⑤ 행정처분의 당연무효를 선언하는 의미에서 그 취소를 구
하는 행정소송을 제기하는 경우에는 취소소송의 제소기
간을 준수하여야 한다.

문 23. 국가배상에 대한 설명으로 옳지 <u>않은</u> 것은? (다툼이 있는
경우 판례에 의함)

① 「국가공무원법」 및 「지방공무원법」상 공무원뿐만 아니라
공무를 위탁받은 사인의 직무행위도 국가배상청구의 대
상이 된다.

② 경찰공무원이 전투·훈련 등 직무집행과 관련하여 전
사·순직하거나 공상을 입은 경우에 본인이나 그 유족이
다른 법령에 따라 재해보상금이나 유족연금 등의 보상을
지급받은 때에는 「국가배상법」 및 「민법」에 따른 손해배
상을 청구할 수 없다.

③ 직무집행과 관련하여 공상을 입은 군인이 먼저 「국가배
상법」에 따라 손해배상금을 지급받은 후 「보훈보상대상
자 지원에 관한 법률」이 정한 보상금 등 보훈급여금의
지급을 청구하는 경우에 국가보훈처장은 「국가배상법」에
따라 손해배상을 받았다는 것을 이유로 그 지급을 거부
할 수 있다.

④ 경찰공무원이 낙석사고 현장 부근으로 이동하던 중 대형
낙석이 순찰차를 덮쳐 사망한 사안에서 「국가배상법」의
이중배상 금지 규정에 따른 면책조항은 전투·훈련 또는
이에 준하는 직무집행뿐만 아니라 일반 직무집행에 관하
여도 국가나 지방자치단체의 배상책임을 제한하는 것으
로 해석하여야 한다.

⑤ 우편집배원이 압류 및 전부명령 결정 정본을 특별송달함
에 있어 부적법한 송달을 하고도 적법한 송달을 한 것처
럼 보고서를 작성하여 압류 및 전부의 효력이 발생하지
않아 집행채권자가 피압류 채권을 전부받지 못한 경우
우편집배원의 직무상 의무위반과 집행채권자의 손해 사
이에는 상당인과관계가 있다.

문 24. 행정벌에 대한 설명으로 옳지 <u>않은</u> 것은? (다툼이 있는 경우 판례에 의함)

① 「도로교통법」에 의한 경찰서장의 통고처분에 대한 항고소송은 부적법하고 이에 대하여 이의가 있는 경우에는 통고처분에 따른 범칙금을 이행하지 아니함으로써 경찰서장의 즉결심판청구에 의하여 법원의 심판을 받을 수 있게 된다.

② 행정청의 과태료 부과에 불복하는 당사자는 과태료 부과통지를 받은 날부터 60일 이내에 해당 행정청에 서면으로 이의제기를 할 수 있다.

③ 피고인이 「행형법」에 의한 징벌을 받아 그 집행을 종료한 뒤에 형사처벌을 한다고 하여 일사부재리의 원칙에 반하는 것은 아니다.

④ 과태료는 행정청의 과태료 부과처분이나 법원의 과태료재판이 확정된 후 5년간 징수하지 아니하거나 집행하지 아니하면 시효로 인하여 소멸한다.

⑤ 질서위반행위에 대하여 과태료를 부과하는 근거 법령이 개정되어 행위시의 법률에 의하면 과태료 부과대상이었으나 재판시의 법률에 의하면 부과대상이 아닌 때에도 특별한 사정이 없는 한 행위시의 법률에 의하여 과태료를 부과할 수 있다.

문 25. 「공익사업을 위한 토지 등의 취득 및 보상에 관한 법률」상 공익사업의 수행을 위한 토지 등의 수용 또는 사용의 절차에 대한 설명으로 옳지 <u>않은</u> 것은? (다툼이 있는 경우 판례에 의함)

① 공익사업으로 인하여 영업을 폐지하거나 휴업하는 자는 구 「공익사업을 위한 토지 등의 취득 및 보상에 관한 법률」에 규정된 재결절차를 거치지 않은 채 곧바로 사업시행자를 상대로 영업손실보상을 청구할 수 없다.

② 사업시행자는 사업인정이 실효됨으로 인하여 토지소유자나 관계인이 입은 손실을 보상하여야 한다.

③ 국가나 지방자치단체가 사업시행자인 경우 재결신청을 받은 토지수용위원회는 그 재결을 기다려서는 재해를 방지하기 곤란하거나 그 밖에 공공의 이익에 현저한 지장을 줄 우려가 있다고 인정할 때에는 사업시행자의 신청을 받아 대통령령으로 정하는 바에 따라 담보를 제공하게 한 후 해당 토지의 사용을 허가하여야 한다.

④ 사업인정고시가 된 후 협의가 성립되지 아니하였을 때에는 토지소유자와 관계인은 대통령령으로 정하는 바에 따라 서면으로 사업시행자에게 재결을 신청할 것을 청구할 수 있다.

⑤ 협의가 성립되지 아니하거나 협의를 할 수 없을 때에는 사업시행자는 사업인정고시가 된 날부터 1년 이내에 대통령령으로 정하는 바에 따라 관할 토지수용위원회에 재결을 신청할 수 있다.

해설편 ▶ P.214

| 풀이 시간: ____:____ ~ ____:____ / 점수: ____점
| ★이 표시된 문제는 행정법 각론(7급)에 해당하는 문제입니다.

1초 합격예측! 모바일 성적분석표

QR 코드로 접속하여 문제 풀이시간을 측정하고,
〈1초 합격예측 & 모바일 성적분석표〉 서비스를 통해
지금 바로! 실력을 점검해 보세요.

http://eduwill.kr/hH46

문 1. 공물에 대한 설명으로 옳은 것은? (다툼이 있는 경우 판례
★ **에 의함)**

① 「국유재산법」상 국유재산은 시효취득의 대상이 되지 아니한다.

② 국유 하천부지는 자연공물로서 공용개시행위 이후에 행정재산이 되고 그 후 본래의 용도에 공여되지 않는 상태에 놓이게 되면 국유재산법령에 의한 용도폐지 없이도 일반재산이 된다.

③ 토지의 지목이 도로이고 국유재산대장에 등재되어 있다는 사정만으로 바로 토지가 도로로서 행정재산에 해당한다고 할 수는 없다.

④ 공물의 공용폐지에 관하여 국가의 묵시적인 의사표시가 있다고 인정되려면 공물이 사실상 본래의 용도에 사용되고 있지 않다거나 행정주체가 점유를 상실하였다는 정도면 족하다.

⑤ 국유재산의 관리청이 행정재산의 사용·수익을 허가한 다음 그 사용·수익하는 자에 대하여 하는 사용료 부과는 사경제주체로서 행하는 사법상의 이행청구에 해당한다.

문 2. 다음 중 항고소송의 대상이 될 수 있는 것은? (다툼이 있는 경우 판례에 의함)

① 상훈대상자를 결정할 권한이 없는 국가보훈처장이 기포상자에게 훈격재심사계획이 없다고 한 회신

② 「농지법」에 의하여 군수가 특정지역의 주민들을 대리경작자로 지정한 행위에 따라 그 지역의 읍장과 면장이 영농할 세대를 선정하는 행위

③ 지방자치단체의 장이 그 지방자치단체 소유의 밭에 측백나무 300그루를 식재하는 행위

④ 교도소장이 수형자를 '접견내용 녹음·녹화 및 접견 시 교도관 참여대상자'로 지정하는 행위

⑤ 제1차 철거대집행 계고처분에 응하지 아니한 경우에 발한 제2차 계고처분

문 3. 허가에 대한 설명으로 옳지 않은 것은? (다툼이 있는 경우 판례에 의함)

① 인·허가 등 수익적 행정처분을 신청한 여러 사람이 서로 경원관계에 있어서 한 사람에 대한 허가 등 처분이 다른 사람에 대한 불허가 등으로 귀결될 수밖에 없을 때 허가 등 처분을 받지 못한 사람은 신청에 대한 거부처분의 직접 상대방으로서 원칙적으로 자신에 대한 거부처분의 취소를 구할 원고적격이 있고 특별한 사정이 없는 한 자신에 대한 거부처분의 취소를 구할 소의 이익이 있다.

② 공익법인의 기본재산에 대한 감독관청의 처분허가는 그 성질상 특정 상대에 대한 처분행위의 허가가 아니고 처분의 상대가 누구이든 이에 대한 처분행위를 보충하여 유효하게 하는 행위라 할 것이므로 그 처분행위에 따른 권리의 양도가 있는 경우에도 처분이 완전히 끝날 때까지는 허가의 효력이 유효하게 존속한다.

③ 건축허가를 받은 자가 법정 착수기간이 지나 공사에 착수한 경우, 허가권자는 착수기간이 지났음을 이유로 건축허가를 취소하여야 한다.

④ 어업에 관한 허가 또는 신고에 유효기간연장제도가 마련되어 있지 않은 경우 그 유효기간이 경과하면 그 허가나 신고의 효력이 당연히 소멸하며, 재차 허가를 받거나 신고를 하더라도 허가나 신고의 기간만 갱신되어 종전의 어업허가나 신고의 효력 또는 성질이 계속된다고 볼 수 없고 새로운 허가 내지 신고로서의 효력이 발생한다고 할 것이다.

⑤ 정당한 어업허가를 받고 공유수면매립사업지구 내에서 허가어업에 종사하고 있던 어민들에 대하여 손실보상을 할 의무가 있는 사업시행자가 손실보상의무를 이행하지 아니한 채 공유수면매립공사를 시행함으로써 실질적이고 현실적인 침해를 가한 때에는 불법행위를 구성하는 것이고, 이 경우 허가어업자들이 입게 되는 손해는 그 손실보상금 상당액이다.

문 4. 조례에 대한 설명으로 옳지 <u>않은</u> 것은? (다툼이 있는 경우
★　판례에 의함)

① 조례가 법률 등 상위법령에 위배되면 비록 그 조례를 무
효라고 선언한 대법원의 판결이 선고되지 않았더라도 그
조례에 근거한 행정처분은 당연무효가 된다.

② 시(市)세의 과세 또는 면제에 관한 조례가 납세의무자에
게 불리하게 개정된 경우에 있어서 개정 조례 부칙에서
종전의 규정을 개정 조례 시행 후에도 계속 적용한다는
경과규정을 두지 아니한 이상, 다른 특별한 사정이 없는
한 법률불소급의 원칙상 개정 전후의 조례 중에서 납세
의무가 성립한 당시에 시행되는 조례를 적용하여야 할
것이다.

③ 시·도의회에 의하여 재의결된 사항이 법령에 위반된다고
판단되면 주무부장관은 시·도지사에게 대법원에 제소를
지시하거나 직접 제소할 수 있다. 다만, 재의결된 사항이
둘 이상의 부처와 관련되거나 주무부장관이 불분명하면 행
정안전부장관이 제소를 지시하거나 직접 제소할 수 있다.

④ 법률이 주민의 권리의무에 관한 사항에 관하여 구체적으
로 범위를 정하지 않은 채 조례로 정하도록 포괄적으로 위
임한 경우에도 지방자치단체는 법령에 위반되지 않는 범
위 내에서 주민의 권리의무에 관한 사항을 조례로 제정할
수 있다.

⑤ 조례안 재의결 내용 전부가 아니라 일부가 법령에 위반
되어 위법한 경우에도 대법원은 재의결 전부의 효력을
부인하여야 한다.

문 5. 행정행위에 대한 설명으로 옳지 <u>않은</u> 것은? (다툼이 있는
경우 판례에 의함)

① 행정행위 중 당사자의 신청에 의하여 인·허가 또는 면
허 등 이익을 주거나 그 신청을 거부하는 처분을 하는
것을 내용으로 하는 이른바 신청에 의한 처분의 경우에
는 신청에 대하여 일단 거부처분이 행해지면 그 거부처
분이 적법한 절차에 의하여 취소·철회되지 않는 한, 사
유를 추가하여 거부처분을 반복하는 것은 존재하지도 않
는 신청에 대한 거부처분으로서 당연무효이다.

② 행정행위 효력요건은 정당한 권한 있는 기관이 필요한
절차를 거치고 필요한 표시의 형식을 갖추어야 할 뿐만
아니라, 행정행위의 내용이 법률상 효과를 발생할 수 있
는 것이어야 되며 그 중의 어느 하나의 요건의 흠결도
당해 행정행위의 취소원인이 된다.

③ 수익적 행정행위를 취소 또는 철회하거나 중지시키는 경
우에는 비록 취소 등의 사유가 있다고 하더라도 그 취소
권 등의 행사는 기득권의 침해를 정당화할 만한 중대한
공익상의 필요 또는 제3자의 이익을 보호할 필요가 있
고, 이를 상대방이 받는 불이익과 비교·교량하여 볼 때
공익상의 필요 등이 상대방이 입을 불이익을 정당화할
만큼 강한 경우에 한하여 허용될 수 있다.

④ 「사립학교법」 제20조 제2항에 의한 학교법인의 임원에
대한 감독청의 취임승인은 학교법인의 임원선임행위를
보충하여 그 법률상의 효력을 완성하게 하는 보충적 행
정행위로서 성질상 기본행위를 떠나 승인처분 그 자체만
으로는 법률상 아무런 효과도 발생할 수 없다.

⑤ 마을버스 운수업자가 유류사용량을 실제보다 부풀려 유
가보조금을 과다 지급받은 데 대하여 관할 행정청이 부
정수급기간 동안 지급된 유가보조금 전액을 회수하는 내
용의 처분을 한 것은 '거짓이나 부정한 방법으로 지급받
은 보조금'에 대하여 반환할 것을 명하는 것일 뿐만 아니
라 '정상적으로 지급받은 보조금'까지 반환하도록 명할
수 있는 것이어서 위법하다.

문 6. 취소소송의 판결의 효력에 대한 설명으로 옳지 <u>않은</u> 것은?

① 거부처분의 취소판결이 확정되었더라도 그 거부처분 후에 법령이 개정·시행되었다면 처분청은 그 개정된 법령 및 허가기준을 새로운 사유로 들어 다시 이전 신청에 대하여 거부처분을 할 수 있다.

② 거부처분의 취소판결이 확정된 경우 그 판결의 당사자인 처분청은 그 소송의 사실심 변론종결 이후 발생한 사유를 들어 다시 이전의 신청에 대하여 거부처분을 할 수 있다.

③ 취소판결의 기속력은 그 사건의 당사자인 행정청과 그 밖의 관계 행정청에게 확정판결의 취지에 따라 행동하여야 할 의무를 지우는 것으로 이는 인용판결에 한하여 인정된다.

④ 취소판결의 기판력은 판결의 대상이 된 처분에 한하여 미치고 새로운 처분에 대해서는 미치지 아니한다.

⑤ 취소판결의 기판력은 소송의 대상이 된 처분의 위법성존부에 관한 판단 그 자체에만 미치기 때문에 기각판결의 원고는 당해 소송에서 주장하지 아니한 다른 위법사유를 들어 다시 처분의 효력을 다툴 수 있다.

문 7. 공공의 영조물의 설치·관리의 하자로 인한「국가배상법」상 배상책임에 대한 설명으로 옳지 <u>않은</u> 것은? (다툼이 있는 경우 판례에 의함)

① 영조물의 설치·관리의 하자란 '영조물이 그 용도에 따라 통상 갖추어야 할 안정성을 갖추지 못한 상태에 있음'을 말한다.

② 영조물의 설치·관리상의 하자로 인한 배상책임은 무과실책임이고, 국가는 영조물의 설치·관리상의 하자로 인하여 타인에게 손해를 가한 경우에 그 손해방지에 필요한 주의를 해태하지 아니하였다 하여 면책을 주장할 수 없다.

③ 객관적으로 보아 시간적·장소적으로 영조물의 기능상 결함으로 인한 손해발생의 예견가능성과 회피가능성이 없는 경우에는 영조물의 설치관리상의 하자를 인정할 수 없다.

④ 영조물의 설치·관리의 하자에는 영조물이 공공의 목적에 이용됨에 있어 그 이용상태 및 정도가 일정한 한도를 초과하여 제3자에게 사회통념상 참을 수 없는 피해를 입히는 경우도 포함된다.

⑤ 광역시와 국가 모두가 도로의 점유자 및 관리자, 비용부담자로서의 책임을 중첩적으로 지는 경우 국가만이「국가배상법」에 따라 궁극적으로 손해를 배상할 책임이 있는 자가 된다.

문 8. 대집행에 대한 설명으로 옳은 것을 〈보기〉에서 모두 고르면? (다툼이 있는 경우 판례에 의함)

─〈보기〉─

ㄱ. 대집행을 통한 건물철거의 경우 건물의 점유자가 철거의무자인 때에는 부수적으로 건물의 점유자에 대한 퇴거조치를 할 수 있다.

ㄴ. 대집행에 의한 건물철거시 점유자들이 위력을 행사하여 방해하는 경우라도 경찰의 도움을 받을 수 없다.

ㄷ. 대집행시에 대집행계고서에 대집행의 대상물 등 대집행 내용이 특정되지 않으면 다른 문서나 기타 사정을 종합하여 특정될 수 있다 하더라도 그 대집행은 위법하다.

ㄹ. 1장의 문서에 철거명령과 계고처분을 동시에 기재하여 처분할 수 있다.

① ㄱ, ㄴ　　　　　　② ㄱ, ㄹ
③ ㄴ, ㄷ　　　　　　④ ㄴ, ㄹ
⑤ ㄷ, ㄹ

문 9. 행정행위의 효력에 대한 판례의 태도로 옳지 <u>않은</u> 것은?

① 처분의 불복기간이 도과된 경우에는 당해 처분의 효력을 더 이상 다툴 수 없도록 그 처분의 기초가 된 사실관계나 법률적 판단도 확정되기 때문에 법원은 그에 모순되는 판단을 할 수 없다.

② 운전면허취소처분을 받았으나 나중에 행정쟁송절차에 의해 취소되었다면, 운전면허취소처분은 그 처분시에 소급하여 효력을 잃게 되고, 운전면허취소처분에 복종할 의무가 원래부터 없었음이 후에 확정된 것이다.

③ 민사소송에 있어서 행정처분의 당연무효 여부가 선결문제로 되는 때에는 법원은 이를 판단하여 당연무효임을 전제로 판결할 수 있고 반드시 행정소송 등의 절차에 의하여 그 취소나 무효확인을 받아야 하는 것은 아니다.

④ 국세의 과오납이 위법한 과세처분에 의한 것이라도 그 흠이 단지 취소할 수 있는 정도에 불과한 때에는 그 처분이 취소되지 않는 한 그 납세액을 곧바로 부당이득이라고 하여 반환을 구할 수 있는 것은 아니다.

⑤ 제소기간이 이미 도과하여 불가쟁력이 생긴 행정처분에 대하여는 특별한 사정이 없는 한 국민에게 그 행정처분의 변경을 구할 신청권이 있다고 할 수는 없다.

문 10. 행정절차에 대한 설명으로 옳지 <u>않은</u> 것은? (다툼이 있는 경우 판례에 의함)

① 공무원 인사관계 법령에 의한 처분에 관한 사항이라 하더라도 전부에 대하여 「행정절차법」의 적용이 배제되는 것이 아니라, 성질상 행정절차를 거치기 곤란하거나 불필요하다고 인정되는 처분이나 행정절차에 준하는 절차를 거치도록 하고 있는 처분의 경우에만 「행정절차법」의 적용이 배제되는 것으로 보아야 한다.

② 군인사법령에 의하여 진급예정자명단에 포함된 자에 대하여 의견제출의 기회를 부여하지 아니한 채 진급선발을 취소하는 처분을 한 것은 절차상 하자가 있어 위법하다.

③ 지방의회의 동의를 얻어 행하는 처분에 대해서는 「행정절차법」이 적용되지 아니한다.

④ 도시·군계획시설결정과 실시계획인가는 도시·군계획시설사업을 위하여 이루어지는 단계적 행정절차에서 별도의 요건과 절차에 따라 별개의 법률효과를 발생시키는 독립적인 행정처분이다. 그러므로 선행처분인 도시·군계획시설결정에 하자가 있더라도 그것이 당연무효가 아닌 한 원칙적으로 후행처분인 실시계획인가에 승계되지 않는다.

⑤ 한국방송공사의 설치·운영에 관한 사항을 정하고 있는 「방송법」은 제50조 제2항에서 "사장은 이사회의 제청으로 대통령이 임명한다."고 규정하고 있을 뿐 한국방송공사 사장에 대한 해임에 관하여는 명시적 규정을 두고 있지 아니하므로, 한국방송공사 사장의 임명권자인 대통령에게 해임권한이 없다고 보는 것이 타당하다.

문 11. 다음은 「감염병의 예방 및 관리에 관한 법률」의 다음 규정 중 일부이다. 이 규정에 대한 설명으로 옳은 것을 〈보기〉에서 모두 고르면?

제47조(감염병 유행에 대한 방역조치) 질병관리청장 ……은 감염병이 유행하면 감염병 전파를 막기 위하여 다음 각 호에 해당하는 …… 조치를 하여야 한다.

　1. 감염병환자 등이 있는 장소나 감염병병원체에 오염되었다고 인정되는 장소에 대한 다음 각 목의 조치
　　가. 일시적 폐쇄
　　나. 〈이하 생략〉
　3. 감염병의심자를 적당한 장소에 일정한 기간 입원 또는 격리시키는 것
　4. 〈이하 생략〉

제80조(벌칙) 다음 각 호의 어느 하나에 해당하는 자는 300만 원 이하의 벌금에 처한다.

　1.~6. 〈생략〉
　7. 제47조 …… 에 따른 조치에 위반한 자
　8. 〈이하 생략〉

〈보기〉

ㄱ. 제47조 제1호의 '일시적 폐쇄'는 의무의 불이행을 전제로 하지 않으므로 강학상 '직접강제'에 해당한다.

ㄴ. 제47조 제3호의 '입원 또는 격리'가 항고소송의 대상이 된다고 하더라도 입원 또는 격리가 이미 종료된 경우에는 권리보호의 필요성이 부정될 수 있다.

ㄷ. 제47조의 각 호 조치가 급박한 상황에 대처하기 위한 것으로서 그 불가피성과 정당성이 충분히 인정된다면 헌법상의 사전영장주의 원칙에 위배되는 것은 아니라 할 것이다.

ㄹ. 제80조의 벌금은 과실범 처벌에 관한 명문규정이 있거나 해석상 과실범도 벌할 뜻이 명확한 경우를 제외하고는 「형법」의 원칙에 따라 고의가 있어야 벌할 수 있다.

ㅁ. 법인의 종업원이 제80조의 위반행위를 하였음을 이유로 종업원과 함께 법인도 처벌하고자 한다면, 종업원의 행위의 결과에 대하여 법인에게 독자적인 책임이 있어야 한다.

① ㄱ, ㄴ, ㄷ　　　　　　② ㄱ, ㄹ, ㅁ
③ ㄴ, ㄷ, ㅁ　　　　　　④ ㄴ, ㄷ, ㄹ, ㅁ
⑤ ㄱ, ㄴ, ㄷ, ㄹ, ㅁ

문 12. 행정행위의 효력에 대한 설명으로 옳지 <u>않은</u> 것은? (다툼이 있는 경우 판례에 의함)

　① 행정처분에 그 효력기간이 부관으로 정하여져 있는 경우, 그 처분의 효력 또는 집행이 정지된 바 없다면 위 기간의 경과로 그 행정처분의 효력은 상실되므로 그 기간 경과 후에는 그 처분이 외형상 잔존함으로 인하여 어떠한 법률상 이익이 침해되고 있다고 볼 만한 별다른 사정이 없는 한 그 처분의 취소를 구할 법률상의 이익이 없다.

　② 침익적 행정행위의 근거가 되는 행정법규는 엄격하게 해석·적용하여야 하고 그 행정행위의 상대방에게 불리한 방향으로 지나치게 확장해석하거나 유추해석해서는 아니 된다.

　③ 과세처분에 취소할 수 있는 위법사유가 있다 하더라도 그 과세처분은 그것이 적법하게 취소되기 전까지는 유효하다 할 것이므로, 민사소송절차에서 그 과세처분의 효력을 부인할 수 없다.

　④ 허가에 붙은 기한이 그 허가된 사업의 성질상 부당하게 짧은 경우에는 이를 그 허가 자체의 존속기간이 아니라 그 허가조건의 존속기간으로 보아 그 기한이 도래함으로써 그 조건의 개정을 고려한다는 뜻으로 해석할 수 있을 것이다.

　⑤ 구「중기관리법」에「도로교통법 시행령」제86조 제3항 제4호와 같은 운전면허의 취소·정지에 대한 통지에 관한 규정이 없다면 중기조종사면허의 취소나 정지는 상대방에 대한 통지를 요하지 아니한다고 할 수 있고 행정행위의 일반원칙에 따라 이를 상대방에게 고지하여야 효력이 발생한다고 볼 수 없다.

문 13. 손실보상의 근거 규정이 없이 법령상 규정에 의하여 재산권 행사에 제약을 받은 사람이 손실보상을 청구할 수 있는지에 대한 다음의 설명 중 옳지 <u>않은</u> 것은? (다툼이 있는 경우 판례에 의함)

　① 재산권의 사회적 제약에 해당하는 공용제한에 대해서는 보상규정을 두지 않아도 된다.

　② 보상규정이 없다고 하여 당연히 보상이 이루어질 수 없는 것이 아니라 헌법해석론에 따라서는 특별한 희생에 해당하는 재산권 제약에 대해서는 손실보상이 이루어질 수도 있다.

　③ 우리 헌법재판소는 손실보상규정이 없어 손실보상을 할 수 없으나 수인한도를 넘는 침해가 있는 경우에는 침해를 야기한 행위가 위법하므로 그에 대한 항고소송을 제기할 수 있다고 한다.

　④ 대법원은 손실보상규정이 없는 경우에 다른 손실보상규정의 유추적용을 인정하는 경우가 있다.

　⑤ 손실보상규정이 없으나 수인한도를 넘는 침해가 이루어진 경우 헌법소원으로 이를 다툴 수 있다.

문 14. 다음은 행정입법에 대한 대법원 판결문의 일부이다. 이에 대한 설명으로 옳은 것은?

> 「공공기관의 운영에 관한 법률」(이하 '공공기관법'이라 한다) 제39조 제2항, 제3항 및 그 위임에 따라 기획재정부령으로 제정된 「공기업·준정부기관 계약사무규칙」 제15조 제1항(이하 '이 사건 규칙 조항'이라 한다)의 내용을 대비해 보면, 입찰참가자격제한의 요건을 공공기관법에서는 '공정한 경쟁이나 계약의 적정한 이행을 해칠 것이 명백할 것'을 규정하고 있는 반면, 이 사건 규칙 조항에서는 '경쟁의 공정한 집행이나 계약의 적정한 이행을 해칠 우려가 있거나 입찰에 참가시키는 것이 부적합하다고 인정되는 자'라고 규정함으로써, 이 사건 규칙 조항이 법률에 규정된 것보다 한층 완화된 처분요건을 규정하여 그 처분대상을 확대하고 있다. 그러나 공공기관법 제39조 제3항에서 부령에 위임한 것은 '입찰참가자격의 제한기준 등에 관하여 필요한 사항'일 뿐이고, 이는 그 규정의 문언상 입찰참가자격을 제한하면서 그 기간의 정도와 가중·감경 등에 관한 사항을 의미하는 것이지 처분의 요건까지를 위임한 것이라고 볼 수는 없다. 따라서 이 사건 규칙조항에서 위와 같이 처분의 요건을 완화하여 정한 것은 상위법령의 위임 없이 규정한 것이므로 이는 행정기관 내부의 사무처리준칙을 정한 것에 지나지 않는다.

　① 「공기업·준정부기관 계약사무규칙」 제15조 제1항은 국민에 대하여 구속력이 있다.

　② 법률의 위임이 없음에도 법률에 규정된 처분 요건을 부령에서 변경하여 규정한 경우에는 그 부령의 규정은 국민에 대하여 대외적 구속력은 없다.

　③ 어떤 행정처분이 법규성이 없는 부령의 규정에 위배되면 그 처분은 위법하고, 또 그 부령에서 정한 요건에 부합하면 그 처분은 적법하다.

　④ 입찰참가자격제한처분의 적법 여부는 「공기업·준정부기관 계약사무규칙」 제15조 제1항에서 정한 요건에 합치하는지 여부와 공공기관법 제39조의 규정을 기준으로 판단하여야 한다.

　⑤ 법령에서 행정처분의 요건 중 일부 사항을 부령으로 정할 것을 위임한 데 따라 부령에서 이를 정하고 있는 경우에 그 부령의 규정은 국민에 대하여 구속력이 없다.

문 15. 「행정심판법」의 규정에 대한 설명으로 옳은 것은?

① 특별행정심판 또는 「행정심판법」에 따른 행정심판절차에 대한 특례를 신설하거나 변경하는 법령을 제정·개정할 때 중앙행정심판위원회와 사전에 협의하여야 하는 것은 아니다.

② 대통령의 처분 또는 부작위에 대하여는 다른 법률에서 행정심판을 청구할 수 있도록 정한 경우 외에는 행정심판을 청구할 수 없다.

③ 국가인권위원회의 처분 또는 부작위에 대한 행정심판의 청구는 국민권익위원회에 두는 중앙행정심판위원회에서 심리·재결한다.

④ 행정심판결과에 이해관계가 있는 제3자나 행정청은 신청에 의하여 행정심판에 참가할 수 있으나, 행정심판위원회가 직권으로 심판에 참가할 것을 요구할 수는 없다.

⑤ 행정심판위원회는 무효확인심판의 청구가 이유가 있더라도 이를 인용하는 것이 공공복리에 크게 위배된다고 인정하면 그 청구를 기각하는 재결을 할 수 있다.

문 16. 다음은 「식품위생법」상 영업허가 및 영업승계에 관한 조항의 일부이다. 제39조 제3항의 신고에 대한 설명으로 옳은 것은? (다툼이 있는 경우 판례에 의함)

> 제37조(영업허가 등) ① 제36조 제1항 각 호에 따른 영업 중 대통령령으로 정하는 영업을 하려는 자는 대통령령으로 정하는 바에 따라 영업 종류별 또는 영업소별로 식품의약품안전처장 또는 특별자치시장·특별자치도지사·시장·군수·구청장의 허가를 받아야 한다. 〈이하 생략〉
>
> 제39조(영업 승계) ① 영업자가 영업을 양도하거나 사망한 경우 또는 법인이 합병한 경우에는 그 양수인·상속인 또는 합병 후 존속하는 법인이나 합병에 따라 설립되는 법인은 그 영업자의 지위를 승계한다.
>
> ② 다음 각 호의 어느 하나에 해당하는 절차에 따라 영업 시설의 전부를 인수한 자는 그 영업자의 지위를 승계한다. 이 경우 종전의 영업자에 대한 영업 허가·등록 또는 그가 한 신고는 그 효력을 잃는다.
> 1. 「민사집행법」에 따른 경매
> 2.∼ 4. 〈생략〉
>
> ③ 제1항 또는 제2항에 따라 그 영업자의 지위를 승계한 자는 총리령으로 정하는 바에 따라 1개월 이내에 그 사실을 식품의약품안전처장 또는 특별자치시장·특별자치도지사·시장·군수·구청장에게 신고하여야 한다.

① 신고는 영업허가자의 변경이라는 법률효과를 발생시키는 행위이다.

② 신고의 수리행위에 신고필증 교부가 필요하다.

③ 관할 행정청이 신고를 수리함에 있어서는 「행정절차법」의 적용을 받지 않는다.

④ 수리 대상인 사업양도·양수가 없었음에도 신고를 수리한 경우에는 먼저 민사쟁송으로 양도·양수가 무효임을 구한 이후에 신고 수리의 무효를 다툴 수 있다.

⑤ 양도계약이 있은 후 신고 전에 행정청이 종전의 영업자(양도인)에 대하여 영업허가를 위법하게 취소한 경우에, 영업자의 지위를 승계한 자(양수인)는 양도인에 대한 영업허가취소처분을 다툴 원고적격을 갖지 못한다.

문 17. 행정입법에 대한 설명으로 옳지 <u>않은</u> 것은? (다툼이 있는 경우 판례에 의함)

① 일반적으로 법률의 위임에 따라 효력을 갖는 법규명령의 경우에 위임의 근거가 없어 무효였더라도 나중에 법 개정으로 위임의 근거가 부여되면 그때부터는 유효한 법규명령으로 볼 수 있다. 그러나 법규명령이 개정된 법률에 규정된 내용을 함부로 유추·확장하는 내용의 해석규정이어서 위임의 한계를 벗어난 것으로 인정될 경우에는 법규명령은 여전히 무효이다.

② 헌법 제107조 제2항의 규정에 따르면 행정입법의 심사는 일반적인 재판절차에 의하여 구체적 규범통제의 방법에 의하도록 하고 있으므로, 원칙적으로 당사자는 구체적 사건의 심판을 위한 선결문제로서 행정입법의 위법성을 주장하여 법원에 대하여 당해 사건에 대한 적용 여부의 판단을 구할 수 있을 뿐 행정입법 자체의 합법성의 심사를 목적으로 하는 독립한 신청을 제기할 수는 없다.

③ 행정입법에 관여한 공무원이 입법 당시의 상황에서 다양한 요소를 고려하여 나름대로 합리적인 근거를 찾아 어느 하나의 견해에 따라 경과규정을 두는 등의 조치 없이 새 법령을 그대로 시행하거나 적용하였더라도 이러한 경우에까지 「국가배상법」 제2조 제1항에서 정한 국가배상책임의 성립요건인 공무원의 과실이 있다고 할 수는 없다.

④ 「공공기관의 정보공개에 관한 법률」 제9조 제1항 제1호의 '법률에서 위임한 명령'은 법률의 위임규정에 의하여 제정된 대통령령, 총리령, 부령 전부를 의미한다.

⑤ 구 「여객자동차 운수사업법」 제11조 제4항의 위임에 따라 시외버스운송사업의 사업계획변경에 관한 절차, 인가기준 등을 구체적으로 규정한 구 「여객자동차 운수사업법 시행규칙」 제31조 제2항 제1호·제2호·제6호는 대외적인 구속력이 있는 법규명령이라고 할 것이고, 그것을 행정청 내부의 사무처리준칙을 규정한 행정규칙에 불과하다고 할 수는 없다.

문 18. 개인정보보호에 대한 설명으로 옳지 <u>않은</u> 것은? (다툼이 있는 경우 판례에 의함)

① 「개인정보 보호법」은 개인정보의 누설이나 권한 없는 처리 또는 다른 사람의 이용에 제공하는 등 부당한 목적으로 사용한 행위를 처벌하도록 규정하고 있다. 여기에서 '누설'이라 함은 아직 이를 알지 못하는 타인에게 알려주는 일체의 행위를 말한다.

② 개인정보자기결정권의 보호대상이 되는 개인정보는 개인의 신체, 신념, 사회적 지위, 신분 등과 같이 인격주체성을 특징짓는 사항으로서 개인의 동일성을 식별할 수 있게 하는 일체의 정보를 의미하는 것이므로 개인의 내밀한 영역에 속하는 정보에 국한되고 공적 생활에서 형성되었거나 이미 공개된 개인정보는 포함되지 않는다.

③ 개인정보자기결정권이나 익명표현의 자유도 국가안전보장·질서유지 또는 공공복리를 위하여 필요한 경우에는 헌법 제37조 제2항에 따라 법률로써 제한될 수 있다.

④ 헌법 제10조의 인간의 존엄과 가치, 행복추구권과 헌법 제17조의 사생활의 비밀과 자유에서 도출되는 개인정보자기결정권은 자신에 관한 정보가 언제 누구에게 어느 범위까지 알려지고 또 이용되도록 할 것인지를 정보주체가 스스로 결정할 수 있는 권리이다.

⑤ 헌법 제21조에서 보장하고 있는 표현의 자유는 개인이 인간으로서의 존엄과 가치를 유지하고 국민주권을 실현하는 데 필수불가결한 자유로서, 자신의 신원을 누구에게도 밝히지 않은 채 익명 또는 가명으로 자신의 사상이나 견해를 표명하고 전파할 익명표현의 자유도 그 보호영역에 포함된다.

문 19. 행정상 의무이행 확보수단에 대한 설명으로 옳지 <u>않은</u> 것은? (다툼이 있는 경우 판례에 의함)

① 이행강제금은 행정법상의 작위 또는 부작위의무를 이행하지 않은 경우에 '일정한 기한까지 의무를 이행하지 않을 때에는 일정한 금전적 부담을 과할 뜻'을 미리 '계고'함으로써 의무자에게 심리적 압박을 주어 장래를 향하여 의무의 이행을 확보하려는 간접적인 행정상 강제집행 수단이다.

② 행정상 즉시강제는 그 본질상 행정 목적달성을 위하여 불가피한 한도 내에서 예외적으로 허용되는 것이므로, 「경찰관 직무집행법」 제6조 경찰관의 범죄의 제지 조치 역시 그러한 조치가 불가피한 최소한도 내에서만 행사되도록 그 발동·행사 요건을 신중하고 엄격하게 해석하여야 한다.

③ 세무조사는 국가의 과세권을 실현하기 위한 행정조사의 일종으로서 국세의 과세표준과 세액을 결정 또는 경정하기 위하여 질문을 하고 장부·서류 그 밖의 물건을 검사·조사하거나 그 제출을 명하는 일체의 행위를 말한다.

④ 공정거래위원회의 과징금 납부명령이 재량권 일탈·남용으로 위법한지는 다른 특별한 사정이 없는 한 과징금 납부명령이 행하여진 '의결일' 당시의 사실상태를 기준으로 판단하여야 한다.

⑤ 하천구역의 무단 점용을 이유로 부당이득금 부과처분과 그 부당이득금 미납으로 인한 가산금 징수처분을 받은 사람이 가산금 징수처분에 대하여 행정청이 안내한 전심절차를 밟지 않았다면 부당이득금 부과처분에 대하여 전심절차를 거쳤다 하더라도 가산금 징수처분에 대하여는 부당이득금 부과처분과 함께 행정소송으로 다툴 수 없다.

문 20. 행정행위의 직권취소 및 철회에 대한 설명으로 옳지 <u>않은</u> 것은? (다툼이 있는 경우 판례에 의함)

① 수익적 행정행위의 철회는 법령에 명시적인 규정이 있거나 행정행위의 부관으로 그 철회권이 유보되어 있는 등의 경우가 아니라면, 원래의 행정행위를 존속시킬 필요가 없게 된 사정변경이 생겼거나 또는 중대한 공익상의 필요가 발생한 경우 등의 예외적인 경우에만 허용된다.

② 행정행위의 처분권자는 취소사유가 있는 경우 별도의 법적 근거가 없더라도 직권취소를 할 수 있다.

③ 행정청이 행한 공사중지명령의 상대방은 그 명령 이후에 그 원인사유가 소멸하였음을 들어 행정청에게 공사중지명령의 철회를 요구할 수 있는 조리상의 신청권이 없다.

④ 외형상 하나의 행정처분이라 하더라도 가분성이 있거나 그 처분대상의 일부가 특정될 수 있다면 그 일부만의 취소도 가능하고 그 일부의 취소는 당해 취소부분에 관하여 효력이 생긴다.

⑤ 직권취소는 처분의 성격을 가지므로, 이유제시절차 등의 「행정절차법」상 처분절차에 따라야 하며, 특히 수익적 행위의 직권취소는 상대방에게 침해적 효과를 발생시키므로 「행정절차법」에 따른 사전통지, 의견청취의 절차를 거쳐야 한다.

문 21. 행정법 관계에 대한 설명으로 옳지 <u>않은</u> 것은? (다툼이 있는 경우 판례에 의함)

① 취소소송은 원칙적으로 처분 등의 취소를 구할 법령상 보호가치 있는 이익을 가진 자이면 제기할 수 있다.

② 자치법규에 따라 행정권한을 가지고 있는 공공단체는 행정청에 해당된다.

③ 수익처분의 상대방에게도 당해 처분의 취소를 구할 이익이 인정될 수 있다.

④ 광업권 허가에 대한 취소처분을 한 후 적법한 광업권 설정의 선출원이 있는 경우에는 취소처분을 취소하여 광업권을 복구시키는 조처는 위법하다.

⑤ 구 「산림법」상 산림을 무단형질변경한 자가 사망한 경우 당해 토지의 소유권 또는 점유권을 승계한 상속인은 그 복구의무를 부담한다고 봄이 상당하다.

문 22. 다음 중 행정주체에 해당하는 것으로서 그에 대한 법적 성격에 대한 설명이 옳은 것을 〈보기〉에서 모두 고르면? (다툼이 있는 경우 판례에 의함)

〈보기〉
ㄱ. 재개발조합 - 공공조합
ㄴ. 한국연구재단 - 공법상의 재단법인
ㄷ. 대한변호사협회 - 공법상의 사단법인
ㄹ. 국립의료원 - 공법상의 사단법인
ㅁ. 한국방송공사 - 영조물법인

① ㄱ, ㄴ
② ㄱ, ㄷ
③ ㄴ, ㄷ, ㅁ
④ ㄱ, ㄴ, ㄷ, ㅁ
⑤ ㄱ, ㄴ, ㄹ, ㅁ

문 23. 행정작용에 관한 설명 중 옳은 것을 〈보기〉에서 모두 고르면?

〈보기〉
ㄱ. 인가의 대상이 되는 행위에 취소원인이 있더라도 일단 인가가 있는 때에는 그 흠은 치유된다.
ㄴ. 행정계획의 수립에 있어서 행정청에게 인정되는 광범위한 형성의 자유, 즉 '계획재량'은 '형량명령의 원칙'에 따라 통제한다.
ㄷ. 관계 법령을 위반하였음을 이유로 장례식장의 사용중지를 명하고 이를 불이행할 경우「행정대집행법」에 의하여 대집행하겠다는 내용의 장례식장사용중지 계고처분은 적법하다.
ㄹ. 이유부기를 결한 행정행위는 무효이며 그 흠의 치유를 인정하지 아니하는 것이 판례의 입장이다.
ㅁ. 행정행위의 구성요건적 효력은 처분청 이외의 다른 국가기관으로 하여금 당해 행위의 존재와 효과를 인정하고 그 내용에 구속될 것을 요구하는 효력을 말한다.

① ㄱ, ㄴ
② ㄱ, ㄷ
③ ㄴ, ㄹ
④ ㄴ, ㅁ
⑤ ㄷ, ㅁ

문 24. 행정심판에 있어서 당사자와 관계인에 대한 설명으로 옳지 않은 것은?

① 심판청구의 대상과 관계되는 권리나 이익을 양수한 자는 위원회의 허가를 받아 청구인의 지위를 승계할 수 있다.
② 법인이 아닌 사단 또는 재단으로서 대표자나 관리인이 정하여져 있는 경우에는 그 대표자나 관리인의 이름으로 심판청구를 할 수 있다.
③ 청구인이 피청구인을 잘못 지정한 경우에는 위원회는 직권으로 또는 당사자의 신청에 의하여 결정으로서 피청구인을 경정할 수 있다.
④ 행정심판의 경우 여러 명의 청구인이 공동으로 심판청구를 할 때에는 청구인들 중에서 3명 이하의 선정대표자를 선정할 수 있다.
⑤ 참가인은 행정심판절차에서 당사자가 할 수 있는 심판절차상의 행위를 할 수 있다.

문 25. 부작위위법확인소송에 대한 설명으로 옳지 않은 것은? (다툼이 있는 경우 판례에 의함)

① 부작위위법확인의 소는 부작위상태가 계속되는 한 그 위법의 확인을 구할 이익이 있다고 보아야 하므로 원칙적으로 제소기간의 제한을 받지 않으나, 행정심판 등 전심절차를 거친 경우에는「행정소송법」제20조가 정한 제소기간 내에 소를 제기해야 한다.
② 소 제기의 전후를 통하여 판결시까지 행정청이 그 신청에 대하여 적극 또는 소극의 처분을 함으로써 부작위상태가 해소된 때에는 소의 이익을 상실하게 되어 당해 소는 각하를 면할 수가 없다.
③ 행정청에 대하여 어떠한 행정처분을 하여 줄 것을 요청할 수 있는 법규상 또는 조리상의 권리를 갖는 자만이 제기할 수 있다.
④ 법원은 단순히 행정청의 방치행위의 적부에 관한 절차적 심리만 하는 게 아니라, 신청의 실체적 내용이 이유 있는지도 심리하며 그에 대한 적정한 처리방향에 관한 법률적 판단을 해야 한다.
⑤ 부작위위법확인소송에는 취소판결의 사정판결규정은 준용되지 않지만 제3자효, 기속력, 간접강제에 관한 규정은 준용된다.

해설편 ▶ P.223

2017
국회직 8급
4월 22일 시행

| 풀이 시간: _____:_____ ~ _____:_____ / 점수: _____점

| ★이 표시된 문제는 행정법 각론(7급)에 해당하는 문제입니다.

문 1. 무효등확인소송에 대한 설명으로 옳지 <u>않은</u> 것은? (다툼이 있는 경우 판례에 의함)

① 처분 등을 취소하는 확정판결의 기속력 및 행정청의 재처분의무에 관한 「행정소송법」 제30조가 무효확인소송에도 준용되므로 무효확인판결 자체만으로도 실효성이 확보될 수 있다.

② 거부처분에 대해서 무효확인판결이 내려진 경우에는 당해 행정청에 판결의 취지에 따른 재처분의무가 인정됨은 물론 간접강제도 허용된다.

③ 행정처분의 근거 법률에 의하여 보호되는 직접적·구체적인 이익이 있는 경우에는 「행정소송법」 제35조에 규정된 '무효확인을 구할 법률상 이익'이 있다고 보아야 하며, 이와 별도로 무효확인소송의 보충성이 요구되는 것은 아니므로 행정처분의 무효를 전제로 한 이행소송 등과 같은 직접적인 구제수단이 있는지 여부를 따질 필요가 없다.

④ 행정처분의 당연무효를 주장하여 그 무효확인을 구하는 행정소송에 있어서는 원고에게 그 행정처분이 무효인 사유를 주장·입증할 책임이 있다.

⑤ 압류등기가 말소된다고 하여도 압류처분이 외형적으로 효력이 있는 것처럼 존재하는 이상, 압류처분에 기한 압류등기가 경료되어 있는 경우에도 압류처분의 무효확인을 구할 이익이 있다.

문 2. 통지의 처분성 여부에 대한 판례의 입장으로 옳지 <u>않은</u> 것은?

① 「국가공무원법」상 당연퇴직의 인사발령은 법률상 당연히 발생하는 퇴직사유를 공적으로 확인하여 알려 주는 관념의 통지에 불과하여 행정처분이 아니다.

② 구 「소득세법 시행령」에 따른 소득 귀속자에 대한 소득금액변동통지는 원천납세의무자인 소득 귀속자의 법률상 지위에 직접적인 법률적 변동을 가져오므로 행정처분이다.

③ 구 「농지법」상 농지처분의무의 통지는 통지를 전제로 농지처분명령 및 이행강제금부과 등의 일련의 절차가 진행되는 점에서 독립한 행정처분이다.

④ 임용기간이 만료된 국·공립대학의 조교수에 대하여 재임용을 거부하는 취지로 한 임용기간만료의 통지는 행정처분에 해당한다.

⑤ 구 「건축법」 및 「지방세법」·「국세징수법」에 의하여 이행강제금 부과처분을 받은 자가 기한 내에 이행강제금을 납부하지 아니한 때에는 그 납부를 독촉할 수 있으며, 이때 이행강제금 납부의 최초 독촉은 징수처분으로서 행정처분에 해당한다.

문 3. 다음 기관의 설치근거에 대한 설명으로 옳지 <u>않은</u> 것은?
★

① 중앙선거관리위원회와 감사원은 헌법의 근거에 의하여 설치된다.

② 대통령비서실과 대통령경호실(현 대통령경호처)은 「정부조직법」에 설치근거를 두고 있다.

③ 지방의회는 헌법과 법률에 근거하여 설치된다.

④ 지방자치단체의 보조기관 중 부군수와 부구청장은 조례에 의하여 설치된다.

⑤ 지방자치단체는 조례에 근거하여 합의제행정기관을 설치할 수 있다.

문 4. 행정행위의 하자에 대한 설명으로 옳은 것은? (다툼이 있는 경우 판례에 의함)

① 행정심판전치주의는 무효확인소송에는 적용되지만 취소소송에는 적용되지 않는다.

② 대법원은 무효와 취소의 구별기준에 대해서 중대명백설을 취하고 있으나, 반대의견으로 객관적 명백성설이 제시된 판례도 존재한다.

③ 판례는 권한유월의 행위는 무권한의 행위로서 원칙적으로 취소사유로 보면서도 의원면직처분에서의 권한유월은 확인적 행정행위의 성격을 갖고 있기 때문에 원칙적으로 무효사유로 보아야 한다는 입장이다.

④ 판례는 민원사무를 처리하는 행정기관이 민원 1회 방문 처리제를 시행하는 절차의 일환으로 민원사항의 심의·조정 등을 위한 민원조정위원회를 개최하면서 민원인에게 회의일정 등을 사전에 통지하지 아니하였다면 취소사유가 존재한다는 입장이다.

⑤ 판례는 환경영향평가를 거쳐야 할 대상사업에 대하여 이를 거치지 아니하였음에도 불구하고 승인 등 처분이 이루어졌다면 이는 당연무효라는 입장이다.

문 5. 행정조사에 대한 설명으로 옳은 것을 〈보기〉에서 모두 고르면?

─〈보기〉─

ㄱ. 행정조사가 사인에게 미치는 중요한 사항인 경우에는 설령 비권력적 행정조사라고 하더라도 중요사항유보설에 의하면 법률의 근거를 필요로 한다.

ㄴ. 행정기관의 장은 법령 등에서 규정하고 있는 조사사항을 조사대상자로 하여금 스스로 신고하도록 하는 제도를 운영할 의무가 있다.

ㄷ. 「행정절차법」은 행정조사절차에 관한 명문의 규정을 두고 있다.

ㄹ. 판례에 의하면 우편물 통관검사절차에서 이루어지는 우편물의 개봉·시료채취·성분분석 등의 검사는 행정조사의 성격을 가지므로 압수·수색영장 없이 진행되어도 특별한 사정이 없는 한 위법하지 않다.

ㅁ. 판례에 의하면 세무조사결정은 납세의무자의 권리·의무에 직접 영향을 미치는 것이 아니라 행정 내부행위로서 항고소송의 대상이 아니다.

① ㄹ
② ㄱ, ㄴ
③ ㄱ, ㄹ
④ ㄱ, ㄴ, ㄹ
⑤ ㄷ, ㄹ, ㅁ

문 6. 행정심판에 대한 설명으로 옳은 것은? (다툼이 있는 경우 판례에 의함)

① 거부처분에 대하여서는 의무이행심판을 제기하여야 하며, 취소심판을 제기할 수 없다.

② 행정심판청구서는 피청구인인 행정청을 거쳐 행정심판위원회에 제출하여야 한다.

③ 임시처분은 집행정지로 목적을 달성할 수 있는 경우에는 허용되지 아니한다.

④ 행정심판의 재결에 고유한 위법이 있는 경우에는 재결에 대하여 다시 행정심판을 청구할 수 있다.

⑤ 행정청이 재결의 기속력에도 불구하고 처분명령재결의 취지에 따라 이전의 신청에 대한 처분을 하지 아니하는 때에는 행정심판위원회는 손해배상을 명할 수 있다.

문 7. 행정입법에 대한 설명으로 옳지 않은 것은? (다툼이 있는 경우 판례에 의함)

① 상위법령의 시행을 위하여 제정한 집행명령은 그 상위법령이 개정되더라도 개정법령과 성질상 모순·저촉되지 않는 이상 여전히 그 효력을 가진다.

② 행정규칙인 고시가 집행행위의 개입 없이도 그 자체로서 국민의 구체적인 권리·의무에 직접적인 변동을 초래하는 경우에는 항고소송의 대상이 된다.

③ 행정각부의 장관이 정한 고시가 상위법령의 수권에 의한 것으로 법령 내용을 보충하는 기능을 하는 경우에도 그 규정 형식이 법령의 위임 범위를 벗어난 것이라면 법규명령으로서의 대외적 구속력이 인정되지 않는다.

④ 수권법령에 재위임을 허용하는 규정이 없더라도 위임받은 사항에 관하여 대강을 정하고 그 중의 특정사항을 범위를 정하여 하위법령에 재위임하는 것은 허용된다.

⑤ 상위법령의 시행을 위하여 법규명령을 제정하여야 할 의무가 인정됨에도 불구하고 법규명령을 제정하고 있지 않은 경우, 그러한 부작위는 부작위위법확인소송을 통하여 다툴 수 있다.

문 8. 甲은 A시장의 영업허가 취소처분이 위법함을 이유로 국가배상청구소송을 제기하였다. 이에 대한 설명으로 옳은 것은? (다툼이 있는 경우 판례에 의함)

① 甲의 국가배상청구소송은 공법상 당사자소송에 해당한다.

② 甲의 소송이 인용되려면 미리 영업허가 취소처분에 대한 취소의 인용판결이 있어야 한다.

③ 甲이 국가배상청구소송을 제기한 이후에 영업허가 취소처분에 대한 취소소송을 제기한 경우 그 취소소송은 국가배상청구소송에 병합될 수 있다.

④ A시장의 영업허가 취소사무가 국가사무로서 국가가 실질적인 비용을 부담하는 자인 경우에는 甲은 국가를 상대로 국가배상을 청구하여야 한다.

⑤ A시장의 영업허가 취소처분에 대한 취소소송에서 인용판결이 확정된 이후에도 甲의 국가배상청구소송은 기각될 수 있다.

문 9. 「공공기관의 정보공개에 관한 법률」(이하 '정보공개법'이라 함)에 대한 판례의 설명으로 옳지 <u>않은</u> 것은?

① 정보공개청구를 거부하는 처분이 있은 후 대상정보가 폐기되었다든가 하여 공공기관이 그 정보를 보유·관리하지 아니하게 된 경우에는 특별한 사정이 없는 한 정보공개거부처분의 취소를 구할 법률상의 이익이 없다.

② 「공직자윤리법」상의 등록의무자가 구 「공직자윤리법 시행규칙」 제12조에 따라 제출한 '자신의 재산등록사항의 고지를 거부한 직계존비속의 본인과의 관계, 성명, 고지거부사유, 서명'이 기재되어 있는 문서는 정보공개법상의 비공개 대상 정보에 해당한다.

③ 정보공개를 구하는 정보를 공공기관이 한때 보유·관리하였으나 후에 그 정보가 담긴 문서들이 폐기되어 존재하지 않게 된 것이라면 그 정보를 더 이상 보유·관리하고 있지 아니하다는 점에 대한 증명책임은 공공기관에 있다.

④ 정보공개법 제13조 제2항에서 규정한 정보의 사본 또는 복제물의 교부를 제한할 수 있는 사유에 해당하지 아니하는 한 정보공개청구자가 선택한 공개방법에 따라 공개하여야 하므로 공공기관은 정보공개방법을 선택할 재량권이 없다.

⑤ 공공기관은 정보공개청구를 거부할 경우에도 대상이 된 정보의 내용을 구체적으로 확인·검토하여 어느 부분이 어떠한 법익 또는 기본권과 충돌되어 정보공개법 제9조 제1항 몇 호에서 정하고 있는 비공개사유에 해당하는지를 주장·입증하여야 하며, 그에 이르지 아니한 채 개괄적인 사유만 들어 공개를 거부하는 것은 허용되지 아니한다.

문 10. 항고소송의 대상이 되는 처분에 대한 설명으로 옳은 것을 〈보기〉에서 모두 고르면? (다툼이 있는 경우 판례에 의함)

〈보기〉

ㄱ. 조례가 집행행위의 개입이 없이도 그 자체로서 직접 국민의 구체적인 권리의무나 법적 이익에 영향을 미치는 등의 법률상 효과를 발생하는 경우 그 조례는 항고소송의 대상이 되는 행정처분에 해당한다.

ㄴ. 공정거래위원회의 표준약관 사용권장행위는 비록 그 통지를 받은 해당 사업자 등에게 표준약관을 사용할 경우 표준약관과 다르게 정한 주요내용을 고객이 알기 쉽게 표시하여야 할 의무를 부과하고 그 불이행에 대해서는 과태료에 처하도록 되어 있으나, 이는 어디까지나 구속력이 없는 행정지도에 불과하므로 행정처분에 해당되지 아니한다.

ㄷ. 국가인권위원회의 각하 및 기각결정은 항고소송의 대상이 되는 처분에 해당하지 아니하므로 헌법소원의 보충성 요건을 충족하여 헌법소원의 대상이 된다.

ㄹ. 지방계약직 공무원의 보수삭감행위는 대등한 당사자 간의 계약관계와 관련된 것이므로 처분성은 인정되지 아니하며, 공법상 당사자소송의 대상이 된다.

ㅁ. 3월의 영업정지처분을 2월의 영업정지처분에 갈음하는 과징금 부과처분으로 변경하는 재결의 경우 취소소송의 대상이 되는 것은 변경된 내용의 당초처분이지 변경처분은 아니다.

① ㄱ, ㅁ
② ㄷ, ㄹ
③ ㄱ, ㄹ, ㅁ
④ ㄱ, ㄴ, ㄷ, ㄹ
⑤ ㄱ, ㄴ, ㄷ, ㅁ

문 11. 공법과 사법의 구별에 대한 설명으로 옳지 <u>않은</u> 것을 〈보기〉에서 모두 고르면? (다툼이 있는 경우 판례에 의함)

〈보기〉

ㄱ. 공법과 사법의 구별기준에 대한 신주체설은 국가나 지방자치단체 등의 행정주체가 관련되는 법률관계를 공법관계로 보고 사인 간의 법률관계는 사법관계로 본다.

ㄴ. 대법원은 국가나 지방자치단체가 당사자가 되는 공공계약(조달계약)은 상대방과 대등한 관계에서 체결하는 공법상의 계약으로 본다.

ㄷ. 대법원은 행정재산의 목적 외 사용에 해당하는 사인에 대한 행정재산의 사용수익허가를 강학상 특허로 보고 있다.

ㄹ. 대법원은 석탄가격안정지원금 지급청구권은 석탄산업법령에 의하여 정책적으로 당연히 부여되는 공법상 권리이므로, 지원금의 지급을 구하는 소송은 공법상 당사자소송의 대상이 된다고 본다.

ㅁ. 대법원은 지방자치단체가 공공조달계약 입찰을 일정 기간 동안 제한하는 부정당업자제재는 사법상의 통지 행위에 불과하다고 본다.

① ㄴ, ㅁ   ② ㄷ, ㄹ
③ ㄱ, ㄴ, ㅁ   ④ ㄱ, ㄷ, ㄹ
⑤ ㄱ, ㄴ, ㄷ, ㅁ

문 12. 공법상 법률관계에 대한 설명으로 옳은 것은? (다툼이 있는 경우 판례에 의함)

① 행정청이 특정 개발사업의 시행자를 지정하는 처분을 하면서 상대방에게 지정처분의 취소에 대한 소권을 포기하도록 하는 내용의 부관을 붙이는 것은 단지 부제소특약만을 덧붙이는 것이어서 허용된다.

② 공무원연금 수급권은 헌법 규정만으로는 이를 실현할 수 없고 그 수급요건, 수급권자의 범위 및 급여금액은 법률에 의하여 비로소 확정된다.

③ 환경영향평가 대상지역 밖에 거주하는 주민은 관계 법령의 내용과는 상관 없이 헌법상의 환경권에 근거하여 제3자에 대한 공유수면매립면허처분을 취소할 것을 청구할 수 있는 공권을 가진다.

④ 국유재산의 무단점유자에 대한 변상금 부과·징수권과 민사상 부당이득반환청구권은 양자 중 어느 한쪽만 성립하여 존재할 수 있을 뿐 양자가 경합하여 병존할 수는 없다.

⑤ 「보조금 관리에 관한 법률」에 따라 중앙관서의 장이 보조사업자에게 보조금반환을 명하였음에도 보조사업자가 이를 반환하지 아니하는 경우, 중앙관서의 장은 강제징수의 방법과 민사소송의 방법을 합리적 재량에 의하여 선택적으로 활용할 수 있다.

문 13. 〈보기〉에 대한 설명으로 옳지 <u>않은</u> 것은? (다툼이 있는 경우 판례에 의함)

〈보기〉

행정청 A는 甲에 대하여 주택건설사업계획 승인처분을 하면서 사업부지 중 일부를 공공시설용 토지로 기부채납할 것을 부관으로 하였고, 甲은 그 부관의 이행으로 토지에 대한 소유권이전등기를 마쳤다.

① 행정청 A는 법령에 특별한 근거가 없더라도 甲에 대하여 부관을 붙일 수 있다.

② 甲은 기부채납 부관에 대하여서 독립하여 취소소송을 제기할 수 있다.

③ 甲에 대한 기부채납 부관이 무효가 되더라도 그 부담의 이행으로 한 소유권이전등기가 당연히 무효가 되는 것은 아니다.

④ 甲에 대한 기부채납 부관이 제소기간의 도과로 불가쟁력이 발생한 이후에는 그 부담의 이행으로 한 소유권이전등기의 효력을 다툴 수 없다.

⑤ 위 기부채납 부관이 처분과 실체적 관련성이 없어 부관으로 붙일 수 없는 경우, 사법상 계약의 형식으로 甲에게 토지이전 의무를 부과할 수는 없다.

문 14. 〈보기〉에 대한 설명으로 옳지 <u>않은</u> 것은? (다툼이 있는 경우 판례에 의함)

〈보기〉

甲은 녹지지역의 용적률 제한을 충족하지 못한다는 점을 숨기고 마치 그 제한을 충족하는 것처럼 가장하여 관할 행정청 A에게 건축허가를 신청하였고, A는 사실관계에 대하여 명확한 확인을 하지 아니한 채 甲에게 건축허가를 하였다. 그 후 A는 甲의 건축허가신청이 위와 같은 제한을 충족하지 못한다는 사실을 알게 되자 甲에 대한 건축허가를 직권으로 취소하였다.

① A의 건축허가취소는 강학상 철회가 아니라 직권취소에 해당한다.

② 甲이 건축허가에 관한 자신의 신뢰이익을 원용하는 것은 허용되지 아니한다.

③ 건축 관계 법령상 명문의 취소 근거 규정이 없다고 하더라도 그 점만을 이유로 A의 건축허가취소가 위법하게 되는 것은 아니다.

④ 만약 甲으로부터 건축허가신청을 위임받은 乙이 건축허가를 신청한 경우라면, 사실은폐나 기타 사위의 방법에 의한 건축허가 신청행위가 있었는지 여부는 甲과 乙 모두를 기준으로 판단하여야 한다.

⑤ A는 甲의 신청 내용에 구애받지 아니하고 조사 및 검토를 거쳐 관련 법령에 정한 기준에 따라 허가조건의 충족 여부를 제대로 따져 허가 여부를 결정하여야 함에도 불구하고 자신의 잘못으로 건축허가를 한 것이므로 A의 건축허가취소는 위법하다.

문 15. 취소소송의 판결효력에 대한 설명으로 옳지 <u>않은</u> 것은? (다툼이 있는 경우 판례에 의함)

① 재량행위인 과징금 납부명령이 재량권을 일탈하였을 경우, 법원이 적정하다고 인정하는 부분을 초과한 부분만 취소할 수 있다.

② 사정판결을 할 사정에 관한 주장·입증책임은 피고 처분청에 있지만 처분청의 명백한 주장이 없는 경우에도 사건 기록에 나타난 사실을 기초로 법원이 직권으로 석명권을 행사하거나 증거조사를 통해 사정판결을 할 수도 있다.

③ 취소확정판결의 기판력은 판결에 적시된 위법사유에 한하여 미치므로 행정청이 그 확정판결에 적시된 위법사유를 보완하여 행한 새로운 행정처분은 확정판결에 의하여 취소된 종전 처분과는 별개의 처분으로서 확정판결의 기판력에 저촉되지 않는다.

④ 징계처분의 취소를 구하는 소에서 징계사유가 될 수 없다고 취소확정판결을 한 사유와 동일한 사유를 내세워 다시 징계처분을 하는 것은 확정판결에 저촉되는 행정처분으로 허용될 수 없다.

⑤ 취소소송에서 소송의 대상이 된 거부처분을 실체법상의 위법사유에 기초하여 취소하는 확정판결이 있는 경우에는 당해 거부처분을 한 행정청은 원칙적으로 신청을 인용하는 처분을 하여야 하고, 사실심 변론종결 이전의 사유를 내세워 다시 거부처분을 하는 것은 기속력에 반하여 허용되지 아니한다.

문 16. 지방자치에 대한 설명으로 옳은 것은? (다툼이 있는 경우 ★ 판례에 의함)

① 「공유수면관리 및 매립에 관한 법률」에 따른 매립지의 지방자치단체 귀속과 관련된 분쟁이 있는 경우 지방자치단체중앙분쟁조정위원회의 심의의결에 따라 행정자치부장관(현 행정안전부장관)이 그 귀속 여부를 정하고, 이에 대하여서 관계 지방자치단체의 장이 이의가 있을 때에는 헌법재판소에 제소할 수 있다.

② 「지방자치법」상 주민소송의 대상으로서 '공금의 지출에 관한 사항'이란 지출원인행위, 즉 지방자치단체의 지출원인이 되는 계약 그 밖의 행위로서 당해 행위에 의하여 지방자치단체가 지출의무를 부담하는 예산집행의 최초 행위와 그에 따른 지급명령 및 지출뿐만 아니라 이러한 지출원인행위를 수반하게 되는 당해 지방자치단체의 장 및 직원, 지방의회 의원의 결정과 같은 행위도 원칙적으로 포함된다.

③ 주민소송의 원고는 주민이 되며, 주민소송은 감사청구를 반드시 거칠 필요가 없다.

④ 지방자치단체의 장이 조례안으로써 제안한 행정기구를 지방의회 의원이 그 종류 및 업무가 다른 행정기구로 전환하는 수정안을 발의하여 지방의회가 의결 및 재의결하는 것은, 지방자치단체의 장의 고유권한에 속하는 사항의 행사에 관하여 사전에 적극적으로 개입하는 것으로서 허용되지 아니한다.

⑤ 지방자치단체는 원칙적으로 그 고유사무인 자치사무와 법령에 의하여 위임된 단체위임사무에 관하여서만 자치조례를 제정할 수 있으며, 개별법령의 위임이 있다고 하더라도 그러한 사무에 속하지 아니하는 기관위임사무에 대하여는 조례를 제정할 수 없다.

문 17. 행정계획에 대한 설명으로 옳은 것을 〈보기〉에서 모두 고르면? (다툼이 있는 경우 판례에 의함)

〈보기〉

ㄱ. 장래 일정한 기간 내에 관계 법령이 규정하는 시설 등을 갖추어 일정한 행정처분을 구하는 신청을 할 수 있는 법률상 지위에 있는 자의 국토이용계획변경신청을 거부하는 것이 실질적으로 당해 행정처분 자체를 거부하는 결과가 되는 경우에는 그 신청인에게 국토이용계획을 신청할 권리가 인정된다고 보아야 하므로, 이러한 신청에 대한 거부행위는 행정처분에 해당한다.

ㄴ. 구 도시계획법 제12조의 도시관리계획(현 「국토의 계획 및 이용에 관한 법률」 제30조의 도시·군관리계획) 결정의 경우 도시관리계획구역 안의 토지나 건물소유자의 토지형질변경, 건축물의 신축·개축 또는 증축 등 권리행사가 일정한 제한을 받게 되므로 항고소송의 대상이 되는 처분에 해당한다.

ㄷ. 인허가의제에서 계획확정기관이 의제되는 인허가의 실체적 및 절차적 요건에 기속되는지 여부가 문제되는데, 인허가의 실체적 요건 및 절차적 요건 모두에 기속된다고 보는 것이 일반적이다.

ㄹ. 도시계획의 결정·변경 등에 관한 권한을 가진 행정청은 이미 도시계획이 결정·고시된 지역에 대하여도 다른 내용의 도시계획을 결정·고시할 수 있고, 이때에 후행 도시계획에 선행 도시계획과 서로 양립할 수 없는 내용이 포함되어 있다면, 특별한 사정이 없는 한 선행 도시계획은 후행 도시계획과 같은 내용으로 변경되는 것이나, 후행 도시계획의 결정을 하는 행정청이 선행 도시계획의 결정·변경 등에 관한 권한을 가지고 있지 아니한 경우에 선행 도시계획과 서로 양립할 수 없는 내용이 포함된 후행 도시계획결정을 하는 것은 취소사유에 해당한다.

① ㄱ, ㄴ   ② ㄱ, ㄹ
③ ㄴ, ㄷ   ④ ㄱ, ㄴ, ㄷ
⑤ ㄱ, ㄴ, ㄹ

문 18. 행정벌에 대한 설명으로 옳지 않은 것은? (다툼이 있는 경우 판례에 의함)

① 행정형벌의 과벌절차로서의 통고처분은 행정소송의 대상이 되는 행정처분이 아니다.

② 고의 또는 과실이 없는 질서위반행위는 과태료를 부과하지 아니한다.

③ 과태료의 부과는 서면으로 하여야 한다. 이때 당사자가 동의하는 경우에는 전자문서도 여기서의 서면에 포함된다.

④ 과태료의 부과·징수의 절차에 관해 「질서위반행위규제법」의 규정에 저촉되는 다른 법률의 규정이 있는 경우에는 그 다른 법률의 규정이 정하는 바에 따른다.

⑤ 자신의 행위가 위법하지 아니한 것으로 오인하고 행한 질서위반행위는 그 오인에 정당한 이유가 있는 때에 한하여 과태료를 부과하지 아니한다.

문 19. 항고소송의 원고적격에 대한 설명으로 옳은 것을 〈보기〉에서 모두 고르면? (다툼이 있는 경우 판례에 의함)

〈보기〉

ㄱ. 「행정소송법」 제12조 전단의 '법률상 이익'의 개념과 관련하여서는 권리구제설, 법률상 보호된 이익구제설, 보호가치 있는 이익구제설, 적법성 보장설 등으로 나누어지며, 이 중에서 보호가치 있는 이익구제설이 통설·판례의 입장이다.

ㄴ. 법률상 보호되는 이익이라 함은 당해 처분의 근거 법규에 의하여 보호되는 개별적·구체적 이익을 의미하며, 관련 법규에 의하여 보호되는 개별적·구체적 이익까지 포함하는 것은 아니라는 것이 판례의 입장이다.

ㄷ. 기존업자가 특허기업인 경우에는 그 특허로 인하여 받는 영업상 이익은 반사적 이익 내지 사실상 이익에 불과한 것으로 보는 것이 일반적이나, 허가기업인 경우에는 기존업자가 그 허가로 인하여 받은 영업상 이익은 법률상 이익으로 본다.

ㄹ. 인허가 등의 수익적 행정처분을 신청한 수인이 서로 경쟁관계에 있어서 일방에 대한 허가 등의 처분이 타방에 대한 불허가 등으로 귀결될 수밖에 없는 때 허가 등의 처분을 받지 못한 자는 비록 경원자에 대하여 이루어진 허가 등 처분의 상대방이 아니라 하더라도 당해 처분의 취소를 구할 원고적격이 있다. 다만, 명백한 법적 장애로 인하여 원고 자신의 신청이 인용될 가능성이 처음부터 배제되어 있는 경우에는 법률상 보호되는 이익이 인정되지 않는다.

ㅁ. 환경영향평가 대상지역 밖의 주민들은 공유수면매립면허처분으로 인하여 그 처분 전과 비교하여 수인한도를 넘는 환경피해를 받거나 받을 우려가 있다는 점을 입증할 경우 법률상 보호되는 이익이 인정된다.

① ㄷ, ㅁ   ② ㄹ, ㅁ
③ ㄱ, ㄴ, ㄷ   ④ ㄴ, ㄹ, ㅁ
⑤ ㄷ, ㄹ, ㅁ

문 20. 행정지도에 대한 설명으로 옳은 것은? (다툼이 있는 경우
판례에 의함)

① 「국가배상법」이 정하는 손해배상청구의 요건인 '공무원의
직무'에는 비권력작용인 행정지도는 포함되지 아니한다.

② 강제성을 띠지 아니한 행정지도로 인하여 손해가 발생한
경우에 행정청은 손해배상책임이 있다.

③ 행정지도는 비권력적 사실행위이므로 행정지도가 그 한
계를 넘어 규제적·구속적 성격을 강하게 갖는 경우라
하여 헌법소원의 대상이 되는 공권력의 행사에 해당한다
고 볼 수는 없다.

④ 「행정절차법」에 따르면 행정지도의 상대방은 해당 행정
지도의 내용에 관하여서뿐만 아니라 그 방식에 관하여도
행정기관에 의견을 제출할 수 있다.

⑤ 「행정절차법」은 행정지도는 반드시 서면으로 하여야 하
고 그 서면에는 행정지도의 취지·내용을 기재하도록 규
정함으로써 행정지도의 명확성을 요구하고 있다.

문 21. 행정절차에 대한 설명으로 옳은 것은? (다툼이 있는 경우
판례에 의함)

① 행정절차에는 당사자주의가 적용되므로 행정청은 당사
자가 제출한 증거나 당사자의 증거신청에 구속된다.

② 환경영향평가법령에서 요구하는 환경영향평가절차를 거
쳤더라도 그 내용이 부실한 경우, 부실의 정도가 환경영
향평가를 하지 아니한 것과 마찬가지인 정도가 아니라면
이는 취소사유에 해당한다.

③ 행정처분의 직접 상대방이 아닌 제3자라도 법적 보호이익
이 있는 자는 당연히 「행정절차법」상 당사자에 해당한다.

④ 기속행위의 경우에도 행정처분의 절차상 하자만으로 독
자적인 취소사유가 된다.

⑤ 행정처분이 절차의 하자를 이유로 취소된 경우, 적법한
절차를 갖추더라도 이전의 처분과 동일한 내용의 처분을
다시 하는 것은 기속력에 위반되어 허용되지 않는다.

문 22. 「행정심판법」 및 「행정소송법」상의 집행정지에 대한 설명으
로 옳지 않은 것은?

① 행정심판청구와 취소소송의 제기는 모두 처분의 효력이
나 그 집행 또는 절차의 속행에 영향을 주지 아니한다.

② 공공복리에 중대한 영향을 미칠 우려가 있을 때에는 「행
정심판법」 및 「행정소송법」상의 집행정지가 모두 허용되
지 아니한다.

③ 「행정소송법」은 집행정지결정에 대한 즉시항고에 관하여
규정하고 있는 반면, 「행정심판법」에는 집행정지결정에
대한 즉시항고에 관하여 규정하고 있지 아니하다.

④ 「행정심판법」은 위원회의 심리·결정을 갈음하는 위원장
의 직권결정에 관한 규정을 두고 있는 반면, 「행정소송
법」은 법원의 결정에 갈음하는 재판장의 직권결정에 관
한 규정을 두고 있지 아니하다.

⑤ 「행정소송법」이 집행정지의 요건 중 하나로 '중대한 손
해'가 생기는 것을 예방할 필요성에 관하여 규정하고 있
는 반면, 「행정심판법」은 집행정지의 요건 중 하나로 '회
복하기 어려운 손해'를 예방할 필요성에 관하여 규정하
고 있다.

문 23. 甲은 「국가공무원법」상 임용결격사유가 있는 자임에도 불구
★ 하고 국가공무원으로 임용되었다. 이에 대한 설명으로 옳
은 것은? (다툼이 있는 경우 판례에 의함)

① 공무원 임용결격사유가 있는지의 여부는 임용 당시가 아
니라 甲이 채용후보자 명부에 등록된 때를 기준으로 판
단하여야 한다.

② 국가가 중대한 과실에 의하여 임용결격자임을 밝혀내지
못한 경우라면 甲에 대한 임용행위는 당연무효가 아닌
취소사유가 있는 행위가 된다.

③ 국가가 사후에 甲이 임용결격자임을 발견하고 甲에 대하
여 임용행위를 취소하는 통지를 한 경우 그러한 임용취
소통지는 항고소송의 대상이 되는 처분이다.

④ 甲은 공무원관계가 종료된 경우 임용 이후 사실상 공무
원으로 근무하여 온 기간 동안에 대하여 퇴직금을 청구
할 수 있다.

⑤ 甲이 공무원관계가 종료된 이후 자신의 임용결격사유가
해소되었음을 이유로 재임용을 신청하였으나 거부된 경
우, 그러한 거부행위는 항고소송의 대상이 되는 행정처
분이 아니다.

문 24. 헌법 제23조 제3항의 공용수용의 요건에 대한 설명으로 옳
★   지 않은 것은? (다툼이 있는 경우 헌법재판소 결정에 의함)

① 헌법 제23조의 근본적 취지는 원칙적으로 모든 국민의
  구체적 재산권의 자유로운 이용·수익·처분을 보장하면
  서 공공필요에 의한 재산권의 수용·사용 또는 제한은
  헌법이 규정하는 요건을 갖춘 경우에만 예외적으로 허용
  되는 것으로 해석된다.

② 공용수용이 허용될 수 있는 공익사업의 범위는 법률유보
  원칙에 따라 법률에서 명확히 규정되어야 한다. 따라서
  공공의 이익에 도움이 되는 사업이라도 '공익사업'으로
  실정법에 열거되어 있지 아니한 사업은 공용수용이 허용
  될 수 없다.

③ 재산권의 존속보장과의 조화를 위하여서는 '공공필요'의
  요건에 관하여 공익성은 추상적인 공익 일반 또는 국가
  의 이익 이상의 중대한 공익을 요구하므로 기본권 일반
  의 제한사유인 '공공복리'보다 넓게 보는 것이 타당하다.

④ 헌법적 요청에 의한 수용이라 하더라도 국민의 재산을
  그 의사에 반하여 강제적으로라도 취득하여야 할 정도의
  필요성이 인정되어야 하고, 그 필요성이 인정되기 위하
  여서는 사인의 재산권침해를 정당화할 정도의 공익의 우
  월성이 인정되어야 한다.

⑤ 사업시행자가 사인인 경우에는 공익의 우월성이 인정되
  는 것 외에 그 사업 시행으로 획득할 수 있는 공익이 현
  저히 해태되지 아니하도록 보장하는 제도적 규율도 갖추
  어져 있어야 한다.

문 25. 행정법의 일반원칙에 대한 설명으로 옳은 것을 〈보기〉에서
      모두 고르면? (다툼이 있는 경우 판례에 의함)

〈보기〉
ㄱ. 비례원칙은 적합성의 원칙, 필요성의 원칙, 상당성의
   원칙(협의의 비례원칙)으로 구성된다고 보는 것이 일
   반적이며, 헌법재판소는 과잉금지원칙과 관련하여 위
   세 가지에 목적의 정당성을 더하여 판단하고 있다.
ㄴ. 행정청의 공적 견해표명이 있은 후에 사실적·법률적
   상태가 변경되었을 때, 그와 같은 공적 견해표명이 실
   효되기 위하여서는 행정청의 의사표시가 있어야 한다.
ㄷ. 대법원은 행정청의 공적 견해표명이 있었는지 여부를
   판단함에 있어서 행정조직상의 형식적 권한분장에 따
   른 권한을 갖고 있는지 여부를 중시하고 있다.
ㄹ. 우리나라 「행정절차법」에서는 취소권을 1년 이상 행사
   하지 아니하면 실권되는 것으로 명문의 규정을 두고
   있다.

① ㄱ   ② ㄴ
③ ㄱ, ㄴ   ④ ㄱ, ㄹ
⑤ ㄱ, ㄷ, ㄹ

해설편 ▶ P.230

삶의 순간순간이
아름다운 마무리이며
새로운 시작이어야 한다.

– 법정 스님

여러분의 작은 소리 에듀윌은 크게 듣겠습니다.

본 교재에 대한 여러분의 목소리를 들려주세요.
공부하시면서 어려웠던 점, 궁금한 점,
칭찬하고 싶은 점, 개선할 점, 어떤 것이라도 좋습니다.

에듀윌은 여러분께서 나누어 주신 의견을
통해 끊임없이 발전하고 있습니다.

에듀윌 도서몰 book.eduwill.net
• 부가학습자료 및 정오표: 에듀윌 도서몰 → 도서자료실
• 교재 문의: 에듀윌 도서몰 → 문의하기 → 교재(내용, 출간) / 주문 및 배송

2025 에듀윌 9급공무원 8개년 기출문제집 행정법총론

발 행 일	2024년 11월 14일 초판
편 저 자	김용철
펴 낸 이	양형남
펴 낸 곳	(주)에듀윌
I S B N	979-11-360-3478-6
등록번호	제25100-2002-000052호
주 소	08378 서울특별시 구로구 디지털로34길 55
	코오롱싸이언스밸리 2차 3층

www.eduwill.net
대표전화 1600-6700

9급공무원 공개경쟁채용 필기시험 답안지

컴퓨터용 사인펜으로 마킹하고 지우개로 지워서 사용하세요.

컴퓨터용 흑색사인펜만 사용

[필적감정용 기재]
*아래 예시문을 옮겨 적으시오
본인은 ○○○(응시자성명)임을 확인함

기 재 란

성 명
책 형

성 명	
자필성명	본인 성명 기재
응시직렬	
응시지역	
시험장소	

정답은 빨간색 사인펜

※시험감독관 서명
(성명을 정자로 기재할 것)

응 시 번 호

생 년 월 일

문번	1회독				
1	①	②	③	④	⑤
2	①	②	③	④	⑤
3	①	②	③	④	⑤
4	①	②	③	④	⑤
5	①	②	③	④	⑤
6	①	②	③	④	⑤
7	①	②	③	④	⑤
8	①	②	③	④	⑤
9	①	②	③	④	⑤
10	①	②	③	④	⑤
11	①	②	③	④	⑤
12	①	②	③	④	⑤
13	①	②	③	④	⑤
14	①	②	③	④	⑤
15	①	②	③	④	⑤
16	①	②	③	④	⑤
17	①	②	③	④	⑤
18	①	②	③	④	⑤
19	①	②	③	④	⑤
20	①	②	③	④	⑤
21	①	②	③	④	⑤
22	①	②	③	④	⑤
23	①	②	③	④	⑤
24	①	②	③	④	⑤
25	①	②	③	④	⑤

(동일 구조의 1회독 답안 표가 총 5회 반복됨: 문번 1~25, 보기 ①~⑤)

응시자 준수사항

□ 답안지 작성요령

※다음 사항을 준수하지 않을 경우에 발생하는 불이익은 응시자의 귀책사유가 되므로 기재된 내용대로 이행하여 주시기 바랍니다.

1. 특정 OCR 스캐너 판독장비에 따라 식별되는 모든 기재 및 표기사항은 "컴퓨터용 흑색 사인펜"을 사용하여 반드시 〈보기〉의 올바른 표기 방식으로 답안을 작성해야 합니다.

   이를 준수하지 않아 발생하는 불이익(득점 불인정 등)은 응시자 본인 책임입니다.

   특히, 답란에 전부 채우지 않고 점만 찍어 표기한 경우, 변칙 등으로 두 개 이상의 답란에 표기한 경우, 컴퓨터용 사인펜을 사용하여 답란을 흐리게 표기한 경우, 흑도가 옅은 컴퓨터용 사인펜을 사용하여 답란을 흐리게 표기한 경우에는 불이익을 받을 수 있으니 유의하시기 바랍니다.

   〈보기〉 올바른 표기 : ●   잘못된 표기 : ⊗ ⊖ ◐ ⦵ ◑ ② ③

2. 성명란은 연필, 사인펜 등 펜의 종류와 상관없이 예비표기를 하여 중복 답안으로 판독될 경우에는 불이익을 받을 수 있으므로 각별히 주의하시기 바랍니다.

3. 답안지를 반드시 인쇄된 성명, 응시직렬, 응시지역, 시험장소, 응시번호, 생년월일이 응시자 본인의 정보와 일치하는지 확인하시기 바랍니다.

   가. (색 형) 응시자는 시험 시작 전 감독관 지시에 따라 문제책 앞면에 인쇄된 책형을 확인한 후, 답안지 책형란에 해당 책형(1개)을 "●"로 표기하여야 합니다.

   ※ 책형 및 인적사항을 기재하지 않을 경우 불이익(당해시험 무효 처리 등)을 받을 수 있습니다.

   나. (필적감정용 기재) 예시문과 동일한 내용을 본인의 필적으로 직접 작성해야 합니다.

   다. (자필성명) 본인의 한글성명을 정자로 직접 기재하여야 합니다.

   라. (교체답안지 작성) 답안지를 교체하면 반드시 교체답안지 상단 책형란에 해당 책형(1개)을 "●"로 표기하고, 필적감정용 기재란, 성명, 응시직렬, 응시지역, 시험장소, 응시번호, 생년월일을 빠짐없이 작성(표기)해야 하며, 작성한 답안지는 1인 1매만 유효합니다.

4. 시험이 시작되면 문제책 편철과 문제수의 일치 여부, 문제 누락ㆍ파손 등 문제책 인쇄상태를 반드시 확인하여야 합니다.

5. 답안은 반드시 문제책 표지의 과목순서에 맞추어 표기하여야 하며, 과목 순서를 바꾸어 표기한 경우에도 문제책 표지의 과목순서로 채점되므로 각별히 유의하시기 바랍니다.

6. 답안을 잘못 표기하였을 경우에는 답안지를 교체하여 작성하거나 수정테이프만을 사용하여 답안을 정정할 수 있습니다.(수정액 또는 수정스티커 등 사용 불가)

   – 표기한 답안을 수정하는 경우에는 응시자 본인이 가져온 수정테이프를 사용하여 해당 부분을 완전히 지우고 본인의 책임하에 해당 문제 답안을 수정해야 합니다.

7. 답안지는 훼손ㆍ오염되거나 구겨지지 않도록 주의해야 하며, 특히 답안지 상단의 타이밍 마크(▐▐▐▐)를 절대 훼손해서는 안됩니다.

   – 시험과 관련하여 답안지에 본인의 응시표에 인쇄된 성명과목과 선택과목에 따라 재과목과 제5과목의 답안을 표기하여야 합니다. 원서 접수 시 선택한 과목이 아닌 다른 과목을 선택하여 답안을 채점받으므로, 본인이 선택한 과목순으로 응시표에 기재된 선택과목 순서대로 채점되므로 유의하시기 바랍니다.

   – 선택과목이 있는 행정직군 응시표에는 본인의 응시표에 인쇄된 선택과목 순서에 따라 재과목과 제5과목의 답안을 표기하여야 하며, 답안을 잘못 표기하였을 경우에는 답안지를 수정하거나 교체하여 작성할 수 있습니다.

□ 부정행위 등 금지

※다음 사항을 위반한 경우에는 공무원임용시험령 제51조(부정행위자 등에 대한 조치)에 따라 그 시험의 정지, 무효, 합격취소, 5년간 공무원임용시험 응시자격정지 등의 불이익 처분을 받게 됩니다.

1. 시험시작 전까지 문제내용을 보아서는 안됩니다.

2. 시험시간 중 일체의 통신기기(휴대폰, 태블릿PC, 스마트워치, 이어폰, 등) 및 전자기기(전자계산기, 전자사전 등)를 소지할 수 없습니다.

3. 응시표ㆍ출제내용과 시험문제 관련된 내용이 인쇄 또는 메모된 응시표를 시험시간 중 소지하고 있는 경우 단체시험 무효 처분을 받을 수 있으며, 특히 부정한 자료로 판단되는 경우에는 5년간 공무원 임용시험 정지 처분을 받을 수 있습니다.

4. 시험종료 후에도 계속하여 답안지를 작성하거나, 시험감독관의 답안지 제출 지시에 불응할 경우에는 무효처분을 받게 됩니다.

5. 시험시간 중에는 시험실(시험장 밖 시험종료 후 시험감독관의 지시가 있을 때까지 퇴실할 수 없으며, 사용한 답안지는 반드시 제출해야 합니다.

   – 답안, 책형 및 인적사항 등 모든 기재(표기) 사항 작성 시 누락되는 항목이 없도록 유의하여야 하며, 특히 답안지 교체 작성 시 누락되는 항목이 없도록 유의하시기 바랍니다.

6. 그 밖에 공고문의 응시자 준수사항이나 시험감독관의 정당한 지시 등을 반드시 준수하지 않을 경우 부정행위자로 간주될 수 있습니다.

에듀윌에서 꿈을 이룬
합격생들의 진짜 합격스토리

에듀윌 강의·교재·학습시스템의 우수성을
합격으로 입증하였습니다!

김○은 국가직 9급 일반행정직 최종 합격

에듀윌만의 탄탄한 커리큘럼 덕분에 공시 3관왕 달성

혼자서 공부하다 보면 지금쯤 뭘 해야 하는지, 내가 잘하고 있는지 걱정이 될 때가 있는데 에듀윌 커리큘럼은 정말 잘 짜여 있어 고민할 필요 없이 그대로 따라가면 되는 시스템이었습니다. 커리큘럼이 기본이론-심화이론-단원별 문제풀이-기출 문제풀이-파이널로 풍부하게 구성되어 인강만으로도 국가직, 지방직, 군무원 3개 직렬에 충분히 합격할 수 있었습니다. 혼자 공부하다 보면 내 위치를 스스로 가늠하기 어려운데, 매달 제공되는 에듀윌 모의고사를 통해서 제 수준이 어느 정도인지 파악할 수 있어서 좋았습니다.

신○은 국가직 9급 일반행정직 최종 합격

에듀윌 교수님들의 열정적인 강의는 업계 최고 수준!

에듀윌 교수님들의 강의가 열정적이어서 좋았습니다. 타사의 유명 행정법 강사분의 강의를 잠깐 들은 적이 있었는데, 그분이 기대만큼 좋지 못해서 열정적인 강의의 에듀윌로 돌아온 적이 있습니다. 그리고 수험생들은 금전적으로 좀 어려움이 있을 수밖에 없는데 에듀윌이 타사보다는 가격 대비 강의가 매우 뛰어나다고 생각합니다. 에듀윌 모의고사도 좋았습니다. 내가 맞혔는데 남들이 틀린 문제나 남들은 맞혔는데 내가 틀린 문제를 분석해줘서 저의 취약점을 알게 되고, 공부 방법에 변화를 줄 수 있는 계기를 마련해 줍니다. 에듀윌의 꼼꼼한 모의고사 시스템 덕분에 효율적인 공부를 할 수 있었습니다.

김○경 지방직 9급 사회복지직 최종 합격

초시생도 빠르게 합격할 수 있는 에듀윌 공무원 커리큘럼

에듀윌 공무원 커리큘럼은 기본 강의, 심화 강의, 문제풀이 강의가 참 적절하게 배분이 잘 되어 있었어요. 그리고 제가 공무원 시험에 대해서 하나도 몰랐는데 커리큘럼을 따라만 갔는데 바로 시험을 치를 수 있는 실력이 만들어진다는 것이 너무 신기한 경험이었습니다. 에듀윌 공무원 교재도 너무 좋았습니다. 기본서가 충실하게 만들어져 있어서 기본서만 봐도 기초를 쌓을 수 있었습니다. 그리고 기출문제집이나 동형 문제집도 문제 분량이 굉장히 많았어요. 이러한 꼼꼼한 교재 구성 덕분에 40대에 공부를 다시 시작했음에도 빠르게 합격할 수 있었어요.

다음 합격의 주인공은 당신입니다!

더 많은
합격스토리

합격자 수 2,100% 수직 상승!
매년 놀라운 성장

에듀윌 공무원은 '합격자 수'라는 확실한 결과로 증명하며
지금도 기록을 만들어 가고 있습니다.

합격자 수
2,100%
수직 상승

2017 2018 2019 2020 2021 2022

합격자 수를 폭발적으로 증가시킨 합격패스

합격 시 수강료 100% 환급	+	합격할 때까지 평생 수강	+	교재비 부담 DOWN 에듀캐시 지원

※ 환급내용은 상품페이지 참고. 상품은 변경될 수 있음.

상품
페이지

* 2017/2022 에듀윌 공무원 과정 최종 환급자 수 기준

2025

에듀윌 9급공무원
8개년 기출문제집 행정법총론

정답과 해설

2017 국가직 9급

1	2	3	4	5
④	②	④	③	①
6	7	8	9	10
④	②	①	③	①
11	12	13	14	15
②	③	④	②	①
16	17	18	19	20
④	③	②	③	③

(9번: 영역 통합)

2018 국가직 9급

1	2	3	4	5
②	②	④	④	②
6	7	8	9	10
④	①	③	③	③
11	12	13	14	15
①	③	④	②	④
16	17	18	19	20
④	③	④	④	③

2019 국가직 9급

1	2	3	4	5
②	②	②	①	②
6	7	8	9	10
②	②	③	④	④
11	12	13	14	15
③	④	③	④	④
16	17	18	19	20
④	④	①	③	①

2020 국가직 9급

1	2	3	4	5
④	①	②	②	③
6	7	8	9	10
①	①	①	④	②
11	12	13	14	15
①	④	③	①	①
16	17	18	19	20
④	②	②	②	③

2021 국가직 9급

1	2	3	4	5
④	①	③	③	③
6	7	8	9	10
②	①	①	①	②
11	12	13	14	15
④	③	①	④	④
16	17	18	19	20
②	③	①	②	③

2022 국가직 9급

1	2	3	4	5
④	①	①	④	①
6	7	8	9	10
③	①	①	④	②
11	12	13	14	15
②	②	①	①	④
16	17	18	19	20
①	③	④	②	③

2023 국가직 9급

1	2	3	4	5
②	②	①	④	④
6	7	8	9	10
③	①	①	②	③
11	12	13	14	15
④	①	②	①	④
16	17	18	19	20
①	①	②	①	④

2024 국가직 9급

1	2	3	4	5
③	③	②	③	①
6	7	8	9	10
②	①	①	①	②
11	12	13	14	15
②	②	①	②	②
16	17	18	19	20
④	④	④	③	④

2018 지방직 9급

1	2	3	4	5
①	②	④	②	④
6	7	8	9	10
②	④	④	②	④
11	12	13	14	15
③	③	①	④	①
16	17	18	19	20
③	④	③	④	③

2019 지방직 9급

1	2	3	4	5
②	②	④	②	①
6	7	8	9	10
④	①	②	④	③
11	12	13	14	15
②	③	①	④	④
16	17	18	19	20
④	③	④	④	①

2020 지방직 9급

1	2	3	4	5
④	④	③	①	①
6	7	8	9	10
①	②	④	①	④
11	12	13	14	15
③	②	④	④	②
16	17	18	19	20
①	④	③	①	①

2021 지방직 9급

1	2	3	4	5
④	①	③	③	①
6	7	8	9	10
④	②	③	④	④
11	12	13	14	15
②	①	④	①	③
16	17	18	19	20
④	②	④	②	②

2022 지방직 9급

1	2	3	4	5
②	④	④	②	②
6	7	8	9	10
②	④	①	②	④
11	12	13	14	15
②	②	④	①	①
16	17	18	19	20
①	③	③	②	④

2023 지방직 9급

1	2	3	4	5
②	④	④	②	②
6	7	8	9	10
②	②	②	③	①
11	12	13	14	15
③	②	③	①	④
16	17	18	19	20
④	④	③	④	②

2024 지방직 9급

1	2	3	4	5
①	①	④	②	④
6	7	8	9	10
①	③	③	①	②
11	12	13	14	15
②	④	②	①	④
16	17	18	19	20
③	①	①	②	②

2017 국가직 9급(추가)

1	2	3	4	5
②	③	③④	④	④
6	7	8	9	10
①	①	①	②	②
11	12	13	14	15
②	④	④	③	④
16	17	18	19	20
②	②	①	①	②

2017 지방직 9급

1	2	3	4	5	6	7	8	9	10	11	12	13	14	15	16	17	18	19	20
③	②	④	④	③	②	②	④	④	③	①	③	④	②	③	④	①	③	①	④

2017 지방직 9급(추가)

1	2	3	4	5	6	7	8	9	10	11	12	13	14	15	16	17	18	19	20
③	②	④	③	①	①	②	④	④	③	①	④	②	①	③	③	③	②	②	①

2019 서울시 9급

1	2	3	4	5	6	7	8	9	10	11	12	13	14	15	16	17	18	19	20
③	②	④	④	⑤	③	②	①	②	①	②	④	③	답없음	①	①	③	④	②	②

2018 서울시 9급

1	2	3	4	5	6	7	8	9	10	11	12	13	14	15	16	17	18	19	20
③	①	①	②	②	③	①	①	②	②	①	②	④	①	답없음	③	③	①	③	④

2017 서울시 9급

1	2	3	4	5	6	7	8	9	10	11	12	13	14	15	16	17	18	19	20
③	①	④	④	④	③	①	④	④	②	③	①	③	④	②	②	④	①	①	①

2024 국회직 9급

1	2	3	4	5	6	7	8	9	10	11	12	13	14	15	16	17	18	19	20
①	②	①	④	②	⑤	②	①	④	②	①	②	④	⑤	③	②	①	③	⑤	④

2023 국회직 9급

1	2	3	4	5	6	7	8	9	10	11	12	13	14	15	16	17	18	19	20
①	②	③	⑤	⑤	③	①	②	①	③	③	①	④	①	⑤	③	⑤	④	③	①

2022 국회직 9급

1	2	3	4	5	6	7	8	9	10	11	12	13	14	15	16	17	18	19	20
①	②	③	②	②	①	④	⑤	④	②	①	③	②	④	②	⑤	③	④	④	⑤

2021 국회직 9급

1	2	3	4	5	6	7	8	9	10	11	12	13	14	15	16	17	18	19	20
①	①②	②⑤	⑤	④	③	④	⑤	④	③	①	④	④	②	①	③	①	④	②	⑤

2020 국회직 9급

1	2	3	4	5	6	7	8	9	10	11	12	13	14	15	16	17	18	19	20
①	②	②	④	②	①	①	②	⑤	①	①	①	①	④	②	①	①	④	①	답없음

2024 국회직 8급

1	2	3	4	5	6	7	8	9	10	11	12	13	14	15	16	17	18	19	20	21	22	23	24	25
①	②	①	④	③	①	②	①	④	③	①	④	④	④	⑤	②	④	⑤	④	③	③	④	⑤	①	②

2023 국회직 8급

1	2	3	4	5	6	7	8	9	10	11	12	13	14	15	16	17	18	19	20	21	22	23	24	25
①	⑤	③	④	⑤	④	⑤	③	④	①	④	⑤	⑤	②	③	②	②	①	④	⑤	①	⑤	①	④	②

2022 국회직 8급

1	2	3	4	5	6	7	8	9	10	11	12	13	14	15	16	17	18	19	20	21	22	23	24	25
①	②	③	①	⑤	⑤	④	④	①	③	⑤	③	③	②	①	⑤	③	①	④	⑤	②	②	③	④	③

2021 국회직 8급

1	2	3	4	5	6	7	8	9	10	11	12	13	14	15	16	17	18	19	20	21	22	23	24	25
①	④	②	②	⑤	②	④	②	②	⑤	③	④	③	④	④	④	①	①	⑤	②	④	③	⑤	⑤	④

2020 국회직 8급

1	2	3	4	5	6	7	8	9	10	11	12	13	14	15	16	17	18	19	20	21	22	23	24	25
①	③④	①	④	④	①	②③	①	④	③	①	②	①	①	④	④	①	④	②	②	②	④	⑤	①	⑤

2019 국회직 8급

1	2	3	4	5	6	7	8	9	10	11	12	13	14	15	16	17	18	19	20	21	22	23	24	25
①	③	④	③④	②④	④	②	①	④	③	②	①	②	①	⑤	①	①	④	①	④	②	④	③	⑤	③

2018 국회직 8급

1	2	3	4	5	6	7	8	9	10	11	12	13	14	15	16	17	18	19	20	21	22	23	24	25
③	④	①	①	②	⑤	④	①	①	②	④	⑤	③	①	②	①	④	②	⑤	③	①	④	③	②	④

2017 국회직 8급

1	2	3	4	5	6	7	8	9	10	11	12	13	14	15	16	17	18	19	20	21	22	23	24	25
③⑤	②	④	③	⑤	②	⑤	④	⑤	③	③	⑤	④	⑤	①	④	①	④	②	④	④	⑤	⑤	③	①

2025
에듀윌 9급공무원
8개년 기출문제집

행정법총론 | 해설편

국가직 9급

국가직 기출 POINT

Point 1 주요 법령의 개정 등과 신설에 따른 법령의 출제가 꾸준하다. 해당 법령과 관련된 판례의 입장을 묻는 문제는 빈출도가 높다.

Point 2 기존 출제 유형에서 큰 변화 없이 출제되고 있다. 판례의 중요성은 날로 증가하고 있는 추세이며 기존 기출판례의 중요성 또한 강조된다.

Point 3 변화하는 행정과 이에 따른 판례의 입장 변화 및 최신판례는 반드시 출제되어 합격 여부를 좌우하고 있다.

Point 4 사례형 문제의 빈도가 높아지고 있어 단순 암기형에서 이해 중심으로 문제 유형이 변화하고 있다.

2025년 국가직 시험 대비전략

Point 1 주요 단원을 파악하고 그 단원에 해당하는 이론과 법령·판례를 종합적으로 이해하는 멀티형 학습이 필요하다.

Point 2 기출판례는 다시 출제된다. 기출판례의 출제 유형을 파악하고 판례의 사실관계와 법률적 판단을 이해하고 암기한다.

Point 3 법령은 큰 틀로 이해하는 것이 아니라 세부적인 사항까지 정확히 암기해야 한다.

Point 4 사례형 문제에 대비하기 위해서는 사실관계와 관련된 단원의 핵심적 내용을 연계해야 하므로 단원마다 핵심정리는 필수이다.

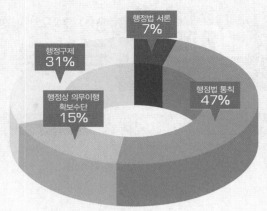

▲ 최근 8개년 평균 출제비중

행정법 서론 7%
행정구제 31%
행정상 의무이행 확보수단 15%
행정법 통칙 47%

연도	총평	행정법 서론	행정법 통칙	행정상 의무이행 확보수단	행정구제
2024	**기출문제 중심의 평이한 출제** • 기출 판례 중심으로, 새로 나온 문장은 거의 없었음 • 현저히 줄어든 행정소송. 반면 문항 수가 증가한 행정행위(핵심단원의 중요성은 여전함) • 종합적 사고를 요하는 사례형 문제(2문항)의 출제는 꾸준함	5% (1문항)	55% (11문항)	15% (3문항)	25% (5문항)
2023	**법령의 '이해'를 토대로 한 출제** • 법령 문제(6문제)의 증가로 모호함이 없는 명확한 선지 출제 • 핵심 단원에서의 출제비중 증가 • 행정법의 흐름과 이해를 기반으로 한 유기적 사고를 요하는 문제 증가	5% (1문항)	45% (9문항)	20% (4문항)	30% (6문항)
2022	**사례형 문제의 증가로 체감 난이도 上** • 사례형 문제(5문항)의 증가로 풀이시간의 관리가 요구됨 • 신출판례에 대한 문제 다수 출제 • 단원의 이해를 요구하는 문제 다수 출제	5% (1문항)	50% (10문항)	15% (3문항)	30% (6문항)
2021	**특정 단원에 대한 심도 있는 지식을 요구하는 유형 다수 출제** • 예년에 비해 난이도가 상승함 • 특정 단원에 대한 깊은 지식을 묻는 사례형과 여러 단원의 유기적 이해도를 묻는 종합형 문제의 혼합 • 전 단원의 고른 출제	10% (2문항)	40% (8문항)	15% (3문항)	35% (7문항)
2020	**판례 중심의 일반적 수준의 문제** • 사례형 1문항과 난이도 上에 해당되는 1문항을 제외하면, 전체 난이도는 中에 해당함 • 특정 단원에 편중되지 않는 고른 출제 • 핵심적 기출판례의 중요성이 강조됨	10% (2문항)	45% (9문항)	15% (3문항)	30% (6문항)
2019	**평이한 수준의 문제 유형과 난이도** • 보편적인 단원과 보편적인 유형의 문제(신출판례 없고 평이함) • 전체 난이도는 中에 해당함	10% (2문항)	40% (8문항)	15% (3문항)	35% (7문항)
2018	**장문으로 제시된 사례형 문제가 고득점 여부 좌우** • 사례형의 해당 단원을 이해하지 못한 경우 시간상 제약이 있었을 것 • 하나의 사례로 종합적인 내용을 출제함	5% (1문항)	50% (10문항)	15% (3문항)	30% (6문항)
2017	**길어진 문장, 하지만 어렵지 않은 문제** • 몇몇 문제를 제외하면 평이한 문제 • 법령이나 이론보다 판례의 중요성이 보다 강조됨 • 법령 문항 수가 상대적으로 적음	10% (2문항)	50% (10문항)	15% (3문항)	25% (5문항)
2017 추가	**행정법 과정을 충실히 수행한 경우 고득점 가능** • 기본 이론과 핵심판례 숙지의 중요성이 강조된 출제 • 사례형을 통해 전반적인 흐름과 단원의 유기적 관계를 파악하고 있는지에 대한 문제 다수 출제 • 문제 풀이는 암기보다 이해가 중요하게 작용하였음	5% (1문항)	50% (10문항)	10% (2문항)	35% (7문항)

합격예상 체크

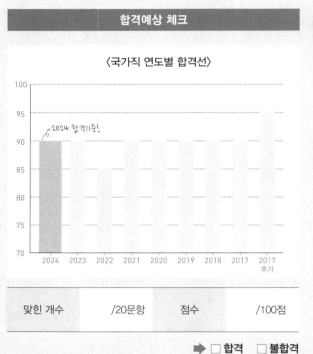

〈국가직 연도별 합격선〉

맞힌 개수	/20문항	점수	/100점

➡ ☐ 합격   ☐ 불합격

취약영역 체크

문항	정답	영역	문항	정답	영역
1	③	행정법 통칙	11	③	행정구제
2	③	행정법 통칙	12	③	행정구제
3	②	행정구제	13	①	행정상 의무이행 확보수단
4	③	행정법 통칙	14	②	행정법 통칙
5	①	행정법 통칙	15	②	행정법 통칙
6	②	행정상 의무이행 확보수단	16	④	행정법 통칙
7	③	행정상 의무이행 확보수단	17	④	행정법 통칙
8	①	행정법 서론	18	④	행정법 통칙
9	①	행정법 통칙	19	④	행정법 통칙
10	④	행정구제	20	④	행정구제

⬇ 영역별 틀린 개수로 취약영역을 확인하세요!

행정법 서론	/1	행정법 통칙	/11	행정상 의무이행 확보수단	/3
행정구제	/5	행정조직(7급)	–/0	특별행정작용(7급)	–/0

➡ 나의 취약영역: _____

※ 해당 회차는 〈1초 합격예측 서비스〉의 데이터 누적 기간이 충분하지 않아 오답률. 선지 선택률 기재를 생략하였습니다.

---

1 「행정기본법」과 「행정절차법」 > 「행정기본법」   답 ③

| **정답해설** | ③ (×) 일정기간이 경과한 날부터 시행하는 법령은 공포한 날을 첫날에 산입하지 않는다. 〈법령〉「행정기본법」제7조(법령 등 시행일의 기간 계산) 법령 등(훈령·예규·고시·지침 등을 포함한다. 이하 이 조에서 같다)의 시행일을 정하거나 계산할 때에는 다음 각 호의 기준에 따른다.

1. 법령 등을 공포한 날부터 시행하는 경우에는 공포한 날을 시행일로 한다.
2. 법령 등을 공포한 날부터 일정 기간이 경과한 날부터 시행하는 경우 법령 등을 공포한 날을 첫날에 산입하지 아니한다.
3. 법령 등을 공포한 날부터 일정 기간이 경과한 날부터 시행하는 경우 그 기간의 말일이 토요일 또는 공휴일인 때에는 그 말일로 기간이 만료한다.

| **오답해설** | ①④ (○) 〈법령〉「행정기본법」제6조(행정에 관한 기간의 계산) ❶ 행정에 관한 기간의 계산에 관하여는 이 법 또는 다른 법령 등에 특별한 규정이 있는 경우를 제외하고는 「민법」을 준용한다.

❷ 법령 등 또는 처분에서 국민의 권익을 제한하거나 의무를 부과하는 경우 권익이 제한되거나 의무가 지속되는 기간의 계산은 다음 각 호의 기준에 따른다. 다만, 다음 각 호의 기준에 따르는 것이 국민에게 불리한 경우에는 그러하지 아니하다.

1. 기간을 일, 주, 월 또는 연으로 정한 경우에는 기간의 첫날을 산입한다.
2. 기간의 말일이 토요일 또는 공휴일인 경우에도 기간은 그 날로 만료한다.

| **더 알아보기** | 기간의 계산에 관한 「민법」 규정을 준용하지 않는 경우

> 기간의 계산에 관한 「민법」 규정을 준용하지 않는 경우 행정법 관계에서도 기간의 계산에 대해서는 특별한 규정이 없으면 「민법」 총칙에 따른다. 특별한 규정이 있어 「민법」 규정을 준용하지 않는 경우가 상당한데, 수험생으로서 암기가 필요한 부분은 「행정기본법」과 「공공기관의 정보공개에 관한 법률」의 규정이다.
> 「공공기관의 정보공개에 관한 법률」제29조(기간의 계산) ❶ 이 법에 따른 기간의 계산은 「민법」에 따른다.
> ❷ 제1항에도 불구하고 다음 각 호의 기간은 '일' 단위로 계산하고 첫날을 산입하되, 공휴일과 토요일은 산입하지 아니한다.
>   1. 제11조 제1항 및 제2항에 따른 정보공개 여부 결정기간
>   2. 제18조 제1항, 제19조 제1항 및 제20조 제1항에 따른 정보공개청구 후 경과한 기간
>   3. 제18조 제3항에 따른 이의신청 결정기간

② (○) 「행정기본법」제7조 제3호

---

2 「행정기본법」과 「행정절차법」 > 「행정절차법」   답 ③

| **정답해설** | ③ (×) 〈판례〉 행정과정에 대한 국민의 참여와 행정의 공정성, 투명성 및 신뢰성을 확보하고 국민의 권익을 보호함을 목

적으로 하는 「행정절차법」의 입법목적과 「행정절차법」 제3조 제2항 제9호의 규정 내용 등에 비추어 보면, 공무원 인사관계 법령에 의한 처분에 관한 사항 전부에 대하여 「행정절차법」의 적용이 배제되는 것이 아니라 성질상 행정절차를 거치기 곤란하거나 불필요하다고 인정되는 처분이나 행정절차에 준하는 절차를 거치도록 하고 있는 처분의 경우에만 「행정절차법」의 적용이 배제된다. 군인사법령에 의하여 진급예정자명단에 포함된 자에 대하여 의견제출의 기회를 부여하지 아니한 채 진급선발을 취소하는 처분을 한 것이 절차상 하자가 있어 위법하다(대판 2007.9.21. 2006두20631).

| **더 알아보기** | 공무원 인사관계에 대한 처분에서 대법원 판례상 행정절차를 준수하지 않는 경우

「국가공무원법」상 직위해제처분	구 「군인사법」상 보직해임처분
「국가공무원법」상 직위해제처분은 구 「행정절차법」 제3조 제2항 제9호, 동법 시행령 제2조 제3호에 의하여 당해 행정작용의 성질상 행정절차를 거치기 곤란하거나 불필요하다고 인정되는 사항 또는 행정절차에 준하는 절차를 거친 사항에 해당하므로, 처분의 사전통지 및 의견청취 등에 관한 「행정절차법」의 규정이 별도로 적용되지 아니한다고 봄이 상당하다(대판 2014.5.16. 2012두26180).	구 「군인사법」상 보직해임처분은 구 「행정절차법」 제3조 제2항 제9호, 같은 법 시행령 제2조 제3호에 의하여 당해 행정작용의 성질상 행정절차를 거치기 곤란하거나 불필요하다고 인정되는 사항 또는 행정절차에 준하는 절차를 거친 사항에 해당하므로, 처분의 근거와 이유제시 등에 관한 구 「행정절차법」의 규정이 별도로 적용되지 아니한다고 봄이 상당하다(대판 2014.10.15. 2012두5756).

| **오답해설** | ① (○) 〈법령〉 「행정절차법」 제30조(청문의 공개) 청문은 당사자가 공개를 신청하거나 청문 주재자가 필요하다고 인정하는 경우 공개할 수 있다. 다만, 공익 또는 제3자의 정당한 이익을 현저히 해칠 우려가 있는 경우에는 공개하여서는 아니 된다.

② (○) 〈판례〉 일반적으로 당사자가 근거 규정 등을 명시하여 신청하는 인·허가 등을 거부하는 처분을 함에 있어 당사자가 그 근거를 알 수 있을 정도로 상당한 이유를 제시한 경우에는 당해 처분의 근거 및 이유를 구체적 조항 및 내용까지 명시하지 않았더라도 그로 말미암아 그 처분이 위법한 것이 된다고 할 수 없다(대판 2002.5.17. 2000두8912).

④ (○) 〈판례〉 과세의 절차 내지 형식에 위법이 있어 과세처분을 취소하는 판결이 확정되었을 때는 그 확정판결의 기판력은 거기에 적시된 절차 내지 형식의 위법사유에 한하여 미치는 것이므로 과세관청은 그 위법사유를 보완하여 다시 새로운 과세처분을 할 수 있고 그 새로운 과세처분은 확정판결에 의하여 취소된 종전의 과세처분과는 별개의 처분이라 할 것이어서 확정판결의 기판력에 저촉되는 것이 아니다(대판 1987.2.10. 86누91).

---

3 손해배상 > 국가배상   답 ②

| **정답해설** | ② (○) 〈판례〉 헌법재판소 재판관이 청구기간 내에 제기된 헌법소원심판청구 사건에서 청구기간을 오인하여 각하결정을 한 경우, 이에 대한 불복절차 내지 시정절차가 없는 때에는 국가배상책임(위법성)을 인정할 수 있다(대판 2003.7.11. 99다24218).

| **오답해설** | ① (×) 〈판례〉 국가배상청구의 요건인 '공무원의 직무'에는 권력적 작용만이 아니라 비권력적 작용도 포함되며, 단지 행정주체가 사경제주체로서 하는 활동만 제외된다(대판 2001.1.5. 98다39060).

③ (×) 〈판례〉 다른 법령에 따라 지급받은 급여와의 조정에 관한 조항을 두고 있지 아니한 「보훈보상대상자 지원에 관한 법률」과 달리, 「군인연금법」 제41조 제1항은 "다른 법령에 따라 국가나 지방자치단체의 부담으로 이 법에 따른 급여와 같은 종류의 급여를 받은 사람에게는 그 급여금에 상당하는 금액에 대하여는 이 법에 따른 급여를 지급하지 아니한다."라고 명시적으로 규정하고 있다. 나아가 「군인연금법」이 정하고 있는 급여 중 사망보상금(「군인연금법」 제31조)은 일실손해의 보전을 위한 것으로 불법행위로 인한 소극적 손해배상과 같은 종류의 급여라고 봄이 타당하다. 따라서 피고에게 「군인연금법」 제41조 제1항에 따라 원고가 받은 손해배상금 상당 금액에 대하여는 사망보상금을 지급할 의무가 존재하지 아니한다(대판 2018.7.20. 2018두36691).

④ (×) 〈법령〉 「국가배상법」 제7조(외국인에 대한 책임) 이 법은 외국인이 피해자인 경우에는 해당 국가와 상호보증이 있을 때에만 적용한다.

---

4 행정정보공개와 개인정보보호 > 정보공개   답 ③

| **정답해설** | ③ (×) 〈판례〉 '2002년도 및 2003년도 국가 수준 학업성취도평가 자료'는 「공공기관의 정보공개에 관한 법률」 제9조 제1항 제5호에서 정한 비공개 대상 정보에 해당하는 부분이 있으나, '2002학년도부터 2005학년도까지의 대학수학능력시험 원데이터'는 연구목적으로 그 정보의 공개를 청구하는 경우 위 조항의 비공개 대상 정보에 해당하지 않는다(대판 2010.2.25. 2007두9877).

| **오답해설** | ① (○) 〈판례〉 구 「학교폭력예방 및 대책에 관한 법률」 제21조 제1항·제2항·제3항 및 같은 법 시행령 제17조 규정들의 내용, 「학교폭력예방 및 대책에 관한 법률」의 목적, 입법 취지, 특히 「학교폭력예방 및 대책에 관한 법률」 제21조 제3항이 학교폭력대책자치위원회의 회의를 공개하지 못하도록 규정하고 있는 점 등에 비추어, 학교폭력대책자치위원회의 회의록은 「공공기관의 정보공개에 관한 법률」 제9조 제1항 제1호의 '다른 법률 또는 법률이 위임한 명령에 의하여 비밀 또는 비공개 사항으로 규정된 정보'에 해당한다(대판 2010.6.10. 2010두2913).

② (○) 〈판례〉 정보공개를 청구하는 자가 공공기관에 대해 정보의 사본 또는 출력물의 교부의 방법으로 공개방법을 선택하여 정보공개청구를 한 경우에 공개청구를 받은 공공기관으로서는 법 제8조 제2항에서 규정한 정보의 사본 또는 복제물의 교부를 제한할 수 있는 사유에 해당하지 않는 한 정보공개청구자가 선택한 공개방법에 따라 정보를 공개하여야 하므로 그 공개방법을 선택할 재량권이 없다고 해석함이 상당하다(대판 2004.8.20. 2003두8302).

④ (○) 〈판례〉 「공공기관의 정보공개에 관한 법률」 제7조 제1항 제6호 단서 다목 소정의 '공개하는 것이 공익을 위하여 필요하다고 인정되는 정보'에 해당하는지 여부는 비공개에 의하여 보호되는 개인의 사생활 보호 등의 이익과 공개에 의하여 보호되는 국정

운영의 투명성 확보 등의 공익을 비교·교량하여 구체적 사안에 따라 신중히 판단하여야 한다(대판 2003.3.11. 2001두6425).

---

5 행정행위 > 취소와 철회   답 ①

| **정답해설** | ① (×) 〈판례〉 행정청은 행정소송이 계속되고 있는 때에도 직권으로 그 처분을 변경할 수 있고, 「행정소송법」 제22조 제1항은 이를 전제로 처분변경으로 인한 소의 변경에 관하여 규정하고 있다. 점용료 부과처분에 취소사유에 해당하는 흠이 있는 경우 도로관리청으로서는 당초 처분 자체를 취소하고 흠을 보완하여 새로운 부과처분을 하거나, 흠 있는 부분에 해당하는 점용료를 감액하는 처분을 할 수 있다(대판 2019.1.17. 2016두56721). 〈판례〉 변상금 부과처분에 대한 취소소송이 진행 중이라도 그 부과권자로서는 위법한 처분을 스스로 취소하고 그 하자를 보완하여 다시 적법한 부과처분을 할 수도 있는 것이어서 그 권리행사에 법률상의 장애사유가 있는 경우에 해당한다고 할 수 없으므로, 그 처분에 대한 취소소송이 진행되는 동안에도 그 부과권의 소멸시효가 진행된다(대판 2006.2.10. 2003두5686).

| **오답해설** | ② (○) 〈법령〉 「행정기본법」 제19조(적법한 처분의 철회) ❶ 행정청은 적법한 처분이 다음 각 호의 어느 하나에 해당하는 경우에는 그 처분의 전부 또는 일부를 장래를 향하여 철회할 수 있다.
  1. 법률에서 정한 철회 사유에 해당하게 된 경우
  2. 법령 등의 변경이나 사정변경으로 처분을 더 이상 존속시킬 필요가 없게 된 경우
  3. 중대한 공익을 위하여 필요한 경우
③ (○) 불가쟁력은 처분의 상대방 등이 쟁송기간이 경과하면 더 이상 심판이나 소송을 통해 다툴 수 없다는 의미일 뿐이므로, 불가쟁력이 발생한 처분이라도 실권의 법리에 의해 직권취소가 제한되는 경우가 아닌 한 행정청은 직권으로 처분을 취소할 수 있다.
④ (○) 〈법령〉 「행정기본법」 제18조(위법 또는 부당한 처분의 취소) ❶ 행정청은 위법 또는 부당한 처분의 전부나 일부를 소급하여 취소할 수 있다. 다만, 당사자의 신뢰를 보호할 가치가 있는 등 정당한 사유가 있는 경우에는 장래를 향하여 취소할 수 있다.

---

6 새로운 의무이행 확보수단 > 과징금   답 ②

| **정답해설** | ② (×) 「행정기본법 시행령」에 의하면 과징금을 분할 납부하고자 하는 경우에는 10일 전까지 신청을 하여야 한다. 〈법령〉 「행정기본법 시행령」 제7조(과징금의 납부기한 연기 및 분할 납부) ❶ 과징금 납부의무자는 법 제29조 각 호 외의 부분 단서에 따라 과징금 납부기한을 연기하거나 과징금을 분할 납부하려는 경우에는 납부기한 10일 전까지 과징금 납부기한의 연기나 과징금의 분할 납부를 신청하는 문서에 같은 조 각 호의 사유를 증명하는 서류를 첨부하여 행정청에 신청해야 한다.

| **오답해설** | ① (○) 〈판례〉 구 「독점규제 및 공정거래에 관한 법률」 소정의 부당지원행위를 한 지원주체에 대한 과징금은 … 그 위반행위에 대하여 제재를 가하는 행정상의 제재금으로서의 기본적 성격

에 부당이득환수적 요소도 부가되어 있는 것이라고 할 것이어서 그것이 헌법 제13조 제1항에서 금지하는 국가형벌권 행사로서의 처벌에 해당한다고 할 수 없으므로 구 「독점규제 및 공정거래에 관한 법률」에서 형사처벌과 아울러 과징금의 부과처분을 할 수 있도록 규정하고 있다 하더라도 이중처벌금지원칙이나 무죄추정원칙에 위반된다거나 사법권이나 재판청구권을 침해한다고 볼 수 없고, 또한 같은 법 제55조의3 제1항에 정한 각 사유를 참작하여 부당지원행위의 불법의 정도에 비례하여 상당한 금액의 범위 내에서만 과징금을 부과할 수 있도록 하고 있음에 비추어 비례원칙에 반한다고 할 수도 없다(대판 2004.4.9. 2001두6197).
③ (○) 〈판례〉 관할 행정청이 여객자동차운송사업자의 여러 가지 위반행위를 인지하였다면 전부에 대하여 일괄하여 5,000만 원의 최고한도 내에서 하나의 과징금 부과처분을 하는 것이 원칙이고, 인지한 여러 가지 위반행위 중 일부에 대해서만 우선 과징금 부과처분을 하고 나머지에 대해서는 차후에 별도의 과징금 부과처분을 하는 것은 다른 특별한 사정이 없는 한 허용되지 않는다(대판 2021.2.4. 2020두48390).
④ (○) 〈법령〉 「행정기본법」 제28조(과징금의 기준) ❶ 행정청은 법령 등에 따른 의무를 위반한 자에 대하여 법률로 정하는 바에 따라 그 위반행위에 대한 제재로서 과징금을 부과할 수 있다.
❷ 과징금의 근거가 되는 법률에는 과징금에 관한 다음 각 호의 사항을 명확하게 규정하여야 한다.
  1. 부과·징수 주체
  2. 부과 사유
  3. 상한액
  4. 가산금을 징수하려는 경우 그 사항
  5. 과징금 또는 가산금 체납 시 강제징수를 하려는 경우 그 사항

---

7 행정강제 > 대집행   답 ③

| **정답해설** | ㄱ. (○) 〈판례〉 피수용자 등이 기업자에 대하여 부담하는 수용 대상 토지의 인도의무에 관한 구 「토지수용법」(2002.2.4. 법률 제6656호 「공익사업을 위한 토지 등의 취득 및 보상에 관한 법률」 부칙 제2조로 폐지) 제63조, 제64조, 제77조 규정에서의 '인도'에는 명도도 포함되는 것으로 보아야 하고, 이러한 명도의무는 그것을 강제적으로 실현하면서 직접적인 실력행사가 필요한 것이지 대체적 작위의무라고 볼 수 없으므로 특별한 사정이 없는 한 「행정대집행법」에 의한 대집행의 대상이 될 수 있는 것이 아니다(대판 2005.8.19. 2004다2809).
ㄴ. (○) 〈판례〉 관계 법령상 행정대집행의 절차가 인정되어 행정청이 행정대집행의 방법으로 건물의 철거 등 대체적 작위의무의 이행을 실현할 수 있는 경우에는 따로 민사소송의 방법으로 그 의무의 이행을 구할 수 없다(대판 2017.4.28. 2016다213916).
ㄹ. (○) 〈판례〉 행정청이 행정대집행의 방법으로 건물철거의무의 이행을 실현할 수 있는 경우에는 건물철거 대집행 과정에서 부수적으로 건물의 점유자들에 대한 퇴거조치를 할 수 있고, 점유자들이 적법한 행정대집행을 위력을 행사하여 방해하는 경우

「형법」상 공무집행방해죄가 성립하므로, 필요한 경우에는 「경찰관 직무집행법」에 근거한 위험발생 방지조치 또는 「형법」상 공무집행방해의 범행방지 내지 현행범체포의 차원에서 경찰의 도움을 받을 수도 있다(대판 2017.4.28. 2016다213916).

| 오답해설 |
ㄷ. (×) 〈판례〉 구 「토지수용법」(2002.2.4. 법률 제6656호 「공익사업을 위한 토지 등의 취득 및 보상에 관한 법률」 부칙 제2조로 폐지) 제63조의 규정에 따라 피수용자 등이 기업자에 대하여 부담하는 수용 대상 토지의 인도 또는 그 지장물의 명도의무 등이 비록 공법상의 법률관계라고 하더라도, 그 권리를 피보전권리로 하는 명도단행가처분은 그 권리에 끼칠 현저한 손해를 피하거나 급박한 위험을 방지하기 위하여 또는 그 밖의 필요한 이유가 있을 경우에는 허용될 수 있다(대판 2005.8.19. 2004다2809).

---

8 행정법의 의의 > 행정법의 일반원칙   답 ①

| 정답해설 | ① (×) 〈판례〉 「개발이익환수에 관한 법률」에 정한 개발사업을 시행하기 전에, 행정청이 토지 지상에 예식장 등을 건축하는 것이 관계 법령상 가능한지 여부를 질의하는 민원예비심사에 대하여 관련 부서 의견으로 「개발이익환수에 관한 법률」에 '저촉사항 없음'이라고 기재하였다고 하더라도, 이후의 개발부담금 부과처분에 관하여 신뢰보호의 원칙을 적용하기 위한 요건인, 개인에 대하여 신뢰의 대상이 되는 공적인 견해표명을 한 것이라고는 보기 어렵다(대판 2006.6.9. 2004두46).

| 오답해설 | ② (○) 〈판례〉 시의 도시계획과장과 도시계획국장이 도시계획사업의 준공과 동시에 사업부지에 편입한 토지에 대한 완충녹지 지정을 해제함과 아울러 당초의 토지소유자들에게 환매하겠다는 약속을 했음에도, 이를 믿고 토지를 협의매매한 토지소유자의 완충녹지지정해제 신청을 거부한 것은, 행정상 신뢰보호의 원칙을 위반하거나 재량권을 일탈·남용한 위법한 처분이다(대판 2008.10.9. 2008두6127).
③ (○) 〈판례〉 국회에서 일정한 법률안을 심의하거나 의결한 적이 있다고 하더라도, 그것이 법률로 확정되지 아니한 이상 국가가 이해관계자들에게 위 법률안에 관련된 사항을 약속하였다고 볼 수 없으며, 이러한 사정만으로 어떠한 신뢰를 부여하였다고 볼 수도 없다(대판 2008.5.29. 2004다33469).
④ (○) 〈판례〉 헌법재판소의 위헌결정은 행정청이 개인에 대하여 신뢰의 대상이 되는 공적인 견해를 표명한 것이라고 할 수 없으므로 그 결정에 관련한 개인의 행위에 대하여는 신뢰보호의 원칙이 적용되지 아니한다(대판 2003.6.27. 2002두6965).

---

9 행정행위 > 행정행위의 종류   답 ①

| 정답해설 | ① (×) 〈판례〉 자동차운수사업 면허조건 등에 위반한 사업자에 대하여 행정청이 행정제재수단으로서 사업정지를 명할 것인지, 과징금을 부과할 것인지, 과징금을 부과키로 하였다면 그 금액은 얼마로 할 것인지 등에 관하여 재량권이 부여되어 있다 할

것이고, 과징금 최고한도액 5,000,000원의 부과처분만으로는 적절치 않다고 여길 경우 사업정지 쪽을 택할 수도 있다 할 것이므로 과징금 부과처분이 법이 정한 한도액을 초과하여 위법할 경우 법원으로서는 그 전부를 취소할 수밖에 없고, 그 한도액을 초과한 부분이나 법원이 적정하다고 인정되는 부분을 초과한 부분만을 취소할 수는 없다(대판 1993.7.27. 93누1077).

| 오답해설 | ② (○) 〈판례〉 건축물대장 소관청의 용도변경신청 거부행위는 국민의 권리관계에 영향을 미치는 것으로서 항고소송의 대상이 되는 행정처분에 해당한다(대판 2009.1.30. 2007두7277).
③ (○) 〈판례〉 공사낙찰적격심사 감점처분의 근거로 내세운 규정은 피고의 공사낙찰적격심사세부기준 제4조 제2항인 사실, 이 사건 세부기준은 「공공기관의 운영에 관한 법률」 제39조 제1항·제3항, 구 「공기업·준정부기관 계약사무규칙」 제12조에 근거하고 있으나, 이러한 규정은 공공기관이 사인과 사이의 계약관계를 공정하고 합리적·효율적으로 처리할 수 있도록 관계 공무원이 지켜야 할 계약사무 처리에 관한 필요한 사항을 규정한 것으로서 공공기관의 내부규정에 불과하여 대외적 구속력이 없는 것임을 알 수 있다(대판 2014.12.24. 2010두6700).
④ (○) 〈판례〉 「식품위생법」과 「건축법」은 그 입법 목적, 규정사항, 적용범위 등을 서로 달리하고 있어 식품접객업에 관하여 「식품위생법」이 「건축법」에 우선하여 배타적으로 적용되는 관계에 있다고는 해석되지 않는다. 그러므로 「식품위생법」에 따른 식품접객업(일반음식점영업)의 영업신고의 요건을 갖춘 자라고 하더라도, 그 영업신고를 한 당해 건축물이 「건축법」 소정의 허가를 받지 아니한 무허가 건물이라면 적법한 신고를 할 수 없다(대판 2009.4.23. 2008도6829).

---

10 손실보상 > 토지보상법   답 ④

| 정답해설 | ④ (×) 〈판례〉 어떤 보상항목이 토지보상법령상 손실보상 대상에 해당하는데도 관할 토지수용위원회가 사실을 오인하거나 법리를 오해함으로써 손실보상 대상에 해당하지 않는다고 잘못된 내용의 재결을 한 경우에는, 피보상자는 관할 토지수용위원회를 상대로 그 재결에 대한 취소소송을 제기할 것이 아니라 사업시행자를 상대로 토지보상법 제85조 제2항에 따른 보상금증감의 소를 제기하여야 한다(대판 2020.4.9. 2017두275).

| 오답해설 | ① (○) 〈판례〉 구 「토지수용법」이나 구 「공공용지의 취득 및 손실보상에 관한 특례법」, 그 시행령 및 시행규칙 등 관계 법령에도 영업을 하기 위하여 투자한 비용이나 그 영업을 통하여 얻을 것으로 기대되는 이익에 대한 손실보상의 근거 규정이나 그 보상의 기준과 방법 등에 관한 규정이 없으므로, 이러한 손실은 그 보상의 대상이 된다고 할 수 없다(대판 2006.1.27. 2003두13106).
② (○) 보상금에 대한 소송은 형식적 당사자소송으로서 피고는 토지수용위원회가 아니라 사업시행자가 된다(사업시행자가 소송을 청구하는 경우에 피고는 토지소유자이다). 〈법령〉 「공익사업을 위한 토지 등의 취득 및 보상에 관한 법률」 제85조(행정소송의 제기) ❷ 제1항에 따라 제기하려는 행정소송이 보상금의 증감(增減)에 관한 소송인 경우 그 소송을 제기하는 자가 토지소유자

또는 관계인일 때에는 사업시행자를, 사업시행자일 때에는 토지소유자 또는 관계인을 각각 피고로 한다.

③ (○) **〈법령〉**「공익사업을 위한 토지 등의 취득 및 보상에 관한 법률」 제88조(처분효력의 부정지) 제83조에 따른 이의의 신청이나 제85조에 따른 행정소송의 제기는 사업의 진행 및 토지의 수용 또는 사용을 정지시키지 아니한다.

---

11 행정쟁송 > 행정심판   답 ③

| **정답해설** | ③ (×) **〈판례〉** 당사자의 신청을 받아들이지 않은 거부처분이 재결에서 취소된 경우에 행정청은 종전 거부처분 또는 재결 후에 발생한 새로운 사유를 내세워 다시 거부처분을 할 수 있다(대판 2017.10.31. 2015두45045).

| **더 알아보기** | 행정소송에서 거부처분이 판결을 통해 취소된 경우에, 행정청은 법령의 개정 등을 이유로 다시 거부 가능

> 거부처분 취소의 확정판결을 받은 행정청이 거부처분 후에 법령이 개정·시행된 경우, 새로운 사유로 내세워 다시 거부처분을 한 경우도 「행정소송법」 제30조 제2항 소정의 재처분에 해당하는지 여부(적극)
> 건축불허가처분 취소판결이 확정된 후 관계 법령이 개정된 경우, 당해 지방자치단체장이 개정된 신법령에서 정한 사유를 들어 재차 거부처분을 한 것이 「행정소송법」 제30조 제2항 소정의 확정판결의 취지에 따라 이전의 신청에 대한 처분을 한 경우에 해당한다(대결 1998.1.7. 자 97두22).

| **오답해설** | ① (○) **〈판례〉** 행정심판에 있어서 재결청의 재결내용이 처분청에 취소를 명하는 것이 아니라 처분청의 처분을 스스로 취소하는 것일 때에는 그 재결에 형성력이 발생하여 당해 행정처분은 별도의 행정처분을 기다릴 것 없이 당연히 취소되어 소멸되는 것이다(대판 1994.4.12. 93누1879).

② (○) **〈판례〉** 일반적으로 행정처분이나 행정심판재결이 불복기간의 경과로 인하여 확정될 경우, 그 확정력은 그 처분으로 인하여 법률상 이익을 침해받은 자가 당해 처분이나 재결의 효력을 더 이상 다툴 수 없다는 의미일 뿐, 더 나아가 판결에 있어서와 같은 기판력이 인정되는 것은 아니어서 그 처분의 기초가 된 사실관계나 법률적 판단이 확정되고 당사자들이나 법원이 이에 기속되어 모순되는 주장이나 판단을 할 수 없게 되는 것은 아니다(대판 1994.11.8. 93누21927).

④ (○) **〈판례〉** 교원소청심사위원회(이하 '위원회'라 한다)의 결정은 처분청에 대하여 기속력을 가지고 이는 그 결정의 주문에 포함된 사항뿐 아니라 그 전제가 된 요건사실의 인정과 판단, 즉 처분 등의 구체적 위법사유에 관한 판단에까지 미친다(대판 2013.7.25. 2012두12297).

---

12 행정소송 > 소송의 대상   답 ③

| **정답해설** | ㄴ. (×) **〈판례〉** 음주운전으로 적발된 주취운전자가 도로 밖으로 차량을 이동하겠다며 단속경찰관으로부터 보관 중이던 차량열쇠를 반환받아 몰래 차량을 운전하여 가던 중 사고를 일으킨 경우, 국가배상책임을 인정한다(대판 1998.5.8. 97다54482).

ㄷ. (×) **〈판례〉** 행정처분의 직접 상대방이 아닌 제3자라도 당해 행정처분의 취소를 구할 법률상의 이익이 있는 경우에는 원고적격이 인정되는데, 여기서 말하는 법률상의 이익은 당해 처분의 근거 법률에 의하여 보호되는 직접적이고 구체적인 이익이 있는 경우를 말하고, 다만 공익보호의 결과로 국민 일반이 공통적으로 가지는 추상적·평균적·일반적인 이익과 같이 간접적이나 사실적·경제적 이해관계를 가지는 데 불과한 경우는 여기에 포함되지 않는다(대판 1995.9.26. 94누14544).

| **오답해설** | ㄱ. (○) **〈판례〉** 법원이 행정기관의 정보공개거부처분의 위법 여부를 심리한 결과 공개를 거부한 정보에 비공개 대상 정보에 해당하는 부분과 공개가 가능한 부분이 혼합되어 있고 공개청구의 취지에 어긋나지 아니하는 범위 안에서 두 부분을 분리할 수 있음을 인정할 수 있을 때에는 청구취지의 변경이 없더라도 공개가 가능한 정보에 관한 부분만의 일부취소를 명할 수 있다 할 것이고, 공개청구의 취지에 어긋나지 아니하는 범위 안에서 비공개 대상 정보에 해당하는 부분과 공개가 가능한 부분을 분리할 수 있다고 함은, 이 두 부분이 물리적으로 분리 가능한 경우를 의미하는 것이 아니고 당해 정보의 공개방법 및 절차에 비추어 당해 정보에서 비공개 대상 정보에 관련된 기술 등을 제외 내지 삭제하고 그 나머지 정보만을 공개하는 것이 가능하고 나머지 부분의 정보만으로도 공개의 가치가 있는 경우를 의미한다고 해석하여야 한다(대판 2004.12.9. 2003두12707).

ㄹ. (○) **〈판례〉** 2종 교과용 도서에 대하여 검정신청을 하였다가 불합격결정처분을 받은 뒤 그 처분이 위법하다 하여 이의 취소를 구하면서 위 처분 당시 시행 중이던 구 교과용 도서에 관한 규정(1988.8.22. 대통령령 제12508호로 개정되기 전의 것) 제19조에 "2종 도서의 합격종수는 교과목 당 5종류 이내로 한다."고 규정되어 있음을 들어 위 처분과 같은 때에 행하여진 수학, 음악, 미술, 한문, 영어 과목의 교과용 도서에 대한 합격결정처분의 취소를 구하고 있으나 원고들은 각 한문, 영어, 음악 과목에 관한 교과용 도서에 대하여 검정신청을 하였던 자들이므로 자신들이 검정 신청한 교과서의 과목과 전혀 관계가 없는 수학, 미술 과목의 교과용 도서에 대한 합격결정처분에 대하여는 그 취소를 구할 법률상의 이익이 없다 할 것이다(대판 1992.4.24. 91누6634).

---

13 행정벌 > 양벌규정   답 ①

| **정답해설** | ① (×) **〈판례〉** 국가가 본래 그의 사무의 일부를 지방자치단체의 장에게 위임하여 그 사무를 처리하게 하는 기관위임사무의 경우에는 지방자치단체는 국가기관의 일부로 볼 수 있는 것이지만, 지방자치단체가 그 고유의 자치사무를 처리하는 경우에는 지방자치단체는 국가기관의 일부가 아니라 국가기관과는 별도의 독립한 공법인이므로, 지방자치단체 소속 공무원이 지방자치단체 고유의 자치사무를 수행하던 중 「도로법」 제81조 내지 제85조의 규정에 의한 위반행위를 한 경우에는 지방자치단체는 「도로법」 제86조의 양벌규정에 따라 처벌대상이 되는 법인에 해당한다(대판 2005.11.10. 2004도2657).

| 오답해설 | ② (○) 〈판례〉 구 「개인정보 보호법」은 제2조 제5호·제6호에서 공공기관 중 법인격이 없는 '중앙행정기관 및 그 소속 기관' 등을 개인정보처리자 중 하나로 규정하고 있으면서도, 양벌규정에 의하여 처벌되는 개인정보처리자로는 같은 법 제74조 제2항에서 '법인 또는 개인'만을 규정하고 있을 뿐이고, 법인격 없는 공공기관에 대하여도 위 양벌규정을 적용할 것인지 여부에 대하여는 명문의 규정을 두고 있지 않으므로, 죄형법정주의의 원칙상 '법인격 없는 공공기관'을 위 양벌규정에 의하여 처벌할 수 없고, 그 경우 행위자 역시 위 양벌규정으로 처벌할 수 없다고 봄이 타당하다(대판 2021.10.28. 2020도1942).

③ (○) 〈법령〉 「질서위반행위규제법」 제5조(다른 법률과의 관계) 과태료의 부과·징수, 재판 및 집행 등의 절차에 관한 다른 법률의 규정 중 이 법의 규정에 저촉되는 것은 이 법으로 정하는 바에 따른다.

④ (○) 〈법령〉 「질서위반행위규제법」 제38조(항고) ❶ 당사자와 검사는 과태료 재판에 대하여 즉시항고를 할 수 있다. 이 경우 항고는 집행정지의 효력이 있다.

---

14 행정행위 > 행정행위의 내용   답 ②

| 정답해설 | ㄱ. (×) ㄴ. (×) ㄷ. (○) 헌법재판소에 의해 과세처분의 근거 법이 위헌결정을 받게 되면, 그를 집행하기 위한 압류는 위헌결정의 기속력에 의해 이루어질 수 없다. 〈판례〉 조세 부과의 근거가 되었던 법률규정이 위헌으로 선언된 경우, 비록 그에 기한 과세처분이 위헌결정 전에 이루어졌고, 과세처분에 대한 제소기간이 이미 경과하여 조세채권이 확정되었으며, 조세채권의 집행을 위한 체납처분의 근거 규정 자체에 대하여는 따로 위헌결정이 내려진 바 없다고 하더라도, 위와 같은 위헌결정 이후에 조세채권의 집행을 위한 새로운 체납처분에 착수하거나 이를 속행하는 것은 더 이상 허용되지 않고, 나아가 이러한 위헌결정의 효력에 위배하여 이루어진 체납처분은 그 사유만으로 하자가 중대하고 객관적으로 명백하여 당연무효라고 보아야 한다(대판 2012.2.16. 2010두10907). ㄱ의 지문에서 하자의 승계와 관련된 내용이 주어져 있으나, 이와 상관없이 압류처분은 헌법재판소의 위헌결정에 대한 기속력 위반으로 무효에 해당하여 구제를 받을 수 있다.

---

15 그 밖의 행정의 주요 행위 형식 > 공법상 계약   답 ②

| 정답해설 | ㄱ. (○) 〈법령〉 「행정기본법」 제27조(공법상 계약의 체결) ❶ 행정청은 법령 등을 위반하지 아니하는 범위에서 행정목적을 달성하기 위하여 필요한 경우에는 공법상 법률관계에 관한 계약(이하 '공법상 계약'이라 한다)을 체결할 수 있다. 이 경우 계약의 목적 및 내용을 명확하게 적은 계약서를 작성하여야 한다.

ㄹ. (○) 〈판례〉 지방자치단체가 일방 당사자가 되는 이른바 '공공계약'이 사경제의 주체로서 상대방과 대등한 위치에서 체결하는 사법상 계약에 해당하는 경우 그에 관한 법령에 특별한 정함이 있는 경우를 제외하고는 사적 자치와 계약자유의 원칙 등 사법

의 원리가 그대로 적용된다(대판 2018.2.13. 2014두11328).

| 오답해설 | ㄴ. (×) 〈판례〉 계약직 공무원에 관한 현행 법령의 규정에 비추어 볼 때, 계약직 공무원 채용계약해지의 의사표시는 일반공무원에 대한 징계처분과는 달라서 항고소송의 대상이 되는 처분 등의 성격을 가진 것으로 인정되지 아니하고, 일정한 사유가 있을 때에 국가 또는 지방자치단체가 채용계약 관계의 한쪽 당사자로서 대등한 지위에서 행하는 의사표시로 취급되는 것으로 이해되므로, 이를 징계해고 등에서와 같이 그 징계사유에 한하여 효력 유무를 판단하여야 하거나, 행정처분과 같이 「행정절차법」에 의하여 근거와 이유를 제시하여야 하는 것은 아니다(대판 2002.11.26. 2002두5948).

ㄷ. (×) 〈판례〉 공익사업을 위한 토지 등의 취득 및 보상에 관한 법령(이하 '공익사업법령'이라고 한다)에 의한 협의취득은 사법상의 법률행위이므로 당사자 사이의 자유로운 의사에 따라 채무불이행책임이나 매매대금 과부족금에 대한 지급의무를 약정할 수 있다(대판 2012.2.23. 2010다91206).

---

16 행정행위 > 부관   답 ④

| 정답해설 | ④ (×) 〈판례〉 행정처분에 부담인 부관을 붙인 경우 부관의 무효화에 의하여 본체인 행정처분 자체의 효력에도 영향이 있게 될 수는 있지만, 그 처분을 받은 사람이 부담의 이행으로 사법상 매매 등의 법률행위를 한 경우에는 그 부관은 특별한 사정이 없는 한 법률행위를 하게 된 동기 내지 연유로 작용하였을 뿐이므로 이는 법률행위의 취소사유가 될 수 있음은 별론으로 하고 그 법률행위 자체를 당연히 무효화하는 것은 아니다(대판 2009.6.25. 2006다18174).

| 오답해설 | ① (○) 〈판례〉 행정행위의 부관은 부담인 경우를 제외하고는 독립하여 행정소송의 대상이 될 수 없는바, 기부채납받은 행정재산에 대한 사용·수익허가에서 공유재산의 관리청이 정한 사용·수익허가의 기간은 그 허가의 효력을 제한하기 위한 행정행위의 부관으로서 이러한 사용·수익허가의 기간에 대해서는 독립하여 행정소송을 제기할 수 없다(대판 2001.6.15. 99두509).

② (○) 〈판례〉 토지소유자가 토지형질변경행위허가에 붙은 기부채납의 부관에 따라 토지를 국가나 지방자치단체에 기부채납(증여)한 경우, 기부채납의 부관이 당연무효이거나 취소되지 아니한 이상 토지소유자는 위 부관으로 인하여 증여계약의 중요부분에 착오가 있음을 이유로 증여계약을 취소할 수 없다(대판 1999.5.25. 98다53134).

③ (○) 〈판례〉 행정행위의 부관인 부담에 정해진 바에 따라 당해 행정청이 아닌 다른 행정청이 그 부담상의 의무이행을 요구하는 의사표시를 하였을 경우, 이러한 행위가 당연히 또는 무조건으로 「행정소송법」상 항고소송의 대상이 되는 처분에 해당한다고 할 수는 없다(대판 1992.1.21. 91누126).

> 건설부장관(현 국토교통부장관)이 공유수면매립면허를 함에 있어 그 면허받은 자에게 당해 공유수면에 이미 토사를 투기한 지방해운항만청장에게 그 대가를 지급하도록 한 부관에 따라 한 같은 해운항만청장의 수토대금 납부고지행위가 행정처분에 해당한다고 할 수 없다 (대판 1992.1.21. 91누126).

---

17 그 밖의 행정의 주요행위 형식 > 행정계획 답 ④

| 정답해설 | ④ (×) 〈판례〉 도시기본계획이라는 것은 도시의 장기적 개발방향과 미래상을 제시하는 도시계획 입안의 지침이 되는 장기적·종합적인 개발계획으로서 직접적인 구속력은 없는 것이므로, 도시계획시설결정 대상면적이 도시기본계획에서 예정했던 것보다 증가하였다 하여 그것이 도시기본계획의 범위를 벗어나 위법한 것은 아니다(대판 1998.11.27. 96누13927).

| 오답해설 | ①② (○) 〈판례〉 행정청은 구체적인 행정계획을 입안·결정할 때 비교적 광범위한 형성의 재량을 가진다. 다만, 행정청의 이러한 형성의 재량이 무제한적이라고 할 수는 없고, 행정계획에서는 그에 관련되는 자들의 이익을 공익과 사익 사이에서는 물론이고 공익 사이에서나 사익 사이에서도 정당하게 비교·교량하여야 한다는 제한이 있으므로, 행정청이 행정계획을 입안·결정할 때 이익형량을 전혀 행하지 아니하거나 이익형량의 고려 대상에 마땅히 포함시켜야 할 사항을 누락한 경우 또는 이익형량을 하였으나 정당성과 객관성이 결여된 경우에는 그 행정계획결정은 이익형량에 하자가 있어 위법하게 될 수 있다(대판 2021.7.29. 2021두33593).

③ (○) 〈판례〉 도시계획의 결정·변경 등에 관한 권한을 가진 행정청은 이미 도시계획이 결정·고시된 지역에 대하여도 다른 내용의 도시계획을 결정·고시할 수 있고, 이 때에 후행 도시계획에 선행 도시계획과 서로 양립할 수 없는 내용이 포함되어 있다면, 특별한 사정이 없는 한 선행 도시계획은 후행 도시계획과 같은 내용으로 변경되는 것이다(대판 2000.9.8. 99두11257).

---

18 행정행위 > 행정행위의 종류 답 ④

| 정답해설 | ④ (×) 〈판례〉 공익법인의 기본재산의 처분에 관한 「공익법인의 설립·운영에 관한 법률」 제11조 제3항의 규정은 강행규정으로서 이에 위반하여 주무관청의 허가를 받지 않고 기본재산을 처분하는 것은 무효라 할 것인데, 위 처분허가에 부관을 붙인 경우 그 처분허가의 법률적 성질이 형성적 행정행위로서의 인가에 해당한다고 하여 조건으로서의 부관의 부과가 허용되지 아니한다고 볼 수는 없고, 다만 구체적인 경우에 그것이 조건, 기한, 부담, 철회권의 유보 중 어느 종류의 부관에 해당하는지는 당해 부관의 내용, 경위 기타 제반 사정을 종합하여 판단하여야 할 것이다(대판 2005.9.28. 2004다50044).

| 오답해설 | ① (○) 〈판례〉 여객자동차운송사업의 한정면허는 특정

인에게 권리나 이익을 부여하는 수익적 행정행위로서, 교통수요, 운송업체의 수송 및 공급능력 등에 관한 기술적·전문적 판단이 필요하고, 원활한 운송체계의 확보, 일반 공중의 교통 편의성 제고 등 운수행정을 통한 공익적 측면과 함께 관련 운송사업자들 사이의 이해관계 조정 등 사익적 측면을 고려하는 등 합목적성과 구체적 타당성을 확보하기 위한 적합한 기준에 따라야 하므로, 그 범위 내에서는 법령이 특별히 규정한 바가 없으면 행정청이 재량을 보유하고 이는 한정면허가 기간만료로 실효되어 갱신되는 경우에도 마찬가지이다. 따라서 한정면허가 신규로 발급되는 때는 물론이고 한정면허의 갱신 여부를 결정하는 때에도 관계 법규 내에서 한정면허의 기준이 충족되었는지를 판단하는 것은 관할 행정청의 재량에 속한다(대판 2020.6.11. 2020두34384).

② (○) 서울행정법원에 의하면 난민 인정은 설권행위로서 재량이라는 입장이다(확정판결). 하지만 대법원은 행정청은 원칙적으로 법이 정한 요건 여부를 심사하여 결정할 수 있을 뿐이라고 하여 주의를 요한다. 〈판례〉 구 「출입국관리법」 제2조 제3호, 제76조의 2 제1항·제3항·제4항, 구 「출입국관리법 시행령」 제88조의2, 난민의 지위에 관한 협약 제1조, 난민의 지위에 관한 의정서 제1조의 문언, 체계와 입법 취지를 종합하면, 난민 인정에 관한 신청을 받은 행정청은 원칙적으로 법령이 정한 난민 요건에 해당하는지를 심사하여 난민 인정 여부를 결정할 수 있을 뿐이고, 이와 무관한 다른 사유만을 들어 난민 인정을 거부할 수는 없다(대판 2017.12.5. 2016두42913).

③ (○) 〈판례〉 구 「자동차관리법」상 자동차관리사업자로 구성하는 사업자단체인 조합 또는 협회설립인가제도의 입법 취지, 조합 등에 대하여 인가권자가 가지는 지도·감독 권한의 범위 등과 아울러 「자동차관리법」상 조합 등 설립인가에 관하여 구체적인 기준이 정하여져 있지 않은 점에 비추어 보면 … 사업자단체 설립의 공익적 목적에 부합하는지 등을 함께 검토하여 설립인가 여부를 결정할 재량을 가진다(대판 2015.5.29. 2013두635).

---

19 행정입법 > 법규명령 답 ③

| 정답해설 | ③ (×) 〈판례〉 일반적으로 법률의 위임에 따라 효력을 갖는 법규명령의 경우에 위임의 근거가 없어 무효였더라도 나중에 법 개정으로 위임의 근거가 부여되면 그때부터는 유효한 법규명령으로 볼 수 있다. 그러나 법규명령이 개정된 법률에 규정된 내용을 함부로 유추·확장하는 내용의 해석규정이어서 위임의 한계를 벗어난 것으로 인정될 경우에는 법규명령은 여전히 무효이다(대판 2017.4.20. 2015두45700).

| 오답해설 | ① (○) 〈법령〉 「행정기본법」 제39조(행정법제의 개선)
❶ 정부는 권한 있는 기관에 의하여 위헌으로 결정되어 법령이 헌법에 위반되거나 법률에 위반되는 것이 명백한 경우 등 대통령령으로 정하는 경우에는 해당 법령을 개선하여야 한다.

② (○) 〈판례〉 헌법 제107조 제2항의 규정에 따르면 행정입법의 심사는 일반적인 재판절차에 의하여 구체적 규범통제의 방법에 의하도록 명시하고 있으므로, 당사자는 구체적 사건의 심판을 위

한 선결문제로서 행정입법의 위법성을 주장하여 법원에 대하여 당해 사건에 대한 적용 여부의 판단을 구할 수 있을 뿐 행정입법 자체의 합법성의 심사를 목적으로 하는 독립한 신청을 제기할 수는 없다(대결 1994.4.26. 자 93부32).

④ (○) 〈판례〉 일반적으로 법률의 시행령은 모법인 법률에 의하여 위임받은 사항이나, 법률이 규정한 범위 내에서 법률을 현실적으로 집행하는 데 필요한 세부적인 사항만을 규정할 수 있을 뿐, 법률의 위임 없이 법률이 규정한 개인의 권리·의무에 관한 내용을 변경·보충하거나 법률에서 규정하지 아니한 새로운 내용을 규정할 수 없는 것이다(대판 1999.2.11. 98도2816).

---

20 행정소송 > 종합   답 ④

| 정답해설 | ④ (×) 〈판례〉 지방자치단체의 장이 공유재산법에 근거하여 기부채납 및 사용·수익허가 방식으로 민간투자사업을 추진하는 과정에서 사업시행자를 지정하기 위한 전 단계에서 공모제안을 받아 일정한 심사를 거쳐 우선협상대상자를 선정하는 행위와 이미 선정된 우선협상대상자를 그 지위에서 배제하는 행위는 민간투자사업의 세부내용에 관한 협상을 거쳐 공유재산법에 따른 공유재산의 사용·수익허가를 우선적으로 부여받을 수 있는 지위를 설정하거나 또는 이미 설정한 지위를 박탈하는 조치이므로 모두 항고소송의 대상이 되는 행정처분으로 보아야 한다(대판 2020.4.29. 2017두31064).

| 오답해설 | ① (○) 〈판례〉 구 「여객자동차 운수사업법」 … 국토해양부장관(현 국토교통부장관) 또는 시·도지사는 여객자동차 운수사업자가 '거짓이나 부정한 방법으로 지급받은 보조금'에 대하여 이를 반환할 것을 명하여야 하고 위 규정을 '정상적으로 지급받은 보조금'까지 반환할 것을 명할 수 있는 것으로 해석하는 것은 그 문언의 범위를 넘어서는 것이며, 위 규정의 형식이나 체재 등에 비추어 보면, 이 사건 환수처분은 국토해양부장관 또는 시·도지사가 그 지급받은 보조금을 반환할 것을 명하여야 하는 기속행위라고 판단된다(대판 2013.12.12. 2011두3388).

② (○) 〈판례〉 재량행위에 해당하는 행정행위에 대한 사법심사는 기속행위에 대한 사법심사와는 달리 행정청의 재량에 기초한 공익 판단의 여지를 감안하여 법원이 독자적인 결론을 내리지 않고 해당 행위에 재량권의 일탈·남용이 있는지 여부만을 심사하게 되고, 이러한 재량권의 일탈·남용 여부에 대한 심사는 사실오인, 비례·평등의 원칙 위배 등을 그 판단 대상으로 하며, 이러한 재량권의 일탈·남용에 대하여는 그 행정행위의 효력을 다투는 사람이 증명책임을 진다(대판 2016.10.27. 2015두41579).

③ (○) 〈판례〉 고용산재보험료징수법 제4조, 제16조의2, 제17조, 제19조, 제23조의 각 규정에 의하면, 사업주가 당연가입자가 되는 고용보험 및 산재보험에서 보험료 납부의무 부존재확인의 소는 공법상의 법률관계 그 자체를 다투는 소송으로서 공법상 당사자소송이라 할 것이다(대판 2016.10.13. 2016다221658).

합격예상 체크

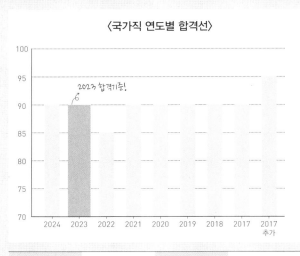

〈국가직 연도별 합격선〉

2023 합격기준!

| 맞힌 개수 | /20문항 | 점수 | /100점 |

➡ ☐ 합격 ☐ 불합격

취약영역 체크

문항	정답	영역	문항	정답	영역
1	②	행정법 통칙	11	④	행정상 의무이행 확보수단
2	②	행정법 통칙	12	③	행정상 의무이행 확보수단
3	①	행정법 통칙	13	②	행정구제
4	④	행정법 통칙	14	③	행정구제
5	④	행정법 통칙	15	④	행정구제
6	④	행정법 통칙	16	①	행정구제
7	①	행정법 통칙	17	①	행정구제
8	①	행정구제	18	②	행정상 의무이행 확보수단
9	①	행정법 통칙	19	①	행정법 서론
10	③	행정법 통칙	20	④	행정상 의무이행 확보수단

⬇ 영역별 틀린 개수로 취약영역을 확인하세요!

행정법 서론	/1	행정법 통칙	/9	행정상 의무이행 확보수단	/4
행정구제	/6	행정조직(7급)	–/0	특별행정작용(7급)	–/0

➡ 나의 취약영역: _____

※ [정답해설]과 [오답해설] 선지의 50% 표시는 〈에듀윌 합격예측 풀서비스〉를 통해 수집된 선지 선택률을 나타냅니다.

---

1 「행정기본법」과 「행정절차법」 > 처분의 신청   오답률 38%   답 ②

| 정답해설 | ② 62% (×) 행정청은 신청에 구비서류의 미비 등 흠이 있는 경우에는 보완에 필요한 상당한 기간을 정하여 지체 없이 신청인에게 보완을 요구하여야 한다(「행정절차법」 제17조 제5항).

| 더 알아보기 | 행정청의 접수 거부

> 「민원 처리에 관한 법률」 제9조(민원의 접수) ❶ 행정기관의 장은 민원의 신청을 받았을 때에는 다른 법령에 특별한 규정이 있는 경우를 제외하고는 그 접수를 보류하거나 거부할 수 없으며, 접수된 민원문서를 부당하게 되돌려 보내서는 아니 된다.

| 오답해설 | ① 16% (○) 「행정절차법」 제17조 제7항 전단
③ 20% (○) 〈법령〉 「행정절차법」 제17조(처분의 신청) ❹ 행정청은 신청을 받았을 때에는 다른 법령 등에 특별한 규정이 있는 경우를 제외하고는 그 접수를 보류 또는 거부하거나 부당하게 되돌려 보내서는 아니 되며, 신청을 접수한 경우에는 신청인에게 접수증을 주어야 한다. 다만, 대통령령으로 정하는 경우에는 접수증을 주지 아니할 수 있다.
「행정절차법 시행령」 제9조(접수증) 법 제17조 제4항 단서에서 '대통령령이 정하는 경우'라 함은 다음 각 호의 1에 해당하는 신청의 경우를 말한다.
　　1. 구술·우편 또는 정보통신망에 의한 신청

　　2. 처리기간이 '즉시'로 되어 있는 신청
　　3. 접수증에 갈음하는 문서를 주는 신청
④ 2% (○) 동법 제18조

---

2 행정행위 > 취소와 철회   오답률 40%   답 ②

| 정답해설 | ② 60% (×) 〈판례〉 행정행위의 '철회'는 적법요건을 구비하여 완전히 효력을 발하고 있는 행정행위를 사후적으로 효력의 전부 또는 일부를 장래에 향해 소멸시키는 별개의 행정처분이다. 그리고 행정행위의 '취소 사유'는 원칙적으로 행정행위의 성립 당시에 존재하였던 하자를 말하고, '철회 사유'는 행정행위가 성립된 이후에 새로이 발생한 것으로서 행정행위의 효력을 존속시킬 수 없는 사유를 말한다(대판 2018.6.28. 2015두58195).

| 오답해설 | ① 21% (○) 직권취소나 철회는 법적 근거 없이도 가능하다. 〈법령〉 「행정기본법」 제18조(위법 또는 부당한 처분의 취소) ❶ 행정청은 위법 또는 부당한 처분의 전부나 일부를 소급하여 취소할 수 있다. 다만, 당사자의 신뢰를 보호할 가치가 있는 등 정당한 사유가 있는 경우에는 장래를 향하여 취소할 수 있다.
제19조(적법한 처분의 철회) ❶ 행정청은 적법한 처분이 다음 각 호의 어느 하나에 해당하는 경우에는 그 처분의 전부 또는 일부를 장래를 향하여 철회할 수 있다.
　　1. 법률에서 정한 철회 사유에 해당하게 된 경우

2. 법령 등의 변경이나 사정변경으로 처분을 더 이상 존속시킬 필요가 없게 된 경우

3. 중대한 공익을 위하여 필요한 경우

③ 11% (○) 〈판례〉상대방의 신뢰를 보호하기 위하여 수익적 처분의 취소에는 일정한 제한이 따르는 것이나, 수익적 처분이 상대방의 허위 기타 부정한 방법으로 인하여 행하여졌다면 상대방은 그 처분이 그와 같은 사유로 인하여 취소될 것임을 예상할 수 없었다고 할 수 없으므로, 이러한 경우에까지 상대방의 신뢰를 보호하여야 하는 것은 아니라고 할 것이다(대판 1995.1.20. 94누6529).

④ 8% (○) 〈판례〉행정행위를 한 처분청은 그 행위에 흠이 있는 경우 별도의 법적 근거가 없더라도 스스로 이를 취소할 수 있고, 다만 수익적 행정처분을 취소할 때에는 이를 취소하여야 할 공익상의 필요와 그 취소로 인하여 당사자가 입게 될 기득권과 신뢰보호 및 법률생활 안정의 침해 등 불이익을 비교·교량한 후 공익상의 필요가 당사자가 입을 불이익을 정당화할 만큼 강한 경우에 한하여 취소할 수 있다(대판 2010.11.11. 2009두14934).

---

3 행정행위 > 부관 오답률 40% 답 ①

| 정답해설 | ① 60% (×) 〈판례〉수익적 행정처분에 있어서는 법령에 특별한 근거 규정이 없다고 하더라도 그 부관으로서 부담을 붙일 수 있고, 그와 같은 부담은 행정청이 행정처분을 하면서 일방적으로 부가할 수도 있지만 부담을 부가하기 이전에 상대방과 협의하여 부담의 내용을 협약의 형식으로 미리 정한 다음 행정처분을 하면서 이를 부가할 수도 있다(대판 2009.2.12. 2005다65500).

| 오답해설 | ② 10% (○) 기선선망어업의 허가를 하면서 운반선, 등선 등 부속선을 사용할 수 없도록 제한한 부관은 그 어업허가의 목적달성을 사실상 어렵게 하여 그 본질적 효력을 해하는 것일 뿐만 아니라 위 시행령의 규정에도 어긋나는 것이며, 더욱이 어업조정이나 기타 공익상 필요하다고 인정되는 사정이 없는 이상 위법한 것이다(대판 1990.4.27. 89누6808).

③ 13% (○) 대판 2016.11.24. 2016두45028

④ 17% (○) 대판 1999.5.25. 98다53134

---

4 행정법 관계 > 공사법의 구분 오답률 35% 답 ④

| 정답해설 | ④ 65% (×) 조달청장의 입찰참가자격 제한조치는 항고소송 대상인 처분이다(공법관계). 〈판례〉법리와 관련 규정의 내용 및 취지에 비추어 보면, 준정부기관으로부터 공공기관운영법 제44조 제2항에 따라 계약 체결 업무를 위탁받은 조달청장은 국가계약법 제27조 제1항에 따라 입찰참가자격 제한처분을 할 수 있는 권한이 있다(대판 2017.12.28. 2017두39433).

| 오답해설 | ① 13% (○) 〈판례〉한국공항공단이 그 행정재산의 관리청으로부터 국유재산관리사무의 위임을 받거나 국유재산관리의 위탁을 받지 않은 이상, 한국공항공단이 무상사용허가를 받은 행정재산에 대하여 하는 전대행위는 통상의 사인간의 임대차와 다를 바가 없고, 그 임대차계약이 임차인의 사용승인신청과 임대인의 사용승인

의 형식으로 이루어졌다고 하여 달리 볼 것은 아니다(대판 2004.1.15. 2001다12638).

② 12% (○) 〈판례〉입찰보증금의 국고귀속조치는 국가가 사법상의 재산권의 주체로서 행위하는 것이지 공권력을 행사하는 것이거나 공권력작용과 일체성을 가진 것이 아니라 할 것이므로, 이에 관한 분쟁은 행정소송이 아닌 민사소송의 대상이 될 수밖에 없다고 할 것이다(대판 1983.12.27. 81누366).

③ 10% (○) 〈판례〉국유재산의 관리청이 그 무단점유자에 대하여 하는 변상금 부과처분은 순전히 사경제주체로서 행하는 사법상의 법률행위라 할 수 없고, 이는 관리청이 공권력을 가진 우월적 지위에서 행한 것으로서 행정소송의 대상이 되는 행정처분이라고 보아야 한다(대판 1988.2.23. 87누1046·1047). 〈판례〉국유 잡종재산(현 국유 일반재산)에 관한 관리처분의 권한을 위임받은 기관이 국유 잡종재산을 대부하는 행위는 국가가 사경제주체로서 상대방과 대등한 위치에서 행하는 사법상의 계약이다(대판 2000.2.11. 99다61675).

---

5 「행정기본법」과 「행정절차법」 > 제재처분의 제척기간 오답률 37% 답 ④

| 정답해설 | ④ 63% (○) 〈법령〉「행정기본법」제23조(제재처분의 제척기간) ❶ 행정청은 법령 등의 위반행위가 종료된 날부터 5년이 지나면 해당 위반행위에 대하여 제재처분(인허가의 정지·취소·철회, 등록 말소, 영업소 폐쇄와 정지를 갈음하는 과징금 부과를 말한다. 이하 이 조에서 같다)을 할 수 없다.

❷ 다음 각 호의 어느 하나에 해당하는 경우에는 제1항을 적용하지 아니한다.

1. 거짓이나 그 밖의 부정한 방법으로 인허가를 받거나 신고를 한 경우

2. 당사자가 인허가나 신고의 위법성을 알고 있었거나 중대한 과실로 알지 못한 경우

3. 정당한 사유 없이 행정청의 조사·출입·검사를 기피·방해·거부하여 제척기간이 지난 경우

4. 제재처분을 하지 아니하면 국민의 안전·생명 또는 환경을 심각하게 해치거나 해칠 우려가 있는 경우

---

6 행정입법 > 행정규칙 오답률 33% 답 ③

| 정답해설 | ③ 67% (×) 〈판례〉법령에서 행정처분의 요건 중 일부 사항을 부령으로 정할 것을 위임한 데 따라 시행규칙 등 부령에서 이를 정한 경우에 그 부령의 규정은 국민에 대해서도 구속력이 있는 법규명령에 해당한다고 할 것이지만, 법령의 위임이 없음에도 법령에 규정된 처분요건에 해당하는 사항을 부령에서 변경하여 규정한 경우에는 그 부령의 규정은 행정청 내부의 사무처리 기준 등을 정한 것으로서 행정조직 내에서 적용되는 행정명령의 성격을 지닐 뿐 국민에 대한 대외적 구속력은 없다고 보아야 한다(대판 2013.9.12. 2011두1058).

| 오답해설 | ① 14% (○) 총리령과 부령은 대통령령과 달리 국무회의의 심의절차는 없다.

② 5% (○) 법령보충규칙과 재량준칙(자기구속의 법리에 의함)은 대외적 구속력이 있다. 〈판례〉 행정규칙이 법령의 규정에 의하여 행정관청에 법령의 구체적 내용을 보충할 권한을 부여한 경우나 재량권 행사의 준칙인 규칙이 그 정한 바에 따라 되풀이 시행되어 행정관행이 이룩되게 되면, 평등의 원칙이나 신뢰보호의 원칙에 따라 행정기관은 그 상대방에 대한 관계에서 그 규칙에 따라야 할 자기구속을 당하게 되는 경우에는 대외적인 구속력을 가지게 되는바, 이러한 경우에는 헌법소원의 대상이 될 수도 있다(헌재 2001.5.31. 99헌마413).

④ 14% (○) 〈판례〉 행정소송은 구체적 사건에 대한 법률상 분쟁을 법에 의하여 해결함으로써 법적 안정을 기하자는 것이므로 부작위위법확인소송의 대상이 될 수 있는 것은 구체적 권리·의무에 관한 분쟁이어야 하고 추상적인 법령에 관하여 제정의 여부 등은 그 자체로서 국민의 구체적인 권리·의무에 직접적 변동을 초래하는 것이 아니어서 그 소송의 대상이 될 수 없다(대판 1992.5.8. 91누11261).

| 더 알아보기 | 행정입법부작위는 항고소송의 대상인 부작위위법확인소송의 대상은 아니나, 헌법소원의 대상

> 우리 헌법은 국가권력의 남용으로부터 국민의 자유와 권리를 보호하려는 법치국가의 실현을 기본이념으로 하고 있고, 자유민주주의 헌법의 원리에 따라 국가의 기능을 입법·행정·사법으로 분립하여 견제와 균형을 이루게 하는 권력분립제도를 채택하고 있어, 행정과 사법은 법률에 기속되므로, 국회가 특정한 사항에 대하여 행정부에 위임하였음에도 불구하고 행정부가 정당한 이유 없이 이를 이행하지 않는다면 권력분립의 원칙과 법치국가의 원칙에 위배되는 것이다(헌재 2004.2.26. 2001헌마718).

---

7 행정행위 > 행정행위의 하자 오답률 47% 답 ①

| 정답해설 | ① 53% (○) 〈판례〉 위법한 개별공시지가를 기초로 한 과세처분 등 후행 행정처분에서 개별공시지가결정의 위법을 주장할 수 없도록 하는 것은 수인한도를 넘는 불이익을 강요하는 것으로서 국민의 재산권과 재판받을 권리를 보장한 헌법의 이념에도 부합하는 것이 아니라고 할 것이므로, 개별공시지가결정에 위법이 있는 경우에는 그 자체를 행정소송의 대상이 되는 행정처분으로 보아 그 위법 여부를 다툴 수 있음은 물론 이를 기초로 한 과세처분 등 행정처분의 취소를 구하는 행정소송에서도 선행처분인 개별공시지가결정의 위법을 독립된 위법사유로 주장할 수 있다(대판 1994.1.25. 93누8542).

| 오답해설 | ② 10% (×) 〈판례〉 이 사건 변경인가처분은 이 사건 설립인가처분 후 추가동의서가 제출되어 동의자 수가 변경되었음을 이유로 하는 것으로서 조합원의 신규가입을 이유로 한 경미한 사항의 변경에 대한 신고를 수리하는 의미에 불과하므로 이 사건

설립인가처분이 이 사건 변경인가처분에 흡수된다고 볼 수 없고, 또한 이 사건 설립인가처분 당시 동의율을 충족하지 못한 하자는 후에 추가동의서가 제출되었다는 사정만으로 치유될 수 없다(대판 2013.7.11. 2011두27544).

③ 19% (×) 〈판례〉 적법한 건축물에 대한 철거명령은 그 하자가 중대하고 명백하여 당연무효라고 할 것이고, 그 후행행위인 건축물철거 대집행계고처분 역시 당연무효라고 할 것이다(대판 1999.4.27. 97누6780).

④ 18% (×) 〈판례〉 세액산출근거를 흠결한 납세고지처분이 위법하다는 주장 역시 다같이 이건 과세처분의 위법사유의 하나로서, 전심절차에서 주장하지 아니하다가 본소에서 비로소 종전의 주장에 추가하였다 하여 그것이 전혀 별개의 주장이라고 할 수 없다. 또한 납세고지서에 기재 누락된 사항을 보완통지하였다 하더라도 그 통지일이 부과처분의 위법판결 선고 후일 뿐 아니라 「국세징수법」 제9조 제1항의 입법취지에 비추어 과세처분에 대한 납세의무자의 불복 여부의 결정 및 불복신청에 편의를 줄 수 없게 되었다면 위 부과처분의 하자가 치유되었다고 볼 수는 없다(대판 1984.5.9. 84누116).

---

8 행정소송 > 소송의 대상 오답률 51% 답 ①

| 정답해설 | ① 49% (×) 〈판례〉 어떠한 처분에 법령상 근거가 있는지, 「행정절차법」에서 정한 처분 절차를 준수하였는지는 본안에서 해당 처분이 적법한가를 판단하는 단계에서 고려할 요소이지, 소송요건 심사단계에서 고려할 요소가 아니다(대판 2021.12.30. 2018다241458).

| 오답해설 | ② 21% (○) 대판 2019.6.27. 2018두49130

③ 17% (○) 〈판례〉 국민건강보험공단이 甲 등에 대하여 가입자 자격이 변동되었다는 취지의 '직장가입자 자격상실 및 자격변동 안내' 통보를 하였거나, 그로 인하여 사업장이 「국민건강보험법」상의 적용대상사업장에서 제외되었다는 취지의 '사업장 직권탈퇴에 따른 가입자 자격상실 안내' 통보를 하였더라도, 이는 甲 등의 가입자 자격의 변동 여부 및 시기를 확인하는 의미에서 한 사실상 통지행위에 불과할 뿐, 위 각 통보에 의하여 가입자 자격이 변동되는 효력이 발생한다고 볼 수 없다(대판 2019.2.14. 2016두41729).

④ 13% (○) 대판 2021.1.14. 2020두50324

오답률 TOP 1
9 행정정보공개와 개인정보보호 > 종합 오답률 62% 답 ②

| 정답해설 | ㄱ. (○) 정보주체는 개인정보처리자가 처리하는 자신의 개인정보에 대한 열람을 해당 개인정보처리자에게 요구할 수 있다(「개인정보 보호법」 제35조 제1항). → 따라서 甲은 「개인정보 보호법」에 의거하여 신고자에 대한 정보를 받을 수 없다.

| 더 알아보기 | 「공익신고자 보호법」 규정

제12조(공익신고자 등의 비밀보장의무) ❶ 누구든지 공익신고자 등이라는 사정을 알면서 그의 인적사항이나 그가 공익신고자 등임을 미루어 알 수 있는 사실을 다른 사람에게 알려주거나 공개 또는 보도하여서는 아니 된다. 다만, 공익신고자 등이 동의한 때에는 그러하지 아니하다.

ㄹ. (○) 〈법령〉「공공기관의 정보공개에 관한 법률 시행령」 제3조(외국인의 정보공개청구) 법 제5조 제2항에 따라 정보공개를 청구할 수 있는 외국인은 다음 각 호의 어느 하나에 해당하는 자로 한다.

1. 국내에 일정한 주소를 두고 거주하거나 <u>학술·연구를 위하여 일시적으로 체류하는 사람</u>
2. 국내에 사무소를 두고 있는 법인 또는 단체

| 오답해설 | ㄴ. (×) 甲은 비공개결정통지를 2022.8.26.에 받았으므로, 90일이 경과된 2022.12.27.에 행정심판을 제기한 것은 심판청구기간을 경과하여 제기한 것이다. 〈법령〉「행정심판법」 제27조(심판청구의 기간) ❶ 행정심판은 처분이 있음을 알게 된 날부터 90일 이내에 청구하여야 한다.

ㄷ. (×) 국민권익위원회의 고충민원 제기는 이의신청에 해당하지 않는다.

---

10 | 「행정기본법」과 「행정절차법」 > 처분절차 | 오답률 42% | 답 ③

| 정답해설 | ③ 58% (×) 〈법령〉「행정절차법」 제38조의2(온라인공청회) ❷ 제1항에도 불구하고 다음 각 호의 어느 하나에 해당하는 경우에는 온라인공청회를 단독으로 개최할 수 있다.

1. 국민의 생명·신체·재산의 보호 등 국민의 안전 또는 권익보호 등의 이유로 제38조에 따른 공청회를 개최하기 어려운 경우
2. 제38조에 따른 공청회가 행정청이 책임질 수 없는 사유로 개최되지 못하거나 개최는 되었으나 정상적으로 진행되지 못하고 무산된 횟수가 3회 이상인 경우
3. 행정청이 널리 의견을 수렴하기 위하여 온라인공청회를 단독으로 개최할 필요가 있다고 인정하는 경우. 다만, 제22조 제2항 제1호 또는 제3호에 따라 공청회를 실시하는 경우는 제외한다.

| 오답해설 | ① 19% (○) 「행정절차법」에는 처분기준의 설정·공표에 대해 수익적 처분과 침익적 처분에 대해 특정하고 있지 않다. 따라서 수익적 처분이든 침익적 처분이든 처분기준의 설정·공표가 필요하다. 〈법령〉「행정절차법」 제20조(처분기준의 설정·공표) ❶ 행정청은 필요한 처분기준을 해당 처분의 성질에 비추어 되도록 구체적으로 정하여 공표하여야 한다. 처분기준을 변경하는 경우에도 또한 같다.
② 17% (○) 동법 제15조 제2항
④ 6% (○) 동법 제14조 제4항

---

11 | 행정벌 > 과태료 | 오답률 56% | 답 ④

| 정답해설 | ④ 44% (×) 행정청이 위반사실을 적발하여 관할법원에 바로 통보하는 것이 아니라, 사전통지와 의견제출기회를 부여(「질서위반행위규제법」 제16조)하고 과태료 부과처분(동법 제17조)을 한 뒤, 이에 상대방이 이의제기(동법 제20조)를 하면 행정청은 관할법원에 통보를 한다(동법 제21조).

| 오답해설 | ① 17% (○) 동법 제12조 제2항
② 12% (○) 동법 제13조 제1항
③ 27% (○) 동법 제8조

---

12 | 행정상 즉시강제 및 행정조사 > 행정조사 | 오답률 29% | 답 ③

| 정답해설 | ③ 71% (×) 행정기관의 장은 인터넷 등 정보통신망을 통하여 조사대상자로 하여금 자료의 제출 등을 하게 할 수 있다(「행정조사기본법」 제28조 제1항).

| 오답해설 | ① 8% (○) 동법 제12조 제2항
② 10% (○) 동법 제5조
④ 11% (○) 동법 제14조 제1항 제1호

---

13 | 행정소송 > 사정판결 | 오답률 53% | 답 ②

| 정답해설 | ② 47% (×) 사정판결에서 처분의 위법성 여부에 대한 판단은 처분의 위법성 판단의 일반론에 따라 처분시를 기준으로 하며, 사정판결의 필요성 판단은 변론종결시를 기준으로 한다.

| 오답해설 | ① 19% (○) 〈판례〉 신청에 대한 거부처분의 효력을 정지하더라도 거부처분이 없었던 것과 같은 상태, 즉 거부처분이 있기 전의 신청시의 상태로 되돌아가는 데에 불과하고 행정청에게 신청에 따른 처분을 하여야 할 의무가 생기는 것이 아니므로, <u>거부처분의 효력정지는 그 거부처분으로 인하여 신청인에게 생길 손해를 방지하는 데 아무런 보탬이 되지 아니하여 그 효력정지를 구할 이익이 없다</u>(대결 1995.6.21. 자 95두26).
③ 18% (○) 집행정지의 적극적 요건은 원고 측에서 소명책임이 있으나, 소극적 요건에 대한 입증책임은 피고 행정청에게 부여된다.
④ 16% (○) 〈판례〉 [1] 행정청이 도시정비법 등 관련 법령에 근거하여 행하는 <u>조합설립인가처분</u>은 단순히 사인들의 조합설립행위에 대한 보충행위로서의 성질을 갖는 것에 그치는 것이 아니라 법령상 요건을 갖출 경우 도시정비법상 주택재건축사업을 시행할 수 있는 권한을 갖는 행정주체(공법인)로서의 지위를 부여하는 일종의 설권적 처분의 성격을 갖는다고 보아야 한다.
[2] 그리고 그와 같이 보는 이상 조합설립결의는 조합설립인가처분이라는 행정처분을 하는 데 필요한 요건 중 하나에 불과한 것이어서, <u>조합설립인가처분이 있은 이후에는 조합설립결의의 하자를 이유로 조합설립의 무효를 주장하는 것은 조합설립인가처분의 취소 또는 무효확인을 구하는 항고소송의 방법에 의하여야 할 것이다</u>(대판 2009.10.15. 2009다10638·10645).

14 손해배상 > 국가배상 | 오답률 41% | 답 ③

| 정답해설 | ③ 59% (×) 〈판례〉「국가배상법」제2조 제1항 단서가 보훈보상자법 등에 의한 보상을 받을 수 있는 경우「국가배상법」에 따른 손해배상청구를 하지 못한다는 것을 넘어「국가배상법」상 손해배상금을 받은 경우 보훈보상자법상 보상금 등 보훈급여금의 지급을 금지하는 것으로 해석하기는 어려운 점 등에 비추어, 국가보훈처장은「국가배상법」에 따라 손해배상을 받았다는 사정을 들어 보상금 등 보훈급여금의 지급을 거부할 수 없다(대판 2017.2.3. 2015두60075).

| 더 알아보기 | 군 복무 중 사망한 군인 등의 유족이「국가배상법」에 따른 손해배상금을 지급받은 경우, 그 손해배상금 상당 금액에 대해서「군인연금법」에서 정한 사망보상금을 지급받을 수 있는지 여부

> 다른 법령에 따라 지급받은 급여와의 조정에 관한 조항을 두고 있지 아니한「보훈보상대상자 지원에 관한 법률」과 달리,「군인연금법」제41조 제1항은 "다른 법령에 따라 국가나 지방자치단체의 부담으로 이 법에 따른 급여와 같은 종류의 급여를 받은 사람에게는 그 급여금에 상당하는 금액에 대하여는 이 법에 따른 급여를 지급하지 아니한다."라고 명시적으로 규정하고 있다. 나아가「군인연금법」이 정하고 있는 급여 중 사망보상금(「군인연금법」제31조)은 일실손해의 보전을 위한 것으로 불법행위로 인한 소극적 손해배상과 같은 종류의 급여라고 봄이 타당하다. 따라서 피고에게「군인연금법」제41조 제1항에 따라 원고가 받은 손해배상금 상당 금액에 대하여는 사망보상금을 지급할 의무가 존재하지 아니한다(대판 2018.7.20. 2018두36691).

| 오답해설 | ① 12% (○) 〈판례〉「국가배상법」제2조 제1항 단서 규정은 '다른 법령'에 보상제도가 규정되어 있고, 그 법령에 규정된 상이등급 또는 장애등급 등의 요건에 해당되어 그 권리가 발생한 이상, 실제로 그 권리를 행사하였는지 또는 그 권리를 행사하고 있는지 여부에 관계없이 적용된다고 보아야 하고, 그 각 법률에 의한 보상금청구권이 시효로 소멸되었다 하여 적용되지 않는다고 할 수는 없다(대판 2002.5.10. 2000다39735).

② 13% (○) 대판 2019.5.30. 2017다16174

④ 16% (○) 대판 1997.2.14. 96다28066

15 행정소송 > 원고적격과 소익 | 오답률 34% | 답 ④

| 정답해설 | ④ 66% (○) 지방의회 의원에 대한 제명의결 취소소송 계속 중 의원의 임기가 만료된 사안에서, 제명의결의 취소로 의원의 지위를 회복할 수는 없다 하더라도 제명의결시부터 임기만료일까지의 기간에 대한 월정수당의 지급을 구할 수 있는 등 여전히 그 제명의결의 취소를 구할 법률상 이익이 있다(대판 2009.1.30. 2007두13487).

| 오답해설 | ① 9% (×) 〈판례〉「지방자치법」제78조 내지 제81조의 규정에 의거한 지방의회의 의원징계의결은 그로 인해 의원의 권리에 직접 법률효과를 미치는 행정처분의 일종으로서 행정소송의 대상이다(대판 1993.11.26. 93누7341). 따라서 취소소송이나 무효등확인소송의 대상이 된다.

② 14% (×) 지방의회의 의결에 따라 이루어지는 지방의원의 제명의결은 처분이고 이에 대한 소송에서의 피고는 지방의회가 된다.

③ 11% (×) 의원직에서 제명된 지방의회의 의원은 취소 등을 구할 법률상 이익이 인정된다.

오답률 TOP 2

16 행정소송 > 협의의 소익 | 오답률 59% | 답 ①

| 정답해설 | ① 41% (×) 〈판례〉 구「주택법」에서 사용검사처분 신청의 경우와는 달리, 사업주체 또는 입주예정자 등의 신청에 따라 이루어진 사용검사처분에 대하여 입주자나 입주예정자 등에게 취소를 구할 수 있는 규정을 별도로 두고 있지 않은 것도 이와 같은 취지에서라고 보인다. 따라서 이러한 사정들을 종합해 보면, 구「주택법」상 입주자나 입주예정자는 사용검사처분의 취소를 구할 법률상 이익이 없다(대판 2014.7.24. 2011두30465).

| 오답해설 | ② 15% (○) 〈판례〉 원고가 고의 또는 중대한 과실 없이 행정소송으로 제기하여야 할 사건을 민사소송으로 잘못 제기한 경우 수소법원으로서는 만약 그 행정소송에 대한 관할도 동시에 가지고 있는 경우라면, 행정소송으로서의 전심절차 및 제소기간을 도과하였거나 행정소송의 대상이 되는 처분 등이 존재하지도 아니한 상태에 있는 등 행정소송으로서의 소송요건을 결하고 있음이 명백하여 행정소송으로 제기되었더라도 어차피 부적법하게 되는 경우가 아닌 이상, 원고로 하여금 항고소송으로 소 변경을 하도록 하여 그 1심법원으로 심리·판단하여야 한다(대판 1999.11.26. 97다42250).

③ 24% (○) 피고가 제1심 법원에서 관할위반이라고 항변하지 아니하고 본안에 대하여 변론하거나 변론준비기일에서 진술하면 그 법원은 관할권을 가진다(「민사소송법」제30조).

④ 20% (○) 〈판례〉 1등급 권역의 인근 주민들이 가지는 이익은 환경보호라는 공공의 이익이 달성됨에 따라 반사적으로 얻게 되는 이익에 불과하므로, 인근 주민에 불과한 甲은 생태·자연도 등급권역을 1등급에서 일부는 2등급으로, 일부는 3등급으로 변경한 결정의 무효확인을 구할 원고적격이 없다(대판 2014.2.21. 2011두29052).

17 손실보상 > 토지보상법 | 오답률 47% | 답 ①

| 정답해설 | ① 53% (○) 「공익사업을 위한 토지 등의 취득 및 보상에 관한 법률」에 의한 협의취득은 사법상의 매매계약에 해당한다.

| 오답해설 | ② 22% (×) 〈법령〉「공익사업을 위한 토지 등의 취득 및 보상에 관한 법률」제72조(사용하는 토지의 매수청구 등) 사업인정고시가 된 후 다음 각 호의 어느 하나에 해당할 때에는 해당 토지소유자는 사업시행자에게 해당 토지의 매수를 청구하거나 관할 토지수용위원회에 그 토지의 수용을 청구할 수 있다. 이 경우 관계인은 사업시행자나 관할 토지수용위원회에 그 권리의 존속을 청구할 수 있다.

　　1. 토지를 사용하는 기간이 3년 이상인 경우
　　2. 토지의 사용으로 인하여 토지의 형질이 변경되는 경우
　　3. 사용하려는 토지에 그 토지소유자의 건축물이 있는 경우

③ 13% (×) 〈판례〉 개발제한구역의 지정으로 그 효용이 현저히 감소한 토지 또는 당해 토지의 사용 및 수익이 사실상 불가능한 토지의 소유자에게 토지매수청구권을 인정하고 있는 점 등을 종합

할 때, 이 사건 법률조항은 비례의 원칙에 위반하여 당해 토지소유자의 재산권을 침해하지 않는다(헌재 2007.8.30. 2006헌바9).

④ 12% (×) 사업시행자는 동일한 사업지역에 보상시기를 달리하는 동일인 소유의 토지 등이 여러 개 있는 경우 토지소유자나 관계인이 요구할 때에는 한꺼번에 보상금을 지급하도록 하여야 한다(동법 제65조).

---

18 행정강제 > 이행강제금 　오답률 33% 답 ②

| 정답해설 | ② 67% (×) 시정명령을 받은 의무자가 시정명령의 취지에 부합하는 의무를 이행하기 위한 정당한 방법으로 행정청에 신청 또는 신고를 하였으나 행정청이 위법하게 이를 거부 또는 반려함으로써 그 처분이 취소된 경우, 시정명령의 불이행을 이유로 이행강제금을 부과할 수 없다(대판 2018.1.25. 2015두35116).

| 오답해설 | ① 10% (○) 대판 1996.4.12. 96도158

③ 11% (○) 대판 1991.1.25. 90누5962

④ 12% (○) 대판 2021.2.4. 2020두48390

---

19 행정 > 통치행위 　오답률 52% 답 ①

| 정답해설 | ㄱ. (○) 〈판례〉 기본권의 보장 및 법치주의의 이념에 비추어 보면, 비록 서훈취소가 대통령이 국가원수로서 행하는 행위라고 하더라도 법원이 사법심사를 자제하여야 할 고도의 정치성을 띤 행위라고 볼 수는 없다(대판 2015.4.23. 2012두26920).

ㄴ. (○) 〈판례〉 서훈의 일신전속적 성격은 서훈취소의 경우에도 마찬가지이므로, 망인에게 수여된 서훈의 취소에서도 유족은 그 처분의 상대방이 되는 것이 아니다(대판 2014.9.26. 2013두2518).

| 오답해설 | ㄷ. (×) 〈판례〉 국무회의에서 건국훈장 독립장이 수여된 망인에 대한 서훈취소를 의결하고 대통령이 결재함으로써 서훈취소가 결정된 후 국가보훈처장이 망인의 유족 甲에게 '독립유공자 서훈취소결정 통보'를 하자 甲이 국가보훈처장을 상대로 서훈취소 결정의 무효확인 등의 소를 제기한 사안에서, 위 소는 피고를 잘못 지정하였다(대판 2014.9.26. 2013두2518).

ㄹ. (×) 서훈추천 신청자에 대한 거부는 행정처분에 해당하고, 헌법소원의 대상이 될 수 없다.

항고소송 대상인 처분성 여부	헌법소원 여부
甲을 3·1절 계기 독립유공자 포상대상자로 추천해 줄 것을 신청하였으나, 국가보훈처장이 乙에게 독립유공자 포상을 위하여 甲의 공적을 심사하였으나 '독립운동 이후 행적 이상(철도국 서기로 근무)'이라는 사유로 포상대상에 포함되지 못하였음을 알린다는 취지의 공적심사 결과를 통지한 사안에서, 위 통지는 항고소송의 대상이 되는 행정처분에 해당한다(서울고법 2019.12.18. 2018누73067).	영전수여에 앞서 법률상 요구되는 서훈추천이 거부됨에 따라 대통령이 영전수여신청자에 대하여 영전을 수여하지 않은 것은 그 전제가 되는 법적 절차의 미개시에 따른 것일 뿐 대통령이 공권력의 행사를 하여야 함에도 하지 않고 방치하고 있는 것이라 할 수 없다. 그러므로 대통령의 영전 미수여를 다투는 심판청구 역시 행정부작위를 다투는 헌법소원으로서 부적법하다(헌재 2005.6.30. 2004헌마859).

---

20 행정강제 > 행정대집행 　오답률 46% 답 ④

| 정답해설 | ④ 54% (×) 대집행에 요한 비용의 징수는 국세와 동일한 순위가 아니고 국세 다음의 순위권을 취득한다. 〈법령〉「행정대집행법」제6조(비용징수) ❶ 대집행에 요한 비용은 「국세징수법」의 예에 의하여 징수할 수 있다.

❷ 대집행에 요한 비용에 대하여서는 행정청은 사무비의 소속에 따라 국세에 다음가는 순위의 선취득권을 가진다.

❸ 대집행에 요한 비용을 징수하였을 때에는 그 징수금은 사무비의 소속에 따라 국고 또는 지방자치단체의 수입으로 한다.

| 오답해설 | ① 13% (○) 행정대집행은 행정상 강제에 해당한다(「행정기본법」제30조 제1호 참고).

② 13% (○) 동법 제6조 제1항

③ 20% (○) 〈판례〉「행정대집행법」상 대집행의 대상이 되는 대체적 작위의무는 공법상 의무이어야 할 것인데, 구 「공공용지의 취득 및 손실보상에 관한 특례법」(2002.2.4. 법률 제6656호 「공익사업을 위한 토지 등의 취득 및 보상에 관한 법률」 부칙 제2조로 폐지)에 따른 토지 등의 협의취득은 공공사업에 필요한 토지 등을 그 소유자와의 협의에 의하여 취득하는 것으로서 공공기관이 사경제주체로서 행하는 사법상 매매 내지 사법상 계약의 실질을 가지는 것이므로, 「행정대집행법」에 의한 대집행의 대상이 되지 않는다(대판 2006.10.13. 2006두7096).

합격예상 체크

〈국가직 연도별 합격선〉

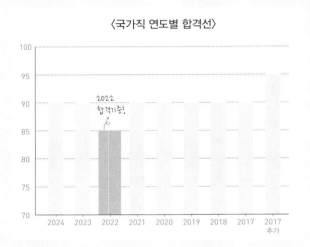

2022
합격기준
6

| 맞힌 개수 | /20문항 | 점수 | /100점 |

➡ ☐ 합격 ☐ 불합격

취약영역 체크

문항	정답	영역	문항	정답	영역
1	④	행정법 서론	11	③	행정법 통칙
2	①	행정법 통칙	12	②	행정법 통칙
3	①	행정법 통칙	13	③	행정법 통칙
4	④	행정법 통칙	14	①	행정법 통칙
5	①	행정법 통칙	15	①	행정법 통칙
6	③	행정구제	16	②	행정구제
7	①	행정법 통칙	17	①	행정상 의무이행 확보수단
8	④	행정상 의무이행 확보수단	18	③	행정구제
9	④	행정상 의무이행 확보수단	19	②	행정구제
10	①	행정구제	20	③	행정구제

⬇ 영역별 틀린 개수로 취약영역을 확인하세요!

| 행정법 서론 | /1 | 행정법 통칙 | /10 | 행정상 의무이행 확보수단 | /3 |
| 행정구제 | /6 | 행정조직(7급) | –/0 | 특별행정작용(7급) | –/0 |

➡ 나의 취약영역: _____

※ [정답해설]과 [오답해설] 선지의 50% 표시는 〈에듀윌 합격예측 풀서비스〉를 통해 수집된 선지 선택률을 나타냅니다.

---

1 행정법의 의의 > 행정법의 일반원칙 오답률 30% 답 ④

| 정답해설 | ④ 70% (×) 민원봉사 차원의 응답은 신뢰보호의 공적 견해가 될 수 없다. 〈판례〉 병무청 담당부서의 담당공무원에게 공적 견해의 표명을 구하는 정식의 서면질의 등을 하지 아니한 채 총무과 민원팀장에 불과한 공무원이 민원봉사 차원에서 상담에 응하여 안내한 것을 신뢰한 경우, 신뢰보호 원칙이 적용되지 아니한다(대판 2003.12.26. 2003두1875).

| 오답해설 | ① 7% (○) 대판 2002.11.8. 2001두1512

② 12% (○) 대판 1996.8.20. 95누10877

③ 11% (○) 대판 1989.7.11. 87누1123

---

2 행정행위 > 행정행위의 효력 오답률 42% 답 ①

| 정답해설 | ① 58% (×) 영업허가취소 이후에 영업을 하였다고 해도 '영업허가의 취소'가 취소되면 소급하여 소멸하게 되어 결과적으로 무허가 영업이익에 해당되지 않는다. 〈판례〉 영업의 금지를 명한 영업허가취소처분 자체가 나중에 행정쟁송절차에 의하여 취소되었다면 그 영업허가취소처분은 그 처분시에 소급하여 효력을 잃게 되며, 그 영업허가취소처분에 복종할 의무가 원래부터 없었음이 확정되었다고 봄이 타당하고, 영업허가취소처분이 장래에 향하여서만 효력을 잃게 된다고 볼 것은 아니므로 그 영업허가취소처분 이후의

영업행위를 무허가영업이라고 볼 수는 없다(대판 1993.6.25. 93도277).

| 오답해설 | ② 29% (○) 대판 1982.6.8. 80도2646

③ 7% (○) 대판 1992.8.18. 90도1709

④ 6% (○) 대판 2019.9.26. 2017도11812

오답률 TOP 3

3 행정행위 > 다단계행정결정 오답률 63% 답 ①

| 정답해설 | ① 37% (×) 〈판례〉 지방자치단체의 장이 공유재산법에 근거하여 기부채납 및 사용·수익허가 방식으로 민간투자사업을 추진하는 과정에서 사업시행자를 지정하기 위한 전 단계에서 공모제안을 받아 일정한 심사를 거쳐 우선협상대상자를 선정하는 행위와 이미 선정된 우선협상대상자를 그 지위에서 배제하는 행위는 민간투자사업의 세부내용에 관한 협상을 거쳐 공유재산법에 따른 공유재산의 사용·수익허가를 우선적으로 부여받을 수 있는 지위를 설정하거나 또는 이미 설정한 지위를 박탈하는 조치이므로 모두 항고소송의 대상이 되는 행정처분으로 보아야 한다(대판 2020.4.29. 2017두31064).

| 오답해설 | ② 15% (○) 〈판례〉 「원자력법」상 원자로 및 관계 시설의 부지사전승인처분은 그 자체로서 건설부지를 확정하고 사전공사를 허용하는 법률효과를 지닌 독립한 행정처분이기는 하지만, 건설허가 전에 신청자의 편의를 위하여 미리 그 건설허가의 일부 요

건을 심사하여 행하는 사전적 부분 건설허가처분의 성격을 갖고 있는 것이어서 나중에 건설허가처분이 있게 되면 그 건설허가처분에 흡수되어 독립된 존재가치를 상실함으로써 그 건설허가처분만이 쟁송의 대상이 되는 것이다(대판 1998.9.4. 97누19588).

③ 29% (○) 〈판례〉 공정거래위원회가 부당한 공동행위를 행한 사업자로서 구「독점규제 및 공정거래에 관한 법률」에서 정한 자진신고자나 조사협조자에 대하여 과징금 부과처분(이하 '선행처분'은 잠정적 처분이라 한다)을 한 뒤, 다시 자진신고자 등에 대한 사건을 분리하여 자진신고 등을 이유로 한 과징금 감면처분(이하 '후행처분'은 종국처분이라 한다)을 하였다면, 후행처분은 자진신고 감면까지 포함하여 처분 상대방이 실제로 납부하여야 할 최종적인 과징금액을 결정하는 종국적 처분이고, 선행처분은 이러한 종국적 처분을 예정하고 있는 일종의 잠정적 처분으로서 후행처분이 있을 경우 선행처분은 후행처분에 흡수되어 소멸한다. 따라서 위와 같은 경우에 선행처분의 취소를 구하는 소는 이미 효력을 잃은 처분의 취소를 구하는 것으로 부적법하다(대판 2015.2.12. 2013두987).

④ 19% (○) 〈판례〉 자동차운송사업 양도·양수계약에 기한 양도·양수인가신청에 대하여 피고 시장이 내인가를 한 후 위 내인가에 기한 본인가신청이 있었으나 위 내인가를 취소한 경우, 피고가 위 내인가를 취소함으로써 다시 본인가에 대하여 따로이 인가 여부의 처분을 한다는 사정이 보이지 않는다면 위 내인가취소를 인가신청을 거부하는 처분으로 보아야 할 것이다(대판 1991.6.28. 90누4402).

---

4   행정행위 > 행정행위의 하자   오답률 48%   답 ④

| 정답해설 | ④ 52% (×) 〈판례〉 구「경찰공무원법」에 의한 직위해제처분과 면직처분은 후자가 전자의 처분을 전제로 한 것이기는 하나 각각 단계적으로 별개의 법률효과를 발생하는 행정처분이어서 선행 직위해제처분의 위법사유가 면직처분에는 승계되지 아니한다(대판 1984.9.11. 84누191).

| 오답해설 | ① 13% (○) 〈판례〉 보충역편입처분 등의 병역처분은 역종을 부과하는 처분임에 반하여, 공익근무요원소집처분은 보충역편입처분을 받은 공익근무요원소집대상자에게 공익근무요원으로서의 복무를 명하는 구체적인 행정처분이므로, 위 두 처분은 후자의 처분이 전자의 처분을 전제로 하는 것이기는 하나 각각 단계적으로 별개의 법률효과를 발생하는 독립된 행정처분이라고 할 것이므로, 보충역편입처분에 하자가 있다고 할지라도 그것이 당연무효라고 볼만한 특단의 사정이 없는 한 그 위법을 이유로 공익근무요원소집처분의 효력을 다툴 수 없다(대판 2002.12.10. 2001두5422).

② 19% (○) 〈판례〉 건물철거명령이 당연무효가 아닌 이상 행정심판이나 소송을 제기하여 그 위법함을 소구하는 절차를 거치지 아니하였다면 위 선행행위인 건물철거명령은 적법한 것으로 확정되었다고 할 것이므로 후행행위인 대집행계고처분에서는 그 건물이 무허가건물이 아닌 적법한 건축물이라는 주장이나 그러한 사실인정을 하지 못한다(대판 1998.9.8. 97누20502).

③ 16% (○) 〈판례〉 선행처분과 후행처분이 서로 독립하여 별개의 법률효과를 목적으로 하는 때에도 선행처분이 당연무효이면 선행처분의 하자를 이유로 후행처분의 효력을 다툴 수 있다. 도시계획시설사업의 시행자가 작성한 실시계획을 인가하는 처분은 도시계획시설사업 시행자에게 도시계획시설사업의 공사를 허가하고 수용권을 부여하는 처분으로서 선행처분인 도시계획시설사업 시행자 지정처분이 처분 요건을 충족하지 못하여 당연무효인 경우에는 사업시행자 지정처분이 유효함을 전제로 이루어진 후행처분인 실시계획 인가처분도 무효라고 보아야 한다(대판 2017.7.11. 2016두35120).

---

5   행정정보공개와 개인정보보호 > 정보공개법   오답률 60%   답 ①

| 정답해설 | ① 40% (○) 〈판례〉 「공공기관의 정보공개에 관한 법률」(이하 '법'이라 한다) 제6조 제1항(현 제5조 제1항)은 "모든 국민은 정보의 공개를 청구할 권리를 가진다."고 규정하고 있는데, 여기에서 말하는 국민에는 자연인은 물론 법인, 권리능력 없는 사단·재단도 포함되고, 법인, 권리능력 없는 사단·재단 등의 경우에는 설립목적을 불문하며, 한편 정보공개청구권은 법률상 보호되는 구체적인 권리이므로 청구인이 공공기관에 대하여 정보공개를 청구하였다가 거부처분을 받은 것 자체가 법률상 이익의 침해에 해당한다(대판 2004.8.20. 2003두8302).

| 오답해설 | ② 25% (×) 정보공개거부는 항고소송 대상인 처분이다.

③ 16% (×) 〈판례〉 법원이 행정기관의 정보공개거부처분의 위법 여부를 심리한 결과 공개를 거부한 정보에 비공개 대상 정보에 해당하는 부분과 공개가 가능한 부분이 혼합되어 있고, 공개청구의 취지에 어긋나지 아니하는 범위 안에서 두 부분을 분리할 수 있음을 인정할 수 있을 때에는 청구취지의 변경이 없더라도 공개가 가능한 정보에 관한 부분만의 일부취소를 명할 수 있다 할 것이다(대판 2004.12.9. 2003두12707).

④ 19% (×) 〈판례〉 법원 이외의 공공기관이 정보공개법 제9조 제1항 제4호에서 정한 '진행 중인 재판에 관련된 정보'에 해당한다는 사유로 정보공개를 거부하기 위하여는 반드시 그 정보가 진행 중인 재판의 소송기록 자체에 포함된 내용일 필요는 없다. 그러나 재판에 관련된 일체의 정보가 그에 해당하는 것은 아니고 진행 중인 재판의 심리 또는 재판결과에 구체적으로 영향을 미칠 위험이 있는 정보에 한정된다고 보는 것이 타당하다(대판 2011.11.24. 2009두19021).

---

6   행정소송 > 항고소송   오답률 38%   답 ③

| 정답해설 | ③ 62% (×) 「농지법」상 이행강제금은 항고소송 대상인 처분이 아니다. 비록 행정청이 이행강제금을 부과하면서 행정쟁송 대상이 된다는 잘못된 안내를 하였다고 해도 행정소송의 관할이 생기지 않는다. 「농지법」상의 이행강제금은 「비송사건절차법」에 의한다. 〈판례〉 「농지법」에 따른 이행강제금 부과처분에 불복하는 경우에는 「비송사건절차법」에 따른 재판절차가 적용되어야 하고,

「행정소송법」상 항고소송의 대상은 될 수 없다. 설령 관할청이 이행강제금 부과처분을 하면서 재결청에 행정심판을 청구하거나 관할 행정법원에 행정소송을 할 수 있다고 잘못 안내하거나 관할 행정심판위원회가 각하재결이 아닌 기각재결을 하면서 관할 법원에 행정소송을 할 수 있다고 잘못 안내하였다고 하더라도, 그러한 잘못된 안내로 행정법원의 항고소송 재판관할이 생긴다고 볼 수도 없다(대판 2019.4.11. 2018두42955).

| 오답해설 | ① 21% (○) 대판 2016.6.10. 2013두1638

② 9% (○) 대판 2012.2.23. 2011두5001

④ 8% (○) 대판 1997.9.12. 96누14661

오답률 TOP 2

7 행정법 관계 > 당사자소송　　오답률 65%　답 ①

| 정답해설 | ① 35% (×) 〈판례〉 국방부장관 등이 하는 급여지급결정은 단순히 급여수급 대상자를 확인·결정하는 것에 그치는 것이 아니라 구체적인 급여수급액을 확인·결정하는 것까지 포함한다. 구 군인연금법령상 급여를 받으려고 하는 사람은 우선 관계 법령에 따라 국방부장관 등에게 급여지급을 청구하여 국방부장관 등이 이를 거부하거나 일부 금액만 인정하는 급여지급결정을 하는 경우 그 결정을 대상으로 항고소송을 제기하는 등으로 구체적 권리를 인정받은 다음 비로소 당사자소송으로 그 급여의 지급을 구해야 한다. 이러한 구체적인 권리가 발생하지 않은 상태에서 곧바로 국가를 상대로 한 당사자소송으로 급여의 지급을 소구하는 것은 허용되지 않는다(대판 2021.12.16. 2019두45944).

| 오답해설 | ② 23% (○) 대판 2020.4.9. 2015다34444

③ 25% (○) 〈판례〉 원유 유출사고에 따른 해양오염을 방지하기 곤란할 정도로 긴급방제조치가 필요한 상황이었고, 위 방제작업은 乙 회사가 국가를 위해 처리할 수 있는 국가의 의무 영역과 이익 영역에 속하는 사무이며, 乙 회사가 방제작업을 하면서 해양경찰의 지시·통제를 받았던 점 등에 비추어 乙 회사는 국가의 사무를 처리한다는 의사로 방제작업을 한 것으로 볼 수 있으므로, 乙 회사는 사무관리에 근거하여 국가에 방제비용(지출된 필요비 내지 유익비)을 청구할 수 있다(대판 2014.12.11. 2012다15602).

④ 17% (○) 대판 2013.2.28. 2010두22368

---

8 행정벌 > 양벌규정　　오답률 61%　답 ④

| 정답해설 | ④ 39% (×) 양벌규정은 「형법」 총칙을 적용하지 않는 행정형벌의 특수한 규정이다. 행정형벌은 형사법과 달리 양벌규정을 두어 행위자가 아닌 책임자 등에게도 행정형벌을 부과한다.

| 오답해설 | ① 13% (○) 구 「건축법」 제57조의 양벌규정은 위반행위의 이익 귀속주체인 영업주에 대한 처벌규정임과 동시에 행위자의 처벌규정이다(대판 1999.7.15. 95도2870 전합).

② 14% (○) 양벌규정에 의한 영업주의 처벌에 있어서 종업원의 범죄성립이나 처벌을 요하지 않는다(대판 2006.2.24. 2005도7673).

---

③ 34% (○) 〈판례〉 법인은 기관을 통하여 행위하므로 법인이 대표자를 선임한 이상 그의 행위로 인한 법률효과는 법인에게 귀속되어야 하고, 법인 대표자의 범죄행위에 대하여는 법인이 자신의 행위에 대한 책임을 부담하는 것이다. 법인 대표자의 법규위반행위에 대한 법인의 책임은 법인 자신의 법규위반행위로 평가될 수 있는 행위에 대한 법인의 직접책임이므로, 대표자의 고의에 의한 위반행위에 대하여는 법인이 고의 책임을, 대표자의 과실에 의한 위반행위에 대하여는 법인이 과실 책임을 부담한다. 따라서 심판대상조항 중 법인의 대표자 관련 부분은 법인의 직접책임을 근거로 하여 법인을 처벌하므로 책임주의원칙에 위배되지 않는다(헌재 2020.4.23. 2019헌가25).

---

9 새로운 실효성 확보수단 > 과징금　　오답률 61%　답 ④

| 정답해설 | ④ 39% (×) 「부동산 실권리자명의 등기에 관한 법률」 및 시행령상 명의신탁자에 대한 과징금 부과처분의 법적 성질은 기속행위이다. 〈판례〉 「부동산 실권리자명의 등기에 관한 법률」 제3조 제1항, 제5조 제1항, 같은 법 시행령 제3조 제1항의 규정을 종합하면, 명의신탁자에 대하여 과징금을 부과할 것인지 여부는 기속행위에 해당하므로, 명의신탁이 조세를 포탈하거나 법령에 의한 제한을 회피할 목적이 아닌 경우에 한하여 그 과징금을 일정한 범위 내에서 감경할 수 있을 뿐이지 그에 대하여 과징금 부과처분을 하지 않거나 과징금을 전액 감면할 수 있는 것은 아니다(대판 2007.7.12. 2005두17287).

| 오답해설 | ① 26% (○) 대판 2002.5.28. 2000두6121

② 10% (○) 〈판례〉 행정청에는 운영정지처분이 영유아 및 보호자에게 초래할 불편의 정도 또는 그 밖에 공익을 해칠 우려가 있는지 등을 고려하여 어린이집 운영정지처분을 할 것인지 또는 이에 갈음하여 과징금을 부과할 것인지를 선택할 수 있는 재량이 인정된다(대판 2015.6.24. 2015두39378).

③ 25% (○) 헌재 2003.7.24. 2001헌가25

---

10 손해배상 > 행정상 손해배상　　오답률 54%　답 ①

| 정답해설 | ① 46% (×) 〈판례〉 공무원의 불법행위로 손해를 입은 피해자의 국가배상청구권의 소멸시효 기간이 지났으나 국가가 소멸시효 완성을 주장하는 것이 신의성실의 원칙에 반하는 권리남용으로 허용될 수 없어 배상책임을 이행한 경우에는, 소멸시효 완성 주장이 권리남용에 해당하게 된 원인행위와 관련하여 공무원이 원인이 되는 행위를 적극적으로 주도하였다는 등의 특별한 사정이 없는 한, 국가가 공무원에게 구상권을 행사하는 것은 신의칙상 허용되지 않는다(대판 2016.6.10. 2015다217843).

| 오답해설 | ② 12% (○) 대판 1997.7.11. 97다7608

③ 37% (○) 〈판례〉 공무원이 직무를 수행하면서 그 근거되는 법령의 규정에 따라 구체적으로 의무를 부여받았어도 그것이 국민의 이익과는 관계없이 순전히 행정기관 내부의 질서를 유지하기 위한 것이거나, 또는 국민의 이익과 관련된 것이라도 직접 국민 개개인의 이익을 위한 것이 아니라 전체적으로 공공 일반의 이익

을 도모하기 위한 것이라면 그 의무에 위반하여 국민에게 손해를 가하여도 국가 또는 지방자치단체는 배상책임을 부담하지 아니한다(대판 2002.3.12. 2000다55225·55232).

④ 5% (○) 대판 2000.5.12. 99다70600

---

11 행정행위 > 철회 　　　오답률 37%　답 ③

| **정답해설** | ③ 63% (×) 〈판례〉 [1] 건축허가는 대물적 성질을 갖는 것이어서 행정청으로서는 허가를 할 때에 건축주 또는 토지소유자가 누구인지 등 인적 요소에 관하여는 형식적 심사만 한다(②). 건축주가 토지소유자로부터 토지사용승낙서를 받아 그 토지 위에 건축물을 건축하는 대물적 성질의 건축허가를 받았다가 착공에 앞서 건축주의 귀책사유로 해당 토지를 사용할 권리를 상실한 경우, 건축허가의 존재로 말미암아 토지에 대한 소유권 행사에 지장을 받을 수 있는 토지소유자로서는 건축허가의 철회를 신청할 수 있다(①)고 보아야 한다. 따라서 토지소유자의 위와 같은 신청을 거부한 행위는 항고소송의 대상이 된다.

[2] 행정행위를 한 처분청은 비록 처분 당시에 별다른 하자가 없었고, 처분 후에 이를 철회할 별도의 법적 근거가 없더라도 원래의 처분을 존속시킬 필요가 없게 된 사정변경이 생겼거나 중대한 공익상 필요가 발생한 경우에는 그 효력을 상실케 하는 별개의 행정행위로 이를 철회할 수 있다(③). 다만, 수익적 행정행위를 취소 또는 철회하거나 중지시키는 경우에는 이미 부여된 국민의 기득권을 침해하는 것이 되므로, 비록 취소 등의 사유가 있다고 하더라도 그 취소권 등의 행사는 기득권의 침해를 정당화할 만한 중대한 공익상의 필요 또는 제3자의 이익을 보호할 필요가 있고, 이를 상대방이 받는 불이익과 비교·교량하여 볼 때 공익상의 필요 등이 상대방이 입을 불이익을 정당화할 만큼 강한 경우에 한하여 허용될 수 있다(④).

| **오답해설** | ① 11% , ② 17% , ④ 9% (○)

---

12 행정행위 > 위헌법률에 근거한 처분 　오답률 55%　답 ②

| **정답해설** | ② 45% (×) 위헌제청을 하지 않았더라도 당해 조항을 전제로 법원에서 소송이 진행 중인 사건에 위헌결정의 효력이 미치게 된다. 〈판례〉 헌법재판소의 위헌결정의 효력은, 그 위헌결정의 기초인 위헌제청이 된 이른바 '당해사건' 또는 동종의 위헌제청신청이 있었던 이른바 '동종사건'은 물론이고, 따로 위헌제청신청을 하지 아니하였지만 당해 법률 또는 법률조항이 재판의 전제가 되어 위헌결정 당시 법원에 계속 중인 이른바 '병행사건'에도 미치는 것이므로, 구 「개발이익환수에 관한 법률」(1995.12.29. 법률 제5108호로 개정된 것) 제10조 제3항 단서에 관한 헌법재판소의 위헌결정 당시 개발부담금 부과처분을 다투는 소송이 법원에 계속 중인 경우, 납부의무자는 위 위헌결정에 따라 그 사실심 변론종결시까지 실제 매입가액을 입증하여 이를 인정받을 수 있다 할 것이고, 위헌결정 이후에 비로소 이에 관한 주장을 시작하였다 하여 달리 볼 것은 아니다(대판 2002.12.24. 2001두6111).

| **오답해설** | ① 23% (○) 부과처분에 이미 불가쟁력이 발생하였다면 처분의 근거 법이 위헌결정을 받았다고 해도 위헌결정의 효력이 소급하여 영향을 미치지 못한다. 〈판례〉 일반적으로 법률이 헌법에 위반된다는 사정은 헌법재판소의 위헌결정이 있기 전에는 객관적으로 명백한 것이라고 할 수 없으므로 특별한 사정이 없는 한 이러한 하자는 행정처분의 취소사유에 해당할 뿐 당연무효사유는 아니다. 위헌결정의 소급효가 인정된다고 해서 위헌인 법률에 근거한 행정처분이 당연무효가 된다고는 할 수 없고, 이미 취소소송의 제기기간을 경과하여 불가쟁력이 발생한 행정처분에는 위헌결정의 소급효가 미치지 않는다(대판 2021.12.30. 2018다241458).

③ 16% (○) 행정심판을 청구한 경우에 제소기간은 재결서 정본을 송달받은 날이 기준이 된다. 재결서 송달일로부터 90일 이내라면 소송을 통해 구제가 가능하다.

④ 16% (○) 처분의 근거 법이 위헌결정이 있었다면 헌법재판소의 위헌결정의 기속력에 의해 해당 처분을 집행하거나 집행을 유지하는 행위는 무효가 된다. 따라서 조세채권을 집행할 수 없다. 〈판례〉 같은 법 전부에 대한 위헌결정으로 위 제30조 규정 역시 그 날로부터 효력을 상실하게 되었고, 위 규정 이외에는 체납 부담금을 강제로 징수할 수 있는 다른 법률적 근거가 없으므로, 위 위헌결정 이전에 이미 부담금 부과처분과 압류처분 및 이에 기한 압류등기가 이루어지고 위 각 처분이 확정되었다고 하여도, 위헌결정 이후에는 별도의 행정처분인 매각처분, 분배처분 등 후속 체납처분 절차를 진행할 수 없는 것은 물론이고, 기존의 압류등기나 교부청구만으로는 다른 사람에 의하여 개시된 경매절차에서 배당을 받을 수도 없다(대판 2002.7.12. 2002두3317).

---

13 행정입법 > 법규명령 　　　오답률 34%　답 ③

| **정답해설** | ③ 66% (×) 〈판례〉 일반적으로 법률의 위임에 의하여 효력을 갖는 법규명령의 경우, 구법에 위임의 근거가 없어 무효였더라도 사후에 법개정으로 위임의 근거가 부여되면 그때부터는 유효한 법규명령이 되나, 반대로 구법의 위임에 의한 유효한 법규명령이 법개정으로 위임의 근거가 없어지게 되면 그때부터 무효인 법규명령이 된다(대판 1995.6.30. 93추83).

| **오답해설** | ① 10% (○) 대판 2007.9.20. 2007두6946

② 8% (○) 대결 2003.10.9. 자 2003무23

④ 16% (○) 대판 2020.5.28. 2017두66541

---

14 그 밖의 행정의 주요 행위 형식 > 행정작용 　오답률 55%　답 ①

| **정답해설** | ① 45% (○) 구체적인 계획입안의 지침이 되거나 기본방향을 제시하는 내용의 행정계획은 국민의 권리나 의무에 직접적인 변동을 일으키는 처분으로 보기 어렵다.

| **오답해설** | ② 30% (×) 공법상 계약은 취소소송 대상인 처분이 아니다. 공정력이 없으며 내용상의 하자가 있다면 무효사유가 되고 당사자소송으로 분쟁을 해결한다.

③ 10% (×) 행정지도는 비권력적 사실행위로서 법률의 근거를 요하지 않는다.

④ 15% (×) 민사소송의 대상이 된다. 〈판례〉「국가를 당사자로 하는 계약에 관한 법률」에 따라 국가가 당사자가 되는 이른바 공공계약은 사경제주체로서 상대방과 대등한 위치에서 체결하는 사법상 계약으로서 본질적인 내용은 사인간의 계약과 다를 바가 없으므로, 그에 관한 법령에 특별한 정함이 있는 경우를 제외하고는 사적 자치와 계약자유의 원칙 등 사법의 원리가 그대로 적용된다(대판 2020.5.14. 2018다298409).

---

15 「행정기본법」과 「행정절차법」 > 「행정절차법」 | 오답률 48% | 답 ③

| 정답해설 | ③ 52% (×) 〈판례〉 공무원 인사관계 법령에 의한 처분에 관한 사항이라 하더라도 전부에 대하여 「행정절차법」의 적용이 배제되는 것이 아니라, 성질상 행정절차를 거치기 곤란하거나 불필요하다고 인정되는 처분이나 행정절차에 준하는 절차를 거치도록 하고 있는 처분의 경우에만 「행정절차법」의 적용이 배제되는 것으로 보아야 하고, 이러한 법리는 '공무원 인사관계 법령에 의한 처분'에 해당하는 별정직 공무원에 대한 직권면직처분의 경우에도 마찬가지로 적용된다(대판 2013.1.16. 2011두30687).

| 오답해설 | ① 17% (○) 「행정절차법」 제21조 제4항 제2호

② 14% (○) 동법 제22조 제4항

④ 17% (○) 〈판례〉 감사원이 한국방송공사에 대한 감사를 실시한 결과 사장 甲에게 부실 경영 등 문책사유가 있다는 이유로 한국방송공사 이사회에 甲에 대한 해임제청을 요구하였고, 이사회가 대통령에게 甲의 사장직 해임을 제청함에 따라 대통령이 甲을 한국방송공사 사장직에서 해임한 사안에서, 대통령의 해임처분에 재량권 일탈·남용의 하자가 존재한다고 하더라도 그것이 중대·명백하지 않고, 「행정절차법」을 위반한 위법이 있으나 절차나 처분형식의 하자가 중대하고 명백하다고 볼 수 없어 당연무효가 아닌 취소사유에 해당한다(대판 2012.2.23. 2011두5001).

---

16 행정소송 > 취소소송 | 오답률 33% | 답 ②

| 정답해설 | ② 67% (×) 〈판례〉 국민권익위원회가 소방청장에게 인사와 관련하여 부당한 지시를 한 사실이 인정된다며 이를 취소할 것을 요구하기로 의결하고 그 내용을 통지하자 소방청장이 국민권익위원회 조치요구의 취소를 구하는 소송을 제기한 사안에서, 처분성이 인정되는 국민권익위원회의 조치요구에 불복하고자 하는 소방청장으로서는 조치요구의 취소를 구하는 항고소송을 제기하는 것이 유효·적절한 수단으로 볼 수 있으므로 소방청장이 예외적으로 당사자능력과 원고적격을 가진다(대판 2018.8.1. 2014두35379).

| 오답해설 | ① 10% (○) 대판 2019.7.11. 2017두38874

③ 15% (○) 대판 2005.4.15. 2004두11626

④ 8% (○) 대판 2017.6.15. 2013두2945

---

17 행정강제 > 즉시강제 | 오답률 51% | 답 ③

| 정답해설 | ㄱ. (○) 즉시강제는 권력적 사실행위로서 항고소송 대상인 처분이다. 다만, 단시간에 종료되는 경우에는 소익이 없다.

ㄹ. (○) 「감염병의 예방 및 관리에 관한 법률」에 따라 강제로 건강진단과 예방접종을 하는 행위는 대인적 즉시강제에 해당한다.

ㅁ. (○) 위법한 즉시강제에 따른 손해는 「국가배상법」에 의해 배상을 받을 수 있다.

| 오답해설 | ㄴ. (×) 즉시강제는 목전에 급박한 위해를 제거하기 위한 강제이다. 과거의 의무위반에 대한 제재가 아니다.

ㄷ. (×) 즉시강제를 포함한 모든 행정강제는 구체적인 법률의 근거를 필요로 한다.

---

18 행정쟁송 > 행정심판 | 오답률 62% | 답 ③

| 정답해설 | ㄴ. (행정심판 불가) 〈법령〉 「공익사업을 위한 토지 등의 취득 및 보상에 관한 법률」 제85조(행정소송의 제기) ❶ 사업시행자, 토지소유자 또는 관계인은 제34조에 따른 재결에 불복할 때에는 재결서를 받은 날부터 90일 이내에, 이의신청을 거쳤을 때에는 이의신청에 대한 재결서를 받은 날부터 60일 이내에 각각 행정소송을 제기할 수 있다. 이 경우 사업시행자는 행정소송을 제기하기 전에 제84조에 따라 늘어난 보상금을 공탁하여야 하며, 보상금을 받을 자는 공탁된 보상금을 소송이 종결될 때까지 수령할 수 없다.

ㄷ. (행정심판 불가) 〈법령〉 「난민법」 제21조(이의신청) ❶ 제18조 제2항 또는 제19조에 따라 난민불인정결정을 받은 사람 또는 제22조에 따라 난민인정이 취소 또는 철회된 사람은 그 통지를 받은 날부터 30일 이내에 법무부장관에게 이의신청을 할 수 있다. 이 경우 이의신청서에 이의의 사유를 소명하는 자료를 첨부하여 지방출입국·외국인관서의 장에게 제출하여야 한다.

❷ 제1항에 따른 이의신청을 한 경우에는 「행정심판법」에 따른 행정심판을 청구할 수 없다.

| 오답해설 | ㄱ. (행정심판 가능) 〈법령〉 「공공기관의 정보공개에 관한 법률」 제18조(이의신청) ❶ 청구인이 정보공개와 관련한 공공기관의 비공개결정 또는 부분 공개결정에 대하여 불복이 있거나 정보공개청구 후 20일이 경과하도록 정보공개결정이 없는 때에는 공공기관으로부터 정보공개 여부의 결정 통지를 받은 날 또는 정보공개청구 후 20일이 경과한 날부터 30일 이내에 해당 공공기관에 문서로 이의신청을 할 수 있다.

제19조(행정심판) ❶ 청구인이 정보공개와 관련한 공공기관의 결정에 대하여 불복이 있거나 정보공개청구 후 20일이 경과하도록 정보공개결정이 없는 때에는 「행정심판법」에서 정하는 바에 따라 행정심판을 청구할 수 있다. 이 경우 국가기관 및 지방자치단체 외의 공공기관의 결정에 대한 감독행정기관은 관계 중앙행정기관의 장 또는 지방자치단체의 장으로 한다.

❷ 청구인은 제18조에 따른 이의신청 절차를 거치지 아니하고 행정심판을 청구할 수 있다.

ㄹ. (행정심판 가능) 〈판례〉「행정소송법」 제18조 내지 제20조, 「행정심판법」 제3조 제1항, 제4조 제1항, 「민원사무처리에 관한 법률」(이하 '민원사무처리법'이라 한다) 제18조, 같은 법 시행령 제29조 등의 규정들과 그 취지를 종합하여 보면, 민원사무처리법에서 정한 민원 이의신청의 대상인 거부처분에 대하여는 민원 이의신청과 상관없이 행정심판 또는 행정소송을 제기할 수 있다(대판 2012.11.15. 2010두8676).

| **19** | 손실보상 > 보상금증감소송 | 오답률 58% | 답 ② |

| **정답해설** | ② 42% (○) 수용재결의 수용 자체에 불복하는 경우에는 보상금 증감과 달리 수용재결에 대해 항고소송을 청구할 수 있다. 〈법령〉「공익사업을 위한 토지 등의 취득 및 보상에 관한 법률」 제85조(행정소송의 제기) ❶ 사업시행자, 토지소유자 또는 관계인은 제34조에 따른 재결에 불복할 때에는 재결서를 받은 날부터 90일 이내에, 이의신청을 거쳤을 때에는 이의신청에 대한 재결서를 받은 날부터 60일 이내에 각각 행정소송을 제기할 수 있다. 이 경우 사업시행자는 행정소송을 제기하기 전에 제84조에 따라 늘어난 보상금을 공탁하여야 하며, 보상금을 받을 자는 공탁된 보상금을 소송이 종결될 때까지 수령할 수 없다.

❷ 제1항에 따라 제기하려는 행정소송이 보상금의 증감(增減)에 관한 소송인 경우 그 소송을 제기하는 자가 토지소유자 또는 관계인일 때에는 사업시행자를, 사업시행자일 때에는 토지소유자 또는 관계인을 각각 피고로 한다.

| **오답해설** | ① 18% (×) 이의신청이나 행정소송을 청구하여도 처분의 효력은 정지되지 않는다. 〈법령〉「공익사업을 위한 토지 등의 취득 및 보상에 관한 법률」 제88조(처분효력의 부정지) 제83조에 따른 이의의 신청이나 제85조에 따른 행정소송의 제기는 사업의 진행 및 토지의 수용 또는 사용을 정지시키지 아니한다.

③ 22% (×) 민사소송이 아니라 형식적 당사자소송에 의한다(「공익사업을 위한 토지 등의 취득 및 보상에 관한 법률」 제85조 제2항 참고).

④ 18% (×) 〈판례〉 피수용자 등이 기업자에 대하여 부담하는 수용대상 토지의 인도의무에 관한 구 「토지수용법」 제63조, 제64조, 제77조 규정에서의 '인도'에는 명도도 포함되는 것으로 보아야 하고, 이러한 명도의무는 그것을 강제적으로 실현하면서 직접적인 실력행사가 필요한 것이지 대체적 작위의무라고 볼 수 없으므로 특별한 사정이 없는 한 「행정대집행법」에 의한 대집행의 대상이 될 수 있는 것이 아니다(대판 2005.8.19. 2004다2809).

오답률 TOP1

| **20** | 행정소송 > 과징금 부과처분 | 오답률 66% | 답 ③ |

| **정답해설** | ③ 34% (○) 〈판례〉 구 「식품위생법 시행규칙」(2014.3.6. 총리령 제1068호로 개정되기 전의 것, 이하 '시행규칙'이라 한다) 제36조 [별표 14](이하 '시행규칙 조항'이라 한다)에 규정된 업종별 시설기준의 위반은 … 다만, 시행규칙 제89조가 법 제74조에 따른 행정처분의 기준으로 마련한 [별표 23] 제3호 8. 라. 1)에서 위반사항을 '유흥주점 외의 영업장에 무도장을 설치한 경우'로 한 행정처분 기준을 규정하고 있을 뿐이다. 그러나 이러한 행정처분 기준은 행정청 내부의 재량준칙에 불과하므로, 재량준칙에서 위반사항의 하나로 '유흥주점 외의 영업장에 무도장을 설치한 경우'를 들고 있다고 하여 이를 위반의 대상이 된 금지의무의 근거 규정이라고 해석할 수는 없다(대판 2015.7.9. 2014두47853).

| **오답해설** | ① 27% (×) 과징금의 반환청구는 부당이득반환청구에 해당되어 대법원에 의하면 민사소송에 해당된다.

② 24% (×) 대법원에 의하면 이유제시의 하자치유는 적어도 쟁송제기 이전에 하여야 한다. 취소소송이 제기된 상태에서는 치유를 인정할 수 없다.

④ 15% (×) 처분사유의 추가·변경은 사실관계의 동일성 범위 내에서 인정된다. 청소년의 고용과 유통기한의 경과식품 판매는 사실관계의 동일성이 인정된다고 볼 수 없어 처분사유의 추가·변경을 인정할 수 없다.

합격예상 체크

〈국가직 연도별 합격선〉

2021 합격기준!

2024	2023	2022	2021	2020	2019	2018	2017	2017 추가

맞힌 개수	/20문항	점수	/100점

취약영역 체크

문항	정답	영역	문항	정답	영역
①	④	행정법 서론	11	④	행정상 의무이행 확보수단
2	①	행정법 서론	12	③	행정상 의무이행 확보수단
3	③	행정법 통칙	13	①	행정상 의무이행 확보수단
4	③	행정법 통칙	14	④	행정법 통칙
5	③	행정법 통칙	15	④	행정구제
6	③	행정법 통칙	16	④	행정법 통칙
7	②	행정구제	17	④	행정구제
8	①	행정구제	18	④	행정구제
9	②	행정법 통칙	19	④	행정구제
10	②	행정법 통칙	20	③	행정구제

⬇ 영역별 틀린 개수로 취약영역을 확인하세요!

행정법 서론	/2	행정법 통칙	/8	행정상 의무이행 확보수단	/3
행정구제	/7	행정조직(7급)	–/0	특별행정작용(7급)	–/0

➡ □ 합격 □ 불합격

➡ 나의 취약영역: _____

※ [정답해설]과 [오답해설] 선지의 [50%] 표시는 〈1초 합격예측 서비스〉를 통해 수집된 선지 선택률을 나타냅니다.

---

1 행정법의 의의 > 행정법의 법원 [오답률 25%] 답 ④

| 정답해설 | ④ [75%] (×) 〈판례〉 행정처분은 그 근거 법령이 개정된 경우에도 경과규정에서 달리 정함이 없는 한 처분 당시 시행되는 개정 법령과 그에 정한 기준에 의하는 것이 원칙이고, 그 개정 법령이 기존의 사실 또는 법률관계를 적용대상으로 하면서 국민의 재산권과 관련하여 종전보다 불리한 법률효과를 규정하고 있는 경우에도 그러한 사실 또는 법률관계가 개정 법령이 시행되기 이전에 이미 완성 또는 종결된 것이 아니라면 이를 헌법상 금지되는 소급입법에 의한 재산권 침해라고 할 수는 없으며, 그러한 개정 법령의 적용과 관련하여서는 개정 전 법령의 존속에 대한 국민의 신뢰가 개정 법령의 적용에 관한 공익상의 요구보다 더 보호가치가 있다고 인정되는 경우에 그러한 국민의 신뢰를 보호하기 위하여 그 적용이 제한될 수 있는 여지가 있을 따름이다(대판 2009.4.23. 2008두8918).

| 오답해설 | ① [3%] (○) 〈판례〉 특정 지방자치단체의 초·중·고등학교에서 실시하는 학교급식을 위해 위 지방자치단체에서 생산되는 우수 농수축산물과 이를 재료로 사용하는 가공식품(이하 '우수농산물'이라고 한다)을 우선적으로 사용하도록 하고 그러한 우수농산물을 사용하는 자를 선별하여 식재료나 식재료 구입비의 일부를 지원하며 지원을 받은 학교는 지원금을 반드시 우수농산물을 구입하는 데 사용하도록 하는 것을 내용으로 하는 위 지방자치단체의 조례안이 내국민대우원칙을 규정한 '1994년 관세 및 무역에 관한 일

반협정(General Agreement on Tariffs and Trade 1994)'에 위반되어 그 효력이 없다(대판 2005.9.9. 2004추10).

② [15%] (○) 「행정소송법」 제8조 제2항

③ [7%] (○) 평등은 합리적 차별을 말한다. 즉, 불합리한 차별금지의 의미로서 절대적 평등을 의미하지 않는다.

---

2 행정법의 의의 > 행정법의 일반원칙 [오답률 21%] 답 ①

| 정답해설 | ① [79%] (○) 〈판례〉 국가가 국민의 생명·신체의 안전에 대한 보호의무를 다하지 않았는지 여부를 헌법재판소가 심사할 때에는 국가가 이를 보호하기 위하여 적어도 적절하고 효율적인 최소한의 보호조치를 취하였는가 하는 이른바 '과소보호금지원칙'의 위반 여부를 기준으로 삼아, 국민의 생명·신체의 안전을 보호하기 위한 조치가 필요한 상황인데도 국가가 아무런 보호조치를 취하지 않았든지 아니면 취한 조치가 법익을 보호하기에 전적으로 부적합하거나 매우 불충분한 것임이 명백한 경우에 한하여 국가의 보호의무의 위반을 확인하여야 하는 것이다(헌재 1997.1.16. 90헌마110 등).

| 오답해설 | ② [6%] (×) 자기구속의 법리는 위법에서는 인정되지 않는다. 〈판례〉 행정청이 조합설립추진위원회의 설립승인 심사에서 위법한 행정처분을 한 선례가 있다고 하여 그러한 기준을 따라야 할 의무가 없는 점 등에 비추어, 평등의 원칙이나 신뢰보호의 원칙 또는 자기구속의 원칙 등에 위배되고 재량권을 일탈·남용하여 자

의적으로 조합설립추진위원회 승인처분을 한 것으로 볼 수 없다(대판 2009.6.25. 2008두13132).

③ 10% (×) 〈판례〉 지방공무원 임용신청 당시 잘못 기재된 호적상 출생연월일을 생년월일로 기재하고, 이에 근거한 공무원인사기록카드의 생년월일 기재에 대하여 처음 임용된 때부터 약 36년 동안 전혀 이의를 제기하지 않다가, 정년을 1년 3개월 앞두고 호적상 출생연월일을 정정한 후 그 출생연월일을 기준으로 정년의 연장을 요구하는 것이 신의성실의 원칙에 반하지 않는다(대판 2009. 3.26. 2008두21300).

④ 5% (×) 〈판례〉 폐기물처리업 사업계획에 대하여 적정통보를 한 것만으로 그 사업부지 토지에 대한 국토이용계획변경신청을 승인하여 주겠다는 취지의 공적인 견해표명을 한 것으로 볼 수 없다(대판 2005.4.28. 2004두8828).

| **3** | 행정행위 > 행정행위의 부관 | 오답률 31% | 답 ③ |

| **정답해설** | ③ 69% (○) 대판 2009.6.25. 2006다18174

| **오답해설** | ① 3% (×) 〈판례〉 공무원이 인·허가 등 수익적 행정처분을 하면서 상대방에게 그 처분과 관련하여 이른바 부관으로서 부담을 붙일 수 있다 하더라도, 그러한 부담은 법치주의와 사유재산 존중, 조세법률주의 등 헌법의 기본원리에 비추어 비례의 원칙이나 부당결부의 원칙에 위반되지 않아야만 적법한 것인바, 행정처분과 부관 사이에 실제적 관련성이 있다고 볼 수 없는 경우 공무원이 위와 같은 공법상의 제한을 회피할 목적으로 행정처분의 상대방과 사이에 사법상 계약을 체결하는 형식을 취하였다면 이는 법치행정의 원리에 반하는 것으로서 위법하다(대판 2009.12.10. 2007다63966).

② 20% (×) 〈판례〉 행정청이 수익적 행정처분을 하면서 부가한 부담의 위법 여부는 처분 당시 법령을 기준으로 판단하여야 하고, 부담이 처분 당시 법령을 기준으로 적법하다면 처분 후 부담의 전제가 된 주된 행정처분의 근거 법령이 개정됨으로써 행정청이 더 이상 부관을 붙일 수 없게 되었다 하더라도 곧바로 위법하게 되거나 그 효력이 소멸하게 되는 것은 아니다(대판 2009.2.12. 2005다65500).

④ 8% (×) 〈판례〉 당초에 붙은 기한을 허가 자체의 존속기간이 아니라 허가조건의 존속기간으로 보더라도 그 후 당초의 기한이 상당 기간 연장되어 연장된 기간을 포함한 존속기간 전체를 기준으로 볼 경우 더 이상 허가된 사업의 성질상 부당하게 짧은 경우에 해당하지 않게 된 때에는 관계 법령의 규정에 따라 허가 여부의 재량권을 가진 행정청으로서는 그 때에도 허가조건의 개정만을 고려하여야 하는 것은 아니고 재량권의 행사로서 더 이상의 기간 연장을 불허가할 수도 있는 것이며, 이로써 허가의 효력은 상실된다(대판 2004.3.25. 2003두12837).

| **4** | 행정정보공개와 개인정보보호 > 정보공개 | 오답률 11% | 답 ③ |

| **정답해설** | ③ 89% (×) 〈판례〉 「공공기관의 정보공개에 관한 법률」상 공개청구의 대상이 되는 정보란 공공기관이 직무상 작성 또는 취득하여 현재 보유·관리하고 있는 문서에 한정되는 것이기는 하나, 그 문서가 반드시 원본일 필요는 없다(대판 2006.5.25. 2006두3049).

| **오답해설** | ① 1% (○) 대판 1999.9.21. 97누5114
② 6% (○) 대판 2003.3.11. 2001두6425
④ 4% (○) 대판 2013.1.24. 2010두18918

| **5** | 그 밖의 행정의 주요 행위 형식 > 공법상 계약 | 오답률 38% | 답 ③ |

| **정답해설** | ③ 62% (×) 〈판례〉 중소기업기술정보진흥원장이 甲 주식회사와 중소기업 정보화지원사업 지원대상인 사업의 지원에 관한 협약을 체결하였는데, 협약이 甲 회사에 책임이 있는 사업실패로 해지되었다는 이유로 협약에서 정한 대로 지급받은 정부지원금을 반환할 것을 통보한 사안에서, 협약의 해지 및 그에 따른 환수통보는 행정청이 우월한 지위에서 행하는 공권력의 행사로서 행정처분에 해당한다고 볼 수 없다(대판 2015.8.27. 2015두41449).

| **오답해설** | ① 4% (○) 대판 2015.8.27. 2015두41449
② 10% (○) 대판 2008.6.12. 2006두16328
④ 24% (○) 대판 2002.11.26. 2002두5948

| **6** | 행정행위 > 인·허가의제 | 오답률 38% | 답 ④ |

| **정답해설** | ④ 62% (×) 〈판례〉 주택건설사업계획 승인처분에 따라 의제된 인·허가가 위법함을 다투고자 하는 이해관계인은, 주택건설사업계획 승인처분의 취소를 구할 것이 아니라 의제된 인·허가의 취소를 구하여야 하며, 의제된 인·허가는 주택건설사업계획 승인처분과 별도로 항고소송의 대상이 되는 처분에 해당한다(대판 2018.11.29. 2016두38792).

| **오답해설** | ① 28% (○) 대판 2018.11.29. 2016두38792
② 3% (○) 〈판례〉 국토계획법상 건축물의 건축에 관한 개발행위허가가 의제되는 건축허가신청이 국토계획법령이 정한 개발행위허가기준에 부합하지 아니하면 허가권자로서는 이를 거부할 수 있고, 이는 「건축법」 제16조 제3항에 의하여 개발행위허가의 변경이 의제되는 건축허가사항의 변경허가에서도 마찬가지이다(대판 2016.8.24. 2016두35762).
③ 7% (○) 〈판례〉 「건축법」에서 인·허가의제 제도를 둔 취지는, 인·허가 의제사항과 관련하여 건축허가의 관할 행정청으로 창구를 단일화하고 절차를 간소화하며 비용과 시간을 절감함으로써 국민의 권익을 보호하려는 것이지, 인·허가 의제사항 관련 법률에 따른 각각의 인·허가 요건에 관한 일체의 심사를 배제하려는 것으로 보기는 어려우므로, 도시계획시설인 주차장에 대한 건축허가신청을 받은 행정청으로서는 「건축법」상 허가 요건뿐 아니라 국토의 계획 및 이용에 관한 법령이 정한 도시계획시설사업에 관한 실시계획인가 요건도 충족하는 경우에 한하여 이를 허가해야 한다(대판 2015.7.9. 2015두39590).

오답률 TOP3

7 행정쟁송 > 행정심판 | 오답률 43% | 답 ②

| 정답해설 | ② 57% (×) 취소심판에서 이유 있다고 인용될 수 있는 경우에는 취소재결, 변경재결, 변경명령재결이 있다. 처분명령재결은 의무이행심판에 인정되는 재결이다.

8 손해배상 > 공무원의 과실 | 오답률 12% | 답 ①

| 정답해설 | ① 88% (○) 대판 2010.4.29. 2009다97925
| 오답해설 | ② 6% (×) 공무원의 직무에는 권력작용과 비권력적 작용이 포함되고 사경제주체로서의 작용은 포함되지 않는다.
③ 3% (×) 가해 공무원을 특정하지 않아도 된다(조직과실). '과실의 객관화론'에 의해 위법한 공무원을 특정하지 않아도 공무수행의 평균공무원을 기준으로 과실 여부를 판단할 수 있다.
④ 3% (×) 공무원의 과실 등의 비율에 따라 구상액 정도가 달라지게 된다.

9 행정행위 > 종합 | 오답률 33% | 답 ②

| 정답해설 | ㄱ. (○) 대판 2019.7.11. 2017두38874
ㄴ. (○) 대판 2001.6.29. 2001두1611
ㄷ. (○) 대판 2009.9.24. 2008다60568
| 오답해설 | ㄹ. (×) 〈판례〉 공정거래위원회가 부당한 공동행위를 행한 사업자로서 구「독점규제 및 공정거래에 관한 법률」(2013.7.16. 법률 제11937호로 개정되기 전의 것) 제22조의2에서 정한 자진신고자나 조사협조자에 대하여 과징금 부과처분(이하 '선행처분'이라 한다)을 한 뒤, 「독점규제 및 공정거래에 관한 법률 시행령」 제35조 제3항에 따라 다시 자진신고자 등에 대한 사건을 분리하여 자진신고 등을 이유로 한 과징금 감면처분(이하 '후행처분'이라 한다)을 하였다면, 후행처분은 자진신고 감면까지 포함하여 처분 상대방이 실제로 납부하여야 할 최종적인 과징금액을 결정하는 종국적 처분이고, 선행처분은 이러한 종국적 처분을 예정하고 있는 일종의 잠정적 처분으로서 후행처분이 있을 경우 선행처분은 후행처분에 흡수되어 소멸한다. 따라서 위와 같은 경우에 선행처분의 취소를 구하는 소는 이미 효력을 잃은 처분의 취소를 구하는 것으로 부적법하다(대판 2015.2.12. 2013두987).

10 그 밖의 행정의 주요 행위 형식 > 행정계획 | 오답률 27% | 답 ②

| 정답해설 | ② 73% (×) 〈판례〉 장래 일정한 기간 내에 관계 법령이 규정하는 시설 등을 갖추어 일정한 행정처분을 구하는 신청을 할 수 있는 법률상 지위에 있는 자의 국토이용계획변경신청을 거부하는 것이 실질적으로 당해 행정처분 자체를 거부하는 결과가 되는 경우에는 예외적으로 그 신청인에게 국토이용계획변경을 신청할 권리가 인정된다고 봄이 상당하므로, 이러한 신청에 대한 거부행위는 항고소송의 대상이 되는 행정처분에 해당한다(대판 2003.9.23. 2001두10936).

| 오답해설 | ① 7% (○) 대판 2002.10.11. 2000두8226
③ 4% (○) 헌재 2000.6.1. 99헌마538
④ 16% (○) 대판 2000.9.8. 99두11257

11 행정강제 > 대집행과 이행강제금 | 오답률 17% | 답 ④

| 정답해설 | ④ 83% (×) 이행강제금은 일신전속적 성질이라서 상대방이 사망하면 종결된다. 〈판례〉 구「건축법」(2005.11.8. 법률 제7696호로 개정되기 전의 것)상의 이행강제금은 구「건축법」의 위반행위에 대하여 시정명령을 받은 후 시정기간 내에 당해 시정명령을 이행하지 아니한 건축주 등에 대하여 부과되는 간접강제의 일종으로서 그 이행강제금 납부의무는 상속인 기타의 사람에게 승계될 수 없는 일신전속적인 성질의 것이므로 이미 사망한 사람에게 이행강제금을 부과하는 내용의 처분이나 결정은 당연무효이고, 이행강제금을 부과받은 사람의 이의에 의하여 「비송사건절차법」에 의한 재판절차가 개시된 후에 그 이의한 사람이 사망한 때에는 사건 자체가 목적을 잃고 절차가 종료한다(대결 2006.12.8. 2006마470).
| 오답해설 | ① 8% (○) 행정강제가 가능한 경우에는 민사소송이 허용되지 않는다.
② 3% (○) 대집행은 특별한 규정이 없는 한 원칙적으로 공법상의 대체적 작위의무가 대상이 된다.
③ 6% (○) 헌법재판소는 대체적 작위의무에 대해 행정대집행이나 이행강제금을 선택적으로 활용할 수 있다는 입장이다. 〈판례〉 개별사건에 있어서 위반내용, 위반자의 시정의지 등을 감안하여 허가권자는 행정대집행과 이행강제금을 선택적으로 활용할 수 있고, 행정대집행과 이행강제금 부과가 동시에 이루어지는 것이 아니라 허가권자의 합리적인 재량에 의해 선택하여 활용하는 이상 이를 중첩적인 제재에 해당한다고 볼 수 없다(헌재 2011.10.25. 2009헌바140).

12 행정상 즉시강제 및 행정조사 > 즉시강제 | 오답률 35% | 답 ③

| 정답해설 | ③ 65% (×) 즉시강제는 의무부과와 불이행 없이 행하는 강제이다. 따라서 명령을 강제이행하는 행위는 즉시강제가 될 수 없다.

13 행정상 즉시강제 및 행정조사 > 즉시강제 | 오답률 30% | 답 ①

| 정답해설 | ① 70% (×) 〈판례〉 이 사건 법률조항은 앞에서 본 바와 같이 급박한 상황에 대처하기 위한 것으로서 그 불가피성과 정당성이 충분히 인정되는 경우이므로, 이 사건 법률조항이 영장 없는 수거를 인정한다고 하더라도 이를 두고 헌법상 영장주의에 위배되는 것으로는 볼 수 없고, 위 구「음반·비디오물 및 게임물에 관한 법률」 제24조 제4항에서 관계공무원이 당해 게임물 등을 수거한 때에는 그 소유자 또는 점유자에게 수거증을 교부하도록 하고 있고, 동조 제6항에서 수거 등 처분을 하는 관계공무원이나 협회 또는 단체의 임·직원은 그 권한을 표시하는 증표를 지니고 관계인에게 이

28 • 해설편

를 제시하도록 하는 등의 절차적 요건을 규정하고 있으므로, 이 사건 법률조항이 적법절차의 원칙에 위배되는 것으로 보기도 어렵다(헌재 2002.10.31. 2000헌가12).

| 오답해설 | ② 19% (○) 강제집행은 의무부과와 그의 불이행을 전제로 하고, 즉시강제는 의무부과와 불이행을 전제로 하지 않는다. 따라서 즉시강제는 강제집행이 아니다.

③ 7% (○) 헌재 2002.10.31. 2000헌가12

④ 4% (○) 즉시강제는 법규상의 한계(법적 근거가 필요)와 조리상의 한계로서 급박성, 소극성, 보충성, 비례성 등이 충족되어야 한다.

---

14 행정정보공개와 개인정보보호 > 개인정보보호 오답률 21% 답 ④

| 정답해설 | ㄱ. (○) 대판 2016.3.10. 2012다105482

ㄴ. (○) 대판 2016.8.17. 2014다235080

ㄹ. (○) 대판 2017.6.15. 2013두2945

| 오답해설 | ㄷ. (×) 〈판례〉「개인정보 보호법」제17조와 정보통신망법 제24조의2에서 말하는 개인정보의 '제3자 제공'은 본래의 개인정보 수집·이용 목적의 범위를 넘어 정보를 제공받는 자의 업무처리와 이익을 위하여 개인정보가 이전되는 경우인 반면, 「개인정보 보호법」제26조와 정보통신망법 제25조에서 말하는 개인정보의 '처리위탁'은 본래의 개인정보 수집·이용 목적과 관련된 위탁자 본인의 업무 처리와 이익을 위하여 개인정보가 이전되는 경우를 의미한다. 개인정보 처리위탁에 있어 수탁자는 위탁자로부터 위탁사무처리에 따른 대가를 지급받는 것 외에는 개인정보 처리에 관하여독자적인 이익을 가지지 않고, 정보제공자의 관리·감독 아래 위탁받은 범위 내에서만 개인정보를 처리하게 되므로, 「개인정보 보호법」제17조와 정보통신망법 제24조의2에 정한 '제3자'에 해당하지 않는다(대판 2017.4.7. 2016도13263).

---

15 행정소송 > 취소소송 오답률 37% 답 ④

| 정답해설 | ㄱ. (×) 〈판례〉「행정소송법」제20조 제1항에 의하면취소소송은 원칙적으로 처분 등이 있음을 안 날부터 90일 이내에제기하여야 하나, 행정청이 행정심판청구를 할 수 있다고 잘못 알려 행정심판의 청구를 한 경우에는 그 제소기간은 행정심판재결서의 정본을 송달받은 날부터 기산하여야 한다(대판 2006.9.8. 2004두947).

ㄴ. (×) 〈판례〉 행정처분이 있음을 안 날부터 90일을 넘겨 행정심판을 청구하였다가 부적법하다는 이유로 각하재결을 받은 후재결서를 송달받은 날부터 90일 내에 원래의 처분에 대하여 취소소송을 제기한 경우, 취소소송의 제소기간을 준수한 것으로볼 수 없다(대판 2011.11.24. 2011두18786).

ㄷ. (×) 〈판례〉 지방보훈청장이 허혈성심장질환이 있는 甲에게 재심 서면판정 신체검사를 실시한 다음 종전과 동일하게 전(公)상군경 7급 국가유공자로 판정하는 '고엽제후유증전환 재심신체검사 무변동처분' 통보서를 송달하자 甲이 위 처분의 취소를 구한 사안에서, 위 처분이 甲에게 고지되어 처분이 있다는 사실을현실적으로 알았을 때 「행정소송법」제20조 제1항에서 정한 제소기간이 진행한다고 보아야 함에도, 甲이 통보서를 송달받기전에 자신의 의무기록에 관한 정보공개를 청구하여 위 처분을하는 내용의 통보서를 비롯한 일체의 서류를 교부받은 날부터제소기간을 기산하여 위 소는 90일이 지난 후 제기한 것으로서부적법하다고 본 원심판결에 법리를 오해한 위법이 있다(대판 2014.9.25. 2014두8254).

ㄹ. (○) 대판 2012.11.29. 2012두3743

---

16 행정입법 > 위임명령의 한계 오답률 33% 답 ②

| 정답해설 | ② 67% (×) 〈판례〉 헌법 제38조, 제59조에서 채택하고 있는 조세법률주의의 원칙은 과세요건과 징수절차 등 조세권행사의 요건과 절차는 국민의 대표기관인 국회가 제정한 법률로써 규정하여야 한다는 것이나, 과세요건과 징수절차에 관한 사항을 명령·규칙 등 하위법령에 위임하여 규정하게 할 수 없는 것은 아니고, 이러한 사항을 하위법령에 위임하여 규정하게 하는 경우 구체적·개별적 위임만이 허용되며 포괄적·백지적 위임은 허용되지 아니하고(과세요건법정주의), 이러한 법률 또는 그 위임에 따른 명령·규칙의 규정은 일의적이고 명확하여야 한다(과세요건명확주의)는 것이다(대결 1994.9.30. 자 94부18).

| 오답해설 | ① 7% (○) 대판 2007.10.12. 2006두14476

③ 17% (○) 대판 2015.1.15. 2013두14238

④ 9% (○) 대판 2020.4.9. 2015다34444

---

17 행정소송 > 항고소송의 원고적격 오답률 36% 답 ②

| 정답해설 | ㄴ. (원고적격 인정) 대판 2018.8.1. 2014두35379

ㄷ. (원고적격 인정) 대판 2020.4.9. 2015다34444

| 오답해설 | ㄱ. (원고적격 부정) 〈판례〉 사증발급의 법적 성질, 「출입국관리법」의 입법 목적, 사증발급 신청인의 대한민국과의 실질적관련성, 상호주의원칙 등을 고려하면, 우리 「출입국관리법」의 해석상 외국인에게는 사증발급 거부처분의 취소를 구할 법률상 이익이인정되지 않는다(대판 2018.5.15. 2014두42506).

ㄹ. (원고적격 부정) 〈판례〉 개발제한구역 중 일부 취락을 개발제한구역에서 해제하는 내용의 도시관리계획변경결정에 대하여, 개발제한구역 해제대상에서 누락된 토지의 소유자는 위 결정의 취소를 구할 법률상 이익이 없다(대판 2008.7.10. 2007두10242).

18 행정소송 > 거부처분 취소소송　　　오답률 37% | 답 ④

| 정답해설 | ④ 63% (×) 〈판례〉 행정청이 관련 법령에 근거하여 행한 공사중지명령의 상대방이 명령의 취소를 구한 소송에서 패소함으로써 그 명령이 적법한 것으로 이미 확정되었다면, 이후 이러한 공사중지명령의 상대방은 그 명령의 해제신청을 거부한 처분의 취소를 구하는 소송에서 그 명령의 적법성을 다툴 수 없다. 그와 같은 공사중지명령에 대하여 그 명령의 상대방이 해제를 구하기 위해서는 명령의 내용 자체로 또는 성질상으로 명령 이후에 원인사유가 해소되었음이 인정되어야 한다(대판 2014.11.27. 2014두37665).

| 오답해설 | ① 4% (○) 기속에는 특별한 규정이 없는 한 부관을 붙일 수 없다. 기속에 부관이 붙으면 무효에 해당한다.

② 5% (○) 대판 1997.12.26. 96누17745

③ 28% (○) 거부처분에는 집행정지가 인정되지 않는다.

오답률 TOP 2

19 행정소송 > 종합　　　오답률 45% | 답 ②

| 정답해설 | ② 55% (○) 대판 1994.1.25. 93누8542

| 오답해설 | ① 18% (×) 과세처분이 있기 전에 불가쟁력이 발생하지 않았다면 개별공시지가결정에 소송을 청구할 수 있다.

③ 12% (×) 〈판례〉 지목은 토지소유권을 제대로 행사하기 위한 전제요건으로서 토지소유자의 실체적 권리관계에 밀접하게 관련되어 있으므로 지적공부 소관청의 지목변경신청 반려행위는 국민의 권리관계에 영향을 미치는 것으로서 항고소송의 대상이 되는 행정처분에 해당한다(대판 2004.4.22. 2003두9015).

④ 15% (×) 〈판례〉 토지대장에 기재된 일정한 사항을 변경하는 행위는, 그것이 지목의 변경이나 정정 등과 같이 토지소유권 행사의 전제요건으로서 토지소유자의 실체적 권리관계에 영향을 미치는 사항에 관한 것이 아닌 한 행정사무집행의 편의와 사실증명의 자료로 삼기 위한 것일 뿐이어서, 그 소유자 명의가 변경된다고 하여도 이로 인하여 당해 토지에 대한 실체상의 권리관계에 변동을 가져올 수 없고 토지소유권이 지적공부의 기재만에 의하여 증명되는 것도 아니다(대판 1984.4.24. 82누308, 대판 2002.4.26. 2000두7612 등 참조). 따라서 소관청이 토지대장상의 소유자명의 변경신청을 거부한 행위는 이를 항고소송의 대상이 되는 행정처분이라고 할 수 없다(대판 2012.1.12. 2010두12354).

오답률 TOP 1

20 행정소송 > 종합　　　오답률 55% | 답 ③

| 정답해설 | ③ 45% (×) 〈판례〉 「식품위생법 시행규칙」 제53조에서 [별표 15]로 「식품위생법」 제58조에 따른 행정처분의 기준을 정하였다고 하더라도, 이는 형식은 부령으로 되어 있으나 그 성질은 행정기관 내부의 사무처리준칙을 정한 것에 불과한 것으로서, 보건사회부장관(현 보건복지부장관)이 관계행정기관 및 직원에 대하여 그 직무권한행사의 지침을 정하여 주기 위하여 발한 행정명령의 성질을 가지는 것이지 「식품위생법」 제58조 제1항의 규정에 의하여 보장된 재량권을 기속하는 것이라고 할 수는 없고, 대외적으로 국민이나

법원을 기속하는 힘이 있는 것은 아니다(대판 1991.5.14. 90누9780).

| 오답해설 | ① 14% (○) 甲은 불이익처분의 직접 상대방으로서 B군수의 영업정지처분을 다툴 법률상 이익이 있으므로, A도 행정심판위원회에 행정심판을 청구할 수 있다. 〈법령〉 「행정심판법」 제6조(행정심판위원회의 설치) ❸ 다음 각 호의 행정청의 처분 또는 부작위에 대한 심판청구에 대하여는 시·도지사 소속으로 두는 행정심판위원회에서 심리·재결한다.

　1. 시·도 소속 행정청

　2. 시·도의 관할구역에 있는 시·군·자치구의 장, 소속 행정청 또는 시·군·자치구의 의회(의장, 위원회의 위원장, 사무국장, 사무과장 등 의회 소속 모든 행정청을 포함한다)

　3. 시·도의 관할구역에 있는 둘 이상의 지방자치단체(시·군·자치구를 말한다)·공공법인 등이 공동으로 설립한 행정청

② 13% (○) 행정소송은 원칙적으로 임의적 행정심판전치주의이다. 〈법령〉 「행정소송법」 제18조(행정심판과의 관계) ❶ 취소소송은 법령의 규정에 의하여 당해 처분에 대한 행정심판을 제기할 수 있는 경우에도 이를 거치지 아니하고 제기할 수 있다. 다만, 다른 법률에 당해 처분에 대한 행정심판의 재결을 거치지 아니하면 취소소송을 제기할 수 없다는 규정이 있는 때에는 그러하지 아니하다.

④ 28% (○) 재량도 일탈·남용의 경우에는 소송의 대상이 된다. 〈법령〉 「행정소송법」 제27조(재량처분의 취소) 행정청의 재량에 속하는 처분이라도 재량권의 한계를 넘거나 그 남용이 있는 때에는 법원은 이를 취소할 수 있다.

합격예상 체크

〈국가직 연도별 합격선〉

2020 합격기준!

맞힌 개수	/20문항	점수	/100점

➡ ☐ 합격 ☐ 불합격

취약영역 체크

문항	정답	영역	문항	정답	영역
1	④	행정법 서론	11	①	행정상 의무이행 확보수단
2	①	행정법 서론	12	④	행정상 의무이행 확보수단
3	②	행정법 통칙	13	③	행정상 의무이행 확보수단
4	②	행정법 통칙	14	①	행정구제
5	③	행정법 통칙	15	②	행정구제
6	①	행정법 통칙	16	④	행정구제
7	①	행정법 통칙	17	②	행정법 통칙
8	①	행정법 통칙	18	③	행정법 통칙
9	①	행정법 통칙	19	②	행정구제
10	②	행정구제	20	③	행정구제

➡ 영역별 틀린 개수로 취약영역을 확인하세요!

행정법 서론	/2	행정법 통칙	/9	행정상 의무이행 확보수단	/3
행정구제	/6	행정조직(7급)	-/0	특별행정작용(7급)	-/0

➡ 나의 취약영역: _____

※ [정답해설]과 [오답해설] 선지의 50% 표시는 〈1초 합격예측 서비스〉를 통해 수집된 선지 선택률을 나타냅니다.

---

1 행정법의 의의 > 행정법 법원의 효력 오답률 29% 답 ④

| **정답해설** | ④ 71% (×) 〈판례〉 허가나 신고 없이 개발제한구역 내 공작물 설치행위를 할 수 있도록 법령이 개정되었다고 하더라도, 그 법령의 시행 전에 이미 범하여진 위법한 설치행위에 대한 가벌성이 소멸하는 것은 아니다(대판 2007.9.6. 2007도4197).
※ 주의: 위의 정답해설 판례는 형사처벌에 대한 판례이고, 「행정기본법」은 제재적 처분으로 행정청의 처분이다.

| **오답해설** | ① 3% (○) 대판 2005.9.9. 2004추10
② 21% (○) 국민의 권리나 의무에 관한 법령은 공포 후 특별한 규정이 없는 한 30일이 경과되어야 한다. 〈법령〉「법령 등 공포에 관한 법률」제13조의2(법령의 시행유예기간) 국민의 권리 제한 또는 의무 부과와 직접 관련되는 법률, 대통령령, 총리령 및 부령은 긴급히 시행하여야 할 특별한 사유가 있는 경우를 제외하고는 공포일부터 적어도 30일이 경과한 날부터 시행되도록 하여야 한다.
③ 5% (○) 헌재 1996.2.16. 96헌가2, 헌재 1999.7.22. 97헌바76 등

---

2 행정법의 의의 > 행정법의 일반원칙 오답률 15% 답 ①

| **정답해설** | ① 85% (×) 폐기물처리업에 대한 적정성 통보를 하였다고 해서 해당 토지에 대한 국토이용계획변경을 하겠다는 취지의 공적 견해를 표명하였다고 인정할 수는 없다. 〈판례〉 폐기물관리법령에 의한 폐기물처리업 사업계획에 대한 적정통보와 국토이용관리법령에 의한 국토이용계획변경은 각기 그 제도적 취지와 결정단계에서 고려해야 할 사항들이 다르다는 이유로, 폐기물처리업 사업계획에 대하여 적정통보를 한 것만으로 그 사업부지 토지에 대한 국토이용계획변경신청을 승인하여 주겠다는 취지의 공적인 견해표명을 한 것으로 볼 수 없다(대판 2005.4.28. 2004두8828).

| **오답해설** | ② 5% (○) 대판 1996.8.20. 95누10877
③ 3% (○) 대판 1997.9.12. 96누18380
④ 7% (○) 대판 2008.5.29. 2004다33469

---

3 행정상 법률요건과 법률사실 > 사인의 공법행위 오답률 23% 답 ②

| **정답해설** | ② 77% (×) 대법원에 의하면 착공신고를 포함한 건축신고에 대한 행정청의 반려(수리거부)는 항고쟁송 대상이 되는 처분이다. 〈판례〉 착공신고 반려행위가 이루어진 단계에서 당사자로 하여금 반려행위의 적법성을 다투어 법적 불안을 해소한 다음 건축행위에 나아가도록 함으로써 장차 있을지도 모르는 위험에서 미리 벗어날 수 있도록 길을 열어 주고, 위법한 건축물의 양산과 철거를 둘러싼 분쟁을 조기에 근본적으로 해결할 수 있게 하는 것이 법치행정의 원리에 부합한다. 그러므로 행정청의 착공신고 반려행위는 항고소송의 대상이 된다고 보는 것이 옳다(대판 2011.6.10. 2010두7321).

| 오답해설 | ① 3% (○) 대판 2011.1.20. 2010두14954

③ 12% (○) 대판 2009.1.30. 2006다17850

④ 8% (○) 대판 2003.2.14. 2001두7015

---

4 행정입법 > 행정규칙 　　　오답률 32% 답 ②

| 정답해설 | ② 68% (×) 〈판례〉 전결과 같은 행정권한의 내부위임은 법령상 처분권자인 행정관청이 내부적인 사무처리의 편의를 도모하기 위하여 그의 보조기관 또는 하급 행정관청으로 하여금 그의 권한을 사실상 행사하게 하는 것으로서 법률이 위임을 허용하지 않는 경우에도 인정되는 것이므로, 설사 행정관청 내부의 사무처리규정에 불과한 전결규정에 위반하여 원래의 전결권자 아닌 보조기관 등이 처분권자인 행정관청의 이름으로 행정처분을 하였다고 하더라도 그 처분이 권한 없는 자에 의하여 행하여진 무효의 처분이라고는 할 수 없다(대판 1998.2.27. 97누1105).

| 오답해설 | ① 10% (○) 대판 2013.9.12. 2011두10584

③ 9% (○) 대판 2012.7.5. 2010다72076

④ 13% (○) 헌재 2001.5.31. 99헌마413

---

5 행정행위 > 행정행위의 하자 　　　오답률 26% 답 ③

| 정답해설 | ③ 74% (×) 〈판례〉 여러 처분사유에 관하여 하나의 제재처분을 하였을 때 그중 일부가 인정되지 않는다고 하더라도 나머지 처분사유들만으로도 처분의 정당성이 인정되는 경우에는 그 처분을 위법하다고 보아 취소하여서는 아니 된다(대판 2020.5.14. 2019두63515).

| 오답해설 | ① 7% (○) 대판 1992.10.23. 92누2844

② 8% (○) 행정청은 취소사유가 있으면 별도의 법적 근거 없이 취소가 가능하다. 다만, 신뢰보호나 비례원칙의 제한이 있다.

④ 11% (○) 대판 1997.2.14. 96누15428

---

6 행정행위 > 행정행위의 부관 　　　오답률 26% 답 ①

| 정답해설 | ㄱ. (○) 〈판례〉 일반적으로 행정처분에 효력기간이 정하여져 있는 경우에는 그 기간의 경과로 그 행정처분의 효력은 상실되고, 다만 허가에 붙은 기한이 그 허가된 사업의 성질상 부당하게 짧은 경우에는 이를 그 허가 자체의 존속기간이 아니라 그 허가조건의 존속기간으로 보아 그 기한이 도래함으로써 그 조건의 개정을 고려한다는 뜻으로 해석할 수는 있지만, 그와 같은 경우라 하더라도 그 허가기간이 연장되기 위하여는 그 종기가 도래하기 전에 그 허가기간의 연장에 관한 신청이 있어야 하며, 만일 그러한 연장신청이 없는 상태에서 허가기간이 만료하였다면 그 허가의 효력은 상실된다(대판 2007.10.11. 2005두12404).

ㄴ. (○) 대판 1999.5.25. 98다53134

| 오답해설 | ㄷ. (×) 부관을 포함한 처분의 위법을 판단하는 시점은 처분 당시가 원칙이다. 따라서 처분(부관을 포함) 당시에 적법한 처분이라면 이후에 부관을 붙일 수 없도록 법이 개정되었다고 해도 위법이거나 부당결부에 해당되지 않고, 곧바로 소멸하는 것도 아니다. 〈판례〉 행정처분의 상대방이 수익적 행정처분을 얻기 위하여 행정청과 사이에 행정처분에 부가할 부담에 관한 협약을 체결하고 행정청이 수익적 행정처분을 하면서 협약상의 의무를 부담으로 부가하였으나 부담의 전제가 된 주된 행정처분의 근거 법령이 개정됨으로써 행정청이 더 이상 부관을 붙일 수 없게 된 경우에도 곧바로 협약의 효력이 소멸하는 것은 아니다(대판 2009.2.12. 2005다65500).

ㄹ. (×) 행정처분과 실제적 관련성이 없어 부관으로 붙일 수 없는 경우에는 사법상 계약의 형식으로도 이를 부과할 수 없다.

---

7 「행정기본법」과 「행정절차법」 > 행정절차 　　　오답률 39% 답 ①

| 정답해설 | ① 61% (○) 법이 정한 의무부과의 경우에는 사전통지나 의견진술의 기회를 부여하지 않더라도 위법이 아니다(대판 2000.11.28. 99두5443).

| 오답해설 | ② 17% (×) 거부행위는 당사자에게 의무를 부과하는 행위도, 권익을 제한하는 행위도 아니어서 당사자 등에게 사전통지 등을 하지 않아도 위법하지 않다. 〈판례〉 신청에 따른 처분이 이루어지지 아니한 경우에는 아직 당사자에게 권익이 부과되지 아니하였으므로 특별한 사정이 없는 한 신청에 대한 거부처분을 여기에서 말하는 '당사자의 권익을 제한하는 처분'에 해당한다고 할 수 없는 것이어서 처분의 사전통지 대상이 된다고 할 수 없다(대판 2003.11.28. 2003두674).

③ 5% (×) 절차나 형식상의 하자를 이유로 한 인용판결은 판결의 기속력이 없다. 따라서 절차나 형식상의 하자를 보완하여 다시 처분하여도 기속력이나 기판력에 저촉되지 않는다. 〈판례〉 과세의 절차 내지 형식에 위법이 있어 과세처분을 취소하는 판결이 확정되었을 때는 그 확정판결의 기판력은 거기에 적시된 절차 내지 형식의 위법사유에 한하여 미치는 것이므로 과세관청은 그 위법사유를 보완하여 다시 새로운 과세처분을 할 수 있고 그 새로운 과세처분은 확정판결에 의하여 취소된 종전의 과세처분과는 별개의 처분이라 할 것이어서 확정판결의 기판력에 저촉되는 것이 아니다(대판 1987.2.10. 86누91).

④ 17% (×) 법령이 규정한 청문을 당사자와의 협의를 통해 청문을 배제할 수 없다. 〈판례〉 행정청이 당사자와 사이에 도시계획사업의 시행과 관련한 협약을 체결하면서 관계 법령 및 「행정절차법」에 규정된 청문의 실시 등 의견청취절차를 배제하는 조항을 두었다고 하더라도, 위와 같은 협약의 체결로 청문의 실시에 관한 규정의 적용을 배제할 수 있다고 볼 만한 법령상의 규정이 없는 한, 이러한 협약이 체결되었다고 하여 청문의 실시에 관한 규정의 적용이 배제된다거나 청문을 실시하지 않아도 되는 예외적인 경우에 해당한다고 할 수 없다(대판 2004.7.8. 2002두8350).

8 행정정보공개와 개인정보보호 > 정보공개 | 오답률 32% | 답 ①

| **정답해설** | ① 68% (×) 정보공개청구의 비공개결정에 대한 취소소송에서 법원에 해당 정보에 관한 자료가 제출되어 정보공개청구인에게 우회적인 방법으로 정보가 결국 공개되는 셈이 되었다고 해도 이는 법이 정한 공개방식에 해당하지 않아 여전히 소익이 있다는 것이 대법원의 입장이다. 〈판례〉 청구인이 정보공개거부처분의 취소를 구하는 소송에서 공공기관이 청구정보를 증거 등으로 법원에 제출하여 법원을 통하여 그 사본을 청구인에게 교부 또는 송달되게 하여 결과적으로 청구인에게 정보를 공개하는 셈이 되었다고 하더라도, 이러한 우회적인 방법은 정보공개법이 예정하고 있지 아니한 방법으로서 정보공개법에 의한 공개라고 볼 수는 없으므로, 당해 정보의 비공개결정의 취소를 구할 소의 이익은 소멸되지 않는다 (대판 2016.12.15. 2012두11409 · 11416).

| **오답해설** | ② 8% (○) 대판 2003.12.12. 2003두8050

③ 6% (○) 대판 2010.12.23. 2008두13101

④ 18% (○) 대판 2017.9.7. 2017두44558

9 행정행위 > 인가 | 오답률 41% | 답 ④

| **정답해설** | ④ 59% (×) 인가는 개별적인 사안에 따라 부관의 가능성 여부가 달라진다. 〈판례〉 공익법인의 기본재산의 처분에 관한 「공익법인의 설립 · 운영에 관한 법률」 제11조 제3항의 규정은 강행규정으로서 이에 위반하여 주무관청의 허가를 받지 않고 기본재산을 처분하는 것은 무효라 할 것인데, 위 처분허가에 부관을 붙인 경우 그 처분허가의 법률적 성질이 형성적 행정행위로서의 인가에 해당한다고 하여 조건으로서의 부관의 부과가 허용되지 아니한다고 볼 수는 없다(대판 2005.9.28. 2004다50044).

| **오답해설** | ① 6% (○) 공유수면매립면허에 의한 권리의무의 양도 · 양수에 대해 행정청이 행하는 인가는 기본적인 법률행위를 보충하여 유효한 효력을 부여하는 보충행위이다. 따라서 인가를 받지 못하면 효력이 없다. 〈판례〉 공유수면매립의 면허로 인한 권리의무의 양도 · 양수에 있어서의 면허관청의 인가는 효력요건으로서, 위 각 규정은 강행규정이라고 할 것인바, 위 면허의 공동명의자 사이의 면허로 인한 권리의무양도약정은 면허관청의 인가를 받지 않은 이상 법률상 아무런 효력도 발생할 수 없다(대판 1991.6.25. 90누5184).

② 11% (○) 재단법인의 임원취임승인은 재량이다. 〈판례〉 재단법인의 임원취임이 사법인인 재단법인의 정관에 근거한다 할지라도 이에 대한 행정청의 승인(인가)행위는 법인에 대한 주무관청의 감독권에 연유하는 이상 그 인가행위 또는 인가거부행위는 공법상의 행정처분으로서, 그 임원취임을 인가 또는 거부할 것인지 여부는 주무관청의 권한에 속하는 사항이라고 할 것이고, 재단법인의 임원취임승인 신청에 대하여 주무관청이 이에 기속되어 이를 당연히 승인(인가)하여야 하는 것은 아니다(대판 2000.1.28. 98두16996).

③ 24% (○) 기본행위의 하자를 이유로 인가에 쟁송을 제기할 수 없다. 〈판례〉 기본행위인 정관변경 결의가 적법 유효하고 보충행위인 인가처분 자체에만 하자가 있다면 그 인가처분의 무효나 취소를 주장할 수 있지만, 인가처분에 하자가 없다면 기본행위에 하자가 있다 하더라도 따로 그 기본행위의 하자를 다투는 것은 별론으로 하고 기본행위의 무효를 내세워 바로 그에 대한 행정청의 인가처분의 취소 또는 무효확인을 소구할 법률상의 이익이 없다(대판 1996.5.16. 95누4810).

10 행정쟁송 > 행정심판 | 오답률 29% | 답 ②

| **정답해설** | ② 71% (○) 신청에 대한 거부처분과 부작위에 대해 행정심판위원회가 처분이행을 명하는 재결을 하였음에도 행정청이 처분을 하지 않을 경우에는 당사자의 신청에 따라 행정심판위원회는 직접 처분을 할 수 있다. 거부처분을 취소하는 재결은 형성력에 의해 행정청은 재처분의 의무가 없고, 거부처분의 부존재확인재결은 무효등확인심판의 하나이다. 〈법령〉「행정심판법」 제49조(재결의 기속력 등) ❸ 당사자의 신청을 거부하거나 부작위로 방치한 처분의 이행을 명하는 재결이 있으면 행정청은 지체 없이 이전의 신청에 대하여 재결의 취지에 따라 처분을 하여야 한다.

제50조(위원회의 직접 처분) ❶ 위원회는 피청구인이 제49조 제3항에도 불구하고 처분을 하지 아니하는 경우에는 당사자가 신청하면 기간을 정하여 서면으로 시정을 명하고 그 기간에 이행하지 아니하면 직접 처분을 할 수 있다. 다만, 그 처분의 성질이나 그 밖의 불가피한 사유로 위원회가 직접 처분을 할 수 없는 경우에는 그러하지 아니하다.

오답률 TOP 1
11 행정벌 > 「질서위반행위규제법」 | 오답률 70% | 답 ①

| **정답해설** | ㄱ. (○) 「질서위반행위규제법」 제16조 제1항

ㄹ. (○) 동법 제9조

| **오답해설** | ㄴ. (×) 제척기간과 시효의 구분 문제이다. 제시된 내용은 시효가 아닌 제척기간이다. 〈법령〉「질서위반행위규제법」 제15조(과태료의 시효) ❶ 과태료는 행정청의 과태료 부과처분이나 법원의 과태료 재판이 확정된 후 5년간 징수하지 아니하거나 집행하지 아니하면 시효로 인하여 소멸한다.

제19조(과태료 부과의 제척기간) ❶ 행정청은 질서위반행위가 종료된 날(다수인이 질서위반행위에 가담한 경우에는 최종행위가 종료된 날을 말한다)부터 5년이 경과한 경우에는 해당 질서위반행위에 대하여 과태료를 부과할 수 없다.

ㄷ. (×) 과태료 사건은 당사자 주소지의 지방법원 또는 그 지원의 관할로 한다. 〈법령〉「질서위반행위규제법」 제25조(관할법원) 과태료 사건은 다른 법령에 특별한 규정이 있는 경우를 제외하고는 당사자의 주소지의 지방법원 또는 그 지원의 관할로 한다.

12 행정강제 > 강제집행 　　오답률 30% 답 ④

| 정답해설 | ④ 70% (×) 공매통지 자체는 처분이 아니라, 공매처분의 절차적 성립요건에 해당된다. 따라서 공매통지 없는 공매나 공매결정과 이에 대한 통지가 적법이 아닌 경우에는 공매처분에 대한 소송에서 공매통지의 위법 여부를 다투어야 한다. 〈판례〉공매처분을 하면서 체납자 등에게 공매통지를 하지 않았거나 공매통지를 하였더라도 그것이 적법하지 아니한 경우에는 절차상의 흠이 있어 그 공매처분이 위법하게 되는 것이지만, 공매통지 자체가 그 상대방인 체납자 등의 법적 지위나 권리·의무에 직접적인 영향을 주는 행정처분에 해당한다고 할 것은 아니므로 다른 특별한 사정이 없는 한 체납자 등은 공매통지의 결여나 위법을 들어 공매처분의 취소 등을 구할 수 있는 것이지 공매통지 자체를 항고소송의 대상으로 삼아 그 취소 등을 구할 수는 없다(대판 2011.3.24. 2010두25527).

| 오답해설 | ① 5% (○) 「건축법」위반에 대해 행정대집행과 이행강제금은 선택적 활용의 관계이다(헌재 2004.2.26. 2001헌바80).

② 6% (○) 이행강제금은 '이행을 강제'하는 성질의 강제집행이다. 따라서 기한을 경과하여 의무를 이행하였다면 이행강제금을 부과할 수 없다. 〈판례〉이러한 이행강제금의 본질상 시정명령을 받은 의무자가 이행강제금이 부과되기 전에 그 의무를 이행한 경우에는 비록 시정명령에서 정한 기간을 지나서 이행한 경우라도 이행강제금을 부과할 수 없다(대판 2018.1.25. 2015두35116).

③ 19% (○) 제재적 처분인 과징금은 원칙적으로 고의나 과실을 요하지 않는다. 〈판례〉구 「여객자동차 운수사업법」제88조 제1항의 과징금 부과처분은 제재적 행정처분으로서 행정목적의 달성을 위하여 행정법규 위반이라는 객관적 사실에 착안하여 가하는 제재 법령상 책임자로 규정된 자에게 부과되고 원칙적으로 위반자의 고의·과실을 요하지 아니하나, 위반자의 의무 해태를 탓할 수 없는 정당한 사유가 있는 등의 특별한 사정이 있는 경우에는 이를 부과할 수 없다(대판 2014.10.15. 2013두5005).

오답률 TOP 3
13 행정강제 > 대집행 　　오답률 49% 답 ③

| 정답해설 | ③ 51% (×) 행정청은 행정강제가 가능한 경우에 민사소송 등을 통해 의무이행을 강제를 할 수 없다. 〈판례〉관계 법령상 행정대집행의 절차가 인정되어 행정청이 행정대집행의 방법으로 건물의 철거 등 대체적 작위의무의 이행을 실현할 수 있는 경우에는 따로 민사소송의 방법으로 그 의무의 이행을 구할 수 없다. 한편 건물의 점유자가 철거의무자일 때에는 건물철거의무에 퇴거의무도 포함되어 있는 것이어서 별도로 퇴거를 명하는 집행권원이 필요하지 않다(대판 2017.4.28. 2016다213916).

| 오답해설 | ① 35% (○) 대판 2006.10.13. 2006두7096

② 13% (○) 대판 2017.4.28. 2016다213916

④ 1% (○) 〈판례〉행정청이 행정대집행의 방법으로 건물철거의무의 이행을 실현할 수 있는 경우에는 건물철거 대집행 과정에서 부수적으로 건물의 점유자들에 대한 퇴거조치를 할 수 있고, 점유자들이 적법한 행정대집행을 위력을 행사하여 방해하는 경우

「형법」상 공무집행방해죄가 성립하므로 필요한 경우에는 「경찰관 직무집행법」에 근거한 위험발생 방지조치 또는 「형법」상 공무집행방해죄의 범행방지 내지 현행범포의 차원에서 경찰의 도움을 받을 수도 있다(대판 2017.4.28. 2016다213916).

14 손해배상 > 국가배상 　　오답률 18% 답 ①

| 정답해설 | ① 82% (×) 「국가배상법」제5조의 영조물은 국가 등의 소유물에 국한되지 않고, 어떤 경위에서든 사실상 관리하거나 지배하고 있는 경우의 유체물이 포함된다. 〈판례〉「국가배상법」제5조 제1항 소정의 '공공의 영조물'이라 함은 국가 또는 지방자치단체에 의하여 특정 공공의 목적에 공여된 유체물 내지 물적 설비를 말하며, 국가 또는 지방자치단체가 소유권, 임차권 그 밖의 권한에 기하여 관리하고 있는 경우뿐만 아니라 사실상의 관리를 하고 있는 경우도 포함된다(대판 1998.10.23. 98다17381, 대판 1995.1.24. 94다45302).

| 오답해설 | ② 2% (○) 영조물의 하자란 완벽성 결여를 의미하지 않는다. 통상의 안전성을 결여한 경우가 해당된다.

③ 5% (○) 〈판례〉지방자치단체의 장이 기관위임된 국가행정사무를 처리하는 경우 그에 소요되는 경비의 실질적·궁극적 부담자는 국가라고 하더라도 당해 지방자치단체는 국가로부터 내부적으로 교부된 금원으로 그 사무에 필요한 경비를 대외적으로 지출하는 자이므로, 이러한 경우 지방자치단체는 「국가배상법」제6조 제1항 소정의 비용부담자로서 공무원의 불법행위로 인한 위 법에 의한 손해를 배상할 책임이 있다(대판 1994.12.9. 94다38137).

④ 11% (○) 손해배상청구에 대해 판례는 결과적으로 사적 경제조정활동으로 보아 민사소송에 의한다는 입장이다.

오답률 TOP 2
15 행정소송 > 피고경정 　　오답률 54% 답 ②

| 정답해설 | ② 46% (○) 주관적·예비적 소병합에 대한 문제이다(※주의: 주위적·예비적과 구분). 우리의 경우 주관적·예비적 소병합은 예비적 피고의 지위를 불안하게 한다는 이유로 허용하고 있지 않다. 〈판례〉소위 주관적·예비적 병합은 「행정소송법」제28조 제3항과 같은 예외적 규정이 있는 경우를 제외하고는 원칙적으로 허용되지 않는 것이고, 또 「행정소송법」상 소의 종류의 변경에 따른 당사자(피고)의 변경은 교환적 변경에 한 한다고 봄이 상당하므로 예비적 청구만이 있는 피고의 추가경정신청은 허용되지 않는다(대결 1989.10.27. 89두1).

| 오답해설 | ① 9% (×) 피고를 잘못 지정한 경우 법원은 석명권을 행사하여 피고경정을 할 수 있도록 하여야 한다. 〈판례〉원고가 피고를 잘못 지정하였다면 법원으로서는 당연히 석명권을 행사하여 원고로 하여금 피고를 경정하게 하여 소송을 진행케 하였어야 할 것임에도 불구하고 이러한 조치를 취하지 아니한 채 피고의 지정이 잘못되었다는 이유로 소를 각하한 것이 위법하다(대판 2004.7.8. 2002두7852).

③ 15% (×) 명의자인 하급 행정청이 피고가 된다.

④ 30% (×) 대외적으로 의사표시를 할 수 없는 기관은 피고가 될 수 없다. 〈판례〉 취소소송은 다른 법률에 특별한 규정이 없는 한 그 처분 등을 행한 행정청을 피고로 한다(「행정소송법」 제13조 제1항). 여기서 '행정청'이라 함은 국가 또는 공공단체의 기관으로서 국가나 공공단체의 의견을 결정하여 외부에 표시할 수 있는 권한, 즉 처분권한을 가진 기관을 말하고, 대외적으로 의사를 표시할 수 있는 기관이 아닌 내부기관은 실질적인 의사가 그 기관에 의하여 결정되더라도 피고적격을 갖지 못한다(대판 1996.3.29. 65누103, 대판 1989.1.24. 88누3314).

---

16 행정소송 > 청구인용 판결의 효력　오답률 33%　답 ④

| 정답해설 | ④ 67% (×) 기속력은 동일한 상대방에게 동일한 이유로 동일한 처분을 할 수 없고, 행정청은 판결의 취지에 반하는 행위를 할 수 없다는 내용이다. 따라서 기본적 사실관계가 동일성이 인정되지 않는다면 새로운 처분은 기속력에 반하지 않는다.

| 오답해설 | ① 10% (○) 〈판례〉 영업의 금지를 명한 영업허가취소처분 자체가 나중에 행정쟁송절차에 의하여 취소되었다면 그 영업허가취소처분은 그 처분시에 소급하여 효력을 잃게 되며, 그 영업허가취소처분에 복종할 의무가 원래부터 없었음이 확정되었다고 봄이 타당하고, 영업허가취소처분이 장래에 향하여서만 효력을 잃게 된다고 볼 것은 아니므로 그 영업허가취소처분 이후의 영업행위를 무허가영업이라고 볼 수는 없다(대판 1993.6.25. 93도277).
② 12% (○) 대판 1986.8.19. 83다카2022
③ 11% (○) 대판 2001.3.23. 99두5238

---

17 그 밖의 행위의 주요 행위 형식 > 행정계획　오답률 35%　답 ②

| 정답해설 | ② 65% (×) 사업시행계획은 행정청의 인가에 의해 구속력이 있는 행정계획으로서 행정처분이 된다. 〈판례〉 재건축정비사업조합이 이러한 행정주체의 지위에서 위 법에 기초하여 수립한 사업시행계획은 인가·고시를 통해 확정되면 이해관계인에 대한 구속적 행정계획으로서 독립된 행정처분에 해당한다(대결 2009.11.2. 자 2009마596).

| 오답해설 | ① 15% (○) 대판 2012.1.12. 2010두5806
③ 11% (○) 대판 2003.9.23. 2001두10936
④ 9% (○) 헌재 2005.9.29. 2002헌바84

---

18 「행정기본법」과 「행정절차법」 > 「행정절차법」　오답률 30%　답 ③

| 정답해설 | ③ 70% (○) 〈법령〉 「행정절차법」 제14조(송달) ❹ 다음 각 호의 어느 하나에 해당하는 경우에는 송달받을 자가 알기 쉽도록 관보, 공보, 게시판, 일간신문 중 하나 이상에 공고하고 인터넷에도 공고하여야 한다.
　1. 송달받을 자의 주소 등을 통상적인 방법으로 확인할 수 없는 경우
　2. 송달이 불가능한 경우

| 오답해설 | ① 9% (×) 「행정절차법」에 따르면 14일이 지난 후 효력이 발생한다. 하지만 「행정업무의 운영 및 혁신에 관한 규정」에 의하면 5일이 지난 때에 효력이 발생한다. 〈법령〉 「행정업무의 운영 및 혁신에 관한 규정」 제6조(문서의 성립 및 효력 발생) ❸ 제2항에도 불구하고 공고문서는 그 문서에서 효력발생 시기를 구체적으로 밝히고 있지 않으면 그 고시 또는 공고 등이 있은 날부터 5일이 경과한 때에 효력이 발생한다.
② 7% (×) 청소년유해매체물결정고시는 항고소송 대상인 처분이다. 〈판례〉 청소년유해매체물 결정 및 고시처분은 원고와 같은 당해 유해매체물의 소유자 등 특정인만을 대상으로 한 행정처분이 아니라, 일반 불특정 다수인을 상대방으로 하여 일률적으로 표시의무, 포장의무, 청소년에 대한 판매·대여 등의 금지의무 등 각종 의무를 발생시키는 행정처분이다(대판 2007.6.14. 2004두619).
④ 14% (×) 불특정다수인을 대상으로 하는 일반처분과 달리 특정인에 대한 공고 등의 방법에 의한 처분은 특정인인 상대방이 현실적으로 안 날이 쟁송제기의 기산점이 된다. 〈판례〉 「행정소송법」 제20조 제1항 소정의 제소기간 기산점인 '처분이 있음을 안 날'이라 함은 당사자가 통지, 공고 기타의 방법에 의하여 당해 처분이 있었다는 사실을 현실적으로 안 날을 의미하는바, 특정인에 대한 행정처분을 주소불명 등의 이유로 송달할 수 없어 관보·공보·게시판·일간신문 등에 공고한 경우에는, 공고가 효력을 발생하는 날에 상대방이 그 행정처분이 있음을 알았다고 볼 수는 없고, 상대방이 당해 처분이 있었다는 사실을 현실적으로 안 날에 그 처분이 있음을 알았다고 보아야 한다(대판 2006.4.28. 2005두14851).

---

19 행정소송 > 종합　오답률 37%　답 ②

| 정답해설 | ② 63% (○) 처분의 존부는 소송의 대상적격 문제로서 소송의 요건문제이고 법원의 직권조사사항이다. 따라서 처분의 존부에 대해 상고심에서 주장된다고 해도 이는 상고심의 심판범위가 된다. 〈판례〉 행정소송에서 쟁송의 대상이 되는 행정처분의 존부는 소송요건으로서 직권조사사항이고, 자백의 대상이 될 수 없는 것이므로, 설사 그 존재를 당사자들이 다투지 아니한다 하더라도 그 존부에 관하여 의심이 있는 경우에는 이를 직권으로 밝혀 보아야 할 것이고, 사실심 변론종결시까지 당사자가 주장하지 않던 직권조사사항에 해당하는 사항을 상고심에서 비로소 주장하는 경우 그 직권조사사항에 해당하는 사항은 상고심의 심판범위에 해당한다(대판 2004.12.24. 2003두15195).

| 오답해설 | ① 15% (×) 무효인 변상금에 대한 부과만으로는 부당이득이 발생하지 않아 시효가 시작될 수 없다. 납부나 징수가 이루어짐으로써 부당이득이 발생하여, 시효가 시작된다. 〈판례〉 「지방재정법」 제87조 제1항에 의한 변상금 부과처분이 당연무효인 경우에 이 변상금 부과처분에 의하여 납부자가 납부하거나 징수당한 오납금은 지방자치단체가 법률상 원인 없이 취득한 부당이득에 해당하고, 이러한 오납금에 대한 납부자의 부당이득반환청구권은 처음부터 법률상 원인이 없이 납부 또는 징수된 것이므로 납부 또는 징수시에 발생하여 확정되며, 그때부터 소멸시효가 진행한다(대판 2005.1.27. 2004다50143).

③ 10% (×) 〈판례〉 어떠한 처분의 근거나 법적인 효과가 행정규칙에 규정되어 있다고 하더라도, 그 처분이 행정규칙의 내부적 구속력에 의하여 상대방에게 권리의 설정 또는 의무의 부담을 명하거나 기타 법적인 효과를 발생하게 하는 등으로 그 상대방의 권리의무에 직접 영향을 미치는 행위라면, 이 경우에도 항고소송의 대상이 되는 행정처분에 해당한다(대판 2002.7.26. 2001두3532).

④ 12% (×) 〈판례〉 의제된 인·허가는 통상적인 인·허가와 동일한 효력을 가지므로, 적어도 '부분 인·허가 의제'가 허용되는 경우에는 그 효력을 제거하기 위한 법적 수단으로 의제된 인·허가의 취소나 철회가 허용될 수 있고, 이러한 직권 취소·철회가 가능한 이상 그 의제된 인·허가에 대한 쟁송취소 역시 허용된다. 주택건설사업계획 승인처분에 따라 의제된 인·허가가 위법함을 다투고자 하는 이해관계인은, 주택건설사업계획 승인처분의 취소를 구할 것이 아니라 의제된 인·허가의 취소를 구하여야 하며, 의제된 인·허가는 주택건설사업계획 승인처분과 별도로 항고소송의 대상이 되는 처분에 해당한다(대판 2018.11.29. 2016두38792).

20 행정소송 > 부작위위법확인소송 오답률 29% 답 ③

| 정답해설 | ③ 71% (×) 부작위위법확인소송은 행정심판을 전치하지 않은 경우에는 제소기간의 제한이 없으나, 행정심판을 전치한 경우에는 행정심판재결을 기준으로 제소기간이 적용된다(취소소송을 준용하도록 「행정소송법」에 규정되어 있다).

| 오답해설 | ① 10% (○) 「행정소송법」 제2조 소정의 행정처분이라고 하더라도 그 처분의 근거 법률에서 행정소송 이외의 다른 절차에 의하여 불복할 것을 예정하고 있는 처분은 항고소송의 대상이 될 수 없다.

② 8% (○) '부작위'가 항고소송 대상이 되기 위한 조건은 상대방의 법규상·조리상 정당한 신청권에 근거한 신청이다. 따라서 정당한 신청권에 기한 신청이 아닌 경우에는 행정청의 무응답은 소송대상이 될 수 없다.

④ 11% (○) 〈판례〉 부작위위법확인의 소는 그 부작위의 위법을 확인함으로써 행정청의 응답을 신속하게 하여 부작위 내지 무응답이라고 하는 소극적인 위법상태를 제거하는 것을 목적으로 하는 것이고, 종국적으로 침해되거나 방해받은 권리와 이익을 보호·구제받는 것이 불가능하게 되었다면 그 부작위가 위법하다는 확인을 구할 이익은 없다(대판 2002.6.28. 2000두4750).

합격예상 체크

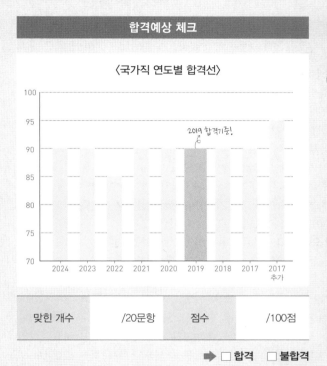

〈국가직 연도별 합격선〉

2019 합격기준

맞힌 개수	/20문항	점수	/100점

➡ ☐ 합격　☐ 불합격

취약영역 체크

문항	정답	영역	문항	정답	영역
1	②	행정구제	11	②	행정법 통칙
2	③	행정법 서론	12	②	행정상 의무이행 확보수단
3	②	행정법 통칙	13	④	행정구제
4	①	행정법 통칙	14	④	행정상 의무이행 확보수단
5	②	행정법 서론	15	②	행정구제
6	②	행정법 통칙	16	①	행정구제
7	②	행정법 통칙	17	④	행정구제
8	①	행정법 통칙	18	②	행정구제
9	④	행정법 통칙	19	③	행정법 통칙
10	③	행정상 의무이행 확보수단	20	④	행정구제

⬇ 영역별 틀린 개수로 취약영역을 확인하세요!

행정법 서론	/2	행정법 통칙	/8	행정상 의무이행 확보수단	/3
행정구제	/7	행정조직(7급)	–/0	특별행정작용(7급)	–/0

➡ 나의 취약영역: _____

※ [정답해설]과 [오답해설] 선지의 50% 표시는 〈1초 합격예측 서비스〉를 통해 수집된 선지 선택률을 나타냅니다.

1 행정소송 > 행정소송의 대상　　오답률 31%　답 ②

| 정답해설 | ② 69% (×) 입찰보증금 국고귀속조치는 사법관계로서 민사소송에 의한다는 것이 판례의 입장이다. 〈판례〉「예산회계법」에 따라 체결되는 계약은 사법상의 계약이라고 할 것이고 동법 제70조의5의 입찰보증금은 낙찰자의 계약체결의무이행의 확보를 목적으로 하여 그 불이행시에 이를 국고에 귀속시켜 국가의 손해를 전보하는 사법상의 손해배상 예정으로서의 성질을 갖는 것이라고 할 것이므로 입찰보증금의 국고귀속조치는 국가가 사법상의 재산권의 주체로서 행위하는 것이지 공권력을 행사하는 것이거나 공권력작용과 일체성을 가진 것이 아니라 할 것이므로 이에 관한 분쟁은 행정소송이 아닌 민사소송의 대상이 될 수밖에 없다고 할 것이다(대판 1983.12.27. 81누366).

| 오답해설 | ① 8% (○) 수도료 부과·징수와 수도료의 납부관계는 공법관계에 해당한다.

③ 13% (○) 대판 2009.9.17. 2007다2428 전합

④ 10% (○) 대판 2010.11.11. 2010두14367

2 행정법의 의의 > 행정법의 일반원칙　　오답률 24%　답 ③

| 정답해설 | ③ 76% (×) 허가취소처분이 있고 난 이후에 영업을 하여 일단 무허가영업이었을지라도 허가취소처분이 청문을 거치지 않았다는 이유로 취소가 되면 소급하여 효력이 소멸하게 된다. 따라서 그 이후의 영업은 무허가영업이라고 할 수 없다. 〈판례〉영업의 금지를 명한 영업허가취소처분 자체가 나중에 행정쟁송절차에 의하여 취소되었다면 그 영업허가취소처분은 그 처분시에 소급하여 효력을 잃게 되며, 그 영업허가취소처분에 복종할 의무가 원래부터 없었음이 확정되었다고 봄이 타당하고, 영업허가취소처분이 장래에 향하여서만 효력을 잃게 된다고 볼 것은 아니므로 그 영업허가취소처분 이후의 영업행위를 무허가영업이라고 볼 수는 없다(대판 1993.6.25. 93도277).

| 오답해설 | ① 9% (○) 무효는 공정력(구성요건적 효력)이 없으므로 민사법원에서 선결문제로서 처분의 무효 여부를 확인할 수 있다.

② 3% (○) 민사법원에서의 국가배상사건의 선결문제는 처분의 위법 여부이다. 민사법원은 처분의 취소 여부와 상관없이 국가배상이 가능하다. 〈판례〉위법한 행정대집행이 완료되면 그 처분의 무효 확인 또는 취소를 구할 소의 이익은 없다 하더라도, 미리 그 행정처분의 취소판결이 있어야만, 그 행정처분의 위법임을 이유로 한 손해배상청구를 할 수 있는 것은 아니다(대판 1972.4.28. 72다337).

④ 12% (○) 문서형식을 위반한 처분은 무효이다. 〈판례〉담당 소방공무원이 행정처분인 위 명령을 구술로 고지한 것은 「행정절차법」 제24조를 위반한 것으로 하자가 중대하고 명백하여 당연무효이다(대판 2011.11.10. 2011도11109).

| **정답해설** | ② 70% (×) 처분에 붙인 부담인 부관이 무효인 경우에 부담을 이행한 사법상 법률행위는 이에 구속되지 않아 무효라고 할 수 없다. 〈판례〉 행정처분에 부담인 부관을 붙인 경우 부관의 무효화에 의하여 본체인 행정처분 자체의 효력에도 영향이 있게 될 수는 있지만, 그 처분을 받은 사람이 부담의 이행으로 사법상 매매 등의 법률행위를 한 경우에는 그 부관은 특별한 사정이 없는 한 법률행위를 하게 된 동기 내지 연유로 작용하였을 뿐이므로 이는 법률행위의 취소사유가 될 수 있음은 별론으로 하고 그 법률행위 자체를 당연히 무효화하는 것은 아니다(대판 2009.6.25. 2006다18174).

| **오답해설** | ① 18% (○) 〈판례〉 행정처분에 이미 부담이 부가되어 있는 상태에서 그 의무의 범위 또는 내용 등을 변경하는 부관의 사후변경은, 법률에 명문의 규정이 있거나 그 변경이 미리 유보되어 있는 경우 또는 상대방의 동의가 있는 경우에 한하여 허용되는 것이 원칙이지만, 사정변경으로 인하여 당초에 부담을 부가한 목적을 달성할 수 없게 된 경우에도 그 목적달성에 필요한 범위 내에서 예외적으로 허용된다(대판 2007.9.21. 2006두7973).

③ 6% (○) 대판 1995.6.13. 94다56883

④ 6% (○) 대구고법 1984.8.9. 83구122

| **정답해설** | ㄱ. (인가 ×) 사설법인묘지에 대한 허가는 강학상 허가에 해당된다. 〈판례〉 사설묘지 설치허가 신청 대상지가 관련 법령에 명시적으로 설치제한지역으로 규정되어 있지 않더라도 관할 관청이 그 신청지의 현상과 위치 및 주위의 상황 등 제반 사정을 고려하여 사설묘지의 설치를 억제함으로써 환경오염 내지 지역주민들의 보건위생상의 위해 등을 예방하거나 묘지의 증가로 인한 국토의 훼손을 방지하고 국토의 효율적 이용 및 공공복리의 증진을 도모하는 등 중대한 공익상 필요가 있다고 인정할 때에는 그 허가를 거부할 수 있다고 봄이 상당하다(대판 2008.4.10. 2007두6106).

| **오답해설** | ㄴ, ㄷ, ㄹ. (인가 ○) 토지거래허가, 재단법인 정관변경허가, 재건축조합이 수립하는 관리처분계획에 대한 행정청의 인가는 강학상 인가에 해당한다.

| **정답해설** | ② 83% (×) 경찰서장의 운전면허취소 없이 관할행정청이 (법적 근거 여부와 무관하게) 개인택시면허를 취소할 수 없다. 〈판례〉 구 「여객자동차운수사업법」(2007.7.13. 법률 제8511호로 개정되기 전의 것) 제76조 제1항 제15호, 같은 법 시행령 제29조에는 관할관청은 개인택시운송사업자의 운전면허가 취소된 때에 그의 개인택시운송사업면허를 취소할 수 있도록 규정되어 있을 뿐 그에게 운전면허 취소사유가 있다는 사유만으로 개인택시운송사업면허를 취소할 수 있도록 하는 규정은 없으므로, 관할관청으로서는 비록 개인택시운송사업자에게 운전면허 취소사유가 있다 하더라도 그로 인하여 운전면허 취소처분이 이루어지지 않은 이상 개인택시운송사업면허를 취소할 수는 없다(대판 2008.5.15. 2007두26001).

| **오답해설** | ① 6% (○) 법률유보에서의 법률은 행정작용의 근거규범을 의미한다.

③ 8% (○) 헌재 1999.5.27. 98헌바70

④ 3% (○) 대판 2015.8.20. 2012두23808 전합

| **정답해설** | ① 73% (○) 지위승계신고의 경우 신고의 수리로서 전 운영자의 허가는 소멸하고 새로운 운영자는 허가효력이 발생하게 된다. 따라서 수리를 하기 이전에 전 운영자에게 사전통지 등의 행정절차를 거쳐야 한다. 〈판례〉 행정청이 구 「관광진흥법」 또는 구 「체육시설의 설치·이용에 관한 법률」의 규정에 의하여 유원시설업자 또는 체육시설업자 지위승계신고를 수리하는 처분을 하는 경우, 종전 유원시설업자 또는 체육시설업자에 대하여 「행정절차법」 제21조 제1항 등에서 정한 처분의 사전통지 등 절차를 거쳐야 한다(대판 2012.12.13. 2011두29144).

| **오답해설** | ② 12% (×) 고시는 이미 공람절차를 사전에 거치고 오는 처분이라서 사전통지와 의견청취절차를 거칠 경우 중복되므로 거치지 않아도 된다는 것이 법원의 입장이다. 〈판례〉 「행정절차법」 제2조 제4호가 「행정절차법」의 당사자를 행정청의 처분에 대하여 직접 그 상대가 되는 당사자로 규정하고, 「도로법」 제25조 제3항이 도로구역을 결정하거나 변경할 경우 이를 고시에 의하도록 하면서, 그 도면을 일반인이 열람할 수 있도록 한 점 등을 종합하여 보면, 도로구역을 변경한 이 사건 처분은 「행정절차법」 제21조 제1항의 사전통지나 제22조 제3항의 의견청취의 대상이 되는 처분은 아니라고 할 것이다(대판 2008.6.12. 2007두1767).

③ 10% (×) 시정명령 등의 처분은 당사자에게 의무를 부과하는 행위로서 사전통지와 의견청취절차를 거쳐야 한다.

④ 5% (×) 〈판례〉 신청에 대한 거부처분은 사전통지 대상이 아니다(대판 2017.11.23. 2014두1628).

| **정답해설** | ㄱ. (×) 인·허가의제 효과를 수반하는 건축신고는 수리를 필요로 하는 신고이다. 따라서 수리나 수리거부는 처분이다. 또한 건축신고는 수리를 요하지 않는 신고이나 수리거부는 처분이라는 것이 대법원의 입장이다.

인·허가의제로서 건축신고	건축신고 수리거부
인·허가의제 효과를 수반하는 건축신고는 일반적인 건축신고와는 달리, 특별한 사정이 없는 한 행정청이 그 실체적 요건에 관한 심사를 한 후 수리하여야 하는 이른바 '수리를 요하는 신고'로 보는 것이 옳다(대판 2011.1.20. 2010두14954 전합).	건축신고 반려행위가 이루어진 단계에서 당사자로 하여금 … 장차 있을지도 모르는 위험에서 미리 벗어날 수 있도록 길을 열어 주고, 위법한 건축물의 양산과 그 철거를 둘러싼 분쟁을 조기에 근본적으로 해결할 수 있게 하는 것이 법치행정의 원리에 부합한다. 그러므로 이 사건 건축신고 반려행위는 항고소송의 대상이 된다고 보는 것이 옳다(대판 2010.11.18. 2008두167).

ㄷ. (×) 건축허가권자는 중대한 공익상의 필요가 없는 경우에 허가를 거부할 수 없다.

| **오답해설** | ㄴ. (○) 건축허가는 기속이지만 형질변경허가는 재량이므로, 의제되어지는 인·허가에 의해 건축허가도 재량이다.

ㄹ. (○) 건축허가는 대물적 허가에 해당하므로, 별도의 승인처분에 의하여 이전되는 것은 아니다.

---

8 행정정보공개와 개인정보보호 > 정보공개   오답률 10% 답 ①

| **정답해설** | ① 90% (○) 이미 공개된 정보, 인터넷을 통해 알 수 있는 정보라도 비공개는 위법이다. 〈판례〉 공개청구의 대상이 되는 정보가 이미 다른 사람에게 공개되어 널리 알려져 있다거나 인터넷 등을 통하여 공개되어 인터넷검색 등을 통하여 쉽게 알 수 있는 경우라도 소의 이익이 없다거나 비공개결정이 정당화될 수 없다(대판 2010.12.23. 2008두13101).

| **오답해설** | ② 5% (×) 20일이 경과하도록 행정청의 정보공개 여부에 대한 응답이 없는 경우에는 이의신청, 행정심판, 행정소송이 모두 가능하다(「공공기관의 정보공개에 관한 법률」 제18조~제20조).

③ 4% (×) 정보의 공개 및 우송에 드는 비용은 실비의 범위에서 청구인이 부담한다(동법 제17조 제1항).

④ 1% (×) 전자문서로도 통지 가능하다. 〈판례〉 甲이 재판기록 일부의 정보공개를 청구한 데 대하여 서울행정법원장이 「민사소송법」 제162조를 이유로 소송기록의 정보를 비공개한다는 결정을 전자문서로 통지한 사안에서, 비공개결정 당시 정보의 비공개결정은 구 「공공기관의 정보공개에 관한 법률」 제13조 제4항에 의하여 전자문서로 통지할 수 있다(대판 2014.4.10. 2012두17384).

---

9 행정입법 > 입법예고   오답률 44% 답 ④

| **정답해설** | ④ 56% (○) 입법예고는 국민의 권리나 의무와 관련이 있거나 일상생활과 유관한 경우에 하도록 되어 있다. 「행정절차법」에는 입법예고를 하지 않아도 되는 경우가 규정되어 있다. 〈법령〉 「행정절차법」 제41조(행정상 입법예고) ❶ 법령 등을 제정·개정 또는 폐지(이하 '입법'이라 한다)하려는 경우에는 해당 입법안을 마련한 행정청은 이를 예고하여야 한다. 다만, 다음 각 호의 어느 하나에 해당하는 경우에는 예고를 하지 아니할 수 있다.

1. 신속한 국민의 권리 보호 또는 예측 곤란한 특별한 사정의 발생 등으로 입법이 긴급을 요하는 경우
2. 상위법령 등의 단순한 집행을 위한 경우
3. 입법내용이 국민의 권리·의무 또는 일상생활과 관련이 없는 경우
4. 단순한 표현·자구를 변경하는 경우 등 입법내용의 성질상 예고의 필요가 없거나 곤란하다고 판단되는 경우
5. 예고함이 공공의 안전 또는 복리를 현저히 해칠 우려가 있는 경우

| **오답해설** | ① 6% (×) 행정안전부장관에게 통지하여야 한다(「행정소송법」 제6조 제1항).

② 15% (×) 내신성적 산정기준은 행정청 내부의 문제로서 행정규칙일 뿐 처분이라고 할 수 없다. 〈판례〉 교육부장관이 내신성적 산정기준의 통일을 기하기 위해 대학입시기본계획의 내용에서 내신성적 산정기준에 관한 시행지침을 마련하여 시·도 교육감에서 통보한 것은 행정조직 내부에서 내신성적 평가에 관한 내부적 심사기준을 시달한 것에 불과하며, … 내신성적 산정지침을 항고소송의 대상이 되는 행정처분으로 볼 수 없다(대판 1994.9.10. 94두33).

③ 23% (×) 행정형벌의 위임이 제한적으로 허용된다. 범죄구성요건의 구체적 기준과 벌칙의 상한선을 법률로서 정하면 세부적인 사항을 위임할 수 있다. 〈판례〉 죄형법정주의와 위임입법의 한계의 요청상 처벌법규를 위임하기 위하여는 첫째, 특히 긴급한 필요가 있거나 미리 법률로써 자세히 정할 수 없는 부득이한 사정이 있는 경우에 한정되어야 하며, 둘째, 이러한 경우일지라도 법률에서 범죄의 구성요건은 처벌대상 행위가 어떠한 것일 것이라고 예측할 수 있을 정도로 구체적으로 정해야 하며, 셋째, 형벌의 종류 및 그 상한과 폭을 명백히 규정하여야 한다(헌재 1995.10.26. 93헌바62).

---

10 행정강제 > 강제집행   오답률 38% 답 ③

| **정답해설** | ③ 62% (○) 행정대집행의 비용은 의무자가 부담한다. 이를 납부하지 않으면 「행정대집행법」에 의해 「국세징수법」의 예에 따라 강제징수하도록 한다. 〈판례〉 대집행권한을 위탁받아 공무인 대집행을 실시하기 위하여 지출한 비용을 「행정대집행법」 절차에 따라 「국세징수법」의 예에 의하여 징수할 수 있음에도 민사소송절차에 의하여 그 비용의 상환을 청구한 사안에서, 「행정대집행법」이 대집행비용의 징수에 관하여 민사소송절차에 의한 소송이 아닌 간이하고 경제적인 특별구제절차를 마련해 놓고 있으므로, 위 청구는 소의 이익이 없어 부적법하다(대판 2011.9.8. 2010다48240).

| **오답해설** | ① 4% (×) 철거목적의 대집행에서 의무자가 점유자인 경우에 퇴거조치를 취할 수 있고, 별도의 권원이 필요없으며 경찰관의 도움을 받을 수 있다. 〈판례〉 대집행을 실행하는 과정에서 건물의 점유자가 철거의무자일 때에는 건물철거의무에 퇴거의무도 포함되어 있는 것이어서 별도로 퇴거를 명하는 집행권원이 필요하지 않으며 행정청이 행정대집행의 방법으로 건물철거의무의 이행을 실현할 수 있는 경우에는 건물철거 대집행 과정에서 부수적으로 건물의 점유자들에 대한 퇴거조치를 할 수 있고, 점유자들이 적법한 행정대집행을 위력을 행사하여 방해하는 경우 「형법」상 공무집행방해죄가 성립하므로, 필요한 경우에는 「경찰관 직무집행법」에 근거한 위험발생 방지조치 또는 「형법」상 공무집행방해죄의 범행방지 내지 현행범체포의 차원에서 경찰의 도움을 받을 수도 있다(대판 2017.4.28. 2016다213916).

② 28% (×) 즉시강제는 의무를 부과하지 않고, 불이행 없이 이루어지는 강제이다.

④ 6% (×) 〈판례〉 이행강제금이 부과된다는 심리적 압박을 주어 의무의 이행을 간접적으로 강제하는 행정상의 간접강제 수단에 해당한다(대판 2016.6.23. 2015두36454).

11 그 밖의 행정의 주요 행위 형식 > 행정지도 [오답률 22%] 답 ②

| 정답해설 | ② 78% (×) 행정지도는 작용법적 근거(법률유보)는 필요하지 않으나 비례원칙 등의 법의 일반원칙은 필요하다. 특히 「행정절차법」상의 행정지도원칙으로 비례원칙이 규정되어 있다. 〈법령〉「행정절차법」제48조(행정지도의 원칙) ❶ 행정지도는 그 목적 달성에 필요한 최소한도에 그쳐야 하며, 행정지도의 상대방의 의사에 반하여 부당하게 강요하여서는 아니 된다.
❷ 행정기관은 행정지도의 상대방이 행정지도에 따르지 아니하였다는 것을 이유로 불이익한 조치를 하여서는 아니 된다.

| 오답해설 | ① 0% (○) 동법 제48조 제1항
③ 10% (○) 교육인적자원부장관(현 교육부장관)의 대학총장들에 대한 이 사건 학칙시정요구는 「고등교육법」제6조 제2항, 동법 시행령 제4조 제3항에 따른 것으로서 그 법적 성격은 대학총장의 임의적인 협력을 통하여 사실상의 효과를 발생시키는 행정지도의 일종이지만, 그에 따르지 않을 경우 일정한 불이익조치를 예정하고 있어 사실상 상대방에게 그에 따를 의무를 부과하는 것과 다를 바 없으므로 단순한 행정지도로서의 한계를 넘어 규제적·구속적 성격을 상당히 강하게 갖는 것으로서 헌법소원의 대상이 되는 공권력의 행사라고 볼 수 있다(헌재 2003.6.26. 2002헌마337, 2003헌마7·8).
④ 12% (○) 대판 1980.10.27. 80누395

12 행정벌 > 행정형벌 [오답률 38%] 답 ②

| 정답해설 | ② 62% (×) 통고처분에 따른 범칙금을 납부하면 다시 처벌할 수 없다. 확정판결과 동일한 효력으로 일사부재리의 효력이 발생한다.

| 오답해설 | ① 8% (○) 행정형벌의 경우, 과실범을 처벌한다는 규정이 없어도 처벌의 해석가능성이 있으면 처벌이 가능하다. 〈판례〉「대기환경보전법」의 입법목적이나 관계 규정의 취지 등을 고려하면, 자동차운행상의 과실로 동법상의 법정 매연배출허용기준을 초과한다는 점을 인식하지 못한 경우에도 처벌하는 취지라고 해석함이 상당하다(대판 1993.9.10. 92도1136).
③ 10% (○) 과태료는 죄형법정주의의 대상이 아니다.
④ 20% (○) 대결 2020.11.3. 자 2020마5594

13 행정소송 > 협의의 소익 [오답률 33%] 답 ④

| 정답해설 | ④ 67% (×) 현역병입영대상자가 입영명령에 의해 입영이 이루어진 이후에도 처분을 다툴 법률상 이익은 있다. 〈판례〉 현역입영대상자가 입영한 후에 현역병입영통지처분의 취소를 구할 소송상의 이익이 있다(대판 2003.12.26. 2003두1875).

| 오답해설 | ① 10% (○) 임기가 만료가 되었지만 그 동안의 보수에 대한 부분에서 소익이 인정된다. 〈판례〉 지방의회 의원에 대한 제명의결 취소소송 계속 중 의원의 임기가 만료된 사안에서, 제명의결의 취소로 의원의 지위를 회복할 수는 없다 하더라도 제명의결 시부터 임기만료일까지의 기간에 대한 월정수당의 지급을 구할 수 있는 등 여전히 그 제명의결의 취소를 구할 법률상 이익이 있다(대판 2009.1.30. 2007두13487).
② 9% (○) 공장등록이 취소되었다고 해도 지방 이전에 따른 각종 혜택을 위해 소익이 있다는 것이 법원의 입장이다. 〈판례〉 공장등록이 취소된 후 공장시설물이 철거되고 다시 공장을 운영할 수 없는 상태라도 대도시 안의 공장을 지방으로 이전할 경우 「조세특례제한법」상의 세액공제 및 소득세 등의 감면혜택 등의 이익이 있는 경우 소익이 있다(대판 2002.1.11. 2000두3306).
③ 14% (○) 〈판례〉 건축사 업무정지처분을 받은 후 새로운 업무정지처분을 받음이 없이 1년이 경과하여 실제로 가중된 제재처분을 받을 우려가 없게 된 경우, 업무정지처분에서 정한 정지기간이 경과한 후에 업무정지처분의 취소를 구할 법률상 이익이 없다(대판 2000.4.21. 98두10080).

14 행정강제 > 강제 [오답률 41%] 답 ④

| 정답해설 | ㄴ. (○) 대판 2004.6.24. 2002두10780
ㄷ. (○) 증표를 제시하지 않는 경우에는 무효가 되며, 이에 대한 항거를 하여도 공무집행방해죄가 성립되지 않는다.
ㄹ. (○) 가산금(또는 중가산금)은 행정청의 확정행위 없이 당연확정되는 것으로서 이에 대한 통지는 처분이 아니다(대판 2005.6.10. 2005다15482).

| 오답해설 | ㄱ. (×) 조세부과처분과 강제징수 사이에는 과세처분이 무효가 아닌 한 하자가 승계되지 않는다. 〈판례〉 조세의 부과처분과 압류 등의 체납처분은 별개의 행정처분으로서 독립성을 가지므로 부과처분에 하자가 있더라도 그 부과처분이 취소되지 아니하는 한 그 부과처분에 의한 체납처분은 위법이라고 할 수는 없지만, 체납처분은 부과처분의 집행을 위한 절차에 불과하므로 그 부과처분에 중대하고도 명백한 하자가 있어 무효인 경우에는 그 부과처분의 집행을 위한 체납처분도 무효라 할 것이다(대판 1987.9.22. 87누383).

오답률 TOP 1
15 행정쟁송 > 행정심판 [오답률 55%] 답 ③

| 정답해설 | ③ 45% (×) 「행정심판법」상의 송달(재결의 송달) 등은 별도 규정을 두고 있다. 〈법령〉「행정심판법」제48조(재결의 송달과 효력 발생) ❶ 위원회는 지체 없이 당사자에게 재결서의 정본을 송달하여야 한다. 이 경우 중앙행정심판위원회는 재결 결과를 소관 중앙행정기관의 장에게도 알려야 한다.
❷ 재결은 청구인에게 제1항 전단에 따라 송달되었을 때에 그 효력이 생긴다.
❸ 위원회는 재결서의 등본을 지체 없이 참가인에게 송달하여야 한다.
❹ 처분의 상대방이 아닌 제3자가 심판청구를 한 경우 위원회는 재결서의 등본을 지체 없이 피청구인을 거쳐 처분의 상대방에게 송달하여야 한다.

| 오답해설 | ① 25% (○) 동법 제3조 제2항
② 22% (○) 의무이행심판에 대한 내용이다.
④ 8% (○) 동법 제18조의2 제1항

---

16 행정소송 > 항고소송의 대상　　오답률 31%　답 ①

| 정답해설 | ① 69% (○) 처분성은 인정된 사례이다. 〈판례〉 청구인은 2012.8.27. 근로복지공단 직영 ○○산재병원에서 수술을 받던 중 의사로부터 진료 및 치료 거부 등의 인권침해를 당하였다고 주장하며 2012.8.27. 국가인권위원회에 진정을 제기하였으나(12-진정-0627600), 그 진정의 내용이 국가인권위원회의 조사대상에 해당하지 않는다는 이유로 국가인권위원회로부터 각하결정을 받자, 2015.10.6. 위 각하결정의 취소를 구하는 이 사건 헌법소원심판을 청구하였다. 이 사건 국가인권위원회의 각하결정은 법률상 신청권 있는 진정인의 권리행사에 중대한 지장을 초래하는 것으로서 항고소송의 대상이 되는 행정처분에 해당하므로 그에 대한 다툼은 우선 행정심판이나 행정소송에 따라 구제되어야 하는데(헌재 2015.3.26. 2014헌마191 등 참조), 기록상 청구인이 이러한 구제절차를 거친 사실을 인정할 자료가 없으므로, 이 사건 심판청구는 「헌법재판소법」 제68조 제1항 단서가 정한 보충성 요건을 갖추지 못하였다(헌재 2015.10.20. 2015헌마976).

| 오답해설 | ② 13% (×) 〈판례〉 「행정소송법」 제2조의 처분의 개념 정의에는 해당한다고 하더라도 그 처분의 근거 법률에서 행정소송 이외의 다른 절차에 의하여 불복할 것을 예정하고 있는 처분은 항고소송의 대상이 될 수 없다. 검사의 불기소결정에 대해서는 「검찰청법」에 의한 항고와 재항고, 「형사소송법」에 의한 재정신청에 의해서만 불복할 수 있는 것이므로, 이에 대해서는 「행정소송법」상 항고소송을 제기할 수 없다(대판 2018.9.28. 2017두47465).
③ 5% (×) 〈판례〉 피해자의 의사와 무관하게 주민등록번호가 유출된 경우에는 조리상 주민등록번호의 변경을 요구할 신청권을 인정함이 타당하고, 구청장의 주민등록번호 변경신청 거부행위는 항고소송의 대상이 되는 행정처분에 해당한다(대판 2017.6.15. 2013두2945).
④ 13% (×) 〈판례〉 교육부장관이 대학에서 추천한 복수의 총장 후보자들 전부 또는 일부를 임용제청에서 제외하는 행위가 항고소송의 대상이 되는 처분에 해당한다(대판 2018.6.15. 2016두57564).

---

17 손해배상 > 국가배상　　오답률 32%　답 ④

| 정답해설 | ㄱ. (○) 〈판례〉 재판에 대하여 따로 불복절차 또는 시정절차가 마련되어 있는 경우에는 특별한 사정이 없는 한, 스스로 그와 같은 시정을 구하지 아니한 결과 권리 내지 이익을 회복하지 못한 사람은 원칙적으로 국가배상에 의한 권리구제를 받을 수 없다고 봄이 상당하다고 하겠으나, 재판에 대하여 불복절차 내지 시정절차 자체가 없는 경우에는 부당한 재판으로 인하여 불이익 내지 손해를 입은 사람은 국가배상 이외의 방법으로는 자신의 권리 내지 이익

을 회복할 방법이 없으므로, 이와 같은 경우에는 배상책임의 요건이 충족되는 한 국가배상책임을 인정하지 않을 수 없다(대판 2003.7.11. 99다24218).
ㄴ. (○) 〈판례〉 국회의원은 입법에 관하여 원칙적으로 국민 전체에 대한 관계에서 정치적 책임을 질 뿐 국민 개개인의 권리에 대응하여 법적 의무를 지는 것은 아니므로, 국회의원의 입법행위는 그 입법 내용이 헌법의 문언에 명백히 위배됨에도 불구하고 국회가 굳이 당해 입법을 한 것과 같은 특수한 경우가 아닌 한 「국가배상법」 제2조 제1항 소정의 위법행위에 해당한다고 볼 수 없고, 같은 맥락에서 국가가 일정한 사항에 관하여 헌법에 의하여 부과되는 구체적인 입법의무를 부담하고 있음에도 불구하고 그 입법에 필요한 상당한 기간이 경과하도록 고의 또는 과실로 이러한 입법의무를 이행하지 아니하는 등 극히 예외적인 사정이 인정되는 사안에 한정하여 「국가배상법」 소정의 배상책임이 인정될 수 있으며, 위와 같은 구체적인 입법의무 자체가 인정되지 않는 경우에는 애당초 부작위로 인한 불법행위가 성립할 여지가 없다(대판 2008.5.29. 2004다33469).
ㄷ. (○) 대판 2017.2.3. 2015두60075
ㄹ. (○) 대판 2014.8.20. 2012다54478

오답률 TOP3
18 행정쟁송 > 기속력　　오답률 46%　답 ②

| 정답해설 | ② 54% (○) 기속력이란 판결의 취지에 반하는 행위를 금지한다는 의미이다. 따라서 거부처분에 대한 취소에 따라 재처분이 있었다고 해도 판결의 취지에 따르지 않았다면 기속력 위반으로서 간접강제 대상이 된다. 〈판례〉 거부처분에 대한 취소의 확정판결이 있음에도 행정청이 아무런 재처분을 하지 아니하거나, 재처분을 하였다 하더라도 그것이 종전 거부처분에 대한 취소의 확정판결의 기속력에 반하는 등으로 당연무효라면 이는 아무런 재처분을 하지 아니한 때와 마찬가지라 할 것이므로 이러한 경우에는 「행정소송법」 제30조 제2항, 제34조 제1항 등에 의한 간접강제신청에 필요한 요건을 갖춘 것으로 보아야 한다(대결 2002.12.11. 자 2002무22).

| 오답해설 | ① 15% (×) 〈판례〉 재결의 기속력은 재결의 주문 및 그 전제가 된 요건사실의 인정과 판단, 즉 처분 등의 구체적 위법사유에 관한 판단에만 미친다고 할 것이고, 종전 처분이 재결에 의하여 취소되었다 하더라도 종전 처분시와는 다른 사유를 들어서 처분을 하는 것은 기속력에 저촉되지 않는다(대판 2005.12.9. 2003두7705).
③ 13% (×) 기속력 위반은 무효 사유에 해당한다.
④ 18% (×) 〈판례〉 「행정소송법」 제34조 소정의 간접강제결정에 기한 배상금의 성질 및 확정판결의 취지에 따른 재처분이 간접강제결정에서 정한 의무이행기간이 경과한 후에 이루어진 경우, 간접강제결정에 기한 배상금의 추심이 허용되지 않는다(대판 2004.1.15. 2002두2444).

19 행정행위 > 강학상 철회 오답률 42% 답 ③

| 정답해설 | ③ 58% (○) 철회는 장래효가 원칙이다. 따라서 별도의 법적 근거 없이는 소급하여 효력을 소멸시킬 수 없다. 〈판례〉「영유아보육법」 제30조 제5항 제3호에 따른 평가인증 취소의 법적 성격은 평가인증의 철회에 해당하며, 행정청이 평가인증이 이루어진 이후에 새로이 발생한 사유를 들어 「영유아보육법」 제30조 제5항에 따라 평가인증을 철회하는 처분을 하면서, 별도의 법적 근거 없이 평가인증의 효력을 과거로 소급하여 상실시킬 수 없다(대판 2018.6.28. 2015두58195).

| 오답해설 | ① 11%, ④ 18% (×), ② 13% (×) 강학상 철회에 해당되고 별도의 법적 근거 없이 평가인증의 효력을 소급하여 상실시킬 수 없다.

20 행정소송 > 항고소송 오답률 39% 답 ④

| 정답해설 | ④ 61% (×) 재결에 고유한 위법을 이유로 주장한 소송에서 심리결과 재결에 고유한 위법이 없는 경우에는 기각판결을 하여야 한다. 〈판례〉재결취소소송의 경우 재결 자체에 고유한 위법이 있는지 여부를 심리할 것이고, 재결 자체에 고유한 위법이 없는 경우에는 원처분의 당부와는 상관없이 당해 재결취소소송은 이를 기각하여야 한다(대판 1994.1.25. 93누16901).

| 오답해설 | ① 11% (○) 원고적격에 흠결이 있으면 각하판결을 한다.

② 14% (○) 〈판례〉처분이 있음을 안 날부터 90일 이내에 행정심판을 청구하지도 않고 취소소송을 제기하지도 않은 경우에는 그 후 제기된 취소소송은 제소기간을 경과한 것으로서 부적법하고, 처분이 있음을 안 날부터 90일을 넘겨 청구한 부적법한 행정심판청구에 대한 재결이 있은 후 재결서를 송달받은 날부터 90일 이내에 원래의 처분에 대하여 취소소송을 제기하였다고 하여 취소소송이 다시 제소기간을 준수한 것으로 되는 것은 아니다(대판 2011.11.24. 2011두18786).

③ 14% (○) 소송 중에 처분이 있게 되면 부작위위법확인소송은 소 대상이 없어져서 각하된다.

합격예상 체크

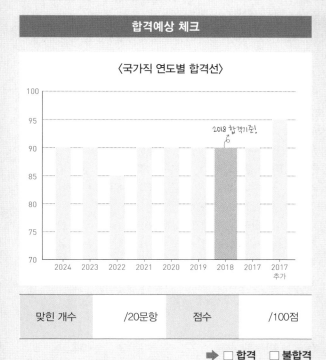

〈국가직 연도별 합격선〉

2018 합격기준!

맞힌 개수	/20문항	점수	/100점

➡ ☐ 합격　☐ 불합격

취약영역 체크

문항	정답	영역	문항	정답	영역
1	②	행정법 서론	11	①	행정구제
2	②	행정법 통칙	12	③	행정구제
3	②	행정법 통칙	13	④	행정구제
4	④	행정법 통칙	14	③	행정상 의무이행 확보수단
5	②	행정법 통칙	15	③	행정상 의무이행 확보수단
6	④	행정법 통칙	16	④	행정상 의무이행 확보수단
7	①	행정법 통칙	17	③	행정구제
8	①	행정법 통칙	18	④	행정구제
9	③	행정법 통칙	19	④	행정법 통칙
10	③	행정법 통칙	20	③	행정구제

⬇ 영역별 틀린 개수로 취약영역을 확인하세요!

행정법 서론	/1	행정법 통칙	/10	행정상 의무이행 확보수단	/3
행정구제	/6	행정조직(7급)	–/0	특별행정작용(7급)	–/0

➡ 나의 취약영역: _____

※ [정답해설]과 [오답해설] 선지의 50% 표시는 〈1초 합격예측 서비스〉를 통해 수집된 선지 선택률을 나타냅니다.

1 　행정법의 의의 > 행정법의 일반원칙　　오답률 10%　답 ②

| **정답해설** | ② 90% (×) 행정의 자기구속의 법리가 인정되기 위한 요건으로, ㉠ 1회 이상의 행정이 있어야 하고, ㉡ 재량인 행정이어야 하고, ㉢ 적법에서만 인정이 된다. 따라서 위법한 행정이 반복되었다면 자기구속의 법리가 인정되지 않는다.

| **오답해설** | ① 2% (○) 〈판례〉행정규칙이 법령의 규정에 의하여 행정관청에 법령의 구체적 내용을 보충할 권한을 부여한 경우, 또는 재량권 행사의 준칙인 규칙이 그 정한 바에 따라 되풀이 시행되어 행정관행이 이룩되게 되면 평등의 원칙이나 신뢰보호의 원칙에 따라 행정기관은 그 상대방에 대한 관계에서 그 규칙에 따라야 할 자기구속을 당하게 되는 경우에는 대외적인 구속력을 가지게 된다(헌재 1990.9.3. 90헌마13).

③ 5% (○) 자기구속의 법리는 평등을 근거로 재량인 행정에서도 동종의 처분에 대해 동일한 처분을 하도록 하는 재량통제의 법리이다.

④ 3% (○) 자기구속의 법리는 재량준칙이 반복적으로 행하여져 관행이 이루어지게 되면 형성되는 법리이다. 단순히 지침 등의 공표만으로는 자기구속의 법리가 형성되지 않는다.

2 　행정입법 > 법규명령　　오답률 13%　답 ②

| **정답해설** | ② 87% (×) 행정각부 장이 정하는 고시는 법령의 규정으로부터 구체적 사항을 위임받아 상위법령을 보충하는 기능을 하는 경우, 상위법령과 결합하여 법령보충규칙으로 대외적 구속력을 인정한다. 〈판례〉일반적으로 행정각부의 장이 정하는 고시라도 그것이 특히 법령의 규정에서 특정 행정기관에 법령 내용의 구체적 사항을 정할 수 있는 권한을 부여함으로써 법령 내용을 보충하는 기능을 가질 경우에는 형식과 상관없이 근거 법령 규정과 결합하여 대외적으로 구속력이 있는 법규명령으로서의 효력을 가진다(대판 2016.8.17. 2015두51132).

| **오답해설** | ① 7% (○) 헌재 1996.2.29. 94헌마213

③ 4% (○) 상위법이 없어 무효인 법규명령도 이후 근거 법이 제정되면 그때부터 유효한 법규명령이 된다. 〈판례〉일반적으로 법률의 위임에 의하여 효력을 갖는 법규명령의 경우, 구법에 위임의 근거가 없어 무효였더라도 사후에 법개정으로 위임의 근거가 부여되면 그때부터는 유효한 법규명령이 되나, 반대로 구법의 위임에 의한 유효한 법규명령이 법개정으로 위임의 근거가 없어지게 되면 그때부터 무효인 법규명령이 되므로, 어떤 법령의 위임 근거 유무에 따른 유효 여부를 심사하려면 법개정의 전·후에 걸쳐 모두 심사하여야만 그 법규명령의 시기에 따른 유효·무효를 판단할 수 있다(대판 1995.6.30. 93추83).

④ 2% (○) 법규명령의 내용이 구체적인 규율인 경우 소위 '처분법규'로서 처분성이 인정된다.

---

3 행정정보공개와 개인정보보호 > 개인정보보호 [오답률 47%] 답 ②

| **정답해설** | ② 53% (×) 「개인정보 보호법」에 의하면 단체소송을 청구할 수 있는 경우는 다음과 같다. 〈법령〉「개인정보 보호법」 제51조(단체소송의 대상 등) 다음 각 호의 어느 하나에 해당하는 단체는 개인정보처리자가 제49조에 따른 집단분쟁조정을 거부하거나 집단분쟁조정의 결과를 수락하지 아니한 경우에는 법원에 권리침해 행위의 금지·중지를 구하는 소송(이하 '단체소송'이라 한다)을 제기할 수 있다.

1. 「소비자기본법」 제29조에 따라 공정거래위원회에 등록한 소비자단체로서 다음 각 목의 요건을 모두 갖춘 단체
   가. 정관에 따라 상시적으로 정보주체의 권익증진을 주된 목적으로 하는 단체일 것
   나. 단체의 정회원수가 1천 명 이상일 것
   다. 「소비자기본법」 제29조에 따른 등록 후 3년이 경과하였을 것
2. 「비영리민간단체 지원법」 제2조에 따른 비영리민간단체로서 다음 각 목의 요건을 모두 갖춘 단체
   가. 법률상 또는 사실상 동일한 침해를 입은 100명 이상의 정보주체로부터 단체소송의 제기를 요청받을 것
   나. 정관에 개인정보보호를 단체의 목적으로 명시한 후 최근 3년 이상 이를 위한 활동실적이 있을 것
   다. 단체의 상시 구성원수가 5천 명 이상일 것
   라. 중앙행정기관에 등록되어 있을 것

| **오답해설** | ① 24% (○) 헌재 2005.5.26. 99헌마513
③ 9% (○) 동법 제39조 제1항
④ 14% (○) 동법 제49조

---

4 「행정기본법」과 「행정절차법」 > 행정절차 [오답률 53%] 답 ④

| **정답해설** | ④ 47% (×) 〈법령〉「행정절차법」 제22조(의견청취) ❶ 행정청이 처분을 할 때 다음 각 호의 어느 하나에 해당하는 경우에는 청문을 한다.

1. 다른 법령 등에서 청문을 하도록 규정하고 있는 경우
2. 행정청이 필요하다고 인정하는 경우
3. 다음 각 목의 처분을 하는 경우
   가. 인허가 등의 취소
   나. 신분·자격의 박탈
   다. 법인이나 조합 등의 설립허가의 취소

| **오답해설** | ① 11% (○) 동법 제23조 제1항 제2호, 제2항
② 18% (○) 당사자가 의견진술을 하지 않겠다는 명백한 의사표시를 해 오는 경우에는 의견청취를 하지 아니할 수 있다(동법 제22조 제4항).
③ 24% (○) 동법 제42조 제2항

---

5 행정행위 > 하자의 승계 [오답률 40%] 답 ②

| **정답해설** | ② 60% (×) 〈판례〉 결국 도시·군계획시설결정과 실시계획인가는 도시·군계획시설사업을 위하여 이루어지는 단계적 행정절차에서 별도의 요건과 절차에 따라 별개의 법률효과를 발생시키는 독립적인 행정처분이다. 그러므로 선행처분인 도시·군계획시설결정에 하자가 있더라도 그것이 당연무효가 아닌 한 원칙적으로 후행처분인 실시계획인가에 승계되지 않는다(대판 2017.7.18. 2016두49938).

| **오답해설** | ① 8% (○) 〈판례〉 표준지공시지가결정이 위법한 경우에는 그 자체를 행정소송의 대상이 되는 행정처분으로 보아 그 위법 여부를 다툴 수 있음은 물론, 수용보상금의 증액을 구하는 소송에서도 선행처분으로서 그 수용대상 토지 가격 산정의 기초가 된 비교표준지공시지가결정의 위법을 독립한 사유로 주장할 수 있다(대판 2008.8.21. 2007두13845).
③ 13% (○) 〈판례〉 후행처분인 대집행영장 발부통보처분의 취소청구소송에서 선행처분인 계고처분이 위법하다는 이유로 대집행영장 발부통보처분도 위법한 것이라는 주장을 할 수 있다(대판 1996.2.9. 95누12507).
④ 19% (○) 대판 2012.8.23. 2010두13463

---

6 행정행위 > 종합 [오답률 25%] 답 ④

| **정답해설** | ㄱ. (○) 직권취소는 성립 당시 하자를 이유로 적법하게 시정하는 조치로서 법적 근거 없이 가능하다. 다만, 신뢰보호와 비례원칙에 의한 제한이 있다.
ㄴ. (○) 재량준칙의 제정은 행정규칙의 제정으로서 법령에 근거 없이 감독청의 감독권과 처분청의 처분의 권한을 근거로 제정할 수 있다.
ㄷ. (○) 철회는 장래에 예측하지 못한 사태를 대비하고자 마련된 제도로, 법적 근거 없이 가능하다. 다만, 신뢰보호와 비례원칙에 의해 제한될 수 있다.
ㄹ. (○) 사후부관은 법령에 근거가 있거나 또는 법에 근거가 없어도 부담, 상대방의 동의, 처분 당시의 유보, 사정변경시 필요범위 내에서 가능하다.

---

7 그 밖의 행정의 주요 행위 형식 > 공법상 계약 [오답률 38%] 답 ①

| **정답해설** | ① 62% (×) 〈판례〉 계약직 공무원의 채용계약의 해지는 「행정절차법」상의 처분에 해당하지 않는다. 따라서 「행정절차법」을 준수하지 않아도 된다(대판 2002.11.26. 2002두5948).

| **오답해설** | ② 21% (○) 대판 2015.8.27. 2015두41449
③ 11% (○) 토지의 협의취득은 사인과 사인 사이의 사법상 계약이라는 것이 판례의 입장이다.
④ 6% (○) 대판 1993.9.14. 92누4611

8 행정입법 > 종합　　오답률 36%　답 ①

| **정답해설** | ① 64% (×) 〈판례〉 일반적으로 시행령이 헌법이나 법률에 위반된다는 사정은 그 시행령의 규정을 위헌 또는 위법하여 무효라고 선언한 대법원의 판결이 선고되지 않은 상태에서는 그 시행령 규정의 위헌 내지 위법 여부가 객관적으로 명백하다고 할 수 없어서, 이러한 시행령에 근거한 행정처분의 하자는 당연무효사유에 해당하지 않는다. – 중대성은 있으나 명백성이 없어서 중대·명백설에 의해 취소사유가 된다(대판 2007.6.14. 2004두619).

| **오답해설** | ② 10% (○) 행정규칙은 법규의 성질을 갖고 있어 원칙적으로 공표를 요하지 않는다. 하지만 「행정절차법」에는 처분기준의 공표에 대한 규정을 두고 있다. 〈법령〉「행정절차법」제20조(처분기준의 설정·공표) ❶ 행정청은 필요한 처분기준을 해당 처분의 성질에 비추어 되도록 구체적으로 정하여 공표하여야 한다. 처분기준을 변경하는 경우에도 또한 같다.

③ 12% (○) 대판 2006.9.22. 2005두2506

④ 14% (○) 대판 1992.5.8. 91누11261

9 그 밖의 행정의 주요 행위 형식 > 확약　　오답률 25%　답 ③

| **정답해설** | ③ 75% (○) 확약의 실효에 대한 내용이다. 확약의 배경이 된 사실상태나 법적 상태의 변경이 있어도, 행정청이 이를 미리 예측하지 못하였다면 행정청의 별다른 의사표시 없이 실효된다(대판 1996.8.20. 95누10877).

| **오답해설** | ① 14% (×) 대법원에 의하면 확약은 행정처분이 아니라서 공정력 등의 효력이 인정되지 않는다. 〈판례〉 어업권면허에 선행하는 우선순위결정은 행정청이 우선권자로 결정된 자의 신청이 있으면 어업권면허처분을 하겠다는 것을 약속하는 행위로서 강학상 확약에 불과하고 행정처분은 아니므로, 우선순위결정에 공정력이나 불가쟁력과 같은 효력은 인정되지 아니하며, 따라서 우선순위결정이 잘못되었다는 이유로 종전의 어업권면허처분이 취소되면 행정청은 종전의 우선순위결정을 무시하고 다시 우선순위를 결정한 다음 새로운 우선순위결정에 기하여 새로운 어업권면허를 할 수 있다(대판 1995.1.20. 94누6529).

② 5% (×) 확약은 법적 근거 없이 행정청의 처분권한으로부터 도출되어 가능하다(본처분권포함설).

④ 6% (×) 확약은 행정처분이 아니다(①번 해설의 〈판례〉 참고).
　〈법령〉「행정절차법」제40조의2(확약) ❹ 행정청은 다음 각 호의 어느 하나에 해당하는 경우에는 확약에 기속되지 아니한다.
　　1. 확약을 한 후에 확약의 내용을 이행할 수 없을 정도로 법령 등이나 사정이 변경된 경우
　　2. 확약이 위법한 경우
　❺ 행정청은 확약이 제4항 각 호의 어느 하나에 해당하여 확약을 이행할 수 없는 경우에는 지체 없이 당사자에게 그 사실을 통지하여야 한다.

10 행정행위 > 통지　　오답률 21%　답 ③

| **정답해설** | ③ 79% (×) 〈판례〉 구 「청소년 보호법」(2001.5.24. 법률 제6479호로 개정되기 전의 것)에 따른 청소년유해매체물 결정 및 고시처분은 당해 유해매체물의 소유자 등 특정인만을 대상으로 한 행정처분이 아니라 일반 불특정 다수인을 상대방으로 하여 일률적으로 표시의무, 포장의무, 청소년에 대한 판매·대여 등의 금지의무 등 각종 의무를 발생시키는 행정처분으로서, 정보통신윤리위원회가 특정 인터넷 웹사이트를 청소년유해매체물로 결정하고 청소년보호위원회가 효력발생시기를 명시하여 고시함으로써 그 명시된 시점에 효력이 발생하였다고 봄이 상당하고, 정보통신윤리위원회와 청소년보호위원회가 위 처분이 있었음을 위 웹사이트 운영자에게 제대로 통지하지 아니하였다고 하여 그 효력 자체가 발생하지 아니한 것으로 볼 수는 없다(대판 2007.6.14. 2004두619).

| **오답해설** | ① 5% (○) 대판 2003.7.22. 2003두513

② 8% (○) 대판 2009.12.10. 2007두20140

④ 8% (○) 〈판례〉 수취인이나 그 가족이 주민등록지에 실제로 거주하고 있지 아니하면서 전입신고만을 해 둔 경우에는 그 사실만으로써 주민등록지 거주자에게 송달수령의 권한을 위임하였다고 보기는 어려울 뿐 아니라 수취인이 주민등록지에 실제로 거주하지 아니하는 경우에도 우편물이 수취인에게 도달하였다고 추정할 수는 없고, 따라서 이러한 경우에는 우편물의 도달사실을 과세관청이 입증해야 할 것이다(대판 1998.2.13. 97누8977).

오답률 TOP 2

11 행정소송 > 당사자소송　　오답률 53%　답 ①

| **정답해설** | ㉠ 〈판례〉 법관이 이미 수령한 명예퇴직수당액이 구 「법관 및 법원공무원 명예퇴직수당 등 지급규칙」제4조 [별표 1]에서 정한 정당한 수당액에 미치지 못한다고 주장하며 차액의 지급을 신청한 것에 대하여 법원행정처장이 거부하는 의사를 표시한 경우, 위 의사표시를 행정처분으로 볼 수 없고 명예퇴직한 법관이 미지급 명예퇴직수당액의 지급을 구하는 경우, 소송 형태는 「행정소송법」의 당사자소송이다(대판 2016.5.24. 2013두14863).

㉡ 〈판례〉 법령의 개정에 따른 국방부장관의 퇴역연금액 감액조치에 대하여 이의가 있는 퇴역연금수급권자는 항고소송을 제기하는 방법으로 감액조치의 효력을 다툴 것이 아니라 직접 국가를 상대로 정당한 퇴역연금액과 결정, 통지된 퇴역연금액과의 차액의 지급을 구하는 공법상 당사자소송을 제기하는 방법으로 다툴 수 있다 할 것이고, 같은 법 제5조 제1항에 그 법에 의한 급여에 관하여 이의가 있는 자는 군인연금급여재심위원회에 그 심사를 청구할 수 있다는 규정이 있다 하여 달리 볼 것은 아니다(대판 2003.9.5. 2002두3522).

12 행정쟁송 > 행정심판　오답률 39%　답 ③

| 정답해설 | ③ 61% (○) 심판청구의 대상과 관계되는 권리나 이익을 양수한 자는 위원회의 허가를 받아 청구인의 지위를 승계할 수 있다(「행정심판법」 제16조 제5항).

| 오답해설 | ① 20% (×) 〈판례〉 행정심판의 재결은 피청구인인 행정청을 기속하는 효력을 가지므로 재결청이 취소심판의 청구가 이유 있다고 인정하여 처분청에 처분을 취소할 것을 명하면 처분청으로서는 재결의 취지에 따라 처분을 취소하여야 하지만, 나아가 재결에 판결에서와 같은 기판력이 인정되는 것은 아니어서 재결이 확정된 경우에도 처분의 기초가 된 사실관계나 법률적 판단이 확정되고 당사자들이나 법원이 이에 기속되어 모순되는 주장이나 판단을 할 수 없게 되는 것은 아니다(대판 2015.11.27. 2013다6759).

② 9% (×) 〈판례〉 행정처분의 취소를 구하는 항고소송에서 처분청은 당초 처분의 근거로 삼은 사유와 기본적 사실관계가 동일성이 있다고 인정되는 한도 내에서만 다른 사유를 추가 또는 변경할 수 있고, 이러한 기본적 사실관계의 동일성 유무는 처분사유를 법률적으로 평가하기 이전의 구체적 사실에 착안하여 그 기초인 사회적 사실관계가 기본적인 점에서 동일한지에 따라 결정되므로, 추가 또는 변경된 사유가 처분 당시에 이미 존재하고 있었다거나 당사자가 그 사실을 알고 있었다고 하여 당초의 처분사유와 동일성이 있다고 할 수 없다. 그리고 이러한 법리는 행정심판 단계에서도 그대로 적용된다(대판 2014.5.16. 2013두26118).

④ 10% (×) 법인이 아닌 사단 또는 재단으로서 대표자나 관리인이 정하여져 있는 경우에는 그 사단이나 재단의 이름으로 심판청구를 할 수 있다(「행정심판법」 제14조).

13 행정쟁송 > 심판과 소송　오답률 39%　답 ④

| 정답해설 | ④ 61% (×) 행정심판은 행정심판위원회라는 행정청이 담당하여 거부처분이나 부작위에 대한 의무이행심판의 인용재결에 피청구인인 행정청이 처분을 하지 않으면 직접 처분이 가능하다. 그러나 행정소송은 법원의 판결로서 거부나 부작위에 대하여 피고 행정청이 인용판결에 따른 처분의 의무를 이행하지 않으면 직접 처분은 권력분립상 불가하고, 배상을 통한 간접강제 방식으로 판결의 기속력을 확보하고 있다.

| 오답해설 | ① 2% (○) 행정심판의 청구는 피청구인(처분청, 부작위청)이나 행정심판위원회에 청구하고, 행정소송은 법원에 소를 청구한다.

② 25% (○) 행정심판은 불고지나 오고지규정을 두고 있으나, 행정소송은 그러한 제도가 없다.

③ 12% (○) 행정심판과 달리 행정소송은 임시처분제도가 없다. 권력분립이 그 이유이다.

14 행정강제 > 강제집행(행정대집행)　오답률 35%　답 ③

| 정답해설 | ③ 65% (×) 〈판례〉 단순한 부작위의무의 위반, 즉 관계 법령에 정하고 있는 절대적 금지나 허가를 유보한 상대적 금지를 위반한 경우에는 당해 법령에서 그 위반자에 대하여 위반에 의하여 생긴 유형적 결과의 시정을 명하는 행정처분의 권한을 인정하는 규정(예컨대, 「건축법」 제69조, 「도로법」 제74조, 「하천법」 제67조, 「도시공원법」 제20조, 「옥외광고물 등 관리법」 제10조 등)을 두고 있지 아니한 이상, 법치주의의 원리에 비추어 볼 때 위와 같은 부작위의무로부터 그 의무를 위반함으로써 생긴 결과를 시정하기 위한 작위의무를 당연히 끌어낼 수는 없으며, 또 위 금지규정(특히 허가를 유보한 상대적 금지규정)으로부터 작위의무, 즉 위반결과의 시정을 명하는 권한이 당연히 추론되는 것도 아니다(대판 1996.6.28. 96누4374).

| 오답해설 | ① 24% (○) 퇴거나 점유배제를 목적으로 하는 행정대집행은 허용될 수 없다. 행정대집행의 대상은 대체적 작위의무가 아닌 비대체적 작위의무이다.

② 5% (○) 최초의 계고는 항고소송 대상인 처분에 해당되지만, 반복된 계고는 단순한 계고의 연기에 불과할 뿐 항고소송 대상인 처분이라 할 수 없다.

④ 6% (○) 대집행의 내용과 범위는 계고서의 전후문서를 통해 특정되면 족하다.

15 행정강제 > 강제와 제재　오답률 14%　답 ③

| 정답해설 | ③ 86% (×) 〈판례〉 건축주 등이 장기간 시정명령을 이행하지 아니하였으나 그 기간 중에 시정명령의 이행 기회가 제공되지 아니하였다가 뒤늦게 이행 기회가 제공된 경우, 이행 기회가 제공되지 아니한 과거의 기간에 대한 이행강제금까지 한꺼번에 부과할 수 없고 이를 위반하여 이루어진 이행강제금 부과처분의 하자가 중대·명백한 하자이다(대판 2016.7.14. 2015두46598).

| 오답해설 | ① 6% (○) 대판 1998.4.10. 98두2270

② 4% (○) 〈판례〉 세법상 가산세는 과세권의 행사 및 조세채권의 실현을 용이하게 하기 위하여 납세자가 정당한 이유 없이 법에 규정된 신고, 납세 등 각종 의무를 위반한 경우에 개별세법이 정하는 바에 따라 부과되는 행정상의 제재로서 납세자의 고의·과실은 고려되지 않는 반면 … 그 의무해태를 탓할 수 없는 정당한 사유가 있는 경우에는 이를 부과할 수 없다(대판 1997.8.22. 96누15404).

④ 4% (○) 「질서위반행위규제법」 제3조 참고

16 행정상 행정강제 및 행정조사 > 행정조사　오답률 20%　답 ④

| 정답해설 | ④ 80% (×) 〈판례〉 세무조사결정은 납세의무자의 권리·의무에 직접 영향을 미치는 공권력의 행사에 따른 행정작용으로서 항고소송의 대상이 된다(대판 2011.3.10. 2009두23617·23624).

| 오답해설 | ① 5% (○) 「행정조사기본법」 제5조 참고

② 12% (○) 동법 제17조 제1항 제3조 참고

③ 3% (○) 대판 2014.6.26. 2012두911

17 행정쟁송 > 행정심판 　　오답률 25%　 답 ③

| **정답해설** | ③ 75% (○) 행정심판을 통해 일부인용되어 청구인에게 유리하게 변경된 경우에도 불복시에는 유리하게 변경된 당초 원처분을 대상으로 행정소송을 청구하여야 한다. 다만, 소송청구기간은 행정심판재결서를 송달받은 날을 기준으로 한다. 따라서 소송대상은 과징금으로 변경된 원처분이고 2017.3.10.부터 기산된다.

오답률 TOP1

18 손해배상 > 「국가배상법」 　　오답률 57%　 답 ④

| **정답해설** | ④ 43% (○) 「국가배상법」상 국가나 지방자치단체의 배상책임은 공무원에 대한 선임·관리감독상의 하자에 대한 책임이 아니다. 따라서 공무원에 대한 선임 등에 하자 없음을 입증하여도 국가 등은 면책될 수 없다.

| **오답해설** | ① 19% (×) 〈판례〉 민간인과 직무집행 중인 군인 등의 공동불법행위로 인하여 직무집행 중인 다른 군인 등이 피해를 입은 경우, 민간인의 피해 군인 등에 대한 손해배상의 범위 및 민간인이 피해 군인 등에게 자신의 귀책부분을 넘어서 배상한 경우 국가 등에게 구상권을 행사할 수 없다(대판 2001.2.15. 96다42420 전합).

② 5% (×) 〈판례〉「국가배상법」 제2조 제1항의 '직무를 집행함에 당하여'라 함은 직접 공무원의 직무집행행위이거나 그와 밀접한 관련이 있는 행위를 포함하고, 이를 판단함에 있어서는 행위 자체의 외관을 객관적으로 관찰하여 공무원의 직무행위로 보여질 때에는 비록 그것이 실질적으로 직무행위가 아니거나 또는 행위자로서는 주관적으로 공무집행의 의사가 없었다고 하더라도 그 행위는 공무원이 '직무를 집행함에 당하여' 한 것으로 보아야 한다(대판 2005.1.14. 2004다26805).

③ 33% (×) 「국가배상법」에는 국가 등이 공무원의 고의·중과실에 대하여 구상권을 행사할 수 있다고 규정하고 있다(「국가배상법」 제2조 제2항).

19 행정상 법률요건과 법률사실 > 사인의 공법행위
　　오답률 16%　 답 ④

| **정답해설** | ④ 84% (○) 대판 2017.5.30. 2017두34087

| **오답해설** | ① 1% (×) 「행정절차법」에는 자기완결적 신고에 대하여 규정하고 있다.

② 12% (×) 수리는 준법률행위적 행정행위이다.

③ 3% (×) 〈판례〉 행정청이 구 「식품위생법」 규정에 의하여 영업자지위승계신고를 수리하는 처분은 종전의 영업자의 권익을 제한하는 처분이라 할 것이고 따라서 종전의 영업자는 그 처분에 대하여 직접 그 상대가 되는 자에 해당한다고 봄이 상당하므로, 행정청으로서는 위 신고를 수리하는 처분을 함에 있어서 「행정절차법」 규정 소정의 당사자에 해당하는 종전의 영업자에 대하여 위 규정 소정의 행정절차를 실시하고 처분을 하여야 한다(대판 2003.2.14. 2001두7015).

20 행정쟁송 > 종합 　　오답률 40%　 답 ③

| **정답해설** | ③ 60% (×) 〈판례〉 공무원의 부작위로 인하여 침해된 국민의 법익 또는 국민에게 발생한 손해가 어느 정도 심각하고 절박한 것인지, 관련 공무원이 그와 같은 결과를 예견하여 그 결과를 회피하기 위한 조치를 취할 수 있는 가능성이 있는지 등을 종합적으로 고려하여 판단하여야 한다(대판 2001.4.24. 2000다57856).

| **오답해설** | ① 3% (○) 주민들의 생명·신체에 가해지는 위험이 절박하고 중대하다고 인정된다면 행정청의 재량이 0으로 수축하게 되어 기속이 된다. 즉, 적절한 처분을 하여야 할 의무가 발생한다.

② 21% (○) 의무이행심판은 가능하나, 현행법 체계상 의무이행소송은 없다.

④ 16% (○) 항고소송에서 어떠한 행정이 인용판결이 있었다고 하여 그러한 행정의 고의·과실이 당연히 인정되는 것은 아니다.

합격예상 체크

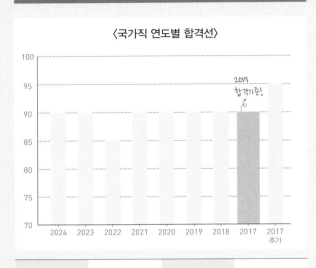

〈국가직 연도별 합격선〉

2017 합격기준

맞힌 개수	/20문항	점수	/100점

➡ □ 합격　□ 불합격

취약영역 체크

문항	정답	영역	문항	정답	영역
1	④	행정법 통칙	11	②	행정법 통칙
2	②	행정법 통칙	12	②	행정구제
3	①	행정법 통칙	13	①	행정구제
4	답 없음	행정법 통칙	14	②	행정상 의무이행 확보수단
5	①	행정법 서론	15	①	행정상 의무이행 확보수단
6	④	행정법 통칙	16	④	행정구제
7	④	행정법 통칙	17	②	행정구제
8	①	행정법 통칙	18	④	행정법 통칙
9	③	행정법 통칙	19	③	행정법 서론
10	①	행정상 의무이행 확보수단	20	③	행정구제

⬇ 영역별 틀린 개수로 취약영역을 확인하세요!

행정법 서론	/2	행정법 통칙	/10	행정상 의무이행 확보수단	/3
행정구제	/5	행정조직(7급)	−/0	특별행정작용(7급)	−/0

➡ 나의 취약영역: _____

※ [정답해설]과 [오답해설] 선지의 50% 표시는 〈1초 합격예측 서비스〉를 통해 수집된 선지 선택률을 나타냅니다.

1　행정법 관계 > 개인적 공권　　오답률 26%　답 ④

| 정답해설 | ④ 74% (×) 〈판례〉 환경영향평가에 관한 자연공원법령 및 환경영향평가법령의 규정들의 취지는 … 그 사업으로 인하여 직접적이고 중대한 환경피해를 입으리라고 예상되는 환경영향평가 대상지역 안의 주민들이 개발 전과 비교하여 수인한도를 넘는 환경침해를 받지 아니하고 쾌적한 환경에서 생활할 수 있는 개별적 이익까지도 이를 보호하려는 데에 있다 할 것이다(대판 1998.4.24. 97누3286).

| 오답해설 | ① 12% (○) 오늘날에는 재량에서도 개인적 공권의 성립을 인정하고 있다. 무하자재량행사청구권 등이 이에 해당된다.

② 5% (○) 대판 1995.9.26. 94누14544

③ 9% (○) 대판 1995.8.22. 94누8129

2　그 밖의 행정의 주요 행위 형식 > 행정지도　　오답률 25%　답 ②

| 정답해설 | ② 75% (×) 행정지도는 임의성의 원칙에 따라 지도의 상대방은 지도에 따를 의무는 없다. 다만, 「행정절차법」 제50조에 의하면 지도의 상대방은 지도의 방식·내용에 대해서 의견제출이 가능하다. 〈법령〉 「행정절차법」 제50조(의견제출) 행정지도의 상대방은 해당 행정지도의 방식·내용 등에 관하여 행정기관에 의견제출을 할 수 있다.

| 오답해설 | ① 9% (○) 위법한 행정지도를 따라 행한 사인의 행위는 위법성이 조각되지 않는다. 〈판례〉 행정관청이 토지거래계약신고에 관하여 공시된 기준지가를 기준으로 매매가격을 신고하도록 행정지도하여 왔고 그 기준가격 이상으로 매매가격을 신고한 경우에는 거래신고서를 접수하지 않고 반려하는 것이 관행화되어 있다 하더라도 이는 법에 어긋나는 관행이라 할 것이므로 그와 같은 위법한 관행에 따라 허위신고행위에 이르렀다고 하여 그 범법행위가 사회상규에 위배되지 않는 정당한 행위라고는 볼 수 없다(대판 1992. 4.24. 91도1609).

③ 2% (○) 「행정절차법」 제49조

④ 14% (○) 「국가배상법」상 직무에는 권력작용이나 비권력적 작용, 법적 행위나 사실행위 등이 모두 포함되어 행정지도도 해당된다.

3　행정행위 > 행정행위의 취소와 철회　　오답률 33%　답 ①

| 정답해설 | ① 67% (×) 행정청에게 직권취소의 사유가 있다는 사정만으로 이해관계인에게 직권취소 신청권이 부여된 것은 아니다. 〈판례〉 직권취소를 할 수 있다는 사정만으로 이해관계인에게 처분청에 대하여 그 취소를 요구할 신청권이 부여된 것으로 볼 수는 없으므로, 처분청이 위와 같이 법규상 또는 조리상의 신청권이 없이 한 이해관계인의 복구준공통보 등의 취소신청을 거부하더라도, 그

거부행위는 항고소송의 대상이 되는 처분에 해당하지 않는다(대판 2006.6.30. 2004두701).

| **오답해설** | ② 7% (○) 대판 2006.2.10. 2003두5686

③ 7% (○) 대판 2004.11.26. 2003두10251

④ 19% (○) 대판 1997.1.21. 96누3401

---

4 「행정기본법」과 「행정절차법」 > 행정절차　　답 없음

※ 법령의 개정으로 답 없음 처리하고, 선택률 정보를 기재하지 않았습니다.

| **오답해설** | ① (×) 행정청은 직권으로 또는 당사자의 신청(이해관계인 신청 ×)에 따라 여러 개의 사안을 병합하거나 분리하여 청문을 할 수 있다(「행정절차법」제32조).

② (×) 수리가 불요한 신고의 경우에는 신고서가 접수기관에 도달된 때(발송된 때 ×)에 신고의무가 이행된 것으로 본다(동법 제40조 제2항).

③ (×) 종래 규정에 의하면 ③이 옳은 정답이었으나 법령의 개정으로 신분이나 자격의 박탈처분은 당사자의 신청과 무관하게 청문을 실시한다. 〈법령〉「행정절차법」제22조(의견청취) ❶ 행정청이 처분을 할 때 다음 각 호의 어느 하나에 해당하는 경우에는 청문을 한다.

　1. 다른 법령 등에서 청문을 하도록 규정하고 있는 경우
　2. 행정청이 필요하다고 인정하는 경우
　3. 다음 각 목의 처분을 하는 경우
　　가. 인허가 등의 취소
　　나. 신분·자격의 박탈
　　다. 법인이나 조합 등의 설립허가의 취소

④ (×) 〈법령〉「행정절차법」제23조(처분의 이유제시) ❶ 행정청은 처분을 할 때에는 다음 각 호의 어느 하나에 해당하는 경우를 제외하고는 당사자에게 그 근거와 이유를 제시하여야 한다.

　1. 신청 내용을 모두 그대로 인정하는 처분인 경우
　2. 단순·반복적인 처분 또는 경미한 처분으로서 당사자가 그 이유를 명백히 알 수 있는 경우
　3. 긴급히 처분을 할 필요가 있는 경우

❷ 행정청은 제1항 제2호 및 제3호의 경우에 처분 후 당사자가 요청하는 경우에는 그 근거와 이유를 제시하여야 한다.

---

5 행정법의 의의 > 법률유보　　오답률 27%　답 ①

| **정답해설** | ① 73% (×) 행정지도는 비권력적 사실행위로서 법률에 근거가 없어도 가능하다.

| **오답해설** | ② 6% (○) 대판 2013.1.16. 2012추84

③ 10% (○) 헌재 2011.8.30. 2009헌바128

④ 11% (○) 헌재 2014.7.24. 2013헌바183

---

6 행정행위 > 부관　　오답률 25%　답 ④

| **정답해설** | ④ 75% (×) 부관이 처분 당시 적법하였다면 그 처분의 근거 법이 개정되어 부관을 붙일 수 없게 되었다고 해도, 그 처분의 효력이 소멸한다거나, 부당결부에 해당한다고 할 수 없다. 〈판례〉 행정청이 수익적 행정처분을 하면서 부가한 부담의 위법 여부는 처분 당시 법령을 기준으로 판단하여야 하고, 부담이 처분 당시 법령을 기준으로 적법하다면 처분 후 부담의 전제가 된 주된 행정처분의 근거 법령이 개정됨으로써 행정청이 더 이상 부관을 붙일 수 없게 되었다 하더라도 곧바로 위법하게 되거나 그 효력이 소멸하게 되는 것은 아니다. 따라서 행정처분의 상대방이 수익적 행정처분을 얻기 위하여 행정청과 사이에 행정처분에 부가할 부담에 관한 협약을 체결하고 행정청이 수익적 행정처분을 하면서 협약상의 의무를 부담으로 부가하였으나 부담의 전제가 된 주된 행정처분의 근거 법령이 개정됨으로써 행정청이 더 이상 부관을 붙일 수 없게 된 경우에도 곧바로 협약의 효력이 소멸하는 것은 아니다(대판 2009.2.12. 2005다65500).

| **오답해설** | ① 2% (○) 비용부담의 의무를 부과하였으므로 부담에 해당된다.

② 15% (○) 재량인 행정처분은 법에 근거가 없더라도 행정청이 일방적으로 부관을 부가할 수도 있고, 상대방과 협의하에 협약 형식으로 부가할 수 있다.

③ 8% (○) 대판 2009.2.12. 2005다65500

---

7 그 밖의 행정의 주요 행위 형식 > 공법상 계약　오답률 42%　답 ①

| **정답해설** | ① 58% (○) 공법상 계약은 당사자의 의사에 의해 성립되는 것이라서 법률의 근거가 없어도 가능하다 할 것이다.

| **오답해설** | ② 4% (×) 공법상 계약은 행정주체와 행정주체(예 도로관리협정 등), 행정주체와 사인 간에 가능하고, 다수설에 의하면 사인과 사인 간에도 가능하다고 하나 대법원은 부정하고 있다.

③ 23% (×) 〈판례〉 공중보건의사 채용계약의 해지는 공법상 계약의 해지에 해당되어 항고소송 대상인 처분이라 할 수 없고 당사자소송에 의한다(대판 1996.5.31. 95누10617).

④ 15% (×) 현행 「행정절차법」에는 공법상 계약에 대한 규정이 없다.

---

8 행정행위 > 재량과 기속　　오답률 50%　답 ①

| **정답해설** | ① 50% (×) 판단여지를 긍정하는 학설(다수설)에 의하면 재량은 효과규정에서의 행정의 선택문제에 해당하고, 판단여지는 요건규정에서의 불확정개념에 대한 해석의 문제로 본다.

| **오답해설** | ② 5% (○) 대판 2001.2.9. 98두17593

③ 7% (○) 대판 2009.6.23. 2007두18062

④ 38% (○) 다수설은 원칙적으로 불확정개념은 사법심사가 되며 특정의 사실에서는 하나의 의미로만 해석해야만 적법한 경우가 있다고 한다.

9 행정입법 > 재량준칙 〔오답률 55%〕 답 ③

| **정답해설** | ③ 〔45%〕 (×) 대법원은 재량준칙이 되풀이 시행되어 행정관행이 성립된 경우 자기구속의 법리는 인정한다. 재량준칙 자체의 법규성(대외적 구속력)을 인정하는 것은 아니고, 재량준칙을 위반하게 되면, 평등이나 신뢰보호를 위반하게 되어 위법하게 된다고 한다. 〈판례〉 재량권 행사의 준칙인 행정규칙이 그 정한 바에 따라 되풀이 시행되어 행정관행이 이루어지게 되면 평등의 원칙이나 신뢰보호의 원칙에 따라 행정기관은 그 상대방에 대한 관계에서 그 규칙에 따라야 할 자기구속을 받게 되므로, 이러한 경우에는 특별한 사정이 없는 한 그를 위반하는 처분은 평등의 원칙이나 신뢰보호의 원칙에 위배되어 재량권을 일탈·남용한 위법한 처분이 된다(대판 2009.12.24. 2009두7967).

| **오답해설** | ① 〔7%〕 (○) 헌재 1990.10.15. 89헌마178

② 〔29%〕 (○) 대판 2006.6.27. 2003두4355

④ 〔19%〕 (○) 헌재 2004.10.28. 99헌바91

10 행정벌 > 행정형벌 〔오답률 25%〕 답 ①

| **정답해설** | ① 〔75%〕 (○) 법인에 대한 제재는 법인의 종업원 관리책임에 대한 제재의 성질로서, 법인의 과실 여부를 묻지 않고 부과하는 행위는 자기책임원칙에 반한다. 〈판례〉 이 사건 법률조항은 다른 사람이 행한 범죄에 대하여 그 선임·감독상의 책임 유무를 묻지 않고 형벌을 부과함으로써 책임주의에 반하므로, 헌법상 법치국가의 원리와 헌법 제10조에 위반된다고 할 것이다(헌재 2009.7.30. 2008헌가10).

| **오답해설** | ② 〔9%〕 (×) 행정벌과 이행강제금은 간접적인 실효성 확보수단이다.

③ 〔9%〕 (×) 「질서위반행위규제법」상 행위자인 대리인이 아니라 그에게 업무를 위임한 개인에게 과태료를 부과한다. 〈법령〉 「질서위반행위규제법」 제11조(법인의 처리 등) ❶ 법인의 대표자, 법인 또는 개인의 대리인·사용인 및 그 밖의 종업원이 업무에 관하여 법인 또는 그 개인에게 부과된 법률상의 의무를 위반한 때에는 법인 또는 그 개인에게 과태료를 부과한다.

④ 〔7%〕 (×) 통고처분은 항고소송 대상인 처분이 아니다. 〈판례〉 「도로교통법」 제118조에서 규정하는 경찰서장의 통고처분은 행정소송의 대상이 되는 행정처분이 아니므로 그 처분의 취소를 구하는 소송은 부적법하고, 「도로교통법」상의 통고처분을 받은 자가 그 처분에 대하여 이의가 있는 경우에는 통고처분에 따른 범칙금의 납부를 이행하지 아니함으로써 경찰서장의 즉결심판청구에 의하여 법원의 심판을 받을 수 있게 될 뿐이다(대판 1995.6.29. 95누4674).

11 행정정보공개와 개인정보보호 > 정보공개 〔오답률 16%〕 답 ②

| **정답해설** | ② 〔84%〕 (×) 모든 국민은 정보공개청구권이 있다. 여기에서 모든 국민이란 자연인, 법인, 법인 아닌 사단이나 재단 모두를 포함한다. 이 경우 설립목적도 불문한다. 〈법령〉 「공공기관의 정보공개에 관한 법률」 제5조(정보공개 청구권자) ❶ 모든 국민은 정보의 공개를 청구할 권리를 가진다.

❷ 외국인의 정보공개청구에 관하여는 대통령령으로 정한다.
〈판례〉 「공공기관의 정보공개에 관한 법률」 제6조 제1항은 "모든 국민은 정보의 공개를 청구할 권리를 가진다."고 규정하고 있는데, 여기에서 말하는 국민에는 자연인은 물론 법인, 권리능력 없는 사단·재단도 포함되고, 법인, 권리능력 없는 사단·재단 등의 경우에는 설립목적을 불문하며, 한편 정보공개청구권은 법률상 보호되는 구체적인 권리이므로 청구인이 공공기관에 대하여 정보공개를 청구하였다가 거부처분을 받은 것 자체가 법률상 이익의 침해에 해당한다(대판 2003.12.12. 2003두8050).

| **오답해설** | ① 〔4%〕 (○) 동법 제11조 제1항·제2항

③ 〔6%〕 (○) 동법 제19조 제2항

④ 〔6%〕 (○) 대판 2010.4.29. 2008두5643

12 행정소송 > 처분사유의 추가·변경 〔오답률 31%〕 답 ②

| **정답해설** | ② 〔69%〕 (○) 대판 2014.12.24. 2012두13412

| **오답해설** | ① 〔9%〕 (×) 사실심 변론종결시까지이다(대판 1999.2.9. 98두16675).

③ 〔17%〕 (×) 처분시에 존재했던 사실이라도 처분시에 처분사유로 명시하지 않은 사실이라면 처분시의 처분사실과 동일한 범위라 할 수 없어 처분사유의 추가·변경을 허용하지 않는다(대판 2014.12.24. 2012두13412 참고).

④ 〔5%〕 (×) 처분사유의 추가나 변경은 실체적인 문제이고, 이유부기의 사후제시는 절차상의 치유문제이다.

13 손해배상 > 「국가배상법」 〔오답률 8%〕 답 ①

| **정답해설** | ① 〔92%〕 (×) 영조물은 학문상 공물을 의미하는 것으로 국가나 지방자치단체의 소유물에 한하지 않고, 사실상 지배하고 있는 물건, 영치물이나 임차물을 모두 포함하는 개념이다. 〈판례〉 「국가배상법」 제5조 제1항 소정의 '공공의 영조물'이라 함은 국가 또는 지방자치단체에 의하여 특정 공공의 목적에 공여된 유체물 내지 물적 설비를 말하며, 국가 또는 지방자치단체가 소유권, 임차권 그 밖의 권한에 기하여 관리하고 있는 경우뿐만 아니라 사실상의 관리를 하고 있는 경우도 포함된다(대판 1998.10.23. 98다17381).

| **오답해설** | ② 〔2%〕 (○) 대판 2005.1.27. 2003다49566

③ 〔2%〕 (○) 대판 2001.7.27. 2000다56822

④ 〔4%〕 (○) 「국가배상법」 제5조는 무과실책임원칙이다. 하지만 고의나 과실이 아닌 영조물의 하자 입증은 원고에게 부담되며, 관리주체는 관리상의 불가항력적 사유로 면책을 위해 손해발생에 예측가능성이나 회피가능성이 없다는 것을 입증하여야 한다.

14 행정강제 > 행정대집행 　오답률 20% 답 ②

| **정답해설** | ② 80% (○) 계고시(대집행 절차)에 대집행의 요건이 충족되어야 한다.

| **오답해설** | ① 3% (✕) 대집행요건이 충족된 후라도 행정청의 대집행 여부는 재량이라는 것이 다수설이다. 단, 재량이 0으로 수축되는 경우에는 기속이 된다.

③ 7% (✕) 부작위하명은 대집행 대상이 될 수 없다. 따라서 부작위의무를 규정한 근거 법에 대체적 작위의무로의 의무전환에 대한 근거 규정이 있는 경우, 그에 따라 의무를 전환한 후에만 대집행이 가능할 뿐이다. 〈판례〉 단순한 부작위의무의 위반, 즉 관계 법령에 정하고 있는 절대적 금지나 허가를 유보한 상대적 금지를 위반한 경우에는 당해 법령에서 그 위반자에 대하여 위반에 의하여 생긴 유형적 결과의 시정을 명하는 행정처분의 권한을 인정하는 규정(예컨대, 「건축법」 제69조, 「도로법」 제74조, 「하천법」 제67조, 「도시공원법」 제20조, 「옥외광고물등관리법」 제10조 등)을 두고 있지 아니한 이상, 법치주의의 원리에 비추어 볼 때 위와 같은 부작위의무로부터 그 의무를 위반함으로써 생긴 결과를 시정하기 위한 작위의무를 당연히 끌어낼 수는 없으며, 또 위 금지규정(특히 허가를 유보한 상대적 금지규정)으로부터 작위의무, 즉 위반결과의 시정을 명하는 권한이 당연히 추론되는 것도 아니다(대판 1996.6.28. 96누4374).

④ 10% (✕) 철거하명에 불가쟁력이 발생하기 이전에도 대집행의 요건이 충족되면 대집행이 가능하다.

15 행정강제 > 강제징수 　오답률 32% 답 ①

| **정답해설** | ① 68% (✕) 〈판례〉 세무공무원이 국세징수를 위해 재산을 압류하는 경우 그 재산가액이 국세액을 초과한다 하여 위 압류가 당연무효의 처분이라 할 수 없다(대판 1986.11.11. 86누479).

| **오답해설** | ② 9% (○) 납부기한이 경과되면 법이 정한 가산금이 확정되는 것이지 과세권자의 과세행위로서 발생하는 것은 아니다(현 납부지연가산세).

③ 11% (○) 과세처분의 근거 법이 위헌결정을 받게 되면 위헌결정의 기속력에 의해서 그 과세처분에 대한 집행행위는 허용될 수 없다. 그 처분을 집행하기 위한 압류나 압류유지 행위는 무효가 된다.

④ 12% (○) 대판 2011.3.24. 2010두25527

16 행정소송 > 판결의 기속력 　오답률 26% 답 ④

| **정답해설** | ④ 74% (✕) 판결의 기속력에 관한 문제이다. 기속력은 인용판결이 있게 된 경우, 행정청은 판결의 취지에 따라 동일한 상대방에게 동일한 이유로 동일한 처분을 할 수 없게 된다. 다만, 청문 등을 포함한 절차를 위반하여 판결로서 처분이 취소된 경우, 행정청은 절차를 보완하여 다시 처분을 할 수 있다.

| **오답해설** | ① 7% (○) 제시된 내용은 '청소년의 출입'을 이유로 한 처분이 취소확정판결이 있었으므로 '청소년을 유흥접객원으로

고용한 행위'는 새로운 사유에 해당되어 기속력에 반하지 않는 새로운 처분이다.

② 14% (○) '허가취소처분'이 비례원칙에 따라 취소판결이 이루어진 경우에는 '영업정지처분'이 가능하다.

③ 5% (○) 동일한 상대방에게 동일한 이유로 동일한 처분을 할 수 없다.

17 손실보상 > 공공필요의 요건 　오답률 50% 답 ②

| **정답해설** | ② 50% (○) 복리를 '증진'하는 것보다. '필요'에 의한 침해가 공익성의 범위는 좁게 해석된다. 〈판례〉 오늘날 공익사업의 범위가 확대되는 경향에 대응하여 재산권의 존속보장과의 조화를 위해서는, '공공필요'의 요건에 관하여, 공익성은 추상적인 공익 일반 또는 국가의 이익 이상의 중대한 공익을 요구하므로 기본권 일반의 제한사유인 '공공복리'보다 좁게 보는 것이 타당하며, 공익성의 정도를 판단함에 있어서는 공용수용을 허용하고 있는 개별법의 입법목적, 사업내용, 사업이 입법목적에 이바지하는 정도는 물론, 특히 그 사업이 대중을 상대로 하는 영업인 경우에는 그 사업 시설에 대한 대중의 이용·접근가능성도 아울러 고려하여야 한다(헌재 2014.10.30. 2011헌바172).

| **오답해설** | ① 26% (✕) 헌법 제23조 제3항을 국민에 대한 직접적인 효력으로 이해하는 견해(직접효력설)에 의하면 헌법을 근거로 국민은 직접 손실보상청구권을 행사할 수 있으므로 보상규정을 입법자가 법률로서 규정하지 않아도 국민의 권익구제에는 별다른 문제가 없다. 따라서 불가분조항으로 이해하지 않는다. 불가분조항으로 이해하려는 입장은 위헌무효설에 해당한다.

③ 17% (✕) 침해되는 재산권에는 공법상의 권리나 사법상의 권리 모두 포함된다. 다만, 그것을 침해하는 행위가 행정청의 공권력 행사에 의한다는 점에서 손실보상청구권을 공법상의 권리라고 주장하는 것이다.

④ 7% (✕) 특별희생설에 의하면 공공복지를 위해서 개인의 권리가 침해되어 특별한 희생이 발생하게 된다.

18 행정행위 > 행정행위의 개념 　오답률 59% 답 ④

| **정답해설** | ④ 41% (○) 행정행위의 개념에 대한 2원설에 의하면 강학상의 행정행위보다 쟁송법상의 처분을 넓게 본다. 강학상의 행정행위는 권력작용에 대한 내용인데, 쟁송법상의 처분은 권력이 아닌 사실상의 지배력(소위 형식적 행정행위라 한다)까지 포함하고 있다고 한다.

| **오답해설** | ① 7% (✕) 행정행위의 개념을 행정청의 공법행위로 이해한다면, 공법상 계약이나 공법상의 합동행위도 공법적 성질에 해당되어 행정행위의 개념에 포함된다. 일반적 견해는 아니다.

② 22% (✕) 허가와 특허는 의사표시를 요소로 하는 법률행위적 행정행위에 해당하지만, 허가는 신청이 없어도 가능하다.

③ 30% (✕) 구성요건적 효력의 근거는 권력분립, 권한의 상호분장에 따른 상호존중에서 찾고 있어서 공정력과 다르다.

| 정답해설 | ③ 91% (○) 조례는 국제법보다 하위의 법규에 해당되어 국제법을 위반하는 경우, 무효에 해당한다. 〈판례〉 지방자치단체가 제정한 조례가 '1994년 관세 및 무역에 관한 일반협정(General Agreement on Tariffs and Trade 1994)'이나 '정부조달에 관한 협정(Agreement on Government Procurement)'에 위반되는 경우, 그 조례의 효력은 무효이다(대판 2005.9.9. 2004추10).

| 오답해설 | ① 2% (×) 〈판례〉 조합설립인가는 설권행위에 해당하여, 조합설립결의에 하자가 있는 경우 인가에 대하여 쟁송이 가능하다(대판 2009.9.24. 2008다60568).

② 6% (×) 지적공부상 지목변경신청 반려행위는 처분이다(대판 2004.4.22. 2003두9015 전합).

④ 1% (×) 〈판례〉 어떠한 행정처분이 후에 항고소송에서 취소된 사실만으로 당해 행정처분이 곧바로 공무원의 고의 또는 과실로 인한 것으로서 불법행위를 구성한다고 단정할 수 없다(대판 2007. 5.10. 2005다31828).

| 정답해설 | ③ 69% (×) 원자로 및 관계 시설의 부지사전승인처분은 그 자체로서 독립된 처분에 해당하고, 사전승인에 해당하여 독립된 소송이 가능하다. 단, 소송진행 중 본허가를 받게 되면 소익이 상실된다. 〈판례〉「원자력법」제11조 제3항 소정의 부지사전승인제도의 취지 및 이에 터잡은 건설허가처분이 있는 경우, 선행의 부지사전승인처분의 취소를 구할 소의 이익이 없다(대판 1998.9.4. 97누19588).

| 오답해설 | ① 4% (○) 「행정소송법」제26조의 직권심리주의의 규정에도 소송의 기본원칙은 당사자주의와 변론주의라고 규정하고 있다. 대법원에 의하면 직권심리는 소장 기록에 나타나 있는 범위에 한하여 인정된다고 하여 직권심리주의는 제한적으로 인정하고 있다.

② 10% (○) 대판 2007.4.27. 2004두9302

④ 17% (○) 대판 1998.4.28. 97누21086

합격예상 체크

〈국가직 연도별 합격선〉

2017 추가 합격기준!

100								
95								95
90								
85								
80								
75								
70	2024	2023	2022	2021	2020	2019	2018	2017	2017 추가

맞힌 개수	/20문항	점수	/100점

➡ ☐ 합격 ☐ 불합격

취약영역 체크

문항	정답	영역	문항	정답	영역
1	②	행정법 통칙	11	①	행정법 통칙
2	③	행정법 서론	12	②	행정구제
3	③④	행정상 의무이행 확보수단	13	②	행정구제
4	④	행정구제	14	③	행정법 통칙
5	④	행정법 통칙	15	④	행정구제
6	①	행정법 통칙	16	④	행정구제
7	①	행정상 의무이행 확보수단	17	②	행정법 통칙
8	④	행정법 통칙	18	③	행정법 통칙
9	③	행정법 통칙	19	①	행정구제
10	②	행정구제	20	②	행정법 통칙

⬇ 영역별 틀린 개수로 취약영역을 확인하세요!

행정법 서론	/1	행정법 통칙	/10	행정상 의무이행 확보수단	/2
행정구제	/7	행정조직(7급)	–/0	특별행정작용(7급)	–/0

➡ 나의 취약영역: _____

※ [정답해설]과 [오답해설] 선지의 50% 표시는 〈1초 합격예측 서비스〉를 통해 수집된 선지 선택률을 나타냅니다.

1 행정상 법률요건과 법률사실 > 사인의 공법행위
오답률 12% 답 ②

| **정답해설** | ② 88% (×) 수리를 요하는 신고는 반드시 신고필증을 요하는 것은 아니다. 〈판례〉 납골당설치신고는 이른바 '수리를 요하는 신고'라 할 것이므로, 납골당설치신고가 구 「장사법」 관련 규정의 모든 요건에 맞는 신고라 하더라도 신고인은 곧바로 납골당을 설치할 수는 없고, 이에 대한 행정청의 수리처분이 있어야만 신고한 대로 납골당을 설치할 수 있다. 한편 수리란 신고를 유효한 것으로 판단하고 법령에 의하여 처리할 의사로 이를 수령하는 수동적 행위이므로 수리행위에 신고필증 교부 등 행위가 꼭 필요한 것은 아니다 (대판 2011.9.8. 2009두6766).

| **오답해설** | ① 4% (○) 대판 2009.1.30. 2006다17850
③ 6% (○) 대판 2001.8.24. 99두9971
④ 2% (○) 「행정절차법」 제40조 제3항

2 행정법의 의의 > 행정법의 법원
오답률 8% 답 ③

| **정답해설** | ③ 92% (○) 〈판례〉 관습법의 성립요건은 객관적 측면에서의 오랜 관행과 주관적 측면에서의 법적 확신감으로 성립된다. 사회 구성원들이 더 이상 법적 확신을 갖지 않는다면 관습법은 효력이 없어진다(대판 2005.7.21. 2002다1178 전합).

| **오답해설** | ① 4% (×) 〈판례〉 회원국 정부의 반덤핑부과처분이 WTO 협정 위반이라는 이유만으로 사인이 직접 국내 법원에 그 처분의 취소를 구하는 소를 제기하거나 협정 위반을 처분의 독립된 취소사유로 주장할 수 없다(대판 2009.1.30. 2008두17936).
② 2% (×) 재량준칙의 공표만으로는 자기구속의 법리를 주장할 수 없다. 1회 이상의 반복된 행정관행이 성립되어야 한다.
④ 2% (×) 신뢰보호의 요건인 공적 견해를 판단하는 기준은 반드시 행정조직상의 권한분장에 의하지 않고, 실질적인 지위나 임무, 구체적인 경위를 통해 판단한다. 〈판례〉 행정청의 공적 견해 표명이 있었는지의 여부를 판단하는 데 있어 반드시 행정조직상의 형식적인 권한분장에 구애될 것은 아니고 담당자의 조직상의 지위와 임무, 당해 언동을 하게 된 구체적인 경위 및 그에 대한 상대방의 신뢰가능성에 비추어 실질에 의하여 판단하여야 한다 (대판 1997.9.12. 96누18380).

3 행정강제 > 즉시강제 답 ③④

※ 이 문항은 복수 정답 처리되어, 선택률 정보를 기재하지 않았습니다.
| **정답해설** | ③ (×) 「행정기본법」 제33조는 즉시강제에 대한 일반적 규정이다. 〈법령〉 「행정기본법」 제33조(즉시강제) ❶ 즉시강제는 다른 수단으로는 행정목적을 달성할 수 없는 경우에만 허용되며, 이 경우에도 최소한으로만 실시하여야 한다.

❷ 즉시강제를 실시하기 위하여 현장에 파견되는 집행책임자는 그가 집행책임자임을 표시하는 증표를 보여 주어야 하며, 즉시강제의 이유와 내용을 고지하여야 한다.

④ (×) 〈판례〉이 사건 법률조항이 영장 없는 수거를 인정한다고 하더라도 이를 두고 헌법상 영장주의에 위배되는 것으로는 볼 수 없고, 위 구「음반·비디오물 및 게임물에 관한 법률」제24조 제4항에서 관계 공무원이 당해 게임물 등을 수거한 때에는 그 소유자 또는 점유자에게 수거증을 교부하도록 하고 있고, 동조 제6항에서 수거 등 처분을 하는 관계 공무원이나 협회 또는 단체의 임·직원은 그 권한을 표시하는 증표를 지니고 관계인에게 이를 제시하도록 하는 등의 절차적 요건을 규정하고 있으므로, 이 사건 법률조항이 적법절차의 원칙에 위배되는 것으로 보기도 어렵다 (헌재 2002.10.31. 2000헌가12).

| 오답해설 | ① (○) 행정강제는 원칙적으로 강제집행으로 하여야 하고, 즉시강제는 강제집행으로 목적달성이 곤란한 경우에 한하여 인정되는 보충성의 원칙이다. 〈판례〉행정상 즉시강제는 엄격한 실정법상의 근거를 필요로 할 뿐만 아니라, 그 발동에 있어서는 법규의 범위 안에서도 다시 행정상의 장해가 목전에 급박하고, 다른 수단으로는 행정목적을 달성할 수 없는 경우이어야 하며, 이러한 경우에도 그 행사는 필요 최소한도에 그쳐야 함을 내용으로 하는 조리상의 한계에 기속된다(헌재 2002.10.31. 2000헌가12).

② (○) 즉시강제는 법적 근거하에서 인정되는 원칙이며, 급박성, 소극성(질서유지), 보충성, 비례성을 충족하여야 한다(①번 해설 참고).

---

4 손해배상 > 국가배상 오답률 15% 답 ④

| 정답해설 | ④ 85% (×) 국가나 지방자치단체가 그 공무원의 선임 및 감독에 상당한 주의를 하였다고 해도 국가나 지방자치단체는 국가배상책임을 면할 수 없다. 〈판례〉공무원이 그 직무를 행함에 당하여 고의 또는 과실로 법령에 위반하여 타인에게 손해를 가한 경우에 국가나 지방자치단체가 그 손해를 배상하는 것은「민법」상의 사용자로서 그 배상책임을 부담하는 것이 아니므로「민법」상 사용자의 면책사유인 피용자의 선임감독에 과실이 없었다는 것으로서는 본법상의 손해배상책임을 면할 수 없다(대판 1970.6.30. 70다727).

| 오답해설 | ① 8% (○)「국가배상법」제7조

② 2% (○) 동법 제2조 제2항

③ 5% (○) 〈판례〉공무원의 위법행위가 고의·중과실에 기한 경우에는 비록 그 행위가 그의 직무와 관련된 것이라고 하더라도 그와 같은 행위는 그 본질에 있어서 기관행위로서의 품격을 상실하여 국가 등에게 그 책임을 귀속시킬 수 없으므로 공무원 개인에게 불법행위로 인한 손해배상책임을 부담시키되 … 국가 등이 배상책임을 지는 경우에는 공무원 개인에게 구상할 수 있도록 함으로써 궁극적으로 그 책임이 공무원 개인에게 귀속되도록 하려는 것이라고 봄이 합당하다(대판 1996.2.15. 95다38677).

---

5 행정행위 > 강학상 인가 오답률 35% 답 ④

| 정답해설 | ④ 65% (×) 인가는 제3자의 법률행위를 행정청이 보충하여 그의 효력을 완성시켜 주는 행위이다. 인가의 대상은 법률행위에 한하며 사실행위는 대상이 되지 않는다.

| 오답해설 | ① 8% (○) 대판 1991.6.25. 90누5184

② 10% (○) 대판 1987.8.18. 86누152

③ 17% (○) 대판 1996.5.16. 95누4810 전합

---

6 행정입법 > 법규명령 오답률 11% 답 ①

| 정답해설 | ① 89% (×) 〈판례〉법령의 규정이 특정 행정기관에 그 법령 내용의 구체적 사항을 정할 수 있는 권한을 부여하면서 그 권한 행사의 절차나 방법을 특정하고 있지 않아 수임행정기관이 행정규칙인 고시의 형식으로 그 법령의 내용이 될 사항을 구체적으로 정하고 있는 경우, 그 고시가 당해 법령의 위임 한계를 벗어나지 않는 한, 그와 결합하여 대외적으로 구속력이 있는 법규명령으로서 효력을 가진다(대판 2008.4.10. 2007두4841).

| 오답해설 | ② 3% (○) 〈판례〉시행령의 내용이 모법의 입법 취지와 관련 조항 전체를 유기적·체계적으로 살펴보아 모법의 해석상 가능한 것을 명시한 것에 지나지 아니하거나 모법 조항의 취지에 근거하여 이를 구체화하기 위한 것인 때에는 모법의 규율 범위를 벗어난 것으로 볼 수 없으므로, 모법에 이에 관하여 직접 위임하는 규정을 두지 않았다고 하더라도 이를 무효라고 볼 수 없다(대판 2016.12.1. 2014두8650).

③ 4% (○) 〈판례〉(행정입법부작위 사건에서) 국회가 특정한 사항에 대하여 행정부에 위임하였음에도 불구하고 행정부가 정당한 이유 없이 이를 이행하지 않는다면 권력분립의 원칙과 법치국가의 원칙에 위배되는 것이다(헌재 2004.2.26. 2001헌마718).

④ 4% (○) 대통령령은 국무회의 심의와 법제처의 심사를, 총리령이나 부령은 법제처의 심사를 받아야 한다.

---

7 행정강제 > 행정대집행 오답률 30% 답 ①

| 정답해설 | ① 70% (○) 대판 1996.6.28. 96누4374

| 오답해설 | ② 3% (×) 〈판례〉관계 법령상 행정대집행의 절차가 인정되어 행정청이 행정대집행의 방법으로 대체적 작위의무의 이행을 실현할 수 있는 경우에「민사소송법」상 강제집행의 방법으로도 그 의무의 이행을 구할 수 없다(대판 2000.5.12. 99다18909).

③ 7% (×) 〈판례〉관계 법령에 위반하여 장례식장 영업을 한 사람이 행정청으로부터 장례식장 사용중지명령을 받고도 이에 따르지 않은 경우에 그의 사용중지의무 불이행은 행정청의 명령에 의한 비대체적 부작위의무의 불이행에 해당하므로 대집행의 대상이 되지 않는다(대판 2005.9.28. 2005두7464).

④ 20% (×) 〈판례〉대집행할 행위의 내용과 범위는 반드시 철거명령서와 대집행계고서에 의해 구체적으로 특정되지 않아도 된다(대판 1994.10.28. 94누5144).

---

8 행정행위 > 행정행위의 하자 　오답률 22%　답 ④

| **정답해설** | ④ 78% (×) 〈판례〉 수익적 행정행위의 거부처분을 함에 있어서 당사자에게 사전통지를 하지 아니하여도, 그 거부처분은 위법하다 할 수 없다(대판 2003.11.28. 2003두674).

| **오답해설** | ① 11% (○) 하자의 치유는 주체나 내용 등의 실체적인 하자에 대해 인정할 수 없고, 절차나 형식상의 하자가 인정될 수 있다(실질적으로 형식상의 하자는 주로 무효에 해당되어 절차상의 하자가 논의된다).

② 3% (○) 대판 2010.11.11. 2009두14934

③ 8% (○) 대판 1985.4.9. 84누431

---

9 행정행위 > 종합 　오답률 25%　답 ③

| **정답해설** | ③ 75% (○) 제3자 심판청구로 인용재결이 있게 되어 비로소 권리침해를 받은 행정의 상대방은 인용재결에 대한 소송을 청구할 수 있다. 〈판례〉 제3자효를 수반하는 행정행위에 대한 행정심판청구에 있어서 그 청구를 인용하는 내용의 재결로 인하여 비로소 권리이익을 침해받게 되는 자는 그 인용재결에 대하여 다툴 필요가 있고, 그 인용재결은 원처분과 내용을 달리하는 것이므로 그 인용재결의 취소를 구하는 것은 원처분에는 없는 재결에 고유한 하자를 주장하는 셈이어서 당연히 항고소송의 대상이 된다(대판 2001.5.29. 99두10292).

| **오답해설** | ① 3% (×) 경원자 관계로서 원고적격이 인정된다(② 해설 〈판례〉 참고).

② 15% (×) 타방의 수익적 처분에 대한 취소소송뿐 아니라 자신의 거부에 대한 취소소송도 인정된다. 〈판례〉 인가·허가 등 수익적 행정처분을 신청한 여러 사람이 서로 경원관계에 있어서 한 사람에 대한 허가 등 처분이 다른 사람에 대한 불허가 등으로 귀결될 수밖에 없을 때 허가 등 처분을 받지 못한 사람은 신청에 대한 거부처분의 직접 상대방으로서 원칙적으로 자신에 대한 거부처분의 취소를 구할 원고적격이 있고, 취소판결이 확정되는 경우 판결의 직접적인 효과로 경원자에 대한 허가 등 처분이 취소되거나 효력이 소멸되는 것은 아니더라도 행정청은 취소판결의 기속력에 따라 판결에서 확인된 위법사유를 배제한 상태에서 취소판결의 원고와 경원자의 각 신청에 관하여 처분요건의 구비 여부와 우열을 다시 심사하여야 할 의무가 있으며, 재심사 결과 경원자에 대한 수익적 처분이 직권취소되고 취소판결의 원고에게 수익적 처분이 이루어질 가능성을 완전히 배제할 수는 없으므로, 특별한 사정이 없는 한 경원관계에서 허가 등 처분을 받지 못한 사람은 자신에 대한 거부처분의 취소를 구할 소의 이익이 있다(대판 2015.10.29. 2013두27517).

④ 7% (×) 항공노선과 관련된 부분은 강학상 설권행위로서 권리에 해당된다. 따라서 제3자에 대한 인허가에 의해 이익이 침해되면 소송을 통해서 구제가 가능하다.

오답률 TOP 3
10 행정소송 > 당사자소송 　오답률 37%　답 ②

| **정답해설** | ② 63% (×) 〈판례〉 변상금 부과처분에 대한 취소소송이 진행 중이라도 그 부과권자로서는 위법한 처분을 스스로 취소하고 그 하자를 보완하여 다시 적법한 부과처분을 할 수도 있는 것이어서 그 권리행사에 법률상의 장애사유가 있는 경우에 해당한다고 할 수 없으므로, 그 처분에 대한 취소소송이 진행되는 동안에도 그 부과권의 소멸시효가 진행된다(대판 2006.2.10. 2003두5686).

| **오답해설** | ① 15% (○) 대판 2013.3.21. 2011다95564 전합

③ 15% (○) 대판 1998.3.13. 96누6059

④ 7% (○) 대판 2005.7.14. 2004두6181

---

11 행정행위 > 행정행위의 부관 　오답률 15%　답 ①

| **정답해설** | ① 85% (×) 〈판례〉 행정처분과 부관 사이에 실제적 관련성이 있다고 볼 수 없는 경우 공무원이 위와 같은 공법상의 제한을 회피할 목적으로 행정처분의 상대방과 사이에 사법상 계약을 체결하는 형식을 취하였다면 이는 법치행정의 원리에 반하는 것으로서 위법하다(대판 2009.12.10. 2007다63966)

| **오답해설** | ② 7% (○) 〈판례〉 건축허가를 하면서 일정 토지를 기부채납하도록 하는 내용의 허가조건은 부관을 붙일 수 없는 기속행위 내지 기속적 재량행위인 건축허가에 붙인 부담이거나 또는 법령상 아무런 근거가 없는 부관이어서 무효이다(대판 1995.6.13. 94다56883).

③ 5% (○) 대판 1992.1.21. 91누1264

④ 3% (○) 대판 1997.5.30. 97누2627

---

12 행정쟁송 > 행정심판 　오답률 19%　답 ②

| **정답해설** | ② 81% (×) 「행정심판법」에는 당사자심판이 없다.
〈법령〉「행정심판법」제5조(행정심판의 종류) 행정심판의 종류는 다음 각 호와 같다.

　1. 취소심판: 행정청의 위법 또는 부당한 처분을 취소하거나 변경하는 행정심판

　2. 무효등확인심판: 행정청의 처분의 효력 유무 또는 존재 여부를 확인하는 행정심판

　3. 의무이행심판: 당사자의 신청에 대한 행정청의 위법 또는 부당한 거부처분이나 부작위에 대하여 일정한 처분을 하도록 하는 행정심판

| **오답해설** | ① 9% (○) 동법 제30조 제1항

③ 2% (○) 동법 제44조 제1항

④ 8% (○) 동법 제51조

13 손실보상 > 현금보상 | 오답률 23% | 답 ②

| **정답해설** | ② 77% (×) 손실보상은 원칙적으로 현금보상이다. 다만, 일부 예외적으로 현물보상도 가능하다(「공익사업을 위한 토지 등의 취득 및 보상에 관한 법률」 제63조 제1항 참고).

| **오답해설** | ① 5% (○) 재산권에 대한 침해가 재산권 자체에 내재한 사회적 제약을 넘는 특별한 희생이어야 손실보상 대상이 된다.

③ 11% (○) 헌재 2010.12.28. 2008헌바57

④ 7% (○) 헌재 2006.2.23. 2004헌마19

14 행정행위 > 강학상 특허 | 오답률 18% | 답 ③

| **정답해설** | ③ 72% (×) 귀화허가는 강학상 특허에 해당되어 행정청의 재량이다. 따라서 요건을 갖춘 신청이라도 거부가 가능하다. 〈판례〉 귀화허가는 외국인에게 대한민국 국적을 부여함으로써 국민으로서의 법적 지위를 포괄적으로 설정하는 행위에 해당한다. … 법무부장관은 귀화신청인이 법률이 정하는 귀화요건을 갖추었다고 하더라도 귀화를 허가할 것인지 여부에 관하여 재량권을 가진다(대판 2010.7.15. 2009두19069).

| **오답해설** | ① 6% (○) 대판 2001.2.9. 98두17593

② 6% (○) 대판 1998.9.4. 97누19588

④ 6% (○) 대판 2004.4.22. 2003두9015

15 행정소송 > 피고적격 | 오답률 32% | 답 ④

| **정답해설** | ④ 68% (×) 〈판례〉 취소소송은 다른 법률에 특별한 규정이 없는 한 그 처분 등을 행한 행정청을 피고로 한다(「행정소송법」 제13조 제1항). 여기서 '행정청'이라 함은 국가 또는 공공단체의 기관으로서 국가나 공공단체의 의견을 결정하여 외부에 표시할 수 있는 권한, 즉 처분권한을 가진 기관을 말하고, 대외적으로 의사를 표시할 수 있는 기관이 아닌 내부기관은 실질적인 의사가 그 기관에 의하여 결정되더라도 피고적격을 갖지 못한다(대판 2014.5.16. 2014두274).

| **오답해설** | ① 5% (○) 「행정소송법」 제2조 제2항과 제13조의 규정에 따라 행정권한의 위임 또는 위탁을 받은 행정기관, 공공단체 및 그 기관 또는 사인이 피고가 된다. 〈법령〉 「행정소송법」 제2조(정의) ❷ 이 법을 적용함에 있어서 행정청에는 법령에 의하여 행정권한의 위임 또는 위탁을 받은 행정기관, 공공단체 및 그 기관 또는 사인이 포함된다.

제13조(피고적격) ❶ 취소소송은 다른 법률에 특별한 규정이 없는 한 그 처분 등을 행한 행정청을 피고로 한다. 다만, 처분 등이 있은 뒤에 그 처분 등에 관계되는 권한이 다른 행정청에 승계된 때에는 이를 승계한 행정청을 피고로 한다.

② 16% (○) 대판 2000.9.8. 99두2765

③ 11% (○) 대판 1989.11.14. 89누4765

16 행정소송 > 취소소송의 인용판결 | 오답률 30% | 답 ④

| **정답해설** | ④ 70% (×) 적극처분에 대한 취소소송의 인용판결은 형성력을 가지고 있어, 판결 자체로서 소송 대상인 처분은 소멸하므로, 행정청의 별도 처분은 필요하지 않다. 〈판례〉 행정처분을 취소한다는 확정판결이 있으면 그 취소판결의 형성력에 의하여 당해 행정처분의 취소나 취소통지 등의 별도의 절차를 요하지 아니하고 당연히 취소의 효과가 발생한다고 할 것이고 별도로 취소의 절차를 취할 필요는 없을 것이다(대판 1991.10.11. 90누5443).

| **오답해설** | ① 18% (○) 대판 1993.6.29. 93누5635

② 8% (○) 취소나 철회를 통해 얻고자 하는 공익이 이로 인해서 잃게 될 사익보다 크지 않으면 취소나 철회는 신뢰보호 등에 반하여 위법하다.

③ 4% (○) 대판 1992.10.23. 92누2844

17 「행정기본법」과 「행정절차법」 > 행정절차 | 오답률 20% | 답 ②

| **정답해설** | ② 80% (×) 〈판례〉 퇴직연금의 환수결정은 당사자에게 의무를 과하는 처분이기는 하나, 관련 법령에 따라 당연히 환수금액이 정하여지는 것이므로, 퇴직연금의 환수결정에 앞서 당사자에게 의견진술의 기회를 주지 아니하여도 「행정절차법」 제22조 제3항이나 신의칙에 어긋나지 아니한다(대판 2000.11.28. 99두5443).

| **오답해설** | ① 3% (○) 대판 2003.2.14. 2001두7015

③ 12% (○) 법령이 개정되어 공청회와 병행하지 않아도 온라인공청회가 가능하다.

※ 주의: 개정 「행정절차법」상 추가적으로 온라인 공청회가 가능함을 명시하고 있어 주의를 요한다(현 법령을 기준으로 옳고 틀림을 확정하는 것이 모호함).

〈법령〉 「행정절차법」 제38조의2(온라인공청회) ❶ 행정청은 제38조에 따른 공청회와 병행하여서만 정보통신망을 이용한 공청회(이하 '온라인공청회'라 한다)를 실시할 수 있다.

❷ 제1항에도 불구하고 다음 각 호의 어느 하나에 해당하는 경우에는 온라인공청회를 단독으로 개최할 수 있다.

1. 국민의 생명·신체·재산의 보호 등 국민의 안전 또는 권익 보호 등의 이유로 제38조에 따른 공청회를 개최하기 어려운 경우

2. 제38조에 따른 공청회가 행정청이 책임질 수 없는 사유로 개최되지 못하거나 개최는 되었으나 정상적으로 진행되지 못하고 무산된 횟수가 3회 이상인 경우

3. 행정청이 널리 의견을 수렴하기 위하여 온라인공청회를 단독으로 개최할 필요가 있다고 인정하는 경우. 다만, 제22조 제2항 제1호 또는 제3호에 따라 공청회를 실시하는 경우는 제외한다.

④ 5% (○) 동법 제19조 제4항

18 행정정보공개와 개인정보보호 > 정보공개　오답률 43%　답 ③

| **정답해설** | ③ 57% (○) 처분사유의 추가·변경은 동일한 사실관계의 범위 내에서만 가능하다. 따라서 내부 의사결정 과정이라는 이유와 개인의 사생활침해 우려는 다른 사실관계로서 추가·변경이 허용될 수 없다.

| **오답해설** | ① 9% (×) 공공기관은 신청인이 신청한 방법과 다른 방법으로 공개방법을 선택할 수 없다. 〈판례〉 정보공개법에 의한 정보공개를 청구하는 자가 공공기관에 대해 정보의 사본 또는 출력물의 교부의 방법으로 공개방법을 선택하여 정보공개청구를 한 경우에 공개청구를 받은 공공기관으로서는 정보공개법 제8조 제2항에서 규정한 정보의 사본 또는 복제물의 교부를 제한할 수 있는 사유에 해당하지 아니하는 한 정보공개청구자가 선택한 공개방법에 따라 정보를 공개하여야 하므로 그 공개방법을 선택할 재량권이 없다 (대판 2004.6.25. 2004두1506).

② 20% (×) 〈판례〉 공공기관이 보유·관리하고 있는 정보가 제3자와 관련이 있는 경우 그 정보공개 여부를 결정함에 있어 공공기관이 제3자와의 관계에서 거쳐야 할 절차를 규정한 것에 불과할 뿐, 제3자의 비공개요청이 있다는 사유만으로 정보공개법상 정보의 비공개사유에 해당한다고 볼 수 없다(대판 2008.9.25. 2008두8680).

④ 14% (×) 〈판례〉 정보공개청구권은 법률상 보호되는 구체적인 권리이므로 청구인이 공공기관에 대하여 정보공개를 청구하였다가 거부처분을 받은 것 자체가 법률상 이익의 침해에 해당한다 (대판 2003.12.12. 2003두8050).

19 행정소송 > 행정소송의 대상　오답률 40%　답 ①

| **정답해설** | ㄱ. (행정처분 ○) 대판 1994.10.25. 93다46919
ㄷ. (행정처분 ○) 대판 2005.7.8. 2005두487

| **오답해설** | ㄴ. (행정처분 ×) 대판 2004.12.24. 2003두15195
ㄹ. (행정처분 ×) 〈판례〉 시험승진후보자명부에 등재되어 있던 자가 그 명부에서 삭제됨으로써 승진임용의 대상에서 제외되었다 하더라도, 그와 같은 시험승진후보자명부에서의 삭제행위는 결국 그 명부에 등재된 자에 대한 승진 여부를 결정하기 위한 행정청 내부의 준비과정에 불과하고, 그 자체가 어떠한 권리나 의무를 설정하거나 법률상 이익에 직접적인 변동을 초래하는 별도의 행정처분이 된다고 할 수 없다(대판 1997.11.14. 97누7325).
ㅁ. (행정처분 ×) 「질서위반행위규제법」에 따라 행정청이 부과한 과태료처분은 항고쟁송 대상이 아니다.

20 그 밖의 행정의 주요 행위 형식 > 행정계획　오답률 26%　답 ②

| **정답해설** | ② 74% (×) 시험 당시 「행정절차법」에는 행정계획에 대한 일반적 규정이 없었으나, 법의 개정으로 행정계획의 이익형량에 대한 규정(제40조의4)이 신설되었다. 하지만 관계 기관과의 협의나 주민 이해관계인의 참여에 대한 일반적 규정은 없다. 〈법령〉 「행정절차법」 제40조의4(행정계획) 행정청은 행정청이 수립하는 계획 중 국민의 권리·의무에 직접 영향을 미치는 계획을 수립하거나 변경·폐지할 때에는 관련된 여러 이익을 정당하게 형량하여야 한다.

| **오답해설** | ① 15% (○) 대판 2015.3.26. 2014두42742
③ 4% (○) 대판 1997.9.26. 96누10096
④ 7% (○) 헌재 2012.4.3. 2012헌마164

지방직 9급

해설 & 기출분석 REPORT

지방직 기출 POINT

Point 1 전반적인 시험의 유형이나 단원은 국가직과 유사하나 다소 지엽적이다.

Point 2 지방직의 특성상 지방자치와 관련된 총론적 내용이 출제된다(조례에 대한 위임 정도, 조례의 공포, 지방의회 의결의 처분성 여부와 피고적격 등).

Point 3 판례와 법령의 중요성은 국가직과 동일하다.

2025년 지방직 시험 대비전략

Point 1 국가직과 유사한 전략을 취하되 지엽적인 단원을 섬세히 학습해야 한다.

Point 2 지방자치와 관련된 판례에 좀 더 유의하고, 총론에서 자치행정과 관련된 이론과 법령에 중점을 좀 더 두어야 한다.

Point 3 사례형 문제의 경우, 국가직과 달리 사례에서 특정된 행정청이 지방자치단체의 장이 되는 경우 답안이 달라질 수 있음에 유의하여 국가직 학습과정에서 행정청이 지방자치단체의 장이 되는 경우를 상정하여 학습하여야 한다.

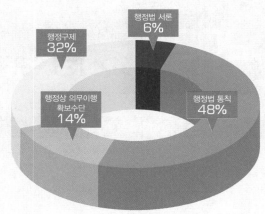

▲ 최근 8개년 평균 출제비중

행정구제 32%
행정법 서론 6%
행정상 의무이행 확보수단 14%
행정법 통칙 48%

연도	총평	행정법 서론	행정법 통칙	행정상 의무이행 확보수단	행정구제
2024	**긴 문장을 통해 현장 난이도를 높인 출제** • 3개 선지의 신출 지문을 제외하면 기출문제의 반복 출제(신출선지의 문제 해결에 어려움이 없음) • 장문의 기출 지문들, 현장에서 문제해독과 풀이 시간 부담 • 난이도 상(上)과 하(下)에 해당하지 않는, 유사 난이도의 문항으로 구성된 출제	5% (1문항)	40% (8문항)	20% (4문항)	35% (7문항)
2023	**법령의 '이해'를 토대로 한 출제** • 빈출문제 중심의 출제로 평이한 난이도 • 법령, 판례, 기본이론의 적절한 문항수 배분 • 핵심단원 중심의 출제	5% (1문항)	50% (10문항)	15% (3문항)	30% (6문항)
2022	**낯익은 기출문제의 반복, 평이한 난이도** • 적절한 문장 길이와 기출문제의 변형 • 판례 중심의 문제 유형 • 핵심단원 중심의 출제	5% (1문항)	55% (11문항)	15% (3문항)	25% (5문항)
2021	**익숙한 문장과 익숙한 유형의 문제들** • 기존 기출문제의 반복 출제 • 길지 않은 문장으로 풀이가 수월했을 것	10% (2문항)	40% (8문항)	15% (3문항)	35% (7문항)
2020	**단순한 법령문제 증가와 판례문제 비중 감소** • 법령 규정에 대한 명확한 출제 • 핵심 기출판례 외 신출판례 없음 • 사례형 문제 없음	5% (1문항)	50% (10문항)	15% (3문항)	30% (6문항)
2019	**기출판례의 반복적 출제** • 기존 기출판례의 문장 길이를 늘여 재출제 • 포인트는 동일하나 본질을 흐리게 하는 문장 길이 • 전 영역의 고른 출제	5% (1문항)	50% (10문항)	15% (3문항)	30% (6문항)
2018	**사례형과 박스형(제시형) 문제 증가** • 전반적인 이해를 필요로 하는 문제 유형 • 사례형 문제는 시간 배분에 관리가 필요했음 • 체감 난이도는 상대적으로 상승함	5% (1문항)	45% (9문항)	20% (4문항)	30% (6문항)
2017	**행정작용과 행정구제 단원에 집중된 출제** • 행정상 의무이행 확보수단의 문항이 현저히 줄고 법령의 조문문제도 감소 • 주요 단원의 주요 판례 중심 출제	5% (1문항)	55% (11문항)	5% (1문항)	35% (7문항)
2017 추가	**압도적인 판례 중심의 문제들** • 1문항의 법령문제와 1문항의 사례형을 제외한 나머지는 모두 판례문제 • 기존의 기출판례 중심	5% (1문항)	50% (10문항)	10% (2문항)	35% (7문항)

합격예상 체크

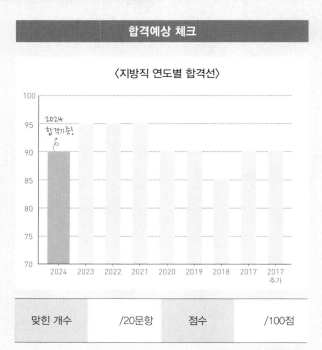

〈지방직 연도별 합격선〉

맞힌 개수	/20문항	점수	/100점

취약영역 체크

문항	정답	영역	문항	정답	영역
1	①	행정법 서론	11	②	행정구제
2	④	행정법 통칙	12	④	행정상 의무이행 확보수단
3	④	행정구제	13	②	행정상 의무이행 확보수단
4	②	행정구제	14	②	행정법 통칙
5	④	행정상 의무이행 확보수단	15	②	행정법 통칙
6	①	행정구제	16	②	행정법 통칙
7	③	행정법 통칙	17	④	행정법 통칙
8	③	행정구제	18	①	행정상 의무이행 확보수단
9	①	행정법 통칙	19	②	행정구제
10	③	행정법 통칙	20	①	행정구제

⬇ 영역별 틀린 개수로 취약영역을 확인하세요!

행정법 서론	/1	행정법 통칙	/8	행정상 의무이행 확보수단	/4
행정구제	/7	행정조직(7급)	–/0	특별행정작용(7급)	–/0

➡ □ 합격　□ 불합격　　　　　➡ 나의 취약영역: _____

※ [정답해설]과 [오답해설] 선지의 50% 표시는 〈에듀윌 합격예측 풀서비스〉를 통해 수집된 선지 선택률을 나타냅니다.

---

1 행정법의 의의 > 행정법의 일반원칙　　오답률 33%　답 ①

| 정답해설 | ① 67% (×) 〈판례〉 신뢰보호의 원칙은 행정청이 공적인 견해를 표명할 당시의 사정이 그대로 유지됨을 전제로 적용되는 것이 원칙이므로, 사후에 그와 같은 사정이 변경된 경우에는 그 공적 견해가 더 이상 개인에게 신뢰의 대상이 된다고 보기 어려운 만큼, 특별한 사정이 없는 한 행정청이 그 견해표명에 반하는 처분을 하더라도 신뢰보호의 원칙에 위반된다고 할 수 없다(대판 2020.6.25. 2018두34732).

| 오답해설 | ② 14% (○) 〈판례〉 귀책사유라 함은 행정청의 견해표명의 하자가 상대방 등 관계자의 사실은폐나 기타 사위의 방법에 의한 신청행위 등 부정행위에 기인한 것이거나 그러한 부정행위가 없다고 하더라도 하자가 있음을 알았거나 중대한 과실로 알지 못한 경우 등을 의미한다고 해석함이 상당하고, 귀책사유의 유무는 상대방과 그로부터 신청행위를 위임받은 수임인 등 관계자 모두를 기준으로 판단하여야 한다(대판 2002.11.8. 2001두1512).

③ 12% (○) 〈판례〉 행정청의 공적 견해표명이 있었는지의 여부를 판단함에 있어서는, 반드시 행정조직상의 형식적인 권한분장에 구애될 것은 아니고, 담당자의 조직상의 지위와 임무, 당해 언동을 하게 된 구체적인 경위 및 그에 대한 상대방의 신뢰가능성에 비추어 실질에 의하여 판단하여야 한다(대판 2008.1.17. 2006두10931).

④ 7% (○) 〈법령〉 「행정기본법」 제12조(신뢰보호의 원칙) ❶ 행정청은 공익 또는 제3자의 이익을 현저히 해칠 우려가 있는 경우를 제외하고는 행정에 대한 국민의 정당하고 합리적인 신뢰를 보호하여야 한다.

❷ 행정청은 권한 행사의 기회가 있음에도 불구하고 장기간 권한을 행사하지 아니하여 국민이 그 권한이 행사되지 아니할 것으로 믿을 만한 정당한 사유가 있는 경우에는 그 권한을 행사해서는 아니 된다. 다만, 공익 또는 제3자의 이익을 현저히 해칠 우려가 있는 경우는 예외로 한다.

---

2 행정상 법률관계 > 개인적 공권　　오답률 36%　답 ④

| 정답해설 | ④ 64% (×) 〈판례〉 도시계획구역 내 토지 등을 소유하고 있는 주민으로서는 입안권자에게 도시계획입안을 요구할 수 있는 법규상 또는 조리상의 신청권이 있다고 할 것이고, 이러한 신청에 대한 거부행위는 항고소송의 대상이 되는 행정처분에 해당한다(대판 2004.4.28. 2003두1806).

| 오답해설 | ① 11% (○) 〈판례〉 환경영향평가 대상지역 밖의 주민이라 할지라도 공유수면매립면허처분 등으로 인하여 그 처분 전과 비교하여 수인한도를 넘는 환경피해를 받거나 받을 우려가 있는 경우에는, 공유수면매립면허처분 등으로 인하여 환경상 이익에 대한 침해 또는 침해우려가 있다는 것을 입증함으로써 그 처분 등의 무

효확인을 구할 원고적격을 인정받을 수 있다(대판 2006.3.16. 2006두330).

※ 환경영향평가 대상지역 밖의 주민은 원칙적으로 대상지역 안의 처분에 대한 법률상 이익이 없다. 특히 헌법상의 환경권 등을 근거로 소를 청구할 수 없다는 것이 대법원의 입장이다.

| 더 알아보기 |

> 환경영향평가 대상지역 밖에 거주하는 주민에게 헌법상의 환경권 또는 「환경정책기본법」에 근거하여 공유수면매립면허처분과 농지개량사업 시행인가처분의 무효확인을 구할 원고적격이 없다(새만금 사건)(대판 2006.3.16. 2006두330).

② 10% (O) 〈판례〉 헌법 제34조 제1항은 "모든 국민은 인간다운 생활을 할 권리를 가진다."라고 규정하고, 제2항은 "국가는 사회보장·사회복지의 증진에 노력할 의무를 진다."라고 규정하고 있는바, 국민연금수급권이나 공무원연금수급권과 같은 사회보장수급권은 이 규정들로부터 도출되는 사회적 기본권의 하나이다. 이와 같은 연금수급권은 국가에 대하여 적극적으로 급부를 요구하는 것이므로 헌법규정만으로는 이를 실현할 수 없고 법률에 의한 형성을 필요로 하며, 그 구체적 내용, 즉 수급요건, 수급권자의 범위, 급여금액 등은 법률에 의하여 비로소 확정된다(헌재 2012.5.31. 2009헌마553).

③ 15% (O) 〈판례〉 행정처분에 있어서 불이익처분의 상대방은 직접 개인적 이익의 침해를 받은 자로서 원고적격이 인정되지만 수익처분의 상대방은 그의 권리나 법률상 보호되는 이익이 침해되었다고 볼 수 없으므로 달리 특별한 사정이 없는 한 취소를 구할 이익이 없다(대판 1995.8.22. 94누8129).

3 행정소송 > 무효등확인소송   오답률 39% 답 ④

| 정답해설 | ④ 61% (O) 〈판례〉 행정처분의 당연무효를 주장하여 그 무효확인을 구하는 소송과 그 무효확인을 구하는 뜻에서 그 처분의 취소를 구하는 소송에 있어서는 그 무효를 구하는 사람(원고)에게 행정처분에 존재하는 하자(위법성)가 중대하고 명백하다는 것을 주장·입증할 책임이 있다(대판 1976.1.13. 75누175).

| 오답해설 | ① 12% (×) 〈법령〉 취소판결의 기속력 규정은 무효등확인소송에 준용된다. 〈법령〉「행정소송법」제30조(취소판결 등의 기속력) ❶ 처분 등을 취소하는 확정판결은 그 사건에 관하여 당사자인 행정청과 그 밖의 관계행정청을 기속한다.
제38조(준용규정) ❶ 제9조, 제10조, 제13조 내지 제17조, 제19조, 제22조 내지 제26조, 제29조 내지 제31조 및 제33조의 규정은 무효등확인소송의 경우에 준용한다.

② 8% (×) 〈판례〉 행정처분의 직접 상대방이 아닌 제3자라 하더라도 당해 행정처분으로 인하여 법률상 보호되는 이익을 침해당한 경우에는 그 처분의 취소나 무효확인을 구하는 행정소송을 제기하여 그 당부의 판단을 받을 자격, 즉 원고적격이 있고, 여기에서 말하는 법률상 보호되는 이익은 당해 처분의 근거 법규 및 관련 법규에 의하여 보호되는 개별적·직접적·구체적 이익을 말

하며, 원고적격은 소송요건의 하나이므로 사실심 변론종결시는 물론 상고심에서도 존속하여야 하고 이를 흠결하면 부적법한 소가 된다(대판 2007.4.12. 2004두7924).

③ 19% (×) 무효등확인소송에 취소소송의 집행정지 규정이 준용된다. 〈법령〉「행정소송법」제23조(집행정지) ❶ 취소소송의 제기는 처분 등의 효력이나 그 집행 또는 절차의 속행에 영향을 주지 아니한다.
제38조(준용규정) ❶ 제9조, 제10조, 제13조 내지 제17조, 제19조, 제22조 내지 제26조, 제29조 내지 제31조 및 제33조의 규정은 무효등확인소송의 경우에 준용한다.

4 행정소송 > 피고적격   오답률 46% 답 ②

| 정답해설 | ② 54% (×) 〈판례〉 조례가 집행행위의 개입 없이도 그 자체로서 직접 국민의 구체적인 권리의무나 법적 이익에 영향을 미치는 등의 법률상 효과를 발생하는 경우 그 조례는 항고소송의 대상이 되는 행정처분에 해당하고, 이러한 조례에 대한 무효확인소송을 제기함에 있어서 「행정소송법」제38조 제1항, 제13조에 의하여 피고적격이 있는 처분 등을 행한 행정청은, 행정주체인 지방자치단체 또는 지방자치단체의 내부적 의결기관으로서 지방자치단체의 의사를 외부에 표시할 권한이 없는 지방의회가 아니라, 구「지방자치법」(1994.3.16. 법률 제4741호로 개정되기 전의 것) 제19조 제2항, 제92조에 의하여 지방자치단체의 집행기관으로서 조례로서의 효력을 발생시키는 공포권이 있는 지방자치단체의 장이다(대판 1996.9.20. 95누8003). 지방의회의 의결이 항고소송 대상인 처분(예 지방의회 의원 제명의결, 지방의회의장 불신임결의 등)인 경우에 피고는 지방의회가 된다.

| 오답해설 | ① 12% (O) 〈법령〉「행정소송법」제13조(피고적격) ❶ 취소소송은 다른 법률에 특별한 규정이 없는 한 그 처분 등을 행한 행정청을 피고로 한다. 다만, 처분 등이 있은 뒤에 그 처분 등에 관계되는 권한이 다른 행정청에 승계된 때에는 이를 승계한 행정청을 피고로 한다.

③ 12% (O) 〈법령〉「행정소송법」제14조(피고경정) ❶ 원고가 피고를 잘못 지정한 때에는 법원은 원고의 신청에 의하여 결정으로써 피고의 경정을 허가할 수 있다.

④ 22% (O) 내부위임인 경우에는 위임과 달리 수임기관은 위임기관의 명의로 처분을 하여야 하며, 만약 수임기관이 자신의 명의로 처분을 하였다면 이는 권한 없는 처분으로서 무효에 해당하고, 피고는 명의기관이 수임기관인 하급 행정기관이 된다. 〈판례〉 행정처분을 행할 적법한 권한 있는 상급 행정청으로부터 내부위임을 받은 데 불과한 하급 행정청이 권한 없이 행정처분을 한 경우에도 실제로 그 처분을 행한 하급 행정청을 피고로 하여야 할 것이지 그 처분을 행할 적법한 권한 있는 상급 행정청을 피고로 할 것은 아니다(대판 1994.8.12. 94누2763).

5 행정상 즉시강제 및 행정조사 > 행정조사　오답률 42%　답 ④

| 정답해설 | ④ 58% (×) 행정조사에 대한 사전통지를 하지 않는 경우에는 조사개시와 동시에 구두로서 통지할 수 있다. 〈법령〉「행정조사기본법」 제17조(조사의 사전통지) ❶ 행정조사를 실시하고자 하는 행정기관의 장은 제9조에 따른 출석요구서, 제10조에 따른 보고요구서 · 자료제출요구서 및 제11조에 따른 현장출입조사서(이하 '출석요구서 등'이라 한다)를 조사개시 7일 전까지 조사대상자에게 서면으로 통지하여야 한다. 다만, 다음 각 호의 어느 하나에 해당하는 경우에는 행정조사의 개시와 동시에 출석요구서 등을 조사대상자에게 제시하거나 행정조사의 목적 등을 조사대상자에게 구두로 통지할 수 있다.

1. 행정조사를 실시하기 전에 관련 사항을 미리 통지하는 때에는 증거인멸 등으로 행정조사의 목적을 달성할 수 없다고 판단되는 경우
2. 「통계법」 제3조 제2호에 따른 지정통계의 작성을 위하여 조사하는 경우
3. 제5조 단서에 따라 조사대상자의 자발적인 협조를 얻어 실시하는 행정조사의 경우

| 오답해설 | ① 13% (○) 〈판례〉 우편물 통관검사절차에서 이루어지는 우편물의 개봉, 시료채취, 성분분석 등의 검사는 수출입물품에 대한 적정한 통관 등을 목적으로 한 행정조사의 성격을 가지는 것으로서 수사기관의 강제처분이라고 할 수 없으므로, 압수 · 수색 영장 없이 우편물의 개봉, 시료채취, 성분분석 등 검사가 진행되었다 하더라도 특별한 사정이 없는 한 위법하다고 볼 수 없다(대판 2013.9.26. 2013도7718).
② 15% (○) 대판 2011.3.10. 2009두23617 · 23624
③ 14% (○) 「행정조사기본법」 제20조 제2항

6 손해배상 > 국가배상　오답률 27%　답 ①

| 정답해설 | ① 73% (×) 〈판례〉 「국가배상법」 제2조 소정의 '공무원'이라 함은 「국가공무원법」이나 「지방공무원법」에 의하여 공무원으로서의 신분을 가진 자에 국한하지 않고, 널리 공무를 위탁받아 실질적으로 공무에 종사하고 있는 일체의 자를 가리키는 것으로서, 공무의 위탁이 일시적이고 한정적인 사항에 관한 활동을 위한 것이어도 달리 볼 것은 아니다(대판 2001.1.5. 98다39060).

| 오답해설 | ② 13% (○) 「국가배상법」상 직무에는 권력작용 · 비권력적 작용, 법적 행위 · 사실행위, 작위 · 부작위, 입법작용 · 사법(司法)작용이 모두 포함된다. 비권력적 사실행위인 행정지도도 「국가배상법」상의 직무에 해당한다. 다만, 직무에 해당하여도 다른 국가배상의 요건충족 여부에 따라 배상 여부는 달라진다. 〈판례〉 국가배상청구의 요건인 '공무원의 직무'에는 권력적 작용만이 아니라 비권력적 작용도 포함되며 단지 행정주체가 사경제주체로서 하는 활동만 제외된다(대판 2001.1.5. 98다39060).
③ 8% (○) 〈판례〉 어떠한 행정처분이 후에 항고소송에서 위법한 것으로서 취소되었다고 하더라도 그로써 곧 당해 행정처분이 공

무원의 고의 또는 과실에 의한 불법행위를 구성한다고 단정할 수는 없지만, 그 행정처분의 담당공무원이 보통 일반의 공무원을 표준으로 하여 볼 때 객관적 주의의무를 결하여 그 행정처분이 객관적 정당성을 상실하였다고 인정될 정도에 이른 경우에는 「국가배상법」 제2조 소정의 국가배상책임의 요건을 충족하였다고 보아야 한다(대판 2011.1.27. 2008다30703).
④ 6% (○) 〈판례〉 헌법상 과잉금지의 원칙 내지 비례의 원칙을 위반하여 국민의 기본권을 침해한 국가작용은 국가배상책임에 있어 법령을 위반한 가해행위가 될 수 있다(대판 2018.10.25. 2013다44720).

7 행정행위 > 행정행위의 내용　오답률 35%　답 ③

| 정답해설 | ㄷ. (○) 〈판례〉 「여객자동차 운수사업법」에 의한 개인택시운송사업면허는 특정인에게 권리나 이익을 부여하는 행정행위로서 법령에 특별한 규정이 없는 한 재량행위이고, 그 면허를 위하여 정하여진 순위 내에서의 운전경력인정방법의 기준설정 역시 행정청의 재량에 속한다 할 것이지만, 행정청이 면허발급 여부를 심사함에 있어서 이미 설정된 면허기준의 해석상 당해 신청이 면허발급의 우선순위에 해당함이 명백함에도 이를 제외시켜 면허거부처분을 하였다면 특별한 사정이 없는 한 그 거부처분은 재량권을 남용한 위법한 처분이 된다(대판 2010.1.28. 2009두19137).
ㄹ. (○) 〈판례〉 귀화허가는 외국인에게 대한민국 국적을 부여함으로써 국민으로서의 법적 지위를 포괄적으로 설정하는 행위에 해당한다(대판 2010.10.28. 2010두6496).

| 오답해설 |
ㄱ. (×) 〈판례〉 변상금 부과처분에 대한 취소소송이 진행 중이라도 그 부과권자로서는 위법한 처분을 스스로 취소하고 그 하자를 보완하여 다시 적법한 부과처분을 할 수도 있는 것이어서 그 권리행사에 법률상의 장애사유가 있는 경우에 해당한다고 할 수 없으므로, 그 처분에 대한 취소소송이 진행되는 동안에도 그 부과권의 소멸시효가 진행된다(대판 2006.2.10. 2003두5686).
ㄴ. (×) 〈판례〉 행정청이 「도시 및 주거환경정비법」 등 관련 법령에 근거하여 행하는 조합설립인가처분은 단순히 사인들의 조합설립행위에 대한 보충행위로서의 성질을 갖는 것에 그치는 것이 아니라 법령상 요건을 갖출 경우 「도시 및 주거환경정비법」상 주택재건축사업을 시행할 수 있는 권한을 갖는 행정주체(공법인)로서의 지위를 부여하는 일종의 설권적 처분의 성격을 갖는다고 보아야 한다(대판 2009.9.24. 2008다60568).

8 손해배상 > 국가배상　오답률 48%　답 ③

| 정답해설 | ③ 52% (○) 〈판례〉 구 「군인연금법」(2019.12.10. 법률 제16760호로 전부 개정되기 전의 것, 이하 같다)이 정하고 있는 급여 중 사망보상금은 일실손해의 보전을 위한 것으로 불법행위로 인한 소극적 손해배상과 같은 종류의 급여이므로(대판 2018.7.20. 2018두36691 판결 등 참조). 군 복무 중 사망한 망인의 유족이 국가

배상을 받은 경우 피고는 사망보상금에서 소극적 손해배상금 상당액을 공제할 수 있을 뿐, 이를 넘어 정신적 손해배상금 상당액까지 공제할 수는 없다(대판 2022.3.31. 2019두36711).

| 오답해설 | ① 13% (×) 「국가배상법」 제9조에 의하면 배상심의회의 배상신청은 임의적 전치절차이다. 〈법령〉「국가배상법」 제9조(소송과 배상신청의 관계) 이 법에 따른 손해배상의 소송은 배상심의회(이하 '심의회'라 한다)에 배상신청을 하지 아니하고도 제기할 수 있다.

② 19% (×) 〈판례〉 공무원의 직무상 불법행위로 손해를 받은 국민은 공무원 자신에 대하여도 직접 그의 불법행위를 이유로 민사상의 손해배상을 청구할 수 있다(대판 1972.10.10. 69다701).

④ 16% (×) 〈판례〉「국가배상법」 제7조는 우리나라만이 입을 수 있는 불이익을 방지하고 국제관계에서 형평을 도모하기 위하여 외국인의 국가배상청구권의 발생요건으로 '외국인이 피해자인 경우에는 해당 국가와 상호보증이 있을 것'을 요구하고 있는데, … 그리고 상호보증은 외국의 법령, 판례 및 관례 등에 의하여 발생요건을 비교하여 인정되면 충분하고 반드시 당사국과의 조약이 체결되어 있을 필요는 없으며, 당해 외국에서 구체적으로 우리나라 국민에게 국가배상청구를 인정한 사례가 없더라도 실제로 인정될 것이라고 기대할 수 있는 상태이면 충분하다(대판 2015.6.11. 2013다208388).

---

9 「행정기본법」과 「행정절차법」 > 「행정절차법」 오답률 32% 답 ①

| 정답해설 | ① 68% (×) 단순·반복적인 처분 또는 경미한 처분으로서 당사자가 그 이유를 명백히 알 수 있는 경우와 긴급히 처분을 할 필요가 있는 경우에는 이유제시를 생략할 수 있으나, 처분 후 당사자가 요청하는 경우에는 그 근거와 이유를 제시하여야 한다. 〈법령〉「행정절차법」 제23조(처분의 이유제시) ❶ 행정청은 처분을 할 때에는 다음 각 호의 어느 하나에 해당하는 경우를 제외하고는 당사자에게 그 근거와 이유를 제시하여야 한다.
  1. 신청 내용을 모두 그대로 인정하는 처분인 경우
  2. 단순·반복적인 처분 또는 경미한 처분으로서 당사자가 그 이유를 명백히 알 수 있는 경우
  3. 긴급히 처분을 할 필요가 있는 경우
❷ 행정청은 제1항 제2호 및 제3호의 경우에 처분 후 당사자가 요청하는 경우에는 그 근거와 이유를 제시하여야 한다.

| 오답해설 | ② 10% (○) 〈판례〉 육군3사관학교의 사관생도에 대한 징계절차에서 징계심의대상자가 대리인으로 선임한 변호사가 징계위원회 심의에 출석하여 진술하려고 하였음에도, 징계권자나 그 소속 직원이 변호사가 징계위원회의 심의에 출석하는 것을 막았다면 징계위원회 심의·의결의 절차적 정당성이 상실되어 그 징계의결에 따른 징계처분은 위법하여 원칙적으로 취소되어야 한다(대판 2018.3.13. 2016두33339).

③ 12% (○) 〈판례〉 공무원 인사관계 법령에 의한 처분에 관한 사항이라 하더라도 전부에 대하여 「행정절차법」의 적용이 배제되는 것이 아니라, 성질상 행정절차를 거치기 곤란하거나 불필요하다고 인정되는 처분이나 행정절차에 준하는 절차를 거치도록 하고 있는 처분의 경우에만 「행정절차법」의 적용이 배제되는 것으로 보아야 하고, 이러한 법리는 '공무원 인사관계 법령에 의한 처분'에 해당하는 별정직 공무원에 대한 직권면직처분의 경우에도 마찬가지로 적용된다(대판 2013.1.16. 2011두30687).

④ 10% (○) 〈판례〉 군인사법령에 의하여 진급예정자명단에 포함된 자에 대하여 의견제출의 기회를 부여하지 아니한 채 진급선발을 취소하는 처분을 한 것이 절차상 하자가 있어 위법하다(대판 2007.9.21. 2006두20631).

| 더 알아보기 | 공무원 인사관계에서 「행정절차법」의 적용이 배제된 경우

- 「국가공무원법」상 직위해제처분은 구 「행정절차법」(2012.10.22. 법률 제11498호로 개정되기 전의 것) 제3조 제2항 제9호, 구 「행정절차법 시행령」(2011.12.21. 대통령령 제23383호로 개정되기 전의 것) 제2조 제3호에 의하여 당해 행정작용의 성질상 행정절차를 거치기 곤란하거나 불필요하다고 인정되는 사항 또는 행정절차에 준하는 절차를 거친 사항에 해당하므로, 처분의 사전통지 및 의견청취 등에 관한 「행정절차법」의 규정이 별도로 적용되지 않는다(대판 2014.5.16. 2012두26180).
- 구 「군인사법」상 보직해임처분은 구 「행정절차법」 제3조 제2항 제9호, 같은 법 시행령 제2조 제3호에 의하여 당해 행정작용의 성질상 행정절차를 거치기 곤란하거나 불필요하다고 인정되는 사항 또는 행정절차에 준하는 절차를 거친 사항에 해당하므로, 처분의 근거와 이유제시 등에 관한 구 「행정절차법」의 규정이 별도로 적용되지 아니한다고 봄이 상당하다(대판 2014.10.15. 2012두5756).

---

10 행정정보공개와 개인정보보호 > 정보공개 오답률 32% 답 ③

| 정답해설 | ③ 68% (×) 「공공기관의 정보공개에 관한 법률 시행령」에 의하면 각급 학교(사립학교와 유치원 등 포함)는 정보공개의무가 있는 공공기관에 해당한다. 〈법령〉「공공기관의 정보공개에 관한 법률 시행령」 제2조(공공기관의 범위) 「공공기관의 정보공개에 관한 법률」(이하 '법'이라 한다) 제2조 제3호 마목에서 '대통령령으로 정하는 기관'이란 다음 각 호의 기관 또는 단체를 말한다.
  1. 「유아교육법」, 「초·중등교육법」, 「고등교육법」에 따른 각급 학교 또는 그 밖의 다른 법률에 따라 설치된 학교

| 오답해설 | ① 14% (○) 〈판례〉「공공기관의 정보공개에 관한 법률」 제10조 제1항 제2호는 정보의 공개를 청구하는 자는 정보공개청구서에 '공개를 청구하는 정보의 내용' 등을 기재할 것을 규정하고 있는바, 청구 대상 정보를 기재함에 있어서는 사회일반인의 관점에서 청구 대상 정보의 내용과 범위를 확정할 수 있을 정도로 특정함을 요한다(대판 2007.6.1. 2007두2555).

② 13% (○) 〈판례〉 공공기관이 공개청구의 대상이 된 정보를 공개는 하되, 청구인이 신청한 공개방법 이외의 방법으로 공개하기로 하는 결정을 하였다면, 이는 정보공개청구 중 정보공개방법에 관한 부분에 대하여 일부 거부처분을 한 것이고, 청구인은 그에 대하여 항고소송으로 다툴 수 있다(대판 2016.11.10. 2016두44674).

④ 5% (○) 「공공기관의 정보공개에 관한 법률」 제13조 제4항

11 행정소송 > 원고적격 　　오답률 69%　답 ②

| **정답해설** | ② 31% (×) 민사소송에서 보조참가를 할 수 있으려면 당사자능력을 갖추어야 한다. 행정주체가 아닌 행정기관인 행정청은 민사소송에서 보조참가를 할 수 없다. 〈판례〉 타인 사이의 항고소송에서 소송의 결과에 관하여 이해관계가 있다고 주장하면서 「민사소송법」(2002.1.26. 법률 제6626호로 전문 개정된 것) 제71조에 의한 보조참가를 할 수 있는 제3자는 「민사소송법」상의 당사자능력 및 소송능력을 갖춘 자이어야 하므로 그러한 당사자능력 및 소송능력이 없는 행정청으로서는 「민사소송법」상의 보조참가를 할 수는 없고, 다만 「행정소송법」 제17조 제1항에 의한 소송참가를 할 수 있을 뿐이다(행정청에 불과한 서울특별시장의 보조참가신청을 부적법하다고 한 사례)(대판 2002.9.24. 99두1519).
또한 당사자소송은 법률관계에 대한 소송이다. 따라서 법률관계의 당사자는 권리주체이고, 권리주체가 아닌 행정청은 당사자소송의 원고적격이 될 수 없다. 〈법령〉 「행정소송법」 제3조(행정소송의 종류) 행정소송은 다음의 네 가지로 구분한다.

　2. 당사자소송: 행정청의 처분 등을 원인으로 하는 법률관계에 관한 소송 그 밖에 공법상의 법률관계에 관한 소송으로서 그 법률관계의 한쪽 당사자를 피고로 하는 소송

| **오답해설** | ① 28% (○) 〈판례〉 해당 처분을 다툴 법률상 이익이 있는지 여부는 직권조사사항으로 이에 관한 당사자의 주장은 직권발동을 촉구하는 의미밖에 없으므로, 원심법원이 이에 관하여 판단하지 않았다고 하여 판단유탈의 상고이유로 삼을 수 없다(대판 2017.3.9. 2013두16852).
③ 10% (○) 대판 1999.12.7. 97누17568
④ 31% (○) 〈판례〉 건설교통부장관(현 국토교통부장관)은 지방자치단체의 장이 기관위임사무인 국토이용계획 사무를 처리함에 있어 자신과 의견이 다를 경우 행정협의조정위원회에 협의·조정 신청을 하여 그 협의·조정 결정에 따라 의견불일치를 해소할 수 있고, 법원에 의한 판결을 받지 않고서도 행정권한의 위임 및 위탁에 관한 규정이나 구 「지방자치법」에서 정하고 있는 지도·감독을 통하여 직접 지방자치단체의 장의 사무처리에 대하여 시정명령을 발하고 그 사무처리를 취소 또는 정지할 수 있으며, 지방자치단체의 장에게 기간을 정하여 직무이행명령을 하고 지방자치단체의 장이 이를 이행하지 아니할 때에는 직접 필요한 조치를 할 수도 있으므로, 국가가 국토이용계획과 관련한 지방자치단체의 장의 기관위임사무의 처리에 관하여 지방자치단체의 장을 상대로 취소소송을 제기하는 것은 허용되지 않는다(대판 2007.9.20. 2005두6935).

12 행정강제 > 행정대집행 　　오답률 38%　답 ④

| **정답해설** | ④ 62% (×) 〈판례〉 이 사건 대문은 적법한 것임에도 피고가 원고에 대하여 명한 이 사건 대문의 철거명령은 그 하자가 중대하고 명백하여 당연무효라고 할 것이고, 그 후행행위인 이 사건 계고처분 역시 당연무효라고 할 것이다(대판 1999.4.27. 97누6780).

| **오답해설** | ① 12% (○) 대판 2017.4.28. 2016다213916
② 17% (○) 〈판례〉 「행정대집행법」상 대집행의 대상이 되는 대체적 작위의무는 공법상 의무이어야 할 것인데, 구 「공공용지의 취득 및 손실보상에 관한 특례법」(2002.2.4. 법률 제6656호 「공익사업을 위한 토지 등의 취득 및 보상에 관한 법률」 부칙 제2조로 폐지)에 따른 토지 등의 협의취득은 공공사업에 필요한 토지 등을 그 소유자와의 협의에 의하여 취득하는 것으로서 공공기관이 사경제주체로서 행하는 사법상 매매 내지 사법상 계약의 실질을 가지는 것이므로, 그 협의취득시 건물소유자가 매매대상 건물에 대한 철거의무를 부담하겠다는 취지의 약정을 하였다고 하더라도 이러한 철거의무는 공법상의 의무가 될 수 없고, 이 경우에도 「행정대집행법」을 준용하여 대집행을 허용하는 별도의 규정이 없는 한 위와 같은 철거의무는 「행정대집행법」에 의한 대집행의 대상이 되지 않는다(대판 2006.10.13. 2006두7096).
③ 9% (○) 「행정대집행법」 제6조 제3항

13 행정강제 > 행정대집행 　　오답률 26%　답 ②

| **정답해설** | ② 74% (×) 〈판례〉 계고서라는 명칭의 1장의 문서로서 일정기간 내에 위법건축물의 자진철거를 명함과 동시에 그 소정기한 내에 자진철거를 하지 아니할 때에는 대집행할 뜻을 미리 계고한 경우라도 「건축법」에 의한 철거명령과 「행정대집행법」에 의한 계고처분은 독립하여 있는 것으로서 각 그 요건이 충족되었다고 볼 것이다(대판 1992.6.12. 91누13564).

| **오답해설** | ① 9% (○) 〈판례〉 행정법상의 질서벌인 과태료의 부과처분과 형사처벌은 그 성질이나 목적을 달리하는 별개의 것이므로 행정법상의 질서벌인 과태료를 납부한 후에 형사처벌을 한다고 하여 이를 일사부재리의 원칙에 반하는 것이라고 할 수는 없다(대판 1996.4.12. 96도158).
③ 7% (○) 「행정기본법」 제32조 제1항
④ 10% (○) 대판 1984.9.25. 84누201

14 행정입법 > 법규명령 　　오답률 37%　답 ②

| **정답해설** | ② 63% (×) 〈판례〉 교육부장관이 내신성적 산정기준의 통일을 기하기 위해 대학입시기본계획의 내용에서 내신성적 산정기준에 관한 시행지침을 마련하여 시·도 교육감에서 통보한 것은 행정조직 내부에서 내신성적 평가에 관한 내부적 심사기준을 시달한 것에 불과하며, … 그것만으로는 현실적으로 특정인의 구체적인 권리의무에 직접적으로 변동을 초래케 하는 것은 아니라 할 것이어서 내신성적 산정지침을 항고소송의 대상이 되는 행정처분으로 볼 수 없다(대판 1994.9.10. 94두33).

| **오답해설** | ① 11% (○) 〈판례〉 행정 각부의 장이 정하는 특정 고시가 비록 법령에 근거를 둔 것이더라도 규정 내용이 법령의 위임 범위를 벗어난 것일 경우에는 법규명령으로서의 대외적 구속력을 인정할 여지는 없다. 그리고 특정 고시가 위임의 한계를 준수하고 있는지를 판단할 때에는, 당해 법률 규정의 입법 목적과 규정 내용,

규정의 체계, 다른 규정과의 관계 등을 종합적으로 살펴야 하고, 법률의 위임 규정 자체가 의미 내용을 정확하게 알 수 있는 용어를 사용하여 위임의 한계를 분명히 하고 있는데도 고시에서 문언적 의미의 한계를 벗어났다든지, 위임 규정에서 사용하고 있는 용어의 의미를 넘어 범위를 확장하거나 축소함으로써 위임 내용을 구체화하는 단계를 벗어나 새로운 입법을 한 것으로 평가할 수 있다면, 이는 위임의 한계를 일탈한 것으로서 허용되지 아니한다(대판 2019.5.30. 2016다276177).

③ 13% (O) 대판 2017.4.20. 2015두45700

④ 13% (O) 〈판례〉「여객자동차 운수사업법」에 의한 개인택시운송사업면허는 특정인에게 권리나 이익을 부여하는 행정행위로서 법령에 특별한 규정이 없는 한 재량행위이고, 그 면허를 위하여 정하여진 순위 내에서의 운전경력인정방법의 기준설정 역시 행정청의 재량에 속한다 할 것이지만, 행정청이 면허발급 여부를 심사함에 있어서 이미 설정된 면허기준의 해석상 당해 신청이 면허발급의 우선순위에 해당함이 명백함에도 이를 제외시켜 면허거부처분을 하였다면 특별한 사정이 없는 한 그 거부처분은 재량권을 남용한 위법한 처분이 된다(대판 2010.1.28. 2009두19137).

15 행정행위 > 부관   오답률 40% 답 ②

| 정답해설 | ② 60% (×) 〈판례〉 부담부 행정처분에 있어서 처분의 상대방이 부담(의무)을 이행하지 아니한 경우에 처분행정청으로서는 이를 들어 당해 처분을 취소(철회)할 수 있는 것이다(대판 1989.10.24. 89누2431).

| 오답해설 | ① 20% (O) 〈판례〉 행정처분에 붙은 부담인 부관이 제소기간의 도과로 확정되어 이미 불가쟁력이 생겼다면 그 하자가 중대하고 명백하여 당연무효로 보아야 할 경우 외에는 누구나 그 효력을 부인할 수 없을 것이지만, 부담의 이행으로서 하게 된 사법상 매매 등의 법률행위는 부담을 붙인 행정처분과는 어디까지나 별개의 법률행위이므로 그 부담의 불가쟁력의 문제와는 별도로 법률행위가 사회질서 위반이나 강행규정에 위반되는지 여부 등을 따져보아 그 법률행위의 유효 여부를 판단하여야 한다(대판 2009.6.25. 2006다18174).

③ 12% (O) 〈판례〉 행정행위의 부관은 부담의 경우를 제외하고는 독립하여 행정소송의 대상이 될 수 없는 것인바, 지방국토관리청장이 일부 공유수면매립지에 대하여 한 국가 또는 직할시 귀속처분은 매립준공인가를 함에 있어서 매립의 면허를 받은 자의 매립지에 대한 소유권취득을 규정한 구 「공유수면매립법」 제14조의 효과 일부를 배제하는 부관을 붙인 것이고, 이러한 행정행위의 부관은 위 법리와 같이 독립하여 행정소송 대상이 될 수 없다(대판 1993.10.8. 93누2032).

④ 8% (O) 〈판례〉 행정청이 수익적 행정처분을 하면서 부가한 부담의 위법 여부는 처분 당시 법령을 기준으로 판단하여야 하고, 부담이 처분 당시 법령을 기준으로 적법하다면 처분 후 부담의 전제가 된 주된 행정처분의 근거 법령이 개정됨으로써 행정청이 더 이상 부관을 붙일 수 없게 되었다 하더라도 곧바로 위법하게

되거나 그 효력이 소멸하게 되는 것은 아니다. 따라서 행정처분의 상대방이 수익적 행정처분을 얻기 위하여 행정청과 사이에 행정처분에 부가할 부담에 관한 협약을 체결하고 행정청이 수익적 행정처분을 하면서 협약상의 의무를 부담으로 부가하였으나 부담의 전제가 된 주된 행정처분의 근거 법령이 개정됨으로써 행정청이 더 이상 부관을 붙일 수 없게 된 경우에도 곧바로 협약의 효력이 소멸하는 것은 아니다(대판 2009.2.12. 2005다65500).

16 행정행위 > 행정행위의 하자   오답률 34% 답 ③

| 정답해설 | ③ 66% (×) 〈판례〉 행정청이 청문서 도달기간을 다소 어겼다 하더라도 영업자가 이에 대하여 이의하지 아니한 채 스스로 청문일에 출석하여 그 의견을 진술하고 변명하는 등 방어의 기회를 충분히 가졌다면 청문서 도달기간을 준수하지 아니한 하자는 치유되었다고 봄이 상당하다(대판 1992.10.23. 92누2844).

| 오답해설 | ① 14% (O) 〈판례〉 수익적 행정처분에 대한 취소권 등의 행사는 기득권의 침해를 정당화할 만한 중대한 공익상의 필요 또는 제3자의 이익보호의 필요가 있는 때에 한하여 허용될 수 있다는 법리는, 처분청이 수익적 행정처분을 직권으로 취소 · 철회하는 경우에 적용되는 법리일 뿐 쟁송취소의 경우에는 적용되지 않는다(대판 2019.10.17. 2018두104).

② 11% (O) 〈판례〉 행정청이 구 「학교보건법」(2005.12.7. 법률 제7700호로 개정되기 전의 것) 소정의 학교환경위생정화구역 내에서 금지행위 및 시설의 해제 여부에 관한 행정처분을 함에 있어 학교환경위생정화위원회의 심의를 거치도록 한 취지는 … 금지행위 및 시설의 해제 여부에 관한 행정처분을 하면서 절차상 위와 같은 심의를 누락한 흠이 있다면 그와 같은 흠을 가리켜 위 행정처분의 효력에 아무런 영향을 주지 않는다거나 경미한 정도에 불과하다고 볼 수는 없으므로, 특별한 사정이 없는 한 이는 행정처분을 위법하게 하는 취소사유가 된다(대판 2007.3.15. 2006두15806).

④ 9% (O) 〈판례〉 토지등급결정내용의 개별통지가 있다고 볼 수 없어 토지등급결정이 무효인 이상, 토지소유자가 그 결정 이전이나 이후에 토지등급결정내용을 알았다거나 또는 그 결정 이후 매년 정기 등급수정의 결과가 토지소유자 등의 열람에 공하여졌다 하더라도 개별통지의 하자가 치유되는 것은 아니다(대판 1997.5.28. 96누5308).

| 더 알아보기 | **대법원은 무효인 처분에 대해 치유 부정**

> 이 사건 교환허가처분이 당연무효인 이상 위 학교법인 이사회가 위 교환허가처분 후인 1970.7.31.과 같은 해 8.28.에 이 사건 부동산에 대한 교환을 추인 또는 재추인한다는 의결을 하였다는 사실만으로써 곧 당연무효인 이 사건 교환허가처분이 유효로 전환되거나 그 하자가 치유되는 것으로 볼 수는 없다고 해석하는 것이 상당하다고 할 것이다(대판 1984.2.28. 81누275).

| 정답해설 | ④ 55% (×) 〈판례〉 장기미집행 도시계획시설결정의 실효제도는 도시계획시설부지로 하여금 도시계획시설결정으로 인한 사회적 제약으로부터 벗어나게 하는 것으로서 결과적으로 개인의 재산권이 보다 보호되는 측면이 있는 것은 사실이나, 이와 같은 보호는 입법자가 새로운 제도를 마련함에 따라 얻게 되는 법률에 기한 권리일 뿐 헌법상 재산권으로부터 당연히 도출되는 권리는 아니다[헌재 2005.9.29. 2002헌바84·89, 2003헌마678·943(병합)].

| 오답해설 | ① 19% (○) 〈판례〉 도시계획의 결정·변경 등에 관한 권한을 가진 행정청은 이미 도시계획이 결정·고시된 지역에 대하여도 다른 내용의 도시계획을 결정·고시할 수 있고, 이 때에 후행 도시계획에 선행 도시계획과 서로 양립할 수 없는 내용이 포함되어 있다면, 특별한 사정이 없는 한 선행 도시계획은 후행 도시계획과 같은 내용으로 변경되는 것이나, 후행 도시계획의 결정을 하는 행정청이 선행 도시계획의 결정·변경 등에 관한 권한을 가지고 있지 아니한 경우에 선행 도시계획과 서로 양립할 수 없는 내용이 포함된 후행 도시계획결정을 하는 것은 아무런 권한 없이 선행 도시계획결정을 폐지하고, 양립할 수 없는 새로운 내용이 포함된 후행 도시계획결정을 하는 것으로서, 선행 도시계획결정의 폐지 부분은 권한 없는 자에 의하여 행해진 것으로서 무효이고, 같은 대상지역에 대하여 선행 도시계획결정이 적법하게 폐지되지 아니한 상태에서 그 위에 다시 한 후행 도시계획결정 역시 위법하고, 그 하자는 중대하고도 명백하여 다른 특별한 사정이 없는 한 무효라고 보아야 한다(대판 2000.9.8. 99두11257).

② 15% (○) 〈판례〉 「도시 및 주거환경정비법」(이하 '도시정비법'이라고 한다)에 따른 주택재건축정비사업조합(이하 '재건축조합'이라고 한다)이 … 행정주체의 지위에서 도시정비법 제48조에 따라 수립하는 관리처분계획은 정비사업의 시행 결과 조성되는 대지 또는 건축물의 권리귀속에 관한 사항과 조합원의 비용 분담에 관한 사항 등을 정함으로써 조합원의 재산상 권리·의무 등에 구체적이고 직접적인 영향을 미치게 되므로, 이는 구속적 행정계획으로서 재건축조합이 행하는 독립된 행정처분에 해당한다(대판 2009.10.29. 2008다97737).

③ 11% (○) 〈판례〉 도시계획시설의 지정으로 말미암아 당해 토지의 이용가능성이 배제되거나 또는 토지소유자가 토지를 종래 허용된 용도대로도 사용할 수 없기 때문에 이로 말미암아 현저한 재산적 손실이 발생하는 경우에는, 원칙적으로 사회적 제약의 범위를 넘는 수용적 효과를 인정하여 국가나 지방자치단체는 이에 대한 보상을 해야 한다(헌재 1999.10.21. 97헌바26).

| 정답해설 | ① 44% (×) 〈판례〉 「건축법」상의 이행강제금은 시정명령의 불이행이라는 과거의 위반행위에 대한 제재가 아니라, 의무자에게 시정명령을 받은 의무의 이행을 명하고 그 이행기간 안에 의무를 이행하지 않으면 이행강제금이 부과된다는 사실을 고지함으로써 의무자에게 심리적 압박을 주어 의무의 이행을 간접적으로 강제하는 행정상의 간접강제 수단에 해당한다(대판 2018.1.25. 2015두35116).

| 오답해설 | ② 13% (○) 「행정기본법」 제31조 제6항

③ 32% (○) 〈판례〉 「농지법」은 농지 처분명령에 대한 이행강제금 부과처분에 불복하는 자가 그 처분을 고지받은 날부터 30일 이내에 부과권자에게 이의를 제기할 수 있고, 이의를 받은 부과권자는 지체 없이 관할 법원에 그 사실을 통보하여야 하며, 그 통보를 받은 관할 법원은 「비송사건절차법」에 따른 과태료 재판에 준하여 재판을 하도록 정하고 있다(제62조 제1항·제6항·제7항). … 설령 관할청이 이행강제금 부과처분을 하면서 재결청에 행정심판을 청구하거나 관할 행정법원에 행정소송을 할 수 있다고 잘못 안내하거나 관할 행정심판위원회가 각하재결이 아닌 기각재결을 하면서 관할 법원에 행정소송을 할 수 있다고 잘못 안내하였다고 하더라도, 그러한 잘못된 안내로 행정법원의 항고소송 재판관할이 생긴다고 볼 수도 없다(대판 2019.4.11. 2018두42955).

④ 11% (○) 대결 2006.12.8. 자 2006마470

| 정답해설 | ㄱ. (○) 헌법 제23조 제3항

ㄹ. (○) 항고소송의 대상은 원칙적으로 원처분주의이고 심판의 재결은 재결에 고유한 위법이 있는 경우에 한하여 청구할 수 있다. 토지수용에 있어 수용재결(공법상 대리)은 원처분에 해당하여 원칙적으로 이의재결에 고유한 위법이 없는 한 수용재결이 취소소송의 대상이 된다.

| 오답해설 | ㄴ. (×) 〈판례〉 「하천법」 부칙(1984.12.31.) 제2조와 '법률 제3782호 「하천법」 중 개정법률 부칙 제2조의 규정에 의한 보상청구권의 소멸시효가 만료된 「하천구역 편입토지 보상에 관한 특별조치법」 제2조, 제6조의 각 규정들을 종합하면, 위 규정들에 의한 손실보상청구권은 1984.12.31. 전에 토지가 하천구역으로 된 경우에는 당연히 발생되는 것이지, 관리청의 보상금지급결정에 의하여 비로소 발생하는 것은 아니므로, 위 규정들에 의한 손실보상금의 지급을 구하거나 손실보상청구권의 확인을 구하는 소송은 「행정소송법」 제3조 제2호 소정의 당사자소송에 의하여야 한다(대판 2006.5.18. 2004다6207).

ㄷ. (×)「공익사업을 위한 토지 등의 취득 및 보상에 관한 법률」상 보상금증감청구소송에서 토지소유자 등이 원고인 경우에 피고는 토지수용위원회가 아니라 사업시행자가 된다. 〈**법령**〉「공익사업을 위한 토지 등의 취득 및 보상에 관한 법률」제85조(행정소송의 제기) ❷ 제1항에 따라 제기하려는 행정소송이 보상금의 증감(增減)에 관한 소송인 경우 그 소송을 제기하는 자가 토지소유자 또는 관계인일 때에는 사업시행자를, 사업시행자일 때에는 토지소유자 또는 관계인을 각각 피고로 한다.

오답률 TOP 3

20 행정쟁송 > 행정심판 등 　　오답률 53% 답 ①

| **정답해설** | ① 47% (×) 〈**판례**〉 교원소청심사위원회의 결정은 학교법인 등에 대하여 기속력을 가지고 이는 그 결정의 주문에 포함된 사항뿐 아니라 그 전제가 된 요건사실의 인정과 판단, 즉 불리한 처분 등의 구체적 위법사유에 관한 판단에까지 미친다(대판 2018.7.12. 2017두65821).

| **오답해설** | ② 17% (○) 〈**판례**〉 어업권면허에 선행하는 우선순위결정은 행정청이 우선권자로 결정된 자의 신청이 있으면 어업권면허처분을 하겠다는 것을 약속하는 행위로서 강학상 확약에 불과하고 행정처분은 아니므로, 우선순위결정에 공정력이나 불가쟁력과 같은 효력은 인정되지 아니한다(대판 1995.1.20. 94누6529).

③ 16% (○) 대판 2008.9.25. 2006다18228

④ 20% (○) 대판 2008.5.29. 2007다8129

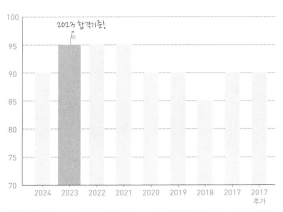

합격예상 체크			
맞힌 개수	/20문항	**점수**	/100점

➡ ☐ 합격 ☐ 불합격

취약영역 체크

문항	정답	영역	문항	정답	영역
1	③	행정법 통칙	11	②	행정법 통칙
2	②	행정법 서론	12	④	행정구제
3	④	행정법 통칙	13	②	행정법 통칙
4	④	행정상 의무이행 확보수단	14	①	행정구제
5	②	행정법 통칙	15	①	행정구제
6	②	행정구제	16	④	행정구제
7	④	행정법 통칙	17	③	행정구제
8	①	행정상 의무이행 확보수단	18	③	행정법 통칙
9	①	행정법 통칙	19	②	행정상 의무이행 확보수단
10	③	행정법 통칙	20	③	행정법 통칙

⬇ 영역별 틀린 개수로 취약영역을 확인하세요!

행정법 서론	/1	행정법 통칙	/10	행정상 의무이행 확보수단	/3
행정구제	/6	행정조직(7급)	–/0	특별행정작용(7급)	–/0

➡ 나의 취약영역:

※ [정답해설]과 [오답해설] 선지의 ⬚50%⬚ 표시는 〈에듀윌 합격예측 풀서비스〉를 통해 수집된 선지 선택률을 나타냅니다.

---

1 「행정기본법」과 「행정절차법」 > 「행정기본법」 오답률 35% 답 ③

| 정답해설 | ③ 65% (×) 행정청은 법률로 정하는 바에 따라 완전히 자동화된 시스템(인공지능 기술을 적용한 시스템을 포함한다)으로 처분을 할 수 있다. 다만, 처분에 재량이 있는 경우는 그러하지 아니하다(「행정기본법」 제20조).

| 오답해설 | ① 7% (○) 자동화된 행정결정으로는 교통신호등이나 중·고등학교의 학생배정, 공용주차장의 주차료 부과 및 징수 등이 있다.

② 17% (○) 자동화된 작용도 항고소송의 처분의 개념을 충족한다.

④ 11% (○) 「행정기본법」 제20조 단서

---

2 행정법의 의의 > 법치행정 오답률 26% 답 ②

| 정답해설 | ② 74% (×) 〈판례〉 일반적으로 법률의 시행령은 모법인 법률에 의하여 위임받은 사항이나, 법률이 규정한 범위 내에서 법률을 현실적으로 집행하는 데 필요한 세부적인 사항만을 규정할 수 있을 뿐, 법률의 위임 없이 법률이 규정한 개인의 권리·의무에 관한 내용을 변경·보충하거나 법률에서 규정하지 아니한 새로운 내용을 규정할 수 없는 것이다(대판 1999.2.11. 98도2816).

| 오답해설 | ① 7% (○) 대판 2015.8.20. 2012두23808

③ 17% (○) 〈판례〉 기본권 제한에 관한 법률유보원칙은 '법률에 의한 규율'을 요청하는 것이 아니라 '법률에 근거한 규율'을 요청하는 것이므로, 기본권 제한에는 법률의 근거가 필요할 뿐이고 기본권 제한의 형식이 반드시 법률의 형식일 필요는 없으므로(헌재 2005.5.26. 99헌마513), 법규명령, 규칙, 조례 등 실질적 의미의 법률을 통해서도 기본권 제한이 가능하다(헌재 2013.7.25. 2012헌마167).

④ 2% (○) 「행정기본법」 제8조

---

3 행정입법 > 법규명령 오답률 43% 답 ④

| 정답해설 | ④ 57% (×) 〈판례〉 행정소송은 구체적 사건에 대한 법률상 분쟁을 법에 의하여 해결함으로써 법적 안정을 기하자는 것이므로 부작위위법확인소송의 대상이 될 수 있는 것은 구체적 권리의무에 관한 분쟁이어야 하고 추상적인 법령에 관하여 제정의 여부 등은 그 자체로서 국민의 구체적인 권리의무에 직접적 변동을 초래하는 것이 아니어서 그 소송의 대상이 될 수 없다(대판 1992.5.8. 91누11261).

| 오답해설 | ① 16% (○) 중앙선거관리위원회규칙도 법규명령에 해당하고, 법원에 의해서 구체적 규범통제대상이 된다.

② 7% (○) 처분법규는 항고소송 대상인 처분으로 인정한다. 〈판례〉 조례가 집행행위의 개입 없이도 그 자체로서 직접 국민의 구체적인 권리·의무나 법적 이익에 영향을 미치는 등의 법률상 효과

를 발생하는 경우 그 조례는 항고소송의 대상이 되는 행정처분에 해당한다(대판 1996.9.20. 95누8003).

③ 20% (○) 법규명령에 대한 구체적 규범통제는 모든 법원의 관할이다. → 최종심사권은 대법원에 있다. 〈법령〉 헌법 제107조

❶ 법률이 헌법에 위반되는 여부가 재판의 전제가 된 경우에는 법원은 헌법재판소에 제청하여 그 심판에 의하여 재판한다.

❷ 명령·규칙 또는 처분이 헌법이나 법률에 위반되는 여부가 재판의 전제가 된 경우에는 대법원은 이를 최종적으로 심사할 권한을 가진다.

---

4 행정강제 > 강제집행　　오답률 34%　답 ④

| 정답해설 | ④ 66% (×) 〈판례〉 공매처분을 하면서 체납자 등에게 공매통지를 하지 않았거나 공매통지를 하였더라도 그것이 적법하지 아니한 경우에는 절차상의 흠이 있어 그 공매처분은 위법하다(대판 2008.11.20. 2007두18154).

| 오답해설 | ① 14% (○) 〈판례〉「국세징수법」제21조, 제22조가 규정하는 가산금 또는 중가산금은 국세를 납부기한까지 납부하지 아니하면 과세청의 확정절차 없이도 법률 규정에 의하여 당연히 발생하는 것이므로 가산금 또는 중가산금의 고지가 항고소송의 대상이 되는 처분이라고 볼 수 없다(대판 2005.6.10. 2005다15482).

② 10% (○) 〈판례〉 지방자치단체가 그 고유의 자치사무를 처리하는 경우에는 지방자치단체는 국가기관의 일부가 아니라 국가기관과는 별도의 독립한 공법인이므로, 지방자치단체 소속 공무원이 지방자치단체 고유의 자치사무를 수행하던 중 「도로법」제81조 내지 제85조의 규정에 의한 위반행위를 한 경우에는 지방자치단체는 「도로법」제86조의 양벌규정에 따라 처벌대상이 되는 법인에 해당한다(대판 2005.11.10. 2004도2657).

③ 10% (○) 〈판례〉 이 사건 법률조항의 입법목적은 등급분류를 받지 아니하거나 등급분류를 받은 게임물과 다른 내용의 게임물(이하 '불법게임물'이라 한다)의 유통을 방지함으로써 게임물의 등급분류제를 정착시키고, 나아가 불법게임물로 인한 사행성의 조장을 억제하여 건전한 사회기풍을 조성하기 위한 것으로서 그 입법목적의 정당성이 인정되고, 이 사건 법률조항에서 불법게임물을 즉시 수거·폐기할 수 있도록 하는 행정상 즉시강제의 근거를 규정한 것은 위와 같은 입법목적을 달성하기 위한 적절한 수단의 하나가 될 수 있다(헌재 2002.10.31. 2000헌가12).

---

5 행정상 법률요건과 법률사실 > 사인의 공법행위　오답률 42%　답 ②

| 정답해설 | ② 58% 〈판례〉 (○) 시장·군수 또는 구청장의 주민등록전입신고 수리 여부에 대한 심사는 「주민등록법」의 입법 목적의 범위 내에서 제한적으로 이루어져야 한다. 한편, 「주민등록법」의 입법 목적에 관한 제1조 및 주민등록 대상자에 관한 제6조의 규정을 고려해 보면, 전입신고를 받은 시장·군수 또는 구청장의 심사 대상은 전입신고자가 30일 이상 생활의 근거로 거주할 목적으로 거주지를 옮기는지 여부만으로 제한된다고 보아야 한다(대판 2009.6.18. 2008두10997).

| 오답해설 | ① 11% (×) 〈판례〉 공무원이 한 사직 의사표시의 철회나 취소는 그에 터잡은 의원면직처분이 있을 때까지 할 수 있는 것이고, 일단 면직처분이 있고 난 이후에는 철회나 취소할 여지가 없다(대판 2001.8.24. 99두9971).

③ 16% (×) 〈판례〉 행정기관은 민원사항의 신청이 있는 때에는 다른 법령에 특별한 규정이 있는 경우를 제외하고는 그 접수를 보류하거나 거부할 수 없으며, 민원서류에 흠이 있는 경우에는 보완에 필요한 상당한 기간을 정하여 지체 없이 민원인에게 보완을 요구하고 그 기간 내에 민원서류를 보완하지 아니할 때에는 7일의 기간 내에 다시 보완을 요구할 수 있으며, 위 기간 내에 민원서류를 보완하지 아니한 때에 비로소 접수된 민원서류를 되돌려 보낼 수 있도록 규정되어 있는바, 위 규정 소정의 보완의 대상이 되는 흠은 보완이 가능한 경우이어야 함은 물론이고, 그 내용 또한 형식적·절차적인 요건이거나, 실질적인 요건에 관한 흠이 있는 경우라도 그것이 민원인의 단순한 착오나 일시적인 사정 등에 기한 경우 등이라야 한다(대판 2004.10.15. 2003두6573).

④ 15% (×) 사인의 공법행위를 포함하여 행정법 전반에서 효력발생시기는 도달주의이다. 일부 예외적으로 발신주의를 취하는 경우도 있다.

---

6 행정소송 > 판결의 효력 등　　오답률 33%　답 ②

| 정답해설 | ② 67% 〈판례〉 (×) 취소 확정판결의 기속력은 판결의 주문 및 전제가 되는 처분 등의 구체적 위법사유에 관한 판단에도 미치나, 종전 처분이 판결에 의하여 취소되었더라도 종전 처분과 다른 사유를 들어서 새로이 처분을 하는 것은 기속력에 저촉되지 않는다(대판 2016.3.24. 2015두48235).

| 오답해설 | ① 18% (○) 「행정소송법」제29조 제1항

③ 6% (○) 동법 제28조 제1항

④ 9% (○) 〈판례〉 확정판결의 취소사유가 행정처분의 절차나 형식상의 하자에 있었던 경우에는 그 확정판결이 행정청을 기속하는 효력은 취소사유로 된 절차 내지 형식의 위법에 한하여 미친다 할 것이므로 행정청은 적법한 절차나 형식을 갖추어 동일내용의 처분을 할 수 있다 할 것이다(대판 1985.5.28. 84누408).

오답률 TOP1
7 그 밖의 행정의 주요 행위 형식 > 행정상 사실행위
오답률 60%　답 ④

| 정답해설 | ④ 40% 〈판례〉 (×) 교도소 수형자에게 소변을 받아 제출하게 한 것은, 형을 집행하는 우월적인 지위에서 외부와 격리된 채 형의 집행에 관한 지시, 명령을 복종하여야 할 관계에 있는 자에게 행해진 것으로서 그 목적 또한 교도소 내의 안전과 질서유지를 위하여 실시하였고, 권력적 사실행위로서 「헌법재판소법」제68조 제1항의 공권력의 행사에 해당한다(헌재 2006.07.27. 2005헌마277).

| 오답해설 | ① 26% (○) 사실행위는 권리나 의무에 변동을 목적으로 하지 않는 행위로서, 폐기물 수거나 행정지도 등이 해당한다.

② 15% (○) 단전이나 전화통화 단절조치의 요청은 행정기관 사이에서의 단순 요청행위로서 항고소송 대상인 처분이 아니다.

③ 19% (○) 〈판례〉 원고의 긴 팔 티셔츠 2개(앞 단추가 3개 있고 칼라가 달린 것, 이하 '이 사건 영치품'이라 한다)에 대한 사용신청 불허처분(이하 '이 사건 처분'이라 한다) 이후 이루어진 원고의 다른 교도소로의 이송이라는 사정에 의하여 원고의 권리와 이익의 침해 등이 해소되지 아니한 점, 원고의 형기가 만료되기까지는 아직 상당한 기간이 남아 있을 뿐만 아니라, 진주교도소가 전국 교정시설의 결핵 및 정신질환 수형자들을 수용·관리하는 의료교도소인 사정을 감안할 때 원고의 진주교도소로의 재이송 가능성이 소멸하였다고 단정하기 어려운 점 등을 종합하면, 원고로서는 이 사건 처분의 취소를 구할 이익이 있다(대판 2008.2.14. 2007두13203).

---

8 행정강제 > 강제집행　　오답률 35%　답 ①

| 정답해설 | ① 65% (×) 〈판례〉 「농지법」 제62조 제1항에 따른 이행강제금 부과처분에 불복하는 경우에는 「비송사건절차법」에 따른 재판절차가 적용되어야 하고, 「행정소송법」상 항고소송의 대상은 될 수 없다(대판 2019.4.11. 2018두42955).

| 오답해설 | ② 11% (○) 대판 2017.4.28. 2016다213916

③ 10% (○) 「행정조사기본법」 제20조 제1항

④ 14% (○) 헌재 1998.5.28. 96헌바4

---

9 행정법 관계 > 공사법관계　　오답률 46%　답 ①

| 정답해설 | ㄱ. (○) 국유 일반재산의 대부행위는 사법상 계약으로서 행정처분이 아니다. 〈판례〉 산림청장이나 그로부터 권한을 위임받은 행정청이 「산림법」 등이 정하는 바에 따라 국유임야를 대부하거나 매각하는 행위는 사경제적 주체로서 상대방과 대등한 입장에서 하는 사법상 계약이지 행정청이 공권력의 주체로서 상대방의 의사 여하에 불구하고 일방적으로 행하는 행정처분이라고 볼 수 없으며 이 대부계약에 의한 대부료부과 조치 역시 사법상 채무이행을 구하는 것으로 보아야지 이를 행정처분이라고 할 수 없다(대판 1993.12.7. 91누11612).

| 오답해설 | ㄴ. (×) 〈판례〉 공유 일반재산의 대부료와 연체료를 납부기한까지 내지 아니한 경우에도 「공유재산 및 물품 관리법」 제97조 제2항에 의하여 지방세 체납처분의 예에 따라 이를 징수할 수 있다. 이와 같이 공유 일반재산의 대부료의 징수에 관하여도 지방세 체납처분의 예에 따른 간이하고 경제적인 특별한 구제절차가 마련되어 있으므로, 특별한 사정이 없는 한 민사소송으로 공유 일반재산의 대부료의 지급을 구하는 것은 허용되지 아니한다(대판 2017.4.13. 2013다207941).

ㄷ. (×) 〈판례〉 국유재산의 관리청이 그 무단점유자에 대하여 하는 변상금 부과처분은 순전히 사경제주체로서 행하는 사법상의 법률행위라 할 수 없고 이는 관리청이 공권력을 가진 우월적 지위에서 행한 것으로서 행정소송의 대상이 되는 행정처분이라고 보아야 한다(대판 1988.2.23. 87누1046).

---

10 그 밖의 행정의 주요 행위 형식 > 행정지도　　오답률 30%　답 ③

| 정답해설 | ③ 70% (×) 〈판례〉 행정관청이 국토이용관리법 소정의 토지거래계약신고에 관하여 공시된 기준시가를 기준으로 매매가격을 신고하도록 행정지도를 하여 그에 따라 허위신고를 한 것이라 하더라도 이와 같은 행정지도는 법에 어긋나는 것으로서 그와 같은 행정지도나 관행에 따라 허위신고행위에 이르렀다고 하여도 이것만 가지고서는 그 범법행위가 정당화될 수 없다(대판 1994.6.14. 93도3247).

| 오답해설 | ① 9% (○) 「행정절차법」 제48조 제2항

② 6% (○) 동법 제51조

④ 15% (○) 대판 2008.9.25. 2006다18228

---

11 행정행위 > 하자승계　　오답률 37%　답 ②

| 정답해설 | ② 63% (×) 〈판례〉 선행처분과 후행처분이 서로 독립하여 별개의 법률효과를 발생시키는 경우에는 선행처분에 불가쟁력이 생겨 그 효력을 다툴 수 없게 되면 선행처분의 하자가 중대하고 명백하여 선행처분이 당연무효인 경우를 제외하고는 특별한 사정이 없는 한 선행처분의 하자를 이유로 후행처분의 효력을 다툴 수 없는 것이 원칙이다. 다만, 그 경우에도 선행처분의 불가쟁력이나 구속력이 그로 인하여 불이익을 입게 되는 자에게 수인한도를 넘는 가혹함을 가져오고, 그 결과가 당사자에게 예측가능한 것이 아니라면, 국민의 재판받을 권리를 보장하고 있는 헌법의 이념에 비추어 선행처분의 후행처분에 대한 구속력을 인정할 수 없다(대판 2019.1.31. 2017두40372).

| 오답해설 | ① 10% (○) 〈판례〉 2개 이상의 행정처분이 연속적 또는 단계적으로 이루어지는 경우 선행처분과 후행처분이 서로 합하여 1개의 법률효과를 완성하는 때에는 선행처분에 하자가 있으면 그 하자는 후행처분에 승계된다. 이러한 경우에는 선행처분에 불가쟁력이 생겨 그 효력을 다툴 수 없게 되더라도 선행처분의 하자를 이유로 후행처분의 효력을 다툴 수 있다(대판 2019.1.31. 2017두40372).

③ 17% (○) 〈판례〉 선행처분인 소득금액변동통지에 하자가 존재하더라도 당연무효 사유에 해당하지 않는 한 후행처분인 징수처분에 그대로 승계되지 아니한다. 따라서 과세청정의 소득처분과 그에 따른 소득금액변동통지가 있는 경우 원천징수하는 소득세의 납세의무에 관하여는 이를 확정하는 소득금액변동통지에 대한 항고소송에서 다투어야 하고, 소득금액변동통지가 당연무효가 아닌 한 징수처분에 대한 항고소송에서 이를 다툴 수는 없다(대판 2012.1.26. 2009두14439).

④ 10% (○) 〈판례〉 표준지공시지가결정이 위법한 경우에는 그 자체를 행정소송의 대상이 되는 행정처분으로 보아 그 위법 여부를 다툴 수 있음은 물론, 수용보상금의 증액을 구하는 소송에서도 선행처분으로서 그 수용대상 토지 가격 산정의 기초가 된 비교표준지공시지가결정의 위법을 독립한 사유로 주장할 수 있다(대판 2008.8.21. 2007두13845).

12 행정소송 > 당사자소송 | 오답률 37% | 답 ④

| 정답해설 | ④ 63% (×) 〈판례〉 당사자소송에 대하여는 「행정소송법」 제23조 제2항의 집행정지에 관한 규정이 준용되지 아니하므로 (「행정소송법」 제44조 제1항 참조), 이를 본안으로 하는 가처분에 대하여는 「행정소송법」 제8조 제2항에 따라 「민사집행법」상 가처분에 관한 규정이 준용되어야 한다(대결 2015.8.21. 자 2015무26).

| 오답해설 | ① 11% (○) 「행정소송법」 제3조 제2호

② 11% (○) 대판 2021.2.4. 2019다277133

③ 15% (○) 대판 2016.5.24. 2013두14863

13 행정정보공개와 개인정보보호 > 정보공개 | 오답률 23% | 답 ②

| 정답해설 | ㄱ. (○) 「공공기관의 정보공개에 관한 법률」 제5조 제1항
ㄷ. (○) 대판 2014.12.24. 2014두9349

| 오답해설 | ㄴ. (×) 〈판례〉 검찰보존사무규칙이 「검찰청법」 제11조에 기하여 제정된 법무부령이기는 하지만, 그 사실만으로 같은 규칙 내의 모든 규정이 법규적 효력을 가지는 것은 아니다. 기록의 열람·등사의 제한을 정하고 있는 같은 규칙 제22조는 법률상의 위임근거가 없어 행정기관 내부의 사무처리준칙으로서 행정규칙에 불과하므로, 위 규칙상의 열람·등사의 제한을 「공공기관의 정보공개에 관한 법률」 제9조 제1항 제1호의 '다른 법률 또는 법률에 의한 명령에 의하여 비공개사항으로 규정된 경우'에 해당한다고 볼 수 없다(대판 2006.5.25. 2006두3049).

ㄹ. (×) 청구인이 정보공개와 관련한 공공기관의 결정에 대하여 불복이 있거나 정보공개 청구 후 20일이 경과하도록 정보공개 결정이 없는 때에는 「행정심판법」에서 정하는 바에 따라 행정심판을 청구할 수 있다. 이 경우 국가기관 및 지방자치단체 외의 공공기관의 결정에 대한 감독행정기관은 관계 중앙행정기관의 장 또는 지방자치단체의 장으로 한다(동법 제19조 제1항).

14 손해배상 > 국가배상 | 오답률 46% | 답 ①

| 정답해설 | ① 54% (×) 지방자치단체장이 교통신호기를 설치하여 그 관리권한이 「도로교통법」 제71조의2 제1항의 규정에 의하여 관할 지방경찰청장에게 위임되어 지방자치단체 소속 공무원과 지방경찰청 소속 공무원이 합동근무하는 교통종합관제센터에서 그 관리업무를 담당하던 중 위 신호기가 고장난 채 방치되어 교통사고가 발생한 경우 교통신호기를 관리하는 지방경찰청장 산하 경찰관들에 대한 봉급을 부담하는 국가도 「국가배상법」 제6조 제1항에 의한 배상책임을 부담한다(대판 1999.6.25. 99다11120).

| 오답해설 | ② 5% (○) 대판 2003.7.11. 99다24218

③ 8% (○) 〈법령〉 「국가배상법」 제6조(비용부담자 등의 책임) ❶ 제2조·제3조 및 제5조에 따라 국가나 지방자치단체가 손해를 배상할 책임이 있는 경우에 공무원의 선임·감독 또는 영조물의 설치·관리를 맡은 자와 공무원의 봉급·급여, 그 밖의 비용 또는 영조물의 설치·관리 비용을 부담하는 자가 동일하지 아니하면 그 비용을 부담하는 자도 손해를 배상하여야 한다.
❷ 제1항의 경우에 손해를 배상한 자는 내부관계에서 그 손해를 배상할 책임이 있는 자에게 구상할 수 있다.

④ 33% (○) 〈판례〉 다른 법령에 따라 지급받은 급여와의 조정에 관한 조항을 두고 있지 아니한 「보훈보상대상자 지원에 관한 법률」과 달리, 「군인연금법」 제41조 제1항은 "다른 법령에 따라 국가나 지방자치단체의 부담으로 이 법에 따른 급여와 같은 종류의 급여를 받은 사람에게는 그 급여금에 상당하는 금액에 대하여는 이 법에 따른 급여를 지급하지 아니한다."라고 명시적으로 규정하고 있다. 나아가 「군인연금법」이 정하고 있는 급여 중 사망보상금(「군인연금법」 제31조)은 일실손해의 보전을 위한 것으로 불법행위로 인한 소극적 손해배상과 같은 종류의 급여라고 봄이 타당하다. 따라서 피고에게 「군인연금법」 제41조 제1항에 따라 원고가 받은 손해배상금 상당 금액에 대하여는 사망보상금을 지급할 의무가 존재하지 아니한다(대판 2018.7.20. 2018두36691).

| 더 알아보기 | 「보훈보상대상자 지원에 관한 법률」 관련 판례

> 「보훈보상대상자 지원에 관한 법률」(이하 '보훈보상자법'이라 한다)이 정한 보상금 등 보훈급여금의 지급을 청구하는 경우 「국가배상법」 제2조 제1항 단서가 보훈보상자법 등에 의한 보상을 받을 수 있는 경우 「국가배상법」에 따른 손해배상청구를 하지 못한다는 것을 넘어 「국가배상법」상 손해배상금을 받은 경우 보훈보상자법상 보상금 등 보훈급여금의 지급을 금지하는 것으로 해석하기는 어려운 점 등에 비추어, 국가보훈처장은 「국가배상법」에 따라 손해배상을 받았다는 사정을 들어 보상금 등 보훈급여금의 지급을 거부할 수 없다(대판 2017.2.3. 2015두60075).

15 행정소송 > 행정소송의 심리 | 오답률 40% | 답 ①

| 정답해설 | ① 60% (×) 법원은 필요하다고 인정할 때에는 직권으로 증거조사를 할 수 있고, 당사자가 주장하지 아니한 사실에 대하여도 판단할 수 있다(「행정소송법」 제26조).

| 오답해설 | ② 7% (○) 대판 1993.5.27. 92누19033

③ 11% (○) 〈법령〉 「행정소송법」 제25조(행정심판기록의 제출명령) ❶ 법원은 당사자의 신청이 있는 때에는 결정으로써 재결을 행한 행정청에 대하여 행정심판에 관한 기록의 제출을 명할 수 있다.
❷ 제1항의 규정에 의한 제출명령을 받은 행정청은 지체 없이 당해 행정심판에 관한 기록을 법원에 제출하여야 한다.

④ 22% (○) 대판 2019.7.4. 2018두66869

16 　손실보상 > 토지보상법　　　오답률 53%　답 ④

| 정답해설 | ④ 47% (×) 어떤 보상항목이 공익사업을 위한 토지 등의 취득 및 보상에 관한 법령상 손실보상 대상에 해당함에도 관할 토지수용위원회가 사실을 오인하거나 법리를 오해함으로써 손실보상 대상에 해당하지 않는다고 잘못된 내용의 재결을 한 경우에는, 피보상자는 관할 토지수용위원회를 상대로 그 재결에 대한 취소소송을 제기할 것이 아니라, 사업시행자를 상대로 구 「공익사업을 위한 토지 등의 취득 및 보상에 관한 법률」에 따른 보상금증감소송을 제기하여야 한다(대판 2018.7.20. 2015두4044).

| 오답해설 | ① 19% (○) 〈판례〉 물을 사용하여 사업을 영위하는 지위가 독립하여 재산권, 즉 처분권을 내포하는 재산적 가치 있는 구체적인 권리로 평가될 수 있는 경우에는 댐건설법 제11조 제1항·제3항 및 토지보상법 제76조 제1항에 따라 손실보상의 대상이 되는 '물의 사용에 관한 권리'에 해당한다고 볼 수 있다(대판 2018.12.27. 2014두11601).

② 21% (○) 제83조에 따른 이의의 신청이나 제85조에 따른 행정소송의 제기는 사업의 진행 및 토지의 수용 또는 사용을 정지시키지 아니한다(토지보상법 제88조).

③ 13% (○) 〈판례〉 사업인정이란 공익사업을 토지 등을 수용 또는 사용할 사업으로 결정하는 것으로서 공익사업의 시행자에게 그 후 일정한 절차를 거칠 것을 조건으로 일정한 내용의 수용권을 설정하여 주는 형성행위이므로, 사업시행자에게 해당 공익사업을 수행할 의사와 능력이 있어야 한다는 것도 사업인정의 한 요건이라고 보아야 한다(대판 2011.1.27. 2009두1051).

17 　행정쟁송 > 행정심판　　　오답률 52%　답 ③

| 정답해설 | ③ 48% (○) 재결의 기속력에 의해 행정청은 인용재결에 불복할 수 없다. 인용재결에 대하여 행정소송을 제기할 수 없도록 한 규정에 대하여 헌법재판소는 합헌결정을 하였다. 〈판례〉 행정심판청구를 인용하는 재결이 행정청을 기속하도록 규정한 「행정심판법」(2010.1.25. 법률 제9968호로 전부개정된 것) 제49조 제1항(이하 '이 사건 법률조항'이라 한다)이 헌법 제101조 제1항, 제107조 제2항 및 제3항에 위배되지 않는다(헌재 2014.6.26. 2013헌바122).

| 오답해설 | ① 11% (×) 행정심판위원회는 처분의 취소뿐 아니라 변경도 가능하다. 위원회는 영업정지를 변경하는 과징금 부과재결을 할 수 있다.

② 21% (×) 〈판례〉 「행정소송법」 제19조는 취소소송은 행정청의 원처분을 대상으로 하되(원처분주의), 다만 '재결 자체에 고유한 위법이 있음을 이유로 하는 경우'에 한하여 행정심판의 재결도 취소소송의 대상으로 삼을 수 있도록 규정하고 있으므로 재결취소소송의 경우 재결 자체에 고유한 위법이 있는지 여부를 심리할 것이고, 재결 자체에 고유한 위법이 없는 경우에는 원처분의 당부와는 상관없이 당해 재결취소소송은 이를 기각하여야 한다(대판 1994.1.25. 93누16901).

④ 20% (×) 〈법령〉 「행정심판법」 제47조(재결의 범위) ❶ 위원회는 심판청구의 대상이 되는 처분 또는 부작위 외의 사항에 대하여는 재결하지 못한다.
❷ 위원회는 심판청구의 대상이 되는 처분보다 청구인에게 불리한 재결을 하지 못한다.

18 　「행정기본법」과 「행정절차법」 > 「행정절차법」　오답률 44%　답 ③

| 정답해설 | ③ 56% (×) 〈법령〉 「행정절차법」 제2조(정의) 이 법에서 사용하는 용어의 뜻은 다음과 같다.
4. '당사자 등'이란 다음 각 목의 자를 말한다.
가. 행정청의 처분에 대하여 직접 그 상대가 되는 당사자
나. 행정청이 직권으로 또는 신청에 따라 행정절차에 참여하게 한 이해관계인

| 오답해설 | ① 12% (○) 제1항에 따른 처분기준을 공표하는 것이 해당 처분의 성질상 현저히 곤란하거나 공공의 안전 또는 복리를 현저히 해치는 것으로 인정될 만한 상당한 이유가 있는 경우에는 처분기준을 공표하지 아니할 수 있다(동법 제20조 제3항).

② 14% (○) 〈판례〉 행정처분의 상대방에 대한 청문통지서가 반송되었다거나, 행정처분의 상대방이 청문일시에 불출석하였다는 이유로 청문을 실시하지 아니하고 한 침해적 행정처분은 위법하다(대판 2001.4.13. 2000두3337).

④ 18% (○) 〈판례〉 일반적으로 당사자가 근거 규정 등을 명시하여 신청하는 인·허가 등을 거부하는 처분을 함에 있어 당사자가 그 근거를 알 수 있을 정도로 상당한 이유를 제시한 경우에는 당해 처분의 근거 및 이유를 구체적 조항 및 내용까지 명시하지 않았더라도 그로 말미암아 그 처분이 위법한 것이 된다고 할 수 없다(대판 2002.5.17. 2000두8912).

19 　행정벌 > 「질서위반행위규제법」　　오답률 48%　답 ②

| 정답해설 | ② 52% (×) 고의 또는 과실이 없는 질서위반행위는 과태료를 부과하지 아니한다(「질서위반행위규제법」 제7조).
| 오답해설 | ① 14% (○) 동법 제3조 제2항
③ 19% (○) 동법 제20조 제1항
④ 15% (○) 동법 제45조 제1항

20 　행정행위 > 행정행위의 내용　　　오답률 40%　답 ③

| 정답해설 | ③ 60% (×) 〈판례〉 관할 행정청의 사업시행계획 인가처분은 사업시행계획의 법률상 효력을 완성시키는 보충행위에 해당한다. 따라서 기본행위인 사업시행계획에는 하자가 없는데 보충행위인 인가처분에 고유한 하자가 있다면 그 인가처분의 무효확인이나 취소를 구하여야 할 것이지만, 인가처분에는 고유한 하자가 없는데 사업시행계획에 하자가 있다면 사업시행계획의 무효확인이나 취소를 구하여야 할 것이지 사업시행계획의 무효를 주장하면서

곧바로 그에 대한 인가처분의 무효확인이나 취소를 구하여서는 아니 된다(대판 2021.2.10. 2020두48031).

| 오답해설 | ① 15% (○) **〈판례〉**「자동차관리법」상 자동차관리사업자로 구성하는 사업자단체인 조합 또는 협회(이하 '조합 등'이라고 한다)의 설립인가처분은 국토해양부장관(현 국토교통부장관) 또는 시·도지사(이하 '시·도지사 등'이라고 한다)가 자동차관리사업자들의 단체결성행위를 보충하여 효력을 완성시키는 처분에 해당한다(대판 2015.5.29. 2013두635).

② 11% (○) **〈판례〉** 조합설립추진위원회(이하 '추진위원회'라고 한다) 구성승인처분은 조합의 설립을 위한 주체인 추진위원회의 구성행위를 보충하여 그 효력을 부여하는 처분이다(대판 2013.1.31. 2011두11112·2011두11129).

④ 14% (○) **〈판례〉** 토지 등 소유자들이 직접 시행하는 도시환경정비사업에서 토지 등 소유자에 대한 사업시행인가처분은 단순히 사업시행계획에 대한 보충행위로서의 성질을 가지는 것이 아니라 구 도시정비법상 정비사업을 시행할 수 있는 권한을 가지는 행정주체로서의 지위를 부여하는 일종의 설권적 처분의 성격을 가진다(대판 2013.6.13. 2011두19994).

합격예상 체크

〈지방직 연도별 합격선〉

2022 합격기준

| 맞힌 개수 | /20문항 | 점수 | /100점 |

➡ ☐ 합격 ☐ 불합격

취약영역 체크

문항	정답	영역	문항	정답	영역
1	②	행정법 통칙	11	①	행정구제
2	④	행정법 통칙	12	③	행정상 의무이행 확보수단
3	③	행정법 통칙	13	①	행정상 의무이행 확보수단
4	④	행정법 통칙	14	②	행정법 통칙
5	②	행정법 서론	15	④	행정법 통칙
6	④	행정법 통칙	16	①	행정구제
7	④	행정법 통칙	17	②	행정구제
8	①	행정법 통칙	18	②	행정구제
9	④	행정법 통칙	19	③	행정법 통칙
10	②	행정상 의무이행 확보수단	20	④	행정구제

➡ 영역별 틀린 개수로 취약영역을 확인하세요!

행정법 서론	/1	행정법 통칙	/11	행정상 의무이행 확보수단	/3
행정구제	/5	행정조직(7급)	–/0	특별행정작용(7급)	–/0

➡ 나의 취약영역: _____

※ [정답해설]과 [오답해설] 선지의 50% 표시는 〈에듀윌 합격예측 풀서비스〉를 통해 수집된 선지 선택률을 나타냅니다.

---

1 행정입법 > 법규명령　　오답률 39%　답 ②

| 정답해설 | ② 61% (×) 대법원에 의하면 원칙적으로 부령(시행규칙)에 규정된 처분기준(행정규칙)은 대외적 구속력이 인정될 수 없다고 한다. 〈판례〉제재적 행정처분의 기준이 부령의 형식으로 규정되어 있더라도 그것은 행정청 내부의 사무처리준칙을 규정한 것에 지나지 않아 대외적으로 국민이나 법원을 기속하는 효력이 없으므로, 당해 처분의 적법 여부는 위 처분기준만이 아니라 관계 법령의 규정 내용과 취지에 따라 판단하여야 한다(대판 2013.9.12. 2012두28865).

| 오답해설 | ① 19% (○) 헌재 1995.4.20. 92헌마264 · 279

③ 13% (○) 대판 2008.4.10. 2007두4841

④ 7% (○) 대판 2017.2.16. 2015도16014 전합

2 행정행위 > 행정행위의 부관　　오답률 44%　답 ④

| 정답해설 | ④ 56% (○) 〈판례〉행정행위의 부관은 부담인 경우를 제외하고는 독립하여 행정소송의 대상이 될 수 없는바, 이 사건 허가에서 피고가 정한 사용 · 수익허가의 기간은 이 사건 허가의 효력을 제한하기 위한 행정행위의 부관으로서 이러한 사용 · 수익허가의 기간에 대해서는 독립하여 행정소송을 제기할 수 없는 것이다(대판 2001.6.15. 99두509).

| 오답해설 | ① 18% (×) 부관인 부담이 무효라도 그를 이행한 사법상의 법률행위는 그에 구속되지 않아 무효가 아니라는 것이 대법원의 입장이다. 〈판례〉행정처분에 부담인 부관을 붙인 경우 부관의 무효화에 의하여 본체인 행정처분 자체의 효력에도 영향이 있게 될 수는 있지만, 그 처분을 받은 사람이 부담의 이행으로 사법상 매매 등의 법률행위를 한 경우에는 그 부관은 특별한 사정이 없는 한 법률행위를 하게 된 동기 내지 연유로 작용하였을 뿐이므로 이는 법률행위의 취소사유가 될 수 있음은 별론으로 하고 그 법률행위 자체를 당연히 무효화하는 것은 아니다(대판 2009.6.25. 2006다18174).

② 16% (×) 「행정기본법」과 대법원에 의하면 법률의 근거나 당사자의 동의 등에 의해 사후부관(사후변경)이 가능하다.

「행정기본법」 제17조	대법원 판례
❸ 행정청은 부관을 붙일 수 있는 처분이 다음 각 호의 어느 하나에 해당하는 경우에는 그 처분을 한 후에도 부관을 새로 붙이거나 종전의 부관을 변경할 수 있다. 1. 법률에 근거가 있는 경우 2. 당사자의 동의가 있는 경우 3. 사정이 변경되어 부관을 새로 붙이거나 종전의 부관을 변경하지 아니하면 해당 처분의 목적을 달성할 수 없다고 인정되는 경우	행정처분에 이미 부담이 부가되어 있는 상태에서 그 의무의 범위 또는 내용 등을 변경하는 부관의 사후변경은, 법률에 명문의 규정이 있거나 그 변경이 미리 유보되어 있는 경우 또는 상대방의 동의가 있는 경우에 한하여 허용되는 것이 원칙이지만, 사정변경으로 인하여 당초에 부담을 부가한 목적을 달성할 수 없게 된 경우에도 그 목적달성에 필요한 범위 내에서 예외적으로 허용된다 (대판 1997.5.30. 97누2627).

③ 10% (×) 〈판례〉 행정처분과 부관 사이에 실제적 관련성이 있다고 볼 수 없는 경우 공무원이 위와 같은 공법상의 제한을 회피할 목적으로 행정처분의 상대방과 사이에 사법상 계약을 체결하는 형식을 취하였다면 이는 법치행정의 원리에 반하는 것으로서 위법하다(대판 2009.12.10. 2007다63966).

---

3 행정행위 > 강학상 특허　　오답률 43%　답 ③

| 정답해설 | ③ 57% ㄱ, ㄴ, ㄹ은 강학상 특허로서 재량에 해당한다.

ㄱ. (재량) 〈판례〉 「자동차 운수사업법」에 의한 개인택시운송사업면허는 특정인에게 특정한 권리나 이익을 부여하는 행정행위로서 법령에 특별한 규정이 없는 한 재량행위이고, 그 면허를 위하여 필요한 기준을 정하는 것도 역시 행정청의 재량에 속하는 것이다(대판 1997.9.26. 97누8878).

ㄴ. (재량) 〈판례〉 구 「수도권대기환경특별법」 제14조 제1항에서 정한 대기오염물질 총량관리사업장 설치의 허가 또는 변경허가는 특정인에게 인구가 밀집되고 대기오염이 심각하다고 인정되는 수도권 대기관리권역에서 총량관리대상 오염물질을 일정량을 초과하여 배출할 수 있는 특정한 권리를 설정하여 주는 행위로서 그 처분의 여부 및 내용의 결정은 행정청의 재량에 속한다(대판 2013.5.9. 2012두22799).

ㄹ. (재량) 〈판례〉 체류자격 변경허가는 신청인에게 당초의 체류자격과 다른 체류자격에 해당하는 활동을 할 수 있는 권한을 부여하는 일종의 설권적 처분의 성격을 가지므로, 허가권자는 신청인이 관계 법령에서 정한 요건을 충족하였더라도, 신청인의 적격성, 체류 목적, 공익상의 영향 등을 참작하여 허가 여부를 결정할 수 있는 재량을 가진다(대판 2016.7.14. 2015두48846).

| 오답해설 | ㄷ. (기속) 「국가공무원법」상의 복직명령은 기속에 해당한다. 〈판례〉 「국가공무원법」 제73조 제2항의 문언에 비추어 복직명령은 기속행위이므로 휴직사유가 소멸하였음을 이유로 신청하는 경우 임용권자는 지체 없이 복직명령을 하여야 한다(대판 2014.6.12. 2012두4852).

---

4 「행정기본법」과 「행정절차법」 > 「행정절차법」　오답률 49%　답 ③

| 정답해설 | ③ 51% (×) 「국가공무원법」상의 직위해제처분에는 사전통지 등의 「행정절차법」의 규정이 적용되지 않는다. 〈판례〉 「국가공무원법」상 직위해제처분은 … 당해 행정작용의 성질상 행정절차를 거치기 곤란하거나 불필요하다고 인정되는 사항 또는 행정절차에 준하는 절차를 거친 사항에 해당하므로, 처분의 사전통지 및 의견청취 등에 관한 「행정절차법」의 규정이 별도로 적용되지 않는다(대판 2014.5.16. 2012두26180).

| 오답해설 | ① 16% (○) 대판 2002.11.26. 2002두5948

② 17% (○) 대판 2018.6.15. 2016두57564

④ 16% (○) 대판 1983.7.26. 82누420

---

5 행정법의 의의 > 행정법의 일반원칙　오답률 33%　답 ②

| 정답해설 | ㄱ. (○) 대판 2019.7.11. 2017두38874

ㄹ. (○) 대판 1997.3.11. 96다49650

| 오답해설 | ㄴ. (×) 〈판례〉 평등의 원칙은 본질적으로 같은 것을 자의적으로 다르게 취급함을 금지하는 것이고, 위법한 행정처분이 수차례에 걸쳐 반복적으로 행하여졌다 하더라도 그러한 처분이 위법한 것인 때에는 행정청에 대하여 자기구속력을 갖게 된다고 할 수 없다(대판 2009.6.25. 2008두13132).

ㄷ. (×) 무효의 경우에는 신뢰보호가 적용되지 않는다. 결격자의 임용은 무효이고 이에 대한 취소는 무효임을 확인하는 의미에 해당될 뿐이다. 〈판례〉 국가가 공무원임용결격사유가 있는 자에 대하여 결격사유가 있는 것을 알지 못하고 공무원으로 임용하였다가 사후에 결격사유가 있는 자임을 발견하고 공무원 임용행위를 취소하는 것은 당사자에게 원래의 임용행위가 당초부터 당연무효이었음을 통지하여 확인시켜 주는 행위에 지나지 아니하는 것이므로, 그러한 의미에서 당초의 임용처분을 취소함에 있어서는 신의칙 내지 신뢰의 원칙을 적용할 수 없고 또 그러한 의미의 취소권은 시효로 소멸하는 것도 아니다(대판 1987.4.14. 86누459).

---

6 행정행위 > 강학상 특허　　오답률 41%　답 ④

| 정답해설 | ④ 59% (×) 행정재산의 사용·수익허가는 강학상 특허에 해당한다. 〈판례〉 구 「공유수면관리법」에 따른 공유수면의 점·사용허가는 특정인에게 공유수면 이용권이라는 독점적 권리를 설정하여 주는 처분으로서 그 처분의 여부 및 내용의 결정은 원칙적으로 행정청의 재량에 속한다고 할 것이다(대판 2004.5.28. 2002두5016).

| 오답해설 | ① 14% (○) 대판 1993.6.29. 92누17822

② 8% (○) 대판 2000.10.27. 98두8964

③ 19% (○) 대판 1998.9.22. 98두7602

---

7 행정정보공개와 개인정보보호 > 정보공개　오답률 33%　답 ②

| 정답해설 | ② 67% (×) 회의록에 기재된 발언자의 인적사항은 비공개 대상인 정보이다. 〈판례〉 학교환경위생구역 내 금지행위(숙박시설) 해제결정에 관한 학교환경위생정화위원회의 회의록에 기재된 발언내용에 대한 해당 발언자의 인적사항 부분에 관한 정보는 「공공기관의 정보공개에 관한 법률」 제7조 제1항 제5호 소정의 비공개 대상에 해당한다(대판 2003.8.22. 2002두12946).

| 오답해설 | ① 18% (○) 대판 2017.9.7. 2017두44558

③ 9% (○) 대판 2003.12.11. 2001두8827

④ 6% (○) 대판 2013.1.24. 2010두18918

8 행정행위 > 행정처분의 위법성 　오답률 57%　 답 ①

| 정답해설 | ① 43% (×) 고지는 처분의 불복에 관한 안내제도로서 국민에 대한 일종의 배려조치이다. 이에 하자가 있다고 해도 처분이 위법하게 되는 것은 아니며 처분에 영향을 주지 않는다. 〈판례〉고지절차에 관한 규정은 행정처분의 상대방이 그 처분에 대한 행정심판의 절차를 밟는 데 있어 편의를 제공하려는 데 있으며 처분청이 위 규정에 따른 고지의무를 이행하지 아니하였다고 하더라도 경우에 따라서는 행정심판의 제기기간이 연장될 수 있는 것에 그치고 이로 인하여 심판의 대상이 되는 행정처분에 어떤 하자가 수반된다고 할 수 없다(대판 1987.11.24. 87누529).

| 오답해설 | ② 9% (○) 대판 2021.6.30. 2017다249219

③ 18% (○) 대판 1985.5.28. 84누408

④ 30% (○) 대판 1984.10.10. 84누463

9 행정상 법률요건과 법률사실 > 사인의 공법행위 　오답률 44%　 답 ④

| 정답해설 | ④ 56% (×) 지위승계신고나 신고의 수리처분 이전에 행정적 책임은 양도인에게 귀속된다. 〈판례〉사실상 영업이 양도·양수되었지만 아직 승계신고 및 그 수리처분이 있기 이전에는 여전히 종전의 영업자인 양도인이 영업허가자이고, … 한편 양도인이 그의 의사에 따라 양수인에게 영업을 양도하면서 양수인으로 하여금 영업을 하도록 허락하였다면 그 양수인의 영업 중 발생한 위반행위에 대한 행정적인 책임은 영업허가자인 양도인에게 귀속된다고 보아야 할 것이다(대판 1995.2.24. 94누9146).

| 오답해설 | ① 17% (○) 대판 2003.2.14. 2001두7015

② 11% (○) 대판 2010.11.11. 2009두14934

③ 16% (○) 대판 2005.12.23. 2005두3554

10 새로운 실효성 확보수단 > 과징금 　오답률 36%　 답 ②

| 정답해설 | ② 64% (×) 과징금은 행정법규 위반에 대한 객관적 사실에 착안하여 가하는 제재라서 고의나 과실을 요하지 아니한다. 〈판례〉구 「여객자동차 운수사업법」(2012.2.1. 법률 제11295호로 개정되기 전의 것) 제88조 제1항의 과징금 부과처분은 제재적 행정처분으로서 여객자동차 운수사업에 관한 질서를 확립하고 여객의 원활한 운송과 여객자동차 운수사업의 종합적인 발달을 도모하여 공공복리를 증진한다는 행정목적의 달성을 위하여 행정법규 위반이라는 객관적 사실에 착안하여 가하는 제재이므로 반드시 현실적인 행위자가 아니라도 법령상 책임자로 규정된 자에게 부과되고 원칙적으로 위반자의 고의·과실을 요하지 아니하나, 위반자의 의무 해태를 탓할 수 없는 정당한 사유가 있는 등의 특별한 사정이 있는 경우에는 이를 부과할 수 없다(대판 2014.10.15. 2013두5005).

| 오답해설 | ① 11% (○) 대판 2014.10.15. 2013두5005 참고

③ 12% (○) 과징금은 부담적 행정처분으로 항고소송 대상이다.

④ 13% (○) 〈판례〉자동차운수사업면허조건 등을 위반한 사업자에 대하여 행정청이 행정제재수단으로 사업 정지를 명할 것인

지, 과징금을 부과할 것인지, 과징금을 부과키로 한다면 그 금액은 얼마로 할 것인지에 관하여 재량권이 부여되었다 할 것이므로 과징금 부과처분이 법이 정한 한도액을 초과하여 위법할 경우 법원으로서는 그 전부를 취소할 수밖에 없고, 그 한도액을 초과한 부분이나 법원이 적정하다고 인정되는 부분을 초과한 부분만을 취소할 수 없다(대판 1998.4.10. 98두2270).

11 손해배상 > 국가배상 　오답률 37%　 답 ①

| 정답해설 | ① 63% (○) 대판 2011.9.8. 2011다34521

| 오답해설 | ② 15% (×) 사경제작용인 국고작용만 「국가배상법」상의 직무에 해당되지 않을 뿐, 비권력적 작용은 「국가배상법」상의 직무에 해당된다.

③ 12% (×) 〈판례〉경과실이 있는 공무원이 피해자에 대하여 손해배상책임을 부담하지 아니함에도 피해자에게 손해를 배상하였다면 그것은 채무자 아닌 사람이 타인의 채무를 변제한 경우에 해당하고, 이는 「민법」 제469조의 '제3자의 변제' 또는 「민법」 제744조의 '도의관념에 적합한 비채변제'에 해당하여 피해자는 공무원에 대하여 이를 반환할 의무가 없다(대판 2014.8.20. 2012다54478).

④ 10% (×) 〈판례〉「국가배상법」 제5조 제1항 소정의 '공공의 영조물'이라 함은 국가 또는 지방자치단체에 의하여 특정 공공의 목적에 공여된 유체물 내지 물적 설비를 말하며, 국가 또는 지방자치단체가 소유권, 임차권 그 밖의 권한에 기하여 관리하고 있는 경우뿐만 아니라 사실상의 관리를 하고 있는 경우도 포함된다(대판 1998.10.23. 98다17381).

12 행정벌 > 과태료의 불복 　오답률 41%　 답 ③

| 정답해설 | ③ 59% (○) 과태료에 대해 상대방이 이의를 제기하면 과태료의 효력은 상실한다. 〈법령〉「질서위반행위규제법」 제20조(이의제기) ❶ 행정청의 과태료 부과에 불복하는 당사자는 제17조 제1항에 따른 과태료 부과 통지를 받은 날부터 60일 이내에 해당 행정청에 서면으로 이의제기를 할 수 있다.

❷ 제1항에 따른 이의제기가 있는 경우에는 행정청의 과태료 부과처분은 그 효력을 상실한다.

| 오답해설 | ① 10% (×) 〈판례〉양벌규정에 의한 영업주의 처벌은 금지위반행위자인 종업원의 처벌에 종속하는 것이 아니라 독립하여 그 자신의 종업원에 대한 선임감독상의 과실로 인하여 처벌되는 것이므로 종업원의 범죄성립이나 처벌이 영업주 처벌의 전제조건이 될 필요는 없다(대법원 1987.11.10. 87도1213).

② 14% (×) 통고처분은 항고소송 대상인 처분이 아니다.

④ 17% (×) 〈판례〉법원이 「비송사건절차법」에 따라서 하는 과태료 재판은 관할 관청이 부과한 과태료처분에 대한 당부를 심판하는 행정소송절차가 아니라 법원이 직권으로 개시·결정하는 것이므로, 원칙적으로 과태료 재판에서는 행정소송에서와 같은 신뢰보호의 원칙 위반 여부가 문제로 되지 아니한다(대결 2006.4.28. 자 2003마715).

13 행정강제 > 행정상 강제집행 오답률 42% 답 ①

| **정답해설** | ㄱ. (○) 〈판례〉 관계 법령상 행정대집행의 절차가 인정되어 행정청이 행정대집행의 방법으로 건물의 철거 등 대체적 작위의무의 이행을 실현할 수 있는 경우에는 따로 민사소송의 방법으로 그 의무의 이행을 구할 수 없다. 한편 건물의 점유자가 철거의무자일 때에는 건물철거의무에 퇴거의무도 포함되어 있는 것이어서 별도로 퇴거를 명하는 집행권원이 필요하지 않다(대판 2017.4.28. 2016다213916).

ㄴ. (○) 대판 2009.6.11. 2009다1122

| **오답해설** | ㄷ. (×) 〈판례〉 이 공유 일반재산의 대부료의 징수에 관하여도 지방세 체납처분의 예에 따른 간이하고 경제적인 특별한 구제절차가 마련되어 있으므로, 특별한 사정이 없는 한 민사소송으로 공유 일반재산의 대부료의 지급을 구하는 것은 허용되지 아니한다(대판 2017.4.13. 2013다207941).

ㄹ. (×) 〈판례〉 관계 법령에 위반하여 장례식장 영업을 하고 있는 자의 장례식장 사용중지의무는 「행정대집행법」 제2조의 규정에 의한 대집행의 대상이 아니다(대판 2005.9.28. 2005두7464).

14 행정행위 > 선결문제 오답률 31% 답 ②

| **정답해설** | ② 69% (×) 〈판례〉 위법한 행정대집행이 완료되면 그 처분의 무효확인 또는 취소를 구할 소의 이익은 없다 하더라도, 미리 그 행정처분의 취소판결이 있어야만, 그 행정처분의 위법임을 이유로 한 손해배상청구를 할 수 있는 것은 아니다(대판 1972.4.28. 72다337).

| **오답해설** | ① 21% (○) 무효인 조세부과처분에 대해 이미 조세를 납부한 경우, 부당이득반환청구소송의 수소법원인 민사법원은 선결문제로서 처분의 무효 여부를 판단할 수 있고, 이에 부당이득에 대한 반환의 판결을 할 수 있다.

③ 2% (○) 대판 1989.3.28. 89도149

④ 8% (○) 〈판례〉 영업의 금지를 명한 영업허가취소처분 자체가 나중에 행정쟁송절차에 의하여 취소되었다면 그 영업허가취소처분은 그 처분시에 소급하여 효력을 잃게 되며, 그 영업허가취소처분에 복종할 의무가 원래부터 없었음이 확정되었다고 봄이 타당하고, 영업허가취소처분이 장래에 향하여서만 효력을 잃게된다고 볼 것은 아니므로 그 영업허가취소처분 이후의 영업행위를 무허가영업이라고 볼 수는 없다(대판 1993.6.25. 93도277).

15 그 밖의 행정의 주요 행위 형식 > 공법상 계약 오답률 54% 답 ④

| **정답해설** | ④ 46% (○) 〈판례〉 甲 지방자치단체가 乙 주식회사 등 4개 회사로 구성된 공동수급체를 자원회수시설과 부대시설의 운영·유지관리 등을 위탁할 민간사업자로 선정하고 乙 회사 등의 공동수급체와 위 시설에 관한 위·수탁 운영 협약을 체결하였는데, … 위 협약은 甲 지방자치단체가 사인인 乙 회사 등에 위 시설의 운영을 위탁하고 그 위탁운영비용을 지급하는 것을 내용으로 하는 용역

계약으로서 상호 대등한 입장에서 당사자의 합의에 따라 체결한 사법상 계약에 해당한다(대판 2019.10.17. 2018두60588).

| **오답해설** | ① 12% (×) 〈판례〉 지방자치단체가 일방 당사자가 되는 이른바 '공공계약'이 사경제의 주체로서 상대방과 대등한 위치에서 체결하는 사법상 계약에 해당하는 경우 그에 관한 법령에 특별한 정함이 있는 경우를 제외하고는 사적 자치와 계약자유의 원칙 등 사법의 원리가 그대로 적용된다(대판 2018.2.13. 2014두11328).

② 26% (×) 〈판례〉 국립의료원 부설주차장에 관한 이 사건 위탁관리용역운영계약의 … 실질은 행정재산인 위 부설주차장에 대한 「국유재산법」 제24조 제1항에 의한 사용·수익 허가로서 이루어진 것임을 알 수 있으므로, 이는 위 국립의료원이 원고의 신청에 의하여 공권력을 가진 우월적 지위에서 행한 행정처분으로서 특정인에게 행정재산을 사용할 수 있는 권리를 설정하여 주는 강학상 특허에 해당한다 할 것이고 순전히 사경제주체로서 원고와 대등한 위치에서 행한 사법상의 계약으로 보기 어렵다고 할 것이다(대판 2006.3.9. 2004다31074).

③ 16% (×) 〈판례〉 공법상 계약이란 공법적 효과의 발생을 목적으로 하여 대등한 당사자 사이의 의사표시의 합치로 성립하는 공법행위를 말한다. 공법상 계약의 한쪽 당사자가 다른 당사자를 상대로 효력을 다투거나 이행을 청구하는 소송은 공법상의 법률관계에 관한 분쟁이므로 … 특별한 사정이 없는 한 공법상 당사자소송으로 제기하여야 한다(대판 2021.2.4. 2019다277133).

16 행정소송 > 취소소송의 판결 오답률 41% 답 ①

| **정답해설** | ① 59% (○) 사정판결에 대해 「행정소송법」은 신청으로 한정하는 규정을 두고 있지 않다.

「행정소송법」	대법원의 입장
제28조(사정판결) ❶ 원고의 청구가 이유 있다고 인정하는 경우에도 처분 등을 취소하는 것이 현저히 공공복리에 적합하지 아니하다고 인정하는 때에는 법원은 원고의 청구를 기각할 수 있다. 이 경우 법원은 그 판결의 주문에서 그 처분 등이 위법함을 명시하여야 한다.	사정판결은 당사자의 명백한 주장이 없는 경우에도 기록에 나타난 여러 사정을 기초로 직권으로 할 수 있는 것이나, 그 요건인 현저히 공공복리에 적합하지 아니한지 여부는 위법한 행정처분을 취소·변경하여야 할 필요와 그 취소·변경으로 인하여 발생할 수 있는 공공복리에 반하는 사태 등을 비교·교량하여 판단하여야 한다(대판 2006.9.22. 2005두2506).

| **오답해설** | ② 19% (×) 처분이 판결로서 취소되면 행정청의 별도 취소 없이 형성력에 의해 처분의 효력은 소멸한다. 처분청의 별도의 취소행위는 의무가 아니다. 〈판례〉 행정처분을 취소한다는 확정판결이 있으면 그 취소판결의 형성력에 의하여 당해 행정 처분의 취소나 취소통지 등의 별도의 절차를 요하지 아니하고 당연히 취소의 효과가 발생한다(대판 1991.10.11. 90누5443).

③ 10% (×) 〈판례〉 행정청이 관련 법령에 근거하여 행한 공사중지명령의 상대방이 명령의 취소를 구한 소송에서 패소함으로써 그 명령이 적법한 것으로 이미 확정되었다면, 이후 이러한 공사중지명령의 상대방은 그 명령의 해제신청을 거부한 처분의 취소를 구하는 소송에서 그 명령의 적법성을 다툴 수 없다. 그와 같은 공사중지명령에 대하여 그 명령의 상대방이 해제를 구하기 위해서는 명령의 내용 자체로 또는 성질상으로 명령 이후에 원인사유가 해소되었음이 인정되어야 한다(대판 2014.11.27. 2014두37665).

④ 12% (×) 〈판례〉 어떤 처분에 대한 취소소송에서 처분청이 당초 처분사유와 기본적 사실관계의 동일성이 인정되어 추가·변경할 수 있는 다른 사유를 사실심 변론종결시까지 적극적으로 주장·증명하지 못하고 그 처분을 취소하는 판결이 확정된 경우, 처분청이 그 다른 사유를 근거로 다시 종전과 같은 내용의 처분을 할 수 없지만 어떤 처분의 당초 사유와 기본적 사실관계의 동일성이 인정되지 않는 다른 사유가 있는 경우, 처분청이 그 처분에 대한 취소판결 확정 후 그 다른 사유를 근거로 별도의 처분을 할 수 있다(대판 2020.12.24. 2019두55675).

---

17 행정쟁송 > 행정심판   오답률 52%   답 ②

| 정답해설 | ② 48% (○) 취소심판에서 위원회는 처분의 변경을 명령하는 재결을 할 수 있다. 〈법령〉 「행정심판법」 제43조(재결의 구분) ❸ 위원회는 취소심판의 청구가 이유가 있다고 인정하면 처분을 취소 또는 다른 처분으로 변경하거나 처분을 다른 처분으로 변경할 것을 피청구인에게 명한다.

| 오답해설 | ① 15% (×) 재결의 기속력은 인용재결에만 미치는 것으로 처분청은 기각재결의 경우 심판대상인 처분을 직권취소할 수 있다.

③ 26% (×) 사정재결은 취소심판과 의무이행심판에만 적용되고 무효등확인심판에는 적용되지 않는다.

④ 11% (×) 심판의 재결에 불복하여 다시 행정심판을 청구할 수 없다. 〈법령〉 「행정심판법」 제51조(행정심판 재청구의 금지) 심판청구에 대한 재결이 있으면 그 재결 및 같은 처분 또는 부작위에 대하여 다시 행정심판을 청구할 수 없다.

오답률 TOP 2

18 행정소송 > 판결의 기속력   오답률 58%   답 ④

| 정답해설 | ④ 42% (○) 판결의 기속력 위반은 무효이고 간접강제 대상이 된다. 〈판례〉 거부처분에 대한 취소의 확정판결이 있음에도 행정청이 아무런 재처분을 하지 아니하거나, 재처분을 하였다 하더라도 그것이 종전 거부처분에 대한 취소의 확정판결의 기속력에 반하는 등으로 당연무효라면 이는 아무런 재처분을 하지 아니한 때와 마찬가지라 할 것이므로 이러한 경우에는 「행정소송법」 제30조 제2항, 제34조 제1항 등에 의한 간접강제신청에 필요한 요건을 갖춘 것으로 보아야 한다(대결 2002.12.11. 자 2002무22).

| 오답해설 | ① 12% (×) 〈판례〉 본안에서 원고가 승소할 수 있는 가능성을 전제로 한 권리보호수단이라는 점에 비추어 보면 집행정지사건 자체에 의하여도 신청인의 본안청구가 적법한 것이어야 한다는 것을 집행정지의 요건에 포함시켜야 할 것이다(대결 1995.2.28. 자 94두36).

② 15% (×) 행정심판을 청구한 경우에 제소기간은 행정심판의 재결서 정본을 송달받은 날이 기산점이다. 〈법령〉 「행정소송법」 제20조(제소기간) ❶ 취소소송은 처분 등이 있음을 안 날부터 90일 이내에 제기하여야 한다. 다만, 제18조 제1항 단서에 규정한 경우와 그 밖에 행정심판청구를 할 수 있는 경우 또는 행정청이 행정심판청구를 할 수 있다고 잘못 알린 경우에 행정심판청구가 있은 때의 기간은 재결서의 정본을 송달받은 날부터 기산한다.

③ 31% (×) 위원회가 직권으로 시정을 명하는 것이 아니라 신청에 의한다. 〈법령〉 「행정심판법」 제50조(위원회의 직접 처분) ❶ 위원회는 피청구인이 제49조 제3항에도 불구하고 처분을 하지 아니하는 경우에는 당사자가 신청하면 기간을 정하여 서면으로 시정을 명하고 그 기간에 이행하지 아니하면 직접 처분을 할 수 있다. 다만, 그 처분의 성질이나 그 밖의 불가피한 사유로 위원회가 직접 처분을 할 수 없는 경우에는 그러하지 아니하다.

---

19 행정행위 > 종합   오답률 46%   답 ③

| 정답해설 | ③ 54% (○) 〈판례〉 「도시 및 주거환경정비법」상 주택재건축정비사업조합이 같은 법 제48조에 따라 수립한 관리처분계획에 대하여 관할 행정청의 인가·고시까지 있게 되면 관리처분계획은 행정처분으로서 효력이 발생하게 되므로, 총회결의의 하자를 이유로 하여 행정처분의 효력을 다투는 항고소송의 방법으로 관리처분계획의 취소 또는 무효확인을 구하여야 하고, 그와 별도로 행정처분에 이르는 절차적 요건 중 하나에 불과한 총회결의 부분만을 따로 떼어내어 효력 유무를 다투는 확인의 소를 제기하는 것은 특별한 사정이 없는 한 허용되지 않는다(대판 2009.9.17. 2007다2428 전합).

| 오답해설 | ① 12% (×) ㉠은 설권행위나 ㉡은 보충행위에 해당한다.

조합설립인가의 법적 성질	조합의 관리처분계획인가의 법적 성질
행정청이 도시정비법 등 관련 법령에 근거하여 행하는 조합설립 인가처분은 단순히 사인들의 조합설립행위에 대한 보충행위로서의 성질을 갖는 것에 그치는 것이 아니라 법령상 요건을 갖출 경우 도시정비법상 주택재건축사업을 시행할 수 있는 권한을 갖는 행정주체(공법인)로서의 지위를 부여하는 일종의 설권적 처분의 성격을 갖는다(대판 2009.10. 15. 2009다10638·10645).	「도시 및 주거환경정비법」(이하 '도시정비법'이라 한다)에 기초하여 주택재개발정비사업조합(이하 '조합'이라 한다)이 수립한 관리처분계획은 그것이 인가·고시를 통해 확정되면 이해관계인에 대한 구속적 행정계획으로서 독립적인 행정처분에 해당한다. 이러한 관리처분계획을 인가하는 행정청의 행위는 조합의 관리처분계획에 대한 법률상의 효력을 완성시키는 보충행위이다(대판 2016. 12.15. 2015두51347).

② 16% (×) 〈판례〉「도시 및 주거환경정비법」상 행정주체인 주택재건축정비사업조합을 상대로 관리처분계획안에 대한 조합 총회결의의 효력 등을 다투는 소송은 행정처분에 이르는 절차적 요건의 존부나 효력 유무에 관한 소송으로서 그 소송결과에 따라 행정처분의 위법 여부에 직접 영향을 미치는 공법상 법률관계에 관한 것이므로, 이는 「행정소송법」상의 당사자소송에 해당한다(대판 2009.9.17. 2007다2428 전합).

④ 18% (×) 2007다2428 판례에 의하면 관리처분계획은 행정처분에 해당되어 이에 대한 피고는 행정청이 된다. 따라서 조합이 피고이다.

오답률 TOP 1

20 행정쟁송 > 행정심판 　　　오답률 69%　답 ④

| 정답해설 | ④ 31% (○)「행정심판법」상의 오고지 규정은 행정소송에는 적용될 수 없다(대판 2001.5.8. 2000두6916).

| 오답해설 | ① 23% (×) 행정심판의 재결은 소송과 같은 기판력의 효력이 없다. 〈판례〉 행정심판의 재결은 … 재결에 판결에서와 같은 기판력이 인정되는 것은 아니어서 재결이 확정된 경우에도 처분의 기초가 된 사실관계나 법률적 판단이 확정되고 당사자들이나 법원이 이에 기속되어 모순되는 주장이나 판단을 할 수 없게 되는 것은 아니다(대판 2015.11.27. 2013다6759).

② 18% (×) 무효를 선언하는 취소소송은 비록 처분이 무효에 해당된다고 해도 취소소송의 형식으로 청구하였으므로 취소소송의 제기요건을 충족하여야 한다. 〈판례〉 행정처분의 당연무효를 선언하는 의미에서 취소를 구하는 행정소송을 제기한 경우에도 제소기간의 준수 등 취소소송의 제소요건을 갖추어야 한다(대판 1993.3.12. 92누11039).

③ 28% (×) 〈판례〉 국민의 적극적 행위 신청에 대하여 행정청이 그 신청에 따른 행위를 하지 않겠다고 거부한 행위가 항고소송의 대상이 되는 행정처분에 해당하는 것이라고 하려면, 그 신청한 행위가 공권력의 행사 또는 이에 준하는 행정작용이어야 하고, 그 거부행위가 신청인의 법률관계에 어떤 변동을 일으키는 것이어야 하며, 그 국민에게 그 행위발동을 요구할 법규상 또는 조리상의 신청권이 있어야 하는바, 여기에서 '신청인의 법률관계에 어떤 변동을 일으키는 것'이라는 의미는 신청인의 실체상의 권리관계에 직접적인 변동을 일으키는 것은 물론, 그렇지 않다 하더라도 신청인이 실체상의 권리자로서 권리를 행사함에 중대한 지장을 초래하는 것도 포함한다(대판 2007.10.11. 2007두1316).

합격예상 체크

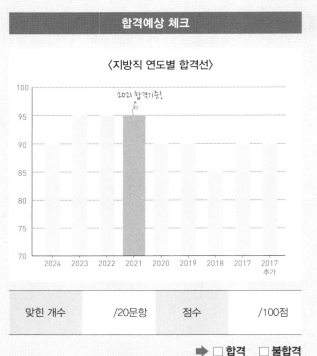

〈지방직 연도별 합격선〉

2021 합격기준!

맞힌 개수	/20문항	점수	/100점

➡ □합격 □불합격

취약영역 체크

문항	정답	영역	문항	정답	영역
1	④	행정법 서론	11	③	행정상 의무이행 확보수단
2	①	행정법 통칙	12	②	행정구제
3	③	행정법 통칙	13	④	행정상 의무이행 확보수단
4	③	행정법 통칙	14	②	행정상 의무이행 확보수단
5	①	행정법 서론	15	③	행정구제
6	③	행정법 통칙	16	②	행정구제
7	②	행정법 통칙	17	②	행정구제
8	②	행정법 통칙	18	③	행정구제
9	③	행정법 통칙	19	②	행정구제
10	④	행정법 통칙	20	①	행정구제

➡ 영역별 틀린 개수로 취약영역을 확인하세요!

행정법 서론	/2	행정법 통칙	/8	행정상 의무이행 확보수단	/3
행정구제	/7	행정조직(7급)	−/0	특별행정작용(7급)	−/0

➡ 나의 **취약영역**: _____

※ [정답해설]과 [오답해설] 선지의 50% 표시는 〈1초 합격예측 서비스〉를 통해 수집된 선지 선택률을 나타냅니다.

---

1 행정법의 의의 > 행정법의 법원과 효력 　오답률 18% 　답 ④

| **정답해설** | ④ 82% (×) 종이관보와 전자관보는 동일한 효력을 갖는다. 〈법령〉「법령 등 공포에 관한 법률」제11조(공포 및 공고의 절차) ❶ 헌법개정·법률·조약·대통령령·총리령 및 부령의 공포와 헌법개정안·예산 및 예산 외 국고부담계약의 공고는 관보(官報)에 게재함으로써 한다.

❷ 「국회법」제98조 제3항 전단에 따라 하는 국회의장의 법률 공포는 서울특별시에서 발행되는 둘 이상의 일간신문에 게재함으로써 한다.

❸ 제1항에 따른 관보는 종이로 발행되는 관보(이하 '종이관보'라 한다)와 전자적인 형태로 발행되는 관보(이하 '전자관보'라 한다)로 운영한다.

❹ 관보의 내용 해석 및 적용 시기 등에 대하여 종이관보와 전자관보는 동일한 효력을 가진다.

| **오답해설** | ③ 5% (○) 〈법령〉「법령 등 공포에 관한 법률」제12조(공포일·공고일) 제11조의 법령 등의 공포일 또는 공고일은 해당 법령 등을 게재한 관보 또는 신문이 발행된 날로 한다.

---

2 행정행위 > 행정행위의 취소와 철회 　오답률 12% 　답 ①

| **정답해설** | ① 88% (×) 취소의 취소를 통해 원처분을 되살릴 수 있는 처분은 수익적 처분이 대상인 경우이다. 부담적(또는 침익적) 처분은 취소를 다시 취소하여 원처분을 다시 살릴 수 없다. 〈판례〉 「국세기본법」상 부과의 취소에 위법사유가 있다고 하더라도 당연무효가 아닌 한 일단 유효하게 성립하여 부과처분을 확정적으로 상실시키는 것이므로, 과세관청은 부과의 취소를 다시 취소함으로써 원 부과처분을 소생시킬 수는 없고 납세의무자에게 종전의 과세대상에 대한 납부의무를 지우려면 다시 법률에서 정한 부과절차에 좇아 동일한 내용의 새로운 처분을 하는 수밖에 없다(대판 1995.3.10. 94누7027).

| **오답해설** | ② 2% (○) 철회는 성립 당시 유효하고 적법한 처분을 장래에 향해 효력을 소멸시키는 행정작용으로서 중대한 공익 등이 사유가 된다. 〈법령〉「행정기본법」제19조(적법한 처분의 철회) ❶ 행정청은 적법한 처분이 다음 각 호의 어느 하나에 해당하는 경우에는 그 처분의 전부 또는 일부를 장래를 향하여 철회할 수 있다.

　1. 법률에서 정한 철회 사유에 해당하게 된 경우

　2. 법령 등의 변경이나 사정변경으로 처분을 더 이상 존속시킬 필요가 없게 된 경우

　3. 중대한 공익을 위하여 필요한 경우

〈판례〉 처분청은 비록 처분 당시에 별다른 하자가 없었고, 또 처분 후에 이를 철회할 별도의 법적 근거가 없더라도 원래의 처분을 존속시킬 필요가 없게 된 사정변경이 생겼거나 또는 중대한 공익상의 필요가 발생한 경우에는 그 효력을 상실케 하는 별개의 처분으로 이를 철회할 수 있다(대판 2020.4.29. 2017두31064).

③ 6% (○) 철회는 철회되어지는 처분과 별개의 하나의 독립된 처분이다. 수익적 처분을 철회하는 경우는 처분의 상대방에게 권익을 제한하는 효과를 가져오는 처분에 해당되므로 「행정절차법」상의 사전통지 등의 행정절차를 준수하여야 한다.

※ 주의: 「행정기본법」에 철회에 대한 실체적 규정이 있지만, 수익적 처분의 철회는 「행정절차법」상의 절차를 준수하여야 함을 유의하여야 한다.

④ 4% (○) 수익적 처분의 취소나 철회는 별도의 법적 근거가 없어도 가능하다. 다만, 신뢰보호나 비례원칙에 따라 제한이 따른다(대판 2002.5.28. 2001두9653).

3　행정행위 > 행정행위의 부관　오답률 10%　답 ③

| 정답해설 | ③ 90% (✕) 부관이 처분과 실제적 관련이 없는 경우 부당결부금지원칙에 반하여 위법하다. 이러한 공법상의 제약을 피할 목적으로 사법상 계약을 체결할 수도 없다. 계약에서도 부당결부금지원칙은 적용된다. 〈판례〉 행정처분과 부관 사이에 실제적 관련성이 있다고 볼 수 없는 경우 공무원이 위와 같은 공법상의 제한을 회피할 목적으로 행정처분의 상대방과 사이에 사법상 계약을 체결하는 형식을 취하였다면 이는 법치행정의 원리에 반하는 것으로서 위법하다(대판 2009.12.10. 2007다63966).

| 오답해설 | ① 4% (○) 기속에 부관을 붙이는 경우, 무효에 해당된다는 것이 대법원의 입장이다. 또한 「행정기본법」에는 재량이 없는 경우에는 법률에 근거가 없는 한 부관을 붙일 수 없다는 규정을 두고 있다. 〈법령〉 「행정기본법」 제17조(부관) ❷ 행정청은 처분에 재량이 없는 경우에는 법률에 근거가 있는 경우에 부관을 붙일 수 있다. 〈판례〉 일반적으로 기속행위나 기속적 재량행위에는 부관을 붙일 수 없고 가사 부관을 붙였다 하더라도 무효이다(대판 1995.6.13. 94다56883).

② 1% (○) 〈판례〉 부관도 처분의 일부로서 처분 당시 부관이 적법하였다면 이후 법개정으로 부관을 붙일 수 없게 되었다고 하여 개정된 법에 의해 적법했던 부관이 위법하게 되거나 부당결부금지원칙 등에 반하게 되는 것은 아니다(대판 2009.2.12. 2005다65500).

④ 5% (○) 부관 중 부담만 독립하여 쟁송을 제기할 수 있다. 행정재산의 사용·수익허가에 대한 기간은 부관 중 기한에 해당되어 독립 쟁송을 제기할 수 없다. 〈판례〉 행정행위의 부관은 부담인 경우를 제외하고는 독립하여 행정소송의 대상이 될 수 없는바, 기부채납받은 행정재산에 대한 사용·수익허가에서 공유재산의 관리청이 정한 사용·수익허가의 기간은 그 허가의 효력을 제한하기 위한 행정행위의 부관으로서 이러한 사용·수익허가의 기간에 대해서는 독립하여 행정소송을 제기할 수 없다(대판 2001.6.15. 99두509).

4　그 밖의 행정의 주요 행위 형식 > 공법상 계약　오답률 15%　답 ③

| 정답해설 | ③ 85% (✕) 계약직 공무원의 채용계약해지 의사표시는 계약의 해지에 해당되며 항고쟁송 대상인 처분이 아니다. 또한 「행정절차법」(공법상 계약 규정이 없음)상의 이유제시 등의 의무는 없다. 〈판례〉 계약직 공무원에 관한 현행 법령의 규정에 비추어 볼 때, 계약직 공무원 채용계약해지의 의사표시는 일반공무원에 대한 징계처분과는 달라서 항고소송의 대상이 되는 처분 등의 성격을 가진 것으로 인정되지 아니하고, 일정한 사유가 있을 때에 국가 또는 지방자치단체가 채용계약 관계의 한쪽 당사자로서 대등한 지위에서 행하는 의사표시로 취급되는 것으로 이해되므로, 이를 징계해고 등에서와 같이 그 징계사유에 한하여 효력 유무를 판단하여야 하거나, 행정처분과 같이 「행정절차법」에 의하여 근거와 이유를 제시하여야 하는 것은 아니다(대판 2002.11.26. 2002두5948).

| 오답해설 | ① 6% (○) 공법상 계약에 대한 불복은 당사자소송이다. 〈판례〉 공중보건의사 채용계약해지의 의사표시에 대하여는 대등한 당사자 간의 소송형식인 공법상의 당사자소송으로 그 의사표시의 무효확인을 청구할 수 있는 것이지, 이를 항고소송의 대상이 되는 행정처분이라는 전제하에서 그 취소를 구하는 항고소송을 제기할 수 없다(대판 1996.5.31. 95누10617).

② 4% (○) 공법상 계약을 포함하여 모든 행정작용은 법률우위원칙이 적용된다. 〈법령〉 「행정기본법」 제27조(공법상 계약의 체결)
❶ 행정청은 법령 등을 위반하지 아니하는 범위에서 행정목적을 달성하기 위하여 필요한 경우에는 공법상 법률관계에 관한 계약(이하 '공법상 계약'이라 한다)을 체결할 수 있다. 이 경우 계약의 목적 및 내용을 명확하게 적은 계약서를 작성하여야 한다.

④ 5% (○) 「행정기본법」 제27조 제2항

5　행정법의 의의 > 행정법의 일반원칙　오답률 36%　답 ①

| 정답해설 | (가) (✕) 행정청의 공적 견해의 기초가 되었던 사실적·법률적 상태에 변경이 있었다면 행정청이 별도의 취소 등의 행위를 하지 않아도 공적 견해는 실효된다. 〈판례〉 확약 또는 공적인 의사표명이 있은 후에 사실적·법률적 상태가 변경되었다면, 그와 같은 확약 또는 공적인 의사표명은 행정청의 별다른 의사표시를 기다리지 않고 실효된다(대판 1996.8.20. 95누10877).

(나) (✕) 재량준칙이 단순히 공표된 것만으로는 신뢰보호나 평등의 원칙이 적용될 수 없다. 1회 이상의 행정이 있어야 한다. 〈판례〉 시장이 농림수산식품부에 의하여 공표된 '2008년도 농림사업시행지침서'에 명시되지 않은 '시·군별 건조저장시설 개소당 논면적' 기준을 충족하지 못하였다는 이유로 신규 건조저장시설 사업자 인정신청을 반려한 사안에서, 위 지침이 되풀이 시행되어 행정관행이 이루어졌다거나 그 공표만으로 신청인이 보호가치 있는 신뢰를 갖게 되었다고 볼 수 없다(대판 2009.12.24. 2009두7967).

(다) (○) 신뢰보호의 공적 견해 여부를 판단하는 기준은 형식적인 권한분장에 의하지 않고 실질적인 지위나 임무, 구체적인 경위 등에 의한다. 〈판례〉 공적 견해표명이 있었는지의 여부를 판단함에 있어서는, 반드시 행정조직상의 형식적인 권한분장에 구애될 것은 아니고, 담당자의 조직상의 지위와 임무, 당해 언동을 하게 된 구체적인 경위 및 그에 대한 상대방의 신뢰가능성에 비추어 실질에 의하여 판단하여야 한다(대판 2008.1.17. 2006두10931).

(라) (○) 신뢰보호의 원칙은 조리법으로서 이를 위반하면 위법이고, 일반적으로 취소사유가 되어 국가배상의 위법을 충족하게 된다. 〈판례〉 국가배상책임에 있어 공무원의 가해행위는 법령을 위반한 것이어야 하고, 법령을 위반하였다 함은 엄격한 의미의 법령 위반뿐 아니라 인권존중, 권력남용금지, 신의성실과 같이 공무원으로서 마땅히 지켜야 할 준칙이나 규범을 지키지 아니하고 위반한 경우를 포함하여 널리 그 행위가 객관적인 정당성을 결여하고 있음을 뜻하는 것이다(대판 2008.6.12. 2007다64365).

| **6** | 행정행위 > 행정행위의 효력 | 오답률 26% | 답 ④ |

| **정답해설** | ④ 74% (×) 불가변력이 인정되는 부분은 당해 행정행위에만 인정되는 것이고 동종의 행정행위라도 대상을 달리하면 인정되지 않는다. 〈판례〉 국민의 권리와 이익을 옹호하고 법적 안정을 도모하기 위하여 특정한 행위에 대하여는 행정청이라 하여도 이것을 자유로이 취소, 변경 및 철회할 수 없다는 행정행위의 불가변력은 당해 행정행위에 대하여서만 인정되는 것이고, 동종의 행정행위라 하더라도 그 대상을 달리할 때에는 이를 인정할 수 없다(대판 1974.12.10. 73누129).

| **오답해설** | ① 6% (○) 대판 2007.3.16. 2006다83802

② 12% (○) 대판 2010.4.8. 2009다90092, 대판 1972.10.10. 71다2279 등

③ 8% (○) 불가쟁력은 행정쟁송을 제기할 수 없는 효력일 뿐 손해배상을 청구할 수 없음을 의미하지 않는다. 불가쟁력이 발생한 처분이라도 국가배상은 가능하다.

| **7** | 행정입법 > 위임명령의 요건과 한계 | 오답률 25% | 답 ② |

| **정답해설** | ② 75% (○) 〈판례〉 상위법 취지에 근거하여 상위법을 구체화하는 것이라면 새로운 법규를 제정한 것이라 볼 수 없어 직접 위임의 근거가 없어도 이를 무효라고 할 수 없다(대판 2009.6.11. 2008두13637).

| **오답해설** | ① 8% (×) 근거 법이 없어 무효인 위임명령은 이후에 상위법이 마련되면 그때부터 유효인 법규명령으로서 효력을 가지게 된다. 즉, 소급하지 않는다. 〈판례〉 일반적으로 법률의 위임에 의하여 효력을 갖는 법규명령의 경우, 구법에 위임의 근거가 없어 무효였더라도 사후에 법개정으로 위임의 근거가 부여되면 그때부터는 유효한 법규명령이 되나, 반대로 구법의 위임에 의한 유효한 법

규명령이 법개정으로 위임의 근거가 없어지게 되면 그때부터 무효인 법규명령이 된다(대판 1995.6.30. 93추83).

③ 11% (×) 의회입법부작위와 달리 행정입법부작위는 국가배상이 된다. 〈판례〉 군법무관의 보수를 법관 및 검사의 예에 준하도록 규정하면서 그 구체적 내용을 시행령에 위임하고 있는 이상, 위 법률의 규정들은 군법무관의 보수의 내용을 법률로써 일차적으로 형성한 것이고, 위 법률들에 의해 상당한 수준의 보수청구권이 인정되는 것이므로, 위 보수청구권은 단순한 기대이익을 넘어서는 것으로서 법률의 규정에 의해 인정된 재산권의 한 내용이 되는 것으로 봄이 상당하고, 따라서 행정부가 정당한 이유 없이 시행령을 제정하지 않은 것은 위 보수청구권을 침해하는 불법행위에 해당한다(대판 2007.11.29. 2006다3561).

④ 6% (×) 위임의 근거인 상위법이 폐지되면 그에 근거하여 제정된 법규명령은 실효된다. 〈판례〉 법규명령의 위임근거가 되는 법률에 대하여 위헌결정이 선고되면 그 위임에 근거하여 제정된 법규명령도 원칙적으로 효력을 상실한다(대판 2001.6.12. 2000다18547).

| **8** | 행정상 법률요건과 법률효과 > 사인의 공법행위 | | 오답률 25% | 답 ② |

| **정답해설** | ② 75% (○) 〈판례〉 수리를 필요로 하는 신고의 경우에도 원칙적으로 법이 정한 형식적 요건을 충족하면 실체적 사유를 들어 신고의 수리를 거부할 수 없다(대판 2011.7.28. 2005두11784).

| **오답해설** | ① 13% (×) 각종 지위승계신고의 수리는 준법률행위적 행정행위의 성질을 갖는다. 〈판례〉 행정청이 구 「관광진흥법」 또는 구 체육시설법의 규정에 의하여 유원시설업자 또는 체육시설업자 지위승계신고를 수리하는 처분은 종전 유원시설업자 또는 체육시설업자의 권익을 제한하는 처분이다(대판 2012.12.13. 2011두29144).

③ 6% (×) 인·허가의제로서의 건축신고는 수리를 필요로 하는 신고이다. 〈판례〉 인·허가의제 효과를 수반하는 건축신고는 일반적인 건축신고와는 달리, 특별한 사정이 없는 한 행정청이 그 실체적 요건에 관한 심사를 한 후 수리하여야 하는 이른바 '수리를 요하는 신고'로 보는 것이 옳다(대판 2011.1.20. 2010두14954 전합).

④ 6% (×) 주민등록신고(전입신고)는 수리필요신고에 해당한다. 〈판례〉 주민등록은 단순히 주민의 거주관계를 파악하고 인구의 동태를 명확히 하는 것 외에도 주민등록에 따라 공법관계상의 여러 가지 법률상 효과가 나타나게 되는 것으로서, 주민등록의 신고는 행정청에 도달하기만 하면 신고로서의 효력이 발생하는 것이 아니라 행정청이 수리한 경우에 비로소 신고의 효력이 발생한다(대판 2009.1.30. 2006다17850).

| **9** | 「행정기본법」과 「행정절차법」 > 행정절차 | 오답률 30% | 답 ③ |

| **정답해설** | ③ 70% (○) 〈판례〉 이유제시의 하자는 상대방이 처분의 이유를 나름 알았다거나 처분의 내용을 이행하였다고 치유될 수 없다(대판 1985.4.9. 84누431).

| **오답해설** | ① 19% (×) 공무원의 직위해제처분은 「행정절차법」의 적용이 배제된다. 〈판례〉「국가공무원법」상 직위해제처분은 구 「행정절차법」 제3조 제2항 제9호, 구 「행정절차법 시행령」 제2조 제3호에 의하여 당해 행정작용의 성질상 행정절차를 거치기 곤란하거나 불필요하다고 인정되는 사항 또는 행정절차에 준하는 절차를 거친 사항에 해당하므로, 처분의 사전통지 및 의견청취 등에 관한 「행정절차법」의 규정이 별도로 적용되지 않는다(대판 2014.5.16, 2012두26180).

② 10% (×) 처분의 내용이 구체적으로 명시되지 않았다고 해도 이에 대한 이유가 충분하여 불복절차로 나아가는 데 지장이 없다면 위법이라 할 수 없다. 〈판례〉「행정절차법」 제23조 제1항은 행정청이 처분을 하는 때에는 당사자에게 그 근거와 이유를 제시하도록 규정하고 있고, 이는 행정청의 자의적 결정을 배제하고 당사자로 하여금 행정구제절차에서 적절히 대처할 수 있도록 하는 데 그 취지가 있다. 따라서 처분 당시 당사자가 어떠한 근거와 이유로 처분이 이루어진 것인지를 충분히 알 수 있어서 그에 불복하여 행정구제절차로 나아가는 데에 별다른 지장이 없었던 것으로 인정되는 경우에는 처분서에 처분의 근거와 이유가 구체적으로 명시되어 있지 않았다고 하더라도 그로 말미암아 그 처분이 위법한 것으로 된다고 할 수는 없다(대판 2013.11.14, 2011두18571).

④ 1% (×) 청문조서의 내용에 대한 정정요구권이 「행정절차법」에 규정되어 있다. 〈법령〉「행정절차법」 제34조(청문조서) ❷ 당사자 등은 청문조서의 내용을 열람·확인할 수 있으며, 이의가 있을 때에는 그 정정을 요구할 수 있다.

---

10 행정정보공개와 개인정보보호 > 정보공개   오답률 7% 답 ④

| **정답해설** | ④ 93% (×) 정보공개청구에 대해 공무원을 괴롭힐 목적이나 부당하게 경제적 이득을 취하고자 하는 경우에는 정보공개청구권을 인정하지 않는다. 〈판례〉국민의 정보공개청구는 정보공개법 제9조에 정한 비공개 대상 정보에 해당하지 아니하는 한 원칙적으로 폭넓게 허용되어야 하지만, 실제로는 해당 정보를 취득 또는 활용할 의사가 전혀 없이 정보공개 제도를 이용하여 사회통념상 용인될 수 없는 부당한 이득을 얻으려 하거나, 오로지 공공기관의 담당공무원을 괴롭힐 목적으로 정보공개청구를 하는 경우처럼 권리의 남용에 해당하는 것이 명백한 경우에는 정보공개청구권의 행사를 허용하지 아니하는 것이 옳다(대판 2014.12.24, 2014두9349).

| **오답해설** | ① 2% (○) 「공공기관의 정보공개에 관한 법률」 제17조 제1항

② 2% (○) 동법 제11조 제5항 제1호

③ 3% (○) 정보공개청구권은 구체적인 권리로서 정보공개를 청구하였다가 거부된 것만으로 청구인은 소를 청구할 법률상 이익이 있다.

---

11 행정강제 > 이행강제금   오답률 7% 답 ③

| **정답해설** | ③ 93% (×) 이행강제금은 의무이행기간이 경과된 이후에 의무를 이행한 경우에는 부과할 수 없다. 〈판례〉장기미등기자가 이행강제금부과 전에 등기신청의무를 이행하였다면 이행강제금의 부과로써 이행을 확보하고자 하는 목적은 이미 실현된 것이므로 부동산실명법 제6조 제2항에 규정된 기간이 지나서 등기신청의무를 이행한 경우라 하더라도 이행강제금을 부과할 수 없다고 보아야 한다(대판 2016.6.23, 2015두36454).

| **오답해설** | ① 1% (○) 〈판례〉이행강제금은 대체적 작위의무에도 가능하다. 대체적 작위의무에 행정대집행과 이행강제금은 선택적으로 활용할 수 있어 이를 두고 중복적 강제라고 할 수 없다(헌재 2004.2.26, 2001헌바80).

② 3% (○) 〈판례〉이행강제금은 일신전속적 성질이라서 사망한 경우에 대한 부과는 무효에 해당한다(대결 2006.12.8. 자 2006마470).

④ 3% (○) 헌재 2004.2.26, 2001헌바80

---

12 행정소송 > 사정판결   오답률 23% 답 ②

| **정답해설** | ② 77% (×) 취소소송에서는 사정판결이 인정되지만, 무효등확인소송에서는 사정판결이 인정되지 않는다. 〈법령〉「행정소송법」 제28조(사정판결) ❶ 원고의 청구가 이유 있다고 인정하는 경우에도 처분 등을 취소하는 것이 현저히 공공복리에 적합하지 아니하다고 인정하는 때에는 법원은 원고의 청구를 기각할 수 있다. 이 경우 법원은 그 판결의 주문에서 그 처분 등이 위법함을 명시하여야 한다.

❷ 법원이 제1항의 규정에 의한 판결을 함에 있어서는 미리 원고가 그로 인하여 입게 될 손해의 정도와 배상방법 그 밖의 사정을 조사하여야 한다.

❸ 원고는 피고인 행정청이 속하는 국가 또는 공공단체를 상대로 손해배상, 제해시설의 설치 그 밖에 적당한 구제방법의 청구를 당해 취소소송 등이 계속된 법원에 병합하여 제기할 수 있다.

| **더 알아보기** | 무효등확인소송에 준용되는 「행정소송법」의 규정

> 「행정소송법」 제38조(준용규정) ❶ 제9조, 제10조, 제13조 내지 제17조, 제19조, 제22조 내지 제26조, 제29조 내지 제31조 및 제33조의 규정은 무효등확인소송의 경우에 준용한다.

---

13 행정벌 > 「질서위반행위규제법」   오답률 29% 답 ④

| **정답해설** | ④ 71% (×) 신분에 의해 성립되는 질서위반행위에 신분이 없는 자가 같이 가담한 경우에 동일하게 질서위반행위가 성립된다. 다만, 신분에 따른 과태료의 가중이나 감면, 면제의 효과는 없다. 〈법령〉「질서위반행위규제법」 제12조(다수인의 질서위반행위 가담) ❷ 신분에 의하여 성립하는 질서위반행위에 신분이 없는 자가 가담한 때에는 신분이 없는 자에 대하여도 질서위반행위가 성립한다.

| **오답해설** | ① ｜4%｜ (○) 「질서위반행위규제법」 제6조

② ｜11%｜ (○) 〈판례〉 행정청이 통고처분을 하였다면 상대방의 임의적 이행 여부를 기다려 기간이 경과한 이후에 이에 따른 고발 등이 있어야 한다(대판 2020.4.29. 2017도13409).

③ ｜14%｜ (○) 과태료에 불복하여 이의제기를 하게 되면 과태료의 효력은 상실된다. 〈법령〉 「질서위반행위규제법」 제20조(이의제기) ❶ 행정청의 과태료 부과에 불복하는 당사자는 제17조 제1항에 따른 과태료 부과 통지를 받은 날부터 60일 이내에 해당 행정청에 서면으로 이의제기를 할 수 있다.

❷ 제1항에 따른 이의제기가 있는 경우에는 행정청의 과태료 부과처분은 그 효력을 상실한다.

---

14 행정강제 > 강제집행   ｜오답률 17%｜ 답 ②

| **정답해설** | ② ｜83%｜ (×) 대집행의 절차(계고 – 영장 – 실행 – 비용징수)는 결합하여 하나의 법효과를 완성하는 관계로서 하자승계가 인정된다. 〈판례〉 후행처분인 대집행비용납부명령의 취소를 청구하는 소송에서 청구원인으로 선행처분인 계고처분이 위법한 것이기 때문에 그 계고처분을 전제로 행하여진 대집행비용납부명령도 위법한 것이라는 주장을 할 수 있다(대판 1993.11.9. 93누14271).

| **오답해설** | ① ｜7%｜ (○) 점유배제를 목적으로 하는 점유자의 퇴거 등은 행정대집행 대상인 대체적 작위의무에 해당하지 않는다. 〈판례〉 매점으로부터 퇴거하고 이에 부수하여 그 판매 시설물 및 상품을 반출하지 아니할 때에는 이를 대집행하겠다는 내용의 계고처분은 불법 시설물을 철거하고자 하는 것이 아니라, 매점에 대한 점유자의 점유를 배제하고 그 점유이전을 받는 데 있다고 할 것인데, 이러한 의무는 그것을 강제적으로 실현함에 있어 직접적인 실력행사가 필요한 것이지 대체적 작위의무에 해당하는 것은 아니어서 직접강제의 방법에 의하는 것은 별론으로 하고 「행정대집행법」에 의한 대집행의 대상이 되는 것은 아니다(대판 1998.10.23. 97누157).

③ ｜3%｜ (○) 「행정대집행법」 제6조 제3항

④ ｜7%｜ (○) 동법 제7조

---

15 손해배상 > 국가배상   ｜오답률 10%｜ 답 ③

| **정답해설** | ③ ｜90%｜ (×) 「국가배상법」 제5조에서의 영조물은 학문상 공물의 개념으로 국가나 지방자치단체의 소유물에 한정하지 않고 임차물 등 사실상 관리하고 있는 물건 등을 포함한다. 〈판례〉 「국가배상법」 제5조 제1항 소정의 '공공의 영조물'이라 함은 국가 또는 지방자치단체에 의하여 특정 공공의 목적에 공여된 유체물 내지 물적 설비를 말하며, 국가 또는 지방자치단체가 소유권, 임차권 그 밖의 권한에 기하여 관리하고 있는 경우뿐만 아니라 사실상의 관리를 하고 있는 경우도 포함된다(대판 1998.10.23. 98다17381).

| **오답해설** | ① ｜4%｜ (○) 「국가배상법」 제6조 제1항

② ｜5%｜ (○) 〈판례〉 공무원의 직무가 단지 공공의 일반이익을 위한 목적이나 행정 내부의 질서유지를 위한 목적인 경우에는 배상이 인정될 수 없고, 공무원의 직무가 전적이든 부수적이든 개인의 이익과 안전을 보호할 목적의 직무이어야 한다(대판 2010.9.9. 2008다77795).

④ ｜1%｜ (○) 〈판례〉 공무원의 위법이 경과실인 경우에는 공무원의 직접적 배상책임은 발생하지 않는다. 피해자는 국가 등을 상대로 배상을 청구하여야 한다(대판 1996.2.15. 95다38677 전합).

---

16 행정소송 > 집행정지   ｜오답률 35%｜ 답 ②

| **정답해설** | ② ｜65%｜ (×) 거부처분이나 부작위는 집행정지(효력정지·절차정지)의 대상이 아니다. 〈판례〉 신청에 대한 거부처분의 효력을 정지하더라도 거부처분이 없었던 것과 같은 상태, 즉 거부처분이 있기 전의 신청시의 상태로 되돌아가는 데에 불과하고 행정청에게 신청에 따른 처분을 하여야 할 의무가 생기는 것이 아니므로, 거부처분의 효력정지는 그 거부처분으로 인하여 신청인에게 생길 손해를 방지하는 데에 아무런 소용이 없어 그 효력정지를 구할 이익이 없다(대결 1992.2.13. 자 91두47).

| **오답해설** | ① ｜6%｜ (○) 집행정지(효력정지)의 적극적 요건으로 법원에 소송이 계속 중임을 요한다(대결 1988.6.14. 자 88두6).

③ ｜25%｜ (○) 「행정소송법」 제23조 제2항

④ ｜4%｜ (○) 대법원에 의하면 이유 없음이 명백하지 않아야만 집행정지를 인정할 수 있다는 입장이다(대결 1992.6.8. 자 92두14).

오답률 TOP3
17 행정쟁송 > 행정심판   ｜오답률 44%｜ 답 ②

| **정답해설** | ② ｜56%｜ (×) 거부처분이나 부작위를 대상으로 하는 의무이행심판은 사정재결의 대상이 된다. 〈법령〉 「행정심판법」 제44조(사정재결) ❶ 위원회는 심판청구가 이유가 있다고 인정하는 경우에도 이를 인용(認容)하는 것이 공공복리에 크게 위배된다고 인정하면 그 심판청구를 기각하는 재결을 할 수 있다. 이 경우 위원회는 재결의 주문(主文)에서 그 처분 또는 부작위가 위법하거나 부당하다는 것을 구체적으로 밝혀야 한다.

❷ 위원회는 제1항에 따른 재결을 할 때에는 청구인에 대하여 상당한 구제방법을 취하거나 상당한 구제방법을 취할 것을 피청구인에게 명할 수 있다.

❸ 제1항과 제2항은 무효등확인심판에는 적용하지 아니한다.

| **오답해설** | ① ｜8%｜ (○) 행정심판청구기간의 기산점인 안 날은 처분을 현실적으로 안 날을 의미한다(대판 2002.8.27. 2002두3850).

③ ｜7%｜ (○) 「행정심판법」 제51조

④ ｜29%｜ (○) 행정심판의 재결은 아직 소송이 남아 있어 확정판결의 효력인 기판력이 없다(대판 2015.11.27. 2013다6759).

18 행정소송 > 협의의 소익 　오답률 45%　답 ③

| **정답해설** | ㄱ. (○) 〈판례〉 지방의회 의원에 대한 제명의결 취소소송 계속 중 의원의 임기가 만료된 사안에서, 제명의결의 취소로 의원의 지위를 회복할 수는 없다 하더라도 제명의결시부터 임기만료일까지의 기간에 대한 월정수당의 지급을 구할 수 있는 등 여전히 그 제명의결의 취소를 구할 법률상 이익이 있다(대판 2009.1.30. 2007두13487).

ㄴ. (○) 〈판례〉 파면처분 취소소송의 사실심 변론종결 전에 동원고가 허위공문서등작성죄로 징역 8월에 2년간 집행유예의 형을 선고받아 확정되었다면 원고는 「지방공무원법」의 규정에 따라 위 판결이 확정된 날 당연퇴직되어 그 공무원의 신분을 상실하고, 최소한도 이 사건 파면처분이 있은 때부터 위 법규정에 의한 당연퇴직일자까지의 기간에 있어서는 파면처분의 취소를 구하여 그로 인해 박탈당한 이익의 회복을 구할 소의 이익이 있다 할 것이다(대판 1985.6.25. 85누39).

| **오답해설** | ㄷ. (×) 〈판례〉 공익근무요원 소집해제신청을 거부한 후에 원고가 계속하여 공익근무요원으로 복무함에 따라 복무기간 만료를 이유로 소집해제처분을 한 경우, 원고가 입게 되는 권리와 이익의 침해는 소집해제처분으로 해소되었으므로 위 거부처분의 취소를 구할 소의 이익이 없다(대판 2005.5.13. 2004두4369).

19 행정소송 > 거부처분의 처분성 　오답률 19%　답 ②

| **정답해설** | ② 81% (×) 거부처분이 항고소송 대상인 처분이 되기 위한 조건으로 정당한 신청권을 요하는데, 여기에서 정당한 신청권은 신청의 인용의 결과를 얻을 수 있는 것을 말하는 것은 아니다. 〈판례〉 거부처분의 처분성을 인정하기 위한 전제요건이 되는 신청권의 존부는 구체적 사건에서 신청인이 누구인가를 고려하지 않고 관계 법규의 해석에 의하여 일반 국민에게 그러한 신청권을 인정하고 있는가를 살펴 추상적으로 결정되는 것이고, 신청인이 그 신청에 따른 단순한 응답을 받을 권리를 넘어서 신청의 인용이라는 만족적 결과를 얻을 권리를 의미하는 것은 아니다. 따라서 국민이 어떤 신청을 한 경우에 그 신청의 근거가 된 조항의 해석상 행정발동에 대한 개인의 신청권을 인정하고 있다고 보여지면 그 거부행위는 항고소송의 대상이 되는 처분으로 보아야 할 것이고, 구체적으로 그 신청이 인용될 수 있는가 하는 점은 본안에서 판단하여야 할 사항인 것이다(대판 1996.6.11. 95누12460).

| **오답해설** | ① 2% (○) 헌재 2005.5.26. 99헌마513

③ 8% (○) 대판 2004.4.22. 2003두9015

④ 9% (○) 대판 2017.8.29. 2016두44186

20 행정쟁송 > 행정심판 　오답률 49%　답 ①

| **정답해설** | ㄱ. (○) 「행정심판법」 제49조 제2항

ㄴ. (○) 동법 제49조 제1항

| **오답해설** | ㄷ. (×) 〈판례〉 재결의 기속력은 재결의 주문 및 그 전제가 된 요건사실의 인정과 판단, 즉 처분 등의 구체적 위법사유에 관한 판단에만 미친다(대판 2005.12.9. 2003두7705).

ㄹ. (×) 간접강제인 배상은 신청이 있는 경우에 이루어진다. 〈법령〉 「행정심판법」 제50조의2(위원회의 간접강제) ❶ 위원회는 피청구인이 제49조 제2항(제49조 제4항에서 준용하는 경우를 포함한다) 또는 제3항에 따른 처분을 하지 아니하면 청구인의 신청에 의하여 결정으로 상당한 기간을 정하고 피청구인이 그 기간 내에 이행하지 아니하는 경우에는 그 지연기간에 따라 일정한 배상을 하도록 명하거나 즉시 배상을 할 것을 명할 수 있다.

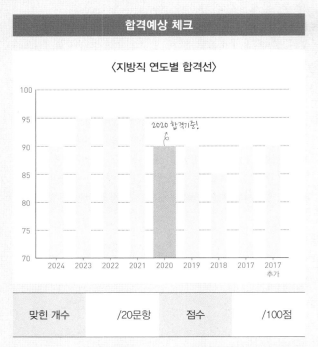

합격예상 체크			

〈지방직 연도별 합격선〉

2020 합격기준!

맞힌 개수	/20문항	점수	/100점

➡ ☐합격 ☐불합격

취약영역 체크

문항	정답	영역	문항	정답	영역
1	④	행정법 서론	11	①	행정구제
2	④	행정법 통칙	12	④	행정구제
3	②	행정상 의무이행 확보수단	13	②	행정구제
4	③	행정상 의무이행 확보수단	14	④	행정법 통칙
5	④	행정법 통칙	15	②	행정법 통칙
6	①	행정법 통칙	16	②	행정구제
7	④	행정법 통칙	17	③	행정구제
8	④	행정법 통칙	18	③	행정법 통칙
9	①	행정법 통칙	19	②	행정구제
10	③	행정법 통칙	20	④	행정상 의무이행 확보수단

➡ 영역별 틀린 개수로 취약영역을 확인하세요!

행정법 서론	/1	행정법 통칙	/10	행정상 의무이행 확보수단	/3
행정구제	/6	행정조직(7급)	−/0	특별행정작용(7급)	−/0

➡ 나의 취약영역: _____

※ [정답해설]과 [오답해설] 선지의 50% 표시는 〈1초 합격예측 서비스〉를 통해 수집된 선지 선택률을 나타냅니다.

1	행정법의 의의 > 행정법의 일반원칙	오답률 8%	답 ④

| 정답해설 | ④ 92% (○) 재량준칙에 대한 자기구속의 법리를 말한다(대판 2009.12.24. 2009두7967).

| 오답해설 | ① 1% (×) 비례원칙은 모든 국가영역에 적용된다.
② 2% (×) 처분청 자신의 공적 견해가 아니더라도 실질적으로 신뢰를 형성할 수 있는 지위 등에 있으면 된다.
③ 5% (×) 평등은 합리적 차별을 하는 것이다. 따라서 동일한 비위를 저질렀다고 해도 비위 정도 등에 따라 징계종류는 달리 취급된다. 〈판례〉 같은 정도의 비위를 저지른 자들 사이에 있어서도 그 직무의 특성 등에 비추어, 개전의 정이 있는지 여부에 따라 징계의 종류의 선택과 양정에 있어서 차별적으로 취급하는 것은, 사안의 성질에 따른 합리적 차별로서 이를 자의적 취급이라고 할 수 없는 것이어서 평등원칙 내지 형평에 반하지 아니한다(대판 1999.8.20. 99두2611).

2	「행정기본법」과 「행정절차법」 > 행정절차	오답률 13%	답 ④

| 정답해설 | ④ 87% (○) 협약을 체결하면서 법령상의 청문규정을 배제할 수 없다(대판 2004.7.8. 2002두8350).

| 오답해설 | ① 3% (×) 고시 등의 불특정 다수인을 상대로 하는 처분은 의견진술 기회를 부여하지 않아도 된다. 〈판례〉 '고시'의 방법으로 불특정 다수인을 상대로 의무를 부과하거나 권익을 제한하는 처분은 성질상 의견제출의 기회를 주어야 하는 상대방을 특정할 수 없으므로, 이와 같은 처분에 있어서까지 구 「행정절차법」 제22조 제3항에 의하여 그 상대방에게 의견제출의 기회를 주어야 한다고 해석할 것은 아니다(대판 2014.10.27. 2012두7745).
② 4% (×) 〈법령〉 「행정절차법」 제22조(의견청취) ❶ 행정청이 처분을 할 때 다음 각 호의 어느 하나에 해당하는 경우에는 청문을 한다.
　　1. 다른 법령 등에서 청문을 하도록 규정하고 있는 경우
　　2. 행정청이 필요하다고 인정하는 경우
　　3. 다음 각 목의 처분을 하는 경우
　　　가. 인허가 등의 취소
　　　나. 신분·자격의 박탈
　　　다. 법인이나 조합 등의 설립허가의 취소
❷ 행정청이 처분을 할 때 다음 각 호의 어느 하나에 해당하는 경우에는 공청회를 개최한다.
　　1. 다른 법령 등에서 공청회를 개최하도록 규정하고 있는 경우
　　2. 해당 처분의 영향이 광범위하여 널리 의견을 수렴할 필요가 있다고 행정청이 인정하는 경우
　　3. 국민생활에 큰 영향을 미치는 처분으로서 대통령령으로 정하는 처분에 대하여 대통령령으로 정하는 수 이상의 당사자 등이 공청회 개최를 요구하는 경우

③ 6% (×) 거부처분은 사전통지 대상이 아니다. 〈판례〉 신청에 따른 처분이 이루어지지 아니한 경우에는 아직 당사자에게 권익이 부과되지 아니하였으므로 특별한 사정이 없는 한 신청에 대한 거부처분이라고 하더라도 직접 당사자의 권익을 제한하는 것은 아니어서 신청에 대한 거부처분을 여기에서 말하는 '당사자의 권익을 제한하는 처분'에 해당한다고 할 수 없는 것이어서 처분의 사전통지대상이 된다고 할 수 없다(대판 2003.11.28. 2003두674).

| **3** | 행정강제 > 대집행 | 오답률 12% | 답 ② |

| **정답해설** | ② 88% (×) 대집행의 내용과 범위는 반드시 계고서가 아니라도 계고 전후 문서를 통해 상대방이 알 수 있는 상태에 있으면 된다. 〈판례〉 행정청이 「행정대집행법」 제3조 제1항에 의한 대집행계고를 함에 있어서는 의무자가 스스로 이행하지 아니하는 경우에 대집행할 행위의 내용 및 범위가 구체적으로 특정되어야 하나, 그 행위의 내용 및 범위는 반드시 대집행계고서에 의하여서만 특정되어야 하는 것이 아니고 계고처분 전후에 송달된 문서나 기타 사정을 종합하여 행위의 내용이 특정되면 족하다(대판 1994.10.28. 94누5144).

| **오답해설** | ① 5% (○) 〈판례〉 대집행계고처분을 하기 위하여는 법령에 의하여 직접 명령되거나 법령에 근거한 행정청의 명령에 의한 의무자의 대체적 작위의무 위반행위가 있어야 한다. 따라서 단순한 부작위의무의 위반, … 법치주의의 원리에 비추어 볼 때 위와 같은 부작위의무로부터 그 의무를 위반함으로써 생긴 결과를 시정하기 위한 작위의무를 당연히 끌어낼 수는 없으며, 또 위 금지규정(특히 허가를 유보한 상대적 금지규정)으로부터 작위의무. 즉 위반결과의 시정을 명하는 권한이 당연히 추론되는 것도 아니다(대판 1996.6.28. 96누4374).

③ 5% (○) 〈판례〉 「건축법」에 위반하여 건축한 것이어서 철거의무가 있는 건물이라 하더라도 그 철거의무를 대집행하기 위한 계고처분을 하려면 다른 방법으로는 이행의 확보가 어렵고 불이행을 방치함이 심히 공익을 해하는 것으로 인정될 때에 한하여 허용되고 이러한 요건의 주장·입증책임은 처분 행정청에 있다(대판 1996.10.11. 96누8086).

④ 2% (○) 「행정대집행법」 제2조, 제5조

| **4** | 행정강제 > 이행강제금 | 오답률 11% | 답 ③ |

| **정답해설** | ③ 89% (×) 이행강제금은 대체적 작위의무 불이행의 경우에도 가능하여 행정청은 대체적 작위의무에 대집행과 이행강제금을 선택적으로 활용할 수 있다. 〈판례〉 이행강제금은 대체적 작위의무의 위반에 대하여도 부과될 수 있다. 현행 「건축법」상 위법건축물에 대한 이행강제수단으로 대집행과 이행강제금(제83조 제1항)이 인정되고 있는데, 양 제도는 각각의 장·단점이 있으므로 행정청은 개별사건에 있어서 위반내용, 위반자의 시정의지 등을 감안하여 대집행과 이행강제금을 선택적으로 활용할 수 있으며, 이처럼 그 합리적인 재량에 의해 선택하여 활용하는 이상 중첩적인 제재에 해

당한다고 볼 수 없다(헌재 2004.2.26. 2001헌바80).

| **오답해설** | ① 4% (○) 헌재 2000.3.30. 98헌가8

② 4% (○) 〈판례〉 「건축법」 제108조, 제110조에 의한 형사처벌의 대상이 되는 행위와 이 사건 법률조항에 따라 이행강제금이 부과되는 행위는 기초적 사실관계가 동일한 행위가 아니라 할 것이므로 이런 점에서도 이 사건 법률조항이 헌법 제13조 제1항의 이중처벌금지의 원칙에 위반되지 아니한다(헌재 2011.10.25. 2009헌바140).

④ 3% (○) 헌재 2011.10.25. 2009헌바140

| **5** | 행정법 관계 > 공법관계와 사법관계 | 오답률 22% | 답 ④ |

| **정답해설** | ④ 78% (○) 입찰보증금의 국고귀속조치는 사법관계로서 민사소송에 의한다(대판 1983.12.27. 81누366).

| **오답해설** | ① 4% (×) 「행정절차법」은 사법관계를 규율하고 있지 않다. 〈법령〉 「행정절차법」 제3조(적용 범위) ❶ 처분, 신고, 확약, 위반사실 등의 공표, 행정계획, 행정상 입법예고, 행정예고 및 행정지도의 절차(이하 '행정절차'라 한다)에 관하여 다른 법률에 특별한 규정이 있는 경우를 제외하고는 이 법에서 정하는 바에 따른다.

② 10% (×) 공법관계는 항고소송과 당사자소송, 사인 간의 관계는 민사소송이다.

③ 8% (×) 행정주체의 행위라도 국고관계의 경우에는 사법관계이다.

| **6** | 행정상 법률요건과 법률사실 > 사인의 공법행위 | | |
| | | 오답률 23% | 답 ① |

| **정답해설** | ① 77% (×) 대법원은 인·허가가 의제되지 않는 건축신고의 경우에도 수리거부는 처분이라고 한다. 〈판례〉 건축신고 반려행위가 이루어진 단계에서 당사자로 하여금 반려행위의 적법성을 다투어 그 법적 불안을 해소한 다음 건축행위에 나아가도록 함으로써 장차 있을지도 모르는 위험에서 미리 벗어날 수 있도록 길을 열어 주고, 위법한 건축물의 양산과 그 철거를 둘러싼 분쟁을 조기에 근본적으로 해결할 수 있게 하는 것이 법치행정의 원리에 부합한다. 그러므로 건축신고 반려행위는 항고소송의 대상이 된다고 보는 것이 옳다(대판 2010.11.18. 2008두167 전합).

| **오답해설** | ② 5% (○) 〈판례〉 「건축법」 제14조 제2항에 의한 인·허가의제 효과를 수반하는 건축신고가, 행정청이 그 실체적 요건에 관한 심사를 한 후 수리하여야 하는 이른바 '수리를 요하는 신고'에 해당한다(대판 2011.1.20. 2010두14954 전합).

③ 9% (○) 「행정절차법」 제40조 제1항·제2항

④ 9% (○) 대판 2009.4.23. 2008도6829

| **정답해설** | ㄱ. (구속력 인정 ×) 운전면허에 관한 제재적 행정처분의 기준이 「도로교통법 시행규칙」 [별표]에 규정되어 있는 경우에는 행정규칙에 해당한다. 〈판례〉 「도로교통법 시행규칙」 제53조 제1항 [별표 16]의 운전면허 행정처분기준은 그 규정의 성질과 내용이 운전면허의 취소처분 등에 관한 행정청 내부의 사무처리준칙을 규정한 것에 지나지 아니하여 대외적으로 법원이나 국민을 기속하는 효력은 없다(대판 1991.1.15. 90누7630).

ㄴ. (구속력 인정 ×) 행정각부의 장이 정하는 특정 고시가 비록 법령에 근거를 둔 것이더라도 규정 내용이 법령의 위임범위를 벗어났다면, 이는 대외적 구속력을 가질 수 없다. 위임범위 내에서만 상위법과 결합하여 대외적 구속력을 갖게 된다. 〈판례〉 행정 각부의 장이 정하는 고시가 비록 법령에 근거를 둔 것이라고 하더라도 그 규정 내용이 법령의 위임범위를 벗어난 것일 경우에는 법규명령으로서의 대외적 구속력을 인정할 여지는 없다(대결 2006.4.28. 자 2003마715).

ㄷ. (구속력 인정 ×) 상위법령에서 세부사항 등을 시행규칙으로 정하도록 위임하였음에도 이를 고시 등 행정규칙으로 정한 경우에는 위임이 없는 경우에 해당되어 행정규칙에 해당한다. 〈판례〉 상위법령에서 세부사항 등을 시행규칙으로 정하도록 위임하였음에도 이를 고시 등 행정규칙으로 정하였다면 그 역시 대외적 구속력을 가지는 법규명령으로서 효력이 인정될 수 없다(대판 2012.7.5. 2010다72076)

ㄹ. (구속력 인정 ×) 상위법령의 위임이 없음에도 상위법령에 규정된 처분 요건에 해당하는 사항을 하위부령에서 변경하여 규정한 경우에는 행정규칙에 해당한다. 〈판례〉 법령의 위임이 없음에도 법령에 규정된 처분 요건에 해당하는 사항을 부령에서 변경하여 규정한 경우에는 그 부령의 규정은 행정청 내부의 사무처리기준 등을 정한 것으로서 행정조직 내에서 적용되는 행정명령의 성격을 지닐 뿐 국민에 대한 대외적 구속력은 없다고 보아야 한다(대판 2013.9.12. 2011두10584).

| **정답해설** | ③ 86% (×) 재량인 과징금이 법정액을 초과한 경우에 법원은 재량을 행사할 수 없어, 적정액을 판단하지 못한다. 따라서 법원은 전체취소를 하여야 한다. 〈판례〉 처분을 할 것인지 여부와 처분의 정도에 관하여 재량이 인정되는 과징금 납부명령에 대하여 그 명령이 재량권을 일탈하였을 경우, 법원으로서는 재량권의 일탈 여부만 판단할 수 있을 뿐이지 재량권의 범위 내에서 어느 정도가 적정한 것인지에 관하여는 판단할 수 없어 그 전부를 취소할 수밖에 없고, 법원이 적정하다고 인정하는 부분을 초과한 부분만 취소할 수는 없다(대판 2009.6.23. 2007두18062).

| **오답해설** | ① 5% (○) 대판 2017.10.12. 2017두48956
② 2% (○) 대판 2001.2.9. 98두17593
④ 7% (○) 대판 2001.1.19. 99두3812

| **정답해설** | ㄱ. (○) 대판 1996.5.16. 95누4810 전합
ㄴ. (○) 대판 1996.5.16. 95누4810 전합

| **오답해설** | ㄷ. (×) 인가는 보충행위에 해당한다. 따라서 기본적인 법률행위의 하자를 이유로 인가에 대한 쟁송을 제기할 수 없다. 〈판례〉 인가처분에 하자가 없다면 기본행위에 하자가 있다 하더라도 따로 그 기본행위의 하자를 다투는 것은 별론으로 하고 기본행위의 무효를 내세워 바로 그에 대한 행정청의 인가처분의 취소 또는 무효확인을 소구할 법률상의 이익이 있다고 할 수 없다(대판 2001.12.11. 2001두7541).

ㄹ. (×) 〈판례〉 「도시 및 주거환경정비법」상 행정주체인 주택재건축정비사업조합을 상대로 관리처분계획안에 대한 조합 총회결의의 효력 등을 다투는 소송은 행정처분에 이르는 절차적 요건의 존부나 효력 유무에 관한 소송으로서 그 소송결과에 따라 행정처분의 위법 여부에 직접 영향을 미치는 공법상 법률관계에 관한 것이므로, 이는 「행정소송법」상의 당사자소송에 해당한다(대판 2009.9.17. 2007다2428 전합).

| **정답해설** | ③ 71% (○) 대판 1993.10.8. 93누2032

| **오답해설** | ① 4% (×) 〈판례〉 행정행위의 부관 중에서도 행정행위에 부수하여 그 행정행위의 상대방에게 일정한 의무를 부과하는 행정청의 의사표시인 부담의 경우에는 다른 부관과는 달리 행정행위의 불가분적인 요소가 아니고 그 존속이 본체인 행정행위의 존재를 전제로 하는 것일 뿐이므로 부담 그 자체로서 행정쟁송의 대상이 될 수 있다(대판 1992.1.21. 91누1264).

② 17% (×) 〈판례〉 행정행위의 부관은 부담인 경우를 제외하고는 독립하여 행정소송의 대상이 될 수 없는바, 기부채납받은 행정재산에 대한 사용·수익허가에서 공유재산의 관리청이 정한 사용·수익허가의 기간은 그 허가의 효력을 제한하기 위한 행정행위의 부관으로서 이러한 사용·수익허가의 기간에 대해서는 독립하여 행정소송을 제기할 수 없다(대판 2001.6.15. 99두509).

④ 8% (×) 〈판례〉 수익적 행정처분에 있어서는 법령에 특별한 근거규정이 없다고 하더라도 그 부관으로서 부담을 붙일 수 있고, 그와 같은 부담은 행정청이 행정처분을 하면서 일방적으로 부가할 수도 있지만 부담을 부가하기 이전에 상대방과 협의하여 부담의 내용을 협약의 형식으로 미리 정한 다음 행정처분을 하면서 이를 부가할 수도 있다(대판 2009.2.12. 2005다65500).

| **정답해설** | ① 88% (×) 항고소송은 취소소송, 무효등확인소송, 부작위위법확인소송이 있다. 〈법령〉 「행정소송법」 제4조(항고소송) 항고소송은 다음과 같이 구분한다.

1. 취소소송: 행정청의 위법한 처분 등을 취소 또는 변경하는 소송

2. 무효등확인소송: 행정청의 처분 등의 효력 유무 또는 존재 여부를 확인하는 소송

3. 부작위위법확인소송: 행정청의 부작위가 위법하다는 것을 확인하는 소송

12 행정쟁송 > 행정심판 | 오답률 39% | 답 ④

| **정답해설** | ④ 61% (×) 거부처분에 대하여 취소심판, 무효등확인심판, 의무이행심판이 가능하다.
| **오답해설** | ① 4% , ② 8% , ③ 27% (○) 「행정심판법」 제5조

13 행정소송 > 제소기간 | 오답률 6% | 답 ②

| **정답해설** | ② 94% ㉠ – 있음을 안 날, ㉡ – 90일, ㉢ – 재결서의 정본, ㉣ – 송달받은 날, ㉤ – 1년
〈법령〉「행정소송법」 제20조(제소기간) ❶ 취소소송은 처분 등이 있음을 안 날부터 90일 이내에 제기하여야 한다. 다만, 제18조 제1항 단서에 규정한 경우와 그 밖에 행정심판청구를 할 수 있는 경우 또는 행정청이 행정심판청구를 할 수 있다고 잘못 알린 경우에 행정심판청구가 있은 때의 기간은 재결서의 정본을 송달받은 날부터 기산한다.
❷ 취소소송은 처분 등이 있은 날부터 1년(제1항 단서의 경우는 재결이 있은 날부터 1년)을 경과하면 이를 제기하지 못한다. 다만, 정당한 사유가 있는 때에는 그러하지 아니하다.
❸ 제1항의 규정에 의한 기간은 불변기간으로 한다.

14 그 밖에 행정의 주요 행위 형식 > 행정계획 | 오답률 27% | 답 ④

| **정답해설** | ④ 73% (×) 대법원에 의하면 문화재보호구역(현 문화환경보존지역) 내 토지소유자는 문화재(현 문화유산) 지정해제신청권이 있다. 따라서 이에 대한 거부는 처분이다. 〈판례〉 문화재보호구역(현 문화환경보존지역) 내에 있는 토지소유자 등으로서는 위 보호구역의 지정해제를 요구할 수 있는 법규상 또는 조리상의 신청권이 있다고 할 것이고, 이러한 신청에 대한 거부행위는 항고소송의 대상이 되는 행정처분에 해당한다(대판 2004.4.27. 2003두8821).
| **오답해설** | ① 7% (○) 대판 2015.3.26. 2014두42742
② 12% , ③ 8% (○) 대판 2003.9.23. 2001두10936

15 행정정보공개와 개인정보보호 > 정보공개 | 오답률 21% | 답 ②

| **정답해설** | ② 79% (○) 대판 2006.10.26. 2006두11910
| **오답해설** | ① 8% (×) 신청인이 청구한 방법이 아닌 다른 방법으로 정보공개방법을 결정한 경우, 이는 일부 거부처분에 해당하여 소송 대상이 된다. 〈판례〉 공공기관이 공개청구의 대상이 된 정보를 공개는 하되, 청구인이 신청한 공개방법 이외의 방법으로 공개하기로 하는 결정을 하였다면, 이는 정보공개청구 중 정보공개방법에 관한 부분에 대하여 일부 거부처분을 한 것이고, 청구인은 그에 대하여 항고소송으로 다툴 수 있다(대판 2016.11.10. 2016두44674).

③ 11% (×) 개인정보는 성명, 주민등록번호 이외의 정보도 비공개 대상이 될 수 있다. 〈판례〉「공공기관의 정보공개에 관한 법률」(이하 '정보공개법'이라 한다)의 개정 연혁, 내용 및 취지 등에 헌법상 보장되는 사생활의 비밀 및 자유의 내용을 보태어 보면, 정보공개법 제9조 제1항 제6호 본문의 규정에 따라 비공개 대상이 되는 정보에는 구「공공기관의 정보공개에 관한 법률」(2004. 1.29. 법률 제7127호로 전부 개정되기 전의 것, 이하 같다)의 이름·주민등록번호 등 정보 형식이나 유형을 기준으로 비공개대상정보에 해당하는지를 판단하는 '개인식별정보'뿐만 아니라 그 외에 정보의 내용을 구체적으로 살펴 '개인에 관한 사항의 공개로 개인의 내밀한 내용의 비밀 등이 알려지게 되고, 그 결과 인격적·정신적 내면생활에 지장을 초래하거나 자유로운 사생활을 영위할 수 없게 될 위험성이 있는 정보'도 포함된다고 새겨야 한다(대판 2012.6.18. 2011두2361 전합).
④ 2% (×) 이미 공개되어 인터넷검색 등을 통해 알 수 있는 정보라고 하여 비공개가 정당화될 수 없다. 〈판례〉 공개청구의 대상이 되는 정보가 이미 다른 사람에게 공개되어 널리 알려져 있다거나 인터넷 등을 통하여 공개되어 인터넷검색 등을 통하여 쉽게 알 수 있다는 사정만으로는 소의 이익이 없다거나 비공개결정이 정당화될 수 없다(대판 2010.12.23. 2008두13101).

16 행정소송 > 항고소송의 대상 | 오답률 35% | 답 ②

| **정답해설** | ㄱ. (항고소송 대상 인정) 〈판례〉 교도소장이 수형자 甲을 '접견내용 녹음·녹화 및 접견시 교도관 참여대상자'로 지정한 사안에서, 위 지정행위는 수형자의 구체적 권리의무에 직접적 변동을 가져오는 행정청의 공법상 행위로서 항고소송의 대상이 되는 '처분'에 해당한다(대판 2014.2.13. 2013두20899).
ㄷ. (항고소송 대상 인정) 〈판례〉 지방경찰청장이 횡단보도를 설치하여 보행자의 통행방법 등을 규제하는 것은, 행정청이 특정 사항에 대하여 의무의 부담을 명하는 행위이고, 이는 국민의 권리의무에 직접 관계가 있는 행위로서 행정처분이라고 보아야 할 것이다(대판 2000.10.27. 98두8964).
| **오답해설** | ㄴ. (항고소송 대상 부정) 〈판례〉 토지대장에 기재된 일정한 사항을 변경하는 행위는, 그것이 지목의 변경이나 정정 등과 같이 토지소유권 행사의 전제요건으로서 토지소유자의 실체적 권리관계에 영향을 미치는 사항에 관한 것이 아닌 한 행정사무집행의 편의와 사실증명의 자료로 삼기 위한 것일 뿐이어서, 그 소유자 명의가 변경된다고 하여도 이로 인하여 당해 토지에 대한 실체상의 권리관계에 변동을 가져올 수 없고 토지 소유권이 지적공부의 기재만에 의하여 증명되는 것도 아니다(대판 1984.4.24. 82누308, 대판 2002.4.26. 2000두7612 등 참조). 따라서 소관청이 토지대장상의 소유자명의변경신청을 거부한 행위는 이를 항고소송의 대상이 되는 행정처분이라고 할 수 없다(대판 2012.1.12. 2010두12354).
ㄹ. (항고소송 대상 부정) 〈판례〉 상표권자인 법인에 대한 청산종결등기가 되었음을 이유로 한 상표권의 말소등록행위가 항고소송의 대상이 될 수 없다(대판 2015.10.29. 2014두2362).

17 손해배상 > 국가배상 　오답률 15% 답 ③

| 정답해설 | ③ 85% (×) 배상심의회의 결정은 구속력이 없다. 결정에 동의하지 않는 경우에 민사법원을 통해 손해배상청구소송이 가능하다.

| 오답해설 | ① 1% (○) 대판 2012.7.26. 2010다95666

② 8% (○) 대판 2011.9.8. 2011다34521

④ 6% (○) 대판 1970.1.29. 69다1203 전합

---

18 행정입법 > 조례제정권의 범위와 한계 　오답률 15% 답 ③

| 정답해설 | ③ 85% (×) 법률의 위임 없이 보육시설 종사자의 정년을 규정한 '서울특별시 중구 영유아 보육조례 일부개정조례안'에 대한 재의결은 무효이다. 〈판례〉「영유아보육법」이 보육시설 종사자의 정년에 관한 규정을 두거나 이를 지방자치단체의 조례에 위임한다는 규정을 두고 있지 않음에도 보육시설 종사자의 정년을 규정한 '서울특별시 중구 영유아 보육조례 일부개정조례안' 제17조 제3항은, 법률의 위임 없이 헌법이 보장하는 직업을 선택하여 수행할 권리의 제한에 관한 사항을 정한 것이어서 그 효력을 인정할 수 없으므로, 위 조례안에 대한 재의결은 무효다(대판 2009.5.28. 2007추134).

| 오답해설 | ① 2% (○) 〈판례〉지방자치단체는 자치사무에 관하여 이른바 자치조례를 제정할 수 있고, 이러한 자치조례에 대해서는 「지방자치법」 제15조가 정하는 '법령의 범위 안'이라는 사항적 한계가 적용될 뿐, 일반적인 위임입법의 한계가 적용될 여지가 없으며, 여기서 말하는 '법령의 범위 안'이라는 의미는 '법령에 위반되지 아니하는 범위 안'으로 풀이된다(대판 2003.5.27. 2002두7135).

② 6% (○) 헌재 1995.4.20. 92헌마264

④ 7% (○) 대판 2006.10.12. 2006추38

오답률 TOP 1

19 행정소송 > 행정소송의 소송요건 　오답률 41% 답 ②

| 정답해설 | ② 59% (×) 〈판례〉행정소송 사건에서 참가인이 한 보조참가가 「행정소송법」 제16조가 규정한 제3자의 소송참가에 해당하지 않는 경우에도, 판결의 효력이 참가인에게까지 미치는 점 등 행정소송의 성질에 비추어 보면 그 참가는 「민사소송법」 제78조에 규정된 공동소송적 보조참가라고 볼 수 있다. 「민사소송법」 제78조의 공동소송적 보조참가에는 필수적 공동소송에 관한 「민사소송법」 제67조 제1항이 준용되므로, … 피참가인의 소송행위는 모두의 이익을 위하여서만 효력을 가지고, 공동소송적 보조참가인에게 불이익이 되는 것은 효력이 없으므로, 참가인이 상소를 할 경우에 피참가인이 상소취하나 상소포기를 할 수는 없다(대판 2017.10.12. 2015두36836).

〈참고 판례〉 1. 보조참가인의 소송행위가 피참가인의 소송행위와 저촉되는 경우에는 그 효력이 없다고 규정한 「민사소송법」 제70조 제2항이 평등권 및 재판을 받을 권리를 침해하지 않는다(헌재 2001.11.29. 2001헌바46).

2. 행정소송 사건에서 참가인이 한 보조참가가 「행정소송법」 제16조가 규정한 제3자의 소송참가에 해당하지 않는 경우에도, 판결의 효력이 참가인에게까지 미치는 점 등 행정소송의 성질에 비추어 보면 그 참가는 「민사소송법」 제78조에 규정된 공동소송적 보조참가이다(대판 2013.3.28. 2011두13729).

| 오답해설 | ① 15% (○) 대판 2006.4.14. 2004두3847

③ 13% (○) 처분의 무효를 전제로 한 직접적인 이행청구의 구제방법의 유무와 상관없이 처분의 무효등의 확인을 구할 법률상 이익이 인정된다. 〈판례〉행정처분의 근거 법률에 의하여 보호되는 직접적이고 구체적인 이익이 있는 경우에는 「행정소송법」 제35조에 규정된 '무효확인을 구할 법률상 이익'이 있다고 보아야 하고, 이와 별도로 무효확인소송의 보충성이 요구되는 것은 아니므로 행정처분의 무효를 전제로 한 이행소송 등과 같은 직접적인 구제수단이 있는지 여부를 따질 필요가 없다고 해석함이 상당하다(대판 2008.3.20. 2007두6342 전합).

④ 13% (○) 대판 2000.9.8. 99두2765

---

20 행정벌 > 행정형벌 　오답률 15% 답 ④

| 정답해설 | ㄴ. (○) 「도로교통법」 제118조에서 규정하는 경찰서장의 통고처분은 행정소송의 대상이 되는 행정처분이 아니므로 그 처분의 취소를 구하는 소송은 부적법하고, 「도로교통법」상의 통고처분을 받은 자가 그 처분에 대하여 이의가 있는 경우에는 통고처분에 따른 범칙금의 납부를 이행하지 아니함으로써 경찰서장의 즉결심판청구에 의하여 법원의 심판을 받을 수 있게 될 뿐이다(대판 1995.6.29. 95누4674).

ㄹ. (○) 「질서위반행위규제법」 제15조 제1항

| 오답해설 | ㄱ. (×) 행정청의 과태료 부과에 불복하는 자는 서면으로 60일 이내에 이의제기를 할 수 있고, 이의제기에 의해 과태료의 효력은 소멸한다. 〈법령〉「질서위반행위규제법」 제20조(이의제기) ❶ 행정청의 과태료 부과에 불복하는 당사자는 제17조 제1항에 따른 과태료 부과 통지를 받은 날부터 60일 이내에 해당 행정청에 서면으로 이의제기를 할 수 있다.

❷ 제1항에 따른 이의제기가 있는 경우에는 행정청의 과태료 부과처분은 그 효력을 상실한다.

ㄷ. (×) 변형된 과징금제도로서 과징금은 영업정지 등에 갈음하여 부과하는 경우도 있다. 〈법령〉「식품위생법」 제82조(영업정지 등의 처분에 갈음하여 부과하는 과징금 처분) ❶ 식품의약품안전처장, 시·도지사 또는 시장·군수·구청장은 영업자가 제75조 제1항 각 호 또는 제76조 제1항 각 호의 어느 하나에 해당하는 경우에는 대통령령으로 정하는 바에 따라 영업정지, 품목 제조정지 또는 품목류 제조정지처분을 갈음하여 10억 원 이하의 과징금을 부과할 수 있다.

| | 합격예상 체크 | | | 취약영역 체크 | | | |

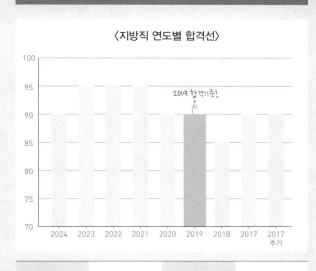

<지방직 연도별 합격선>

2019 합격기준!

문항	정답	영역	문항	정답	영역
1	②	행정법 통칙	11	②	행정상 의무이행 확보수단
2	②	행정법 서론	12	④	행정구제
3	④	행정법 통칙	13	①	행정구제
4	②	행정법 통칙	14	③	행정법 통칙
5	①	행정법 통칙	15	③	행정구제
6	②	행정법 통칙	16	④	행정구제
7	②	행정법 통칙	17	①	행정상 의무이행 확보수단
8	③	행정법 통칙	18	④	행정법 통칙
9	②	행정법 통칙	19	②	행정구제
10	③	행정상 의무이행 확보수단	20	①	행정구제

⬇ 영역별 틀린 개수로 취약영역을 확인하세요!

행정법 서론	/1	행정법 통칙	/10	행정상 의무이행 확보수단	/3
행정구제	/6	행정조직(7급)	−/0	특별행정작용(7급)	−/0

맞힌 개수	/20문항	점수	/100점

➡ □ 합격　□ 불합격

➡ 나의 취약영역: _____

※ [정답해설]과 [오답해설] 선지의 50% 표시는 〈1초 합격예측 서비스〉를 통해 수집된 선지 선택률을 나타냅니다.

1 행정상 법률요건과 법률사실 > 사인의 공법행위
오답률 18%　답 ②

| 정답해설 | ② 82% (×) 수리를 필요로 하는 신고의 수리의 경우에도 반드시 신고필증을 요하는 것은 아니다. 〈판례〉「의료법 시행규칙」 제22조 제3항에 의하면 의원개설 신고서를 수리한 행정관청이 소정의 신고필증을 교부하도록 되어 있다 하여도 이는 신고사실의 확인행위로서 신고필증을 교부하도록 규정한 것에 불과하고 그와 같은 신고필증의 교부가 없다 하여 개설신고의 효력을 부정할 수 없다 할 것이다(대판 1985.4.23. 84도2953).

| 오답해설 | ① 9% (○) 대판 2009.6.18. 2008두10997 전합

③ 6% (○) 대판 2010.11.18. 2008두167 전합

④ 3% (○) 대판 1995.2.24. 94누9146

2 행정법의 의의 > 행정법의 일반원칙
오답률 14%　답 ②

| 정답해설 | ② 86% (×) 헌법재판소의 위헌결정은 사인에 대한 구체적인 공적 견해를 표명한 것으로 볼 수 없다. 〈판례〉 헌법재판소의 위헌결정은 행정청이 개인에 대하여 신뢰의 대상이 되는 공적인 견해를 표명한 것이라고 할 수 없으므로 그 결정에 관련한 개인의 행위에 대하여는 신뢰보호의 원칙이 적용되지 아니한다(대판 2003. 6.27. 2002두6965).

| 오답해설 | ① 5% (○) 대판 2005.4.28. 2004두8828

③ 3% (○) 대판 1997.3.11. 96다49650

④ 6% (○) 대판 2007.10.29. 2005두4649 전합

3 행정입법 > 법규명령
오답률 17%　답 ④

| 정답해설 | ④ 83% (×) 상위법령에서 시행규칙으로 정하도록 위임한 경우, 이를 시행규칙이 아닌 고시 등으로 규정하였다면 고시는 대외적 구속력을 갖는 법규명령이라 할 수 없다. 〈판례〉 행정규칙이나 규정 '내용'이 위임범위를 벗어난 경우뿐 아니라 상위법령의 위임규정에서 특정하여 정한 권한행사의 '절차'나 '방식'에 위배되는 경우도 마찬가지이므로, 상위법령에서 세부사항 등을 시행규칙으로 정하도록 위임하였음에도 이를 고시 등 행정규칙으로 정하였다면 그 역시 대외적 구속력을 가지는 법규명령으로서 효력이 인정될 수 없다(대판 2012.7.5. 2010다72076).

| 오답해설 | ① 10% (○) 집행명령은 상위법을 집행하기 위한 절차나 형식만 제정할 수 있을 뿐 새로운 입법을 할 수 없다.

② 5% (○) 대판 2001.3.9. 99두5207

③ 2% (○) 대판 1989.9.12. 88누6962

| **4** | 행정행위 > 강학상 허가 | 오답률 24% | 답 ② |

| **정답해설** | ② 76% (○) 〈판례〉 허가는 신청시 법령과 처분시 법령이 법령의 개정에 의하여 변경된 경우 허가의 심사기준은 변경된 법령에 따라 이루어진다. 따라서 신청시 기준에 부합되는 신청이라도 처분시 기준에 맞지 않으면 거부된다(대판 1992.12.8. 92누13813).

| **오답해설** | ① 3% (×) 허가는 당해법상의 금지만 해제하는 효력이 있을 뿐 다른 법령상의 금지까지 해제할 수 없는 한계가 있다. 따라서 공무원이 「식품위생법」상의 허가를 받았다고 해도 「국가공무원법」상의 영리금지의무는 해제될 수 없다.

③ 12% (×) 허가는 자연적 자유를 회복한 행위로서 이를 통해 얻어진 이익은 원칙적으로 반사적 이익에 해당된다. 따라서 경업관계에 있는 신규허가에 대하여 기존 업자는 쟁송을 청구할 수 없다.

④ 9% (×) 무허가 행위는 제재나 강제대상은 되지만 사법상의 효력에는 영향이 없다.

| **5** | 행정행위 > 행정행위의 효력 | 오답률 55% | 답 ① |

| **정답해설** | ① 45% (×) 민사법원에 처분의 무효를 전제로 한 민사소송을 청구한 경우, 민사법원은 처분의 무효 여부를 판단하여 그에 따라 민사사건을 해결할 수는 있으나 그 처분의 무효확인판결은 할 수 없다. 처분에 대한 무효확인소송은 항고소송으로서 민사법원은 권한이 없으며, 민사사건을 해결하기 위한 선결문제로서만 무효 여부를 확인할 수 있을 뿐이다.

| **오답해설** | ② 17% (○) 대판 1994.11.11. 94다28000

③ 15% (○) 대판 2011.11.10. 2011도11109

④ 23% (○) 대판 2004.7.8. 2002두11288

| **6** | 행정행위 > 행정행위의 부관 | 오답률 35% | 답 ④ |

| **정답해설** | ④ 65% (×) 공유수면매립준공인가처분을 하면서 매립지의 일부에 대하여 한 국가귀속조치는 부관 중 법률효과 일부배제에 해당하여 독립된 소송을 청구할 수 없다. 〈판례〉 행정행위의 부관은 부담의 경우를 제외하고는 독립하여 행정소송의 대상이 될 수 없는 것인바, … 「공유수면매립법」 제14조의 효과 일부를 배제하는 부관을 붙인 것이므로 이러한 행정행위의 부관에 대하여는 독립하여 행정소송의 대상으로 삼을 수 없다(대판 1991.12.13. 90누8503).

| **오답해설** | ① 18% (○) 대판 1985.7.9. 84누604

② 6% (○) 대판 2009.2.12. 2005다65500

③ 11% (○) 대판 1990.4.27. 89누6808

| **7** | 행정행위 > 행정행위의 부관 | 오답률 40% | 답 ② |

| **정답해설** | ② 60% (○) 건축주명의변경신고는 수리를 요하는 신고에 해당한다. 따라서 수리를 거부하는 행위는 취소소송 대상인 처분이다. 〈판례〉 건축주명의변경신고 수리거부행위는 … 비록 건축허가가 대물적 허가로서 그 허가의 효과가 허가대상건축물에 대한 권리변동에 수반하여 이전된다고 하더라도, 양수인의 권리의무에 직접 영향을 미치는 것으로서 취소소송의 대상이 되는 처분이라고 하지 않을 수 없다(대판 1992.3.31. 91누4911).

| **오답해설** | ① 7% (×) 형질변경허가는 재량에 해당한다. 따라서 건축허가는 기속에 해당하더라도 건축허가를 통해 형질변경허가가 수반되는 경우(인·허가의제로서의 허가)에는 재량이 된다.

③ 17% (×) 행정대집행은 의무(대체적 작위의무)를 위반(또는 불이행)한 것 자체만으로는 바로 대집행이 곤란하다. 다른 방법으로 의무이행이 곤란하고, 불이행을 방치함이 심히 공익을 해치는 경우의 요건이 충족되어야 한다.

④ 16% (×) 부관을 위반하였음을 이유로 건축허가의 효력을 소멸시키는 행위는 강학상 철회에 해당한다. 법령에 근거가 없어도 비례원칙 등의 요건을 갖추면 철회할 수 있다.

| **8** | 행정행위 > 행정행위의 취소 | 오답률 44% | 답 ③ |

| **정답해설** | ㄴ. (○) 대판 1984.10.10. 84누463

ㄷ. (○) 대판 1995.1.20. 94누6529

| **오답해설** | ㄱ. (×) 직권취소의 효력은 소급효가 원칙이지만 소급하여 취소하는 것이 상대방의 신뢰를 해치거나 또는 지나치게 가혹한 경우에는 장래효일 수 있다. 따라서 취소가 적법하다고 하여 이미 지급된 보험급여 등의 징수가 반드시 적법한 것은 아니다. 〈판례〉 산재보상법상 각종 보험급여 등의 지급결정이 적법한지를 판단하는 기준과 그 처분이 잘못되었음을 전제로 하여 이미 지급된 보험급여액에 해당하는 금액을 징수하는 처분이 적법한지를 판단하는 기준이 동일하다고 할 수는 없으므로, 지급결정이 적법하게 취소되었다고 하여 그에 기한 징수처분도 반드시 적법하다고 판단하여야 하는 것은 아니다(대판 2017.6.29. 2014두39012).

| **9** | 「행정기본법」과 「행정절차법」 > 행정절차 | 오답률 48% | 답 ② |

| **정답해설** | ② 52% (○) 추모공원건립추진협의회가 공공기관에 해당하지 않아 「행정절차법」상의 공청회 절차를 준수할 필요는 없다(대판 2007.4.12. 2005두1893).

| **오답해설** | ① 34% (×) 〈판례〉 「행정절차법」 제3조 제2항, 같은 법 시행령 제2조 제6호에 의하면 공정거래위원회의 의결·결정을 거쳐 행하는 사항에는 「행정절차법」의 적용이 제외되게 되어 있으므로, 설사 공정거래위원회의 시정조치 및 과징금납부명령에 「행정절차법」 소정의 의견청취절차 생략사유가 존재한다고 하더라도, 공정거래위원회는 「행정절차법」을 적용하여 의견청취절차를 생략할 수는 없다(대판 2001.5.8. 2000두10212).

③ 8% (×) 〈판례〉 행정처분의 상대방에 대한 청문통지서가 반송되었다거나, 행정처분의 상대방이 청문일시에 불출석하였다는 이유로 청문을 실시하지 아니하고 한 침해적 행정처분은 위법하다(대판 2001.4.13. 2000두3337).

④ 6% (×) 행정청은 의견청취에 있어 상대방의 의견진술에 상당한 이유가 있으면 이를 반영하여야 한다. 그러나 상당한 이유가 있는지 여부는 행정청에게 판단권이 부여되어 있어 재량이다.

---

10 행정강제 > 행정대집행　오답률 17%　답 ③

| 정답해설 | ③ 83% (×) 철거명령과 대집행 계고는 동시에 1장으로 가능하다. 따라서 철거명령의 자진철거에 필요한 상당기간은 계고의 상당이행기간도 포함된 것으로 본다. 〈판례〉 철거명령에서 주어진 일정기간이 자진철거에 필요한 상당한 기간이라면 그 기간 속에는 계고시에 필요한 '상당한 이행기간'도 포함되어 있다고 보아야 할 것이다(대판 1992.6.12. 91누13564).

| 오답해설 | ① 6% (○) 대판 2011.9.8. 2010다48240

② 6% (○) 대판 2017.4.28. 2016다213916

④ 5% (○) 대판 1993.6.8. 93누6164

---

11 행정벌 > 과태료　오답률 30%　답 ②

| 정답해설 | ② 70% (○) 국민에게 유리한 경우에는 진정소급도 가능하다. 이에 대표적인 것이 「질서위반행위규제법」이다. 〈법령〉「질서위반행위규제법」 제3조(법 적용의 시간적 범위) ❸ 행정청의 과태료 처분이나 법원의 과태료 재판이 확정된 후 법률이 변경되어 그 행위가 질서위반행위에 해당하지 아니하게 된 때에는 변경된 법률에 특별한 규정이 없는 한 과태료의 징수 또는 집행을 면제한다.

| 오답해설 | ① 11% (×) 질서위반행위에는 법률로 정한 경우와 조례에 의한 과태료가 모두 포함된다(「질서위반행위규제법」 제2조).

③ 8% (×) 과태료의 시효는 5년이다(동법 제15조 제1항).

④ 11% (×) 과태료 부과에 이의를 제기하면 과태료의 효력은 소멸한다(동법 제20조 제2항).

---

12 행정쟁송 > 행정심판　오답률 23%　답 ④

| 정답해설 | ④ 77% (×) 신청을 거부하는 처분이 취소심판에서 인용되면 행정청은 이전 신청에 대한 처분의 의무가 발생한다. 〈법령〉「행정심판법」 제49조(재결의 기속력 등) ❷ 재결에 의하여 취소되거나 무효 또는 부존재로 확인되는 처분이 당사자의 신청을 거부하는 것을 내용으로 하는 경우에는 그 처분을 한 행정청은 재결의 취지에 따라 다시 이전의 신청에 대한 처분을 하여야 한다.

| 오답해설 | ① 12% (○) 「행정심판법」 제39조

② 3% (○) 동법 제31조 제2항

③ 8% (○) 동법 제50조의2 제4항

---

13 행정소송 > 행정소송의 대상　오답률 26%　답 ①

| 정답해설 | ① 74% (×) 검사의 기소결정이나 불기소결정은 모두 행정상의 문제가 아니라 형사소송상의 문제이다. 따라서 항고소송 대상인 처분이 아니다. 〈판례〉 검사의 불기소결정에 대해서는 「검찰청법」에 의한 항고와 재항고, 「형사소송법」에 의한 재정신청에 의해

서만 불복할 수 있는 것이므로, 이에 대해서는 「행정소송법」상 항고소송을 제기할 수 없다(대판 2018.9.28. 2017두47465).

| 오답해설 | ② 4% (○) 대판 2000.9.8. 99두2765

③ 16% (○) 대판 2009.7.23. 2008두10560

④ 6% (○) 대결 1998.12.24. 자 98무37

---

14 행정행위 > 행정행위의 하자　오답률 26%　답 ③

| 정답해설 | ③ 74% (×) 부관은 행정의 탄력성과 경제적 측면에서 유익하다. 교통영향평가를 행정청이 배제한 것은 아니며, 건축허가 이전까지 심의필증을 교부받으라며 부관을 붙여 한 처분을 무효라고 볼 수 없다. 〈판례〉 교통영향평가는 환경영향평가와 그 취지 및 내용, 대상사업의 범위, 사전 주민의견수렴절차 생략 여부 등에 차이가 있고 그 후 교통영향평가가 교통영향분석·개선대책으로 대체된 점, 행정청은 교통영향평가를 배제한 것이 아니라 '건축허가 전까지 교통영향평가 심의필증을 교부받을 것'을 부관으로 하여 실시계획변경 및 공사시행변경 인가처분을 한 점 등에 비추어, 행정청이 사전에 교통영향평가를 거치지 아니한 채 위와 같은 부관을 붙여서 한 위 처분에 중대하고 명백한 흠이 있다고 할 수 없으므로 이를 무효로 보기는 어렵다(대판 2010.2.25. 2009두102).

| 오답해설 | ① 3% (○) 대판 2006.6.30. 2005두14363

② 19% (○) 대판 2004.11.26. 2003두2403

④ 4% (○) 대판 1989.12.12. 88누8869

오답률 TOP2
15 손실보상 > 토지보상법　오답률 52%　답 ③

| 정답해설 | ③ 48% (○) 손실보상을 위한 보상합의는 사법상 계약의 성질이다.

| 오답해설 | ① 17% (×) 잔여지 수용청구를 받아들이지 않는 재결에 대한 소송은 보상금증감청구소송이다. 〈판례〉 잔여지에 대한 수용청구를 하려면 우선 기업자에게 잔여지매수에 관한 협의를 요청하여 협의가 성립되지 아니한 경우에 한하여 그 일단의 토지의 일부 수용에 대한 토지수용위원회의 재결이 있기 전까지 관할 토지수용위원회에 잔여지를 포함한 일단의 토지 전부의 수용을 청구할 수 있고, 그 수용재결 및 이의재결에 불복이 있으면 재결청과 기업자를 공동피고로 하여 그 이의재결의 취소 및 보상금의 증액을 구하는 행정소송을 제기하여야 하며, 곧바로 기업자를 상대로 하여 민사소송으로 잔여지에 대한 보상금의 지급을 구할 수는 없다(대판 2004.9.24. 2002다68713).

② 18% (×) 〈판례〉 구 「공익사업을 위한 토지 등의 취득 및 보상에 관한 법률」에 따른 사업폐지 등에 대한 보상청구권은 공익사업의 시행 등 적법한 공권력의 행사에 의한 재산상 특별한 희생에 대하여 전체적인 공평부담의 견지에서 공익사업의 주체가 손해를 보상하여 주는 손실보상의 일종으로 공법상 권리임이 분명하므로 그에 관한 쟁송은 민사소송이 아닌 행정소송 절차에 의하여야 한다(대판 2012.10.11. 2010다23210).

④ 17% (×) 〈판례〉 권리를 가진 자에 대하여 손실보상을 할 의무가 있는 사업시행자가 손실보상의무를 이행하지 아니한 채 공유수면매립공사를 시행하였다 하더라도 그로 인한 불법행위는 그 사업착수만으로 바로 성립하지 않고, 그 사업으로 인하여 실질적이고 현실적인 침해가 발생하였을 때에 비로소 성립한다고 할 것이고, 구체적으로 그 불법행위 성립일은 공유수면매립권자가 공유수면매립공사에 착수한 때가 아니라 그 공사진척에 따라 그 어업권자들로 하여금 어장을 상실하게 하는 손해가 발생하게 한 때라고 할 것이다(대판 2004.5.14. 2003다32162).

---

16 행정소송 > 행정소송의 당사자 　오답률 25%　답 ④

| **정답해설** | ④ 75% (×) 〈판례〉 개발제한구역 안에서의 공장설립을 승인한 처분이 위법하다는 이유로 쟁송취소되었다고 하더라도 그 승인처분에 기초한 공장건축허가처분이 잔존하는 이상, 공장설립승인처분이 취소되었다는 사정만으로 인근 주민들의 환경상 이익이 침해되는 상태나 침해될 위험이 종료되었다거나 이를 시정할 수 있는 단계가 지나버렸다고 단정할 수는 없고, 인근 주민들은 여전히 공장건축허가처분의 취소를 구할 법률상 이익이 있다고 보아야 한다(대판 2018.7.12. 2015두3485).

| **오답해설** | ① 9% (○) 대리에서 대리청이 대리관계를 표시하고 행정처분을 하였다면 피대리 행정청이 피고가 된다.
② 10% (○) 「국가공무원법」 제16조 규정에 의해 대통령의 공무원에 대한 처분은 소속 장관이 피고가 된다.
③ 6% (○) 대판 2006.12.21. 2005두16161

---

17 행정강제 > 이행강제금 　오답률 11%　답 ①

| **정답해설** | ① 89% (×) 의무이행기간을 경과하였다고 해도 이행강제금을 부과하기 이전에 의무를 이행하였다면 이행강제금을 부과할 수 없다는 것이 대법원의 입장이다. 〈판례〉 「건축법」상의 이행강제금은 시정명령의 불이행이라는 과거의 위반행위에 대한 제재가 아니라, 의무자에게 시정명령을 받은 의무의 이행을 명하고 그 이행기간 안에 의무를 이행하지 않으면 이행강제금이 부과된다는 사실을 고지함으로써 의무자에게 심리적 압박을 주어 의무의 이행을 간접적으로 강제하는 행정상의 간접강제 수단에 해당한다. 이러한 이행강제금의 본질상 시정명령을 받은 의무자가 이행강제금이 부과되기 전에 그 의무를 이행한 경우에는 비록 시정명령에서 정한 기간을 지나서 이행한 경우라도 이행강제금을 부과할 수 없다(대판 2018.1.25. 2015두35116).

| **오답해설** | ② 4% (○) 「건축법」 제80조 제3항
③ 3% (○) 대판 2009.12.24. 2009두14507
④ 4% (○) 헌재 2004.2.26. 2001헌바80

---

18 행정정보공개와 개인정보보호 > 정보공개 　오답률 24%　답 ④

| **정답해설** | ④ 76% (○) 대판 2010.6.10. 2010두2913

| **오답해설** | ① 11% (×) 개인정보는 공개 대상인 정보가 아니다. 〈판례〉 지방자치단체의 업무추진비 세부항목별 집행내역 및 그에 관한 증빙서류에 포함된 개인에 관한 정보는 '공개하는 것이 공익을 위하여 필요하다고 인정되는 정보'에 해당하지 않는다(대판 2003. 3.11. 2001두6425).
② 6% (×) 회의록의 인적사항은 공개 대상 정보가 아니다. 〈판례〉 학교환경위생구역 내 금지행위(숙박시설) 해제결정에 관한 학교환경위생정화위원회의 회의록에 기재된 발언내용에 대한 해당 발언자의 인적사항 부분에 관한 정보는 「공공기관의 정보공개에 관한 법률」 제7조 제1항 제5호 소정의 비공개 대상에 해당한다(대판 2003.8.22. 2002두12946).
③ 7% (×) 「보안관찰법」 소정의 보안관찰 관련 통계자료가 「공공기관의 정보공개에 관한 법률」 제7조 제1항 제2호·제3호 소정의 비공개 대상 정보에 해당한다(대판 2004.3.18. 2001두8254).

---

19 행정소송 > 행정소송의 대상 　오답률 26%　답 ②

| **정답해설** | ② 74% (×) 〈판례〉 「교육공무원법」상 승진후보자 명부에 의한 승진심사 방식으로 행해지는 승진임용에서 승진후보자 명부에 포함되어 있던 후보자를 승진임용인사발령에서 제외하는 행위는 불이익처분으로서 항고소송의 대상인 처분에 해당한다고 보아야 한다(대판 2018.3.27. 2015두47492).

| **오답해설** | ① 5% (○) 대판 2014.4.24. 2013두7834
③ 12% (○) 대판 2017.3.15. 2014두41190
④ 9% (○) 대판 2011.8.25. 2011두3371

---

20 손해배상 > 국가배상 　오답률 29%　답 ①

| **정답해설** | ㄱ. (○) 대판 2003.7.11. 99다24218
ㄴ. (○) 대판 2014.10.27. 2013다217962

| **오답해설** | ㄷ. (×) 〈판례〉 한국토지공사는 법령의 위탁에 의하여 대집행을 수권받은 자로서 공무인 대집행을 실시함에 따르는 권리·의무 및 책임이 귀속되는 행정주체의 지위에 있다고 볼 것이지 지방자치단체 등의 기관으로서 「국가배상법」 제2조 소정의 공무원에 해당한다고 볼 것은 아니다(대판 2010.1.28. 2007다82950, 82967).
ㄹ. (×) 처분이 항고소송에서 취소되었다고 해서 바로 공무원의 고의나 과실이 당연인정되는 것은 아니다. 〈판례〉 어떠한 행정처분이 후에 항고소송에서 취소되었다고 할지라도 그 기판력에 의하여 당해 행정처분이 곧바로 공무원의 고의 또는 과실로 인한 것으로서 불법행위를 구성한다고 단정할 수는 없는 것이다(대판 2003.11.27. 2001다33789).

합격예상 체크

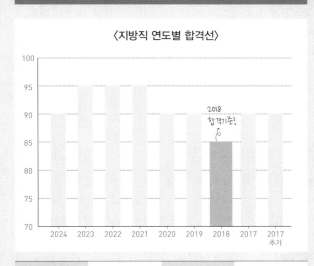

〈지방직 연도별 합격선〉

2018 합격기준!

맞힌 개수	/20문항	점수	/100점

➡ □ 합격 □ 불합격

취약영역 체크

문항	정답	영역	문항	정답	영역
1	①	행정법 서론	11	④	행정구제
2	③	행정법 통칙	12	③	행정구제
3	④	행정상 의무이행 확보수단	13	③	행정법 통칙
4	②	행정법 통칙	14	①	행정상 의무이행 확보수단
5	④	행정법 통칙	15	①	행정법 통칙
6	④	행정법 통칙	16	④	행정법 통칙
7	④	행정구제	17	②	행정상 의무이행 확보수단
8	③	행정법 통칙	18	②	행정상 의무이행 확보수단
9	②	행정법 통칙	19	④	행정구제
10	④	행정구제	20	③	행정구제

⬇ 영역별 틀린 개수로 취약영역을 확인하세요!

행정법 서론	/1	행정법 통칙	/9	행정상 의무이행 확보수단	/4
행정구제	/6	행정조직(7급)	–/0	특별행정작용(7급)	–/0

➡ 나의 취약영역: _____

※ [정답해설]과 [오답해설] 선지의 50% 표시는 〈1초 합격예측 서비스〉를 통해 수집된 선지 선택률을 나타냅니다.

---

1 행정법의 의의 > 행정법의 일반원칙   오답률 26% 답 ①

| 정답해설 | ① 74% (×) 허가를 신청한 시점의 법령과 처분시 법령이 법령의 개정으로 변경된 경우, 허가처분의 기준시점은 처분시 법령이다. 〈판례〉 행정처분은 원칙으로 처분시의 법령에 준거하여 행하여져야 하는 것이므로 법령의 개정에 의하여 허가기준이 변경된 경우에는 그 법령에 특단의 정함이 없는 한 신청시의 법령에 의할 것이 아니고 처분시의 개정법령에 의하여 변경된 새로운 허가기준이 적용되어야 할 것임이 당연하다 할 것이다(대판 1984.5.22. 84누77).

| 오답해설 | ② 8% (○) 「행정절차법」 제4조 제2항, 「국세기본법」 제18조 제3항

③ 9% (○) 대판 2002.11.8. 2001두1512

④ 9% (○) 대판 2003.12.26. 2003두1875

---

2 행정행위 > 행정행위의 부관   오답률 21% 답 ③

| 정답해설 | ③ 79% (×) 성질상 부당하게 짧은 기한에 대하여 대법원은 허가조건의 존속기간(=갱신기간)으로 보고 있다. 〈판례〉 일반적으로 행정처분에 효력기간이 정하여져 있는 경우에는 그 기간의 경과로 그 행정처분의 효력은 상실되고, 다만 허가에 붙은 기한이 그 허가된 사업의 성질상 부당하게 짧은 경우에는 이를 그 허가

자체의 존속기간이 아니라 그 허가조건의 존속기간으로 보아 그 기한이 도래함으로서 그 조건의 개정을 고려한다는 뜻으로 해석할 수는 있지만, 그와 같은 경우라 하더라도 그 허가기간이 연장되기 위해서는 그 종기가 도래하기 전에 그 허가기간의 연장에 관한 신청이 있어야 하며, 만일 그러한 연장신청이 없는 상태에서 허가기간이 만료하였다면 그 허가의 효력은 상실된다(대판 2007.10.11. 2005두12404).

| 오답해설 | ① 6% (○) 법정부관은 부관과 구분하여야 할 개념으로 행정행위에서 말하는 부관이 아니다. 즉, 행정작용인 처분에 의해 부가되는 부관이 아니라 입법작용의 일환으로 이루어지는 제한 등으로 행정처분인 부관이라 할 수 없다.

② 4% (○) 부관은 재량인 행정처분에 있어서 법에 근거가 없어도 공익이나 행정의 탄력성 등을 위해서 부가할 수 있다.

④ 11% (○) 부담은 다른 부관과 달리 불가분적 요소가 아니고 부담의 불이행과 무관하게 주된 행정처분은 효력을 발하게 된다.

---

3 새로운 실효성 확보수단 > 과징금   오답률 30% 답 ④

| 정답해설 | ④ 70% (○) 과징금부과가 위법한 경우 법원은 적정액을 판단하여 일부를 취소할 수 없고, 전체 취소를 하여야 한다(대판 1998.4.10. 98두2270).

| 오답해설 | ① 9% (×) 〈판례〉 과징금 부과처분은 제재적 행정처분으로서 … 행정목적의 달성을 위하여 행정법규 위반이라는 객관적 사실에 착안하여 가하는 제재이므로 반드시 현실적인 행위자가 아니라도 법령상 책임자로 규정된 자에게 부과되고 원칙적으로 위반자의 고의·과실을 요하지 아니하나, 위반자의 의무 해태를 탓할 수 없는 정당한 사유가 있는 등의 특별한 사정이 있는 경우에는 이를 부과할 수 없다(대판 2014.10.15. 2013두5005).

② 6% (×) 〈판례〉 구 「청소년 보호법」 제49조 제1항·제2항의 위임에 따른 같은 법 시행령 제40조 [별표 6]의 위반행위의 종별에 따른 과징금처분기준의 법적 성격은 법규명령에 해당되고 그 과징금 수액은 최고한도액을 의미한다(대판 2001.3.9. 99두5207).

③ 15% (×) 새로운 자료가 있다고 하여 과징금을 새로이 부과할 수 없다는 것이 판례의 입장이다. 〈판례〉 과징금은 원칙적으로 행정법상의 의무를 위반한 자에 대하여 당해 위반행위로 얻게 된 경제적 이익을 박탈하기 위한 목적으로 부과하는 금전적인 제재이므로, 법이 규정한 범위 내에서 그 부과처분 당시까지 부과관청이 확인한 사실을 기초로 일의적으로 확정되어야 할 것이지, 추후에 부과금 산정기준이 되는 새로운 자료가 나왔다고 하여 새로운 부과처분을 할 수 있는 것은 아니다(대판 2002.5.28. 2000두6121).

| 4 | 행정정보공개와 개인정보보호 > 정보공개 | 오답률 9% | 답 ② |

| 정답해설 | ② 91% (×) 인터넷에 공개되어 이미 알 수 있는 정보라고 해도, 공공기관은 정보공개를 하여야 한다. 〈판례〉 공개청구의 대상이 되는 정보가 이미 다른 사람에게 공개되어 널리 알려져 있다거나 인터넷 등을 통하여 공개되어 인터넷검색 등을 통하여 쉽게 알 수 있는 경우 소의 이익이 없다거나 비공개결정이 정당화된다고 할 수 없다(대판 2010.12.23. 2008두13101).

| 오답해설 | ① 2% (○) 「공공기관의 정보공개에 관한 법률」 제9조 제1항 제8호

③ 1% (○) 대판 2017.9.7. 2017두44558

④ 6% (○) 대판 2003.3.11. 2001두6425

| 5 | 행정행위 > 행정행위의 취소와 철회 | 오답률 22% | 답 ④ |

| 정답해설 | ㄷ. (○) 대판 1997.5.16. 97누1310

ㄹ. (○) 대판 1995.9.15. 94다16045

| 오답해설 | ㄱ. (×) 행정행위를 한 처분청은 처분 당시에 별다른 하자가 없었고, 또 그 처분 후에 이를 철회할 별도의 법적 근거 없어도 사정변경을 이유로 그 효력을 상실케 하는 별개의 행정행위로 이를 철회할 수 있다.

ㄴ. (×) 〈판례〉 과세관청은 부과의 취소를 다시 취소함으로써 원부과처분을 소생시킬 수는 없고 납세의무자에게 종전의 과세대상에 대한 납부의무를 지우려면 다시 법률에서 정한 부과절차에 좇아 동일한 내용의 새로운 처분을 하는 수밖에 없다(대판 1995.3.10. 94누7027).

| 오답률 TOP 2 |
| 6 | 행정행위 > 위헌법률에 근거한 처분의 효력 | 오답률 51% | 답 ② |

| 정답해설 | ② 49% (×) 〈판례〉 구 「택지소유상한에 관한 법률」 전부에 대한 위헌결정 이전에 택지초과소유부담금 부과처분과 압류처분 및 이에 기한 압류등기가 이루어지고 각 처분이 확정된 경우, 그 위헌결정 이후에 후속 체납처분 절차를 진행할 수 없고 다른 사람에 의하여 개시된 임의경매절차에서 배당을 받을 수도 없다(대판 2002.7.12. 2002두3317).

| 오답해설 | ① 9% (○) 대판 1994.10.28. 92누9463

③ 35% (○) 대판 1994.10.28. 92누9463

④ 7% (○) 헌재 1994.6.30. 92헌바23

| 7 | 행정소송 > 종합 | 오답률 44% | 답 ④ |

| 정답해설 | ④ 56% (○) 확정판결의 저촉되는 행정청의 처분은 무효에 해당한다. 거부처분취소소송의 확정판결에 취지에 따라 행정청은 재처분의 의무가 있고, 이에 따른 처분을 하지 않을 경우, 배상을 통한 간접강제가 이루어진다.

| 오답해설 | ① 11% (×) 〈판례〉 개발제한구역 중 일부 취락을 개발제한구역에서 해제하는 내용의 도시관리계획변경결정에 대하여, 개발제한구역 해제대상에서 누락된 토지의 소유자는 위 결정의 취소를 구할 법률상 이익이 없다(대판 2008.7.10. 2007두10242).

② 16% (×) 〈판례〉 금융기관의 임원에 대한 금융감독원장의 문책경고는 그 상대방에 대한 직업선택의 자유를 직접 제한하는 효과를 발생하게 하는 등 상대방의 권리의무에 직접 영향을 미치는 행위로서 항고소송의 대상이 되는 행정처분에 해당한다(대판 2005.2.17. 2003두14765).

③ 17% (×) 〈판례〉 경정청구나 부과처분에 대한 항고소송은 모두 정당한 과세표준과 세액의 존부를 정하고자 하는 동일한 목적을 가진 불복수단으로서 납세의무자로 하여금 과다신고사유에 대하여는 경정청구로써, 과세관청의 증액경정사유에 대하여는 항고소송으로써 각각 다투게 하는 것은 납세의무자의 권익보호나 소송경제에도 부합하지 않는 점 등에 비추어 보면, 납세의무자는 증액경정처분의 취소를 구하는 항고소송에서 과세관청의 증액경정사유뿐만 아니라 당초 신고에 관한 과다신고사유도 함께 주장하여 다툴 수 있다고 할 것이다(대판 2013.4.18. 2010두11733).

| 8 | 행정행위 > 하천점용허가 | 오답률 23% | 답 ③ |

| 정답해설 | ③ 77% (○) 부관 중 독립된 소송을 청구할 수 있는 것은 부담이다. 이외의 부관은 소송 대상이 아니라서 소송을 청구할 경우 각하에 해당한다.

| 오답해설 | ① 6% (×) 하천점용허가는 강학상 특허로서 재량이다.

② 7% (×) 불가쟁력이 발생하여도 행정청은 직권취소가 가능하다.

④ 10% (×) 〈판례〉 「행정소송법」 제30조 제1항에 의하여 인정되는 취소소송에서 처분 등을 취소하는 확정판결의 기속력은 주로 판

결의 실효성 확보를 위하여 인정되는 효력으로서 판결의 주문뿐만 아니라 그 전제가 되는 처분 등의 구체적 위법사유에 관한 이유 중의 판단에 대하여도 인정된다(대판 2001.3.23. 99두5238).

---

9 행정행위 > 행정행위의 하자 오답률 35% 답 ②

| **정답해설** | ② 65% (×) 무권한에 해당하지만 사직원 제출에 따른 의원면직처분은 소극적인 확인에 해당하여 무효라고 볼 수 없다는 것이 대법원의 입장이다. 〈판례〉 5급 이상의 국가정보원 직원에 대한 의원면직처분이 임면권자인 대통령이 아닌 국가정보원장에 의해 행해진 것으로 위법하고, 나아가 국가정보원 직원의 명예퇴직원 내지 사직서 제출이 직위해제 후 1년여에 걸친 국가정보원장 측의 종용에 의한 것이었다는 사정을 감안한다 하더라도 그러한 하자가 중대한 것이라고 볼 수는 없으므로, 대통령의 내부결재가 있었는지에 관계없이 당연무효는 아니다(대판 2007.7.26. 2005두15748).

| **오답해설** | ① 8% (○) 두 개의 처분은 각각 별개의 독립된 법률효과를 목적으로 하는 처분이다. 하지만 예외적으로 하자승계를 인정하였다. 〈판례〉 甲을 친일반민족행위자로 결정한 친일반민족행위진상규명위원회의 최종발표(선행처분)에 따라 지방보훈지청장이 「독립유공자 예우에 관한 법률」 적용 대상자로 보상금 등의 예우를 받던 甲의 유가족 乙 등에 대하여 「독립유공자 예우에 관한 법률」 적용배제자 결정(후행처분)을 한 사안에서, 선행처분의 후행처분에 대한 구속력을 인정할 수 없어 선행처분의 위법을 이유로 후행처분의 효력을 다툴 수 있다(대판 2013.3.14. 2012두6964).
③ 16% (○) 대판 2016.8.30. 2014두46034
④ 11% (○) 대판 2007.4.12. 2006두20150

---

10 손해배상 > 국가배상 오답률 41% 답 ④

| **정답해설** | ④ 59% (○) 영조물의 설치나 관리에 하자가 있고, 자연적인 원인과 제3자 또는 본인의 귀책이 동시원인에 해당하더라도 「국가배상법」 요건을 충족한다. 〈판례〉 영조물의 설치 또는 관리상의 하자로 인한 사고라 함은 영조물의 설치 또는 관리상의 하자만이 손해발생의 원인이 되는 경우만을 말하는 것이 아니고, 다른 자연적 사실이나 제3자의 행위 또는 피해자의 행위와 경합하여 손해가 발생하더라도 영조물의 설치 또는 관리상의 하자가 공동원인의 하나가 되는 이상 그 손해는 영조물의 설치 또는 관리상의 하자에 의하여 발생한 것이라고 해석함이 상당하다(대판 1994.11.22. 94다32924).

| **오답해설** | ① 11%, ② 5% (×) 영조물의 하자는 고도의 안전성을 갖추었는지 여부에 따라 결정되지 않는다. 통상의 안전성 여부에 의한다. 〈판례〉 「국가배상법」 제5조 제1항 소정의 '영조물 설치 관리상의 하자'라 함은 공공의 목적에 공여된 영조물이 그 용도에 따라 통상 갖추어야 할 안전성을 갖추지 못한 상태에 있음을 말하고, 영조물의 설치 및 관리에 있어서 항상 완전무결한 상태를 유지할 정도의 고도의 안전성을 갖추지 아니하였다고 하여 영조물의 설치 또는 관리에 하자가 있는 것으로는 할 수 없는 것이다(대판 2000.4.25. 99다54998).
③ 25% (×) 〈판례〉 강설의 특성, 기상적 요인과 지리적 요인, 이에

따른 도로의 상대적 안전성을 고려하면 겨울철 산간지역에 위치한 도로에 강설로 생긴 빙판을 그대로 방치하고 도로상황에 대한 경고나 위험표지판을 설치하지 않았다는 사정만으로 도로관리상의 하자가 있다고 볼 수 없다(대판 2000.4.25. 99다54998).

---

11 행정소송 > 행정소송의 대상 오답률 37% 답 ④

| **정답해설** | ④ 63% (×) 대법원은 부당이득반환청구소송을 사법관계로서 민사소송에 의한다고 본다. 〈판례〉 개발부담금 부과처분이 취소된 이상 그 후의 부당이득으로서의 과오납금 반환에 관한 법률관계는 단순한 민사관계에 불과한 것이고, 행정소송 절차에 따라야 하는 관계로 볼 수 없다(대판 1995.12.22. 94다51253).

| **오답해설** | ① 11% (○) 행정재산의 사용·수익허가는 공법관계로서 강학상 특허에 해당한다. 이에 따른 가산금징수에 대한 소송은 처분을 원인으로 한 당사자소송이다.
② 17% (○) 「국세징수법」상의 체납처분은 강제징수로서 공법관계이며 행정소송 대상이다.
③ 9% (○) 청원경찰은 특별권력관계에 해당되는 공법관계이다. 따라서 청원경찰의 징계처분은 항고소송 대상인 처분이다.

오답률 TOP 3

12 행정소송 > 행정소송의 피고 오답률 50% 답 ③

| **정답해설** | ㄱ. (○) 「국가공무원법」상 공무원에 대한 징계 등의 처분은 소속 장관이 피고가 된다.
ㄷ. (○) 헌법재판소장의 처분은 헌법재판소 사무처장이 피고가 된다.
ㄹ. (○) 권한의 위임이나 위탁의 경우에는 수임기관이나 수탁기관이 피고가 된다.

| **오답해설** | ㄴ. (×) 내부위임의 경우에는 위임청을 피고로 소송을 청구한다. 따라서 피고는 국토교통부장관이 된다. 다만, 내부위임에서 수임기관이 자신의 명의로 처분을 하는 경우에는 수임기관이 피고가 된다.

---

13 행정상 법률요건과 법률사실 > 사인의 공법행위 오답률 42% 답 ③

| **정답해설** | ③ 58% (×) 양도·양수에 의한 영업자지위승계신고가 수리되지 않은 경우라도, 양도인의 위법을 이유로 허가 등이 취소된 경우, 이를 양수한 양수인은 취소소송을 청구할 법률상 이익이 인정된다. 〈판례〉 채석허가가 유효하게 존속하고 있다는 것이 양수인의 명의변경신고의 전제가 된다는 의미에서 관할 행정청이 양도인에 대하여 채석허가를 취소하는 처분을 하였다면 이는 양수인의 지위에 대한 직접적 침해가 된다고 할 것이므로 양수인은 채석허가를 취소하는 처분의 취소를 구할 법률상 이익을 가진다(대판 2003.7.11. 2001두6289).

| **오답해설** | ① 15% (○) 영업자 지위승계신고의 수리는 양수인에게 적법하게 영업을 할 수 있는 법적 지위를 부여하게 된다.
② 8% (○) 사인의 공법행위가 무효이면 이를 토대로 한 행정처분도 무효이다.
④ 19% (○) 대판 2005.12.23. 2005두3554

14 행정상 즉시강제 및 행정조사 > 행정조사 오답률 53% 답 ①

| 정답해설 | ① 47% (○)「행정조사기본법」제2조 제2호

| 오답해설 | ② 16% (×)「행정조사기본법」은 행정조사를 위한 일반적인 근거 법이 아니라 행정조사에 관한 일반적인 원칙이나 방법 등을 규정한 법이다. 자발적인 협력을 통한 경우를 제외하고는 개별법의 근거 없이 행정조사를 할 수 없다.

③ 8% (×) 〈법령〉「행정조사기본법」제8조(조사대상의 선정) ❶ 행정기관의 장은 행정조사의 목적, 법령준수의 실적, 자율적인 준수를 위한 노력, 규모와 업종 등을 고려하여 명백하고 객관적인 기준에 따라 행정조사의 대상을 선정하여야 한다.

❷ 조사대상자는 조사 대상 선정기준에 대한 열람을 행정기관의 장에게 신청할 수 있다.

❸ 행정기관의 장이 제2항에 따라 열람신청을 받은 때에는 다음 각 호의 어느 하나에 해당하는 경우를 제외하고 신청인이 조사대상 선정기준을 열람할 수 있도록 하여야 한다.

1. 행정기관이 당해 행정조사업무를 수행할 수 없을 정도로 조사활동에 지장을 초래하는 경우

2. 내부고발자 등 제3자에 대한 보호가 필요한 경우

④ 29% (×) 〈법령〉「행정조사기본법」제15조(중복조사의 제한) ❶ 제7조에 따라 정기조사 또는 수시조사를 실시한 행정기관의 장은 동일한 사안에 대하여 동일한 조사대상자를 재조사하여서는 아니 된다. 다만, 당해 행정기관이 이미 조사를 받은 조사대상자에 대하여 위법행위가 의심되는 새로운 증거를 확보한 경우에는 그러하지 아니하다.

15 「행정기본법」과「행정절차법」> 행정처분의 이유제시 오답률 38% 답 ①

| 정답해설 | ① 62% (×) 이유제시는 처분시 행정청의 자기검열과 행정의 신중성, 투명성을 확보하고, 행정의 상대방에 대한 설득과 상대방의 쟁송제기의 편의를 제공함에 목적을 두고 있다. 따라서 이유제시의 하자치유는 쟁송제기 이전까지만 가능하고, 소송 중에 이루어지는 경우에는 처분사유의 추가나 변경에 해당될 뿐 이유제시의 보완이 아니다.

| 오답해설 | ② 15% (○) 〈판례〉 과세처분시 납세고지서에 과세표준, 세율, 세액의 산출근거 등이 누락된 경우에는 늦어도 과세처분에 대한 불복 여부의 결정 및 불복신청에 편의를 줄 수 있는 상당한 기간 내에 보정행위를 하여야 그 하자가 치유된다 할 것이다(대판 1983.7.26. 82누420).

③ 9% (○) 대판 2002.5.17. 2000두8912

④ 14% (○) 절차상의 하자에 의한 인용판결은 기속력이 없다. 절차상의 하자를 보완하여 다시 처분을 한다고 해도 이는 새로운 처분으로서 기속력에 반하는 처분이 아니다.

16 행정행위 > 제3자의 법적 지위 오답률 45% 답 ③

| 정답해설 | ㄴ. (○) 항고소송의 판결은 대세효이다. 참가 여부와 무관하게 제3자에게 판결의 효력이 미친다.

ㄷ. (○)「행정소송법」제31조 제1항

ㄹ. (○)「행정절차법」제2조 4호 나목, 제27조 제1항

| 오답해설 | ㄱ. (×) 제3자에게는 신청이 있는 경우에 안내를 하도록 한다. 〈법령〉「행정심판법」제58조(행정심판의 고지) ❶ 행정청이 처분을 할 때에는 처분의 상대방에게 다음 각 호의 사항을 알려야 한다.

1. 해당 처분에 대하여 행정심판을 청구할 수 있는지

2. 행정심판을 청구하는 경우의 심판청구절차 및 심판청구기간

❷ 행정청은 이해관계인이 요구하면 다음 각 호의 사항을 지체 없이 알려 주어야 한다. 이 경우 서면으로 알려 줄 것을 요구받으면 서면으로 알려 주어야 한다.

1. 해당 처분이 행정심판의 대상이 되는 처분인지

2. 행정심판의 대상이 되는 경우 소관 위원회 및 심판청구기간

17 행정벌 > 행정형벌 오답률 20% 답 ②

| 정답해설 | ② 80% (○) 행정형벌은 명문의 규정이 없어도 처벌의 해석 가능성이 있으면 처벌이 가능하다. 〈판례〉「대기환경보전법」의 입법목적이나 관계규정의 취지 등을 고려하면, 자동차운행상의 과실로 동법상의 법정 자동차 배출가스 매연농도 허용기준을 초과한다는 점을 인식하지 못한 경우에도 처벌하는 취지라고 해석함이 상당하다(대판 1993.9.10. 92도1136).

| 오답해설 | ① 13% (×) 과태료와 행정형벌은 병과될 수 있다는 것이 대법원의 입장이다(헌재는 부정적이다). 〈판례〉 피고인이 행형법에 의한 징벌을 받아 그 집행을 종료하였다고 하더라도 행형법상의 징벌은 수형자의 교도소 내의 준수사항 위반에 대하여 과하는 행정상의 질서벌의 일종으로서「형법」법령에 위반한 행위에 대한 형사책임과는 그 목적, 성격을 달리하는 것이므로 징벌을 받은 뒤에 형사처벌을 한다고 하여 일사부재리의 원칙에 반하는 것은 아니다(대판 2000.10.27. 2000도3874).

③ 2% (×) 양벌규정을 두고 사용자를 처벌하는 것은 대위책임설이 아닌 자기책임설에 의하여, 종업원의 처벌을 전제로 하지 않는다.

④ 5% (×) 착오에 정당한 이유가 있는 때에 한하여 과태료를 부과하지 않는다(「질서위반행위규제법」제8조).

18 행정강제 > 강제집행 오답률 22% 답 ②

| 정답해설 | ② 78% (×) 공매통지는 처분이 아니지만 공매결정과 통지가 없었다거나 적법하지 않은 경우에 공매처분이 위법하게 되어 소송이 가능하다. 〈판례〉 체납자 등에 대한 공매통지는 국가의 강제력에 의하여 진행되는 공매에서 체납자 등의 권리 내지 재산상의 이익을 보호하기 위하여 법률로 규정한 절차적 요건이라고 보아

야 하며, 공매처분을 하면서 체납자 등에게 공매통지를 하지 않았거나 공매통지를 하였더라도 그것이 적법하지 아니한 경우에는 절차상의 흠이 있어 그 공매처분은 위법하다. 다만, 공매통지의 목적이나 취지 등에 비추어 보면, 체납자 등은 자신에 대한 공매통지의 하자만을 공매처분의 위법사유로 주장할 수 있을 뿐 다른 권리자에 대한 공매통지의 하자를 들어 공매처분의 위법사유로 주장하는 것은 허용되지 않는다(대판 2008.11.20. 2007두18154).

| 오답해설 | ① 10% , ④ 8% (○) 대판 2017.4.28. 2016다213916
③ 4% (○) 대결 2006.12.8. 자 2006마470

19 행정소송 > 협의의 소익　오답률 43%　답 ④

| 정답해설 | ④ 57% (○) 대판 2013.1.31. 2011두11112, 2011두11129
| 오답해설 | ① 9% (×) 〈판례〉 학교법인 임원취임승인의 취소처분 후 그 임원의 임기가 만료되고 구 「사립학교법」 제22조 제2호 소정의 임원결격사유기간마저 경과한 경우 또는 위 취소처분에 대한 취소소송 제기 후 임시이사가 교체되어 새로운 임시이사가 선임된 경우, 위 취임승인취소처분 및 당초의 임시이사선임처분의 취소를 구할 소의 이익이 있다(대판 2007.7.19. 2006두19297).
② 20% (×) 〈판례〉 소음·진동배출시설에 대한 설치허가가 취소된 후 그 배출시설이 어떠한 경위로든 철거되어 다시 복구 등을 통하여 배출시설을 가동할 수 없는 상태라면 이는 배출시설 설치허가의 대상이 되지 아니하므로 외형상 설치허가취소행위가 잔존하고 있다고 하여도 특단의 사정이 없는 한 이제 와서 굳이 위 처분의 취소를 구할 법률상의 이익이 없다(대판 2002.1.11. 2000두2457).
③ 14% (×) 〈판례〉 … 이러한 사정들을 종합해 보면, 구 「주택법」상 입주자나 입주예정자는 사용검사처분의 취소를 구할 법률상 이익이 없다(대판 2014.7.24. 2011두30465).

20 행정소송 > 항고소송　오답률 38%　답 ③

| 정답해설 | ③ 62% (○) 취소소송의 심리원칙은 원칙적으로 당사자주의에 의해 변론주의를 택하고 있어 주장책임이 발생하지만 「행정소송법」은 보충적으로 직권심리주의를 규정하고 있어 소장에 일건 현출된(기록에 나타나 있는) 사항에 대해서는 원고의 주장이 없더라도 법원은 직권으로 심리한다. 따라서 원고의 주장책임은 그에 따라 완화될 수 있다.
| 오답해설 | ① 22% (×) 취소소송의 소송물을 처분의 위법성 일반으로 보는 경우(다수설)에는 취소소송의 기각확정판결이 있는 경우, 원고는 더 이상 동일한 처분에 대하여 소송을 청구할 수 없게 된다.
② 6% (×) 취소소송의 심리원칙은 원칙적으로 당사자주의에 의한 처분권주의가 원칙이다.
④ 10% (×) 부작위가 되기 위한 요건은 법규상·조리상 정당한 신청권이 있는 경우에만 인정되므로, 부작위위법확인소송의 원고적격과 관련이 있다. 〈판례〉 부작위위법확인소송은 처분의 신청을 한 자로서 부작위의 위법의 확인을 구할 법률상 이익이 있는 자만이 제기할 수 있는 것으로서(「행정소송법」 제36조) 당사자가 행정청에 대하여 어떤 행정행위를 하여 줄 것을 신청하지 아니하였거나 당사자가 그러한 행정행위를 하여 줄 것을 요구할 수 있는 법규상 또는 조리상의 권리를 가지고 있지 아니하는 등의 경우에는 원고적격이 없거나 항고소송의 대상인 위법한 부작위가 있다고 할 수 없어 그 부작위위법확인의 소는 부적법하다고 할 것이다(대판 2007.10.26. 2005두7853).

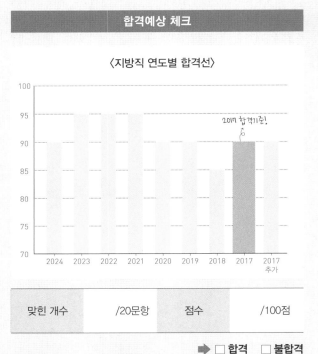

취약영역 체크

문항	정답	영역	문항	정답	영역
①	③	행정법 서론	11	①	행정법 통칙
2	②	행정법 통칙	12	③	행정상 의무이행 확보수단
3	④	행정법 통칙	13	③	행정구제
4	②	행정법 통칙	14	④	행정구제
5	③	행정법 통칙	15	④	행정구제
6	②	행정법 통칙	16	④	행정구제
7	①	행정법 통칙	17	①	행정구제
8	②	행정법 통칙	18	④	행정법 통칙
9	④	행정법 통칙	19	①	행정구제
10	④	행정법 통칙	20	④	행정구제

⬇ 영역별 틀린 개수로 취약영역을 확인하세요!

행정법 서론	/1	행정법 통칙	/11	행정상 의무이행 확보수단	/1
행정구제	/7	행정조직(7급)	–/0	특별행정작용(7급)	–/0

맞힌 개수	/20문항	점수	/100점

➡ ☐ 합격 ☐ 불합격

➡ 나의 취약영역:

※ [정답해설]과 [오답해설] 선지의 ▢50%▢ 표시는 〈1초 합격예측 서비스〉를 통해 수집된 선지 선택률을 나타냅니다.

---

1 행정 > 통치행위　　오답률 6%　답 ③

| **정답해설** | ③ ▢94%▢ (×) 〈판례〉 신행정수도건설이나 수도이전의 문제가 정치적 성격을 가지고 있는 것은 인정할 수 있지만, 그 자체로 고도의 정치적 결단을 요하여 사법심사의 대상으로 하기에는 부적절한 문제라고까지는 할 수 없다. … 국민투표에 붙일지 여부에 관한 대통령의 의사결정이 사법심사의 대상이 될 경우 위 의사결정은 고도의 정치적 결단을 요하는 문제여서 사법심사를 자제함이 바람직하다고는 할 수 있고, … 대통령의 위 의사결정이 국민의 기본권 침해와 직접 관련되는 경우에는 헌법재판소의 심판대상이 될 수 있고, 이에 따라 위 의사결정과 관련된 법률도 헌법재판소의 심판대상이 될 수 있다(헌재 2004.10.21. 2004헌마554).

| **오답해설** | ① ▢2%▢ (○) 대판 2004.3.26. 2003도7878

② ▢1%▢ (○) 대판 2010.12.16. 2010도5986 전합

④ ▢3%▢ (○) 헌재 2004.4.29. 2003헌마814

---

2 행정상 법률요건과 법률사실 > 공법상 부당이득
　　　　　　오답률 19%　답 ②

| **정답해설** | ② ▢81%▢ (×) 〈판례〉 납세의무자에 대한 국가의 부가가치세 환급세액 지급의무에 대응하는 국가에 대한 납세의무자의 부가가치세 환급세액 지급청구는 민사소송이 아니라 「행정소송법」 제3조 제2호에 규정된 당사자소송의 절차에 따라야 한다(대판 2013.3.21.

2011다95564).

| **오답해설** | ① ▢5%▢ (○) 공법상 부당이득에 관한 일반법은 없다. 「민법」상 법리를 준용한다.

③ ▢5%▢ (○) 대판 2014.10.27. 2012두17186

④ ▢9%▢ (○) 부당이득은 사인도 행정주체로부터 발생할 수 있고(예 봉급의 과액수령, 무자격자의 연금수령 등), 행정주체도 사인에 대해 부당이득반환을 청구할 수 있다.

---

3 행정법 관계 > 행정상 법률관계　　오답률 8%　답 ④

| **정답해설** | ④ ▢92%▢ (×) 〈판례〉 착공신고 반려행위가 이루어진 단계에서 당사자로 하여금 반려행위의 적법성을 다투어 법적 불안을 해소한 다음 건축행위에 나아가도록 함으로써 장차 있을지도 모르는 위험에서 미리 벗어날 수 있도록 길을 열어 주고, 위법한 건축물의 양산과 철거를 둘러싼 분쟁을 조기에 근본적으로 해결할 수 있게 하는 것이 법치행정의 원리에 부합한다. 그러므로 행정청의 착공신고 반려행위는 항고소송의 대상이 된다고 보는 것이 옳다(대판 2011.6.10. 2010두7321).

| **오답해설** | ① ▢1%▢ (○) 「주민등록법」상 주소는 1개소이다.

② ▢1%▢ (○) 공법상의 법률행위에 대한 일반법이 없어 특별한 규정이 없으면 「민법」을 준용한다.

③ ▢6%▢ (○) 대판 2009.1.30. 2006다17850

4 행정행위 > 행정행위의 부관 　오답률 29%　답 ②

| 정답해설 | ② [71%] (○) 〈판례〉 도로점용허가의 점용기간은 행정행위의 본질적인 요소에 해당한다고 볼 것이어서 부관인 점용기간을 정함에 있어서 위법사유가 있다면 이로써 도로점용허가 처분 전부가 위법하게 된다(대판 1985.7.9. 84누604).

| 오답해설 | ① [11%] (×) 부담으로 부과된 의무를 이행하지 않아도 주된 행정행위의 효력은 발생한다.

③ [14%] (×) 수정부담은 부관으로 인정하지 않는 것이 일반적이다.

④ [4%] (×) 부관은 법적 근거가 없어도 가능하다(다만, 법률효과일부배제는 법적 근거가 필요하다).

5 행정입법 > 종합 　오답률 16%　답 ③

| 정답해설 | ③ [84%] (×) 〈판례〉 행정소송은 구체적 사건에 대한 법률상 분쟁을 법에 의하여 해결함으로써 법적 안정을 기하자는 것이므로 부작위위법확인소송의 대상이 될 수 있는 것은 구체적 권리의무에 관한 분쟁이어야 하고 추상적인 법령에 관하여 제정의 여부 등은 그 자체로서 국민의 구체적인 권리의무에 직접적 변동을 초래하는 것이 아니어서 그 소송의 대상이 될 수 없다(대판 1992.5.8. 91누11261).

| 오답해설 | ① [5%] (○) 대판 1999.2.11. 98도2816 전합

② [4%] (○) 헌재 1991.2.11. 90헌가27

④ [7%] (○) 헌재 1995.4.20. 92헌마264·279

오답률 TOP1

6 그 밖의 행정의 주요 행위 형식 > 행정계획 　오답률 66%　답 ②

| 정답해설 | ② [34%] (×) 〈판례〉 2012년도와 2013년도 대학교육역량강화 사업 기본계획은 대학교육역량강화 지원사업을 추진하기 위한 국가의 기본방침을 밝히고 국가가 제시한 일정 요건을 충족하여 높은 점수를 획득한 대학에 대하여 지원금을 배분하는 것을 내용으로 하는 행정계획일 뿐, 위 계획에 따를 의무를 부과하는 것은 아니다. 계획 자체만으로는 대학의 구성원인 청구인들의 법적 지위나 권리의무에 어떠한 영향도 미친다고 보기 어렵다. 따라서 2012년도와 2013년도 계획 부분은 헌법소원의 대상이 되는 공권력 행사에 해당하지 아니한다(헌재 2016.10.27. 2013헌마576).

| 오답해설 | ① [38%] (○) 〈판례〉 헌법소원은 다른 법률에 구제절차가 있는 경우에는 그 절차를 모두 거친 후에 비로소 심판청구를 할 수 있는 것인 바(「헌법재판소법」 제68조 제1항), 개발제한구역 지정행위(도시계획결정)에 대하여는 행정심판 및 행정소송 등을 제기할 수 있으므로 청구인으로서는 우선 그러한 구제절차를 거쳐야 함에도 불구하고 그러한 절차를 거치지 아니하였음이 기록상 명백하므로 이 부분에 대한 심판청구 또한 부적법하다(헌재 1991.9.16. 90헌마105).

④ [20%] (○) 〈판례〉 도시기본계획은 도시의 기본적인 공간구조와 장기발전방향을 제시하는 종합계획으로서 그 계획에는 토지이용계획, 환경계획, 공원녹지계획 등 장래의 도시개발의 일반적인 방향이 제시되지만, 그 계획은 도시계획입안의 지침이 되는 것에 불과하여 일반국민에 대한 직접적인 구속력은 없는 것이다(대판 2002.10.11. 2000두8226).

7 행정행위 > 하자의 승계 　오답률 30%　답 ①

| 정답해설 | ① [70%] (×) 선행행위의 하자가 무효인 경우에는 당연히 하자가 승계되므로 하자승계를 논할 실익이 없다.

| 오답해설 | ② [14%] (○) 하자승계란, 선행처분의 하자에 불가쟁력이 발생하여 다툴 수 없음에도 이를 토대로 한 하자 없는 후행처분을 다툴 수 있게 하는 제도로 국민의 권익구제 범위가 확장된다.

③ [7%], ④ [9%] (○) 〈판례〉 선행처분과 후행처분이 서로 독립하여 별개의 법률효과를 목적으로 하는 때에는 선행처분에 불가쟁력이 생겨 그 효력을 다툴 수 없게 된 경우에는 선행처분의 하자가 중대하고 명백하여 당연무효인 경우를 제외하고는 선처분의 하자를 이유로 후행처분의 효력을 다툴 수 없는 것이 원칙이나 선행처분과 후행처분이 서로 독립하여 별개의 효과를 목적으로 하는 경우에도 선행처분의 불가쟁력이나 구속력이 그로 인하여 불이익을 입게 되는 자에게 수인한도를 넘는 가혹함을 가져오며, 그 결과가 당사자에게 예측 가능한 것이 아닌 경우에는 국민의 재판받을 권리를 보장하고 있는 헌법의 이념에 비추어 선행처분의 후행처분에 대한 구속력은 인정될 수 없다(대판 1994.1.25. 93누8542).

8 행정행위 > 행정행위의 부관 　오답률 23%　답 ②

| 정답해설 | ② [77%] (○) 개인택시운송사업면허는 특허에 해당하여 법적 근거가 없어도 부관을 붙일 수 있다(대판 2005.4.28. 2004두8910).

| 오답해설 | ① [8%] (×) 개인택시운송사업면허는 설권행위로서 강학상 특허에 해당한다.

③ [7%] (○) 거부처분은 집행정지 대상이 아니다. 〈판례〉 신청에 대한 거부처분의 효력을 정지하더라도 거부처분이 없었던 것과 같은 상태, 즉 거부처분이 있기 전의 신청시의 상태로 되돌아가는 데에 불과하고 행정청에게 신청에 따른 처분을 하여야 할 의무가 생기는 것이 아니므로, 거부처분의 효력정지는 그 거부처분으로 인하여 신청인에게 생길 손해를 방지하는 데에 아무런 소용이 없어 그 효력정지를 구할 이익이 없다(대판 1992.2.13. 91두47).

④ [8%] (×) 〈판례〉 개인택시운송사업의 양도·양수가 있고 그에 대한 인가가 있은 후 그 양도·양수 이전에 있었던 양도인에 대한 운송사업면허취소사유(음주운전 등으로 인한 자동차운전면허의 취소)를 들어 양수인의 운송사업면허를 취소한 것은 정당하다(대판 1998.6.26. 96누18960).

9 행정행위 > 기속행위와 재량행위　　오답률 16%　답 ④

| **정답해설** | ④ 84% (○) 〈판례〉 자동차운수사업면허조건 등을 위반한 사업자에 대하여 행정청이 행정제재수단으로 사업 정지를 명할 것인지, 과징금을 부과할 것인지, 과징금을 부과키로 한다면 그 금액은 얼마로 할 것인지에 관하여 재량권이 부여되었다 할 것이므로 과징금 부과처분이 법이 정한 한도액을 초과하여 위법할 경우 법원으로서는 그 전부를 취소할 수밖에 없고, 그 한도액을 초과한 부분이나 법원이 적정하다고 인정되는 부분을 초과한 부분만을 취소할 수 없다(대판 1998.4.10. 98두2270).

| **오답해설** | ① 2% (×) 기속이든 재량이든 절차상의 하자는 독립된 취소사유가 된다.

② 2% (×) 처분사유의 추가·변경도 기속이나 재량이 무관하다.

③ 12% (×) 거부처분이 판결로써 취소된 경우, 판결의 취지에 따라 재처분의 의무가 있는 것이지 원고의 신청을 인용할 의무가 있는 것은 아니다. 다른 사유에 의해 다시 거부가 가능하다.

10 「행정기본법」과 「행정절차법」 > 행정절차　　오답률 15%　답 ④

| **정답해설** | ④ 85% (×) 「행정절차법」에 행정계획에 대한 규정은 있으나, 제시된 내용에 대한 규정은 없다. 〈법령〉 「행정절차법」 제40조의4(행정계획) 행정청은 행정청이 수립하는 계획 중 국민의 권리·의무에 직접 영향을 미치는 계획을 수립하거나 변경·폐지할 때에는 관련된 여러 이익을 정당하게 형량하여야 한다.

| **오답해설** | ① 1% (○) 「행정절차법」 제17조 제1항·제3항

② 12% (○) 동법 제46조 제1항 참고

③ 2% (○) 동법 제48조 제2항, 제50조

11 행정정보공개와 개인정보보호 > 정보공개　　오답률 21%　답 ①

| **정답해설** | ① 79% (×) 〈판례〉 정보공개의무를 지는 공공기관의 하나로 사립대학교를 들고 있는 것이 모법인 구 「공공기관의 정보공개에 관한 법률」의 위임 범위를 벗어났다거나 사립대학교가 국비의 지원을 받는 범위 내에서만 공공기관의 성격을 가진다고 볼 수 없다(대판 2006.8.24. 2004두2783).

| **오답해설** | ② 4% (○) 대판 2010.12.23. 2008두13101

③ 9% (○) 대판 2010.4.29. 2008두5643

④ 8% (○) 대판 2013.11.28. 2011두5049

12 행정강제 > 강제집행　　오답률 24%　답 ③

| **정답해설** | ③ 76% (○) 대판 2011.3.10. 2009두23617·23624

| **오답해설** | ① 12% (×) 「건축법」상 이행강제금은 종래의 불복절차로서의 「비송사건절차법」 규정을 삭제하여 구제에 관한 특별한 규정을 두고 있지 않다. 따라서 「행정소송법」이 적용되어 항고소송 대상인 처분이다.

② 6% (×) 〈판례〉 경찰서장의 통고처분은 행정소송의 대상이 되는 행정처분이 아니므로 그 처분의 취소를 구하는 소송은 부적법하고, 「도로교통법」상의 통고처분을 받은 자가 그 처분에 대하여 이의가 있는 경우에는 통고처분에 따른 범칙금의 납부를 이행하지 아니함으로써 경찰서장의 즉결심판청구에 의하여 법원의 심판을 받을 수 있게 될 뿐이다(대판 1995.6.29. 95누4674).

④ 6% (×) 〈판례〉 행정처분이 있은 후에 그 처분의 근거가 된 법률이 위헌으로 결정된 경우 그 처분의 집행이나 집행력을 유지하기 위한 행위는 위헌결정의 기속력에 위반되어 허용되지 아니한다(대판 2002.8.23. 2001두2959).

13 행정쟁송 > 취소소송　　오답률 43%　답 ③

| **정답해설** | ③ 57% (○) 〈법령〉 「행정소송법」 제18조(행정심판과의 관계) ❶ 취소소송은 법령의 규정에 의하여 당해 처분에 대한 행정심판을 제기할 수 있는 경우에도 이를 거치지 아니하고 제기할 수 있다. 다만, 다른 법률에 당해 처분에 대한 행정심판의 재결을 거치지 아니하면 취소소송을 제기할 수 없다는 규정이 있는 때에는 그러하지 아니하다.

❷ 제1항 단서의 경우에도 다음 각 호의 1에 해당하는 사유가 있는 때에는 행정심판의 재결을 거치지 아니하고 취소소송을 제기할 수 있다.

1. 행정심판청구가 있은 날로부터 60일이 지나도 재결이 없는 때
2. 처분의 집행 또는 절차의 속행으로 생길 중대한 손해를 예방하여야 할 긴급한 필요가 있는 때
3. 법령의 규정에 의한 행정심판기관이 의결 또는 재결을 하지 못할 사유가 있는 때
4. 그 밖의 정당한 사유가 있는 때

❸ 제1항 단서의 경우에 다음 각 호의 1에 해당하는 사유가 있는 때에는 행정심판을 제기함이 없이 취소소송을 제기할 수 있다.

1. 동종사건에 관하여 이미 행정심판의 기각재결이 있은 때
2. 서로 내용상 관련되는 처분 또는 같은 목적을 위하여 단계적으로 진행되는 처분 중 어느 하나가 이미 행정심판의 재결을 거친 때
3. 행정청이 사실심의 변론종결 후 소송의 대상인 처분을 변경하여 당해 변경된 처분에 관하여 소를 제기하는 때
4. 처분을 행한 행정청이 행정심판을 거칠 필요가 없다고 잘못 알린 때

14 행정소송 > 협의의 소익　　오답률 26%　답 ④

| **정답해설** | ④ 74% (○) 대판 2012.4.13. 2009두5510

| **오답해설** | ① 8% (×) 〈판례〉 학교법인 임원취임승인의 취소처분 후 그 임원의 임기가 만료되고 구 「사립학교법」 제22조 제2호 소정의 임원결격사유기간마저 경과한 경우 또는 위 취소처분에 대한 취소소송 제기 후 임시이사가 교체되어 새로운 임시이사가 선임된 경우, 위 취임승인취소처분 및 당초의 임시이사선임처분의 취소를 구할 소의 이익이 있다(대판 2007.7.19. 2006두19297).

② 5% (×) 〈판례〉 지방의회 의원에 대한 제명의결 취소소송 계속 중 의원의 임기가 만료된 사안에서, 제명의결의 취소로 의원의 지위를 회복할 수는 없다 하더라도 제명의결시부터 임기만료일까지의 기간에 대한 월정수당의 지급을 구할 수 있는 등 여전히 그 제명의결의 취소를 구할 법률상 이익이 있다(대판 2009.1.30. 2007두13487).

③ 13% (×) 〈판례〉 수형자의 영치품에 대한 사용신청 불허처분 후 수형자가 다른 교도소로 이송되었다 하더라도 수형자의 권리와 이익의 침해 등이 해소되지 않은 점 등에 비추어, 위 영치품 사용신청 불허처분의 취소를 구할 이익이 있다(대판 2008.2.14. 2007두13203).

---

15 손해배상 > 영조물의 설치·관리상 하자책임   오답률 33%   답 ③

| 정답해설 | ③ 67% (×) 〈판례〉 고속도로의 관리상 하자가 인정되는 이상 고속도로의 점유관리자는 그 하자가 불가항력에 의한 것이거나 손해의 방지에 필요한 주의를 해태하지 아니하였다는 점을 주장·입증하여야 비로소 그 책임을 면할 수 있다(대판 2008.3.13. 2007다29287·29294).

| 오답해설 | ① 6% (○) 영조물은 학문상 공물로서 자연공물, 인공공물, 동물, 동산, 공용물, 공공용물, 보존공물 등이 포함된다.
② 9% (○) 대판 1967.2.21. 66다1723
④ 18% (○) 대판 2010.11.25. 2007다74560

---

16 손실보상 > 손실보상의 형태   오답률 34%   답 ④

| 정답해설 | ④ 66% (×) 〈판례〉 「하천법」 부칙(1984.12.31.) 제2조 제1항 및 '법률 제3782호 「하천법」 중 개정법률 부칙 제2조의 규정에 의한 보상청구권의 소멸시효가 만료된 하천구역 편입토지 보상에 관한 특별조치법' 제2조 제1항의 규정에 의한 손실보상금의 지급을 구하거나 손실보상청구권의 확인을 구하는 소송의 형태는 「행정소송법」 제3조 제2호의 당사자소송이다(대판 2006.5.18. 2004다6207).

| 오답해설 | ① 13% (○) 헌법 제23조 제1항은 재산권의 존속보장을 규정하고 있고, 제23조 제3항은 수용에 의해 재산권의 보장이 가치보장으로 전환된다.
② 11% (○) 손실보상의 이론적 근거는 단체주의, 정의와 평등이다.
③ 10% (○) 헌법 제23조 제3항의 규정을 불가분조항으로 해석하는 위헌무효설에 의하면 보상규정이 없는 침해규정은 위헌에 해당된다.

오답률 TOP3

17 행정소송 > 항고소송의 대상   오답률 43%   답 ①

| 정답해설 | ① 57% (×) 〈판례〉 중소기업기술정보진흥원장이 甲 주식회사와 중소기업 정보화지원사업 지원대상인 사업의 지원에 관한 협약을 체결하였는데, 협약이 甲 회사에 책임이 있는 사업실패로 해지되었다는 이유로 협약에서 정한 대로 지급받은 정부지원

금을 반환할 것을 통보한 사안에서, 협약의 해지 및 그에 따른 환수 통보는 행정청이 우월한 지위에서 행하는 공권력의 행사로서 행정처분에 해당한다고 볼 수 없다(대판 2015.8.27. 2015두41449).

| 오답해설 | ② 18% (○) 대판 2014.12.11. 2012두28704
③ 11% (○) 대판 2014.2.27. 2012두22980
④ 14% (○) 대판 2016.12.27. 2014두5637

---

18 행정상 법률요건과 법률사실 > 개인적 공권   오답률 29%   답 ②

| 정답해설 | ② 71% (○) 헌법상 기본권을 직접 근거로 하여 개인적 공권을 주장할 수 있는지 여부에 대하여 변호인접견권, 알 권리 등의 구체성을 가지고 있는 경우, 자유권·평등권, 특히 재산권과 관련된 경우에는 가능할 수 있다고 본다.

| 오답해설 | ① 9% (×) 직접 헌법상의 사회권이나 청구권을 근거로 한 경우에는 인정될 수 없다.
③ 11% (×) 〈판례〉 면허나 인·허가 등의 수익적 행정처분을 신청한 수인이 서로 경쟁관계에 있어서 일방에 대한 면허나 인·허가 등의 행정처분이 타방에 대한 불면허·불인가·불허가 등으로 귀결될 수밖에 없는 경우(이른바 경원관계에 있는 경우로서 동일 대상지역에 대한 공유수면매립면허나 도로점용허가 혹은 일정지역에 있어서의 영업허가 등에 관하여 거리제한규정이나 업소개수제한규정 등이 있는 경우를 그 예로 들 수 있다)에 면허나 인·허가 등의 행정처분을 받지 못한 사람 등은 비록 경업자나 경원자에 대하여 이루어진 면허나 인·허가 등 행정처분의 상대방이 아니라 하더라도 당해 행정처분의 취소를 구할 당사자적격이 있다(대판 1999.10.12. 99두6026).
④ 9% (×) 〈판례〉 환경영향평가 대상지역 밖에 거주하는 주민에게 헌법상의 환경권 또는 「환경정책기본법」에 근거하여 공유수면매립면허처분과 농지개량사업 시행인가처분의 무효확인을 구할 원고적격이 없다(대판 2006.3.16. 2006두330).

오답률 TOP2

19 행정소송 > 제소기간   오답률 62%   답 ①

| 정답해설 | ① 38% (○) 대판 2004.11.25. 2004두7023

| 오답해설 | ② 33% (×) 〈판례〉 재조사결정은 처분청의 후속 처분에 의하여 그 내용이 보완됨으로써 이의신청 등에 대한 결정으로서의 효력이 발생한다고 할 것이므로, 재조사결정에 따른 심사청구기간이나 심판청구기간 또는 행정소송의 제소기간은 이의신청인 등이 후속 처분의 통지를 받은 날부터 기산된다고 봄이 타당하다(대판 2010.6.25. 2007두12514).
③ 21% (×) 〈판례〉 「행정소송법」 제20조 제1항의 취지 및 이미 제소기간이 지나 불가쟁력이 발생한 후에 행정청이 행정심판청구를 할 수 있다고 잘못 알린 경우, 그 안내에 따라 청구된 행정심판재결서 정본을 송달받은 날부터 다시 취소소송의 제소기간이 기산되지 않는다(대판 2012.9.27. 2011두27247).

④ 8% (×) 〈판례〉 행정청이 「산업재해보상보험법」에 의한 보험급여 수급자에 대하여 부당이득 징수결정을 한 후 그 하자를 이유로 징수금 액수를 감액하는 경우, 징수의무자에게 감액처분의 취소를 구할 소의 이익이 없고 감액처분으로도 아직 취소되지 않고 남은 부분을 다투고자 하는 경우 항고소송의 대상과 제소기간 준수 여부의 판단기준이 되는 처분은 당초 처분이다(대판 2012.9.27. 2011두27247).

---

20 행정소송 > 처분성 여부   오답률 34% 답 ④

| **정답해설** | ④ 66% (×) 〈판례〉 제재적 행정처분이 그 처분에서 정한 제재기간의 경과로 인하여 그 효과가 소멸되었으나, 부령인 시행규칙 또는 지방자치단체의 규칙의 형식으로 정한 처분기준에서 제재적 행정처분을 받은 것을 가중사유나 전제요건으로 삼아 장래의 제재적 행정처분을 하도록 정하고 있는 경우, 선행처분인 제재적 행정처분을 받은 상대방이 그 처분에서 정한 제재기간이 경과하였다 하더라도 그 처분의 취소를 구할 법률상 이익이 있다(대판 2006.6.22. 2003두1684).

| **오답해설** | ① 5% (○) 대판 2009.9.24. 2009마168·169
② 21% (○) 대판 2015.7.23. 2012두19496
③ 8% (○) 대판 2000.4.21. 98두10080

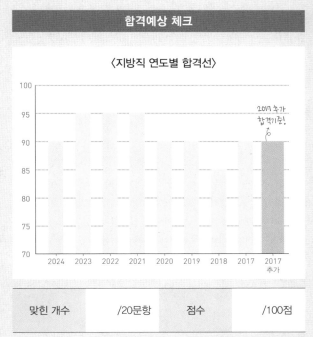

문항	정답	영역	문항	정답	영역
1	③	행정법 통칙	11	②	행정법 통칙
2	②	행정법 통칙	12	②	행정구제
3	④	행정구제	13	③	행정법 통칙
4	③	행정법 통칙	14	①	행정구제
5	①	행정법 통칙	15	④	행정구제
6	①	행정법 서론	16	①	행정구제
7	①	행정법 통칙	17	②	행정구제
8	③	행정법 통칙	18	②	행정상 의무이행 확보수단
9	①	행정구제	19	④	행정상 의무이행 확보수단
10	③	행정법 통칙	20	①	행정법 통칙

합격예상 체크

〈지방직 연도별 합격선〉

2017 추가 합격기준

맞힌 개수	/20문항	점수	/100점

➡ ☐ 합격 ☐ 불합격

취약영역 체크

➡ 영역별 틀린 개수로 취약영역을 확인하세요!

행정법 서론	/1	행정법 통칙	/10	행정상 의무이행 확보수단	/2
행정구제	/7	행정조직(7급)	−/0	특별행정작용(7급)	−/0

➡ 나의 취약영역: _____

※ [정답해설]과 [오답해설] 선지의 50% 표시는 〈1초 합격예측 서비스〉를 통해 수집된 선지 선택률을 나타냅니다.

---

1 「행정기본법」과 「행정절차법」 > 행정절차　　오답률 37%　답 ③

| 정답해설 | ③ 63% (○) 〈법령〉「행정절차법」 제38조(공청회 개최의 알림) 행정청은 공청회를 개최하려는 경우에는 공청회 개최 14일 전까지 다음 각 호의 사항을 당사자 등에게 통지하고 관보, 공보, 인터넷 홈페이지 또는 일간신문 등에 공고하는 등의 방법으로 널리 알려야 한다. 다만, 공청회 개최를 알린 후 예정대로 개최하지 못하여 새로 일시 및 장소 등을 정한 경우에는 공청회 개최 7일 전까지 알려야 한다.

제43조(예고기간) 입법예고기간은 예고할 때 정하되, 특별한 사정이 없으면 40일(자치법규는 20일) 이상으로 한다.

제46조(행정예고) ❸ 행정예고기간은 예고 내용의 성격 등을 고려하여 정하되, 특별한 사정이 없으면 20일 이상으로 한다.

---

2 행정행위 > 재량행위　　오답률 21%　답 ②

| 정답해설 | ② 79% (×) 재량에 대한 사법심사는 법원이 일정한 결론을 도출할 수 없고, 재량의 일탈이나 남용 여부에 대하여서만 심사할 수 있다.

| 오답해설 | ① 5% (○) 대판 2016.1.28. 2015두52432
③ 2% (○) 대판 2002.5.10. 2001두10028
④ 14% (○) 대판 2011.1.27. 2010두23033

---

3 행정소송 > 처분성 여부　　오답률 21%　답 ④

| 정답해설 | ④ 79% (×) 신체등급판정은 처분이 아니지만, 장해등급결정은 처분이다. 〈판례〉「병역법」상 신체등위판정은 행정청이라고 볼 수 없는 군의관이 하도록 되어 있으며, 그 자체만으로 바로 「병역법」상의 권리의무가 정하여지는 것이 아니라 그에 따라 지방병무청장이 병역처분을 함으로써 비로소 병역의무의 종류가 정하여지는 것이므로 항고소송의 대상이 되는 행정처분이라 보기 어렵다(대판 1993.8.27. 93누3356).

| 오답해설 | ① 5% (○) 국유재산 무단점유자에 대한 변상금부과는 처분이나, 일반재산에 대한 사용료부과는 사법관계에 해당한다.

국유재산 무단점유자 변상금부과	국유 일반재산 사용료부과
국유재산의 관리청이 그 무단점유자에 대하여 하는 변상금 부과처분은 순전히 사경제주체로서 행하는 사법상의 법률행위라 할 수 없고, 이는 관리청이 공권력을 가진 우월적 지위에서 행한 것으로서 행정소송의 대상이 되는 행정처분이라고 보아야 한다(대판 1988.2.23. 87누1046·1047).	국유 잡종재산(현 국유 일반재산)을 대부하는 행위는 국가가 사경제주체로서 상대방과 대등한 위치에서 행하는 사법상의 계약이지 행정청이 공권력의 주체로서 상대방의 의사 여하에 불구하고 일방적으로 행하는 행정처분이라고 볼 수 없고, 국유 잡종재산에 관한 사용료의 납입고지 역시 사법상의 이행청구에 해당하는 것으로서 이를 항고소송의 대상이 되는 행정처분이라고 할 수 없다(대판 1995.5.12. 94누5281).

② 15% (○) 반복된 계고처분은 처분이 아니나, 거부처분 이후의 새로운 신청에 대한 거부는 새로운 처분이다.

반복된 계고의 성질	반복된 거부의 성질
「행정대집행법」상의 건물철거의무는 제1차 철거명령 및 계고처분으로서 발생하였고 제2차·제3차의 계고처분은 새로운 철거의무를 부과한 것이 아니고, 다만 대집행기한의 연기통지에 불과하므로 행정처분이 아니다(대판 1994.10.28. 94누5144).	거부처분은 관할 행정청이 국민의 처분신청에 대하여 거절의 의사표시를 함으로써 성립되고, 그 이후 동일한 내용의 새로운 신청에 대하여 다시 거절의 의사표시를 한 경우에는 새로운 거부처분이 있는 것으로 보아야 할 것이다(대판 2002.3.29. 2000두6084).

③ 1% (○) 부관 중에서 부담만이 독립된 처분이다.

오답률 TOP3

4 행정행위 > 강학상 공증행위 　오답률 41% 　답 ③

| **정답해설** | ㄴㄷㄹ. (공증 ○) 공증행위에 해당한다.
| **오답해설** | ㄱ. (공증 ×) 행정심판의 재결은 준법률행위적 행정행위로서 확인에 해당한다.
ㅁ. (공증 ×) 특허출원의 공고는 통지에 해당한다.

5 행정행위 > 행정행위의 하자 　오답률 19% 　답 ①

| **정답해설** | ㄱ. (○) 명백성보충요건설에 의하면, 중대성만으로도 무효가 되어, 중대성과 명백성을 모두 충족해야 무효가 된다는 중대명백설보다 무효가 많아진다. 그래서 무효인 경우 상대방에게 불리한 신뢰보호나, 행정청의 법적 안정성을 해치는 경우에는 명백성도 무효의 요건으로 하여 그러한 경우에는 무효를 줄이자는 학설이다.
| **오답해설** | ㄴ. (×) 무효인 경우에는 하자가 승계된다. 따라서 후행처분에서 조세부과처분을 다툴 수 있다.
ㄷ. (×) 〈판례〉 행정청이 구「학교보건법」(2005.12.7. 법률 제7700호로 개정되기 전의 것) 소정의 학교환경위생정화구역 내에서 금지행위 및 시설의 해제 여부에 관한 행정처분을 함에 있어 … 절차상 위와 같은 심의를 누락한 흠이 있다면 그와 같은 흠을 가리켜 위 행정처분의 효력에 아무런 영향을 주지 않는다거나 경미한 정도에 불과하다고 볼 수는 없으므로, 특별한 사정이 없는 한 이는 행정처분을 위법하게 하는 취소사유가 된다(대판 2007. 3.15. 2006두15806).
ㄹ. (×) 선행행위의 하자를 이유로 후행처분을 다투는 것을 하자의 승계라 한다.

6 행정법의 의의 > 법률유보원칙 　오답률 37% 　답 ①

| **정답해설** | ① 63% (×) 〈판례〉 사업시행인가 신청시의 토지 등 소유자의 동의요건을 사업시행자의 정관에 위임한「도시 및 주거환경정비법」제28조 제4항 본문이 포괄위임입법금지 원칙에 위배되지 않고 그 동의요건이 토지 등 소유자의 재산상 권리·의무에 영향을

미치는 것으로서 법률유보 내지 의회유보의 원칙에 위배되지 않는다 (대판 2007.10.12. 2006두14476).
| **오답해설** | ② 18% (○) 헌재 2005.3.31. 2003헌마87, 헌재 2016. 4.28. 2012헌마549
③ 17% (○) 헌재 1991.2.11. 90헌가27
④ 2% (○) 대판 2017.3.30. 2016추5087

7 행정입법 > 행정입법부작위 　오답률 28% 　답 ④

| **정답해설** | ④ 72% (×) 행정입법부작위는 항고소송 대상인 처분의 부작위가 아니라서 부작위위법확인소송을 통해 구제될 수 없다. 다만, 헌법재판소의 헌법소원을 통해서는 구제가 가능하다. 〈판례〉 치과전문의제도의 시행을 위하여 필요한 사항 중 일부를 누락함으로써 제도의 시행이 불가능하게 되었다면 그 누락된 부분에 대하여는 진정입법부작위에 해당하고, 보건복지부장관이「의료법」과 위 규정의 위임에 따라 치과전문의자격시험제도를 실시할 수 있는 절차를 마련하지 아니하는 입법부작위는 헌법에 위반된다(헌재 1998.7.16. 96헌마246).
| **오답해설** | ① 12% (○) 대판 2007.9.20. 2007두6946
② 13% (○) 대판 2001.3.9. 99두5207
③ 3% (○) 대판 2016.12.15. 2014두44502

8 행정행위 > 행정행위의 내용 　오답률 8% 　답 ③

| **정답해설** | ③ 92% (×) 〈판례〉 행정청이 구「관광진흥법」또는 구「체육시설의 설치·이용에 관한 법률」의 규정에 의하여 유원시설업자 또는 체육시설업자 지위승계신고를 수리하는 처분을 하는 경우, 종전 유원시설업자 또는 체육시설업자에 대하여「행정절차법」제21조 제1항 등에서 정한 처분의 사전통지 등 절차를 거쳐야 한다(대판 2012.12.13. 2011두29144).
| **오답해설** | ① 1% (○) 대판 2016.7.14. 2015두48846
② 2% (○) 대판 2011.1.20. 2010두14954 전합
④ 5% (○) 대판 2014.9.26. 2013두2518

9 손실보상 > 종합 　오답률 27% 　답 ①

| **정답해설** | ① 73% (×) 〈판례〉 농지개량사업 시행지역 내의 토지 등 소유자가 토지사용에 관한 승낙을 하였더라도 그에 대한 정당한 보상을 받은 바가 없다면 농지개량사업 시행자는 토지소유자 및 승계인에 대하여 보상할 의무가 있고, 그러한 보상 없이 타인의 토지를 점유·사용하는 것은 법률상 원인 없이 이득을 얻은 때에 해당한다(대판 2016.6.23. 2016다206369).
| **오답해설** | ② 7% (○) 대판 1992.6.9. 92누565
③ 8% (○)「공익사업을 위한 토지 등의 취득 및 보상에 관한 법률」 제88조
④ 12% (○) 대판 2010.8.19. 2008두822

10 그 밖의 행정의 주요 행위 형식 > 행정지도   오답률 48%   답 ③

오답률 TOP2

| 정답해설 | ㄱ. (○) 대판 1994.6.14. 93도3247

ㄴ. (×) 〈판례〉 교육인적자원부장관의 대학총장들에 대한 이 사건 학칙시정 요구는 「고등교육법」 제6조 제2항, 동법 시행령 제4조 제3항에 따른 것으로서 그 법적 성격은 대학총장의 임의적인 협력을 통하여 사실상의 효과를 발생시키는 행정지도의 일종이지만, 그에 따르지 않을 경우 일정한 불이익조치를 예정하고 있어 사실상 상대방에게 그에 따를 의무를 부과하는 것과 다를 바 없으므로 단순한 행정지도로서의 한계를 넘어 규제적·구속적 성격을 상당히 강하게 갖는 것으로서 헌법소원의 대상이 되는 공권력의 행사라고 볼 수 있다(헌재 2003.6.26. 2002헌마337).

ㄷ. (○) 헌재 2011.12.29. 2009헌마330

ㄹ. (×) 〈판례〉 행정기관의 위법한 행정지도로 일정기간 어업권을 행사하지 못하는 손해를 입은 자가 그 어업권을 타인에게 매도하여 매매대금 상당의 이득을 얻은 경우, 손해배상액의 산정에서 그 이득을 손익상계할 수 없다(대판 2008.9.25. 2006다18228).

11 행정행위 > 행정행위의 부관   오답률 12%   답 ②

| 정답해설 | ② 88% (×) 상대방과 협의하여 협약형식으로 부관을 붙일 수 있으며, 그 부관의 내용이 의무를 부과하는 것을 내용으로 하므로 부담에 해당한다. 〈판례〉 수익적 행정처분에 있어서는 법령에 특별한 근거 규정이 없다고 하더라도 그 부관으로서 부담을 붙일 수 있고, 그와 같은 부담은 행정청이 행정처분을 하면서 일방적으로 부가할 수도 있지만 부담을 부가하기 이전에 상대방과 협의하여 부담의 내용을 협약의 형식으로 미리 정한 다음 행정처분을 하면서 이를 부가할 수도 있다(대판 2009.2.12. 2005다65500).

| 오답해설 | ① 2% (○) 법정부관은 행정작용으로서의 부관이 아니고 법규에 해당되어 이에 대한 통제방식은 법규에 대한 방식에 의한다.

③ 7% (○) 철회권유보에 따른 철회에 비례의 원칙이 적용되지만, 신뢰보호의 원칙은 적용되지 않는다.

④ 3% (○) 대판 2007.10.11. 2005두12404

12 행정소송 > 종합   오답률 25%   답 ②

| 정답해설 | ② 75% (○) 부담금 부과처분을 하였다가 이를 감액하였음에도 불복하여 소송을 청구하는 것은 원처분에 하자가 있음을 말한다. 따라서 감액하고 남은 잔여원처분이 소송 대상이 된다. 내부위임의 경우에는 위임청의 명의로 수임청이 처분하여야 함이 원칙이나, 수임청이 자신의 명의로 처분을 한 경우에는 무권한으로서 무효에 해당하여 이에 대한 소송의 피고는 명의자인 수임청이다.

13 행정정보공개와 개인정보보호 > 정보공개   오답률 31%   답 ③

| 정답해설 | ③ 69% (○) 대판 2014.7.24. 2013두20301

| 오답해설 | ① 3% (×) 〈판례〉 「공공기관의 정보공개에 관한 법률」상 공개청구의 대상이 되는 정보란 공공기관이 직무상 작성 또는 취득하여 현재 보유·관리하고 있는 문서에 한정되는 것이기는 하나, 그 문서가 반드시 원본일 필요는 없다(대판 2006.5.25. 2006두3049).

② 23% (×) 〈판례〉 「검찰보존사무규칙」이 「검찰청법」 제11조에 기하여 제정된 법무부령이기는 하지만, 그 중 불기소사건기록의 열람·등사의 제한을 정하고 있는 위 규칙 제22조는 법률상의 위임근거가 없는 행정기관 내부의 사무처리준칙으로서 행정규칙에 불과하므로, 위 규칙 제22조에 의한 열람·등사의 제한을 「공공기관의 정보공개에 관한 법률」(이하 '정보공개법'이라 한다) 제4조 제1항의 '정보의 공개에 관하여 다른 법률에 특별한 규정이 있는 경우' 또는 같은 법 제9조 제1항 제1호의 '다른 법률 또는 법률이 위임한 명령(국회규칙·대법원규칙·헌법재판소규칙·중앙선거관리위원회규칙·대통령령 및 조례에 한한다)에 의하여 비밀 또는 비공개사항으로 규정된 경우'에 해당한다고 볼 수 없다(대판 2012.6.28. 2011두16735).

④ 5% (×) 〈판례〉 구 「공공기관의 정보공개에 관한 법률」(2004. 1.29. 법률 제7127호로 전문 개정되기 전의 것)의 목적, 규정 내용 및 취지에 비추어 보면 정보공개청구의 목적에 특별한 제한이 없으므로, 오로지 상대방을 괴롭힐 목적으로 정보공개를 구하고 있다는 등의 특별한 사정이 없는 한 정보공개의 청구가 신의칙에 반하거나 권리남용에 해당한다고 볼 수 없다(대판 2006. 8.24. 2004두2783).

14 행정소송 > 행정소송의 대상   오답률 20%   답 ①

| 정답해설 | ① 80% (×) 「주택법」상 사용검사처분에 관하여 입주예정자들이 그 취소를 구할 법률상 이익이 없다. 〈판례〉 사용검사처분은 건축물을 사용·수익할 수 있게 하는 데에 그치므로 건축물에 대하여 사용검사처분이 이루어졌다고 하더라도 … 입주자나 입주예정자들은 사용검사처분을 취소하지 않고서도 민사소송 등을 통하여 분양계약에 따른 법률관계 및 하자 등을 주장·증명함으로써 사업주체 등으로부터 하자의 제거·보완 등에 관한 권리구제를 받을 수 있으므로, 사용검사처분의 취소 여부에 의하여 그 법률적인 지위가 달라진다고 할 수 없다(대판 2014.7.24. 2011두30465).

| 오답해설 | ② 2% (○) 대판 2016.5.24. 2013두14863

③ 7% (○) 대판 2013.3.21. 2011다95564 전합

④ 11% (○) 대판 1993.9.14. 92누4611

15 손해배상 > 국가배상 오답률 26% 답 ④

| **정답해설** | ㄱ. (○) 대판 2016.6.10. 2015다217843

ㄴ. (○) 대판 2016.4.15. 2013다20427

ㄷ. (○) 대판 1994.12.9. 94다38137

16 행정소송 > 피고의 경정 오답률 21% 답 ③

| **정답해설** | ③ 79% (×) 피고의 경정은 소송 진행 중 권한의 승계 등에 의해서도 이루어질 수 있는 것이라서 제소기간의 준수 여부를 판단하는 기준으로 삼지 않는다.

| **오답해설** | ① 13% (○) 〈판례〉 건축협의 취소는 상대방이 다른 지방자치단체 등 행정주체라 하더라도 '행정청이 행하는 구체적 사실에 관한 법집행으로서의 공권력 행사'(「행정소송법」 제2조 제1항 제1호)로서 처분에 해당한다고 볼 수 있고, 지방자치단체인 원고가 이를 다툴 실효적 해결 수단이 없는 이상, 원고는 건축물 소재지 관할 허가권자인 지방자치단체의 장을 상대로 항고소송을 통해 건축협의 취소의 취소를 구할 수 있다(대판 2014.2.27. 2012두22980).

② 2% (○) 대판 2007.6.14. 2004두619

④ 6% (○) 대판 2013.1.31. 2011두11112

오답률 TOP1
17 행정소송 > 항고소송의 대상 오답률 54% 답 ②

| **정답해설** | ㄱ. (○) 〈판례〉 수형자의 서신을 교도소장이 검열하는 행위는 이른바 권력적 사실행위로서 행정심판이나 행정소송의 대상이 되는 행정처분으로 볼 수 있으나, 위 검열행위가 이미 완료되어 행정심판이나 행정소송을 제기하더라도 소의 이익이 부정될 수밖에 없으므로 헌법소원심판을 청구하는 외에 다른 효과적인 구제방법이 있다고 보기 어렵기 때문에 보충성의 원칙에 대한 예외에 해당한다(헌재 1998.8.27. 96헌마398).

ㄴ. (○) 〈판례〉 구청장이 사회복지법인에 특별감사 결과 지적사항에 대한 시정지시와 그 결과를 관계서류와 함께 보고하도록 지시한 경우, 그 시정지시는 비권력적 사실행위가 아니라 항고소송의 대상이 되는 행정처분에 해당한다(대판 2008.4.24. 2008두3500).

| **오답해설** | ㄷ. (×) 〈판례〉 건설부장관이 행한 국립공원지정처분은 그 결정 및 첨부된 도면의 공고로써 그 경계가 확정되는 것이고, 시장이 행한 경계측량 및 표지의 설치 등은 공원관리청이 공원구역의 효율적인 보호·관리를 위하여 이미 확정된 경계를 인식·파악하는 사실상의 행위로 봄이 상당하며, 위와 같은 사실상의 행위를 가리켜 공권력행사로서의 행정처분의 일부라고 볼 수 없고, 이로 인하여 건설부장관이 행한 공원지정처분이나 그 경계에 변동을 가져온다고 할 수 없다(대판 1992.10.13. 92누2325).

18 행정강제 > 이행강제금 오답률 12% 답 ②

| **정답해설** | ② 88% (×) 〈판례〉 구 「건축법」상 이행강제금의 법적 성질 및 건축주 등이 장기간 시정명령을 이행하지 않았으나, 그 기간 중 행정청이 시정명령의 이행 기회를 제공하지 않다가 뒤늦게 시정명령의 이행 기회를 부여하였다면, 그 이행 기회 제공을 전제로 한 1회분 이행강제금 외에 시정명령의 이행 기회가 제공되지 아니한 과거의 기간에 대한 이행강제금 부과는 그 하자가 중대·명백하여 무효이다(대판 2016.7.14. 2015두46598).

| **오답해설** | ① 7% (○) 「건축법」 제80조 제6항

③ 4% (○) 대판 2015.6.24. 2011두2170

④ 1% (○) 대판 2009.12.24. 2009두14507

19 행정강제 > 행정대집행 오답률 32% 답 ④

| **정답해설** | ④ 68% (○) 대판 2006.10.13. 2006두7096

| **오답해설** | ① 13% (×) 〈판례〉 상당한 의무이행기간을 부여하지 아니한 대집행계고처분 후에 대집행영장으로써 대집행의 시기를 늦춘 경우 그 계고처분은 적법하다고 할 수 없다(대판 1990.9.14. 90누2048).

② 16% (×) 〈판례〉 대한주택공사가 법령에 의하여 대집행권한을 위탁받아 공무인 대집행을 실시하기 위하여 지출한 비용을 「행정대집행법」 절차에 따라 징수할 수 있음에도 민사소송절차에 의하여 그 비용의 상환을 청구한 사안에서, 위 청구가 부적법하다(대판 2011.9.8. 2010다48240).

③ 3% (×) 〈판례〉 「공유재산 및 물품 관리법」 제83조에 따라 지방자치단체장이 행정대집행의 방법으로 공유재산에 설치한 시설물을 철거할 수 있는 경우, 민사소송의 방법으로 시설물의 철거를 구하는 것이 허용되지 않는다(대판 2017.4.13. 2013다207941).

20 그 밖의 행정의 주요 행위 형식 > 행정계획 오답률 19% 답 ①

| **정답해설** | ① 81% (×) 〈판례〉 이미 고시된 실시계획에 포함된 상세계획으로 관리되는 토지 위의 건물의 용도를 상세계획 승인권자의 변경승인 없이 임의로 판매시설에서 상세계획에 반하는 일반목욕장으로 변경한 사안에서, 그 영업신고를 수리하지 않고 영업소를 폐쇄한 처분은 적법하다(대판 2008.3.27. 2006두3742·3759).

| **오답해설** | ② 2% (○) 대판 2012.1.12. 2010두5806

③ 13% (○) 대판 2015.3.26. 2014두42742

④ 4% (○) 헌재 2000.6.1. 99헌마538

쉬워 보이는 일도 해보면 어렵다.
못할 것 같은 일도 시작해 놓으면 이루어진다.

– 채근담(菜根譚)

서울시 9급

해설 &
기출분석 REPORT

서울시 기출 POINT

2020년도 시험부터 서울시 출제처가 인사혁신처로
변경되어, 지방직과 동일한 시험지로 시행하게 됨

※ 단, 기술직 등 일부 직렬의 일부 과목은 서울시 자체 출제로 시행되었음

Point 1 국가직이나 지방직에 비해 비교적 문제 구성이 수월하다. 문장이 짧고
사례형이 적다.

Point 2 국가직이나 지방직에 비해 문제의 명확성이 결여되는 경향이다.

Point 3 핵심단원의 출제 유형은 동일하나 일부 지엽적인 유형도 있다.

Point 4 법령이나 판례 중심이지만 국가직에 비해 이론이 많이 출제되는 편이다.

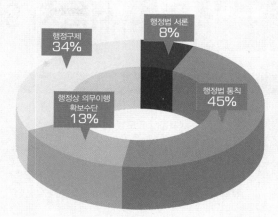

▲ 최근 3개년 평균 출제비중

연도	총평	행정법 서론	행정법 통칙	행정상 의무이행 확보수단	행정구제
2019	**문장이 짧고 명확한 문제** • 난이도 中~下 정도로 출제 • 일부 문항(3문항 정도)을 제외하고는 단순한 문제 • 기존의 핵심단원과 기출문제 풀이로 어느 정도 점수 확보 가능 • 전 단원의 고른 출제	10% (2문항)	40% (8문항)	20% (4문항)	30% (6문항)
2018	**이론의 문제 비중이 비교적 높음** • 판례문제 감소 • 해당 단원의 이론과 관련된 판례의 접목 • 난이도는 전반적으로 평이함	10% (2문항)	45% (9문항)	10% (2문항)	35% (7문항)
2017	**단순한 문제와 기출문제의 반복** • 법령의 출제비중이 높음 • 짧은 문장의 문제 • 상대적으로 앞 단원의 출제비중이 높은 편	5% (1문항)	50% (10문항)	10% (2문항)	35% (7문항)

합격예상 체크

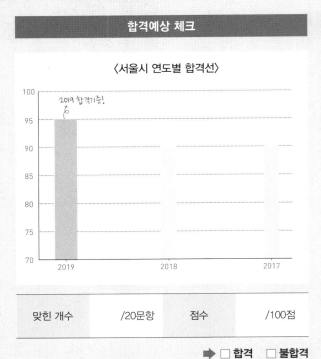

〈서울시 연도별 합격선〉

2019 합격기준!

맞힌 개수	/20문항	점수	/100점

➡ □ 합격   □ 불합격

취약영역 체크

문항	정답	영역	문항	정답	영역
1	③	행정법 서론	11	③	행정법 통칙
2	②	행정법 통칙	12	②	행정구제
3	①	행정법 서론	13	④	행정상 의무이행 확보수단
4	답 없음	행정법 통칙	14	③	행정법 통칙
5	①	행정법 통칙	15	④	행정구제
6	②	행정법 통칙	16	①	행정상 의무이행 확보수단
7	②	행정법 통칙	17	③	행정상 의무이행 확보수단
8	③	행정구제	18	④	행정구제
9	②	행정법 통칙	19	④	행정상 의무이행 확보수단
10	①	행정구제	20	②	행정구제

➡ 영역별 틀린 개수로 취약영역을 확인하세요!

행정법 서론	/2	행정법 통칙	/8	행정상 의무이행 확보수단	/4
행정구제	/6	행정조직(7급)	–/0	특별행정작용(7급)	–/0

➡ 나의 취약영역: _____

※ [정답해설]과 [오답해설] 선지의 50% 표시는 〈1초 합격예측 서비스〉를 통해 수집된 선지 선택률을 나타냅니다.

오답률 TOP 2

1 행정법의 의의 > 행정법의 법원   오답률 50% 답 ③

| 정답해설 | ③ 50% (○) 신뢰보호원칙은 선행조치인 공적 견해가 적법한 경우만 인정되는 것은 아니며, 무효가 아니라면 위법한 경우에도 적용될 수 있다.

| 오답해설 | ① 11% (×) 헌법은 국가의 기본법으로서 행정법의 최고법원이다.
② 22% (×) 사인은 회원국 정부를 상대로 국내법원에 WTO협정 위반을 이유로 제소할 수 없다고 한다. 〈판례〉 WTO협정은 국가와 국가 사이의 권리·의무관계를 설정하는 국제협정으로, 그 내용 및 성질에 비추어 이와 관련한 법적 분쟁은 위 WTO 분쟁해결기구에서 해결하는 것이 원칙이고, 사인(私人)에 대하여는 위 협정의 직접 효력이 미치지 아니한다고 보아야 할 것이므로, 위 협정에 따른 회원국 정부의 반덤핑부과처분이 WTO협정 위반이라는 이유만으로 사인이 직접 국내 법원에 회원국 정부를 상대로 그 처분의 취소를 구하는 소를 제기하거나 위 협정 위반을 처분의 독립된 취소사유로 주장할 수는 없다(대판 2009.1.30. 2008두17936).
④ 17% (×) 행정의 자기구속의 법리는 '자기구속'의 법리로서 다른 행정기관은 무관하다.

2 행정입법 > 법규명령 제정권   오답률 12% 답 ②

| 정답해설 | ② 88% (×) 국무총리 소속의 처장은 법규명령 제정권이 없다(장관 소속의 청장도 법규명령에 대한 제정권이 없다).

| 오답해설 | ① 7% (○) 헌재 2006.12.28. 2005헌바59
③ 4% (○) 〈판례〉 고시는 일반적으로 행정규칙이라 할 수 있으나, 법령의 위임에 따라 행정기관이 그 법령을 시행하는 데 필요한 구체적 사항을 정한 고시는 상위법령과 결합하여 대외적 구속력이 있는 법규로서의 효력을 갖는다(대판 1999.11.26. 97누13474).

3 행정법의 의의 > 법률유보   오답률 25% 답 ①

| 정답해설 | ① 75% (○) 헌법 제37조 제2항의 기본권 제한은 법률에 의하여 이루어져야 한다. 그러나 그러한 법률이 반드시 형식적 법률을 요하는 것은 아니며, 법률에 근거를 둔 제한이어야 한다. 따라서 법률에 근거한 위임으로 제정된 법규명령의 형식으로도 가능할 수 있다. 〈판례〉 법률유보의 원칙은 '법률에 의한 규율'만을 요청하는 것이 아니라 '법률에 근거한 규율'을 요청하는 것이기 때문에 기본권의 제한에는 법률의 근거가 필요할 뿐이고 기본권 제한의 형식이 반드시 법률의 형식일 필요는 없다. 법률에 근거를 두면서 헌법 제75조가 요구하는 위임의 구체성과 명확성을 구비하기만 하면 위임입법에 의하여도 기본권을 제한할 수 있다(헌재 2016.4.28. 2012헌마549, 헌재 2005.3.31. 2003헌마87).

| 오답해설 | ② 6% (×) 즉시강제의 경우에도 법적 근거는 필요하다.
③ 12% (×) 조례 등으로 자치법적 사항을 위임하는 경우에 포괄위임금지원칙의 적용이 배제되나 국민의 권리나 의무에 관한 사항은 법률로서 제정되어야 한다. 〈판례〉 법률이 공법적 단체 등의 정관에 자치법적 사항을 위임한 경우에는 헌법 제75조가 정하는 포괄적인 위임입법의 금지는 원칙적으로 적용되지 않는다고 봄이 상당하고, 그렇다 하더라도 그 사항이 국민의 권리·의무에 관련되는 것일 경우에는 적어도 국민의 권리·의무에 관한 기본적이고 본질적인 사항은 국회가 정하여야 한다(대판 2007.10.12. 2006두14476).
④ 7% (×) 예산은 행정기관을 구속하는 효력은 있으나 일반국민에 대한 구속력은 없다(헌재 2006.4.25. 2006헌마409).

---

4 「행정기본법」과 「행정절차법」 > 행정절차 　　답 없음

※ 법령의 개정으로 답 없음 처리하고, 선택률 정보를 기재하지 않았습니다.
| 오답해설 | ① (○) 「행정절차법」 제3조 제2항 제1호
② (○) 대판 2014.10.27. 2012두7745
③ (○) 대판 2003.11.28. 2003두674
④ (○) 「행정절차법」 개정으로 인허가의 취소에는 청문규정이 없고 당사자의 신청이 없어도 청문을 하여야 한다. 〈법령〉 「행정절차법」 제22조(의견청취) ❶ 행정청이 처분을 할 때 다음 각 호의 어느 하나에 해당하는 경우에는 청문을 한다.
　1. 다른 법령 등에서 청문을 하도록 규정하고 있는 경우
　2. 행정청이 필요하다고 인정하는 경우
　3. 다음 각 목의 처분을 하는 경우
　　가. 인허가 등의 취소
　　나. 신분·자격의 박탈
　　다. 법인이나 조합 등의 설립허가의 취소

---

5 행정상 법률요건과 법률사실 > 사인의 공법행위
　　오답률 21% 답 ①

| 정답해설 | ① 79% (×) 사업양도양수계약이 무효이면 이에 따른 지위승계신고의 수리도 무효이다. 〈판례〉 사업양도·양수에 따른 허가관청의 지위승계신고의 수리는 적법한 사업의 양도·양수가 있었음을 전제로 하는 것이므로 그 수리대상인 사업양도·양수가 존재하지 아니하거나 무효인 때에는 수리를 하였다 하더라도 그 수리는 유효한 대상이 없는 것으로서 당연히 무효라 할 것이고, 사업의 양도행위가 무효라고 주장하는 양도자는 민사쟁송으로 양도·양수행위의 무효를 구함이 없이 막바로 허가관청을 상대로 하여 행정소송으로 위 신고수리처분의 무효확인을 구할 법률상 이익이 있다(대판 2005.12.23. 2005두3554).
| 오답해설 | ② 4% (○) 지위승계신고는 수리를 필요로 하는 신고에 해당되어 행정청의 수리나 수리거부는 항고소송 대상인 처분이다.

---

③ 10% (○) 〈판례〉 수허가자의 지위를 양수받아 명의변경신고를 할 수 있는 양수인의 지위는 단순한 반사적 이익이나 사실상의 이익이 아니라 산림법령에 의하여 보호되는 직접적이고 구체적인 이익으로서 법률상 이익이라고 할 것이고, 채석허가가 유효하게 존속하고 있다는 것이 양수인의 명의변경신고의 전제가 된다는 의미에서 관할 행정청이 양도인에 대하여 채석허가를 취소하는 처분을 하였다면 이는 양수인의 지위에 대한 직접적 침해가 된다고 할 것이므로 양수인은 채석허가를 취소하는 처분의 취소를 구할 법률상 이익을 가진다(대판 2003.7.11. 2001두6289).
④ 7% (○) 수리를 필요로 하는 신고는 행정청의 수리로써 법적 효력이 발생하므로, 요건을 갖춘 신고이더라도 행정청의 수리가 없으면 신고의 효력은 발생하지 않는다.

---

6 행정행위 > 제3자효 행정행위　　오답률 42% 답 ②

| 정답해설 | ② 58% (×) 「행정절차법」상 '당사자 등'이란 행정청의 처분에 대하여 직접 그 상대가 되는 당사자나 행정청이 직권으로 또는 신청에 따라 행정절차에 참여하게 한 이해관계인을 말한다. 따라서 행정청이 행정절차에 참여하게 하지 않는 한 행정절차에 참여할 수 없다. 〈법령〉 「행정절차법」 제2조(정의) 이 법에서 사용하는 용어의 뜻은 다음과 같다.
　4. '당사자 등'이란 다음 각 목의 자를 말한다.
　　가. 행정청의 처분에 대하여 직접 그 상대가 되는 당사자
　　나. 행정청이 직권으로 또는 신청에 따라 행정절차에 참여하게 한 이해관계인
〈법령〉 「행정소송법」 제16조(제3자의 소송참가) ❶ 법원은 소송의 결과에 따라 권리 또는 이익의 침해를 받을 제3자가 있는 경우에는 당사자 또는 제3자의 신청 또는 직권에 의하여 결정으로써 그 제3자를 소송에 참가시킬 수 있다.
| 오답해설 | ① 7% (○) 「행정절차법」에 제3자에 대한 처분의 통지 의무가 규정되어 있지 않다.
③ 22% (○) 〈판례〉 행정처분의 직접 상대방이 아닌 제3자는 일반적으로 처분이 있는 것을 바로 알 수 없는 처지에 있으므로, 위와 같은 심판청구기간 내에 심판청구를 제기하지 아니하였다고 하더라도, 그 기간 내에 처분이 있은 것을 알았거나 쉽게 알 수 있었기 때문에 심판청구를 제기할 수 있었다고 볼 만한 특별한 사정이 없는 한, 위 법조항 본문의 적용을 배제할 '정당한 사유'가 있는 경우에 해당한다고 보아 위와 같은 심판청구기간이 경과한 뒤에도 심판청구를 제기할 수 있다(대판 1992.7.28. 91누12844).
④ 13% (○) 처분의 제3자가 소송을 청구한 경우에 제3자는 소송의 당사자인 원고로서 집행정지를 신청할 수 있다.

| **정답해설** | ㄱ. (인가) 〈**판례**〉 구 「사립학교법」(2005.12.29. 법률 제7802호로 개정되기 전의 것) 제20조 제1항·제2항은 학교법인의 이사장·이사·감사 등의 임원은 이사회의 선임을 거쳐 관할청의 승인을 받아 취임하도록 규정하고 있는바, 관할청의 임원취임승인 행위는 학교법인의 임원선임행위의 법률상 효력을 완성케 하는 보충적 법률행위이다(대판 2007.12.27. 2005두9651).

ㄹ. (허가) 운전면허는 허가에 해당한다.

| **오답해설** | ㄴ. (특허) 〈**판례**〉 「출입국관리법」 제10조, 제24조 제1항, 구 「출입국관리법 시행령」(2014.10.28. 대통령령 제25669호로 개정되기 전의 것) 제12조 [별표 1] 제8호, 제26호 (가)목, (라)목, 「출입국관리법 시행규칙」 제18조의2 [별표 1]의 문언, 내용 및 형식, 체계 등에 비추어 보면, 체류자격 변경허가는 신청인에게 당초의 체류자격과 다른 체류자격에 해당하는 활동을 할 수 있는 권한을 부여하는 일종의 설권적 처분의 성격을 가진다(대판 2016.7.14. 2015두48846).

ㄷ. (특허) 〈**판례**〉 구 「수도권대기환경특별법」 제14조 제1항에서 정한 대기오염물질 총량관리사업장 설치의 허가 또는 변경허가는 특정인에게 인구가 밀집되고 대기오염이 심각하다고 인정되는 수도권 대기관리권역에서 총량관리대상 오염물질을 일정량을 초과하여 배출할 수 있는 특정한 권리를 설정하여 주는 행위로서 그 처분의 여부 및 내용의 결정은 행정청의 재량에 속한다(대판 2013.5.9. 2012두22799).

ㅁ. (특허) 〈**판례**〉 지정권자의 실시계획승인처분은 단순히 시행자가 작성한 실시계획에 대한 보충행위로서의 성질을 가지는 것이 아니라 시행자에게 구 지역균형개발법상 지구개발사업을 시행할 수 있는 지위를 부여하는 일종의 설권적 처분의 성격을 가진 독립된 행정처분으로 보아야 한다(대판 2014.9.26. 2012두5619).

| **정답해설** | ③ 65% (○) 사정판결을 하는 경우에는 그 처분의 위법함을 주문에 명시하여야 한다. 사정판결은 처분의 위법함에 대한 기판력이 발생한다.

| **오답해설** | ① 10% (×) 기속력은 인용판결에서만 인정되고 청구기각판결과 각하판결에서는 발생하지 않는다.

② 11% (×) 형성력은 당사자뿐만 아니라 소송에 관여하지 않은 제3자에게도 미친다. 〈**법령**〉 「행정소송법」 제29조(취소판결 등의 효력) ❶ 처분 등을 취소하는 확정판결은 제3자에 대하여도 효력이 있다.
제38조(준용규정) ❶ 제9조, 제10조, 제13조 내지 제17조, 제19조, 제22조 내지 제26조, 제29조 내지 제31조 및 제33조의 규정은 무효등확인소송의 경우에 준용한다.

④ 14% (×) 취소소송에서 청구기각판결이 확정되면 처분의 적법에 대한 판단이 확정되어 기판력은 무효확인을 구하는 소송에도 미친다. 따라서 과세처분의 무효를 주장하여 과오납금반환청구소송을 제기하는 것은 취소소송의 기판력에 저촉된다 할 것이다.

| **정답해설** | ② 91% (×) 처분의 위법성 여부의 판단은 처분시이다. 부관도 처분의 일부로서 처분 당시 적법한 부관은 법이 개정되어 부관을 붙일 수 없게 되었다고 해도 부관이 위법하게 되거나 효력이 소멸하는 것은 아니다. 〈**판례**〉 행정처분의 상대방이 수익적 행정처분을 얻기 위하여 행정청과 사이에 행정처분에 부가할 부담에 관한 협약을 체결하고 행정청이 수익적 행정처분을 하면서 협약상의 의무를 부담으로 부가하였으나 부담의 전제가 된 주된 행정처분의 근거 법령이 개정됨으로써 행정청이 더 이상 부관을 붙일 수 없게 된 경우에도 곧바로 협약의 효력이 소멸하는 것은 아니다(대판 2009.2.12. 2005다65500).

| **오답해설** | ① 1% (○) 대판 2009.2.12. 2005다65500

③ 3% (○) 대판 1998.8.21. 98두8919

④ 5% (○) 대판 2009.12.10. 2007다63966

오답률 TOP1

| **정답해설** | ① 49% (○) 대판 2010.10.14. 2008두23184

| **오답해설** | ② 24% (×) 〈**판례**〉 소유자가 토지대장의 소유자 기재가 잘못되었다는 이유로 토지대장상의 소유자명의변경신청을 거부한 것은 행정처분으로 볼 수 없다(대판 2012.1.12. 2010두12354).

③ 12% (×) 〈**판례**〉 국세환급금결정이나 이 결정을 구하는 신청에 대한 환급거부결정 등은 납세의무자가 갖는 환급청구권의 존부나 범위에 구체적이고 직접적인 영향을 미치는 처분이 아니어서 항고소송의 대상이 되는 처분이라고 볼 수 없다(대판 1989.6.15. 88누6436 전합).

④ 15% (×) 〈**판례**〉 「국가균형발전 특별법」과 법 시행령 및 '혁신도시 입지선정지침'에는 공공기관의 지방 이전을 위한 정부 등의 조치와 공공기관이 이전할 혁신도시 입지선정을 위한 사항 등을 규정하고 있을 뿐 혁신도시입지 후보지에 관련된 지역 주민 등의 권리·의무에 직접 영향을 미치는 규정을 두고 있지 않으므로, 혁신도시 최종입지로 선정한 행위는 항고소송의 대상이 되는 행정처분으로 볼 수 없다(대판 2007.11.15. 2007두10198).

| **정답해설** | ③ 82% (○) 대판 2014.12.24. 2014두9349

| **오답해설** | ① 10% (×) 지방자치단체는 공개의무자인 공공기관에 해당할 뿐 정보공개청구권자가 아니다.

② 4% (×) 〈**판례**〉 공개청구의 대상이 되는 정보가 이미 다른 사람에게 공개되어 널리 알려져 있다거나 인터넷 등을 통하여 공개되어 인터넷검색 등을 통하여 쉽게 알 수 있다는 사정만으로는 소의 이익이 없다거나 비공개결정이 정당화될 수 없다(대판 2010.12.23. 2008두13101).

④ 4% (×) 제3자는 공공기관에게 비공개를 요청할 권리를 갖는다(「공공기관의 정보공개에 관한 법률」 제21조 제1항 참고).

12 행정쟁송 > 행정심판   오답률 49%   답 ②

| 정답해설 | ② 51% (×) 의무이행심판과 달리 거부처분취소심판이나 무효확인심판에서는 직접강제인 행정심판위원회의 직접적인 처분은 없다. 다만, 배상을 통한 간접강제방식은 인정된다.

| 오답해설 | ① 14% (○) 사정재결은 취소심판과 의무이행심판에서 인정된다.

③ 26% (○) 처분시에 불복에 대한 안내가 없었다면(= 불고지) 청구기간은 처분이 있는 날로부터 180일이다(「행정심판법」 제27조 제6항 참고).

④ 9% (○) 특별시·광역시·도 소속의 행정청의 행위는 특별시·광역시·도 소속의 행정심판위원회에서 심판을 담당한다(동법 제6조 제3항).

13 행정벌 > 「질서위반행위규제법」   오답률 18%   답 ④

| 정답해설 | ④ 82% (○) 「질서위반행위규제법」 제25조

| 오답해설 | ① 8% (×) 사법(私法)상 의무를 위반한 경우에는 적용되지 않는다. **〈법령〉**「질서위반행위규제법」 제2조(정의) 이 법에서 사용하는 용어의 뜻은 다음과 같다.

1. '질서위반행위'란 법률(지방자치단체의 조례를 포함한다. 이하 같다)상의 의무를 위반하여 과태료를 부과하는 행위를 말한다. 다만, 다음 각 목의 어느 하나에 해당하는 행위를 제외한다.
   가. 대통령령으로 정하는 사법(私法)상·소송법상 의무를 위반하여 과태료를 부과하는 행위
   나. 대통령령으로 정하는 법률에 따른 징계사유에 해당하여 과태료를 부과하는 행위

② 5% (×) 하나의 행위가 2 이상의 질서위반행위에 해당하는 경우에는 각 질서위반행위에 대하여 정한 과태료 중 가장 중한 과태료를 부과한다(동법 제13조 제1항).

③ 5% (×) 과태료는 행정청의 과태료 부과처분이나 법원의 과태료 재판이 확정된 후 5년간 징수하지 아니하거나 집행하지 아니하면 시효로 인하여 소멸한다(동법 제15조 제1항).

14 행정행위 > 행정행위의 하자   오답률 48%   답 ③

| 정답해설 | ㄱ. (○) 처분이 취소되지 아니하였다 하더라도 국가는 이로 인한 손해를 배상할 책임이 있다. 따라서 취소사유가 있는 영업정지처분에 대한 취소소송의 제소기간이 도과한 경우에도(불가쟁력과 손해배상은 무관함) 처분의 상대방은 국가배상청구소송을 제기하여 재산상 손해의 배상을 구할 수 있다.

ㄷ. (○) 파면처분에 취소사유인 하자가 존재하는 경우 파면처분은 유효한 것으로 인정되어 파면처분취소소송을 제기하여야 하고, 공무원신분을 전제로 한 당사자소송으로 공무원지위확인소송을 제기할 수는 없다.

ㄹ. (○) 무효인 과세처분에는 공정력이 없어 민사소송으로 부당이득반환청구소송을 통해 구제가 가능하며, 과세처분에 대한 무효등확인소송도 가능하다. **〈판례〉** 행정처분의 근거 법률에 의하여 보호되는 직접적이고 구체적인 이익이 있는 경우에는 「행정소송법」 제35조에 규정된 '무효확인을 구할 법률상 이익'이 있다고 보아야 하고, 이와 별도로 무효확인소송의 보충성이 요구되는 것은 아니므로 행정처분의 무효를 전제로 한 이행소송 등과 같은 직접적인 구제수단이 있는지 여부를 따질 필요가 없다고 해석함이 상당하다(대판 2008.3.20. 2007두6342 전합).

| 오답해설 | ㄴ. (×) **〈판례〉** 과세처분이 당연무효라고 볼 수 없는 한 과세처분에 취소할 수 있는 위법사유가 있다 하더라도 그 과세처분은 행정행위의 공정력 또는 집행력에 의하여 그것이 적법하게 취소되기 전까지는 유효하다 할 것이므로, 민사소송절차에서 그 과세처분의 효력을 부인할 수 없다(대판 1999.8.20. 99다20179).

15 손해배상 > 국가배상   오답률 21%   답 ④

| 정답해설 | ④ 79% (×) **〈판례〉** 「국가배상법」 제2조 제1항 단서가 명시적으로 '다른 법령에 따라 보상을 지급받을 수 있을 때에는 「국가배상법」 등에 따른 손해배상을 청구할 수 없다'고 규정하고 있는 것과 달리 보훈보상자법은 「국가배상법」에 따른 손해배상금을 지급받은 자를 보상금 등 보훈급여금의 지급대상에서 제외하는 규정을 두고 있지 않은 점 등에 비추어, 국가보훈처장은 「국가배상법」에 따라 손해배상을 받았다는 사정을 들어 보상금 등 보훈급여금의 지급을 거부할 수 없다(대판 2017.2.3. 2015두60075).

| 오답해설 | ① 7% (○) 대판 2008.4.10. 2005다48994

② 7% (○) 대판 2015.6.11. 2013다208388

③ 7% (○) 대판 2016.6.9. 2015다200258

16 새로운 실효성 확보수단 > 과징금   오답률 30%   답 ①

※ 제시된 법조항은 개정되어 현행법이 아니나, 문제의 취지나 본질에는 영향을 주지 않아, 기출 원문대로 수록하였습니다.

| 정답해설 | ① 70% (×) 행정적 제재조치(과징금 등)는 현실적인 행위자가 아니라도 법령상 책임자에게 부과할 수 있고, 위반자의 의무해태에 대한 정당한 사유가 없는 한 원칙적으로 위반자의 고의·과실은 요하지 아니한다. **〈판례〉** 구 「여객자동차 운수사업법」(2012.2.1. 법률 제11295호로 개정되기 전의 것) 제88조 제1항의 과징금 부과처분은 제재적 행정처분으로서 여객자동차 운수사업에 관한 질서를 확립하고 여객의 원활한 운송과 여객자동차 운수사업의 종합적인 발달을 도모하여 공공복리를 증진한다는 행정목적의 달성을 위하여 행정법규 위반이라는 객관적 사실에 착안하여 가하는 제재이므로 반드시 현실적인 행위자가 아니라도 법령상 책임자로 규정된 자에게 부과되고 원칙적으로 위반자의 고의·과실을 요하지 아니하나, 위반자의 의무 해태를 탓할 수 없는 정당한 사유가 있는 등의 특별한 사정이 있는 경우에는 이를 부과할 수 없다(대판 2014.10.15. 2013두5005).

| **오답해설** | ② 3% (○) 영업정지 등에 대신하는 과징금은 행정청의 재량이다.

③ 18% (○) 과징금은 처분의 상대방에게 금전납부의무를 부과하는 부담적 처분으로서 「행정절차법」상의 처분절차를 준수하여야 한다.

④ 9% (○) 대판 2014.10.15. 2013두5005

---

17 행정벌 > 양벌규정 　　　　오답률 29%　답 ③

| **정답해설** | ③ 71% (×) 행정형벌의 양벌은 대위책임인 아닌 자기책임으로 종업원의 처벌이나 범죄성립이 영업주의 처벌조건이 아니다. 〈판례〉 양벌규정에 의한 영업주의 처벌은 금지위반행위자인 종업원의 처벌에 종속하는 것이 아니라 독립하여 그 자신의 종업원에 대한 선임감독상의 과실로 인하여 처벌되는 것이므로 종업원의 범죄성립이나 처벌이 영업주 처벌의 전제조건이 될 필요는 없다(대판 2006.2.24. 2005도7673).

| **오답해설** | ① 14% (○) 헌재 2009.7.30. 2008헌가14

② 5% (○) 행정형벌은 행정법 위반에 대한 형벌로서 죄형법정주의가 적용된다.

④ 10% (○) 대판 2005.11.10. 2004도2657

---

18 행정소송 > 행정소송의 대상 　　　　오답률 43%　답 ④

| **정답해설** | ㄴ. (공법관계 – 항고소송) 〈판례〉 국유재산의 관리청이 그 무단점유자에 대하여 하는 변상금 부과처분은 순전히 사경제주체로서 행하는 사법상의 법률행위라 할 수 없고 이는 관리청이 공권력을 가진 우월적 지위에서 행한 것으로서 행정소송의 대상이 되는 행정처분이라고 보아야 한다(대판 1988.2.23. 87누1046).

ㄷ. (공법관계 – 당사자소송) 〈판례〉 서울특별시립무용단 단원의 위촉은 공법상의 계약이라고 할 것이고, 따라서 그 단원의 해촉에 대하여는 공법상의 당사자소송으로 그 무효확인을 청구할 수 있다(대판 1995.12.22. 95누4636).

ㄹ. (공법관계 – 항고소송) 〈판례〉 행정재산의 사용·수익허가의 성질은 행정처분으로서 강학상 특허에 해당하고, 이러한 허가신청을 거부한 행위도 행정처분에 해당한다(대판 1998.2.27. 97누1105).

| **오답해설** | ㄱ. (사법관계 – 민사소송) 〈판례〉 입찰보증금의 국고귀속조치는 국가가 사법상의 재산권의 주체로서 행위하는 것이지 공권력을 행사하는 것이거나 공권력작용과 일체성을 가진 것이 아니라 할 것이므로 이에 관한 분쟁은 행정소송이 아닌 민사소송의 대상이 될 수밖에 없다고 할 것이다(대판 1983.12.27. 81누366).

---

19 행정강제 > 행정대집행 　　　　오답률 22%　답 ④

| **정답해설** | ④ 78% (×) 원칙적으로 합리적인 시간(일출 이후~일몰 이전)에 대집행의 실행이 이루어져야 한다. 하지만 「행정대집행법」에는 예외를 두고 있다. 〈법령〉 「행정대집행법」 제4조(대집행의

실행 등) ❶ 행정청(제2조에 따라 대집행을 실행하는 제3자를 포함한다. 이하 이 조에서 같다)은 해가 뜨기 전이나 해가 진 후에는 대집행을 하여서는 아니 된다. 다만, 다음 각 호의 어느 하나에 해당하는 경우에는 그러하지 아니하다.

　1. 의무자가 동의한 경우
　2. 해가 지기 전에 대집행을 착수한 경우
　3. 해가 뜬 후부터 해가 지기 전까지 대집행을 하는 경우에는 대집행의 목적달성이 불가능한 경우
　4. 그 밖에 비상시 또는 위험이 절박한 경우

| **오답해설** | ① 3% (○) 대판 2017.4.28. 2016다213916

② 3% (○) 대판 2005.8.19. 2004다2809

③ 16% (○) 대판 2011.9.8. 2010다48240

---

20 행정소송 > 일부취소판결의 허용 여부 　　　　오답률 42%　답 ②

| **정답해설** | ② 58% (○) 대판 2000.12.12. 99두12243

| **오답해설** | ① 4% (×) 〈판례〉 자동차운수사업면허조건 등을 위반한 사업자에 대하여 행정청이 행정제재수단으로 사업 정지를 명할 것인지, 과징금을 부과할 것인지, 과징금을 부과키로 한다면 그 금액은 얼마로 할 것인지에 관하여 재량권이 부여되었다 할 것이므로 과징금 부과처분이 법이 정한 한도액을 초과하여 위법할 경우 법원으로서는 그 전부를 취소할 수밖에 없고, 그 한도액을 초과한 부분이나 법원이 적정하다고 인정되는 부분을 초과한 부분만을 취소할 수 없다(대판 1998.4.10. 98두2270).

③ 13% (×) 〈판례〉 개발부담금 부과처분 취소소송에 있어 당사자가 제출한 자료에 의하여 적법하게 부과될 정당한 부과금액이 산출할 수 없을 경우에는 부과처분 전부를 취소할 수밖에 없으나, 그렇지 않은 경우에는 그 정당한 금액을 초과하는 부분만 취소하여야 한다(대판 2004.7.22. 2002두868).

④ 25% (×) 〈판례〉 공정거래위원회가 부당지원행위에 대한 과징금을 부과함에 있어 여러 개의 위반행위에 대하여 하나의 과징금 납부명령을 하였으나 여러 개의 위반행위 중 일부의 위반행위만이 위법하고 소송상 그 일부의 위반행위를 기초로 한 과징금액을 산정할 수 있는 자료가 있는 경우에는, 하나의 과징금납부명령일지라도 그중 위법하여 그 처분을 취소하게 된 일부의 위반행위에 대한 과징금액에 해당하는 부분만을 취소할 수 있다(대판 2006.12.22. 2004두1483).

2018

6월 23일 시행
서울시 9급 (Ⓐ책형)

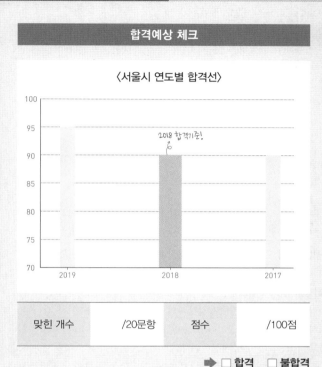

합격예상 체크

〈서울시 연도별 합격선〉

2018 합격기준

맞힌 개수	/20문항	점수	/100점

➡ □ 합격 □ 불합격

취약영역 체크

문항	정답	영역	문항	정답	영역
1	③	행정법 서론	11	①	행정법 통칙
2	①	행정법 서론	12	②	행정법 통칙
3	①	행정법 통칙	13	④	행정구제
4	②	행정구제	14	④	행정상 의무이행 확보수단
5	②	행정구제	15	②	행정구제
6	①	행정법 통칙	16	④	행정법 통칙
7	①	행정상 의무이행 확보수단	17	③	행정법 통칙
8	④	행정법 통칙	18	③	행정구제
9	①	행정구제	19	③	행정법 통칙
10	답 없음	행정법 통칙	20	④	행정구제

⬇ 영역별 틀린 개수로 취약영역을 확인하세요!

행정법 서론	/2	행정법 통칙	/9	행정상 의무이행 확보수단	/2
행정구제	/7	행정조직(7급)	–/0	특별행정작용(7급)	–/0

➡ 나의 취약영역: _____

※ [정답해설]과 [오답해설] 선지의 50% 표시는 〈1초 합격예측 서비스〉를 통해 수집된 선지 선택률을 나타냅니다.

1 행정 > 행정의 의의 　　오답률 24%　답 ③

| 정답해설 | ③ 76% (×) 행정법학의 대상은 원칙적으로 실질적 의미의 행정이다. 그러나 행정입법이나 행정쟁송처럼 실질적으로는 입법이나 사법인 경우에도 행정법학의 대상이 된다. 따라서 실질적 행정에 한한다는 것은 잘못된 설명이다.

| 오답해설 | ① 10% (○) 행정은 적극적 작용으로서 공익을 추구하는 미래지향적 형성행위이다.

② 1% (○) 국가행정, 자치행정, 위임행정은 주체를 기준으로 하는 분류이다.

④ 13% (○) 공법형식, 사법형식은 형식에 의한 행정의 분류이다.

오답률 TOP 1

2 행정법의 의의 > 법률유보 　　오답률 59%　답 ①

| 정답해설 | ① 41% (×) 법률의 위임에 의하여 조례로서 주민의 권익을 제한하거나, 의무를 부과하는 규정을 둘 수 있다. 따라서 법률유보원칙에 위반된다고 볼 수 없다.

| 오답해설 | ② 20% (○) 법률유보에서의 법률은 행정작용법적 근거 규정을 의미한다.

③ 8% (○) 대판 2017.3.30. 2016추5087

④ 31% (○) 헌재 2011.8.30. 2009헌바128

3 행정행위 > 허가·특허·인가 　　오답률 34%　답 ①

| 정답해설 | ① 66% (×) 한의사 면허, 의사 면허, 약사 면허 등은 강학상 허가에 해당한다.

| 오답해설 | ② 7% (○) 행정재산의 사용수익허가는 강학상 특허에 해당된다.

③ 7% (○) 〈판례〉 재개발조합설립인가신청에 대한 행정청의 조합설립인가처분은 단순히 사인(私人)들의 조합설립행위에 대한 보충행위로서의 성질을 가지는 것이 아니라 법령상 일정한 요건을 갖추는 경우 행정주체(공법인)의 지위를 부여하는 일종의 설권적 처분의 성질을 가진다고 보아야 한다(대판 2010.1.28. 2009두4845).

④ 20% (○) 〈판례〉 조합의 사업시행계획도 원칙적으로 재건축결의에서 결정된 내용에 따라 작성되어야 하지만, 조합이 사업시행계획을 재건축결의에서 결정된 내용과 달리 작성한 경우 이러한 하자는 기본행위인 사업시행계획 작성행위의 하자이고, 이에 대한 보충행위인 행정청의 인가처분이 그 근거 조항인 위 법 제28조의 적법요건을 갖추고 있는 이상은 그 인가처분 자체에 하자가 있는 것이라 할 수 없다(대판 2008.1.10. 2007두16691).

4 손실보상 > 특별한 손실　　오답률 47%　답 ②

| **정답해설** | ② 53% (○) 대판 2002.2.26. 99다35300

| **오답해설** | ① 23% (×) 헌법재판소는 분리이론에 입각하여 보상규정이 없는 경우에, 보상을 통한 구제가 아닌 입법자에 대한 개선입법을 통해 해결(헌법불합치 결정)을 하고자 한다. 유추적용을 통한 보상의 입장은 경계이론으로서 대법원의 입장이다.

③ 12% (×) 토석채취허가의 연장은 재량이라서 공익사업으로 인하여 연장을 받지 못하였다는 인과관계가 성립하지 않아 보상을 필요로 하지 않는다는 것이 대법원의 입장이다. 〈판례〉 중대한 공익상의 필요가 있는 공익사업이 시행되어 토석채취허가를 연장받지 못하게 되었다고 하더라도 토석채취허가가 연장되지 않게 됨으로 인한 손실과 공익사업 사이에 상당인과관계가 있다고 할 수 없을 뿐 아니라(대판 1996.9.20. 96다24545 참조). 특별한 사정이 없는 한 그러한 손실이 적법한 공권력의 행사로 가하여진 재산상의 특별한 희생으로서 손실보상의 대상이 된다고 볼 수도 없다(대판 2009.6.23. 2009두2672).

④ 12% (×) 헌법재판소는 지가하락은 사회적 제약에 해당한다고 한다. 〈판례〉 개발제한구역의 지정으로 인한 개발가능성의 소멸과 그에 따른 지가의 하락이나 지가상승률의 상대적 감소는 토지소유자가 감수해야 하는 사회적 제약의 범주에 속하는 것이다(헌재 1998.12.24. 89헌마214).

오답률 TOP 2

5 행정소송 > 재결취소소송　　오답률 58%　답 ②

| **정답해설** | ② 42% (×) 행정소송의 대상은 원칙적으로 원처분주의이나 재결에 고유한 위법이 있는 경우에는 재결을 소송 대상으로 삼을 수 있다. 교원소청심사위원회의 재결에 위법이 있는 경우에는 재결이 소송 대상이 될 수 있다. 〈법령〉「행정소송법」제19조(취소소송의 대상) 취소소송은 처분 등을 대상으로 한다. 다만, 재결취소소송의 경우에는 재결 자체에 고유한 위법이 있음을 이유로 하는 경우에 한한다.

| **오답해설** | ① 20% (○) [정답해설] 참고

③ 21% (○) 사립학교 교원은 학교법인과의 관계가 사법관계로서 학교법인으로부터의 징계는 항고소송 대상인 처분이 아니다.

④ 17% (○) 대판 1994.12.9. 94누6666

6 행정행위 > 예외적 승인　　오답률 39%　답 ①

| **정답해설** | ① 61% (예외적 승인) 학교환경위생정화구역 내에서의 금지행위 해제는 예외적 승인에 해당한다. 〈판례〉「학교보건법」제6조 제1항 단서의 규정에 의하여 시·도교육위원회교육감 또는 교육감이 지정하는 자가 학교환경위생정화구역 안에서의 금지행위 및 시설의 해제신청에 대하여 그 행위 및 시설이 학습과 학교보건에 나쁜 영향을 주지 않는 것인지의 여부를 결정하여 그 금지행위 및 시설을 해제하거나 계속하여 금지(해제거부)하는 조치는 시·도교육위원회교육감 또는 교육감이 지정하는 자의 재량행위에 속하는 것이다(대판 1996.10.29. 96누8253).

| **오답해설** | ② 8% (인가) 〈판례〉 구 국토이용관리법상의 토지거래허가는 강학상의 허가가 아니라, 허가 전의 유동적 무효상태에 있는 법률행위의 효력을 완성시켜 주는 인가적 성질을 띤 것이다(대판 1991.12.24. 90다12243 전합).

③ 12% (인가) 〈판례〉 사회복지법인의 정관변경허가의 법적 성격은 법률행위의 효력을 보충하여 주는 인가로서, 그 인가 여부는 행정청의 자유재량이 아니라 기속재량에 속한다 할 것이다(대판 2002.9.24. 2000두5661).

④ 19% (인가) 〈판례〉「자동차관리법」상 자동차관리사업자로 구성하는 사업자단체인 조합 또는 협회의 설립인가처분은 국토해양부장관 또는 시·도지사가 자동차관리사업자들의 단체결성행위를 보충하여 효력을 완성시키는 처분에 해당한다(대판 2015.5.29. 2013두635).

7 행정강제 > 행정대집행　　오답률 50%　답 ①

| **정답해설** | ① 50% (×) 행정대집행 대상인 의무는 법규로부터 직접 의무가 부과되거나 처분에 의해서 부과된 대체적 작위의무이다. 〈법령〉「행정대집행법」제2조(대집행과 그 비용징수) 법률(법률의 위임에 의한 명령, 지방자치단체의 조례를 포함한다. 이하 같다)에 의하여 직접 명령되었거나 또는 법률에 의거한 행정청의 명령에 의한 행위로서 타인이 대신하여 행할 수 있는 행위를 의무자가 이행하지 아니하는 경우 다른 수단으로써 그 이행을 확보하기 곤란하고 또한 그 불이행을 방치함이 심히 공익을 해할 것으로 인정될 때에는 당해 행정청은 스스로 의무자가 하여야 할 행위를 하거나 또는 제삼자로 하여금 이를 하게 하여 그 비용을 의무자로부터 징수할 수 있다.

| **오답해설** | ② 3% (○) 대판 1996.6.28. 96누4374

③ 10% (○) 대판 2005.9.28. 2005두7464

④ 37% (○) 대판 2006.10.13. 2006두7096

오답률 TOP 2

8 행정행위 > 직권취소와 철회　　오답률 58%　답 ④

| **정답해설** | ④ 42% (×) 철회는 행정청에 의해 철회되어지는 행정처분과 별개의 독립된 행정처분으로서 「행정절차법」상의 처분절차(사전통지, 의견청취 등)를 준수하여야 한다. 신뢰보호와 비례원칙 등의 일반원칙에 의해서 제한을 받음은 물론이다.

| **오답해설** | ① 39% (○) 대판 2012.5.24. 2012두1891

② 3% (○) 〈판례〉 행정행위를 한 처분청은 비록 그 처분 당시에 별다른 하자가 없었고, 또 그 처분 후에 이를 철회할 별도의 법적 근거가 없다 하더라도 원래의 처분을 존속시킬 필요가 없게 된 사정변경이 생겼거나 또는 중대한 공익상의 필요가 발생한 경우에는 그 효력을 상실케 하는 별개의 행정행위로 이를 철회할 수 있다(대판 2004.11.26. 2003두10251·10268).

③ 16% (○) 대판 2005.4.29. 2004두11954

9 행정소송 > 피고적격　오답률 31%　답 ①

| 정답해설 | ① 69% (×) 조례가 처분성을 갖게 되어 항고소송 대상이 되는 경우 피고는 공포권자인 지방자치단체장이다. 다만, 조례가 학예나 교육과 관련되는 경우에 피고는 시·도 교육감이 된다. **〈판례〉** 조례가 집행행위의 개입 없이도 그 자체로서 직접 국민의 구체적인 권리의무나 법적 이익에 영향을 미치는 등의 법률상 효과를 발생하는 경우 그 조례는 항고소송의 대상이 되는 행정처분에 해당하고, 이러한 조례에 대한 무효확인소송을 제기함에 있어서 「행정소송법」 제38조 제1항, 제13조에 의하여 피고적격이 있는 처분 등을 행한 행정청은, 행정주체인 지방자치단체 또는 지방자치단체의 내부적 의결기관으로서 지방자치단체의 의사를 외부에 표시한 권한이 없는 지방의회가 아니라, 구 「지방자치법」 제19조 제2항, 제92조에 의하여 지방자치단체의 집행기관으로서 조례로서의 효력을 발생시키는 공포권이 있는 지방자치단체의 장이다(대판 1996.9.20. 95누8003).

| 오답해설 | ② 14% (○) 대결 2006.2.23. 자 2005부4
③ 6% (○) 「행정소송법」 제13조 제1항, 제39조
④ 11% (○) **〈법령〉** 「국가공무원법」 제16조(행정소송과의 관계) ❷ 제1항에 따른 행정소송을 제기할 때에는 대통령의 처분 또는 부작위의 경우에는 소속 장관(대통령령으로 정하는 기관의 장을 포함한다. 이하 같다)을, 중앙선거관리위원회위원장의 처분 또는 부작위의 경우에는 중앙선거관리위원회사무총장을 각각 피고로 한다.

10 「행정기본법」과 「행정절차법」 > 행정절차　답 없음

※ 법령의 개정으로 답 없음 처리하고, 선택률 정보를 기재하지 않았습니다.

| 오답해설 | ① (○) 「행정절차법」의 개정으로 법인이나 조합 등의 설립허가 취소처분을 하는 경우에 청문을 하여야 한다. **〈법령〉** 「행정절차법」 제22조(의견청취) ❶ 행정청이 처분을 할 때 다음 각 호의 어느 하나에 해당하는 경우에는 청문을 한다.
　1. 다른 법령 등에서 청문을 하도록 규정하고 있는 경우
　2. 행정청이 필요하다고 인정하는 경우
　3. 다음 각 목의 처분을 하는 경우
　　가. 인허가 등의 취소
　　나. 신분·자격의 박탈
　　다. 법인이나 조합 등의 설립허가의 취소
② (○) 「행정절차법」 제17조 제2항
③ (○) 동법 제21조 제4항, 제22조 제4항
④ (○) 동법 제21조 제5항

11 행정입법 > 행정규칙　오답률 43%　답 ①

| 정답해설 | ① 57% (○) 법령보충규칙은 형식이 행정규칙(주로 고시)으로 되어 있다 해도, 상위규범의 위임범위 내에서 상위법과 결합하여 상위규범을 보충하는 대외적 구속력을 갖게 된다. **〈판례〉** 행정규칙인 부령이나 고시가 법령의 수권에 의하여 법령을 보충하는 사항을 정하는 경우에는 그 근거 법령규정과 결합하여 대외적으로 구속력이 있는 법규명령으로서의 성질과 효력을 가진다 할 것이다(대판 2007.5.10. 2005도591).

| 오답해설 | ② 39% (×) 「지방공무원보수업무 등 처리지침」에 대하여 법규명령으로 보고 있다. **〈판례〉** 구 「지방공무원보수업무 등 처리지침」(2014.8.8. 안전행정부 예규 제104호로 개정되기 전의 것, 이하 '지침'이라 한다) [별표 1] '직종별 경력환산율표 해설'이 정한 민간근무경력의 호봉 산정에 관한 부분은 … 단계적 위임에 따라 행정자치부장관이 행정규칙의 형식으로 법령의 내용이 될 사항을 구체적으로 정한 것이고, 달리 지침이 위 법령의 내용 및 취지에 저촉된다거나 위임 한계를 벗어났다고 보기 어려우므로, 지침은 상위법령과 결합하여 대외적인 구속력이 있는 법규명령으로서의 효력을 갖게 된다(대판 2016.1.28. 2015두53121).

③ 1% (×) 위임범위 내에서만 법규로서 효력을 갖게 될 뿐이다. **〈판례〉** 행정규칙이나 규정이 상위법령의 위임범위를 벗어난 경우에는 법규명령으로서 대외적 구속력을 인정할 여지는 없다. 이는 행정규칙이나 규정 '내용'이 위임범위를 벗어난 경우뿐 아니라 상위법령의 위임규정에서 특정하여 정한 권한행사의 '절차'나 '방식'에 위배되는 경우도 마찬가지이므로, 상위법령에서 세부사항 등을 시행규칙으로 정하도록 위임하였음에도 이를 고시 등 행정규칙으로 정하였다면 그 역시 대외적 구속력을 가지는 법규명령으로서 효력이 인정될 수 없다(대판 2012.7.5. 2010다72076).

④ 3% (×) 2014년도 건물 및 기타물건 시가표준액 조정기준은 법규명령이라는 것이 대법원의 입장이다. **〈판례〉** '2014년도 건물 및 기타물건 시가표준액 조정기준'의 각 규정들은 일정한 유형의 위반 건축물에 대한 이행강제금의 산정기준이 되는 시가표준액에 관하여 행정자치부장관으로 하여금 정하도록 한 위 「건축법」 및 지방세법령의 위임에 따른 것으로서 그 법령 규정의 내용을 보충하고 있으므로, 그 법령 규정과 결합하여 대외적인 구속력이 있는 법규명령으로서의 효력을 가지고, 그중 증·개축 건물과 대수선 건물에 관한 특례를 정한 '증·개축 건물 등에 대한 시가표준액 산출요령'의 규정들도 마찬가지라고 보아야 한다(대판 2017.5.31. 2017두30764).

12 행정행위 > 행정행위의 부관 오답률 10% 답 ②

| 정답해설 | ② 90% (×) 부관이 처분 당시에 적법한 부관이라면 그 이후 법령이 개정되어 부관을 붙일 수 없게 되었다 하여 이를 두고 위법한 부관이라거나 부관의 효력이 소멸하거나 그러한 것은 아니다. 〈판례〉 행정청이 수익적 행정처분을 하면서 부가한 부담의 위법 여부는 처분 당시 법령을 기준으로 판단하여야 하고, 부담이 처분 당시 법령을 기준으로 적법하다면 처분 후 부담의 전제가 된 주된 행정처분의 근거 법령이 개정됨으로써 행정청이 더 이상 부관을 붙일 수 없게 되었다 하더라도 곧바로 위법하게 되거나 그 효력이 소멸하게 되는 것은 아니다. 따라서 행정처분의 상대방이 수익적 행정처분을 얻기 위하여 행정청과 사이에 행정처분에 부가할 부담에 관한 협약을 체결하고 행정청이 수익적 행정처분을 하면서 협약상의 의무를 부담으로 부가하였으나 부담의 전제가 된 주된 행정처분의 근거 법령이 개정됨으로써 행정청이 더 이상 부관을 붙일 수 없게 된 경우에도 곧바로 협약의 효력이 소멸하는 것은 아니다(대판 2009.2.12. 2005다65500).

| 오답해설 | ① 2% (○) 대판 2009.2.12. 2005다65500
③ 5% (○) 부관은 행정의 적정성, 경제성, 탄력성 등의 기능을 가지고 있다.
④ 3% (○) 대판 2001.6.15. 99두509

13 행정쟁송 > 행정심판 오답률 13% 답 ④

| 정답해설 | ④ 87% (×) 재결의 기속력은 인용재결이 있는 경우에 행정청이 재결에 구속되는 효력을 말한다. 각하재결이나 기각재결에는 인정되지 않는다. 〈법령〉「행정심판법」제49조(재결의 기속력 등) ❶ 심판청구를 인용하는 재결은 피청구인과 그 밖의 관계 행정청을 기속(羈束)한다.

| 오답해설 | ① 3% (○) 대판 2000.6.9. 98두2621, 대판 2007.6.1. 2005두11500
② 5% (○) 대판 1990.7.13. 90누2284
③ 5% (○)「행정심판법」제30조, 제31조

14 행정강제 > 강제집행 오답률 53% 답 ④

| 정답해설 | ④ 47% (○) 국·공유재산에 대한 임대기간이 만료되어 이후의 점유는 불법점유에 해당한다. 이에 따라 A시장은 변상금 부과처분이나, 원상회복명령을 할 수 있으며 더불어 민사를 통한 구제방법으로 점유이전청구를 구할 수 있다.

| 오답해설 | ① 1% (×) 즉시강제는 급박한 위해제거를 목적으로 행하는 것이라서 종합민원실 사용목적으로는 즉시강제를 할 수 없다.
② 12% (×) 퇴거와 공간반환의 독촉은 금전급부의무에 해당하지 않는다. 따라서 강제징수절차와 무관하다.
③ 40% (×) 건물이나 토지의 인도·명도의무를 목적으로(사람의 퇴거) 행정대집행은 가능하지 않다.

15 행정소송 > 행정소송의 대상 오답률 37% 답 ②

| 정답해설 | ㄱ, ㄹ. (민사소송) 부당이득반환청구소송과 국가배상청구소송, 손실보상청구소송, 원상회복청구소송은 대법원에 의하면 원칙적으로 민사소송으로 보고 있다.

| 오답해설 | ㄴ. (행정소송) 공립유치원 전임강사에 대한 근무관계는 공법관계이다. 〈판례〉 교육부장관(당시 문교부장관)의 권한을 재위임받은 공립교육기관의 장에 의하여 공립유치원의 임용기간을 정한 전임강사로 임용되어 지방자치단체로부터 보수를 지급받으면서 공무원복무규정을 적용받고 사실상 유치원 교사의 업무를 담당하여 온 유치원 교사의 자격이 있는 자는 교육공무원에 준하여 신분보장을 받는 정원 외의 임시직 공무원으로 봄이 상당하므로 그에 대한 해임처분의 시정 및 수령지체된 보수의 지급을 구하는 소송은 행정소송의 대상이지 민사소송의 대상이 아니다(대판 1991.5.10. 90다10766).

ㄷ. (행정소송 – 당사자소송)「도시 및 주거환경정비법」상 관리처분계획안에 대한 조합 총회결의의 효력을 다투는 소송은 당사자소송이다. 〈판례〉「도시 및 주거환경정비법」상 행정주체인 주택재건축정비사업조합을 상대로 관리처분계획안에 대한 조합 총회결의의 효력 등을 다투는 소송은 행정처분에 이르는 절차적 요건의 존부나 효력 유무에 관한 소송으로서 그 소송결과에 따라 행정처분의 위법 여부에 직접 영향을 미치는 공법상 법률관계에 관한 것이므로, 이는「행정소송법」상의 당사자소송에 해당한다(대판 2009.9.17. 2007다2428).

ㅁ. (행정소송 – 당사자소송)「하천구역 편입토지 보상에 관한 특별조치법」제2조 제1항의 규정에 의한 손실보상금의 지급을 구하거나 손실보상청구권의 확인을 구하는 소송은 당사자소송이다. 〈판례〉「하천법」부칙(1984.12.31.) 제2조와 '법률 제3782호「하천법」중 개정법률 부칙 제2조의 규정에 의한 보상청구권의 소멸시효가 만료된「하천구역 편입토지 보상에 관한 특별조치법」제2조, 제6조의 각 규정들을 종합하면, 위 규정들에 의한 손실보상청구권은 1984.12.31. 전에 토지가 하천구역으로 된 경우에는 당연히 발생되는 것이지, 관리청의 보상금지급결정에 의하여 비로소 발생하는 것은 아니므로, 위 규정들에 의한 손실보상금의 지급을 구하거나 손실보상청구권의 확인을 구하는 소송은「행정소송법」제3조 제2호 소정의 당사자소송에 의하여야 한다(대판 2006.5.18. 2004다6207).

16 행정행위 > 하자승계 오답률 36% 답 ④

| 정답해설 | ④ 64% (×) 선행처분과 후행처분이 서로 독립하여 별개의 법률효과를 목적으로 한다고 해도, 선행처분이 무효인 경우에는 당연히 하자가 승계된다. 따라서 후행처분에 대한 소송을 청구하여 선행처분이 무효라는 주장이 가능하다.

| 오답해설 | ① 16% (○) 대판 1994.1.25. 93누8542
② 11% (○) 대판 2012.8.23. 2010두13463
③ 9% (○) 대판 1996.2.9. 95누12507

17 「행정기본법」과 「행정절차법」 > 행정절차　　오답률 25%　답 ③

| **정답해설** | ③ 75% (×) 신청에 대한 거부처분은 사전통지나 의견청취 대상이 아니다. 〈판례〉 신청에 따른 처분이 이루어지지 아니한 경우에는 아직 당사자에게 권익이 부과되지 아니하였으므로 특별한 사정이 없는 한 신청에 대한 거부처분이라고 하더라도 직접 당사자의 권익을 제한하는 것은 아니어서 신청에 대한 거부처분을 여기에서 말하는 '당사자의 권익을 제한하는 처분'에 해당한다고 할 수 없는 것이어서 처분의 사전통지 대상이 된다고 할 수 없다(대판 2003.11.28. 2003두674).

| **오답해설** | ① 6% (○) 대판 2009.1.30. 2008두16155

② 14% (○) 대판 2004.5.28. 2004두1254

④ 5% (○) 시정명령은 사전통지와 의견청취의 대상이다. 관련된 판례에서는 전 날에 설명하고 다음 날 시정명령을 한 것은 「행정절차법」상의 사전통지 등의 절차를 준수한 것이라 할 수 없다는 것이 대법원의 입장이다(대판 2016.10.27. 2016두41811).

18 손해배상 > 국가배상　　오답률 35%　답 ③

| **정답해설** | ③ 65% (×) 공무원이 직무를 집행함에 있어서 법이 정한 요건이나 절차를 준수하였다면, 그에 따라 이루어진 행위로 개인의 권리가 침해되었다고 해도 이는 고의나 과실에 따른 불법행위라 할 수 없다. 〈판례〉 공무원의 직무집행이 법령이 정한 요건과 절차에 따라 이루어진 것이라면 특별한 사정이 없는 한 이는 법령에 적합한 것이고 그 과정에서 개인의 권리가 침해되는 일이 생긴다고 하여 그 법령적합성이 곧바로 부정되는 것은 아니다(대판 2000.11.10. 2000다26807 · 26814).

| **오답해설** | ② 17% (○) 대판 2012.7.26. 2010다95666

④ 15% (○) 대판 2017.2.9. 2013다205778

19 행정정보공개와 개인정보보호 > 정보공개　　오답률 19%　답 ③

| **정답해설** | ③ 81% (×) 지방자치단체는 기본권을 향유할 수 있는 국민에 해당하지 않는다. 〈판례〉 지방자치단체에게는 알권리로서의 정보공개청구권이 인정된다고 보기는 어렵고, 나아가 「공공기관의 정보공개에 관한 법률」 제4조, 제5조, 제6조의 각 규정의 취지를 종합하면, 「공공기관의 정보공개에 관한 법률」은 국민을 정보공개청구권자로, 지방자치단체를 국민에 대응하는 정보공개의무자로 상정하고 있다고 할 것이므로, 지방자치단체는 「공공기관의 정보공개에 관한 법률」 제5조에서 정한 정보공개청구권자인 '국민'에 해당되지 아니한다(서울행법 2005.10.12. 2005구합10484).

| **오답해설** | ① 6% (○) 대판 2006.5.25. 2006두3049

② 8% (○) 대판 2003.3.11. 2001두6425

④ 5% (○) 대판 2008.11.27. 2005두15694

20 행정소송 > 소의 종류의 변경　　오답률 53%　답 ④

| **정답해설** | ㄴ. (○) 사실심 변론종결 이전이면 항소심에서도 소 변경은 가능하다. 〈법령〉 「행정소송법」 제21조(소의 변경) ❶ 법원은 취소소송을 당해 처분 등에 관계되는 사무가 귀속하는 국가 또는 공공단체에 대한 당사자소송 또는 취소소송 외의 항고소송으로 변경하는 것이 상당하다고 인정할 때에는 청구의 기초에 변경이 없는 한 사실심의 변론종결시까지 원고의 신청에 의하여 결정으로써 소의 변경을 허가할 수 있다.

ㄹ. (○) 항고소송과 당사자소송 간에도 소 변경이 가능하다. 〈법령〉 「행정소송법」 제42조(소의 변경) 제21조의 규정은 당사자소송을 항고소송으로 변경하는 경우에 준용한다.

| **오답해설** | ㄱ. (×) 소의 종류의 변경은 법원의 직권으로 할 수 없다.

ㄷ. (×) 당사자소송을 항고소송으로 변경할 수 있다.

합격예상 체크

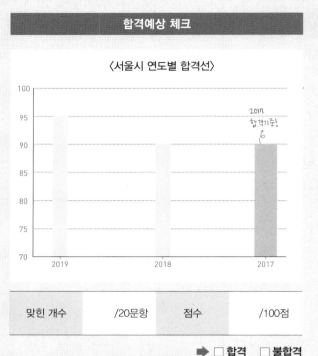

〈서울시 연도별 합격선〉

맞힌 개수	/20문항	점수	/100점

➡ □합격 □불합격

취약영역 체크

문항	정답	영역	문항	정답	영역
1	③	행정법 통칙	11	③	행정구제
2	①	행정구제	12	③	행정법 통칙
3	④	행정법 통칙	13	①	행정법 통칙
4	④	행정구제	14	①	행정법 통칙
5	④	행정구제	15	④	행정구제
6		행정상 의무이행 확보수단	16	②	행정상 의무이행 확보수단
7	②	행정법 통칙	17	④	행정구제
8	③	행정법 통칙	18	①	행정법 통칙
9	④	행정법 통칙	19	②	행정구제
10	②	행정법 통칙	20	①	행정법 서론

⬇ 영역별 틀린 개수로 취약영역을 확인하세요!

행정법 서론	/1	행정법 통칙	/10	행정상 의무이행 확보수단	/2
행정구제	/7	행정조직(7급)	–/0	특별행정작용(7급)	–/0

➡ 나의 취약영역: _____

※ [정답해설]과 [오답해설] 선지의 50% 표시는 〈1초 합격예측 서비스〉를 통해 수집된 선지 선택률을 나타냅니다.

---

1 행정행위 > 행정행위의 효력발생요건 오답률 8% 답 ③

| 정답해설 | ③ 92% (×) 정보통신망을 통한 송달은 송달받을 자의 동의가 있는 경우에 한한다. 〈법령〉「행정절차법」제14조(송달) ❶ 송달은 우편, 교부 또는 정보통신망 이용 등의 방법으로 하되, 송달받을 자(대표자 또는 대리인을 포함한다. 이하 같다)의 주소·거소(居所)·영업소·사무소 또는 전자우편주소(이하 '주소 등'이라 한다)로 한다. 다만, 송달받을 자가 동의하는 경우에는 그를 만나는 장소에서 송달할 수 있다.

❷ 교부에 의한 송달은 수령확인서를 받고 문서를 교부함으로써 하며, 송달하는 장소에서 송달받을 자를 만나지 못한 경우에는 그 사무원·피용자(被傭者) 또는 동거인으로서 사리를 분별할 지능이 있는 사람(이하 이 조에서 '사무원 등'이라 한다)에게 문서를 교부할 수 있다. 다만, 문서를 송달받을 자 또는 그 사무원 등이 정당한 사유 없이 송달받기를 거부하는 때에는 그 사실을 수령확인서에 적고, 문서를 송달할 장소에 놓아둘 수 있다.

❸ 정보통신망을 이용한 송달은 송달받을 자가 동의하는 경우에만 한다. 이 경우 송달받을 자는 송달받을 전자우편주소 등을 지정하여야 한다.

| 오답해설 | ① 6% (○) 대판 1989.1.31. 88누940

② 1% (○) 「행정절차법」제14조 제2항

④ 1% (○) 대판 2002.7.26. 2000다25002

---

2 행정소송 > 취소판결의 효력 오답률 46% 답 ①

| 정답해설 | ① 54% (×) 〈판례〉 종전 확정판결의 행정소송 과정에서 한 주장 중 처분사유가 되지 아니하여 판결의 판단 대상에서 제외된 부분을 행정청이 그 후 새로이 행한 처분의 적법성과 관련하여 새로운 소송에서 다시 주장하는 것이 위 확정판결의 기판력에 저촉되지 않는다(대판 1991.8.9. 90누7326).

| 오답해설 | ② 17% (○) 판결에서 인정되지 않은 법규 위반사실을 포함하여 다시 영업정지를 하는 처분은 판결의 기속력에 위반된다.

③ 10% (○) 원상회복의 의무가 있다.

④ 19% (○) 영업허가취소처분이 비례원칙 위반이라면 동일한 사유로 한 영업정지처분은 판결에 반하는 처분이라 할 수 없다.

---

3 행정정보공개와 개인정보보호 > 정보공개 오답률 29% 답 ④

| 정답해설 | ④ 71% (×) 〈판례〉 어느 법인이 「공공기관의 정보공개에 관한 법률」제2조 제3호, 같은 법 시행령 제2조 제4호에 따라 정보를 공개할 의무가 있는 '특별법에 의하여 설립된 특수법인'에 해당하는지 여부는, … 국가기관·지방자치단체 등 다른 공공기관에 대한 정보공개청구와는 별도로 해당 법인에 대하여 직접 정보공개청구를 구할 필요성이 있는지 여부 등을 종합적으로 고려하여야 한다(대판 2010.12.23. 2008두13101).

| 오답해설 | ① 4% (○) 「행정절차법」 제37조, 「공공기관의 정보공개에 관한 법률」 제5조 제1항

② 8% (○) 헌재 1991.5.13. 90헌마133

③ 17% (○) 대판 2006.1.13. 2003두9459

---

4 손실보상 > 손실보상의 원칙 　오답률 19%　답 ④

| 정답해설 | ④ 81% (×) 공익사업으로 인한 가격변동은 보상액을 산정할 때 고려하지 않는다. 〈법령〉「공익사업을 위한 토지 등의 취득 및 보상에 관한 법률」 제67조(보상액의 가격시점 등) ❶ 보상액의 산정은 협의에 의한 경우에는 협의 성립 당시의 가격을, 재결에 의한 경우에는 수용 또는 사용의 재결 당시의 가격을 기준으로 한다. ❷ 보상액을 산정할 경우에 해당 공익사업으로 인하여 토지 등의 가격이 변동되었을 때에는 이를 고려하지 아니한다.

| 오답해설 | ① 7% (○) 「공익사업을 위한 토지 등의 취득 및 보상에 관한 법률」 제65조

② 7% (○) 동법 제61조

③ 5% (○) 동법 제67조 제1항

---

5 행정소송 > 처분성 여부 　오답률 15%　답 ④

| 정답해설 | ㄴ. (처분성 부정) 단전, 단전화요청은 처분이 아니다. 〈판례〉 행정청이 위법건축물에 대한 시정명령을 하고 나서 위반자가 이를 이행하지 아니하여 전기 · 전화의 공급자에게 그 위법건축물에 대한 전기 · 전화공급을 하지 말아 줄 것을 요청한 행위는 권고적 성격의 행위에 불과한 것으로서 전기 · 전화공급자나 특정인의 법률상 지위에 직접적인 변동을 가져오는 것은 아니므로 이를 항고소송의 대상이 되는 행정처분이라고 볼 수 없다(대판 1996.3.22. 96누433).

ㄷ. (처분성 부정) 당연퇴직통지는 사실행위로서 관념의 통지에 해당한다. 〈판례〉 당연퇴직의 인사발령은 법률상 당연히 발생하는 퇴직사유를 공적으로 확인하여 알려 주는 이른바 관념의 통지에 불과하고 공무원의 신분을 상실시키는 새로운 형성적 행위가 아니므로 행정소송의 대상이 되는 독립한 행정처분이라고 할 수 없다(대판 1995.11.14. 95누2036).

ㄹ. (처분성 부정) 신체등위판정만으로는 권리나 의무의 직접적인 변동이 없어 처분이라 할 수 없다. 〈판례〉「병역법」상 신체등위판정은 행정청이라고 볼 수 없는 군의관이 하도록 되어 있으며, 그 자체만으로 바로 「병역법」상의 권리 · 의무가 정하여지는 것이 아니라 그에 따라 지방병무청장이 병역처분을 함으로써 비로소 병역의무의 종류가 정하여지는 것이므로 항고소송의 대상이 되는 행정처분이라 보기 어렵다(대판 1993.8.27. 93누3356)

ㅁ. (처분성 부정) 내신성적 산정지침은 행정 내부지침에 불과하다. 〈판례〉 지침에 의하여 곧바로 개별적이고 구체적인 권리의 침해를 받은 것으로는 도저히 인정할 수 없으므로, 그것만으로는 현실적으로 특정인의 구체적인 권리의무에 직접적으로 변동을 초래케 하는 것은 아니라 할 것이어서 내신성적 산정지침을 항고

소송의 대상이 되는 행정처분으로 볼 수 없다(대판 1994.9.10. 94두33).

| 오답해설 | ㄱ. (처분성 긍정) 단수처분은 항고소송의 대상이 되는 행정처분에 해당한다(대판 1979.12.28. 79누218).

---

6 행정상 즉시강제 및 행정조사 > 행정조사 　오답률 17%　답 ③

| 정답해설 | ③ 83% (○) 〈법령〉「행정조사기본법」 제11조(현장조사) ❷ 제1항에 따른 현장조사는 해가 뜨기 전이나 해가 진 뒤에는 할 수 없다. 다만, 다음 각 호의 어느 하나에 해당하는 경우에는 그러하지 아니하다.

　1. 조사대상자(대리인 및 관리책임이 있는 자를 포함한다)가 동의한 경우

　2. 사무실 또는 사업장 등의 업무시간에 행정조사를 실시하는 경우

　3. 해가 뜬 후부터 해가 지기 전까지 행정조사를 실시하는 경우에는 조사목적의 달성이 불가능하거나 증거인멸로 인하여 조사대상자의 법령 등의 위반 여부를 확인할 수 없는 경우

| 오답해설 | ① 2% (×) 행정조사의 방식은 주로 사실행위로서 이루어지나 출석명령이나 자료제출명령 등의 방식도 있다.

② 7% (×) 자발적 협조를 통한 행정조사는 법령에 규정이 없어도 가능하다. 〈법령〉「행정조사기본법」 제5조(행정조사의 근거) 행정기관은 법령 등에서 행정조사를 규정하고 있는 경우에 한하여 행정조사를 실시할 수 있다. 다만, 조사대상자의 자발적인 협조를 얻어 실시하는 행정조사의 경우에는 그러하지 아니하다.

④ 8% (×) 조사에 응할 것인지 여부에 대하여 응답이 없는 경우에는 거부한 것으로 본다. 〈법령〉「행정조사기본법」 제20조(자발적인 협조에 따라 실시하는 행정조사) ❶ 행정기관의 장이 제5조 단서에 따라 조사대상자의 자발적인 협조를 얻어 행정조사를 실시하고자 하는 경우 조사대상자는 문서 · 전화 · 구두 등의 방법으로 당해 행정조사를 거부할 수 있다.

❷ 제1항에 따른 행정조사에 대하여 조사대상자가 조사에 응할 것인지에 대한 응답을 하지 아니하는 경우에는 법령 등에 특별한 규정이 없는 한 그 조사를 거부한 것으로 본다.

오답률 TOP2

7 「행정기본법」과 「행정절차법」 > 「행정절차법」 　오답률 58%　답 ②

| 정답해설 | ② 42% (×) 〈판례〉 행정과정에 대한 국민의 참여와 행정의 공정성, 투명성 및 신뢰성을 확보하고 국민의 권익을 보호함을 목적으로 하는 「행정절차법」의 입법목적과 「행정절차법」 제3조 제2항 제9호의 규정 내용 등에 비추어 보면, 공무원 인사관계 법령에 의한 처분에 관한 사항 전부에 대하여 「행정절차법」의 적용이 배제되는 것이 아니라 성질상 행정절차를 거치기 곤란하거나 불필요하다고 인정되는 처분이나 행정절차에 준하는 절차를 거치도록 하고 있는 처분의 경우에만 「행정절차법」의 적용이 배제된다(대판 2007.9.21. 2006두20631).

| 오답해설 | ① 6% (○) 「행정절차법」 제3조 제2항 제1호

③ 18% (○) 대판 2001.5.8. 2000두10212

④ 34% (○) 〈법령〉「행정절차법」제4조(신의성실 및 신뢰보호) ❶ 행정청은 직무를 수행할 때 신의(信義)에 따라 성실히 하여야 한다. ❷ 행정청은 법령 등의 해석 또는 행정청의 관행이 일반적으로 국민들에게 받아들여졌을 때에는 공익 또는 제3자의 정당한 이익을 현저히 해칠 우려가 있는 경우를 제외하고는 새로운 해석 또는 관행에 따라 소급하여 불리하게 처리하여서는 아니 된다. 〈법령〉「국세기본법」제18조(세법 해석의 기준 및 소급과세의 금지) ❸ 세법의 해석이나 국세행정의 관행이 일반적으로 납세자에게 받아들여진 후에는 그 해석이나 관행에 의한 행위 또는 계산은 정당한 것으로 보며, 새로운 해석이나 관행에 의하여 소급하여 과세되지 아니한다.

8　행정입법 > 위임명령의 요건과 한계　오답률 51%　답 ③

| 정답해설 | ③ 49% (×) 〈판례〉 농림부고시인 농산물원산지 표시요령 제4조 제2항의 규정 내용이 근거 법령인 구 「농수산물품질관리법 시행규칙」에 의해 고시로써 정하도록 위임된 사항에 해당한다고 할 수 없어 법규명령으로서 대외적 구속력을 가질 수 없다(대결 2006.4.28. 자 2003마715).

| 오답해설 | ① 5% (○) 대판 2016.8.17. 2015두51132

② 6% (○) 대판 2013.2.28. 2010두29192

④ 40% (○) 대판 2014.11.27. 2013두18964

9　행정행위 > 단계별 행정행위　오답률 27%　답 ④

| 정답해설 | ④ 73% (×) 〈판례〉「주택건설촉진법」제33조 제1항이 정하는 주택건설사업계획의 승인은 이른바 수익적 행정처분으로서 행정청의 재량행위에 속하고, 따라서 그 전 단계로서 같은 법 제32조의4 제1항이 정하는 주택건설사업계획의 사전결정 역시 재량행위라고 할 것이므로, 사전결정을 받으려고 하는 주택건설사업계획이 관계 법령이 정하는 제한에 배치되는 경우는 물론이고, 그러한 제한사유가 없는 경우에도 공익상 필요가 있으면 처분권자는 그 사전결정신청에 대하여 불허가결정을 할 수 있다(대판 1997.11.11. 97누11966).

| 오답해설 | ① 7% (○) 대판 1998.5.8. 98두4061

② 4% (○) 대판 2005.4.28. 2004두8828

③ 16% (○) 대판 1991.6.28. 90누4402

오답률 TOP 1
10　행정법 관계 > 권리의무의 승계　오답률 68%　답 ②

| 정답해설 | ② 32% (×) 〈판례〉 행정청이 주택건설사업의 양수인에 대하여 양도인에 대한 사업계획승인을 취소하였다는 사실을 통지한 것만으로는 양수인의 법률상 지위에 어떠한 변동을 일으키는 것은 아니므로 위 통지는 항고소송의 대상이 되는 행정처분이라고 할 수는 없다(대판 2000.9.26. 99두646).

| 오답해설 | ① 8% (○) 양도·양수에 의해 권리와 의무는 양수인에게 포괄적으로 승계된다.

---

③ 35% (○) 〈판례〉 특별한 규정이 없는 한 신설회사에 대하여 분할하는 회사의 분할 전 법 위반행위를 이유로 과징금을 부과하는 것은 허용되지 않는다(대판 2007.11.29. 2006두18928).

④ 25% (○) 승계부정설에 의하면 행위책임에 의한 위법행위는 인적 사유에 해당되어 승계될 수 없다는 입장이다.

11　손해배상 > 국가배상　오답률 7%　답 ③

| 정답해설 | ③ 93% (×) 경과실의 경우에는 선택적 청구가 인정되지 않고, 국가에게만 배상책임이 발생한다. 〈판례〉 피해자에게 손해를 직접 배상한 경과실이 있는 공무원은 특별한 사정이 없는 한 국가에 대하여 국가의 피해자에 대한 손해배상책임의 범위 내에서 공무원이 변제한 금액에 관하여 구상권을 취득한다고 봄이 타당하다(대판 2014.8.20. 2012다54478).

| 오답해설 | ① 0% (○) 공중보건의는 「국가배상법」상의 공무원에 해당된다.

② 3% (○) 공무원에게 고의나 중과실의 위법이 있는 경우에는 공무원 개인도 손해배상책임을 진다.

④ 4% (○) 「국가배상법」에는 공무원에 대한 구상권 규정을 두고 있으나 공무원에 대한 직접적 청구규정은 두고 있지 않다.

12　행정행위 > 행정행위의 부관　오답률 24%　답 ③

| 정답해설 | ③ 76% (×) 〈판례〉 행정행위의 부관은 부담인 경우를 제외하고는 독립하여 행정소송의 대상이 될 수 없는바, 기부채납받은 행정재산에 대한 사용·수익허가에서 공유재산의 관리청이 정한 사용·수익허가의 기간은 그 허가의 효력을 제한하기 위한 행정행위의 부관으로서 이러한 사용·수익허가의 기간에 대해서는 독립하여 행정소송을 제기할 수 없다(대판 2001.6.15. 99두509).

| 오답해설 | ① 5% (○) 부담 외의 부관은 독립된 처분성을 갖고 있지 않아 독립된 소송 대상이 되지 않는다.

② 9% (○) 위법한 부관에 대한 변경신청을 행정청이 거부하는 경우에 거부는 항고소송 대상인 처분이다.

④ 10% (○) 대판 1999.5.25. 98다53134

13　행정법 관계 > 행정법 관계의 당사자　오답률 29%　답 ①

| 정답해설 | ① 71% (○)

| 오답해설 | ② 3% (×) 공무수탁사인에서 사인은 자연인, 법인, 법인격이 없는 사단 등도 포함한다.

③ 5% (×) 〈판례〉「도시 및 주거환경정비법」에 따른 주택재건축정비사업조합은 관할 행정청의 감독 아래 「도시 및 주거환경정비법」상의 주택재건축사업을 시행하는 공법인(「도시 및 주거환경정비법」 제18조)으로서, 그 목적 범위 내에서 법령이 정하는 바에 따라 일정한 행정작용을 행하는 행정주체의 지위를 갖는다(대판 2009.9.17. 2007다2428 전합).

④ 21% (×) 민영교도소는 공무수탁사인으로서 행정주체에 해당한다.

14 행정행위 > 하자의 승계   오답률 32%   답 ①

| 정답해설 | ㄱ. (승계 인정) 〈판례〉 대집행의 계고, 대집행영장에 의한 통지, 대집행의 실행, 대집행에 요한 비용의 납부명령 등은 타인이 대신하여 행할 수 있는 행정의무의 이행을 의무자의 비용부담하에 확보하고자 하는, 동일한 행정목적을 달성하기 위하여 단계적인 일련의 절차로 연속하여 행하여지는 것으로서, 서로 결합하여 하나의 법률효과를 발생시키는 것이므로, 후행처분인 대집행영장발부통보처분의 취소를 청구하는 소송에서 청구원인으로 선행처분인 계고처분이 위법한 것이기 때문에 그 계고처분을 전제로 행하여진 대집행영장발부통보처분도 위법한 것이라는 주장을 할 수 있다 (대판 1996.2.9. 95누12507).

ㄴ. (승계 인정) 〈판례〉 국립보건원장이 같은 법 제7조 제2항에 의하여 안경사 국가시험의 합격을 무효로 하는 처분을 함에 따라 보건사회부장관이 안경사면허를 취소하는 처분을 한 경우 합격무효처분과 면허취소처분은 동일한 행정목적을 달성하기 위하여 단계적인 일련의 절차로 연속하여 행하여지는 행정처분으로서, 안경사 국가시험에 합격한 자에게 주었던 안경사면허를 박탈한다는 하나의 법률효과를 발생시키기 위하여 서로 결합된 선행처분과 후행처분의 관계에 있다(대판 1993.2.9. 92누4567).

ㄷ. (승계 인정) 〈판례〉 개별공시지가결정에 위법이 있는 경우에는 그 자체를 행정소송의 대상이 되는 행정처분으로 보아 그 위법 여부를 다툴 수 있음은 물론 이를 기초로 한 과세처분 등 행정처분의 취소를 구하는 행정소송에서도 선행처분인 개별공시지가결정의 위법을 독립된 위법사유로 주장할 수 있다고 해석함이 타당하다(대판 1994.1.25. 93누8542).

ㄹ. (승계 인정) 〈판례〉 甲을 친일반민족행위자로 결정한 친일반민족행위진상규명위원회의 최종발표(선행처분)에 따라 지방보훈지청장이 「독립유공자 예우에 관한 법률」(이하 '독립유공자법'이라 한다) 적용 대상자로 보상금 등의 예우를 받던 甲의 유가족 乙 등에 대하여 독립유공자법 적용배제자 결정(후행처분)을 한 경우, … 乙이 선행처분에 대하여 「일제강점하 반민족행위 진상규명에 관한 특별법」에 의한 이의신청절차를 밟거나 후행처분에 대한 것과 별개로 행정심판이나 행정소송을 제기하지 않았다고 하여 선행처분의 하자를 이유로 후행처분의 효력을 다툴 수 없게 하는 것은 乙에게 수인한도를 넘는 불이익을 주고 그 결과가 乙에게 예측가능한 것이라고 할 수 없어 선행처분의 후행처분에 대한 구속력을 인정할 수 없으므로 선행처분의 위법을 이유로 후행처분의 효력을 다툴 수 있음에도, 이와 달리 본 원심판결에 법리를 오해한 위법이 있다(대판 2013.3.14. 2012두6964).

| 오답해설 | ㅁ. (승계 부정) 〈판례〉 구 「경찰공무원법」 제50조 제1항에 의한 직위해제처분과 같은 제3항에 의한 면직처분은 후자가 전자의 처분을 전제로 한 것이기는 하나 각각 단계적으로 별개의 법률효과를 발생하는 행정처분이어서 선행직위 해제처분의 위법사유가 면직처분에는 승계되지 아니한다 할 것이므로 선행된 직위해제처분의 위법사유를 들어 면직처분의 효력을 다툴 수는 없다(대판 1984.9.11. 84누191).

ㅂ. (승계 부정) 〈판례〉 건물철거명령이 당연무효가 아닌 이상 행정심판이나 소송을 제기하여 그 위법함을 소구하는 절차를 거치지 아니하였다면 위 선행행위인 건물철거명령은 적법한 것으로 확정되었다고 할 것이므로 후행행위인 대집행계고처분에서는 그 건물이 무허가건물이 아닌 적법한 건축물이라는 주장이나 그러한 사실인정을 하지 못한다(대판 1998.9.8. 97누20502).

ㅅ. (승계 부정) 〈판례〉 선행행위인 과세처분에 대한 하자를 이유로 후행행위인 체납처분을 다투고 있는 원고의 청구는 부당하다(대판 1961.10.26. 4292행상73).

15 행정쟁송 > 행정심판   오답률 48%   답 ④

| 정답해설 | ④ 52% (○) 대판 1988.12.13. 88누7880
| 오답해설 | ① 6% (×) 취소변경심판의 인용재결에 취소명령재결은 없다.
② 3% (×) 거부처분은 취소심판 외에 의무이행심판도 가능하다.
③ 39% (×) 행정심판위원회가 처분에 대하여 취소나 변경에 대한 재결을 하게 되면 그로서 형성력이 발생하여 취소나 변경이 되는 것이지 피청구인인 행정청이 별도로 취소나 변경을 하여야 하는 것은 아니다.

16 행정벌 > 「질서위반행위규제법」   오답률 17%   답 ②

| 정답해설 | ② 83% (○) 「질서위반행위규제법」 제13조 제1항
| 오답해설 | ① 7% (×) 「질서위반행위규제법」과 다른 내용의 법률이 있을 경우에는 「질서위반행위규제법」에 의한다. 〈법령〉 「질서위반행위규제법」 제5조(다른 법률과의 관계) 과태료의 부과·징수, 재판 및 집행 등의 절차에 관한 다른 법률의 규정 중 이 법의 규정에 저촉되는 것은 이 법으로 정하는 바에 따른다.
③ 9% (×) 고의나 과실 없이 과태료를 부과할 수 없다. 〈법령〉 「질서위반행위규제법」 제7조(고의 또는 과실) 고의 또는 과실이 없는 질서위반행위는 과태료를 부과하지 아니한다.
④ 1% (×) 5년의 시효가 적용된다. 〈법령〉 「질서위반행위규제법」 제15조(과태료의 시효) ❶ 과태료는 행정청의 과태료 부과처분이나 법원의 과태료 재판이 확정된 후 5년간 징수하지 아니하거나 집행하지 아니하면 시효로 인하여 소멸한다.

17 행정소송 > 처분사유의 추가·변경   오답률 30%   답 ④

| 정답해설 | ④ 70% (×) 〈판례〉 주류면허 지정조건 중 제6호 무자료 주류판매 및 위장거래 항목을 근거로 한 면허취소처분에 대한 항고소송에서, 지정조건 제2호 무면허판매업자에 대한 주류판매를 새로이 그 취소사유로 주장하는 것은 기본적 사실관계가 다른 사유를 내세우는 것으로서 허용될 수 없다(대판 1996.9.6. 96누7427).
| 오답해설 | ① 9% (○) 대판 2009.11.26. 2009두15586
② 7% (○) 대판 1999.2.9. 98두16675
③ 14% (○) 대판 1989.6.27. 88누6160

만을 기준으로 한 부당한 차별대우라고 할 것이어서 헌법에 규정된 평등의 원칙에 위배되어 무효이다(대판 1997.2.25. 96추213).

---

18 행정상 법률요건과 법률사실 > 사인의 공법행위

오답률 8% 답 ①

| **정답해설** | ① 92% (×) 〈판례〉 건축주 등으로서는 착공신고가 반려될 경우, 당해 건축물의 착공을 개시하면 시정명령, 이행강제금, 벌금의 대상이 되거나 당해 건축물을 사용하여 행할 행위의 허가가 거부될 우려가 있어 불안정한 지위에 놓이게 된다. 따라서 착공신고 반려행위가 이루어진 단계에서 당사자로 하여금 반려행위의 적법성을 다투어 법적 불안을 해소한 다음 건축행위에 나아가도록 함으로써 장차 있을지도 모르는 위험에서 미리 벗어날 수 있도록 길을 열어 주고, 위법한 건축물의 양산과 철거를 둘러싼 분쟁을 조기에 근본적으로 해결할 수 있게 하는 것이 법치행정의 원리에 부합한다. 그러므로 행정청의 착공신고 반려행위는 항고소송의 대상이 된다고 보는 것이 옳다(대판 2011.6.10. 2010두7321).

| **오답해설** | ② 4% (○) 대판 2011.6.10. 2010두7321

③ 1% (○) 대판 2011.1.20. 2010두14954 전합

④ 3% (○) 대판 2000.5.26. 99다37382

오답률 TOP 3

19 행정소송 > 협의의 소익

오답률 52% 답 ②

| **정답해설** | ② 48% (×) 〈판례〉 행정청이 당초의 분뇨 등 관련영업 허가신청 반려처분의 취소를 구하는 소의 계속 중, 사정변경을 이유로 위 반려처분을 직권취소함과 동시에 위 신청을 재반려하는 내용의 재처분을 한 경우, 당초의 반려처분의 취소를 구하는 소는 더 이상 소의 이익이 없게 되었다(대판 2006.9.28. 2004두5317).

| **오답해설** | ① 6% (○) 대판 2003.12.26. 2003두1875

③ 44% (○) 대판 2005.9.9. 2003두5402·5419

④ 2% (○) 대판 2006.6.22. 2003두1684 전합

---

20 행정법의 의의 > 행정법의 일반원칙

오답률 30% 답 ①

| **정답해설** | ① 70% (○) 〈법령〉「행정규제기본법」제5조(규제의 원칙) ❸ 규제의 대상과 수단은 규제의 목적 실현에 필요한 최소한의 범위에서 가장 효과적인 방법으로 객관성·투명성 및 공정성이 확보되도록 설정되어야 한다.

〈법령〉「행정절차법」제48조(행정지도의 원칙) ❶ 행정지도는 그 목적 달성에 필요한 최소한도에 그쳐야 하며, 행정지도의 상대방의 의사에 반하여 부당하게 강요하여서는 아니 된다.

| **오답해설** | ② 11% (×) 자기구속의 원칙은 위법한 경우에 인정되지 않는다.

③ 8% (×) 사인의 사위나 사실은폐에 의하여 이루어진 행정청의 선행조치라면 귀책사유가 있어 신뢰보호 대상이 되지 않는다.

④ 11% (×) 〈판례〉 조례안이 지방의회의 감사 또는 조사를 위하여 출석요구를 받은 증인이 5급 이상 공무원인지 여부, 기관(법인)의 대표나 임원인지 여부 등 증인의 사회적 신분에 따라 미리부터 과태료의 액수에 차등을 두고 있는 경우, 그와 같은 차별은 증인의 불출석이나 증언거부에 대하여 과태료를 부과하는 목적에 비추어 볼 때 그 합리성을 인정할 수 없고 지위의 높고 낮음

에듀윌이
너를
지지할게
ENERGY

내가 찾고 있는 것은 바깥에 있지 않다.
그것은 내 안에 있다.

– 헬렌 켈러(Helen Keller)

국회직 9급

해설 &
기출분석 REPORT

국회직 9급 기출 POINT

Point 1 국가직, 지방직 공무원 시험보다 핵심적인 단원(행정행위, 행정소송)에서의 출제비중이 높다.

Point 2 기출 선지의 반복적 출제가 많으나, 하나의 주제로 판례와 법령을 배합하는 유형이 강한 형태이다.

Point 3 평균 합격 점수는 높은 편이지만, 5지선다형의 특성상 일부 지엽적인 문제도 있어 아주 높은 고득점은 어려운 유형이다.

2025년 국회직 9급 시험 대비전략

"핵심단원에서의 학습은 완벽하여야 한다"

Point 1 매년 핵심단원(행정행위, 행정소송)에서의 출제비중이 높고 지엽적 성향이 있어, 핵심단원에 대한 학습은 철저하여야 한다.

Point 2 단원의 특정 주제에 대하여 관련 법령과 판례의 입장을 파악하고, 다른 단원과 연계하는 유기적 학습이 필요하다.

Point 3 공무원(국가직, 지방직) 기출문제 풀이뿐 아니라 5지선다형 문제 풀이를 좀 더 강화하여 5지선다형에 익숙하도록 하여야 한다.

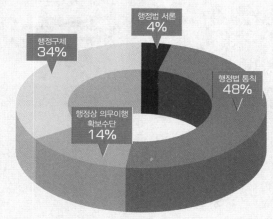

행정법 서론
4%

행정구제
34%

행정법 통칙
48%

행정상 의무이행
확보수단
14%

▲ 최근 5개년 평균 출제비중

연도	총평	행정법 서론	행정법 통칙	행정상 의무이행 확보수단	행정구제
2024	**핵심단원에서 집중 출제되며, 고른 난이도** • 전년과 달리 법령의 문항을 줄이고 판례 중심으로 출제 • 행정행위 단원(6문항), 행정소송(4문항)에서의 집중적 출제 • 난이도 上(1문항), 下(2문항)를 제외하고 고른 난이도	5% (1문항)	50% (10문항)	15% (3문항)	30% (6문항)
2023	**여전히 핵심단원에 편중된 출제비중** • 기존과 달리 행정절차에서의 출제비중을 높임 • 하나의 주제에 대한 판례와 법령을 동시에 묻는 다수의 문항 • 중상(中上)의 높은 난이도	10% (2문항)	50% (10문항)	15% (3문항)	25% (5문항)
2022	**핵심단원에서 집중적으로 출제** • 행정행위와 행정소송에서 각각 5문항(두 단원에서 50%), 원고적격(법률상 이익, 소익) 문제 3문항으로 편향된 출제 • 전반적 난이도는 중하(中下)에 해당 • 압도적인 판례 중심의 문제	5% (1문항)	45% (9문항)	10% (2문항)	40% (8문항)
2021	**비교적 짧은 문장의 선지와 익숙한 문제** • 핵심단원의 출제비중은 높으며, 일부 문항을 제외하고는 기출문제가 반복됨 • 법령과 판례의 적절한 출제 • 익숙한 문제는 많으나 일부 문제를 통해 변별력을 확보하고자 함(평균점수는 높으나 고득점은 어려운 유형)	0% (0문항)	40% (8문항)	25% (5문항)	35% (7문항)
2020	**고른 출제와 적정한 난이도** • 전반적으로 평이하고 무난한 문제 유형과 평범한 난이도 • 판례의 중요성이 강조되는 판례 중심의 출제	0% (0문항)	60% (12문항)	5% (1문항)	35% (7문항)

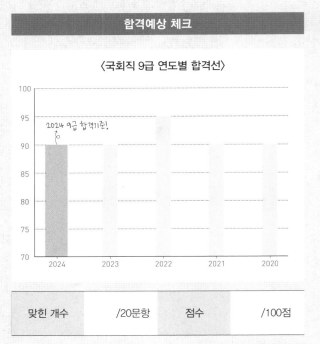

〈국회직 9급 연도별 합격선〉

2024 9급 합격기준!

맞힌 개수	/20문항	점수	/100점

➡ □ 합격　□ 불합격

취약영역 체크

문항	정답	영역	문항	정답	영역
1	⑤	행정법 서론	11	①	행정법 통칙
2	②	행정법 통칙	12	②	행정상 의무이행 확보수단
3	①	행정법 통칙	13	③	행정법 통칙
4	②	행정구제	14	④	행정상 의무이행 확보수단
5	⑤	행정구제	15	⑤	행정구제
6	⑤	행정구제	16	②	행정법 통칙
7	①	행정상 의무이행 확보수단	17	①	행정법 통칙
8	⑤	행정법 통칙	18	③	행정구제
9	②	행정법 통칙	19	⑤	행정법 통칙
10	④	행정법 통칙	20	④	행정구제

⬇ 영역별 틀린 개수로 취약영역을 확인하세요!

행정법 서론	/1	행정법 통칙	/10	행정상 의무이행 확보수단	/3
행정구제	/6	행정조직(7급)	-/0	특별행정작용(7급)	-/0

➡ 나의 취약영역: _____

※ 해당 회차는 〈1초 합격예측 서비스〉의 데이터 누적 기간이 충분하지 않아 오답률, 선지 선택률 기재를 생략하였습니다.

---

1 행정법의 의의 > 행정법의 일반원칙　　답 ⑤

| 정답해설 | ⑤ (○) 〈판례〉 조례안이 지방의회의 감사 또는 조사를 위하여 출석요구를 받은 증인이 5급 이상 공무원인지 여부, 기관(법인)의 대표나 임원인지 여부 등 증인의 사회적 신분에 따라 미리부터 과태료의 액수에 차등을 두고 있는 경우, 그와 같은 차별은 증인의 불출석이나 증언거부에 대하여 과태료를 부과하는 목적에 비추어 볼 때 그 합리성을 인정할 수 없고 지위의 높고 낮음만을 기준으로 한 부당한 차별대우라고 할 것이어서 헌법에 규정된 평등의 원칙에 위배되어 무효이다(대판 1997.2.25. 96추213).

| 오답해설 | ① (×) 위법한 행정의 선례가 반복적으로 행해졌다고 해도, 행정청은 이 선례를 따를 의무(자기구속의 법리)는 없다. 〈판례〉 행정청이 조합설립추진위원회의 설립승인 심사에서 위법한 행정처분을 한 선례가 있다고 하여 그러한 기준을 따라야 할 의무가 없는 점 등에 비추어, 평등의 원칙이나 신뢰보호의 원칙 또는 자기구속의 원칙 등에 위배되고 재량권을 일탈·남용하여 자의적으로 조합설립추진위원회 승인처분을 한 것으로 볼 수 없다(대판 2009.6.25. 2008두13132).

② (×) 〈판례〉 고등훈련기 양산참여권의 포기대가와 관련하여 국내에서 세금이 면제될 수 있도록 협조를 구하는 국방부장관의 질의에 대하여 답변한 재정경제부장관의 검토의견은, 외국법인의 국내원천소득에 대한 재정경제부장관의 일반론적인 견해표명에 불과하므로 그에 대하여 신의성실의 원칙이 적용된다고 할 수 없다(대판 2010.4.29. 2007두19447·19454).

③ (×) 〈판례〉 폐기물처리업에 대하여 관할 관청의 사전 적정통보를 받고 막대한 비용을 들여 허가요건을 갖춘 다음 허가신청을 하였음에도 청소업자의 난립으로 효율적인 청소업무의 수행에 지장이 있다는 이유로 한 불허가처분이 신뢰보호의 원칙에 반하여 재량권을 남용한 위법한 처분이다(대판 1998.5.8. 98두4061).

④ (×) 〈판례〉 귀책사유라 함은 행정청의 견해표명의 하자가 상대방 등 관계자의 사실은폐나 기타 사위의 방법에 의한 신청행위 등 부정행위에 기인한 것이거나 그러한 부정행위가 없다고 하더라도 하자가 있음을 알았거나 중대한 과실로 알지 못한 경우 등을 의미한다고 해석함이 상당하고, 귀책사유의 유무는 상대방과 그로부터 신청행위를 위임받은 수임인 등 관계자 모두를 기준으로 판단하여야 한다(대판 2002.11.8. 2001두1512).

---

2 행정행위 > 행정행위의 성립과 효력요건　　답 ②

| 정답해설 | ② (×) 〈판례〉 행정처분의 권한을 내부적으로 위임받은 수임기관이 그 권한을 행사함에 있어서는 행정처분의 내부적 성립과정은 스스로 결정하여 행하고 그 외부적 성립요건인 상대방에의 표시만 위임기관의 명의로 하면 된다(대판 1984.12.11. 80누344).

| 오답해설 | ① (○) 〈판례〉 일반적으로 처분이 주체·내용·절차와 형식의 요건을 모두 갖추고 외부에 표시된 경우에는 처분의 존재가 인정된다. 행정의사가 외부에 표시되어 행정청이 자유롭게 취소·철회할 수 없는 구속을 받게 되는 시점에 처분이 성립하고, 그 성립 여부는 행정청이 행정의사를 공식적인 방법으로 외부에 표시하였는지를 기준으로 판단해야 한다(대판 2019.7.11. 2017두38874).

③ (○) 〈판례〉 통상 고시 또는 공고에 의하여 행정처분을 하는 경우에는 그 처분의 상대방이 불특정 다수인이고, 그 처분의 효력이 불특정 다수인에게 일률적으로 적용되는 것이므로, 그 행정처분에 이해관계를 갖는 자는 고시 또는 공고가 있었다는 사실을 현실적으로 알았는지 여부에 관계없이 고시가 효력을 발생하는 날에 행정처분이 있음을 알았다고 보아야 하고, 따라서 그에 대한 취소소송은 그 날로부터 90일 이내에 제기하여야 한다(대판 2006.4.14. 2004두3847).

④ (○) 〈법령〉 「행정절차법」 제14조(송달) ❸ 정보통신망을 이용한 송달은 송달받을 자가 동의하는 경우에만 한다. 이 경우 송달받을 자는 송달받을 전자우편주소 등을 지정하여야 한다.
제15조(송달의 효력 발생) ❷ 제14조 제3항에 따라 정보통신망을 이용하여 전자문서로 송달하는 경우에는 송달받을 자가 지정한 컴퓨터 등에 입력된 때에 도달된 것으로 본다.

⑤ (○) 〈판례〉 상대방 있는 행정처분은 특별한 규정이 없는 한 의사표시에 관한 일반법리에 따라 상대방에게 고지되어야 효력이 발생하고, 상대방 있는 행정처분이 상대방에게 고지되지 아니한 경우에는 상대방이 다른 경로를 통해 행정처분의 내용을 알게 되었다고 하더라도 행정처분의 효력이 발생한다고 볼 수 없다(대판 2019.8.9. 2019두38656).

| 3 | 행정행위 > 인허가의제제도 | 답 ① |

| 정답해설 | ① (×) 〈판례〉 의제된 인허가는 통상적인 인허가와 동일한 효력을 가지므로, 적어도 '부분 인허가의제'가 허용되는 경우에는 그 효력을 제거하기 위한 법적 수단으로 의제된 인허가의 취소나 철회가 허용될 수 있고, 이러한 직권 취소·철회가 가능한 이상 그 의제된 인허가에 대한 쟁송취소 역시 허용된다. 따라서 주택건설사업계획 승인처분에 따라 의제된 인허가가 위법함을 다투고자 하는 이해관계인은, 주택건설사업계획 승인처분의 취소를 구할 것이 아니라 의제된 인허가의 취소를 구하여야 하며, 의제된 인허가는 주택건설사업계획 승인처분과 별도로 항고소송의 대상이 되는 처분에 해당한다(대판 2018.11.29. 2016두38792).
| 오답해설 | ② (○) 〈법령〉 「행정기본법」 제24조(인허가의제의 기준) ❸ 주된 인허가 행정청은 주된 인허가를 하기 전에 관련 인허가에 관하여 미리 관련 인허가 행정청과 협의하여야 한다.

③ (○) 〈판례〉 국토계획법상 건축물의 건축에 관한 개발행위허가가 의제되는 건축허가신청이 국토계획법령이 정한 개발행위허가기준에 부합하지 아니하면 허가권자로서는 이를 거부할 수 있고, 이는 「건축법」 제16조 제3항에 의하여 개발행위허가의 변경이 의제되는 건축허가사항의 변경허가에서도 마찬가지이다(대판

2016.8.24. 2016두35762).

④ (○) 〈판례〉 주된 인허가에 관한 사항을 규정하고 있는 법률에서 주된 인허가가 있으면 다른 법률에 의한 인허가를 받은 것으로 의제한다는 규정을 둔 경우, 주된 인허가가 있으면 다른 법률에 의한 인허가가 있는 것으로 보는 데 그치고, 거기에서 더 나아가 다른 법률에 의하여 인허가를 받았음을 전제로 하는 그 다른 법률의 모든 규정들까지 적용되는 것은 아니다(대판 2016.11.24. 2014두47686).

⑤ (○) 〈판례〉 인허가의제 제도는 관련 인허가 행정청의 권한을 제한하거나 박탈하는 효과를 가진다는 점에서 법률 또는 법률의 위임에 따른 법규명령의 근거가 있어야 한다(대판 2022.9.7. 2020두40327).

| 4 | 행정소송 > 행정소송의 대상 | 답 ② |

| 정답해설 | ② (×) 〈판례〉 과세관청이 사업자등록을 관리하는 과정에서 위장사업자의 사업자 명의를 직권으로 실사업자의 명의로 정정하는 행위 또한 당해 사업사실 중 주체에 관한 정정기재일 뿐 그에 의하여 사업자로서의 지위에 변동을 가져오는 것이 아니므로 항고소송의 대상이 되는 행정처분으로 볼 수 없다(대판 2011.1.27. 2008두2200).
| 오답해설 | ① (○) 〈판례〉 건축허가권자가 건축불허가처분을 하면서 그 처분사유로 건축불허가 사유뿐만 아니라 구 「소방법」 제8조 제1항에 따른 소방서장의 건축부동의 사유를 들고 있다고 하여 그 건축불허가처분 외에 별개로 건축부동의처분이 존재하는 것이 아니므로, 그 건축불허가처분을 받은 사람은 그 건축불허가처분에 관한 쟁송에서 「건축법」상의 건축불허가 사유뿐만 아니라 소방서장의 부동의 사유에 관하여도 다툴 수 있다(대판 2004.10.15. 2003두6573).

③ (○) 〈판례〉 행정소송에서 쟁송의 대상이 되는 행정처분의 존부는 소송요건으로서 직권조사사항이고, 자백의 대상이 될 수 없는 것이므로, 설사 그 존재를 당사자들이 다투지 아니한다 하더라도 그 존부에 관하여 의심이 있는 경우에는 이를 직권으로 밝혀 보아야 한다(대판 2001.11.9. 98두892).

④ (○) 〈판례〉 감사원의 변상판정처분에 대하여서는 행정소송을 제기할 수 없고, 재결에 해당하는 재심의 판정에 대하여서만 감사원을 피고로 하여 행정소송을 제기할 수 있다(대판 1984.4.10. 84누91).

⑤ (○) 〈판례〉 행정청이 재결에 따라 이전의 신청을 받아들이는 후속처분을 하였더라도 후속처분이 위법한 경우에는 재결에 대한 취소소송을 제기하지 않고도 곧바로 후속처분에 대한 항고소송을 제기하여 다툴 수 있다(대판 2017.10.31. 2015두45045).

5 행정소송 > 판결의 효력   답 ⑤

| **정답해설** | ⑤ (×) 〈판례〉 「행정소송법」 제38조 제1항이 무효확인 판결에 관하여 취소판결에 관한 규정을 준용함에 있어서 같은 법 제30조 제2항을 준용한다고 규정하면서도 같은 법 제34조는 이를 준용한다는 규정을 두지 않고 있으므로, 행정처분에 대하여 무효확인판결이 내려진 경우에는 그 행정처분이 거부처분인 경우에도 행정청에 판결의 취지에 따른 재처분의무가 인정될 뿐 그에 대하여 간접강제까지 허용되는 것은 아니라고 할 것이다(대결 1998.12.24. 자 98무37).

| **오답해설** | ① (○) 〈판례〉 취소판결의 기판력은 소송물로 된 행정처분의 위법성 존부에 관한 판단 그 자체에만 미치는 것이므로 전소와 후소가 그 소송물을 달리하는 경우에는 전소 확정판결의 기판력이 후소에 미치지 아니한다(대판 1996.4.26. 95누5820).

② (○) 〈판례〉 행정처분의 무효확인판결은 비록 형식상은 확인판결이라 하여도 그 확인판결의 효력은 그 취소판결의 경우와 같이 소송의 당사자는 물론 제3자에게도 미친다(대판 1982.7.27. 82다173).

③ (○) 〈판례〉 취소 확정판결의 기속력은 판결의 주문 및 전제가 되는 처분 등의 구체적 위법사유에 관한 판단에도 미치나, 종전 처분이 판결에 의하여 취소되었더라도 종전 처분과 다른 사유를 들어서 새로이 처분을 하는 것은 기속력에 저촉되지 않는다(대판 2016.3.24. 2015두48235).

④ (○) 〈판례〉 과세처분을 취소하는 판결이 확정되면 그 과세처분은 처분시에 소급하여 소멸하므로 그 뒤에 과세관청에서 그 과세처분을 경정하는 경정처분을 하였다면 이는 존재하지 않는 과세처분을 경정한 것으로서 그 하자가 중대하고 명백한 당연무효의 처분이다(대판 1989.5.9. 88다카16096).

6 행정쟁송 > 행정심판   답 ③

| **정답해설** | ③ (×) 권력분립의 원칙상 법원이 처분을 할 수 없어 「행정소송법」에는 임시처분제도가 없다. 반면, 행정심판은 행정심판위원회가 행정청의 지위를 가지고 있어 임시처분이 가능하여, 현행 「행정심판법」에는 임시처분제도를 규정하고 있다. 〈법령〉 「행정심판법」 제31조(임시처분) ❶ 위원회는 처분 또는 부작위가 위법·부당하다고 상당히 의심되는 경우로서 처분 또는 부작위 때문에 당사자가 받을 우려가 있는 중대한 불이익이나 당사자에게 생길 급박한 위험을 막기 위하여 임시지위를 정하여야 할 필요가 있는 경우에는 직권으로 또는 당사자의 신청에 의하여 임시처분을 결정할 수 있다.

❷ 제1항에 따른 임시처분에 관하여는 제30조 제3항부터 제7항까지를 준용한다. 이 경우 같은 조 제6항 전단 중 '중대한 손해가 생길 우려'는 '중대한 불이익이나 급박한 위험이 생길 우려'로 본다.

❸ 제1항에 따른 임시처분은 제30조 제2항에 따른 집행정지로 목적을 달성할 수 있는 경우에는 허용되지 아니한다.

| **오답해설** | ① (○) 취소심판 등의 청구인 적격은 '법률상 이익이 있는 자'이다. 〈법령〉 「행정심판법」 제13조(청구인 적격) ❶ 취소심판은 처분의 취소 또는 변경을 구할 법률상 이익이 있는 자가 청구할 수 있다. 처분의 효과가 기간의 경과, 처분의 집행, 그 밖의 사유로 소멸된 뒤에도 그 처분의 취소로 회복되는 법률상 이익이 있는 자의 경우에도 또한 같다.

❷ 무효등확인심판은 처분의 효력 유무 또는 존재 여부의 확인을 구할 법률상 이익이 있는 자가 청구할 수 있다.

❸ 의무이행심판은 처분을 신청한 자로서 행정청의 거부처분 또는 부작위에 대하여 일정한 처분을 구할 법률상 이익이 있는 자가 청구할 수 있다.

| **더 알아보기** | 「행정소송법」상의 원고적격

> 「행정소송법」 제12조(원고적격) 취소소송은 처분 등의 취소를 구할 법률상 이익이 있는 자가 제기할 수 있다. 처분 등의 효과가 기간의 경과, 처분 등의 집행 그 밖의 사유로 인하여 소멸된 뒤에도 그 처분 등의 취소로 인하여 회복되는 법률상 이익이 있는 자의 경우에는 또한 같다.
> 제35조(무효등확인소송의 원고적격) 무효등확인소송은 처분 등의 효력 유무 또는 존재 여부의 확인을 구할 법률상 이익이 있는 자가 제기할 수 있다.
> 제36조(부작위위법확인소송의 원고적격) 부작위위법확인소송은 처분의 신청을 한 자로서 부작위의 위법의 확인을 구할 법률상 이익이 있는 자만이 제기할 수 있다.

② (○) 무효는 불가쟁력의 효력이 없고, 부작위는 처분이 존재하지 않아 행정심판청구기간이 적용되지 않는다. 〈법령〉 「행정심판법」 제27조(심판청구의 기간) ❶ 행정심판은 처분이 있음을 알게 된 날부터 90일 이내에 청구하여야 한다.

❼ 제1항부터 제6항까지의 규정은 무효등확인심판청구와 부작위에 대한 의무이행심판청구에는 적용하지 아니한다.

④ (○) 「행정심판법」 제29조 제1항

⑤ (○) 동법 제30조 제1항

7 행정상 즉시강제 및 행정조사 > 행정조사   답 ①

| **정답해설** | ① (×) 〈판례〉 수질오염물질을 측정하는 경우 시료채취의 방법, 오염물질 측정의 방법 등을 정한 구 수질오염공정시험기준(2019.12.24. 국립환경과학원고시 제2019-63호로 개정되기 전의 것)은 형식 및 내용에 비추어 행정기관 내부의 사무처리준칙에 불과하므로 일반 국민이나 법원을 구속하는 대외적 구속력은 없다. 따라서 시료채취의 방법 등이 위 고시에서 정한 절차에 위반된다고 하여 그러한 사정만으로 곧바로 그에 기초하여 내려진 행정처분이 위법하다고 볼 수는 없고, 관계 법령의 규정 내용과 취지 등에 비추어 절차상 하자가 채취된 시료를 객관적인 자료로 활용할 수 없을 정도로 중대한지에 따라 판단되어야 한다(대판 2022.9.16. 2021두58912).

| **오답해설** | ② (○) 〈법령〉 「행정조사기본법」 제5조(행정조사의 근거) 행정기관은 법령 등에서 행정조사를 규정하고 있는 경우에 한하여 행정조사를 실시할 수 있다. 다만, 조사대상자의 자발적인 협

조를 얻어 실시하는 행정조사의 경우에는 그러하지 아니하다.

③ (○) 〈법령〉「행정조사기본법」제15조 (중복조사의 제한) ❶ 제7조에 따라 정기조사 또는 수시조사를 실시한 행정기관의 장은 동일한 사안에 대하여 동일한 조사대상자를 재조사하여서는 아니 된다. 다만, 당해 행정기관이 이미 조사를 받은 조사대상자에 대하여 위법행위가 의심되는 새로운 증거를 확보한 경우에는 그러하지 아니하다.

④ (○) 〈법령〉「행정조사기본법」제24조(조사결과의 통지) 행정기관의 장은 법령 등에 특별한 규정이 있는 경우를 제외하고는 행정조사의 결과를 확정한 날부터 7일 이내에 그 결과를 조사대상자에게 통지하여야 한다.

⑤ (○) 행정조사가 각종 명령 등의 행정처분 형식으로 이루어진 경우뿐 아니라 사실행위로 이루어진 경우라도 권력적 작용이라면 처분성이 인정되어 항고쟁송의 대상이 된다.

| **8** | 그 밖의 행정의 행위형식 > 행정계획 | 답 ⑤ |

| **정답해설** | ⑤ (×) 〈판례〉도시계획법 제12조 소정의 고시된 도시계획결정은 특정 개인의 권리 내지 법률상의 이익을 개별적이고 구체적으로 규제하는 효과를 가져오게 하는 행정청의 처분이라 할 것이고, 이는 행정소송의 대상이 된다(대판 1982.3.9. 80누105).

| **오답해설** | ① (○) 보조금의 지급이나 조세감면의 혜택 등을 통해 국민을 일정한 방향으로 유도하는 유도적 행정계획이나(예 인구조절계획 등), 각종 장래의 전망이나 추세 등을 담은 행정계획은 구속력이 없는 행정계획이다.

② (○) 〈판례〉산업단지개발계획상 산업단지 안의 토지소유자로서 산업단지개발계획에 적합한 시설을 설치하여 입주하려는 자는 산업단지지정권자 또는 그로부터 권한을 위임받은 기관에 대하여 산업단지개발계획의 변경을 요청할 수 있는 법규상 또는 조리상 신청권이 있고, 이러한 신청에 대한 거부행위는 항고소송의 대상이 되는 행정처분에 해당한다고 보아야 한다(대판 2017.8.29. 2016두44186).

③ (○) 〈법령〉「행정절차법」제40조의4(행정계획) 행정청은 행정청이 수립하는 계획 중 국민의 권리·의무에 직접 영향을 미치는 계획을 수립하거나 변경·폐지할 때에는 관련된 여러 이익을 정당하게 형량하여야 한다.

④ (○) 〈판례〉도시계획법 제16조의2 제2항과 같은 법 시행령 제14조의2 제6항 내지 제8항의 규정을 종합하여 보면 도시계획의 입안에 있어 해당 도시계획안의 내용을 공고 및 공람하게 한 것은 다수 이해관계자의 이익을 합리적으로 조정하여 국민의 권리자유에 대한 부당한 침해를 방지하고 행정의 민주화와 신뢰를 확보하기 위하여 국민의 의사를 그 과정에 반영시키는 데 있는 것이므로 이러한 공고 및 공람 절차에 하자가 있는 도시계획결정은 위법하다(대판 2000.3.23. 98두2768).

| **9** | 행정행위 > 부관 | 답 ② |

| **정답해설** | ② (○) 〈판례〉행정행위의 부관은 부담의 경우를 제외하고는 독립하여 행정소송의 대상이 될 수 없는 것인바, 행정청이 한 공유수면매립준공인가 중 매립지 일부에 대하여 한 국가귀속처분은 매립준공인가를 함에 있어서 매립의 면허를 받은 자의 매립지에 대한 소유권취득을 규정한 공유수면매립법 제14조의 효과 일부를 배제하는 부관을 붙인 것이므로 이러한 행정행위의 부관에 대하여는 독립하여 행정소송의 대상으로 삼을 수 없다(대판 1991.12.13. 90누8503).

| **오답해설** | ① (×) 〈판례〉일반적으로 행정처분에 효력기간이 정하여져 있는 경우에는 그 기간의 경과로 그 행정처분의 효력은 상실되고, 다만 허가에 붙은 기한이 그 허가된 사업의 성질상 부당하게 짧은 경우에는 이를 그 허가 자체의 존속기간이 아니라 그 허가조건의 존속기간으로 보아 그 기한이 도래함으로써 그 조건의 개정을 고려한다는 뜻으로 해석할 수 있다(대판 2007.10.11. 2005두12404).

③ (×) 재량행위에는 법적 근거가 없더라도 부관을 붙일 수 있다.
〈법령〉「행정기본법」제17조(부관) ❶ 행정청은 처분에 재량이 있는 경우에는 부관(조건, 기한, 부담, 철회권의 유보 등을 말한다. 이하 이 조에서 같다)을 붙일 수 있다.

| **더 알아보기** |

> 일반적으로 기속행위나 기속적 재량행위에는 부관을 붙일 수 없고 가사 부관을 붙였다 하더라도 무효이다(대판 1995.6.13. 94다56883).

④ (×) 「행정기본법」제17조 제3항에 의하면 사후부관은 법률에 명문의 규정이 있는 경우 등에 허용된다. 〈법령〉「행정기본법」제17조(부관) ❸ 행정청은 부관을 붙일 수 있는 처분이 다음 각 호의 어느 하나에 해당하는 경우에는 그 처분을 한 후에도 부관을 새로 붙이거나 종전의 부관을 변경할 수 있다.

1. 법률에 근거가 있는 경우
2. 당사자의 동의가 있는 경우
3. 사정이 변경되어 부관을 새로 붙이거나 종전의 부관을 변경하지 아니하면 해당 처분의 목적을 달성할 수 없다고 인정되는 경우

| **더 알아보기** | 사후부관에 대한 대법원의 입장

> 행정처분에 이미 부담이 부가되어 있는 상태에서 그 의무의 범위 또는 내용 등을 변경하는 부관의 사후변경은, 법률에 명문의 규정이 있거나 그 변경이 미리 유보되어 있는 경우 또는 상대방의 동의가 있는 경우에 한하여 허용되는 것이 원칙이지만, 사정변경으로 인하여 당초에 부담을 부가한 목적을 달성할 수 없게 된 경우에도 그 목적달성에 필요한 범위 내에서 예외적으로 허용된다(대판 1997.5.30. 97누2627).

⑤ (×) 〈판례〉이 사건 허가에서 그 허가기간은 행정행위의 본질적 요소에 해당한다고 볼 것이어서, 부관인 허가기간에 위법사유가 있다면 이로써 이 사건 허가 전부가 위법하게 될 것이다(대판 2001.6.15. 99두509).

10 「행정기본법」과 「행정절차법」 > 「행정절차법」   답 ④

| 정답해설 | ④ (×) 「행정절차법」 규정에 의하면 확약은 문서형식에 의한다. 〈법령〉「행정절차법」 제40조의2(확약) ❶ 법령 등에서 당사자가 신청할 수 있는 처분을 규정하고 있는 경우 행정청은 당사자의 신청에 따라 장래에 어떤 처분을 하거나 하지 아니할 것을 내용으로 하는 의사표시(이하 '확약'이라 한다)를 할 수 있다.
❷ 확약은 문서로 하여야 한다.

| 오답해설 |

① (○) 〈판례〉 행정기관의 처분에 의하여 불이익을 입게 되는 국가를 일반 국민과 달리 취급할 이유가 없다. 따라서 국가에 대해 행정처분을 할 때에도 사전통지, 의견청취, 이유제시와 관련한 「행정절차법」이 그대로 적용된다고 보아야 한다(대판 2023.9.21. 2023두39724).

② (○) 〈판례〉 허가의 취소처분에는 그 근거가 되는 법령이나 취소권유보의 부관 등을 명시하여야 함은 물론 처분을 받은 자가 어떠한 위반사실에 대하여 당해 처분이 있었는지를 알 수 있을 정도의 사실의 적시를 요한다고 할 것이므로 이와 같은 취소처분의 근거와 위반사실의 적시를 빠뜨린 하자는 피처분자가 처분 당시 그 취지를 알고 있었다거나 그 후 알게 되었다고 하여도 이로써 치유될 수는 없다(대판 1987.5.26. 86누788).

③ (○) 〈판례〉 신청에 따른 처분이 이루어지지 아니한 경우에는 아직 당사자에게 권익이 부과되지 아니하였으므로 특별한 사정이 없는 한 신청에 대한 거부처분이라고 하더라도 직접 당사자의 권익을 제한하는 것은 아니어서 신청에 대한 거부처분을 여기에서 말하는 '당사자의 권익을 제한하는 처분'에 해당한다고 할 수 없는 것이어서 처분의 사전통지 대상이 된다고 할 수 없다(대판 2003.11.28. 2003두674).

⑤ (○) 〈판례〉 '고시'의 방법으로 불특정 다수인을 상대로 의무를 부과하거나 권익을 제한하는 처분은 성질상 의견제출의 기회를 주어야 하는 상대방을 특정할 수 없으므로, 이와 같은 처분에 있어서까지 구 「행정절차법」 제22조 제3항에 의하여 그 상대방에게 의견제출의 기회를 주어야 한다고 해석할 것은 아니다(대판 2014.10.27. 2012두7745).

11 행정행위 > 행정행위의 종류   답 ①

| 정답해설 | ① (×) 〈판례〉 귀화신청인이 구 「국적법」(2017.12.19. 법률 제15249호로 개정되기 전의 것) 제5조 각 호에서 정한 귀화요건을 갖추지 못한 경우 법무부장관은 귀화 허부에 관한 재량권을 행사할 여지 없이 귀화불허처분을 하여야 한다(대판 2018.12.13. 2016두31616).

| 오답해설 | ② (○) 〈판례〉 처분을 할 것인지 여부와 처분의 정도에 관하여 재량이 인정되는 과징금 납부명령에 대하여 그 명령이 재량권을 일탈하였을 경우, 법원으로서는 재량권의 일탈 여부만 판단할 수 있을 뿐이지 재량권의 범위 내에서 어느 정도가 적정한 것인지에 관하여는 판단할 수 없어 그 전부를 취소할 수밖에 없고, 법원이

적정하다고 인정하는 부분을 초과한 부분만 취소할 수는 없다(대판 2009.6.23. 2007두18062).

③ (○) 〈법령〉「행정소송법」 제27조(재량처분의 취소) 행정청의 재량에 속하는 처분이라도 재량권의 한계를 넘거나 그 남용이 있는 때에는 법원은 이를 취소할 수 있다.

④ (○) 〈판례〉「야생동·식물보호법」 제16조 제3항에 의한 용도변경 승인 행위 및 용도변경의 불가피성 판단에 필요한 기준을 정하는 행위의 법적 성질은 재량행위이다(대판 2011.1.27. 2010두23033).

⑤ (○) 〈판례〉 재량권의 일탈·남용 여부에 대한 심사는 사실오인, 비례·평등의 원칙 위배 등을 그 판단 대상으로 하며, 이러한 재량권의 일탈·남용에 대하여는 그 행정행위의 효력을 다투는 사람이 증명책임을 진다(대판 1987.12.8. 87누861).

12 행정제재 > 행정벌   답 ②

| 정답해설 | ② (×) 〈판례〉 지방국세청장 또는 세무서장이 「조세범처벌절차법」 제17조 제1항에 따라 통고처분을 거치지 아니하고 즉시 고발하였다면 이로써 조세범칙사건에 대한 조사 및 처분 절차는 종료되고 형사사건 절차로 이행되어 지방국세청장 또는 세무서장으로서는 동일한 조세범칙행위에 대하여 더 이상 통고처분을 할 권한이 없다(대판 2016.9.28. 2014도10748).

| 오답해설 | ① (○) 〈판례〉 지방자치단체가 그 고유의 자치사무를 처리하는 경우에는 지방자치단체는 국가기관의 일부가 아니라 국가기관과는 별도의 독립한 공법인이므로, 지방자치단체 소속 공무원이 지방자치단체 고유의 자치사무를 수행하던 중 「도로법」 제81조 내지 제85조의 규정에 의한 위반행위를 한 경우에는 지방자치단체는 「도로법」 제86조의 양벌규정에 따라 처벌대상이 되는 법인에 해당한다(대판 2005.11.10. 2004도2657).

③ (○) 「질서위반행위규제법」 제3조 제1항

④ (○) 〈판례〉 행정법상의 질서벌인 과태료의 부과처분과 형사처벌은 그 성질이나 목적을 달리하는 별개의 것이므로 행정법상의 질서벌인 과태료를 납부한 후에 형사처벌을 한다고 하여 이를 일사부재리의 원칙에 반하는 것이라고 할 수는 없으며, … 만일 임시운행허가기간을 넘어 운행한 자가 등록된 차량에 관하여 그러한 행위를 한 경우라면 과태료의 제재만을 받게 되겠지만, 무등록 차량에 관하여 그러한 행위를 한 경우라면 과태료와 별도로 형사처벌의 대상이 된다(대판 1996.4.12. 96도158).

⑤ (○) 〈판례〉 양벌규정에 의한 영업주의 처벌은 금지위반행위자인 종업원의 처벌에 종속하는 것이 아니라 독립하여 그 자신의 종업원에 대한 선임감독상의 과실로 인하여 처벌되는 것이므로 종업원의 범죄성립이나 처벌이 영업주 처벌의 전제조건이 될 필요는 없다(대판 2006.2.24. 2005도7673).

13 「행정기본법」과 「행정절차법」 > 「행정기본법」　　　　답 ③

| 정답해설 | ③ (○) 「행정기본법」 제36조 규정에 의하면 과태료에 대한 사항은 「행정기본법」상의 이의신청 대상이 아니다. 〈법령〉 「행정기본법」 제36조(처분에 대한 이의신청) ❶ 행정청의 처분(「행정심판법」 제3조에 따라 같은 법에 따른 행정심판의 대상이 되는 처분을 말한다. 이하 이 조에서 같다)에 이의가 있는 당사자는 처분을 받은 날부터 30일 이내에 해당 행정청에 이의신청을 할 수 있다. ❷ 행정청은 제1항에 따른 이의신청을 받으면 그 신청을 받은 날부터 14일 이내에 그 이의신청에 대한 결과를 신청인에게 통지하여야 한다. 다만, 부득이한 사유로 14일 이내에 통지할 수 없는 경우에는 그 기간을 만료일 다음 날부터 기산하여 10일의 범위에서 한 차례 연장할 수 있으며, 연장 사유를 신청인에게 통지하여야 한다. ❸ 제1항에 따라 이의신청을 한 경우에도 그 이의신청과 관계없이 「행정심판법」에 따른 행정심판 또는 「행정소송법」에 따른 행정소송을 제기할 수 있다. ❼ 다음 각 호의 어느 하나에 해당하는 사항에 관하여는 이 조를 적용하지 아니한다.
1. 공무원 인사 관계 법령에 따른 징계 등 처분에 관한 사항
2. 「국가인권위원회법」 제30조에 따른 진정에 대한 국가인권위원회의 결정
3. 「노동위원회법」 제2조의2에 따라 노동위원회의 의결을 거쳐 행하는 사항
4. 형사, 행형 및 보안처분 관계 법령에 따라 행하는 사항
5. 외국인의 출입국·난민인정·귀화·국적회복에 관한 사항
6. 과태료 부과 및 징수에 관한 사항

| 오답해설 | ① (×) 「행정기본법」상 이의신청은 해당 행정청에 한다(「행정기본법」 제36조 제1항).
② (×) 이의신청에 대한 결과 통지는 원칙적으로 14일이다(동법 제36조 제2항).
④ (×) 처분에 이의가 있는 당사자가 이의신청을 할 수 있으며 이해관계인에 대한 규정은 없다(동법 제36조 제1항).
⑤ (×) 이의신청을 한 경우에도 그 이의신청과 관계없이 「행정심판법」에 따른 행정심판 또는 「행정소송법」에 따른 행정소송을 제기할 수 있다(동법 제36조 제3항).

| 더 알아보기 | 과태료의 부과와 징수에 관한 이의제기 규정

> 「질서위반행위규제법」 제20조(이의제기) ❶ 행정청의 과태료 부과에 불복하는 당사자는 제17조 제1항에 따른 과태료 부과 통지를 받은 날부터 60일 이내에 해당 행정청에 서면으로 이의제기를 할 수 있다.
> ❷ 제1항에 따른 이의제기가 있는 경우에는 행정청의 과태료 부과처분은 그 효력을 상실한다.
> ❸ 당사자는 행정청으로부터 제21조 제3항에 따른 통지를 받기 전까지는 행정청에 대하여 서면으로 이의제기를 철회할 수 있다.

14 행정강제 > 강제집행　　　　답 ④

| 정답해설 | ④ (×) 〈판례〉 한국자산관리공사의 공매통지는 공매의 요건이 아니라 공매사실 자체를 체납자에게 알려주는 데 불과한 것으로서, 통지의 상대방의 법적 지위나 권리·의무에 직접 영향을 주는 것이 아니라고 할 것이므로 이것 역시 행정처분에 해당한다고 할 수 없다(대판 2007.7.27. 2006두8464).

| 오답해설 | ① (○) 〈판례〉 관계 법령상 행정대집행의 절차가 인정되어 행정청이 행정대집행의 방법으로 건물의 철거 등 대체적 작위의무의 이행을 실현할 수 있는 경우에는 따로 민사소송의 방법으로 그 의무의 이행을 구할 수 없다(대판 2017.4.28. 2016다213916).
② (○) 〈판례〉 건물의 점유자가 철거의무자일 때에는 건물철거의무에 퇴거의무도 포함되어 있는 것이어서 별도로 퇴거를 명하는 집행권원이 필요하지 않다(대판 2017.4.28. 2016다213916).
③ (○) 〈판례〉 구 「건축법」상 이행강제금은 시정명령의 불이행이라는 과거의 위반행위에 대한 제재가 아니라, 시정명령을 이행하지 않고 있는 건축주·공사시공자·현장관리인·소유자·관리자 또는 점유자(이하 '건축주 등'이라 한다)에 대하여 다시 상당한 이행기한을 부여하고 기한 안에 시정명령을 이행하지 않으면 이행강제금이 부과된다는 사실을 고지함으로써 의무자에게 심리적 압박을 주어 시정명령에 따른 의무의 이행을 간접적으로 강제하는 행정상의 간접강제 수단에 해당한다(대판 2016.7.14. 2015두46598).
⑤ (○) 〈법령〉 「행정기본법」 제32조(직접강제) ❸ 직접강제의 계고 및 통지에 관하여는 제31조 제3항 및 제4항을 준용한다.
제31조(이행강제금의 부과) ❸ 행정청은 이행강제금을 부과하기 전에 미리 의무자에게 적절한 이행기간을 정하여 그 기한까지 행정상 의무를 이행하지 아니하면 이행강제금을 부과한다는 뜻을 문서로 계고(戒告)하여야 한다.
❹ 행정청은 의무자가 제3항에 따른 계고에서 정한 기한까지 행정상 의무를 이행하지 아니한 경우 이행강제금의 부과 금액·사유·시기를 문서로 명확하게 적어 의무자에게 통지하여야 한다.

15 손실보상 > 행정상 손실보상　　　　답 ⑤

| 정답해설 | ⑤ (×) 보상금증감청구소송은 형식적 당사자소송으로, 소송의 형식은 당사자소송을 취하고 있지만 실질적으로는 처분을 다투는 항고소송의 성질을 가지고 있다. 〈판례〉 「토지보상법」 제85조 제2항은 토지소유자 등이 보상금증액청구의 소를 제기할 때에는 사업시행자를 피고로 한다고 규정하고 있다. 위 규정에 따른 보상금증액청구의 소는 토지소유자 등이 사업시행자를 상대로 제기하는 당사자소송의 형식을 취하고 있지만, 토지수용위원회의 재결 중 보상금 산정에 관한 부분에 불복하여 그 증액을 구하는 소이므로 실질적으로는 재결을 다투는 항고소송의 성질을 가진다(대판 2022.11.24. 2018두67 전합).

| 오답해설 | ① (○) 〈판례〉 하나의 재결에서 피보상자별로 여러 가지의 토지, 물건, 권리 또는 영업(이처럼 손실보상 대상에 해당하는지, 나아가 그 보상금액이 얼마인지를 심리·판단하는 기초 단위를 이하 '보상항목'이라고 한다)의 손실에 관하여 심리·판단이 이루어졌을 때, 피보상자 또는 사업시행자가 반드시 재결 전부에 관하여 불복하여야 하는 것은 아니며, 여러 보상항목들 중 일부에 관해서만 불복하는 경우에는 그 부분에 관해서만 개별적으로 불복의 사유를 주장하여 행정소송을 제기할 수 있다(대판 2018.5.15. 2017두41221).

② (○) 〈판례〉「공익사업을 위한 토지 등의 취득 및 보상에 관한 법률」(이하 '공익사업법'이라고 한다)에 의한 보상합의는 공공기관이 사경제주체로서 행하는 사법상 계약의 실질을 가진다(대판 2013.8.22. 2012다3517).

③ (○) 〈판례〉 구「의사상자예우에 관한 법률」(이하 '법'이라 한다)의 목적과 관련 규정의 취지에 비추어 볼 때, 의상자 및 의사자의 유족에 대하여 보상금 등을 지급 및 실시하는 제도는 의상자 및 의사자의 유족의 생활안정과 복지향상을 도모한다는 사회보장적 성격을 가질 뿐만 아니라 그들의 국가 및 사회를 위한 공헌이나 희생에 대한 국가적 예우를 시행하는 것으로서 손해를 배상하는 제도와는 그 취지나 목적을 달리 하는 등 손실 또는 손해를 전보하기 위하여 시행하는 제도가 아니라 할 것이므로, 법에 의해 지급되거나 지급될 보상금, 의료보호, 교육보호 등의 혜택을 「국가배상법」에 의하여 배상하여야 할 손해액에서 공제할 수는 없다(대판 2001.2.23. 2000다46894).

④ (○) 〈판례〉 공익사업의 시행자가 사전보상을 하지 않은 채 공사에 착수함으로써 토지소유자와 관계인이 손해를 입은 경우, 토지소유자와 관계인이 입은 손해는 손실보상청구권이 침해된 데에 따른 손해이므로, 사업시행자가 배상해야 할 손해액은 원칙적으로 손실보상금이다(대판 2021.11.11. 2018다204022).

---

16 행정입법 > 법규명령   답 ②

| 정답해설 | ② (×) 시행령 등의 법규명령은 (처분이 아니라서) 공정력이 없으며 하자가 있는 법규명령은 취소사유가 아닌 무효사유에 해당한다. 〈판례〉 법률의 시행령은 모법인 법률의 위임 없이 법률이 규정한 개인의 권리·의무에 관한 내용을 변경·보충하거나 법률에서 규정하지 아니한 새로운 내용을 규정할 수 없고, 특히 법률의 시행령이 형사처벌에 관한 사항을 규정하면서 법률의 명시적인 위임 범위를 벗어나 처벌의 대상을 확장하는 것은 죄형법정주의의 원칙에도 어긋나는 것이므로, 그러한 시행령은 위임입법의 한계를 벗어난 것으로서 무효이다(대판 2017.2.16. 2015도16014 전합).

| 오답해설 | ① (○) 헌재 2016.3.31. 2014헌바382

③ (○) 〈판례〉 일반적으로 법률의 위임에 따라 효력을 갖는 법규명령의 경우에 위임의 근거가 없어 무효였더라도 나중에 법 개정으로 위임의 근거가 부여되면 그때부터는 유효한 법규명령으로 볼 수 있다(대판 2017.4.20. 2015두45700).

④ (○) 〈판례〉 당해 처분의 기준이 된 주택건설촉진법 시행령 제10조의3 제1항 [별표 1]은 주택건설촉진법 제7조 제2항의 위임규정

에 터잡은 규정형식상 대통령령이므로 그 성질이 부령인 시행규칙이나 또는 지방자치단체의 규칙과 같이 통상적으로 행정조직 내부에 있어서의 행정명령에 지나지 않는 것이 아니라 대외적으로 국민이나 법원을 구속하는 힘이 있는 법규명령에 해당한다(대판 1997.12.26. 97누15418).

| 더 알아보기 | 제재적 처분기준이 시행령이 아닌 시행규칙(부령이나 총리령)에 규정된 경우 대외적 구속력 – 원칙적 부정

> 제재적 행정처분의 기준이 부령 형식으로 규정되어 있더라도 그것은 행정청 내부의 사무처리준칙을 규정한 것에 지나지 않아 대외적으로 국민이나 법원을 기속하는 효력이 없다(대판 2019.2.28. 2018두49444).

⑤ (○) 〈판례〉 일반적으로 시행령이 헌법이나 법률에 위반된다는 사정은 그 시행령의 규정을 위헌 또는 위법하여 무효라고 선언한 대법원의 판결이 선고되지 아니한 상태에서는 그 시행령 규정의 위헌 내지 위법 여부가 해석상 다툼의 여지가 없을 정도로 명백하였다고 인정되지 아니하는 이상 객관적으로 명백한 것이라 할 수 없으므로, 이러한 시행령에 근거한 행정처분의 하자는 취소사유에 해당할 뿐 무효사유가 된다고 볼 수는 없다(대판 2018.10.25. 2015두38856).

---

17 행정행위 > 행정행위의 하자   답 ①

| 정답해설 | ① (×) 무효를 선언하는 의미의 취소소송은 비록 무효를 확인하는 소송이라도 취소소송의 형식을 취하였으므로 취소소송의 제기요건을 충족하여야 한다. 이 경우 그 처분이 무효라고 해도 취소소송의 제기요건을 갖추지 못하면 각하된다. 〈판례〉 행정처분의 당연무효를 선언하는 의미에서 그 취소를 청구하는 행정소송을 제기하는 경우에도 소원의 전치와 제소기간의 준수 등 취소소송의 제소요건을 갖추어야 한다(대판 1984.5.29. 84누175).

| 오답해설 | ② (○) 하자승계는 선처분의 하자를 이유로 한 후처분에 대한 쟁송제기 가능성의 문제이다. 선행처분과 후행처분의 관계가 바뀌는 경우에는 하자승계가 논의될 수 없다. 〈판례〉 계고처분의 후속절차인 대집행에 위법이 있다고 하더라도, 그와 같은 후속절차에 위법성이 있다는 점을 들어 선행절차인 계고처분이 부적법하다는 사유로 삼을 수는 없다(대판 1997.2.14. 96누15428).

③ (○) 〈판례〉 하자 있는 행정행위에 있어서 하자의 치유는 행정행위의 성질이나 법치주의의 관점에서 원칙적으로 허용될 수 없고, 행정행위의 무용한 반복을 피하고 당사자의 법적 안정성을 보호하기 위하여 국민의 권익을 침해하지 아니하는 범위 내에서 예외적으로만 허용된다(대판 2001.6.26. 99두11592).

④ (○) 선행처분의 하자가 무효에 해당하는 경우에는 선행처분과 후행처분이 결합하여 하나의 법효과를 발생하는지 여부와 상관없이 하자가 승계된다. 〈판례〉 선행처분과 후행처분이 서로 독립하여 별개의 법률효과를 목적으로 하는 때에는 선행처분의 하자가 중대하고 명백하여 당연무효인 경우를 제외하고는 선행처분의 하자를 이유로 후행처분의 효력을 다툴 수 없다(대판 1996.3.22. 95누10075).

⑤ (○) 〈판례〉 하자가 명백하다고 하기 위하여는 그 사실관계 오인의 근거가 된 자료가 외형상 상태성(常態性)을 결여하거나 또는 객관적으로 그 성립이나 내용의 진정을 인정할 수 없는 것임이 명백한 경우라야 할 것이고 사실관계의 자료를 정확히 조사하여야 비로소 그 하자 유무가 밝혀질 수 있는 경우라면 이러한 하자는 외관상 명백하다고 할 수는 없다(대판 2004.4.16. 2003두7019).

---

18 행정소송 > 항고소송의 대상　　　　　답 ③

| 정답해설 | ㄴ. (처분성 긍정) 〈판례〉 국유재산의 관리청이 그 무단점유자에 대하여 하는 변상금 부과처분은 순전히 사경제주체로서 행하는 사법상의 법률행위라 할 수 없고 이는 관리청이 공권력을 가진 우월적 지위에서 행한 것으로서 행정소송의 대상이 되는 행정처분이라고 보아야 한다(대판 1988.2.23. 87누1046).

ㄷ. (처분성 긍정) 〈판례〉 공유재산의 관리청이 하는 행정재산의 사용·수익에 대한 허가는 순전히 사경제주체로서 행하는 사법상의 행위가 아니라 관리청이 공권력을 가진 우월적 지위에서 행하는 행정처분이라고 보아야 할 것이다(대판 2001.6.15. 99두509).

ㅁ. (처분성 긍정) 〈판례〉 공공기관운영법 제39조 제2항과 그 하위 법령에 따른 입찰참가자격 제한조치는 '구체적 사실에 관한 법집행으로서의 공권력의 행사'로서 행정처분에 해당한다. 공공기관운영법은 공공기관을 공기업, 준정부기관, 기타 공공기관으로 구분하고(제5조), 그중에서 공기업, 준정부기관에 대해서는 입찰참가자격제한처분을 할 수 있는 권한을 부여하였다(대판 2020.5.28. 2017두66541).

| 더 알아보기 | 관련 판례

- 공기업·준정부기관이 법령 또는 계약에 근거하여 선택적으로 입찰참가자격 제한조치를 할 수 있는 경우, 계약상대방에 대한 입찰참가자격 제한조치가 법령에 근거한 행정처분인지 아니면 계약에 근거한 권리행사인지는 원칙적으로 의사표시의 해석 문제이다(대판 2019.2.14. 2016두62382).
- 조달청장이 「조달사업에 관한 법률」 제5조의2 제1항 또는 제2항에 따라 수요기관으로부터 계약 체결을 요청받아 그에 따라 체결하는 계약(이하 '요청조달계약'이라고 한다)에서 조달청장은 수요기관으로부터 요청받은 계약 업무를 이행하는 것에 불과하므로, 조달청장이 수요기관을 대신하여 국가계약법 제27조 제1항에 규정된 입찰참가자격제한처분을 할 수 있기 위해서는 그에 관한 수권의 근거 또는 수권의 취지가 포함된 업무 위탁에 관한 근거가 법률에 별도로 마련되어 있어야 한다(대판 2019.12.27. 2017두48307).

| 오답해설 | ㄱ. (처분성 부정) 〈판례〉 국유재산의 관리청이 국유 잡종재산(현 국유 일반재산)을 대부하거나 무상양여하는 것은 사경제주체로서 행하는 사법상의 법률행위에 해당하고 공권력을 가진 우월적 지위에서 하는 행정행위가 아니므로 행정소송의 대상이 되지 아니한다(대판 1983.8.23. 83누239).

ㄹ. (처분성 부정) 〈판례〉 한국공항공단이 무상사용허가를 받은 행정재산에 대하여 하는 전대행위는 통상의 사인간의 임대차와 다를 바가 없고, 그 임대차계약이 임차인의 사용승인신청과 임대인의 사용승인의 형식으로 이루어졌다고 하여 달리 볼 것은 아니다(대판 2003.10.24. 2001다82514·82521).

---

19 행정정보공개와 개인정보보호 > 정보공개　　　　　답 ⑤

| 정답해설 | ⑤ (○) 〈법령〉 「공공기관의 정보공개에 관한 법률」 제10조(정보공개의 청구방법) ❶ 정보의 공개를 청구하는 자(이하 '청구인'이라 한다)는 해당 정보를 보유하거나 관리하고 있는 공공기관에 다음 각 호의 사항을 적은 정보공개 청구서를 제출하거나 말로써 정보의 공개를 청구할 수 있다.

1. 청구인의 성명·생년월일·주소 및 연락처(전화번호·전자우편주소 등을 말한다. 이하 이 조에서 같다). 다만, 청구인이 법인 또는 단체인 경우에는 그 명칭, 대표자의 성명, 사업자등록번호 또는 이에 준하는 번호, 주된 사무소의 소재지 및 연락처를 말한다.
2. 청구인의 주민등록번호(본인임을 확인하고 공개 여부를 결정할 필요가 있는 정보를 청구하는 경우로 한정한다)
3. 공개를 청구하는 정보의 내용 및 공개방법

| 오답해설 | ① (×) 〈법령〉 「공공기관의 정보공개에 관한 법률」 제11조(정보공개 여부의 결정) ❶ 공공기관은 제10조에 따라 정보공개의 청구를 받으면 그 청구를 받은 날부터 10일 이내에 공개 여부를 결정하여야 한다.

② (×) 〈법령〉 「공공기관의 정보공개에 관한 법률」 제13조(정보공개 여부 결정의 통지) ❹ 공공기관은 제1항에 따라 정보를 공개하는 경우에 그 정보의 원본이 더럽혀지거나 파손될 우려가 있거나 그 밖에 상당한 이유가 있다고 인정할 때에는 그 정보의 사본·복제물을 공개할 수 있다.

③ (×) 〈법령〉 「공공기관의 정보공개에 관한 법률」 제16조(즉시 처리가 가능한 정보의 공개) 다음 각 호의 어느 하나에 해당하는 정보로서 즉시 또는 말로 처리가 가능한 정보에 대해서는 제11조에 따른 절차를 거치지 아니하고 공개하여야 한다.
1. 법령 등에 따라 공개를 목적으로 작성된 정보
2. 일반국민에게 알리기 위하여 작성된 각종 홍보자료
3. 공개하기로 결정된 정보로서 공개에 오랜 시간이 걸리지 아니하는 정보
4. 그 밖에 공공기관의 장이 정하는 정보

④ (×) 〈법령〉 「공공기관의 정보공개에 관한 법률」 제17조(비용 부담) ❷ 공개를 청구하는 정보의 사용 목적이 공공복리의 유지·증진을 위하여 필요하다고 인정되는 경우에는 제1항에 따른 비용을 감면할 수 있다.

| **정답해설** | ④ (×) 〈**법령**〉「행정소송법」제23조(집행정지) ❺ 제2항의 규정에 의한 집행정지의 결정 또는 기각의 결정에 대하여는 즉시항고할 수 있다. 이 경우 집행정지의 결정에 대한 즉시항고에는 결정의 집행을 정지하는 효력이 없다.

| **오답해설** | ① (○) 「행정소송법」제23조 제3항

② (○) 〈**판례**〉 집행정지결정의 효력은 결정 주문에서 정한 기간까지 존속하다가 그 기간이 만료되면 장래에 향하여 소멸한다(대판 2020.9.3. 2020두34070).

③ (○) 〈**판례**〉 신청에 대한 거부처분의 효력을 정지하더라도 거부처분이 없었던 것과 같은 상태, 즉 거부처분이 있기 전의 신청시의 상태로 되돌아가는 데에 불과하고 행정청에게 신청에 따른 처분을 하여야 할 의무가 생기는 것이 아니므로, 거부처분의 효력정지는 그 거부처분으로 인하여 신청인에게 생길 손해를 방지하는 데 아무런 보탬이 되지 아니하여 그 효력정지를 구할 이익이 없다(대결 1995.6.21. 자 95두26).

⑤ (○) 「행정소송법」제24조 제1항

합격예상 체크

〈국회직 9급 연도별 합격선〉

2023
9급 합격기준!

2024	2023	2022	2021	2020

맞힌 개수	/20문항	점수	/100점

➡ □ 합격 □ 불합격

취약영역 체크

문항	정답	영역	문항	정답	영역
1	③	행정법 서론	11	③	행정구제
2	①	행정법 통칙	12	③	행정법 통칙
3	④	행정법 통칙	13	②	행정법 통칙
4	②	행정상 의무이행 확보수단	14	⑤	행정법 통칙
5	④	행정법 통칙	15	①	행정구제
6	④	행정상 의무이행 확보수단	16	③	행정구제
7	②	행정법 통칙	17	④	행정구제
8	④	행정법 통칙	18	⑤	행정구제
9	④	행정법 통칙	19	③	행정법 서론
10	⑤	행정상 의무이행 확보수단	20	①	행정법 통칙

⬇ 영역별 틀린 개수로 취약영역을 확인하세요!

행정법 서론	/2	행정법 통칙	/10	행정상 의무이행 확보수단	/3
행정구제	/5	행정조직(7급)	-/0	특별행정작용(7급)	-/0

➡ 나의 취약영역: _____

※ 해당 회차는 〈1초 합격예측 서비스〉의 데이터 누적 기간이 충분하지 않아 오답률, 선지 선택률 기재를 생략하였습니다.

1 　행정법의 의의 > 행정법의 일반원칙　　　　답 ③

| 정답해설 | ③ (×) 〈판례〉 병무청 담당부서의 담당공무원에게 공적 견해의 표명을 구하는 정식의 서면질의 등을 하지 아니한 채 총무과 민원팀장에 불과한 공무원이 민원봉사차원에서 상담에 응하여 안내한 것을 신뢰한 경우, 신뢰보호원칙이 적용되지 아니한다 (대판 2003.12.26. 2003두1875).

| 오답해설 | ① (○) 〈판례〉 폐기물관리법령에 의한 폐기물처리업 사업계획에 대한 적정통보와 국토이용관리법령에 의한 국토이용계획변경은 각기 그 제도적 취지와 결정단계에서 고려해야 할 사항들이 다르다는 이유로, 폐기물처리업 사업계획에 대하여 적정통보를 한 것만으로 그 사업부지 토지에 대한 국토이용계획변경신청을 승인하여 주겠다는 취지의 공적인 견해표명을 한 것으로 볼 수 없다 (대판 2005.4.28. 2004두8828).

② (○) 〈판례〉 행정청의 공적 견해표명이 있었는지의 여부를 판단함에 있어서는, 반드시 행정조직상의 형식적인 권한분장에 구애될 것은 아니고, 담당자의 조직상의 지위와 임무, 당해 언동을 하게 된 구체적인 경위 및 그에 대한 상대방의 신뢰가능성에 비추어 실질에 의하여 판단하여야 한다(대판 2008.1.17. 2006두10931).

④ (○) 대판 2013.12.26. 2011두5940

⑤ (○) 〈판례〉 일반적으로 행정상의 법률관계에 있어서 행정청의 행위에 대하여 신뢰보호의 원칙이 적용되기 위하여는, 첫째 행정청이 개인에 대하여 신뢰의 대상이 되는 공적인 견해표명을 하여야 하고, 둘째 행정청의 견해표명이 정당하다고 신뢰한 데에 대하여 그 개인에게 귀책사유가 없어야 하며 … 귀책사유라 함은 행정청의 견해표명의 하자가 상대방 등 관계자의 사실은폐나 기타 사위의 방법에 의한 신청행위 등 부정행위에 기인한 것이거나 그러한 부정행위가 없다고 하더라도 하자가 있음을 알았거나 중대한 과실로 알지 못한 경우 등을 의미한다고 해석함이 상당하고, 귀책사유의 유무는 상대방과 그로부터 신청행위를 위임받은 수임인 등 관계자 모두를 기준으로 판단하여야 한다(대판 2002.11.8. 2001두1512).

2 　「행정기본법」과 「행정절차법」 > 행정절차　　답 ①

| 정답해설 | ① (×) 행정청은 당사자 등이 1년 이내에 요청하는 경우 서류 등을 반환할 의무가 있다. 〈법령〉「행정절차법」제22조(의견청취) ❶ 행정청이 처분을 할 때 다음 각 호의 어느 하나에 해당하는 경우에는 청문을 한다.

❻ 행정청은 처분 후 1년 이내에 당사자 등이 요청하는 경우에는 청문·공청회 또는 의견제출을 위하여 제출받은 서류나 그 밖의 물건을 반환하여야 한다.

| 오답해설 | ② (○) 〈판례〉「국가공무원법」상 직위해제처분은 구 「행정절차법」(2012.10.22. 법률 제11498호로 개정되기 전의 것) 제3조 제2항 제9호, 구 「행정절차법 시행령」(2011.12.21. 대통령령 제23383호로 개정되기 전의 것) 제2조 제3호에 의하여 당해 행정작용의 성질상 행정절차를 거치기 곤란하거나 불필요하다고 인정되는 사항 또는 행정절차에 준하는 절차를 거친 사항에 해당하므로, 처분의 사전통지 및 의견청취 등에 관한 「행정절차법」의 규정이 별도로 적용되지 않는다(대판 2014.5.16. 2012두26180).

※ 공무원의 인사관계에 해당하는 처분이라 하여 「행정절차법」 규정의 적용이 모두 배제되는 것은 아니다. 판례는 이 선지(직위해제처분)와 보직해임처분이 「행정절차법」이 배제되는 처분이라고 한다.

| 더 알아보기 |

> 구 「군인사법」상 보직해임처분은 구 「행정절차법」 제3조 제2항 제9호, 같은 법 시행령 제2조 제3호에 의하여 당해 행정작용의 성질상 행정절차를 거치기 곤란하거나 불필요하다고 인정되는 사항 또는 행정절차에 준하는 절차를 거친 사항에 해당하므로, 처분의 근거와 이유제시 등에 관한 구 「행정절차법」의 규정이 별도로 적용되지 아니한다고 봄이 상당하다(대판 2014.10.15. 2012두5756).

③ (○) 〈판례〉 담당 소방공무원이 피고인에게 행정처분인 위 시정보완명령을 구두로 고지한 것은 「행정절차법」 제24조에 위반한 것으로 그 하자가 중대하고 명백하여 위 시정보완명령은 당연무효라고 할 것이고, 무효인 위 시정보완명령에 따른 피고인의 의무위반이 생기지 아니하는 이상 피고인에게 위 시정보완명령에 위반하였음을 이유로 「소방시설 설치유치 및 안전관리에 관리에 관한 법률」 제48조의2 제1호에 따른 행정형벌을 부과할 수 없다(대판 2011.11.10. 2011도11109).

④ (○) 대판 2000.11.28. 99두5443

⑤ (○) 「행정절차법」 제38조의2 제4항

3 행정상 법률관계 > 특별권력관계 　　　답 ④

| 정답해설 | ④ (×) 〈판례〉 구 예규 및 예규 제12조에서 사관생도의 모든 사적 생활에서까지 예외 없이 금주의무를 이행할 것을 요구하면서 제61조에서 사관생도의 음주가 교육 및 훈련 중에 이루어졌는지 여부나 음주량, 음주 장소, 음주 행위에 이르게 된 경위 등을 묻지 않고 일률적으로 2회 위반시 원칙으로 퇴학조치하도록 정한 것은 사관학교가 금주제도를 시행하는 취지에 비추어 보더라도 사관생도의 기본권을 지나치게 침해하는 것이다(대판 2018.8.30. 2016두60591).

| 오답해설 | ① (○) 〈판례〉 국군의 특수한 사명을 수행하기 위하여 모든 국민에게 국방의무가 부과되고, 군인의 복무 및 군인훈련은 일반사회생활과는 현저하게 다른 특수하고 전문적인 영역이어서 군사전문가인 지휘관에게 포괄적으로 일임할 필요가 있으며, 군대에 대한 통수와 지휘는 예측할 수 없는 다양한 상황에 대하여 신속하고 전문적·효과적으로 이루어져야 하므로, 「군인사법」 제47조의2가 군인의 복무에 관한 사항에 관한 규율권한을 대통령령에 위임하면서 다소 개괄적으로 위임하였다고 하여 헌법 제75조의 포괄위임금지원

칙에 어긋난다고 보기 어렵다(헌재 2010.10.28. 2007헌마890).

② (○) 〈판례〉 금치처분을 받은 수형자에 대한 절대적인 운동의 금지는 징벌의 목적을 고려하더라도 그 수단과 방법에 있어서 필요한 최소한도의 범위를 벗어난 것으로서, 수형자의 헌법 제10조의 인간의 존엄과 가치 및 신체의 안전성이 훼손당하지 아니할 자유를 포함하는 제12조의 신체의 자유를 침해하는 정도에 이르렀다고 판단된다(헌재 2004.12.16. 2002헌마478).

③ (○) 〈판례〉 사관생도는 군 장교를 배출하기 위하여 국가가 모든 재정을 부담하는 특수교육기관인 육군3사관학교의 구성원으로서, 학교에 입학한 날에 육군 사관생도의 병적에 편입하고 준사관에 준하는 대우를 받는 특수한 신분관계에 있다(「육군3사관학교 설치법」 시행령 제3조). 따라서 그 존립 목적을 달성하기 위하여 필요한 한도 내에서 일반 국민보다 상대적으로 기본권이 더 제한될 수 있으나, 그러한 경우에도 법률유보원칙, 과잉금지원칙 등 기본권 제한의 헌법상 원칙들을 지켜야 한다(대판 2018.8.30. 2016두60591).

⑤ (○) 〈판례〉 서울특별시지하철공사의 임원과 직원의 근무관계의 성질은 「지방공기업법」의 모든 규정을 살펴보아도 공법상의 특별권력관계라고는 볼 수 없고 사법관계에 속할 뿐만 아니라, 위 지하철공사의 사장이 그 이사회의 결의를 거쳐 제정된 인사규정에 의거하여 소속 직원에 대한 징계처분을 한 경우 위 사장은 「행정소송법」 제13조 제1항 본문과 제2조 제2항 소정의 행정청에 해당되지 않으므로 공권력발동주체로서 위 징계처분을 행한 것으로 볼 수 없고, 따라서 이에 대한 불복절차는 민사소송에 의할 것이지 행정소송에 의할 수는 없다(대판 1989.9.12. 89누2103).

| 더 알아보기 |

> 특별권력관계는 한동안 상당히 출제되지 않은 단원으로 일반적인 수험생들이 중요시하지 않는 단원이다. 하지만 국회직 행정법은 일반적인 공무원 시험과 달리 지엽적인 문제가 출제될 수 있으므로 국회직을 준비하는 수험생은 핵심단원뿐만 아니라 전반적인 영역의 꼼꼼한 학습이 필요하다.

4 새로운 의무이행 확보수단 > 과징금 　　　답 ②

| 정답해설 | ② (×) 〈판례〉 구 「독점규제 및 공정거래에 관한 법률」 제24조의2에 의한 부당내부거래에 대한 과징금은 그 취지와 기능, 부과의 주체와 절차 등을 종합할 때 부당내부거래 억지라는 행정목적을 실현하기 위하여 그 위반행위에 대하여 제재를 가하는 행정상의 제재금으로서의 기본적 성격에 부당이득환수적 요소도 부가되어 있는 것이라 할 것이고, 이를 두고 헌법 제13조 제1항에서 금지하는 국가형벌권 행사로서의 '처벌'에 해당한다고는 할 수 없으므로, 공정거래법에서 형사처벌과 아울러 과징금의 병과를 예정하고 있더라도 이중처벌금지원칙에 위반된다고 볼 수 없으며, 이 과징금 부과처분에 대하여 공정력과 집행력을 인정한다고 하여 이를 확정판결 전의 형벌집행과 같은 것으로 보아 무죄추정의 원칙에 위반된다고도 할 수 없다(헌재 2003.7.24. 2001헌가25).

| 오답해설 | ① (○) 〈판례〉 과징금 부과처분은 제재적 행정처분으로서 여객자동차 운수사업에 관한 질서를 확립하고 여객의 원활한 운송과 여객자동차 운수사업의 종합적인 발달을 도모하여 공공복리를 증진한다는 행정목적의 달성을 위하여 행정법규 위반이라는 객관적 사실에 착안하여 가하는 제재이므로 반드시 현실적인 행위자가 아니라도 법령상 책임자로 규정된 자에게 부과되고 원칙적으로 위반자의 고의·과실을 요하지 아니하나, 위반자의 의무 해태를 탓할 수 없는 정당한 사유가 있는 등의 특별한 사정이 있는 경우에는 이를 부과할 수 없다(대판 2014.10.15. 2013두5005).

③ (○) 헌재 2003.7.24. 2001헌가25

④ (○) 「행정기본법」 제28조 제2항의 내용이다. 〈법령〉 「행정기본법」 제28조(과징금의 기준) ❶ 행정청은 법령 등에 따른 의무를 위반한 자에 대하여 법률로 정하는 바에 따라 그 위반행위에 대한 제재로서 과징금을 부과할 수 있다.

❷ 과징금의 근거가 되는 법률에는 과징금에 관한 다음 각 호의 사항을 명확하게 규정하여야 한다.

1. 부과·징수 주체
2. 부과 사유
3. 상한액
4. 가산금을 징수하려는 경우 그 사항
5. 과징금 또는 가산금 체납 시 강제징수를 하려는 경우 그 사항

⑤ (○) 「행정기본법」 제29조의 내용이다. 〈법령〉 「행정기본법」 제29조(과징금의 납부기한 연기 및 분할 납부) 과징금은 한꺼번에 납부하는 것을 원칙으로 한다. 다만, 행정청은 과징금을 부과받은 자가 다음 각 호의 어느 하나에 해당하는 사유로 과징금 전액을 한꺼번에 내기 어렵다고 인정될 때에는 그 납부기한을 연기하거나 분할 납부하게 할 수 있으며, 이 경우 필요하다고 인정하면 담보를 제공하게 할 수 있다.

1. 재해 등으로 재산에 현저한 손실을 입은 경우
2. 사업 여건의 악화로 사업이 중대한 위기에 처한 경우
3. 과징금을 한꺼번에 내면 자금 사정에 현저한 어려움이 예상되는 경우
4. 그 밖에 제1호부터 제3호까지에 준하는 경우로서 대통령령으로 정하는 사유가 있는 경우

---

5 그 밖의 행정의 주요 행위 형식 > 행정계획　　답 ④

| 정답해설 | ④ (×) 〈판례〉 「도시계획법」상 주민이 실시계획의 인가 및 변경에 대하여 신청을 할 수 있다는 규정이 없을 뿐만 아니라 도시계획과 같이 장기성·종합성이 요구되는 행정계획에 있어서는 계획이 확정된 후 사정의 변동이 있다고 하여 지역주민에게 일일이 계획의 변경을 청구할 권리를 인정해 줄 수도 없으므로 행정청이 인가된 도시계획사업(도로개설)실시계획의 변경인가를 거부하였다 하여 거부행위를 가지고 항고소송의 대상이 되는 행정처분이라고 볼 수 없다(대판 1993.5.25. 92누2394).

| 오답해설 | ① (○) 〈판례〉 (법률과 시행령 등에서) 관할 행정청으로 하여금 도시관리계획을 입안할 때 해당 도시관리계획안의 내용을 주민에게 공고·열람하도록 한 것은 다수 이해관계자의 이익을 합리적으로 조정하여 국민의 권리에 대한 부당한 침해를 방지하고 행정의 민주화와 신뢰를 확보하기 위하여 국민의 의사를 그 과정에 반영시키는 데 그 취지가 있다(대판 2015.1.29. 2012두11164).

② (○) 〈판례〉 (채광계획인가를 받으면 공유수면 점용허가를 받은 것으로 의제되고) 공유수면 점용허가는 공유수면 관리청이 공공위해의 예방 경감과 공공 복리의 증진에 기여함에 적당하다고 인정하는 경우에 그 자유재량에 의하여 허가의 여부를 결정하여야 할 것이므로, 공유수면 점용허가를 필요로 하는 채광계획 인가신청에 대하여도, 공유수면 관리청이 재량적 판단에 의하여 공유수면 점용을 허가 여부를 결정할 수 있고, 그 결과 공유수면 점용을 허용하지 않기로 결정하였다면, 채광계획 인가관청은 이를 사유로 하여 채광계획을 인가하지 아니할 수 있는 것이다(대판 2002.10.11. 2001두151).

③ (○) 〈판례〉 「도시계획법」 제12조 소정의 고시된 도시계획결정(도시·군관리계획결정)은 특정 개인의 권리 내지 법률상의 이익을 개별적이고 구체적으로 규제하는 효과를 가져오게 하는 행정청의 처분이라 할 것이고, 이는 행정소송의 대상이 된다(대판 1982.3.9. 80누105).

⑤ (○) 〈판례〉 비구속적 행정계획안이나 행정지침이라도 국민의 기본권에 직접적으로 영향을 끼치고, 앞으로 법령의 뒷받침에 의하여 그대로 실시될 것이 틀림없을 것으로 예상될 수 있을 때에는, 공권력 행위로서 예외적으로 헌법소원의 대상이 된다(헌재 2021.2.9. 자 2021헌마20).

---

6 행정강제 > 행정대집행　　답 ⑤

| 정답해설 | ⑤ (×) 〈법령〉 원칙적으로 일출 전이나 일몰 후에는 대집행을 실행할 수 없으나, 예외적으로 이미 일몰 전에 대집행을 착수한 경우 등에는 대집행 실행이 가능하다.

〈법령〉 「행정대집행법」 제4조(대집행의 실행 등) ❶ 행정청(제2조에 따라 대집행을 실행하는 제3자를 포함한다. 이하 이 조에서 같다)은 해가 뜨기 전이나 해가 진 후에는 대집행을 하여서는 아니 된다. 다만, 다음 각 호의 어느 하나에 해당하는 경우에는 그러하지 아니하다.

1. 의무자가 동의한 경우
2. 해가 지기 전에 대집행을 착수한 경우
3. 해가 뜬 후부터 해가 지기 전까지 대집행을 하는 경우에는 대집행의 목적 달성이 불가능한 경우
4. 그 밖에 비상시 또는 위험이 절박한 경우

| 오답해설 | ① (○) 〈판례〉 관계 법령상 행정대집행의 절차가 인정되어 행정청이 행정대집행의 방법으로 건물의 철거 등 대체적 작위의무의 이행을 실현할 수 있는 경우에는 따로 민사소송의 방법으로 그 의무의 이행을 구할 수 없다. 한편 건물의 점유자가 철거의무자일 때에는 건물철거의무에 퇴거의무도 포함되어 있는 것이어서 별도로 퇴거를 명하는 집행권원이 필요하지 않다(대판 2017.4.28. 2016다213916).

② (○)「행정대집행법」제4조 제2항

| 더 알아보기 |

> 행정청이 행정대집행의 방법으로 건물철거의무의 이행을 실현할 수 있는 경우에는 건물철거 대집행 과정에서 부수적으로 건물의 점유자들에 대한 퇴거조치를 할 수 있고, 점유자들이 적법한 행정대집행을 위력을 행사하여 방해하는 경우「형법」상 공무집행방해죄가 성립하므로, 필요한 경우에는「경찰관 직무집행법」에 근거한 위험발생 방지조치 또는「형법」상 공무집행방해죄의 범행 방지 내지 현행범체포의 차원에서 경찰의 도움을 받을 수도 있다(대판 2017.4.28. 2016다213916).

③ (○) 행정대집행의 계고나 영장 등은 항고소송의 대상인 처분에 해당하여「행정심판법」의 대상에 해당되고, 이에 따라「행정기본법」상 이의신청의 대상이 된다.

「행정심판법」	제3조(행정심판의 대상) ❶ 행정청의 처분 또는 부작위에 대하여는 다른 법률에 특별한 규정이 있는 경우 외에는 이 법에 따라 행정심판을 청구할 수 있다.
「행정기본법」	제36조(처분에 대한 이의신청) ❶ 행정청의 처분(「행정심판법」 제3조에 따라 같은 법에 따른 행정심판의 대상이 되는 처분을 말한다. 이하 이 조에서 같다)에 이의가 있는 당사자는 처분을 받은 날부터 30일 이내에 해당 행정청에 이의신청을 할 수 있다.

④ (○)「행정대집행법」제5조

---

7 그 밖의 행정의 주요 행위 형식 > 공법상 계약   답 ②

| 정답해설 | ② (×) 〈판례〉 국립의료원 부설주차장에 관한 이 사건 위탁관리용역운영계약에 대하여 … 위 운영계약의 실질은 행정재산인 위 부설주차장에 대한「국유재산법」제24조 제1항에 의한 사용·수익 허가로서 이루어진 것임을 알 수 있으므로, 이는 위 국립의료원이 원고의 신청에 의하여 공권력을 가진 우월적 지위에서 행한 행정처분으로서 특정인에게 행정재산을 사용할 수 있는 권리를 설정하여 주는 강학상 특허에 해당한다 할 것이고 순전히 사경제주체로서 원고와 대등한 위치에서 행한 사법상의 계약으로 보기 어렵다(대판 2006.3.9. 2004다31074).

| 오답해설 | ①③⑤ (○) 〈법령〉「행정기본법」제27조(공법상 계약의 체결) ❶ 행정청은 법령 등을 위반하지 아니하는 범위에서 행정목적을 달성하기 위하여 필요한 경우에는 공법상 법률관계에 관한 계약(이하 '공법상 계약'이라 한다)을 체결할 수 있다. 이 경우 계약의 목적 및 내용을 명확하게 적은 계약서를 작성하여야 한다.
❷ 행정청은 공법상 계약의 상대방을 선정하고 계약 내용을 정할 때 공법상 계약의 공공성과 제3자의 이해관계를 고려하여야 한다.
④ (○) 공법상 계약에 있어서도 법률우위의 원칙이 적용되어, 성문법령뿐만 아니라 조리 등의 법의 일반원칙을 위반할 수 없다.

---

8 행정행위 > 취소와 철회   답 ④

| 정답해설 | ㄱ. (○)「행정기본법」제18조 제2항의 규정에 따라 (형량하지 않고) 직권취소할 수 있다. 〈법령〉「행정기본법」제18조(위법 또는 부당한 처분의 취소) ❷ 행정청은 제1항에 따라 당사자에게 권리나 이익을 부여하는 처분을 취소하려는 경우에는 취소로 인하여 당사자가 입게 될 불이익을 취소로 달성되는 공익과 비교·형량(衡量)하여야 한다. 다만, 다음 각 호의 어느 하나에 해당하는 경우에는 그러하지 아니하다.
　　1. 거짓이나 그 밖의 부정한 방법으로 처분을 받은 경우
　　2. 당사자가 처분의 위법성을 알고 있었거나 중대한 과실로 알지 못한 경우
ㄷ, ㄹ. (○) 〈법령〉「행정기본법」제19조(적법한 처분의 철회) ❶ 행정청은 적법한 처분이 다음 각 호의 어느 하나에 해당하는 경우에는 그 처분의 전부 또는 일부를 장래를 향하여 철회할 수 있다.
1. 법률에서 정한 철회 사유에 해당하게 된 경우
2. 법령 등의 변경이나 사정변경으로 처분을 더 이상 존속시킬 필요가 없게 된 경우
3. 중대한 공익을 위하여 필요한 경우
❷ 행정청은 제1항에 따라 처분을 철회하려는 경우에는 철회로 인하여 당사자가 입게 될 불이익을 철회로 달성되는 공익과 비교·형량하여야 한다.

| 오답해설 | ㄴ. (×) 〈판례〉 행정행위를 한 처분청은 비록 처분 당시에 별다른 하자가 없었고, 처분 후에 이를 철회할 별도의 법적 근거가 없더라도 원래의 처분을 존속시킬 필요가 없게 된 사정변경이 생겼거나 중대한 공익상 필요가 발생한 경우에는 그 효력을 상실케 하는 별개의 행정행위로 이를 철회할 수 있다(대판 2021.1.14. 2020두46004).

---

9 「행정기본법」과「행정절차법」 > 행정처분의 이유제시   답 ④

| 정답해설 | ④ (○) 〈판례〉 과세처분시 납세고지서에 과세표준, 세율, 세액의 산출근거 등이 누락된 경우에는 늦어도 과세처분에 대한 불복 여부의 결정 및 불복신청에 편의를 줄 수 있는 상당한 기간 내에 보정행위를 하여야 그 하자가 치유된다 할 것이므로, 과세처분이 있은 지 4년이 지나서 그 취소소송이 제기된 때에 보정된 납세고지서를 송달하였다는 사실이나 오랜 기간(4년)의 경과로써 과세처분의 하자가 치유되었다고 볼 수는 없다(대판 1983.7.26. 82누420).

| 오답해설 | ① (×) 원칙적으로 침익적 처분에만 이유제시를 하여야 하는 것은 아니다. 〈법령〉「행정절차법」제23조(처분의 이유제시) ❶ 행정청은 처분을 할 때에는 다음 각 호의 어느 하나에 해당하는 경우를 제외하고는 당사자에게 그 근거와 이유를 제시하여야 한다.
　　1. 신청 내용을 모두 그대로 인정하는 처분인 경우
　　2. 단순·반복적인 처분 또는 경미한 처분으로서 당사자가 그 이유를 명백히 알 수 있는 경우

3. 긴급히 처분을 할 필요가 있는 경우

❷ 행정청은 제1항 제2호 및 제3호의 경우에 처분 후 당사자가 요청하는 경우에는 그 근거와 이유를 제시하여야 한다.

② (×) 〈판례〉 교육부장관이 어떤 후보자를 총장으로 임용제청하는 행위 자체에 그가 총장으로 더욱 적합하다는 정성적 평가 결과가 당연히 포함되어 있는 것으로, 이로써 「행정절차법」상 이유제시의무를 다한 것이라고 보아야 한다(대판 2018.6.15. 2016두57564).

③ (×) 당사자가 요청하더라도 근거와 이유를 제시하지 않아도 되는 사유에 해당한다(「행정절차법」 제23조).

⑤ (×) 〈판례〉 면허의 취소처분에는 그 근거가 되는 법령이나 취소권 유보의 부관 등을 명시하여야 함은 물론 처분을 받은 자가 어떠한 위반사실에 대하여 당해 처분이 있었는지를 알 수 있을 정도로 사실을 적시할 것을 요하며, 이와 같은 취소처분의 근거와 위반사실의 적시를 빠뜨린 하자는 피처분자가 처분 당시 그 취지를 알고 있었거나 그 후 알게 되었다 하여도 치유될 수 없다(대판 1990.9.11. 90누1786).

---

10 행정강제 > 이행강제금　답 ⑤

| 정답해설 | ⑤ (×) 〈판례〉 「농지법」 제62조 제6항·제7항이 위와 같이 이행강제금 부과처분에 대한 불복절차(이의신청에 따른 「비송사건절차법」 절차에 따른 불복 규정)를 분명하게 규정하고 있으므로, 이와 다른 불복절차를 허용할 수는 없다. 설령 관할청이 이행강제금 부과처분을 하면서 재결청에 행정심판을 청구하거나 관할 행정법원에 행정소송을 할 수 있다고 잘못 안내하거나 관할 행정심판위원회가 각하재결이 아닌 기각재결을 하면서 관할 법원에 행정소송을 할 수 있다고 잘못 안내하였다고 하더라도, 그러한 잘못된 안내로 행정법원의 항고소송 재판관할이 생긴다고 볼 수도 없다(대판 2019.4.11. 2018두42955).

| 오답해설 | ① (○) 〈판례〉 「건축법」상의 이행강제금은 시정명령의 불이행이라는 과거의 위반행위에 대한 제재가 아니라, 의무자에게 시정명령을 받은 의무의 이행을 명하고 그 이행기간 안에 의무를 이행하지 않으면 이행강제금이 부과된다는 사실을 고지함으로써 의무자에게 심리적 압박을 주어 의무의 이행을 간접적으로 강제하는 행정상의 간접강제 수단에 해당한다(대판 2018.1.25. 2015두35116).

② (○) 〈판례〉 구 「건축법」(2005.11.8. 법률 제7696호로 개정되기 전의 것)상의 이행강제금은 구 「건축법」의 위반행위에 대하여 시정명령을 받은 후 시정기간 내에 당해 시정명령을 이행하지 아니한 건축주 등에 대하여 부과되는 간접강제의 일종으로서 그 이행강제금 납부의무는 상속인 기타의 사람에게 승계될 수 없는 일신전속적인 성질의 것이므로 이미 사망한 사람에게 이행강제금을 부과하는 내용의 처분이나 결정은 당연무효이고, 이행강제금을 부과받은 사람의 이의에 의하여 「비송사건절차법」에 의한 재판절차가 개시된 후에 그 이의한 사람이 사망한 때에는 사건 자체가 목적을 잃고 절차가 종료한다(대결 2006.12.8. 자 2006마470).

③ (○) 〈판례〉 (이행강제금과 형사처벌의 병과에 대한 내용) 이행강제금은 행정상 간접적인 강제집행 수단의 하나로서, 과거의 일정한 법률위반 행위에 대한 제재인 형벌이 아니라 장래의 의무이행 확보를 위한 강제수단일 뿐이어서, 범죄에 대하여 국가가 형벌권을 실행하는 과벌에 해당하지 아니한다. 따라서 심판대상조항은 이중처벌금지원칙에 위배되지 아니한다(헌재 2014.5.29. 2013헌바171).

④ (○) 〈판례〉 전통적으로 행정대집행은 대체적 작위의무에 대한 강제집행수단으로, 이행강제금은 부작위의무나 비대체적 작위의무에 대한 강제집행 수단으로 이해되어 왔으나, 이는 이행강제금제도의 본질에서 오는 제약은 아니며, 이행강제금은 대체적 작위의무의 위반에 대하여도 부과될 수 있다[헌재 2004.2.26. 2001헌바80·84·102·103, 2002헌바26(병합)].

---

11 행정쟁송 > 행정심판　답 ③

| 정답해설 | ㄷ. (×) 〈법령〉 「행정심판법」 제51조(행정심판 재청구의 금지) 심판청구에 대한 재결이 있으면 그 재결 및 같은 처분 또는 부작위에 대하여 다시 행정심판을 청구할 수 없다.

ㄹ. (×) 재결의 기속력에 의해 피청구인인 행정청은 행정소송을 청구할 수 없다. 〈법령〉 「행정심판법」 제49조(재결의 기속력 등) ❶ 심판청구를 인용하는 재결은 피청구인과 그 밖의 관계 행정청을 기속(羈束)한다.

| 더 알아보기 | 행정심판 대상이 아닌 경우

> 「행정심판법」 제51조(행정심판 재청구의 금지) 심판청구에 대한 재결이 있으면 그 재결 및 같은 처분 또는 부작위에 대하여 다시 행정심판을 청구할 수 없다.

| 오답해설 | ㄱ. (○) 〈법령〉 「행정심판법」 제3조 제2항

ㄴ. (○) 〈법령〉 「행정소송법」과 달리 「행정심판법」에는 의무이행심판이 규정되어 있다. 〈판례〉 「행정심판법」 제5조(행정심판의 종류) 행정심판의 종류는 다음 각 호와 같다.

1. 취소심판: 행정청의 위법 또는 부당한 처분을 취소하거나 변경하는 행정심판
2. 무효등확인심판: 행정청의 처분의 효력 유무 또는 존재 여부를 확인하는 행정심판
3. 의무이행심판: 당사자의 신청에 대한 행정청의 위법 또는 부당한 거부처분이나 부작위에 대하여 일정한 처분을 하도록 하는 행정심판

---

12 행정정보공개와 개인정보보호 > 개인정보보호　답 ③

| 정답해설 | ㄷ. (×) 〈법령〉 「개인정보 보호법」 제39조(손해배상책임) ❶ 정보주체는 개인정보처리자가 이 법을 위반한 행위로 손해를 입으면 개인정보처리자에게 손해배상을 청구할 수 있다. 이 경우 그 개인정보처리자는 고의 또는 과실이 없음을 입증하지 아니하면 책임을 면할 수 없다.

| 오답해설 | ㄱ. (○) 「개인정보 보호법」 제2조 제2호

ㄴ. (○) 〈판례〉 헌법 제10조의 인간의 존엄과 가치, 행복추구권과 헌법 제17조의 사생활의 비밀과 자유에서 도출되는 개인정보자기결정권은 자신에 관한 정보가 언제 누구에게 어느 범위까지 알려지고 또 이용되도록 할 것인지를 정보주체가 스스로 결정할 수 있는 권리이다(대판 2016.3.10. 2012다105482).

---

13 「행정기본법」과 「행정절차법」 > 「행정절차법」 답 ②

| 정답해설 | ② (×) 행정청은 다수 국민의 이해가 상충되는 처분이나 다수 국민에게 불편이나 부담을 주는 처분 또는 그 밖에 전문적이고 공정한 청문을 위하여 행정청이 청문 주재자를 2명 이상으로 선정할 필요가 있다고 인정하는 처분의 어느 하나에 해당하는 처분을 하려는 경우에는 청문 주재자를 2명 이상으로 선정할 수 있다. 이 경우 선정된 청문 주재자 중 1명이 청문 주재자를 대표한다(「행정절차법」 제28조 제2항).

| 오답해설 | ①④ (○) 법령상의 청문규정이 있는 경우에 청문을 실시하지 않아도 되는 예외적인 경우가 아닌 한 청문을 실시하지 않고 행한 처분은 위법이며 취소를 면하지 못한다. 〈판례〉 「행정절차법」 제22조 제1항 제1호는, 행정청이 처분을 할 때에는 다른 법령 등에서 청문을 실시하도록 규정하고 있는 경우 청문을 실시한다고 규정하고 있다. 이러한 청문제도는 행정처분의 사유에 대하여 당사자에게 변명과 유리한 자료를 제출할 기회를 부여함으로써 위법사유의 시정가능성을 고려하고, 처분의 신중과 적정을 기하려는 데 그 취지가 있다. 그러므로 행정청이 특히 침해적 행정처분을 할 때 그 처분의 근거 법령 등에서 청문을 실시하도록 규정하고 있다면, 「행정절차법」 등 관련 법령상 청문을 실시하지 않아도 되는 예외적인 경우에 해당하지 않는 한, 반드시 청문을 실시하여야 하며, 그러한 절차를 결여한 처분은 위법한 처분으로서 취소사유에 해당한다(대판 2017.4.7. 2016두63224).

③ (○) 「행정절차법」 제28조 제3항

⑤ (○) 동법 제28조 제4항

---

14 행정정보공개와 개인정보보호 > 정보공개 답 ⑤

| 정답해설 | ㄴ. (○) 대판 2006.5.25. 2006두3049

ㄷ. (○) 「공공기관의 정보공개에 관한 법률」 제6조의2

ㄹ. (○) 동법 제13조 제3항

| 오답해설 | ㄱ. (×) 〈판례〉 정보공개청구권은 법률상 보호되는 구체적인 권리이므로 청구인이 공공기관에 대하여 정보공개를 청구하였다가 거부처분을 받은 것 자체가 법률상 이익의 침해에 해당한다(대판 2003.12.12. 2003두8050).

---

15 손실보상 > 토지보상법 답 ①

| 정답해설 | ① (×) 전액지급을 지급하여야 한다. 〈법령〉 「공익사업을 위한 토지 등의 취득 및 보상에 관한 법률」 제62조(사전보상) 사업시행자는 해당 공익사업을 위한 공사에 착수하기 이전에 토지소유자와 관계인에게 보상액 전액(全額)을 지급하여야 한다. 다만, 제38조에 따른 천재지변시의 토지 사용과 제39조에 따른 시급한 토지 사용의 경우 또는 토지소유자 및 관계인의 승낙이 있는 경우에는 그러하지 아니하다.

| 오답해설 | ② (○) 「공익사업을 위한 토지 등의 취득 및 보상에 관한 법률」 제71조 제1항

③ (○) 동법 제70조 제2항

④ (○) 동법 제85조 제1항

⑤ (○) 동법 제61조

---

16 행정소송 > 종합 답 ③

| 정답해설 | ③ (×) 「행정소송법」 제22조 제2항에 의하면 처분의 변경이 있음을 안 날로부터 60일 이내에 하여야 한다. 처분변경에 따른 소변경은 이 선지의 기간(60일)뿐 아니라, 필요적 행정심판전치의 경우에 이를 전치한 것으로 인정한다는 규정의 암기도 필요하다.

| 더 알아보기 |

「행정소송법」 제22조(처분변경으로 인한 소의 변경) ❸ 제1항의 규정에 의하여 변경되는 청구는 제18조 제1항 단서의 규정에 의한 요건을 갖춘 것으로 본다.
제18조(행정심판과의 관계) ❶ 취소소송은 법령의 규정에 의하여 당해 처분에 대한 행정심판을 제기할 수 있는 경우에도 이를 거치지 아니하고 제기할 수 있다. 다만, 다른 법률에 당해 처분에 대한 행정심판의 재결을 거치지 아니하면 취소소송을 제기할 수 없다는 규정이 있는 때에는 그러하지 아니하다.

| 오답해설 | ① (○) 〈판례〉 「행정소송법」 제14조에 의한 피고경정은 사실심 변론종결에 이르기까지 허용되는 것으로 해석하여야 할 것이고, 굳이 제1심 단계에서만 허용되는 것으로 해석할 근거는 없다(대결 2006.2.23. 자 2005부4).

② (○) 〈판례〉 대판 1992.3.10. 91누12639.

④ (○) 〈판례〉 현행 「행정소송법」상 행정청으로 하여금 일정한 행정처분을 하도록 명하는 이행판결을 구하는 소송이나 법원으로 하여금 행정청이 일정한 행정처분을 행한 것과 같은 효과가 있는 행정처분을 직접 행하도록 하는 형성판결을 구하는 소송은 허용되지 아니한다(대판 1997.9.30. 97누3200).

⑤ (○) 「행정소송법」 제32조

17 손해배상 > 국가배상 답 ④

| **정답해설** | ④ (×) 〈판례〉 공법인이 국가로부터 위탁받은 공행정 사무를 집행하는 과정에서 공법인의 임직원이나 피용인이 고의 또는 과실로 법령을 위반하여 타인에게 손해를 입힌 경우에는, 공법인은 위탁받은 공행정사무에 관한 행정주체의 지위에서 배상책임을 부담하여야 하지만, 공법인의 임직원이나 피용인은 실질적인 의미에서 공무를 수행한 사람으로서 「국가배상법」 제2조에서 정한 공무원에 해당하므로 고의 또는 중과실이 있는 경우에만 배상책임을 부담하고 경과실이 있는 경우에는 배상책임을 면한다(대판 2021.1.28. 2019다260197).

| **오답해설** | ① (○) 〈판례〉 행정처분의 담당공무원이 보통 일반의 공무원을 표준으로 하여 볼 때 객관적 주의의무를 결하여 그 행정처분이 객관적 정당성을 상실하였다고 인정될 정도에 이른 경우에 비로소 「국가배상법」 제2조 소정의 국가배상책임의 요건을 충족하였다고 봄이 상당할 것이다(대판 2003.11.27. 2001다33789).

② (○) 〈판례〉 지방자치단체인 도의 장인 도지사가 그의 권한에 속하는 사무를 소속 시장 또는 군수에게 위임하여 시장, 군수로 하여금 그 사무를 처리하게 하는 소위 기관위임의 경우에는, 지방자치단체장인 시장, 군수는 도 산하 행정기관의 지위에서 그 사무를 처리하는 것이므로, 시장, 군수 또는 그들을 보조하는 시, 군 소속 공무원이 그 위임받은 사무를 집행함에 있어 고의 또는 과실로 타인에게 손해를 가하였다면 그 사무의 귀속주체인 도가 손해배상책임을 진다고 보아야 할 것이다(대판 1994.1.11. 92다29528).

③ (○) 〈판례〉 국가배상책임에 있어 공무원의 가해행위는 법령을 위반한 것이어야 하는데, 여기서 법령을 위반하였다 함은 엄격한 의미의 법령 위반뿐 아니라 인권존중, 권력남용금지, 신의성실과 같이 공무원으로서 마땅히 지켜야 할 준칙이나 규범을 지키지 아니하고 위반한 경우를 포함하여 널리 그 행위가 객관적인 정당성을 결여하고 있음을 뜻한다(대판 2018.10.25. 2013다44720).

⑤ (○) 〈판례〉 공무원에게 부과된 직무상 의무의 내용이 단순히 공공 일반의 이익을 위한 것이거나 행정기관 내부의 질서를 규율하기 위한 것이 아니고 전적으로 또는 부수적으로 사회구성원 개인의 안전과 이익을 보호하기 위하여 설정된 것이라면, 공무원이 그와 같은 직무상 의무를 위반함으로써 피해자가 입은 손해에 대해서는 상당인과관계가 인정되는 범위에서 국가가 배상책임을 진다(대판 2021.6.10. 2017다286874).

18 행정소송 > 항고소송의 대상 답 ⑤

| **정답해설** | ⑤ (○) 공정거래위원회가 부당한 공동행위를 행한 사업자로서 구 「독점규제 및 공정거래에 관한 법률」(2013.7.16. 법률 제11937호로 개정되기 전의 것) 제22조의2에서 정한 자진신고자나 조사협조자에 대하여 과징금 부과처분(이하 '선행처분'이라 한다)을 한 뒤, 「독점규제 및 공정거래에 관한 법률 시행령」 제35조 제3항에 따라 다시 자진신고자 등에 대한 사건을 분리하여 자진신고 등을 이유로 한 과징금 감면처분(이하 '후행처분'이라 한다)을 하였다면, 후행처분은 자진신고 감면까지 포함하여 처분 상대방이 실제로 납부하여야 할 최종적인 과징금액을 결정하는 종국적 처분이고, 선행처분은 이러한 종국적 처분을 예정하고 있는 일종의 잠정적 처분으로서 후행처분이 있을 경우 선행처분은 후행처분에 흡수되어 소멸한다. 따라서 위와 같은 경우에 선행처분의 취소를 구하는 소는 이미 효력을 잃은 처분의 취소를 구하는 것으로 부적법하다(대판 2015.2.12. 2013두987).

| **오답해설** | ① (×) 〈판례〉 「교육공무원법」상 승진후보자 명부에 의한 승진심사 방식으로 행해지는 승진임용에서 승진후보자 명부에 포함되어 있던 후보자를 승진임용 인사발령에서 제외하는 행위는 불이익처분으로서 항고소송의 대상인 처분에 해당한다고 보아야 한다(대판 2018.3.29. 2017두34162).

② (×) 〈판례〉 甲 주식회사가 조달청과 물품구매계약을 체결하고 국가종합전자조달시스템인 나라장터 종합쇼핑몰 인터넷 홈페이지를 통해 요구받은 제품을 수요기관에 납품하였는데, 조달청이 계약이행내역 점검 결과 일부 제품이 계약 규격과 다르다는 이유로 물품구매계약 추가특수조건 규정에 따라 甲 회사에 대하여 6개월의 나라장터 종합쇼핑몰 거래정지조치를 한 사안에서, 위 거래정지조치는 항고소송의 대상이 되는 행정처분에 해당한다(대판 2018.11.29. 2015두52395).

③ (×) 〈판례〉 甲 등이 인터넷 포털사이트 등의 개인정보 유출사고로 자신들의 주민등록번호 등 개인정보가 불법 유출되자 이를 이유로 관할 구청장에게 주민등록번호를 변경해 줄 것을 신청하였으나 구청장이 '주민등록번호가 불법 유출된 경우 「주민등록법」상 변경이 허용되지 않는다'는 이유로 주민등록번호 변경을 거부하는 취지의 통지를 한 사안에서, 피해자의 의사와 무관하게 주민등록번호가 유출된 경우에는 조리상 주민등록번호의 변경을 요구할 신청권을 인정함이 타당하고, 구청장의 주민등록번호 변경신청 거부행위는 항고소송의 대상이 되는 행정처분에 해당한다(대판 2017.6.15. 2013두2945).

④ (×) 〈판례〉 「부가가치세법」 제5조 제5항에 의하면 사업자가 폐업하거나 또는 신규로 사업을 개시하고자 하여 사업개시일 전에 등록한 후 사실상 사업을 개시하지 아니하게 되는 때에는 과세관청이 직권으로 이를 말소하도록 하고 있는데, 사업자등록의 말소 또한 폐업사실의 기재일 뿐 그에 의하여 사업자로서의 지위에 변동을 가져오는 것이 아니라는 점에서 과세관청의 사업자등록 직권말소행위는 불복의 대상이 되는 행정처분으로 볼 수가 없다(대판 2000.12.22. 99두6903).

| **정답해설** | ㄷ. (○) 〈법령〉「법령 등 공포에 관한 법률」 제13조(시행일) 대통령령, 총리령 및 부령은 특별한 규정이 없으면 공포한 날부터 20일이 경과함으로써 효력을 발생한다.

| **오답해설** | ㄱ. (×) 〈법령〉「법령 등 공포에 관한 법률」 제11조(공포 및 공고의 절차) ❷「국회법」 제98조 제3항 전단에 따라 하는 국회의장의 법률 공포는 서울특별시에서 발행되는 둘 이상의 일간신문에 게재함으로써 한다.

| **더 알아보기** | 법률 및 조례 공포 시 게재

> 1. 법률 공포
>   - 대통령의 법률 공포: 관보
>   - 국회의장의 법률 공포: 서울특별시에서 발행되는 둘 이상의 일간신문
> 2. 조례 공포
>   - 지방자치단체장의 조례 공포: 공보
>   - 지방의회의장의 조례 공포: 공보 또는 게시판 또는 일간신문

ㄴ. (×) 속지주의의 예외로서 외국원수, 외국대사, 외교사절단, UN직원, 한미행정협정에 따른 외국군대 등이 있다.

| **정답해설** | ① (×) 〈판례〉 지방국토관리청장이 일부 공유수면매립지에 대하여 한 국가 또는 직할시 귀속처분은 매립준공인가를 함에 있어서 매립의 면허를 받은 자의 매립지에 대한 소유권 취득을 규정한 공유수면매립법 제14조의 효과 일부를 배제하는 부관을 붙인 것이고, 이러한 행정행위의 부관은 위 법리와 같이 독립하여 행정소송 대상이 될 수 없다(대판 1993.10.8. 93누2032).

| **오답해설** | ② (○) 대판 2009.2.12. 2005다65500

③ (○) 「행정기본법」 제17조 제2항

④ (○) 〈판례〉 부담부 행정처분에 있어서 처분의 상대방이 부담(의무)을 이행하지 아니한 경우에 처분행정청으로서는 이를 들어 당해 처분을 취소(철회)할 수 있는 것이다(대판 1989.10.24. 89누2431).

⑤ (○) 〈판례〉 기선선망어업의 허가를 하면서 운반선, 등선 등 부속선을 사용할 수 없도록 제한한 부관은 그 어업허가의 목적달성을 사실상 어렵게 하여 그 본질적 효력을 해하는 것일 뿐만 아니라 위 시행령의 규정에도 어긋나는 것이며, 더욱이 어업조정이나 기타 공익상 필요하다고 인정되는 사정이 없는 이상 위법한 것이다(대판 1990.4.27. 89누6808).

합격예상 체크

〈국회직 9급 연도별 합격선〉

2022 9급 합격기준

| | 2024 | 2023 | 2022 | 2021 | 2020 |

| 맞힌 개수 | /20문항 | 점수 | /100점 |

➡ □ 합격   □ 불합격

취약영역 체크

문항	정답	영역	문항	정답	영역
1	②	행정법 통칙	11	④	행정구제
2	③	행정법 통칙	12	③	행정법 통칙
3	①	행정법 통칙	13	②	행정구제
4	③	행정상 의무이행 확보수단	14	②	행정상 의무이행 확보수단
5	②	행정구제	15	①	행정법 서론
6	⑤	행정법 통칙	16	⑤	행정법 통칙
7	④	행정구제	17	③	행정법 통칙
8	②	행정구제	18	④	행정법 통칙
9	③	행정구제	19	①	행정법 통칙
10	⑤	행정구제	20	⑤	행정구제

⬇ 영역별 틀린 개수로 취약영역을 확인하세요!

행정법 서론	/1	행정법 통칙	/9	행정상 의무이행 확보수단	/2
행정구제	/8	행정조직(7급)	–/0	특별행정작용(7급)	–/0

➡ 나의 취약영역: _____

※ 해당 회차는 〈1초 합격예측 서비스〉의 데이터 누적 기간이 충분하지 않아 오답률, 선지 선택률 기재를 생략하였습니다.

| **1** | 행정상 법률요건과 법률사실 > 신고 | 답 ② |

| 정답해설 | ② (○) 〈판례〉 인·허가의제 효과를 수반하는 건축신고는 일반적인 건축신고와는 달리, 특별한 사정이 없는 한 행정청이 그 실체적 요건에 관한 심사를 한 후 수리하여야 하는 이른바 '수리를 요하는 신고'로 보는 것이 옳다(대판 2011.1.20. 2010두14954).

| 오답해설 | ① (×) 〈판례〉 「의료법 시행규칙」 제22조 제3항에 의하면 의원개설 신고서를 수리한 행정관청이 소정의 신고필증을 교부하도록 되어 있다 하여도 이는 신고사실의 확인행위로서 신고필증을 교부하도록 규정한 것에 불과하고 그와 같은 신고필증의 교부가 없다 하여 개설신고의 효력을 부정할 수 없다 할 것이다(대판 1985. 4.23. 84도2953).

③ (×) 〈판례〉 구 「유통산업발전법」에 따른 대규모점포의 개설등록 및 구 재래시장법에 따른 시장관리자 지정은 행정청이 실체적 요건에 관한 심사를 한 후 수리하여야 하는 이른바 '수리를 요하는 신고'로서 행정처분에 해당한다(대판 2019.9.10. 2019다208953).

④ (×) 〈판례〉 「노동조합 및 노동관계조정법」(이하 '노동조합법'이라 한다)이 행정관청으로 하여금 설립신고를 한 단체에 대하여 같은 법 제2조 제4호 각 목에 해당하는지를 심사하도록 한 취지가 노동조합으로서의 실질적 요건을 갖추지 못한 노동조합의 난립을 방지함으로써 근로자의 자주적이고 민주적인 단결권 행사를

보장하려는 데 있는 점을 고려하면, 행정관청은 해당 단체가 노동조합법 제2조 제4호 각 목에 해당하는지 여부를 실질적으로 심사할 수 있다. 설립신고서를 접수할 당시 그 해당 여부가 문제된다고 볼 만한 객관적인 사정이 있는 경우에 한하여 설립신고서와 규약 내용 외의 사항에 대하여 실질적인 심사를 거쳐 반려 여부를 결정할 수 있다(대판 2014.4.10. 2011두6998). → 따라서 수리 필요 신고에 해당한다.

⑤ (×) 수리를 요하지 않는 신고는 「행정절차법」에, 수리를 요하는 신고는 「행정기본법」에 규정되어 있다.

「행정기본법」(수리 필요 신고)	「행정절차법」(수리 불요 신고)
제34조(수리 여부에 따른 신고의 효력) 법령 등으로 정하는 바에 따라 행정청에 일정한 사항을 통지하여야 하는 신고로서 법률에 신고의 수리가 필요하다고 명시되어 있는 경우(행정기관의 내부 업무 처리 절차로서 수리를 규정한 경우는 제외한다)에는 행정청이 수리하여야 효력이 발생한다.	제40조(신고) ❶ 법령 등에서 행정청에 일정한 사항을 통지함으로써 의무가 끝나는 신고를 규정하고 있는 경우 신고를 관장하는 행정청은 신고에 필요한 구비서류, 접수기관, 그 밖에 법령 등에 따른 신고에 필요한 사항을 게시(인터넷 등을 통한 게시를 포함한다)하거나 이에 대한 편람을 갖추어 두고 누구나 열람할 수 있도록 하여야 한다.

2 　행정입법 > 행정규칙 　답 ③

| 정답해설 | ③ (×) 〈판례〉 의료기관의 명칭표시판에 진료과목을 함께 표시하는 경우 글자 크기를 제한하고 있는 구 「의료법 시행규칙」 제31조가 그 자체로서 국민의 구체적인 권리의무나 법률관계에 직접적인 변동을 초래하지 아니하므로 항고소송의 대상이 되는 행정처분이라고 할 수 없다(대판 2007.4.12. 2005두15168).

| 오답해설 | ① (○) 〈판례〉 조세법률주의 원칙은 과세요건 등 국민의 납세의무에 관한 사항을 국민의 대표기관인 국회가 제정한 법률로써 규정하여야 하고, 법률을 집행하는 경우에도 이를 엄격하게 해석·적용하여야 하며, 행정편의적인 확장해석이나 유추적용을 허용하지 아니함을 뜻한다. 그러므로 법률의 위임 없이 명령 또는 규칙 등의 행정입법으로 과세요건 등에 관한 사항을 규정하거나 법률에 규정된 내용을 함부로 유추·확장하는 내용의 해석규정을 마련하는 것은 조세법률주의 원칙에 위배된다(대판 2017.4.20. 2015두45700 전합).

② (○) 〈판례〉 '2014년도 건물 및 기타물건 시가표준액 조정기준'의 각 규정들은 일정한 유형의 위반 건축물에 대한 이행강제금의 산정기준이 되는 시가표준액에 관하여 행정자치부장관(현 행정안전부장관)으로 하여금 정하도록 한 위 「건축법」 및 지방세법령의 위임에 따른 것으로서 그 법령 규정의 내용을 보충하고 있으므로, 그 법령 규정과 결합하여 대외적인 구속력이 있는 법규명령으로서의 효력을 가지고, 그중 증·개축 건물과 대수선 건물에 관한 특례를 정한 '증·개축 건물 등에 대한 시가표준액 산출요령'의 규정들도 마찬가지라고 보아야 한다(대판 2017.5.31. 2017두30764).

④ (○) 대판 1996.9.20. 95누8003

| 더 알아보기 | 조례가 항고소송 대상인 처분조례인 경우에 피고적격

> 조례에 대한 무효확인소송을 제기함에 있어서 「행정소송법」 제38조 제1항, 제13조에 의하여 피고적격이 있는 처분 등을 행한 행정청은, 행정주체인 지방자치단체 또는 지방자치단체의 내부적 의결기관으로서 지방자치단체의 의사를 외부에 표시한 권한이 없는 지방의회가 아니라, 구 「지방자치법」(1994.3.16. 법률 제4741호로 개정되기 전의 것) 제19조 제2항, 제92조에 의하여 지방자치단체의 집행기관으로서 조례로서의 효력을 발생시키는 공포권이 있는 지방자치단체의 장이다(대판 1996.9.20. 95누8003).

⑤ (○) 대판 2006.9.22. 2005두2506

3 　행정행위 > 행정행위의 내용 　답 ①

| 정답해설 | ① (×) 〈판례〉 「국세징수법」 제21조, 제22조 소정의 가산금, 중가산금은 국세체납이 있는 경우에 위 법조에 따라 당연히 발생하고, 그 액수도 확정되는 것이기는 하나, 그에 관한 징수절차를 개시하려면 독촉장에 의하여 그 납부를 독촉함으로써 가능한 것이고 위 가산금 및 중가산금의 납부독촉이 부당하거나 그 절차에 하자가 있는 경우에는 그 징수처분에 대하여도 취소소송에 의한 불복이 가능하다(대판 1986.10.28. 86누147).

| 오답해설 | ② (○) 〈판례〉 건설업면허증 및 건설업면허수첩의 재교부는 … 이는 건설업의 면허를 받았다고 하는 특정사실에 대하여 형식적으로 그것을 증명하고 공적인 증거력을 부여하는 행정행위(강학상의 공증행위)이므로, 그로 인하여 면허의 내용 등에는 아무런 영향이 없이 종전의 면허의 효력이 그대로 지속하고, 면허증 및 면허수첩의 재교부에 의하여 재교부 전의 면허는 실효되고 새로운 면허가 부여된 것이라고 볼 수 없다(대판 1994.10.25. 93누21231).

③ (○) 〈판례〉 친일반민족행위자 재산의 국가귀속에 관한 특별법에 비추어 보면, 친일재산은 친일반민족행위자 재산조사위원회가 국가귀속결정을 하여야 비로소 국가의 소유로 되는 것이 아니라 특별법의 시행에 따라 그 취득·증여 등 원인행위시에 소급하여 당연히 국가의 소유로 되고, 위 위원회의 국가귀속결정은 당해 재산이 친일재산에 해당한다는 사실을 확인하는 이른바 준법률행위적 행정행위의 성격을 가진다(대판 2008.11.13. 2008두13491).

④ (○) 대판 1992.4.10. 91누5358

⑤ (○) 〈판례〉 상표사용권설정등록신청서가 제출된 경우 특허청장은 신청서와 그 첨부서류만을 자료로 형식적으로 심사하여 그 등록신청을 수리할 것인지의 여부를 결정하여야 되는 것으로서, 특허청장의 상표사용권설정등록행위는 사인간의 법률관계의 존부를 공적으로 증명하는 준법률행위적 행정행위임이 분명하다(대판 1991.8.13. 90누9414).

4 　행정벌 > 과태료 　답 ③

| 정답해설 | ③ (×) 〈법령〉 「질서위반행위규제법」 제3조(법 적용의 시간적 범위) ❶ 질서위반행위의 성립과 과태료 처분은 행위시의 법률에 따른다.

❷ 질서위반행위 후 법률이 변경되어 그 행위가 질서위반행위에 해당하지 아니하게 되거나 과태료가 변경되기 전의 법률보다 가볍게 된 때에는 법률에 특별한 규정이 없는 한 변경된 법률을 적용한다. → 따라서 개정된 300만 원으로 부과하여야 한다.

| 오답해설 | ① (○) 〈법령〉 「질서위반행위규제법」 제20조(이의제기) ❶ 행정청의 과태료 부과에 불복하는 당사자는 제17조 제1항에 따른 과태료 부과통지를 받은 날부터 60일 이내에 해당 행정청에 서면으로 이의제기를 할 수 있다.

❷ 제1항에 따른 이의제기가 있는 경우에는 행정청의 과태료 부과처분은 그 효력을 상실한다.

② (○) 고의 또는 과실이 없는 질서위반행위는 과태료를 부과하지 아니한다(동법 제7조).

④ (○) 〈법령〉 「질서위반행위규제법」 제14조(과태료의 산정) 행정청 및 법원은 과태료를 정함에 있어서 다음 각 호의 사항을 고려하여야 한다.
　　1. 질서위반행위의 동기·목적·방법·결과
　　2. 질서위반행위 이후의 당사자의 태도와 정황
　　3. 질서위반행위자의 연령·재산상태·환경
　　4. 그 밖에 과태료의 산정에 필요하다고 인정되는 사유

⑤ (○) 과태료는 행정청의 과태료 부과처분이나 법원의 과태료 재

판이 확정된 후 5년간 징수하지 아니하거나 집행하지 아니하면 시효로 인하여 소멸한다(동법 제15조 제1항).

| 5 | 손실보상 > 토지보상법 | 답 ② |

| **정답해설** | ㄱ. (○) 〈판례〉「공익사업을 위한 토지 등의 취득 및 보상에 관한 법률」 제20조 제1항, 제22조 제3항은 사업시행자가 토지 등을 수용하거나 사용하려면 국토교통부장관의 사업인정을 받아야 하고, 사업인정은 고시한 날부터 효력이 발생한다고 규정하고 있다. 이러한 사업인정은 수용권을 설정해 주는 행정처분으로서, 이에 따라 수용할 목적물의 범위가 확정되고, 수용권자가 목적물에 대한 현재 및 장래의 권리자에게 대항할 수 있는 공법상 권한이 생긴다(대판 2019.12.12. 2019두47629).

ㄷ. (○) 사업시행자, 토지소유자 또는 관계인은 제34조에 따른 재결에 불복할 때에는 재결서를 받은 날부터 90일 이내에, 이의신청을 거쳤을 때에는 이의신청에 대한 재결서를 받은 날부터 60일 이내에 각각 행정소송을 제기할 수 있다. 이 경우 사업시행자는 행정소송을 제기하기 전에 제84조에 따라 늘어난 보상금을 공탁하여야 하며, 보상금을 받을 자는 공탁된 보상금을 소송이 종결될 때까지 수령할 수 없다(「공익사업을 위한 토지 등의 취득 및 보상에 관한 법률」 제85조 제1항).

| **오답해설** | ㄴ. (×) 〈판례〉 토지보상법 제85조 제2항은 토지소유자 등이 보상금 증액청구의 소를 제기할 때에는 사업시행자를 피고로 한다고 규정하고 있다. 위 규정에 따른 보상금 증액청구의 소는 토지소유자 등이 사업시행자를 상대로 제기하는 당사자소송의 형식을 취하고 있지만, 토지수용위원회의 재결 중 보상금 산정에 관한 부분에 불복하여 그 증액을 구하는 소이므로 실질적으로는 재결을 다투는 항고소송의 성질을 가진다(대판 2022.11.24. 2018두67 전합). 〈법령〉「공익사업을 위한 토지 등의 취득 및 보상에 관한 법률」 제85조(행정소송의 제기) ❷ 제1항에 따라 제기하려는 행정소송이 보상금의 증감(增減)에 관한 소송인 경우 그 소송을 제기하는 자가 토지소유자 또는 관계인일 때에는 사업시행자를, 사업시행자일 때에는 토지소유자 또는 관계인을 각각 피고로 한다.

ㄹ. (×) 〈판례〉「공익사업을 위한 토지 등의 취득 및 보상에 관한 법률」 제67조 제2항은 "보상액을 산정할 경우에 해당 공익사업으로 인하여 토지 등의 가격이 변동되었을 때에는 이를 고려하지 아니한다."라고 규정하고 있는바, 수용 대상 토지의 보상액을 산정함에 있어 해당 공익사업의 시행을 직접 목적으로 하는 계획의 승인, 고시로 인한 가격변동은 이를 고려함이 없이 재결 당시의 가격을 기준으로 하여 적정가격을 정하여야 하나, 해당 공익사업과는 관계없는 다른 사업의 시행으로 인한 개발이익은 이를 포함한 가격으로 평가하여야 하고, 개발이익이 해당 공익사업의 사업인정고시일 후에 발생한 경우에도 마찬가지이다(대판 2014. 2.27. 2013두21182). 〈법령〉「공익사업을 위한 토지 등의 취득 및 보상에 관한 법률」 제67조(보상액의 가격시점 등) ❷ 보상액을 산정할 경우에 해당 공익사업으로 인하여 토지 등의 가격이 변동되었을 때에는 이를 고려하지 아니한다.

| 6 | 「행정기본법」과 「행정절차법」 > 「행정절차법」 | 답 ⑤ |

| **정답해설** | ⑤ (×) 〈판례〉「국가공무원법」상 직위해제처분은 구 「행정절차법」(2012.10.22. 법률 제11498호로 개정되기 전의 것) 제3조 제2항 제9호, 구 「행정절차법 시행령」(2011.12.21. 대통령령 제23383호로 개정되기 전의 것) 제2조 제3호에 의하여 당해 행정작용의 성질상 행정절차를 거치기 곤란하거나 불필요하다고 인정되는 사항 또는 행정절차에 준하는 절차를 거친 사항에 해당하므로, 처분의 사전통지 및 의견청취 등에 관한 「행정절차법」의 규정이 별도로 적용되지 않는다(대판 2014.5.16. 2012두26180).

| **더 알아보기** | 「군인사법」상의 보직해임처분의 「행정절차법」 적용 여부

> 구 「군인사법」상 보직해임처분은 구 「행정절차법」 제3조 제2항 제9호, 같은 법 시행령 제2조 제3호에 의하여 당해 행정작용의 성질상 행정절차를 거치기 곤란하거나 불필요하다고 인정되는 사항 또는 행정절차에 준하는 절차를 거친 사항에 해당하므로, 처분의 근거와 이유제시 등에 관한 구 「행정절차법」의 규정이 별도로 적용되지 아니한다고 봄이 상당하다(대판 2014.10.15. 2012두5756).

| **오답해설** | ① (○) 〈판례〉「행정절차법 시행령」 제2조 제8호는 '학교·연수원 등에서 교육·훈련의 목적을 달성하기 위하여 학생·연수생들을 대상으로 하는 사항'을 「행정절차법」의 적용이 제외되는 경우로 규정하고 있으나, 이는 교육과정과 내용의 구체적 결정, 과제의 부과, 성적의 평가, 공식적 징계에 이르지 아니한 질책·훈계 등과 같이 교육·훈련의 목적을 직접 달성하기 위하여 행하는 사항을 말하는 것으로 보아야 하고, 생도에 대한 퇴학처분과 같이 신분을 박탈하는 징계처분은 여기에 해당한다고 볼 수 없다(대판 2018.3.13. 2016두33339).

② (○) 〈판례〉 육군3사관학교의 사관생도에 대한 징계절차에서 징계심의대상자가 대리인으로 선임한 변호사가 징계위원회 심의에 출석하여 진술하려고 하였음에도, 징계권자나 그 소속 직원이 변호사가 징계위원회의 심의에 출석하는 것을 막았다면 징계위원회 심의·의결의 절차적 정당성이 상실되어 그 징계의결에 따른 징계처분은 위법하여 원칙적으로 취소되어야 한다(대판 2018. 3.13. 2016두33339).

③ (○) 〈판례〉 산업기능요원 편입취소처분이 「행정절차법」의 적용이 배제되는 사항인 「행정절차법」 제3조 제2항 제9호, 같은 법 시행령 제2조 제1호에서 규정하는 「병역법」에 의한 소집에 관한 사항'에 해당하지 않는다(대판 2002.9.6. 2002두554).

④ (○) 대판 2007.9.21. 2006두20631

| 7 | 행정소송 > 원고적격 | 답 ④ |

| **정답해설** | ④ (×) 〈판례〉 교육부장관이 사학분쟁조정위원회의 심의를 거쳐 甲대학교를 설치·운영하는 乙학교법인의 이사 8인과 임시이사 1인을 선임한 데 대하여 甲대학교 교수협의회와 총학생회 등이 이사선임처분의 취소를 구하는 소송을 제기한 사안에서, 甲대학교 교수협의회와 총학생회는 이사선임처분을 다툴 법률상 이익을 가지지만, 전국대학노동조합 甲대학교지부는 법률상 이익이 없다(대판 2015.7.23. 2012두19496·19502).

| 오답해설 | ① (○) **〈판례〉** 생태·자연도는 토지이용 및 개발계획의 수립이나 시행에 활용하여 자연환경을 체계적으로 보전·관리하기 위한 것일 뿐, 1등급 권역의 인근 주민들이 가지는 생활상 이익을 직접적이고 구체적으로 보호하기 위한 것이 아님이 명백하고, 1등급 권역의 인근 주민들이 가지는 이익은 환경보호라는 공공의 이익이 달성됨에 따라 반사적으로 얻게 되는 이익에 불과하므로, 인근 주민에 불과한 甲은 생태·자연도 등급권역을 1등급에서 일부는 2등급으로, 일부는 3등급으로 변경한 결정의 무효확인을 구할 원고적격이 없다(대판 2014.2.21. 2011두29052).

② (○) 대판 2020.4.9. 2019두49953

③ (○) **〈판례〉** 건축협의 취소는 상대방이 다른 지방자치단체 등 행정주체라 하더라도 '행정청이 행하는 구체적 사실에 관한 법집행으로서의 공권력 행사(「행정소송법」 제2조 제1항 제1호)로서 처분에 해당한다고 볼 수 있고, 지방자치단체인 원고가 이를 다툴 실효적 해결 수단이 없는 이상, 원고는 건축물 소재지 관할 허가권자인 지방자치단체의 장을 상대로 항고소송을 통해 건축협의 취소의 취소를 구할 수 있다(대판 2014.2.27. 2012두22980).

⑤ (○) **〈판례〉** 인가·허가 등 수익적 행정처분을 신청한 여러 사람이 서로 경원관계에 있어서 한 사람에 대한 허가 등 처분이 다른 사람에 대한 불허가 등으로 귀결될 수밖에 없을 때 허가 등 처분을 받지 못한 사람은 신청에 대한 거부처분의 직접 상대방으로서 원칙적으로 자신에 대한 거부처분의 취소를 구할 원고적격이 있고, 특별한 사정이 없는 한 경원관계에서 허가 등 처분을 받지 못한 사람은 자신에 대한 거부처분의 취소를 구할 소의 이익이 있다(대판 2015.10.29. 2013두27517).

8　　행정소송 > 소의 이익　　　　　　　　　답 ②

| 정답해설 | ㄱ. (소의 이익 인정) **〈판례〉** 제재적 행정처분이 그 처분에서 정한 제재기간의 경과로 인하여 그 효과가 소멸되었으나, 부령인 시행규칙 또는 지방자치단체의 규칙(이하 이들을 '규칙'이라고 한다)의 형식으로 정한 처분기준에서 제재적 행정처분(이하 '선행처분'이라고 한다)을 받은 것을 가중사유나 전제요건으로 삼아 장래의 제재적 행정처분(이하 '후행처분'이라고 한다)을 하도록 정하고 있는 경우, 정한 바에 따라 선행처분을 가중사유 또는 전제요건으로 하는 후행처분을 받을 우려가 현실적으로 존재하는 경우에는, 선행처분을 받은 상대방은 비록 그 처분에서 정한 제재기간이 경과하였다 하더라도 그 처분의 취소소송을 통하여 그러한 불이익을 제거할 권리보호의 필요성이 충분히 인정된다고 할 것이므로, 선행처분의 취소를 구할 법률상 이익이 있다고 보아야 한다(대판 2006.6.22. 2003두1684 전합).

ㄹ. (소의 이익 인정) **〈판례〉** 행정처분의 무효확인 또는 취소를 구하는 소가 제소 당시에는 소의 이익이 있어 적법하였는데, 소송계속 중 해당 행정처분이 기간의 경과 등으로 그 효과가 소멸한 때에 처분이 취소되어도 원상회복이 불가능하다고 보이는 경우라도, 무효확인 또는 취소로써 회복할 수 있는 다른 권리나 이익이 남아 있거나 또는 그 행정처분과 동일한 사유로 위법한 처분이 반복될 위험성이 있어 행정처분의 위법성 확인 내지 불분명한 법률문제에 대한 해명이 필요한 경우에는 행정의 적법성 확보와 그에 대한 사법통제, 국민의 권리구제 확대 등의 측면에서 예외적으로 그 처분의 취소를 구할 소의 이익을 인정할 수 있다(대판 2020.12.24. 2020두30450).

| 오답해설 | ㄴ. (소의 이익 부정) **〈판례〉** 과세표준과 세액을 증액하는 경정처분이 있은 경우 그 경정처분은 당초처분을 그대로 둔 채 당초처분에서의 과세표준과 세액을 초과하는 부분만을 추가 확정하려는 처분이 아니고, 재조사에 의하여 판명된 결과에 따라서 당초처분에서의 과세표준과 세액을 포함시켜 전체로서의 과세표준과 세액을 결정하는 것이므로, 증액경정처분이 되면 먼저 된 당초처분은 증액경정처분에 흡수되어 당연히 소멸하고 오직 경정처분만이 쟁송의 대상이 된다(대판 1999.5.28. 97누16329).

ㄷ. (소의 이익 부정) **〈판례〉** 거부처분이 재결에서 취소된 경우 재결에 따른 후속처분이 아니라 그 재결의 취소를 구하는 것은 실효적이고 직접적인 권리구제수단이 될 수 없어 분쟁해결의 유효·적절한 수단이라고 할 수 없으므로 법률상 이익이 없다(대판 2017.10.31. 2015두45045).

9　　행정소송 > 무효등확인소송과 부작위위법확인소송　　답 ③

| 정답해설 | ③ (×) **〈판례〉** 부작위위법확인의 소는 부작위상태가 계속되는 한 그 위법의 확인을 구할 이익이 있다고 보아야 하므로 원칙적으로 제소기간의 제한을 받지 않는다. 그러나 「행정소송법」 제38조 제2항이 제소기간을 규정한 같은 법 제20조를 부작위위법확인소송에 준용하고 있는 점에 비추어 보면, 행정심판 등 전심절차를 거친 경우에는 「행정소송법」 제20조가 정한 제소기간 내에 부작위위법확인의 소를 제기하여야 한다(대판 2009.7.23. 2008두10560).

| 오답해설 | ① (○) **〈판례〉** 행정처분의 근거 법률에 의하여 보호되는 직접적이고 구체적인 이익이 있는 경우에는 「행정소송법」 제35조에 규정된 '무효 등 확인을 구할 법률상 이익'이 있다고 보아야 한다. 이와 별도로 무효등확인소송의 보충성이 요구되는 것은 아니므로 행정처분의 유·무효를 전제로 한 이행소송 등과 같은 직접적인 구제수단이 있는지 여부를 따질 필요가 없다(대판 2019.2.14. 2017두62587).

② (○) 무효등확인소송의 판결에도 기속력이 있으며 제3자효이다(「행정소송법」 제29조, 제30조, 제38조 참고).

④ (○) **〈판례〉** 소제기의 전후를 통하여 판결시까지 행정청이 그 신청에 대하여 적극 또는 소극의 처분을 함으로써 부작위상태가 해소된 때에는 소의 이익을 상실하게 되어 당해 소는 각하를 면할 수가 없는 것이다(대판 1990.9.25. 89누4758).

⑤ (○) 무효등확인소송은 취소소송의 사정판결이 준용되지 않는다.

10 행정쟁송 > 행정심판　　　　　　답 ⑤

| 정답해설 | ⑤ (○) 청구인이 피청구인을 잘못 지정한 경우에는 위원회는 직권으로 또는 당사자의 신청에 의하여 결정으로써 피청구인을 경정(更正)할 수 있다(「행정심판법」 제17조 제2항).

| 더 알아보기 | 피고를 잘못 지정한 경우의 피고경정

> 「행정소송법」 제14조(피고경정) ① 원고가 피고를 잘못 지정한 때에는 법원은 원고의 신청에 의하여 결정으로써 피고의 경정을 허가할 수 있다.

| 오답해설 | ① (×) 〈판례〉 행정심판의 재결은 피청구인인 행정청을 기속하는 효력을 가지므로 재결청이 취소심판의 청구가 이유 있다고 인정하여 처분청에 처분을 취소할 것을 명하면 처분청으로서는 재결의 취지에 따라 처분을 취소하여야 하지만, 나아가 재결에 판결에서와 같은 기판력이 인정되는 것은 아니어서 재결이 확정된 경우에도 처분의 기초가 된 사실관계나 법률적 판단이 확정되고 당사자들이나 법원이 이에 기속되어 모순되는 주장이나 판단을 할 수 없게 되는 것은 아니다(대판 2015.11.27. 2013다6759).

② (×) 행정심판청구기간은 취소심판과 거부처분으로 인한 의무이행심판에만 적용된다. / 무효등확인심판청구와 부작위에 대한 의무이행심판청구에는 적용하지 아니한다(「행정심판법」 제27조 제7항 참고).

③ (×) 임시처분은 제30조 제2항에 따른 집행정지로 목적을 달성할 수 있는 경우에는 허용되지 아니한다(동법 제31조 제3항).

④ (×) 〈법령〉 「행정심판법」 제27조(심판청구의 기간) ❶ 행정심판은 처분이 있음을 알게 된 날부터 90일 이내에 청구하여야 한다.
❷ 청구인이 천재지변, 전쟁, 사변(事變), 그 밖의 불가항력으로 인하여 제1항에서 정한 기간에 심판청구를 할 수 없었을 때에는 그 사유가 소멸한 날부터 14일 이내에 행정심판을 청구할 수 있다. 다만, 국외에서 행정심판을 청구하는 경우에는 그 기간을 30일로 한다.
❸ 행정심판은 처분이 있었던 날부터 180일이 지나면 청구하지 못한다. 다만, 정당한 사유가 있는 경우에는 그러하지 아니하다.
❹ 제1항과 제2항의 기간은 불변기간으로 한다.

11 행정소송 > 법률상 이익　　　　　　답 ④

| 정답해설 | ④ (×) 〈판례〉 구 「기간제 및 단시간근로자 보호 등에 관한 법률」(2014.3.18. 법률 제12469호로 개정되기 전의 것) 시정절차 관련 규정의 내용과 입법 목적, 시정절차의 기능, 시정명령의 내용 등을 종합하여 보면, 시정신청 당시에 혹은 시정절차 진행 도중에 근로계약기간이 만료하였다는 이유만으로 기간제근로자가 차별적 처우의 시정을 구할 시정이익이 소멸하지는 아니한다(대판 2016.12.1. 2014두43288).

| 오답해설 | ① (○) 부작위위법확인소송은 처분의 신청을 한 자로서 부작위의 위법의 확인을 구할 법률상 이익이 있는 자만이 제기할 수 있다(「행정소송법」 제36조).

② (○) 〈판례〉 사증발급의 법적 성질, 「출입국관리법」의 입법 목적, 사증발급 신청인의 대한민국과의 실질적 관련성, 상호주의원칙 등을 고려하면, 우리 「출입국관리법」의 해석상 외국인에게는 사증발급 거부처분의 취소를 구할 법률상 이익이 인정되지 않는다(대판 2018.5.15. 2014두42506).

③ (○) 〈판례〉 사단법인 대한의사협회(이하 '원고 협회'라고 한다)는 의료법에 의하여 의사들을 회원으로 하여 설립된 사단법인으로서, 「국민건강보험법」상 요양급여행위, 요양급여비용의 청구 및 지급과 관련하여 직접적인 법률관계를 갖지 않고 있으므로, 원고 협회는 '건강보험 요양급여 행위 및 그 상대가치점수 개정'(보건복지부 고시 제2001-32호, 이하 '이 사건 고시'라 한다)의 취소를 구할 원고적격이 있다고 할 수 없다(대판 2006.5.25. 2003두11988).

⑤ (○) 〈판례〉 법인의 주주는 법인에 대한 행정처분에 관하여 사실상이나 간접적인 이해관계를 가질 뿐이어서 스스로 그 처분의 취소를 구할 원고적격이 없는 것이 원칙이다(대판 2010.5.13. 2010두2043).

| 더 알아보기 | 법인의 주주가 원고적격이 될 수 있는 경우

> 처분으로 인하여 법인이 더 이상 영업 전부를 행할 수 없게 되고, 영업에 대한 인·허가의 취소 등을 거쳐 해산·청산되는 절차 또한 처분 당시 이미 예정되어 있으며, 그 후속절차가 취소되더라도 그 처분의 효력이 유지되는 한 당해 법인이 종전에 행하던 영업을 다시 행할 수 없는 예외적인 경우에는 주주도 그 처분에 관하여 직접적·구체적인 법률상 이해관계를 가진다고 보아 그 효력을 다툴 원고적격이 있지만(대판 2005.1.27. 2002두5313 참조), 만일 그 법인의 주주가 법인에 대한 행정처분 이후의 주식 양수인인 경우에는 특별한 사정이 없는 한 그 처분에 대하여 간접적·경제적 이해관계를 가질 뿐 법률상 직접적·구체적 이익을 가지는 것은 아니다(대판 2010.5.13. 2010두2043).

12 행정행위 > 행정행위의 내용　　　　　　답 ③

| 정답해설 | ㄷ. (×) 〈판례〉 자동차운수사업면허조건 등을 위반한 사업자에 대하여 행정청이 행정제재수단으로 사업 정지를 명할 것인지, 과징금을 부과할 것인지, 과징금을 부과키로 한다면 그 금액은 얼마로 할 것인지에 관하여 재량권이 부여되었다 할 것이므로 과징금 부과처분이 법이 정한 한도액을 초과하여 위법할 경우 법원으로서는 그 전부를 취소할 수밖에 없다(대판 1998.4.10. 98두2270).

| 오답해설 | ㄱ. (○) 〈판례〉 구 「여객자동차 운수사업법」(2005.12.7. 법률 제7712호로 개정되기 전의 것)에 의한 개인택시운송사업면허는 특정인에게 권리나 이익을 부여하는 이른바 수익적 행정행위로서 법령에 특별한 규정이 없는 한 재량행위이다(대판 2007.3.15. 2006두15783).

ㄴ. (○) 대판 1998.4.10. 98두2270

13 행정소송 > 집행정지　　　　　　답②

| **정답해설** | ② (○) 집행정지는 적극처분에 대한 항고소송에서의 임시구제 제도이다. 취소소송이나 무효등확인소송에서는 집행정지가 인정되지만(거부처분에는 인정되지 않음), 부작위위법확인소송과 당사자소송에서는 집행정지제도가 없다.

14 행정강제 > 행정대집행　　　　　　답②

| **정답해설** | ② (×) 〈판례〉 도시공원시설인 매점의 관리청이 그 공동점유자 중의 1인에 대하여 소정의 기간 내에 위 매점으로부터 퇴거하고 이에 부수하여 그 판매 시설물 및 상품을 반출하지 아니할 때에는 이를 대집행하겠다는 내용의 계고처분은 그 주된 목적이 매점의 원형을 보존하기 위하여 점유자가 설치한 불법 시설물을 철거하고자 하는 것이 아니라, 매점에 대한 점유자의 점유를 배제하고 그 점유이전을 받는 데 있다고 할 것인데, 이러한 의무는 그것을 강제적으로 실현함에 있어 직접적인 실력행사가 필요한 것이지 대체적 작위의무에 해당하는 것은 아니어서 직접강제의 방법에 의하는 것은 별론으로 하고 「행정대집행법」에 의한 대집행의 대상이 되는 것은 아니다(대판 1998.10.23. 97누157).

| **오답해설** | ① (○) 대판 2017.4.28. 2016다213916

③ (○) 대판 1991.1.25. 90누5962

④ (○) 〈판례〉 후행처분인 대집행영장발부통보처분 자체에는 아무런 하자가 없다고 하더라도, 후행처분인 대집행영장발부통보처분의 취소를 청구하는 소송에서 청구원인으로 선행처분인 계고처분이 위법한 것이기 때문에 그 계고처분을 전제로 행하여진 대집행영장발부통보처분도 위법한 것이라는 주장을 할 수 있다(대판 1996.2.9. 95누12507).

⑤ (○) 〈판례〉 행정청이 행정대집행의 방법으로 건물철거의무의 이행을 실현할 수 있는 경우에는 건물철거 대집행 과정에서 부수적으로 건물의 점유자들에 대한 퇴거조치를 할 수 있고, 점유자들이 적법한 행정대집행을 위력을 행사하여 방해하는 경우 형법상 공무집행방해죄가 성립하므로, 필요한 경우에는 「경찰관 직무집행법」에 근거한 위험발생 방지조치 또는 「형법」상 공무집행방해죄의 범행방지 내지 현행범체포의 차원에서 경찰의 도움을 받을 수도 있다(대판 2017.4.28. 2016다213916).

15 행정법의 의의 > 행정법의 일반원칙　　　　　　답①

| **정답해설** | ① 〈판례〉 (×) 신뢰보호의 원칙은 행정청이 공적인 견해를 표명할 당시의 사정이 그대로 유지됨을 전제로 적용되는 것이 원칙이므로, 사후에 그와 같은 사정이 변경된 경우에는 그 공적 견해가 더 이상 개인에게 신뢰의 대상이 된다고 보기 어려운 만큼, 특별한 사정이 없는 한 행정청이 그 견해표명에 반하는 처분을 하더라도 신뢰보호의 원칙에 위반된다고 할 수 없다(대판 2020.6.25. 2018두34732).

| **오답해설** | ② (○) 〈판례〉 취득세 등이 면제되는 구 「지방세법」(2005.1.5. 법률 제7332호로 개정되기 전의 것) 제288조 제2항에 정한 '기술진흥단체'인지 여부에 관한 질의에 대하여 건설교통부장관과 내무부장관이 비과세 의견으로 회신한 경우, 공적인 견해표명에 해당한다(대판 2008.6.12. 2008두1115).

③ (○) 〈판례〉 당초 정구장 시설을 설치한다는 도시계획결정을 하였다가 정구장 대신 청소년 수련시설을 설치한다는 도시계획 변경결정 및 지적승인을 한 경우, 당초의 도시계획결정만으로는 도시계획사업의 시행자 지정을 받게 된다는 공적인 견해를 표명하였다고 할 수 없다(대판 2000.11.10. 2000두727).

④ (○) 대판 2020.6.25. 2018두34732

⑤ (○) 대판 1997.9.12. 96누18380

16 행정행위 > 인·허가의제제도　　　　　　답⑤

| **정답해설** | ⑤ (×) 〈판례〉 의제된 인·허가는 통상적인 인·허가와 동일한 효력을 가지므로, 적어도 '부분 인·허가의제'가 허용되는 경우에는 그 효력을 제거하기 위한 법적 수단으로 의제된 인·허가의 취소나 철회가 허용될 수 있고, 이러한 직권 취소·철회가 가능한 이상 그 의제된 인·허가에 대한 쟁송취소 역시 허용된다. 따라서 주택건설사업계획 승인처분에 따라 의제된 인·허가가 위법함을 다투고자 하는 이해관계인은, 주택건설사업계획 승인처분의 취소를 구할 것이 아니라 의제된 인·허가의 취소를 구하여야 하며, 의제된 인·허가는 주택건설사업계획 승인처분과 별도로 항고소송의 대상이 되는 처분에 해당한다(대판 2018.11.29. 2016두38792).

| **오답해설** | ① (○) 〈판례〉 주된 인·허가에 관한 사항을 규정하고 있는 어떠한 법률에서 주된 인·허가가 있으면 다른 법률에 의한 인·허가를 받은 것으로 의제한다는 규정을 둔 경우에는, 주된 인·허가가 있으면 다른 법률에 의한 인·허가가 있는 것으로 보는 데 그치는 것이고, 그에서 더 나아가 다른 법률에 의하여 인·허가를 받았음을 전제로 한 다른 법률의 모든 규정들까지 적용되는 것은 아니라고 할 것이다(대판 2004.7.22. 2004다19715).

② (○) 〈판례〉 건설부장관이 구 「주택건설촉진법」(1991.3.8. 법률 제4339호로 개정되기 전의 것) 제33조에 따라 관계기관의 장과의 협의를 거쳐 사업계획승인을 한 이상 같은 조 제4항의 허가·인가·결정·승인 등이 있는 것으로 볼 것이고, 그 절차와 별도로 도시계획법 제12조 등 소정의 중앙도시계획위원회의 의결이나 주민의 의견청취 등 절차를 거칠 필요는 없다(대판 1992.11.10. 92누1162).

③ (○) 〈판례〉 구 「주한미군 공여구역주변지역 등 지원특별법」(2008.3.28. 법률 제9000호로 개정되기 전의 것. 이하 '구 지원특별법'이라 한다) 제29조의 인·허가의제 조항은 목적사업의 원활한 수행을 위해 행정절차를 간소화하고자 하는 데 입법 취지가 있는데, 구 지원특별법 제11조에 의한 사업시행승인을 하는 경우 같은 법 제29조 제1항에 규정된 사업 관련 모든 인·허가의제 사항에 관하여 관계 행정기관의 장과 일괄하여 사전 협의를 거칠 것을 요건으로 하는 것은 아니고, 사업시행승인 후 인·허

가의제사항에 관하여 관계 행정기관의 장과 협의를 거치면 그때 해당 인·허가가 의제된다고 보는 것이 타당하다(대판 2012. 2.9. 2009두16305).

④ (○) 〈판례〉 건축불허가처분을 하면서 그 처분사유로 건축불허가 사유뿐만 아니라 형질변경불허가 사유나 농지전용불허가 사유를 들고 있다고 하여, 그 건축불허가처분에 관한 쟁송과는 별개로 형질변경불허가처분이나 농지전용불허가처분에 관한 쟁송을 제기하여 이를 다투어야 하는 것은 아니다(대판 2001.1.16. 99두10988).

---

17 행정행위 > 재량행위 　　　　　　　　　　　　　답 ③

| 정답해설 | ③ (×) 〈판례〉 「식품위생법」상 대중음식점영업허가는 성질상 일반적 금지에 대한 해제에 불과하므로 허가권자는 허가신청이 법에서 정한 요건을 구비한 때에는 허가하여야 하고 관계법규에서 정하는 제한사유 이외의 사유를 들어 허가신청을 거부할 수 없다(대판 1993.5.27. 93누2216).

| 오답해설 | ① (○) 〈판례〉 「약사법」 제26조 및 동법 시행규칙 제53조에 의한 허가사항 변경허가에 있어서 소관행정청은 그 허가신청이 위 법조의 요건에 합치하는 때에는 특별한 사정이 없는 한 이를 허가하여야 하고 공익상 필요가 없음에도 불구하고 허가를 거부할 수 없다는 의미에서 그 허가 여부는 기속재량에 속하는 것이다(대판 1985.12.10. 85누674).

② (○) 〈판례〉 공유수면 점용허가는 공유수면 관리청이 공공 위해의 예방 경감과 공공복리의 증진에 기여함에 적당하다고 인정하는 경우에 그 자유재량에 의하여 허가의 여부를 결정하여야 할 것이므로, 공유수면 점용허가를 필요로 하는 채광계획 인가신청에 대하여도, 공유수면 관리청이 재량적 판단에 의하여 공유수면 점용을 허가 여부를 결정할 수 있고, 그 결과 공유수면 점용을 허용하지 않기로 결정하였다면, 채광계획 인가관청은 이를 사유로 하여 채광계획을 인가하지 아니할 수 있는 것이다(대판 2002.10.11. 2001두151).

④ (○) 〈판례〉 토지의 형질변경허가는 그 금지요건이 불확정개념으로 규정되어 있어 그 금지요건에 해당하는지 여부를 판단함에 있어서 행정청에게 재량권이 부여되어 있다고 할 것이므로, 국토계획법에 의하여 지정된 도시지역 안에서 토지의 형질변경행위를 수반하는 건축허가는 결국 재량행위에 속한다(대판 2010.2.25. 2009두19960).

⑤ (○) 〈판례〉 공무원 임용을 위한 면접전형에 있어서 임용신청자의 능력이나 적격성 등에 관한 판단은 면접위원의 고도의 교양과 학식, 경험에 기초한 자율적 판단에 의존하는 것으로서 오로지 면접위원의 자유재량에 속하고, 그와 같은 판단이 현저하게 재량권을 일탈 내지 남용한 것이 아니라면 이를 위법하다고 할 수 없다(대판 1997.11.28. 97누11911).

---

18 행정행위 > 행정법의 성립과 효력 　　　　　　답 ④

| 정답해설 | ④ (×) 주소 등을 통상적으로 확인할 수 없는 경우뿐 아니라 송달이 불가능한 경우에도 공고에 의한 송달을 규정하고 있다. 〈법령〉 「행정절차법」 제14조(송달) ❹ 다음 각 호의 어느 하나에 해당하는 경우에는 송달받을 자가 알기 쉽도록 관보, 공보, 게시판, 일간신문 중 하나 이상에 공고하고 인터넷에도 공고하여야 한다.

　1. 송달받을 자의 주소 등을 통상적인 방법으로 확인할 수 없는 경우

　2. 송달이 불가능한 경우

| 오답해설 | ①③ (○) 〈판례〉 행정처분의 효력발생요건으로서의 도달이란 처분상대방이 처분서의 내용을 현실적으로 알았을 필요까지는 없고 처분상대방이 알 수 있는 상태에 놓임으로써 충분하며, 처분서가 처분상대방의 주민등록상 주소지로 송달되어 처분상대방의 사무원 등 또는 그 밖에 우편물 수령권한을 위임받은 사람이 수령하면 처분상대방이 알 수 있는 상태가 되었다고 할 것이다(대판 2017.3.9. 2016두60577).

② (○) 대판 2002.7.26. 2000다25002

⑤ (○) 대판 2004.4.9. 2003두13908

---

19 행정정보공개와 개인정보보호 > 정보공개 　　답 ①

| 정답해설 | ① (×) 〈판례〉 「공공기관의 정보공개에 관한 법률」은 국민을 정보공개청구권자로, 지방자치단체를 국민에 대응하는 정보공개의무자로 상정하고 있다고 할 것이므로, 지방자치단체는 「공공기관의 정보공개에 관한 법률」 제5조에서 정한 정보공개청구권자인 '국민'에 해당되지 아니한다(서울행정법원 2005.10.12. 2005구합10484).

| 더 알아보기 | 지방자치단체가 기본권의 주체가 될 수 있는지에 대한 헌법재판소의 입장

> 지방자치단체는 기본권의 주체가 될 수 없다는 것이 헌법재판소의 입장이며, 이를 변경해야 할 만한 사정이나 필요성이 없으므로 지방자치단체인 춘천시의 헌법소원청구는 부적법하다(헌재 2006.12.28. 2006헌마312).

| 오답해설 | ② (○) 「공공기관의 정보공개에 관한 법률」 제3조

③ (○) 동법 제20조 제2항

④ (○) 동법 제8조의2

⑤ (○) 동법 제6조의2

---

20 손해배상 > 국가배상 　　　　　　　　　　　답 ⑤

| 정답해설 | ⑤ (×) 〈판례〉 등기신청의 첨부서면으로 제출한 판결서가 위조된 것으로서 그 기재사항 및 기재형식이 일반적인 판결서의 작성방식과 다르다는 점만을 근거로 판결서의 진정 성립에 관하여 자세한 확인절차를 하지 않은 등기관의 직무상의 주의의무위반을 이유로 국가배상책임을 인정할 수 없다(대판 2005.2.25. 2003다13048).

등기관이 같은 부동산에 관하여 접수된 두개의 근저당권설정등기신청 가운데 등기필증을 구비하지 못한 선(先) 등기신청의 흠결을 임의로 후(後) 등기신청에 첨부된 등기필증으로 보완함으로써 후(後) 등기신청한 근저당권자가 후순위로 밀려나 임의경매절차에서 배당을 받지 못하는 손해를 입은 경우, 국가에 배상책임이 있다(대판 2007.11.15. 2004다2786).

| **오답해설** | ① (○) 대판 1987.9.22. 87다카1164

② (○) **〈판례〉** 피의자 등이 헌법상 변호인의 조력을 받을 권리의 의미와 범위를 정확히 이해하면서도 이성적 판단에 따라 자발적으로 그 권리를 포기한 경우, 변호인의 접견이 강제될 수 없고, 위와 같은 요건이 갖추어지지 않았는데도 수사기관이 접견을 허용하지 않는 경우, 변호인의 접견교통권 침해로 인한 국가배상책임이 성립한다(대판 2018.12.27. 2016다266736).

③ (○) **〈판례〉** 특별송달우편물의 배달 업무에 종사하는 우편집배원으로서는 압류 및 전부명령 결정 정본에 대하여 적법한 송달이 이루어지지 아니할 경우에는 법령에 정해진 일정한 효과가 발생하지 못하고 그로 인하여 국민의 권리 실현에 장애를 초래하여 당사자가 불측의 피해를 입게 될 수 있음을 충분히 예견할 수 있다고 봄이 상당하다(대판 2009.7.23. 2006다87798).

④ (○) 어떠한 행정처분이 잘못된 법령해석에 근거한 것이라고 하더라도 행정처분이 곧바로 공무원의 고의 또는 과실로 인한 것으로서 불법행위를 구성한다고 단정할 수는 없고, 객관적 주의의무를 위반함으로써 행정처분이 객관적 정당성을 상실하였다고 인정될 수 있는 정도에 이르러야 「국가배상법」 제2조가 정한 국가배상책임의 요건을 충족한다(대판 2016.6.23. 2015다205864).

합격예상 체크		

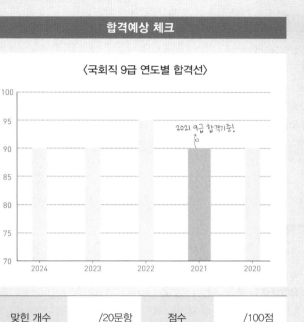

〈국회직 9급 연도별 합격선〉

2021 9급 합격기준!

맞힌 개수	/20문항	점수	/100점

➡ □ 합격   □ 불합격

취약영역 체크					
문항	정답	영역	문항	정답	영역
①	③	행정상 의무이행 확보수단	11	④	행정상 의무이행 확보수단
2	①②	행정법 통칙	12	⑤	행정법 통칙
3	②⑤	행정법 통칙	13	⑤	행정법 통칙
4	⑤	행정상 의무이행 확보수단	14	②	행정법 통칙
5	④	행정구제	15	①	행정상 의무이행 확보수단
6	①	행정법 통칙	16	③	행정구제
7	④	행정구제	17	①	행정구제
8	③	행정상 의무이행 확보수단	18	④	행정법 통칙
9	⑤	행정구제	19	②	행정법 통칙
10	②	행정구제	20	⑤	행정구제

⬇ 영역별 틀린 개수로 취약영역을 확인하세요!

행정법 서론	–/0	행정법 통칙	/8	행정상 의무이행 확보수단	/5
행정구제	/7	행정조직(7급)	–/0	특별행정작용(7급)	–/0

➡ 나의 취약영역: _____

※ [정답해설]과 [오답해설] 선지의 50% 표시는 〈1초 합격예측 서비스〉를 통해 수집된 선지 선택률을 나타냅니다.

---

1   행정강제 > 이행강제금   오답률 6% | 답 ③

| 정답해설 | ③ 94% (×) 이행강제금은 비대체적 작위의무와 부작위의무에 활용되어 왔던 의무이행확보수단이었으나 실정법상 「건축법」 등에서 대체적 작위의무에 대한 이행강제금 규정을 두고 있다. 이에 헌법재판소는 「건축법」 등의 대체적 작위의무에 대해 대집행과 이행강제금은 행정청이 선택적으로 활용하는 관계이므로 이중처벌금지원칙에 반하지 않는다는 입장이다. 〈판례〉 전통적으로 행정대집행은 대체적 작위의무에 대한 강제집행 수단으로, 이행강제금은 부작위의무나 비대체적 작위의무에 대한 강제집행 수단으로 이해되어 왔으나, 이는 이행강제금제도의 본질에서 오는 제약은 아니며, 이행강제금은 대체적 작위의무의 위반에 대하여도 부과될 수 있다(헌재 2004.2.26. 2001헌바80).

| 오답해설 | ① 0% (○) 이행강제금은 집행벌이며, 현재의 의무이행을 강제하는 점에서 과거의무위반에 대한 과벌인 행정벌과 구분된다.

② 2% (○) 이행강제금은 제재가 아니므로 반복부과가 가능하다.

④ 2% (○) 이행강제금은 강제집행의 하나로서 반드시 법적 근거를 필요로 한다.

⑤ 2% (○) 대결 2005.11.30. 자 2005마1031

---

2   그 밖의 행정의 주요 행위 형식 > 행정계획   답 ①②

※ 이 문항은 복수 정답 처리되어, 선택률 정보를 기재하지 않았습니다.

| 정답해설 | ① (×) 〈판례〉 도시환경정비사업을 직접 시행하려는 토지 등 소유자들은 시장·군수로부터 사업시행인가를 받기 전에는 행정주체로서의 지위를 가지지 못한다. 따라서 그가 작성한 사업시행계획은 인가처분의 요건 중 하나에 불과하고 항고소송의 대상이 되는 독립된 행정처분에 해당하지 아니한다고 할 것이다(대판 2013. 6.13. 2011두19994).

② (×) 「행정절차법」에는 행정계획에 대한 일반적 규정을 두고 있다(시험 당시에는 규정이 없었음). 〈법령〉 「행정절차법」 제40조의4(행정계획) 행정청은 행정청이 수립하는 계획 중 국민의 권리·의무에 직접 영향을 미치는 계획을 수립하거나 변경·폐지할 때에는 관련된 여러 이익을 정당하게 형량하여야 한다.

| 오답해설 | ③ (○) 행정계획을 결정함에 있어서 각종 이익 간에 형량이 필요하다.

④ (○) 행정계획도 「국가배상법」상의 직무에 해당되어 계획의 폐지에 따른 손해가 국가배상요건이 충족되는 경우에 국가배상이 가능하다.

⑤ (○) 헌재 2000.6.1. 99헌마538

3 행정정보공개와 개인정보보호 > 개인정보보호　답 ②⑤

※ 법령의 개정으로 복수 정답이 되어, 선택률 정보를 기재하지 않았습니다.

| **정답해설** | ② (×) 국무총리 소속으로 개인정보보호위원회를 둔다.
〈법령〉「개인정보 보호법」제7조(개인정보보호위원회) ❶ 개인정보 보호에 관한 사무를 독립적으로 수행하기 위하여 국무총리 소속으로 개인정보보호위원회(이하 '보호위원회'라 한다)를 둔다.

⑤ (×) 법 개정으로 제28조의6 제1항은 삭제되어 틀린 지문이 되었다.

| **오답해설** | ① (○)「개인정보 보호법」제28조의2 제1항

③ (○) 동법 제24조의2 제1항

④ (○) 동법 제51조

---

4 행정강제 > 행정대집행　오답률 18%　답 ⑤

| **정답해설** | ⑤ 82% (×) 행정대집행으로 시설물을 철거할 수 있는 경우에는 민사강제는 허용되지 않는다. 〈판례〉「공유재산 및 물품 관리법」제83조 제1항 규정에 따라 지방자치단체장은 행정대집행의 방법으로 공유재산에 설치한 시설물을 철거할 수 있고, 이러한 행정대집행의 절차가 인정되는 경우에는 민사소송의 방법으로 시설물의 철거를 구하는 것은 허용되지 아니한다(대판 2017.4.13. 2013다207941).

| **오답해설** | ① 11% (○)「행정대집행법」제4조 제1항

② 5% (○) 부작위의무는 행정대집행 대상이 아니다. 〈판례〉법치주의의 원리에 비추어 볼 때 위와 같은 부작위의무로부터 그 의무를 위반함으로써 생긴 결과를 시정하기 위한 작위의무를 당연히 끌어낼 수는 없으며, 또 위 금지규정(특히 허가를 유보한 상대적 금지규정)으로부터 작위의무, 즉 위반결과의 시정을 명하는 권한이 당연히 추론되는 것도 아니다(대판 1996.6.28. 96누4374).

③ 2% (○)「행정대집행법」제6조

④ 0% (○) 대판 1998.10.23. 97누157

---

5 행정소송 > 취소소송의 제소기간　오답률 32%　답 ④

| **정답해설** | ④ 68% (×) 불가쟁력이 발생한 처분에 대해 행정심판을 전치하여도 행정소송은 청구할 수 없다. 〈판례〉처분이 있음을 안 날부터 90일을 넘겨 청구한 부적법한 행정심판청구에 대한 재결이 있은 후 재결서를 송달받은 날부터 90일 이내에 원래의 처분에 대하여 취소소송을 제기하였다고 하여 취소소송이 다시 제소기간을 준수한 것으로 되는 것은 아니다(대판 2011.11.24. 2011두18786).

| **오답해설** | ① 7% (○) 안 날은 처분의 상대방 등이 현실적으로 안 날을 의미한다.

② 11% (○) 제소기간의 준수 여부는 제척기간으로 소송청구의 적법성 문제이다. 법원은 직권으로 판단하여야 한다.

③ 5% (○) 대판 2007.6.14. 2004두619

⑤ 9% (○) 〈판례〉행정처분의 당연무효를 선언하는 의미에서 그 취소를 청구하는 행정소송을 제기하는 경우에도 소원의 전치와

제소기간의 준수 등 취소소송의 제소요건을 갖추어야 한다(대판 1984.5.29. 84누175).

---

6 행정상 법률요건과 법률사실 > 사인의 공법행위　오답률 20%　답 ①

| **정답해설** | ① 80% (×) 甲의 건축신고는 인·허가의제로서의 건축신고이다. 수리를 필요로 하는 신고로서 甲의 신고에 부적법하다고 해도 행정청의 수리가 있다면 일단 신고의 수리는 유효하고 이에 적법한 신고의 효과가 발생하게 된다.

| **오답해설** | ② 7% (○) 수리를 요하는 신고의 수리나 수리거부는 항고소송 대상인 처분이다. 수리거부에 대해 소송을 통해 다툴 수 있다.

③ 4% (○) 수리를 요하는 신고의 효력발생은 행정청이 수리를 하는 시점이 된다.

④ 7%, ⑤ 2% (○) 대판 2011.1.20. 2010두14954

오답률 TOP 1

7 행정소송 > 처분성 여부　오답률 78%　답 ④

| **정답해설** | ④ 22% (○) 대판 2018.6.28. 2016두50990

| **오답해설** | ① 5% (×) 〈판례〉「국가공무원법」상 당연퇴직은 결격사유가 있을 때 법률상 당연히 퇴직하는 것이지 공무원관계를 소멸시키기 위한 별도의 행정처분을 요하는 것이 아니며, 당연퇴직의 인사발령은 법률상 당연히 발생하는 퇴직사유를 공적으로 확인하여 알려주는 이른바 관념의 통지에 불과하고 공무원의 신분을 상실시키는 새로운 형성적 행위가 아니므로 행정소송의 대상이 되는 독립한 행정처분이라고 할 수 없다(대판 1995.11.14. 95누2036).

② 5% (×) 〈판례〉행정청이 한 행위가 단지 사인 간 법률관계의 존부를 공적으로 증명하는 공증행위에 불과하여 그 효력을 둘러싼 분쟁의 해결이 사법원리에 맡겨져 있거나 행위의 근거 법률에서 행정소송 이외의 다른 절차에 의하여 불복할 것을 예정하고 있는 경우에는 항고소송의 대상이 될 수 없다고 보는 것이 타당하다(대판 2012.6.14. 2010두19720).

③ 63% (×) 〈판례〉거부처분의 처분성을 인정하기 위한 전제요건이 되는 신청권의 존부는 구체적 사건에서 신청인이 누구인가를 고려하지 않고 관계 법규의 해석에 의하여 일반 국민에게 그러한 신청권을 인정하고 있는가를 살펴 추상적으로 결정되는 것이고, 신청인이 그 신청에 따른 단순한 응답을 받을 권리를 넘어서 신청의 인용이라는 만족적 결과를 얻을 권리를 의미하는 것은 아니므로, 국민이 어떤 신청을 한 경우에 그 신청의 근거가 된 조항의 해석상 행정발동에 대한 개인의 신청권을 인정하고 있다고 보이면 그 거부행위는 항고소송의 대상이 되는 처분으로 보아야 하고, 구체적으로 그 신청이 인용될 수 있는가 하는 점은 본안에서 판단하여야 할 사항이다(대판 2009.9.10. 2007두20638).

⑤ 5% (×) 〈판례〉자동차운전면허대장상 일정한 사항의 등재행위는 운전면허행정사무집행의 편의와 사실증명의 자료로 삼기 위한 것일 뿐 그 등재행위로 인하여 당해 운전면허 취득자에게 새로이 어떠한 권리가 부여되거나 변동 또는 상실되는 효력이 발생하는 것은 아니다(대판 1991.9.24. 91누1400).

8 행정벌 > 「질서위반행위규제법」 　오답률 34%　답 ③

| 정답해설 | ③ 66% (×) 대통령령으로 정하는 사법(私法)상·소송법상 의무를 위반하여 과태료를 부과하는 행위는 「질서위반행위규제법」상의 과태료가 아니다. **〈법령〉**「질서위반행위규제법」제2조(정의) 이 법에서 사용하는 용어의 뜻은 다음과 같다.

1. '질서위반행위'란 법률(지방자치단체의 조례를 포함한다. 이하 같다)상의 의무를 위반하여 과태료를 부과하는 행위를 말한다. 다만, 다음 각 목의 어느 하나에 해당하는 행위를 제외한다.
　가. 대통령령으로 정하는 사법(私法)상·소송법상 의무를 위반하여 과태료를 부과하는 행위
　나. 대통령령으로 정하는 법률에 따른 징계사유에 해당하여 과태료를 부과하는 행위

| 오답해설 | ① 18% (○) 「질서위반행위규제법」제3조 제1항
② 2% (○) 동법 제25조
④ 12% (○) 동법 제7조
⑤ 2% (○) 동법 제15조 제1항

오답률 TOP 2

9 행정쟁송 > 행정심판 　오답률 77%　답 ⑤

| 정답해설 | ⑤ 23% (×) 처분변경명령에 대한 간접강제규정은 「행정심판법」에는 규정되어 있지 않다. 간접강제가 가능한 경우로는 거부처분에 대한 취소재결이나 무효등확인재결, 처분의 이행명령재결, 신청에 대한 처분이 절차위반으로 취소된 경우이다. **〈법령〉**「행정심판법」제49조(재결의 기속력 등) ❷ 재결에 의하여 <u>취소되거나 무효 또는 부존재로 확인되는 처분이 당사자의 신청을 거부하는 것을 내용으로 하는 경우</u>에는 그 처분을 한 행정청은 재결의 취지에 따라 다시 이전의 신청에 대한 처분을 하여야 한다.
❸ 당사자의 신청을 거부하거나 부작위로 방치한 <u>처분의 이행을 명하는 재결</u>이 있으면 행정청은 지체 없이 이전의 신청에 대하여 재결의 취지에 따라 처분을 하여야 한다.
❹ 신청에 따른 처분이 절차의 위법 또는 부당을 이유로 재결로써 취소된 경우에는 제2항을 준용한다.
제50조의2(위원회의 간접강제) ❶ 위원회는 피청구인이 <u>제49조 제2항</u>(제49조 제4항에서 준용하는 경우를 포함한다) 또는 제3항에 따<u>른 처분을 하지 아니하면 청구인의 신청에 의하여 결정으로 상당한 기간을 정하고 피청구인이 그 기간 내에 이행하지 아니하는 경우에는 그 지연기간에 따라 일정한 배상을 하도록 명하거나 즉시 배상</u>을 할 것을 명할 수 있다.

| 오답해설 | ① 30% (○) 거부처분은 취소심판, 무효등확인심판, 의무이행심판이 가능하다.
② 16% (○) 「행정심판법」제27조 제7항
③ 20% (○) 동법 제49조 제1항
④ 11% (○) 동법 제43조 제3항

10 손해배상 > 국가배상 　오답률 36%　답 ②

| 정답해설 | ② 64% (×) 공무원의 작위의무가 법령에 명시적으로 규정되어 있지 않아도 조리상 공무원이 해야 할 행위를 하지 않았다면 인과관계 있는 손해에 대해 손해배상책임이 발생한다. **〈판례〉** 국민의 생명·신체·재산 등에 대하여 절박하고 중대한 위험상태가 발생하였거나 발생할 상당한 우려가 있어서 국민의 생명 등을 보호하는 것을 본래적 사명으로 하는 국가가 초법규적·일차적으로 그 위험의 배제에 나서지 아니하면 국민의 생명 등을 보호할 수 없는 경우에는 형식적 의미의 법령에 근거가 없더라도 국가나 관련 공무원에 대하여 그러한 위험을 배제할 작위의무를 인정할 수 있을 것이다(대판 2012.7.26. 2010다95666).

| 오답해설 | ① 9% (○) 대판 2011.3.10. 2010다85942
③ 5% (○) 대판 2014.8.20. 2012다54478
④ 2% (○) 대판 1997.6.13. 96다56115
⑤ 20% (○) 대판 2000.4.25. 99다54998

11 행정벌 > 통고처분 　오답률 21%　답 ④

| 정답해설 | ④ 79% (×) **〈판례〉** 경찰서장의 통고처분은 행정소송의 대상이 되는 행정처분이 아니므로 그 처분의 취소를 구하는 소송은 부적법하고, 「도로교통법」상의 통고처분을 받은 자가 그 처분에 대하여 이의가 있는 경우에는 통고처분에 따른 범칙금의 납부를 이행하지 아니함으로써 경찰서장의 즉결심판청구에 의하여 법원의 심판을 받을 수 있게 될 뿐이다(대판 1995.6.29. 95누4674).

| 오답해설 | ② 0% (○) 통고처분의 내용을 이행하면 확정판결과 동일한 효력이 인정되며 일사부재리의 효력이 발생된다.
③ 14% (○) 통고처분의 내용을 이행하지 않으면 통고권자의 고발에 의해 형사소송절차로 진행된다.
⑤ 7% (○) 헌재 1998.5.28. 96헌바4

12 행정행위 > 행정처분 　오답률 34%　답 ⑤

| 정답해설 | ⑤ 66% (×) 처분 후에 근거 법이 위헌으로 결정되면 그 처분은 중대한 하자이지만 명백한 하자로 볼 수 없어 취소에 해당된다. **〈판례〉** 일반적으로 법률이 헌법에 위반된다는 사정은 헌법재판소의 위헌결정이 있기 전에는 객관적으로 명백한 것이라고 할 수 없으므로 특별한 사정이 없는 한 이러한 하자는 위 행정처분의 취소사유에 해당할 뿐 당연무효 사유는 아니라고 보아야 한다(대판 2000.6.9. 2000다16329).

| 오답해설 | ① 0% (○) 대판 2006.4.13. 2005두15151
② 25% (○) 대판 1993.5.27. 93누6621
③ 7% (○) 대판 2011.11.10. 2011도11109
④ 2% (○) 대판 2006.6.30. 2005두14363

13 행정행위 > 행정행위의 부관 | 오답률 18% | 답 ⑤

| **정답해설** | ⑤ 82% (×) 처분의 상대방이 부담을 이행하지 않는 경우에 행정청은 정지나 취소, 철회 등의 조치를 취할 수 있다. 〈판례〉 부담부 행정처분에 있어서 처분의 상대방이 부담(의무)을 이행하지 아니한 경우에 처분행정청으로서는 이를 들어 당해 처분을 취소(철회)할 수 있는 것이다(대판 1989.10.24. 89누2431).

| **오답해설** | ① 2% (○) 대판 1992.1.21. 91누1264

② 7% (○) 대판 1992.1.21. 91누1264

③ 0% (○) 부담은 조건이나 기한과 달리 주된 행정처분의 효력을 발생시키거나 소멸시키는 부관이 아니고 주된 행정처분에 의무를 부과한 것이다. 따라서 부담을 불이행한 경우에 행정청에 의해 주된 처분이 정지되거나 취소, 철회될 수는 있으나 주된 처분의 효력이 당연소멸하는 것은 아니다.

④ 9% (○) 처분의 상대방에게 조건보다 부담의 부관이 유리하므로 양자의 구분이 모호한 경우에는 국민에게 유리한 부담으로 본다.

14 행정행위 > 무효와 취소 | 오답률 31% | 답 ②

| **정답해설** | ㄱ. (○) 행정처분의 효력 유무가 선결문제인 경우 민사법원에서 처분의 무효 여부는 판단할 수 있으나, 취소의 경우에는 민사법원이 처분의 효력을 부정할 수 없고 유효를 전제로 민사사건을 처리하여야 한다.

ㄴ. (○) 무효는 하자승계가 이루어지나, 취소의 경우에는 선처분과 후처분이 결합되어 하나의 법효과를 목적으로 하는지 여부에 따라 승계 여부가 달라진다.

ㄷ. (○) 무효는 사정판결이 인정되지 않고, 취소는 사정판결이 가능하다.

| **오답해설** | ㄹ. (×) 무효나 취소, 양자 모두 국가배상소송에 있어서 공무원 직무행위의 위법성이 인정된다.

15 행정상 즉시강제 및 행정조사 > 행정조사 | 오답률 11% | 답 ①

| **정답해설** | ① 89% (×) 세무조사결정은 항고소송 대상인 처분이다. 〈판례〉 세무조사결정은 납세의무자의 권리·의무에 직접 영향을 미치는 공권력의 행사에 따른 행정작용으로서 항고소송의 대상이 된다(대판 2011.3.10. 2009두23617·23624).

| **오답해설** | ② 2% (○) 대판 2006.5.25·2003두11988

③ 0% (○) 대판 2006.6.2. 2004두12070

④ 7% (○) 「행정조사기본법」 제12조 제2항

⑤ 2% (○) 대판 2016.10.27. 2016두41811

16 행정소송 > 항고소송의 대상 | 오답률 46% | 답 ③

| **정답해설** | ③ 54% (○) 대판 2013.7.25. 2012두12297

| **오답해설** | ① 14% (×) 〈판례〉 甲 시장이 감사원으로부터 「감사원법」 제32조에 따라 乙에 대하여 징계의 종류를 정직으로 정한 징

계 요구를 받게 되자 감사원에 징계요구에 대한 재심의를 청구하였고, 감사원이 재심의청구를 기각하자 乙이 감사원의 징계요구와 그에 대한 재심의결정의 취소를 구하고 甲 시장이 감사원의 재심의결정 취소를 구하는 소를 제기한 사안에서, 감사원의 징계요구와 재심의결정이 항고소송의 대상이 되는 행정처분이라고 할 수 없고, 甲 시장이 제기한 소송이 기관소송으로서 「감사원법」 제40조 제2항에 따라 허용된다고 볼 수 없다(대판 2016.12.27. 2014두5637).

② 7% (×) 〈판례〉 감액처분으로도 아직 취소되지 않고 남아 있는 부분이 위법하다고 하여 다투는 경우 항고소송의 대상은 처음의 부과처분 중 감액처분에 의하여 취소되지 않고 남은 부분이고 감액처분이 항고소송의 대상이 되는 것은 아니다(대판 2008.2.15. 2006두3957).

④ 11% (×) 〈판례〉 수용재결에 불복하여 취소소송을 제기하는 때에는 이의신청을 거친 경우에도 수용재결을 한 중앙토지수용위원회 또는 지방토지수용위원회를 피고로 하여 수용재결의 취소를 구하여야 하고, 다만 이의신청에 대한 재결 자체에 고유한 위법이 있음을 이유로 하는 경우에는 그 이의재결을 한 중앙토지수용위원회를 피고로 하여 이의재결의 취소를 구할 수 있다고 보아야 한다(대판 2010.1.28. 2008두1504).

⑤ 14% (×) 〈판례〉 당사자가 지방노동위원회의 처분에 대하여 불복하기 위하여는 처분 송달일로부터 10일 이내에 중앙노동위원회에 재심을 신청하고 중앙노동위원회의 재심판정서 송달일로부터 15일 이내에 중앙노동위원장을 피고로 하여 재심판정취소의 소를 제기하여야 할 것이다(대판 1995.9.15. 95누6724).

오답률 TOP 3
17 행정소송 > 종합 | 오답률 66% | 답 ①

| **정답해설** | ㄱ. (○) 대판 2011.6.24. 2008두9317

ㄴ. (○) 대판 2006.4.20. 2002두1878

| **오답해설** | ㄷ. (×) 〈판례〉 「광주민주화운동관련자 보상 등에 관한 법률」에 따른 보상심의위원회의 결정은 처분성이 인정되지 못하고 당사자소송에 의한다(대판 1992.12.24. 92누3335).

ㄹ. (×) 통치행위는 사법심사 대상이 아니지만 이에 부수하는 행위는 통치행위로부터 분리하여 사법심사의 대상이다(남북정상회담과 대북송금행위).

18 행정행위 > 허가·특허·인가 | 오답률 27% | 답 ④

| **정답해설** | ④ 73% (특허) 구 「수도권 대기환경개선에 관한 특별법」상 대기오염 물질 총량관리사업장 설치의 허가는 특허에 해당된다. 〈판례〉 「구 수도권대기환경특별법」 제14조 제1항에서 정한 대기오염물질 총량관리사업장 설치의 허가 또는 변경허가는 특정인에게 인구가 밀집되고 대기오염이 심각하다고 인정되는 수도권 대기관리권역에서 총량관리대상 오염물질을 일정량을 초과하여 배출할 수 있는 특정한 권리를 설정하여 주는 행위로서 그 처분의 여부 및 내용의 결정은 행정청의 재량에 속한다(대판 2013.5.9. 2012두22799).

| 오답해설 | ① 2% (인가) 대판 2015.5.29. 2013두635

② 9% (인가) 대판 2000.1.28. 98두16996

③ 14% (인가) 토지거래허가는 강학상 인가에 해당한다.

⑤ 2% (인가) 대판 1995.12.12. 95누7338

---

19 「행정기본법」과 「행정절차법」 > 행정절차   오답률 29%   답 ②

| 정답해설 | ② 71% (×) 「국가공무원법」상 직위해제처분은 구 「행정절차법」 제3조 제2항 제9호, 동법 시행령 제2조 제3호에 의하여 당해 행정작용의 성질상 행정절차를 거치기 곤란하거나 불필요하다고 인정되는 사항 또는 행정절차에 준하는 절차를 거친 사항에 해당하므로, 처분의 사전통지 및 의견청취 등에 관한 「행정절차법」의 규정이 별도로 적용되지 아니한다고 봄이 상당하다(대판 2014.5.16. 2012두26180).

| 오답해설 | ① 0% (○) 「행정절차법」 제21조 제1항

③ 18% (○) 복효적 행정행위에서 제3자가 권익침해를 받는다고 해도 「행정절차법」 규정에 따라 당사자에게 의무를 부과하거나 권익을 제한하는 처분이 아니라면 사전통지 대상이 아니다.

④ 7% (○) 동법 제21조 제1항 제4호

⑤ 4% (○) 대판 2003.11.28. 2003두674

---

20 행정소송 > 당사자소송   오답률 24%   답 ⑤

| 정답해설 | ⑤ 76% (×) 〈판례〉 당사자소송에 대하여는 「행정소송법」 제23조 제2항의 집행정지에 관한 규정이 준용되지 아니하므로, 이를 본안으로 하는 가처분에 대하여는 「행정소송법」 제8조 제2항에 따라 「민사집행법」상의 가처분에 관한 규정이 준용되어야 한다(대결 2015.8.21. 2015무26).

| 오답해설 | ① 5% (○) 「행정소송법」 제39조

② 5% (○) 동법 제41조

③ 7% (○) 판결의 기속력에 관한 취소소송의 규정을 당사자소송에 준용한다. 〈법령〉「행정소송법」 제30조(취소판결 등의 기속력) ❶ 처분 등을 취소하는 확정판결은 그 사건에 관하여 당사자인 행정청과 그 밖의 관계행정청을 기속한다.
제44조(준용규정) ❶ 제14조 내지 제17조, 제22조, 제25조, 제26조, 제30조 제1항, 제32조 및 제33조의 규정은 당사자소송의 경우에 준용한다.

④ 7% (○) 취소소송의 직권심리 규정을 당사자소송에 준용한다. 〈법령〉「행정소송법」 제26조(직권심리) 법원은 필요하다고 인정할 때에는 직권으로 증거조사를 할 수 있고, 당사자가 주장하지 아니한 사실에 대하여도 판단할 수 있다.
제44조(준용규정) ❶ 제14조 내지 제17조, 제22조, 제25조, 제26조, 제30조 제1항, 제32조 및 제33조의 규정은 당사자소송의 경우에 준용한다.

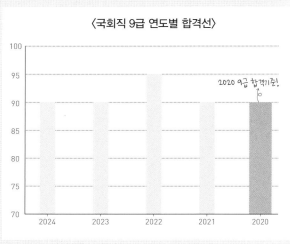

1	행정상 법률요건과 법률사실 > 사인의 공법행위
	오답률 32% 답 ①

| 정답해설 | ㄱ. (○) 의사무능력자의 행위는 사법행위나 공법행위 모두 무효이다.

ㄴ. (○) 「민법」의 비진의 의사표시에 관한 무효에 관한 규정은 사인의 공법행위에 적용되지 아니하여 공법에서는 유효로 본다.

ㄷ. (○) 사인의 공법행위에는 부관을 붙일 수 없다.

ㄹ. (○) 사인의 공법행위는 행정행위에 인정되는 공정력 등의 특수한 효력이 없다.

ㅁ. (○) 대판 1993.7.27. 92누16942

2	행정행위 > 부관
	오답률 33% 답 ③

| 정답해설 | ③ 67% (×) 〈판례〉 공익법인의 기본재산의 처분에 관한 「공익법인의 설립·운영에 관한 법률」 제11조 제3항의 규정은 강행규정으로서 이에 위반하여 주무관청의 허가를 받지 않고 기본재산을 처분하는 것은 무효라 할 것인데, 위 처분허가에 부관을 붙인 경우 그 처분허가의 법률적 성질이 형성적 행정행위로서의 인가에 해당한다고 하여 조건으로서의 부관의 부과가 허용되지 아니한다고 볼 수는 없다(대판 2005.9.28. 2004다50044).

| 오답해설 | ① 3% (○) 대판 1995.6.13. 94다56883

② 0% (○) 조건과 부담의 부관 중 상대방에게 유리한 부관은 부담이다. 따라서 양자의 구분이 모호한 경우에는 상대방에게 유리한 부담으로 본다.

④ 3% (○) 대판 2009.11.12. 2008다98006

⑤ 27% (○) 대판 2012.8.30. 2010두24951

3	행정소송 > 소의 변경
	오답률 24% 답 ②

| 정답해설 | ② 76% (×) 법원은 직권으로 소를 변경할 수 없다. 〈법령〉 「행정소송법」 제21조(소의 변경) ❶ 법원은 취소소송을 당해 처분 등에 관계되는 사무가 귀속하는 국가 또는 공공단체에 대한 당사자소송 또는 취소소송 외의 항고소송으로 변경하는 것이 상당하다고 인정할 때에는 청구의 기초에 변경이 없는 한 사실심의 변론종결시까지 원고의 신청에 의하여 결정으로써 소의 변경을 허가할 수 있다.

| 오답해설 | ① 0% (○) 「행정소송법」 제21조 제1항

③ 5% (○) 동법 제21조 제2항

④ 14% (○) 동법 제42조

⑤ 5% (○) 처분 변경에 따른 소의 변경은 행정심판을 전치한 것으로 인정한다. 〈법령〉 「행정소송법」 제18조(행정심판과의 관계) ❶ 취소소송은 법령의 규정에 의하여 당해 처분에 대한 행정심판을 제기할 수 있는 경우에도 이를 거치지 아니하고 제기할 수 있다. 다만, 다른 법률에 당해 처분에 대한 행정심판의 재결을 거치지

아니하면 취소소송을 제기할 수 없다는 규정이 있는 때에는 그러하지 아니하다.

제22조(처분변경으로 인한 소의 변경) ❶ 법원은 행정청이 소송의 대상인 처분을 소가 제기된 후 변경한 때에는 원고의 신청에 의하여 결정으로써 청구의 취지 또는 원인의 변경을 허가할 수 있다.

❷ 제1항의 규정에 의한 신청은 처분의 변경이 있음을 안 날로부터 60일 이내에 하여야 한다.

❸ 제1항의 규정에 의하여 변경되는 청구는 제18조 제1항 단서의 규정에 의한 요건을 갖춘 것으로 본다.

---

4 행정쟁송 > 행정심판   오답률 13%   답 ④

| **정답해설** | ④ 87% (○) 임시처분은 집행정지와 보충성의 관계이다. 〈**법령**〉「행정심판법」제31조(임시처분) ❸ 제1항에 따른 임시처분은 제30조 제2항에 따른 집행정지로 목적을 달성할 수 있는 경우에는 허용되지 아니한다.

| **오답해설** | ① 0% (×) 〈**법령**〉「행정심판법」제43조의2(조정) ❶ 위원회는 당사자의 권리 및 권한의 범위에서 당사자의 동의를 받아 심판청구의 신속하고 공정한 해결을 위하여 조정을 할 수 있다. 다만, 그 조정이 공공복리에 적합하지 아니하거나 해당 처분의 성질에 반하는 경우에는 그러하지 아니하다.

② 0% (×) 직접 처분뿐만 아니라 간접강제도 가능하다(동법 제50조 제1항, 제50조의2 제1항).

③ 0% (×) 심판청구기간에 대한 불고지는 처분이 있는 날로부터 180일이다. 〈**법령**〉「행정심판법」제27조(심판청구의 기간) ❸ 행정심판은 처분이 있었던 날부터 180일이 지나면 청구하지 못한다. 다만, 정당한 사유가 있는 경우에는 그러하지 아니하다.

❻ 행정청이 심판청구 기간을 알리지 아니한 경우에는 제3항에 규정된 기간(→ 처분이 있었던 날부터 180일)에 심판청구를 할 수 있다.

⑤ 13% (×) 재결은 확정판결과 같은 기판력의 효력이 없다. 〈**판례**〉행정심판의 재결은 피청구인인 행정청을 기속하는 효력을 가지므로 재결청이 취소심판의 청구가 이유 있다고 인정하여 처분청에 처분을 취소할 것을 명하면 처분청으로서는 재결의 취지에 따라 처분을 취소하여야 하지만, 나아가 재결에 판결에서와 같은 기판력이 인정되는 것은 아니어서 재결이 확정된 경우에도 처분의 기초가 된 사실관계나 법률적 판단이 확정되고 당사자들이나 법원이 이에 기속되어 모순되는 주장이나 판단을 할 수 없게 되는 것은 아니다(대판 2015.11.27. 2013다6759).

오답률 TOP 2

5 그 밖의 행정의 주요 행위 형식 > 공법상 계약   오답률 49%   답 ②

| **정답해설** | ② 51% (○) 대판 2018.2.13. 2014두11328

| **오답해설** | ① 14% (×) 〈**판례**〉산업단지관리공단이 구 「산업집적활성화 및 공장설립에 관한 법률」제38조 제2항에 따른 변경계약의 취소는 항고소송의 대상이 되는 행정처분에 해당한다(대판 2017.6.15. 2014두46843).

③ 3% (×) 「행정절차법」에는 공법상 계약이 규정되어 있지 않다. 「행정기본법」에 규정되어 있다.

④ 8% (×) 〈**판례**〉「공공용지의 취득 및 손실보상에 관한 특례법」에 의하여 공공용지를 협의취득한 사업시행자가 그 양도인과 사이에 체결한 매매계약은 공공기관이 사경제주체로서 행한 사법상 매매이다(대판 1999.11.26. 98다47245).

⑤ 24% (×) 〈**판례**〉중소기업기술정보진흥원장이 甲 주식회사와 중소기업 정보화지원사업 지원대상인 사업의 지원에 관한 협약을 체결하였는데, 협약이 甲 회사에 책임이 있는 사업실패로 해지되었다는 이유로 협약에서 정한 대로 지급받은 정부지원금을 반환할 것을 통보한 사안에서 … 협약의 해지 및 그에 따른 환수통보는 공법상 계약에 따라 행정청이 대등한 당사자의 지위에서 하는 의사표시로 보아야 하고, 이를 행정청이 우월한 지위에서 행는 공권력의 행사로서 행정처분에 해당한다고 볼 수는 없다(대판 2015.8.27. 2015두41449).

---

6 행정행위 > 허가, 특허, 인가   오답률 35%   답 ⑤

| **정답해설** | ⑤ 65% (×) 기본행위에 하자가 있는 경우에는 기본행위에 소송을 청구하여야 하지, 기본행위의 하자를 이유로 인가에 대하여 소송을 청구할 수 없다. 〈**판례**〉기본행위인 임시이사들에 의한 이사선임결의의 내용 및 그 절차에 하자가 있다는 이유로 이사선임결의의 효력에 관하여 다툼이 있는 경우에는 민사쟁송으로서 그 기본행위에 해당하는 위 이사선임결의의 무효확인을 구하는 등의 방법으로 분쟁을 해결할 것이지 그 이사선임결의에 대한 보충적 행위로서 그 자체만으로는 아무런 효력이 없는 승인처분만의 무효확인이나 그 취소를 구하는 것은 특단의 사정이 없는 한 분쟁해결의 유효적절한 수단이라 할 수 없으므로, 임원취임승인처분의 무효확인이나 그 취소를 구할 법률상 이익이 없다(대판 2002.5.24. 2000두3641).

| **오답해설** | ① 5% (○) 명령적 행정행위인 허가를 받아야 할 행위를 허가 없이 행한 경우에 그 행위는 제재나 강제의 대상이 될 뿐 그 행위의 효과까지 부정되지는 않는다.

② 5% (○) 대판 2016.7.14. 2015두48846

③ 8% (○) 대판 2006.8.25. 2004두2974

④ 17% (○) 특허는 상대방의 출원이나 동의를 효력요건으로 하는 협력을 요하는 처분이다. 따라서 출원 없는 동의는 무효에 해당한다.

---

7 그 밖의 행정의 주요 행위 형식 > 행정계획   오답률 19%   답 ⑤

| **정답해설** | ⑤ 81% (×) 〈**판례**〉산업단지개발계획상 산업단지 안의 토지소유자로서 산업단지개발계획에 적합한 시설을 설치하여 입주하려는 자는 산업단지지정권자 또는 그로부터 권한을 위임받은 기관에 대하여 산업단지개발계획의 변경을 요청할 수 있는 법규상 또는 조리상 신청권이 있다(대판 2017.8.29. 2016두44186).

| **오답해설** | ① 0% (○) 대판 1997.6.24. 96누1313

② 5% (○) 대판 2006.9.8. 2003두5426

③ 3% (○) 도시계획결정에 대한 취소소송에서 이미 진행된 기성 사실로 사정판결이 있게 되면 비록 처분은 위법하지만 공공복리 등의 이유로 취소되지 않는다.

④ 11% (○) 재량이 부여된 행정처분에 행정청은 재량을 하자 없이 행사하여야 할 의무가 있다는 점에서 상대방 등은 무하자재량행사청구권을 갖는다.

---

8 손해배상 > 국가배상   오답률 13%   답 ③

| **정답해설** | ③ 87% (×) 〈판례〉「국가배상법」제5조 제1항에 정하여진 '영조물의 설치 또는 관리의 하자'라 함은 공공의 목적에 공여된 영조물이 그 용도에 따라 갖추어야 할 안전성을 갖추지 못한 상태에 있음을 말하고, … 영조물이 공공의 목적에 이용됨에 있어 그 이용상태 및 정도가 일정한 한도를 초과하여 제3자에게 사회통념상 참을 수 없는 피해를 입히는 경우까지 포함된다고 보아야 할 것이고, 사회통념상 참을 수 있는 피해인지의 여부는 그 영조물의 공공성, 피해의 내용과 정도, 이를 방지하기 위하여 노력한 정도 등을 종합적으로 고려하여 판단하여야 한다(대판 2004.3.12. 2002다14242).

| **오답해설** | ① 0% (○) 대판 2004.3.12. 2002다14242

② 5% (○) 대판 1998.2.10. 97다32536

④ 8% (○) 대판 1994.11.22. 94다32924

⑤ 0% (○) 「국가배상법」제5조 제2항

오답률 TOP 1

9 행정정보공개와 개인정보보호 > 개인정보보호   오답률 73%   답 ④

| **정답해설** | ④ 27% (×) 분쟁을 조정하기 위한 기구는 개인정보 분쟁조정위원회이다. 〈법령〉「개인정보 보호법」제40조(설치 및 구성) ❶ 개인정보에 관한 분쟁의 조정(調停)을 위하여 개인정보 분쟁조정위원회(이하 '분쟁조정위원회'라 한다)를 둔다.

| **오답해설** | ① 65% (○) 개인정보는 살아 있는 개인에 관한 정보이다. 사자(死者)나 법인, 단체는 「개인정보 보호법」상 개인정보가 아니다.

② 8% (○) 「개인정보 보호법」제23조 제1항

③ 0% (○) 동법 제39조 제1항

⑤ 0% (○) 동법 제51조

---

10 행정소송 > 법률상 이익   오답률 8%   답 ①

| **정답해설** | ① 92% (×) 〈판례〉상수원보호구역 설정의 근거가 되는 「수도법」제5조 제1항 및 동 시행령 제7조 제1항이 보호하고자 하는 것은 상수원의 확보와 수질보전일 뿐이고, … 공공의 이익이 달성됨에 따라 반사적으로 얻게 되는 이익에 불과하므로 지역주민들에 불과한 원고들에게는 위 상수원보호구역변경처분의 취소를 구할 법률상의 이익이 없다(대판 1995.9.26. 94누14544).

| **오답해설** | ② 0% (○) 〈판례〉환경영향평가대상지역 안의 주민들이 공유수면매립면허처분 등과 관련하여 갖고 있는 위와 같은 환경상의 이익은 주민 개개인에 대하여 개별적으로 보호되는 직접적·구체적 이익으로서 … 공유수면 매립면허처분 등의 무효확인을

구할 원고적격이 인정된다(대판 2006.3.16. 2006두330).

③ 0% (○) 〈판례〉주거지역 내의 도시계획법 제19조 제1항과 개정 전 「건축법」제32조 제1항 소정 제한면적을 초과한 연탄공장건축 허가처분으로 불이익을 받고 있는 제3거주자는 당해 행정처분의 취소를 소구할 법률상 자격이 있다(대판 1975.5.13. 73누96,97).

④ 3% (○) 〈판례〉납골당 설치장소로부터 500m 내에 20호 이상의 인가가 밀집한 지역에 거주하는 주민들에 대하여는 납골당이 누구에 의하여 설치되는지 여부를 따질 필요 없이 납골당 설치에 대하여 환경 이익 침해 또는 침해 우려가 있는 것으로 사실상 추정되어 원고적격이 인정된다(대판 2011.9.8. 2009두6766).

⑤ 5% (○) 〈판례〉시외버스운송사업계획변경인가처분으로 시외버스 운행노선 중 일부가 기존의 시내버스 운행노선과 중복하게 되어 기존 시내버스사업자의 수익감소가 예상되는 경우, 기존의 시내버스운송사업자에게 위 처분의 취소를 구할 법률상의 이익이 있다(대판 2002.10.25. 2001두4450).

---

11 행정강제 > 행정대집행   오답률 3%   답 ⑤

| **정답해설** | ⑤ 97% (○) 대판 2005.8.19. 2004다2809

| **오답해설** | ① 0% (×) 〈판례〉관계 법령상 행정대집행의 절차가 인정되어 행정청이 행정대집행의 방법으로 건물의 철거 등 대체적 작위의무의 이행을 실현할 수 있는 경우에는 따로 민사소송의 방법으로 그 의무의 이행을 구할 수 없다. 한편 건물의 점유자가 철거의무자일 때에는 건물철거의무에 퇴거의무도 포함되어 있는 것이어서 별도로 퇴거를 명하는 집행권원이 필요하지 않다(대판 2017.4.28. 2016다213916).

② 3% (×) 「행정대집행법」제6조 규정에 의해 강제징수가 가능하다.

③ 0% (×) 〈판례〉대집행 비용납부명령 자체에는 아무런 하자가 없다 하더라도, 후행처분인 대집행 비용납부명령의 취소를 청구하는 소송에서 청구원인으로 선행처분인 계고처분이 위법한 것이기 때문에 그 계고처분을 전제로 행하여진 대집행 비용납부명령도 위법한 것이라는 주장을 할 수 있다(대판 1993.11.9. 93누14271).

④ 0% (×) 〈판례〉「행정대집행법」상의 건물철거의무는 제1차 철거명령 및 계고처분으로서 발생하였고 제2차, 제3차의 계고처분은 새로운 철거의무를 부과한 것이 아니고, 다만 대집행기한의 연기통지에 불과하므로 행정처분이 아니다(대판 1994.10.28. 94누5144).

---

12 행정정보공개와 개인정보보호 > 정보공개   오답률 32%   답 ③

| **정답해설** | ③ 68% (×) 총리령과 부령은 「공공기관의 정보공개에 관한 법률」에 규정이 없다. 〈법령〉「공공기관의 정보공개에 관한 법률」제9조(비공개 대상 정보) ❶ 공공기관이 보유·관리하는 정보는 공개 대상이 된다. 다만, 다음 각 호의 어느 하나에 해당하는 정보는 공개하지 아니할 수 있다.

1. 다른 법률 또는 법률에서 위임한 명령(국회규칙·대법원규칙·헌법재판소규칙·중앙선거관리위원회규칙·대통령령 및 조례로 한정한다)에 따라 비밀이나 비공개 사항으로 규정된 정보

| 오답해설 | ① 3% (○) 〈판례〉 일반적인 정보공개청구권의 의미와 성질, 구「공공기관의 정보공개에 관한 법률」(2013.8.6. 법률 제11991호로 개정되기 전의 것, 이하 '정보공개법'이라 한다) 제3조, 제5조 제1항, 제6조의 규정 내용과 입법 목적, 정보공개법이 정보공개청구권의 행사와 관련하여 정보의 사용 목적이나 정보에 접근하려는 이유에 관한 어떠한 제한을 두고 있지 아니한 점 등을 고려하면, 국민의 정보공개청구는 정보공개법 제9조에 정한 비공개 대상 정보에 해당하지 아니하는 한 원칙적으로 폭넓게 허용되어야 한다(대판 2014.12.24. 2014두9349). → 직접 이해관계가 없는 경우에도 정보공개청구가 가능하다.

② 16% (○) 서울행법 2005.10.12. 2005구합10484

④ 13% (○) 개인정보라도 절대적 비공개는 아니며 공개하는 것이 오히려 공익을 위하거나 개인의 신체나 생명, 재산보호에 유리한 경우 등에는 형량을 통해 공개할 수 있다. 〈법령〉「공공기관의 정보공개에 관한 법률」 제9조(비공개 대상 정보) ❶ 공공기관이 보유·관리하는 정보는 공개 대상이 된다. 다만, 다음 각 호의 어느 하나에 해당하는 정보는 공개하지 아니할 수 있다.

6. 해당 정보에 포함되어 있는 성명·주민등록번호 등「개인정보 보호법」 제2조 제1호에 따른 개인정보로서 공개될 경우 사생활의 비밀 또는 자유를 침해할 우려가 있다고 인정되는 정보. 다만, 다음 각 목에 열거한 사항은 제외한다.

가. 법령에서 정하는 바에 따라 열람할 수 있는 정보

나. 공공기관이 공표를 목적으로 작성하거나 취득한 정보로서 사생활의 비밀 또는 자유를 부당하게 침해하지 아니하는 정보

다. 공공기관이 작성하거나 취득한 정보로서 공개하는 것이 공익이나 개인의 권리 구제를 위하여 필요하다고 인정되는 정보

라. 직무를 수행한 공무원의 성명·직위

마. 공개하는 것이 공익을 위하여 필요한 경우로서 법령에 따라 국가 또는 지방자치단체가 업무의 일부를 위탁 또는 위촉한 개인의 성명·직업

⑤ 0% (○) 대판 2008.11.27. 2005두15694

---

13 행정행위 > 제3자와 이해관계인 오답률 40% 답 ①

| 정답해설 | ① 60% (×) 행정처분시에 하는 고지는 행정청의 직권고지에 해당되고 직권고지에는 제3자에 대한 고지규정이 없다.「행정심판법」상 신청에 의한 고지에 해당된다.

| 오답해설 | ② 11% (○) 행정청은 직권이나 신청에 의해 이해관계인을 참여하게 할 수 있다. 〈법령〉「행정절차법」 제2조(정의) 이 법에서 사용하는 용어의 뜻은 다음과 같다.

4. '당사자 등'이란 다음 각 목의 자를 말한다.

가. 행정청의 처분에 대하여 직접 그 상대가 되는 당사자

나. 행정청이 직권으로 또는 신청에 따라 행정절차에 참여하게 한 이해관계인

③ 5% (○) 대판 2007.4.12. 2004두7924

---

④ 11% (○) 「행정소송법」 제16조 제1항

⑤ 13% (○) 동법 제31조 제1항

---

14 행정입법 > 법규명령 오답률 29% 답 ④

| 정답해설 | ④ 71% (×) 집행명령은 상위법의 위임 없이 상위법의 집행을 위한 절차나 형식을 제정할 뿐 새로운 법규적 사항은 제정할 수 없고 긴급한 경우에도 마찬가지이다.

| 오답해설 | ① 3% (○) 대판 2017.4.20. 2015두45700

② 16% (○) 법규명령은 상위법상의 한계, 의회유보에 의한 한계, 처벌규정상의 한계, 재위임의 한계 등의 범위 내에서 허용된다.

③ 5% (○) 헌재 1997.2.20. 95헌바27

⑤ 5% (○) 헌재 2006.3.30. 2005헌바31

---

15 손실보상 > 행정상 손실보상 오답률 16% 답 ⑤

| 정답해설 | ⑤ 84% (×) 〈판례〉 헌법 제23조 제3항은 정당한 보상을 전제로 하여 재산권의 수용 등에 관한 가능성을 규정하고 있지만, 재산권 수용의 주체를 한정하지 않고 있다. … 민간기업을 수용의 주체로 규정한 자체를 두고 위헌이라고 할 수 없으며, 나아가 이 사건 수용조항을 통해 민간기업에게 사업시행에 필요한 토지를 수용할 수 있도록 규정할 필요가 있다는 입법자의 인식에도 합리적인 이유가 있다 할 것이다(헌재 2009.9.24. 2007헌바114).

| 오답해설 | ① 0% (○) 대판 2011.1.27. 2009두1051

② 16% (○) 헌재 2010.2.25. 2008헌바6

③ 0% (○) 헌재 2006.2.23. 2004헌마19

④ 0% (○) 헌재 1996.8.29. 95헌바36

---

16 손해배상 > 국가배상 오답률 19% 답 ①

| 정답해설 | ① 81% (×) 〈판례〉 본조 제1항에서 말하는 '직무를 행함에 당하여'라는 취지는 공무원의 행위의 외관을 객관적으로 관찰하여 공무원의 직무행위로 보여질 때에는 비록 그것이 실질적으로 직무행위이거나 아니거나 또는 행위자의 주관적 의사에 관계없이 그 행위는 공무원의 직무집행행위로 볼 것이요, 이러한 행위가 실질적으로 공무집행행위가 아니라는 사정을 피해자가 알았다 하더라도 그것을 '직무를 행함에 당하여'라고 단정하는 데 아무런 영향을 미치는 것이 아니다(대판 1966.6.28. 66다781).

| 오답해설 | ② 16% (○) 공무원의 위법에 대한 고의나 과실에 관한 증명은 피해자인 원고가 부담한다.

③ 0% (○) 〈판례〉 어떠한 행정처분이 후에 항고소송에서 취소되었다고 할지라도 그 기판력에 의하여 당해 행정처분이 곧바로 공무원의 고의 또는 과실로 인한 것으로서 불법행위를 구성한다고 단정할 수는 없는 것이고, 그 행정처분의 담당공무원이 보통 일반의 공무원을 표준으로 하여 볼 때 객관적 주의의무를 결하여 그 행정처분이 객관적 정당성을 상실하였다고 인정될 정도에 이른 경우에 「국가배상법」 제2조 소정의 국가배상책임의 요건을 충족하였다고 봄이 상당할 것이다(대판 2000.5.12. 99다70600).

④ 0% (○) 「국가배상법」 제4조

⑤ 3% (○) 대판 1994.12.9. 94다38137

17 행정행위 > 재량의 일탈·남용   오답률 49%   답 ①

| 정답해설 | ㄱ. (일탈·남용이 아님) 〈판례〉구 「출입국관리법」 (2012.2.10. 법률 제11298호로 개정되기 전의 것) 제76조의3 제1항 제3호의 문언·내용 등에 비추어 보면, 비록 그 규정에서 정한 사유가 있더라도, 법무부장관은 난민인정결정을 취소할 공익상의 필요와 취소로 당사자가 입을 불이익 등 여러 사정을 참작하여 취소 여부를 결정할 수 있는 재량이 있다. 그러나 그 취소처분이 사회통념상 현저하게 타당성을 잃거나 비례·평등의 원칙을 위반하였다면 재량권을 일탈·남용한 것으로서 위법하다. 다만, 구 「출입국관리법」 제76조의3 제1항 제3호는 거짓 진술이나 사실은폐 등으로 난민인정결정을 하는 데 하자가 있음을 이유로 이를 취소하는 것이므로, 당사자는 애초 난민인정결정에 관한 신뢰를 주장할 수 없음은 물론 행정청이 이를 고려하지 않았다고 하더라도 재량권을 일탈·남용하였다고 할 수 없다(대판 2017.3.15. 2013두16333).

ㄴ. (일탈·남용이 아님) 〈판례〉 장교 등 군인의 전역허가 여부는 전역심사위원회 등 관계 기관에서 원칙적으로 자유재량에 의하여 판단할 사항으로서 군의 특수성에 비추어 명백한 법규 위반이 없는 이상 군 당국의 판단을 존중하여야 하며 군의관에 대한 전역거부처분이 재량권의 일탈·남용에 해당하지 않는다(대판 1998.10.13. 98두12253).

| 오답해설 | ㄷ. (일탈·남용에 해당함) 〈판례〉 공정한 업무처리에 대한 사의로 두고 간 돈 30만 원이 든 봉투를 소지함으로써 피동적으로 금품을 수수하였다가 돌려 준 20여 년 근속의 경찰공무원에 대한 해임처분이 사회통념상 현저하게 타당성을 잃어 재량권의 남용에 해당한다(대판 1991.7.23. 90누8954).

ㄹ. (일탈·남용에 해당함) 〈판례〉 대학교 총장인 피고가 해외근무자들의 자녀를 대상으로 한 「교육법 시행령」 제71조의2 제4항 소정의 특별전형에서 외교관, 공무원의 자녀에 대하여만 획일적으로 과목별 실제 취득점수에 20%의 가산점을 부여하여 합격사정을 함으로써 실제 취득점수에 의하면 충분히 합격할 수 있는 원고들에 대하여 불합격처분을 하였다면 위법하다(대판 1990.8.28. 89누8255).

18 행정입법 > 종합   오답률 33%   답 ④

| 정답해설 | ④ 67% (×) 〈판례〉 제재적 행정처분이 그 처분에서 정한 제재기간의 경과로 인하여 그 효과가 소멸되었으나, 부령인 시행규칙 또는 지방자치단체의 규칙의 형식으로 정한 처분기준에서 제재적 행정처분을 받은 것을 가중사유나 전제요건으로 삼아 장래의 제재적 행정처분을 하도록 정하고 있는 경우, 선행처분인 제재적 행정처분을 받은 상대방이 그 처분에서 정한 제재기간이 경과하였다 하더라도 그 처분의 취소를 구할 법률상 이익이 있다(대판 2006.6.22. 2003두1684 전합).

| 오답해설 | ① 3% (○) 대판 1996.9.20. 95누8003

② 3% (○) 대판 1992.5.8. 91누11261

③ 22% (○) 대판 1998.3.27. 97누20236

⑤ 5% (○) 대결 2006.4.28. 자 2003마715

19 행정쟁송 > 부작위위법확인소송   오답률 22%   답 ②

| 정답해설 | ② 78% (○) 대판 1990.9.25. 89누4758

| 오답해설 | ① 6% (×) 〈판례〉 부작위위법확인의 소에 있어 당사자가 행정청에 대하여 어떠한 행정행위를 하여 줄 것을 요구할 수 있는 법규상 또는 조리상 권리를 갖고 있지 아니한 경우에는 원고적격이 없거나 항고소송의 대상인 위법한 부작위가 있다고 볼 수 없어 그 부작위위법확인의 소는 부적법하다(대판 1999.12.7. 97누17568).

③ 16% (×) 「행정소송법」 제36조 참고

④ 0% (×) 부작위위법확인소송은 부작위상태가 지속되고 있는 경우에 행정소송의 제소기간이 적용되지 않지만, 의무이행심판을 전치한 경우에는 재결서를 송달받은 날을 기준으로 제소기간이 적용된다.

⑤ 0% (×) 부작위위법확인소송에서 인용판결이 확정되면 행정청은 이전에 신청에 대한 처분의 의무가 있다. 여기에서 이전 신청의 처분은 당초에 신청한 특정의 처분을 의미한다.

20 「행정기본법」과 「행정절차법」 > 행정절차   답 없음

※ 법령의 개정으로 답 없음 처리하고, 선택률 정보를 기재하지 않았습니다.

| 오답해설 | ① (○) 대판 2014.5.16. 2012두26180

② (○) 시험 당시에는 ②가 정답이었으나 「행정절차법」의 개정으로 이제는 온라인공청회가 단독으로 개최될 수 있다. 〈법령〉 「행정절차법」 제38조의2(온라인공청회) ❶ 행정청은 제38조에 따른 공청회와 병행하여서만 정보통신망을 이용한 공청회(이하 '온라인공청회'라 한다)를 실시할 수 있다.

❷ 제1항에도 불구하고 다음 각 호의 어느 하나에 해당하는 경우에는 온라인공청회를 단독으로 개최할 수 있다.

1. 국민의 생명·신체·재산의 보호 등 국민의 안전 또는 권익 보호 등의 이유로 제38조에 따른 공청회를 개최하기 어려운 경우

2. 제38조에 따른 공청회가 행정청이 책임질 수 없는 사유로 개최되지 못하거나 개최는 되었으나 정상적으로 진행되지 못하고 무산된 횟수가 3회 이상인 경우

3. 행정청이 널리 의견을 수렴하기 위하여 온라인공청회를 단독으로 개최할 필요가 있다고 인정하는 경우. 다만, 제22조 제2항 제1호 또는 제3호에 따라 공청회를 실시하는 경우는 제외한다.

③ (○) 대판 2014.10.27. 2012두7745

④ (○) 대판 2003.2.14. 2001두7015

⑤ (○) 「행정절차법」 제23조 제2항

에듀윌이
너를
지지할게

ENERGY

벽을 내려치느라 시간을 낭비하지 마라.
그 벽이 문으로 바뀔 수 있도록 노력하라.

– 가브리엘 "코코" 샤넬(Gabrielle "Coco" Chanel)

국회직 8급

해설 &
기출분석 REPORT

국회직 8급 기출 POINT

Point 1 국가직, 지방직과는 결을 달리하는 문제 유형이다. 국회와 관련된 내용이나 헌법적 지식, 행정입법과 관련한 문제가 많다.

Point 2 문장은 길고 지엽적이다. 하나의 문제나 선지에 2개 이상의 쟁점이거나 하나의 주제를 여러 유형으로 물어 종합적 사고를 필요로 한다.

Point 3 판례를 변형하여 사례화하고 관련된 다른 단원을 연결하여 출제하거나 하나의 주제를 여러 유형으로 물어 종합적 사고를 필요로 한다.

2025년 국회직 8급 시험 대비전략

"국가직, 지방직 시험과는 다른 관점에서 준비하여야 한다."

Point 1 입법과 관련된 단원이나 국회와 관련된 내용은 좀더 적극적으로 학습하여야 한다.

Point 2 법령 문제 출제비중의 증가로 충실한 법령 학습을 필요로 한다.

Point 3 주요 단원의 판례는 법리적 문제의 암기로 그쳐서는 안 되고 정확한 사실관계의 파악이 전제되어야 한다.

Point 4 각론의 비율은 높지 않으나 지방자치나 공무원법은 철저한 학습을 필요로 한다.

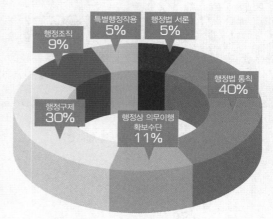

특별행정작용 **5%**
행정법 서론 **5%**
행정조직 **9%**
행정법 통칙 **40%**
행정구제 **30%**
행정상 의무이행 확보수단 **11%**

▲ 최근 8개년 평균 출제비중

연도	총평	행정법 서론	행정법 통칙	행정상 의무이행 확보수단	행정구제	행정조직 (7급)	특별행정 작용(7급)
2024	**고른 난이도와 단원 비중** • 최신 판례의 긴 문장의 선지와 난이도 하 문제의 적절한 배합 • 여전히 출제 빈도가 높은 법령 • 치우치지 않은 고른 단원의 출제	8% (2문항)	44% (11문항)	8% (2문항)	20% (5문항)	8% (2문항)	12% (3문항)
2023	**빈출 중심의 쉬운 출제로 고득점 가능** • 빈출문제 중심의 출제로 평이한 난이도 • 문장은 길지만 기존과 달리 명확한 문장	4% (1문항)	48% (12문항)	8% (2문항)	24% (6문항)	8% (2문항)	8% (2문항)
2022	**법령 문제의 증가와 명확한 장문의 선지** • 법령 문제, 행정상 의무이행 확보수단 문항 수 급증 • 문장은 길지만 기존과 달리 명확한 문장 • 하나의 문제 또는 하나의 선지에 2개 이상의 사안을 묻는 문제 출제	4% (1문항)	40% (10문항)	20% (5문항)	24% (6문항)	12% (3문항)	0% (0문항)
2021	**국회직의 특징을 잘 보여준 장문의 선지** • 장문의 선지에 따른 문장 해독의 어려움 • 전 단원의 고른 출제, 예년보다 많은 각론 비중	4% (1문항)	32% (8문항)	8% (2문항)	36% (9문항)	12% (3문항)	8% (2문항)
2020	**사례형 문제와 종합단원 문제를 통해 행정법의 전반적인 이해력을 평가** • 전년에 비해 상당히 어렵게 출제되었음 • 사례형 문제는 단순한 암기를 통해 해결할 수 있는 문제가 아닌 전반적인 흐름과 이해력을 요하는 문제였음	0% (0문항)	44% (11문항)	16% (4문항)	28% (7문항)	8% (2문항)	4% (1문항)
2019	**전 영역의 고른 출제, 쉽지 않은 문장** • 전체적으로 어렵게 느껴지는 문제 구성 • 선지가 길고(국회직의 특성), 간간이 튀어나오는 박스형 문제, 쉽게 읽혀지지 않는 문장구조 등으로 체감 난이도 상승	8% (2문항)	28% (7문항)	8% (2문항)	44% (11문항)	8% (2문항)	4% (1문항)
2018	**각론의 비중을 줄이고, 총론의 핵심단원에서의 집중적인 출제** • 기존의 기출문제가 대부분으로 낯선 문제는 없었음 • 각론의 비중 낮음	8% (2문항)	44% (11문항)	12% (3문항)	28% (7문항)	4% (1문항)	4% (1문항)
2017	**여전히 통칙과 행정구제에 편중된 출제** • 기출판례 중심의 문제 유형 • 장문의 문장(문장 해독에 시간 소요) • 일부 지엽적인 영역에서 출제	4% (1문항)	40% (10문항)	8% (2문항)	32% (8문항)	12% (3문항)	4% (1문항)

합격예상 체크	취약영역 체크

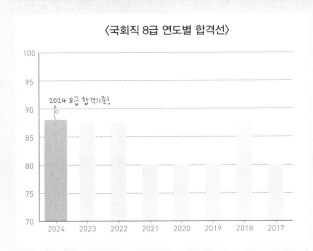

〈국회직 8급 연도별 합격선〉

2024 8급 합격기준!

문항	정답	영역	문항	정답	영역
1	⑤	행정법 통칙	14	①	행정법 통칙
2	②	행정법 통칙	15	③	행정법 통칙
3	①	특별행정작용(7급)	16	②	행정조직(7급)
4	④	행정구제	17	④	행정구제
5	③	행정법 통칙	18	⑤	행정법 서론
6	①	행정상 의무이행 확보수단	19	④	행정법 통칙
7	④	특별행정작용(7급)	20	③	행정법 통칙
8	④	행정구제	21	⑤	행정법 통칙
9	④	행정법 통칙	22	④	특별행정작용(7급)
10	⑤	행정법 통칙	23	⑤	행정상 의무이행 확보수단
11	①	행정법 서론	24	①	행정구제
12	⑤	행정조직(7급)	25	②	행정구제
13	②	행정법 통칙			

⬇ 영역별 틀린 개수로 취약영역을 확인하세요!

행정법 서론	/2	행정법 통칙	/11	행정상 의무이행 확보수단	/2
행정구제	/5	행정조직(7급)	/2	특별행정작용(7급)	/3

맞힌 개수	/25문항	점수	/100점

➡ ☐ 합격 ☐ 불합격

➡ 나의 취약영역: _____

※ 해당 회차는 〈1초 합격예측 서비스〉의 데이터 누적 기간이 충분하지 않아 오답률, 선지 선택률 기재를 생략하였습니다.

---

1 행정상 법률요건과 법률사실 > 시효와 제척기간　　　답 ⑤

| **정답해설** | ⑤ (×) 소멸시효는 권리를 행사할 수 있는 때부터 기산되고, 제척기간은 권리가 발생하는 시점부터 기산된다. 〈판례〉 제척기간은 권리자로 하여금 당해 권리를 신속하게 행사하도록 함으로써 법률관계를 조속히 확정시키려는 데 그 제도의 취지가 있는 것으로서, 소멸시효가 일정한 기간의 경과와 권리의 불행사라는 사정에 의하여 권리 소멸의 효과를 가져오는 것과는 달리 그 기간의 경과 자체만으로 곧 권리 소멸의 효과를 가져오게 하는 것이므로 그 기간 진행의 기산점은 특별한 사정이 없는 한 원칙적으로 권리가 발생한 때이다(대판 1995.11.10. 94다22682 · 22699).
〈판례〉 국가배상청구권에 관한 3년의 단기소멸시효기간 기산에는 「민법」 제766조 제1항 외에 소멸시효의 기산점에 관한 일반규정인 「민법」 제166조 제1항이 적용된다. 따라서 3년의 단기소멸시효기간은 그 '손해 및 가해자를 안 날'에 더하여 그 '권리를 행사할 수 있는 때'가 도래하여야 비로소 시효가 진행한다(대판 2023.2.2. 2020다270633).

| **오답해설** | ① (○) 〈판례〉 시효는 원래 사법상의 제도로 발달되어 왔으나 오늘날 공법에도 타당한 일반적인 법리로 파악되고 있고, 공법상의 소멸시효에 관하여 법률에 특별한 규정이 없으면 「민법」

의 규정이 유추적용된다. 이렇듯 공법상 금전채권의 소멸시효기간을 정하는 이유는 공법관계에서도 법률관계를 오래도록 미확정된 채로 방치하여 두는 것이 타당하지 않다는 데 있는 것으로 이해된다(헌재 2009.5.28. 2008헌바107).

② (○) 〈판례〉 제척기간은 권리자로 하여금 권리를 신속하게 행사하도록 함으로써 그 권리를 중심으로 하는 법률관계를 조속하게 확정하려는 데에 그 제도의 취지가 있는 것으로서, 소멸시효가 일정한 기간의 경과와 권리의 불행사라는 사정에 의하여 그 효과가 발생하는 것과는 달리 관계 법령에 따라 정당한 사유가 인정되는 등 특별한 사정이 없는 한 그 기간의 경과 자체만으로 곧 권리 소멸의 효과를 발생시킨다(대판 2021.3.18. 2018두47264).

③ (○) 〈판례〉 일정한 권리에 관하여 법률이 규정한 존속기간을 뜻하는 제척기간은 권리관계를 조속히 확정시키기 위하여 권리의 행사에 중대한 제한을 가하는 것이어서 모법인 법률에 의한 위임이 없는 한 시행령이 함부로 제척기간을 규정할 수는 없다고 할 것이다(대판 1990.9.28. 89누2493).

④ (○) 대판 2004.7.22. 2004두2509

| 더 알아보기 | 소멸시효와 제척기간의 비교

구분	소멸시효	제척기간
의의	계속된 사실관계 존중	신속한 목적달성
기간	장기	단기
중단·정지	있음	없음
소급효	있음	없음
기산점	권리를 행사할 수 있을 때 (권리행사가 가능한 때)	권리가 발생한 때
소송상 원용	필요	불요
시효이득 포기	가능	불가

2 　행정정보공개와 개인정보보호 〉 개인정보보호 　답 ②

| **정답해설** | ② (×)「공공기관의 정보공개에 관한 법률」제18조 제1항의 규정에 따르면 이의신청은 30일 이내이다. 〈법령〉「공공기관의 정보공개에 관한 법률」제18조(이의신청) ❶ 청구인이 정보공개와 관련한 공공기관의 비공개결정 또는 부분 공개결정에 대하여 불복이 있거나 정보공개청구 후 20일이 경과하도록 정보공개결정이 없는 때에는 공공기관으로부터 정보공개 여부의 결정 통지를 받은 날 또는 정보공개청구 후 20일이 경과한 날부터 30일 이내에 해당 공공기관에 문서로 이의신청을 할 수 있다.

| **오답해설** | ① (○)「공공기관의 정보공개에 관한 법률」제26조 제1항

③ (○) 동법 제7조 제1항 제2호

④ (○) 동법 제11조 제5항 제1호

⑤ (○) 동법 제11조의2 제1항 제1호

3 　급부행정 〉 공물 　답 ①

| **정답해설** | ㄱ. (○) 대판 2009.12.10. 2006다19177

| **오답해설** | ㄴ. (×) 〈판례〉 원래 토지소유자는 그 소유권에 기하여 그 토지를 사용·수익할 권리가 있는 것이므로 이것을 다른 사람이 점유함으로 인하여 사용·수익할 수 없게 되어 있다면 비록 그것이 도로로 사용되고 있는 경우라고 하더라도 토지소유자는 그로 인하여 손해가 발생하였다고 보아야 할 것이며, 피고가 원고와의 관계에 있어서 그 소유의 토지를 용익할 사법상의 권리를 취득함이 없이 또는 적법한 보상을 함이 없이 이를 점유하고 있다면 비록 그것이 도로라고 하더라도 그로 인하여 이득을 얻고 있는 것이라고 보아야 할 것이고, 도로를 구성하는 부지에 관하여는「도로법」제5조에 의하여 사권의 행사가 제한된다고 하더라도 이는「도로법」상의 도로에 관하여 도로로서의 관리·이용에 저촉되는 사권을 행사할 수 없다는 취지이지 부당이득반환청구권 행사를 배제하는 것은 아니라고 할 것이다(대판 1989.1.24. 88다카6006).

〈판례〉 국가 또는 지방자치단체가 도로부지에 대하여 소유권을 취득하는 등 적법한 권원 없이 도로로 사용하고 있다고 하더라도, 이로 인하여 불법점유로 인한 임료 상당의 손해배상의무가 성립하는 것은 별론으로 하고,「도로법」제5조의 적용을 배제할 것은 아니다(대판

1999.11.26. 99다40807).

ㄷ. (×) 〈판례〉 자연공물로서 그 자체가 직접 공공의 사용에 제공되는 것이고, 공유수면의 일부가 사실상 매립되었다 하더라도 국가가 공유수면으로서의 공용폐지를 하지 아니하는 이상 법률상으로는 여전히 공유수면으로서의 성질을 보유하고 있다 할 것이다. 따라서 원심이 인정한 바와 같이 이 사건 토지가 공유수면을 무단으로 매립하여 이루어진 토지라면 이 사건 토지는 당연히 국유재산이 되고, 또한 공유수면으로서의 성질을 보유하고 있어서 국가가 이에 대하여 공용폐지를 하지 아니하는 이상 행정재산이라고 보아야 할 것이다. 또한 행정재산은 공용폐지가 되지 아니하는 한 사법상 거래의 대상이 될 수 없으므로 시효취득의 대상이 되지 아니한다(대판 1996.5.28. 95다52383).

ㄹ. (×) 〈판례〉 지하연결통로의 주된 용도와 기능이 특정 건물에 출입하는 사람들의 통행로로 사용하기 위한 것이고, 다만 이에 곁들여 일반인이 통행함을 제한하지 않는 것뿐이어서, 일반시민으로서는 본래의 도로사용보다 불편함을 감수하면서 이를 사용하는 것에 불과하다면, 지하연결통로는 일반사용을 위한 것보다도 특정 건물의 사용편익을 위한 특별사용에 제공된 것이어서 이를 설치·사용하는 행위는 도로의 점용이라고 보아야 할 것이다(도로점용에 해당하는 한「도로법」상의 도로점용료 또는 이에 상당하는 부당이득금 부과대상이라는 판례)(대판 1992.12. 22. 92누1223).

4 　손해전보 〉 국가배상 　답 ④

| **정답해설** | ㄱ. (○) 〈판례〉 국가배상책임에서 공무원의 가해행위는 법령을 위반한 것이어야 한다. 여기에서 법령 위반이란 엄격한 의미의 법령 위반뿐 아니라 인권존중, 권력남용금지, 신의성실과 같이 공무원으로서 마땅히 지켜야 할 준칙이나 규범을 지키지 않고 위반한 경우를 포함하여 널리 그 행위가 객관적인 정당성을 잃고 있음을 뜻한다(대판 2020.4.29. 2015다224797).

ㄴ. (○) 〈판례〉 공무원이 직무를 수행하면서 근거되는 법령의 규정에 따라 구체적으로 의무를 부여받았어도 그것이 국민의 이익과는 관계없이 순전히 행정기관 내부의 질서를 유지하기 위한 것이거나, 또는 국민의 이익과 관련된 것이라도 직접 국민 개개인의 이익을 위한 것이 아니라 전체적으로 공공 일반의 이익을 도모하기 위한 것이라면 그 의무를 위반하여 국민에게 손해를 가하여도 국가 또는 지방자치단체는 배상책임을 부담하지 아니한다(대판 2015.5.28. 2013다41431).

ㄷ. (×) 〈판례〉 한국전력공사가 甲 지역에 대한 환경영향평가서 초안을 재작성하고 甲 지역 주민들의 의견을 수렴하는 절차를 거치지 않은 채 사업을 진행함으로써, 甲 지역 주민들이 환경상 이익의 침해를 최소화할 수 있는 의견을 제출할 수 있는 기회를 박탈하여 甲 지역 주민들에게 상당한 정신적 고통을 가하였다고 볼 수 있고 한국전력공사에 甲 지역 주민들이 입은 정신적 손해를 배상할 의무가 있다(대판 2021.8.12. 2015다208320).

ㄹ. (○) 〈판례〉「국가배상법」 제5조 제1항 소정의 '공공의 영조물'이라 함은 국가 또는 지방자치단체에 의하여 특정 공공의 목적에 공여된 유체물 내지 물적 설비를 말하며, 국가 또는 지방자치단체가 소유권, 임차권 그 밖의 권한에 기하여 관리하고 있는 경우뿐만 아니라 사실상의 관리를 하고 있는 경우도 포함된다(대판 1998.10.23. 98다17381).

| 더 알아보기 | 행정절차와 국가배상 관련 판례

> 1. 행정절차는 그 자체가 독립적으로 의미를 가지는 것이라기 보다는 행정의 공정성과 적정성을 보장하는 공법적 수단으로서의 의미가 크므로, 관련 행정처분의 성립이나 무효·취소 여부 등을 따지지 않은 채 주민들이 일시적으로 행정절차에 참여할 권리를 침해받았다는 사정만으로 곧바로 국가나 지방자치단체가 주민들에게 정신적 손해에 대한 배상의무를 부담한다고 단정할 수 없다.
> 2. 이와 같은 행정절차상 권리의 성격이나 내용 등에 비추어 볼 때, 국가나 지방자치단체가 행정절차를 진행하는 과정에서 주민들의 의견제출 등 절차적 권리를 보장하지 않은 위법이 있다고 하더라도
>   • 그 후 이를 시정하여 절차를 다시 진행한 경우,
>   • 종국적으로 행정처분 단계까지 이르지 않거나
>   • 처분을 직권으로 취소하거나 철회한 경우,
>   • 행정소송을 통하여 처분이 취소되거나 처분의 무효를 확인하는 판결이 확정된 경우 등에는 … 특별한 사정이 없는 한 절차적 권리 침해로 인한 정신적 고통에 대한 배상은 인정되지 않는다.
> 3. 다만, 이러한 조치로도 주민들의 절차적 권리 침해로 인한 정신적 고통이 여전히 남아 있다고 볼 특별한 사정이 있는 경우에 국가나 지방자치단체는 그 정신적 고통으로 인한 손해를 배상할 책임이 있다.
> 4. 이때 특별한 사정이 있다는 사실에 대한 주장·증명책임은 이를 청구하는 주민들에게 있고,
> 5. 특별한 사정이 있는지는 주민들에게 행정절차참여권을 보장하는 취지, 행정절차 참여권이 침해된 경위와 정도, 해당 행정절차 대상 사업의 시행경과 등을 종합적으로 고려해서 판단해야 한다(대판 2021.7.29. 2015다221668).
> ※ 중요성이 높다고 판단되어 번호를 붙여 판례해석을 용이하게 하였다.

---

5 행정입법 > 행정규칙 답 ③

| 정답해설 | ③ (×) 〈판례〉 한국수력원자력 주식회사가 조달하는 기자재, 용역 및 정비공사, 기기수리의 공급자에 대한 관리업무 절차를 규정함을 목적으로 제정·운용하고 있는 '공급자관리지침' 중 등록취소 및 그에 따른 일정기간의 거래제한조치에 관한 규정들은 공공기관으로서 행정청에 해당하는 한국수력원자력 주식회사가 상위법령의 구체적 위임 없이 정한 것이어서 대외적 구속력이 없는 행정규칙이다(대판 2020.5.28. 2017두66541).

| 오답해설 | ① (○) 〈판례〉 위임명령은 법률이나 상위명령에서 구체적으로 범위를 정한 개별적인 위임이 있을 때에 가능하고, 여기에서 구체적인 위임의 범위는 규제하고자 하는 대상의 종류와 성격에 따라 달라지는 것이어서 일률적 기준을 정할 수는 없지만, 적어도 위임명령에 규정될 내용 및 범위의 기본사항이 구체적으로 규정되어 있어서 누구라도 당해 법률이나 상위법령으로부터 위임명령에 규정될 내용의 대강을 예측할 수 있어야 한다(대판 2022.4.14. 2020추5169).

② (○) 대판 1989.9.12. 88누6962

④ (○) 대판 2019.6.13. 2017두33985

⑤ (○) 대판 2021.2.25. 2019두53389

---

6 행정상 즉시강제 및 행정조사 > 행정조사 답 ①

| 정답해설 | ① (○) 〈법령〉「행정조사기본법」 제7조(조사의 주기) 행정조사는 법령 등 또는 행정조사운영계획으로 정하는 바에 따라 정기적으로 실시함을 원칙으로 한다. 다만, 다음 각 호 중 어느 하나에 해당하는 경우에는 수시조사를 할 수 있다.
>   1. 법률에서 수시조사를 규정하고 있는 경우
>   2. 법령 등의 위반에 대하여 혐의가 있는 경우
>   3. 다른 행정기관으로부터 법령 등의 위반에 관한 혐의를 통보 또는 이첩받은 경우
>   4. 법령 등의 위반에 대한 신고를 받거나 민원이 접수된 경우
>   5. 그 밖에 행정조사의 필요성이 인정되는 사항으로서 대통령령으로 정하는 경우

| 오답해설 | ② (×) 사업장 등의 업무시간에는 일출 전이나 일몰 후에도 현장조사를 할 수 있다. 〈법령〉「행정조사기본법」 제11조(현장조사) ❷ 제1항에 따른 현장조사는 해가 뜨기 전이나 해가 진 뒤에는 할 수 없다. 다만, 다음 각 호의 어느 하나에 해당하는 경우에는 그러하지 아니하다.
>   1. 조사대상자(대리인 및 관리책임이 있는 자를 포함한다)가 동의한 경우
>   2. 사무실 또는 사업장 등의 업무시간에 행정조사를 실시하는 경우
>   3. 해가 뜬 후부터 해가 지기 전까지 행정조사를 실시하는 경우에는 조사목적의 달성이 불가능하거나 증거인멸로 인하여 조사대상자의 법령 등의 위반 여부를 확인할 수 없는 경우

③ (×) 자발적 협조에 따라 실시하는 행정조사에 응답이 없는 경우에는 조사를 거부한 것으로 본다. 〈법령〉「행정조사기본법」 제20조(자발적인 협조에 따라 실시하는 행정조사) ❷ 제1항에 따른 행정조사에 대하여 조사대상자가 조사에 응할 것인지에 대한 응답을 하지 아니하는 경우에는 법령 등에 특별한 규정이 없는 한 그 조사를 거부한 것으로 본다.

④ (×) 다음 연도의 행정조사운영계획은 국무조정실장에게 제출하여야 한다. 〈법령〉「행정조사기본법」 제6조(연도별 행정조사운영계획의 수립 및 제출) ❶ 행정기관의 장은 매년 12월 말까지 다음 연도의 행정조사운영계획을 수립하여 국무조정실장에게 제출하여야 한다. 다만, 행정조사운영계획을 제출해야 하는 행정기관의 구체적인 범위는 대통령령으로 정한다.

⑤ (×) 〈판례〉 세무조사결정은 납세의무자의 권리·의무에 직접 영향을 미치는 공권력의 행사에 따른 행정작용으로서 항고소송의 대상이 된다(대판 2011.3.10. 2009두23617·23624).

7　공용부담 > 환매　　　　　답 ④

| **정답해설** | ④ (○) 「공익사업을 위한 토지 등의 취득 및 보상에 관한 법률」 제91조 제5항

| **오답해설** | ① (×) 〈판례〉「징발재산 정리에 관한 특별조치법」 제20조 제1항의 '환매'는 환매권자와 국가간의 사법상 매매에 불과하고 그 밖의 특별한 효력이 있다고 볼 수 없으므로 국가가 환매권자로부터 환매권 행사통지를 받은 후 대상 토지를 타에 양도하고 그 소유권이전등기까지 마쳤으면 환매권 행사로 인한 소유권이전등기의무는 이행불능이 된다(대결 1990.2.13. 자 89다카12435).
〈판례〉 서울특별시의 공공용지로 협의취득한 토지에 대한 원소유자들의 환매요구에 대하여 서울특별시 구로구청장이 이를 거부하는 결정을 하였더라도 그로 인하여 원소유자들의 권리나 법적 이익에 어떤 영향을 주는 바 없으므로 행정소송의 대상이 되는 행정처분에 해당한다고 할 수 없다(대판 1990.3.23. 89누4369).

② (×) 환매권은 통지를 받은 날 등으로부터 6개월이 지나면 행사할 수 없다. 〈법령〉「공익사업을 위한 토지 등의 취득 및 보상에 관한 법률」 제92조(환매권의 통지 등) ❶ 사업시행자는 제91조 제1항 및 제2항에 따라 환매할 토지가 생겼을 때에는 지체 없이 그 사실을 환매권자에게 통지하여야 한다. 다만, 사업시행자가 과실 없이 환매권자를 알 수 없을 때에는 대통령령으로 정하는 바에 따라 공고하여야 한다.
　　❷ 환매권자는 제1항에 따른 통지를 받은 날 또는 공고를 한 날부터 6개월이 지난 후에는 제91조 제1항 및 제2항에도 불구하고 환매권을 행사하지 못한다.

③ (×) 환매의 목적물은 토지만이 대상이다. 〈법령〉「공익사업을 위한 토지 등의 취득 및 보상에 관한 법률」 제91조(환매권) ❶ 공익사업의 폐지·변경 또는 그 밖의 사유로 취득한 토지의 전부 또는 일부가 필요 없게 된 경우 토지의 협의취득일 또는 수용의 개시일(이하 이 조에서 '취득일'이라 한다) 당시의 토지소유자 또는 그 포괄승계인(이하 '환매권자'라 한다)은 다음 각 호의 구분에 따른 날부터 10년 이내에 그 토지에 대하여 받은 보상금에 상당하는 금액을 사업시행자에게 지급하고 그 토지를 환매할 수 있다.

⑤ (×) 〈판례〉 구 「공익사업을 위한 토지 등의 취득 및 보상에 관한 법률」(2010.4.5. 법률 제10239호로 일부 개정되기 전의 것, 이하 '구 공익사업법'이라 한다) 제91조에 규정된 환매권은 상대방에 대한 의사표시를 요하는 형성권의 일종으로서 재판상이든 재판외이든 위 규정에 따른 기간 내에 행사하면 매매의 효력이 생기는 바(대판 2008.6.26. 2007다24893 판결 참조), 이러한 환매권의 존부에 관한 확인을 구하는 소송 및 구 공익사업법 제91조 제4항에 따라 환매금액의 증감을 구하는 소송 역시 민사소송에 해당한다(대판 2013.2.28. 2010두22368).

8　행정쟁송 > 행정심판　　　　　답 ③

| **정답해설** | ③ (×) 중앙행정심판위원회의 상임위원의 임기는 3년으로 하되 1차에 한하여 연임할 수 있다. 〈법령〉「행정심판법」 제8조

(중앙행정심판위원회의 구성) ❸ 중앙행정심판위원회의 상임위원은 일반직 공무원으로서 「국가공무원법」 제26조의5에 따른 임기제 공무원으로 임명하되, 3급 이상 공무원 또는 고위공무원단에 속하는 일반직 공무원으로 3년 이상 근무한 사람이나 그 밖에 행정심판에 관한 지식과 경험이 풍부한 사람 중에서 중앙행정심판위원회 위원장의 제청으로 국무총리를 거쳐 대통령이 임명한다.
제9조(위원의 임기 및 신분보장 등) ❷ 제8조 제3항에 따라 임명된 중앙행정심판위원회 상임위원의 임기는 3년으로 하며, 1차에 한하여 연임할 수 있다.

| **오답해설** | ① (○) 「행정심판법」 제27조 제7항

② (○) 동법 제29조 제8항

④ (○) 동법 제43조의2 제1항·제3항·제4항

⑤ (○) 동법 제4조 제3항

9　그 밖의 행정의 주요 행위 형식 > 공법상 계약　　답 ④

| **정답해설** | ④ (×) 〈판례〉 구 「산업집적활성화 및 공장설립에 관한 법률」 규정들에서 알 수 있는 산업단지관리공단의 지위 … 등을 종합적으로 고려하면, 입주변경계약 취소는 행정청인 관리권자로부터 관리업무를 위탁받은 산업단지관리공단이 우월적 지위에서 입주기업체들에게 일정한 법률상 효과를 발생하게 하는 것으로서 항고소송의 대상이 되는 행정처분에 해당한다(대판 2017.6.15. 2014두46843).
〈판례〉 위의 판결과 같은 법에 따른 입주계약해지통보 역시도 처분이라는 것이 대법원의 입장이다(대판 2011.6.30. 2010두23859).

| **오답해설** | ① (○) 〈법령〉「행정기본법」 제27조 제2항

② (○) 〈판례〉 甲이 국가와 체결한 국유임산물 매각계약의 계약조건에서 '소관 관서의 장은 매수자가 산림관계법령 또는 계약사항을 위반한 때에는 계약을 해제할 수 있으며 … 위 국유임산물 매각계약은 甲과 국가가 사경제주체로서 대등한 위치에서 체결한 사법상 계약에 해당한다(대판 2020.5.14. 2018다298409).

③ (○) 〈판례〉 중소기업 정보화지원사업에 따른 지원금 출연을 위하여 중소기업청장이 체결하는 협약은 공법상 대등한 당사자 사이의 의사표시의 합치로 성립하는 공법상 계약에 해당하는 점, … 협약의 해지 및 그에 따른 환수통보는 공법상 계약에 따라 행정청이 대등한 당사자의 지위에서 하는 의사표시로 보아야 하고, 이를 행정청이 우월한 지위에서 행하는 공권력의 행사로서 행정처분에 해당한다고 볼 수는 없다(대판 2015.8.27. 2015두41449).

⑤ (○) 〈판례〉 공기업·준정부기관이 입찰을 거쳐 계약을 체결한 상대방에 대해 위 규정들에 따라 계약조건 위반을 이유로 입찰참가자격제한처분을 하기 위해서는 입찰공고와 계약서에 미리 계약조건과 그 계약조건을 위반할 경우 입찰참가자격 제한을 받을 수 있다는 사실을 모두 명시해야 한다. 계약상대방이 입찰공고와 계약서에 기재되어 있는 계약조건을 위반한 경우에도 공기업·준정부기관이 입찰공고와 계약서에 미리 계약조건을 위반할 경우 입찰참가자격이 제한될 수 있음을 명시해 두지 않았다면,

위 규정들을 근거로 입찰참가자격제한처분을 할 수 없다(대판 2021.11.11. 2021두43491).

---

10 행정행위 > 행정행위의 효력   답 ⑤

| 정답해설 | ㄱ. (○) 〈판례〉 과세처분의 하자가 단지 취소할 수 있는 정도에 불과할 때에는 과세관청이 이를 스스로 취소하거나 항고소송절차에 의하여 취소되지 않는 한 그로 인한 조세의 납부가 부당이득이 된다고 할 수 없다(대판 1994.11.11. 94다28000).

ㄴ. (○) 대판 1982.6.8. 80도2646

ㄷ. (○) 〈판례〉 위법한 행정대집행이 완료되면 그 처분의 무효확인 또는 취소를 구할 소의 이익은 없다 하더라도, 미리 그 행정처분의 취소판결이 있어야만, 그 행정처분의 위법임을 이유로 한 손해배상청구를 할 수 있는 것은 아니다(대판 1972.4.28. 72다337).

ㄹ. (○) 〈판례〉 이 사건 공소사실에 의하면, … 이 사건 토지 및 건물을 매수한 피고인에 대하여 판시 원상복구명령이 발하여 졌다는 것이므로 위 원상복구의 시정명령은 위법하다고 할 것이다. 따라서 피고인이 이러한 시정명령을 따르지 않았다고 하여 피고인을 법 제142조에 정한 조치명령 등 위반죄로 처벌할 수 없다(대판 2007.2.23. 2006도6845).

〈판례〉 행정청이 개발행위허가를 받지 않고 토지의 형질을 변경한 자 외에 이러한 토지를 양수한 자에 대하여 「국토의 계획 및 이용에 관한 법률」 제133조 제1항에 따라 원상회복 등의 조치명령을 할 수 없다(대판 2021.11.25. 2021두41686).

---

11 행정법의 의의 > 행정법의 일반원칙   답 ①

| 정답해설 | ① (×) 〈판례〉 오늘날 법률유보원칙은 단순히 행정작용이 법률에 근거를 두기만 하면 충분한 것이 아니라, 국가공동체와 그 구성원에게 기본적이고도 중요한 의미를 갖는 영역, 특히 국민의 기본권실현과 관련된 영역에 있어서는 국민의 대표자인 입법자가 그 본질적 사항에 대해서 스스로 결정하여야 한다는 요구까지 내포하고 있다(의회유보원칙)(헌재 1999.5.27. 98헌바70).

| 오답해설 | ② (○) 〈판례〉 기본권 제한에 관한 법률유보원칙은 '법률에 의한 규율'을 요청하는 것이 아니라 '법률에 근거한 규율'을 요청하는 것이므로, 기본권 제한에는 법률의 근거가 필요할 뿐이고 기본권 제한의 형식이 반드시 법률의 형식일 필요는 없다(헌재 2013.7.25. 2012헌마167).

③ (○) 〈판례〉 국민의 기본권은 헌법 제37조 제2항에 의하여 국가안전보장 · 질서유지 또는 공공복리를 위하여 필요한 경우에 한하여 이를 제한할 수 있으나, 그 제한의 방법은 원칙적으로 법률로써만 가능하고 제한의 정도도 기본권의 본질적 내용을 침해할 수 없으며 필요한 최소한도에 그쳐야 한다. 여기서 기본권 제한에 관한 법률유보원칙은 '법률에 근거한 규율'을 요청하는 것이므로, 그 형식이 반드시 법률일 필요는 없다 하더라도 법률상의 근거는 있어야 한다 할 것이다. 따라서 모법의 위임범위를 벗어난 하위법령은 법률의 근거가 없는 것으로 법률유보원칙에 위반

된다(헌재 2010.4.29. 2007헌마910).

④ (○) 〈판례〉 헌법상 법치주의의 한 내용인 법률유보의 원칙은 국민의 기본권 실현에 관련된 영역에 있어서 국가행정권의 행사에 관하여 적용되는 것이지, 기본권규범과 관련 없는 경우에까지 준수되도록 요청되는 것은 아니라 할 것이다(헌재 2010.2.25. 2008헌바160).

⑤ (○) 〈판례〉 지역가산점의 배점비율, 최종합격자 결정방식이 법률에 직접 규정되어야 할 본질적 사항으로 보기 어렵다(헌재 2014.4.24. 2010헌마747).

---

12 자치행정조직법 > 주민투표   답 ⑤

| 정답해설 | ⑤ (×) 지방의회는 재적의원 과반수의 출석과 출석의원 3분의 2 이상의 찬성으로 그 지방자치단체의 장에게 주민투표의 실시를 청구할 수 있다. 〈법령〉「주민투표법」제9조(주민투표의 실시요건) ❺ 지방의회는 재적의원 과반수의 출석과 출석의원 3분의 2 이상의 찬성으로 그 지방자치단체의 장에게 주민투표의 실시를 청구할 수 있다.

| 오답해설 | ① (○) 〈판례〉 미군부대 이전은 지방자치단체의 장의 권한에 의하여 결정할 수 있는 사항이 아님이 명백하므로 「지방자치법」 제13조의2 소정의 주민투표의 대상이 될 수 없다(대판 2002.4.26. 2002추23).

② (○)「주민투표법」제18조 제2항

③ (○) 동법 제15조

④ (○) 동법 제4조 제2항

---

13 행정상 법률관계 > 공사법의 구분   답 ②

| 정답해설 | ㄱ. (×) 〈판례〉 주한미군 한국인 직원의료보험조합 직원의 근무관계는 사법관계에 속하는 것이므로 동조합 직원에 대한 위 조합의 징계면직처분은 항고소송의 대상이 되는 행정처분이 아니고 사법상의 법률행위라고 보아야 한다(대판 1987.12.8. 87누884).
※ 위 판례는 '주한미군'의 조합이라는 특수성을 고려하여야 한다.

| 더 알아보기 | 공법상 사단법인인 공공조합과 그 직원의 관계는 공법상 관계(특별권력관계)

> 농지개량조합과 그 직원과의 관계는 사법상의 근로계약관계가 아닌 공법상의 특별권력관계이고, 그 조합의 직원에 대한 징계처분의 취소를 구하는 소송은 행정소송사항에 속한다(대판 1995.6.9. 94누10870).

ㄷ. (×) 〈판례〉 공익사업을 위한 토지 등의 취득 및 보상에 관한 법령(이하 '공익사업법령'이라고 한다)에 의한 협의취득은 사법상의 법률행위이므로 당사자 사이의 자유로운 의사에 따라 채무불이행책임이나 매매대금 과부족금에 대한 지급의무를 약정할 수 있다(대판 2012.2.23. 2010다91206).

| 오답해설 | ㄴ. (○) 〈판례〉 국유 잡종재산(현 국유 일반재산)을 대부하는 행위는 국가가 사경제주체로서 상대방과 대등한 위치에서 행하는 사법상의 계약이고, 행정청이 공권력의 주체로서 상대방의

의사 여하에 불구하고 일방적으로 행하는 행정처분이라고 볼 수 없으며, 국유 잡종재산에 관한 대부료의 납부고지 역시 사법상의 이행청구에 해당하고, 이를 행정처분이라고 할 수 없다(대판 2000.2.11. 99다61675).

ㄹ. (○) 〈판례〉 조달청이 계약이행내역 점검 결과 일부 제품이 계약 규격과 다르다는 이유로 물품구매계약 추가특수조건 규정에 따라 甲 회사에 대하여 6개월의 나라장터 종합쇼핑몰 거래정지조치를 한 사안에서, 위 거래정지조치는 항고소송의 대상이 되는 행정처분에 해당한다(대판 2018.11.29. 2015두52395).

14 행정행위 > 행정행위의 취소 답 ①

| **정답해설** | ① (○) 「행정기본법」 제18조 제1항

| **오답해설** | ② (×) 〈판례〉 「국세기본법」 제26조 제1호는 부과의 취소를 국세납부의무 소멸사유의 하나로 들고 있으나, 그 부과의 취소에 하자가 있는 경우의 부과의 취소의 취소에 대하여는 법률이 명문으로 그 취소요건이나 그에 대한 불복절차에 대하여 따로 규정을 둔 바도 없으므로, 설사 부과의 취소에 위법사유가 있다고 하더라도 당연무효가 아닌 한 일단 유효하게 성립하여 부과처분을 확정적으로 상실시키는 것이므로, 과세관청은 부과의 취소를 다시 취소함으로써 원부과처분을 소생시킬 수는 없고 납세의무자에게 종전의 과세대상에 대한 납부의무를 지우려면 다시 법률에서 정한 부과절차에 좇아 동일한 내용의 새로운 처분을 하는 수밖에 없다(대판 1995.3.10. 94누7027).

③ (×) 〈판례〉 「자동차관리법」상 자동차관리사업자로 구성하는 사업자단체인 조합 또는 협회(이하 '조합 등'이라고 한다)의 설립인가처분은 국토해양부장관 또는 시·도지사(이하 '시·도지사 등'이라고 한다)가 자동차관리사업자들의 단체결성행위를 보충하여 효력을 완성시키는 처분에 해당한다(대판 2015.5.29. 2013두635).

④ (×) 〈판례〉 효력기간이 정해져 있는 제재적 행정처분의 효력이 발생한 이후에도 행정청은 특별한 사정이 없는 한 상대방에 대한 별도의 처분으로써 효력기간의 시기와 종기를 다시 정할 수 있다. 이는 당초의 제재적 행정처분이 유효함을 전제로 그 구체적인 집행시기만을 변경하는 후속 변경처분이다(대판 2022.2.11. 2021두40720).

⑤ (×) 종전 처분의 효력은 소급하여 상실하는 것이 아니라 그때부터 상실한다. 〈판례〉 기존의 행정처분을 변경하는 내용의 행정처분이 뒤따르는 경우, 후속처분이 종전 처분을 완전히 대체하는 것이거나 주요 부분을 실질적으로 변경하는 내용인 경우에는 특별한 사정이 없는 한 종전 처분은 효력을 상실하고 후속처분만이 항고소송의 대상이 되지만, 후속처분의 내용이 종전 처분의 유효를 전제로 내용 중 일부만을 추가·철회·변경하는 것이고 추가·철회·변경된 부분이 내용과 성질상 나머지 부분과 불가분적인 것이 아닌 경우에는, 후속처분에도 불구하고 종전 처분이 여전히 항고소송의 대상이 된다(대판 2015.11.19. 2015두295).

15 행정행위 > 부관 답 ③

| **정답해설** | ③ (×) 거부처분은 집행정지(효력정지, 절차정지)가 인정되지 않는다. 〈판례〉 신청인의 신기술 보호기간 연장신청을 거부한 이 사건 처분의 효력을 정지하더라도 이로 인하여 보호기간이 만료된 신기술 지정의 효력이 회복되거나 행정청에게 보호기간을 연장할 의무가 생기는 것도 아니라고 할 것이다. 그렇다면, 이 사건 처분의 효력을 정지하더라도 이 사건 처분으로 신청인이 입게 될 손해를 방지하는 데에는 아무런 소용이 없고, 따라서 이 사건 처분의 효력정지를 구하는 이 사건 신청은 그 이익이 없어 부적법하다고 할 것이다(대결 2005.1.17. 자 2004무48).

| **오답해설** | ① (○) 〈판례〉 재량행위에는 법령상 근거가 없더라도 그 내용이 적법하고 이행가능하며 비례의 원칙 및 평등의 원칙에 적합하고 행정처분의 본질적 효력을 해하지 아니하는 한도 내에서 부관을 붙일 수 있다(대판 2002.1.25. 2001두3600).

② (○) 〈판례〉 부담은 행정청이 행정처분을 하면서 일방적으로 부가할 수도 있지만 부담을 부가하기 이전에 상대방과 협의하여 부담의 내용을 협약의 형식으로 미리 정한 다음 행정처분을 하면서 이를 부가할 수도 있다(대판 2009.2.12. 2005다65500).

④ (○) 「행정기본법」 제17조 제3항의 사후부관 규정에 의하면 당사자의 동의가 있는 경우에 처분 후에도 부관을 붙이거나 종전의 부관을 변경할 수 있다. 〈법령〉 「행정기본법」 제17조(부관) ❸ 행정청은 부관을 붙일 수 있는 처분이 다음 각 호의 어느 하나에 해당하는 경우에는 그 처분을 한 후에도 부관을 새로 붙이거나 종전의 부관을 변경할 수 있다.

1. 법률에 근거가 있는 경우
2. 당사자의 동의가 있는 경우
3. 사정이 변경되어 부관을 새로 붙이거나 종전의 부관을 변경하지 아니하면 해당 처분의 목적을 달성할 수 없다고 인정되는 경우

⑤ (○) 〈판례〉 건축허가를 하면서 일정 토지를 기부채납하도록 하는 내용의 허가조건은 부관을 붙일 수 없는 기속행위 내지 기속적 재량행위인 건축허가에 붙인 부담이거나 또는 법령상 아무런 근거가 없는 부관이어서 무효이다. 허가조건이 무효라고 하더라도 그 부관 및 본체인 건축허가 자체의 효력이 문제됨은 별론으로 하고, … 위 토지에 관하여 소유권이전등기를 경료하여 주었다면 이는 일종의 동기의 착오로서 그 허가조건상의 하자가 허가신청대행자의 증여의사표시 자체에 직접 영향을 미치는 것은 아니므로, 이를 이유로 하여 위 시 명의의 소유권이전등기의 말소를 청구할 수는 없다(대판 1995.6.13. 94다56883).

16 공무원법 > 공무원 관계　　　　　　　답 ②

| 정답해설 | ② (×) 〈판례〉 징계에 관해서는 인사위원회의 징계의결 결과에 따라 징계처분을 하여야 한다고 분명하게 규정하고 있는 반면(「지방공무원법」 제69조 제1항), 승진임용에 관해서는 인사위원회의 사전심의를 거치도록 규정하였을 뿐 그 심의·의결 결과에 따라야 한다고 규정하고 있지 않으므로, <u>임용권자는 인사위원회의 심의·의결 결과와는 다른 내용으로 승진대상자를 결정하여 승진임용을 할 수 있다</u>(대판 2022.2.11. 2021도13197).

| 오답해설 | ① (○) 〈판례〉 공무원이 한 사직 의사표시의 철회나 취소는 그에 터잡은 의원면직처분이 있을 때까지 할 수 있는 것이고, 일단 면직처분이 있고 난 이후에는 철회나 취소할 여지가 없다(대판 2001.8.24. 99두9971).

③ (○)「국가공무원법」 제78조의3 제1항

④ (○) 대판 1983.10.25. 83누340

⑤ (○) 대판 1987.4.14. 86누459

17 행정소송 > 종합　　　　　　　답 ④

| 정답해설 | ④ (×) 〈판례〉 건축허가권자가 건축불허가처분을 하면서 그 처분사유로 건축불허가 사유뿐만 아니라 구「소방법」(2003.5.29. 법률 제6916호로 개정되기 전의 것) 제8조 제1항에 따른 소방서장의 건축부동의 사유를 들고 있다고 하여 그 건축불허가처분 외에 별개로 건축부동의처분이 존재하는 것이 아니므로, 그 건축불허가처분을 받은 사람은 그 건축불허가처분에 관한 쟁송에서「건축법」상의 건축불허가 사유뿐만 아니라 소방서장의 부동의 사유에 관하여도 다툴 수 있다(대판 2004.10.15. 2003두6573).

| 더 알아보기 | 행정청이 주된 처분을 거부함에 있어 다른 행정작용의 불허가 사유를 들고 있는 경우 – 주된 거부처분의 성립 요건으로 작용할 뿐이지 독립된 행정처분이 아님

> 건축불허가처분을 하면서 그 처분사유로 건축불허가 사유뿐만 아니라 형질변경불허가 사유나 농지전용불허가 사유를 들고 있다고 하여 그 건축불허가처분 외에 별개로 형질변경불허가처분이나 농지전용불허가처분이 존재하는 것이 아니므로, 그 건축불허가처분을 받은 사람은 그 건축불허가처분에 관한 쟁송에서「건축법」상의 건축불허가 사유뿐만 아니라 같은「도시계획법」상의 형질변경불허가 사유나「농지법」상의 농지전용불허가 사유에 관하여도 다툴 수 있는 것이지, 그 건축불허가처분에 관한 쟁송과는 별개로 형질변경불허가처분이나 농지전용불허가처분에 관한 쟁송을 제기하여 이를 다투어야 하는 것은 아니다(대판 2001.1.16. 99두10988).

| 오답해설 | ① (○) 〈판례〉 건축불허가처분을 하면서 그 사유의 하나로 소방시설과 관련된 소방서장의 건축부동의 의견을 들고 있으나 그 보완이 가능한 경우, 보완을 요구하지 아니한 채 곧바로 건축허가신청을 거부한 것은 재량권의 범위를 벗어난 것이다(대판 2004.10.15. 2003두6573).

② (○)「행정소송법」 규정에 따라 법원은 다른 행정청의 소송참가 필요성이 있을 때에는 신청이나 직권으로 결정하여 관계 행정청을 참가시킬 수 있다. 〈법령〉「행정소송법」 제17조(행정청의 소송참가) ❶ 법원은 다른 행정청을 소송에 참가시킬 필요가 있다고 인정할 때에는 당사자 또는 당해 행정청의 신청 또는 직권에 의하여 결정으로써 그 행정청을 소송에 참가시킬 수 있다.

③ (○) 〈법령〉「행정소송법」 제30조(취소판결 등의 기속력) ❶ 처분등을 취소하는 확정판결은 그 사건에 관하여 당사자인 행정청과 그 밖의 관계행정청을 기속한다.

⑤ (○) 취소소송의 취지는 丙의 동의 거부를 이유로 한 것이지만, 소송의 대상은 건축불허가처분에 대한 것이므로, 피고는 불허가처분을 행한 A시 시장 乙이 된다.

18 행정법의 의의 > 행정법의 일반원칙　　　　　　　답 ⑤

| 정답해설 | ⑤ (×) 〈판례〉 <u>새로운 법령에 의한 신뢰이익의 침해는 새로운 법령이 과거의 사실 또는 법률관계에 소급적용되는 경우에 한하여 문제되는 것은 아니고, 과거에 발생하였지만 완성되지 않고 진행 중인 사실 또는 법률관계 등을 새로운 법령이 규율함으로써 종전에 시행되던 법령의 존속에 대한 신뢰이익을 침해하게 되는 경우에도 신뢰보호의 원칙이 적용될 수 있다</u>(대판 2006.11.16. 2003두12899).

| 오답해설 | ① (○) 〈판례〉 법령의 개정에 있어서 구 법령의 존속에 대한 당사자의 신뢰가 합리적이고도 정당하며, 법령의 개정으로 야기되는 당사자의 손해가 극심하여 새로운 법령으로 달성하고자 하는 공익적 목적이 그러한 신뢰의 파괴를 정당화할 수 없다면, <u>입법자는 경과규정을 두는 등 당사자의 신뢰를 보호할 적절한 조치를 하여야 하며, 이와 같은 적절한 조치 없이 새 법령을 그대로 시행하거나 적용하는 것은 허용될 수 없는바, 이는 헌법의 기본원리인 법치주의 원리에서 도출되는 신뢰보호의 원칙에 위배되기 때문이다</u>(대판 2006.11.16. 2003두12899).

② (○) 〈판례〉 신뢰보호는 절대적이거나 어느 생활영역에서나 균일한 것은 아니고 개개의 사안마다 관련된 자유나 권리, 이익 등에 따라 보호의 정도와 방법이 다를 수 있으며, 새로운 법령을 통하여 실현하고자 하는 공익적 목적이 우월한 때에는 이를 고려하여 제한될 수 있다(대판 2006.11.16. 2003두12899).

③ (○) 〈판례〉 신뢰보호원칙의 위배 여부를 판단하기 위하여는 한편으로는 침해받은 이익의 보호가치, 침해의 중한 정도, 신뢰가 손상된 정도, 신뢰침해의 방법 등과 다른 한편으로는 새 법령을 통해 실현하고자 하는 공익적 목적을 종합적으로 비교·형량하여야 한다(대판 2006.11.16. 2003두12899).

④ (○) 〈판례〉 진정소급입법은 개인의 신뢰보호와 법적 안정성을 내용으로 하는 법치국가원리에 의하여 특단의 사정이 없는 한 헌법적으로 허용되지 아니하는 것이 원칙이고, 다만 <u>일반적으로 국민이 소급입법을 예상할 수 있었거나 법적 상태가 불확실하고 혼란스러워 보호할 만한 신뢰이익이 적은 경우와 소급입법에 의한 당사자의 손실이 없거나 아주 경미한 경우, 그리고 신뢰보호의 요청에 우선하는 심히 중대한 공익상의 사유가 소급입법을 정당화하는 경우 등에는 예외적으로 진정소급입법이 허용된다</u>(헌재 1999.7.22. 97헌바76, 98헌바50·51·52·54·55).

19 「행정기본법」과 「행정절차법」 > 「행정기본법」 답 ④

| 정답해설 | ④ (×) 관계 행정청이 협의 요청을 받고도 기간 내에 의견을 제출하지 아니하면 협의가 된 것으로 본다. 〈법령〉 「행정기본법」 제24조(인허가의제의 기준)

❷ 인허가의제를 받으려면 주된 인허가를 신청할 때 관련 인허가에 필요한 서류를 함께 제출하여야 한다. 다만, 불가피한 사유로 함께 제출할 수 없는 경우에는 주된 인허가 행정청이 별도로 정하는 기한까지 제출할 수 있다.

❸ 주된 인허가 행정청은 주된 인허가를 하기 전에 관련 인허가에 관하여 미리 관련 인허가 행정청과 협의하여야 한다.

❹ 관련 인허가 행정청은 제3항에 따른 협의를 요청받으면 그 요청을 받은 날부터 20일 이내(제5항 단서에 따른 절차에 걸리는 기간은 제외한다)에 의견을 제출하여야 한다. 이 경우 전단에서 정한 기간(민원 처리 관련 법령에 따라 의견을 제출하여야 하는 기간을 연장한 경우에는 그 연장한 기간을 말한다) 내에 협의 여부에 관하여 의견을 제출하지 아니하면 협의가 된 것으로 본다.

제25조(인허가의제의 효과) ❶ 제24조 제3항·제4항에 따라 협의가 된 사항에 대해서는 주된 인허가를 받았을 때 관련 인허가를 받은 것으로 본다.

| 오답해설 | ① (○) 「행정기본법」 제24조 제2항

② (○) 동법 제24조 제3항

③ (○) 동법 제24조 제4항

⑤ (○) 동법 제25조 제1항

20 그 밖의 행정의 행위형식 > 행정지도 답 ③

| 정답해설 | ㄱ. (○) 〈판례〉 행정지도가 강제성을 띠지 않은 비권력적 작용으로서 행정지도의 한계를 일탈하지 아니하였다면, 그로 인하여 상대방에게 어떤 손해가 발생하였다 하더라도 행정기관은 그에 대한 손해배상책임이 없다(대판 2008.9.25. 2006다18228).

ㄴ. (○) 〈판례〉 교육인적자원부장관의 대학총장들에 대한 이 사건 학칙시정요구는 「고등교육법」 제6조 제2항, 동법 시행령 제4조 제3항에 따른 것으로서 그 법적 성격은 대학총장의 임의적인 협력을 통하여 사실상의 효과를 발생시키는 행정지도의 일종이지만, 그에 따르지 않을 경우 일정한 불이익조치를 예정하고 있어 사실상 상대방에게 그에 따를 의무를 부과하는 것과 다를 바 없으므로 단순한 행정지도로서의 한계를 넘어 규제적·구속적 성격을 상당히 강하게 갖는 것으로서 헌법소원의 대상이 되는 공권력의 행사라고 볼 수 있다(헌재 2003.6.26. 2002헌마337).

ㄹ. (○) 〈법령〉 「행정절차법」 제49조(행정지도의 방식) ❷ 행정지도가 말로 이루어지는 경우에 상대방이 제1항의 사항을 적은 서면의 교부를 요구하면 그 행정지도를 하는 자는 직무 수행에 특별한 지장이 없으면 이를 교부하여야 한다.

| 오답해설 | ㄷ. (×) 〈판례〉 행정관청이 구 「국토이용관리법」 소정의 토지거래계약신고에 관하여 공시된 기준시가를 기준으로 매매가격을 신고하도록 행정지도를 하여 그에 따라 허위신고를 한 것이

라 하더라도 이와 같은 행정지도는 법에 어긋나는 것으로서 그와 같은 행정지도나 관행에 따라 허위신고행위에 이르렀다고 하여도 이것만 가지고서는 그 범법행위가 정당화될 수 없다(대판 1994.6.14. 93도3247).

ㅁ. (×) 행정지도는 비권력적 사실행위로서 법적 구속력은 가지지 않지만, 사실상의 구속력을 가지고 있어 「행정절차법」에 행정지도원칙으로 과잉금지의 원칙과 임의성의 원칙 등을 규정하고 있다. 〈법령〉 「행정절차법」 제48조(행정지도의 원칙) ❶ 행정지도는 그 목적 달성에 필요한 최소한도에 그쳐야 하며, 행정지도의 상대방의 의사에 반하여 부당하게 강요하여서는 아니 된다.

21 「행정기본법」과 「행정절차법」 > 「행정절차법」 답 ③

| 정답해설 | ③ (×) 의견제출은 청문이나 공청회에 해당하지 않는 절차를 말한다. 〈법령〉 「행정절차법」 제2조(정의) 이 법에서 사용하는 용어의 뜻은 다음과 같다.

4. '당사자 등'이란 다음 각 목의 자를 말한다.
   가. 행정청의 처분에 대하여 직접 그 상대가 되는 당사자
   나. 행정청이 직권으로 또는 신청에 따라 행정절차에 참여하게 한 이해관계인

7. '의견제출'이란 행정청이 어떠한 행정작용을 하기 전에 당사자 등이 의견을 제시하는 절차로서 청문이나 공청회에 해당하지 아니하는 절차를 말한다.

| 오답해설 | ① (○) 「행정절차법」 제3조 제2항 제1호

② (○) 동법 제2조 제4호

④ (○) 〈판례〉 행정절차에 관한 일반법인 「행정절차법」은 제24조 제1항에서 "행정청이 처분을 할 때에는 다른 법령 등에 특별한 규정이 있는 경우를 제외하고는 문서로 하여야 하며, 전자문서로 하는 경우에는 당사자 등의 동의가 있어야 한다. 다만, 신속히 처리할 필요가 있거나 사안이 경미한 경우에는 말 또는 그 밖의 방법으로 할 수 있다."라고 정하고 있다. 이 규정은 처분내용의 명확성을 확보하고 처분의 존부에 관한 다툼을 방지하여 처분상대방의 권익을 보호하기 위한 것이므로, 이를 위반한 처분은 하자가 중대·명백하여 무효이다(대판 2019.7.11. 2017두38874).

⑤ (○) 동법 제52조의2 제1항

22 경찰행정 > 경찰관직무집행 답 ④

| 정답해설 | ④ (×) 〈판례〉 경찰관의 제지조치가 적법한지 여부는 제지조치 당시의 구체적 상황을 기초로 판단하여야 하고 사후적으로 순수한 객관적 기준에서 판단할 것은 아니다(대판 2013.6.13. 2012도9937).

| 오답해설 | ① (○) 「경찰관 직무집행법」 제3조 제1항·제3항

② (○) 〈판례〉 임의동행은 상대방의 동의 또는 승낙을 그 요건으로 하는 것이므로 경찰관으로부터 임의동행 요구를 받은 경우 상대방은 이를 거절할 수 있을 뿐만 아니라 임의동행 후 언제든지 경찰관서에서 퇴거할 자유가 있다(대판 1997.8.22. 97도1240).

③ (○) 「경찰관 직무집행법」 제10조 제5항

⑤ (○) 〈판례〉 경찰관이 교통법규 등을 위반하고 도주하는 차량을 순찰차로 추적하는 직무를 집행하는 중에 그 도주차량의 주행에 의하여 제3자가 손해를 입었다고 하더라도 그 추적이 당해 직무목적을 수행하는 데에 불필요하다거나 또는 도주차량의 도주의 태양 및 도로교통상황 등으로부터 예측되는 피해발생의 구체적 위험성의 유무 및 내용에 비추어 추적의 개시·계속 혹은 추적의 방법이 상당하지 않다는 등의 특별한 사정이 없는 한 그 추적행위를 위법하다고 할 수는 없다(대판 2000.11.10. 2000다26807·26814).

---

23 행정벌 > 「질서위반행위규제법」 답 ⑤

| 정답해설 | ⑤ (○) 〈법령〉 「질서위반행위규제법」 제22조(질서위반행위의 조사) ❷ 행정청은 질서위반행위가 발생하였다는 합리적 의심이 있어 그에 대한 조사가 필요하다고 인정할 때에는 그 소속 직원으로 하여금 당사자의 사무소 또는 영업소에 출입하여 장부·서류 또는 그 밖의 물건을 검사하게 할 수 있다.

제57조(과태료) ❶ 제22조 제2항에 따른 검사를 거부·방해 또는 기피한 자에게는 500만 원 이하의 과태료를 부과한다.

| 오답해설 | ① (×) 〈판례〉 대집행계고처분을 하기 위하여는 법령에 의하여 직접 명령되거나 법령에 근거한 행정청의 명령에 의한 의무자의 대체적 작위의무 위반행위가 있어야 한다. 따라서 단순한 부작위의무의 위반, 즉 관계 법령에 정하고 있는 절대적 금지나 허가를 유보한 상대적 금지를 위반한 경우에는 당해 법령에서 그 위반자에 대하여 위반에 의하여 생긴 유형적 결과의 시정을 명하는 행정처분의 권한을 인정하는 규정(예컨대, 「건축법」 제69조, 「도로법」 제74조, 「하천법」 제67조, 「도시공원법」 제20조, 「옥외광고물등관리법」 제10조 등)을 두고 있지 아니한 이상, 법치주의의 원리에 비추어 볼 때 위와 같은 부작위의무로부터 그 의무를 위반함으로써 생긴 결과를 시정하기 위한 작위의무를 당연히 끌어낼 수는 없으며, 또 위 금지규정(특히 허가를 유보한 상대적 금지규정)으로부터 작위의무, 즉 위반결과의 시정을 명하는 권한이 당연히 추론되는 것도 아니다(대판 1996.6.28. 96누4374).

② (×) 〈판례〉 「행정대집행법」상 대집행의 대상이 되는 대체적 작위의무는 공법상 의무이어야 할 것인데, 구 「공공용지의 취득 및 손실보상에 관한 특례법」(2002.2.4. 법률 제6656호 「공익사업을 위한 토지 등의 취득 및 보상에 관한 법률」 부칙 제2조로 폐지)에 따른 토지 등의 협의취득은 공공사업에 필요한 토지 등을 그 소유자와의 협의에 의하여 취득하는 것으로서 공공기관이 사경제주체로서 행하는 사법상 매매 내지 사법상 계약의 실질을 가지는 것이므로, 그 협의취득시 건물소유자가 매매대상 건물에 대한 철거의무를 부담하겠다는 취지의 약정을 하였다고 하더라도 이러한 철거의무는 공법상의 의무가 될 수 없고, 이 경우에도 「행정대집행법」을 준용하여 대집행을 허용하는 별도의 규정이 없는 한 위와 같은 철거의무는 「행정대집행법」에 의한 대집행의 대상이 되지 않는다(대판 2006.10.13. 2006두7096).

③ (×) 「농지법」상 이행강제금은 항고소송의 대상인 처분이 아니다. 「비송사건절차법」에 불복 규정을 별도로 두고 있다. 〈판례〉 「농지법」 제62조 제6항·제7항이 위와 같이 이행강제금 부과처분에 대한 불복절차를 분명하게 규정하고 있으므로, 이와 다른 불복절차를 허용할 수는 없다. 설령 관할청이 이행강제금 부과처분을 하면서 재결청에 행정심판을 청구하거나 관할 행정법원에 행정소송을 할 수 있다고 잘못 안내하거나 관할 행정심판위원회가 각하재결이 아닌 기각재결을 하면서 관할 법원에 행정소송을 할 수 있다고 잘못 안내하였다고 하더라도, 그러한 잘못된 안내로 행정법원의 항고소송 재판관할이 생긴다고 볼 수도 없다(대판 2019.4.11. 2018두42955).

「농지법」 제63조 (이행강제금)	❻ 제1항에 따른 이행강제금 부과처분에 불복하는 자는 그 처분을 고지받은 날부터 30일 이내에 시장·군수 또는 구청장에게 이의를 제기할 수 있다. ❼ 제1항에 따른 이행강제금 부과처분을 받은 자가 제6항에 따른 이의를 제기하면 시장·군수 또는 구청장은 지체 없이 관할 법원에 그 사실을 통보하여야 하며, 그 통보를 받은 관할 법원은 「비송사건절차법」에 따른 과태료 재판에 준하여 재판을 한다.
대법원 판례	「농지법」은 농지 처분명령에 대한 이행강제금 부과처분에 불복하는 자가 그 처분을 고지받은 날부터 30일 이내에 부과권자에게 이의를 제기할 수 있고, 이의를 받은 부과권자는 지체 없이 관할 법원에 그 사실을 통보하여야 하며, 그 통보를 받은 관할 법원은 「비송사건절차법」에 따른 과태료 재판에 준하여 재판을 하도록 정하고 있다(제62조 제1항·제6항·제7항). 따라서 「농지법」 제62조 제1항에 따른 이행강제금 부과처분에 불복하는 경우에는 「비송사건절차법」에 따른 재판절차가 적용되어야 하고, 「행정소송법」상 항고소송의 대상은 될 수 없다(대판 2019.4.11. 2018두42955).

④ (×) 3년이 아니라 1년이다. 〈법령〉 「질서위반행위규제법」 제24조의3(과태료의 징수유예 등) ❶ 행정청은 당사자가 다음 각 호의 어느 하나에 해당하여 과태료(체납된 과태료와 가산금, 중가산금 및 체납처분비를 포함한다. 이하 이 조에서 같다)를 납부하기가 곤란하다고 인정되면 1년의 범위에서 대통령령으로 정하는 바에 따라 과태료의 분할납부나 납부기일의 연기(이하 '징수유예 등'이라 한다)를 결정할 수 있다.

8. 「고용보험법」에 따른 실업급여수급자

---

24 행정소송 > 소송요건 답 ①

| 정답해설 | ㄴ. (×) 〈판례〉 제재적 행정처분이 그 처분에서 정한 제재기간의 경과로 인하여 그 효과가 소멸되었으나, 부령인 시행규칙 또는 지방자치단체의 규칙(이하 이들을 '규칙'이라고 한다)의 형식으로 정한 처분기준에서 제재적 행정처분(이하 '선행처분'이라고 한다)을 받은 것을 가중사유나 전제요건으로 삼아 장래의 제재적 행정처분(이하 '후행처분'이라고 한다)을 하도록 정하고 있는 경우, … 그러한 규칙이 정한 바에 따라 선행처분을 받은 상대방이 그 처분

의 존재로 인하여 장래에 받을 불이익, 즉 후행처분의 위험은 구체적이고 현실적인 것이므로, <u>상대방에게는 선행처분의 취소소송을 통하여 그 불이익을 제거할 필요가 있다</u>(대판 2006.6.22. 2003두1684).

ㄹ. (×) 〈판례〉 교육감이 학교법인에 대한 감사 실시 후 처리지시를 하고 그와 함께 그 시정조치에 대한 결과를 증빙서를 첨부한 문서로 보고하도록 한 것은, 의무의 부담을 명하거나 기타 법률상 효과를 발생하게 하는 것으로서 항고소송의 대상이 되는 행정처분에 해당한다(대판 2008.9.11. 2006두18362).

| 오답해설 | ㄱ. (○) 〈판례〉 당해 재결과 같이 그 인용재결청인 문화체육부장관 스스로가 직접 당해 사업계획승인처분을 취소하는 형성적 재결을 한 경우에는 그 재결 외에 그에 따른 행정청의 별도의 처분이 있지 않기 때문에 재결 자체를 쟁송의 대상으로 할 수밖에 없다(대판 1997.12.23. 96누10911).

ㄷ. (○) 〈판례〉 국가보훈처장 등이 발행한 책자 등에서 독립운동가 등의 활동상을 잘못 기술하였다는 등의 이유로 그 사실관계의 확인을 구하거나, 국가보훈처장의 서훈추천서의 행사·불행사가 당연무효 또는 위법임의 확인을 구하는 청구가 항고소송의 대상이 되지 않는다(대판 1990.11.23. 90누3553).

ㅁ. (○) 〈판례〉 어떠한 처분의 근거가 행정규칙에 규정되어 있다고 하더라도, 그 처분이 상대방에게 권리 설정 또는 의무 부담을 명하거나 기타 법적인 효과를 발생하게 하는 등으로 상대방의 권리의무에 직접 영향을 미치는 행위라면, 이 경우에도 항고소송의 대상이 되는 행정처분에 해당한다고 보아야 한다(대판 2012.9.27. 2010두3541).

---

25 행정소송 > 처분성　　　　　　　　답 ②

| 정답해설 | ㄴ. (처분성 부정) 〈판례〉 금융감독원장이 종합금융주식회사의 전 대표이사에게 재직 중 위법·부당행위 사례를 첨부하여 금융 관련 법규를 위반하고 신용질서를 심히 문란하게 한 사실이 있다는 내용으로 '문책경고장(상당)'을 보낸 행위가 항고소송의 대상이 되는 행정처분에 해당하지 아니한다(대판 2005.2.17. 2003두10312).

ㄷ. (처분성 부정) 〈판례〉 무단 용도변경을 이유로 단전조치된 건물의 소유자로부터 새로이 전기공급신청을 받은 한국전력공사가 관할 구청장에게 전기공급의 적법 여부를 조회한 데 대하여, 관할 구청장이 한국전력공사에 대하여 「건축법」 제69조 제2항·제3항의 규정에 의하여 위 건물에 대한 전기공급이 불가하다는 내용의 회신을 하였다면, 그 회신은 권고적 성격의 행위에 불과한 것으로서 한국전력공사나 특정인의 법률상 지위에 직접적인 변동을 가져오는 것은 아니므로 항고소송의 대상이 되는 행정처분이라고 볼 수 없다(대판 1995.11.21. 95누9099).

| 오답해설 | ㄱ. (처분성 긍정) 〈판례〉 구 「감염병예방법」 제49조 제1항은 감염병을 예방하기 위하여 질병관리청장, 시·도지사 또는 시장·군수·구청장에게 각 호에 규정하는 '조치'를 하도록 규정하였는바, 피청구인은 위 조항에 근거한 조치로서 관내 음식점 및 PC방

의 관리자·운영자들에 대하여 영업시간을 제한하거나 이용자 간 거리를 두도록 의무를 부여하는 내용의 심판대상고시를 발령하였다. … 대법원도 심판대상고시와 동일한 규정 형식을 가진 피청구인의 대면예배 제한고시(서울특별시고시 제2021-414호)가 항고소송의 대상인 행정처분에 해당함을 전제로 판단한 바 있다(대판 2022.10.27. 자 2022두48646 판결). 그러므로 심판대상고시는 항고소송의 대상인 행정처분에 해당한다(헌재 2023.5.25. 2021헌마21).

ㄹ. (처분성 긍정) 〈판례〉 「총포·도검·화약류 등의 안전관리에 관한 법률 시행령」 제78조 제1항 제3호, 제79조 및 총포·화약안전기술협회(이하 '협회'라 한다) 정관의 관련 규정의 내용을 위 법리에 비추어 살펴보면, 공법인인 협회가 자신의 공행정활동에 필요한 재원을 마련하기 위하여 회비납부의무자에 대하여 한 '회비납부통지'는 납부의무자의 구체적인 부담금액을 산정·고지하는 '부담금 부과처분'으로서 항고소송의 대상이 된다고 보아야 한다(대판 2021.12.30. 2018다241458).

ㅁ. (처분성 긍정) 〈판례〉 관할관청이 주권상장법인에 한 단기매매차익 발생사실 통보는 주권상장법인 등이 단기매매차익을 취득한 자를 상대로 반환청구권을 행사할 수 있도록 자료를 제공하는 것일 뿐, 단기매매차익 반환청구권을 발생시키거나 확정짓는 효력은 없다. 그러나 다음과 같은 측면에서 단기매매차익 발생사실 통보는 항고소송의 대상이 되는 처분에 해당한다고 봄이 타당하다.

1) 단기매매차익 발생사실 통보를 받은 주권상장법인은 통보받은 내용을 일정한 방법에 따라 공시하여야 한다. 단기매매차익 발생사실 통보는 주권상장법인의 공시의무를 발생시키는 효력을 가져 상대방의 법적 지위에 직접적인 영향을 준다. 행정청이 주권상장법인의 공시의무 이행을 강제할 직접적인 수단이 없다고 하더라도, 실체법상 법적 지위의 변동이 생긴다는 점을 부인할 수 없다.

2) 단기매매차익 발생사실 통보를 항고소송의 대상으로 인정할 필요가 있다. 주권상장법인의 공시의무는 단기매매차익 발생이라는 객관적 사실에 의존하는 것이 아니라, 단기매매차익 발생사실을 인식한 행정청의 통보에 의하여 비로소 발생한다. 단기매매차익 발생사실 통보가 위법하다고 주장하면서 그로 인하여 발생한 공시의무를 다투고자 하는 주권상장법인 등은 단기매매차익 발생사실 통보의 효력을 다투는 방법 외에는 다른 사법적 구제수단이 없다.

합격예상 체크

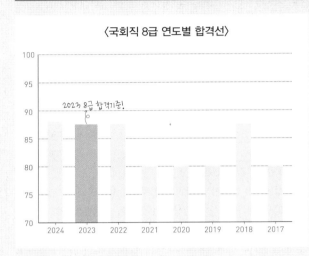

〈국회직 8급 연도별 합격선〉

2023 8급 합격기준

맞힌 개수	/25문항	점수	/100점

➡ ☐ 합격 ☐ 불합격

취약영역 체크

문항	정답	영역	문항	정답	영역
1	④	행정법 통칙	14	①	행정법 통칙
2	⑤	행정법 통칙	15	③	행정상 의무이행 확보수단
3	③	행정구제	16	②	행정법 통칙
4	②	행정법 통칙	17	②	행정구제
5	⑤	행정구제	18	①	행정법 통칙
6	④	행정법 통칙	19	②	행정구제
7	②	특별행정작용(7급)	20	⑤	행정구제
8	②	특별행정작용(7급)	21	①	행정조직(7급)
9	④	행정법 통칙	22	⑤	행정조직(7급)
10	①	행정법 통칙	23	①	행정법 통칙
11	④	행정법 서론	24	④	행정상 의무이행 확보수단
12	⑤	행정법 통칙	25	②	행정구제
13	⑤	행정법 통칙			

⬇ 영역별 틀린 개수로 취약영역을 확인하세요!

행정법 서론	/1	행정법 통칙	/12	행정상 의무이행 확보수단	/2
행정구제	/6	행정조직(7급)	/2	특별행정작용(7급)	/2

➡ 나의 취약영역: _____

※ 해당 회차는 〈1초 합격예측 서비스〉의 데이터 누적 기간이 충분하지 않아 오답률, 선지 선택률 기재를 생략하였습니다.

---

1 「행정기본법」과 「행정절차법」 > 「행정절차법」   답 ④

| 정답해설 | ④ (행정기본법) 문제는 「행정절차법」에 규정된 내용을 묻는 것인데, 지문은 「행정기본법」상 공법상 계약의 체결(제27조 제2항)에 대한 내용이다.

| 오답해설 | ① (행정절차법) 제40조의2 제2항
② (행정절차법) 제40조의3 제3항
③ (행정절차법) 제40조의4
⑤ (행정절차법) 제48조 제2항

2 행정행위 > 취소와 철회   답 ⑤

| 정답해설 | ⑤ (×) 〈판례〉 행정행위를 한 처분청은 그 행위에 하자가 있는 경우에 별도의 법적 근거가 없더라도 스스로 이를 취소할 수 있는 것이며, 다만 그 행위가 국민에게 권리나 이익을 부여하는 이른바 수익적 행정행위인 때에는 그 행위를 취소하여야 할 공익상 필요와 그 취소로 인하여 당사자가 입을 기득권과 신뢰보호 및 법률생활 안정의 침해 등 불이익을 비교·교량한 후 공익상 필요가 당사자의 기득권침해 등 불이익을 정당화할 수 있을 만큼 강한 경우에 한하여 취소할 수 있다(대판 1986.2.25. 85누664).

| 더 알아보기 | 철회에 있어서의 법적 근거

> 행정행위를 한 처분청은 비록 그 처분 당시에 별다른 하자가 없었고, 또 그 처분 후에 이를 철회할 별도의 법적 근거가 없다 하더라도 원래의 처분을 존속시킬 필요가 없게 된 사정변경이 생겼거나 또는 중대한 공익상의 필요가 발생한 경우에는 그 효력을 상실케 하는 별개의 행정행위로 이를 철회할 수 있다고 할 것이다(대판 2004.11.26. 2003두10251·10268).

| 오답해설 | ①② (○) 〈법령〉 「행정기본법」 제18조(위법 또는 부당한 처분의 취소) ❶ 행정청은 위법 또는 부당한 처분의 전부나 일부를 소급하여 취소할 수 있다. 다만, 당사자의 신뢰를 보호할 가치가 있는 등 정당한 사유가 있는 경우에는 장래를 향하여 취소할 수 있다.
❷ 행정청은 제1항에 따라 당사자에게 권리나 이익을 부여하는 처분을 취소하려는 경우에는 취소로 인하여 당사자가 입게 될 불이익을 취소로 달성되는 공익과 비교·형량하여야 한다. 다만, 다음 각 호의 어느 하나에 해당하는 경우에는 그러하지 아니하다.
  1. 거짓이나 그 밖의 부정한 방법으로 처분을 받은 경우
  2. 당사자가 처분의 위법성을 알고 있었거나 중대한 과실로 알지 못한 경우

③ (○) 행정청은 제1항에 따라 처분을 철회하려는 경우에는 철회로 인하여 당사자가 입게 될 불이익을 철회로 달성되는 공익과 비교·형량하여야 한다(「행정기본법」 제19조 제2항).

| 더 알아보기 | 철회에 있어서 형량이 필요하다는 대법원의 입장

> 수익적 행정처분을 취소 또는 철회하는 경우에는 이미 부여된 그 국민의 기득권을 침해하는 것이 되므로, 비록 취소 등의 사유가 있다고 하더라도 그 취소권 등의 행사는 기득권의 침해를 정당화할 만한 중대한 공익상의 필요 또는 제3자의 이익보호의 필요가 있는 때에 한하여 상대방이 받는 불이익과 비교·교량하여 결정하여야 하고, 그 처분으로 인하여 공익상의 필요보다 상대방이 받게 되는 불이익 등이 막대한 경우에는 재량권의 한계를 일탈한 것으로서 그 자체가 위법하다(대판 2004.11.26. 2003두10251·10268).

④ (○) 대판 2019.10.17. 2018두104

---

3   손해배상 > 국가배상   답 ③

| 정답해설 | ③ (○) 〈판례〉 상호보증은 외국의 법령, 판례 및 관례 등에 의하여 발생요건을 비교하여 인정되면 충분하고 반드시 당사국과의 조약이 체결되어 있을 필요는 없으며, 당해 외국에서 구체적으로 우리나라 국민에게 국가배상청구를 인정한 사례가 없더라도 실제로 인정될 것이라고 기대할 수 있는 상태이면 충분하다(대판 2015.6.11. 2013다208388).

| 오답해설 | ① (×) 〈판례〉 영업허가취소처분이 나중에 행정심판에 의하여 재량권을 일탈한 위법한 처분임이 판명되어 취소되었다고 하더라도 그 처분이 당시 시행되던 「공중위생법 시행규칙」에 정하여진 행정처분의 기준에 따른 것인 이상 그 영업허가취소처분을 한 행정청 공무원에게 그와 같은 위법한 처분을 한 데 있어 어떤 직무집행상의 과실이 있다고 할 수는 없다(대판 1994.11.8. 94다26141).

② (×) 〈판례〉 공무원이 직무수행 중 불법행위로 타인에게 손해를 입힌 경우에 국가 등이 국가배상책임을 부담하는 외에 공무원 개인도 고의 또는 중과실이 있는 경우에는 불법행위로 인한 손해배상책임을 진다고 할 것이지만, 공무원에게 경과실뿐인 경우에는 공무원 개인은 손해배상책임을 부담하지 아니한다고 해석하는 것이 헌법 제29조 제1항 본문과 단서 및 「국가배상법」 제2조의 입법취지에 조화되는 올바른 해석이다(대판 1996.2.15. 95다38677 전합).

④ (×) 〈판례〉 「국가배상법」 제6조 제1항은 같은 법 제2조, 제3조 및 제5조의 규정에 의하여 국가 또는 지방자치단체가 손해를 배상할 책임이 있는 경우에 공무원의 선임·감독 또는 영조물의 설치·관리를 맡은 자와 공무원의 봉급·급여 기타의 비용 또는 영조물의 설치·관리의 비용을 부담하는 자가 동일하지 아니한 경우에는 그 비용을 부담하는 자도 손해를 배상하여야 한다고 규정하고 있으므로 교통신호기를 관리하는 지방경찰청장 산하 경찰관들에 대한 봉급을 부담하는 국가도 「국가배상법」 제6조 제1항에 의한 배상책임을 부담한다(대판 1999.6.25. 99다11120).

⑤ (×) 〈판례〉 공무원이 직무상 자동차를 운전하다가 사고를 일으켜 다른 사람에게 손해를 입힌 경우에는 그 사고가 자동차를 운전한 공무원의 경과실에 의한 것인지 중과실 또는 고의에 의한 것인지를 가리지 않고, 그 공무원이 「자동차손해배상 보장법」 제3조 소정의 '자기를 위하여 자동차를 운행하는 자'에 해당하는 한 「자동차손해배상 보장법」상의 손해배상책임을 부담한다(대판 1996.3.8. 94다23876).

---

4   행정행위 > 행정행위의 내용   답 ②

| 정답해설 | ㄱ. (○) 도로점용허가는 공물에 대한 사용수익허가인 특허(설권행위)로서 출원이나 동의를 효력요건으로 하는 쌍방적 행정처분이고 재량이다.

ㄴ. (○) 〈판례〉 점용·사용허가에 의하여 부여되는 특별사용권은 행정주체에 대하여 공공용물의 배타적·독점적인 사용을 청구할 수 있는 권리로서 공법상의 채권에 해당한다(헌재 2013.9.26. 2012헌바16).

ㄷ. (○) 〈판례〉 이러한 특별사용에 있어서의 점용료 부과처분은 공법상의 의무를 부과하는 공권적인 처분으로서 항고소송의 대상이 되는 행정처분에 해당한다 할 것이다(대판 2004.10.15. 2002다68485).

ㄹ. (○) 〈판례〉 개발촉진지구 안에서 시행되는 지역개발사업(국가 또는 지방자치단체가 직접 시행하는 경우를 제외한다. 이하 '지구개발사업'이라 한다)에서 지정권자의 실시계획승인처분은 단순히 시행자가 작성한 실시계획에 대한 보충행위로서의 성질을 가지는 것이 아니라 시행자에게 구 지역균형개발법상 지구개발사업을 시행할 수 있는 지위를 부여하는 일종의 설권적 처분의 성격을 가진 독립된 행정처분으로 보아야 한다(대판 2014.9.26. 2012두5619).

ㅁ. (×) 〈판례〉 행정재산이 용도폐지로 일반재산이 된 경우에 용도폐지되기 이전의 행정재산에 대하여 한 사용허가는 소멸되며 그 사용허가나 공유재산법 제22조를 근거로 하여 사용료를 부과할 수 없다고 해석함이 타당하다(대판 2015.2.26. 2012두6612).

---

5   행정소송 > 제3자의 원고적격   답 ⑤

| 정답해설 | ⑤ (×) 〈판례〉 경업자에 대한 행정처분이 경업자에게 불리한 내용이라면 그와 경쟁관계에 있는 기존의 업자에게는 특별한 사정이 없는 한 유리할 것이므로 기존의 업자가 그 행정처분의 무효확인 또는 취소를 구할 이익은 없다고 보아야 한다(대판 2020.4.9. 2019두49953).

| 오답해설 | ① (○) 〈판례〉 일반적으로 면허나 인허가 등의 수익적 행정처분의 근거가 되는 법률이 해당 업자들 사이의 과당경쟁으로 인한 경영의 불합리를 방지하는 것도 목적으로 하고 있는 경우, 다른 업자에 대한 면허나 인허가 등의 수익적 행정처분에 대하여 미리 같은 종류의 면허나 인허가 등의 수익적 행정처분을 받아 영업을 하고 있는 기존의 업자는 경업자에 대하여 이루어진 면허나 인허가 등 행정처분의 상대방이 아니라고 하더라도 당해 행정처분의 무효확인 또는 취소를 구할 이익이 있다(대판 2020.4.9. 2019두49953).

② (○) 〈판례〉 한정면허를 받은 시외버스운송사업자라고 하더라도 다 같이 운행계통을 정하고 여객을 운송하는 노선여객자동차운송사업을 한다는 점에서 일반면허를 받은 시외버스운송사업자와 본질적인 차이가 없으므로 … 따라서 기존의 한정면허를 받은 시외버스운송사업자는 일반면허 시외버스운송사업자에 대한 사업계획변경인가처분의 취소를 구할 법률상의 이익이 있다(대판 2018.4.26. 2015두53824).

③ (○) 〈판례〉 인가 · 허가 등 수익적 행정처분을 신청한 여러 사람이 서로 경원관계에 있어서 한 사람에 대한 허가 등 처분이 다른 사람에 대한 불허가 등으로 귀결될 수밖에 없을 때 허가 등 처분을 받지 못한 사람은 신청에 대한 거부처분의 직접 상대방으로서 원칙적으로 자신에 대한 거부처분의 취소를 구할 원고적격이 있고, 특별한 사정이 없는 한 경원관계에서 허가 등 처분을 받지 못한 사람은 자신에 대한 거부처분의 취소를 구할 소의 이익이 있다(대판 2015.10.29. 2013두27517).

④ (○) 〈판례〉 상수원보호구역 설정의 근거가 되는 「수도법」 제5조 제1항 및 동 시행령 제7조 제1항이 보호하고자 하는 것은 상수원의 확보와 수질보전일 뿐이고, 그 상수원에서 급수를 받고 있는 지역주민들이 가지는 상수원의 오염을 막아 양질의 급수를 받을 이익은 직접적이고 구체적으로는 보호하고 있지 않음이 명백하여 위 지역주민들이 가지는 이익은 상수원의 확보와 수질보호라는 공공의 이익이 달성됨에 따라 반사적으로 얻게 되는 이익에 불과하므로 지역주민들에 불과한 원고들에게는 위 상수원보호구역 변경처분의 취소를 구할 법률상의 이익이 없다(대판 1995.9.26. 94누14544).

---

6 행정법 관계 > 공사법관계   답 ④

| 정답해설 | ㄴ. (○) 〈판례〉 서울특별시립무용단원의 공연 등 활동은 지방문화 및 예술을 진흥시키고자 하는 서울특별시의 공공적 업무수행의 일환으로 이루어진다고 해석될 뿐 아니라, 서울특별시립무용단원이 가지는 지위가 공무원과 유사한 것이라면, 서울특별시립무용단 단원의 위촉은 공법상의 계약이라고 할 것이고, 따라서 그 단원의 해촉에 대하여는 공법상의 당사자소송으로 그 무효확인을 청구할 수 있다(대판 1995.12.22. 95누4636).

ㄷ. (○) 〈판례〉 이 사건 협약은 지방자치단체인 피고가 사인인 원고 등에게 이 사건 시설의 운영을 위탁하고 그 위탁운영비용을 지급하는 것을 내용으로 하는 용역계약으로서, 상호 대등한 입장에서 당사자의 합의에 따라 체결한 사법상 계약에 해당한다(대판 2017.1.25. 2015다205796 등 참조). 따라서 이 사건 협약의 해석에는 위에서 본 계약의 해석방법에 관한 일반 법리가 그대로 적용된다(대판 2019.10.17. 2018두60588).

ㅁ. (○) 〈판례〉 국유재산의 관리청이 그 무단점유자에 대하여 하는 변상금 부과처분은 순전히 사경제주체로서 행하는 사법상의 법률행위라 할 수 없고 이는 관리청이 공권력을 가진 우월적 지위에서 행한 것으로서 행정소송의 대상이 되는 행정처분이라고 보아야 한다(대판 1988.2.23. 87누1046).

| 오답해설 | ㄱ. (×) 〈판례〉 한국공항공단이 정부로부터 무상사용허가를 받은 행정재산을 구 「한국공항공단법」(2002.1.4. 법률 제6607호로 폐지) 제17조에서 정한 바에 따라 전대하는 경우에 미리 그 계획을 작성하여 건설교통부장관에게 제출하고 승인을 얻어야 하는 등 일부 공법적 규율을 받고 있다고 하더라도, 한국공항공단이 무상사용허가를 받은 행정재산에 대하여 하는 전대행위는 통상의 사인간의 임대차와 다를 바가 없고, 그 임대차계약이 임차인의 사용승인신청과 임대인의 사용승인의 형식으로 이루어졌다고 하여 달리 볼 것은 아니다(대판 2004.1.15. 2001다12638).

ㄹ. (×) 〈판례〉 입찰보증금의 국고귀속조치는 국가가 사법상의 재산권의 주체로서 행위하는 것이지 공권력을 행사하는 것이거나 공권력작용과 일체성을 가진 것이 아니라 할 것이므로 이에 관한 분쟁은 행정소송이 아닌 민사소송의 대상이 될 수밖에 없다고 할 것이다(대판 1983.12.27. 81누366).

---

7 급부행정 > 「국유재산법」   답 ②

| 정답해설 | ② (×) 사용허가를 받은 자는 허가기간이 끝나거나 제36조에 따라 사용허가가 취소 또는 철회된 경우에는 그 재산을 원래 상태대로 반환하여야 한다. 다만, 중앙관서의 장이 미리 상태의 변경을 승인한 경우에는 변경된 상태로 반환할 수 있다(「국유재산법」 제38조).

| 오답해설 | ①④ (○) 〈법령〉 「국유재산법」 제36조(사용허가의 취소와 철회) ❶ 중앙관서의 장은 행정재산의 사용허가를 받은 자가 다음 각 호의 어느 하나에 해당하면 그 허가를 취소하거나 철회할 수 있다.

1. 거짓 진술을 하거나 부실한 증명서류를 제시하거나 그 밖에 부정한 방법으로 사용허가를 받은 경우
2. 사용허가 받은 재산을 제30조 제2항을 위반하여 다른 사람에게 사용 · 수익하게 한 경우
3. 해당 재산의 보존을 게을리 하였거나 그 사용목적을 위배한 경우
4. 납부기한까지 사용료를 납부하지 아니하거나 제32조 제2항 후단에 따른 보증금 예치나 이행보증조치를 하지 아니한 경우
5. 중앙관서의 장의 승인 없이 사용허가를 받은 재산의 원래 상태를 변경한 경우

❷ 중앙관서의 장은 사용허가한 행정재산을 국가나 지방자치단체가 직접 공용이나 공공용으로 사용하기 위하여 필요하게 된 경우에는 그 허가를 철회할 수 있다.

❸ 제2항의 경우에 그 철회로 인하여 해당 사용허가를 받은 자에게 손실이 발생하면 그 재산을 사용할 기관은 대통령령으로 정하는 바에 따라 보상한다.

③ (○) 동법 제37조

⑤ (○) 〈판례〉 국유재산 등의 관리청이 하는 행정재산의 사용 · 수익에 대한 허가는 순전히 사경제주체로서 행하는 사법상의 행위가 아니라 관리청이 공권력을 가진 우월적 지위에서 행하는 행정처분으로서 특정인에게 행정재산을 사용할 수 있는 권리를 설정하여 주는 강학상 특허에 해당한다(대판 2006.3.9. 2004다31074).

이러한 위헌결정의 효력에 위배하여 이루어진 체납처분은 그 사유만으로 하자가 중대하고 객관적으로 명백하여 당연무효라고 보아야 한다(대판 2012.2.16. 2010두10907 전합).

② (○) 표준공시지가결정의 하자는 수용재결에 승계된다. 〈판례〉 위법한 표준지공시지가를 기초로 한 수용재결 등 후행 행정처분에서 표준지공시지가결정의 위법을 주장할 수 없도록 하는 것은 수인한도를 넘는 불이익을 강요하는 것으로서 국민의 재산권과 재판받을 권리를 보장한 헌법의 이념에도 부합하는 것이 아니다. 따라서 표준지공시지가결정이 위법한 경우에는 그 자체를 행정소송의 대상이 되는 행정처분으로 보아 그 위법 여부를 다툴 수 있음은 물론, 수용보상금의 증액을 구하는 소송에서도 선행처분으로서 그 수용 대상 토지 가격 산정의 기초가 된 비교표준지공시지가결정의 위법을 독립한 사유로 주장할 수 있다(대판 2008.8.21. 2007두13845).

③ (○) 대판 2013.7.11. 2011두27544

⑤ (○) 대판 2010.6.24. 2007두16493

---

10 행정행위 > 행정행위의 무효   답 ①

| 정답해설 | ① (×) 「행정기본법」에는 취소와 철회에 대한 규정은 있으나 무효에 대해 규정하고 있지 않다.

| 오답해설 | ②③ (○) 대판 2018.10.25. 2015두38856

④ (○) 대판 2017.7.11. 2016두35144

⑤ (○) 〈판례〉 도시계획시설사업의 시행자가 작성한 실시계획을 인가하는 처분은 도시계획시설사업 시행자에게 도시계획시설사업의 공사를 허가하고 수용권을 부여하는 처분으로서 선행처분인 도시계획시설사업 시행자 지정처분이 처분 요건을 충족하지 못하여 당연무효인 경우에는 사업시행자 지정처분이 유효함을 전제로 이루어진 후행처분인 실시계획 인가처분도 무효라고 보아야 한다(대판 2017.7.11. 2016두35120).

---

11 행정법의 의의 > 행정법의 일반원칙   답 ④

| 정답해설 | ㄷ. (×) 행정청은 공익 또는 제3자의 이익을 현저히 해칠 우려가 있는 경우를 제외하고는 행정에 대한 국민의 정당하고 합리적인 신뢰를 보호하여야 한다(「행정기본법」 제12조 제1항).

ㄹ. (×) 〈판례〉 특정 사항에 관하여 신뢰보호원칙상 행정청이 그와 배치되는 조치를 할 수 없다고 할 수 있을 정도의 행정관행이 성립되었다고 하려면 상당한 기간에 걸쳐 그 사항에 관하여 동일한 처분을 하였다는 객관적 사실이 존재할 뿐만 아니라, 행정청이 그 사항에 관하여 다른 내용의 처분을 할 수 있음을 알면서도 어떤 특별한 사정 때문에 그러한 처분을 하지 않는다는 의사가 있고 이와 같은 의사가 명시적 또는 묵시적으로 표시되어야 한다. 단순히 착오로 어떠한 처분을 계속한 경우는 이에 해당되지 않고, 따라서 처분청이 추후 오류를 발견하여 합리적인 방법으로 변경하는 것은 신뢰보호원칙에 위배되지 않는다(대판 2020.7.23. 2020두33824).

---

8 경찰행정 > 「경찰관 직무집행법」   답 ③

| 정답해설 | ③ (×) 〈판례〉 불심검문을 하게 된 경위, 불심검문 당시의 현장상황과 검문을 하는 경찰관들의 복장, 피고인이 공무원증 제시나 신분 확인을 요구하였는지 여부 등을 종합적으로 고려하여, 검문하는 사람이 경찰관이고 검문하는 이유가 범죄행위에 관한 것임을 피고인이 충분히 알고 있었다고 보이는 경우에는 신분증을 제시하지 않았다고 하여 그 불심검문이 위법한 공무집행이라고 할 수 없다(대판 2014.12.11. 2014도7976).

| 오답해설 | ① (○) 경찰관은 범죄·재난·공공갈등 등 공공안녕에 대한 위험의 예방과 대응을 위한 정보의 수집·작성·배포와 이에 수반되는 사실의 확인을 할 수 있다(「경찰관 직무집행법」 제8조의2 제1항).

② (○) 동법 제5조 제1항 제3호

④ (○) 〈법령〉 「경찰관 직무집행법」 제3조(불심검문) ❶ 경찰관은 다음 각 호의 어느 하나에 해당하는 사람을 정지시켜 질문할 수 있다.

    1. 수상한 행동이나 그 밖의 주위 사정을 합리적으로 판단하여 볼 때 어떠한 죄를 범하였거나 범하려 하고 있다고 의심할 만한 상당한 이유가 있는 사람

    2. 이미 행하여진 범죄나 행하여지려고 하는 범죄행위에 관한 사실을 안다고 인정되는 사람

❸ 경찰관은 제1항 각 호의 어느 하나에 해당하는 사람에게 질문을 할 때에 그 사람이 흉기를 가지고 있는지를 조사할 수 있다.

| 더 알아보기 | 대법원의 입장

> 「경찰관 직무집행법」(이하 '법'이라 한다)의 목적, 법 제1조 제1항·제2항, 제3조 제1항·제2항·제3항·제7항의 규정 내용 및 체계 등을 종합하면, 경찰관은 법 제3조 제1항에 규정된 대상자에게 질문을 하기 위하여 범행의 경중, 범행과의 관련성, 상황의 긴박성, 혐의의 정도, 질문의 필요성 등에 비추어 목적달성에 필요한 최소한의 범위 내에서 사회통념상 용인될 수 있는 상당한 방법으로 대상자를 정지시킬 수 있고 질문에 수반하여 흉기의 소지 여부도 조사할 수 있다(대판 2012.9.13. 2010도6203).

⑤ (○) 동법 제4조 제1항 제2호

---

9 행정행위 > 행정행위의 하자   답 ④

| 정답해설 | ④ (×) 〈판례〉 집합건물 중 일부 구분건물의 소유자인 피고인이 관할 소방서장으로부터 소방시설 불량사항에 관한 시정보완명령을 받고도 따르지 아니하였다는 내용으로 기소된 사안에서, 담당 소방공무원이 행정처분인 위 명령을 구술로 고지한 것은 「행정절차법」 제24조를 위반한 것으로 하자가 중대하고 명백하여 당연무효이다(대판 2011.11.10. 2011도11109).

| 오답해설 | ① (○) 〈판례〉 조세 부과의 근거가 되었던 법률규정이 위헌으로 선언된 경우, 비록 그에 기한 과세처분이 위헌결정 전에 이루어졌고, 과세처분에 대한 제소기간이 이미 경과하여 조세채권이 확정되었으며, 조세채권의 집행을 위한 체납처분의 근거 규정 자체에 대하여는 따로 위헌결정이 내려진 바 없다고 하더라도, 위와 같은 위헌결정 이후에 조세채권의 집행을 위한 새로운 체납처분에 착수하거나 이를 속행하는 것은 더 이상 허용되지 않고, 나아가

| 더 알아보기 | 「행정절차법」 규정

「행정절차법」 제4조(신의성실 및 신뢰보호) ❷ 행정청은 법령 등의 해석 또는 행정청의 관행이 일반적으로 국민들에게 받아들여졌을 때에는 공익 또는 제3자의 정당한 이익을 현저히 해칠 우려가 있는 경우를 제외하고는 새로운 해석 또는 관행에 따라 소급하여 불리하게 처리하여서는 아니 된다.

| 오답해설 | ㄱㄴ. (○) 〈판례〉 행정청의 공적 견해표명이 있었는지의 여부를 판단함에 있어서는, 반드시 행정조직상의 형식적인 권한 분장에 구애될 것은 아니고, 담당자의 조직상의 지위와 임무, 당해 언동을 하게 된 구체적인 경위 및 그에 대한 상대방의 신뢰가능성에 비추어 실질에 의하여 판단하여야 한다(대판 2008.1.17. 2006두10931).

ㅁ. (○) 〈판례〉 신뢰보호의 원칙은 행정청이 공적인 견해를 표명할 당시의 사정이 그대로 유지됨을 전제로 적용되는 것이 원칙이므로, 사후에 그와 같은 사정이 변경된 경우에는 그 공적 견해가 더 이상 개인에게 신뢰의 대상이 된다고 보기 어려운 만큼, 특별한 사정이 없는 한 행정청이 그 견해표명에 반하는 처분을 하더라도 신뢰보호의 원칙에 위반된다고 할 수 없다(대판 2020.6.25. 2018두34732).

---

12 행정정보공개와 개인정보보호 > 개인정보보호   답 ⑤

| 정답해설 | ⑤ (×) 〈법령〉 「개인정보 보호법」 제51조(단체소송의 대상 등) 다음 각 호의 어느 하나에 해당하는 단체는 개인정보처리자가 제49조에 따른 집단분쟁조정을 거부하거나 집단분쟁조정의 결과를 수락하지 아니한 경우에는 법원에 권리침해 행위의 금지·중지를 구하는 소송(이하 '단체소송'이라 한다)을 제기할 수 있다.

1. 「소비자기본법」 제29조에 따라 공정거래위원회에 등록한 소비자단체로서 다음 각 목의 요건을 모두 갖춘 단체
    가. 정관에 따라 상시적으로 정보주체의 권익증진을 주된 목적으로 하는 단체일 것
    나. 단체의 정회원수가 1천명 이상일 것
    다. 「소비자기본법」 제29조에 따른 등록 후 3년이 경과하였을 것

| 오답해설 | ① (○) 정보주체는 개인정보처리자가 이 법을 위반한 행위로 손해를 입으면 개인정보처리자에게 손해배상을 청구할 수 있다. 이 경우 그 개인정보처리자는 고의 또는 과실이 없음을 입증하지 아니하면 책임을 면할 수 없다(동법 제39조 제1항).

② (○) 〈판례〉 개인정보자기결정권의 헌법상 근거로는 그 헌법적 근거를 굳이 어느 한 두 개에 국한시키는 것은 바람직하지 않은 것으로 보이고, 오히려 개인정보자기결정권은 이들을 이념적 기초로 하는 독자적 기본권으로서 헌법에 명시되지 아니한 기본권이라고 보아야 할 것이다(헌재 2005.5.26. 99헌마513·2004헌마190).

③ (○) 동법 제2조 제1호

④ (○) 국가 및 지방자치단체, 개인정보보호단체 및 기관, 정보주체, 개인정보처리자는 정보주체의 피해 또는 권리침해가 다수의 정보주체에게 같거나 비슷한 유형으로 발생하는 경우로서 대통

령령으로 정하는 사건에 대하여는 분쟁조정위원회에 일괄적인 분쟁조정(이하 '집단분쟁조정'이라 한다)을 의뢰 또는 신청할 수 있다(동법 제49조 제1항).

---

13 그 밖의 행정의 주요 행위 형식 > 공법상 계약   답 ⑤

| 정답해설 | ㄱ. (○) 〈판례〉 다른 법률에 특별한 규정이 있는 경우이거나 또는 지방계약법의 개별 규정의 규율내용이 매매, 도급 등과 같은 특정한 유형·내용의 계약을 규율대상으로 하고 있는 경우가 아닌 한, 지방자치단체를 당사자로 하는 계약에 관하여는 그 계약의 성질이 공법상 계약인지 사법상 계약인지와 상관없이 원칙적으로 지방계약법의 규율이 적용된다고 보아야 한다(대판 2020.12.10. 2019다234617).

ㄴ. (○) 〈판례〉 중소기업 정보화지원사업에 따른 지원금 출연을 위하여 중소기업청장이 체결하는 협약은 공법상 대등한 당사자 사이의 의사표시의 합치로 성립하는 공법상 계약에 해당하는 점 등을 종합하면, 협약의 해지 및 그에 따른 환수통보는 공법상 계약에 따라 행정청이 대등한 당사자의 지위에서 하는 의사표시로 보아야 하고, 이를 행정청이 우월한 지위에서 행하는 공권력의 행사로서 행정처분에 해당한다고 볼 수는 없다(대판 2015.8.27. 2015두41449).

ㄷ. (○) 대판 2018.2.13. 2014두11328

ㄹ. (○) 행정청은 법령 등을 위반하지 아니하는 범위에서 행정목적을 달성하기 위하여 필요한 경우에는 공법상 법률관계에 관한 계약(이하 '공법상 계약'이라 한다)을 체결할 수 있다. 이 경우 계약의 목적 및 내용을 명확하게 적은 계약서를 작성하여야 한다(「행정기본법」 제27조 제1항).

---

14 그 밖의 행정의 주요 행위 형식 > 행정지도   답 ①

| 정답해설 | ① (×) 「행정절차법」 제6장(제48조~제51조)은 행정지도의 원칙 등에 대해 규정하고 있다. 따라서 행정청의 행정지도는 「행정절차법」을 준수하여야 한다.

| 오답해설 | ② (○) 〈판례〉 교육인적자원부장관의 대학총장들에 대한 이 사건 학칙시정요구는 그에 따르지 않을 경우 일정한 불이익조치를 예정하고 있어 사실상 상대방에게 그에 따를 의무를 부과하는 것과 다를 바 없으므로 단순한 행정지도로서의 한계를 넘어 규제적·구속적 성격을 상당히 강하게 갖는 것으로서 헌법소원의 대상이 되는 공권력의 행사라고 볼 수 있다(헌재 2003.6.26. 2002헌마337, 2003헌마7·8).

③ (○) 〈판례〉 행정청이 위법 건축물에 대한 시정명령을 하고 나서 위반자가 이를 이행하지 아니하여 전기·전화의 공급자에게 그 위법 건축물에 대한 전기·전화공급을 하지 말아 줄 것을 요청한 행위는 권고적 성격의 행위에 불과한 것으로서 전기·전화공급자나 특정인의 법률상 지위에 직접적인 변동을 가져오는 것은 아니므로 이를 항고소송의 대상이 되는 행정처분이라고 볼 수 없다(대판 1996.3.22. 96누433).

④ (○) 〈판례〉 토지의 매매대금을 허위로 신고하고 계약을 체결하였다면 이는 계약예정금액에 대하여 허위의 신고를 하고 토지 등의 거래계약을 체결한 것으로서 구 국토이용관리법(1993.8.5. 법률 제4572호로 개정되기 전의 것) 제33조 제4호에 해당한다고 할 것이고, 행정관청이 국토이용관리법 소정의 토지거래계약 신고에 관하여 공시된 기준시가를 기준으로 매매가격을 신고하도록 행정지도를 하여 그에 따라 허위신고를 한 것이라 하더라도 이와 같은 행정지도는 법에 어긋나는 것으로서 그와 같은 행정지도나 관행에 따라 허위신고행위에 이르렀다고 하여도 이것만 가지고서는 그 범법행위가 정당화될 수 없다(대판 1994.6.14. 93도3247).

⑤ (○) 대판 2008.9.25. 2006다18228

---

15 행정강제 > 강제집행 등 　　　　　 답 ③

| 정답해설 | ③ (×) 〈판례〉 행정청이 행정대집행의 방법으로 건물 철거의무의 이행을 실현할 수 있는 경우에는 건물철거 대집행 과정에서 부수적으로 건물의 점유자들에 대한 퇴거조치를 할 수 있고, 점유자들이 적법한 행정대집행을 위력을 행사하여 방해하는 경우 「형법」상 공무집행방해죄가 성립하므로, 필요한 경우에는 「경찰관 직무집행법」에 근거한 위험발생 방지조치 또는 「형법」상 공무집행방해죄의 범행방지 내지 현행범체포의 차원에서 경찰의 도움을 받을 수도 있다(대판 2017.4.28. 2016다213916).

| 오답해설 | ① (○) 「행정기본법」 제31조 제5항

② (○) 〈판례〉 경찰서장이 범칙행위에 대하여 통고처분을 한 이상, 범칙자의 위와 같은 절차적 지위를 보장하기 위하여 통고처분에서 정한 범칙금 납부기간까지는 원칙적으로 경찰서장은 즉결심판을 청구할 수 없고, 검사도 동일한 범칙행위에 대하여 공소를 제기할 수 없다. 또한 범칙자가 범칙금 납부기간이 지나도록 범칙금을 납부하지 아니하였다면 경찰서장이 즉결심판을 청구하여야 하고, 검사는 동일한 범칙행위에 대하여 공소를 제기할 수 없다. 나아가 특별한 사정이 없는 이상 경찰서장은 범칙행위에 대한 형사소추를 위하여 이미 한 통고처분을 임의로 취소할 수 없다(대판 2021.4.1. 2020도15194).

④ (○) 〈판례〉 「가맹사업거래의 공정화에 관한 법률」(이하 '가맹사업법'이라 한다) 제35조 제1항에 따르면, 공정거래위원회는 가맹사업법 위반행위에 대하여 과징금을 부과할 것인지와 만일 과징금을 부과할 경우 가맹사업법과 가맹사업거래의 공정화에 관한 법률 시행령이 정하고 있는 일정한 범위 안에서 과징금의 액수를 구체적으로 얼마로 정할 것인지를 재량으로 판단할 수 있으므로, 공정거래위원회의 법 위반행위자에 대한 과징금 부과처분은 재량행위이다(대판 2021.9.30. 2020두48857).

⑤ (○) 「질서위반행위규제법」 제3조 제2항 참고

| 더 알아보기 | 관련된 대법원의 입장

> 질서위반행위에 대하여 과태료를 부과하는 근거 법령이 개정되어 행위 시의 법률에 의하면 과태료 부과대상이었지만 재판시의 법률에 의하면 부과대상이 아니게 된 때에는 개정 법률의 부칙 등에서 행위시의 법률을 적용하도록 명시하는 등 특별한 사정이 없는 한 재판시의 법률을 적용하여야 하므로 과태료를 부과할 수 없다(대결 2017.4.7. 자 2016마1626).

---

16 행정행위 > 부관 　　　　　 답 ②

| 정답해설 | ② (×) 〈판례〉 사도개설허가는 사도를 개설할 수 있는 권한의 부여 자체에 주안점이 있는 것이지 공사기간의 제한에 주안점이 있는 것이 아닌 점 등에 비추어 보면 이 사건 제1처분에 명시된 공사기간은 변경된 허가권자인 보조참가인에 대하여 공사기간을 준수하여 공사를 마치도록 하는 의무를 부과하는 일종의 부담에 불과한 것이지, 사도개설허가 자체의 존속기간(즉, 유효기간)을 정한 것이라 볼 수 없고, 처분의 사도개설허가에서 정해진 공사기간 내에 사도로 준공검사를 받지 못하였다 하더라도 사도개설허가가 당연히 실효되는 것은 아니다(대판 2004.11.25. 2004두7023).

| 오답해설 | ① (○) 「행정기본법」 제17조 제2항

| 더 알아보기 | 대법원 판례

> - 재량행위에 있어서는 법령상의 근거가 없다고 하더라도 부관을 붙일 수 있는데, 그 부관의 내용은 적법하고 이행 가능하여야 하며 비례의 원칙 및 평등의 원칙에 적합하고 행정처분의 본질적 효력을 해하지 아니하는 한도의 것이어야 한다(대판 1997.3.14. 96누16698).
> - 일반적으로 기속행위나 기속적 재량행위에는 부관을 붙일 수 없고 가사 부관을 붙였다 하더라도 무효이다(대판 1995.6.13. 94다56883).

③ (○) 〈판례〉 지방국토관리청장이 일부 공유수면매립지에 대하여 한 국가 또는 직할시 귀속처분은 매립준공인가를 함에 있어서 매립의 면허를 받은 자의 매립지에 대한 소유권 취득을 규정한 공유수면매립법 제14조의 효과 일부를 배제하는 부관을 붙인 것이고, 이러한 행정행위의 부관은 위 법리와 같이 독립하여 행정소송 대상이 될 수 없다(대판 1993.10.8. 93누2032).

④ (○) 〈판례〉 수익적 행정처분에 있어서는 법령에 특별한 근거 규정이 없다고 하더라도 그 부관으로서 부담을 붙일 수 있고, 그와 같은 부담은 행정청이 행정처분을 하면서 일방적으로 부가할 수도 있지만 부담을 부가하기 이전에 상대방과 협의하여 부담의 내용을 협약의 형식으로 미리 정한 다음 행정처분을 하면서 이를 부가할 수도 있다(대판 2009.2.12. 2005다65500).

⑤ (○) 〈판례〉 공익법인의 기본재산의 처분에 관한 「공익법인의 설립·운영에 관한 법률」 제11조 제3항의 규정은 강행규정으로서 이에 위반하여 주무관청의 허가를 받지 않고 기본재산을 처분하는 것은 무효라 할 것인데, 위 처분허가에 부관을 붙인 경우 그 처분허가의 법률적 성질이 형성적 행정행위로서의 인가에 해당한다고 하여 조건으로서의 부관의 부과가 허용되지 아니한다고 볼 수는 없다(대판 2005.9.28. 2004다50044).

17 행정소송 > 행정소송의 종류 답 ②

| **정답해설** | ② (○) (가)는 항고소송이고, (나)는 당사자소송에 해당한다(「행정소송법」 제3조 제1호·제2호).

ㄱ. (당사자소송) 〈판례〉 「고용보험 및 산업재해보상보험의 보험료징수 등에 관한 법률」 제4조, 제16조의2, 제17조, 제19조, 제23조의 각 규정에 의하면, 사업주가 당연가입자가 되는 고용보험 및 산재보험에서 보험료 납부의무 부존재확인의 소는 공법상의 법률관계 자체를 다투는 소송으로서 공법상 당사자소송이다(대판 2016.10.13. 2016다221658).

ㄴ. (항고소송) 〈판례〉 과학기술기본법령상 사업 협약의 해지통보는 단순히 대등 당사자의 지위에서 형성된 공법상 계약을 계약당사자의 지위에서 종료시키는 의사표시에 불과한 것이 아니라 행정청이 우월적 지위에서 연구개발비의 회수 및 관련자에 대한 국가연구개발사업 참여제한 등의 법률상 효과를 발생시키는 행정처분에 해당한다(대판 2014.12.11. 2012두28704).

ㄷ. (당사자소송) 〈판례〉 지방자치단체가 보조금 지급결정을 하면서 일정 기한 내에 보조금을 반환하도록 하는 교부조건을 부가한 사안에서, 보조사업자의 지방자치단체에 대한 보조금 반환의무는 행정처분인 위 보조금 지급결정에 부가된 부관상 의무이고, 이러한 부관상 의무는 보조사업자가 지방자치단체에 부담하는 공법상 의무이므로, 보조사업자에 대한 지방자치단체의 보조금 반환청구는 공법상 권리관계의 일방 당사자를 상대로 하여 공법상 의무이행을 구하는 청구로서 「행정소송법」 제3조 제2호에 규정한 당사자소송의 대상이다(대판 2011.6.9. 2011다2951).

18 행정정보공개와 개인정보보호 > 정보공개 답 ①

| **정답해설** | ① (×) 〈판례〉 청구인이 정보공개거부처분의 취소를 구하는 소송에서 공공기관이 청구정보를 증거 등으로 법원에 제출하여 법원을 통하여 그 사본을 청구인에게 교부 또는 송달되게 하여 결과적으로 청구인에게 정보를 공개하는 셈이 되었다고 하더라도, 이러한 우회적인 방법은 정보공개법이 예정하고 있지 아니한 방법으로서 정보공개법에 의한 공개라고 볼 수는 없으므로, 당해 정보의 비공개결정의 취소를 구할 소의 이익은 소멸되지 않는다(대판 2016.12.15. 2012두11409·11416).

| **오답해설** | ② (○) 「공공기관의 정보공개에 관한 법률」 제11조 제3항
③ (○) 〈법령〉 「공공기관의 정보공개에 관한 법률」 제11조의2(반복 청구 등의 처리) ❶ 공공기관은 제11조에도 불구하고 제10조 제1항 및 제2항에 따른 정보공개청구가 다음 각 호의 어느 하나에 해당하는 경우에는 정보공개청구 대상 정보의 성격, 종전 청구와의 내용적 유사성·관련성, 종전 청구와 동일한 답변을 할 수밖에 없는 사정 등을 종합적으로 고려하여 해당 청구를 종결 처리할 수 있다. 이 경우 종결 처리 사실을 청구인에게 알려야 한다.

　1. 정보공개를 청구하여 정보공개 여부에 대한 결정의 통지를 받은 자가 정당한 사유 없이 해당 정보의 공개를 다시 청구하는 경우

　2. 정보공개청구가 제11조 제5항에 따라 민원으로 처리되었으나 다시 같은 청구를 하는 경우

④ (○) 동법 제21조 제1항·제2항
⑤ (○) 대판 2007.6.1. 2006두20587

19 행정소송 > 소송의 심리 답 ②

| **정답해설** | ㄱ. (○) 「행정소송법」에는 처분권주의에 대한 규정을 두고 있지 아니하나, 「민사소송법」에 처분권주의가 규정되어 있어 행정소송의 심리에도 처분권주의가 적용된다.

「행정소송법」	「민사소송법」
제8조(법적용례) ❷ 행정소송에 관하여 이 법에 특별한 규정이 없는 사항에 대하여는 「법원조직법」과 「민사소송법」 및 「민사집행법」의 규정을 준용한다.	제203조(처분권주의) 법원은 당사자가 신청하지 아니한 사항에 대하여는 판결하지 못한다.

ㄷ. (○) 「행정소송법」 제25조 제1항·제2항

| **오답해설** | ㄴ. (×) 〈판례〉 「행정소송법」 제26조는 법원이 필요하다고 인정할 때에는 직권으로 증거조사를 할 수 있고 당사자가 주장하지 아니한 사실에 대하여 판단할 수 있다고 규정하고 있으나, 이는 행정소송에 있어서 원고의 청구범위를 초월하여 그 이상의 청구를 인용할 수 있다는 뜻이 아니라 원고의 청구범위를 유지하면서 그 범위 내에서 필요에 따라 주장 외의 사실에 관하여 판단할 수 있다는 뜻이라고 할 것이다(대판 1992.3.10. 91누6030).

ㄹ. (×) 행정소송에서 쟁송의 대상이 되는 행정처분의 존부는 소송요건으로서 직권조사사항이고, 자백의 대상이 될 수 없는 것이므로, 설사 그 존재를 당사자들이 다투지 아니한다 하더라도 그 존부에 관하여 의심이 있는 경우에는 이를 직권으로 밝혀 보아야 할 것이고, 사실심에서 변론종결시까지 당사자가 주장하지 않던 직권조사사항에 해당하는 사항을 상고심에서 비로소 주장하는 경우 그 직권조사사항에 해당하는 사항은 상고심의 심판 범위에 해당한다(대판 2004.12.24. 2003두15195).

20 손실보상 > 토지보상법 답 ⑤

| **정답해설** | ⑤ (○) 〈판례〉 토지보상법령상 손실보상 대상에 해당하는데도 관할 토지수용위원회가 사실을 오인하거나 법리를 오해함으로써 손실보상 대상에 해당하지 않는다고 잘못된 내용의 재결을 한 경우에는, 사업시행자를 상대로 토지보상법 제85조 제2항에 따른 보상금증감의 소를 제기할 수 있을 뿐이다(대판 2021.11.11. 2020다217083).

| **오답해설** | ① (×) 〈법령〉 「공익사업을 위한 토지 등의 취득 및 보상에 관한 법률」 제85조(행정소송의 제기) ❶ 사업시행자, 토지소유자 또는 관계인은 제34조에 따른 재결에 불복할 때에는 재결서를 받은 날부터 90일 이내에, 이의신청을 거쳤을 때에는 이의신청에 대한 재결서를 받은 날부터 60일 이내에 각각 행정소송을 제기할 수 있다. 이 경우 사업시행자는 행정소송을 제기하기 전에 제84조

에 따라 늘어난 보상금을 공탁하여야 하며, 보상금을 받을 자는 공탁된 보상금을 소송이 종결될 때까지 수령할 수 없다.

② 〈판례〉 (×) 사업시행자가 수용재결에 불복하여 취소소송을 제기하는 때에는 이의신청을 거친 경우에도 수용재결을 한 중앙토지수용위원회 또는 지방토지수용위원회를 피고로 하여 수용재결의 취소를 구하여야 하는 것으로, 그 불복의 대상은 원칙적으로 수용재결이다(대판 2010.1.28. 2008두1504 판결 등 참조).

③ 〈판례〉 (×) 공익사업의 시행자는 해당 공익사업을 위한 공사에 착수하기 이전에 토지소유자와 관계인에게 보상액 전액을 지급하여야 한다(토지보상법 제62조 본문). 공익사업의 시행자가 토지소유자와 관계인에게 보상액을 지급하지 않고 승낙도 받지 않은 채 공사에 착수함으로써 토지소유자와 관계인이 손해를 입은 경우, 토지소유자와 관계인에 대하여 불법행위가 성립할 수 있고, 사업시행자는 그로 인한 손해를 배상할 책임을 진다(대판 2021.11.11. 2018다204022).

④ 〈판례〉 (×) 공익사업으로 인하여 공익사업시행지구 밖에서 영업을 휴업하는 자가 사업시행자로부터 토지보상법 시행규칙 제47조 제1항에 따라 영업손실에 대한 보상을 받기 위해서는, 토지보상법 제34조, 제50조 등에 규정된 재결절차를 거친 다음 그 재결에 대하여 불복이 있는 때에 비로소 토지보상법 제83조 내지 제85조에 따라 권리구제를 받을 수 있을 뿐이다. 이러한 재결절차를 거치지 않은 채 곧바로 사업시행자를 상대로 손실보상을 청구하는 것은 허용되지 않는다(대판 2019.11.28. 2018두227).

---

21 공무원법 > 「국가공무원법」 답 ①

| 정답해설 | ① (×) 〈법령〉 「국가공무원법」 제73조의3(직위해제) ❶ 임용권자는 다음 각 호의 어느 하나에 해당하는 자에게는 직위를 부여하지 아니할 수 있다.

　3. 파면·해임·강등 또는 정직에 해당하는 징계의결이 요구 중인 자

❷ 제1항에 따라 직위를 부여하지 아니한 경우에 그 사유가 소멸되면 임용권자는 지체 없이 직위를 부여하여야 한다.

〈판례〉 「국가공무원법」 제73조의3 제2항은 직위해제처분을 한 경우에도 그 사유가 소멸되면 지체 없이 직위를 부여하여야 함을 명시하였다. 이는 같은 조 제1항 제3호의 요건 중 하나인 '중징계의결이 요구 중인 자'의 의미 및 '중징계의결 요구'의 종기에 관한 해석과 관계된다. 「국가공무원법」은 '징계의결 요구(제78조), 징계의결(제82조 제1항), 징계의결 통보(공무원 징계령 제18조), 징계처분(제78조 및 공무원징계령 제19조) 또는 심사·재심사 청구(제82조 제2항 및 공무원징계령 제24조)' 등 징계절차와 그 각 단계를 명확히 구분하여 규정하였고, '재징계의결 요구(제78조의3)'는 징계처분이 무효·취소된 경우에 한하는 것으로 명시함으로써 '심사·재심사 청구'가 이에 포함되지 않는다는 점 역시 문언상 분명하다. 이러한 관련 규정의 문언 내용·체계에 비추어 보면, '중징계의결이 요구 중인 자'는 「국가공무원법」 제82조 제1항 및 「공무원 징계령」 제12조에 따른 징계의결이 이루어질 때까지로 한정된다고 보는 것이 타당하다(대판 2022.10.14. 2022두45623).

| 오답해설 | ② (○) 〈판례〉 「국가공무원법」상 직무상 비밀이라 함은 국가 공무의 민주적·능률적 운영을 확보하여야 한다는 이념에 비추어 볼 때 당해 사실이 일반에 알려질 경우 그러한 행정의 목적을 해할 우려가 있는지 여부를 기준으로 판단하여야 하며, 구체적으로는 행정기관이 비밀이라고 형식적으로 정한 것에 따를 것이 아니라 실질적으로 비밀로서 보호할 가치가 있는지, 즉 그것이 통상의 지식과 경험을 가진 다수인에게 알려지지 아니한 비밀성을 가졌는지, 또한 정부나 국민의 이익 또는 행정목적달성을 위하여 비밀로서 보호할 필요성이 있는지 등이 객관적으로 검토되어야 한다(대판 1996.10.11. 94누7171).

③ (○) 「국가공무원법」 제80조 제1항

④ (○) 동법 제50조의2 제3항

⑤ (○) 공무원이 선거에서 특정인을 지지하기 위한 서명 운동을 권유하는 행위는 징계사유에 해당(동법 제65조)하고 이에 대한 징계 및 징계부가금의 시효는 3년이다(동법 제83조의2 제1항 제3호).

---

22 자치행정조직법 > 지방자치 답 ⑤

| 정답해설 | ⑤ (×) 2개 이상의 지방자치단체가 공동으로 특정한 목적을 위하여 광역적으로 사무를 처리할 필요가 있을 때에는 특별지방자치단체를 설치할 수 있다. 이 경우 특별지방자치단체를 구성하는 지방자치단체(이하 '구성 지방자치단체'라 한다)는 상호협의에 따른 규약을 정하여 구성 지방자치단체의 지방의회 의결을 거쳐 행정안전부장관의 승인을 받아야 한다(「지방자치법」 제199조 제1항).

| 오답해설 | ① (○) 동법 제176조

② (○) 동법 제4조

③ (○) 동법 제189조 제1항·제2항

④ (○) 동법 제190조

---

23 행정입법 > 법규명령 답 ①

| 정답해설 | ㄱ. (○) 〈판례〉 이 사건 복무규율조항이 법률유보 원칙을 준수하였는지를 살펴보면, 「군인사법」 제47조의2는 헌법이 대통령에게 부여한 군통수권을 실질적으로 존중한다는 차원에서 군인의 복무에 관한 사항을 규율할 권한을 대통령령에 위임한 것이라 할 수 있고, 대통령령으로 규정될 내용 및 범위에 관한 기본적인 사항을 다소 광범위하게 위임하였다 하더라도 포괄위임금지원칙에 위배된다고 볼 수 없다(헌재 2010.10.28. 2008헌마638).

ㄴ. (○) 〈판례〉 법령에서 행정처분의 요건 중 일부 사항을 부령으로 정할 것을 위임한 데 따라 시행규칙 등 부령에서 이를 정한 경우에 그 부령의 규정은 국민에 대해서도 구속력이 있는 법규명령에 해당한다고 할 것이지만, 법령의 위임이 없음에도 법령에 규정된 처분 요건에 해당하는 사항을 부령에서 변경하여 규정한 경우에는 그 부령의 규정은 행정청 내부의 사무처리 기준 등을 정한 것으로서 행정조직 내에서 적용되는 행정명령의 성격을 지닐 뿐 국민에 대한 대외적 구속력은 없다고 보아야 한다(대판 2013.9.12. 2011두10584).

| **오답해설** | ㄷ. (×) 대통령령·총리령이 그 위임 법률의 취지 또는 내용에 합치되지 아니한다고 국회 소관 상임위원회가 판단한 경우 국회는 본회의 의결로 이를 처리하고 정부에 송부한다. 부령은 이에 해당되지 않고, 「국회법」 제98조의2에 의해 소관 중앙행정기관의 장에게 그 내용을 통보할 수 있다.

ㄹ. (×) 〈판례〉 법률에서 위임받은 사항을 전혀 규정하지 아니하고 그대로 재위임하는 것은 허용되지 않으며 위임받은 사항에 관하여 대강을 정하고 그중의 특정사항을 범위를 정하여 하위법령에 다시 위임하는 경우에만 재위임이 허용된다(헌재 1996.2.29. 94헌마213).

---

24 행정상 즉시강제 및 행정조사 > 행정조사　　　　　답 ④

| **정답해설** | ④ (○) 「행정조사기본법」 제3조(적용범위) ❷ 다음 각 호의 어느 하나에 해당하는 사항에 대하여는 이 법을 적용하지 아니한다.

　　2. 국방 및 안전에 관한 사항 중 다음 각 목의 어느 하나에 해당하는 사항

　　　　가. 군사시설·군사기밀보호 또는 방위사업에 관한 사항

❸ 제2항에도 불구하고 제4조(행정조사의 기본원칙), 제5조(행정조사의 근거) 및 제28조(정보통신수단을 통한 행정조사)는 제2항 각 호의 사항에 대하여 적용한다.

| **오답해설** | ① (×) 행정기관의 장은 법령 등에 특별한 규정이 있는 경우를 제외하고는 행정조사의 결과를 확정한 날부터 7일 이내에 그 결과를 조사대상자에게 통지하여야 한다(「행정조사기본법」 제24조).

② (×) 행정기관은 유사하거나 동일한 사안에 대하여는 공동조사 등을 실시함으로써 행정조사가 중복되지 아니하도록 하여야 한다(동법 제4조 제3항).

③ (×) 〈법령〉 「행정조사기본법」 제7조(조사의 주기) 행정조사는 법령 등 또는 행정조사운영계획으로 정하는 바에 따라 정기적으로 실시함을 원칙으로 한다. 다만, 다음 각 호 중 어느 하나에 해당하는 경우에는 수시조사를 할 수 있다.

　　1. 법률에서 수시조사를 규정하고 있는 경우

　　2. 법령 등의 위반에 대하여 혐의가 있는 경우

　　3. 다른 행정기관으로부터 법령 등의 위반에 관한 혐의를 통보 또는 이첩받은 경우

　　4. 법령 등의 위반에 대한 신고를 받거나 민원이 접수된 경우

　　5. 그 밖에 행정조사의 필요성이 인정되는 사항으로서 대통령령으로 정하는 경우

⑤ (×) 제7조에 따라 정기조사 또는 수시조사를 실시한 행정기관의 장은 동일한 사안에 대하여 동일한 조사대상자를 재조사하여서는 아니 된다. 다만, 당해 행정기관이 이미 조사를 받은 조사대상자에 대하여 위법행위가 의심되는 새로운 증거를 확보한 경우에는 그러하지 아니하다(동법 제15조 제1항).

---

25 행정쟁송 > 행정심판　　　　　답 ②

| **정답해설** | ② (×) 거부처분에 대해서는 취소심판, 무효등확인심판, 의무이행심판이 모두 가능하다.

| **오답해설** | ① (○) 법인이 아닌 사단 또는 재단으로서 대표자나 관리인이 정하여져 있는 경우에는 그 사단이나 재단의 이름으로 심판청구를 할 수 있다(「행정심판법」 제14조).

③ (○) 행정심판의 결과에 이해관계가 있는 제3자나 행정청은 해당 심판청구에 대한 제7조 제6항 또는 제8조 제7항에 따른 위원회나 소위원회의 의결이 있기 전까지 그 사건에 대하여 심판참가를 할 수 있다(동법 제20조 제1항).

④ (○) 위원회는 필요하면 당사자가 주장하지 아니한 사실에 대하여도 심리할 수 있다(동법 제39조).

⑤ (○) 위원회는 심판청구가 이유가 있다고 인정하는 경우에도 이를 인용하는 것이 공공복리에 크게 위배된다고 인정하면 그 심판청구를 기각하는 재결을 할 수 있다. 이 경우 위원회는 재결의 주문(主文)에서 그 처분 또는 부작위가 위법하거나 부당하다는 것을 구체적으로 밝혀야 한다(동법 제44조 제1항).

합격예상 체크				

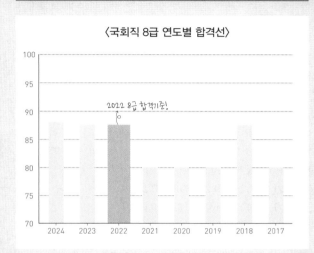

〈국회직 8급 연도별 합격선〉

2022 8급 합격기준!

2024 2023 2022 2021 2020 2019 2018 2017

취약영역 체크						
문항	정답	영역	문항	정답	영역	
1	⑤	행정조직(7급)	14	⑤	행정상 의무이행 확보수단	
2	④	행정조직(7급)	15	②	행정상 의무이행 확보수단	
3	⑤	행정법 통칙	16	⑤	행정구제	
4	①	행정법 통칙	17	③	행정법 통칙	
5	②	행정법 통칙	18	①	행정조직(7급)	
6	⑤	행정법 통칙	19	④	행정구제	
7	③	행정법 통칙	20	⑤	행정구제	
8	①	행정법 통칙	21	②	행정구제	
9	②	행정법 서론	22	②	행정상 의무이행 확보수단	
10	①	행정법 통칙	23	③	행정구제	
11	②	행정법 통칙	24	④	행정상 의무이행 확보수단	
12	③	행정법 통칙	25	③	행정구제	
13	③	행정상 의무이행 확보수단				

⬇ 영역별 틀린 개수로 취약영역을 확인하세요!

행정법 서론	/1	행정법 통칙	/10	행정상 의무이행 확보수단	/5
행정구제	/6	행정조직(7급)	/3	특별행정작용(7급)	−/0

맞힌 개수	/25문항	점수	/100점

➡ ☐합격 ☐불합격

➡ 나의 **취약영역**: _____

※ [정답해설]과 [오답해설] 선지의 50% 표시는 〈1초 합격예측 서비스〉를 통해 수집된 선지 선택률을 나타냅니다.

---

1 공무원법 > 「국가공무원법」   오답률 29%   답 ⑤

| **정답해설** | ⑤ 71% (×) 행정심판의 재결에 의해 원처분이 유리하게 변경되었음에도 불복하는 경우에 불복의 대상은 변경된 당초 원처분이 된다. 피고는 원처분청이 된다. 〈판례〉 항고소송은 원칙적으로 당해 처분을 대상으로 하나, 당해 처분에 대한 재결 자체에 고유한 주체, 절차, 형식 또는 내용상의 위법이 있는 경우에 한하여 그 재결을 대상으로 할 수 있다고 해석되므로, 징계혐의자에 대한 감봉 1월의 징계처분을 견책으로 변경한 소청결정 중 그를 견책에 처한 조치는 재량권의 남용 또는 일탈로서 위법하다는 사유는 소청결정 자체에 고유한 위법을 주장하는 것으로 볼 수 없어 소청결정의 취소사유가 될 수 없다(대판 1993.8.24. 93누5673).

| **오답해설** | ① 1% (○) 대판 1987.4.14. 86누459
② 7% (○) 대판 2017.5.11. 2012다200486
③ 14% (○) 대판 2017.6.8. 2016두38273
④ 7% (○) 대판 2018.4.12. 2017두74702

---

2 국가행정조직 > 권한의 위임·위탁   오답률 7%   답 ④

| **정답해설** | ④ 93% ㄱ. (○) 대판 1995.11.28. 94누6475
ㄷ. (○) 내부위임은 원칙적으로 위임기관의 명의로 처분이 이루어져야 하나, 수임기관의 명의로 처분이 행해진 경우에는 수임기관이 피고가 된다.
ㄹ. (○) 대판 2010.1.28. 2007다82950·82967

| **오답해설** | ㄴ. (×) 〈판례〉 전결과 같은 행정권한의 내부위임은 법령상 처분권자인 행정관청이 내부적인 사무처리의 편의를 도모하기 위하여 그의 보조기관 또는 하급 행정관청으로 하여금 그의 권한을 사실상 행사하게 하는 것으로서 법률이 위임을 허용하지 않는 경우에도 인정되는 것이므로, 설사 행정관청 내부의 사무처리규정에 불과한 전결규정에 위반하여 원래의 전결권자 아닌 보조기관 등이 처분권자인 행정관청의 이름으로 행정처분을 하였다고 하더라도 그 처분이 권한 없는 자에 의하여 행하여진 무효의 처분이라고는 할 수 없다(대판 1998.2.27. 97누1105).

3 행정행위 > 행정행위의 하자   오답률 21%   답 ⑤

| **정답해설** | ⑤ 79% (×) 적법한 건축물에 대한 철거명령은 무효이고 이에 따른 대집행의 계고도 무효이다. 〈판례〉 적법한 건축물에 대한 철거명령은 그 하자가 중대하고 명백하여 당연무효라고 할 것이고, 그 후행행위인 건축물철거 대집행계고처분 역시 당연무효라고 할 것이다(대판 1999.4.27. 97누6780).

| **오답해설** | ① 0% (○) 직권취소는 처분청이 처분 당시의 하자를 시정하는 행위로서 그 자체로서 법치주의의 구현이다. 이에 별도의 법적 근거를 요하지 않는다.

② 7% (○) 대판 2002.5.28. 2001두9653

③ 7% (○) 대판 1988.6.28. 87누1009

④ 7% (○) 대판 2010.4.8. 2009다90092

4 행정행위 > 행정행위의 분류   오답률 0%   답 ①

| **정답해설** | ㄱ. (○) 대판 1987.8.18. 86누152

ㄴ. (○) 대판 2007.2.8. 2006두13886

| **오답해설** | ㄷ. (×) 〈판례〉 공유수면매립면허는 설권행위인 특허의 성질을 갖는 것이므로 원칙적으로 행정청의 자유재량에 속한다(대판 1989.9.12. 88누9206).

ㄹ. (×) 토지거래허가는 보충행위인 인가에 해당한다.

5 행정상 법률요건과 법률사실 > 사인의 공법행위   오답률 21%   답 ②

| **정답해설** | ② 79% (×) 〈판례〉 사업의 양도행위가 무효라고 주장하는 양도자는 민사쟁송으로 양도·양수행위의 무효를 구함이 없이 막바로 허가관청을 상대로 하여 행정소송으로 위 신고수리처분의 무효확인을 구할 법률상 이익이 있다(대판 2005.12.23. 2005두3554).

| **오답해설** | ① 7% (○) 대판 1998.4.24. 97도3121

③ 0% (○) 대판 2009.6.18. 2008두10997 전합

④ 14% (○) 대판 1992.3.31. 91누4911

⑤ 0% (○) 대판 2011.1.20. 2010두14954 전합

6 행정행위 > 부담   오답률 29%   답 ⑤

| **정답해설** | ㄴ. (○) 부담의 불이행은 제재나 강제 또는 정지나 철회의 대상이 된다. 부담의 불이행은 조건과 달리 당연히 효력이 상실되는 것은 아니다.

ㄷ. (○) 부관은 행정청이 일방적으로 부과할 수도 있고, 상대방과 협의하에 협약의 형식으로 부가할 수도 있다.

ㄹ. (○) 기속은 특별한 규정이 없는 한 부관을 붙일 수 없고 만약 부관을 붙였다면 이는 무효에 해당한다.

| **오답해설** | ㄱ. (×) 사례에서 부담의 내용은 기부채납이 의무이다. 이는 대체적 작위의무가 아닌 비대체적 작위의무로서 행정대집행의 대상이 되지 않는다. 부담의 불이행에 따른 사업계획의 승인을 철회하는 것은 가능하다.

7 그 밖의 행정의 주요 행위 형식 > 행정지도   오답률 7%   답 ③

| **정답해설** | ③ 93% (×) 〈판례〉 구 「국세기본법」 제81조의4 제2항에 따라 금지되는 재조사에 기하여 과세처분을 하는 것은 단순히 당초 과세처분의 오류를 경정하는 경우에 불과하다는 등의 특별한 사정이 없는 한 그 자체로 위법하고, 이는 과세관청이 그러한 재조사로 얻은 과세자료를 과세처분의 근거로 삼지 않았다거나 이를 배제하고서도 동일한 과세처분이 가능한 경우라고 하여 달리 볼 것은 아니다(대판 2017.12.13. 2016두55421).

| **오답해설** | ① 0% (○) 헌재 2003.6.26. 2002헌마337

② 0% (○) 「행정절차법」상 행정지도는 상대방의 의사에 반하여 부당하게 강요할 수 없고 이에 반하는 지도는 위법하다. 〈법령〉 「행정절차법」 제48조(행정지도의 원칙) ❶ 행정지도는 그 목적달성에 필요한 최소한도에 그쳐야 하며, 행정지도의 상대방의 의사에 반하여 부당하게 강요하여서는 아니 된다.

④ 0% (○) 대판 2013.9.26. 2013도7718

⑤ 7% (○) 「행정조사기본법」 제24조

8 그 밖의 행정의 주요 행위 형식 > 공법상 계약   오답률 35%   답 ①

| **정답해설** | ㄱ. (○) 판례의 취지가 공법상의 계약으로 보고 있다. 〈판례〉 甲 광역자치단체가 乙 유한회사와 '관계 법령 등의 변경으로 사업의 수익성에 중대한 영향을 미치는 경우 협약당사자 간의 협의를 통해 통행료를 조정하고, 통행료 조정사유가 발생하였으나 실제로 통행료 조정이 이루어지지 못한 경우 보조금을 증감할 수 있다.'는 내용의 터널 민간투자사업 실시협약을 체결하였는데, 2002년에 「법인세법」이 개정되어 법인세율이 인하되자 甲 자치단체가 법인세율 인하 효과를 반영하여 산정한 재정지원금액을 지급한 사안에서, 「법인세법」 개정에 따른 법인세율 인하가 실시협약에서 정한 '관계 법령 등의 변경'에 해당하고 '사업의 수익성에 중대한 영향을 미치는 경우'에 해당한다(대판 2019.1.31. 2017두46455).

ㄴ. (○) 〈판례〉 중소기업기술정보진흥원장이 甲 주식회사와 중소기업 정보화지원사업 지원대상인 사업의 지원에 관한 협약을 체결하였는데, 협약이 甲 회사에 책임이 있는 사업실패로 해지되었다는 이유로 협약에서 정한 대로 지급받은 정부지원금을 반환할 것을 통보한 사안에서, 중소기업 정보화지원사업에 따른 지원금 출연을 위하여 중소기업청장이 체결하는 협약은 공법상 대등한 당사자 사이의 의사표시의 합치로 성립하는 공법상 계약에 해당하는 점, … 이를 행정청이 우월한 지위에서 행하는 공권력의 행사로서 행정처분에 해당한다고 볼 수는 없다(대판 2015.8.27. 2015두41449).

| **오답해설** | ㄷ. (×) 〈판례〉 도시계획사업의 시행자가 그 사업에 필요한 토지를 협의취득하는 행위는 사경제주체로서 행하는 사법상의 법률행위에 지나지 않으며 공권력의 주체로서 우월한 지위에서 행하는 공법상의 행정처분이 아니므로 행정소송의 대상이 되지 않는다(대판 1992.10.27. 91누3871).

ㄹ. (×) 〈판례〉 「국유재산법」 제31조, 제32조 제3항, 「산림법」 제75조 제1항의 규정 등에 의하여 국유 잡종재산(현 국유 일반재산)에 관한 관리처분의 권한을 위임받은 기관이 국유 잡종재산을 대부하는 행위는 국가가 사경제주체로서 상대방과 대등한 위치에서 행하는 사법상의 계약이고, 행정청이 공권력의 주체로서 상대방의 의사 여하에 불구하고 일방적으로 행하는 행정처분이라고 볼 수 없으며, 국유 잡종재산에 관한 대부료의 납부고지 역시 사법상의 이행청구에 해당하고, 이를 행정처분이라고 할 수 없다(대판 2000.2.11. 99다61675).

---

9 행정법의 의의 > 법률유보   오답률 0%   답 ②

| 정답해설 | ② 100% (×) 〈판례〉 텔레비전방송수신료는 대다수 국민의 재산권 보장의 측면이나 한국방송공사에게 보장된 방송자유의 측면에서 국민의 기본권실현에 관련된 영역에 속하고, 수신료금액의 결정은 납부의무자의 범위 등과 함께 수신료에 관한 본질적인 중요한 사항이므로 국회가 스스로 행하여야 하는 사항에 속하는 것임에도 불구하고 「한국방송공사법」 제36조 제1항에서 국회의 결정이나 관여를 배제한 채 한국방송공사로 하여금 수신료금액을 결정해서 문화관광부장관의 승인을 얻도록 한 것은 법률유보원칙에 위반된다(헌재 1999.5.27. 98헌바70).

| 오답해설 | ① 0% (○) 「행정기본법」 제16조 제1항
③ 0% (○) 두 판례를 비교하여 구분하여야 한다. 해당 선지는 헌법재판소의 입장에 대한 내용이다.

헌법재판소	대법원
토지등소유자가 도시환경정비사업을 시행하는 경우 사업시행인가 신청시 필요한 토지등소유자의 동의는 개발사업의 주체 및 정비구역 내 토지등소유자를 상대로 수용권을 행사하고 각종 행정처분을 발할 수 있는 행정주체로서의 지위를 가지는 사업시행자를 지정하는 문제로서 그 동의요건을 정하는 것은 국민의 권리와 의무의 형성에 관한 기본적이고 본질적인 사항이므로 국회가 스스로 행하여야 하는 사항에 속하는 것임에도 불구하고 사업시행인가 신청에 필요한 동의정족수를 토지등소유자가 자치적으로 정하여 운영하는 규약에 정하도록 한 것은 법률유보원칙에 위반된다(헌재 2011.8.30. 2009헌바128).	조합의 사업시행인가 신청시의 토지 등 소유자의 동의요건이 비록 토지 등 소유자의 재산상 권리·의무에 영향을 미치는 사업시행계획에 관한 것이라고 하더라도, 그 동의요건은 사업시행인가 신청에 대한 토지 등 소유자의 사전 통제를 위한 절차적 요건에 불과하고 토지 등 소유자의 재산상 권리·의무에 관한 기본적이고 본질적인 사항이라고 볼 수 없으므로 법률유보 내지 의회유보의 원칙이 반드시 지켜져야 하는 영역이라고 할 수 없고, 따라서 개정된 「도시 및 주거환경정비법」 제28조 제4항 본문이 법률유보 내지 의회유보의 원칙에 위배된다고 할 수 없다(대판 2007.10.12. 2006두14476).

④ 0% (○) 헌재 1995.4.20. 92헌마264
⑤ 0% (○) 헌재 2006.3.30. 2005헌바31

---

10 「행정기본법」과 「행정절차법」 > 「행정절차법」   오답률 42%   답 ①

| 정답해설 | ① 58% (×) 2년이 아니고 1년이다. 〈법령〉 「행정절차법」 제22조(의견청취) ❻ 행정청은 처분 후 1년 이내에 당사자 등이 요청하는 경우에는 청문·공청회 또는 의견제출을 위하여 제출받은 서류나 그 밖의 물건을 반환하여야 한다.

| 오답해설 | ② 21% (○) 「행정절차법」 제15조 제3항
③ 7% (○) 동법 제23조
④ 7% (○) 동법 제10조 제4항
⑤ 7% (○) 동법 제14조 제3항

---

11 「행정기본법」과 「행정절차법」 > 행정절차   오답률 21%   답 ②

| 정답해설 | ② 79% (×) 〈판례〉 퇴직연금의 환수결정은 당사자에게 의무를 과하는 처분이기는 하나, 관련 법령에 따라 당연히 환수금액이 정하여지는 것이므로, 퇴직연금의 환수결정에 앞서 당사자에게 의견진술의 기회를 주지 아니하여도 「행정절차법」 제22조 제3항이나 신의칙에 어긋나지 아니한다(대판 2000.11.28. 99두5443).

| 오답해설 | ① 0% (○) 대판 2003.2.14. 2001두7015
③ 0% (○) 대판 2004.7.8. 2002두8350
④ 0% (○) 「행정절차법」 제31조 제3항
⑤ 21% (○) 동법 제35조 제2항

---

12 행정정보공개와 개인정보보호 > 정보공개   오답률 14%   답 ③

| 정답해설 | ③ 86% (○) 정보공개법 제11조 제3항, 제21조 제1항
| 오답해설 | ① 0% (×) 〈판례〉 국민의 정보공개청구권은 법률상 보호되는 구체적인 권리이므로, 공공기관에 대하여 정보의 공개를 청구하였다가 공개거부처분을 받은 청구인은 행정소송을 통하여 그 공개거부처분의 취소를 구할 법률상의 이익이 있고, 공개청구의 대상이 되는 정보가 이미 다른 사람에게 공개되어 널리 알려져 있다거나 인터넷 등을 통하여 공개되어 인터넷검색 등을 통하여 쉽게 알 수 있다는 사정만으로는 소의 이익이 없다거나 비공개결정이 정당화될 수 없다(대판 2010.12.23. 2008두13101).
② 7% (×) 〈판례〉 법원이 행정기관의 정보공개거부처분의 위법 여부를 심리한 결과 공개를 거부한 정보에 비공개 대상 정보에 해당하는 부분과 공개가 가능한 부분이 혼합되어 있고 공개청구의 취지에 어긋나지 아니하는 범위 안에서 두 부분을 분리할 수 있음을 인정할 수 있을 때에는 청구취지의 변경이 없더라도 공개가 가능한 정보에 관한 부분만의 일부 취소를 명할 수 있다(대판 2004.12.9. 2003두12707).
④ 0% (×) 〈판례〉 국민으로부터 보유·관리하는 정보에 대한 공개를 요구받은 공공기관으로서는, 정보공개법 제9조 제1항 각호에서 정하고 있는 비공개사유에 해당하지 않는 한 이를 공개하여야 한다. 이를 거부하는 경우라 할지라도, 대상이 된 정보의 내용을 구체적으로 확인·검토하여, 어느 부분이 어떠한 법익 또는 기본권과 충돌되어 정보공개법 제9조 제1항 몇 호에서 정하고

있는 비공개사유에 해당하는지를 주장·증명하여야만 하고, 그에 이르지 아니한 채 개괄적인 사유만을 들어 공개를 거부하는 것은 허용되지 아니한다(대판 2018.4.12. 2014두5477).

⑤ 7% (×) 〈판례〉 사립대학교에 대한 국비 지원이 한정적·일시적·국부적이라는 점을 고려하더라도, 같은 법 시행령(2004.3.17. 대통령령 제18312호로 개정되기 전의 것) 제2조 제1호가 정보공개의무를 지는 공공기관의 하나로 사립대학교를 들고 있는 것이 모법인 구 「공공기관의 정보공개에 관한 법률」의 위임 범위를 벗어났다거나 사립대학교가 국비의 지원을 받는 범위 내에서만 공공기관의 성격을 가진다고 볼 수 없다(대판 2006.8.24. 2004두2783).

---

13 행정벌 > 과태료 오답률 43% 답 ③

| 정답해설 | ③ 57% (○) 「질서위반행위규제법」 제12조 제3항
| 오답해설 | ① 0% (×) 100분의 3의 가산금을 징수한다(「질서위반행위규제법」 제24조 제1항).
② 0% (×) 제척기간은 5년이다(동법 제19조 제1항).
④ 43% (×) 고의 또는 과실이 없는 행위는 과태료부과 대상이 아니다. 정당한 이유가 있는 때에 한하는 규정은 '위법성의 착오' 규정이다. 〈법령〉 「질서위반행위규제법」 제7조(고의 또는 과실) 고의 또는 과실이 없는 질서위반행위는 과태료를 부과하지 아니한다.
제8조(위법성의 착오) 자신의 행위가 위법하지 아니한 것으로 오인하고 행한 질서위반행위는 그 오인에 정당한 이유가 있는 때에 한하여 과태료를 부과하지 아니한다.
⑤ 0% (×) 법인이나 개인에게 과태료를 부과한다(동법 제11조 제1항).

---

14 행정강제 > 행정대집행 오답률 7% 답 ⑤

| 정답해설 | ⑤ 93% (×) 반복된 2차·3차 계고는 새로운 의무를 부과하는 행정처분이 아니라 단순한 계고의 연기에 불과하다. 〈판례〉 건물의 소유자에게 위법건축물을 일정기간까지 철거할 것을 명함과 아울러 불이행할 때에는 대집행한다는 내용의 철거대집행 계고처분을 고지한 후 이에 불응하자 다시 제2차·제3차 계고서를 발송하여 일정기간까지의 자진철거를 촉구하고 불이행하면 대집행을 한다는 뜻을 고지하였다면 「행정대집행법」상의 건물철거의무는 제1차 철거명령 및 계고처분으로서 발생하였고 제2차·제3차의 계고처분은 새로운 철거의무를 부과한 것이 아니고, 다만 대집행기한의 연기통지에 불과하므로 행정처분이 아니다(대판 1994.10.28. 94누5144).

| 오답해설 | ① 0% (○) 대판 2017.4.28. 2016다213916
② 0% (○) 「행정대집행법」 제2조 참고
③ 0% (○) 대판 1996.6.28. 96누4374
④ 7% (○) 대판 2006.10.13. 2006두7096

---

15 행정강제 > 강제집행 오답률 0% 답 ②

| 정답해설 | ② 100% ㄱ. (○) 헌재 2004.2.26. 2001헌바80
ㄹ. (○) 대판 2016.7.14. 2015두46598
| 오답해설 | ㄴ. (×) 〈판례〉 공매통지 자체가 그 상대방인 체납자 등의 법적 지위나 권리·의무에 직접적인 영향을 주는 행정처분에 해당한다고 할 것은 아니므로 다른 특별한 사정이 없는 한 체납자 등은 공매통지의 결여나 위법을 들어 공매처분의 취소 등을 구할 수 있는 것이지 공매통지 자체를 항고소송의 대상으로 삼아 그 취소 등을 구할 수는 없다(대판 2011.3.24. 2010두25527).
ㄷ. (×) 〈판례〉 관계 법령상 행정대집행의 절차가 인정되어 행정청이 행정대집행의 방법으로 건물의 철거 등 대체적 작위의무의 이행을 실현할 수 있는 경우에는 따로 민사소송의 방법으로 그 의무의 이행을 구할 수 없다(대판 2017.4.28. 2016다213916).

오답률 TOP 2

16 행정쟁송 > 행정심판 오답률 70% 답 ⑤

| 정답해설 | ⑤ 30% (×) 소송제기와 상관없이 「민사집행법」에 따른 강제집행에 관하여 집행권원과 같은 효력을 가진다(「행정심판법」 제50조의2 제5항 참고).
| 오답해설 | ① 14% , ② 14% , ③ 28% , ④ 14% (○) 〈법령〉 「행정심판법」 제50조의2(위원회의 간접강제) ❶ 위원회는 피청구인이 제49조 제2항(제49조 제4항에서 준용하는 경우를 포함한다) 또는 제3항에 따른 처분을 하지 아니하면 청구인의 신청에 의하여 결정으로 상당한 기간을 정하고 피청구인이 그 기간 내에 이행하지 아니하는 경우에는 그 지연기간에 따라 일정한 배상을 하도록 명하거나 즉시 배상을 할 것을 명할 수 있다.

❷ 위원회는 사정의 변경이 있는 경우에는 당사자의 신청에 의하여 제1항에 따른 결정의 내용을 변경할 수 있다.

❸ 위원회는 제1항 또는 제2항에 따른 결정을 하기 전에 신청 상대방의 의견을 들어야 한다.

❹ 청구인은 제1항 또는 제2항에 따른 결정에 불복하는 경우 그 결정에 대하여 행정소송을 제기할 수 있다.

❺ 제1항 또는 제2항에 따른 결정의 효력은 피청구인인 행정청이 소속된 국가·지방자치단체 또는 공공단체에 미치며, 결정서 정본은 제4항에 따른 소송제기와 관계없이 「민사집행법」에 따른 강제집행에 관하여는 집행권원과 같은 효력을 가진다. 이 경우 집행문은 위원장의 명에 따라 위원회가 소속된 행정청 소속 공무원이 부여한다.

❻ 간접강제 결정에 기초한 강제집행에 관하여 이 법에 특별한 규정이 없는 사항에 대하여는 「민사집행법」의 규정을 준용한다. 다만, 「민사집행법」 제33조(집행문부여의 소), 제34조(집행문부여 등에 관한 이의신청), 제44조(청구에 관한 이의의 소) 및 제45조(집행문부여에 대한 이의의 소)에서 관할 법원은 피청구인의 소재지를 관할하는 행정법원으로 한다.

17 「행정기본법」과 「행정절차법」 > 「행정기본법」 오답률 29% 답 ③

| **정답해설** | ③ 71% (×) 기간의 말일이 토요일 또는 공휴일인 경우에 그날로 만료한다.

| **오답해설** | ① 0%, ② 21%, ④ 0%, ⑤ 8% (○) 〈법령〉 「행정기본법」 제6조(행정에 관한 기간의 계산) ❶ 행정에 관한 기간의 계산에 관하여는 이 법 또는 다른 법령 등에 특별한 규정이 있는 경우를 제외하고는 「민법」을 준용한다.

❷ 법령 등 또는 처분에서 국민의 권익을 제한하거나 의무를 부과하는 경우 권익이 제한되거나 의무가 지속되는 기간의 계산은 다음 각 호의 기준에 따른다. 다만, 다음 각 호의 기준에 따르는 것이 국민에게 불리한 경우에는 그러하지 아니하다.

1. 기간을 일, 주, 월 또는 연으로 정한 경우에는 기간의 첫날을 산입한다.
2. 기간의 말일이 토요일 또는 공휴일인 경우에도 기간은 그 날로 만료한다.

제7조(법령 등 시행일의 기간 계산) 법령 등(훈령·예규·고시·지침 등을 포함한다. 이하 이 조에서 같다)의 시행일을 정하거나 계산할 때에는 다음 각 호의 기준에 따른다.

1. 법령 등을 공포한 날부터 시행하는 경우에는 공포한 날을 시행일로 한다.
2. 법령 등을 공포한 날부터 일정 기간이 경과한 날부터 시행하는 경우 법령 등을 공포한 날을 첫날에 산입하지 아니한다.
3. 법령 등을 공포한 날부터 일정 기간이 경과한 날부터 시행하는 경우 그 기간의 말일이 토요일 또는 공휴일인 때에는 그 말일로 기간이 만료한다.

오답률 TOP 1

18 자치행정조직법 > 지방자치 오답률 86% 답 ①

| **정답해설** | ㄱ. (○) 「지방자치법」 제20조 제1항
ㄴ. (○) 동법 제188조 제2항

| **오답해설** | ㄷ. (×) 〈판례〉 「지방자치법」 제17조 제1항, 제2항 제2호·제3호 등에 따라 주민소송의 대상이 되는 '재산의 관리·처분에 관한 사항'이나 '공금의 부과·징수를 게을리한 사항'이란 지방자치단체의 소유에 속하는 재산의 가치를 유지·보전 또는 실현함을 직접 목적으로 하는 행위 또는 그와 관련된 공금의 부과·징수를 게을리한 행위를 말하고, 그 밖에 재무회계와 관련이 없는 행위는 그것이 지방자치단체의 재정에 어떤 영향을 미친다고 하더라도, 주민소송의 대상이 되는 '재산의 관리·처분에 관한 사항' 또는 '공금의 부과·징수를 게을리한 사항'에 해당하지 않는다(대판 2015.9.10. 2013두16746).
ㄹ. (×) 〈판례〉 지방자치단체는 그 고유사무인 자치사무와 개별법령에 의하여 지방자치단체에 위임된 단체위임사무에 관하여 자치조례를 제정할 수 있지만 그 경우라도 주민의 권리제한 또는 의무부과에 관한 사항이나 벌칙은 법률의 위임이 있어야 하며, 기관위임사무에 관하여 제정되는 이른바 위임조례는 개별법령에서 일정한 사항을 조례로 정하도록 위임하고 있는 경우에 한하여 제정할 수 있다(대판 2007.12.13. 2006추52).

19 손실보상 > 토지보상법 오답률 29% 답 ④

| **정답해설** | ④ 71% (×) 「공익사업을 위한 토지 등의 취득 및 보상에 관한 법률」 제66조 규정에 의하여 사업으로 인한 발생한 이익과 손실을 상계할 수 없다. 〈법령〉 「공익사업을 위한 토지 등의 취득 및 보상에 관한 법률」 제66조(사업시행 이익과의 상계금지) 사업시행자는 동일한 소유자에게 속하는 일단(一團)의 토지의 일부를 취득하거나 사용하는 경우 해당 공익사업의 시행으로 인하여 잔여지의 가격이 증가하거나 그 밖의 이익이 발생한 경우에도 그 이익을 그 취득 또는 사용으로 인한 손실과 상계할 수 없다.

| **오답해설** | ① 7% (○) 「공익사업을 위한 토지 등의 취득 및 보상에 관한 법률」 제67조 제1항
② 21% (○) 동법 제72조 제1호 참고
③ 1% (○) 동법 제65조
⑤ 0% (○) 동법 제77조 제1항

20 행정소송 > 항고소송의 피고 오답률 14% 답 ⑤

| **정답해설** | ⑤ 86% (×) (처분)조례가 항고소송의 대상이 되는 경우에 피고는 조례의 공포권자인 지방자치단체의 장이나 교육감이 된다. 〈판례〉 조례에 대한 무효확인소송을 제기함에 있어서 「행정소송법」 제38조 제1항, 제13조에 의하여 피고적격이 있는 처분 등을 행한 행정청은, 행정주체인 지방자치단체 또는 지방자치단체의 내부적 의결기관으로서 지방자치단체의 의사를 외부에 표시한 권한이 없는 지방의회가 아니라, 구 「지방자치법」(1994.3.16. 법률 제4741호로 개정되기 전의 것) 제19조 제2항, 제92조에 의하여 지방자치단체의 집행기관으로서 조례로서의 효력을 발생시키는 공포권이 있는 지방자치단체의 장이다(대판 1996.9.20. 95누8003).

| **오답해설** | ① 0% (○) 「행정소송법」 제13조 제1항
② 0% (○) 「노동위원회법」 제27조 제1항
③ 7% (○) 〈판례〉 항고소송은 다른 법률에 특별한 규정이 없는 한 원칙적으로 소송의 대상인 행정처분을 외부적으로 행한 행정청을 피고로 하여야 하고(「행정소송법」 제13조 제1항 본문), 다만 대리기관이 대리관계를 표시하고 피대리 행정청을 대리하여 행정처분을 한 때에는 피대리행정청이 피고로 되어야 한다(대판 2018.10.25. 2018두43095).
④ 7% (○) 대결 2006.2.23. 자 2005부4

21 행정쟁송 > 임시처분 오답률 0% 답 ②

| **정답해설** | ② 100% (×) 임시처분은 집행정지로 목적달성이 이루어지는 경우에는 인정되지 못하는 보충성의 관계이다. 〈법령〉 「행정심판법」 제31조(임시처분) ❶ 위원회는 처분 또는 부작위가 위법·부당하다고 상당히 의심되는 경우로서 처분 또는 부작위 때문에 당사자가 받을 우려가 있는 중대한 불이익이나 당사자에게 생길 급박한 위험을 막기 위하여 임시지위를 정하여야 할 필요가 있는 경우에는 직권으로 또는 당사자의 신청에 의하여 임시처분을 결정할 수 있다.

❷ 제1항에 따른 임시처분에 관하여는 제30조 제3항부터 제7항까지를 준용한다. 이 경우 같은 조 제6항 전단 중 '중대한 손해가 생길 우려'는 '중대한 불이익이나 급박한 위험이 생길 우려'로 본다.

❸ 제1항에 따른 임시처분은 제30조 제2항에 따른 집행정지로 목적을 달성할 수 있는 경우에는 허용되지 아니한다.

---

22 새로운 실효성 확보수단 > 과징금　오답률 28%　답 ②

| 정답해설 | ② 72% (×) 위반행위에 대한 시정조치를 전제로 한 과징금 부과처분에 대한 취소소송은 과징금 부과처분의 전제가 된 사실이 존재하지 않음이 확정되었으므로 이에 따라 과징금 부과처분에 위법 여부를 판단하여야 한다.

| 오답해설 | ① 7% , ③ 0% (○) 〈판례〉 항고소송에 있어서 행정처분의 위법 여부를 판단하는 기준 시점에 대하여 판결시가 아니라 처분시라고 하는 의미는 행정처분이 있을 때의 법령과 사실상태를 기준으로 하여 위법 여부를 판단할 것이며 처분 후 법령의 개폐나 사실상태의 변동에 영향을 받지 않는다는 뜻이고 처분 당시 존재하였던 자료나 행정청에 제출되었던 자료만으로 위법 여부를 판단한다는 의미는 아니므로, 처분 당시의 사실상태 등에 대한 입증은 사실심 변론종결 당시까지 할 수 있고, 법원은 행정처분 당시 행정청이 알고 있었던 자료뿐만 아니라 사실심 변론종결 당시까지 제출된 모든 자료를 종합하여 처분 당시 존재하였던 객관적 사실을 확정하고 그 사실에 기초하여 처분의 위법 여부를 판단할 수 있다(대판 1993. 5. 27. 92누19033).

④ 0% (○) 취소판결이 확정되면 판결에 의해 처분은 소급하여 효력이 상실된다.

⑤ 21% (○) 대판 2019. 7. 25. 2017두55077

오답률 TOP 3
23 손해배상 > 국가배상　오답률 64%　답 ③

| 정답해설 | ③ 36% (×) 헌재는 보건복지부장관이 치과전문의제도의 구체적 조치를 마련하지 않은 행정입법부작위에 대해 위헌결정을 하였을 뿐이고 경과조치를 마련하지 않은 부분에 위헌·위법이라고 판시를 한 적은 없으므로 장관의 경과조치 입법부작위에는 헌재의 위헌결정의 기속력이 미치지 않는다는 입장이다. 〈판례〉 보건복지부장관에게 구 「의료법」 및 구 전문의 규정의 위임에 따라 치과의사전문의 자격시험제도를 실시하기 위하여 필요한 시행규칙의 개정 등 절차를 마련하여야 할 헌법상 입법의무가 부과되어 있다고 판시하였을 뿐, 사실상 전공의 수련과정을 수료한 치과의사들에게 그 수련경력에 대한 기득권을 인정하는 경과조치를 마련하지 아니한 보건복지부장관의 행정입법부작위가 위헌·위법하다고까지 판시한 것은 아니다. 따라서 이 사건 위헌결정의 기속력이 곧바로 위와 같은 경과조치 마련에 대하여까지 미친다고는 볼 수 없다(대판 2018. 6. 15. 2017다249769).

| 오답해설 | ① 14% , ② 29% (○) 대판 2008. 5. 29. 2004다33469

④ 21% (○) 대판 2014. 8. 20. 2012다54478

⑤ 0% (○) 대판 2001. 2. 9. 98다52988

---

24 새로운 실효성 확보수단 > 명단의 공표　오답률 14%　답 ④

| 정답해설 | ㄱ. (○) 대판 2019. 6. 27. 2018두49130

ㄷ. (○) 대판 2019. 6. 27. 2018두49130

| 오답해설 | ㄴ. (×) 〈판례〉 관할 지방병무청장이 1차로 공개 대상자 결정을 하고, 그에 따라 병무청장이 같은 내용으로 최종적 공개 결정을 하였다면, 공개 대상자는 병무청장의 최종적 공개결정만을 다투는 것으로 충분하고, 관할 지방병무청장의 공개 대상자 결정을 별도로 다툴 소의 이익은 없어진다(대판 2019. 6. 27. 2018두49130).

---

25 행정소송 > 항고소송의 원고적격　오답률 43%　답 ③

| 정답해설 | ㄱ. (인정) 대판 2013. 7. 25. 2011두1214

ㄴ. (인정) 대판 2002. 10. 25. 2001두4450

ㅁ. (인정) 〈판례〉 재단법인 한국연구재단이 甲 대학교 총장에게 연구개발비의 부당집행을 이유로 '해양생물유래 고부가식품·향장·한약 기초소재 개발 인력양성사업에 대한 2단계 두뇌한국(BK)21 사업' 협약을 해지하고 연구팀장 乙에 대한 국가연구개발사업의 3년간 참여제한 등을 명하는 통보를 하자 乙이 통보 취소를 청구한 사안에서, 乙은 위 협약 해지통보의 효력을 다툴 법률상 이익이 있다(대판 2014. 12. 11. 2012두28704).

| 오답해설 | ㄷ. (부정) 〈판례〉 재단법인 甲 수녀원이, 매립목적을 택지조성에서 조선시설용지로 변경하는 내용의 공유수면매립목적 변경 승인처분으로 인하여 법률상 보호되는 환경상 이익을 침해받았다면서 행정청을 상대로 처분의 무효확인을 구하는 소송을 제기한 사안에서, 甲 수녀원에는 처분의 무효확인을 구할 원고적격이 없다(대판 2012. 6. 28. 2010두2005).

ㄹ. (부정) 〈판례〉 교육부장관이 사학분쟁조정위원회의 심의를 거쳐 甲 대학교를 설치·운영하는 乙 학교법인의 이사 8인과 임시이사 1인을 선임한 데 대하여 甲 대학교 교수협의회와 총학생회 등이 이사선임처분의 취소를 구하는 소송을 제기한 사안에서, 甲 대학교 교수협의회와 총학생회는 이사선임처분을 다툴 법률상 이익을 가지지만, 전국대학노동조합 甲 대학교지부는 법률상 이익이 없다(대판 2015. 7. 23. 2012두19496·19502).

합격예상 체크

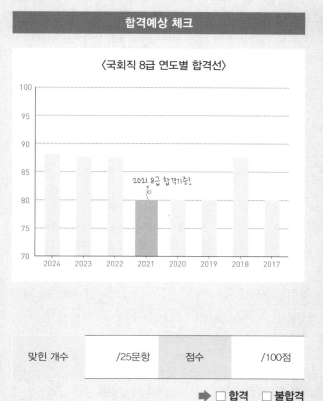

〈국회직 8급 연도별 합격선〉

2021 8급 합격기준

맞힌 개수	/25문항	점수	/100점

➡ ☐ 합격 ☐ 불합격

취약영역 체크

문항	정답	영역	문항	정답	영역
1	②	행정법 통칙	14	②	행정조직(7급)
2	④	행정상 의무이행 확보수단	15	④	행정구제
3	②	특별행정작용(7급)	16	④	행정구제
4	⑤	행정구제	17	①	행정법 통칙
5	⑤	특별행정작용(7급)	18	①	행정법 통칙
6	③	행정법 통칙	19	③	행정법 통칙
7	①	행정조직(7급)	20	②	행정구제
8	①	행정구제	21	④	행정상 의무이행 확보수단
9	①	행정법 서론	22	③	행정법 통칙
10	②	행정법 통칙	23	⑤	행정구제
11	③	행정법 통칙	24	⑤	행정구제
12	②	행정조직(7급)	25	④	행정구제
13	③	행정구제			

⬇ 영역별 틀린 개수로 취약영역을 확인하세요!

행정법 서론	/1	행정법 통칙	/8	행정상 의무이행 확보수단	/2
행정구제	/9	행정조직(7급)	/3	특별행정작용(7급)	/2

➡ 나의 취약영역: _____

※ [정답해설]과 [오답해설] 선지의 50% 표시는 〈1초 합격예측 서비스〉를 통해 수집된 선지 선택률을 나타냅니다.

---

1 행정상 법률요건과 법률사실 > 행정법 관계 오답률 26% 답 ②

| **정답해설** | ㄱ. (○) 〈판례〉「국가를 당사자로 하는 계약에 관한 법률」에 따라 국가가 당사자가 되는 이른바 공공계약은 사경제주체로서 상대방과 대등한 위치에서 체결하는 사법상 계약으로서 본질적인 내용은 사인 간의 계약과 다를 바가 없으므로, 그에 관한 법령에 특별한 정함이 있는 경우를 제외하고는 사적 자치와 계약자유의 원칙 등 사법의 원리가 그대로 적용된다(대판 2020.5.14. 2018다298409).

ㄷ. (○) 〈판례〉 공기업·준정부기관이 법령 또는 계약에 근거하여 선택적으로 입찰참가자격 제한조치를 할 수 있는 경우, 계약상 대방에 대한 입찰참가자격 제한조치가 법령에 근거한 행정처분인지 아니면 계약에 근거한 권리행사인지는 원칙적으로 의사표시의 해석 문제이다. 이때에는 공기업·준정부기관이 계약상대방에게 통지한 문서의 내용과 해당 조치에 이르기까지의 과정을 객관적·종합적으로 고찰하여 판단하여야 한다. 그럼에도 불구하고 공기업·준정부기관이 법령에 근거를 둔 행정처분으로서의 입찰참가자격 제한조치를 한 것인지 아니면 계약에 근거한 권리행사로서의 입찰참가자격 제한조치를 한 것인지가 여전히 불분명한 경우에는, 그에 대한 불복방법 선택에 중대한 이해관계를 가지는 그 조치 상대방의 인식가능성 내지 예측가능성을 중요하게 고려하여 규범적으로 이를 확정함이 타당하다(대판 2018.10.25. 2016두33537).

ㅁ. (○) 〈판례〉 국유재산 등의 관리청이 하는 행정재산의 사용·수익에 대한 허가는 순전히 사경제주체로서 행하는 사법상의 행위가 아니라 관리청이 공권력을 가진 우월적 지위에서 행하는 행정처분으로서 특정인에게 행정재산을 사용할 수 있는 권리를 설정하여 주는 강학상 특허에 해당한다(대판 2006.3.9. 2004다31074).

| **오답해설** | ㄴ. (×) 국가기관에 의한 입찰참가자격 제한조치는 항고소송 대상인 처분이다.

ㄹ. (×) 사립학교 교원의 근무관계는 사법관계에 해당된다. 사립학교 교원에 대한 징계는 항고소송 대상인 처분이 아니다. 다만, 징계에 대한 불복에 따른 교원소청심사위원회에 대한 소청결정은 항고소송 대상인 처분이다(대판 2013.7.25. 2012두12297).

---

2 행정강제 > 강제집행 오답률 27% 답 ④

| **정답해설** | ④ 73% (×) 공매통지는 공매처분의 절차적 성립요건에 해당될 뿐 공매통지 자체가 처분성이 인정되는 것은 아니다.

〈판례〉 체납자 등에 대한 공매통지는 국가의 강제력에 의하여 진행되는 공매에서 체납자 등의 권리 내지 재산상의 이익을 보호하기 위하여 법률로 규정한 절차적 요건이라고 보아야 하며, 공매처분을 하면서 체납자 등에게 공매통지를 하지 않았거나 공매통지를 하였더라도 그것이 적법하지 아니한 경우에는 절차상의 흠이 있어 그 공매처분이 위법하게 되는 것이지만, 공매통지 자체가 그 상대방인 체납자 등의 법적 지위나 권리·의무에 직접적인 영향을 주는 행정처분에 해당한다고 할 것은 아니므로 다른 특별한 사정이 없는 한 체납자 등은 공매통지의 결여나 위법을 들어 공매처분의 취소 등을 구할 수 있는 것이지 공매통지 자체를 항고소송의 대상으로 삼아 그 취소 등을 구할 수는 없다(대판 2011.3.24. 2010두25527).

| **오답해설** | ① 4% (○) 대판 1993.6.8. 93누6164

② 15% (○) 대판 1984.9.25. 84누201

③ 4% (○) 대판 1996.3.22. 96누433

⑤ 4% (○) 헌재 2004.2.26. 2001헌바80

오답률 TOP 2

3 급부행정법 〉「국유재산법」 오답률 84% 답 ②

| **정답해설** | ② 16% (×) 중앙관서의 장이 아니라 총괄청의 권한이다. 총괄청은 기획재정부장관이다(「국유재산법」 제8조 제1항 참고).

| **오답해설** | ① 4% (○) 행정재산은 공용재산, 공공용재산, 기업용재산, 보존용재산으로 분류된다(「국유재산법」 제6조 제2항).

③ 8% (○) 대판 2019.9.9. 2018두48298

④ 16% (○) 〈판례〉 공용폐지의 의사표시는 명시적이든 묵시적이든 상관이 없으나 적법한 의사표시가 있어야 하고, 행정재산이나 보존재산이 사실상 본래의 용도에 사용되고 있지 않다거나 행정주체가 점유를 상실하였다는 정도의 사정이나 무효인 매도행위를 가지고 묵시적 공용폐지가 있었다고 볼 수 없다(대판 1983.6.14. 83다카181).

⑤ 56% (○) 〈법령〉 「국유재산법」 제40조(용도폐지) ❶ 중앙관서의 장은 행정재산이 다음 각 호의 어느 하나에 해당하는 경우에는 지체 없이 그 용도를 폐지하여야 한다.

1. 행정목적으로 사용되지 아니하게 된 경우
2. 행정재산으로 사용하기로 결정한 날부터 5년이 지난 날까지 행정재산으로 사용되지 아니한 경우
3. 제57조에 따라 개발하기 위하여 필요한 경우

4 손해배상 〉 영조물의 설치·관리의 하자 오답률 77% 답 ⑤

| **정답해설** | ⑤ 23% (×) 영조물의 설치·관리상의 하자에 따른 배상책임에 대하여 주관설, 객관설, 절충설이 있는데, 주관설과 달리 객관설에 의하면 영조물의 객관적인 안전성 여부만을 문제삼아 관리자의 관리상의 주의의무 등을 요하지 않는다. 따라서 관리자의 관리행위가 미칠 수 없는 상황 아래에 있다고 해도 영조물의 객관적 하자가 있다면 배상책임이 있다.

| **오답해설** | ① 38% (○) 대판 2010.11.11. 2008다57975

② 8% (○) 철도운행사업은 사경제활동이라서 공무원이 간여한 경우에도 민사상 손해배상청구에 해당되지만, 철도시설물에 의해 발생한 피해는 「국가배상법」이 적용된다. 〈판례〉 국가 또는 지방자치단체라 할지라도 공권력의 행사가 아니고 단순한 사경제의 주체로 활동하였을 경우에는 그 손해배상책임에 「국가배상법」이 적용될 수 없고 「민법」상의 사용자책임 등이 인정되는 것이고 국가의 철도운행사업은 국가가 공권력의 행사로서 하는 것이 아니고 사경제적 작용이라 할 것이므로, 이로 인한 사고에 공무원이 간여하였다고 하더라도 「국가배상법」을 적용할 것이 아니고 일반 「민법」의 규정에 따라야 하므로, 「국가배상법」상의 배상전치절차를 거칠 필요가 없으나, 공공의 영조물인 철도시설물의 설치 또는 관리의 하자로 인한 불법행위를 원인으로 하여 국가에 대하여 손해배상청구를 하는 경우에는 「국가배상법」이 적용되므로 배상전치절차를 거쳐야 한다(대판 1999.6.22. 99다7008).

③ 31% (○) 대판 2008.8.21. 2008다9358, 9365

④ 0% (○) 설치관리자와 비용부담자가 동일하지 않은 경우에 피해자는 선택적 청구를 할 수 있다(「국가배상법」 제6조 참고).

5 규제행정법 〉 국토계획 오답률 46% 답 ⑤

| **정답해설** | ㄱ. (○) 〈판례〉 도시기본계획이라는 것은 도시의 장기적 개발방향과 미래상을 제시하는 도시계획 입안의 지침이 되는 장기적·종합적인 개발계획으로서 직접적인 구속력은 없는 것이므로, 도시계획시설결정 대상면적이 도시기본계획에서 예정했던 것보다 증가하였다 하여 그것이 도시기본계획의 범위를 벗어나 위법한 것은 아니다(대판 1998.11.27. 96누13927).

ㄴ. (○) 〈판례〉 도시계획구역 내 토지 등을 소유하고 있는 주민으로서는 입안권자에게 도시계획입안을 요구할 수 있는 법규상 또는 조리상의 신청권이 있다고 할 것이고, 이러한 신청에 대한 거부행위는 항고소송의 대상이 되는 행정처분에 해당한다(대판 2004.4.28. 2003두1806).

ㄷ. (○) 대판 2005.11.25. 2004두6822·6839·6846

ㄹ. (○) 〈판례〉 행정주체가 택지개발 예정지구 지정 처분과 같은 행정계획을 입안·결정하는 데에는 비록 광범위한 계획재량을 갖고 있지만 행정계획에 관련된 자들의 이익을 공익과 사익 사이에서는 물론, 공익 상호 간과 사익 상호 간에도 정당하게 비교·교량하여야 하고 그 비교·교량은 비례의 원칙에 적합하도록 하여야 하는 것이므로, 만약 이익형량을 전혀 하지 아니하였거나 이익형량의 고려대상에 포함시켜야 할 중요한 사항을 누락한 경우 또는 이익형량을 하기는 하였으나 그것이 비례의 원칙에 어긋나게 된 경우에는 그 행정계획은 재량권을 일탈·남용한 위법한 처분이다(대판 1997.9.26. 96누10096).

ㅁ. (○) 매수신청에 대한 거부를 처분이라고 직접 판시한 경우는 없으나 다수의 판례에서 매수신청이 정당한 신청권임을 전제로 한 경우가 적지 않다. 〈판례〉 구 도시계획법(2002.2.4. 법률 제6655호 「국토의 계획 및 이용에 관한 법률」 부칙 제2조로 폐지)은 … 도시계획시설부지의 매수청구권, 도시계획시설결정의 실

효에 관한 규정과 아울러 도시계획 입안권자인 특별시장·광역시장·시장 또는 군수로 하여금 5년마다 관할 도시계획구역 안의 도시계획에 대하여 그 타당성 여부를 전반적으로 재검토하여 정비하여야 할 의무를 지우고, … 헌법상 개인의 재산권 보장의 취지에 비추어 보면, 도시계획구역 내 토지 등을 소유하고 있는 주민으로서는 입안권자에게 도시계획입안을 요구할 수 있는 법규상 또는 조리상의 신청권이 있다고 할 것이고, 이러한 신청에 대한 거부행위는 항고소송의 대상이 되는 행정처분에 해당한다(대판 2004.4.28. 2003두1806).

| 6 | 「행정기본법」과 「행정절차법」 > 행정절차 | 오답률 4% | 답 ③ |

| **정답해설** | ③ 96% (×) 청문 자체에 대한 하자가 아닌 청문의 사전통지에 대한 절차상의 하자는 치유를 인정하는 것이 대법원의 입장이다. 〈판례〉 행정청이 「식품위생법」상의 청문절차를 이행함에 있어 소정의 청문서 도달기간을 지키지 아니하였다면 이는 청문의 절차적 요건을 준수하지 아니한 것이므로 이를 바탕으로 한 행정처분은 일단 위법하다고 보아야 할 것이지만 이러한 청문제도의 취지는 처분으로 말미암아 받게 될 영업자에게 미리 변명과 유리한 자료를 제출할 기회를 부여함으로써 부당한 권리침해를 예방하려는 데에 있는 것임을 고려하여 볼 때, 가령 행정청이 청문서 도달기간을 다소 어겼다하더라도 영업자가 이에 대하여 이의하지 아니한 채 스스로 청문일에 출석하여 그 의견을 진술하고 변명하는 등 방어의 기회를 충분히 가졌다면 청문서 도달기간을 준수하지 아니한 하자는 치유되었다고 봄이 상당하다(대판 1992.10.23. 92누2844).

| **오답해설** | ① 4% (○) 「행정절차법」 제53조 제1항
② 0% (○) 동법 제53조 제2항
④ 0% (○) 동법 제39조의3
⑤ 0% (○) 절차상의 하자에 대한 인용판결은 기속력이 없다. 따라서 절차상의 하자를 보완하여 재처분을 하여도 기판력 등에 저촉되지 않는다. 〈판례〉 과세처분시 납세고지서에 과세표준, 세율, 세액의 산출근거등이 누락되어 있어 이러한 절차 내지 형식의 위법을 이유로 과세처분을 취소하는 판결이 확정된 경우에 그 확정판결의 기판력은 확정판결에 적시된 절차 내지 형식의 위법사유에 한하여 미친다고 할 것이므로 과세처분권자가 그 확정판결에 적시된 위법사유를 보완하여 행한 새로운 과세처분은 확정판결에 의하여 취소된 종전의 과세처분과는 별개의 처분으로서 확정판결의 기판력에 저촉되는 것은 아니다(대판 1986.11.11. 85누231).

오답률 TOP1

| 7 | 공무원법 > 공무원의 임용 | 오답률 85% | 답 ① |

| **정답해설** | ① 15% (○) 「국가공무원법」 제17조 제2항
| **오답해설** | ② 8% (×) 결격자 임용은 무효에 해당하고 퇴직급여 등을 청구할 수 없다. 〈판례〉 임용결격자가 공무원으로 임용되어 사실상 근무하여 왔다 하더라도 적법한 공무원으로서의 신분을 취득하지 못한 자로서는 「공무원연금법」이나 「근로자퇴직급여 보장법」에서 정한 퇴직급여를 청구할 수 없다(대판 2017.5.11. 2012다200486).

③ 65% (×) 경력직 공무원을 임용할 수 있다. 〈법령〉 「국가공무원법」 제26조의5(근무기간을 정하여 임용하는 공무원) ❶ 임용권자는 전문지식·기술이 요구되거나 임용관리에 특수성이 요구되는 업무를 담당하게 하기 위하여 경력직 공무원을 임용할 때에 일정기간을 정하여 근무하는 공무원(이하 '임기제 공무원'이라 한다)을 임용할 수 있다.
④ 12% (×) 임용 전의 행위는 임용 이후에도 징계사유가 될 수 있다. 〈판례〉 국가공무원으로 임용되기 전의 행위는 「국가공무원법」 제78조 제2항·제3항의 경우외에는 원칙적으로 재직 중의 징계사유로 삼을 수 없다 할 것이나, 비록 임용 전의 행위라 하더라도 이로 인하여 임용 후의 공무원의 체면 또는 위신을 손상하게 된 경우에는 위 제1항 제3호의 징계사유로 삼을 수 있다고 보아야 할 것이다(대판 1990.5.22. 89누7368).
⑤ 0% (×) 징계사유에는 해당된다. 하지만 실제 사안에서는 파면의 징계는 비례원칙에 반한다고 하였다. 〈판례〉 감사보고서의 내용이 직무상 비밀에 속하지 않는다고 할지라도 그 보고서의 내용이 그대로 신문에 게재되게 한 감사원 감사관의 행위는 감사자료의 취급에 관한 내부수칙을 위반한 것이고, 이로 인하여 관련 기업이나 관계 기관의 신용에 적지 않은 피해를 입힌 것으로서 공무원의 성실의무 등 직무상의 의무를 위반한 것으로서 「국가공무원법」 제78조 소정의 징계사유에 해당하나, 그 감사관의 경력, 감사 중단의 경위, 공개된 보고서의 내용과 영향, 법령 위반의 정도 등을 참작하여 볼 때, 그 감사관에 대한 징계의 종류로 가장 무거운 파면을 선택한 징계처분은 감사관이라는 신분을 감안하더라도 지나치게 무거워 재량권을 일탈하였다(대판 1996.10.11. 94누7171).

| 8 | 행정소송 > 원고적격 | 오답률 56% | 답 ⑤ |

| **정답해설** | ㄴ. (○) 대판 2020.4.9. 2015다34444
ㄷ. (○) 〈판례〉 조달청이 계약이행내역 점검 결과 일부 제품이 계약 규격과 다르다는 이유로 물품구매계약 추가특수조건 규정에 따라 갑 회사에 대하여 6개월의 나라장터 종합쇼핑몰 거래정지 조치를 한 사안에서, 위 거래정지 조치는 항고소송의 대상이 되는 행정처분에 해당한다(대판 2018.11.29. 2015두52395).
ㄹ. (○) 대판 2001.11.27. 98두9530
ㅁ. (○) 〈판례〉 원고는 대한민국에서 출생하여 오랜 기간 대한민국 국적을 보유하면서 거주한 사람이므로 이미 대한민국과 실질적 관련성이 있거나 대한민국에서 법적으로 보호가치 있는 이해관계를 형성하였다고 볼 수 있다. 또한 재외동포의 대한민국 출입국과 대한민국 안에서의 법적 지위를 보장함을 목적으로 「재외동포의 출입국과 법적 지위에 관한 법률」(이하 '재외동포법'이라 한다)이 특별히 제정되어 시행 중이다. 따라서 원고는 이 사건 사증발급 거부처분의 취소를 구할 법률상 이익이 인정된다(대판 2019.7.11. 2017두38874).

| 오답해설 | ㄱ. (×) 시외버스의 관계는 강학상 특허에 해당되어 권리침해가 된다. 따라서 소권이 인정된다. 〈판례〉 한정면허를 받은 시외버스운송사업자가 일반면허를 받은 시외버스운송사업자에 대한 사업계획변경 인가처분으로 수익감소가 예상되는 경우, 일반면허 시외버스운송사업자에 대한 사업계획변경인가처분의 취소를 구할 법률상의 이익이 있다(대판 2018.4.26. 2015두53824).

---

9 행정법의 의의 > 행정법의 일반원칙 　　오답률 27%　　답 ①

| 정답해설 | ① 73% (×) 법 시행일에도 계속 중인 사안의 시작점부터 적용되는 부진정소급은 원칙적으로 허용된다. 〈판례〉 소급입법은 새로운 입법으로 이미 종료된 사실관계 또는 법률관계에 작용케 하는 진정소급입법과 현재 진행 중인 사실관계 또는 법률관계에 작용케 하는 부진정소급입법으로 나눌 수 있는바, 부진정소급입법은 원칙적으로 허용되지만 소급효를 요구하는 공익상의 사유와 신뢰보호의 요청 사이의 교량과정에서 신뢰보호의 관점이 입법자의 형성권에 제한을 가하게 되는데 반하여 … (헌재 1999.7.22. 97헌바76)

| 오답해설 | ② 4% (○) 대판 2020.6.25. 2018두34732

③ 15% (○) 대판 2020.6.25. 2018두34732

④ 0% (○) 〈판례〉 근로자가 입은 부상이나 질병이 업무상 재해에 해당하는지 여부에 따라 요양급여 신청의 승인, 휴업급여청구권의 발생 여부가 차례로 결정되고, 따라서 근로복지공단의 요양불승인처분의 적법 여부는 사실상 근로자의 휴업급여청구권 발생의 전제가 된다고 볼 수 있는 점 등에 비추어, 근로자가 요양불승인에 대한 취소소송의 판결확정시까지 근로복지공단에 휴업급여를 청구하지 않았던 것은 이를 행사할 수 없는 사실상의 장애사유가 있었기 때문이라고 보아야 하므로, 근로복지공단의 소멸시효 항변은 신의성실의 원칙에 반하여 허용될 수 없다(대판 2008. 9.18. 2007두2173).

⑤ 8% (○) 대판 2019.1.31. 2016두52019

---

10 행정행위 > 부관 　　오답률 58%　　답 ②

| 정답해설 | ② 42% (×) 무효인 부담을 이행한 사법상의 법률행위는 무효가 아니다. 〈판례〉 행정처분에 부담인 부관을 붙인 경우 부관의 무효화에 의하여 본체인 행정처분 자체의 효력에도 영향이 있게 될 수는 있지만, 그 처분을 받은 사람이 부담의 이행으로 사법상 매매 등의 법률행위를 한 경우에는 그 부관은 특별한 사정이 없는 한 법률행위를 하게 된 동기 내지 연유로 작용하였을 뿐이므로 이는 법률행위의 취소사유가 될 수 있음은 별론으로 하고 그 법률행위 자체를 당연히 무효화하는 것은 아니다(대판 2009.6.25. 2006다18174).

| 오답해설 | ① 8% (○) 〈판례〉 수익적 행정처분에 있어서는 법령에 특별한 근거 규정이 없다고 하더라도 그 부관으로서 부담을 붙일 수 있고, 그와 같은 부담은 행정청이 행정처분을 하면서 일방적으로 부가할 수도 있지만 부담을 부가하기 이전에 상대방과 협의하여 부담의 내용을 협약의 형식으로 미리 정한 다음 행정처분을 하면서 이를 부가할 수도 있다(대판 2009.2.12. 2005다65500).

③ 31% (○) 〈판례〉 행정처분에 이미 부담이 부가되어 있는 상태에서 그 의무의 범위 또는 내용 등을 변경하는 부관의 사후변경은, 법률에 명문의 규정이 있거나 그 변경이 미리 유보되어 있는 경우 또는 상대방의 동의가 있는 경우에 한하여 허용되는 것이 원칙이지만, 사정변경으로 인하여 당초에 부담을 부가한 목적을 달성할 수 없게 된 경우에도 그 목적달성에 필요한 범위 내에서 예외적으로 허용된다(대판 2007.9.21. 2006두7973).

④ 11% (○) 〈판례〉 행정행위의 부관 중 행정행위에 부수하여 그 상대방에게 일정한 의무를 부과하는 행정청의 의사표시인 부담이 그 자체만으로 행정쟁송의 대상이 될 수 있다(대판 1992.1.21. 91누1264).

⑤ 8% (○) 기속에 붙은 부관은 무효에 해당되고, 이행의 의무가 없다.

---

11 행정정보공개와 개인정보보호 > 정보공개 　　오답률 54%　　답 ③

| 정답해설 | ③ 46% (○) 법 제7조 제1항의 규정과 법 시행령 제14조 제1항의 규정에 따라 해당 정보의 소재에 대한 안내의 방법에 따른다.
〈법령〉「공공기관의 정보공개에 관한 법률」제7조(정보의 사전적 공개 등) ❶ 공공기관은 다음 각 호의 어느 하나에 해당하는 정보에 대해서는 공개의 구체적 범위, 주기, 시기 및 방법 등을 미리 정하여 정보통신망 등을 통하여 알리고, 이에 따라 정기적으로 공개하여야 한다. 다만, 제9조 제1항 각 호의 어느 하나에 해당하는 정보에 대해서는 그러하지 아니하다.

　3. 예산집행의 내용과 사업평가 결과 등 행정감시를 위하여 필요한 정보

「공공기관의 정보공개에 관한 법률 시행령」제14조(정보공개 방법) ❶ 정보는 다음 각 호의 구분에 따른 방법으로 공개한다.

　5. 법 제7조 제1항에 따른 정보 등 공개를 목적으로 작성되고 이미 정보통신망 등을 통하여 공개된 정보: 해당 정보의 소재(所在) 안내

| 오답해설 | ① 8% (×) 사립학교도 정보공개의무를 가지는 공공기관에 해당된다.

② 4% (×) 〈판례〉「공공기관의 정보공개에 관한 법률」에 의한 정보공개제도는 공공기관이 보유·관리하는 정보를 그 상태대로 공개하는 제도이지만, 전자적 형태로 보유·관리되는 정보의 경우에는, 그 정보가 청구인이 구하는 대로는 되어 있지 않다고 하더라도, 공개청구를 받은 공공기관이 공개청구대상정보의 기초자료를 전자적 형태로 보유·관리하고 있고, 당해 기관에서 통상 사용되는 컴퓨터 하드웨어 및 소프트웨어와 기술적 전문지식을 사용하여 그 기초자료를 검색하여 청구인이 구하는 대로 편집할 수 있으며, 그러한 작업이 당해 기관의 컴퓨터 시스템 운용에 별다른 지장을 초래하지 아니한다면, 그 공공기관이 공개청구대상 정보를 보유·관리하고 있는 것으로 볼 수 있고, 이러한 경우에 기초자료를 검색·편집하는 것은 새로운 정보의 생산 또는 가공에 해당한다고 할 수 없다(대판 2010.2.11. 2009두6001).

④ 31% (×) 〈판례〉「형사소송법」제59조의2의 내용·취지 등을 고려하면,「형사소송법」제59조의2는 형사재판확정기록의 공개 여부나 공개 범위, 불복절차 등에 대하여 구「공공기관의 정보공개

에 관한 법률」과 달리 규정하고 있는 것으로 정보공개법 제4조 제1항에서 정한 '정보의 공개에 관하여 다른 법률에 특별한 규정이 있는 경우'에 해당한다. 따라서 형사재판확정기록의 공개에 관하여는 정보공개법에 의한 공개청구가 허용되지 아니한다(대판 2016.12.15. 2013두20882).

⑤ 11% (×) 〈판례〉 법원 이외의 공공기관이 정보공개법 제9조 제1항 제4호에서 정한 '진행 중인 재판에 관련된 정보'에 해당한다는 사유로 정보공개를 거부하기 위하여는 반드시 그 정보가 진행 중인 재판의 소송기록 자체에 포함된 내용일 필요는 없다. 그러나 재판에 관련된 일체의 정보가 그에 해당하는 것은 아니고 진행 중인 재판의 심리 또는 재판결과에 구체적으로 영향을 미칠 위험이 있는 정보에 한정된다고 보는 것이 타당하다(대판 2011. 11.24. 2009두19021).

| 더 알아보기 | 공공기관에 대한 정보공개법 규정과 대법원의 입장

「공공기관의 정보공개에 관한 법률 시행령」	대법원의 판례
제2조(공공기관의 범위) 「공공기관의 정보공개에 관한 법률」(이하 '법'이라 한다) 제2조 제3호 마목에서 '대통령령으로 정하는 기관'이란 다음 각 호의 기관 또는 단체를 말한다. 1. 「유아교육법」, 「초·중등교육법」, 「고등교육법」에 따른 각급 학교 또는 그 밖의 다른 법률에 따라 설치된 학교	같은 법 시행령 제2조 제1호가 정보공개의무를 지는 공공기관의 하나로 사립대학교를 들고 있는 것이 모법인 구 「공공기관의 정보공개에 관한 법률」의 위임 범위를 벗어났다거나 사립대학교가 국비의 지원을 받는 범위 내에서만 공공기관의 성격을 가진다고 볼 수 없다(대판 2006.8.24. 2004두2783).

12 자치행정조직법 〉 「지방자치법」　오답률 56%　답 ②

| 정답해설 | ㄱ. (○) 지방자치단체는 국민의 기본권을 보장하여야 할 행정주체이지 기본권을 향유할 수는 없다. 〈판례〉 기본권의 보장에 관한 각 헌법규정의 해석상 국민(또는 국민과 유사한 지위에 있는 외국인과 사법인)만이 기본권의 주체라 할 것이고, 국가나 국가기관 또는 국가조직의 일부나 공법인은 기본권의 '수범자(受範者)'이지 기본권의 주체로서 그 '소지자'가 아니고 오히려 국민의 기본권을 보호 내지 실현해야 할 책임과 의무를 지니고 있는 지위에 있을 뿐이므로, 공법인인 지방자치단체의 의결기관인 청구인 의회는 기본권의 주체가 될 수 없고 따라서 헌법소원을 제기할 수 있는 적격이 없다(헌재 1998.3.26. 96헌마345).

ㄴ. (○) 대판 2020.12.30. 2020두37406

ㄹ. (○) 대판 2007.3.22. 2005추62

| 오답해설 | ㄷ. (×) 조례로 제정할 수 있는 것은 원칙적으로 기관위임사무를 제외한 자치사무와 단체위임사무이다. 〈판례〉 「지방자치법」 제22조, 제9조에 의하면, 지방자치단체가 조례를 제정할 수 있는 사항은 지방자치단체의 고유사무인 자치사무와 개별 법령에 의하여 지방자치단체에 위임된 단체위임사무에 한하고, 국가사무가 지방자치단체의 장에게 위임되거나 상위 지방자치단체의 사무

가 하위 지방자치단체의 장에게 위임된 기관위임사무에 관한 사항은 원칙적으로 조례의 제정범위에 속하지 않는다(대판 2014.2.27. 2012추145).

ㅁ. (×) 〈판례〉 주민감사청구가 '지방자치단체와 그 장의 권한에 속하는 사무의 처리'를 대상으로 하는 데 반하여, 주민소송은 '그 감사청구한 사항과 관련이 있는 위법한 행위나 업무를 게을리 한 사실'에 대하여 제기할 수 있는 것이므로, 주민소송의 대상은 주민감사를 청구한 사항과 관련이 있는 것으로 충분하고, 주민감사를 청구한 사항과 반드시 동일할 필요는 없다(대판 2020. 7.29. 2017두63467).

13 행정쟁송 〉 심판과 소송　오답률 16%　답 ③

| 정답해설 | ③ 84% (×) 「행정소송법」은 제소기간에 대한 불고지·오고지규정을 두고 있지 않으며, 이에 대한 준용규정도 없다.

〈법령〉 「행정심판법」 제27조(심판청구의 기간) ❶ 행정심판은 처분이 있음을 알게 된 날부터 90일 이내에 청구하여야 한다.

❷ 청구인이 천재지변, 전쟁, 사변(事變), 그 밖의 불가항력으로 인하여 제1항에서 정한 기간에 심판청구를 할 수 없었을 때에는 그 사유가 소멸한 날부터 14일 이내에 행정심판을 청구할 수 있다. 다만, 국외에서 행정심판을 청구하는 경우에는 그 기간을 30일로 한다.

❸ 행정심판은 처분이 있었던 날부터 180일이 지나면 청구하지 못한다. 다만, 정당한 사유가 있는 경우에는 그러하지 아니하다.

❹ 제1항과 제2항의 기간은 불변기간(不變期間)으로 한다.

❺ 행정청이 심판청구 기간을 제1항에 규정된 기간보다 긴 기간으로 잘못 알린 경우 그 잘못 알린 기간에 심판청구가 있으면 그 행정심판은 제1항에 규정된 기간에 청구된 것으로 본다.

❻ 행정청이 심판청구 기간을 알리지 아니한 경우에는 제3항에 규정된 기간에 심판청구를 할 수 있다.

❼ 제1항부터 제6항까지의 규정은 무효등확인심판청구와 부작위에 대한 의무이행심판청구에는 적용하지 아니한다.

〈법령〉 「행정소송법」 제20조(제소기간) ❶ 취소소송은 처분 등이 있음을 안 날부터 90일 이내에 제기하여야 한다. 다만, 제18조 제1항 단서에 규정한 경우와 그 밖에 행정심판청구를 할 수 있는 경우 또는 행정청이 행정심판청구를 할 수 있다고 잘못 알린 경우에 행정심판청구가 있은 때의 기간은 재결서의 정본을 송달받은 날부터 기산한다.

❷ 취소소송은 처분 등이 있은 날부터 1년(제1항 단서의 경우는 재결이 있은 날부터 1년)을 경과하면 이를 제기하지 못한다. 다만, 정당한 사유가 있는 때에는 그러하지 아니하다.

❸ 제1항의 규정에 의한 기간은 불변기간으로 한다.

| 오답해설 | ① 4% (○) 「행정심판법」은 처분에 대한 심판제도(항고심판)만 규정하고 있고 별도로 당사자심판 등은 규정하고 있지 않다. 다만, 개별법에는 일부 규정이 있다.

② 4% (○) 의무이행심판이 있는 「행정심판법」과 달리 권력분립상 행정소송에는 의무이행소송이 없다.

④ 8% (○) 행정심판과 달리 행정소송은 직접 처분제도가 없다. 역시 권력분립의 원칙이 이유이다.

⑤ 0% (○) 거부처분이 취소되면 이전신청에 대한 재처분의 의무가 있다.

| 더 알아보기 | 거부처분의 인용판결에 대한 재처분의무규정과 관련된 법령

> 「행정심판법」제49조(재결의 기속력 등) ❶ 심판청구를 인용하는 재결은 피청구인과 그 밖의 관계 행정청을 기속(羈束)한다.
> ❷ 재결에 의하여 취소되거나 무효 또는 부존재로 확인되는 처분이 당사자의 신청을 거부하는 것을 내용으로 하는 경우에는 그 처분을 한 행정청은 재결의 취지에 따라 다시 이전의 신청에 대한 처분을 하여야 한다.
> 「행정소송법」제30조(취소판결 등의 기속력) ❶ 처분 등을 취소하는 확정판결은 그 사건에 관하여 당사자인 행정청과 그 밖의 관계행정청을 기속한다.
> ❷ 판결에 의하여 취소되는 처분이 당사자의 신청을 거부하는 것을 내용으로 하는 경우에는 그 처분을 행한 행정청은 판결의 취지에 따라 다시 이전의 신청에 대한 처분을 하여야 한다.

---

14 국가행정조직법 > 위임과 대리   오답률 80%   답 ②

| 정답해설 | ② 20% (×) 위임기관은 수임기관에 수임사무에 대해 승인이나 협의를 요구할 수 없다. 〈법령〉「행정권한의 위임 및 위탁에 관한 규정」제7조(사전승인 등의 제한) 수임 및 수탁사무의 처리에 관하여 위임 및 위탁기관은 수임 및 수탁기관에 대하여 사전승인을 받거나 협의를 할 것을 요구할 수 없다.

| 오답해설 | ① 28% (○) 행정권한의 위임 등은 법적 근거가 있어야 하는데, 대법원에 의하면 반드시 개별법적 근거를 요하는 것은 아니고 「정부조직법」등의 일반법적 근거로 가능하다는 입장이다. 〈판례〉구 「건설업법」(1994.1.7. 법률 제4724호로 개정되기 전의 것) 제57조 제1항, 같은 법 시행령 제53조 제1항 제1호에 의하면 건설부장관의 권한에 속하는 같은 법 제50조 제2항 제3호 소정의 영업정지 등 처분권한은 서울특별시장·직할시장 또는 도지사에게 위임되었을 뿐 시·도지사가 이를 구청장·시장·군수에게 재위임할 수 있는 근거 규정은 없으나, 「정부조직법」제5조 제1항과 이에 기한 「행정권한의 위임 및 위탁에 관한 규정」제4조에 재위임에 관한 일반적인 근거 규정이 있으므로 시·도지사는 그 재위임에 관한 일반적인 규정에 따라 위임받은 위 처분권한을 구청장 등에게 재위임할 수 있다(대판 1995.7.11. 94누4615).

③ 24% (○) 내부위임의 경우 수임기관은 위임기관의 명의로 처분을 하여야 하며, 자신의 명의로 처분한 경우 무효가 된다.

내부위임에서의 처분명의자	내부위임에서 수임기관의 명의 처분효과
권한위임의 경우에는 수임관청이 자기의 이름으로 그 권한을 행사할 수 있지만, 내부위임의 경우에는 수임관청은 위임관청의 이름으로만 그 권한을 행사할 수 있을 뿐 자기의 이름으로는 그 권한을 행사할 수 없다(대판 1989.9.12. 89누671).	체납취득세에 대한 압류처분권한은 도지사로부터 시장에게 권한위임된 것이고 시장으로부터 압류처분권한을 내부위임받은 데 불과한 구청장으로서는 시장 명의로 압류처분을 대행처리할 수 있을 뿐이고 자신의 명의로 이를 할 수 없다 할 것이므로 구청장이 자신의 명의로 한 압류처분은 권한 없는 자에 의하여 행하여진 위법무효의 처분이다(대판 1993.5.27. 93누6621).

④ 4% (○) 내부위임에서 수임기관이 위임기관 명의로 처분을 하면 피고는 위임기관이지만 수임기관의 명의로 이루어진 처분은 피고가 수임기관이 된다. 〈판례〉내부위임이나 대리권을 수여받은 데 불과하여 원행정청 명의나 대리관계를 밝히지 아니하고는 그의 명의로 처분 등을 할 권한이 없는 행정청이 권한 없이 그의 명의로 한 처분에 대하여도 처분명의자인 행정청이 피고가 되어야 한다(대판 1994.6.14. 94누1197).

⑤ 24% (○) 〈판례〉대리권을 수여받은 데 불과하여 그 자신의 명의로는 행정처분을 할 권한이 없는 행정청의 경우 대리관계를 밝힘이 없이 그 자신의 명의로 행정처분을 하였다면 그에 대하여는 처분명의자인 당해 행정청이 항고소송의 피고가 되어야 하는 것이 원칙이지만, 비록 대리관계를 명시적으로 밝히지는 아니하였다 하더라도 처분명의자가 피대리행정청 산하의 행정기관으로서 실제로 피대리 행정청으로부터 대리권한을 수여받아 피대리 행정청을 대리한다는 의사로 행정처분을 하였고 처분명의자는 물론 그 상대방도 그 행정처분이 피대리행정청을 대리하여 한 것임을 알고서 이를 받아들인 예외적인 경우에는 피대리 행정청이 피고가 되어야 한다(대결 2006.2.23. 자 2005부4).

---

15 행정소송 > 항고소송의 판결   오답률 42%   답 ④

| 정답해설 | ④ 58% (○) 전심절차(행정심판)에서 주장하지 않은 사유도 행정소송에서 주장할 수 있다는 것이 일반적이다. 〈판례〉행정소송이 전심절차를 거쳤는지 여부를 판단함에 있어서 전심절차에서의 주장과 행정소송에서의 주장이 전혀 별개의 것이 아닌 한 그 주장이 반드시 일치하여야 하는 것은 아니고, 당사자는 전심절차에서 미처 주장하지 아니한 사유를 공격방어방법으로 제출할 수 있다(대판 1999.11.26. 99두9407).

| 오답해설 | ① 4% (×) 처분의 위법 여부를 판단하는 시점은 처분시다(부작위위법확인소송은 변론종결시). 다만, 이 말이 처분시에 제출된 자료나 증거만으로 처분의 위법 여부를 판단한다는 것은 아니다. 〈판례〉항고소송에 있어서 행정처분의 위법 여부를 판단하는 기준 시점에 대하여 판결시가 아니라 처분시라고 하는 의미는 행정처분이 있을 때의 법령과 사실상태를 기준으로 하여 위법 여부를 판단할 것이며 처분 후 법령의 개폐나 사실상태의 변동에 영향을 받지 않는다는 뜻이고 처분 당시 존재하였던 자료나 행정청에 제출되었던 자료만으로 위법 여부를 판단한다는 의미는 아니므로, 처분 당시의 사실상태 등에 대한 입증은 사실심 변론종결 당시까지 할 수 있고, 법원은 행정처분 당시 행정청이 알고 있었던 자료뿐만 아니라 사실심 변론종결 당시까지 제출된 모든 자료를 종합하여 처분 당시 존재하였던 객관적 사실을 확정하고 그 사실에 기초하여 처분의 위법 여부를 판단할 수 있다(대판 1993.5.27. 92누19033).

② 11% (×) 소극적 변경은 기존의 처분을 취소하는 것을 말하며, 적극적 변경은 새로운 처분으로 변경을 말한다. 행정심판은 행정심판위원회라는 행정청이 담당하는 작용이라서 적극적 변경을 통해 새로운 처분으로 변경이 가능하다(권력분립에 반하지 않음). 하지만 행정소송은 기존의 처분을 취소하는 소극적 변경

은 가능하나 새로운 처분으로의 변경은 권력분립원칙상 허용될 수 없다. 행정소송에서의 '변경'은 적극적 변경을 의미하는 것이 아니라 일부 취소를 의미한다.

③ 0% (×) 처분의 취소소송에서의 기각이 확정된 판결은 처분이 취소사유가 될 수 없음이 확정된 것으로, 이러한 기판력은 무효등확인소송에 영향을 미친다. 〈판례〉 과세처분의 취소소송은 과세처분의 실체적, 절차적 위법을 그 취소원인으로 하는 것으로서 그 심리의 대상은 과세관청의 과세처분에 의하여 인정된 조세채무인 과세표준 및 세액의 객관적 존부, 즉 당해 과세처분의 적부가 심리의 대상이 되는 것이며, 과세처분 취소청구를 기각하는 판결이 확정되면 그 처분이 적법하다는 점에 관하여 기판력이 생기고 그 후 원고가 이를 무효라 하여 무효확인을 소구할 수 없는 것이어서 과세처분의 취소소송에서 청구가 기각된 확정판결의 기판력은 그 과세처분의 무효확인을 구하는 소송에도 미친다(대판 1998.7.24. 98다10854).

⑤ 27% (×) 행정소송의 간접강제제도는 거부처분에 대한 취소소송과 부작위위법확인소송에 인정되는 제도이고, 무효등확인소송에는 인정되지 않는다.

| 더 알아보기 | 간접강제제도와 관련된 판례와 법령

대법원의 결정	「행정소송법」 규정
「행정소송법」 제38조 제1항이 무효확인 판결에 관하여 취소판결에 관한 규정을 준용함에 있어서 같은 법 제30조 제2항을 준용한다고 규정하면서도 같은 법 제34조는 이를 준용한다는 규정을 두지 않고 있으므로, 행정처분에 대하여 무효확인 판결이 내려진 경우에는 그 행정처분이 거부처분인 경우에도 행정청에 판결의 취지에 따른 재처분의무가 인정될 뿐 그에 대하여 간접강제까지 허용되는 것은 아니라고 할 것이다(대결 1998.12.24. 자 98무37).	제34조(거부처분취소판결의 간접강제) ❶ 행정청이 제30조 제2항의 규정에 의한 처분을 하지 아니하는 때에는 제1심수소법원은 당사자의 신청에 의하여 결정으로써 상당한 기간을 정하고 행정청이 그 기간 내에 이행하지 아니하는 때에는 그 지연기간에 따라 일정한 배상을 할 것을 명하거나 즉시 손해배상을 할 것을 명할 수 있다. 제38조(준용규정) ❶ 제9조, 제10조, 제13조 내지 제17조, 제19조, 제22조 내지 제26조, 제29조 내지 제31조 및 제33조의 규정은 무효등확인소송의 경우에 준용한다.

---

16 행정소송 > 항고소송의 처분　　오답률 35%　답 ④

| 정답해설 | ④ 65% (×) 〈판례〉 甲 시장이 감사원으로부터 「감사원법」 제32조에 따라 乙에 대하여 징계의 종류를 정직으로 정한 징계 요구를 받게 되자 감사원에 징계요구에 대한 재심의를 청구하였고, 감사원이 재심의청구를 기각하자 乙이 감사원의 징계요구와 그에 대한 재심의결정의 취소를 구하고 甲 시장이 감사원의 재심의결정 취소를 구하는 소를 제기한 사안에서, 감사원의 징계요구와 재심의결정이 항고소송의 대상이 되는 행정처분이라고 할 수 없고, 甲 시장이 제기한 소송이 기관소송으로서 「감사원법」 제40조 제2항에 따라 허용된다고 볼 수 없다(대판 2016.12.27. 2014두5637).

| 오답해설 | ① 8% (○) 〈판례〉 처분의 근거 법이 없거나 절차를 준수하지 않은 경우, 처분은 위법이 되며, 요건심리가 아니라 본안심리에 해당한다(대판 2020.1.16. 2019다264700).

② 15% (○) 〈판례〉「국방전력발전업무훈령」 제113조의5 제1항에 의한 연구개발확인서 발급은 개발업체가 '업체투자연구개발' 방식 또는 '정부·업체공동투자연구개발' 방식으로 전력지원체계 연구개발사업을 성공적으로 수행하여 군사용 적합판정을 받고 국방규격이 제·개정된 경우에 사업관리기관이 개발업체에게 해당 품목의 양산과 관련하여 경쟁입찰에 부치지 않고 수의계약의 방식으로 국방조달계약을 체결할 수 있는 지위(경쟁입찰의 예외사유)가 있음을 인정해 주는 '확인적 행정행위'로서 공권력의 행사인 '처분'에 해당하고, 연구개발확인서 발급 거부는 신청에 따른 처분 발급을 거부하는 '거부처분'에 해당한다(대판 2020.1.16. 2019다264700).

③ 8% (○) 대판 2020.4.9. 2019두61137

⑤ 4% (○) 승진후보자를 승진임용인사발령에서 제외하는 것은 처분이다.

교육공무원 승진후보자 인사발령 제외 – 처분 긍정	경찰공무원 승진후보자 명부 등재된 자 명부에서 삭제 – 처분 부정
임용권자 등이 자의적인 이유로 승진후보자 명부에 포함된 후보자를 승진임용에서 제외하는 처분을 한 경우에, 이러한 승진임용제외처분을 항고소송의 대상이 되는 처분으로 보지 않는다면, 달리 이에 대하여는 불복하여 침해된 권리 또는 법률상 이익을 구제받을 방법이 없다. 따라서 「교육공무원법」상 승진후보자 명부에 의한 승진심사 방식으로 행해지는 승진임용에서 승진후보자 명부에 포함되어 있던 후보자를 승진임용인사발령에서 제외하는 행위는 불이익처분으로서 항고소송의 대상인 처분에 해당한다고 보아야 한다(대판 2018.3.27. 2015두47492).	시험승진후보자명부에 등재되어 있던 자가 그 명부에서 삭제됨으로써 승진임용의 대상에서 제외되었다 하더라도, 그와 같은 시험승진후보자명부에서의 삭제행위는 결국 그 명부에 등재된 자에 대한 승진 여부를 결정하기 위한 행정청 내부의 준비과정에 불과하고, 그 자체가 어떠한 권리나 의무를 설정하거나 법률상 이익에 직접적인 변동을 초래하는 별도의 행정처분이 된다고 할 수 없다(대판 1997.11.14. 97누7325). * 이 사건은 삭제행위 이전에 음주운전으로 정직 2개월의 징계를 받아 이미 승진이 될 수 없어서 규정에 따라 삭제한 행위이다. 삭제로서 법률효과가 발생하지 않는다.

---

17 행정정보공개와 개인정보보호 > 「개인정보 보호법」
　　오답률 54%　답 ①

| 정답해설 | ① 46% (×) 주민등록번호는 고유식별정보와 달리 개인정보처리와 별도의 동의를 받는다고 해도 법이 규정한 일정한 경우에만 처리할 수 있다. 〈법령〉「개인정보 보호법」 제24조(고유식별정보의 처리 제한) ❶ 개인정보처리자는 다음 각 호의 경우를 제외하고는 법령에 따라 개인을 고유하게 구별하기 위하여 부여된 식별정보로서 대통령령으로 정하는 정보(이하 '고유식별정보'라 한다)를 처리할 수 없다.

1. 정보주체에게 제15조 제2항 각 호 또는 제17조 제2항 각 호의 사항을 알리고 다른 개인정보의 처리에 대한 동의와 별도로 동의를 받은 경우
2. 법령에서 구체적으로 고유식별정보의 처리를 요구하거나 허용하는 경우

제24조의2(주민등록번호 처리의 제한) ❶ 제24조 제1항에도 불구하고 개인정보처리자는 다음 각 호의 어느 하나에 해당하는 경우를 제외하고는 주민등록번호를 처리할 수 없다.

1. 법률·대통령령·국회규칙·대법원규칙·헌법재판소규칙·중앙선거관리위원회규칙 및 감사원규칙에서 구체적으로 주민등록번호의 처리를 요구하거나 허용한 경우
2. 정보주체 또는 제3자의 급박한 생명, 신체, 재산의 이익을 위하여 명백히 필요하다고 인정되는 경우
3. 제1호 및 제2호에 준하여 주민등록번호 처리가 불가피한 경우로서 보호위원회가 고시로 정하는 경우

| 오답해설 | ② 0% (○) 「개인정보 보호법」 제2조 제1의2호

③ 30% (○) 동법 제17조 제4항

④ 12% (○) 동법 제15조 제1항 제6호

⑤ 12% (○) 동법 제2조 제1호

---

18 그 밖의 행정의 주요 행위 형식 > 공법상 계약 오답률 39% 답 ①

| 정답해설 | ① 61% (○) 대판 2020.4.29. 2017두31064

| 오답해설 | ② 12% (×) 기부채납받은 일반재산을 기부자에게 무상사용하도록 하는 행위는 사법관계에서의 사법상 행위이며, 이에 사용기간 연장을 거부하는 행위도 사법상 행위이다.

※ 주의: 기부채납받은 재산을 공물(행정재산)로 지정 및 직접 사용하고 있는 경우에 기부자 등에 대한 무상사용허가를 하는 행위는 공법관계로서 처분에 해당한다(강학상 특허).

기부채납 받은 공유재산을 행정재산에 직접사용하고 있지 않고 있는 기간의 무상사용 – 사법관계	기부채납 받은 행정재산 사용수익허가 – 공법관계(처분)
기부채납받은 공유재산을 무상으로 기부자에게 사용을 허용하는 행위는 사경제주체로서 상대방과 대등한 입장에서 하는 사법상 행위이지 행정청이 공권력의 주체로서 행하는 공법상 행위라고 할 수 없으므로, 기부자가 기부채납한 부동산을 일정기간 무상사용한 후에 한 사용허가기간 연장신청을 거부한 행정청의 행위도 단순한 사법상의 행위일 뿐 행정처분 기타 공법상 법률관계에 있어서의 행위는 아니다(대판 1994.1.25. 93누7365).	구 「지방재정법」 제75조의 규정에 따라 기부채납 받은 행정재산에 대한 공유재산 관리청의 사용·수익허가의 법적 성질은 행정처분이다(대판 2001.6.15. 99두509).

③ 3% (×) 〈판례〉 공중보건의사 채용계약 해지의 의사표시에 대하여는 대등한 당사자간의 소송형식인 공법상의 당사자소송으로 그 의사표시의 무효확인을 청구할 수 있는 것이지, 이를 항고

소송의 대상이 되는 행정처분이라는 전제하에서 그 취소를 구하는 항고소송을 제기할 수는 없다(대판 1996.5.31. 95누10617).

④ 12% (×) 〈판례〉 과학기술기본법령상 사업 협약의 해지통보는 단순히 대등 당사자의 지위에서 형성된 공법상 계약을 계약당사자의 지위에서 종료시키는 의사표시에 불과한 것이 아니라 행정청이 우월적 지위에서 연구개발비의 회수 및 관련자에 대한 국가연구개발사업 참여제한 등의 법률상 효과를 발생시키는 행정처분에 해당한다(대판 2014.12.11. 2012두28704).

⑤ 12% (×) 「행정절차법」에는 공법상 계약에 대한 규정이 없다. 따라서 행정주체는 계약해지를 하는 경우 「행정절차법」상 이유제시의 의무를 부담하지 않는다. 〈판례〉 계약직 공무원에 관한 현행 법령의 규정에 비추어 볼 때, 계약직 공무원 채용계약해지의 의사표시는 일반공무원에 대한 징계처분과는 달라서 항고소송의 대상이 되는 처분 등의 성격을 가진 것으로 인정되지 아니하고, 일정한 사유가 있을 때에 국가 또는 지방자치단체가 채용계약 관계의 한쪽 당사자로서 대등한 지위에서 행하는 의사표시로 취급되는 것으로 이해되므로, 이를 징계해고 등에서와 같이 그 징계사유에 한하여 효력 유무를 판단하여야 하거나, 행정처분과 같이 「행정절차법」에 의하여 근거와 이유를 제시하여야 하는 것은 아니다(대판 2002.11.26. 2002두5948).

---

19 행정입법 > 법규명령과 행정규칙 오답률 50% 답 ③

| 정답해설 | ③ 50% (×) 「국가배상법」상의 직무에는 권력작용/비권력적 작용, 법적 행위/사실행위, 작위/부작위, 입법/행정/사법 등이 모두 포함된다. 행정입법은 국가기관의 공권력 행사에 해당되어 「국가배상법」상의 직무에 해당한다. 〈판례〉 「국가배상법」이 정한 손해배상청구의 요건인 '공무원의 직무'에는 국가나 지방자치단체의 권력적 작용뿐만 아니라 비권력적 작용도 포함되지만, 단순한 사경제의 주체로서 하는 작용은 포함되지 아니한다(대판 1999.11.26. 98다47245).

| 오답해설 | ① 11% (○) 〈판례〉 법령에서 행정처분의 요건 중 일부 사항을 부령으로 정할 것을 위임한 데 따라 시행규칙 등 부령에서 이를 정한 경우에 그 부령의 규정은 국민에 대해서도 구속력이 있는 법규명령에 해당한다고 할 것이지만, 법령의 위임이 없음에도 법령에 규정된 처분 요건에 해당하는 사항을 부령에서 변경하여 규정한 경우에는 그 부령의 규정은 행정청 내부의 사무처리 기준 등을 정한 것으로서 행정조직 내에서 적용되는 행정명령의 성격을 지닐 뿐 국민에 대한 대외적 구속력은 없다고 보아야 한다(대판 2013.9.12. 2011두10584).

② 35% (○) 「국회법」 제98조의2 제1항

④ 0% (○) 대판 2007.6.14. 2004두619

⑤ 4% (○) 〈판례〉 삼권분립의 원칙, 법치행정의 원칙을 당연한 전제로 하고 있는 우리 헌법하에서 행정권의 행정입법 등 법집행 의무는 헌법적 의무라고 보아야 할 것이다. 그런데 이는 행정입법의 제정이 법률의 집행에 필수불가결한 경우로서 행정입법을

제정하지 아니하는 것이 곧 행정권에 의한 입법권 침해의 결과를 초래하는 경우를 말하는 것이므로, 만일 하위 행정입법의 제정 없이 상위 법령의 규정만으로도 집행이 이루어질 수 있는 경우라면 하위 행정입법을 하여야 할 헌법적 작위의무는 인정되지 아니한다(헌재 2005.12.22. 2004헌마66).

20 손해배상 > 「국가배상법」 오답률 54% 답 ②

| 정답해설 | ㄴ. (○) 공무원이 단순한 경과실의 위법을 행한 경우에는 공무원은 직접적 배상책임이 없으나, 공무원의 위법이 고의나 중과실에 의한 경우에는 공무원 개인도 배상책임이 있다. 피해자는 국가 등이나 공무원에 선택적 청구를 할 수 있다(국가 등이 배상한 경우에는 공무원에게 구상권을 행사할 수 있음).
〈판례〉 공무원이 직무수행 중 불법행위로 타인에게 손해를 입힌 경우에 국가 등이 국가배상책임을 부담하는 외에 공무원 개인도 고의 또는 중과실이 있는 경우에는 불법행위로 인한 손해배상책임을 지고, 공무원에게 경과실이 있을 뿐인 경우에는 공무원 개인은 손해배상책임을 부담하지 아니한다(대판 2014.8.20. 2012다54478).
〈법령〉 「국가배상법」 제2조(배상책임) ❷ 제1항 본문의 경우에 공무원에게 고의 또는 중대한 과실이 있으면 국가나 지방자치단체는 그 공무원에게 구상(求償)할 수 있다.

| 오답해설 | ㄱ. (×) 경과실의 공무원이 피해자에 대해 직접 배상을 한 경우, 피해자는 공무원에게 배상금을 반환할 필요가 없고 공무원은 국가 등에게 구상권을 행사한다는 것이 대법원의 입장이다.
〈판례〉 경과실이 있는 공무원이 피해자에 대하여 손해배상책임을 부담하지 아니함에도 피해자에게 손해를 배상하였다면 그것은 채무자 아닌 사람이 타인의 채무를 변제한 경우에 해당하고, 이는 「민법」 제469조의 '제3자의 변제' 또는 「민법」 제744조의 '도의관념에 적합한 비채변제'에 해당하여 피해자는 공무원에 대하여 이를 반환할 의무가 없고, 그에 따라 피해자의 국가에 대한 손해배상청구권이 소멸하여 국가는 자신의 출연 없이 채무를 면하게 되므로, 피해자에게 손해를 직접 배상한 경과실이 있는 공무원은 특별한 사정이 없는 한 국가에 대하여 국가의 피해자에 대한 손해배상책임의 범위 내에서 공무원이 변제한 금액에 관하여 구상권을 취득한다고 봄이 타당하다(대판 2014.8.20. 2012다54478).
ㄷ. (×) 「국가배상법」에서의 배상주체는 국가나 지방자치단체에 해당한다. 따라서 한국토지공사(현 LH공사)는 「국가배상법」상의 공무원이라 할 수 없다. 〈판례〉 한국토지공사는 이러한 법령의 위탁에 의하여 대집행을 수권받은 자로서 공무인 대집행을 실시함에 따르는 권리·의무 및 책임이 귀속되는 행정주체의 지위에 있다고 볼 것이지 지방자치단체 등의 기관으로서 「국가배상법」 제2조 소정의 공무원에 해당한다고 볼 것은 아니다(대판 2010.1.28. 2007다82950·82967).
ㄹ. (×) (군법무관보수규정사건) 행정입법부작위는 헌법소원 대상이 된다. 대법원은 이에 대해 국가배상도 인정하였다(※주의: 의회입법부작위는 국가배상이 인정된 예가 없다). 〈판례〉 입법부가 법률로써 행정부에게 특정한 사항을 위임했음에도 불구하고 행정부가 정당한 이유 없이 이를 이행하지 않는다면 권력분립의 원칙과 법치국가 내지 법치행정의 원칙에 위배되는 것으로서 위법함과 동시에 위헌적인 것이 되는바 … 위 법률의 규정들은 군법무관의 보수의 내용을 법률로써 일차적으로 형성한 것이고, 위 법률들에 의해 상당한 수준의 보수청구권이 인정되는 것이므로, 위 보수청구권은 단순한 기대이익을 넘어서는 것으로서 법률의 규정에 의해 인정된 재산권의 한 내용이 되는 것으로 봄이 상당하고, 따라서 행정부가 정당한 이유 없이 시행령을 제정하지 않은 것은 위 보수청구권을 침해하는 불법행위에 해당한다(대판 2007.11.29. 2006다3561).

21 행정상 즉시강제 및 행정조사 > 행정조사 오답률 50% 답 ④

| 정답해설 | ④ 50% (×) 공동조사를 할 수 있는 임의규정이 아니라 하여야 하는 강행규정이다. 〈법령〉 「행정조사기본법」 제14조(공동조사) ❶ 행정기관의 장은 다음 각 호의 어느 하나에 해당하는 행정조사를 하는 경우에는 공동조사를 하여야 한다.
  1. 당해 행정기관 내의 2 이상의 부서가 동일하거나 유사한 업무 분야에 대하여 동일한 조사대상자에게 행정조사를 실시하는 경우

| 오답해설 | ① 19% (○) 〈법령〉 「행정조사기본법」 제4조(행정조사의 기본원칙) ❷ 행정기관은 조사목적에 적합하도록 조사대상자를 선정하여 행정조사를 실시하여야 한다.
제19조(제3자에 대한 보충조사) ❶ 행정기관의 장은 조사대상자에 대한 조사만으로는 당해 행정조사의 목적을 달성할 수 없거나 조사대상이 되는 행위에 대한 사실 여부 등을 입증하는 데 과도한 비용 등이 소요되는 경우로서 다음 각 호의 어느 하나에 해당하는 경우에는 제3자에 대하여 보충조사를 할 수 있다.
  1. 다른 법률에서 제3자에 대한 조사를 허용하고 있는 경우
  2. 제3자의 동의가 있는 경우
② 4% (○) 〈법령〉 「행정조사기본법」 제5조(행정조사의 근거) 행정기관은 법령 등에서 행정조사를 규정하고 있는 경우에 한하여 행정조사를 실시할 수 있다. 다만, 조사대상자의 자발적인 협조를 얻어 실시하는 행정조사의 경우에는 그러하지 아니하다.
③ 23% (○) 〈법령〉 「행정조사기본법」 제17조(조사의 사전통지) ❶ 행정조사를 실시하고자 하는 행정기관의 장은 제9조에 따른 출석요구서, 제10조에 따른 보고요구서·자료제출요구서 및 제11조에 따른 현장출입조사서(이하 '출석요구서 등'이라 한다)를 조사개시 7일 전까지 조사대상자에게 서면으로 통지하여야 한다. 다만, 다음 각 호의 어느 하나에 해당하는 경우에는 행정조사의 개시와 동시에 출석요구서 등을 조사대상자에게 제시하거나 행정조사의 목적 등을 조사대상자에게 구두로 통지할 수 있다.
  3. 제5조 단서에 따라 조사대상자의 자발적인 협조를 얻어 실시하는 행정조사의 경우
⑤ 4% (○) 동법 제24조

| 정답해설 | ㄱ. (○) 〈판례〉「주택건설촉진법」제33조에 의한 주택건설사업계획의 승인은 상대방에게 권리나 이익을 부여하는 효과를 수반하는 이른바 수익적 행정처분으로서 법령에 행정처분의 요건에 관하여 일의적으로 규정되어 있지 아니한 이상 행정청의 재량행위에 속한다 할 것이고, 이러한 승인을 받으려는 주택건설사업계획이 관계 법령이 정하는 제한에 배치되는 경우는 물론이고 그러한 제한사유가 없는 경우에도 공익상 필요가 있으면 처분권자는 그 승인신청에 대하여 불허가 결정을 할 수 있다(대판 2005.4.15. 2004두10883).

ㄴ. (○) 대판 2007.7.12. 2006두4554

ㄹ. (○) 〈판례〉「의료법」제53조 제1항·제2항, 제59조 제1항의 문언과 체제, 형식, 모든 국민이 수준 높은 의료 혜택을 받을 수 있도록 국민의료에 필요한 사항을 규정함으로써 국민의 건강을 보호하고 증진하려는 「의료법」의 목적 등을 종합하면, 불확정개념으로 규정되어 있는 「의료법」제59조 제1항에서 정한 지도와 명령의 요건에 해당하는지, 나아가 요건에 해당하는 경우 행정청이 어떠한 종류와 내용의 지도나 명령을 할 것인지의 판단에 관해서는 행정청에 재량권이 부여되어 있다(대판 2016.1.28. 2013두21120).

| 오답해설 | ㄷ. (×) 〈판례〉주택재건축사업시행의 인가는 상대방에게 권리나 이익을 부여하는 효과를 가진 이른바 수익적 행정처분으로서 법령에 행정처분의 요건에 관하여 일의적으로 규정되어 있지 아니한 이상 행정청의 재량행위에 속하므로, 처분청으로서는 법령상의 제한에 근거한 것이 아니라 하더라도 공익상 필요 등에 의하여 필요한 범위 내에서 여러 조건(부담)을 부과할 수 있다(대판 2007.7.12. 2007두6663).

ㅁ. (×) 기속과 재량의 사법심사 방식에 차이가 있다. 기속은 대법원이 행정에 대해 일정한 결론을 도출하여 행정청의 실제행정과의 비교를 통해 위법 여부를 판단하지만, 재량은 법원이 공익에 부합되는 적정한 행정을 도출할 수 없고 일탈이나 남용 여부만을 판단할 수 있을 뿐이다.

| 더 알아보기 | 기속과 재량의 사법심사 방식과 관련된 판례

기속에 대한 사법심사 방식	재량에 대한 사법심사 방식
기속행위의 경우 그 법규에 대한 원칙적인 기속성으로 인하여 법원이 사실인정과 관련 법규의 해석·적용을 통하여 일정한 결론을 도출한 후 그 결론에 비추어 행정청이 한 판단의 적법 여부를 독자의 입장에서 판정하는 방식에 의한다(대판 2005.7.14. 2004두6181).	재량행위의 경우 행정청의 재량에 기한 공익판단의 여지를 감안하여 법원은 독자의 결론을 도출함이 없이 당해 행위에 재량권의 일탈·남용이 있는지 여부만을 심사하게 되고, 이러한 재량권의 일탈·남용 여부에 대한 심사는 사실오인, 비례·평등의 원칙 위배 등을 그 판단 대상으로 한다(대판 2005.7.14. 2004두6181).

| 정답해설 | ⑤ 19% (○) 「행정심판법」제59조 제1항의 규정으로, 중앙행정심판의 행정입법 통제(간접)에 대한 내용이다.

| 오답해설 | ① 4% (×) 국회소속의 행정심판위원회이다. 〈법령〉「행정심판법」제6조(행정심판위원회의 설치) ❶ 다음 각 호의 행정청 또는 그 소속 행정청(행정기관의 계층구조와 관계없이 그 감독을 받거나 위탁을 받은 모든 행정청을 말하되, 위탁을 받은 행정청은 그 위탁받은 사무에 관하여는 위탁한 행정청의 소속 행정청으로 본다. 이하 같다)의 처분 또는 부작위에 대한 행정심판의 청구(이하 '심판청구'라 한다)에 대하여는 다음 각 호의 행정청에 두는 행정심판위원회에서 심리·재결한다.

　2. 국회사무총장·법원행정처장·헌법재판소사무처장 및 중앙선거관리위원회사무총장

② 19% (×) 직권으로 임시처분이 가능하다(「행정심판법」제31조 제1항).

③ 8% (×) 「행정심판법」제8조(중앙행정심판위원회의 구성)에 의하면 위원장이 없는 경우 등에는 재직기간이 긴 순서나 연장자순으로 대행한다.

④ 50% (×) 직권이 아니라 당사자의 동의를 받아야 조정을 할 수 있다. 〈법령〉「행정심판법」제43조의2(조정) ❶ 위원회는 당사자의 권리 및 권한의 범위에서 당사자의 동의를 받아 심판청구의 신속하고 공정한 해결을 위하여 조정을 할 수 있다. 다만, 그 조정이 공공복리에 적합하지 아니하거나 해당 처분의 성질에 반하는 경우에는 그러하지 아니하다.

| 정답해설 | ⑤ 66% (○) 무효등확인소송의 청구가 취소소송의 청구기간 내에 적법하게 청구된 경우에는 추가로 병합된 취소소송도 제소기간을 준수한 것으로 인정한다. 〈판례〉행정처분의 무효확인을 구하는 소에는 특단의 사정이 없는 한 그 취소를 구하는 취지도 포함되어 있다고 보아야 하는 점 등에 비추어 볼 때, 동일한 행정처분에 대하여 무효확인의 소를 제기하였다가 그 후 그 처분의 취소를 구하는 소를 추가적으로 병합한 경우, 주된 청구인 무효확인의 소가 적법한 제소기간 내에 제기되었다면 추가로 병합된 취소청구의 소도 적법하게 제기된 것으로 봄이 상당하다(대판 2005.12.23. 2005두3554).

| 오답해설 | ① 15% (×) 동일한 처분에 취소소송이나 무효등확인소송은 단순 병합이나 선택적 병합이 허용되지 않는다. 주위적·예비적 병합은 가능하다. 〈판례〉행정처분에 대한 무효확인과 취소청구는 서로 양립할 수 없는 청구로서 주위적·예비적 청구로서만 병합이 가능하고 선택적 청구로서의 병합이나 단순 병합은 허용되지 아니한다(대판 1999.8.20. 97누6889).

② 4% (×) 무효라도 취소소송을 청구하였다면 취소소송의 제소기간을 준수하여야 한다. 대법원은 무효선언적 취소소송은 취소소송이라서 제소기간에 제한된다는 입장이다. 〈판례〉행정처분의

당연무효를 선언하는 의미에서 그 취소를 구하는 행정소송을 제기하는 경우에는 전치절차와 그 제소기간의 준수 등 취소소송의 제소요건을 갖추어야 한다(대판 1987.6.9. 87누219).

③ 15% (×) 무효인 처분에 대해 취소소송을 청구하였다면, 법원은 본안에서 원고가 무효확인을 주장하지 않는 한 무효확인판결을 하여야 하는 것은 아니다.

④ 0% (×) 항고소송에서 무효등확인소송의 '즉시확정의 이익'(무효등확인소송의 보충성)은 폐기되었다. 즉시확정의 이익이 없어도, 다른 방법을 통한 직접적인 구제방법이 있어도 무효등확인소송은 청구할 수 있다. 〈판례〉 행정처분의 근거 법률에 의하여 보호되는 직접적이고 구체적인 이익이 있는 경우에는 「행정소송법」 제35조에 규정된 '무효확인을 구할 법률상 이익'이 있다고 보아야 하고, 이와 별도로 무효확인소송의 보충성이 요구되는 것은 아니므로 행정처분의 무효를 전제로 한 이행소송 등과 같은 직접적인 구제수단이 있는지 여부를 따질 필요가 없다고 해석함이 상당하다(대판 2008.3.20. 2007두6342).

---

25 손실보상 > 토지보상법 오답률 43% 답 ④

| 정답해설 | ④ 57% (×) 사업시행자가 이주대책을 수립한 것으로 바로 대상자의 수분양권이 발생하는 것이 아니고 사업시행자가 선정신청에 대한 확인결정을 하여야만 비로소 수분양권이 발생한다. 〈판례〉 「공공용지의 취득 및 손실보상에 관한 특례법」 제8조 제1항이 사업시행자에게 이주대책의 수립·실시의무를 부과하고 있다고 하더라도 그 규정 자체만에 의하여 이주자에게 사업시행자가 수립한 이주대책상의 택지분양권이나 아파트 입주권 등을 받을 수 있는 구체적인 권리(수분양권)가 직접 발생하는 것이라고는 볼 수 없고, 사업시행자가 이주대책에 관한 구체적인 계획을 수립하여 이를 해당자에게 통지 내지 공고한 후, 이주자가 수분양권을 취득하기를 희망하여 이주대책에 정한 절차에 따라 사업시행자에게 이주대책대상자 선정신청을 하고 사업시행자가 이를 받아들여 이주대책 대상자로 확인·결정하여야만 비로소 구체적인 수분양권이 발생하게 된다(대판 1995.10.12. 94누11279).

| 오답해설 | ① 4% (○) 대판 2001.4.27. 2000다50237

② 23% (○) 〈판례〉 수분양권은 위와 같이 이주자가 이주대책을 수립·실시하는 사업시행자로부터 이주대책대상자로 확인·결정을 받음으로써 취득하게 되는 택지나 아파트 등을 분양받을 수 있는 공법상의 권리라고 할 것이므로, 이주자가 사업시행자에 대한 이주대책대상자 선정신청 및 이에 따른 확인·결정 등 절차를 밟지 아니하여 구체적인 수분양권을 아직 취득하지도 못한 상태에서 곧바로 분양의무의 주체를 상대방으로 하여 민사소송이나 공법상 당사자소송으로 이주대책상의 수분양권의 확인 등을 구하는 것은 허용될 수 없고, 나아가 그 공급대상인 택지나 아파트 등의 특정부분에 관하여 그 수분양권의 확인을 소구하는 것은 더욱 불가능하다고 보아야 한다(대판 1994.5.24. 92다35783).

③ 8% (○) 〈판례〉 하나의 재결에서 피보상자별로 여러 가지의 토지, 물건, 권리 또는 영업(이처럼 손실보상 대상에 해당하는지, 나아가 그 보상금액이 얼마인지를 심리·판단하는 기초 단위를 이하 '보상항목'이라고 한다)의 손실에 관하여 심리·판단이 이루어졌을 때, 피보상자 또는 사업시행자가 반드시 재결 전부에 관하여 불복하여야 하는 것은 아니며, 여러 보상항목들 중 일부에 관해서만 불복하는 경우에는 그 부분에 관해서만 개별적으로 불복의 사유를 주장하여 행정소송을 제기할 수 있다(대판 2018. 5.15. 2017두41221).

⑤ 8% (○) 〈판례〉 공익사업법에 의한 보상을 하면서 손실보상금에 관한 당사자 간의 합의가 성립하면 그 합의 내용대로 구속력이 있고, 손실보상금에 관한 합의 내용이 공익사업법에서 정하는 손실보상 기준에 맞지 않는다고 하더라도 합의가 적법하게 취소되는 등의 특별한 사정이 없는 한 추가로 공익사업법상 기준에 따른 손실보상금 청구를 할 수는 없다(대판 2013.8.22. 2012다3517).

합격예상 체크

〈국회직 8급 연도별 합격선〉

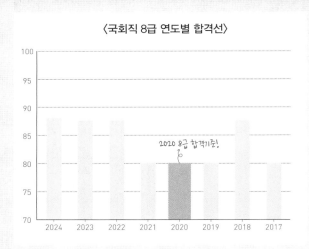

2020 8급 합격기원!

맞힌 개수	/25문항	점수	/100점

➡ ☐ 합격　☐ 불합격

취약영역 체크

문항	정답	영역	문항	정답	영역
1	①	행정법 통칙	14	②	행정구제
2	③④	행정법 통칙	15	⑤	행정구제
3	①	행정법 통칙	16	④	행정구제
4	④	행정상 의무이행 확보수단	17	①	행정상 의무이행 확보수단
5	④	행정상 의무이행 확보수단	18	①	행정구제
6	①	행정법 통칙	19	③	행정구제
7	②③	행정상 의무이행 확보수단	20	③	행정조직(7급)
8	③	행정법 통칙	21	②	행정법 통칙
9	④	행정구제	22	④	행정법 통칙
10	⑤	행정법 통칙	23	⑤	행정조직(7급)
11	②	행정법 통칙	24	④	행정법 통칙
12	②	행정구제	25	⑤	특별행정작용(7급)
13	②	행정법 통칙			

⬇ 영역별 틀린 개수로 취약영역을 확인하세요!

행정법 서론	−/0	행정법 통칙	/11	행정상 의무이행 확보수단	/4
행정구제	/7	행정조직(7급)	/2	특별행정작용(7급)	/1

➡ 나의 취약영역: _____

※ [정답해설]과 [오답해설] 선지의 50% 표시는 〈1초 합격예측 서비스〉를 통해 수집된 선지 선택률을 나타냅니다.

| **1** | 행정행위 > 행정행위의 내용 | 오답률 40% | 답 ① |

| **정답해설** | ① 60% (×) 주택재개발조합설립인가는 강학상 설권행위에 해당한다. 따라서 조합설립에 대한 총회결의의 하자를 이유로 설권행위인 인가에 대해 항고소송을 청구할 수 있다. 〈판례〉재개발조합설립인가신청에 대한 행정청의 조합설립인가처분은 단순히 사인(私人)들의 조합설립행위에 대한 보충행위로서의 성질을 가지는 것이 아니라 법령상 일정한 요건을 갖추는 경우 행정주체(공법인)의 지위를 부여하는 일종의 설권적 처분의 성질을 가진다고 보아야 한다. 그러므로 구 「도시 및 주거환경정비법」상 재개발조합설립인가신청에 대하여 행정청의 조합설립인가처분이 있은 이후에는, 조합설립동의에 하자가 있음을 이유로 재개발조합설립의 효력을 부정하려면 항고소송으로 조합설립인가처분의 효력을 다투어야 한다(대판 2010.1.28. 2009두4845).

| **오답해설** | ② 8% (○) 주택재개발조합설립인가가 있게 되면, 조합은 공법인으로서 행정주체의 지위를 갖게 된다.

③ 6% (○) 대판 2002.9.24. 2000두5661

④ 24% (○) 관리처분계획안이 총회에서 결의되었더라도 행정청으로부터 인가를 얻기 이전에는 계획안은 아직 효력이 없다. 따라서 소송 대상은 총회결의의 하자에 대한 당사자소송이지 관리처

분계획이 아니다. 〈판례〉「도시 및 주거환경정비법」상 행정주체인 주택재건축정비사업조합을 상대로 관리처분계획안에 대한 조합 총회결의의 효력 등을 다투는 소송은 행정처분에 이르는 절차적 요건의 존부나 효력 유무에 관한 소송으로서 그 소송결과에 따라 행정처분의 위법 여부에 직접 영향을 미치는 공법상 법률관계에 관한 것이므로, 이는 「행정소송법」상의 당사자소송에 해당한다(대판 2009.9.17. 2007다2428).

⑤ 2% (○) 〈판례〉선행계획은 후행계획에 의해 실질적으로 취소·변경된다. 실질적인 주요 부분이 변경된 후행계획이 인가를 받게 되면 당초 행정계획은 효력이 소멸된다(대판 2012.3.22. 2011두6400).

| **2** | 「행정기본법」과 「행정절차법」 > 처분절차 | 답 ③④ |

※ 법령의 개정으로 복수 정답이 되어, 선택률 정보를 기재하지 않았습니다.

| **정답해설** | ③ (×) 「행정절차법」상의 사전통지 등은 당사자에게 의무를 부과하거나 권익을 제한하는 처분이 대상이다. 신청에 대한 거부처분은 당사자에게 의무를 부과하는 행위도 아니고 이미 부여한 권익을 제한하는 처분에 해당하지도 않아 사전통지 등의 대상이 되지 않는다. 따라서 신청에 대한 거부처분에 사전통지 등의 절차

가 없었다고 해도 위법한 처분이라 할 수 없다. 〈판례〉「행정절차법」제21조 제1항은 행정청은 당사자에게 의무를 과하거나 권익을 제한하는 처분을 하는 경우에는 미리 처분의 제목, 당사자의 성명 또는 명칭과 주소, 처분하고자 하는 원인이 되는 사실과 처분의 내용 및 법적 근거, 그에 대하여 의견을 제출할 수 있다는 뜻과 의견을 제출하지 아니하는 경우의 처리방법, 의견제출기관의 명칭과 주소, 의견제출기한 등을 당사자 등에게 통지하도록 하고 있는바, 신청에 따른 처분이 이루어지지 아니한 경우에는 아직 당사자에게 권익이 부과되지 아니하였으므로 특별한 사정이 없는 한 신청에 대한 거부처분이라고 하더라도 직접 당사자의 권익을 제한하는 것은 아니어서 신청에 대한 거부처분을 여기에서 말하는 '당사자의 권익을 제한하는 처분'에 해당한다고 할 수 없는 것이어서 처분의 사전통지대상이 된다고 할 수 없다(대판 2003.11.28. 2003두674).

④ (×) 「행정절차법」의 개정에 따라 당사자의 청문신청에 대한 규정이 신설되었다. 개정 전에는 신청에 의한 청문 규정이 있었으나, 법이 개정됨에 따라 신청이 없어도 예외에 해당하지 않는 한 인허가 취소나 자격의 박탈, 법인의 설립허가 취소 등의 경우에는 청문을 해야 한다. 〈법령〉「행정절차법」제22조(의견청취) ❶ 행정청이 처분을 할 때 다음 각 호의 어느 하나에 해당하는 경우에는 청문을 한다.

1. 다른 법령 등에서 청문을 하도록 규정하고 있는 경우
2. 행정청이 필요하다고 인정하는 경우
3. 다음 각 목의 처분을 하는 경우
   가. 인허가 등의 취소
   나. 신분·자격의 박탈
   다. 법인이나 조합 등의 설립허가의 취소

| 오답해설 | ① (○) 헌법재판소와 일반적인 견해는 행정절차의 헌법적 근거를 헌법 제12조 제3항의 적법절차원칙에서 찾고 있다. 〈판례〉 헌법 제12조 제3항 본문은 동조 제1항과 함께 적법절차원리의 일반조항에 해당하는 것으로서, 형사절차상의 영역에 한정되지 않고 입법, 행정 등 국가의 모든 공권력의 작용에는 절차상의 적법성뿐만 아니라 법률의 구체적 내용도 합리성과 정당성을 갖춘 실체적인 적법성이 있어야 한다는 적법절차의 원칙을 헌법의 기본원리로 명시하고 있는 것이다(헌재 1992.12.24. 92헌가8).

② (○) 〈판례〉 행정청이 침해적 행정처분을 하면서 당사자에게 「행정절차법」상의 사전통지를 하거나 의견제출의 기회를 주지 아니하였다면 사전통지를 하지 않거나 의견제출의 기회를 주지 아니하여도 되는 예외적인 경우에 해당하지 아니하는 한 그 처분은 위법하여 취소를 면할 수 없다(대판 2007.9.21. 2006두20631).

⑤ (○) 〈판례〉 청문제도의 취지는 처분으로 말미암아 받게 될 영업자에게 미리 변명과 유리한 자료를 제출할 기회를 부여함으로써 부당한 권리침해를 예방하려는 데에 있는 것임을 고려하여 볼 때, 가령 행정청이 청문서 도달기간을 다소 어겼다하더라도 영업자가 이에 대하여 이의하지 아니한 채 스스로 청문일에 출석하여 그 의견을 진술하고 변명하는 등 방어의 기회를 충분히 가졌다면 청문서 도달기간을 준수하지 아니한 하자는 치유되었다고 봄이 상당하다(대판 1992.10.23. 92누2844).

---

3 행정행위 > 행정행위의 효력 　오답률 76%　 답 ①

| 정답해설 | ① 24% (×) 공정력에 대한 이론적 근거에 대한 일반적인 입장은 법적 안정성설(행정정책설)이다. 이 설에 의하면 공정력은 처분의 선험적 성질이나 본질과 상관없이 정책적인 이유에서 능률행정이나 법적 안정성을 위해 처분의 효력을 인정해주는 효력일 뿐이다. 따라서 처분의 하자가 있어도 권한 있는 기관에 의해 취소될 때까지 유효로 통용되는 효력이지 처분의 적법을 인정하는 것은 아니다.

| 오답해설 | ② 12% (○) 오늘날의 일반적인 입장은 행정정책설, 법적 안정성설이다.

③ 25% (○) 과세처분이 이의신청에 의해 행정청이 직권으로 취소하면, 취소에 하자가 있다고 해도 이를 다시 취소하여 과세처분을 되살릴 수 없다. 따라서 과세처분이 행정청에 의해 직권으로 취소되면 확정적으로 과세처분의 효력은 소멸한다(불가변력). 〈판례〉 과세처분에 관한 이의신청절차에서 과세관청이 이의신청 사유가 옳다고 인정하여 과세처분을 직권으로 취소한 이상 그 후 특별한 사유 없이 이를 번복하고 종전 처분을 되풀이하는 것은 허용되지 않는다(대판 2010.9.30. 2009두1020).

④ 17% (○) 환경영향평가대상지역 내에서 영향평가를 받지 않은 사업에 대한 승인은 무효에 해당한다. 따라서 이에 대해 불가쟁력, 불가변력, 공정력 등의 효력은 없다.

⑤ 22% (○) 구성요건적 효력에 대한 실정법상의 직접적인 규정은 없다. 그러나 국가기관 간의 권한의 상호분장이나 권력분립제도가 간접적인 근거가 된다.

---

4 행정상 즉시강제 및 행정조사 > 행정조사 　오답률 43%　 답 ④

| 정답해설 | ④ 57% (×) 세무조사가 부분적으로 이루어져, 추후 추가조사의 필요성 등의 사정이 있는 경우에 향후의 추가조사는 재조사금지위반이라 할 수 없다는 것이 대법원의 입장이다. 〈판례〉 당초의 세무조사가 다른 세목이나 다른 과세기간에 대한 세무조사 도중에 해당 세목이나 과세기간에도 동일한 잘못이나 세금탈루 혐의가 있다고 인정되어 관련 항목에 대하여 세무조사 범위가 확대됨에 따라 부분적으로만 이루어진 경우와 같이 당초 세무조사 당시 모든 항목에 걸쳐 세무조사를 하는 것이 무리였다는 등의 특별한 사정이 있는 경우에는 당초 세무조사를 한 항목을 제외한 나머지 항목에 대하여 향후 다시 세무조사를 하는 것은 구 「국세기본법」 제81조의4 제2항에서 금지하는 재조사에 해당하지 아니한다(대판 2015.2.26. 2014두12062).

| 오답해설 | ① 6% (○) 법령에 규정된 행정조사방법 이외의 방법으로 조사한 경우에 행정조사는 위법하고 이에 따른 처분도 위법하다. 〈판례〉 소득세 납세의무자로서 서면심리결정을 받은 대상자에 대하여는 특단의 사유가 없는 한 과세표준과 세액을 서면심리결정의 방법이 아닌 실지조사방법에 의하여 결정을 하고 추가로 과세를 하는 것은 법령에 위배하여 국민에게 불리하게 과세권을 행사하는 것으로서 조세법률주의에 어긋남은 물론 국가의 과세권 행사에 있어서의 국민에 대한 신의칙 또는 금반언의 원칙의 정신에도 반하는 것이다(대판 1984.3.13. 83누536).

② 25% (○) 〈판례〉세무공무원이 어느 세목의 특정 과세기간에 대하여 모든 항목에 걸쳐 세무조사를 한 경우는 물론 그 과세기간의 특정 항목에 대하여만 세무조사를 한 경우에도 다시 그 세목의 같은 과세기간에 대하여 세무조사를 하는 것은 구 「국세기본법」 제81조의4 제2항에서 금지하는 재조사에 해당하고, 세무공무원이 당초 세무조사를 한 특정 항목을 제외한 다른 항목에 대하여만 다시 세무조사를 함으로써 세무조사의 내용이 중첩되지 아니하였다고 하여 달리 볼 것은 아니다(대판 2015.2.26. 2014두12062).

③ 12% (○) 〈판례〉토양오염실태조사는 토양정밀조사명령의 사전절차를 이루는 사실행위로서 그 자체가 행정처분에 해당하지는 않는 점 등을 종합 고려해 보면, 이 사건 토양오염실태조사가 감사원 소속 감사관의 주도하에 실시되었다는 사정만으로 이 사건 토양정밀조사명령에 이를 위법한 것으로서 취소해야 할 정도의 하자가 있다고 볼 수는 없다(대판 2009.1.30. 2006두9498).

⑤ 0% (○) 〈법령〉「행정조사기본법」제4조(행정조사의 기본원칙)
❶ 행정조사는 조사목적을 달성하는 데 필요한 최소한의 범위 안에서 실시하여야 하며, 다른 목적 등을 위하여 조사권을 남용하여서는 아니 된다.

---

5 행정강제 > 강제집행   오답률 38%   답 ④

| 정답해설 | ④ 62% (○) 행정청이 국유재산에 설치된 시설물에 대해 행정대집행을 하지 않는다면, 국유재산 사용청구권을 가지고 있는 국가에 대한 채권자인 민간인은 국가를 대위하여 민사소송의 방법으로 시설을 철거할 수 있다. 〈판례〉아무런 권원 없이 국유재산에 설치한 시설물에 대하여 행정청이 행정대집행을 실시하지 않는 경우, 그 국유재산에 대한 사용청구권을 가지고 있는 자가 국가를 대위하여 민사소송으로 그 시설물의 철거를 구할 수 있다(대판 2009. 6.11. 2009다1122).

| 오답해설 | ① 3% (×) 토지나 건물의 인도, 명도의무는 점유자의 퇴거를 함으로서 목적이 달성된다. 따라서 행정대집행은 신체에 대한 의무이행확보수단이 아니라서 적절한 수단이라 할 수 없다. 〈판례〉수용대상 토지의 인도의무에 관한 구 토지수용법 제63조, 제64조, 제77조 규정에서의 '인도'에는 명도도 포함되는 것으로 보아야 하고, 이러한 명도의무는 그것을 강제적으로 실현하면서 직접적인 실력행사가 필요한 것이지 대체적 작위의무라고 볼 수 없으므로 특별한 사정이 없는 한 「행정대집행법」에 의한 대집행의 대상이 될 수 있는 것이 아니다(대판 2005.8.19. 2004다2809).

② 15% (×) 계고는 준법률행위적 행정행위인 통지에 해당한다. 따라서 일정한 형식을 갖춘 문서로 하여야 하며, 이를 위반하여 이루어진 계고는 무효이다. 「행정대집행법」에 의하면 계고나 영장은 원칙적으로 생략할 수 없으나 일정한 경우에는 생략될 수 있다(「행정대집행법」 제3조 제2항·제3항 참고).

③ 20% (×) 〈판례〉공유재산의 점유자가 그 공유재산에 관하여 대부계약 외 달리 정당한 권원이 있다는 자료가 없는 경우 그 대부계약이 적법하게 해지된 이상 그 점유자의 공유재산에 대한 점유는 정당한 이유 없는 점유라 할 것이고, 따라서 지방자치단체의 장은 「지방재정법」 제85조에 의하여 행정대집행의 방법으로 그 지상물을 철거시킬 수 있다(대판 2001.10.12. 2001두4078).

⑤ 0% (×) 「건축법」상의 철거명령과 「행정대집행법」상의 계고는 동시에 1장으로 할 수 있으며, 이 경우 모두를 충족한다는 것이 대법원의 입장이다. 〈판례〉계고서라는 명칭의 1장의 문서로서 일정기간 내에 위법건축물의 자진철거를 명함과 동시에 그 소정기한 내에 자진철거를 하지 아니할 때에는 대집행할 뜻을 미리 계고한 경우라도 「건축법」에 의한 철거명령과 「행정대집행법」에 의한 계고처분은 독립하여 있는 것으로서 각 그 요건이 충족되었다고 볼 것이다(대판 1992.6.12. 91누13564).

---

6 행정행위 > 공정력과 선결문제   오답률 47%   답 ①

| 정답해설 | ① 53% (×) 조세부과처분에 사전통지 등의 하자가 있는 경우에는 처분의 성립절차상의 하자로서 취소사유가 된다. 따라서 민사법원 등은 부당이득반환청구소송의 선결문제로서 처분의 효력을 부정할 수 없다. 〈판례〉행정청이 침해적 행정처분을 함에 있어서 당사자에게 위와 같은 사전통지를 하거나 의견제출의 기회를 주지 아니하였다면 사전통지를 하지 않거나 의견제출의 기회를 주지 아니하여도 되는 예외적인 경우에 해당하지 아니하는 한 그 처분은 위법하여 취소를 면할 수 없다(대판 2004.5.28. 2004두1254). 〈판례〉조세의 과오납이 부당이득이 되기 위하여는 납세 또는 조세의 징수가 실체법적으로나 절차법적으로 전혀 법률상의 근거가 없거나 과세처분의 하자가 중대하고 명백하여 당연무효이어야 하고, 과세처분의 하자가 단지 취소할 수 있는 정도에 불과할 때에는 과세관청이 이를 스스로 취소하거나 항고소송절차에 의하여 취소되지 않는 한 그로 인한 조세의 납부가 부당이득이 된다고 할 수 없다(대판 1994.11.11. 94다28000).

| 오답해설 | ② 9% (○) 〈판례〉위법한 행정대집행이 완료되면 그 처분의 무효확인 또는 취소를 구할 소의 이익은 없다 하더라도, 미리 그 행정처분의 취소판결이 있어야만, 그 행정처분의 위법임을 이유로 한 손해배상청구를 할 수 있는 것은 아니다(대판 1972.4.28. 72다337).

③ 4% (○) 〈판례〉연령미달의 결격자인 피고인이 소외인의 이름으로 운전면허시험에 응시, 합격하여 교부받은 운전면허는 당연무효가 아니고 「도로교통법」 제65조 제3호의 사유에 해당함에 불과하여 취소되지 않는 한 유효하므로 피고인의 운전행위는 무면허운전에 해당하지 아니한다(대판 1982.6.8. 80도2646).

④ 23% (○) 〈판례〉행정청으로부터 시정명령을 받은 자가 이를 위반한 경우, 그로 인하여 「개발제한구역법」 제32조 제2호에 정한 처벌을 하기 위하여는 시정명령이 적법한 것이라야 하고, 시정명령이 당연무효가 아니더라도 위법한 것으로 인정되는 한 「개발제한구역법」 제32조 제2호 위반죄가 성립될 수 없다(대판 2017.9.21. 2017도7321).

⑤ 11% (○) 무효의 경우에는 공정력(또는 구성요건적 효력)이 없어서 민사법원이나 형사법원은 선결문제로서 처분의 무효 여부를 확인하여 그에 따른 민사·형사사건에 판결을 할 수 있다.

7 행정벌 > 「질서위반행위규제법」 답 ②③

※ 이 문항은 복수 정답 처리되어, 선택률 정보를 기재하지 않았습니다.

| 정답해설 | ② (×) 〈법령〉「질서위반행위규제법」제13조(수개의 질서위반행위의 처리) ❶ 하나의 행위가 2 이상의 질서위반행위에 해당하는 경우에는 각 질서위반행위에 대하여 정한 과태료 중 가장 중한 과태료를 부과한다.

③ (×) 행정청은 과태료 부과에 앞서 10일 이상의 기간을 정하여 당사자에게 의견을 제출할 기회를 주어야 한다. 〈법령〉「질서위반행위규제법」제16조(사전통지 및 의견 제출 등) ❶ 행정청이 질서위반행위에 대하여 과태료를 부과하고자 하는 때에는 미리 당사자(제11조 제2항에 따른 고용주 등을 포함한다. 이하 같다)에게 대통령령으로 정하는 사항을 통지하고, 10일 이상의 기간을 정하여 의견을 제출할 기회를 주어야 한다. 이 경우 지정된 기일까지 의견 제출이 없는 경우에는 의견이 없는 것으로 본다.

| 오답해설 | ① (○) 「질서위반행위규제법」제20조 제1항
④ (○) 동법 제15조 제1항
⑤ (○) 동법 제7조

8 행정법 관계 > 공법관계와 사법관계 오답률 16% 답 ③

| 정답해설 | ㄱ. (○) 조달청장의 나라장터 종합쇼핑몰에서의 거래정지조치는 처분으로서 공법관계이다. 〈판례〉 조달청이 '규격서 내용을 허위로 기재하거나 과장하였다'는 등의 이유로 물품구매계약 추가특수조건 규정에 따라 甲 회사에 대하여 6개월간 나라장터 종합쇼핑몰에서의 거래를 정지한다고 통보한 사안에서, 위 거래정지조치는 항고소송의 대상이 되는 행정처분에 해당한다(대판 2018.11.29. 2017두34940).

ㄹ. (○) 사립학교 교원의 학교법인과의 관계는 사법관계이다. 하지만 「교원의 지위 향상 및 교육활동 보호를 위한 특별법」 규정에 의해 교원소청심사위원회에 소청을 제기한 뒤 이에 대한 소청심사위원회의 결정에 대해 항고소송을 청구할 수 있다. 따라서 소청심사의 결정에 대한 불복은 항고소송 대상이고 공법관계이다. 〈판례〉 사립학교 교원에 대한 징계처분 등 그 의사에 반한 불리한 처분에 대하여 「교원의 지위 향상 및 교육활동 보호를 위한 특별법」 제9조, 제10조의 규정에 따라 교원징계재심위원회에 재심청구를 하고 이에 불복하여 행정소송을 제기하는 경우, 쟁송의 대상이 되는 행정처분은 학교법인의 징계처분이 아니라 재심위원회의 결정이다(대판 1994.12.9. 94누6666).

| 오답해설 | ㄴ. (×) 〈판례〉 중학교 의무교육의 위탁관계는 「초·중등교육법」 제12조 제3항·제4항 등 관련 법령에 의하여 정해지는 공법적 관계이다(대판 2015.1.29. 2012두7387).

ㄷ. (×) 〈판례〉 환매권은 재판상이든 재판 외이든 그 기간 내에 행사하면 이로써 매매의 효력이 생기고, 위 매매는 같은 조 제1항에 적힌 환매권자와 국가 간의 사법상의 매매라 할 것이다(대판 1992.4.24. 92다4673).

9 손실보상 > 토지보상법 오답률 36% 답 ④

| 정답해설 | ④ 64% (×) 보상액의 산정은 현실적인 이용이나 일반적인 이용방법 등을 종합적으로 객관적으로 판단하여 고려한다. 하지만 주관적 이용이나 특별용도 등의 사용을 고려하지 않는다(「공익사업을 위한 토지 등의 취득 및 보상에 관한 법률」 제70조 제2항).

| 오답해설 | ① 0% (○) 손실에 대한 보상책임자는 원칙적으로 사업시행자이다(동법 제61조).
② 8% (○) 손실보상은 개인별 보상이 원칙이다(동법 제64조).
③ 16% (○) 동법 제66조
⑤ 12% (○) 동법 제77조 제1항·제3항

10 행정행위 > 행정행위의 내용 오답률 38% 답 ⑤

| 정답해설 | ⑤ 62% (×) 관리처분계획이 행정청에 의해 인가를 받게 되면 구속적 행정계획으로서 처분의 성질을 갖게 된다. 따라서 조합원총회결의에 하자가 있더라도 이는 관리처분계획처분의 절차적 성립요건으로 소송 대상이 되지 못한다. 이 경우 소송 대상은 관리처분계획이다. 〈판례〉 주택재건축정비사업조합이 같은 법 제48조에 따라 수립한 관리처분계획에 대하여 관할 행정청의 인가·고시까지 있게 되면 관리처분계획은 행정처분으로서 효력이 발생하게 되므로, 총회결의의 하자를 이유로 하여 행정처분의 효력을 다투는 항고소송의 방법으로 관리처분계획의 취소 또는 무효확인을 구하여야 하고, 그와 별도로 행정처분에 이르는 절차적 요건 중 하나에 불과한 총회결의 부분만을 따로 떼어내어 효력 유무를 다투는 확인의 소를 제기하는 것은 특별한 사정이 없는 한 허용되지 않는다(대판 2009.9.17. 2007다2428).

| 오답해설 | ① 6% (○) 기본행위의 하자는 인가로서 치유될 수 없다. 따라서 기본행위인 재단법인의 정관변경 결의에 하자가 있는 경우 이에 대한 행정청의 보충행위로서의 인가가 있다고 해도 하자는 치유될 수 없다. 〈판례〉 인가는 기본행위인 재단법인의 정관변경에 대한 법률상의 효력을 완성시키는 보충행위로서, 그 기본이 되는 정관변경 결의에 하자가 있을 때에는 그에 대한 인가가 있었다 하여도 기본행위인 정관변경 결의가 유효한 것으로 될 수 없다(대판 1996.5.16. 95누4810).

② 16% (○) 토지거래허가 등의 기본적인 법률행위는 행정청에 인가가 있게 되면 허가 시로 소급하여 유효한 효력을 가지게 된다. 〈판례〉 토지거래허가지역 내의 토지에 관하여 소유권 등 권리를 이전 또는 설정하는 내용의 거래계약을 체결한 경우, 그 거래계약이 처음부터 허가를 배제하거나 잠탈하는 내용의 계약으로서 확정적으로 무효인 경우를 제외하고는 허가를 받을 때까지는 법률상 미완성의 법률행위로서 유동적 무효 상태에 있다가 일단 허가를 받으면 그 계약은 소급하여 유효한 계약이 된다(대판 1991.12.24. 90다12243).

③ 9% (○) 대판 2008.1.10. 2007두16691

④ 7% (○) 〈판례〉 양도양수에 대해 행정청의 인가가 있게 되면, 양수인은 양도인의 기존의 허가 등을 포괄적으로 승계받게 되어 양도인의 기존 허가 등의 효력이 양수인에게 부여된다(대판 1994.8.23. 94누4882).

---

11 「행정기본법」과 「행정절차법」 > 처분의 송달　　오답률 20%　답 ②

| **정답해설** | ㄱ. (○) 「행정절차법」 제15조 제2항
ㄴ. (○) 등기우편은 반송 등이 없다면 수취인에게 배달되었다고 인정한다(대판 2007.12.27. 2007다51758).
ㄹ. (○) 「행정절차법」 제14조 제6항
ㅂ. (○) 동법 제14조 제4항

| **오답해설** | ㄷ. (×) 〈판례〉 수취인이나 그 가족이 주민등록지에 실제로 거주하고 있지 아니하면서 전입신고만을 해 둔 경우에는 그 사실만으로써 주민등록지 거주자에게 송달수령의 권한을 위임하였다고 보기는 어려울 뿐 아니라 수취인이 주민등록지에 실제로 거주하지 아니하는 경우에도 우편물이 수취인에게 도달하였다고 추정할 수는 없고, … 납세의무자에게 송달된 것이라고 볼 수는 없다(대판 1998.2.13. 97누8977).
ㅁ. (×) 판례에 의하면 일부러 수령을 회피한다고 하여 그 자리에 납세고지서를 두고 왔다면 송달의 효력을 인정할 수 없다고 한다. 그러나 최근의 개정된 「행정절차법」은 정당한 사유 없이 송달받기를 거부하는 때에는 그 사실을 수령확인서에 적고, 문서를 송달할 장소에 놓아둘 수 있다고 규정하고 있다.
〈판례〉 수령을 회피하기 위하여 일부러 송달을 받을 장소를 비워 두어 세무공무원이 송달을 받을 자와 보충송달을 받을 자를 만나지 못하여 부득이 사업장에 납세고지서를 두고 왔다고 하더라도 이로써 신의성실의 원칙을 들어 그 납세고지서가 송달되었다고 볼 수는 없다(대판 2004.4.9. 2003두13908).
〈법령〉 「행정절차법」 제14조(송달) ❷ 교부에 의한 송달은 수령확인서를 받고 문서를 교부함으로써 하며, 송달하는 장소에서 송달받을 자를 만나지 못한 경우에는 그 사무원·피용자(被傭者) 또는 동거인으로서 사리를 분별할 지능이 있는 사람(이하 이 조에서 '사무원 등'이라 한다)에게 문서를 교부할 수 있다. 다만, 문서를 송달받을 자 또는 그 사무원 등이 정당한 사유 없이 송달받기를 거부하는 때에는 그 사실을 수령확인서에 적고, 문서를 송달할 장소에 놓아둘 수 있다.

---

12 행정쟁송 > 헌법소원의 대상　　오답률 40%　답 ②

| **정답해설** | ② 60% (×) 공고에 의해서 응시자격이 확정되는 경우뿐 아니라, 시험의 문제가 확정되는 경우에도 헌법소원의 대상이 된다는 것이 헌법재판소의 입장이다.
〈판례〉 공고의 근거 법령의 내용만으로는 변리사 제2차 시험에서 '실무형 문제'가 출제되는지 여부가 정해져 있다고 볼 수 없고, 이 사건 공고에 의하여 비로소 2019년 제56회 변리사 제2차 시험에 실무형 문제가 출제되는 것이 확정된다. 이 사건 공고는 법령의 내용

을 구체적으로 보충하고 세부적인 사항을 확정함으로써 대외적 구속력을 가지므로, 헌법소원의 대상이 되는 공권력의 행사에 해당한다(헌재 2019.5.30. 2018헌마1208 등).
〈판례〉 공고가 어떠한 법률효과를 가지는지에 대해서는 일률적으로 말할 수 없고 개별 공고의 내용과 관련 법령의 규정에 따라 개별적·구체적으로 판단하여야 하는바, 지방고등고시 시행계획공고는 당해 지방고등고시의 직렬 및 지역별 모집인원과 응시연령의 기준일 등을 구체적으로 결정하여 알리는 것으로 이에 따라 해당 시험의 모집인원과 응시자격의 상한연령 및 하한연령의 세부적인 범위 등이 확정되므로 이는 공권력의 행사에 해당한다(헌재 2000.1.27. 99헌마123).

| **오답해설** | ① 11% (○) 공고가 국민의 권리나 의무에 직접영향을 주는 경우에는 법적으로 다툴 수 있는 기회를 부여하여야 한다는 것이 헌법재판소의 입장이다.
③ 9% (○) 공고가 위법이었으며, 이에 공무원이 고의나 과실이 있고 이로 인한 피해가 입증되면 국가배상의 요건이 충족되어 배상청구가 가능하다.
④ 6% (○) 공고는 일반적 추상적인 성질을 갖는 경우가 많다. 따라서 입법행위와 유사한 성질이지만 국민의 직접 침해와 관련되는 경우에는 헌법소원의 대상이 된다.
⑤ 14% (○) 법령을 그대로 공고한 경우에는 공고는 법령의 내용을 확인하는 의미일 뿐 국민의 기본권을 새로이 침해하는 것은 아니라서 이 경우에는 법령을 다투어야 한다는 것이 헌재의 입장이다. 〈판례〉 이 사건 공고에서 응시연령을 '20세 이상 32세 이하'로, 해당 생년월일을 '1967.1.1.~1980.12.31.'로 공고한 것은 「공무원 임용 및 시험 시행규칙」 제3조 및 별표1과 「대전광역시 지방공무원 인사규칙」 제8조 및 별표1의2가 정한 각 응시연령의 내용을 그대로 공고한 것에 불과하고, 해당 생년월일 부분은 위 규정들의 응시연령에 해당하는 생년월일을 구체적으로 명시한 것에 지나지 않는다. 따라서 이 사건 공고는 응시연령을 규정하고 있는 위 규칙조항들과 실질적으로 동일한 내용으로서 그에 대한 확인적 의미만을 갖고 있을 뿐, 위 규칙조항에 규정된 응시연령에 아무런 변경을 가져오는 것이 아니다. 그러므로 이 사건 공고는 청구인들의 기본권을 새로이 침해하는 「헌법재판소법」 제68조 제1항 소정의 공권력의 행사에 해당하지 아니하고, 따라서 헌법소원의 대상이 될 수 없다(헌재 2001.9.27. 2000헌마173 등).

---

13 행정행위 > 행정행위의 하자　　오답률 22%　답 ②

| **정답해설** | ㄱ. (○) 〈판례〉 처분의 근거 법이 위헌결정을 받게 되면 헌법재판소 위헌결정의 기속력에 따라 처분의 집행을 위한 작용 등은 허용될 수 없다. 따라서 이전에 압류했던 사안들은 위헌결정에 의해 해제되어야 하며, 다른 사람에 의해 이루어진 경매라도 이를 배당받을 수 없다(대판 2002.7.12. 2002두3317).

ㄷ. (○) 〈판례〉 헌법재판소 위헌결정의 효력은 원칙적으로 장래효이다. 또한 위헌결정의 효력은 위헌제청은 한 당해사건은 물론 위헌제청을 하지 않았지만 당해 법률을 전제로 재판이 진행 중인 사건에 미침이 원칙이다. 하지만 헌법재판소는 예외적으로 위헌결정 이후에 제소된 일반사건도 정의와 형평에 반하는 경우에는 소급효를 예외적으로 인정할 수 있다고 한다(헌재 2013.6.27. 2010헌마535).

| **오답해설** | ㄴ. (×) 불가쟁력이 발생한 처분의 근거 법이 위헌결정이 있더라도 해당 처분은 무효사유가 아닌 취소사유에 해당하여 헌법재판소 위헌결정의 소급효가 미치지 않는다. 〈판례〉 위헌인 법률에 근거한 행정처분이 당연무효인지의 여부는 위헌결정의 소급효와는 별개의 문제로서, 위헌결정의 소급효가 인정된다고 하여 위헌인 법률에 근거한 행정처분이 당연무효가 된다고는 할 수 없고, 오히려 이미 취소소송의 제기기간을 경과하여 확정력이 발생한 행정처분에는 위헌결정의 소급효가 미치지 않는다고 보아야 한다(대판 1994.10.28. 92누9463).

ㄹ. (×) 처분의 근거 법이 헌법재판소에 의해 위헌결정이 있게 되면, 해당 처분은 중대한 하자에 해당하지만 명백한 하자로 볼 수 없어 취소사유에 해당함이 원칙이다. 〈판례〉 법률에 근거하여 행정처분이 발하여진 후에 헌법재판소가 그 행정처분의 근거가 된 법률을 위헌으로 결정하였다면 결과적으로 행정처분은 법률의 근거가 없이 행하여진 것과 마찬가지가 되어 하자가 있는 것이 되나, 하자 있는 행정처분이 당연무효가 되기 위하여는 그 하자가 중대할 뿐만 아니라 명백한 것이어야 하는데, 일반적으로 법률이 헌법에 위반된다는 사정이 헌법재판소의 위헌결정이 있기 전에는 객관적으로 명백한 것이라고 할 수는 없으므로 헌법재판소의 위헌결정 전에 행정처분의 근거되는 당해 법률이 헌법에 위반된다는 사유는 특별한 사정이 없는 한 그 행정처분의 취소소송의 전제가 될 수 있을 뿐 당연무효사유는 아니라고 봄이 상당하다(대판 1994.10.28. 92누9463).

---

14 행정쟁송 > 행정심판   오답률 29%   답 ②

| **정답해설** | ② 71% (○) 불합리한 법령에 대한 개선요청권은 중앙행정심판위원회에게만 부여된 권한이다. 〈법령〉「행정심판법」제59조(불합리한 법령 등의 개선) ❶ 중앙행정심판위원회는 심판청구를 심리·재결할 때에 처분 또는 부작위의 근거가 되는 명령 등(대통령령·총리령·부령·훈령·예규·고시·조례·규칙 등을 말한다. 이하 같다)이 법령에 근거가 없거나 상위 법령에 위배되거나 국민에게 과도한 부담을 주는 등 크게 불합리하면 관계 행정기관에 그 명령 등의 개정·폐지 등 적절한 시정조치를 요청할 수 있다. 이 경우 중앙행정심판위원회는 시정조치를 요청한 사실을 법제처장에게 통보하여야 한다.

| **오답해설** | ① 13% (×) 심리와 재결의 권한은 중앙행정심판위원회뿐 아니라 행정심판위원회라면 모두 가지고 있는 권리이다. 〈법령〉「행정심판법」제6조(행정심판위원회의 설치) ❶ 다음 각 호의 행정청 또는 그 소속 행정청(행정기관의 계층구조와 관계없이 그 감독

을 받거나 위탁을 받은 모든 행정청을 말하되, 위탁을 받은 행정청은 그 위탁받은 사무에 관하여는 위탁한 행정청의 소속 행정청으로 본다. 이하 같다)의 처분 또는 부작위에 대한 행정심판의 청구(이하 '심판청구'라 한다)에 대하여는 다음 각 호의 행정청에 두는 행정심판위원회에서 심리·재결한다.

❷ 다음 각 호의 행정청의 처분 또는 부작위에 대한 심판청구에 대하여는 「부패방지 및 국민권익위원회의 설치와 운영에 관한 법률」에 따른 국민권익위원회(이하 '국민권익위원회'라 한다)에 두는 중앙행정심판위원회에서 심리·재결한다.

③ 3% (×) 〈법령〉「행정심판법」제16조(청구인의 지위 승계) ❺ 심판청구의 대상과 관계되는 권리나 이익을 양수한 자는 위원회의 허가를 받아 청구인의 지위를 승계할 수 있다.

④ 6% (×) 〈법령〉「행정심판법」제18조(대리인의 선임) ❶ 청구인은 법정대리인 외에 다음 각 호의 어느 하나에 해당하는 자를 대리인으로 선임할 수 있다.
1. 청구인의 배우자, 청구인 또는 배우자의 사촌 이내의 혈족
2. 청구인이 법인이거나 제14조에 따른 청구인 능력이 있는 법인이 아닌 사단 또는 재단인 경우 그 소속 임직원
3. 변호사
4. 다른 법률에 따라 심판청구를 대리할 수 있는 자
5. 그 밖에 위원회의 허가를 받은 자

⑤ 7% (×) 〈법령〉「행정심판법」제17조(피청구인의 적격 및 경정) ❷ 청구인이 피청구인을 잘못 지정한 경우에는 위원회는 직권으로 또는 당사자의 신청에 의하여 결정으로써 피청구인을 경정(更正)할 수 있다.

---

15 손실보상 > 토지보상법   오답률 24%   답 ⑤

| **정답해설** | ⑤ 76% (×) 〈법령〉「공익사업을 위한 토지 등의 취득 및 보상에 관한 법률」제78조(이주대책의 수립 등) ❻ 주거용 건물의 거주자에 대하여는 주거 이전에 필요한 비용과 가재도구 등 동산의 운반에 필요한 비용을 산정하여 보상하여야 한다.

| **오답해설** | ① 6% (○) 이주대책은 생활보상으로서 정책적 배려에 해당된다는 것이 헌법재판소와 대법원의 입장이다.

〈판례〉 이주대책은 헌법 제23조 제3항에 규정된 정당한 보상에 포함되는 것이라기보다는 이에 부가하여 이주자들에게 종전의 생활상태를 회복시키기 위한 생활보상의 일환으로서 국가의 정책적인 배려에 의하여 마련된 제도라고 볼 것이다(헌재 2006.2.23. 2004헌마19).

〈판례〉「공익사업을 위한 토지 등의 취득 및 보상에 관한 법률」(이하 '공익사업법'이라 한다)에 의한 이주대책제도는, 공익사업 시행으로 생활근거를 상실하게 되는 자에게 종전의 생활상태를 원상으로 회복시키면서 동시에 인간다운 생활을 보장하여 주기 위한 이른바 생활보상의 일환으로 국가의 적극적이고 정책적인 배려에 의하여 마련된 제도로서 건물 및 부속물에 대한 손실보상 외에는 별도의 보상이 이루어지지 않는 주거용 건축물의 철거에 따른 생활보상적 측면이 있다(대판 2011.6.10. 2010두26216).

② 4% (○) 이주대책은 사업시행자의 의무로서 법령에 규정되어 있는 경우 배제할 수 없다. 〈판례〉사업시행자의 이주대책 수립·실시의무를 정하고 있는 구 「공익사업을 위한 토지 등의 취득 및 보상에 관한 법률」 제78조 제1항과 이주대책의 내용을 정하고 있는 같은 조 제4항 본문이 강행법규이다(대판 2011.6.23. 2007다63089·63096).

③ 11% (○) 「공익사업을 위한 토지 등의 취득 및 보상에 관한 법률」 제78조 제2항

④ 3% (○) 대판 2009.3.12. 2008두12610

16 　행정소송 > 판결의 기속력 　　오답률 47% 　답 ④

| 정답해설 | ④ 53% (×) 판결의 기속력은 판결의 주문과 판결이유에 설시된 개개의 위법사유에 미치는 것이며, 간접적인 사실들에는 미치지 않는다. 〈판례〉「행정소송법」제30조 제1항에 의하여 인정되는 취소소송에서 처분 등을 취소하는 확정판결의 기속력은 주로 판결의 실효성 확보를 위하여 인정되는 효력으로서 판결의 주문뿐만 아니라 그 전제가 되는 처분 등의 구체적 위법사유에 관한 이유 중의 판단에 대하여도 인정된다(대판 2001.3.23. 99두5238).

| 오답해설 | ① 1% (○) 개정된 법령에 따른 새로운 거부는 판결에 의해 취소된 거부처분과 다른 새로운 사유에 따른 처분으로서 기속력에 반하지 않는다. 〈판례〉행정처분의 적법 여부는 그 행정처분이 행하여 진 때의 법령과 사실을 기준으로 하여 판단하는 것이므로 거부처분 후에 법령이 개정·시행된 경우에는 개정된 법령 및 허가기준을 새로운 사유로 들어 다시 이전의 신청에 대한 거부처분을 할 수 있으며 그러한 처분도 「행정소송법」제30조 제2항에 규정된 재처분에 해당된다(대결 1998.1.7. 자 97두22).

② 17% (○) 기속력은 인용판결시 행정청과 관계행정청에 대한 효력이다. 〈법령〉「행정소송법」제30조(취소판결 등의 기속력) ❶ 처분 등을 취소하는 확정판결은 그 사건에 관하여 당사자인 행정청과 그 밖의 관계행정청을 기속한다.

③ 27% (○) 행정소송에서 간접강제제도는 거부처분취소소송과 부작위위법확인소송에서 인정된다(「행정소송법」제34조 제1항, 제38조 제2항).

⑤ 2% (○) 행정청이 기속력에 위반하여 확정판결과 저촉되는 처분 등을 하게 되면 무효에 해당한다. 〈판례〉확정판결의 당사자인 처분행정청이 그 행정소송의 사실심 변론종결 이전의 사유를 내세워 다시 확정판결과 저촉되는 행정처분을 하는 것은 허용되지 않는 것으로서 이러한 행정처분은 그 하자가 중대하고도 명백한 것이어서 당연무효라 할 것이다(대판 1990.12.11. 90누3560).

17 　행정강제 > 강제집행 　　오답률 39% 　답 ①

| 정답해설 | ① 61% (×) 이행강제금은 의무를 부과하고 이를 이행하지 않을 경우에는 이행강제금을 부과한다는 의사로 계고를 한 뒤 부과하여야 한다. 〈판례〉「개발제한구역법」제30조의2에 의하면, 시장·군수·구청장은 제30조 제1항에 따른 시정명령을 받은 후 그 시

정기간 내에 그 시정명령의 이행을 하지 아니한 자에 대하여 1억 원의 범위 안에서 이행강제금을 부과하되(제1항), 그 부과 전에 이행강제금을 부과·징수한다는 뜻을 미리 문서로 계고하여야 한다(대판 2019.1.10. 2017두67322).

| 오답해설 | ② 5% (○) 〈판례〉이행강제금은 이행에 목적을 둔 강제집행이다. 따라서 의무를 이행하면 비록 이행기간을 넘겼다고 해도 이행강제금을 부과할 수 없다(대판 2018.1.25. 2015두35116).

③ 21% (○) 「건축법」에 의하면 이미 이행강제금이 부과된 경우에는 의무를 이행한 경우에도 부과된 금액은 징수한다(「건축법」제80조 제6항 참고).

④ 8% (○) 이행강제금은 비대체적 작위의무나 부작위의무에 부과되는 강제집행이지만 대체적 작위의무의 경우에도 대집행이 곤란한 경우에 이행강제금을 부과할 수 있으며, 「건축법」등에 규정이 있다. 헌법재판소에 의하면 이러한 규정은 선택적 관계에 해당되어 이중적 제재에 해당하지 않는다고 한다. 〈판례〉현행법상 위법건축물에 대한 이행강제수단으로 대집행과 이행강제금이 인정되고 있는데, 양 제도는 각각의 장·단점이 있으므로 행정청은 개별사건에 있어서 위반내용, 위반자의 시정의지 등을 감안하여 대집행과 이행강제금을 선택적으로 활용할 수 있으며, 이처럼 그 합리적인 재량에 의해 선택하여 활용하는 이상 중첩적인 제재에 해당한다고 볼 수 없다(헌재 2004.2.26. 2001헌바80).

⑤ 5% (○) 이행강제금과 형사벌은 강제와 제재의 각기 다른 성질에 해당된다. 따라서 병과가능하며 일사부재리에 반하지 않는다. 〈판례〉「건축법」제78조에 의한 무허가 건축행위에 대한 형사처벌과 「건축법」제83조 제1항에 의한 시정명령 위반에 대한 이행강제금의 부과는 그 처벌 내지 제재대상이 되는 기본적 사실관계로서의 행위를 달리하며, 또한 그 보호법익과 목적에서도 차이가 있으므로 헌법 제13조 제1항이 금지하는 이중처벌에 해당한다고 할 수 없다(헌재 2004.2.26. 2001헌바80).

18 　행정소송 > 「담배사업법」 　　오답률 13% 　답 ①

| 정답해설 | ㄱ. (○) 「담배사업법」에 100m의 이격거리 규정을 두고 있으므로 甲은 乙의 일반소매인의 지정에 대한 원고적격을 갖는다. 〈판례〉담배 일반소매인의 지정기준으로서 일반소매인의 영업소 간에 일정한 거리제한을 두고 있는 것은 … 일반소매인 간의 과당경쟁으로 인한 불합리한 경영을 방지함으로써 일반소매인의 경영상 이익을 보호하는 데에도 그 목적이 있다고 보이므로, 일반소매인으로 지정되어 영업을 하고 있는 기존업자의 신규 일반소매인에 대한 이익은 단순한 사실상의 반사적 이익이 아니라 법률상 보호되는 이익이라고 해석함이 상당하다(대판 2008.3.27. 2007두23811).

| 오답해설 | ㄴ. (×) 대법원에 의하면 담배 일반소매인과 구내소매인은 경업자관계가 아니라고 한다. 따라서 소송을 청구할 수 있는 원고적격이 인정되지 못하여, 소송의 적법한 청구와 진행을 전제로 하는 집행정지는 인정될 수 없다. 〈판례〉일반소매인의 입장에서 구내소매인과의 과당경쟁으로 인한 경영의 불합리를 방지하는 것을 그 목적으로 할 수 있다고 보기 어려우므로, 일반소매인으로 지정되

어 영업을 하고 있는 기존업자의 신규 구내소매인에 대한 이익은 법률상 보호되는 이익이 아니라 단순한 사실상의 반사적 이익이라고 해석함이 상당하므로, 기존 일반소매인은 신규 구내소매인 지정처분의 취소를 구할 원고적격이 없다(대판 2008.4.10. 2008두402).

ㄷ. (×) 丁의 일반소매인으로 지정받은 장소는 甲으로부터 120m가 이격되어 있어 「담배사업법」 규정에 반하지 않아 甲은 원고적격이 인정될 수 없다. 또한 丙은 담배 일반소매인이 아닌 구내소매인으로 경업자 관계가 아니라서 원고적격이 인정되지 못한다.

---

19 행정소송 > 항고소송의 제기요건   오답률 44%   답 ③

| 정답해설 | ③ 56% (×) 사업의 양도·양수가 무효인 경우에 영업자지위승계신고의 수리는 무효에 해당하고 신고의 수리에 대해 무효등확인소송이 가능하다. 〈판례〉 사업의 양도행위가 무효라고 주장하는 양도자는 민사쟁송으로 양도·양수행위의 무효를 구함이 없이 막바로 허가관청을 상대로 하여 행정소송으로 위 신고수리처분의 무효확인을 구할 법률상 이익이 있다(대판 2005.12.23. 2005두3554).

| 오답해설 | ① 5% (○) 제3자 물건의 압류는 무효이고 이에 대해 체납자는 소송을 청구할 법률상 이익이 있다. 〈판례〉 과세관청이 조세의 징수를 위하여 체납자가 점유하고 있는 제3자의 소유 동산을 압류한 경우, 그 체납자는 그 압류처분에 의하여 당해 동산에 대한 점유권의 침해를 받은 자로서 그 압류처분에 대하여 법률상 직접적이고 구체적인 이익을 가지는 것이어서 그 압류처분의 취소나 무효확인을 구할 원고적격이 있다(대판 2006.4.13. 2005두15151).

② 18% (○) 소득세원천징수의무자에 대한 소득금액변동통지는 항고소송 대상인 처분이다. 〈판례〉 원천징수의무자인 법인에 대한 소득금액변동통지는 원천징수의무자인 법인의 납세의무에 직접 영향을 미치는 조세행정처분으로서 … (대판 2013.9.26. 2011두12917)

④ 6% (○) 검사의 기소나 불기소는 형사소송상의 문제이다. 행정소송의 대상이 될 수 없다. 〈판례〉 검사의 공소제기가 적법절차에 의하여 정당하게 이루어진 것이냐의 여부에 관계없이 검사의 공소에 대하여는 형사소송절차에 의하여서만 이를 다툴 수 있고 행정소송의 방법으로 공소의 취소를 구할 수는 없다(대판 2000. 3.28. 99두11264).

⑤ 15% (○) 대판 2018.11.15. 2016두48737

| 더 알아보기 | 소득금액변동통지의 처분성 여부와 관련된 판례

> 소득금액변동통지를 소득세원천징수의무자에게 하는 경우에는 항고소송대상이 처분에 해당이 된다. 하지만 소득의 귀속자에 대한 통지는 처분이 아니라는 것이 대법원의 입장이다. 〈판례〉 구 「소득세법 시행령」 제192조 제1항 단서에 따른 소득의 귀속자에 대한 소득금액변동통지가 항고소송의 대상이 되는 행정처분이 아니다(대판 2014.7.24. 2011두14227).

오답률 TOP 2
20 공무원법 > 공무원징계   오답률 59%   답 ③

| 정답해설 | ③ 41% (×) 본인의 원(願)에 의한 강임 등의 경우에는 설명서를 교부하지 않는다(「국가공무원법」 제75조 제1항).

| 오답해설 | ① 18% (○) 「국가공무원법」 제82조의 규정에 해당하며, 시험 이후 법령이 개정되었다(2020.1.29. 「국가공무원법」 제82조가 일부 개정됨).

「국가공무원법」 [시행 2019.4.17.]	「국가공무원법」 [시행 2020.7.30.]
제82조(징계 등 절차) ❷ 징계의결 등을 요구한 기관의 장은 징계위원회의 의결이 가볍다고 인정하면 그 처분을 하기 전에 직근 상급기관에 설치된 징계위원회(직근 상급기관이 없는 징계위원회의 의결에 대하여는 그 징계위원회)에 심사나 재심사를 청구할 수 있다. 이 경우 소속 공무원을 대리인으로 지정할 수 있다.	제82조(징계 등 절차) ❷ 징계의결 등을 요구한 기관의 장은 징계위원회의 의결이 가볍다고 인정하면 그 처분을 하기 전에 다음 각 호의 구분에 따라 심사나 재심사를 청구할 수 있다. 이 경우 소속 공무원을 대리인으로 지정할 수 있다. 1. 국무총리 소속으로 설치된 징계위원회의 의결: 해당 징계위원회에 재심사를 청구 2. 중앙행정기관에 설치된 징계위원회(중앙행정기관의 소속기관에 설치된 징계위원회는 제외한다)의 의결: 국무총리 소속으로 설치된 징계위원회에 심사를 청구 3. 제1호 및 제2호 외의 징계위원회의 의결: 직근 상급기관에 설치된 징계위원회에 심사를 청구

② 17% (○) 「국가공무원법」 제81조 제1항
④ 13% (○) 동법 제78조 제4항
⑤ 11% (○) 동법 제83조의2 제1항, 제78조의2 제1항

---

21 「행정기본법」과 「행정절차법」 > 처분절차   오답률 43%   답 ②

| 정답해설 | ② 57% (×) 거부처분은 「행정절차법」상의 처분절차인 사전통지를 거칠 필요는 없다. 그러나 처분의 방식은 처분 성립요건 중 형식의 문제로서 「행정절차법」상 규정에 따라야 한다. 〈판례〉 행정절차에 관한 일반법인 「행정절차법」은 제24조 제1항에서 "행정청이 처분을 할 때에는 다른 법령 등에 특별한 규정이 있는 경우를 제외하고는 문서로 하여야 하며, 전자문서로 하는 경우에는 당사자 등의 동의가 있어야 한다. 다만 신속히 처리할 필요가 있거나 사안이 경미한 경우에는 말 또는 그 밖의 방법으로 할 수 있다."라고 정하고 있다. 이 규정은 처분내용의 명확성을 확보하고 처분의 존부에 관한 다툼을 방지하여 처분상대방의 권익을 보호하기 위한 것이므로, 이를 위반한 처분은 하자가 중대·명백하여 무효이다(대판 2019.7.11. 2017두38874).

| 오답해설 | ① 9% (○) 직위해제처분은 「행정절차법」이 적용되지 않는다는 것이 판례의 입장이다. 〈판례〉 「국가공무원법」상 직위해제처분은 구 「행정절차법」 제3조 제2항 제9호, 구 「행정절차법 시행령」 제2조 제3호에 의하여 당해 행정작용의 성질상 행정절차를 거치기 곤란하거나 불필요하다고 인정되는 사항 또는 행정절차에 준하는 절차를 거친 사항에 해당하므로, 처분의 사전통지 및 의견청취 등에 관한 「행정절차법」의 규정이 별도로 적용되지 않는다(대판 2014.5.16. 2012두26180).

③ 12% (○) 〈판례〉 지방병무청장이 「병역법」 제41조 제1항 제1호, 제40조 제2호의 규정에 따라 산업기능요원에 대하여 한 산업기능요원 편입취소처분은, 행정처분을 할 경우 '처분의 사전통지'와 '의견제출 기회의 부여'를 규정한 「행정절차법」 제21조 제1항, 제22조 제3항에서 말하는 '당사자의 권익을 제한하는 처분'에 해당하는 한편, 「행정절차법」의 적용이 배제되는 사항인 「행정절차법」 제3조 제2항 제9호, 같은법 시행령 제2조 제1호에서 규정하는 '병역법」에 의한 소집에 관한 사항'에는 해당하지 아니하므로, 「행정절차법」상의 '처분의 사전통지'와 '의견제출 기회의 부여' 등의 절차를 거쳐야 한다(대판 2002.9.6. 2002두554).

④ 8% (○) 〈판례〉 그런데 「행정절차법」 제3조, 「행정절차법 시행령」 제2조 제6호는 「공정거래법」에 대하여 「행정절차법」의 적용이 배제되도록 규정하고 있다. 그 취지는 「공정거래법」의 적용을 받는 당사자에게 「행정절차법」이 정한 것보다 더 약한 절차적 보장을 하려는 것이 아니라, 오히려 그 의결절차상 인정되는 절차적 보장의 정도가 일반 행정절차와 비교하여 더 강화되어 있기 때문이다. 공정거래위원회에 강학상 '준사법기관'으로서의 성격이 부여되어 있다는 전제하에 공정거래위원회의 의결을 다투는 소를 서울고등법원의 전속관할로 정하고 있는 취지 역시 같은 전제로 볼 수 있다. 「공정거래법」 제52조의2가 당사자에게 단순한 열람·복사 '요청권'이 아닌 열람·복사 '요구권'을 부여한 취지 역시 이와 마찬가지이다. 이처럼 「공정거래법」 규정에 의한 처분의 상대방에게 부여된 절차적 권리의 범위와 한계를 확정하려면 「행정절차법」이 당사자에게 부여한 절차적 권리의 범위와 한계 수준을 고려하여야 한다. 나아가 '당사자'에게 보장된 절차적 권리는 단순한 '이해관계인'이 보유하는 절차적 권리와 같을 수는 없다(대판 2018.12.27. 2015두44028).

⑤ 14% (○) 〈판례〉 「행정절차법 시행령」 제2조 제8호는 '학교·연수원 등에서 교육·훈련의 목적을 달성하기 위하여 학생·연수생들을 대상으로 하는 사항'을 「행정절차법」의 적용이 제외되는 경우로 규정하고 있으나, 이는 교육과정과 내용의 구체적 결정, 과제의 부과, 성적의 평가, 공식적 징계에 이르지 아니한 질책·훈계 등과 같이 교육·훈련의 목적을 직접 달성하기 위하여 행하는 사항을 말하는 것으로 보아야 하고, 생도에 대한 퇴학처분과 같이 신분을 박탈하는 징계처분은 여기에 해당한다고 볼 수 없다(대판 2018.3.13. 2016두33339).

---

22 그 밖의 행정의 주요 행위 형식 > 공법상 계약 오답률 47% 답 ④

| **정답해설** | ㄹ. (×) 시립합창단원에 대한 위촉은 지방전문직 공무원에 대한 공법상 계약이다. 〈판례〉 광주광역시문화예술회관장의 단원 위촉은 광주광역시문화예술회관장이 행정청으로서 공권력을 행사하여 행하는 행정처분이 아니라 공법상의 근무관계의 설정을 목적으로 하여 광주광역시와 단원이 되고자 하는 자 사이에 대등한 지위에서 의사가 합치되어 성립하는 공법상 근로계약에 해당한다고 보아야 할 것이므로, 광주광역시립합창단원으로서 위촉기간이 만료되는 자들의 재위촉 신청에 대하여 광주광역시문화예술회관장이 실기와 근무성적에 대한 평정을 실시하여 재위촉을 하지

아니한 것을 항고소송의 대상이 되는 불합격처분이라고 할 수는 없다(대판 2001.12.11. 2001두7794).

ㅂ. (×) 계약직 공무원의 채용계약해지는 항고소송 대상인 처분이 아니다. 계약을 해지·해촉할 뿐이라서 권력적 작용이 아닌 비권력적 작용에 해당되고 당사자소송 대상이 된다. 〈판례〉 계약직 공무원에 관한 현행 법령의 규정에 비추어 볼 때, 계약직 공무원 채용계약해지의 의사표시는 일반공무원에 대한 징계처분과는 달라서 항고소송의 대상이 되는 처분 등의 성격을 가진 것으로 인정되지 아니하고 … (대판 2002.11.26. 2002두5948)

| **오답해설** | ㄱ. (○) 〈판례〉 「근로기준법」 등의 입법 취지, 「지방공무원법」과 「지방공무원징계 및 소청 규정」의 여러 규정에 비추어 볼 때, 채용계약상 특별한 약정이 없는 한, 지방계약직 공무원에 대하여 「지방공무원법」, 「지방공무원징계 및 소청 규정」에 정한 징계절차에 의하지 않고서는 보수를 삭감할 수 없다고 봄이 상당하다(대판 2008.6.12. 2006두16328).

ㄴ. (○) 계약상의 규정이 있다고 해도 법령상의 규정에 따라 공권력성이 인정되고, 처분의 개념요소를 충족하면 처분이 될 수 있다. 〈판례〉 구 「산업집적활성화 및 공장설립에 관한 법률」 규정들에서 알 수 있는 산업단지관리공단의 지위, 입주계약 및 변경계약의 효과, 입주계약 및 변경계약 체결 의무와 그 의무를 불이행한 경우의 형사적 내지 행정적 제재, 입주계약해지의 절차, 해지통보에 수반되는 법적 의무 및 그 의무를 불이행한 경우의 형사적 내지 행정적 제재 등을 종합적으로 고려하면, 입주변경계약 취소는 행정청인 관리권자로부터 관리업무를 위탁받은 산업단지관리공단이 우월적 지위에서 입주기업체들에게 일정한 법률상 효과를 발생하게 하는 것으로서 항고소송의 대상이 되는 행정처분에 해당한다(대판 2017.6.15. 2014두46843).

ㄷ. (○) 대판 2015.12.24. 2015두264

ㅁ. (○) 공법상 계약에 따른 공무원의 근무관계도 공무원으로서의 공법관계이다. 이에 따른 징계행위는 권력작용으로서 항고소송 대상인 행정처분이다. 〈판례〉 「지방계약직 공무원규정」의 시행에 필요한 사항을 규정하기 위한 '서울특별시 지방계약직 공무원 인사관리규칙' 제8조 제3항은 근무실적 평가 결과 근무실적이 불량한 사람에 대하여 봉급을 삭감할 수 있도록 규정하고 있는바, 보수의 삭감은 이를 당하는 공무원의 입장에서는 징계처분의 일종인 감봉과 다를 바 없음에도 징계처분에 있어서와 같이 자기에게 이익이 되는 사실을 진술하거나 증거를 제출할 수 있는 등(「지방공무원징계 및 소청 규정」 제5조)의 절차적 권리가 보장되지 않고 소청(「지방공무원징계 및 소청 규정」 제16조) 등의 구제수단도 인정되지 아니한 채 이를 감수하도록 하는 위 규정은, 그 자체 부당할 뿐만 아니라 「지방공무원법」이나 「지방계약직 공무원규정」에 아무런 위임의 근거도 없는 것이거나 위임의 범위를 벗어난 것으로서 무효이다(대판 2008.6.12. 2006두16328).

23 자치행정조직법 > 지방자치　　오답률 31%　답 ⑤

| 정답해설 | ㄴ. (○) 〈법령〉 「지방자치법」 제14조(지방자치단체의 종류별 사무배분기준) ❶ 제13조에 따른 지방자치단체의 사무를 지방자치단체의 종류별로 배분하는 기준은 다음 각 호와 같다. 다만, 제13조 제2항 제1호의 사무는 각 지방자치단체에 공통된 사무로 한다.

　2. 시·군 및 자치구
　　제1호에서 시·도가 처리하는 것으로 되어 있는 사무를 제외한 사무. 다만, 인구 50만 이상의 시에 대하여는 도가 처리하는 사무의 일부를 직접 처리하게 할 수 있다.

ㄷ. (○) 동법 제49조 제3항
ㄹ. (○) 헌재 1995.4.20. 92헌마264

| 오답해설 | ㄱ. (×) 〈법령〉 「지방자치법」 제76조(의안의 발의)
❶ 지방의회에서 의결할 의안은 지방자치단체의 장이나 조례로 정하는 수 이상의 지방의회 의원의 찬성으로 발의한다.

오답률 TOP3
24 행정행위 > 종합　　오답률 53%　답 ③

| 정답해설 | ③ 47% (○) 공유재산의 무단사용은 변상금부과대상이며, 시정명령 대상이 된다. 따라서 행정청은 시설물에 대하여 원상회복에 따른 조치를 명령할 수 있고, 이에 대한 불이행시 「행정대집행법」이 정하는 바에 따라 행정대집행이 가능하다. 〈판례〉 「공유재산 및 물품 관리법」 제83조 제1항은 "지방자치단체의 장은 정당한 사유 없이 공유재산을 점유하거나 공유재산에 시설물을 설치한 경우에는 원상복구 또는 시설물의 철거 등을 명하거나 이에 필요한 조치를 할 수 있다."라고 규정하고, 제2항은 "제1항에 따른 명령을 받은 자가 그 명령을 이행하지 아니할 때에는 '행정대집행법'에 따라 원상복구 또는 시설물의 철거 등을 하고 그 비용을 징수할 수 있다."라고 규정하고 있다.
위 규정에 따라 지방자치단체장은 행정대집행의 방법으로 공유재산에 설치한 시설물을 철거할 수 있고, 이러한 행정대집행의 절차가 인정되는 경우에는 민사소송의 방법으로 시설물의 철거를 구하는 것은 허용되지 아니한다(대판 2017.4.13. 2013다207941).

| 오답해설 | ① 30% (×) 공공용물은 행정재산으로서 명시적·묵시적인 공용폐지의 의사표시가 없는 한 취득시효의 대상이 될 수 없다. 따라서 乙의 소유권은 인정될 수 없고, 행정청은 철거명령과 변상금 부과처분을 할 수 있다.

② 10% (×) 공공용물인 행정재산의 사용·수익허가는 강학상 설권행위로서 특허에 해당한다.

④ 2% (×) 행정재산의 무단점유자에 대한 행정청의 변상금 부과처분은 공법상의 행정처분에 해당한다. 〈판례〉 국유재산의 관리청이 그 무단점유자에 대하여 하는 변상금 부과처분은 순전히 사경제주체로서 행하는 사법상의 법률행위라 할 수 없고 이는 관리청이 공권력을 가진 우월적 지위에서 행한 것으로서 행정소송의 대상이 되는 행정처분이라고 보아야 한다(대판 1988.2.23. 87누1046, 1047).

⑤ 11% (×) 만약 해당 부지가 일반재산일 경우에 일반재산(私物)의 대부계약은 사법상 계약관계로서 이에 대한 분쟁은 민사소송에 의한다. 〈판례〉 「국유재산법」 제31조, 제32조 제3항, 「산림법」 제75조 제1항의 규정 등에 의하여 국유잡종재산에 관한 관리 처분의 권한을 위임받은 기관이 국유잡종재산(현 일반재산)을 대부하는 행위는 국가가 사경제주체로서 상대방과 대등한 위치에서 행하는 사법상의 계약이고, 행정청이 공권력의 주체로서 상대방의 의사 여하에 불구하고 일방적으로 행하는 행정처분이라고 볼 수 없으며, 국유잡종재산에 관한 대부료의 납부고지 역시 사법상의 이행청구에 해당하고, 이를 행정처분이라고 할 수 없다(대판 2000.2.11. 99다61675).

25 규제행정법 > 환경행정　　오답률 41%　답 ⑤

| 정답해설 | ⑤ 59% (×) 〈판례〉 「환경영향평가법」 제16조 제1항, 제28조 제1항 본문, 제3항, 제51조 제1호 및 제52조 제2항 제2호의 내용, 형식 및 체계에 비추어 보면, 「환경영향평가법」 제28조 제1항 본문이 환경영향평가절차가 완료되기 전에 공사시행을 금지하고, 제51조 제1호 및 제52조 제2항 제2호가 그 위반행위에 대하여 형사처벌을 하도록 한 것은 환경영향평가의 결과에 따라 사업계획 등에 대한 승인 여부를 결정하고, 그러한 사업계획 등에 따라 공사를 시행하도록 하여 당해 사업으로 인한 해로운 환경영향을 피하거나 줄이고자 하는 환경영향평가제도의 목적을 달성하기 위한 데에 입법 취지가 있다. 따라서 사업자가 이러한 사전 공사시행 금지규정을 위반하였다고 하여 승인기관의 장이 한 사업계획 등에 대한 승인 등의 처분이 위법하게 된다고는 볼 수 없다(대판 2014.3.13. 2012두1006).

| 오답해설 | ① 6% (○) 「환경영향평가법」 제2조 제2호

② 5% (○) 〈판례〉 원칙적으로 환경영향평가 대상지역 밖의 주민은 원고적격이 인정될 수 없으나 처분 전과 비교하여 수인의 한도를 초과하는 피해 등에 대해 입증하는 경우에는 원고적격이 인정될 수 있다(대판 2006.3.16. 2006두330).

③ 21% (○) 〈판례〉 환경영향평가 대상지역 안에서 영향평가 없이 사업승인이 있게 되면, 그 승인은 무효에 해당한다. 하지만 영향평가를 받았지만 내용이 부실한 경우에는 위법이 아니라는 것이 대법원의 입장이다(대판 2006.3.16. 2006두330).

④ 9% (○) 대판 2006.6.30. 2005두14363

2019

5월 4일 시행
국회직 8급 (㉮책형)

합격예상 체크

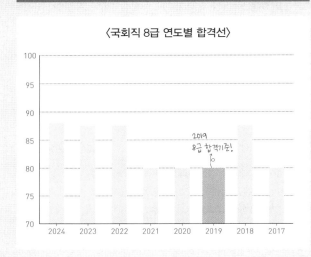

〈국회직 8급 연도별 합격선〉

<table>
<tr><th colspan="6">취약영역 체크</th></tr>
<tr><th>문항</th><th>정답</th><th>영역</th><th>문항</th><th>정답</th><th>영역</th></tr>
<tr><td>1</td><td>④</td><td>행정법 서론</td><td>14</td><td>②</td><td>행정구제</td></tr>
<tr><td>2</td><td>③</td><td>행정법 통칙</td><td>15</td><td>②④</td><td>행정법 통칙</td></tr>
<tr><td>3</td><td>③</td><td>행정구제</td><td>16</td><td>⑤</td><td>행정조직(7급)</td></tr>
<tr><td>4</td><td>③④</td><td>행정상 의무이행 확보수단</td><td>17</td><td>①</td><td>행정법 통칙</td></tr>
<tr><td>5</td><td>③</td><td>행정법 서론</td><td>18</td><td>④</td><td>특별행정작용(7급)</td></tr>
<tr><td>6</td><td>②</td><td>행정구제</td><td>19</td><td>③</td><td>행정법 통칙</td></tr>
<tr><td>7</td><td>①</td><td>행정구제</td><td>20</td><td>④</td><td>행정구제</td></tr>
<tr><td>8</td><td>②</td><td>행정법 통칙</td><td>21</td><td>②</td><td>행정법 통칙</td></tr>
<tr><td>9</td><td>①</td><td>행정법 통칙</td><td>22</td><td>④</td><td>행정구제</td></tr>
<tr><td>10</td><td>⑤</td><td>행정구제</td><td>23</td><td>③</td><td>행정구제</td></tr>
<tr><td>11</td><td>①</td><td>행정구제</td><td>24</td><td>⑤</td><td>행정상 의무이행 확보수단</td></tr>
<tr><td>12</td><td>④</td><td>행정조직(7급)</td><td>25</td><td>③</td><td>행정구제</td></tr>
<tr><td>13</td><td>⑤</td><td>행정구제</td><td></td><td></td><td></td></tr>
</table>

⬇ 영역별 틀린 개수로 취약영역을 확인하세요!

행정법 서론	/2	행정법 통칙	/7	행정상 의무이행 확보수단	/2
행정구제	/11	행정조직(7급)	/2	특별행정작용(7급)	/1

맞힌 개수	/25문항	점수	/100점

➡ ☐ 합격 ☐ 불합격

➡ 나의 취약영역: _____

※ [정답해설]과 [오답해설] 선지의 50% 표시는 〈1초 합격예측 서비스〉를 통해 수집된 선지 선택률을 나타냅니다.

| **1** | 행정법의 의의 > 행정법의 일반원칙 | 오답률 25% | 답 ④ |

| **정답해설** | ④ 75% (×) (다)원칙은 신뢰보호원칙이다. 신뢰보호의 이익과 제3자의 이익이 서로 충돌하는 경우에는 이익형량을 통해 결정하여야 한다. 〈법령〉 「행정절차법」 제4조(신의성실 및 신뢰보호) ❷ 행정청은 법령 등의 해석 또는 행정청의 관행이 일반적으로 국민들에게 받아들여졌을 때에는 공익 또는 제3자의 정당한 이익을 현저히 해칠 우려가 있는 경우를 제외하고는 새로운 해석 또는 관행에 따라 소급하여 불리하게 처리하여서는 아니 된다.

| **오답해설** | ① 10% (○) (가)원칙은 비례원칙(과잉금지원칙)이다. 헌법재판소는 자동차를 이용한 범죄에 운전면허를 일률적으로 취소하도록 한 규정은 비례원칙에 반한다는 입장이다. 〈판례〉 자동차 등을 범죄행위에 이용하기만 하면 운전면허를 취소하도록 하고 있는 것은 구체적 사안의 개별성과 특수성을 고려할 수 있는 여지를 일체 배제하고 그 위법의 정도나 비난의 정도가 극히 미약한 경우까지도 운전면허를 취소할 수밖에 없도록 하는 것으로 최소침해성의 원칙에 위반된다 할 것이다(헌재결 2005.11.24. 2004헌가28).

② 5% (○) (나)원칙은 자기구속의 법리에 대한 내용이다. 자기구속의 법리는 적법을 전제로 한다. 따라서 반복적으로 이루어진 처분이 위법인 경우에는 인정될 수 없다.

③ 5% (○) (라)원칙은 부당결부금지원칙이다. 송유관매설허가에 이전시 비용을 부담시킨 부관은 부당결부금지원칙에 반하지 않는다는 것이 대법원의 입장이다. 〈판례〉 고속국도 관리청이 고속도로 부지와 접도구역에 송유관 매설을 허가하면서 상대방과 체결한 협약에 따라 송유관 시설을 이전하게 될 경우 그 비용을 상대방에게 부담하도록 하였고, 그 후 「도로법 시행규칙」이 개정되어 접도구역에는 관리청의 허가 없이도 송유관을 매설할 수 있게 된 사안에서, 위 협약이 효력을 상실하지 않을 뿐만 아니라 위 협약에 포함된 부관이 부당결부금지의 원칙에도 반하지 않는다(대판 2009.2.12. 2005다65500).

⑤ 5% (○) ③ 해설의 〈판례〉를 포함한 다수의 판결이 있다.

| **2** | 행정입법 > 법규명령 | 오답률 39% | 답 ③ |

| **정답해설** | ③ 61% (×) 소득금액조정합계표 작성요령은 행정 내부의 행정편의를 위한 행정규칙이라는 것이 대법원의 입장이다. 〈판례〉 구 「법인세법」상 소득금액조정합계표 작성요령은 법률의 위임을 받은 것이기는 하나 법인세의 부과징수라는 행정적 편의를 도모하기 위한 절차적 규정으로서 단순히 행정규칙의 성질을 가지는 데 불과하여 과세관청이나 일반국민을 기속하는 것이 아니다(대판 2003.9.5. 2001두403).

| 오답해설 | ① [15%] (○) 국회규칙은 헌법에 근거를 둔 법규명령이다.

② [5%] (○) 대통령령은 총리령과 부령의 위임의 근거가 될 수 있다. 상위법령의 효력을 갖는다.

④ [2%] (○) 〈판례〉 경기도교육청의 1999.6.2. 자 학교장·교사 초빙제 실시는 학교장·교사 초빙제의 실시에 따른 구체적 시행을 위해 제정한 사무처리지침으로서 행정조직 내부에서만 효력을 가지는 행정상의 운영지침을 정한 것이어서, 국민이나 법원을 구속하는 효력이 없는 행정규칙에 해당하므로 헌법소원의 대상이 되지 않는다(헌재 2001.5.31. 99헌마413).

⑤ [17%] (○) 〈판례〉 건강보험심사평가원이 「요양급여비용 심사·지급업무 처리기준」 제4조 제1항 제4호에 근거하여 2008.11.27. 제정한 심사지침인 '방광내압 및 요누출압 측정 시 검사방법'은 … 불필요한 수술 등을 하게 되는 경우가 있어 이를 방지하고 적정진료를 하도록 유도할 목적으로, 법령에서 정한 요양급여의 인정기준을 구체적 진료행위에 적용하도록 마련한 건강보험심사평가원의 내부적 업무처리 기준으로서 행정규칙에 불과하다(대판 2017.7.11. 2015두2864).

---

3 행정쟁송 > 행정심판 　　　오답률 66% 답 ③

| 정답해설 | ㄴ. (○) 〈법령〉 「행정심판법」 제8조(중앙행정심판위원회의 구성) ❷ 중앙행정심판위원회의 위원장은 국민권익위원회의 부위원장 중 1명이 되며, 위원장이 없거나 부득이한 사유로 직무를 수행할 수 없거나 위원장이 필요하다고 인정하는 경우에는 상임위원(상임으로 재직한 기간이 긴 위원 순서로, 재직기간이 같은 경우에는 연장자 순서로 한다)이 위원장의 직무를 대행한다.

ㄷ. (○) 〈법령〉 「행정심판법」 제8조(중앙행정심판위원회의 구성) ❸ 중앙행정심판위원회의 상임위원은 일반직 공무원으로서 「국가공무원법」 제26조의5에 따른 임기제 공무원으로 임명하되, 3급 이상 공무원 또는 고위공무원단에 속하는 일반직 공무원으로 3년 이상 근무한 사람이나 그 밖에 행정심판에 관한 지식과 경험이 풍부한 사람 중에서 중앙행정심판위원회 위원장의 제청으로 국무총리를 거쳐 대통령이 임명한다.

| 오답해설 | ㄱ. (✕) 중앙행정심판위원회는 위원장 1명을 포함한 70명 이내의 위원으로 구성한다. 위원 중 상임위원은 4명 이내로 한다(「행정심판법」 제8조 제1항).

ㄹ. (✕) 「행정심판법」 제8조 제4항에 의하면 중앙행정심판위원회의 비상임위원은 제7조 제4항 각 호의 어느 하나에 해당하는 사람 중에서 중앙행정심판위원회 위원장의 제청으로 국무총리가 성별을 고려하여 위촉한다. 〈법령〉 「행정심판법」 제7조(행정심판위원회의 구성) ❹ 행정심판위원회의 위원은 해당 행정심판위원회가 소속된 행정청이 다음 각 호의 어느 하나에 해당하는 사람 중에서 성별을 고려하여 위촉하거나 그 소속 공무원 중에서 지명한다.

　1. 변호사 자격을 취득한 후 5년 이상의 실무 경험이 있는 사람

　2. 「고등교육법」 제2조 제1호부터 제6호까지의 규정에 따른 학교에서 조교수 이상으로 재직하거나 재직하였던 사람

　3. 행정기관의 4급 이상 공무원이었거나 고위공무원단에 속하는 공무원이었던 사람

　4. 박사학위를 취득한 후 해당 분야에서 5년 이상 근무한 경험이 있는 사람

　5. 그 밖에 행정심판과 관련된 분야의 지식과 경험이 풍부한 사람

ㅁ. (✕) 「행정심판법」 제8조 제5항에 의하면 중앙행정심판위원회의 회의(제6항에 따른 소위원회 회의는 제외한다)는 위원장, 상임위원 및 위원장이 회의마다 지정하는 비상임위원을 포함하여 총 9명으로 구성한다.

---

4 행정강제 > 강제집행 　　　답 ③④

※ 법령의 개정으로 복수 정답이 되어, 선택률 정보를 기재하지 않았습니다.

| 정답해설 | ③ (✕) 종래의 판례는 공사가 한 공매통지는 공매의 요건이 아니고 공매사실 그 자체를 체납자에게 알려주는 데 불과한 것으로서 통지의 상대방인 골프장업자의 법적 지위나 권리의무에 직접 영향을 주는 것이 아니라고 할 것이므로 이것 역시 행정처분에 해당한다고 할 수 없다(대판 1998.6.26. 96누12030)였으나 현재, 대법원은 판례 변경을 통해 공매통지는 공매의 절차적 요건에 해당된다고 한다. 〈판례〉 체납자 등에 대한 공매통지는 국가의 강제력에 의하여 진행되는 공매에서 체납자 등의 권리 내지 재산상의 이익을 보호하기 위하여 법률로 규정한 절차적 요건이라고 보아야 하며, 공매처분을 하면서 체납자 등에게 공매통지를 하지 않았거나 공매통지를 하였더라도 그것이 적법하지 아니한 경우에는 절차상의 흠이 있어 그 공매처분은 위법하다. … 공매통지는 공매의 요건이 아니라 공매사실 자체를 체납자 등에게 알려주는 데 불과한 것이라는 취지로 판시한 대판 1971.2.23. 70누161; 대판 1996.9.6. 95누12026 등을 비롯한 같은 취지의 판결들은 이 판결의 견해에 배치되는 범위 내에서 이를 모두 변경하기로 한다(대판 2008.11.20. 2007두18154).

④ (✕) 이행강제금은 강제집행으로서 의무를 장래에 향해 이행시키고자 함이 목적이다. 과거의 의무위반에 대한 제재로서의 처벌이 아니다. 〈판례〉 「건축법」상의 이행강제금은 시정명령의 불이행이라는 과거의 위반행위에 대한 제재가 아니라, 의무자에게 시정명령을 받은 의무의 이행을 명하고 그 이행기간 안에 의무를 이행하지 않으면 이행강제금이 부과된다는 사실을 고지함으로써 의무자에게 심리적 압박을 주어 의무의 이행을 간접적으로 강제하는 행정상의 간접강제 수단에 해당한다(대판 2018.1.25. 2015두35116).

| 오답해설 | ① (○) 행정강제가 허용되는 경우에는 민사강제는 원칙적으로 허용될 수 없다. 따라서 행정대집행이 가능한 경우에는 행정청의 자력으로 의무이행을 강제하여야 한다. 〈판례〉 토지수용법(1999.2.8. 법률 제5909호로 개정되기 전의 것) 제18조의2 제2항에 위반하여 공작물을 축조하고 물건을 부가한 자에 대하여 관리청은 이러한 위반행위에 의하여 생긴 유형적 결과의 시정을 명하는 행정처분을 하여 이에 따르지 않는 경우에는 행정대집행의 방법으로 그 의무내용을 실현할 수 있는 것이고, 이러한 행정대집행의

절차가 인정되는 경우에는 따로 민사소송의 방법으로 공작물의 철거, 수거 등을 구할 수는 없다(대판 2000.5.1. 99다18909).

② (○) 대체적 작위의무에 경우에도 이행강제금을 부과할 수 있다는 것이 헌법재판소에 입장이다. 이에 「건축법」 등에 대체적 작위의무 불이행에 대해 행정대집행과 이행강제금을 규정하고 있어 이행강제금에도 의무를 이행하지 않는 경우에는 「행정대집행법」상의 계고가 가능하다.

⑤ (○) 〈판례〉「행정대집행법」상의 건물철거의무는 제1차 철거명령 및 계고처분으로서 발생하였고 제2차, 제3차의 계고처분은 새로운 철거의무를 부과한 것이 아니고 다만 대집행기한의 연기통지에 불과하므로 행정처분이 아니다(대판 1994.10.28. 94누5144).

| **5** | 행정법의 의의 > 법치행정 | 오답률 50% | 답 ③ |

| **정답해설** | ③ 50% (×) 군인이라 하여 재판청구를 하기에 앞서 반드시 군 내부에서의 사전절차를 거쳐야 하는 것은 아니라는 것이 대법원의 입장이다. 〈판례〉 나아가 관련 법령의 문언과 체계에 비추어 보면, 건의 제도의 취지는 위법 또는 오류의 의심이 있는 명령을 받은 부하가 명령 이행 전에 상관에게 명령권자의 과오나 오류에 대하여 자신의 의견을 제시할 수 있도록 함으로써 명령의 적법성과 타당성을 확보하고자 하는 것일 뿐 그것이 군인의 재판청구권 행사에 앞서 반드시 거쳐야 하는 군 내 사전절차로서의 의미를 갖는다고 보기 어렵다(대판 2018.3.22. 2012두26401).

| **오답해설** | ① 18% (○) 〈판례〉 이 사건 위임조항은 이 사건 제한조항에 따른 제재처분에 관하여 세부적으로 필요한 사항을 기획재정부령으로 정하도록 위임하고 있다. 그런데 제재처분의 본질적인 사항인 입찰참가자격 제한처분의 주체, 사유, 대상, 기간 및 내용 등은 이 사건 제한조항에서 이미 규정되어 있으므로, 이 사건 위임조항은 의회유보원칙에 위배되지 않는다(헌재 2017.8.31. 2015헌바388).

② 12% (○) 음주운전은 운전면허취소사유에 해당하고 음주운전에 따른 사망은 취소사유가 아닌 실효사유에 해당한다. 따라서 음주운전으로 인한 사망은 운전면허취소사유가 아니고, 또한 개인택시면허취소사유가 될 수 없다. 음주운전 사망을 이유로 개인택시면허의 취소는 위법하다. 〈판례〉 관할관청은 개인택시운송사업자의 운전면허가 취소된 때에 그의 개인택시운송사업면허를 취소할 수 있도록 규정되어 있을 뿐 그에게 운전면허 취소사유가 있다는 사유만으로 개인택시운송사업면허를 취소할 수 있도록 하는 규정은 없으므로, 관할관청으로서는 비록 개인택시운송사업자에게 운전면허 취소사유가 있다 하더라도 그로 인하여 운전면허 취소처분이 이루어지지 않은 이상 개인택시운송사업면허를 취소할 수는 없다(대판 2008.5.15. 2007두26001).

④ 16% (○) 〈판례〉 어떠한 사안이 국회가 형식적 법률로 스스로 규정하여야 하는 본질적 사항에 해당되는지는, 구체적 사례에서 관련된 이익 내지 가치의 중요성, 규제 또는 침해의 정도와 방법 등을 고려하여 개별적으로 결정하여야 하지만, 규율대상이 국민의 기본권 및 기본적 의무와 관련한 중요성을 가질수록 그리고 그에 관한 공개적 토론의 필요성 또는 상충하는 이익 사이의 조

정 필요성이 클수록, 그것이 국회의 법률에 의해 직접 규율될 필요성은 더 증대된다(대판 2015.8.20. 2012두23808).

⑤ 4% (○) 〈판례〉 건축행정청은 신청인의 건축계획상 하나의 대지로 삼으려고 하는 '하나 이상의 필지의 일부'가 관계 법령상 토지분할이 가능한 경우인지를 심사하여 토지분할이 관계 법령상 제한에 해당되어 명백히 불가능하다고 판단되는 경우에는 토지분할 조건부 건축허가를 거부하여야 한다(대판 2018.6.28. 2015두47737).

| **6** | 행정쟁송 > 항고소송 | 오답률 26% | 답 ② |

| **정답해설** | ② 74% (×) 행정소송의 대상은 재결에 고유한 위법이 있는 경우를 제외하고는 원칙적으로 원처분주의이다. 행정청의 해임처분에 대해 소청심사위원회의 정직 2개월의 변경재결은 재결에 고유한 위법이 있다고 볼 수 없다. 따라서 소송 대상은 변경된 당초 원처분으로서 행정청을 피고로 2개월의 처분이 소송 대상이 된다.

| **오답해설** | ① 4% (○) 대판 1994.1.25. 93누16901

③ 5% (○) 대판 1984.4.10. 84누91

④ 7% (○) 중앙토지수용위원회의 이의재결에 불복하는 경우에도 원칙적으로 원처분주의가 적용되어 수용재결이 소송 대상이 된다.

⑤ 10% (○) 대판 2018.7.12. 2017두65821

오답률 TOP 3

| **7** | 손실보상 > 잔여지수용청구 | 오답률 69% | 답 ① |

| **정답해설** | ① 31% (×) 「공익사업을 위한 토지 등의 취득 및 보상에 관한 법률」에 의하면 잔여지수용청구는 사업인정 이후에는 관할 토지수용위원회에 하여야 하는 것으로 규정하고 있다. 〈판례〉 잔여지수용청구의 의사표시는 관할 토지수용위원회에 하여야 하는 것으로서, 관할 토지수용위원회가 사업시행자에게 잔여지수용청구의 의사표시를 수령할 권한을 부여하였다고 인정할 만한 사정이 없는 한, 사업시행자에게 한 잔여지매수청구의 의사표시를 관할 토지수용위원회에 한 잔여지수용청구의 의사표시로 볼 수는 없다(대판 2010.8.19. 2008두822).

| **오답해설** | ② 0% (○) 〈판례〉 「하천법」 부칙의 규정에 의한 보상청구권의 소멸시효가 만료된 '하천구역 편입토지 보상에 관한 특별조치법」 제2조, 제6조의 각 규정들을 종합하면 … 위 규정들에 의한 손실보상금의 지급을 구하거나 손실보상청구권의 확인을 구하는 소송은 「행정소송법」 제3조 제2호 소정의 당사자소송에 의하여야 한다(대판 2006.5.18. 2004다6207).

③ 21% (○) 〈판례〉 토지소유자가 사업시행자로부터 공익사업법 제73조, 제75조의2에 따른 잔여지 또는 잔여 건축물 가격감소 등으로 인한 손실보상을 받기 위해서는 공익사업법 제34조, 제50조 등에 규정된 재결절차를 거친 다음 그 재결에 대하여 불복할 때 비로소 공익사업법 제83조 내지 제85조에 따라 권리구제를 받을 수 있을 뿐이며, 특별한 사정이 없는 한 이러한 재결절차를 거치지 않은 채 곧바로 사업시행자를 상대로 손실보상을 청구하는 것은 허용되지 않는다 할 것이고, 이는 잔여지 또는 잔여 건축물 수용청구에 대한 재결절차를 거친 경우라고 하여 달리 볼 것은 아니다(대판 2014.9.25. 2012두24092).

④ 27% (○) 〈판례〉 한국토지주택공사가 택지개발사업의 시행자로서 택지개발예정지구 공람공고일 이전부터 영업 등을 행한 자 등 일정 기준을 충족하는 손실보상 대상자들에 대하여 생활대책을 수립·시행하였는데, 직권으로 甲 등이 생활대책대상자에 해당하지 않는다는 결정을 하고, 甲 등의 이의신청에 대하여 재심사 결과로도 생활대책대상자로 선정되지 않았다는 통보를 한 사안에서 … 단순히 한국토지주택공사의 업무처리의 적정 및 갑 등의 편의를 위한 조치에 불과한 것이 아니라 별도의 의사결정과정과 절차를 거쳐 이루어진 독립한 행정처분으로서 항고소송에 해당한다(대판 2016.7.14. 2015두58645).

⑤ 21% (○) 대판 2012.12.13. 2010두12842

8 행정행위 > 행정행위의 내용 오답률 57% 답 ②

| 정답해설 | ㄱ. (○) 사립학교임원취임승인은 학교의 임원선임의 법률행위에 대한 보충행위로서 인가에 해당한다.

ㄹ. (○) 가행정행위는 종국적인 행정 이전에 행정의 공백을 방지하기 위한 임시적 효력의 행정행위로서 행정행위의 하나이다. 따라서 불복에 있어서 항고소송 대상이 된다(공무원의 직위해제 등).

| 오답해설 | ㄴ. (×) 공유수면매립허가, 보세구역의 설치·운영에 관한 특허는 강학상 설권행위인 특허이다. 하지만 특허기업의 사업양도허가는 강학상 인가에 해당한다. 〈판례〉 공유수면매립면허는 설권행위인 특허의 성질을 갖는 것이므로 원칙적으로 행정청의 자유재량에 속하며, 일단 실효된 공유수면매립면허의 효력을 회복시키는 행위도 특단의 사정이 없는 한 새로운 면허부여와 같이 면허관청의 자유재량에 속한다고 할 것이므로 … (대판 1989.9.12. 88누9206) 〈판례〉「관세법」제78조 소정의 보세구역의 설영특허는 보세구역의 설치, 경영에 관한 권리를 설정하는 이른바 공기업의 특허로서 그 특허의 부여 여부는 행정청의 자유재량에 속하며, 특허기간이 만료된 때에 특허는 당연히 실효되는 것이어서 특허기간의 갱신은 실질적으로 권리의 설정과 같으므로 그 갱신 여부도 특허관청의 자유재량에 속한다(대판 1989.5.9. 88누4188).

ㄷ. (×) 〈판례〉「문화재보호법」(현「문화재보존법」) 제13조 제2항 소정의 중요문화재 가지정의 효력발생요건인 통지는 행정처분을 상대방에게 표시하는 것으로서 상대방이 인식할 수 있는 상태에 둠으로써 족하고, 객관적으로 보아서 행정처분으로 인식할 수 있도록 고지하면 되는 것이다(대판 2003.7.22. 2003두513).

ㅁ. (×) 〈판례〉 그러므로 구「도시 및 주거환경정비법」상 재개발조합설립인가신청에 대하여 행정청의 조합설립인가처분이 있은 이후에는, 조합설립동의에 하자가 있음을 이유로 재개발조합설립의 효력을 부정하려면 항고소송으로 조합설립인가처분의 효력을 다투어야 한다(대판 2010.1.28. 2009두4845).

9 행정상 법률요건과 법률사실 > 사인의 공법행위 오답률 40% 답 ①

| 정답해설 | ① 60% (×) 인·허가 의제로서의 건축신고는 실체적 요건심사를 통해 수리 여부를 결정하는 신고에 해당된다. 〈판례〉

「건축법」에서 인·허가 의제제도를 둔 취지는 … 따라서 인·허가의제 효과를 수반하는 건축신고는 일반적인 건축신고와는 달리, 특별한 사정이 없는 한 행정청이 그 실체적 요건에 관한 심사를 한 후 수리하여야 하는 이른바 '수리를 요하는 신고'로 보는 것이 옳다(대판 2011.1.20. 2010두14954).

| 오답해설 | ② 3% (○) 〈판례〉 정보통신매체를 이용하여 학습비를 받고 불특정 다수인에게 원격평생교육을 실시하기 위해 구「평생교육법」제22조 등에서 정한 형식적 요건을 모두 갖추어 신고한 경우, 행정청이 실체적 사유를 들어 신고 수리를 거부할 수 없다(대판 2011.7.28. 2005두11784).

③ 7% (○) 대판 2015.11.19. 2015두295

④ 25% (○)「건축법」제14조 제3항에 "특별자치시장·특별자치도지사 또는 시장·군수·구청장은 제1항에 따른 신고를 받은 날부터 5일 이내에 신고수리 여부 또는 민원 처리 관련 법령에 따른 처리기간의 연장 여부를 신고인에게 통지하여야 한다. 다만, 이 법 또는 다른 법령에 따라 심의, 동의, 협의, 확인 등이 필요한 경우에는 20일 이내에 통지하여야 한다."고 규정되어 있다.

⑤ 5% (○) 대판 2011.9.8. 2009두6766

10 행정쟁송 > 항고소송의 대상 오답률 12% 답 ⑤

| 정답해설 | ⑤ 88% (○) 〈판례〉 그런데 임용권자 등이 자의적인 이유로 승진후보자 명부에 포함된 후보자를 승진임용에서 제외하는 처분을 한 경우에, 이러한 승진임용제외처분을 항고소송의 대상이 되는 처분으로 보지 않는다면, 달리 이에 대하여는 불복하여 침해된 권리 또는 법률상 이익을 구제받을 방법이 없다. 따라서「교육공무원법」상 승진후보자 명부에 의한 승진심사 방식으로 행해지는 승진임용에서 승진후보자 명부에 포함되어 있던 후보자를 승진임용인사발령에서 제외하는 행위는 불이익처분으로서 항고소송의 대상인 처분에 해당한다고 보아야 한다(대판 2018.3.27. 2015두47492).

| 오답해설 | ① 5% (×) 〈판례〉 소관청이 토지대장상의 소유자명의변경신청을 거부한 행위는 이를 항고소송의 대상이 되는 행정처분이라고 할 수 없다(대판 2012.1.12. 2010두12354).

② 3% (×) 〈판례〉 서울특별시지하철공사의 … 소속직원에 대한 징계처분을 한 경우 위 사장은「행정소송법」제13조 제1항 본문과 제2조 제2항 소정의 행정청에 해당되지 않으므로 공권력발동 주체로서 위 징계처분을 행한 것으로 볼 수 없고, 따라서 이에 대한 불복절차는 민사소송에 의할 것이지 행정소송에 의할 수는 없다(대판 1989.9.12. 89누2103).

③ 2% (×) 〈판례〉 관할관청이 무허가건물의 무허가건물관리대장 등재 요건에 관한 오류를 바로 잡으면서 당해 무허가건물을 무허가건물관리대장에서 삭제하는 행위는 다른 특별한 사정이 없는 한 항고소송의 대상이 되는 행정처분이 아니다(대판 2009.3.12. 2008두11525).

④ 2% (×) 〈판례〉 각 군 참모총장이 수당지급대상자 결정절차에 대하여 수당지급대상자를 추천하거나 신청자 중 일부를 추천하지 아니하는 행위는 행정기관 상호 간의 내부적인 의사결정과정의 하나일 뿐 그 자체만으로는 직접적으로 국민의 권리·의무가 설정·변경·박탈되거나 그 범위가 확정되는 등 기존의 권리상태에 어떤 변동을 가져오는 것이 아니므로 이를 항고소송의 대상이 되는 처분이라고 할 수는 없다(대판 2009.12.10. 2009두14231).

---

11 행정쟁송 > 행정심판   오답률 65%   답 ①

| 정답해설 | ① 35% (×) 인용재결은 피청구인과 관계행정청을 기속하는 효력을 갖는다. 청구인을 구속하는 효력이 아니다. 〈법령〉 「행정심판법」 제49조(재결의 기속력 등) ❶ 심판청구를 인용하는 재결은 피청구인과 그 밖의 관계 행정청을 기속(羈束)한다.

| 오답해설 | ② 5% (○) 「행정심판법」 제49조 제2항
③ 7% (○) 동법 제46조 제1항·제3항
④ 39% (○) 동법 제48조 제4항
⑤ 14% (○) 동법 제43조 제5항

---

12 국가행정조직법 > 권한의 위임·위탁   오답률 40%   답 ④

| 정답해설 | ④ 60% (×) 「국가배상법」상의 배상주체는 국가와 지방자치단체에 해당한다. 따라서 한국토지공사는 영조물법인으로서 국가나 지방자치단체에 해당하지 않아 「국가배상법」 제2조의 공무원에 해당될 수 없다. 〈판례〉 한국토지공사는 이러한 법령의 위탁에 의하여 대집행을 수권받은 자로서 공무인 대집행을 실시함에 따르는 권리·의무 및 책임이 귀속되는 행정주체의 지위에 있다고 볼 것이지 지방자치단체 등의 기관으로서 「국가배상법」 제2조 소정의 공무원에 해당한다고 볼 것은 아니다(대판 2010.1.28. 2007다82950, 82967).

| 오답해설 | ① 7% (○) 권한의 위임은 법률이 정한 권한배분을 행정기관이 다시 변경하여 조정하는 것이다. 따라서 법적 근거가 있어야 한다.

② 3% (○) 내부위임은 실질적으로 하급 행정기관이 상급 위임기관의 명의로 행정권을 행사하여 상급 위임기관이 행위로 귀속되는 것으로 명목상 행정권한의 변경을 가져오는 것은 아니다.

③ 23% (○) 기관위임사무는 원칙적으로 지방자치단체의 조례에 의하여 재위임될 수 없다. 〈판례〉 영업정지 등 처분에 관한 사무는 국가사무로서 지방자치단체의 장에게 위임된 이른바 기관위임사무에 해당하므로 시·도지사가 지방자치단체의 조례에 의하여 이를 구청장 등에게 재위임할 수는 없고 「행정권한의 위임 및 위탁에 관한 규정」 제4조에 의하여 위임기관의 장의 승인을 얻은 후 지방자치단체의 장이 제정한 규칙이 정하는 바에 따라 재위임하는 것만이 가능하다(대판 1995.7.11. 94누4615).

⑤ 7% (○) 〈판례〉 원천징수하는 소득세에 있어서는 납세의무자의 신고나 과세관청의 부과결정이 없이 법령이 정하는 바에 따라 그 세액이 자동적으로 확정되고, 원천징수의무자는 「소득세법」

제142조 및 제143조의 규정에 의하여 이와 같이 자동적으로 확정되는 세액을 수급자로부터 징수하여 과세관청에 납부하여야 할 의무를 부담하고 있으므로, 원천징수의무자가 비록 과세관청과 같은 행정청이더라도 그의 원천징수행위는 법령에서 규정된 징수 및 납부의무를 이행하기 위한 것에 불과한 것이지, 공권력의 행사로서의 행정처분을 한 경우에 해당되지 아니한다(대판 1990.3.23. 89누4789).

---

13 행정소송 > 행정소송의 원고적격   오답률 19%   답 ⑤

| 정답해설 | ⑤ 81% (×) 건축물의 사용검사처분은 이미 건축이 완공된 이후에 이루어지는 처분이다. 원칙적으로 법률상의 이익을 부정한다. 또한 입주자들은 민사소송을 통한 하자보수 등의 구제가 가능하여 행정소송의 원고적격을 인정하지 않는다는 것이 대법원의 입장이다. 〈판례〉 입주자나 입주예정자들은 사용검사처분의 무효확인을 받거나 처분을 취소하지 않고도 민사소송 등을 통하여 분양계약에 따른 법률관계 및 하자 등을 주장·증명함으로써 사업주체 등으로부터 하자의 제거·보완 등에 관한 권리구제를 받을 수 있으므로, 사용검사처분의 무효확인 또는 취소 여부에 의하여 법률적인 지위가 달라진다고 할 수 없다(대판 2015.1.29. 2013두24976).

| 오답해설 | ① 2% (○) 〈판례〉 건축협의취소는 상대방이 다른 지방자치단체 등 행정주체라 하더라도 '행정청이 행하는 구체적 사실에 관한 법집행으로서의 공권력 행사'(「행정소송법」 제2조 제1항 제1호)로서 처분에 해당한다고 볼 수 있고, 지방자치단체인 원고가 이를 다툴 실효적 해결 수단이 없는 이상, 원고는 건축물 소재지 관할 허가권자인 지방자치단체의 장을 상대로 항고소송을 통해 건축협의취소의 취소를 구할 수 있다(대판 2014.2.27. 2012두22980).

② 3% (○) 〈판례〉 구속된 피고인이 사전에 접견신청한 자와의 접견을 원하지 않는다는 의사표시를 하였다는 등의 특별한 사정이 없는 한 구속된 피고인은 교도소장의 접견허가거부처분으로 인하여 자신의 접견권이 침해되었음을 주장하여 위 거부처분의 취소를 구할 원고적격을 가진다(대판 1992.5.8. 91누7552).

③ 14% (○) 〈판례〉 미얀마 국적의 甲이 위명(僞名)인 '乙' 명의의 여권으로 대한민국에 입국한 뒤 乙 명의로 난민 신청을 하였으나 법무부장관이 乙 명의를 사용한 甲을 직접 면담하여 조사한 후 甲에 대하여 난민불인정 처분을 한 사안에서, 처분의 상대방은 허무인이 아니라 '乙'이라는 위명을 사용한 甲이라는 이유로, 甲이 처분의 취소를 구할 법률상 이익이 있다(대판 2017.3.9. 2013두16852).

④ 0% (○) 〈판례〉 국민권익위원회가 소방청장에게 인사와 관련하여 부당한 지시를 한 사실이 인정된다며 이를 취소할 것을 요구하기로 의결하고 그 내용을 통지한 것에 대하여 소방청장으로서는 조치요구의 취소를 구하는 항고소송을 제기하는 것이 유효·적절한 수단으로 볼 수 있으므로 소방청장은 예외적으로 당사자능력과 원고적격을 가진다(대판 2018.8.1. 2014두35379).

| **14** 손해전보 > 국가배상 | 오답률 47% | 답 ② |

| 정답해설 | ㄷ. (○) 〈판례〉 대법원은 경남도지사의 지방의료원 폐업결정사건과 관련하여 다음과 같이 판결하였다. 「국가배상법」 제2조 제1항은 "국가나 지방자치단체는 공무원 또는 공무를 위탁받은 사인(이하 '공무원'이라고 한다)이 직무를 집행하면서 고의 또는 과실로 법령을 위반하여 타인에게 손해를 입히거나, 「자동차손해배상보장법」에 따라 손해배상의 책임이 있을 때에는 이 법에 따라 그 손해를 배상하여야 한다."라고 규정하고 있다. 따라서 국가배상책임이 성립하기 위해서는 공무원의 직무집행이 위법하다는 점만으로는 부족하고, 그로 인해 타인의 권리·이익이 침해되어 구체적 손해가 발생하여야 한다(대판 2016.8.30. 2015두60617).

| 오답해설 | ㄱ. (×) 〈판례〉 공무원에게 부여된 직무가 공공의 일반 이익을 위한 경우나, 행정내부질서유지 목적인 경우에는 국가배상의 요건을 충족하지 못한다. 공무원의 직무는 전적이든 부수적이든 개인의 이익과 안전을 보호할 목적의 직무이어야 한다(대판 2003.4.25. 2001다59842).

ㄴ. (×) 〈판례〉 하위 지방자치단체장을 보조하는 그 지방자치단체 소속 공무원이 위임사무를 처리하면서 고의 또는 과실로 타인에게 손해를 가하거나 위임사무로 설치·관리하는 영조물의 하자로 타인에게 손해를 발생하게 한 경우에는 권한을 위임한 상위 지방자치단체가 그 손해배상책임을 진다. 이 사건 도로에 사고 전날부터 사고 당시까지 자갈더미가 적치되어 있었고 그것이 사고 발생의 한 원인이 되었으므로 이 사건 도로는 그 용도에 따라 통상 갖추어야 할 안전성을 갖추지 못한 상태에 있었다고 보아야 한다. 해당 도로의 구조, 장소적 환경과 이용상황, 자갈더미가 적치되어 있던 시간 등에 비추어 보면 이 사건 도로의 안전상의 결함이 이 사건 도로를 점유·관리하고 있는 피고 서울특별시의 관리행위가 미칠 수 없는 상황 아래 있었다고 보기도 어렵다. 따라서 영조물인 이 사건 도로의 설치나 관리에 하자가 있었다고 보아야 한다(대판 2017.9.21. 2017다223538).

ㄹ. (×) 〈판례〉 유흥주점에 감금된 채 윤락을 강요받으며 생활하던 여종업원들이 유흥주점에 화재가 났을 때 미처 피신하지 못하고 유독가스에 질식해 사망한 사안에서, 소방공무원이 위 유흥주점에 대하여 화재 발생 전 실시한 소방점검 등에서 구 「소방법」상 방염 규정 위반에 대한 시정조치 및 화재 발생 시 대피에 장애가 되는 잠금장치의 제거 등 시정조치를 명하지 않은 직무상 의무 위반은 현저히 불합리한 경우에 해당하여 위법하고, 이러한 직무상 의무 위반과 위 사망의 결과 사이에 상당 인과관계가 존재한다(대판 2008.4.10. 2005다48994).

| **15** 행정정보공개와 개인정보보호 > 정보공개 | 답 ②④ |

※이 문항은 복수 정답 처리되어, 선택률 정보를 기재하지 않았습니다.

| 정답해설 | ② (○) 「공공기관의 정보공개에 관한 법률 시행령」에 의하면 국내에 일정한 주소를 두고 거주하거나 학술·연구를 위하여 일시적으로 체류하는 사람이나 국내에 사무소를 두고 있는 법인 또는 단체는 정보공개청구를 할 수 있다. 또한 한국방송공사는 「공공기관의 정보공개에 관한 법률」상의 공공기관에 해당하며, 정보공개청구의 목적은 상대방을 괴롭힐 목적만 아니라면 제한이 없으므로 국내에 일정한 주소를 두고 있는 외국인은 한국방송공사에 정보공개청구권을 갖는다.

④ (○) 정보공개위원회는 행정안전부장관 소속이다. 〈법령〉 「공공기관의 정보공개에 관한 법률」 제22조(정보공개위원회의 설치) 다음 각 호의 사항을 심의·조정하기 위하여 행정안전부장관 소속으로 정보공개위원회(이하 '위원회'라 한다)를 둔다.
1. 정보공개에 관한 정책 수립 및 제도 개선에 관한 사항

| 오답해설 | ① (×) 국회는 정보공개의무가 있는 공공기관에 해당되며 「국회정보규칙」에 의하면 「공공기관의 정보공개에 관한 법률」에서 위임된 사항과 그 시행에 관하여 필요한 사항을 규정함을 목적으로 한다고 규정하고 있으므로 「공공기관의 정보공개에 관한 법률」이 원칙적으로 적용된다.

③ (×) 〈판례〉 '독립유공자서훈 공적심사위원회의 심의·의결 과정 및 그 내용을 기재한 회의록'은 「공공기관의 정보공개에 관한 법률」 제9조 제1항 제5호에서 정한 '공개될 경우 업무의 공정한 수행에 현저한 지장을 초래한다고 인정할 만한 상당한 이유가 있는 정보'에 속하므로 비공개정보에 해당한다(대판 2014.7.24. 2013두20301).

⑤ (×) 〈법령〉 「공공기관의 정보공개에 관한 법률」 제26조(국회에의 보고) ❶ 행정안전부장관은 전년도의 정보공개 운영에 관한 보고서를 매년 정기국회 개회 전까지 국회에 제출하여야 한다.

오답률 TOP1

| **16** 자치행정조직법 > 지방자치 | 오답률 76% | 답 ⑤ |

| 정답해설 | ⑤ 24% (×) 지방의원이 지방의회와 관련 없는 하부 집행기관의 권한을 제약하는 것은 허용할 수 없다는 것이 대법원의 입장이다. 〈판례〉 광주직할시 서구 동정자문위원회조례 중 개정조례안 중 동정자치위원회를 구성하는 위원의 위촉과 해촉에 관한 권한을 동장에게 부여하면서 그 위촉과 해촉에 있어서 당해 지역구의원과 협의하도록 한 규정은 … 이는 구의회의 본회의 또는 위원회의 활동과 관련 없이 구의원 개인에게 하부 집행기관의 사무집행에 관여하도록 함으로써 하부 집행기관의 권능을 제약한 것에 다름 아니므로, 이러한 규정은 법이 정한 의결기관과 집행기관 사이의 권한분리 및 배분의 취지에 위반되는 위법한 규정이라고 볼 수밖에 없다(대판 1992.7.28. 92추31).

| 오답해설 | ① 7% (○) 대판 2012.11.29. 2011추87
② 17% (○) 대판 2009.9.24. 2009추53
③ 39% (○) 대판 2001.2.23. 2000추67
④ 13% (○) 대판 2011.2.10. 2010추11

17 행정행위 > 행정행위의 하자 오답률 65% 답 ①

| 정답해설 | ① 35% (○) 〈판례〉소득금액변동통지와 징수처분은 하자가 승계되지 않는다(대판 2012.1.26. 2009두14439).

| 오답해설 | ② 16% (×) 토지구획정리사업의 시행인가처분과 환지청산금 부과처분은 하자가 승계되지 않는다. 〈판례〉사업시행자의 자격이나 토지소유자의 동의 여부 및 특정 토지의 사업지구 편입 등에 하자가 있다고 주장하는 토지소유자 등은 시행인가 단계에서 그 하자를 다투었어야 하며, 시행인가처분에 명백하고도 중대한 하자가 있어 당연 무효라고 볼 특별한 사정이 없는 한, 사업시행 후 시행인가처분의 하자를 이유로 환지청산금 부과처분의 효력을 다툴 수는 없다(대판 2004.10.14. 2002두424).

③ 19% (×) 〈판례〉선행처분인 위 운수권배분 실효처분 및 노선면허거부처분에 대하여 이미 불가쟁력이 생겨 그 효력을 다툴 수 없게 된 이상 그에 위법사유가 있더라도 그것이 당연무효 사유가 아닌 한 그 하자가 후행처분인 이 사건 노선면허처분에 승계된다고 할 수 없다(대판 2004.11.26. 2003두3123).

④ 23% (×) 하자의 치유로 상대방 등에게 침해를 가하는 경우에는 치유를 허용할 수 없다. 이 사안은 개별공시지가의 하자치유를 인정하게 되면, 이미 개발부담금의 납기가 경과하여 가산금을 부과 받게 되는 침해가 발생되니 치유를 인정할 수 없다는 것이 대법원의 입장이다. 〈판례〉선행처분인 개별공시지가결정이 위법하여 그에 기초한 개발부담금 부과처분도 위법하게 된 경우 그 하자의 치유를 인정하면 개발부담금 납부의무자로서는 위법한 처분에 대한 가산금 납부의무를 부담하게 되는 등 불이익이 있을 수 있으므로, 그 후 적법한 절차를 거쳐 공시된 개별공시지가결정이 종전의 위법한 공시지가결정과 그 내용이 동일하다는 사정만으로는 위법한 개별공시지가결정에 기초한 개발부담금 부과처분이 적법하게 된다고 볼 수 없다(대판 2001.6.26. 99두11592).

⑤ 7% (×) 〈판례〉후행처분인 대집행비용납부명령의 취소를 청구하는 소송에서 청구원인으로 선행처분인 계고처분이 위법한 것이기 때문에 그 계고처분을 전제로 행하여진 대집행비용납부명령도 위법한 것이라는 주장을 할 수 있다(대판 1993.11.9. 93누14271).

18 급부행정법 > 공물법 오답률 43% 답 ④

| 정답해설 | ④ 57% (×) 〈판례〉주민소송제도는 지방자치단체 주민이 지방자치단체의 위법한 재무회계행위의 방지 또는 시정을 구하거나 그로 인한 손해의 회복청구를 요구할 수 있도록 함으로써 지방자치단체의 재무행정의 적법성과 지방재정의 건전하고 적정한 운영을 확보하려는 데 목적이 있다. … 특히 도로 등 공물이나 공공용물을 특정 사인이 배타적으로 사용하도록 하는 점용허가가 도로 등의 본래 기능 및 목적과 무관하게 그 사용가치를 실현·활용하기 위한 것으로 평가되는 경우에는 주민소송의 대상이 되는 재산의 관리·처분에 해당한다(대판 2016.5.27. 2014두8490).

| 오답해설 | ① 22% (○) 대판 2006.12.22. 2004다68311·68328

② 9% (○) 〈판례〉이 사건 토지에 관하여 도로구역의 결정, 고시 등의 공물지정행위는 있었지만 아직 도로의 형태를 갖추지 못하여 완전한 공공용물이 성립되었다고는 할 수 없으므로 일종의 예정공물이라고 볼 수 있는데 … 이와 같은 경우에는 예정공물인 토지도 일종의 행정재산인 공공용물에 준하여 취급하는 것이 타당하다고 할 것이므로 구「국유재산법」제5조 제2항이 준용되어 시효취득의 대상이 될 수 없다(대판 1994.5.10. 93다23442).

③ 4% (○) 대판 1994.8.12. 94다12593

⑤ 8% (○) 대판 2005.11.25. 2003두7194

19 행정행위 > 부관 오답률 74% 답 ③

| 정답해설 | ③ 26% (×) 기속(또는 기속재량)에 부관을 붙인 처분은 무효에 해당한다. 부관이 무효인 경우 본체에 영향이 있는지에 대해 통설은 무효인 부관이 주된 행정행위의 본질적인 부분인 경우, 다시 말해 부관을 붙이지 않았다면 주된 행정행위를 하지 않았을 것이라고 판단되는 경우에는 주된 행정행위도 무효라고 본다(박균성─「행정법론」). 따라서 부관의 무효 여부는 주된 행정행위의 효력과 상관이 없다는 주장이 있을 수 있으나, 부관이 중요한 경우에는 주된 행정행위에 영향을 줄 수 있어, 일반적으로 영향이 없다거나 일반적으로 영향을 준다는 말은 맞지 않는 문장이다. 판례도 그러한 취지의 입장이다(해당 문제에 정답이 없다는 주장이 있으나, 본 편저자의 사견은 학자의 견해와 판례에 입장을 토대로 ③이 옳지 않은 정답이라 판단한다). 〈판례〉기속행위 내지 기속적 재량행위 행정처분에 부담인 부관을 붙인 경우 일반적으로 그 부관은 무효라 할 것이고 그 부관의 무효화에 의하여 본체인 행정처분 자체의 효력에도 영향이 있게 될 수는 있지만, 그러한 사유는 그 처분을 받은 사람이 그 부담의 이행으로서의 증여의 의사표시를 하게 된 동기 내지 연유로 작용하였을 뿐이므로 취소사유가 될 수 있음은 별론으로 하여도 그 의사표시 자체를 당연히 무효화하는 것은 아니다(대판 1998.12.22. 98다51305).

| 오답해설 | ① 12% (○) 공유수면매립준공인가 중 매립지 일부에 대하여 한 국가귀속처분은 법률효과 일부 배제에 해당되는 부관이라서 독립된 소송 대상이 될 수 없다. 〈판례〉행정청이 한 공유수면매립준공인가 중 매립지 일부에 대하여 한 국가귀속처분은 매립준공인가를 함에 있어서 매립의 면허를 받은 자의 매립지에 대한 소유권 취득을 규정한 「공유수면매립법」제14조의 효과 일부를 배제하는 부관을 붙인 것이므로 이러한 행정행위의 부관에 대하여는 독립하여 행정소송의 대상으로 삼을 수 없다(대판 1993.10.8. 90누8503).

② 46% (○) 〈판례〉식품제조영업 허가기준고시는 법규명령의 성질로서 이에 붙은 제한의 조건은 법정부관이다. 따라서 부관이 아니므로 부관의 한계가 동일하게 적용될 수 없다(대판 1994.3.8. 92누1728).

④ 14% (○) 부관이 부담이 무효인 경우, 이를 이행한 사법상의 법률행위는 이에 구속되지 않아, 부담의 무효를 이유로 사법상의 매매 등을 무효라 할 수 없다. 〈판례〉행정처분에 붙인 부담인 부관이 무효가 되면 그 부담의 이행으로 한 사법상 법률행위도 당연히 무효가 되는 것은 아니다(대판 2009.6.25. 2006다18174).

⑤ 2% (○) 대판 2001.6.15. 99두509

20 행정쟁송 > 기속력　　　오답률 50%　답 ④

| **정답해설** | ④ 50% (×) 거부처분은 정당한 신청권을 전제로 이루어지는 것으로서, 당초 신청에 대한 거부와 달리 사유를 추가한 재거부는 신청 없이 이루어진 거부로서 무효에 해당한다. 〈판례〉 이른바 신청에 의한 처분의 경우에는 신청에 대하여 일단 거부처분이 행해지면 그 거부처분이 적법한 절차에 의하여 취소되지 않는 한, 사유를 추가하여 거부처분을 반복하는 것은 존재하지도 않는 신청에 대한 거부처분으로서 당연무효이다(대판 1999.12.28. 98두1895).

| **오답해설** | ① 2% (○) 절차상의 하자에 따른 인용판결은 기속력을 갖지 못한다. 따라서 종전의 무효인 처분과 상관없이 다시 절차를 갖추어 동일한 처분을 하더라도 이는 새로운 처분으로서 기속력에 저촉되지 않는다.

② 9% (○) 〈판례〉 고양시장이 甲 주식회사의 공동주택 건립을 위한 주택건설사업계획승인 신청에 대하여 미디어밸리 조성을 위한 시가화예정 지역이라는 이유로 거부하자, 甲 회사가 거부처분의 취소를 구하는 소송을 제기하여 승소판결을 받았고 위 판결이 그대로 확정되었는데, 이후 고양시장이 해당 토지 일대가 개발행위허가 제한지역으로 지정되었다는 이유로 다시 거부하는 처분을 한 경우, 재거부처분은 종전 거부처분 후 해당 토지 일대가 개발행위허가 제한지역으로 지정되었다는 새로운 사실을 사유로 하는 것으로, 이는 종전 거부처분 사유와 내용상 기초가 되는 구체적인 사실관계가 달라 기본적 사실관계가 동일하다고 볼 수 없으므로 「행정소송법」 제30조 제2항에서 정한 재처분에 해당하고 종전 거부처분을 취소한 확정판결의 기속력에 반하는 것은 아니다(대판 2011.10.27. 2011두14401).

③ 22% (○) 제3자효 행정처분에서 신청에 대한 처분이 절차위반으로 판결로서 취소되면 행정청은 이전신청에 대해 절차를 준수하여 재처분을 하여야 한다(「행정소송법」 제30조 제2항·제3항).

⑤ 17% (○) 사실심 이후에 발생한 사실 등은 기판력에 저촉되지 않는 새로운 사유에 해당한다. 이를 이유로 동일한 거부를 하여도 기판력이나 기속력에 반하지 않는다. 〈판례〉 「행정소송법」 제30조 제2항에 의하면, 행정청의 거부처분을 취소하는 판결이 확정된 경우에는 그 처분을 행한 행정청은 판결의 취지에 따라 이전의 신청에 대하여 재처분할 의무가 있고, 이 경우 확정판결의 당사자인 처분 행정청은 그 행정소송의 사실심 변론종결 이후 발생한 새로운 사유를 내세워 다시 이전의 신청에 대하여 거부처분을 할 수 있으며, 그러한 처분도 이 조항에 규정된 재처분에 해당한다(대판 1999.12.28. 98두1895).

21 「행정기본법」과 「행정절차법」 > 처분절차　　오답률 50%　답 ②

| **정답해설** | ② 50% (×) 〈판례〉 의원면직처분에 대하여 소청심사청구를 한 결과 소청심사위원회가 의원면직처분의 전제가 된 사의표시에 절차상 하자가 있다는 이유로 의원면직처분을 취소하는 결정을 하였다고 하더라도, 그 효력은 의원면직처분을 취소하여 당해 공무원으로 하여금 공무원으로서의 신분을 유지하게 하는 것에 그

치고, 이 때 당해 공무원이 「국가공무원법」 제78조 제1항 각 호에 정한 징계사유에 해당하는 이상 같은 항에 따라 징계권자로서는 반드시 징계절차를 열어 징계처분을 하여야 하므로, 이러한 징계절차는 소청심사위원회의 의원면직처분취소 결정과는 별개의 절차로서 여기에 「국가공무원법」 제14조 제6항에 정한 불이익변경금지의 원칙이 적용될 여지는 없다(대판 2008.10.9. 2008두11853, 11860).

| **오답해설** | ① 21% (○) 〈판례〉 정규공무원으로 임용된 사람에게 시보임용처분 당시 「지방공무원법」 제31조 제4호에 정한 공무원임용 결격사유가 있어 시보임용처분을 취소하고 그에 따라 정규임용처분을 취소한 사안에서, 정규임용처분을 취소하는 처분은 성질상 행정절차를 거치는 것이 불필요하여 「행정절차법」의 적용이 배제되는 경우에 해당하지 않으므로, 그 처분을 하면서 사전통지를 하거나 의견제출의 기회를 부여하지 않은 것은 위법하다(대판 2009.1.30. 2008두16155).

③ 0%, ④ 12% (○) 대판 2007.9.21. 2006두20631

⑤ 17% (○) 〈판례〉 구 「군인사법」상 보직해임처분은 구 「행정절차법」 제3조 제2항 제9호, 같은 법 시행령 제2조 제3호에 의하여 당해 행정작용의 성질상 행정절차를 거치기 곤란하거나 불필요하다고 인정되는 사항 또는 행정절차에 준하는 절차를 거친 사항에 해당하므로, 처분의 근거와 이유제시 등에 관한 구 「행정절차법」의 규정이 별도로 적용되지 아니한다고 봄이 상당하다(대판 2014.10.15. 2012두5756).

22 행정쟁송 > 제소기간　　　오답률 33%　답 ④

| **정답해설** | ④ 67% (×) 소극적 처분(거부처분)은 행정처분으로서 처분이 있음을 안 날로부터 90일 이내에 의무이행심판을 청구하지만, 신청에 대한 부작위는 처분이 존재하지 않아 '처분이 있음을 안 날'이 없다. 따라서 심판청구기간에 제한이 없다(「행정심판법」 제27조 제7항).

| **오답해설** | ① 7% (○) 제소기간의 규정은 행정의 상대방은 물론이고, 수익적 처분으로 침해를 받는 제3자의 경우에도 원칙적으로 동일하게 적용된다.

② 4% (○) 부작위에 대한 부작위위법확인소송은 처분이 존재하지 않아, 행정심판을 전치한 경우가 아닌 한 제소기간이 적용되지 않는다. 〈판례〉 부작위위법확인의 소는 부작위상태가 계속되는 한 그 위법의 확인을 구할 이익이 있다고 보아야 하므로 원칙적으로 제소기간의 제한을 받지 않는다. 그러나 「행정소송법」 제38조 제2항이 제소기간을 규정한 같은 법 제20조를 부작위위법확인소송에 준용하고 있는 점에 비추어 보면, 행정심판 등 전심절차를 거친 경우에는 「행정소송법」 제20조가 정한 제소기간 내에 부작위위법확인의 소를 제기하여야 한다(대판 2009.7.23. 2008두10560).

③ 17% (○) 대판 2009.7.23. 2008두10560

⑤ 5% (○) 대판 1987.6.9. 87누219

자의 손해 사이에는 상당 인과관계가 있다고 봄이 상당하고, 국가는 「국가배상법」에 의하여 그 손해에 대하여 배상할 책임이 있다(대판 2009.7.23. 2006다87798).

23　손해전보 > 국가배상　오답률 12%　답 ③

| **정답해설** | ③ 88% (×) 「국가배상법」 제2조의 단서규정은 보상을 받으면 배상을 받을 수 없다는 규정일 뿐, 배상을 먼저 받았다는 이유로 보훈급여 등의 보상을 받을 수 없다는 규정은 아니라서 보훈급여신청에 대한 거부는 위법이라는 것이 대법원의 입장이다. 〈판례〉「국가배상법」 제2조 제1항 단서가 명시적으로 '다른 법령에 따라 보상을 지급받을 수 있을 때에는 「국가배상법」 등에 따른 손해배상을 청구할 수 없다'고 규정하고 있는 것과 달리 「보훈보상자법」은 「국가배상법」에 따른 손해배상금을 지급받은 자를 보상금 등 보훈급여금의 지급대상에서 제외하는 규정을 두고 있지 않은 점 등에 비추어, 국가보훈처장은 「국가배상법」에 따라 손해배상을 받았다는 사정을 들어 보상금 등 보훈급여금의 지급을 거부할 수 없다(대판 2017.2.3. 2015두60075).

| **오답해설** | ① 2% (○) 공무수탁사인은 물론이고 그 공무의 위탁이 일시적이고 한정적인 사항에 관한 활동을 위한 것이라도 공무원에 해당한다고 대법원은 인정하고 있다.

② 7% 〈법령〉「국가배상법」 제2조(배상책임) ❶ 국가나 지방자치단체는 공무원 또는 공무를 위탁받은 사인(이하 '공무원'이라 한다)이 직무를 집행하면서 고의 또는 과실로 법령을 위반하여 타인에게 손해를 입히거나, 「자동차손해배상 보장법」에 따라 손해배상의 책임이 있을 때에는 이 법에 따라 그 손해를 배상하여야 한다. 다만, 군인·군무원·경찰공무원 또는 예비군대원이 전투·훈련 등 직무 집행과 관련하여 전사(戰死)·순직(殉職)하거나 공상(公傷)을 입은 경우에 본인이나 그 유족이 다른 법령에 따라 재해보상금·유족연금·상이연금 등의 보상을 지급받을 수 있을 때에는 이 법 및 「민법」에 따른 손해배상을 청구할 수 없다.

④ 3% (○) 낙석지역의 순찰업무 등의 일반직무의 경우에도 「국가배상법」 제2조 제1항의 단서규정의 직무에 해당한다고 하여 배상을 제한하였다. 〈판례〉경찰공무원이 낙석사고 현장 주변 교통정리를 위하여 사고현장 부근으로 이동하던 중 대형 낙석이 순찰차를 덮쳐 사망하자, 도로를 관리하는 지방자치단체가 「국가배상법」 제2조 제1항 단서에 따른 면책을 주장한 사안에서, 경찰공무원 등이 '전투·훈련 등 직무집행과 관련하여' 순직 등을 한 경우 같은 법 및 「민법」에 의한 손해배상책임을 청구할 수 없다고 정한 「국가배상법」 제2조 제1항 단서의 면책조항은 구 「국가배상법」(2005.7.13. 법률 제7584호로 개정되기 전의 것) 제2조 제1항 단서의 면책조항과 마찬가지로 전투·훈련 또는 이에 준하는 직무집행뿐만 아니라 '일반 직무집행'에 관하여도 국가나 지방자치단체의 배상책임을 제한하는 것이라고 해석하여, 위 면책 주장을 받아들인 원심판단을 정당하다(대판 2011.3.10. 2010다85942).

⑤ 0% (○) 〈판례〉우편집배원이 압류 및 전부명령 결정 정본을 특별송달하는 과정에서 「민사소송법」을 위반하여 부적법한 송달을 하고도 적법한 송달을 한 것처럼 우편송달보고서를 작성하여 압류 및 전부의 효력이 발생한 것과 같은 외관을 형성시켰으나, 실제로는 압류 및 전부의 효력이 발생하지 아니하여 집행채권자로 하여금 피압류채권을 전부받지 못하게 함으로써 손해를 입게 한 경우에는, 우편집배원의 위와 같은 직무상 의무위반과 집행채권

24　행정벌 > 행정질서벌　오답률 24%　답 ⑤

| **정답해설** | ⑤ 76% (×) 과태료의 부과는 행위시 법률에 따름이 원칙이다. 하지만 행위시에 질서위반행위였더라도 법령이 개정되어 더 이상 질서위반행위가 아니게 되었다거나 행위시보다 개정된 법령이 과태료가 감경된 경우에는 행위시 법이 아니라 개정된 법을 적용한다. 〈법령〉「질서위반행위규제법」 제3조(법 적용의 시간적 범위)
❶ 질서위반행위의 성립과 과태료 처분은 행위시의 법률에 따른다.
❷ 질서위반행위 후 법률이 변경되어 그 행위가 질서위반행위에 해당하지 아니하게 되거나 과태료가 변경되기 전의 법률보다 가볍게 된 때에는 법률에 특별한 규정이 없는 한 변경된 법률을 적용한다.
❸ 행정청의 과태료 처분이나 법원의 과태료 재판이 확정된 후 법률이 변경되어 그 행위가 질서위반행위에 해당하지 아니하게 된 때에는 변경된 법률에 특별한 규정이 없는 한 과태료의 징수 또는 집행을 면제한다.

| **오답해설** | ① 0% (○) 대판 1995.6.29. 95누4674
② 2% (○) 「질서위반행위규제법」 제20조 제1항
③ 19% (○) 대판 2000.10.27. 2000도3874
④ 3% (○) 「질서위반행위규제법」 제15조 제1항

25　손실보상 > 토지보상법　오답률 66%　답 ③

| **정답해설** | ③ 34% (×) 〈법령〉「공익사업을 위한 토지 등의 취득 및 보상에 관한 법률」 제39조(시급한 토지 사용에 대한 허가) ❶ 제28조에 따른 재결신청을 받은 토지수용위원회는 그 재결을 기다려서는 재해를 방지하기 곤란하거나 그 밖에 공공의 이익에 현저한 지장을 줄 우려가 있다고 인정할 때에는 사업시행자의 신청을 받아 대통령령으로 정하는 바에 따라 담보를 제공하게 한 후 즉시 해당 토지의 사용을 허가할 수 있다. 다만, 국가나 지방자치단체가 사업시행자인 경우에는 담보를 제공하지 아니할 수 있다.

| **오답해설** | ① 32% (○) 〈판례〉구 공익사업법 등에 규정된 재결절차를 거친 다음 그 재결에 대하여 불복이 있는 때에 비로소 구 공익사업법 제83조 내지 제85조에 따라 권리구제를 받을 수 있을 뿐, 이러한 재결절차를 거치지 않은 채 곧바로 사업시행자를 상대로 손실보상을 청구하는 것은 허용되지 않는다(대판 2011.9.29. 2009두10963).
② 14% (○) 〈법령〉「공익사업을 위한 토지 등의 취득 및 보상에 관한 법률」 제23조 제2항
④ 7% (○) 동법 제30조 제1항
⑤ 13% (○) 동법 제28조 제1항

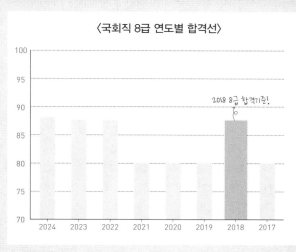

〈국회직 8급 연도별 합격선〉

2018 8급 합격기준!

맞힌 개수	/25문항	점수	/100점

➡ □ 합격 □ 불합격

취약영역 체크					
문항	정답	영역	문항	정답	영역
1	③	특별행정작용(7급)	14	②	행정법 통칙
2	④	행정구제	15	②	행정구제
3	③	행정법 통칙	16	①	행정법 통칙
4	①	행정조직(7급)	17	④	행정법 통칙
5	②	행정법 통칙	18	②	행정법 통칙
6	⑤	행정구제	19	⑤	행정상 의무이행 확보수단
7	⑤	행정구제	20	③	행정법 통칙
8	②	행정상 의무이행 확보수단	21	①	행정법 서론
9	①	행정법 통칙	22	④	행정법 서론
10	⑤	행정법 통칙	23	④	행정법 통칙
11	④	행정상 의무이행 확보수단	24	②	행정구제
12	⑤	행정법 통칙	25	④	행정구제
13	⑦	행정구제			

⬇ 영역별 틀린 개수로 취약영역을 확인하세요!

행정법 서론	/2	행정법 통칙	/11	행정상 의무이행 확보수단	/3
행정구제	/7	행정조직(7급)	/1	특별행정작용(7급)	/1

➡ 나의 취약영역: _____

※ [정답해설]과 [오답해설] 선지의 50% 표시는 〈1초 합격예측 서비스〉를 통해 수집된 선지 선택률을 나타냅니다.

오답률 TOP 3

| **1** | 급부행정법 > 공물법 | 오답률 54% | 답 ③ |

| 정답해설 | ③ 46% (○) 대판 2000.2.25. 99다54332

| 오답해설 | ① 42% (×) 국유재산이라도 일반재산은 시효취득 대상이 된다.

② 0% (×) 공용폐지가 없으면 공물이 본래의 용도에 제공되고 있지 않다는 사실만으로 일반재산이 될 수 없다. 〈판례〉국유 하천부지는 공공용 재산이므로 그 일부가 사실상 대지화되어 그 본래의 용도에 공여되지 않는 상태에 놓여있더라도 국유재산법령에 의한 용도폐지를 하지 않은 이상 당연히 잡종재산(현 일반재산)으로 된다고는 할 수 없다(대판 1997.8.22. 96다10737).

④ 2% (×) 〈판례〉공물의 공용폐지에 관하여 국가의 묵시적인 의사표시가 있다고 인정되려면 공물이 사실상 본래의 용도에 사용되고 있지 않다거나 행정주체가 점유를 상실하였다는 정도의 사정만으로는 부족하고, 주위의 사정을 종합하여 객관적으로 공용폐지 의사의 존재가 추단될 수 있어야 한다(대판 2009.12.10. 2006다87538).

⑤ 10% (×) 행정재산의 사용·수익허가는 특허에 해당되고, 이에 대한 사용료 부과는 급부하명으로서 공법관계인 행정처분이다.

〈판례〉국유재산의 관리청이 행정재산의 사용·수익을 허가한 다음 그 사용·수익하는 자에 대하여 하는 사용료 부과는 순전히 사경제주체로서 행하는 사법상의 이행청구라 할 수 없고, 이는 관리청이 공권력을 가진 우월적 지위에서 행한 것으로서 항고소송의 대상이 되는 행정처분이라 할 것이다(대판 1996.2.13. 95누11023).

| **2** | 행정쟁송 > 항고소송의 대상 | 오답률 6% | 답 ④ |

| 정답해설 | ④ 94% (○) 수형자의 접견시 내용의 녹음 등과 교도관 참여대상자의 지정행위는 수형자의 권리의무에 직접적 변동을 일으키는 처분이다. 〈판례〉교도소장이 수형자 甲을 '접견내용 녹음·녹화 및 접견시 교도관 참여대상자'로 지정한 사안에서, 위 지정행위는 수형자의 구체적 권리의무에 직접적 변동을 가져오는 행정청의 공법상 행위로서 항고소송의 대상이 되는 '처분'에 해당한다(대판 2014.2.13. 2013두20899).

| 오답해설 | ① 2% (×) 결정권이 없는 행정기관의 재심사계획 여부에 대한 회신은 처분이 아니라는 것이 대법원의 입장이다. 〈판례〉상훈대상자를 결정할 권한이 없는 국가보훈처장이 기포상자에게 훈격재심사계획이 없다고 한 회신은 단순한 사실행위에 불과하다(대판 1989.1.24. 88누3116).

② 2% (×) 〈판례〉 군수가 「농지의 보전 및 이용에 관한 법률」에 의하여 특정지역의 주민들을 대리경작자로 지정한 행위는 그 주민들에게 유휴농지를 경작할 수 있는 권리를 부여하는 행정처분이고 이에 따라 그 지역의 읍장과 면장이 영농할 세대를 선정한 행위는 위 행정처분의 통지를 대행한 사실행위에 불과하다(대판 1980.9.9. 80누308).

③ 0% (×) 〈판례〉 피고의 행위, 즉 부산시 서구청장이 원고 소유의 밭에 측백나무 300주를 식재한 것은 공법상의 법률행위가 아니라 사실행위에 불과하므로 행정소송의 대상이 아니다(대판 1979.7.24. 79누173).

⑤ 2% (×) 〈판례〉 철거대집행 계고처분을 고지한 후 이에 불응하자 다시 제2차, 제3차 계고서를 발송하여 일정기간까지의 자진철거를 촉구하고 불이행하면 대집행을 한다는 뜻을 고지하였다면 「행정대집행법」상의 건물철거의무는 제1차 철거명령 및 계고처분으로서 발생하였고 제2차, 제3차의 계고처분은 새로운 철거의무를 부과한 것이 아니고 다만 대집행기한의 연기통지에 불과하므로 행정처분이 아니다(대판 1994.10.28. 94누5144).

| 3 | 행정행위 > 행정행위의 내용 | 오답률 14% | 답 ③ |

| **정답해설** | ③ 86% (×) 건축허가의 취소는 수익적 처분에 대한 취소로서 신뢰보호와 비례원칙에 의해 제한된다. 따라서 특별한 공익상의 필요가 인정되지 않으면 착수기간이 경과했다는 사실만으로는 건축허가를 취소할 수 없다. 〈판례〉 이러한 법 규정에는 건축허가의 행정목적이 신속하게 달성될 것을 추구하면서도 건축허가를 받은 자의 이익을 함께 보호하려는 취지가 포함되어 있으므로, 건축허가를 받은 자가 건축허가가 취소되기 전에 공사에 착수하였다면 허가권자는 그 착수기간이 지났다고 하더라도 건축허가를 취소하여야 할 특별한 공익상 필요가 인정되지 않는 한 건축허가를 취소할 수 없다(대판 2017.7.11. 2012두22973).

| **오답해설** | ① 5% (○) 경원자관계에서 탈락된 자의 소송 대상은 자신의 거부처분에 대한 소송도 수익적 처분의 상대방에 대한 허가도 가능하다. 〈판례〉 특별한 사정이 없는 한 경원관계에서 허가 등 처분을 받지 못한 사람은 자신에 대한 거부처분의 취소를 구할 소의 이익이 있다(대판 2015.10.29. 2013두27517).

② 5% (○) 대판 2005.9.28. 2004다50044

④ 2% (○) 대판 2011.7.28. 2011두5728

⑤ 2% (○) 대판 1999.11.23. 98다11529

| 4 | 자치행정조직법 > 조례 | 오답률 47% | 답 ① |

| **정답해설** | ① 53% (×) 조례가 상위법을 위반하여 무효인 경우, 그에 터잡은 처분은 중대성은 있으나 명백한 하자라 할 수 없어 무효라고 볼 수 없다. 〈판례〉 조례가 법률 등 상위법령에 위배된다는 사정은 그 조례의 규정을 위법하여 무효라고 선언한 대법원의 판결이 선고되지 아니한 상태에서는 그 조례 규정의 위법 여부가 해석상 다툼의 여지가 없을 정도로 명백하였다고 인정되지 아니하

는 이상 객관적으로 명백한 것이라 할 수 없으므로, 이러한 조례에 근거한 행정처분의 하자는 취소사유에 해당할 뿐 무효사유가 된다고 볼 수는 없다(대판 2009.10.29. 2007두26285).

| **오답해설** | ② 10% (○) 대판 1999.9.3. 98두15788

③ 15% (○) 「지방자치법」 제192조

④ 5% (○) 대판 1991.8.27. 90누6613

⑤ 17% (○) 대판 1992.7.28. 92추31

오답률 TOP 2

| 5 | 행정행위 > 행정행위의 하자 | 오답률 69% | 답 ② |

| **정답해설** | ② 31% (×) 행정행위의 성립요건(주체, 내용, 절차, 형식)에 하자가 있는 경우에는 취소나 무효사유가 되지만, 효력요건을 갖추지 못한 경우에는 효력요건의 흠결이라서 무효라고 보는 것이 일반적인 입장이다. 〈판례〉 행정행위 효력요건은 정당한 권한 있는 기관이 필요한 수속을 거치고 필요한 표시의 형식을 갖추어야 할 뿐만 아니라, 행정행위의 내용이 법률상 효과를 발생할 수 있는 것이어야 되며 그 중의 어느 하나의 요건의 흠결도 당해 행정행위의 절대적 무효를 초래하는 것이다(대판 1959.5.14. 4290민상834).

| **오답해설** | ① 9% (○) 대판 1999.12.28. 98두1895

③ 5% (○) 수익적 처분의 취소는 신뢰보호와 비례원칙과의 형량을 통해 얻어질 공익이나 또는 제3자의 정당한 이익에 현저한 침해를 일으키는 경우가 아니면 제한된다.

④ 26% (○) 기본적인 법률행위를 보충하는 승인(인가)은 기본적인 법률행위를 전제로 이에 대한 효력을 부여하는 행위이다. 따라서 기본적인 법률행위가 무효이거나 성립되지 않은 경우에는 보충행위인 인가도 무효가 된다.

⑤ 29% (○) 대판 2013.12.12. 2011두3388

| 6 | 행정소송 > 취소소송의 판결의 효력 | 오답률 45% | 답 ⑤ |

| **정답해설** | ⑤ 55% (×) 기판력은 확정판결의 효력이다. 따라서 처분의 기각이 확정되면 해당 처분의 위법성이 없음이 확정되었으므로 소송의 당사자와 동일시할 수 있는 자는 더 이상 다른 사유를 들어 다시 처분의 효력을 다툴 수 없다.

| **오답해설** | ① 9% (○) 대결 1998.1.7. 자 97두22

② 17% (○) 대결 1997.2.4. 자 96두70

③ 5% (○) 기속력은 피고 행정청과 관계행정청을 구속하는 효력이라서 인용판결에만 발생한다. 따라서 기각판결의 경우 행정청은 소송 대상인 처분에 대하여 직권으로 취소할 수 있다.

④ 14% (○) 기판력은 소송 대상인 처분의 위법이나 적법의 판단이 확정되는 것을 말한다(실질적 확정력). 따라서 소송 대상이 아닌 다른 처분에는 발생할 수 없는 효력이다.

7 손해배상 > 국가배상　　오답률 9%　답 ⑤

| **정답해설** | ⑤ 91% (×) 지방자치단체와 국가가 책임이 중첩적으로 발생하는 경우 손해배상책임은 모두에게 발생하는 것이고, 피해자는 선택적으로 청구가 가능하다. 〈판례〉 이와 같이 광역시와 국가 모두가 도로의 점유자 및 관리자, 비용부담자로서의 책임을 중첩적으로 지는 경우에는, 광역시와 국가 모두가 「국가배상법」 제6조 제2항 소정의 궁극적으로 손해를 배상할 책임이 있는 자라고 할 것이고, 결국 광역시와 국가의 내부적인 부담 부분은, 그 도로의 인계·인수 경위, 사고의 발생 경위, 광역시와 국가의 그 도로에 관한 분담 비용 등 제반 사정을 종합하여 결정함이 상당하다(대판 1998. 7.10. 96다42819).

| **오답해설** | ① 0% (○) 영조물의 하자란 완벽성 결여를 의미하지 않는다. 통상 영조물이 갖추고 있어야 할 안전성을 결여한 상태를 말한다. 판례와 학설의 일반적인 입장이다.
② 2% (○) 「국가배상법」 제5조의 영조물책임은 무과실책임이라는 것이 일반적인 입장이다(판례의 기본적인 입장이기도 하다). 따라서 주의해태의무 등을 이유로 가해자는 면책을 주장할 수 없다. 다만, 불가항력적 사유나 예측불능에 대한 면책을 주장할 수 있다.
③ 5% (○) 대판 2007.9.21. 2005다65678
④ 2% (○) 대판 2005.1.27. 2003다49566

8 행정강제 > 행정대집행　　오답률 7%　답 ②

| **정답해설** | ㄱ. (○) 〈판례〉 철거목적의 행정대집행과정에서 의무자가 점유자인 경우 점유자를 퇴거시킬 수 있고 이 경우 별도의 권원도 필요없다(대판 2017.4.28. 2016다213916).
ㄹ. (○) 대판 1992.6.12. 91누13564

| **오답해설** | ㄴ. (×) 철거를 위한 대집행 과정에서 점유자가 이를 방해하는 경우에는 경찰관의 도움을 받을 수 있다. 〈판례〉 행정청이 행정대집행의 방법으로 건물철거의무의 이행을 실현할 수 있는 경우에는 건물철거 대집행 과정에서 부수적으로 건물의 점유자들에 대한 퇴거조치를 할 수 있고, 점유자들이 적법한 행정대집행을 위력을 행사하여 방해하는 경우 「형법」상 공무집행방해죄가 성립하므로, 필요한 경우에는 「경찰관 직무집행법」에 근거한 위험발생 방지조치 또는 「형법」상 공무집행방해죄의 범행방지 내지 현행범체포의 차원에서 경찰의 도움을 받을 수도 있다(대판 2017.4.28. 2016다213916).
ㄷ. (×) 대집행의 내용이나 범위는 반드시 계고서에 의해서만 특정될 필요는 없다. 계고서 전후문서를 통해 특정될 수 있으면 족하다. 〈판례〉 행정청이 「행정대집행법」 제3조 제1항에 의한 대집행계고를 함에 있어서는 의무자가 스스로 이행하지 아니하는 경우에 대집행할 행위의 내용 및 범위가 구체적으로 특정되어야 하나, 그 행위의 내용 및 범위는 반드시 대집행계고서에 의하여서만 특정되어야 하는 것이 아니고 계고처분 전후에 송달된 문서나 기타 사정을 종합하여 행위의 내용이 특정되면 족하다(대판 1994.10.28. 94누5144).

9 행정행위 > 행정행위의 효력　　오답률 17%　답 ①

| **정답해설** | ① 83% (×) 쟁송제기기간의 경과로 처분이나 재결이 확정되는 경우, 처분의 위적법의 판단이 확정되는 것을 의미하지 않고, 더 이상 당사자 등이 다툴 수 없다는 의미일 뿐이다. 〈판례〉 행정처분이나 행정심판재결이 불복기간의 경과로 인하여 확정될 경우 그 확정력은, 그 처분으로 인하여 법률상 이익을 침해받은 자가 당해 처분이나 재결의 효력을 더 이상 다툴 수 없다는 의미일 뿐, 더 나아가 판결에 있어서와 같은 기판력이 인정되는 것은 아니어서 그 처분의 기초가 된 사실관계나 법률적 판단이 확정되고 당사자들이나 법원이 이에 기속되어 모순되는 주장이나 판단을 할 수 없게 되는 것은 아니다(대판 2004.7.8. 2002두11288).

| **오답해설** | ② 5% (○) 대판 1999.2.5. 98도4239
③ 2% (○) 대판 2010.4.8. 2009다90092
④ 5% (○) 과세처분이 취소에 불과한 경우, 권한 있는 기관이 이를 적법하게 취소하거나 쟁송을 통해 취소되지 않는 한 유효한 처분으로 인정되어, 민사법원에서도 부당이득반환청구를 위한 선결문제로 민사법원은 처분의 효력을 부인할 수 없다.

10 「행정기본법」과 「행정절차법」 > 처분절차　　오답률 19%　답 ⑤

| **정답해설** | ⑤ 81% (×) 한국방송공사 사장에 대한 임명권이 대통령에게 있다는 규정을 통해 해임권도 있다고 보는 것이 대법원의 입장이다. 〈판례〉 한국방송공사의 설치·운영에 관한 사항을 정하고 있는 「방송법」은 제50조 제2항에서 "사장은 이사회의 제청으로 대통령이 임명한다."고 규정하고 있는데, 한국방송공사 사장에 대한 해임에 관하여는 명시적 규정을 두고 있지 않다. 그러나 「방송법」에서 '임면' 대신 '임명'이라는 용어를 사용한 입법 취지가 대통령의 해임권을 배제하기 위한 것으로 보기 어려운 점 등 「방송법」의 입법 경과와 연혁, 다른 법률과의 관계, 입법 형식 등을 종합하면, 한국방송공사 사장의 임명권자인 대통령에게 해임권한도 있다고 보는 것이 타당하다(대판 2012.2.23. 2011두5001).

| **오답해설** | ① 0% (○) 대판 2007.9.21. 2006두20631
② 5% (○) 대판 2007.9.21. 2006두20631
③ 9% (○) 「행정절차법」 제3조 제2항
④ 5% (○) 대판 2017.7.18. 2016두49938

11 행정상 즉시강제 및 행정조사 > 즉시강제　　오답률 43%　답 ④

| **정답해설** | ㄴ. (○) 즉시강제는 주로 단시간에 종료되는 성질을 갖고 있다. 따라서 이미 종결된 행위에 대한 소익이 부정되어 '입원 또는 격리'가 항고소송의 대상이 된다고 하더라도 입원 또는 격리가 이미 종료된 경우에는 권리보호의 필요성이 부정될 수 있다.
ㄷ. (○) 각 호의 조치가 급박한 상황에 대처하기 위한 것으로서 그 불가피성과 정당성이 충분히 인정된다면 즉시강제는 영장 없이 가능하다는 것이 헌법재판소의 입장이다.

ㄹ. (○) 행정형벌인 벌금은 고의는 처벌 대상이 된다. 과실범의 경우에는 과실범 처벌에 관한 명문규정이 있거나 해석상 과실범도 벌할 뜻이 명확한 경우를 제외하고는 벌할 수 없다.

ㅁ. (○) 법인의 종업원이 법령을 위반행위를 하였음을 이유로 법인도 처벌하고자 한다면, 종업원의 행위의 결과에 대하여 법인에게 종업원의 관리나 감독에 대한 책임을 물을 수 있는 책임이 필요하다.

| **오답해설** | ㄱ. (×) 「감염병의 예방 및 관리에 관한 법률」 제47조 제1호의 '일시적 폐쇄'는 의무의 불이행을 전제로 하지 않으므로 즉시강제에 해당한다.

---

12 행정행위 > 행정행위의 효력   오답률 22% 답 ⑤

| **정답해설** | ⑤ 78% (×) 운전면허의 취소나 정지와 같은 처분에 대해 통지규정이 없다고 해도 이를 통지하지 않으면 처분의 효력을 발생할 수 없다. 판례는 오히려 행정법의 일반원칙에 따라 상대방에게 고지하여야 한다는 입장이다. 〈판례〉 「중기관리법」에 「도로교통법 시행령」 제53조와 같은 운전면허의 취소 정지에 대한 통지에 관한 규정이 없다고 하여 중기조종사면허의 취소나 정지는 상대방에 대한 통지를 요하지 아니한다고 할 수 없고, 오히려 반대의 규정이 없다면 행정행위의 일반원칙에 따라 이를 상대방에게 고지하여야 효력이 발생한다고 볼 것이다(대판 1993.6.29. 93다10224).

| **오답해설** | ① 10% (○) 대판 1991.4.26. 91누179

② 0% (○) 대판 2013.12.12. 2011두3388

③ 10% (○) 대판 1999.8.20. 99다20179

④ 2% (○) 대판 1995.11.10. 94누11866

---

13 손실보상 > 손실보상 여부   오답률 45% 답 ③

| **정답해설** | ③ 55% (×) 헌법재판소는 분리이론에 입각해 있다. 분리이론은 보상규정이 없는 침해는 특별한 희생이 아니라고 본다. 과도한 침해에 대해 보상규정이 없다면 위헌적 침해로서 취소소송이나, 보상규정에 대한 입법자의 입법을 통해 해결하여야 한다는 입장이다. 우리 헌법재판소는 이러한 분리이론 중 「도시계획법」 제21조 사건에서 헌법불합치결정을 함으로서 입법자의 입법을 통한 해결을 제시하고 있다. 취소소송을 통한 방법을 제시하지 않았다. 〈판례〉 「도시계획법」 제21조에 규정된 개발제한구역제도 그 자체는 원칙적으로 합헌적인 규정인데, 다만 개발제한구역의 지정으로 말미암아 일부 토지소유자에게 사회적 제약의 범위를 넘는 가혹한 부담이 발생하는 예외적인 경우에 대하여 보상규정을 두지 않은 것에 위헌성이 있는 것이고, 보상의 구체적 기준과 방법은 헌법재판소가 결정할 성질의 것이 아니라 광범위한 입법형성권을 가진 입법자가 입법정책적으로 정할 사항이므로, 입법자가 보상입법을 마련함으로써 위헌적인 상태를 제거할 때까지 위 조항을 형식적으로 존속케 하기 위하여 헌법불합치결정을 하는 것인바, 입법자는 되도록 빠른 시일내에 보상입법을 하여 위헌적 상태를 제거할 의무가 있고, 행정청은 보상입법이 마련되기 전에는 새로 개발제한구역을 지정하여

서는 아니 되며, 토지소유자는 보상입법을 기다려 그에 따른 권리행사를 할 수 있을 뿐 개발제한구역의 지정이나 그에 따른 토지재산권의 제한 그 자체의 효력을 다투거나 위 조항에 위반하여 행한 자신들의 행위의 정당성을 주장할 수는 없다(헌재 1998.12.24. 89헌마214 등).

| **오답해설** | ① 26% (○) 사회적 제약은 손실보상 대상인 특별한 희생이 아니다. 보상규정을 두지 않아도 된다.

② 7% (○) 헌법 제23조 제3항 규정의 해석에 대해 방침규정설, 위헌무효설, 직접효력설, 유추적용설로 구분된다. 이 중 방침규정설을 제외하고 나머지 학설은 손실보상(또는 손해배상)을 통한 금전적 구제를 주장한다. 따라서 보상규정이 없어도 헌법 해석에 따라 보상이 가능할 수 있다.

④ 5% (○) 대판 2011.8.25. 2011두4336

⑤ 7% (○) 헌법재판소는 가능하다는 입장이다(헌재 1998.12.24. 89헌마214).

---

14 행정입법 > 법규명령   오답률 19% 답 ②

| **정답해설** | ② 81% (○) 상위법령으로부터 위임 없이 부령에 규정한 처분 요건은 행정규칙에 불과하여 대외적 구속력이 없다.

| **오답해설** | ① 5% (×) 대외적 구속력이 없다.

③ 0% (×) 법규성이 없는 부령의 규칙은 행정규칙이다. 재판규범이 될 수 없어 이에 부합되었다고 적법, 위반했다고 위법이라 판단하지 않는다.

④ 7% (×) 처분의 적법 여부는 계약사무규칙에 따라 판단하지 않는다.

⑤ 7% (×) 상위법의 위임에 따른 부령의 처분 요건은 대외적 구속력이 있다.

---

15 행정쟁송 > 행정심판   오답률 21% 답 ②

| **정답해설** | ② 79% (○) 대통령의 처분이나 부작위는 행정심판 대상이 되지 않는다. 〈법령〉 「행정심판법」 제3조(행정심판의 대상) ❷ 대통령의 처분 또는 부작위에 대하여는 다른 법률에서 행정심판을 청구할 수 있도록 정한 경우 외에는 행정심판을 청구할 수 없다.

| **오답해설** | ① 0% (×) 특별행정심판 또는 「행정심판법」에 따른 행정심판절차에 대한 특례를 신설하거나 변경하는 법령을 제정·개정할 때 중앙행정심판위원회와 사전에 협의하여야 한다. 〈법령〉 「행정심판법」 제4조 (특별행정심판 등) ❸ 관계 행정기관의 장이 특별행정심판 또는 이 법에 따른 행정심판 절차에 대한 특례를 신설하거나 변경하는 법령을 제정·개정할 때에는 미리 중앙행정심판위원회와 협의하여야 한다.

③ 7% (×) 〈법령〉 「행정심판법」 제6조(행정심판위원회의 설치) ❶ 다음 각 호의 행정청 또는 그 소속 행정청(행정기관의 계층구조와 관계없이 그 감독을 받거나 위탁을 받은 모든 행정청을 말하되, 위탁을 받은 행정청은 그 위탁받은 사무에 관하여는 위탁한 행정청의 소속 행정청으로 본다. 이하 같다)의 처분 또는 부작위에 대한 행정심판의 청구(이하 '심판청구'라 한다)에 대하여는 다음 각 호의 행정청에 두는 행정심판위원회에서 심리·재결한다.

1. 감사원, 국가정보원장, 그 밖에 대통령령으로 정하는 대통령 소속기관의 장
2. 국회사무총장·법원행정처장·헌법재판소사무처장 및 중앙선 거관리위원회사무총장
3. 국가인권위원회, 그 밖에 지위·성격의 독립성과 특수성 등이 인정되어 대통령령으로 정하는 행정청

④ [0%] (×) 행정심판위원회가 직권으로 참가를 요구할 수 있다. 〈법령〉「행정심판법」제21조(심판참가의 요구) ❶ 위원회는 필요 하다고 인정하면 그 행정심판 결과에 이해관계가 있는 제3자나 행정청에 그 사건심판에 참가할 것을 요구할 수 있다.

⑤ [14%] (×) 사정재결은 무효등확인심판의 경우에는 인정되지 않 는다. 〈법령〉「행정심판법」제44조(사정재결) ❶ 위원회는 심판 청구가 이유가 있다고 인정하는 경우에도 이를 인용(認容)하는 것이 공공복리에 크게 위배된다고 인정하면 그 심판청구를 기각 하는 재결을 할 수 있다. 이 경우 위원회는 재결의 주문(主文)에 서 그 처분 또는 부작위가 위법하거나 부당하다는 것을 구체적 으로 밝혀야 한다.
❸ 제1항과 제2항은 무효등확인심판에는 적용하지 아니한다.

---

16 행정상 법률요건과 법률사실 > 사인의 공법행위
[오답률 33%] 답 ①

| 정답해설 | ① [67%] (○) 영업자 지위승계신고는 수리를 요하는 신 고에 해당한다. 따라서 신고 자체로서 영업허가자의 변경이라는 법 률효과를 가져오는 것은 아니며, 신고의 수리를 통해서 비로소 법 률효과를 가져온다. 따라서 ①도 정확한 정답이라 하기는 어렵다 [사견: 엄밀히 말해 해당 문제는 정답 없음 처리를 하여야 옳다. 하 지만 국회사무처의 해당 문제에 대한 최종 정답은 ①로 되어 있다. 해당 문제를 통해 '영업자지위승계신고의 수리'는 법률효과를 발생 시키는 행위라는 점만 수험생분들은 선취(選取)하여 학습하길 바란 다]. 〈판례〉「식품위생법」제25조 제3항에 의한 영업양도에 따른 지 위승계신고를 수리하는 허가관청의 행위는 단순히 양도·양수인 사 이에 이미 발생한 사법상의 사업양도의 법률효과에 의하여 양수인 이 그 영업을 승계하였다는 사실의 신고를 접수하는 행위에 그치는 것이 아니라, 영업허가자의 변경이라는 법률효과를 발생시키는 행 위라고 할 것이다(대판 1995.2.24. 94누9146).

| 오답해설 | ② [9%] (×) 신고의 수리에 신고필증을 반드시 필요로 하는 것은 아니다. 〈판례〉 납골당설치 신고는 이른바 '수리를 요하 는 신고'라 할 것이므로, 납골당설치 신고가 구 「장사법」 관련 규정 의 모든 요건에 맞는 신고라 하더라도 신고인은 곧바로 납골당을 설치할 수는 없고, 이에 대한 행정청의 수리처분이 있어야만 신고 한 대로 납골당을 설치할 수 있다. 한편 수리란 신고를 유효한 것으 로 판단하고 법령에 의하여 처리할 의사로 이를 수령하는 수동적 행위이므로 수리행위에 신고필증 교부 등 행위가 꼭 필요한 것은 아니다(대판 2011.9.8. 2009두6766).

③ [19%] (×) 영업자 지위승계신고의 경우, 행정청은 신고의 수리이 전에 양도인에게 사전통지 등의 행정절차를 거쳐야 한다. 〈판례〉 행정청이 구 「식품위생법」 규정에 의하여 영업자지위승계신고를 수리하는 처분은 종전의 영업자의 권익을 제한하는 처분이라 할 것이고 따라서 종전의 영업자는 그 처분에 대하여 직접 그 상대 가 되는 자에 해당한다고 봄이 상당하므로, 행정청으로서는 위 신고를 수리하는 처분을 함에 있어서 「행정절차법」 규정소정의 당사자에 해당하는 종전의 영업자에 대하여 위 규정 소정의 행 정절차를 실시하고 처분을 하여야 한다(대판 2003.2.14. 2001두 7015).

④ [5%] (×) 양도나 양수가 무효인 경우, 신고의 수리에 대해 곧바 로 무효등확인소송이 가능하다. 〈판례〉 수리대상인 사업양도· 양수가 존재하지 아니하거나 무효인 때에는 수리를 하였다 하더 라도 그 수리는 유효한 대상이 없는 것으로서 당연히 무효라 할 것이고, 사업의 양도행위가 무효라고 주장하는 양도자는 민사쟁 송으로 양도·양수행위의 무효를 구함이 없이 막바로 허가관청 을 상대로 하여 행정소송으로 위 신고수리처분의 무효확인을 구 할 법률상 이익이 있다(대판 2005.12.23. 2005두3554).

⑤ [0%] (×) 〈판례〉 수허가자의 지위를 양수받아 명의변경신고를 할 수 있는 양수인의 지위는 단순한 반사적 이익이나 사실상의 이익이 아니라 산림법령에 의하여 보호되는 직접적이고 구체적 인 이익으로서 법률상 이익이라고 할 것이고, 채석허가가 유효 하게 존속하고 있다는 것이 양수인의 명의변경신고의 전제가 된다 는 의미에서 관할 행정청이 양도인에 대하여 채석허가를 취소하 는 처분을 하였다면 이는 양수인의 지위에 대한 직접적 침해가 된다고 할 것이므로 양수인은 채석허가를 취소하는 처분의 취소 를 구할 법률상 이익을 가진다(대판 2003.7.11. 2001두6289).

---

17 행정입법 > 법규명령
[오답률 38%] 답 ④

| 정답해설 | ④ [62%] (×) 「공공기관의 정보공개에 관한 법률」제9 조 제1항 제1호는 국회규칙·대법원규칙·헌법재판소규칙·중앙선 거관리위원회규칙·대통령령 및 조례로 한정한다고 규정되어 있다. 〈법령〉「공공기관의 정보공개에 관한 법률」제9조(비공개 대상 정보) ❶ 공공기관이 보유·관리하는 정보는 공개 대상이 된다. 다만, 다음 각 호의 어느 하나에 해당하는 정보는 공개하지 아니할 수 있다.

1. 다른 법률 또는 법률에서 위임한 명령(국회규칙·대법원규 칙·헌법재판소규칙·중앙선거관리위원회규칙·대통령령 및 조례로 한정한다)에 따라 비밀이나 비공개 사항으로 규정된 정보

〈판례〉「공공기관의 정보공개에 관한 법률」제7조 제1항 제1호 소정 의 '법률에 의한 명령'은 법률의 위임규정에 의하여 제정된 대통령 령, 총리령, 부령 전부를 의미한다기 보다는 정보의 공개에 관하여 법률의 구체적인 위임 아래 제정된 법규명령(위임명령)을 의미한다 (대판 2003.12.11. 2003두8395).

| 오답해설 | ① [0%] (○) 대판 2017.4.20. 2015두45700

② [12%] (○) 대결 1994.4.26. 자 93부32

③ [9%] (○) 대판 2013.4.26. 2011다14428

⑤ [17%] (○) 대판 2006.6.27. 2003두4355

---

18 행정정보공개와 개인정보보호 > 개인정보보호 [오답률 4%] 답 ②

| 정답해설 | ② [96%] (×) 개인정보자기결정권에서의 개인정보는 내밀한 영역의 개인정보에 국한하지 않고 이미 공적 생활에서 형성되어 공개된 정보도 포함한다. 〈판례〉 개인정보자기결정권의 보호 대상이 되는 개인정보는 개인의 신체, 신념, 사회적 지위, 신분 등과 같이 인격주체성을 특징짓는 사항으로서 그 개인의 동일성을 식별할 수 있게 하는 일체의 정보를 의미하며, 반드시 개인의 내밀한 영역에 속하는 정보에 국한되지 않고 공적 생활에서 형성되었거나 이미 공개된 개인정보까지도 포함한다(대판 2014.7.24. 2012다49933).

| 오답해설 | ① [0%] (○) 대판 2015.7.9. 2013도13070

③ [0%], ④ [2%], ⑤ [2%] (○) 〈판례〉 헌법 제21조에서 보장하고 있는 표현의 자유는 개인이 인간으로서의 존엄과 가치를 유지하고 국민주권을 실현하는 데 필수불가결한 자유로서, 자신의 신원을 누구에게도 밝히지 않은 채 익명 또는 가명으로 자신의 사상이나 견해를 표명하고 전파할 익명표현의 자유도 그 보호영역에 포함된다(헌재 2010.2.25. 2008헌마324·2009헌바31 참조). 한편 헌법상 기본권의 행사는 국가공동체 내에서 타인과의 공동생활을 가능하게 하고 다른 헌법적 가치나 국가의 법질서를 위태롭게 하지 않는 범위 내에서 이루어져야 하는 것이므로, 개인정보자기결정권이나 익명표현의 자유도 국가안전보장·질서유지 또는 공공복리를 위하여 필요한 경우에는 헌법 제37조 제2항에 따라 법률로써 제한될 수 있다(대판 2016.3.10. 2012다105482).

---

19 행정강제 > 강제집행 [오답률 19%] 답 ⑤

| 정답해설 | ⑤ [81%] (×) 관계되는 처분이 행정심판을 전치한 경우에는 행정소송을 바로 청구할 수 있다. 〈법령〉「행정소송법」제18조(행정심판과의 관계) ❸ 제1항 단서의 경우에 다음 각 호의 1에 해당하는 사유가 있는 때에는 행정심판을 제기함이 없이 취소소송을 제기할 수 있다.

1. 동종사건에 관하여 이미 행정심판의 기각재결이 있을 때
2. 서로 내용상 관련되는 처분 또는 같은 목적을 위하여 단계적으로 진행되는 처분 중 어느 하나가 이미 행정심판의 재결을 거친 때
3. 행정청이 사실심의 변론종결 후 소송의 대상인 처분을 변경하여 당해 변경된 처분에 관하여 소를 제기하는 때
4. 처분을 행한 행정청이 행정심판을 거칠 필요가 없다고 잘못 알린 때

❹ 제2항 및 제3항의 규정에 의한 사유는 이를 소명하여야 한다.

〈판례〉 서로 내용상 관련되는 처분 또는 같은 목적을 위하여 단계적으로 진행되는 처분 중 어느 하나가 이미 행정심판의 재결을 거친 때에는 행정심판을 제기함이 없이 취소소송을 제기할 수 있다는 「행정소송법」제18조 제3항 제2호의 규정 취지에 비추어 보면, 비록 원고가 이 사건 가산금 징수처분에 대하여 이 사건 부당이득금 부과처분과 달리 피고가 안내한 전심절차를 모두 밟지 않았다 하더라도 이 사건 부당이득금 부과처분에 대하여 위와 같은 전심절차를 거친 이상 이 사건 부당이득금 부과처분과 함께 행정소송으로 이를 다툴 수 있다 할 것이다(대판 2006.9.8. 2004두947).

| 오답해설 | ① [2%] (○) 대판 2015.6.24. 2011두2170

② [0%] (○) 대판 2008.11.13. 2007도9794

③ [0%] (○) 대판 2017.3.16. 2014두8360

④ [17%] (○) 대판 2015.5.28. 2015두36256

---

20 행정행위 > 행정행위의 하자 [오답률 21%] 답 ③

| 정답해설 | ③ [79%] (×) 〈판례〉 행정청이 행한 공사중지명령의 상대방은 그 명령 이후에 그 원인사유가 소멸하였음을 들어 행정청에게 공사중지명령의 철회를 요구할 수 있는 조리상의 신청권이 있다 할 것이고, 상대방으로부터 그 신청을 받은 행정청으로서는 상당한 기간 내에 그 신청을 인용하는 적극적 처분을 하거나 각하 또는 기각하는 등의 소극적 처분을 하여야 할 법률상의 응답의무가 있다고 할 것이며, 행정청이 상대방의 신청에 대하여 아무런 적극적 또는 소극적 처분을 하지 않고 있는 이상 행정청의 부작위는 그 자체로 위법하다고 할 것이고, 구체적으로 그 신청이 인용될 수 있는지 여부는 소극적 처분에 대한 항고소송의 본안에서 판단하여야 할 사항이라고 할 것이다(대판 2005.4.14. 2003두7590).

| 오답해설 | ① [5%] (○) 수익적 행정처분의 취소나 철회는 신뢰보호와 비례원칙에 따라 제한적으로 이루어진다.

② [2%] (○) 대판 2017.3.30. 2015두43971

④ [9%] (○) 대판 2000.2.11. 99두7210

⑤ [5%] (○) 직권취소는 주로 수익적 처분을 대상으로 한다. 따라서 직권취소는 부여된 권익을 침해하는 효과의 행정처분으로서 「행정절차법」상의 사전통지 등의 절차를 준수하여야 한다.

오답률 TOP 1

21 행정법 관계 > 종합 [오답률 79%] 답 ①

| 정답해설 | ① [21%] (×) 행정소송의 원고적격은 '법률상 이익 있는 자'이다. 법령상 보호가치 있는 이익에는 반사적 이익이 포함되어 일반적으로 인정되고 있지 않다. 〈법령〉「행정소송법」제12조(원고적격) 취소소송은 처분 등의 취소를 구할 법률상 이익이 있는 자가 제기할 수 있다. 처분 등의 효과가 기간의 경과, 처분 등의 집행 그 밖의 사유로 인하여 소멸된 뒤에도 그 처분 등의 취소로 인하여 회복되는 법률상 이익이 있는 자의 경우에도 또한 같다.

| 오답해설 | ② [10%] (○) 「행정절차법」제2조 제1호 나목

③ 43% (○) 수익적 처분의 상대방은 원칙적으로 특별한 사정이 없는 한 원고적격이 없다(대판 1995.8.22. 94누8129). 그러나 부관부 행정처분에 경우에는 부관에 대해 독자적인 소송을 청구할 수 없는 경우에는 수익적 처분 전체에 대한 소송청구가 가능할 수 있다.

④ 26% (○) 대판 1967.10.23. 67누126

⑤ 0% (○) 대판 2005.8.19. 2003두9817, 9824

---

22 행정법 관계 > 행정주체   오답률 41% 답 ④

| 정답해설 | ㄱ. (○) 재개발조합은 공공조합으로서 행정주체이다.
ㄴ. (○) 한국연구재단은 공법상의 재단법인으로서 행정주체이다.
ㄷ. (○) 대한변호사협회는 공법상의 사단법인으로서 행정주체이다.
ㅁ. (○) 한국방송공사는 영조물법인으로서 행정주체이다.

| 오답해설 | ㄹ. (×) 국립의료원은 영조물법인이다.

---

23 행정행위 > 행정행위의 내용   오답률 15% 답 ④

| 정답해설 | ㄴ. (○) 대판 2007.4.12. 2005두1893

ㅁ. (○) 구성요건적 효력이란 처분에 비록 하자가 있더라도 중대명백한 하자가 아닌 한 권한 있는 기관이 취소할 때까지 다른 국가기관들이 구속되는 효력으로서 이에 대한 근거로는 권한의 상호분장이나 권력분립이다.

| 오답해설 | ㄱ. (×) 인가는 보충행위에 해당한다. 따라서 주된 기본적인 법률행위의 하자는 인가로서 보충하여도 치유될 수 없다.

ㄷ. (×) 〈판례〉 장례식장의 사용중지의무는 부작위의무로서 대체적 작위의무에 대한 강제집행인 행정대집행의 대상이 될 수 없다 (대판 2005.9.28. 2005두7464).

ㄹ. (×) 이유부기를 결한 행정행위는 취소사유에 해당된다. 판례는 원칙적으로 치유를 인정하지 않으나 예외적으로 예정통지서에 이유제시가 되어 있는 경우에 치유를 인정한 바 있다. 〈판례〉 부과처분에 앞서 보낸 과세예정통지서에 납세고지서의 필요적 기재사항이 제대로 기재되어 있었다면 납세의무자로서는 과세처분에 대한 불복 여부의 결정 및 불복신청에 전혀 지장을 받지 않을 것이므로 비록 납세고지서에 그 기재사항의 일부가 누락되었더라도 이로써 납세고지서의 흠결이 보완되거나 하자가 치유될 수 있다(대판 1996.3.8. 93누21408).

---

24 행정쟁송 > 행정심판   오답률 34% 답 ②

| 정답해설 | ② 66% (×) 법인 아닌 사단과 재단이 대표자가 있는 경우에 행정심판의 청구는 사단이나 재단의 이름으로 심판청구를 할 수 있다(「행정심판법」 제14조).

| 오답해설 | ① 2% (○) 「행정심판법」 제16조 제5항

③ 12% (○) 동법 제17조 제2항

④ 10% (○) 동법 제15조 제1항

⑤ 10% (○) 동법 제22조 제1항

---

25 행정소송 > 부작위위법확인소송   오답률 33% 답 ④

| 정답해설 | ④ 67% (×) 부작위위법확인소송의 대상은 부작위가 위법한지 여부에 대한 심리에 그쳐야 한다. 신청의 실체적 내용의 적법성과 이에 대한 행정청의 적정한 처분을 판단하여 해당 처분의 부작위의 위법 여부를 판단하는 소송이 아니다(실체적 심리설은 일반적 견해가 아님).

| 오답해설 | ① 0% (○) 대판 2009.7.23. 2008두10560

② 7% (○) 대판 1990.9.25. 89누4758

③ 12% (○) 항고소송 대상인 부작위와 거부처분은 법규상·조리상 정당한 신청권을 전제로 한다. 정당한 신청권을 전제로 하지 않는 경우에는 부작위와 거부처분은 소송 대상이 될 수 없다.

⑤ 14% (○) 「행정소송법」 제38조 제2항

합격예상 체크

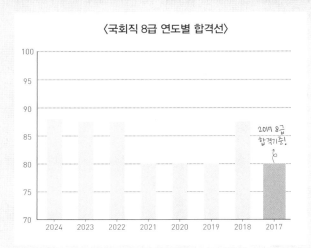

〈국회직 8급 연도별 합격선〉

2017 8급
합격기준!

맞힌 개수	/25문항	점수	/100점

➡ ☐합격 ☐불합격

취약영역 체크

문항	정답	영역	문항	정답	영역
1	②	행정구제	14	⑤	행정법 통칙
2	②	행정구제	15	①	행정구제
3	④	행정조직(7급)	16	④	행정조직(7급)
4	⑤	행정법 통칙	17	①	행정법 통칙
5	③	행정상 의무이행 확보수단	18	④	행정상 의무이행 확보수단
6	③⑤	행정구제	19	②	행정구제
7	⑤	행정법 통칙	20	④	행정법 통칙
8	⑤	행정구제	21	④	행정법 통칙
9	②	행정법 통칙	22	⑤	행정구제
10	①	행정구제	23	⑤	행정조직(7급)
11	③	행정법 통칙	24	③	특별행정작용(7급)
12	②	행정법 통칙	25	①	행정법 서론
13	④	행정법 통칙			

🔻 영역별 틀린 개수로 취약영역을 확인하세요!

행정법 서론	/1	행정법 통칙	/10	행정상 의무이행 확보수단	/2
행정구제	/8	행정조직(7급)	/3	특별행정작용(7급)	/1

➡ 나의 취약영역: _____

※ [정답해설]과 [오답해설] 선지의 50% 표시는 〈1초 합격예측 서비스〉를 통해 수집된 선지 선택률을 나타냅니다.

---

1 행정소송 > 무효등확인소송　　오답률 24%　답 ②

| **정답해설** | ② 76% (×) 〈판례〉「행정소송법」제38조 제1항이 무효확인 판결에 관하여 취소판결에 관한 규정을 준용함에 있어서 같은 법 제30조 제2항을 준용한다고 규정하면서도 같은 법 제34조는 이를 준용한다는 규정을 두지 않고 있으므로, 행정처분에 대하여 무효확인 판결이 내려진 경우에는 그 행정처분이 거부처분인 경우에도 행정청에 판결의 취지에 따른 재처분의무가 인정될 뿐 그에 대하여 간접강제까지 허용되는 것은 아니라고 할 것이다(대결 1998. 12.24. 자 98무37).

| **오답해설** | ① 7%, ③ 10% (○) 대판 2008.3.20. 2007두6342 전합

④ 0% (○) 대판 1992.3.10. 91누6030

⑤ 7% (○) 대판 2003.5.16. 2002두3669

---

2 행정소송 > 통지　　오답률 44%　답 ②

| **정답해설** | ② 56% (×) 〈판례〉구 「소득세법 시행령」 제192조 제1항 단서에 따른 소득의 귀속자에 대한 소득금액변동통지는 원천납세의무자인 소득 귀속자의 법률상 지위에 직접적인 법률적 변동을

가져오는 것이 아니므로, 항고소송의 대상이 되는 행정처분이라고 볼 수 없다(대판 2006.4.20. 2002두1878).

| **오답해설** | ① 2% (○) 대판 1995.11.14. 95누2036

③ 22% (○) 대판 2003.11.14. 2001두8742

④ 20% (○) 대판 2004.4.22. 2000두7735

⑤ 0% (○) 대판 2009.12.24. 2009두14507

오답률 TOP1

3 국가행정조직 > 행정기관　　오답률 54%　답 ④

| **정답해설** | ④ 46% (×) 조례가 아닌 「지방자치법」에 근거를 두고 있다. 〈법령〉「지방자치법」제123조(부지사·부시장·부군수·부구청장) ❶ 특별시·광역시 및 특별자치시에 부시장, 도와 특별자치도에 부지사, 시에 부시장, 군에 부군수, 자치구에 부구청장을 두며, 그 수는 다음 각 호의 구분과 같다.

　1. 특별시의 부시장의 수: 3명을 넘지 아니하는 범위에서 대통령령으로 정한다.

　2. 광역시와 특별자치시의 부시장 및 도와 특별자치도의 부지사의 수: 2명(인구 800만 이상의 광역시나 도는 3명)을 넘지 아니하는 범위에서 대통령령으로 정한다.

3. 시의 부시장, 군의 부군수 및 자치구의 부구청장의 수: 1명으로 한다.

| 오답해설 | ① 25% (○) 중앙선거관리위원회와 감사원은 헌법에 근거하고 있다. 〈법령〉대한민국 헌법 제97조 국가의 세입·세출의 결산, 국가 및 법률이 정한 단체의 회계검사와 행정기관 및 공무원의 직무에 관한 감찰을 하기 위하여 대통령 소속하에 감사원을 둔다. 제114조 ❶ 선거와 국민투표의 공정한 관리 및 정당에 관한 사무를 처리하기 위하여 선거관리위원회를 둔다.

② 2% (○) 「정부조직법」 제14조, 제16조

③ 10% (○) 헌법과 「지방자치법」에 근거한다. 〈법령〉대한민국 헌법 제118조 ❶ 지방자치단체에 의회를 둔다.

〈법령〉「지방자치법」 제37조(의회의 설치) 지방자치단체에 주민의 대의기관인 의회를 둔다.

⑤ 17% (○) 「지방자치법」 제129조 제1항

---

4 행정행위 > 행정행위의 하자   오답률 18% 답 ⑤

| 정답해설 | ⑤ 82% (○) 대판 2006.6.30. 2005두14363

| 오답해설 | ① 2% (×) 행정심판전치주의는 임의적이며 예외적으로 필요적으로 심판을 전치하는 경우에도 무효등확인심판은 적용되지 않고 취소소송에는 적용된다.

② 7% (×) 중대명백설이 원칙이나 반대의견으로 명백성보충요건설을 주장하고 있다(대판 1995.7.11. 94누4615 전합).

[다수의견] 조례 제정권의 범위를 벗어나 국가사무를 대상으로 한 무효인 서울특별시행정권한위임조례의 규정에 근거하여 구청장이 건설업영업정지처분을 한 경우, 그 처분은 결과적으로 적법한 위임 없이 권한 없는 자에 의하여 행하여진 것과 마찬가지가 되어 그 하자가 중대하나, 지방자치단체의 사무에 관한 조례와 규칙은 조례가 보다 상위규범이라고 할 수 있고, 또한 헌법 제107조 제2항의 '규칙'에는 지방자치단체의 조례와 규칙이 모두 포함되는 등 이른바 규칙의 개념이 경우에 따라 상이하게 해석되는 점 등에 비추어 보면 위 처분의 위임 과정의 하자가 객관적으로 명백한 것이라고 할 수 없으므로 이로 인한 하자는 결국 당연무효사유는 아니라고 봄이 상당하다.

[반대의견] 지방자치의 전면적인 실시와 행정권한의 하향분산화 추세에 따라 앞으로 위와 같은 성격의 하자를 가지는 행정처분이 늘어날 것으로 예상되는 상황에서 이에 대한 법원의 태도를 엄정하게 유지함으로써 행정의 법 적합성과 국민의 권리구제 실현을 도모하여야 할 현실적인 필요성도 적지 않다는 점 등을 종합적으로 고려할 때, 위 영업정지처분은 그 처분의 성질이나 하자의 중대성에 비추어 그 하자가 외관상 명백하지 않더라도 당연무효라고 보아야 한다.

③ 2% (×) 〈판례〉행정청의 공무원에 대한 의원면직처분은 공무원의 사직의사를 수리하는 소극적 행정행위에 불과하고, 당해 공무원의 사직의사를 확인하는 확인적 행정행위의 성격이 강하며 재량의 여지가 거의 없기 때문에 의원면직처분에서의 행정청의 권한유월 행위를 다른 일반적인 행정행위에서의 그것과 반드

시 같이 보아야 할 것은 아니다. … 그러한 하자가 중대한 것이라고 볼 수는 없으므로, 대통령의 내부결재가 있었는지에 관계없이 당연무효는 아니다(대판 2007.7.26. 2005두15748).

④ 7% (×) 〈판례〉민원사무를 처리하는 행정기관이 민원 1회방문 처리제를 시행하는 절차의 일환으로 민원사항의 심의·조정 등을 위한 민원조정위원회를 개최하면서 민원인에게 회의일정 등을 사전에 통지하지 아니하였다 하더라도, 이러한 사정만으로 곧바로 민원사항에 대한 행정기관의 장의 거부처분에 취소사유에 이를 정도의 흠이 존재한다고 보기는 어렵다(대판 2015.8.27. 2013두1560).

---

5 행정상 즉시강제 및 행정조사 > 행정조사   오답률 54% 답 ③

| 정답해설 | ㄱ. (○) 행정조사가 국민의 기본권에 영향을 주는 중요한 사항인 경우에는 중요사항유보설에 의하면 법률의 근거를 필요로 한다.

ㄹ. (○) 대판 2013.9.26. 2013도7718

| 오답해설 | ㄴ. (×) 「행정조사기본법」 제25조의 자율신고제도에 의하면 행정기관의 장은 법령 등에서 규정하고 있는 조사사항을 조사대상자로 하여금 스스로 신고하도록 하는 제도를 운영할 수 있도록 되어 있을 뿐 운영하여야 할 의무가 있는 것은 아니다.

ㄷ. (×) 「행정절차법」에는 행정조사절차에 관한 규정이 없다.

ㅁ. (×) 〈판례〉납세의무자로 하여금 개개의 과태료 처분에 대하여 불복하거나 조사 종료 후의 과세처분에 대하여만 다툴 수 있도록 하는 것보다는 그에 앞서 세무조사결정에 대하여 다툼으로써 분쟁을 조기에 근본적으로 해결할 수 있는 점 등을 종합하면, 세무조사결정은 납세의무자의 권리·의무에 직접 영향을 미치는 공권력의 행사에 따른 행정작용으로서 항고소송의 대상이 된다(대판 2011.3.10. 2009두23617).

---

6 행정쟁송 > 행정심판   답 ③⑤

※ 법령의 개정으로 복수 정답이 되어, 선택률 정보를 기재하지 않았습니다.

| 정답해설 | ③ (○) 임시처분은 집행정지와 보충성 관계에 있다. 〈법령〉「행정심판법」 제31조(임시처분) ❸ 제1항에 따른 임시처분은 제30조 제2항에 따른 집행정지로 목적을 달성할 수 있는 경우에는 허용되지 아니한다.

⑤ (○) 시험 당시에는 옳지 않았으나 법이 개정되어 간접강제제도가 신설되었으므로, 옳은 선지이다.

| 오답해설 | ① (×) 거부처분은 취소심판, 무효등확인심판, 의무이행심판이 가능하다.

② (×) 처분청을 경유하는 것은 임의적이다. 행정심판위원회에 심판청구서를 제출할 수 있다. 〈법령〉「행정심판법」 제23조(심판청구서의 제출) ❶ 행정심판을 청구하려는 자는 제28조에 따라 심판청구서를 작성하여 피청구인이나 위원회에 제출하여야 한다. 이 경우 피청구인의 수만큼 심판청구서 부본을 함께 제출하여야 한다.

④ (×) 심판에 불복하는 경우에 재심판청구가 허용되지 않는다.
〈법령〉「행정심판법」제51조(행정심판 재청구의 금지) 심판청구에 대한 재결이 있으면 그 재결 및 같은 처분 또는 부작위에 대하여 다시 행정심판을 청구할 수 없다.

7 행정입법 > 종합   오답률 29%   답 ⑤

| **정답해설** | ⑤ 71% (×) 〈판례〉 행정소송은 구체적 사건에 대한 법률상 분쟁을 법에 의하여 해결함으로써 법적 안정을 기하자는 것이므로 부작위위법확인소송의 대상이 될 수 있는 것은 구체적 권리의무에 관한 분쟁이어야 하고 추상적인 법령에 관하여 제정의 여부 등은 그 자체로서 국민의 구체적인 권리의무에 직접적 변동을 초래하는 것이 아니어서 그 소송의 대상이 될 수 없다(대판 1992.5.8. 91누11261).

| **오답해설** | ① 5% (○) 대판 1989.9.12. 88누6962

② 5% (○) 대판 2006.9.22. 2005두2506

③ 7% (○) 대판 2012.7.5. 2010다72076

④ 12% (○) 헌재 2007.8.30. 2003헌바51

8 손해배상 > 국가배상   오답률 29%   답 ⑤

| **정답해설** | ⑤ 71% (○) 처분이 항고소송에서 인용판결이 있게 되면 기판력에 의해 그 처분의 위법은 확정되지만 공무원의 고의나 과실이 당연히 인정되는 것은 아니어서 국가배상에서는 기각될 수 있다. 〈판례〉 어떠한 행정처분이 후에 항고소송에서 취소되었다고 할지라도 그 기판력에 의하여 당해 행정처분이 곧바로 공무원의 고의 또는 과실로 인한 것으로서 불법행위를 구성한다고 단정할 수 없다(대판 1999.9.17. 96다53413).

| **오답해설** | ① 5% (×) 대법원에 의하면 국가배상청구소송은 민사소송에 의한다고 한다.

② 2% (×) 처분에 대한 국가배상소송에서 인용되기 위해 처분이 미리 취소될 필요는 없다. 민사법원은 선결문제로 처분의 위법 여부를 판단할 수 있다. 〈판례〉 미리 그 행정처분의 취소판결이 있어야만 그 행정처분의 위법임을 이유로 피고에게 배상을 청구할 수 있는 것은 아니다(대판 1972.4.28. 72다337).

③ 20% (×) 소의 병합은 취소소송에 민사사건을 병합하는 것이다 (민사소송 → 취소소송). 취소소송을 국가배상청구소송에 병합하는 것이 아니다. 〈법령〉「행정소송법」제10조(관련청구소송의 이송 및 병합) ❶ 취소소송과 다음 각 호의 1에 해당하는 소송(이하 '관련청구소송'이라 한다)이 각각 다른 법원에 계속되고 있는 경우에 관련청구소송이 계속된 법원이 상당하다고 인정하는 때에는 당사자의 신청 또는 직권에 의하여 이를 취소소송이 계속된 법원으로 이송할 수 있다.
  1. 당해 처분 등과 관련되는 손해배상·부당이득반환·원상회복 등 청구소송
  2. 당해 처분 등과 관련되는 취소소송

④ 2% (×) 공무원의 선임감독자와 비용부담자가 서로 다른 경우에 피해자는 지방자치단체나 국가에 선택적으로 청구할 수 있다.

9 행정정보공개와 개인정보보호 > 정보공개   오답률 32%   답 ②

| **정답해설** | ② 68% (×) 〈판례〉「공직자윤리법」상의 등록의무자가 제출한 '자신의 재산등록사항의 고지를 거부한 직계존비속의 본인과의 관계, 성명, 고지거부사유, 서명(날인)'이 기재되어 있는 구 「공직자윤리법 시행규칙」제12조 관련의 문서는 구 「공직자윤리법」에 의한 등록사항이 아니므로, 같은 법 제10조 제3항 및 제14조의 각 규정에 의하여 열람복사가 금지되거나 누설이 금지된 정보가 아니고, 나아가 구 「공공기관의 정보공개에 관한 법률」제7조 제1항 제1호에 정한 법령비정보(비공개 대상 정보)에도 해당하지 않는다(대판 2007.12.13. 2005두13117).

| **오답해설** | ① 10% (○) 대판 2010.12.23. 2008두13101·2010두18918

③ 2% (○) 대판 2004.12.9. 2003두12707

④ 5% (○) 대판 2003.12.12. 2003두8050, 대판 2004.8.20. 2003두8302

⑤ 15% (○) 대판 2003.12.11. 2001두8827

10 행정소송 > 항고소송의 대상   오답률 39%   답 ①

| **정답해설** | ㄱ. (○) 대판 1996.9.20. 95누8003

ㅁ. (○) 대판 2007.4.27. 2004두9302

| **오답해설** | ㄴ. (×) 〈판례〉 공정거래위원회의 '표준약관 사용권장행위'는 … 이는 사업자 등의 권리·의무에 직접 영향을 미치는 행정처분으로서 항고소송의 대상이 된다(대판 2010.10.14. 2008두23184).

ㄷ. (×) 〈판례〉 진정에 대한 국가인권위원회의 각하 및 기각결정은 피해자인 진정인의 권리행사에 중대한 지장을 초래하는 것으로서 항고소송의 대상이 되는 행정처분에 해당하므로, 그에 대한 다툼은 우선 행정심판이나 행정소송에 의하여야 할 것이다. 따라서 이 사건 심판청구는 행정심판이나 행정소송 등의 사전 구제절차를 모두 거친 후 청구된 것이 아니므로 보충성 요건을 충족하지 못하였다(헌재 2015.3.26. 2013헌마214 등).

ㄹ. (×) 〈판례〉 보수의 삭감은 이를 당하는 당해 공무원의 입장에서는 징계처분의 일종인 감봉과 다를 바 없다 할 것이다(대판 2008. 6.12. 2006두16328).

11 행정법 관계 > 공법과 사법 구분   오답률 51%   답 ③

| **정답해설** | ㄱ. (×) 공법과 사법의 구별기준에 대해 국가나 지방자치단체 등의 행정주체가 관련되는 법률관계를 공법관계로 보고 사인 간의 법률관계는 사법관계로 보는 것은 주체설이다. 신주체설 (귀속설)의 권리의무의 귀속이 행정주체에게만 발생하는지, 모든 권리주체에 발생하는지에 따라 구분하고자 하는 견해이다.

ㄴ. (×) 〈판례〉 국가계약법(「국가를 당사자로 하는 계약에 관한 법률」)에 따라 지방자치단체가 당사자가 되는 이른바 공공계약은 사경제의 주체로서 상대방과 대등한 위치에서 체결하는 사법상의 계약으로서 그 본질적인 내용은 사인 간의 계약과 다를 바가

없으므로, 그에 관한 법령에 특별한 정함이 있는 경우를 제외하고는 사적자치와 계약자유의 원칙 등 사법의 원리가 그대로 적용된다 할 것이다(대판 2001.12.11. 2001다33604).

ㅁ. (×) 〈판례〉 지방자치단체나 국가의 입찰참가자격제한조치는 항고소송 대상인 처분이다(대판 2017.4.7. 2015두50313).

| 오답해설 | ㄷ. (○) 〈판례〉 행정재산의 사용·수익허가 처분은 강학상 특허에 해당된다(대판 1998.2.27. 97누1105 등).

ㄹ. (○) 대판 1997.5.30. 95다28960

---

12 행정법 관계 > 공법관계 　오답률 10% 답 ②

| 정답해설 | ② 90% (○) 헌재 2012.5.31. 2009헌마553

| 오답해설 | ① 0% (×) 〈판례〉 지방자치단체장이 도매시장법인의 대표이사에 대하여 위 지방자치단체장이 개설한 농수산물도매시장의 도매시장법인으로 다시 지정함에 있어서 그 지정조건으로 '지정기간 중이라도 개설자가 농수산물 유통정책의 방침에 따라 도매시장법인 이전 및 지정취소 또는 폐쇄 지시에도 일체 소송이나 손실보상을 청구할 수 없다.'라는 부관을 붙였으나, 그중 부제소특약에 관한 부분은 당사자가 임의로 처분할 수 없는 공법상의 권리관계를 대상으로 하여 사인의 국가에 대한 공권인 소권을 당사자의 합의로 포기하는 것으로서 허용될 수 없다(대판 1998.8.21. 98두8919).

③ 0% (×) 〈판례〉 환경영향평가 대상지역 밖에 거주하는 주민에게 헌법상의 환경권 또는 환경정책기본법에 근거하여 공유수면 매립면허처분과 농지개량사업 시행인가처분의 무효확인을 구할 원고적격이 없다(대판 2006.3.16. 2006두330 전합).

④ 5% (×) 〈판례〉 변상금 부과·징수권은 민사상 부당이득반환청구권과 법적 성질을 달리하므로, 국가는 무단점유자를 상대로 변상금 부과·징수권의 행사와 별도로 국유재산의 소유자로서 민사상 부당이득반환청구의 소를 제기할 수 있다(대판 2014.7.16. 2011다76402 전합).

⑤ 5% (×) 〈판례〉「보조금의 예산 및 관리에 관한 법률」은 제33조 제1항에서 반환하여야 할 보조금에 대하여는 국세징수의 예에 따라 이를 징수할 수 있도록 규정하고 있으므로, 중앙관서의 장으로서는 반환하여야 할 보조금을 국세체납처분의 예에 의하여 강제징수할 수 있고 … 중앙관서의 장으로서는 보조금을 반환하여야 할 자에 대하여 민사소송의 방법으로는 반환청구를 할 수 없다고 보아야 한다(대판 2012.3.15. 2011다17328).

---

13 행정행위 > 행정행위의 부관 　오답률 29% 답 ④

| 정답해설 | ④ 71% (×) 처분의 부관에 불가쟁력이 발생하였다고 해도 이를 이행한 사법상의 법률행위와는 무관하여 이와 상관없이 사법상의 법률행위에 대해 다툴 수 있다. 〈판례〉 행정처분에 붙은 부담인 부관이 제소기간의 도과로 확정되어 이미 불가쟁력이 생겼다면 그 하자가 중대하고 명백하여 당연무효로 보아야 할 경우 외에는 누구나 그 효력을 부인할 수 없을 것이지만, 부담의 이행으로서 하게 된 사법상 매매 등의 법률행위는 부담을 붙인 행정처분과

는 어디까지나 별개의 법률행위이므로 그 부담의 불가쟁력의 문제와는 별도로 법률행위가 사회질서 위반이나 강행규정에 위반되는지 여부 등을 따져보아 그 법률행위의 유효 여부를 판단하여야 한다(대판 2009.2.12. 2005다65500).

| 오답해설 | ① 0% (○) 대판 1997.3.14. 96누16698

② 27% (○) 대판 1992.1.21. 91누1264

③ 0% (○) 대판 2009.2.12. 2005다65500

⑤ 2% (○) 대판 2010.1.28. 2007도9331·2007다63966

---

14 행정행위 > 종합 　오답률 6% 답 ⑤

| 정답해설 | ⑤ 94% (×) 〈판례〉 허가권자가 신청 내용에 구애받지 아니하고 조사 및 검토를 거쳐 관련 법령에 정한 기준에 따라 허가 조건의 충족 여부를 제대로 따져 허가 여부를 결정하여야 하는 것은 맞지만, 그렇다고 신청인 측에서 의도적으로 법령에 정한 각종 규제를 탈법적인 방법으로 회피하려고 하는 것을 정당화할 수는 없다(대판 2014.11.27. 2013두16111).

| 오답해설 | ① 2% (○) 성립 당시의 하자로서 철회가 아닌 취소에 해당한다.

② 2% (○) 사위방법에 의한 허가취득으로서 귀책사유에 해당되어 신뢰보호를 주장할 수 없다.

③ 2% (○) 취소는 법적 근거가 없어도 가능하다.

④ 0% (○) 신뢰보호의 귀책사유 여부는 상대방뿐 아니라 위임위탁의 경우에는 수임수탁자도 판단의 대상이 된다.

---

15 행정소송 > 취소소송의 판결효력 　오답률 6% 답 ①

| 정답해설 | ① 94% (×) 〈판례〉 재량이 인정되는 과징금 납부명령에 대하여 그 명령이 재량권을 일탈하였을 경우, 법원으로서는 재량권의 일탈 여부만 판단할 수 있을 뿐이지 재량권의 범위 내에서 어느 정도가 적정한 것인지에 관하여는 판단할 수 없어 그 전부를 취소할 수밖에 없고, 법원이 적정하다고 인정하는 부분을 초과한 부분만 취소할 수는 없다(대판 2009.6.23. 2007두18062).

| 오답해설 | ② 2% (○) 대판 1992.2.14. 90누9032, 대판 2006.9.22. 2005두2506

③ 2% (○) 대판 1987.2.10. 86누91

④ 2% (○) 대판 1992.7.14. 92누2912

⑤ 0% (○) 대판 1990.12.11. 90누3560

오답률 TOP 1

16 지방자치행정법 > 지방자치 　오답률 54% 답 ④

| 정답해설 | ④ 46% (○) 대판 2005.8.19. 2005추48

| 오답해설 | ① 8% (×) 헌법재판소가 아닌 대법원에 소를 제기할 수 있다. 〈법령〉「지방자치법」 제5조(지방자치단체의 명칭과 구역) ❹ 제1항 및 제2항에도 불구하고 다음 각 호의 지역이 속할 지방자치단체는 제5항부터 제8항까지의 규정에 따라 행정안전부장관이 결정한다.

1. 「공유수면 관리 및 매립에 관한 법률」에 따른 매립지

❾ 관계 지방자치단체의 장은 제4항부터 제7항까지의 규정에 따른 행정안전부장관의 결정에 이의가 있으면 그 결과를 통보받은 날부터 15일 이내에 대법원에 소송을 제기할 수 있다.

② 15% (×) 〈판례〉 주민소송의 대상으로서 '공금의 지출에 관한 사항'이란 지출원인행위, 즉 지방자치단체의 지출원인이 되는 계약 그 밖의 행위로서 당해 행위에 의하여 지방자치단체가 지출의무를 부담하는 예산집행의 최초 행위와 그에 따른 지급명령 및 지출 등에 한정되고, 특별한 사정이 없는 한 이러한 지출원인행위 등에 선행하여 그러한 지출원인행위를 수반하게 하는 당해 지방자치단체의 장 및 직원, 지방의회 의원의 결정 등과 같은 행위는 포함되지 않는다고 보아야 한다(대판 2011.12.22. 2009두14309).

③ 8% (×) 주민소송은 감사전치주의를 취하고 있다(「지방자치법」 제22조).

⑤ 23% (×) 〈판례〉 기관위임사무에 있어서도 그에 관한 개별법령에서 일정한 사항을 조례로 정하도록 위임하고 있는 경우에는 위임받은 사항에 관하여 개별법령의 취지에 부합하는 범위 내에서 이른바 위임조례를 정할 수 있다(대판 2008.1.17. 2007다59295).

---

17 그 밖의 행정의 주요 행위 형식 > 행정계획   오답률 51%   답 ①

| 정답해설 | ㄱ. (○) 대판 2003.9.23. 2001두10936

ㄴ. (○) 대판 1982.3.9. 80누105

| 오답해설 | ㄷ. (×) 인허가의제제도(집중효)는 절차적 집중으로서 실체적 집중효는 없다.

ㄹ. (×) 〈판례〉 도시계획의 결정·변경 등에 관한 권한을 가진 행정청은 이미 도시계획이 결정·고시된 지역에 대하여도 다른 내용의 도시계획을 결정·고시할 수 있고, 이때에 후행 도시계획에 선행 도시계획과 서로 양립할 수 없는 내용이 포함되어 있다면, 특별한 사정이 없는 한 선행 도시계획은 후행 도시계획과 같은 내용으로 변경되는 것이나, 후행 도시계획의 결정을 하는 행정청이 선행 도시계획의 결정·변경 등에 관한 권한을 가지고 있지 아니한 경우에 선행 도시계획과 서로 양립할 수 없는 내용이 포함된 후행 도시계획결정을 하는 것은 아무런 권한 없이 선행 도시계획결정을 폐지하고, 양립할 수 없는 새로운 내용이 포함된 후행 도시계획결정을 하는 것으로서, 선행 도시계획결정의 폐지 부분은 권한 없는 자에 의하여 행해진 것으로서 무효이다(대판 2000.9.8. 99두11257).

---

18 행정벌 > 과태료   오답률 19%   답 ④

| 정답해설 | ④ 81% (×) 「질서위반행위규제법」이 우선이다. 〈법령〉 「질서위반행위규제법」 제5조(다른 법률과의 관계) 과태료의 부과·징수, 재판 및 집행 등의 절차에 관한 다른 법률의 규정 중 이 법의 규정에 저촉되는 것은 이 법으로 정하는 바에 따른다.

| 오답해설 | ① 5% (○) 〈판례〉 경찰서장의 통고처분은 행정소송의 대상이 되는 행정처분이 아니다(대판 1995.6.29. 95누4674).

② 7% (○) 「질서위반행위규제법」 제7조

③ 2% (○) 동법 제17조 제1항

⑤ 5% (○) 동법 제8조

---

19 행정소송 > 항고소송의 원고적격   오답률 24%   답 ②

| 정답해설 | ㄹ. (○) 대판 2009.12.10. 2009두8359

ㅁ. (○) 대판 2006.3.16. 2006두330 전합

| 오답해설 | ㄱ. (×) '법률상 이익'에 관련하여서는 권리구제설, 법률상 보호된 이익구제설, 보호가치 있는 이익구제설, 적법성 보장설 등으로 나누어지며, 이 중에서 법률상 보호이익구제설이 통설·판례의 입장이다.

ㄴ. (×) 〈판례〉 법률상 보호되는 이익은 당해 처분의 근거 법규 및 관련 법규에 의하여 보호되는 개별적·직접적·구체적 이익을 말한다(대판 2006.7.28. 2004두6716).

ㄷ. (×) 허가로부터 얻어지는 이익은 원칙적으로 반사적 이익이고, 특허로부터 얻어지는 이익은 권리로서 법률상 이익으로 본다.

---

20 그 밖의 행정의 주요 행위 형식 > 행정지도   오답률 14%   답 ④

| 정답해설 | ④ 86% (○) 「행정절차법」 제50조

| 오답해설 | ① 0% (×) 행정지도도 「국가배상법」상의 직무에 포함된다.

② 10% (×) 〈판례〉 행정지도가 강제성을 띠지 않은 비권력적 작용으로서 행정지도의 한계를 일탈하지 아니하였다면, 그로 인하여 상대방에게 어떤 손해가 발생하였다 하더라도 행정기관은 그에 대한 손해배상책임이 없다(대판 2008.9.25. 2006다18228).

③ 2% (×) 〈판례〉 단순한 행정지도로서의 한계를 넘어 규제적·구속적 성격을 상당히 강하게 갖는 경우, 헌법소원의 대상이 되는 공권력의 행사라고 볼 수 있다(헌재 2003.6.26. 2002헌마337).

⑤ 2% (×) 행정지도는 서면형식으로 함을 규정하고 있지 않다. 〈법령〉 「행정절차법」 제49조(행정지도의 방식) ❷ 행정지도가 말로 이루어지는 경우에 상대방이 제1항의 사항을 적은 서면의 교부를 요구하면 그 행정지도를 하는 자는 직무 수행에 특별한 지장이 없으면 이를 교부하여야 한다.

---

21 「행정기본법」과 「행정절차법」 > 행정절차   오답률 37%   답 ④

| 정답해설 | ④ 63% (○) 재량과 기속을 불문하고 처분의 성립에 있어 행정절차를 준수하지 않은 하자는 원칙적으로 위법하다.

| 오답해설 | ① 5% (×) 당사자가 신청 등에 구속되지 않는다. 〈법령〉 「행정절차법」 제33조(증거조사) ❶ 청문 주재자는 직권으로 또는 당사자의 신청에 따라 필요한 조사를 할 수 있으며, 당사자 등이 주장하지 아니한 사실에 대하여도 조사할 수 있다.

② 22% (×) 〈판례〉 환경영향평가의 내용이 다소 부실하다 하더라도, 그 부실의 정도가 환경영향평가제도를 둔 입법취지를 달성할 수 없을 정도이어서 환경영향평가를 하지 아니한 것과 다를 바 없는 정도의 것이 아닌 이상, 그 부실은 당해 승인 등 처분에 재량권 일탈·남용의 위법이 있는지 여부를 판단하는 하나의 요소로 됨에 그칠 뿐, 그 부실로 인하여 당연히 당해 승인 등 처분이 위법하게 되는 것이 아니다(대판 2006.3.16. 2006두330 전합).

③ 10% (×) 당사자가 아닌 당사자 등에 해당된다. 〈법령〉「행정절차법」 제2조(정의) 이 법에서 사용하는 용어의 뜻은 다음과 같다.
  4. '당사자 등'이란 다음 각 목의 자를 말한다.
    가. 행정청의 처분에 대하여 직접 그 상대가 되는 당사자
    나. 행정청이 직권으로 또는 신청에 따라 행정절차에 참여하게 한 이해관계인

⑤ 0% (×) 〈판례〉 과세의 절차 내지 형식에 위법이 있어 과세처분을 취소하는 판결이 확정되었을 때는 그 확정판결의 기판력은 거기에 적시된 절차내지 형식의 위법사유에 한하여 미치는 것이므로 과세관청은 그 위법사유를 보완하여 다시 새로운 과세처분을 할 수 있고 그 새로운 과세처분은 확정판결에 의하여 취소된 종전의 과세처분과는 별개의 처분이라 할 것이어서 확정판결의 기판력에 저촉되는 것이 아니다(대판 1987.2.10. 86누91).

22　행정쟁송 > 심판과 소송　오답률 32%　답 ⑤

| 정답해설 | ⑤ 68% (×) 「행정심판법」이 '중대한 손해' 예방이고 「행정소송법」이 '회복하기 어려운 손해' 예방으로 규정되어 있다(「행정심판법」 제30조 제2항, 「행정소송법」 제23조 제2항).

| 오답해설 | ① 2% (○) 양자 모두 집행부정지원칙이다.

② 0% (○) 양자 모두 집행정지가 허용되지 않는다(「행정심판법」 제30조 제3항, 「행정소송법」 제23조 제3항).

③ 20% (○) 「행정소송법」에서는 집행정지결정에 대한 불복규정(즉시항고)이 있으나 「행정심판법」에는 규정되어 있지 않다.

④ 10% (○) 「행정심판법」은 위원장의 직권결정규정이 있으나 「행정소송법」은 없다.

23　공무원법 > 「국가공무원법」　오답률 40%　답 ⑤

| 정답해설 | ⑤ 60% (○) 〈판례〉 과거에 법률에 의하여 당연퇴직된 공무원이 자신을 복직 또는 재임용시켜 줄 것을 요구하는 신청에 대하여 그와 같은 조치가 불가능하다는 행정청의 거부행위는 당연퇴직의 효과가 계속하여 존재한다는 것을 알려주는 일종의 안내에 불과하므로 항고소송의 대상이 되는 행정처분에 해당한다고 할 수 없다(대판 2005.11.25. 2004두12421).

| 오답해설 | ① 5% (×) 〈판례〉 「국가공무원법」에 규정되어 있는 공무원임용결격사유는 … 채용후보자 명부에 등록한 때가 아니라 국가의 임용이 있는 때에 설정되는 것이므로 공무원임용결격사유가 있는지의 여부는 채용후보자 명부에 등록한 때가 아닌 임용 당시에 시행되던 법률을 기준으로 하여 판단하여야 한다(대판 1987.4.14. 86누459).

② 0% (×) 〈판례〉 임용 당시 공무원임용결격사유가 있었다면 비록 국가의 과실에 의하여 임용결격자임을 밝혀내지 못하였다 하더라도 그 임용행위는 당연무효로 보아야 한다(대판 1987.4.14. 86누459).

③ 28% (×) 〈판례〉 국가가 공무원임용결격사유가 있는 자에 대하여 결격사유가 있는 것을 알지 못하고 공무원으로 임용하였다가 사후에 결격사유가 있는 자임을 발견하고 공무원임용행위를 취소함은 당사자에게 원래의 임용행위가 당초부터 당연무효이었음을 통지하여 확인시켜 주는 행위에 지나지 아니한다(대판 1987.4.14. 86누459).

④ 7% (×) 〈판례〉 당연무효인 임용결격자에 대한 임용행위에 의하여서는 공무원의 신분을 취득하거나 근로고용관계가 성립될 수 없는 것이므로 임용결격자가 공무원으로 임용되어 사실상 근무하여 왔다고 하더라도 그러한 피임용자는 위 법률소정의 퇴직금청구를 할 수 없다(대판 1987.4.14. 86누459).

24　공용부담법 > 공용수용의 요건　오답률 32%　답 ③

| 정답해설 | ③ 68% (×) 〈판례〉 오늘날 공익사업의 범위가 확대되는 경향에 대응하여 재산권의 존속보장과의 조화를 위해서는, '공공필요'의 요건에 관하여, 공익성은 추상적인 공익 일반 또는 국가의 이익 이상의 중대한 공익을 요구하므로 기본권 일반의 제한사유인 '공공복리'보다 좁게 보는 것이 타당하며, 공익성의 정도를 판단함에 있어서는 공용수용을 허용하고 있는 개별법의 입법목적, 사업내용, 사업이 입법목적에 이바지 하는 정도는 물론, 특히 그 사업이 대중을 상대로 하는 영업인 경우에는 그 사업 시설에 대한 대중의 이용·접근가능성도 아울러 고려하여야 한다(헌재 2014.10.30. 2011헌바172 등).

| 오답해설 | ① 0%, ② 30%, ④ 2%, ⑤ 0% (○) 헌재 2014.10.30. 2011헌바172 등

25　행정법의 의의 > 행정법의 일반원칙　오답률 28%　답 ①

| 정답해설 | ㄱ. (○) 헌재 1992.12.24. 92헌가8

| 오답해설 | ㄴ. (×) 〈판례〉 행정청이 상대방에게 장차 어떤 처분을 하겠다고 확약 또는 공적인 의사표명을 하였다고 하더라도, 확약 또는 공적인 의사표명이 있은 후에 사실적·법률적 상태가 변경되었다면 그와 같은 확약 또는 공적인 의사표명은 행정청의 별다른 의사표시를 기다리지 않고 실효된다고 할 것이다(대판 1996.8.20. 95누10877).

ㄷ. (×) 〈판례〉 공적 견해표명이 있었는지의 여부를 판단하는 데 있어 반드시 행정조직상의 형식적인 권한분장에 구애될 것은 아니고 담당자의 조직상의 지위와 임무, 당해 언동을 하게 된 구체적인 경위 및 그에 대한 상대방의 신뢰가능성에 비추어 실질에 의하여 판단하여야 한다(대판 1996.1.23. 95누13746).

ㄹ. (×) 「행정절차법」은 실권(실효)에 대한 규정을 두고 있지 않다.

합격을 당기는 전략

기출회독 최종점검

문제풀이 집중훈련

정답과 해설

2025

에듀윌 9급공무원
8개년 기출문제집 행정법총론

고객의 꿈, 직원의 꿈, 지역사회의 꿈을 실현한다

에듀윌 도서몰
book.eduwill.net

• 부가학습자료 및 정오표: 에듀윌 도서몰 > 도서자료실
• 교재 문의: 에듀윌 도서몰 > 문의하기 > 교재(내용, 출간) / 주문 및 배송

에듀윌 직영학원에서
합격을 수강하세요

언제나 전문 학습 매니저와 상담이 가능한 안내데스크

고품질 영상 및 음향 장비를 갖춘 최고의 강의실

재충전을 위한 카페 분위기의 아늑한 휴게실

에듀윌의 상징 노란색의 환한 학원 입구

에듀윌 직영학원 대표전화

공인중개사 학원	02)815-0600	
주택관리사 학원	02)815-3388	
전기기사 학원	02)6268-1400	
공무원 학원	02)6328-0600	
소방 학원	02)6337-0600	
부동산아카데미	02)6736-0600	
편입 학원	02)6419-0600	

공무원학원
바로가기

꿈을 현실로 만드는
에듀윌

DREAM

공무원 교육
- 선호도 1위, 신뢰도 1위! 브랜드만족도 1위!
- 합격자 수 2,100% 폭등시킨 독한 커리큘럼

자격증 교육
- 8년간 아무도 깨지 못한 기록 합격자 수 1위
- 가장 많은 합격자를 배출한 최고의 합격 시스템

직영학원
- 직영학원 수 1위
- 표준화된 커리큘럼과 호텔급 시설 자랑하는 전국 20개 학원

종합출판
- 온라인서점 베스트셀러 1위!
- 출제위원급 전문 교수진이 직접 집필한 합격 교재

어학 교육
- 토익 베스트셀러 1위
- 토익 동영상 강의 무료 제공

콘텐츠 제휴 · B2B 교육
- 고객 맞춤형 위탁 교육 서비스 제공
- 기업, 기관, 대학 등 각 단체에 최적화된 고객 맞춤형 교육 및 제휴 서비스

부동산 아카데미
- 부동산 실무 교육 1위!
- 상위 1% 고소득 창업/취업 비법
- 부동산 실전 재테크 성공 비법

학점은행제
- 99%의 과목이수율
- 16년 연속 교육부 평가 인정 기관 선정

대학 편입
- 편입 교육 1위!
- 최대 200% 환급 상품 서비스

국비무료 교육
- '5년우수훈련기관' 선정
- K-디지털, 산대특 등 특화 훈련과정
- 원격국비교육원 오픈

에듀윌 교육서비스　**공무원 교육** 9급공무원/소방공무원/계리직공무원　**자격증 교육** 공인중개사/주택관리사/감정평가사/노무사/전기기사/경비지도사/검정고시/소방설비기사/소방시설관리사/사회복지사1급/건축기사/토목기사/직업상담사/전기기능사/산업안전기사/위험물산업기사/위험물기능사/유통관리사/물류관리사/행정사/한국사능력검정/한경TESAT/매경TEST/KBS한국어능력시험/실용글쓰기/IT자격증/국제무역사/무역영어　**어학 교육** 토익 교재/토익 동영상 강의　**세무/회계** 전산세무회계/ERP정보관리사/재경관리사　**대학 편입** 편입 교재/편입 영어·수학/경찰대/의치대/편입 컨설팅·면접　**직영학원** 공무원학원/소방학원/공인중개사 학원/주택관리사 학원/전기기사 학원/편입학원　**종합출판** 공무원·자격증 수험 교재 및 단행본　**학점은행제** 교육부 평가인정기관 원격평생교육원(사회복지사2급/경영학/CPA)　**콘텐츠 제휴·B2B 교육** 교육 콘텐츠 제휴/기업 맞춤 자격증 교육/대학 취업역량 강화 교육　**부동산 아카데미** 부동산 창업CEO/부동산 경매 마스터/부동산 컨설팅　**국비무료 교육(국비교육원)** 전기기능사/전기(산업)기사/소방설비(산업)기사/IT(빅데이터/자바프로그램/파이썬)/게임그래픽/3D프린터/실내건축디자인/웹퍼블리셔/그래픽디자인/영상편집(유튜브) 디자인/온라인 쇼핑몰광고 및 제작(쿠팡, 스마트스토어)/전산세무회계/컴퓨터활용능력/ITQ/GTQ/직업상담사

교육
문의 **1600-6700**　www.eduwill.net